"十一五"国家重点图书出版规划项目

·经/济/科/学/译/丛·

Schmitthoff's Export Trade

The Law and Practice of International Trade

(Eleventh Edition)

施米托夫论出口贸易

国际贸易法律与实务 上册

（第11版）

克利夫·M·施米托夫（Clive M. Schmitthoff）
卡罗尔·默里（Carole Murray）
戴维·霍洛韦（David Holloway）
达朗·蒂姆森-亨特（Daren Timson-Hunt）
著

冷柏军 主译

中国人民大学出版社
·北京·

《经济科学译丛》编辑委员会

《经济科学译丛》总序

中国是一个文明古国，有着几千年的辉煌历史。近百年来，中国由盛而衰，一度成为世界上最贫穷、落后的国家之一。1949 年中国共产党领导的革命，把中国从饥饿、贫困、被欺侮、被奴役的境地中解放出来。1978 年以来的改革开放，使中国真正走上了通向繁荣富强的道路。

中国改革开放的目标是建立一个有效的社会主义市场经济体制，加速发展经济，提高人民生活水平。但是，要完成这一历史使命绝非易事，我们不仅需要从自己的实践中总结教训，也要从别人的实践中获取经验，还要用理论来指导我们的改革。市场经济虽然对我们这个共和国来说是全新的，但市场经济的运行在发达国家已有几百年的历史，市场经济的理论亦在不断发展完善，并形成了一个现代经济学理论体系。虽然许多经济学名著出自西方学者之手，研究的是西方国家的经济问题，但他们归纳出来的许多经济学理论反映的是人类社会的普遍行为，这些理论是全人类的共同财富。要想迅速稳定地改革和发展我国的经济，我们必须学习和借鉴世界各国包括西方国家在内的先进经济学的理论与知识。

本着这一目的，我们组织翻译了这套经济学教科书系列。这套译丛的特点是：第一，全面系统。除了经济学、宏观经济学、微观经济学等基本原理之外，这套译丛还包括了产业组织理论、国际经济学、发展经济学、货币金融学、公共财政、劳动经济学、计量经济学等重要领域。第二，简明通俗。与经济学的经典名著不同，这套丛书都是国外大学通用的经济学教科书，大部分都已发行了几版或十几版。作者尽可能地用简明通俗的语言来阐述深奥的经济学原理，并附有案例与习题，对于初学者来说，更容易理解与掌握。

经济学是一门社会科学，许多基本原理的应用受各种不同的社会、政治或经济体制的影响，许多经济学理论是建立在一定的假设条件上的，假设条件不同，结论也就不一定成立。因此，正确理解掌握经济分析的方法而不是生搬硬套某些不同条件下产生的结论，才是我们学习当代经济学的正确方法。

本套译丛于 1995 年春由中国人民大学出版社发起筹备并成立了由许多经济学专家学者组织的编辑委员会。中国留美经济学会的许多学者参与了原著的推荐工作。中国人民大学出版社向所有原著的出版社购买了翻译版权。北京大学、中国人民大学、复旦大学以及中国社会科学院的许多专家教授参与了翻译工作。前任策划编辑梁晶女士为本套译丛的出版做出了重要贡献，在此表示衷心的感谢。在中国经济体制转轨的历史时期，我们把这套译丛献给读者，希望为中国经济的深入改革与发展做出贡献。

《经济科学译丛》编辑委员会

如果没有对外贸易，我们有可能成为孤岛，就像一个隐士，与世隔绝；正是由于对外贸易，才使我们富裕，光荣而伟大，并使我们声名远播，享誉世界。

查尔斯·莫洛伊，1676

前言

本书是《施米托夫论出口贸易》的第十一版，这一版本秉承了其前序版本一向致力的宗旨，即为学生和从业者提供一本国际贸易实务与法律方面的便捷及权威的参考书。本版沿用了前序版本的整体架构，这一架构自本书近60年前发行第一版以来，经受住了时间的考验。当然，本书也更新了部分内容，并增添了一些章节以涵盖国际贸易法领域的重要发展。

与之前的版本相同，本书仍然围绕着出口销售合同这一核心；同时，本版也再次集中探讨了FOB和CIF合同的相关内容，以及各种与之相关的传统单据化问题。另外，本书还重点着眼于国际销售交易和一般支付机制（如汇票和跟单信用证）中含有的各种运费元素。关于信用证，第11章援引了2007年7月1日生效的新版国际商会《跟单信用证统一惯例》（ICC UCP 600）的相关内容，并包含了其与UCP 500相比所增加的内容。

编者对本书的第5部分——国际商务纠纷解决——进行了更新和扩充。自英国《1996年仲裁法》实施、这一领域国际法律及惯例不断发展以来，国际商事诉讼紧随着英国法律的发展受到了更为充分的重视。另外，判决和裁定结果的承认及执行也拥有了更广泛的法律依据。本书对欧盟委员会规则44/2001的条款加以集注，这一规则自其上一版以来，已经为民事和商事案件中管辖权问题及判决的承认和执行问题提供了一个欧盟范围内的广泛框架。其中一些论述同样涵盖于《海牙选择法院协议公约》，为增强这一领域的国际协调奠定了基础。

本版还极大扩充了有关竞争法律的章节内容，体现了竞争法律领域的发展、其与日俱增的复杂性，及其对于商业环境的重要性。有关竞争法律的章节包含了对于最新英国和欧盟案例法的详尽探讨。在国际贸易公法领域，考虑到世界贸易组织的演变，本书增加了全新的一章，对世界贸易组织的各种协定和规则进行探讨，其中包括对其争端解决机制的讨论。考虑到对于商务活动国际性规则日益增长的需求及中国加入 WTO 的事实，争端解决机制已成为国际贸易法中举足轻重、令人兴趣萌生的一方面。

自本书的前一版问世以来，电子商务的发展日益迅猛。数字环境对贸易惯例的影响已十分显著，而法律也已与其同步发展，以寻求改善由贸易中使用新科技所带来的新问题（如证据的可采纳性、信息和密码的安全性）的解决方法。本书扩展了有关这一主题的章节，以涵盖自上一版出版以来的法律发展，包括《2000 年电子通信法》和《2002 年电子商务条例》的实施。

筹备改版这样一本视野广阔的书目，是一项令人生畏的任务。尤其鉴于本书久负盛名，实至名归地成为已故施米托夫教授人生与学术贡献的确实证明，这一任务更显艰巨。本版中涉及前一版本的内容，同时要向前一版本的作者、已故的 Leo D'Arcy 深深致谢！如扉页中所示，本版的筹备深获以下两位鼎力相助：伦敦执业大律师、埃塞克斯大学（University of Essex）法律讲师戴维·霍洛韦，及从业于英国皇家收入与关税局检察官办公室的高级律师达朗·蒂姆森-亨特。Shadbolt 和 Co LLP 的国际建筑律师和顾问 Giles Dixon 筹备了建筑法律的章节；黑石商会的 Brian Kennelly 筹备了竞争法律的章节，在此谨对他们的贡献致以深深谢意！同样还要诚挚感谢 Aisling Dwyer 对于筹备和更新分支机构章节、分销和特许经营章节给予的帮助，以及 Silja Schaffstein 对国际商事仲裁章节卓有裨益的指教！

感谢 Sweet & Maxwell 出版社在本版筹备过程中所给予的支持、耐心与鼓励！

卡罗尔·默里

目 录

第 1 章 导 论

1—001 在本书中，国际贸易交易（international trade transactions）指的是一国与另一国之间进行的货物或服务出口。这些交易被称为出口交易（export transactions），并且可分为以下两类：一类是基于国际货物销售合同的交易，另一类则是涉及提供给别国的服务项目的交易，比如工程建设和设备安装。

□ 基于销售合同的出口交易

1—002 此类合同可能会有两种履行方式，一种是由出口商直接向国外进口商供货，另一种是出口商建立国外营销办事处，通过代理商、分支机构、经销商或子公司等机构执行业务。

直接出口通常更受两类出口商的青睐，一类是其业务经营主要在国内市场的出口商，另一类则是对任一国家的出口业务量尚不足以建立国外代表处的出口商——更确切地说，后者的贸易成交量相对稳定，更适合直接出口。直接出口销售可作为经常性业务办理，也可分离出来单独办理。通过国外代理商所进行的贸易活动可在英国出口方的直接控制下进行，或者通过较松散的合约安排来进行，比如利用独立的经销商——这些经销商在为英国委托人销售货物的同时也销售其他出口商的货物。此外，出口方也可选择在目标出口国建立分支机构或子公司。本书的第八部分将对这些出口方式进行详细的讨论。

基于销售合同的贸易方式和通过国外代表机构的贸易方式并不是独立的出口贸易方式，而是对于已在国外指定永久性代表的出口方式的一种补充。这些指定了国外代表的出口商通常凭借销售合同与代表机构或通过代表机构进行单独的出口交易。本书将会讨论基于销售合同的出口贸易方式，以及通过别国的销售办事处所进行的出口贸易。

□ 涉及工程建设与设备安装的出口交易

此类交易通常涉及大型基础设施的建设，例如堤坝、道路以及工厂，其中建设工厂通常伴有从工业化水平较高国家向工业化水平较低国家的技术转移。建设合同可通过招标（invitation to tender）的方式或其他采购的方式来执行。这个过程，简单说来就是合同订立的阶段，并可能同时伴有或紧接着有以出口销售为基础的机械设备供给合同或其他设备供给合同。本书的第六部分将会对该种交易方式进行讨论。 **1—003**

出口交易

本书仅涉及海外销售合同，在该合同项下，货物以集装箱运送方式或普通运送方式，通过陆运、海运或空运，从出口国被运送至国外的买方。除此以外的其他销售合同，包括货物出口的预备运输在内，都属于国内销售，因此并不在本书的讨论范围之内。值得一提的是，在一些销售交易中，比方说以工厂交货（ex works）条件成交的合同交易，合同的履行完全在出口方所在国境内完成，因此，这种合同体现了所有国内销售的特点。在实践中，基于交易条款的规定，例如将货物运送至目的地的运输安排，以及购买方身处国外这一事实，确定销售合同是否以出口货物为目的并非难事。大量的交易属于出口交易，合同当事人的权利和义务依据双方对于交货地点、运输方式和货价支付手段做出的安排而各不相同。贸易惯例产生了一些贸易术语和出口交易的既定履约方式。下面将对术语的多样性和相应合同履行方式的实际用途进行具体阐释。 **1—004**

国际货物销售合同与其他合同紧密相关，这一点是它与国内销售合同相区别之处。这些相关合同包括约定方式下的货物运输合同、保险合同，或者还有与银行间签订的用以规定货款支付生效条件的合同。在许多出口交易中，向买方或买方代理人移交运输单据（shipping documents）在交易履行中有着举足轻重的作用。这些单据通常包括海运提单（the bill of lading）、商业发票（commercial invoice）和保险单（insurance policy）。由此可见，在出口交易中，包含着许多关联交易，这些交易将分别在第一至第四部分中进行详细阐述。

因为交易的国际化和复杂性特征，必须注意当事人间发生争议的可能性。尽管本书假设英国法律可适用于买卖交易和任何其他附带交易，但也有例外情况存在。冲突法（conflict of laws）便是用来解决案例是适用英国法律还是适用某一其他地区法律这一问题的，用冲突法可确定争议应在何地、按照哪国法律、采用何种方式解决，第五部分将会解决这些问题。

□ 出口交易涉及的当事人和方式

1—005 一项出口交易牵涉到众多当事人，对于这些当事人，有着许多不同的表述方式。出口方可直接将货物销售给国外的进口方，也可将货物销售给出口行（export house）或保付行（confirming house），后者作为进口方的代理人或仅代表自身参与交易。作为进口方代理人，出口行或保付行从进口方处赚取佣金；若代表自身参与交易，它则通过向国外再销售货物赚取利润。[1]

出口方可指定一个代理人或建立分公司，第八部分将对这两者的可能性进行讨论。出口方还可选择订立独家分销协议（sole distribution agreement）、许可经营协议（licensing agreement）、特许经营协议（franchising agreement），或参与国外当事人经营的合资公司（joint venture）。

一项独家分销协议授予国外分销商独家代表该出口商的权利。尽管分销商并不是严格意义上的代理人，它也无须向出口方报告尚未确定的货物销售利润。此举的意义须由当事人双方予以特别说明，但协议中通常规定了对于特定货物在某一特定区域内的独有贸易权利。一般情况下，出口方会保证不与该分销商进行竞争，同时也不允许他方进行竞争。若指定的分销商处于适用欧盟法律的地区，由于该地区存在保护竞争的严格法律，应对这点加以特别注意。第八部分将会解决这些相关利益的问题。

在一项许可经营协议中，某一地区的授权方授予许可权使用方在另一地区利用一项知识产权的权利，如专利权和商标。这种协议安排的优点在于许可权使用方提供资本并承担交易风险。有两点值得注意：第一点是许可合同中须明确质量控制问题，实际上，许可权授予方通过检验许可产品的样品来维护自身的声誉。另一点是当许可权使用方位于一个低工业化程度地区时，授权方须考虑对涉及技术转移的相关法律的遵守，以及当许可权使用方处于适用相关欧盟法律地区时，须考虑该类法律的规定。

在出口方企业形象鲜明、识别性高的情况下，便产生了一种特殊的许可形式，即品牌许可（brand franchising）。在品牌许可合约协议中，出口方（即特许权拥有人）会对进口方（即特许权使用人）在国外销售货物的业务活动进行严格的控制。这样做的目的在于保持经销店之间的一致性，以使顾客无论身处何处，并不能看出特许权拥有人和特许权使用人所运营的经销店的不同之处。因此，质量控制应严格施行。特许权使用人拥有经销店，自行筹集资本，并依照特许合同规定的程度从特许权拥有人（即出口人）处获得货物。[2]

合资企业是一种由两个或两个以上的参与者出于某一特定目的（通常是商业性质目标）而共同成立的公司。按照相关法律规定，合资公司有多种形式，但它不一定独立构成一个法律实体，也可能仅仅是契约型实体。除去所计划的共同事业，合作双方还有各自追求的商业目标。合资企业在一些工业化程度相对较低的国家，是较受偏爱的国际交易手段。这些国家通常立法以鼓励海外投资，并同时保护本国企业的核心利益。这样的合资企业，在欧洲常以欧洲经济利益集团（European Economic Interest Grouping，EEIG）[3]的形式出现，目的是促进参与者业务活动的发展。合资企业的业务必须与成员企业的业务活动相关，它的经营目的也须在成立公司的合同中进行明确规定。在出口贸易情况下，欧洲经济利益集团可能用来成立一个联合采购办事处，使其在供应商处能取得更有竞争力的采购价格；或者也可能用来构成一个联合销售办事处，可进行包括市场研究在内的各种事务处理，使得合作双方从规模经济中获益。第八部分将对海外集团、代理办事处、分支机构以及子公司的几种主要形式进行详细讨论。

技术的加速发展使出口方能够在无纸情况下进行贸易交易。第十部分将对电子数据交换（electronic data interchange，EDI）的手段及其在出口交易中的应用潜力进行具体说明。

随着经济的国际化发展趋势，关税及贸易总协定（GATT）为多边贸易体系发展下的国际合作提供了一个很好的例子。第十一部分中将会有一章来说明世界贸易组织（WTO）的发展历程和主要工作，并介绍其采用的争议解决规则和程序。

注释

［1］保付行在国内以自身名义购买货物或对卖方负责，并从国外买方支付的手续费中获益：*Rusholme & Bolton & Roberts Hadfield Ltd v SG Read & Co (London) Ltd* ［1955］1 W. L. R. 146；*Sobell Industries Ltd v Cory Brothers & Co Ltd* ［1955］2 Lloyd's Rep. 82。

［2］参见第 30 章。

［3］Council Regulation 2137/85 ［1985］O. J. L199/1.

第一部分

国际货物买卖

第 2 章 出口贸易中的特殊贸易术语

出口买卖交易通常会用到在国内贸易中不常见的贸易术语。这其中应用最普遍的就是 FAS、FOB 和 CIF 术语，但还有其他一些并不那么常见的术语值得关注。这些术语是在国际贸易惯例中发展起来的，它们的应用简化了国际货物销售。因此在贸易交易中被广泛使用，但需要注意的是，不同国家对这些术语可能有不同的解释，同时术语意义在一些情况下可能发生变动，如买卖双方在合同中对术语进行更改、特定贸易的习惯做法以及特定港口的习惯用法。 **2—001**

为了避免与国外的买方发生误解，英国的出口方应弄清交易中所涉及的术语的含义。可用的方法有以下几种：在合同中插入说明语以使合同依照出口方所在国的法律履行；合同双方明确陈述各自对于术语用途的理解；在适当的情况下，双方也可依照贸易团体所规定的标准合同格式来选择合同术语。另外，出口方可依照自己的销售条件而选择参考标准术语解释，如国际贸易术语解释通则（Incoterms）[1]和国际贸易术语（Intraterms）[2]。前者是由国际商会（International Chamber of Commerce）编制的，全名为 Incoterms 2000，后者则是用相对易懂的语言来对术语进行解释，利用“从事贸易者能轻易理解的情境”，消除一切对于贸易术语含义的疑惑。举例来说，出口方可以与国外的买方在合同中约定“CIF，纽约（Incoterms 2000）”[3]，或是直接写明“将 1993 年版的 Intraterms 列入本合同，并依照实际情况对其进行应用”[4]。虽然合同双方达成一致意见，统一按照特定术语进行贸易，但该术语可能无法完全反映交易双方的特殊要求，因此需要在此术语基础上进行责任附加。然而，必须强调的是，如果交易双方所采用的术语并未参照任何权威术语解释标准，一旦有争议发生，英方法庭会依照传统定义来解释这些术语，而这些解释有时可能与 Incoterms、Intraterms 或其他权威的解释准则不一致。[5]

另外需要特别注意的一点是，联合国国际贸易法委员会（UNCITRAL）所倡导的一系列国际公约，如《维也纳公约》（Vienna Convention），对于业务范围位于不同地区的合同双方所进行的货物买卖，有着一系列的规定。这其中尤为重要的是，《维也纳公约》规定，默认国际贸易习惯做法为交易双方已了解的或应了解的事项，并以此应用于双方的合同。需强调的是，当合同双方未采用下列任何术语时，公约允许合同中不使用公约的某些规定或做出与之相反的规定。[6]在陈述术语的详细意义的同时，也会在相关处提到公约的有关规定。

特殊的贸易术语最基本的作用是用来规定销售货物的交货方式，但也规定了货价的计算方法，并且特别说明了附带的费用。[7]与使用 CIF 术语相比，使用 FOB 术语的卖方会出一个比较低的报价，这是因为使用 CIF 术语成交的合同，销售价格中已经包括了保险费和运费，而使用 FOB 术语成交的合同货价中则不包括。这里说明另一种情况：卖方可在自己的价格清单或是目录中选择 EXW 术语进行报价，买方则依此条件订购货物，但交易双方可能达成一致，货物由卖方邮寄，同时卖方还负责包装、发票、盖章以及货物投保。在这种情况下，EXW 术语仅指支付价格的计算；货物的交付则由其他术语确定。

在英国的海关操作及业务实践中，无论交易双方采用何种术语规定货物的交付，出口价格都依据FOB术语计算，进口价格则依据CIF术语计算。以下列出的术语规定了货物的交付和双方对于合同各自的责任义务。这里提到的责任是术语通常涉及的责任，它们还可能随着合同的具体规定、习惯做法和必要做法而有所变化。接下来的内容所要介绍的这些术语的责任与义务，来自Incoterms 2000、Intraterms和普通法（common law）的规定。

□ 工厂交货（……指定地点）（ex works（named place））

2—002 依照该术语，国外的买方或其代理人须到卖方工作处、工厂、仓库库房提取合同项下货物。因此，买方需要自己安排或是委托代理人安排陆上运输工具，将货物运送到港口、机场或铁路站点，以便进行货物的下一步运输，最终被送往目的地国。由于买方需要承担货物在运送过程中发生丢失或损坏的风险，买方需自行安排保险。买卖双方各自的义务可概括如下：

卖方应做的有：

（1）提供合同中规定的货物，并做好交货所需的称量、检查、度量及包装工作。

（2）依照约定方式提供发票以及与约定相一致的证明单据，包括电子通信方式的单据。

（3）将约定货物置于买方控制之下完成交货，或保证在该类交货方式下所通常约定的交货地点进行交货，以及在约定的交货时间内准备好货物，并在第一时间给予买方已交货的充分通知。[8]

（4）支付为将货物置于买方控制之下所引起的附加费用。

（5）在买方的要求下为其获得出口证明文件提供必要帮助，或是提供有助于货物投保的信息。

买方应做的有：

（1）接收货物并支付货款。

（2）取得货物出口所需的适当的许可证及官方批准证件，无论在交货国、出口国还是中转国，严格遵守当地海关的办理手续。

（3）支付任何货物出口附带的费用，包括装船前的检查费用、官方要求的费用，以及卖方由于提供买方所需要的帮助而引起的费用。

除非双方另有安排，货价支付一般在货物交付时完成。在EXW术语合同中，常发生由哪一方来承担货物包装费用这一问题。这个问题通常依照合同双方买卖合同中的条款来解决。根据Incoterms，卖方须自费提供“适宜货物运输”的包装，同时建议该包装包括出口包装。为了避免由于不清楚该规定是只涉及基本包装还是包括出口包装而引起误会，合同双方应在合同中对此进行明确商定。[9]

EXW条款合同还可能包括货物起运的地址，或是简单列出卖方工作地、工厂、仓库库房所在的城镇。当卖方在同一地点的不同经营场址开展业务活动时，他们不希望在货物备毕之前，该项销售影响到自己的正常业务活动，在这种情况下，后一种合同表示方法更受其青睐。随后卖方有责任及时告知买方或其代理人准备交货的具体地点。如未能及时尽到通知义务，卖方则失去了在买方拒收货物时的申诉权，并须自行承担货物损失。在一个案例中，Brett J. 这样提道[10]："合同中写明的是'于利物浦的码头或仓库交货。'利物浦是个很大的范围，难道不应该有些提示的条件吗？"

"仓库交货"（ex store）和"货仓交货"（ex warehouse）是同义词[11]，都意指货物在陆上的存储地点交货。该术语一般都不包括货物的水上储存处，比如驳船，这是因为在该种情况下的货物，若已投保，它所代表的是水上风险，而陆上存储的货物则面临陆上风险。[12]在一定情况下，"仓库交货"指的是某种专门的存储。举例来说，如果合同主体是冻肉，该术语可理解为"在冷冻仓库交货"。[13]在以 EXW 术语成交的合同中，货物风险在交货时转移至买方。

《维也纳公约》要求卖方"运送货物"（deliver the goods）。[14]依照对第 31 条款（Art. 31）（c）的类推，在 EXW 术语情况下，运送货物可解释为在卖方开展业务活动之处，将货物置于买方处置之下。[15]买方须"接受交货"（take delivery）并且支付货款。[16]

□ 货交承运人（……指定地点）（free carrier（named place））

该术语经常用于货物通过集装箱，进行轮船、铁路、陆地或是几者联合运输的情况。它与 FOB 术语相类似：卖方运送货物至规定的地点并将货物交给买方指定的承运人，以完成其义务。如果在签订合同时不能说明确切的交货地点，合同双方须列明承运人接收货物的地区或地区范围；否则该交货地点由卖方进行选择。货物丢失及损坏的风险于该时点转移。买卖双方各自的义务可概括如下： 2—003

卖方应做的有：

（1）提供合同中规定的货物，并做好交货所需的称量、检查、度量及包装工作。

（2）依照约定方式提供发票以及与约定相一致的证明单据，包括电子通信方式的单据。

（3）在指定地点，依约定方式或交货地的习惯做法，将约定货物置于买方指定的承运人控制之下完成交货，若另有规定，则将货物装上承运人的运输工具完成交货。

（4）如果并未说明某一特定地点，同时有几个可供选择的地点，卖方可选择交货地点。

（5）若有要求，取得出口许可证（export license）和其他必要的官方批准证件，并支付出口相关的一切税费、手续费等费用。

（6）支付交货前货物的一切费用。

（7）除非贸易习惯做法是发送未包装的货物，否则须自费提供货物的传统包装。

（8）及时给予买方发货的充分通知。

（9）若有要求，须帮助买方获得运输及保险合同。

买方应做的有：

（1）接收货物并支付货款。

（2）取得货物出口所需的适当的许可证及官方批准证件，无论在交货国、出口国还是中转国，严格遵守当地海关的办理手续。

（3）支付货物出口附带的费用，以及卖方应买方要求为其提供所需帮助所支付的费用，包括为提供单据和电子信息所产生的费用。

（4）订立货物从交货地处起运的运输合同，同时给予卖方充分通知，使其知晓承运人的名称和交货的时间。

Incoterms[17]要求买方自行承担未能指定承运人，或指定的承运人未能在约定时间将货物置于买方控制之下所引起的一切额外损失。同时，只要货物符合合同要求，无论该货物是预留的，还是明确指出确属合同约定货物，买方都须承担自约定交货期限届满之日起的全部风险。

□ 船边交货（……指定装运港）(FAS (named port of shipment))

2—004 FAS是“free alongside ship”的缩写，即船边交货。这个术语包含了国内买卖并不包括的内容。卖方将货物运送到买方所指派且支付费用的船边时，对货物的责任和风险便相应终止（假设卖方并未保留货物的处置权（right of disposal)[18]）。卖方也许须将货物运送至装运轮船的捆绑泊位附近，以便货物能通过轮船自身的钩具、起重机或是其他工具装运上船。船边交货即指将货物放置在运输工具的控制范围以内。一旦完成交货，买方便有责任将货物越过船舷并装运上船，同时产生的费用也应由买方来承担。若船舶停靠在码头或埠头边，货物须交至离其停泊处较近的岸边；若船舶无法进入港口或停泊在河流中，卖方须自行准备驳船，将货物运送至船舶边，但若合同双方约定交货条件为“驳船交货”，则卖方的责任在货物越过驳船船舷时结束。

FAS术语在买方有以CFR术语或CIF术语成交的相匹配合同的情况下运用频繁。*Metro Meat Ltd v Fares Rural Co Pty Ltd*[19]便是这种合同安排的例子，在该案例中，在以FAS术语成交的合同中的卖方是以CFR术语所出售货物的提供方。买卖双方各自的义务可概括如下：

卖方应做的有：

（1）提供与合同约定相一致的货物，对其进行适当包装或依合同要求进行包装，同时提供协议商定的商业发票或对等的电子信息。

（2）在约定时间，依港口习惯做法将货物运送至买方所指派的船边或装运泊位边完成交货，并及时给予买方发货的充分通知。

（3）支付交货过程中的所有附带费用。

（4）依照约定方式提供交货证明[20]，若另有约定，提供证明单据以证明货物的一致性。

（5）在买方的要求下为其获得出口证明文件提供必要帮助，同时提供有助于货物投保的信息。[21]

买方应做的有：

（1）给予卖方约定交货时间和交货地点的充分通知，以便货物从装运港起运，同时承担因自身过失而引起的一切损失。

（2）取得货物出口所需的适当的许可证及官方批准证件，无论在交货国、出口国还是中转国，严格遵守当地海关的办理手续。

（3）支付任何货物出口附带的费用，包括装船前的检查费用、官方要求的费用，以及卖方应买方要求为其提供所需帮助而引起的费用。

（4）支付货款。

严格说来，港务费从货物"出口"——即当运送货物的船舶离开港口起到期。在实践中，该责任常随具体装运港的规定和习惯做法而有所不同。在这方面，FAS 合同条款下的责任与 FOB 合同条款下的是相同的。为避免因无法确定哪一方该支付港务费而引起分歧，买卖双方应对这一责任进行明文约定。因此，"FAS，伦敦"（包括港务费）即指卖方希望遵循该海港的通常做法。

当货物进入码头时，所需支付的码头费，以及系船费、搬运费、驳船费和其他相似的费用，若在合同中未明确规定归属，且港口无相关习惯做法，都应由卖方来承担。[22]但若合同双方使用了"码头交货"（free to ducks/ delivery to ducks）这一术语，那么这些费用改由买方来承担。

根据书面规则，Incoterms 和 Intraterms 都规定卖方提供交货证明（除非合同条款另有规定，或是贸易惯例要求，卖方不需出具码头管理者的收据）。销售合同还可能要求卖方提供附加的单据。*Gill and Duffus Landauer Ltd v London Export Corporation GmbH*[23]一案就是个很好的例子。在该案例中，加利福尼亚干果协会（Dried Fruit Association of California）的标准规定卖方为合同规定主体即去壳杏仁提供一份质量证明书。

与严格的以 FOB 术语[24]成交的合同一样，在以 FAS 术语成交的合同中，除非合同双方另有约定，否则买方有责任指派一艘合适的船舶。[25]在 FAS 合同中，出口许可证是应由买方取得还是卖方取得这一问题，与接下来要讨论的 FOB 合同中的情况是基本一致的。在最著名的 *M W Hardy & Co Inc v A V Pound & Co Ltd*（以 FAS 术语处理合同）一案中，主法官 Goddard C. J. 在审查该争议时说道："在现在这种情况下，本合同是以 FAS 术语，而非 FOB 术语成交的这一事实，在我看来已不再重要。"[26]

因此，FAS 合同产生了许多与 FOB 合同密切相关的权利和义务，也就难怪在《美国统一商法典》（American Uniform Commercial Code）中，这两个贸易术语被放在同一段落中进行讨论。[27]

在集装箱运输中，合同双方有时候约定交货条件为"集装箱到达站交货"（free arrival station），意思是由运输工具将集装箱运送到合同中特指的到达地点，为买方或替买方办理海关结关放行手续做好准备。[28]他们也许会将上述术语缩写为"FAS"，但这样一来，它与这里所讨论的术语相比，就有了完全不同的含义，同时它的含义须由叙述明确的条款加以说明。这种合同实际上是到达合同（arrival contract）。

在涉及在某一运输工具处交货的 FCA 合同和 FAS 合同中，有一点值得注意，《维也纳公约》规定卖方的交货责任为，"如果销售合同牵涉到货物的运输，那么卖方须将货物交至向买方运送货物的第一运输工具处"。[29] 如果运送的货物未能被明确划归为合同项下货物，卖方必须出具发货情况的正确通知。[30] 买方的责任[31]则包括一切有助于卖方完成交货的合理的行为，比如说订立适当的运输合同，并给予卖方以合理通知。买方同时还应"接收货物"（take over the goods）。

□ 船上交货（……指定装运港）（FOB（named port of shipment））

2—005 当以 FOB 术语销售货物时，卖方的责任要比前几例更为复杂。[32] 卖方负责将货物放置于由买方指派的停泊在约定装运港的船上。卖方须负责将货物交至船上这一过程中的所有主要与附带费用，而买方则负责所有接下来的费用，例如货物在船内或甲板上的存放费用[33]、运费、海运保险费、卸货费用、进口税、签证手续费以及货物抵港后的其他附加费用。[34] 该种交易与常规的国内销售交易差异巨大，因为在国内销售交易中，并不需要在港口进行任何交易。但另一方面，FOB 交易又未体现出出口交易所真正具有的特点。

FOB 条款经常被用做计算货物销售价格的基础，而非确定交货条件的术语。因此，在英国海关与出口许可权力机关的实践中，无论约定交货条件是什么，货物的出口价值都是以 FOB 为基础计算的。

FOB 合同中买卖双方各自的义务可概括如下：

卖方应做的有：

（1）提供与合同约定相一致的货物，适当包装或依照合同约定对其进行包装；提供与约定相一致的单据以及商业发票，或与其对应的电子发票。

（2）在约定时间，按照装运港对此类交货的经常做法或习惯做法，将货物运输至买方指派的船舶的甲板上完成交货，即货物越过船舷，同时及时给予买方发货的充分通知。

（3）依照规定位置和方式将货物放置于船舶上。

（4）承担交货过程中发生的所有费用。

（5）如有规定，取得出口许可证以及其他货物出口需要的证明文件，并办理货物的海关清关手续。

（6）依约定方式提供交货证明，并在买方的要求下为其获得出口相关文件提供必要帮助，同时提供有助于货物投保的信息。

买方应做的有：

（1）给予卖方约定交货时间和交货地点的充分通知，以便货物从装运港起运，承担因自身过失而引起的一切损失以及自货物越过船舷起的丢失和损坏风险。

(2) 取得货物出口所需的适当的许可证及官方批准证件，无论在交货国、出口国还是中转国，严格遵守当地海关的办理手续。

(3) 支付货物进口的一切附带费用，承担自交货起的货物风险并支付给卖方应买方要求为其提供所需帮助而引起的费用。

(4) 支付货款。

在集装箱运输中，FOB术语有时候被当做概括性的一般术语来使用，举例来说，如“FOB，集装箱货运站（container freight station)”这样具有混淆性的用语应予以避免。在该例中，较宜使用FCA术语。[35]

在基于FOB术语的销售合同中，合同双方的责任有时是由特定港口对于特定贸易所采用的普遍做法来决定的。比如说在石油贸易中，存在着一个贸易惯例，即FOB合同的买方必须给予卖方及时的装船通知。[36]在斯德哥尔摩港口，如果木材以“FOB，斯德哥尔摩”出售，买方须承担货物的装船费用，依据此贸易惯例，FOB的交货条件被变换成了FAS的交货条件。

在合同以FOB术语订立的情况下，存在着合同双方以既定意义来理解术语的假设。卖方要求运输代理人不能在支付货款之前交付货物，这一要求并不否认通常习惯，即卖方在依合同要求或贸易惯例，把货物放置于装运港的轮船甲板上或舱内时，便已完成交货。[37]合同双方关于港务费、码头费、码头搬运费以及相关费用的支付责任与之前在FAS术语销售交易中所解释的情况相同。

□ 美国的FOB术语含义

在英国及英联邦国家，FOB被理解为“f. o. b. vessel”，即船上交货。而在 2—006
美国的实践中，FOB已演化成为一个总括性的交货条件，当出现“FOB，目的地交货（place of destination)”这一说法时，甚至意味着卖方要自负费用将货物运送至该地。[38]与英国理解上的FOB意义相同的是美国术语“f. o. b. vessel”。美国的规定可参见《统一商法典》(Uniform Commercial Code)[39]的以下条款：

“除非另有约定，即使只是用于说明指定价格，‘FOB，指定地点（即船上交货）(free on board at a named place)’在下列情况下理解为交货条件术语：

(1) 当交货条件为‘FOB，装运港（the place of shipment)’，卖方必须在此处将货物装船……并承担将货物置于运输工具控制之下这一过程中的费用和风险。

(2) 当交货条件为‘FOB，目的地（the place of destination)’，卖方必须自负费用将货物运至目的地，承担这一过程中的风险，并在该处提出交货。

(3) 在（1)、(2）任意一种情况下，交货条件同时还为‘FOB，轮船、汽车或其他运输工具上交货（vessel, car or other vehicle)’，卖方必须额外自负费用将货物装上运输工具，并承担这一过程中的风险。如果交货条件为

'FOB，船上交货（vessel）'，买方须指派船舶。同时在合适的情况下，卖方须遵守海运提单上条款的规定……"

□ FOB 合同种类

2—007 FOB 术语被用于不同特点的交易中，因此合同条款所赋予双方的责任也因交易性质而有所不同。FOB 术语所表明的附带责任须通过对合同双方明示或暗示的意向进行分析来予以确定。[40]

比如，一个要从英国的生产商或进出口批发商处购买货物并将货物转售国外的出口商可能会选择使用 FOB 术语。这种供应合同可归纳为"FOB，英国港口"。再者，出口方可能以"FOB，英国港口"这一条件向国外买方出售或转售货物。在这个例子中，FOB 术语被应用于出口交易中。出口方须注意的是，当 FOB 术语被应用于供应交易中时，与其被用于出口交易中时相比较，可能会衍生出不同的附带责任。*Singleton L. J. in M W Hardy & Co Inc v AV Pound & Co Ltd*[41]一案很好地说明了这一点。该案例说明，这种区别对于应由卖方还是买方来取得出口许可证这个问题来说，是很重要的。

另外还有一个在实践中十分重要的区别，即合同双方选用三种 FOB 合同中的哪一种取决于双方的意向。第一种是"严格意义上的"或"传统意义上的"FOB 合同。[42]在此种合同安排下，买方须指派一艘合适的船舶。当船舶抵达装运港时，卖方依据自己应买方要求与承运人签订的海运合同，将货物装上甲板。卖方取得海运提单，通常以卖方自己为委托人，并注明"凭卖方指定"，取得后转交给买方。如果想要投保，海运保险一般直接由买方自己安排，但买方也可以委托卖方代替办理海运保险。

第二种类型是带有附加服务的 FOB 合同。在此种合同安排下，卖方应买方要求安排货物运输和保险。在这种 FOB 合同中，指派适合船舶的责任由卖方而不是买方承担。如同在第一种合同中所说的那样，卖方须与承运人订立海运合同，将货物装上甲板，并将海运提单转交给买方。

第三种类型可描述为买方签订运输合同的 FOB 合同或是"简单意义上的"FOB 合同。[43]在这种合同中，买方自行或通过代理人，如代运人，签订海运合同。一般来说，买方须指派船舶，当船舶停靠在装运港时，卖方将货物装上甲板。买方通常通过代理人，如运输代理人，在装运港直接取得海运提单，而不需由卖方经手。

这三种 FOB 合同之间存在着巨大的法律差异。它们显示出这种合同安排的灵活性。实际上，实践中常出现这些 FOB 合同变形和互相结合的情况。在第一种和第三种 FOB 合同中，买方有责任指派船舶，但在第二种合同中，则是由卖方来负责。在第一种和第二种合同中，卖方与海运负责人存在合同关系，因此第二种一直被看做是第一种的变形。[44]而在第三种合同中，海运合同由买方直接自行签订，并不涉及卖方。

在 *Pyrene Co Ltd v Scindia Navigation Co Ltd* 一案中，Devlin J. 是这样

描述三种不同类型的 FOB 合同的：[45]

"FOB 合同成为一种灵活的工具。在传统类型合同中，如 *Wimble, Sons & Co Ltd v Rosenberg & Sons*[46]一案，买方的责任是指派船舶，而在通常贸易条件下，卖方则有责任应买方要求将货物装船，并取得海运提单。在此种例子中，至少在其以买方名义取得海运提单之前，卖方直接介入运输合同。传统类型的合同可能基于这样的假设，即被指派的船舶愿意接受任何装运于甲板上的货物，或起码愿意接受预先已接到通知的货物。在现有条件下，由于船舱空间通常须提前预订，运输合同往往在较早的时点便被订立。有时，卖方会被要求做相关必要安排，同时像在 CIF 合同中情况一样，合同规定以卖方名义取得海运提单，并在转交提单时取得货款支付。另外，买方有时雇用自己的货运代理在装运港预订船舱并取得海运提单，如果需提前支付运费，则这种方法最为方便。在此种情况下，卖方将货物装船，取得大副收据并将其转交给货运代理，以便其领取海运提单。"

这段描述在英国最高法院的 *The El Amria and El Minia*[47]一案中被引用并得到认同：

"在 *Pyrene & Co v Scindia Steam Navigation Co* 一案中，Devlin J. 举例说明了三种 FOB 合同。在第一种或传统类型合同中，买方指派船舶，卖方出于买方利益将货物装船，取得海运提单。那么卖方就成为运输合同的一方当事人，若该海运提单注明"凭卖方指定"，则这份由卖方背书给买方的海运提单包含了唯一一个买方能成为当事人的运输合同。第二种是第一种合同的变形，在该种合同中，卖方安排船舶停靠于港口，但法律附带的权利和义务是相同的。在第三种合同中，卖方将货物装船，取得一份大副收据，并将该收据转交给将取得海运提单的买方或买方代理人。在这后一种合同中，买方自始便是运输合同的一方当事人。"

在 *Pyrene* 一案中，引起争论的是第三种类型的 FOB 合同。原告方 Pyrene Co Ltd 向印度政府出售了一批消防车，交货条件为"FOB，伦敦"。买方指派了一艘属于被告方的船舶，并通过他们的货运代理人，做好了将货物运至孟买的一切安排。然而当船舶挂钩举运其中一辆消防车越过船舷时，桅杆发生断裂，这辆还未越过船舷的消防车掉落在码头上并且受到破坏。修复这辆消防车花费了 966 英镑，随后其通过另一艘船舶装运至目的港。卖方要求被告方赔偿修理费用，而被告方虽承认过失，但辩解称依照现行规定[48]，作为承运人，他们的责任限制在 200 英镑以内。Devlin J. 认为，虽然卖方并不是海运合同的当事方（由买方及被告方的陈述中得出这一结论），但基于合同对其的影响，卖方实际介入了运输合同，并从这一符合销售合同要求的合同中获益，而这些要求中同时包括了责任的最高限度。这位博学的法官还进一步认为，就作为承运人的被告方而言，他们所应负责的是整个装运操作，而不仅仅是货物越过船舷之后的装运工作。Devlin J. 判决卖方获得 200 英镑的赔偿。[49]多式联运的情况可能有所不同。在多式联运中，不同的国际公约适用于货物装运操作的不同阶段。在 *Thermo Engineers Ltd v Ferrymasters Ltd*[50]一案中，争论的重点是装运过程中，货物在船上受到的损失是由适用于公路运输的 CMR[51]来判定还是由适用于海运的《海牙规则》[52]来判定。货物是一台巨大的换热器，由英国公司出售给哥本哈根的买方。在拖车将这台换热器运输上船的过程中，换热器的突出部分撞到了较低甲板的舱壁，因此受到损坏。而此时拖车已经越过了船舶的外侧舷梯，并穿过了船尾线。Neill J. 认为此时公路运输已经终止，损坏发生在拖车越过船舷之前，因此应适用 CMR 规定。

□ 运输及海运保险安排

2—008 当货物以 FOB 条件出售时，原则上来说，买方有责任安排运输及办理海运保险。因此"FOB，买方安排运输"是最典型的 FOB 合同。[53]

由于卖方在货物发送前的所在国开展业务活动，比起买方，他能更好地安排这些事项，因此上述这种安排通常是不便利的。由此出现了传统 FOB 合同的发展和带有额外服务的 FOB 合同。在这两种合同中，合同双方达成一致，卖方须与承运人订立合同，以其自身名义安排运输。在所有种类的 FOB 合同中，买方都是运费和保险费的最终承担者。[54]在 *Glencore Grain Rotterdam BV v Lebanese Organization for International Commerce* (*LORICO*)[55]一案中，明确了在没有其他特殊术语约束的情况下，FOB 合同项下的卖方没有责任支付运费，也没有责任履行任何与 FOB 合同内在要求相违背的要求行为。

在有附加服务的 FOB 合同中，卖方可以以其自身名义或作为买方代理人取得海运提单。[56]按照普遍原则，若卖方应买方要求取得了保险，并支付了相应费用，他有权要求买方支付运费和保险费。如双方没有反对意见，且也不存在相冲突的贸易惯例，卖方还可进一步要求买方支付安排海运合同和海运保险的佣金。在这种情况下，卖方可能开具两份发票，一份显示货物的 FOB 价格，包括在货物越过船舷完成交货之前的所有费用；另一份则显示他应买方要求所提供的附加服务的费用，尤其是预先垫付的运费、海运保险费用和佣金费用。[57]

在卖方介入运输合同的情况下以及买方未意识到运输安排的情况下，根据英国法律，FOB 合同的卖方须给予买方到期通知，以有助于买方对货物的海洋运输进行投保。这项规定出自《1979 年货物买卖法》s. 32 (3)：

> "除非双方有反对意见，若货物由卖方向买方运送的过程中有海洋运输，并且属于通常应投保的情况，卖方须给予买方类似通知，以帮助买方对货物海运进行投保。若卖方未能做到这一点，货物在海洋运输中的风险视为由卖方承担。"[58]

该规定的理由很清楚。FOB 合同的买方承担自货物越过船舷的时点起的风险，如果买方不清楚风险何时转移而卖方了解情况，卖方有责任及时通知买方。

合同双方的责任

□ 指派合适的船舶

合同双方有时会在合同中特别约定运送货物的船只以及运送路线，或者商议同意由卖方提供船舶。如果不属于这种情况，根据前文所述，买方有责任为卖方提供运输指南，以便卖方在合同规定时间内将货物运至船边并装船。运输指南通常包括将装运货物的合适船舶的名字[59]和船舶已做好接收货物的大致准备的通知。Hewart C. J. 如此描述该责任：[60] 2—009

"购买方有责任提供船舶，在约定地点，等待供货方将货物运至船边并将货物越过船舷，以便购买方在约定时间内接收货物……这类合同的通常做法是买方指派船舶，并通知供货方船舶的到达情况，以便供货方履行合同约定责任。"

□ 合适船舶

合适的船舶是指可运送、能运送且愿意运送合同货物的船舶，它须能在特定港口装卸。在一个实例中，合同要求买方提供符合港口范围尺寸限制的船舶，同时对于这项规定的服从也是合同条款之一。没有制冷设备的船舶明显不适宜装运冷冻货物，类似的，普通的货船不适宜运输散装的原油。在某些情况下，需装运的货物由大块金属部件构成。合同术语为"FOB 理舱费在内，理查德湾（南非）"。买方指派了 The Vicmar Navigator 来运输货物，卖方接受了这一安排。Mustill J. 说道[61]： 2—010

"这产生了一个主要问题，简短却不简单。我已经说明过 Vicmar 并不是运输货物的合适船舶，而对于这艘船舶的提议经初步认定是对合同的违背。然而卖方在确定时以托运人同意为条件，明确接受了这一提议。"

有效的船舶必须能够在船期内装运货物。[62]合同可能规定买方将指派船舶大致准备好运货的时间通知卖方。如果没有类似规定，买方也应合理地给予卖方这一通知。[63]给予该类通知被认为是合同条款之一，而并不是无名条款。[64]如果 FOB 术语和其他规定装运期的条款相结合，例如"8/9 月份装运"，买方必须指派一艘能在此期间装运货物的船舶。因此买方有决定装运时间的选择权。在此基础上，货物即为"等待买方发出装货指令"（at the buyer's call）。[65]

若指派船舶做好了接收货物的准备，卖方有责任将货物装船。该类型合同中的卖方应坚持一项规定，即他须接到船舶准备完毕的充分通知，才能将货物运至船边并开始装船。如果货物已备妥，只等买方发出装货指令，并且卖方收到了货船备毕的充分通知，卖方有责任遵守通知内容，并及时准备好合同货物以便装船。[66]

□ 未能指派合适船舶

2—011 一旦买方未能在约定时间内指派船舶，卖方有权拒绝履行合同义务。[67]有时候为了遵守及时指派船舶的规定，买方可能会指派一艘不合适的船舶，并希望能在之后的过程中将其替换。这种虚假的非实质意义的指派使得卖方有权拒绝履行合同义务。[68]

若买方未能指派合适船舶，或延迟指派船舶，卖方有权向买方要求赔偿损失。支付价格可能与原先约定的有所不同，因为卖方拥有货物，他必须从货物中扣除损失价值。无论货物能在市场上出售还是专为买方的要求特别定制，前述规定都适用，同时无论买方出于什么原因未能履行指派船只的义务，都适用该规定。出于这一原因，卖方应坚持在合同中规定，无论是否指派合适船舶，支付价格应在某一指定日期起保持不变。[69]

□ 指派替代船舶

2—012 若指派的船舶被撤回或是由于其他原因未能指派船舶，买方有责任尽快指派替代船舶，并承担由于该替代行为引起的额外费用。该规定须严格限定，只有在合同约定时间内，或在超出合同时间后，有相应的合同规定或是贸易惯例允许，该替代才生效。[70]在有合同条款要求买方提供有类似“最终”或“确定”等词描述的船舶通知的情况下，买方不能做出替代行为。买方应该保留替代的权利以避免复杂情况的发生。若产生替代指派，替代本身应在法律上和事实上属于有效指派。一旦指派了合适船舶，卖方有责任进行装船。[71]

□ 装船作业

2—013 若装船工作顺利完成，将船舷作为FOB合同买卖双方责任的法律分界点是得到认可，也是操作便利的做法。而若在装船过程中出现任何意外情况，例如当从岸边向船内吊运货物时，绳索发生断裂，欲确定风险及所有权向FOB合同买方转移的确切时点，需要进行进一步的分析。此类意外影响两类法律关系：买卖合同关系以及运输合同关系。货物掉落在船舷的这一侧或是那一侧当然是完全偶然的。Devlin J. 在 *Pyrene* 一案中指出了此类事件的偶然性[72]：

“只有最热心的律师才能满意地看着这一壮观的场面，随着货物在起重机底端来回摇晃，从船舷越过名义上的垂直分界点，合同双方的责任进行着不稳定的转移。”

正如我们在之前已看到的那样[73]，Devlin J. 在该案中所持观点是，在海运合同中，装运作业须被看做一个不可分割的整体，承运人应为其在该作业任一阶段的疏忽承担相应责任，而不论疏忽是发生在越过船舷之前还是之后。在这一点上，需要指明的是，当货物被从甲板上所在位置直接放入船舶的情况下，或当货物是谷粒或石油等物体而要被泵入罐子的情况下，理舱属于装船作业的一部分。在后一种情况下，风险通过装运轮缘转移。然而，若要求货物以货仓装运，则理舱视为独立作业过程，因此属于买方承担风险，除非合同规定为"FOB，理舱费在内"或其他类似术语，或者根据贸易及港口惯例，理舱作业由卖方负责。[74]若合同规定依照 Incoterms，卖方必须将货物运送或装载至船上。若合同规定依照 Intraterms，卖方必须"将货物装上船"。后一种规定与《美国统一商法典》中的有关规定相一致。

对于销售合同来说，若合同双方并未在合同中规定时点，识别风险（有时连同所有权）何时完成向买方的转移，是至关重要的。在这个问题上，存在着两种观点。[75]第一种是，在 FOB 合同中，自货物越过船舷起，风险即转移给买方，而它们是否在装运作业结束之时安全抵达船舶是无关紧要的。根据这一观点，销售合同里的"装运"一词与海运合同中使用的该词，有着不同的意思。另一种则是，只有在货物安全抵达船上且装运作业顺利完成之后，FOB 合同中的卖方才算完成了规定责任。此时，"装运"一词在两种合同中的意思是一样的。第二种观点被普遍认为是正确的。在此基础上，由 Devlin J. 拒绝作为海运合同的考量因素之一的偶然性，也同样不适用于销售合同。Incoterms、Intraterms 以及《美国统一商法典》都用了相似的方式来描述卖方责任，显示出对第二种观点的支持。[76]在 FOB 合同条款中，装运货物入船的费用应由卖方承担，但通常此项费用已被包括在买方支付的运费之中。

□ 所有权的转移

在 FOB 合同中，若货物未能明确划归，例如货物散装运输，且被卖给了 **2—014**
几个买方，根据第 4 章中所说明的《1979 年货物买卖法》s. 20A[77]，在各部分货物被划归至不同买方名下之前，所有权不发生转移。即使买卖双方在合同中事先约定一旦货物装运至运输船舶，所有权发生转移，该规定也同样适用。[78]

若货物已被明确划归，在 FOB 合同中，所有权自货物装运起即转移，除非明示或暗示地规定货物所有权转移延迟。因此，在合同关于支付的条款得到履行之前，卖方可能保留对货物的处置权。

在卖方与承运人订立了合同且保有海运提单的情况下，例如严格的 FOB 合同以及带有附加服务的 FOB 合同，会出现所有权是随着货物装运而转移还是随着海运提单转交而转移这一问题。怎样解决主要取决于买卖双方的意图。一般来说，他们希望所有权转移能延迟至卖方将海运提单转交给买方或其代理人[79]，但事实可能会产生不同的意图。举例来说，在 *Mitsui &Co Ltd v Flota Mercante Grancolombiana SA*；*The Ciudad De Pasto and Ciudad DeNeiva*[80]一案中，规定为若海运提单凭卖方指定可交付，则所有权转移可延迟至，比方说全款支付货价之时。

当交货给承运人之后，若卖方未以明示或暗示的法律条款来保留货物所有权，在适当情况下，他拥有对未付款货物的请求权，特别是对货物的扣押权和中途停运权。[81]

□ 货物检验

2—015 FOB合同货物的检验地取决于合同双方的安排和实际情况。合同双方可能约定对货物进行装运前检验[82]，该做法在现代出口贸易中呈上升趋势。若双方没有相关约定，且贸易惯例无可借鉴做法，买方没有责任对于装运货物进行检验，而即使他未能在该场合检验货物，他也仍然保留在货物不符合合同规定的情况下，对货物的拒收权。在这种情况下，通常“唯一可能的检验地是在货物到达目的地之后”。[83]然而，若国外的买方购买货物的目的是转售，法庭可能认为在最终买方所在地进行的检验足够充分。

□ 多码头FOB条款

2—016 有时合同会规定在以地域规定的多个港口的其中一个交货，如“FOB，英国港口”、“FOB，欧洲大陆港口”[84]以及 *Boyd & Co v Louca*[85]一案中的“FOB，理舱费在内，丹麦港口”。此类术语的解释要取决于合同双方的意图。在严格的FOB合同以及买方安排运输的FOB合同中，买方指派船舶的责任一般包括在合同规定范围内选择装运港的责任以及相应地及早通知卖方的责任。[86]在带有附加服务的FOB合同中，较为适用的做法是将选择合适港口的任务交给卖方。简而言之，负责运输的一方当事人一般有选择装运港的权利。

□ 取得出口许可证的责任[87]

2—017 一般来说，合同双方明示或暗示地约定卖方应取得任何必需的出口许可证。如果合同没有明确规定这一点[88]，当FOB条款出现在出口交易而非供给交易中时，不难发现，据双方所知的情况，于合同约定日期，在装运国存在要求出具相关出口许可证的规定，并且根据该规定，卖方或其当地供应商，是唯一有能力申请许可证的当事方。在 *AV Pound & Co Ltd v MW Hardy & Co Inc*[89]一案中，一个美国的公司约定向一家英国的公司购买300公吨葡萄牙产的树胶精油，交货条件为“FAS，买方的油罐汽船上交货，里斯本”。卖方当时知道在这个合同中，买方在设想指定民主德国的某一港口为货物的目的地。卖方随后从葡方的供应商处购买货物，却无法取得出口许可证。买方指派的油罐汽船及时抵达里斯本，并准备好装运，但由于他们拒绝指定另外的目的地，并且无法取得民主德国的许可证，以致货物无法装运。根据葡萄牙法律，只有葡萄牙的供应商能够取得出口许可证，且在取得许可证之前，货物不能被装船，也不能办理海关清关手续。依据适用于FOB合同的相同规定，上议院（the House of Lords）认为，在本案的情况中，合同双方意图并暗示地约定由卖方而不是买方来取得出口许可证。法庭认为卖方须尽全力取得许可证[90]，同时尽管为取得许可证做出了努力，因为并未得到准许，合同无效，卖方也不能从买方处获得赔偿。

若合同双方未明示或暗示地约定 FOB 合同的卖方须取得出口许可证，在出口交易的情况下，卖方有责任取得出口许可证，而不是买方。一般来说，在出口国，卖方是唯一熟知出口许可手续办理且有能力取得许可证的一方。Incoterms 也同样采用了这一观点。只有在供给交易的情况下，例如英国的出口商以“FOB，利物浦”这一条件向英国供应商购买货物，取得出口许可证的责任归买方（即进口商）所有。

□ FOB，机场交货；货交承运人（FCA，机场交货）[91]

若合同双方打算采用航空运输，则最适宜的术语是 FCA，即货交承运人。 **2—018**
FCA 术语的构成应加入机场名字以及航空运输负责人。在使用“FOB，机场交货”术语的情况下，买卖双方各自的义务可概括如下：

卖方应做的有：

（1）提供符合销售合同要求的货物，和合同所要求的可证明货物符合性的文件，以及商业发票或与其对应的电子发票。

（2）在截止日期前或适当的时期内，以习惯方式，将货物运送至航空承运人，或其代理人，或任何其他买方指派的责任人处。

（3）若有要求，从承运人处取得收据。

买方应做的有：

（1）给予卖方适当通知和指示（在有要求的情况下），使其得知目的地机场的名称，便于货物从约定的起运空港出发，进行航空运输。

（2）按照合同规定，承担自交货起的所有货物相关费用。

（3）支付货款。

有两点值得注意。第一，在“FOB，机场交货”术语中，买卖方的责任分界点是航空运输负责人在机场接收到货物，该点通常为航空运输负责人在机场的过境仓库。如果在该时点和货物被装运进飞机前的这段时间内，比方说在运输负责人的过境仓库或是停机坪上，货物丢失或受损，该损失应由买方承担，所以他应对此种风险投保。第二，Incoterms 规定，与“FOB，船上交货”的情况不同，若买卖双方没有相悖规定，卖方应安排航空运输，由买方承担费用。在英国的实践中，卖方是否拥有这一权利是不确定的，主要依据合同双方的意图而定。卖方的责任延续到货物装运上飞机的情况，在“FOB，飞机上交货”这一术语下并不常见。

□ 成本加保险费、运费（……指定目的港）（CIF（named port of destination））

这是在出口贸易中牵涉到贸易惯例的最常见的术语。大法官赖特（Wright）[92] **2—019**

评价 CIF（“成本加保险费、运费”[93]）术语“是海运贸易中运用最广泛、最频繁的合同类型。每年都有大量交易以 CIF 术语成交，这些交易的累积金额巨大”。波尔特（Porter）大法官[94]在下文中指出了 CIF 术语的一般特点：

“CIF 合同中卖方的责任是众所周知的，在一般的情况下，包括提交包含合同约定出售货物在内且不包含其他物品的海运提单，通常格式的保单，显示价格的发票，并包括因买方事先在起运港交货前支付款项而应扣除的运费。收到卖方提交的这些单据后，买方应支付货款。在这种情况下，所有权或在装运时转移，或在单据提交时转移，风险通常在装运时转移或是装运完成后转移，但是所有权并不即刻转移，直到代表货物的单据在支付货款时予以转交才得以转移。买方在收到单据之后，便拥有了在海运合同中止时，起诉船舶的权利，以及当货物发生保险范围内风险时，要求承保人赔偿的权利。然而，严格的 CIF 合同形式应作调整。在我看来，规定提单可用海运提单或保险凭证来替换这一点，使得合同看起来并不属于 CIF 术语。”

Donaldson J. 在一个案例[95]中评价道：

“该 CIF 合同要求的是中国兔子。因此他们的责任是提交单据，而不是运送兔子本身。因为他们可以买下任何在途的中国兔子。（注：本例说明，卖方在 CIF 合同中的关键责任是提交单据，而货物的实际运送是次要的。）”

如果能将 CIF 合同的经济目的与交易的严格法律效力区分开来，就能更为恰当地理解 CIF 合同的本质了。

□定　义

2—020 从商业的角度来看，CIF 合同的目的并不是出售货物本身，而是出售与货物相关的单据。“这并不是规定货物必须到达的合同，而是规定装运符合销售合同规定的货物，并且在没有相悖规定的情况下，取得从起运地到目的地的普通运输合同、运输途中货物的普通保险合同，并在收到货款支付时提交这些单据。”[96]McNair J.[97]这样描述普通的 CIF 合同，“（在合同中）卖方提交包括这些货物的海运提单即完成交货责任”。买方的目的是尽早取得货物的处置权，以便进行转售或申请银行贷款。如果买方希望能进行有形的收货，在货物损失的情况下，买方会要求保险金赔偿。卖方的目的是通过提供运输和保险来帮助买方。卖方会希望在货价支付时出让货物的处置权，并且不为货物在运输途中的丢失或损坏承担责任。在买方——或者若合同有相关规定，所指派的银行方——在与货物有关的单据提交之时便依照规定方式实现支付的情况下，能最为便利地实现合同双方的目的。货运单据的交货是“货物在商业意义上的对等物”[98]这一事实，在当货物在运输途中损失，但货运单据已交至买方手上或仍能交至买方手上时，具有重要意义。

以 CIF 术语成交的销售合同中，卖方要涉及与国内交易不同的计算活动和操作过程，往往对卖方的专业知识和经验有更多的要求。出口经理（export managers）以及保付银行拥有此类专业知识，并且常处于能在运输和保险上做出更有利安排的地位。特别地，在与买方所在国进行大宗或普通贸易时，他们通常会努力取得这些费用的扣减，另外，他们可能将几种货物聚集起来，出售给同一个收货人，或是将一些货物出售给不同的收货人，以此最大化利用可用的运输空间。[99]在这些情况下，CIF 术语就体现出了不同寻常的优势。

从法律角度上来说，选择 CIF 术语会产生一些复杂的问题，这是因为 CIF 交易必然包含三种合同：销售合同、海洋运输合同以及海运保险合同。在过去这些问题引发了大量的诉讼，但近年来这些易产生纠纷的争议方面已被解决。[100]

CIF 合同下卖方的义务可概括如下[101]：

（1）运输符合合同描述的货物，办理货物的海关清关手续或购买符合要求的在途货物[102]。

（2）如果货物不是在运输途中被购买的，须取得能运送货物至合同规定的目的地进行交货的海运合同，并取得作为证明的海运提单。

（3）在没有海运保险的情况下，依实际贸易条件安排能使买方受益的保险，向买方提供保险单或保险单据（insurance document）以使买方有权利向保险人提出赔偿要求。

（4）开具发票，借方列明买方须支付的约定价格或实际支出、佣金费、运费、保险费，贷方列明买方须在货物到达目的港时，支付给船方的运费金额。[103]

（5）按规定的方式（直接呈交、通过电子手段传送或其他方式）提交单据：海运提单、保险单、给买方的发票，其他双方约定的单据以及/或贸易惯例要求的单据，以使买方在收到货物或货物中途损失的情况下，便于获得损失补偿，同时知晓他所需支付的运费部分。

买方的义务可概括如下：

（1）在单据符合销售合同规定的情况下，接受卖方提交的单据，并支付合同价款。

（2）在约定的目的港接收货物，承担除运费和海运保费外，货物抵达目的港前在海运过程中发生的所有费用和支出，同时还有卸货费，其中包括驳船费（lighterage charge）和码头费（wharfage charge），除非这些费用和支出在支付运费时已被包括或是由运输公司额外收取。

（3）如果提供战争险（war insurance），承担战争险费用。

（4）承担自货物在装运港有效越过船舷之后的一切风险。

（5）若买方保留了决定货物装运期以及/或选择目的港（port of destination）的权利，但未及时发出通知，则买方必须承担因此发生的额外支出和自装运期限届满之日起的一切货物风险，前提是货物已划归本合同项下，即货物已被清楚划出，或以其他方式确定为本合同项下货物。

（6）支付为取得原产地证明（certificate of origin）和出口单证（consular documents）[104]所发生的费用和支出。

（7）支付所有海关关税（Customs duties），以及因进口引起的一切税费。

（8）自担风险和费用，取得所有货物进口至目的地所需的进口许可证（import license）或类似文件。

注释：若货物以“CIF，landed”（成本加保险费、运费并卸到岸上）条件出售，卖方承担卸货费用，其中包括驳船费和码头费。

买卖双方会将这些义务应用到他们希望进行的特定交易中去，并在必要的时候更改及补充这些义务。特别地，他们会在合同中准确界定对卖方须提交给买方的装运单据的要求、装运期限、装运时间、装运地点和货价的支付货币。然而，他们须注意，对义务的修正和变形不能破坏 CIF 术语的根本特征。该特征是，通过装运单据的转交，买方与运输负责人及保险人之间建立起了直接的关系，以便买方在货物发生丢失和损坏时可向这些当事方索偿。如果合同双方改变了装运单据的这一根本特点，比如说规定卖方可自由向在目的港的代理人提交交货单或货物本身，来替代海运提单，该合同在法律意义上便已不是一项 CIF 合同了。[105]

□ 装运单据

2—021 在对 CIF 交易履行情况所进行的所有检验中，装运单据的检验是最为核心的。原则上来说，装运单据由下列单据组成：能证明对到达约定目的地前的货物提供不间断保护的海运合同的清洁的海运提单；承保通常海运风险和其他约定附加险的海运保险单或保险凭证；以及约定形式的发票。

这些装运单据中的海运提单和保险单，须从起运港至目的港提供不间断的保护，“这样无论发生什么情况，CIF 合同的买方能基于海运提单，有理由起诉船方，且能基于保险单，有理由起诉保险人”。[106]如果单据未在支付安排条件下提交给银行方，通常做法是经由两次独立的安全发送，向买方递送至少两套单据。

□ 海运提单

2—022 卖方须取得的海运提单必须是清洁提单（clean bill），即对货物表面状况良好这一点没有限定或保留意见。[107]在合同双方没有明确约定的情况下，由特定交易中的习惯做法来确定“收货候装”（received for shipment）提单或船舶交货单是否可代替“已装运”（shipped）提单。[108]卖方有时会在销售条件中明确列示“若经提交，买方应该接受收货候装海运提单”。如果合同没有此类规定，且无相悖贸易惯例，买方有权取得“已装运”提单。但在集装箱运输中，买卖双方一贯同意可提交“收货候装”海运提单。合同双方可进一步约定卖方有权用交货单替换海运提单。该交货单必须特指船舶交货单，即出具给船舶的，在适当写明由运输负责人“转让”（attorned）的情况下[109]，能使买方拥有直接向承运人要求从船舶上收受货物权利的交货单。[110]若合同规定卖方可用其他类型的交货单，例如开具给他的代理人之一或是仓库管理员的交货单，来进行替代，那么该合同就不是真正意义上的CIF合同了。[111]

CIF合同下的卖方必须在约定的装运期（shipping period）内[112]或在约定的装运日运输货物。除非合同规定了一条特定运输路线，否则货物须经通常路线运输。如果通常路线不可行，卖方并不因此完成合同义务的履行，反之，他应通过一切合理的可行路线运输货物。[113]

□ 保险单据

卖方须提交给买方的海运保险单或保险证明，应承保特定贸易中的惯常风险，为具有不确定性的货物和运输过程提供保障。[114]合同双方不能过分依赖贸易惯例，这是因为在装运港和目的港，贸易惯例有时会发生变化，同时依据不同商人和法庭的理解，可能对贸易惯例产生多种不同解释。在适当的情况下，合同双方应该在销售合同中约定卖方须提交的保险单的性质，例如，保单是否覆盖协会货物保险条款（A）形式下的所有风险[115]，或是否包括战争险。通常认为，应在"惯常的协会条款下"（on usual Lloyd's conditions）投保的卖方，在取得与通常运输条款规定一样详尽的保险保障后，才算义务履行完毕。[116]CIF合同双方应约定的另一点是卖方须取得的保险价值。合同双方通常在该价值计算上达成一致，他们的合同一般规定保险价值应为货物的发票价值加上运输和保险费用，再加上能代表买方期望利益的一个特定的百分比，如10%或15%。[117]事实上，若合同没有规定，在UCPDC规定下，银行一般要求110%的CIF合同价值。需指明的是，法律要求卖方，在没有明确相悖贸易惯例的情形下，仅投保货物在装运地时的合理价值。一般来说，这意味着货物的成本价，包括佣金费、装船费用和保费，但不包括货物价值上涨的部分、买方的预期利益以及运费（除非是提前支付，否则在货物未抵达目的地的情况下不予支付）。因此希望取得这些利益保障的买方有必要在签订销售合同时对其做出明确规定，以约束卖方。[118] 2—023

卖方可能安排了预约保险[119]，这种保险为数量未定的将在固定时期内装运的货物提供保障，但仅以最基本条件来进行投保，随后他会向保险人寄送一份说明先前未能确定的货物细节的声明，以使保险生效。在这种情况下，卖方不会收到须提交给买方的保险单，而仅会收到保险经纪人出具的暂保单或保险证明，或是他本人签发的保险证明。[120]在过去的英国实例解决方法中[121]，人们认为这些单据在法律上并不等同于保险单。而美国的做法则与英国不同。在美国，由保险公司或代表保险公司出具的保险证明，历来都可替代保险单[122]，但是"'保险证明'（certificate of insurance）一词本身并不包括由保险经纪人出具的证明或是'暂保单'（cover notes），也并不构成货物受保险保障的说明"。[123]然而，通常认为使得被保险人（或受让人）有权要求保险的证明或其他单据可能由合同双方明示或暗示地约定为可接受单据。决定性的标准在于提交的单据使持有人任何时候都有权要求的出具正式保单或有理由起诉保险人。买方无须接受不具备此特性的暂保单，除非他之前同意接受或交易过程及贸易惯例有相悖规定。合同的核心条件是要求须取得有效的保险单以保障运输途中的货物，且即使货物已安全抵达目的港，CIF 合同下的买方也有权拒收未投保货物。[124]

□ 发票（invoice）

2—024 发票必须严格依照合同条款来制定。即使是最细小的更改也可能引起不便，特别是在该情形下，若涉及不愿在信用证下支付货款的银行，则情况更为复杂。[125]贸易发票的法律要求在早前已经有所描述，除非依合同双方约定或贸易惯例，不使用发票，否则应申请发票。有时发票应符合货物进口国的官方规定，这些规定将会在后文中讨论。需注意的是发票和其他提交的单据之间的适当关联。它们必须都一致说明出售的货物，虽然允许它们在其他文件的描述中可有一定程度的出入。[126]

□ 其他单据

2—025 合同双方可能进一步约定，除三种基本单据以外，运输单据还应包括其他单据，如原产地证明、品质检验证书（certificate of quality），或是检验证书（certificate of inspection）。[127]未能以适当方式提交这些单据通常会产生与未能提交正确的基本单据一样的后果。[128]

□ 拒收单据及拒收货物的权利

2—026 在 CIF 合同中，拒收单据的权利不同于拒收货物的权利。Devlin J. 在 *Kwei Tek Chao v British Traders and Shippers Ltd*[129]一案中评论道：

> “拒收单据的权利产生于单据提交之时，拒收货物的权利则产生于货物上岸，且在检验后发现它们与合同规定不相符之时。”

买方必须注意，当他自己或者是通知价款支付信用证的银行方取得了单据，即便是不正确的单据，只要无异议地基于单据进行了支付，即丧失拒收单据的权利。当单据被集中在一起时[130]，只要对于审阅单据或应审阅单据的人来说，出现了一个不符点，则单据就是不正确的。因此，在 *Panchaud Freres SA v Establissements General Grain Co*[131]一例中，一份以“CIF，安特卫普”条件销售巴西玉米的合同，规定运输期为 1965 年 6—7 月。货物于 8 月 10—12 日进行运输，但海运提单的日期却记为 1965 年 7 月 31 日。监管玉米装船的督导者签发了一份数量检验证书（certificate of quantity），记载他们于 8 月 10—12 日提取了样品。这份证书构成买方取得且进行支付的装运单据的一部分。随后买方欲起诉卖方伪造海运提单的日期以及延迟装运。英国最高法院拒绝了这一起诉。大法官 Denning M. R. 说道[132]：

> “通过收取单据并且进行支付，他们放弃了之后对于海运提单上延迟装运这一不符点进行起诉的权利。”

然而需要指出的是，拒收单据权利的丧失并不意味着若上岸后发现货物与合同要求不符，同样丧失了拒收货物的权利。在一个案例[133]中，Hobhouse J. 评论道：

“买方有权延后行使拒收货物的权利，直到货物到达目的地。他能在该最佳时点决定是否行使这一权利。但是如果他以使自己丧失重新获得货物所有权的方式或是实际减免的方式处理货物或单据，他将失去这一权利……”

拒收须“明确而不含糊”[134]。它必须指明买方不愿与单据或货物有任何关联。如果以模糊不清的语言来表达或是买方自身有矛盾行为，例如转售货物，则拒收无效。[135]

这里有一个例外，当买方或其代理人不能意识到单据是不正确的，且基于他已丧失了拒收货物的权利，他仍拥有由于单据条件的破坏要求赔偿的权利。在 *Kwei Tek Chao v British Traders and Shipper Ltd* 一案中，伦敦的出口方以“CIF，香港”条件向香港商人出售货物，规定不迟于 1951 年 10 月 31 日，于欧洲大陆港口装运。在卖方不知晓的情况下，货物于该日期之后在安特卫普装运，但海运提单将装运日期伪造为 10 月 31 日。买方并未意识到这一点，因此接受了单据，之后在货物到达后将其置入货仓，并用担保方式将货仓抵押给了银行。随后买方发现了海运提单的伪造之处，便起诉卖方要求赔偿。Devlin J. 认为 CIF 合同中拒收单据和拒收货物这两种权利是不同的，买方对货物的支配并不使其丧失拒收与合同要求不符的单据的权利，因此他们有权因无法拒收单据提出赔偿要求。他们能获得巨额损失赔偿金，包括货物的合同价与买方发现卖方违约后货物价值之间的差值。[136]

□ 合同双方的责任

在 CIF 术语下，从卖方将货物装运至装运港的运输船舶上起，卖方即完成对货物的责任。虽然卖方承担运费和海运保险费，但货物在运输途中的风险由买方承担。尽管《1979 年货物买卖法》中 s. 32（1）有假设，但仍规定在卖方将海运提单提交给买方之时，视为货物已交货。[137]装运时风险即转移给买方，但销售货物的所有权一般不在装运时转移。因此不同于《货物买卖法》s. 20 的规定[138]，在 CIF 术语下，风险的转移和所有权的转移是互相独立的。如果货款以信用证方式支付，而买方须因此取得货物的处置权，所有权通常在海运提单提交给买方或银行方时转移。[139]一般来说，买方取得的只是有条件的所有权，这意味着如果经过检验，发现货物与合同规定不符，则货物可退还给卖方。[140]买方检验货物的权利，受在 FOB 术语下应用于这些情况的相同法律的规制。[141]进口税（import duty）和领事签证费（consular fee）在 CIF 合同情况下，由买方支付，但卖方须取得出口许可证，并在征收出口税的情况下进行支付（这种情况很少见）。然而这些法律规定只在合同双方没有其他约定的情况下适用。[142] 2—027

在 CIF 合同情况下，饲料出口方应将海运提单和其他装运单据转交给英国的买方，同时依据《1926 年英国肥料和饲料法》（UK Fertilizers and Feeding Stuffs Act 1926）s. 2(2) 中的规定，货物须符合饲料用途且不含违禁成分。[143]关键因素是装运单据的转交发生在英国，而单据转交日之时，货物本身的物理形状是无关紧要的。

□ 卖方与承运人的合同关系

2—028 在 CIF 合同中，卖方（发货人）与运输负责人订立运输合同，基于此合同，双方产生了权利和义务，权利和义务的存续期直到货物依据《1992 年海上货物运输法》从卖方转移到买方。[144]经过这种法定的转移，卖方不能再基于运输合同起诉承运人。[145]

□ 买方与承运人的合同关系

2—029 买方（收货人）[146]与运输负责人之间的合同关系产生于符合《1992 年海上货物运输法》的要求之时，即当买方成为海运提单的合法持有人时。在此阶段，买方可取得对承运人的起诉权，并承担与货物相关的责任。[147]随后将对此进行讨论。[148]

□ 侵权情况下承运人的责任

2—030 法律委员会（Law Commission）在 1992 年发布了题为《CIF（CFR）术语下卖方对承运人的诉权》（Rights of Suit in Respect of Carriage of Goods by Sea）（Law Com. No. 96）的报告，说明合同中的起诉权这一问题。报告中包括侵权情况下对承运方的起诉权，但事实上该起诉是罕见的，只会在后续情况中加以考虑。侵权情况下的起诉权受 *The Aliakmon*[149]一案的限制，规定起诉权仅在一方对货物有法定所有权或占有权时，才可行使。在 *The Aliakmon* 一案中，英国的买方向一家日本公司购买一定数量的钢卷。合同规定以“成本加运费，船方管装不管卸”（c. and f. free out）条件将货物从韩国起运，运输至英国的伊明赫姆港（Immingham）。卖方依据载明买方为收货人且卖方为被通知方的清洁海运提单安排运输。货物装载上了船舶 Aliakmon。在货物到达之前，买方发现由于货物在市场上的价格呈下跌趋势，无法对其进行转售。合同双方随之约定海运提单呈交之时，买方须以卖方代理人身份接收货物，并且依卖方指令，双方将这些货物与自有货物分开储存，卖方保留货物的所有权。买方行使了此约定并向卖方支付了货款。货物装卸上岸时，发现已在运输途中受损。大法官 Brandon 对该案的法律情况作了如下总结：

“在现有案例中……原先是一个普通的 CFR 合同，现在演变成了仓库交货的销售合同……在普通的仓库交货销售合同下，风险和所有权同时转移……然而在该变形合同下，风险在装运时已转移，这是因为在传统的 CFR 合同下，新术语中并不存在任何使得该风险归还给卖方的因素。”

买方以疏忽过失控告承运人侵权，但是上议院认为这项控告并不成立，因为在损失发生时，买方并未拥有对货物的法定所有权或占有权，他所承担的风险不足以支持他的起诉。

□ 货价支付

在 CIF 合同中，除非合同双方有相反约定，否则货价应于相符单据提交时支付完毕。转运单据的延迟提交可使买方有权撤销合同。因此，在一个案例[150]中，德国的卖方向荷兰的买方出售加拿大油菜籽，双方的交易合同形式是由 Oils, Seeds and Fats Association（FOSFA）规定的。合同规定："支付方式：于船舶抵达卸货港，且不晚于海运提单标识日期 20 天时，提交单据和/或交货单，收到提交即现金付款。"海运提单标识日期为 1974 年 12 月 11 日，但是船舶由于搁浅维修，而非由于卖方过错，导致延迟抵达。卖方于 1975 年 1 月取得了海运提单并于 1975 年 2 月提交了船舶交货单。买方基于延迟提交这一原因拒绝了这些单据。最高法院认为在商品合同中，术语和装运时间都是初步认定条件，支付条款表明不仅买方有义务在约定时间内进行支付，同时卖方也有义务在该规定时间内提交单据。这些是相互关联的责任和权利。因此买方拒收单据是正当的。如果并没有为单据提交或货价支付规定时间，那么卖方应在合理时间内提交单据。[151] 2—031

□ 装运港和目的港

正如我们已经看到的那样，CIF 合同中关于装运时间和装运地点的规定通常都是合同的条款之一。对这些条款的违反可使买方有权拒收提交的单据。[152]合同可能规定以特定船舶或"替代（substitute）船舶"[153]或"直达（direct）船舶"，即不在中间港口停留的船舶来运送货物。[154]在 CIF 合同规定从特定港口装运且禁止货物转运的情况下，买方通常[155]取得一份显示从装运港到目的港的连续运输的海运提单。在这种情况下，海运提单不能包含转运条款（transshipment clause）。如果与销售合同相悖，货物从其他港口装运或是经转运，买方有权拒收海运提单。[156] 2—032

在销售合同未规定禁止转运的情况下，买方可索取一份由船舶出具的海运提单，证明将货物运送至目的港。因为只有出示这样的提单，买方才能收到货物。在这种情况下，间接运送或是转运（基于海运提单中适当的常用条款）是允许的。如果货物出于紧急情况而转运，比方说，由于首艘船舶由于意外事故不能继续航行，而续运船舶未出具海运提单，但船长会依据上一艘船舶出具的海运提单交货，这类提单的提交是充分的，尽管它并不是由载货船舶出具的。[157]如果未禁止转运，给予买方相对于承运人的权利是很重要的。

若希望禁止转运，且用信用证方式支付货款，那么应用非常清楚的语言告知银行方禁止转运。这是因为依据适用于大部分银行信贷的 UCPDC（2002 年修订版）[158]的规定[159]：

“本条款的目的在于说明转运的意义，转运即在信用证列明的装运港至目的港的运输途中，从一艘船舶上卸下并转装运上另一艘船舶。”

以及

“海运提单可能说明货物将被或可能被转运，前提是运输全程都包含在同一张海运提单里。”

在提交的海运提单和交货单上所注明的运输目的港和合同规定目的地不一致时，买方可拒收单据。在一项购买兽皮革的进口交易中，规定“CFR，利物浦”，但货物却在途中被运往曼彻斯特，并在该地由一艘牵引驳船转运至利物浦。买方拒绝了该出具给利物浦的 North Carriers Dock 隐蔽泊位的搬运工头的海运提单。[160]

□ 在途货物的提交

2—033 一般来说，CIF 合同下的卖方可选择是用自己选择的船舶进行实际运输还是购买在途货物。在任何一种情况下，卖方都须将合适的海运提单提交给买方。[161]买方不能强迫卖方选择两种做法中的特定一种，选择权掌握在卖方手中。然而如果其中一种做法无法实现，原则上卖方有责任利用另一种履行义务。例如，如果由于政府禁令，货物不能运输至预期港口，卖方有义务取得在途货物，并将与货物相关的海运提单提交给买方。[162]

然而在实践中，情况通常并不如此。CIF 合同可能明确规定或充分暗示货物应在特定港口“装运”，如果由于意外情况，无法实现在该港口装运，卖方没有义务购买在途货物[163]，致使合同无效。[164]该结果的出现是商业性考虑的必然结果，因为在许多情况中，购买在途货物是不实际的，且在商业上不可行。大法官 Denning M. R. 在一个案例中[165]评论道：

“以托运人和收货人之间的一系列合同的通常情况为例。如果有义务购买在途货物，那么由谁来购买？每个卖方都这么做以履行其对买方的责任吗？如果是这样，那么就会出现‘大量买方竞相购买少数量货物，因此导致货物价格飙升’的情况。还是说，是一系列交易中的第一个卖方这样做？或是最后一个卖方？没有人能说清。在我看来，如果存在出口禁令或不可抗力，卖方无须为履行合同而购买在途货物。”

另一方面，CIF 合同可明确规定货物须经“水上”运输，可规定也可不规定特定船舶。[166]

□ 货物损失

2—034 与 CIF 合同的特殊性质相联系，如果货物在海运中发生损失，卖方仍有责任提交合适的装运单据给买方，并要求货价支付。Donaldson J. 说道[167]：

“船舶与货物在装运后损失，或在共同海损（general average）或救助的情况下有责任捐助，这些都不能构成拒收单据及拒绝支付的理由。”

人们认为[168]即使卖方在提交单据时已经知晓货物损失，该规定仍适用。在单据提交之前，货物所有权是归属于买方、卖方，或是第三方，货物是否被明确划分，都是无关紧要的。“如果货物确实存在，但直到提交单据之前，卖方都不需要将特定货物划归到特定买方的特定海运提单项下，也不需要取得任何处理海运提单的权利，卖方必须处于能以海运提单转移货物所有权的地位”。[169]

如果货物在运输途中损失，买方能得到的补偿往往是对于承运人或保险人的起诉权。买方对承运人提起诉讼时所能采纳的行动的法律依据，之前已有讨论[170]，但是通常情况下，只要买方能证明货物损失是由保险范围内风险引起的，就会向保险人要求索赔。在支付的时候，保险人会要求买方将诉权转让给自己，以便起诉承运人，或进行地位的接替。同时在必要的情况下，保险人会要求索赔，但索赔只能在证明承运人有过错的情况下取得成功。

另一种可能的情况是，货物在运输途中受到损失，引起受损的因素并不能使买方有权起诉承运人或保险人。在这种情况下，须记住的是，由 CIF 合同下的买方，而不是卖方，承担自货物交至承运人之后的风险。因此买方在收到合适的装运单据提交之时，须支付货款给卖方；或者在买方已经支付的情况下，不能基于对价总体失败（total failure of consideration）而取得货价赔偿。

□ 有名无实的 CIF 合同

以上所述的严格规定是 CIF 合同中特有的，并不适用于其他合同，特别是不适用于合同双方名义约定为 CIF 合同，而实质却非 CIF 的到达合同以及其他合同。需要指明的是，合同双方所采用的术语并不一定都能说明他们的意图。在 *Comptoir d'Achat v Luis de Ridder; The Julia*[171]一案中，合同是基于 CIF 术语的，卖方保留了在目的港以代理人开具的交货单替换海运提单的权利。买方接受了交货单并支付了货款。但是由于第二次世界大战，运送货物的船舶被迫绕道，以致交货单未能生效。上议院认为买方有权要求返还货款，因为大法官 Porter[172]评述道，通过对于合同双方交易的惯常步骤进行分析发现，“支付并不是基于单据实现的，而是为随后执行合同而实行的预先支付”。因此，合同并不是真正的 CIF 合同，卖方未能将货物运输至目的港，导致了促成买方货款支付条件的完全受挫。在法律上，这个合同是一项“到达”合同。[173] 2—035

当表面上采用 CIF 术语的合同规定“任何海运提单的提交或货物的交货”应构成有效提交或交货时，由 Ceylon（现在为 Sri Lanka）提起诉求，枢密院司法委员会（Judicial Committee of the Privy Council）建议认为该合同不为真正的 CIF 合同，这是因为合同中承认可用货物的提交来替代单据提交。[174]

若转让的运输单据并未给予受让人对抗承运人的直接合同权利，使其有权起诉货物的交付问题，则其并不符合真正意义上的 CIF 合同规定。使用与航空运输相联系的 CIF 术语的合同不是真正的 CIF 合同，正如 Graham J. 在一个案例[175]中所认为的那样，该案例的合同规定货物从荷兰起运至英国的买方处进行交货，术语为“CIF，盖特威克”。

□ 拒收货物

2—036 当交货并对货物进行检验时，若买方发现货物与合同规定不符，比方说，货物与合同描述不一致或由于不充分包装而损坏，此时，CIF 合同的特质并不能妨碍买方拒收货物。[176]基于装运单据提交而实现的货款支付，受限于随后提交的货物需与销售合同规定相符这一条件。如果在这方面不符合标准，该前提条件不满足，则合同的买卖双方地位与任一其他销售合同中一样。[177]如果合同双方对于货物品质的约定是销售合同的条款之一，而不仅仅是一项保证条款[178]，在一般情况下，买方可终止合同并要求返还货款。[179]买方检查检验货物的权利与 FOB 合同下买方的该权利相类似。[180]

□ CIF 合同的变形

2—037 CIF 合同有两种变形，虽然如前所述[181]，即便双方将此类合同称为“CIF 合同”，但它们并不满足 CIF 合同的基本法律要素。首先，如果合同双方希望将货物的实际交货作为合同履行的根本条件之一，合同便不属于 CIF 合同；其次，如果在转交装运单据的时点，没有在受让人和承运人及保险人之间建立起直接的关系，那么该合同不具备 CIF 合同的核心法律特点。

如果合同双方约定货物到达的日期是支付货款的决定因素，比方说在 CIF 术语的基础上附加约定“货物到达付款”或“货物到达后××天付款”，这种条款被认为是含义不明的，其真正意义须根据合同双方意图来确定。合同双方可能希望把货物的到达作为货价支付的条件之一。如果是这种情况，那么该合同不是 CIF 合同。在英国的实践中，过去倾向于以上述方式来解释这种条款[182]，但是更为妥当的观点是，只有在合同双方的意愿能从合同中明确推断的情况下，才适宜采取这种解释。[183]

另一种可能的情况是，合同双方制定该条款是仅用来指明支付时点的。简而言之，如果货物未到达，须在提交单据的日期，也即货物通常情况下应到达的日期进行支付。在这种情况下，该条款仅指支付事宜，而不是交货事宜，那么合同就属于 CIF 合同。在美国的实践中，倾向于依据《统一商法典》s. 2—32（3）的规定来进行解释：

> “在没有相悖约定的情况下，若合同规定在货物到达日或之后几日进行支付，在支付前，卖方必须允许买方进行可行的预备检验。但是如果货物丢失，交单和货款支付须在货物本应到达的时点进行。”[184]

如果合同双方约定使用 CIF 术语，并进一步约定货价以“卸货净重”（net landed weights）、“交货重量”（delivered weights）、“卸货”（outturn）数量或品质为基础计算，表面上看来这些属于“到达”合同，但是一般认为[185]该类或类似约定条款，通常只是为了确定价格的计算方法。它们并不影响合同作为真实 CIF 合同的特点。这些条款意味着，货物上岸后，卖方必须允许对货价做出调整。[186]如果货物丢失，且买方已于单据提交之时支付了估计货价，那么买方就无权要求价格调整，除非他能证明装运货物在数量和品质上劣于他所支付的价格。

如果 CIF 合同规定支出的一个特定部分应由买方承担，比如说“由买方承担出口附加税”[187]或者是“由买方承担好望角增收费用”[188]，CIF 合同的实质不受破坏。该类规定只为确定支出，与 CIF 合同的特点毫不矛盾。

□ 成本加运费（……指定目的港）（CFR（named port of destination））

CFR 代表“成本加运费”。在该条款下，卖方须自负费用安排货物运输至指定的海外目的港（但不承担货物风险，货物风险自卖方在装运港将货物装上船舶起即转移给买方）。然而，卖方没有义务安排海运保险，而是由买方来安排保险，同时保险一旦生效，由买方来支付费用。[189]在这方面，该术语区别于一般的 CIF 术语，但是从其他各方面来看，合同双方的责任和义务是相同的。[190]CFR 合同下的卖方须记住《1979 年货物买卖法》s. 32（3）的规定[191]，因为如果他未能给予买方使买方能对货物投保的通知[192]，该货物在运输途中的风险由卖方而不是买方来承担。CFR 合同有时会包含“买方安排保险”或类似的描述。通常认为[193]这些文字并不仅是宣言性的，而是规定安排通常保险构成买方的一项合同责任，而在 CIF 术语中，这种安排保险的责任由卖方来承担。 2—038

CFR 术语不常被出口商采用，但如果由于政治原因或外汇缺乏，一些国家要求本国进口商在国内投保，而不能基于 CIF 合同成立销售合同，在这种情况下，CFR 术语被较多采用。CFR 条款造成了运输和保险安排的人为分离，与此形成对比的是，如同 FOB 条款，CIF 条款的规定自然地区分了出口方和海外买方之间的责任关系。

□ 到岸价格加佣金价格、汇费在内的到岸价格、到岸价格加佣金和利息价格（CIF&C，CIFE，CIFC&I）

普通 CIF 术语的其他变形是术语 CIF&C、CIFE、CIFC&I。第一个缩写代表的是“成本（cost），保险费（insurance），运费（freight）和佣金（commission）”，第二个缩写中的“E”表示的是“汇费”（exchange），而第三个缩写中的“C&I”意味着“佣金和利息”（commission and interest）。因为这些变形术语易产生误解，所以只能在合同另一方熟知术语含义的情况下使用。CIF&C 条款中提到的佣金是出口方作为海外买方的采购代理人的情况下，支付给其的佣金。出口公司理所应当地索要这笔佣金，并以“CIF&C”报价，这是因为它们希望告知国外客户，价款包含了它们的佣金。“汇费”这一表达方 2—039

式是模糊不清的。有时候意指银行方的佣金和费用，而其他意指汇率波动。在前一种情况下，它所表示的是，“CIF&E”报价方式将银行方要求的费用包括在货价计算之内。在后一种情况下，它意味着货价不受随后特定支付货币兑英镑汇率升降的影响。通常认为第一种解释更为普遍，且合同双方一般会明确约定关于货币波动的问题。当货物被出口至远距离的国外，可能在买方已付款，但尚未收到提单的情况下，使用“CIFC&I”术语。当卖方向银行要求提单议付时，银行方会向他收取佣金货物利息费用，直到该国以汇票方式收到支付，于是卖方在出口销售合同的条款中加上“利息”这一条，来提示买方报价包括了银行的利息和佣金。

□ 运费、保险费付至（……指定目的港）（carriage and insurance paid to（named place of destination）（CIP））[194]

2—040 该术语被框定在CIF合同模型的范围之内，但它是属于真正的CIF合同还是属于到达合同，取决于卖方有责任提交的单据类型。卖方承担运送货物至指定目的地的运费。他还须自付费用针对运输途中货物丢失或损坏的风险办理运输保险。卖方与承运人和保险人订立合同。货物丢失或损坏的风险自货交第一承运人控制该时点起，由卖方转移至买方。任何在销售合同规定的费用和货交第一承运人处时货物费用之间的运费及保险费差额都由卖方来承担。

□ 运费付至（……指定目的地）（carriage paid to（named place of destination）（CPT））[195]

2—041 不同于上述CIP术语，CPT术语下的卖方没有责任办理运输保险。在考虑到其他因素的情况下，也使用“运费和保险费付至”（freight/ carriage and insurance paid to）这一术语。

□ 到达合同，船上交货（……指定目的港）（arrival，ex ship or delivered ex ship（DES）（named port of arrival））

2—042 枢密院司法委员会给该术语[196]所下的定义表明，“卖方须在到达交货港且已进入通常该类货物交货地点的船舶上向买方交货”。[197] Incoterms、Intraterms以及《美国统一商法典》中也有对该术语的定义。[198]在该术语下，卖方须支付运费或出让货物的留置权，而买方只有在货物于指定目的港进行实质交货后支付货款的义务。

到达（或船上交货）合同与CIF合同的区别在于，在前一种合同中，单据不能替代货物，交货必须以实物形式进行，即销售的货物须于指定交货港交至买方控制之下。因此，如果货物在运输途中丢失，买方无须在单据提交时支付货款，同时在一定情况下，买方可以提请返还其预先支付的货款。卖方向买方提交已背书的海运提单并不以转移货物所有权为目的。在没有相悖约定的情况下，所有权只有在货物于到达约定目的港的船舶上提交给买方后才发生转移。由于货物在运输途中的风险并不由买方承担，卖方便没有责任基于买方利益对货物进行投保。在卖方确实对货物投保且途中货物发生丢失或受损坏的情况下，买方不能向保险公司索赔保险金，因为他对于货物没有可保利益。然而，买方对于货物的预期利润是有可保利益的，因此他可以通过自己或让卖方作为自己的代理人对利润进行投保。[199]卖方必须出让运输过程中的货物留置权，如果他还未将海运提单转交给买方，则必须要将船舶交货单给予买方。

DES 术语专门地涉及货物的交货地，而并不把基于装运单据提交所进行的货款支付的特别方式考虑在内。在 DES 合同中，销售合同的要素与运输合同及保险合同的要素之间，并不以 CIF 合同中所特有的方式相联系。

销售合同中对于货物通过特定船舶“交货”或是“在途”的形容属于货物描述的一部分，如果货物不是通过该船舶运送的，那么就构成了对销售合同条款的违反。[200]类似地，对于指定船舶到港大致日期的规定也是货物描述的一部分：“（这种规定）具有良好的商业意义，鉴于如下的货物描述‘在××船上的在途货物（afloat per SS）约 6 月 8 日到达莫顿湾’并不是向买方绝对保证 6 月 8 日抵达，但至少是船舶期望抵达伦敦的大致日期。”[201]

□ 码头交货（……指定目的港）（ex quay，delivered ex quay（DEQ）（named port of destination））[202]

在该术语下，卖方的责任与到达术语下卖方的责任基本一样，但除此以外，卖方还有责任支付进口关税和在目的港的卸货费用，例如驳运费、码头费和搬运费。与目的港相联系的 DES 术语，在英国的出口实践中很少使用，这是因为卖方一般拒绝接受货物上岸过程中的责任，除非他在目的港有熟知当地操作实务的代表或代理人。在该术语下，买方仍有责任支付货物在港口的运费，以及将货物从港口运送至最终目的地（通常在内陆）的运费。[203] 2—043

□ 边境交货（……指定地点）（delivered at frontier（DAF）（named point at frontier））[204]

该术语应用于未涉及海洋运输和航空运输的大陆出口贸易。英国的食品进口商有时以“边境交货”，也称“法国边境交货”的条件向原产国购买货物。销售合同中使用该术语时，不仅应明确规定边境处，还应明确规定交货地点，例如“在法意边境（莫达讷（Modane））交货”。在该术语下，卖方没有责任基于买方利益办理保险，合同双方在销售合同中应列明关于保险承担的责任。 2—044

□ 完税后交货/未完税交货（……进口国指定目的地）（delivered duty paid（DDP），delivered duty unpaid（DDU）（named place of destination in the country of importation））[205]

这些术语，有时候也被称为“买方所在地交货”（franco domicile）或是 2—045

"免费送货"（free delivery），代表的是对买方最为有利的，但对卖方最为艰巨的术语安排。该术语在英国的出口贸易中并不常见，除了合同双方约定以航空运输尺寸较小的货物这一情况。

在这些术语下，卖方承担在将货物于指定目的地置于买方控制之下这一时点之前的风险和费用。DDP 术语下卖方的义务包括支付货物于买方指定的目的地交货之前的所有费用，包括进口税以及在买方所在国的内陆运费。在 DDU 术语下，买方会承担货物进口的费用。DDP 术语下的卖方须取得进口许可证，但在 DDU 术语下便无须这样做。在没有相悖约定的情况下，买方没有义务在提交海运提单或发货通知书之时支付货款，只有在货物到达时才能要求支付。

集装箱贸易术语

2—046 FCA、CPT 以及 CIP 术语[206]适用于所有运输方式，且特别适用于集装箱运输以及所有形式的多式联运，包括通过拖车和渡船实现的滚动装卸运输操作（roll on-roll off operations）。[207]这些术语的主要目的是考虑到货物整体性的日趋提高。这些术语将"临界点"（critical point），即风险及其他可能的法律事宜由卖方向买方转移的分界点，变为先于船舷的时点，即第一承运人控制货物之时。当用集装箱运输货物时，无论是整柜装运（full container load（FCL））还是拼箱装运（less than full container load（LCL）），出口方都应优先考虑使用集装箱运输术语，而不是适宜非集装箱运输的术语。UCPDC 规定，在集装箱运输中使用的装运单据在信用证情况下，银行应予以认可。[208]

注释

[1] Incoterms 于 1936 年首次出版，并分别于 1953 年、1967 年、1976 年、1980 年以及 1990 年的国际商会（ICC）第 460 号文件中出版了修订版和增补版。现今的版本来自国际商会第 560 号文件，并于 2000 年 1 月 1 日起实施，Incoterms 在一些国家具有法定地位，在另一些国家则作为贸易惯例。而英国则是个例外。Incoterms 可从国际商会的英国国家委员会处获得。它的网址是 http://www.iccwbo.org。另外可作参考的有本杰明的《货物买卖》（Benjamin，*Sales of Goods*）第七版以及 Sassoon 的《CIF 与 FOB 合同》（Sassoon et al.，*CIF and FOB Contracts*）第四版。

[2] 参见 A. H. Hermann 起草的 *International Trade Terms*，*Standard Terms for Contracts for the International Sale of Goods*。

[3] 在 *Universal Petroleum Co Ltd v Handels und Transport GmbH* [1987] 1 W. L. R. 1178，Incoterms 1980 中被写入该项买卖石油的合同中。

[4] 参见 n. 2 at para. 102 Intraterms。

[5] 参见本杰明的《货物买卖》第七版中的 18—002 段落。

[6] 参见《维也纳公约》关于国际货物买卖的第 6 与第 12 条款及本杰明的《货物买卖》第七版中的1—024 段落。

[7] Per Roskill, L. J. in *The Albazero* [1975] 3 W. L. R. 491 at 523, revsd [1977] A. C. 774, HL.

[8] 在英国的实践中，我们常假设只有合同中明确规定时，该告知义务才产生。在以 EXW 术语成交的合同中，若未明示卖方工作所在地，并使买方知晓，卖方的责任见下面的注释 [10]。Incoterms 2000 的批注中指明，卖方是否有装货义务须另外商讨，并达成一致。

[9] 在 *Commercial Fibres (Ireland) Ltd v Zabaida* [1975] 1 Lloyd's Rep. 27 一案中，卖方要求买方来支付货物出口包装的费用。

[10] *Davies v Mclean* (1873) 21 W. R. 264 at 265.

[11] *Fisher, Reeves & Co v Armour & Co* [1920] 3 K. B. 614.

[12] "仓库"一词在此种情况下可解释为与盗窃保险相关联，即仓库指的是一幢建筑物而非一个封闭的广场（*Leo Rapp Ltd v McClure* [1955] 1 Lloyd's Rep. 292 at 293）。在销售合同中给予该词相同的解释并不是必要的。

[13] "火车交货"和"卡车交货"的定义在 1980 年的 Incoterms 中已有规定，但在 1990 年的修订版中被替换了，因此在此处不加讨论。

[14]《维也纳公约》Art. 30。

[15] Art. 31 (c) 规定："在卖方的业务活动地区，于合同指定时间，将货物交于买方控制之下"。

[16]《维也纳公约》Art. 53。

[17] 参见上述的注释 [1]。Incoterms 2000 提道，如果交货地位于卖方业务所在地，卖方须将货物装上运输工具。承运人可定义为"负责履行货物运输"的人。

[18] 参见 *Transpacific Eternity SA v Kanematsu Corp*; *The Antares* Ⅲ [2002] 1 Lloyds Rep. 233 on the application of s. (19) 2 of the Sale of Goods Act 1979 to FAS contracts.

[19] [1985] 2 Lloyd's Rep. 14.

[20] 在英国的实践中，卖方只须在合同中有规定时履行这一责任。参见 Incoterms 2000 第 8 条款，其中有卖方须提供交货证明这一规定——这与从前的观点不同。

[21] 在双方合约有规定的情况下，取得出口许可证的责任通常由卖方承担。在 Incoterms 2000 中，要求卖方办理货物出口清关手续（第 2 条款）。

[22] 与此相类似，卖方还须支付"FOB 服务费"给货运代理人，若买方先行支付，则卖方须将费用金额返还买方。无论该代理人是买方或卖方指派都采用相同的处理方法。

[23] [1982] 2 Lloyd's Rep. 627.

[24] 参见 FOB 合同种类（2—007）。

[25] *Anglo-African Shipping Co of New York Inc v J. Mortner* [1962] 1 Lloyd's Rep. 610. 在 *Gill and Duffus Landauer Ltd v London Export Corporation GmbH* [1982] 2 Lloyd's Rep. 627 一案中，合同"FAS，加利福尼亚"引起了争议，在众多观点中，Goff J. 认为合同履行地点是在加利福尼亚，应由加利福尼亚的法律来约束该合同。

[26] [1955] 1 Q. B. 499 at 512; affd [1956] A. C. 588, HL.

[27] UCC s. 2—319 名为"FOB 和 FAS 术语"。FAS 术语在 s. 2—319 (2) 中有定义。

[28] *Kuehne and Nagel Ltd v WB Woolley (Scotland) Ltd* (1973, unreported, Westminster County Court), p. 611。

[29]《维也纳公约》Art. 31 (a)。

[30]《维也纳公约》Art. 32 (1)。

[31]《维也纳公约》Art. 60 (a) 和 (b)。

[32] 关于 FOB 和 CIF 术语的历史，参见 D. M. Sassoon, "The Origin of f. o. b. and c. i. f. Terms and the Factors influencing their Choice" [1967] J. B. L. 32。还可参见 F. Wooldridge, "The Kinds of

f. o. b. Contracts" in *Law and International Trade*, *Festschrift fur C. M. Schmitthoff* (1973), p. 383。

[33] 然而合同双方可能以"FOB 理舱费在内"、"FOB 理舱费/平舱费在内"或 FOB IN 来订立合同：*President of India v Metcalfe Shipping Co* [1970] 1 Q. B. 289, CA; *David T. Boyd & Co Ltd v Louis Louca* [1973] 1 Lloyd's Rep. 209; *The Filipinas* I [1973] 1 Lloyd's Rep. 349; *Kollerich & Cie SA v The State Trading Corporation of India* [1980] 2 Lloyd's Rep. 32; *Compagnie de Re'nflouement Baroukh v W Seymour Plant Sales & Hire Ltd* [1981] 2 Lloyd's Rep. 466 at 470; *Gill & Duffus SA v Société pour L'Exportation des Sucres SA* [1985] 1 Lloyd's Rep. 621; *Pagnan SpA v Tradax Ocean Transportation SA* [1987] 2 Lloyd's Rep. 342 (tapioca pellets, "f. o. b. stowed/trimmed")。

[34] 以 FOB 术语订立的合同的买方须承担取得海运提单的费用。除非另有约定，买方还须承担取得诸如原产地证明、出口单证或其他文件等进口至本国或在他国中转时规定需要的文件所产生的费用。参见 Incoterms 2000，B6。

[35] 参见 Incoterms、Intraterms 和《维也纳公约》Art. 31 (a)，然而这些并不等同于 FOB 合同项下卖方的责任。FOB 合同中的卖方必须使货物充分越过船舷。

[36] *Scandinavian Trading Co A/S v Zodiac Petroleum SA and William Hudson Ltd*; *The Al Hofuf* [1981] 1 Llyod's Rep. 81 at 84. 还可参见 *The Naxos* [1991] 1 Lloyd's Rep. 29，以及后文第 2—010 段和第 2—013 段。关于准备装货通知，参见第 2—010 段。

[37] *Frebold an Sturznickel* (*Panda OHG*) *v Circle Products Ltd* [1970] 1 Lloyd's Rep. 499 at 504.

[38] 在这个意义上，该术语由一加拿大公司在以下案例中使用：*Northland Airliners Ltd v Dennis Ferranti Meters Ltd* (1970) 114 S. J. 845.

[39]《统一商法典》s. 2—319 (1)。

[40] FOB 合同的几种普通的不同合同条款及事项在 Sassoon 的《CIF 与 FOB 合同》(第四版) 一书中有详细分析。

[41] [1955] 1 Q. B. 499, 508, 510; affd [1956] A. C. 588, HL.

[42] *Per* McNair J, in *NV Handel My. J. Smits Import-Export v English Exporters* (*London*) *Ltd* [1957] 1 Lloyd's Rep. 517 at 519. 在 *Scandinavian Trading Co A/B v Zodiac Petroleum SA and William Hudson Ltd*; *The Al Hofuf* [1981] 1 Lloyd's Rep. 81 中，一项应用于石油贸易的 FOB 条款引起了争议。Mocatta J. 将此条款视为传统类型 (at 84)，但是这个条款更像是在这里所提到的"FOB，买方安排运输"条款。另一个可作为严格 FOB 合同的例子是 *Lusograin Comercio International De Cereas Ltd v Bunge AG* [1986] 2 Lloyd's Rep. 654。

[43] 虽然在这种类型的 FOB 合同中，买方直接与运输负责人订立运输合同，但正像这种类型合同的其他条款一样，这种条款是买卖方销售合同中的一个术语，规定船舷为确定交货的关键点。

[44] *Per* Donaldson L. J. in *The El Amria and the El Minia* [1982] 2 Lloyd's Rep. 28 at 32。

[45] [1954] 2 Q. B. 402 at 424.

[46] [1913] 3 K. B. 743.

[47] [1982] 2 Lloyd's Rep. 28 at 32.

[48] 该规定出自《1924 年海上货物运输法附则》的 Art. IV (5)，由《1950 年英国海事法协会协议》进行了增订。1924 年的法律现已被《1971 年海上货物运输法》替代。见本书第 15—020 段等内容。

[49] 考虑到上议院在 *Midland Silicones Ltd v Scruttons Ltd* [1962] A. C. 446 一案中的判决，*Pyrene Co Ltd v Scindia Navigation Co Ltd* 一案是否属于完备法律一直存在疑问。人们认为这个问题应由 Viscount Simonds at 471 做出肯定的回答。美国最高法院对于 *Robert C Herd & Co Inc v Krawill Machinery Corpn* (1959) 359 U. S. 297; [1959] 1 Lloyd's Rep. 305 一案做出了与 *Midland Silicones* 相类似的判决，支持了该观点。纽约法庭随后在 *Carle & Montanari Inc v American Export Isbrandtsen Lines*

Inc [1968] 1 Lloyd's Rep. 260 一案中做出了与 *Pyrene* 类似的判决。也可参见 *New Zealand Shipping Co Inc v AM Satterthtwaite & Co Ltd* 一案以及 *The Eurymedon* [1975] A. C. 154。对运输责任者的限制及豁免问题，可参见第 15—047 段，*Burke Motors Ltd v Mersey Docks & Harbour Co* [1986] 1 Lloyd's Rep. 155，158—159；*The Kapetan Markos* [1986] 1 Lloyd's Rep. 211；*The Kapetan Markos* (*No. 2*) [1987] 2 Lloyd's Rep. 321 at 325；*London Drugs Ltd v Kuehne & Nagel International Ltd* [1992] 3 S. C. R. 299。

[50] [1981] 1 Lloyd's Rep. 200.

[51] 参见第 18 章。

[52] 事故发生时，适用的是未修订的《海牙规则》，而不是《海牙—维斯比规则》。参见本书第 15—020 段。

[53] 如果 FOB 合同下的卖方同意买方赊购，那么投保货物意外险可能符合卖方自身的利益，这是因为卖方在运输过程中可行使中途停运权。参见本书第 5—015 段。

[54] *N. V. Handel My. J. Smits Import-Export v English Exporters Ltd* [1957] 1 Lloyd's Rep. 517, and *per* Herring C. J. in *The Mahia* (No. 2) [1960] 1 Lloyd's Rep. 191 at 198 (Sup. Ct. Victoria).

[55] [1997] 2 Lloyd's Rep. 386，CA.

[56] 参见前文第 2—007 段。

[57] 一些海关权力部门所要求出具的货价证明书中，第二份发票应通过"特别约定"而提及。

[58] *Wimble v Rosenberg & Sons* [1913] 3 K. B. 743.

[59] 合适船舶有时也被称为"有效船舶"。

[60] 参见 *J and J Cunningham Ltd v Robert A Monroe & Co Ltd* (1922) 28 Com. Cas. 42 at 45；也可参见 *Scrutton L. J. in H O Brandt & Co v H N Morris & Co Ltd* [1917] 2 K. B. 784 at 798。若需了解详细的指派条款，可参见 *Bremer Handelsgesellschaft mbH v J H Rayner & Co Ltd* [1978] 2 Lloyd's Rep. 73 at 85—86。同时还有 *Miserocchi and CSpA v Agricultores Federados Argentinos SCL* [1982] 1 Lloyd's Rep. 202 at 207；*Bunge AG v Sesostrad SA*；以及 *The Alkeos* [1984] 1 Lloyd's Rep. 687 at 688。在 *Richco International v Bunge and Co* (*The New Prosper*) [1991] 2 Lloyd's Rep. 93 一案中，指派船舶不符合港口的装运限制，因此是不符合合同规定的。

[61] *Compagnie de Renflouement de Récuperation et de Travaux Sous-Marins VS Baroukh et Cie v W. Seymour Plant Sales and Hire Ltd* [1981] 2 Lloyd's Rep. 466，HL at 482.

[62] *J and J Cunningham Ltd v Robert A Monroe & Co Ltd* (1922) 28 Com. Cas. 42；*Napier* (*FE*) *v Dexters Ltd* (1926) 26 L. 1. L. R. 184.

[63] *J and J Cunningham Ltd v Robert A Monroe & Co Ltd* (1922) 28 Com. Cas. 42；*Napier* (*FE*) *v Dexters Ltd* (1926) 26 L. 1. L. R. 184.

[64] 关于此类型的装运通知，参见案例 *Bunge Corporation v Tradax Export SA* [1980] 1 Lloyd's Rep. 294，CA。在此案例中，判决认为基于此类通知的责任属于一项合同条款，而并不是无名条款，这是因为在贸易合同中，关于时间的规定属于合同的核心部分。类似地，在案例 *Gill & Duffus SA v Société pour l'Exportation des Sucres SA* [1985] 1 Lloyd's Rep. 621 中，涉及的是带有附加服务的 FOB 合同，卖方有责任在特定时间内指定装运港口，若他未能履行该责任，则合同规定买方可不履行合同责任。还有 *Lusograin Comercio International De Cereas Ltda v Bunge AG* [1986] 2 Lloyd's Rep. 654（在该案例中，出现了不可接受的违约情况，卖方损失应从未能装运的日期算起，而不是从未能通知的日期算起）。还可参见 *Scandinavian Trading Co A/B v Zodiac Petroleum SA and William Hudson Ltd*；*The Al Hofuf* [1981] 1 Lloyd's Rep. 81 at 84。

[65] The Belgrano，*Financial Times*，November 26，1985. "等待买方发出交货指令"意思是在船

舶准备好装运货物的情况下，卖方有三天的交货延迟期，若逾期未交货，则买方可终止合同：*Tradax Export SA v Italgrani di Francesco Ambrosio Sosimage SpA* [1983] Com. L. R. 116。还可参见 *Cie Commerciale Sucres et Denrées v C. Czarnikow Ltd*；*The Naxos* [1991] 1 Lloyd's Rep. 29 以及 *Universal Bulk Carriers v Andre & Cie* [2001] Lloyd's Rep. 65。

[66] 参见上文 *The Naxos*。

[67] *Olearia Tirrena SpA v NV Algermeene Oliehandel*；*The Osterbeck* [1972] 2 Lloyd's Rep. 341. 对于需证明买方未能及时指派合适船舶这一事实，参见 *Petraco (Bermuda) Ltd v Petromed International SA* [1988] 2 Lloyd's Rep. 357。

[68] *Texaco Ltd v The Eurogulf Shipping Co Ltd* [1987] 2 Lloyd's Rep. 54 at 545（此类指派在本书的之前版本里被描述为"米老鼠"指派，即简单的指派）。

[69] 在 *Colley v Overseas Exporters* [1921] 3 K. B. 302 中，建议最好在合同中加入一个条款，以保证卖方及时收到通知，以便得知船舶已大致准备好装货。对于替补船舶的备船完毕通知这一问题，可参见 *Cargill* case n. 70。

[70] *Cargill v Continental* [1989] 1 Lloyd's Rep. 193；*Agricultores Federados Argentinos Sociedad Cooperativa Limitada v Ampro SA Commerciale Industrielle et Financiére* [1965] 2 Lloyd's Rep. 757 at 767. 一项明确表示同意替代的合同条款通常并不延长装运期，参见 *Finnish Government (Ministry of Food) v H Ford & Co Ltd* (1921) 6 L1. L. R. 188。此类条款在适当的情况下可能体现合同双方的意图，参见 *Thomas Borthwick (Glasgow) Ltd v Bunge & Co Ltd* [1969] 1 Lloyd's Rep. 17（然而，这是一项 CIF 合同）。还可参见 *Coastal (Bermuda) Petroleum Ltd v VTT Vulcan Petroleum SA*；*The Marine Star* [1993] 1 Lloyd's Rep. 329 就是一个设计 CIF 合同的例子。

[71] *Harlow & Jones Ltd v Parex (International) Ltd* [1967] 2 Lloyd's Rep. 509.

[72] [1954] 2 Q. B. 402.

[73] 参见前文第 2—007 段。

[74] 参见 Sassoon 等的《CIF 与 FOB 合同》（第四版）。

[75] 参见 Sassoon 等的《CIF 与 FOB 合同》（第四版），paras 434，463，473，以及 B. Reynolds [1994] L. M. C. L. Q. R. 119。

[76] UCC 2—319 和 2—504，Incoterms 2000，A4 以及 Intraterms §415 中均隐含地说明，要求船上交货；也可参见 *McCardie J. in Colley v Overseas Exporters* [1921] 3 K. B. at 303。还可参见 Lloyd L. J. in *Cie Sucres et Denrées v C. Czarnikow Ltd*；*The Naxos* [1989] 2 Lloyd's Rep. 462 at 474。

[77] 参见下文第 4—005 段。

[78] *Obestain Inc v National Mineral Development Corperation Ltd*；*The Sanix Ace* [1987] 1 Lloyd's Rep. 465 at 467. 还可参见 *Vitol SA v Esso Australia Ltd*；*The Wise* [1989] 2 Lloyd's Rep. 45。

[79] 例如信用证条件下的通知行，参见第 11 章。

[80] *Mitsui & Co Ltd v Flota Mercante Grancolombiana SA* [1988] 2 Lloyd's Rep. 208. 英国最高法院认为，根据合同双方的意图，所有权的转移被延迟至货价余额清算之时。海运提单凭卖方指定可移交，法庭认为《1979 年货物买卖法》中 s. 19 的假设并未被更新。还可参见 *The Kapetan Markos (No. 2)* [1987] 2 Lloyd's Rep. 321；*Concordia Trading BV v Richco International Ltd* [1991] 1 Lloyd's Rep. 475；*Evergreen Marine Corp v Aldgate Warehouse (Wholesale) Ltd* [2003] 2 Lloyd's Rep. 597。

[81] 对未付款的货物的权利，参见下文第 5—013 段。

[82] 参见下文第 4—014 段。

[83] *Per* Atkin L. J. in *Boks & Co Ltd v JH Rayner & Co Ltd* (1921) 37 T. L. R. 800 at 801；关于货物检验，参见第 5—065 段。

[84] *Fielding & Platt Ltd v Najjar* [1969] 1 W. L. R. 357.

[85] [1973] 1 Lloyd's Rep. 209; *Muller Brothers v GM Power Plant Co* [1963] C. L. Y. 3114.

[86] 见注释 [84]。然而，在 *Miserocchi and CSpA v Agricultores Federados Argentinos SCL* [1984] 1 Lloyd's Rep. 202 一案中，认为虽然买方须指派合适船舶，多埠 FOB 合同条款下装运港的选择应由卖方做出。在 *Lusograin Comercio International De Cereas Ltda v Bunge AG* [1986] 2 Lloyd's Rep. 654 一案中，卖方有在合同列明的港口中选择装运港的权利。

[87] 关于普遍的出口和进口许可证以及其挫败情况，参见第 6－012 段。

[88] 因此，在 *Compagnie Continentale d'Importation Zurich SA v Ispahani* [1962] 1 Lloyd's Rep. 213 一案中，合同规定出口税以现行利率计算，同时规定"出口税的变化应由卖方承担"。出口税于部分装运完成后废止。英国最高法院认为买方有权从卖方处得到与节省的出口税额相等的补偿金额。

[89] [1956] A. C. 588.

[90] 合同双方有合理合作以取得许可证的责任；*AV Pound & Co Ltd v MW Hardy & Co Inc* [1956] A. C. 588，608，611；参见 *HO Brandt & Co v HN Morris & Co* [1917] 3 K. B. 784。

[91] 在采用航空运输的情况下，一般建议使用 FCA 术语。虽然"FOB，机场交货"、"FOB，飞机上交货"等也有使用，但因其含义模糊，应避免使用。

[92] 参见 *TD Bailey Son & Co v Ross T Smyth & Co Ltd* (1940) 56 T. L. R. 825 at 828。

[93] TS Eliot 解释（在 *The Waste Land* 一书的注解中，1. 210）说 CIF 意指"运费和保险费"，是一种直观表述。

[94] 参见 *Comptoir d'Achat v Luis de Ridder*；*The Julia* [1949] A. C. 293 at 309；Blackburn J. in *Ireland v Livingston* (1872) L. R. 5 HL 395 at 406；Sellers J. in *Andre et Cie SA v Vantol Ltd* [1952] 2 Lloyd's Rep. 282 at 291。

[95] *PJ van der Zijden Wildhandel NV v Tucker & Cross Ltd* [1975] 2 Lloyd's Rep. 240 at 242.

[96] *Per* Scrutton, J. in *Arnold Karberg & Co v Blythe, Green Jourdain & Co* [1915] 2 K. B. 379 at 388. Scrutton J. 的措辞，而不是内容实质，受到了最高法院的一定指责：[1916] 1 K. B. 495。还可参见 Sir John Donaldson M. R. in *Congimex v Tradax Export SA* [1983] 1 Lloyd's Rep. 250 at 253。在 *Cargill International SA v Bangladesh Sugar and Food Industries* [1996] 2 Lloyd's Rep. 524 at 526 中，Morison J. 将 CIF 合同称为"……本质上是关于货物所有权的单据的购买和递交……"《维也纳公约》A. 34。

[97] 参见 *Gardano and Giampieri v Greek Petroleum George Mamidakis & Co* [1962] 1 W. L. R. 40 at 52。进一步还有 Roskill J. in *Margarine Union GmbH v Cambay Prince Steamship Co* [1967] 2 Lloyd's Rep. 315 at 332；*Lord Morris of Borth-y-Gest in Kendall & Sons v William Lillico & Sons Ltd*, appeals from *Hardwick Game Farm v Suffolk Agricultural Poultry Producers' Association* [1969] 2 A. C. 31 at 101；Lord Diplock in *Berger & Co Inc v Gill and Duffus SA* [1984] A. C. 382。

[98] *Per* Lord Wright in *TD Bailey, Son & Co v Ross T Smyth & Co Ltd* (1940) 56 T. L. R. 825 at 829.

[99] 关于集装箱运输的拼箱海运提单，参见第 15－028 段以及第 15－029 段。

[100] 这些问题构成了 Sassoon 和 Merren 的《CIF 与 FOB 合同》（第四版）第一章的主要问题，并且被普遍作为 CIF 合同所隐含的关系分析。

[101] Lord Sumner (then Hamilton J.) in *Biddell Brothers v E. Clemens Horst Co* [1911] 1 K. B. 214 at 220. 还可进一步参见 Sellers J. in *Andre et Cie SA v Vantol Ltd* [1952] 2 Lloyd's Rep. 282 at 291。

[102] 或者购买以同类条件运输的已在货船上的货物，并将其提交给买方。

［103］这个定义是建立在合同双方已约定“运费到付”且卖方还未预付运费这一假设之上的。

［104］合同双方通常希望这些费用和支出由卖方来承担，因为这些都是装船前费用（C. M. S.）。

［105］参见下文第 2—035 段。

［106］*Per* Roskill J. in *Margarine Union GmbH v Cambay Prince Steamship Co Ltd* ［1969］1 Q. B. 219 at 245.

［107］关于清洁提单，参见第 15—026 段。还可参见 *Golodetz & Co Inc v Czarnikow-Rionda Co Inc*；*The Galatia* ［1980］1 Lloyd's Rep. 453 一案，其中有海运提单“条件规定”，即使货物装船后受损失，也为“清洁”，参见 UCPDC（UCP 600）以及下文第 11—013 段。

［108］关于“已装运”和“已收妥”提单，参见下文第 15—025 段；关于发货单，参见下文第 15—034 段。

［109］即使在正式转让之前，合同也应视作真正意义上的 CIF 合同。

［110］*Colin & Shields v W Weddel & Co Ltd* ［1952］W. N. 420；*Margarine Union GmbH v Cambay Prince Steamship Co Ltd* ［1969］1 Q. B. 219；参见现今通行的《1992 年海上货物运输法》s. 2（1）（c）以及下文第 15—052 段。

［111］参见下文第 2—035 段和上面提到的 *The Julia*。

［112］关于在装运期内进行装运，但海运提单日期错误的情况，参见 *Provtor & Gamble Philippins Manufacturing Corporation v Kurt A. Becher GmbH & Co KG* ［1988］1 Lloyd's Rep. 88 at 91 and ［1988］2 Lloyd's Rep. 21，CA；参见第 2—026 段。

［113］*Tsakiroglou & Co Ltd v Noblee Thorl GmbH* ［1962］A. C. 93 at 113，*Per* Lord Simonds，121—122，*Per* Lord Radcliffe；参见下文第 6—011 段。

［114］*Reinhart Co v Joshua Hoyle & Sons Ltd* ［1961］1 Lloyd's Rep. 346 at 352. 关于普通海运保险，参见第 19 章。

［115］参见第 19 章。

［116］协会货物条款（A）、（B）和（C）政策都将“仓至仓”条款作为一项标准条件。

［117］参见 UCPDC（UCP 600）第 28 条款（f）（ⅱ）以及 Intraterms 的 s. 418（2）（c）。

［118］关于可保价值，参见第 19—034 段以及《1906 年海运保险法》s. 16。

［119］参见第 19—007 段。

［120］参见第 19—011 段。

［121］*Wilson，Holgate & Co v Belgian Grain and Produce Co* ［1920］2 K. B. 1. 在 *Donald H. Scott & Co v Barclays Bank* ［1923］2 K. B. 1 一案中，人们认为保险证明并不是“认可的保险单”，同时在 *Harper & Co v Mackechnie & Co* ［1925］2 K. B. 423 一案中，决定即使买方同意接受保险证明，卖方也需暗示地保证证明中的声明是正确的且他会根据此证明取得保险单。还可参见 *Promos SA v European Grain and Shipping Co* ［1979］1 Lloyd's Rep. 375。

［122］《统一商法典》s. 2—320（2）（c）。

［123］上一注释的 para. 9 中可见该部分的正式评注。

［124］*Orient Company Ltd v Brekke & Howlid* ［1913］1 K. B. 531；*Diamond Alkali Export Corp v Fl. Bourgeois* ［1921］3 K. B. 443；*Koskas v Standard Marine Insurance Co Ltd*（1927）32 Com. Cas. 160.

［125］参见第 11—014 段。

［126］*Banque de L'Indochine et de Suez SA v J H Rayner（Mincing Lane）Ltd* ［1983］Q. B. 711. 还可参见第 11—017 段。

［127］关于这些单据参见第 4—011 段以及接下来的部分。在货物离港时取得的品质检验证书不是能与装运单据一起提交的单据：*Gill & Duffus SA v Berger & Co Inc（No. 2）* ［1984］A. C. 382 at 389。

[128] *Re Reinhold & Co and Hansloh* (1869) 12 T. L. R. 422.

[129] [1954] 2 Q. B. 459 at 481; *Proctor & Gamble Philipine Manufacturing Corporation v Kurt A Becher GmbH & Co KG* [1988] 2 Lloyd's Rep. 21 at 26; *Trasimex Holdings SA v Addax BV* (The Red Sea) [1999] 1 Lloyd's Rep. 29.

[130] 关于所有构成装运单据一部分的单据，必须集中在一起审阅这一规定，参见第 11－018 段。

[131] [1970] 1 Lloyd's Rep. 53, CA.

[132] 参见第 5－011 段。关于弃权的问题还可参见 *Bunge GmbH v Alfred C Toepfer* [1978] 1 Lloyd's Rep. 506; *Bunge SA v Schleswig-Holsteinische* [1978] 1 Lloyd's Rep. 480。关于禁止反言参见 *Motor Oil Hellas (Corinth) Refineries SA v Shipping Corporation of India*; *The Kanchenjunga* [1990] 1 Lloyd's Rep. 391。关于禁止反言和弃权参见下文第 5－007 段至第 5－011 段。

[133] *Bergerco U. S. A. v Vegoil Ltd* [1984] 1 Lloyd's Rep. 440 at 446.

[134] 通过 Saville J. 在 *Vargas Pena Apezteguia y Ciasaic v Peter Cremer GmbH* [1987] 1 Lloyd's Rep. 394 at 398 一案中的判决。Saville J. 将此案例与 Kwei Tek Chao（参见上文）一案区分开来，因为在他面前的这个案例中，买方的损失不是由拒收单据权利的丧失而引起的，而是由买方转售货物时市场价格下挫引起的。(*Vargas* 一案中销售合同是基于 FOB 术语订立的，而不是 CIF 术语。)

[135] 关于拒收货物的权利，参见第 5－007 段和第 5－008 段。

[136] [1954] 2 Q. B. 459. *The Kwei Tek Chao* 一案在以下案例中被引用：*Empresa Exportadora de Azucar v Industria Azucarera Nacional SA*; *The Playa Larga and Marble Islands*，也被称为 *Cubazucar v Iansa* [1983] 2 Lloyd's Rep. 171 at 179; *Gill & Duffus v Berger & Co Inc* [1984] 2 W. L. R. 95 at 103; *Bergerco U. S. A. v Vegoil Ltd* [1984] 1 Lloyd's Rep. 440 at 445; *Lombard Finance Ltd v Brookplain Trading Ltd* [1991] 1 W. L. R. 271 at 277。

[137] *Biddell Bros v E Clements Horst Co* [1912] A. C. 18 at 22. 然而在特别的例子中，货物可能在海运提单提交之前便由卖方转移给买方。这种做法可能基于以下假设成立，即货物所有权被卖方有效保留，见案例 *Cheetham & Co Ltd v Thornham Spinning Co Ltd* [1964] 2 Lloyd's Rep. 17; *Ginzberg v Barrow Haematite Steel Co Ltd* [1966] 1 Lloyd's Rep. 343。关于所有权的保留参见第 4－007 段。

[138] 参见第 4－004 段。

[139] 已划归货物的所有权是否转移取决于合同双方的意愿（《1979 年货物买卖法》s. 16）。因此合同双方可做除文中出现的普通安排以外的其他安排。他们可约定所有权在装运时转移（通过 Roskill L. J. 在 *The Albazero* [1975] 3 W. L. R. 491 at 523, revsd [1977] A. C. 774, HL 一案中的评价以及 Donaldson J. 在 *Golodetz & Co Inc v Czarnikow-Rionda Co Inc* 一案的评价以及 *The Galatia* [1980] 1 Lloyd's Rep. 453 at 455)。或者他们可约定卖方保留所有权，直到他收到现金货款支付，参见第 4－007 段及接下来的部分。

[140] *Kwei Tek Chao v British Traders and Shippers Ltd* [1954] 2 Q. B. 459 at 487; *Gill & Duffus SA v Berger & Co Inc* [1984] 2 W. L. R. 95 at 104. 关于权衡性财产，也可参见 *McDougal v Aeromarine of Emsworth Ltd* [1958] 1 W. L. R. 1126。

[141] 关于货物检验，参见前文第 2－015 段以及下文第 2－036 段。

[142] *Produce Brokers New Co (1925) Ltd v British Italian Trading Co* [1952] 1 Lloyd's Rep. 379. cf. *Compagnie Continentale d'Importation Zurich SA v Ispahani* [1962] 1 Lloyd's Rep. 213. 还可参见 *DI Henry Ltd v Wilhelm G Clasen* [1973] 1 Lloyd's Rep. 159, CA ("Cape surcharge buyer's account")。

[143] 现在通行的《1970 年农业法》s. 72（i）。

[144]《1992 年海上货物运输法》s. 2 (1) (a)。参见 *Mitsui & Co Ltd v Flota Mercante Granco-*

lombiana SA；*The Ciudad de Pasto and Ciudad de Neiva* [1988] 2 Lloyd's Rep. 208 at 211 中关于卖方地位的讨论。

[145] 关于《1992 年海上货物运输法》，参见第 15－053 段。

[146] 参见注释 [44]。质押权人，比如银行，（对于海运提单拥有特殊的所有权）也可在满足《1992 年海上货物运输法》s. 2 规定的条件下获得权利。

[147] 实际上，这些主要是支付运费，以及有时支付滞期费的责任。作为运输合同的原始当事人方，发货人的义务由《1992 年海上货物运输法》s. 3 (3) 确定。

[148] 参见第 15－053 段。

[149] *Leigh and Sillavan Ltd v Aliakmon Shipping Co Ltd* (*The Aliakmon*) [1986] A. C. 785.

[150] *Toepfer v Lenersan-Poortmann NV* [1980] 1 Lloyd's Rep. 143, CA.

[151] *Biddell Bros v E Clemens Horst Co* [1912] A. C. 18 at 22.

[152] 参见 Donldson J. 在 *Aruna Mills Ltd v Dhanrajmal Gobindram* [1968] 1 Lloyd's Rep. 304 at 311 一案中的评论；*Thos. Borthwick (Glasgow) v Bunge & Co* [1969] 1 Lloyd's Rep. 17 at 28；1978 年 4 月 26 日的《泰晤士报》登载的 *Alfred C. Toepfer (Hamburg) v Verheijdens Veervoeder Commissiehandel Rotterdam* 一案。

[153] *Thos. Borthwick (Glasgow) v Bunge & Co* [1969] 1 Lloyd's Rep. 17. 关于替代条款还可参见前文第 2－012 段和 *Coastal (Bermuda) Petroleum Ltd v VTT Vulcan Petroleum SA*；*The Marine Star* [1993] 1 Lloyd's Rep. 329。

[154] *Bergerco USA v Vegoil Ltd* [1984] 1 Lloyd's Rep. 440 at 443；*State Trading Corporation of India Ltd v M Golodetz Ltd* [1988] 2 Lloyd's Rep. 182 at 183－184.

[155] 除非合同中有特殊规定或贸易惯例与之不符。*Hansson v Hamel and Horley Ltd* [1992] 2 A. C. 36.

[156] *Continental Imes Ltd v HE Dibble* [1952] 1 Lloyd's Rep. 220 at 226.

[157] *Holland Colombo Trading Society Ltd v Segu Mohamed Khaja Alawdeen* [1954] 2 Lloyd's Rep. 45. 参见 *Soon Hua Seng Co Ltd v Glencore Grain Ltd* [1996] 1 Lloyd's Rep. 398 at 401。

[158] 关于《跟单信用证统一惯例》，参见第 11－002 段。

[159] 在条款 20 (b)、(c) 和 (d)，21 (b)、(c) 和 (d) 以及 19 (b)、(c) 中有规定。这段文字节录于讨论海运提单问题的条款 20。条款 21 和 19 分别讨论不可转让海运提单和至少包括两种不同运输方式的运输单据，条款中都有类似规定。

[160] *Colin & Shields v W Weddell & Co Ltd* [1952] W. N. 420.

[161] *Vantol Ltd v Fairclough Dodd & Jones Ltd* [1955] 1 W. L. R. 642 at 646；*Pyke (Joseph) & Sons (Liverpool) v Cornelius (Richard) & Co* [1955] 2 Lloyd's Rep. 747 at 752；*PJ van der Zijden Wildhandel NV v Tucker & Cross Ltd* [1975] 2 Lloyd's Rep. 240 at 242.

[162] 通过大法官 Denning M. R. 在 *Tradax Export SA v Andre & Cie SA* [1976] 1 Lloyd's Rep. 416 at 423 一案中的评论。

[163] *Vantol Ltd Fairclough Dodd & Jones Ltd* [1955] 1 W. L. R. 642 at 647；*Lewis Emanual & Son Ltd v Sammut* [1959] 2 Lloyd's Rep. 62；*Tradax Export SA v Andre & Cie SA* [1976] 1 Lloyd's Rep. 416；*Toepfer v Schwarze* [1977] 2 Lloyd's Rep. 380 at 390；*Exportelisa SA v Rocco Giuseppe & Figli Soc Coll* [1978] 1 Lloyd's Rep. 433 at 437；*Bremer Handelsgellschaft mbH v Vanden Avenne-Izegem PVBA* [1978] 2 Lloyd's Rep. 109；*Bunge SA v Kruse* [1980] 2 Lloyd's Rep. 142.

[164] 关于合同失效，参见第 6 章。

[165] 通过大法官 Denning M. R. 在 *Tradax Export SA v Andre & Cie SA* [1976] 1 Lloyd's

Rep. 416 at 423 一案中的评论。还可参见 *Bunge SA v Kruse* [1980] 2 Lloyd's Rep. 142。

[166] 例如，参见 *Mash & Murrell Ltd v Joseph I. Emanuel Ltd* [1961] 1 W. L. R. 862 at 863; [1962] 1 W. L. R. 16。在 *Eurico SpA v Philipp Brothers*; *The Epaphus* [1987] 2 Lloyd's Rep. 215 at 217 一案中，买方购买了一船在途的大米。还可参见 *State Trading Corporation of India Ltd v M. Golodetz Ltd* [1988] 2 Lloyd's Rep. 182。

[167] In *Golodetz & Co Inc v Czarnikow-Rionda Co Inc*; *The Galatia* [1979] 2 Lloyd's Rep. 452 at 455，affd [1980] 1 Lloyd's Rep. 453，CA. *Per* MacCardie J. in *Manbre Saccharine Co v Corn Products Co* [1919] 1 K. B. 198 at 204.

[168] In *Manbre Saccharine Co v Corn Products Co* [1919] 1 K. B. 198; *State Trading Corporation of India Ltd v M Golodetz Ltd* [1988] 2 Lloyd's Rep. 182 at 183.

[169] 通过 Atkin J. 在 *C Groom Ltd v Barber* [1915] 1 K. B. 316 at 324 一案中的评论。

[170] 参见第 2—029 段和第 2—030 段。

[171] [1949] A. C. 293. 进一步参见 *Re Denbigh*, *Cowan & Co and R Atcherley & Co* (1821) 90 L. J. K. B. 936; *The Parchim* [1918] A. C. 157 at 163; *Colin & Shields v W Weddel & Co Ltd* [1952] W. N. 420; *John Martin of London v AE Taylor* [1953] 2 Lloyd's Rep. 589; *Holland Colombo Trading Society Ltd v Segu Mohamed Khaja Alawdeen* [1954] 2 Lloyd's Rep. 45; *H Glynn (Covent Garden) Ltd v Wittleder* [1959] 2 Lloyd's Rep. 409 at 413; *Gardano and Giampieri v Greek Petroleum George Mamidakis & Co* [1962] 1 W. L. R. 40 ("Delivery ex Eleussinia Installation"); *Soon Hua Heng Co Ltd v Glencore Grain Ltd* [1996] 1 Lloyd's Rep. 398 at 401 and 402。

[172] [1949] A. C. 293 at 310.

[173] 参见下文第 2—042 段。在 *The Aliakmon*（上文第 2—030 段）一案中，原本为 CFR 的合同依合同双方约定被改为仓库交货合同。

[174] *Holland Colombo Trading Society Ltd v Segu Mohamed Khaja Alawdeen*.

[175] *Morton-Norwich Procucts Inc v Intercen Ltd* [1976] F. S. R. 513, [1977] J. B. L. 182.

[176] 关于接受，参见第 5—006 段。

[177] 参见第 5—007 段和第 5—008 段。

[178] 关于销售合同中的要件和保证条款，参见第 5—002 段。

[179] 参见第 5—010 段。

[180] 关于货物检验，参见上文第 2—026 段，也可参见下文第 5—005 段。

[181] 参见第 2—020 段。

[182] *Dupont v British South Africa Co* (1901) 18 T. L. R. 24; *Polenghi v Dried Milk Co* (1904) 10 Com. Cas. 42.

[183] Sassoon 等，《CIF 与 FOB 合同》(第四版)，para. 15。

[184] 在"无到达，无销售"(no arrival，no sale) 术语条件下，卖方没有责任运输货物，在美国的实践中有应用（《统一商法典》s. 2—324)，但在英国实践中并不常见。

[185] *Soon Hua Heng Co Ltd v Glencore Grain Ltd* [1996] 1 Lloyd's Rep. 398。《统一商法典》s. 2—321(1). 1。

[186] 参见 *Oleificio Zucchi SpA v Northern Sale Ltd* [1965] 2 Lloyd's Rep. 496 at 518 一案，在该案例中，合同术语为"CIF，热那亚"，规定如果货物（筛选后散装的加拿大油菜籽）到达时有损失，则提供补贴。进一步参见 *Oricon Waren & Handels GmbH v Intergraan NV* [1967] 2 Lloyd's Rep. 83 at 94 ("总重量交付")。在 *Gill & Duffus SA v Berger & Co Inc* [1984] 2 W. L. R. 95 一案中，合同双方约定："最终到达卸货港的品质依照 General Superintendance Co Ltd 出具的证书确定"。

[187] *Produce Brokers New Co (1924) Ltd v British Italian Trading Co* [1952] 1 Lloyd's Rep. 379.

[188] *Henry (DI) Ltd v Wilhelm G Clasen* [1973] 1 Lloyd's Rep. 159, CA.

[189] 在 CFR 合同中，卖方给予买方赊销的情况下，通常建议卖方办理保障货物运输的意外险，参见第 19 章关于海运保险的部分。

[190] 特别地，货价应于正确的装运单据（当然不包括保险单）提交之时进行支付，即使合同双方已经得知运输货物的运输工具已沉没且货物已沉入海底：*State Trading Corporation of India Ltd v M Golodetz Ltd* [1988] 2 Lloyd's Rep. 182 at 183。

[191] 参见前文第 2—008 段。

[192] 除非合同双方有相悖约定。

[193] *Reinhart Co v Joshua Hoyle & Sons Ltd* [1961] 1 Lloyd's Rep. 346 at 354, 357, 359. 还可参见 *Golodetz & Co Inc v Czarnikow-Rionda Co Inc; The Galatia* [1979] 2 Lloyd's Rep. 450; affd [1980] 1 Lloyd's Rep. 453, CA。

[194] Incoterms 和 Intraterms 中都有定义。

[195] Incoterms 和 Intraterms 中都有定义。

[196] 包括该术语的合同有时也被认为是"交货合同"。这种表达方式含义不明，应予以避免。

[197] *Yangtsze Insurance Association v Lukmanjee* [1918] A. C. 585 at 589; *per* Mustill J. in *Industria Azucarera Nacional SA (IANSA) v Expresa Exportadora de Azucar (Cubazucar)* [1982] Com. L. R. 171; affd [1983] 2 Lloyd's Rep. 171, CA（这个案例被称为 *Cubazucar v IANSA*）。

[198]《统一商法典》s. 2—322。

[199] *Yantsze Insurance Association v Lukmanjee* [1918] A. C. 585 at 589.

[200]《1979 年货物买卖法》s. 13；参见第 5—003 段。

[201] 通过 McNair J. 在案例 *Macpherson Train & Co Ltd v Howard Ross & Co Ltd* [1955] 1 W. L. R. 640 at 642 中的评论。

[202] Incoterms 和 Intraterms 中都对 DEQ 术语作了定义。

[203] 在案例 *Bunten & Lancaster (Produce) v Kiril Mischeff* [1964] 1 Lloyd's Rep. 386 中，进口合同规定"完税后码头交货，利物浦"。还可参见 *Glass's Fruit Markets Ltd v A Southwell & Son (Fruit) Ltd* [1969] 2 Lloyd's Rep. 398。

[204] 在 Incoterms 和 Intraterms 中均有定义，见第 410 节。

[205] Incoterms 和 Intraterms 中第 411 及 412 节。

[206] 参见前文第 2—040 段。

[207] 参见第 16 章。

[208] UCPDC 1993 Art. 26.

第 3 章

合同的成立[1]

3—001 为使交易双方在产生争端时最大限度地减少诉讼的可能性，拟定合同时，当事人必须牢记一些相关事项。[2]一份国际性的合同应当包含关于管辖权和法律选择的条款，其中明确规定对合同享有管辖权的法院所在的国家，以及管控该合同的法律所属的国家；或者合同当事人达成协议，将争端提交仲裁，在采取这种做法的情况下，交易双方将在合同中达成一项仲裁条款，条款中详细列明仲裁地点、仲裁者人数、仲裁机构以及仲裁条款的选择。[3]根据英国法，一份有效的、具有法律约束力的合同必须完整包括发盘（offer）、接受（acceptance）和对价（consideration）三部分，同时合同条款必须明确。尽管商业合同较为理想的形式是由当事人以书面形式签署的，但一般说来，口头合同与书面合同在法律约束力方面通常是等同的。

合同的磋商

□ 询盘与合同邀请（inquiries and invitations to contract）

交易双方通过谈判未必能够达成具有法律约束力的合同。双方可能会通过询盘（inquiry）或合同邀请（invitation）[4]的形式订立第一份合同，例如产品目录（catalogue）、广告以及建筑或其他工程投标书的提交邀请就可能构成合同邀请。而交易双方谈判过程中的各种表述并不构成合同的条款内容，除非在后期将其纳入合同。[5]然而，这并不意味着询盘和合同邀请完全不具备法律效力：若交易双方最终订立了合同，那么合同订立前的错误表述（false statement）可能会在法律上被认定为虚假陈述（misrepresentation）[6]；若交易双方谈判期间相互告知的信息具有保密性，且双方随后未能订立合同，则对这些保密信息的滥用可能引发法律救济（legal remedy）。[7]因此在特定情况下，合同订立前的相关表述可能会被纳入合同。 3—002

□ 报价单（the quotation）

提供报价单仅仅是一项合同邀请，还是可以算做一项发盘？这一问题取决于合同当事人，尤其是递交报价单的一方当事人的意愿。一般情况下，报价单只是一项合同邀请，但如果该报价单的递交对象对此做出回应，那么该回应视为发盘，并由报价单的提供方来决定接受还是拒绝对方的发盘。在一个案例中[8]，承运人（carriers）应出口商的要求将废纸从新西兰运往印度。承运人通过电传（telex）告知出口商拟装运的时间、运费率（freight rate）及装载方式（manner of stowage），但电传中并未说明货物数量、装运船只数量、到港日期和受载期。出口商将 919 吨废纸交付发运，分两艘船舶装载，但他未向承运人支付托运货物的运费，承运人因此拒绝了该出口商所有其他的未交订货（bookings）。出口商对承运人的违约进行损失索赔，枢密院（Privy Council）在处理来自新西兰的上诉时认定，承运人的电传只能作为运费率的报价单，不能算做发盘，因此双方之间并不存在具有法律约束力的合同，出口商的损失索赔失败。 3—003

另一方面，如果报价单包含了发盘的所有要素并符合法律规定，那么该报价单是否构成发盘就取决于报价单提供方的意愿。

□ 投标书（tenders）

提交投标书的邀请通常仅被视为发盘邀请（an invitation to treat）[9]，但是如果被邀请的一方承诺将接受最佳投标，那么该发盘邀请就构成发盘。[10]例如，地方当局向选出的当事人发出提交投标书的邀请，同时表示将对所有投标书予以考量，那么地方当局就受其约束，并必须将所有投标书纳入考虑范围。[11] 3—004

在公共供给合同投标书的案件中，欧共体条例（EC Regulations）[12]规定，发出投标邀请的合同当事人应该接受最低投标（the lowest tender）或者“经济上最有利”（most economically advantageous）的投标。

发　盘

3—005 发盘是一项订立合同的建议，若受盘人按时接受，就会形成具有法律约束力的合同。卖方应该确保交易双方在通信中清晰地阐明了合同中的关键因素。例如，一份货物买卖合同应当包含下述内容：

(a) 毫无歧义地描述订购的货物；

(b) 阐明购买价格（purchase price）和支付条件（terms of payment）；

(c) 列明交货条件（terms of delivery），包括对包装、开立发票、运输和保险的要求。

□ 实盘（firm offers）

3—006 英国法认为，发盘在受盘人表示接受之前都可被撤销。然而，若受盘人付款进行“留盘”（to keep the offer open），则发盘的撤销便成为一种选择权。即使该发盘是实盘（firm offer），发盘人认为自己在特定时间内受其约束，该实盘在受盘人接受之前仍可随时被撤销。

其他法律体系对实盘采取一种不同的、不那么武断的态度，认为实盘在特定的条件下具有法律约束力。《美国统一商法典》（UCC）第2－205条规定，若一项货物买卖的实盘是由贸易商以书面署名形式发出的，那么在实盘规定的承诺期内，不得以无对价为由将其撤销。《维也纳公约》（The Vienna Convention）关于国际货物买卖合同[13]的规定更进了一步：与《美国统一商法典》不同，《维也纳公约》在第16条第2款中规定，实盘具有法律约束力，并且不要求该实盘是由贸易商发出的，也不要求必须以书面署名的形式发出。

接　受

□ 接受必须是无条件和无保留的

3—007 接受必须是无条件和无保留的。若一项接受试图改变或新增发盘提出的交易条件，则不是一项有效的接受。[14]这种情况构成一项还盘（counteroffer），是对原发盘的拒绝。若原发盘人接到一项有保留的接受，但未表示同意，则不能认为合同成立。尽管原发盘人在收到有保留的接受之后完全保持沉默并不是一种好的商业行为，但是，原发盘人不承担对变更的接受进行答复的义务。在 *Northland Airliners Ltd v Dennis Ferranti Meters Ltd* 一案[15]中，卖方是北威尔士（North Wales）的一家公司，它与买方——加拿大的一家公司就购买一架水陆两用飞机进行谈判。卖方发出的电报（telegram）内容为："确认售予你方 Grummond Mallard 飞机一架……请汇 5 000 英镑。"买方复电："确认你方电报和我方购买 Grummond Mallard 飞机一架，条件按照你方电报的规定……已汇交你方银行 5 000 英镑，该款项在交货前由银行代你方保管……请确认在本电日期 30 天内交货。"卖方对此没有回电，却以较高的价格将那架飞机卖给第三方。上诉法院判定，双方并不存在合同关系。买方的复电附加了两个新增条件：一个是关于付款，另一个是关于交货，因此卖方对于该还盘可以不必答复。

可见，一项有保留的接受即被看做还盘，原发盘人仅通过沉默就可以表示拒绝，这样的规定可能过于僵化。根据《合同成立统一法》[16]（Uniform Law on the Formation of Contracts）的规定，对于适用该法律的国际买卖[17]，若在接受中包含某些未在实质上改变发盘内容的附加条件或保留条件，仍构成一项附带建议修改条件的有效接受，除非原发盘人立即对此表示拒绝。[18]《美国统一商法典》对此做出了类似但不完全相同的规定[19]：

"附加条件应被视为增加合同内容的建议。在贸易商[20]之间，这些条件构成合同内容的一部分，但以下情况除外：

(a) 发盘中对发盘条件的接受做出了明文限制；

(b) 对发盘条件提出实质性的修改；

(c) 针对附加条件的拒绝通知书已经发出，或者在原发盘人收到附加条件通知后的一段合理时间内发出。"

□ 接受的传达（communication of acceptance）

在通常情况下，当接受传达给发盘人时，合同即告成立。受盘人的沉默（silence）并不等同于接受，即使发盘中明确规定沉默将被认作是接受，该项规定也被视为无效，除非交易双方根据业已确认的交易习惯（a course of dealing），受盘人的沉默可以表示接受。此外，在禁止反言（an estoppel）的情况下，沉默也可构成受盘人的接受。[21] **3—008**

如果有必要明确合同成立的地点，可合理地认为是接受被传达给原发盘人的地点。[22]"传达"是一个专业术语，是指接收者必须能够对相关声明（statement）的内容加以了解。当声明被接收者收到时，即可认为声明被及时传达。即使接收者出于某种原因没有阅读，例如由于接收者本人的办公机构的原因使声明未能交到接收者手中，也都视同声明被及时传达。[23]

上述规定也适用于即时合同（instantaneous contracts），即通过电话或电传口头订立的合同。[24]如前所述，通过电传订立的合同通常被视为即时合同。

然而，该规定并不是通用的，参见法官 Wilberforce 对 Brinkibon 公司一案[25]的评述：

“……存在各种不同的解读。电传发送人和接收人可能并不是拟订的合同的委托人，而只是权利有限的雇员或代理人，因而信息可能没有立即传达到，或主观上并不想要传达到指定的接收人，如在非办公时间或者晚上送达，在这些情况下，信息需经过一段时间才会被阅读；接收人一方可能会出现某些差错使得信息未能在发送人预计并认定接收的时间内送达；信息也可能是通过由第三方操作的机器进行发送和/或接收的；还有很多其他可能出现的不同情况。针对这一问题，并不存在一项普遍适用的规定，因而将会根据交易双方的意愿，依照健全可靠的商业惯例（business practice）来处理，某些情况下还将采取存在一定风险的裁决方式。”

在信用证（letter of credit）交易下，若开证行（issuing bank）将信用指令通过电传形式传送给通知行（advising bank），随后通过电子邮件确认，这也存在问题：电传或电子邮件确认是不是有效的信用证文件？《跟单信用证统一惯例》（UCP）（2007 年修订）[26]第 11 条对这一情况做出了规定，认为远程传输可以构成信贷，除非明确表明存在相反的意向。

在接受是以传真、电子邮件或者电子数据交换形式传送的情况下，该接受的发送人如果知道其通知未能传达给对方，那么就不存在具有法律约束力的合同。相反，若发送人并不知道通知的内容完全或部分难以辨认，则合同可能具有法律约束力。[27]

若接受是以邮寄或电报形式传送的，合同成立与否则取决于交易双方的意愿，并据此决定声明传达的一般规定是否适用，以及接受是否仅凭投递而非送达发盘人时生效。一般而言，交易双方将采用一般规定。[28]在例外的情况下，可以从发盘条件中推断认为，仅凭投递则可认定接受生效。[29]为明确起见，发盘中应当声明，发盘人只有在他实际收到该项接受时，才受其约束。[30]

□ 行为表示接受（contract by conduct）

3—009 在一些案例中，交易双方不能在合同履行之前达成真正的一致，则合同可能因采取行动而成立。[31]例如，买方可以通过使用货物来表示对卖方交付货物的接受[32]，卖方可以通过向买方发货这一行动表示接受发盘[33]，此外，卖方可以采取行动来邀请买方接受[34]，或者，交易双方还可以通过行动对还盘做出接受。[35]“买卖双方为交易的履行做出了实际行为，这一事实可以说明他们有意建立合法的交易关系”。[36]

□ 接受的形式

确认书（The confirmation slip）

3—010 一项合同可能是通过口头或者往来函件谈判商定的，在这之后，交易的一方将一份印就的、附有由对方签署后退回的确认书的订单或接受书寄给另一方。在某些情况下，通常会存在一些不易解决的理解上的难题，例如交易双方是否已经十分精确地同意了合同条件等。[37]若发盘中明确规定，接受在回复时必须附有声明，“已被明确理解，且其他形式的接受不具有法律效力和约束力”，且实际的接受未精确地依照上述要求，则合同不成立。但是，如果合同已经通过其他方式接受，发盘人就无权在受盘人履行合同时无所作为，其后又声称合同不存在。[38]

会签形式的合同（The countersigned acceptance form）

另一种获取发盘人对接受条件表示同意的书面文件的方法是，受盘人在接受书中告知发盘人其订单已经收到，并将该接受书一式两份寄给发盘人，要求其签署后返还一份。这种方法在出口贸易中经常用到，尤其是当订购的货物价值很大时，或是必须按照卖方提出的规格进行加工时更为常用。 **3—011**

在上述情况下，关键的一点是两份接受书的条款应完全一致，若不相一致，至少由发盘人留存的一份中应包含一项“红手”条款（red hand clause）。这一条款使发盘人认识到，他已签字并寄回的接受书中包含了自己留存的这份中没有的另外的条款。

□ 安慰函或意向书

需要出具安慰函的典型情况是，一家公司要从银行取得贷款，银行就会要求其提供母公司的担保。母公司可能不愿为贷款提供担保，因为这会以或有负债的形式出现在母公司的资产负债表（balance sheet）上。但是，母公司会愿意以向银行出具安慰函的形式为子公司提供支持。 **3—012**

在大部分情况下，安慰函仅会使母公司担负道德义务而不承担法定义务，因而其内容一般只需进行概括地表述，例如，表明母公司董事会对其子公司贷款融资是知晓的。[39]也存在一些例外，使得母公司在其出具的安慰函并不具有财务性质的情况下，需承担法定义务，例如母公司必须承诺在贷款偿还之前不出售或者以其他方式处置其子公司的股份。[40]

但是有些时候，安慰函中的措辞表述使得母公司需向银行担负财务上的义务，这种情况较为少见。在一个案例中[41]，母公司在给向其子公司贷款的银行的两封安慰函中写道：

“我们的政策是确保子公司的业务在上述安排下始终能够偿付其债务。”

主审法官 Hirst 认为，母公司应对其所作承诺承担法律责任，但他的论断被上诉法院驳回。Ralph Gibson L. J. 认为[42]：

“……很明显，在这一案件中……交易双方都明白或者在一定程度上理解安慰函的概念，其中包含一份文件，被告之所以愿意向原告提供安慰函，是建立在假定被告只承担为其子公司偿还债务的道德义务而非法定义务的基础上的。”

□ 以卖方一般条件为准的接受

3—013 接受应当一律包含卖方提出的一般销售条件，双方应该牢记以往曾被个体出口商[43]采纳的对一般销售条件的观察总结。[44]若交易双方先前作过出口交易，且他们当前的很多合同受同样的销售条件[45]约束，人们就可以推断买方是按照这些条件发出订单的，这些订单一经卖方无条件接受，交易即告成立。但是，在大多数情况下，买方在发盘时并不了解卖方的销售条件，因而，卖方的接受附带“以我们的销售条件为准”的条件，从法律意义上严格地讲是对买方发盘的拒绝，同时构成卖方的还盘。但是，若交易双方有明确意图表示愿意受到合同条件的约束，那么法院是不愿得出上述结论的。在这种情况下，特别是通过函电磋商交易时，卖方为保证安全，应当在合同履行前得到买方无保留的确认。实际上，法律上的严格要求，有时会遭到忽视，这是可以理解的，却可能导致不幸的后果。[46]理智的出口商对于一些非常规交易的订单，应当坚持严格符合法律的要求。

□ 将现行一般条件纳入合同

3—014 出口商的一般条件应随时修改，同时应规定合同达成之日实施现行版本。不过，即使没有包含这种条款，在没有迹象说明当事人另有意图的情况下，人们还是可以得到相同的结论。如果合同规定以“要求时即可得到”（available on request）的一般条件为准，那么法院认为[47]，“要求时即可得到”是参照现行的版本。“企业家们的一般条件随时都会修改，任何一个要求得到一份这种条件的人，所能合理地预期得到的，将是现行的最新版本，这是普通常识。”[48]

□ 确定性（certainty）

3—015 具有法律约束力的合同必须建立在以下基础上，即合同条件必须是确定的[49]或能够被确定。但是，法院将尽力使商业性的协议生效[50]，尤其是那些已经全部或者部分被履行的协议。[51]而若协议中的条件过于含糊不清，即使在某些情况下含糊部分可以在特定交易[52]中通过惯例或者惯常做法解决，抑或通过提供理性的标准予以确定，协议仍是不能被强制执行的。[53][54]法院还将试图对意思不明确的附属条件做出解释，若法院无法明确某项规定的含义，只能因其表意不明而予以驳回。[55]若无法进行可能的解释，法院便可对该规定不予理会。[56]

若一项协议内容不完整，则合同没有约束力。该规定适用于以下情况：协议尚待交易双方共同商定[57]，协议标准格式中留有空白[58]，或标准格式的合同变动部分有待协商[59]，或者一项“独占协商”条款（“锁定”条款）（lock-out agreement）未注明终止日期。[60]但是，如果协议本身规定了一种方法使得其他不确定条款能够得以解决，例如协议规定了价格的计算方法[61]，或者能够从合同中整体推断出租金率的提高[62]，则协议仍视为具有约束力。有些时候，特别是对于关键的合同，谈判通常是冗长而详尽的。在这种情况下，由于双方无法在“关键点”（sticking point）上达成一致[63]，因此很难判定双方是否达成协议及谈判是否成功。交易双方可能无法在合同是否成立这一问题上达成一致，然后将由法院根据双方往来的文件来裁定事实上是否存在具有约束力的合同。[64]若未订立合同，但交易双方在履行过程中落实了合同条件，那么合同前期的部分履行是有效的。[65]在 *British Steel Corp v Cleveland Bridge and Engineering Co Ltd* 一案[66]中，意向书要求交易对方在正式合同待签时就展开工作，原告生产并向被告交付了铸钢节点（cast steel nodes），虽然合同并未订立，但原告对其应得金额的索赔胜诉。

若交易双方在所有关键点上达成了一致，却将具体细节留待后期解决，则可以认为订立了有效合同。这种协议有时被称作框架协议（heads of agreement）。[67]但是，交易双方必须确定他们是否愿意受其约束，如果愿意，则具体是受到哪些条件的约束；双方还需明确该框架协议的重要性。[68]若交易双方未能就所有能够使合同实施的必要条款达成一致，则不存在法律意义上的“合同”。[69]

□ 口头证词（parol evidence）

口头证词原则规定，口头证词及其他外部证据不得改变或修改书面协议。[70]但是，当这一原则用于阐明书面合同中的歧义[71]及作为辅助说明时，存在多种例外情况。如果书面合同未能清楚阐述合同条件，或者条件本身自相矛盾时，就应按照“交易的商业目标”来理解。[72]在 *Investors Compensation Scheme Ltd v West Bromwich Building Society* 一案中，霍夫曼（Hoffman）法官总结了在对文件做出解释时适用的一些原则：[73] **3—016**

“1. 解释就是对文件所要传达给某个合理的人的意思加以确认。此处合理的人是指在合同签订的情况下，具备当事人能合理获得的所有的知识的人。

2. 背景情况……包括能够影响一位合理的人对文件的语言理解方式的任何事物。

3. 法律对于交易双方在先前谈判中的背景因素，以及主观意愿声明中所有可接受的因素不予考虑，这一条规定对于对合同做出修改的诉讼除外。

4. 一份文件（或者言辞）向一个合理的人所传达的意思与其字面的意思并不相同。字面的意思是根据字典与语法得出来的，但一份文件所表达的意思是当事人根据当时的背景，运用相关的文字所传达的、能够被合理地理解的含义。背景因素不仅能够使一个合理的人从字面含糊的意思中选出所表达的意思，甚至（日常生活中偶尔会发生）能够发现当事人出于某种原因用错了的字或句子（参见 *Mannai Investment Co Ltd v Eagle Star Life Assurance Co Ltd* [1997] 3 All E. R. 352）。

5. 必须使用‘本来的和通常的含义’（natural and ordinary meaning）这一‘规则’反映了交易商的普遍意识（common sense position）：我们通常不会轻易接受人们在语言上犯的错误，尤其是在正式的文件中。另一方面，尽管如此，如果有人根据背景因素得出结论，认为语言的使用一定是存在问题的，法律并不要求法官将其归因于当事人是故意犯错的，他们显然也不会这么做。Diplock 法官在 *Antaios Cia Naviera SA v Salen Rediern AB* 一案中，对此有更为有力的阐述。参见 *The Antaios* [1985] A. C. 191 的 201 页：

'……如果通过对商业合同中的文字进行详尽的语义和句法分析，得出的结论认为文字违抗了商业常识，那么它就必须让步于商业常识。'"

如果当事人认为文件中包含了所有信息，那么就不得接受外部证据（extrinsic evidence）。

在当事人将一般条件纳入书面文件的情况下，如果合同中存在某项特殊协议，且该协议是出于双方当事人的意愿，那么它就可以否决合同中的一般条件。[74]

只有在外部证据与书面合同中的明文规定不相互冲突[75]或者外部证据是为了证明存在附属协议（a collateral contract）时，交易惯例中的外部证据才能够被接受。[76]如果一项协议由于失误，未能准确记录双方当事人的意思[77]，法院可以对书面协议加以修改，而且法院可能仅会考虑修改后的合同，并不正式指明其修改的部分。[78]

如果交易一方已经向对方做出口头承诺，表示不依赖一般条件中的某一条款，且该口头承诺又被接受，那么，如果一般条件中的这一条款会使得该口头承诺完全成为泡影，当事人就不得依赖该条款，一般条件就失去效力。有这样一个案例[79]：从意大利进口喷射铸造器（injection moulding machine）的英国进口商在与运输代理人的谈判中坚持，如果该机器使用集装箱（container）运输，必须装在甲板下面（carried below deck），因为他们害怕机器生锈。运输代理行的经理向进口商口头保证："如果我们使用集装箱运输，不会将集装箱放在甲板上（carried on deck）。"当该机器由鹿特丹港运往提尔堡（Tilbury）时，该运输代理行在荷兰的联营公司没有确保将装这件机器的集装箱放在甲板下面，而是放在了甲板上。船舶航行中遇到轻卷浪，该集装箱掉落海中，造成全损。进口商提起赔偿损失的诉讼，运输代理人则想凭借其印就的一般条件进行抗辩，该一般条件使他们在运输方式方面完全自由。上诉法院判决，运输代理人做出的不会将货物装在甲板上的口头承诺，构成一项应予以执行的合同承诺，该承诺使一般条件中的相关条款失去效力。法院判决进口商胜诉。

与一般条件有关的特殊问题

□ 对标准术语的协定

3—017 一般交易条件应当印在价格单、商品目录、估价单、报价单以及由卖方发出的一切合同文件例如接受书上，要印刷清楚、明晰、醒目，并且应当包含在卖方的报价单或接受书的正文中。如果这一点不可行，那么至少在正文中应该清楚、醒目地注明：交易条件已经印在背面或附页中。在通过传真往来的合同谈判中，由于标准条款通常印在所传真文件的背面，因此要特别注意。这种情况在两家运输代理公司的交易案例[80]中出现过。原告认为，被告任何一份传真文件中都未包含其标准条款，尽管被告中有人表示是包含在内的。法院认为，原告没有对被告的标准条款给予合理的关注。取得买方对卖方一般交易条件的同意也是必要的，最好是由买方以书面形式表示同意。关于如何取得买方的书面同意的问题前文已经研究过。[81]

在进行管辖权条款（jurisdiction clause）[82]和法律条款（law clause）选择[83]时，需要特别注意。《理事会条例（EU Council Regulation）44/2001》[84][85][86]在第 23 条第（1）款中对能够将管辖权条款纳入合同所依据的条件做出了规定。[87]英国的《1990 年合同（准据）法》（Contracts (Applicable Law) Act 1990）[88]通过了《关于合同之债准据法的公约》（EC Convention on the Law Applicable to Contractual Obligations）[89]（《罗马公约》），其中第 3 条使得交易双方所选择的管控合同的国家的法律实施生效。

在某些国家，法院不承认那些仅以参阅方式包含在合同中的一般交易条件。按照英国的普通法，无论当事人是否读懂甚至是否阅读过合同，只要他在上面签字，该协议就具有法律约束力。[90]如果没有签字，那么其中的条件不能被纳入合同，除非在这之前或与此同时采取了合理的措施使得交易另一方注意到这些条件。[91]但是，“一项条款越是不常见，越是应该受到重视”。[92]若交易双方在交易过程中定期、惯常地运用标准条款，则这些条件，尤其是那些贸易中惯用的条件可以被纳入合同。[93]可能出现这样的情况：合同双方当事人在一般交易条件上发生冲突，这种被称为条件冲突[94]的问题，与发盘与接受的法律问题相关。

□ 条件冲突（the battle of forms）

有时会出现这样的情况：交易一方根据自己的一般交易条件向另一方发盘，而另一方根据他们的一般交易条件予以接受。这两套条件通常是不一致的，因而会引发以下问题：双方当事人是否存在合同关系？若存在，又应该适用谁的一般条件？这种情况有时被称为条件冲突。[95] **3—018**

如果交易一方采取预防措施，取得对方措辞合理的书面确认书或签署的接受书，对本方的一般交易条件表示认可，就不会出现条件冲突。有这样一个案例[96]：卖方提出一种机器的报价，他们在报价单背面印有卖方的一般条件，其中包括滑动价格条款（a price escalation clause）。而买方按照自己的一般交易条件发出订购该机器的订单，其一般条款中不包括滑动价格条款。买方订单的末端有一联可以撕下的回条，注明：卖方“按照本订单规定的条款和条件”接受订单。卖方在该回条上签字并退回给买方。最高法院认为，该合同是根据买方的条件签订的，卖方无权按照滑动价格条件提高价格。另外一个案例中[97]，卖方是一家加利福尼亚的公司，买方是一家英国公司，Parker 法官发现，在交易双方交换正式的文件之前，合同已经通过电传信息的交换而成立，由此避免了这一明显的条件冲突。这位学问精深的法官的判决指出，“在这种情况下，卖方的采购订单的正式承认书上的小号印刷条款是没有意义的……原始发盘涉及的内容是用作鉴定确认的唯一文件”。

在出现条件冲突的情况下，如果一方当事人的一般条件的效力不是由对方签订的确认书或对方的接受得以确立，并且无法认定双方已通过除交换正式文件以外的其他方式达成了合同，那么就会产生真正的难题。在这种情况下，只能按照严格应用发盘—接受—还盘分析所要求的那样，勉强得出合同不存在的结论，因为那不是交易双方打算做的事情。为了确定拟予适用的究竟是“打最后一枪的人”（who fired the last shot）[98]的条件还是“先动手的人”（who got in the first blow）的条件，必须分析合同的其他条款和双方当事人后来的行为。

国际供应合同

3—019 出口商应该了解，英国法的某些法令保护那些在签订合同中谈判地位相对较弱的当事人，特别是消费者。这些法令[99]可能会对一些在普通法下意在免除或削减一方法律义务的合同条款予以禁止和限制。出口商通常不关心《1977年不公平合同条款法》（Unfair Contract Terms Act 1977）中的这些规定，因为他们签订的合同属于国际供应合同[100]，合同本身就免受《1977年不公平合同条款法》第26条第（1）、（2）款的管控。国际供应合同[101]可以定义为货物买卖合同，也可以是一种货物占有权或所有权根据合同或其履行转移的合同，并且，国际供应合同必须是由其营业地（places of business）（若无营业地，其习惯居留地）在不同国家领土上的当事人签订的合同。此外，还必须满足以下要求：在合同签订时，成交的货物正在或者即将从一个国家的领土运往另一个国家的领土；构成发盘和接受的行为是在不同国家的领土上完成的；合同规定，货物将被运往完成发盘和承诺行为所在国家以外的其他国家的领土。

此外，《1999年消费者合同条例》（Consumer Contract Regulations 1999）取代了已被废除的1994年条例[102]，其中的不公平条件值得注意。新条例中所做的变更与《欧共体理事会指令》93/13的措辞更为接近。[103]新条例的重点在于，使得在一项由卖方、货物或服务的供应商与消费者签订的合同中，全部条件都受制于以下要求，即所有未经单独谈判的条件必须满足公平性的要求。若存在不公平的条件，那么消费者不受其约束。该指令的第3条规定，如果一项条件未经单独谈判，违反真诚善意的要求，会导致合同项下交易双方权利和义务的严重失衡，给消费者造成损害，那么该条件被视为不公平条件。[104]此处所指的消费者[105]只包括自然人。应着重指出的是，此处消费者的定义适用于那些并非出于其交易、行业或职业的目的而订立合同的人。了解该条例规定的出口商在实践中可能很少遇到他们适用该规定的情况。

注释

[1] 参见 Chitty, *Contracts* (29th edn, 2004); *Halsbury's Laws*, Vol. 9, paras 224—304。

[2] 例如，参见国际商会出版物第 556 号相关信息——国际商会国际销售合同范本及磁盘。

[3] 参见第 22 章（管辖权）、第 21 章（英国法与外国法）以及第 23 章（仲裁）。

[4] 或是发盘邀请。

[5] 在保险业实践中，有关投保申请表的相关声明往往会依据“合同基础”条款，被纳入合同内容中。

[6]《1967 年虚假陈述法案》第 2 节。

[7] 关于信息保密性的案例参见第 27 章。

[8] *Scancarriers A/S v Aotearoa International Ltd* [1985] 2 Lloyd's Rep. 419. 参见 *The Gudermes* [1985] 2 Lloyd's Rep. 623 at 628，Leggatt 法官指出，并不存在一种确定市场价格的机制，而一项被告可接受的价格通知就构成了协议达成的根本。

[9] *Spencer v Harding* [1870] L. R. 5 C. P. 561.

[10] *Harvela Investment Ltd v Royal Trust of Canada (CI) Ltd* [1986] A. C. 207.

[11] *Blackpool & Fylde Aero Club Ltd v Blackpool BC* [1990] 1 W. L. R. 1195。

[12] 由 SI 1991/2679 和 2680；SI 1992/3279 予以实施。

[13] 参见第 32—026 段至第 32—031 段。

[14] *Lark v Outhwaite* [1991] 2 Lloyd's Rep. 132 at 39.

[15] (1970) 114 S. J. 845, *The Times*, October 23, 1970.

[16]《1967 年合同成立统一法》, Sch. 2。

[17] 但只是在合同当事人选择使用该法案的条件下适用，第 1 节第（3）款。

[18] Sch. 2, Art. 7 (2).《维也纳公约》在第 19 条第（2）款中有相同的规定。《维也纳公约》在英国不适用。

[19] 参见 s. 2—207 (2)。

[20]“贸易商”定义参见 s. 2—104 (1)。

[21] 参见 Chitty, *Contracts*. Vol. 1, para. 2—066.

[22] *Per* Lord Wilberforce in *Brinkibon Ltd v Stahag Stahl und Stahlwarenhandels GmbH* [1983] 2 A. C. 34 at 41。批判性的观点参见 J. Wightman, "Does Acceptance Matter?" in *Essays for Clive Schmitthoff* (ed. John Adams, 1983), p. 145。

[23] 参见 The Brimnes [1975] Q. B. 929。

[24] *Brinkibon Ltd v Stahag Stahl und Stahlwarenhandels GmbH* [1983] 2 A. C. 34; *Entores Ltd v Miles Far East* [1995] 2 Q. B. 327; *The Brimnes* [1975] Q. B. 929.

[25] Ibid. at 42. 参见 J. Wightman, op. cit., n. 23。

[26] 参见第 11—019 段。

[27] 参见 Chitty, *Contracts*, Vol. 1, para. 2—046。参见第 33 章电子商务与电子数据交换的内容。

[28] *Howell Securities Ltd v Hughes* [1974] 1 W. L. R. 155.

[29] *Household Fire and Carriage Accident Insurance Ltd v Grant* (1879) 4 Ex. D. 216 at 223.

[30] 参见 *Electronic Commerce: Formal Requirements in Commercial Transactions*, December 2001 (http://www.lawcom.gov.uk)，又见 Smith, *Internet Law and Regulation*, 3rd edn, 2001。

[31] *Brogden v Metropolitan Railways* [1877] 2 A. C. 666; *G Percy Trentham Ltd v Archital Luxfer Ltd* [1993] 1 Lloyd's Rep. 25. 参见 *Rimeco Riggelsen & Metal Co v Queenborough Rolling Mill Co Ltd* QBCM 1 94/0087/B（仲裁条款不因采取了该行为而被纳入合同）。

[32] *Weatherby v Banham* [1832] 5 C. &P. 228.

[33] *Harvey v Johnson* [1848] 6 C. B. 295; *Cf. Interphoto Picture Library Ltd v Stilleto Visual Programmes Ltd* [1989] Q. B. 433 at 436.

[34] *The Santa Clara* [1993] 2 Lloyd's Rep. 301 at 304.

[35] *The Bueno Trader* [1977] 2 Lloyd's Rep. 27.

[36] *G Percy Trentham Ltd v Archital Luxfer Ltd* [1993] 1 Lloyd's Rep. 25 at 27.

[37] 关于外部证据的规定见第 3—016 段。

[38] *Compagnie de Commerce et Commission SARL v Parkinson Stove Co Ltd* [1953] 2 Lloyd's Rep. 487.

[39] 参见 *Hong Kong and Shanghai Banking Corporation Ltd v Jurong Ltd* [2002] 2 S. L. R. 54。

[40] 参见 *Chemco Leasing SpA v Rediffusion Plc* [1987] F. T. L. R. 201；又参见 *Wilson, Smithett & Cape* (*Sugar*) *Ltd v Bangladesh Sugar & Food Industries Corp.* [1986] 1 Lloyd's Rep. 378。

[41] *Kleinwort Benson Ltd v Malaysia Mining Corporation* [1989] 1 W. L. R. 379.

[42] 参见第 19—001 段。

[43] 参见第 32—014 段。

[44] 如果卖方的一般交易条件与买方的一般交易条件冲突，则可能引发一场"合同格式之战"，参见第 3—018 段。

[45] 参见 *The Kite* [1933] P. 154 at 164; *Hardwick Game Farm v Suffolk Agricultural Poultry Producers Association* [1969] 2 A. C. 31。

[46] *Jayaar Impex Ltd v Toaken Group Ltd* (*t/a Hicks Brothers*) [1996] 2 Lloyd's Rep. 437; *Brown & Gracie Ltd v FW Green & Co Pty Co Ltd* [1960] 1 Lloyd's Rep. 289.

[47] *Smith v South Wales Switchgear Co Ltd* [1978] 1 W. L. R. 165.

[48] *Smith v South Wales Switchgear Co Ltd* [1978] 1 W. L. R. 165 per Lord Keith of Kinkel at 177.

[49] 即不是含糊的或者不完整的。

[50] *Hillas & Co Ltd v Arcos Ltd* [1932] 147 L. T. 503.

[51] *Foley v Classique Coaches Ltd* [1934] 2 K. B. 1.

[52] *Shamrock S. S Co v Storey & Co* [1899] 81 L. T. 413.

[53] *G Scammell & Nephew Ltd v Ouston* [1941] A. C. 251.

[54] *Hillas & Co v Arcos Ltd* [1932] 147 L. T. 503，其中，交易双方是熟知木材交易的；*F & G Sykes* (*Wessex*) *Ltd v Fine Fare* [1967] 1 Lloyd's Rep. 53。

[55] *Tropwood AG of Zug v Jade Enterprises* (*The Tropwind*) [1982] 1 Lloyd's Rep. 232.

[56] *Nicolene Ltd v Simmonds* [1953] 1 Q. B. 543.

[57] *CPC Consolidated Pool Carriers GmbH v CTM Cia Transmediterranea SA*; *The CPC Gallia* [1994] 1 Lloyd's Rep. 68.

[58] *Metal Scrap Trade Corp v Kate Shipping Co Ltd*; *The Gladys* (No. 2) [1994] 2 Lloyd's Rep. 402.

[59] *Ignazio Messina & Co v Polskie Linie Oceaniczne* [1995] 2 Lloyd's Rep. 566.

[60] *Walford v Miles* [1992] A. C. 128.

[61] *Hillas & Co Ltd v Arcos Ltd* [1932] 147 L. T. 503.

[62] *Didymi Ltd v Atlantic Lines & Navigation Co Inc* [1988] 2 Lloyd's Rep. 108.

[63] 参见 *J Milhem & Sons v Fuerst Brothers & Co Ltd* [1954] 2 Lloyd's Rep. 559；*Pagnan SpA v Granaria BV* [1986] 2 Lloyd's Rep. 547 或 *The North Sea* [1997] 2 Lloyd's Rep. 324。

[64] 参见 *Willis Management* (*Isle of Man*) *Ltd v Cable and Wireless Plc* [2005] 2 Lloyd's Rep. 597。

[65] *G Percy Trentham v Archital Luxfer Ltd* [1993] 1 Lloyd's Rep. 25.

[66] [1984] 1 All E. R. 504，在 *Regalian Properties Plc v London Docklands Development Corporation* [1995] 1 W. L. R. 212 中，谈判决定一切"以合同为准"，在任何情况下，应被告的要求，原告不得进行损失索赔。但是将交易双方置于获得并履行合同的位置上时，被告往往没有优势。参见 *Lachhani v Destination Canada* (*UK*) *Ltd* [1997] 13 Const. L. J. 279，在此案中，与交易双方的意愿相反，不存在合同且只有包含合理的索赔在内的许可；在 *Hall & Tawse South Ltd v Ivory Gate Ltd* 62 Con L. R. 117 案中，只有意向书而并无正式协议。双方未就合同有效期和价格条件达成一致，合同当事人可以在合理的期间内完成合同，并且有权根据 JCT 估价机制来制定合理的价格。

[67] 但并非所有的所谓"框架协议"都是具有约束力的。

[68] 参见 Lloyd L. J. in *Pagnan SpA v Feed Products Ltd* [1987] 2 Lloyd's Rep. 601。

[69] 参见 Lloyd L. J. in *Pagnan SpA v Feed Products Ltd* [1987] 2 Lloyd's Rep. 601。

[70] 参见有关口头证词的第 154 号《法律委员会报告》(1986 年 1 月，Cmnd. 9700)，如果合同的法律释义问题遇到争论，所谓的口头证词（外部证据）规定并不适用，尽管法律委员会的委员并未最终建议取消该规定。

[71] 参见 *Patenreederei MS Karen Oltman v Scarsdale Shipping Co Ltd*；*The Karen Oltman* [1976] 2 Lloyd's Rep. 709。

[72] 参见 Wilberforce 在 *Prenn v Simmonds* [1971] 1 W. L. R. 1381 at 1385 中的判决；参见 *Reardon Smith Line Ltd v Yngvar Hansen-Tangen*；*The Diana Prosperity* [1976] 1 W. L. R. 989；*Barlee Marine Corporation v Trevor Rex Mountain*；*The Leegas* [1987] 1 Lloyd's Rep. 471。

[73] [1998] 1 All E. R. 98 at 114－115. 参见 *National Bank of Sharjah v Delborg*，1997 年 7 月 9 日（新法律颁布），另参见 Staughton L. J. in *Scottish Power Plc v Britoil* (*Exploration*) *Ltd*，*The Times*，December 2，1997。

[74] 参见 *Fratelli Moretti SpA v Nidera Handelscompagnie BV* [1981] 2 Lloyd's Rep. 47 at 51，法院认为，出于双方当事人的意愿而纳入合同的一般条件应该优先于合同中的特殊条件。

[75] 参见 *Palgrave，Brown & Son v S. S. Turid* (*Owners*) [1992] 1 A. C. 397。

[76] 参见 *Mann v Nunn* [1874] 30 L. T. 526。

[77] 参见 *The Rhodian River* [1984] 1 Lloyd's Rep. 373；*Grand Metropolitan Plc v William Hill Group Ltd* [1997] 1 B. C. L. C. 390。

[78] 参见 *The Nile Rhapsody* [1994] 1 Lloyd's Rep. 382。

[79] 参见 *J Evans & Son* (*Portsmouth*) *Ltd v Andrea Merzario Ltd* [1976] 1 W. L. R. 1078。另参见 *The Ardennes* [1951] 1 K. B. 55 (见第 15—005 段)；*Wake v Renault* (*UK*)，*The Times*，August 1，1996。

[80] 参见 *Poseidon Freight Forwarding Co Ltd v Davies Turner Southern Ltd* [1996] 2 Lloyd's Rep. 388。

[81] 参见上文第 3—010 段和第 3—011 段。

[82] 参见第 22 章。

[83] 参见第 21 章。

[84] 参见《判决条例》(The Judgment Regulation)(与《布鲁塞尔公约》和《洛迦诺公约》有相似的规定,参见第 21 章)。

[85] 该法案于 1987 年 1 月 1 日起实施。

[86] 通过了与欧洲自由贸易联盟国家 (EFTA states) 有关的《洛迦诺公约》。

[87] 第 23 条第 (1) 款中的规定详见第 22—016 段。

[88]《罗马公约》,参见第 21—004 段至第 21—006 段。

[89] 为订立合同而制定,于 1991 年 4 月 1 日后实时生效。

[90] 参见 *L'Estrange v Graucob Ltd* [1934] 2 K. B. 394; *Chellaram & Co v China Ocean Shipping Co* [1991] 1 Lloyd's Rep. 493。

[91] 参见 *Parker v South Eastern Ry* [1877] 2 C. P. D. 416。

[92] 参见 *J Spurling Ltd v Bradshaw* [1956] 1 W. L. R. 461。"红手"条款通常是指必须就不常见的合同条款予以通知;这一表述最早出于邓宁 (Denning) 法官的格言,他在一个案件中指出:"这些不常见的条款在告知通知发送前有必要用红色印刷并用红手指向它。"另参见 *Pheonix Insurance Company of Hartford v De Monchy* (1929) 45 T. L. R. 543。又参见 *MacLeod Ross & Co Ltd v Compagnie d'Assurances Generales L'Helvetia of St. Gall* [1952] W. N. 56; *Interfoto Picture Library Ltd v Stiletto Visual Programmes Ltd* [1988] 2 W. L. R. 615, *Nutting v Baldwin* [1995] 1 W. L. R. 201; E. Macdonald, "The Duty to Give Notice of Unusual Contract Terms" [1988] J. B. L. 375。

[93] 参见 *Chevron International Oil Co Ltd v A/S Sea Team* [1983] 2 Lloyd's Rep. 356。

[94] 参见 Chitty (29th edn) paras 2—032 *et seq*。

[95] 参见 J. Adams, "The Battle of Forms" [1983] J. B. L. 297。

[96] 参见 *Butler Machine Tools Co Ltd v Ex-Cell-O Corporation (England) Ltd* [1979] 1 W, L. R. 401。

[97] 参见 *OTM Ltd v Hydranautics* [1981] 2 Lloyd's Rep. 211 at 215。

[98] 参见注释 [92] 中对邓宁 (Denning) 法官表述的引用。

[99] 如《1979 年货物买卖法》、《1982 年货物与服务供应法》、《1974 年消费者信贷法》、《1977 年不公平合同条款法》,以及《1987 年消费者保护法》等。

[100] 特别地,出口合同可能并不满足国际供应合同的定义。国际供应合同并不排除在《1982 年货物与服务供应法》第 13~15 节的规定之外,国务大臣可以通过发布法定文书予以免除,但尚未这么做。

[101] 国际买卖合同有多种定义:其中《1964 年国际买卖统一法》(Uniform Law on the International Sale of Goods Act (1964))中第 1 条和《联合国国际货物销售合同公约》(Vienna, 1980) 将在第 32 章予以讨论。这里只涉及《1977 年不公平合同条款法》中给出的定义。

[102] 参见 SI 1999/2083;另参见 *Director General of Fair Trading v First National Bank* [2002] 1 A. C. 481,该案是基于 1994 年条例的判例。

[103] [1993] O. J. L95/29.

[104] 该定义的一般性确保了将大部分问题留给法院进行裁量。

[105] 参见 Reg. 3(1), Art. 2(b)。

第4章 合同履行

4—001 当检验卖方在履行销售合同过程中对货物的处置权这一问题时，需要考虑到三个问题：货物的交付、货物所有权的转移以及风险的转移。通常在海外销售交易中，特别是使用FOB和CIF术语的情况下，这三个阶段并不一定同时发生，所以必须清楚区分。

□ 英国以及其他国家的销售法

4—002 合同双方关于货物交付、货物所有权或风险的转移发生争议时，首先须确定的重要问题是该争议应放在适用于买方所在国的法律（英国法律或别国法律）的框架下，还是放在合同双方所约定的其他法律框架下进行考虑。这个问题本质上与冲突法相联系，而冲突法将随后予以讨论。[1]冲突法的规定可能要求以英国法来解决该问题，这种情况下即应用《1979年货物买卖法》（Sale of Goods Act 1979）。然而，如果合同受外国法律支配，英国法庭仍有审理案件的审判权；合同适用于何种法律这一本质问题，区别于法庭审判权这一程序性问题，两个问题之间不能混淆。如果外国法适用于特定合同，那么相关外国法中的规定在此替代了《1979年货物买卖法》的规定，同时如果这些规定能由专业鉴定人士或其他可接受的方式所证明，英国法庭可依据这些外国法处理。[2]第三种可能性尽管从实践的角度来看是不可能的，在这里也需要指明。这种可能性是合同双方在他们的合同中约定该合同适用《国际货物买卖统一法》（Uniform Laws on International Sales），在这种情况下，适用的是《1967 年国际货物买卖统一法》的规定。然而该法的目的在于替代这些法律。[3]

如果销售合同受外国法支配，需要记住的是该法的规则可能与英国法中的规则大不相同。比如说，在一部分大陆国家，如果卖方延迟交货，且未事先约定固定交货时间，买方一般必须要求交货，并在其否认合同有效之前，给予卖方合理的履行时间。催告信中的该项规定在英美法中并未出现，而英美法对于该方面的规定更为严格，依据英美法规定，若交货的合理时间到期，无过错的一方有权立即宣布合同无效。[4]一般来说，履约时间是合同的核心。

在英国法中，如果买方希望拒收与合同不相符的货物，他必须在“合理时间”（reasonable time）内将该意图通知卖方。而在其他法律体系下，解决方法则有所不同。例如，在瑞士和斯堪的纳维亚法（Swiss and Scandinavian law）中，须“立刻”（at once）告知卖方货物的瑕疵；在德国法（Germen law）中，如果合同双方都是商人，则应“毫不延迟地”（without delay）处理[5]；在意大利法（Italian law）中，原则上规定合理时间为 8 天之内；在西班牙法（Spanish law）中，对于已包装货物，合理时间为 4 天之内，对于隐含瑕疵，合理时间是 30 之内[6]；在法国法（French law）中，买方须在“短期内”（within a short time）采取行动。

根据 UNCITRAL 出版的于 1974 年签署的《国际货物买卖法中关于期限的协定》，在国际货物销售中由于货物缺陷或与合同不符而产生的索赔权，原则上的期限是 4 年。[7]

再者，在英国法、美国法和其他民事管辖法律下，销售货物的所有权依合同双方约定而转移，可以在货物交货时转移，也可以不在该时点转移。而在荷兰法、西班牙法、德国法、阿根廷法、巴西法、智利法以及哥伦比亚法中，情况就不同了。这些法律规定，只有在合同双方约定的货物所有权转移时点，能被货物的实际交货支持的情况下，该约定的转移时点才有效。C. M. Schmitthoff[8]建议道，各国的销售法之间存在巨大的差异，这不利于国际贸易，而普遍采用 1988 年 1 月起施行的《联合国国际货物销售合同公约》（UN Convention on Contracts for the International Sale of Goods（Vienna，1980）），将对国际贸易界有益处。英国也计划采用这一公约。[9]

如果英国的出口商通过在合同中明确规定该合同在各方面受英国法的支配，来避免对于外国法的应用，《1979 年货物买卖法》则可适用于该销售合同。该法包含对“交货”（delivery）这一术语的解释，以及关于所有权和风险转移的一系列规定。

□ 货物交付

根据《1979 年货物买卖法》的第 61 节，“交货”意指“从一方向另一方自 **4—003**

愿主动进行的所有权转移”。[10]当买方或其代理人取得货物的保管权或有权支配货物时，一般视为货物已交给买方。[11]在未出具海运提单的情况下，以转交至买方为目的的交货至承运人可初步视为交货给买方。[12]在出口销售中，交货的地点和时间通常由之前讨论过的特殊贸易术语来确定。这些特别安排替代了主要集中于《1979 年货物买卖法》第 27～37 节中的关于交货的规定，特别是在卖方取得了海运提单的情况下。在 CIF 或 CFR 合同中，当海运提单交至买方时，则视为货物已交付。[13]如果合同双方约定使用集装箱交货术语，例如，货交承运人（FCA），除了卖方负责提交海运提单的这种特殊情况，交货一般于货物置于承运人控制之下时完成。在这些情况下，也适用之前解释过的相同考虑因素。

□ 所有权转移

4—004 《1979 年货物买卖法》关于货物所有权转移的规定，经常由出口交易的合同双方通过特别约定进行修改调整。买卖法有两项基本规定：第一是在销售未特定化货物的合同中，直到货物明确划归，所有权才得以转移给买方（s. 16）；第二是在销售特定货物或已划归货物的合同中，所有权依合同双方约定时点转移（s. 17（1））。该规定的效力已由于买卖法中新加入的第 20A 节而有所减弱。前一项规定在最近的案例中已有讨论。[14]

□ 未特定化货物

4—005 未划归货物的所有权不得转移这一规定，在某些情况下产生了不便。其中有两种情况尤为严重：第一种是，买方购买了散装货物的其中一部分，例如，超大型油轮上装载的 200 000 吨原油货物中的 10 000 吨；第二种是，买方提前支付了货款，而卖方在交付货物前破产。在 *Re Wait*[15]案例中，涉及一项进口交易，在该交易中，英国的商人向美国的供应商以 CIF 条件购买了 1 000 吨小麦，并向另一家英国商行以当场支付现金的形式转售了其中的 500 吨。随后小麦以散装的形式运送至该商人处，而在船舶抵达之前，商人破产了。破产后的财产受托人成功地拒绝了转购人要求将散装货物中的 500 吨进行交货的要求。法庭认为转购人的货物由未特定化货物构成，因此货物所有权在划拨或鉴定 500 吨确属转购者之前，还未转移给转购者。

未特定化货物经由一系列的耗用后可变为已划归，那么货物所有权便可转移。在 *The Elafi*[16]一案中，船舶运送了 22 000 吨散装的椰仁干。索赔方，Karlshamns Olje Fabriker，取得了关于 6 000 吨货物以及随后以独立合同形式增加的额外 500 吨散装货物的海运提单。船舶首先在鹿特丹卸货，随后又在汉堡卸货，最后甲板上所剩货物只余下索赔人在两项合同下购买的椰仁干。当船舶抵达卡尔斯港（Karlshamn）时，海水漫入其中一个货舱，该货舱的椰仁干受损。索赔方基于船方的过失违约提起诉讼，声称自己已成为受损货物的所有者。[17]Mustill J. 认为船舶在汉堡卸货后，船舱内留下的货物由于耗用成为已划归货物，索赔者已取得了货物所有权。而该所有权是通过两项独立合同取得的这一事实并不重要。

Re Wait 一案中的规则并不令人满意。Mustill J. 在案例 *The Elafi* 中承认了通过耗用实现的划归行为，将该规则合格化，但是事实通常并不允许这种限定条件的应用。更为公平合理地解决散装货物的未特定化部分的方法，应是规定对于货物有利益的当事人，应按相应利益比例成为货物共同所有者。共同所有权"规定"由 Staughton J. 在 *The Ypatianna*[18]一案中进行了创新的应用，该案例涉及另一个问题。被告方，也就是船舶 Ypatianna 的所有者，将归原告所有的原油于当时属于苏联的新罗西斯克港（Novorossisk）装载上船舶，随后不慎将这些原油与归自己所有的原油混杂在一起了。见多识广的法官发现混合物不能被分离，且被告方不是出于"商业动机"（for some commercial motive）将这些货物混杂。回顾法律，有记载注明在过去的案例[19]中认为如果一个货物所有人将自己的货物与其他所有人的货物以不可分的形式混淆在一起，那么全部的货物都归属其他所有人方。依据这些案例，原告要求索取在 Ypatianna 上的所有货物价值。Staughton J. 做出了明智的判决，他将该案例与过去的案例区别开来，认为原油混合物由双方共同所有。该结果意味着原告只有权取得混合物中属于自身比例的货物价值。

1993 年法律委员会的报告"Sale of Goods Forming Part of a Bulk"（Law Com. No. 215）建议道，应采用一项新规定来使未确定化的部分散装货物的所有权转移成为可能。该项法规，即第 20A 节，规定买卖特定数量的未特定化货物的合同中的买方，在满足一定条件的情况下，可取得未分割份额的货物所有权并成为货物的共同所有人之一。该条件是货物由合同或合同双方随后的协议做出鉴定，同时卖方已支付部分或全部货款。对于所有海运货物买卖的当事利益方，法律委员会在报告中认为[20]，对特定船舶上散装货物的描述说明可相当于对该部分货物的界定划分。

共同所有权规则（common ownership rule）由《美国统一商法典》进行了认可，法典中规定已混合的可替代[21]货物由有权占有的所有者共同所有。持有货物的人，通常是仓库保管员，依各所有者份额分别对他们负有法律责任。

第 20A 节对于向卖方购买了部分散装货物，并向第二买受人（sub-buyer）出售了一部分货物的商人来说，无疑是有益的规定。这使商人在卖方破产的情况下拥有了一定的保护措施。第 20B 节中的规定，实质上是实施第 20A 节的结果，即通常认为任一受第 20A 节规定约束的共同所有人，均同意向其他任一共同所有者进行货物交付，并同意这一共同所有者对未分割的货物份额进行任意处置。进一步说，部分散装货物的任一买方都没有责任为交付货物的差额对其他买方进行补偿。根据法律委员会的报告[22]，该规定的目的在于使得共同所有者有权自由处置自己所有的未分割部分货物。

Carlos Federspiel & Co SA v Charles Twigg & Co Ltd 是一个难以分类的案例。[23]该案例显示出所有权转移时点确定的重要性以及当买方提前支付货款，

但卖方却在所有权转移之前破产这一情况下，买方不确定的法律地位。该案例涉及出口交易，一个哥斯达黎加的公司向英国公司以“FOB，英国港口”的条件购买了85辆自行车，并提前支付了货款。这些自行车被打包入箱，标注上买方的名称，并进行注册，准备装运上一艘指定的将在利物浦装运的船舶，但是货物当时还未被发送至该港，因此未被装运。由卖方的债权所有人指定的接受者，同时也是经理人，声称这些自行车，与其他卖方资产一样，已由债权所有人控制。Pearson J. 认为该看法是正确的，因为自行车的所有权还未转移。依据这位博学的大法官的观点，合同双方的共同意向是所有权应在装运时或该时点之后转移。该发现也依赖于FOB合同中的货物所有权不应于提前装运的时点转移这一主张的权威性。该观点在国际销售的背景下并不令人满意。

□ 特定化货物

4—006 在销售特有或特定化货物的情况下，主要任务是弄清能自由确定所有权转移时点的合同双方的意向。由于《1979年货物买卖法》在第17（2）节中关于确定意向的表达显得模糊而笼统，同时在第18节中制定的五个特定假设并不适用于出口销售的特定情境，要确定双方的意向并不是一项简单的任务。这里存在着两种可能需要分开考虑的情况：第一种是卖方可保留货物所有权（或者有时也被称为货物的处置权）直至满足一定条件的时点；另一种是卖方可进行有条件的所有权转移。

在第一种情况下，所有权直至卖方提出的条件被满足才得以转移给买方，即使在货物已交付给买方、买方代理人或是负责转运的承运人的情况下也不例外（第19（1）节）。这样的条件可通过卖方在销售合同中加入所有权保留（retention of title）[24]条款来提出，例如，规定在收到现金支付货款的条件下——这并不是一个普通的条件，特别是在海外销售中，除非卖方明确表示愿意给予无抵押贷款——所有权得以转移。法律提供了两项有助于有条件的所有权转移的可驳回假设：第一，在货物已装运且凭卖方或其代理人指定的海运提单货物可交付的情况下，假设卖方保留货物所有权至他本人或其代理人将海运提单交至买方或买方代理人处（第19（2）节）[25]；第二，在卖方已开具给买方的支付货款的汇票，且将该汇票和海运提单一并交给买方以保证汇票的提取或支付的情况下，所有权在买方承兑汇票前不予转移。这种情况下，买方须退还海运提单（第19（3）节）。这些规定同样适用于FOB与CIF合同。

第二种情况产生于卖方未能实现有条件的所有权转移，同时第19节中的（2）款和（3）款所提供的法律假定都不能援引以作为该转移失败的补偿。例如，在卖方取得凭买方或其代理人指定的海运提单时，能否使所有权有条件转移，取决于卖方是否已将提单交付给买方。一般认为[26]以买方名义取得海运提单并不必然反映出卖方向买方转移所有权的意图。当提单交付给买方或其代理人时，几乎[27]可以确定卖方想将货物所有权转移给买方。[28]

这些规则适用于所有卖方有责任提交海运提单的合同。在该责任不存在的情况下，例如 EXW、FOB（买方联系承运人）或免费运送合同、货物向买方或其代理人的有形交付，被认为是将所有权转移给买方的行为。

在 CIF、CFR 或 FOB 合同下，卖方已取得海运提单，且提单已交付给买方或其代理人的情况下，认为意图转移给买方的所有权仅是有条件的。这意味着一旦经检验，货物与合同不符，则所有权应归还给卖方。[29]

在一些不太常见的例子中，CIF 合同的卖方可在将海运提单转交给买方之前，通过给予买方船舶收货单的方式，将货物释放给买方。在这种情况下，该步骤是作为 CIF 合同的履行还是仅是"交货手段"(mechanics of delivery)，取决于合同双方的意图。[30]卖方有意保留海运提单，可显示出合同双方不希望所有权于预期交货时转移至买方。[31]进一步说，基本的原则不能被忽视，该原则即，从商业角度来说，货物所有权的保留被认为是货款支付的"担保"(security)，如果这种"担保"以另一种方式来表述，例如由声誉良好的银行所开具的备用信用证来规定，合同双方的意图很可能是所有权于银行开立信用证时进行转移。[32]

□ 保留所有权条款

前文已陈述[33]英国法允许在条款中规定卖方保留出售货物的所有权直至收到现金货款支付。该条款使得所有权转移以特定事件为条件，这一特定事件通常是卖方收到货款。《1979 年货物买卖法》的第 19（1）节中清楚地规定，该类条款有效，并使得所有权于卖方（或其代理人）提交海运提单给买方（或其代理人）时转移这一一般推定无效。[34]所有权保留条款可分为两类：简单的以及扩展的条款。 4—007

□ 简单的所有权保留条款

该条款规定卖方可保留销售货物的所有权直到特定条件满足的时点，例如卖方收到现金形式的货款支付。此类条款在法律上不会引起太多难题，但卖方通常认为该条款并不充分。简单的所有权保留条款的合法性无须质疑，这是因为，如之前评述的那样[35]，《1979 年货物买卖法》第 19（1）节明确规定允许该条款的存在。该条款依《1985 年公司法》中的第 395～399 条，并不需要列明。关于所有权的简单保留，有一部由欧洲理事会（Council of Europe）于 1982 年提交的《欧洲公约草案》(Draft European Convention on the Simple Reservation of Title)。[36]这部公约至今还未定稿。[37] 4—008

□ 所有权保留条款

扩展的所有权保留条款具有更为重要的实践意义，但却引起了复杂的法律问题。一般常用的扩展条款有两种类型，但也有设计出其他条款的可能性。实践中有时可见将两种主要类型的特点结合应用的方式。首先，该条款可规定如果买方销售货物，他须以卖方代理人的身份进行销售，且作为代表卖方利益的 4—009

收益受托人。该条款许可买方进行销售的同时，试图保障卖方的法律地位。买方成为卖方提供的货物的受托人，而卖方则处于财产委托人的地位。这是最为常见的扩展的所有权保留条款类型。一般建议出口方应在业务的一般性交易条件中包括这一条款。[38]这些扩展条款在德国、荷兰和法国被频繁应用。[39]在英国，该类条款在*Romalpa*案例中得到了支持。[40]一家荷兰的私人公司，Aluminium Industrie Vaassen BV（AIV），向一家英国的公司Romalpa出售了一定数量的铝箔。交货术语为“EXW，荷兰的AIV”，货价以荷兰货币表示。该合同包含了一项详细载明的扩展的所有权条款[41]，并为Romalpa指定了一个接收人。虽然合同与荷兰法律紧密联系，但由于荷兰法律是成文法，最后决定依照英国法律来处理。英国最高法院认为AIV有权取得货物的所有权，且该所有权仍然存在。关于Romalpa转售的货物，法庭认为Romalpa是作为AIV的代理人采取相应行为的，因此两者之间属于信托关系，从而承认了追求公平原则的应用，如同在*Re Hallett's Estate*一案中所阐述的那样。[42]

在*Re Bond Worth Ltd*[43]一案中，Slade J. 认为，在货物所有权无条件转移给买方，且买方并不被看做卖方的代理人的情况下，所有权保留条款构成货物以及转售将得收益的一项浮动抵押，这在《1985年公司法》第396条下是可注册的。Bond Worth条款与Romalpa条款表述不同。在*Pfeiffer v Arbuthnot Factors Ltd*[44]案例中，引起争议的是一项德国的所有权保留条款，但是该案例却依据英国法来处理。该条款的措辞与Romalpa条款的措辞相似，但不完全相同。Phillips J. 在判决中将其与Romalpa区别开来，认为所有权保留条款是无效的，因为该条款并未以文字形式进行表述。该问题本质上来说是条款结构的问题。一般认为，如果条款包含了两项基本规定，那么所有权保留条款在公司法下并不需要列明。[45]这两项基本规定是：首先，卖方应保留货物的法定所有权（也许是通过支持性的规定，明确货物应与买方所有的货物分开保管，同时货物的贮藏应标注卖方名称）；其次是买方只可以卖方代理人的身份转售货物，并以代理人身份，基于卖方利益，代表卖方收取转售货款（也许是通过支持性的规定，明确买方应将转售收益保管在卖方名义下的单独账户里）。根据现有授权情况，无须列明的扩展所有权保留条款的要求，还不能被完全肯定地描述。如果只采用了简单的所有权保留条款，法律并未要求销售规模的扩展。该扩展必须在条款中明确规定。[46]在这里所讨论的所有权保留条款类型中，如果买方取得了货物的占有权，并得到许可能对货物进行转售的情况下，善意购买者受《1979年货物买卖法》第25（1）节的保护。若该规定的要求得到满足，原卖方的所有权挫败。[47]

进一步说，条款有时规定，如果出售货物要用于其他货物的生产，无论是通过混合或是其他的生产步骤，由此产生的货物所有权应合法归属于卖方。在新产品与出售的材料（具有所有权保留条款）具有不同的商业特征的情况下，该条款无效。因此，如果销售树脂的合同中出现意图扩展至新产品的条款时，该条款并不能扩展至包含树脂的刨花板产品。[48]如果该条款出现于买卖皮革的合同中，它并不能扩展至由该皮革制成的手提包产品。[49]在任一情况下，即使条款扩展至最终成品，它在《1985 年公司法》第 396 条下，也是可以明确列明的。

□ 风险转移

货物意外损失的风险初步认定在所有权转移时转移（第 20（1）节）。这是《1979 年货物买卖法》从其前身，即 1893 年法规中衍生出来的规定，但现在已经过时。更多的现代法律，例如《统一商法典》、《国际买卖统一法》以及关于国际货物销售合同的《维也纳公约》，都规定，作为一项规则，风险应在货物交付时转移。[50]在国际贸易法律中，不同于《1979 年货物买卖法》第 20（1）节的假设，风险转移以及所有权交付这两个概念通常是分开的，同时法定假定可由合同双方的约定进行替代。他们之间可能会有特别约定。在没有约定的情况下[51]，在涉及国外货物销售的合同中，风险一般于货物脱离卖方监管时进行转移。在 EXW 合同中，风险通常在货物交至买方或其代理人时转移。在 FAS 合同中，风险于货物置于船边时转移。在 FOB 和 CIF 合同中，风险一般于货物越过船舷时转移。如果合同规定买方完税后交货（franco domicile/DDP），合同双方关于风险转移的意图通常能从支付以及保险的术语中推断出来。如果货款提前支付且买方有责任办理保险，那么无疑货物在运输途中的风险由买方承担。如果货款在交货时支付且卖方须承担保险风险，那么结果则是相反的。在集装箱运输术语中，风险通常于货物交至承运人控制之下时转移。 4—010

不同于所有权，即使货物是未划归于合同项下的特定化货物，风险也可以转移给买方，但传统上只有在"特别事件"（special facts）确立的情况下才能转移。这类事件包括买方接受卖方的交货单，指示仓库保管员将仓库内存放的一定数量的散装货物交运等信息，特别是，买方通过接受该交货单，取得了包含在交货单中的关于货物的适当责任。[52]博学的作者 Benjamin 建议道，取得一部分散装货物的共同所有权的买方同时也取得了那些货物的风险。[53]已从卖方处接受风险转移，但未接受所有权或占有权转移的买方，无权以过失违约起诉承运人。[54]

意外损失的风险不能与货物在运输途中损耗的风险相混淆。在涉及易变质货物的 FOB 和 CIF 合同中，一般包括货物应处于令人满意的品质状态（satisfactory quality）（"适销品质"（merchantable quality）被认为是意义不确定的表述，予以淘汰）这一隐含条件[55]，这种情况下，进一步隐含当货物进行常规处置时，卖方须保证货物不仅在装运时，并且在到达目的地以及该时点之后的合理时间内都应处于令人满意的品质状态这一条件[56]，然而该隐含条件在货物由于在运输或处置过程中发生非正常的拖延而造成损耗的情况下不适用。[57] Diplock J. 对该规则作了如下表述[58]：

"由于运输过程中非正常的条件而造成的货物损耗是额外的，应由买方承担风险。而运输过程中不可避免的、将会使货物在到达时变得不适销的损耗，一般由卖方承担。”

□ 证明文件的规定

4—011 在销售合同下，出口方可能被要求向买方提供品质检验证书（certificates of quality）、装船前检验证书（certificates of pre-shipment inspection）、原产地证明等文件。该类要求可能与进口国的人为规定相一致，或与贸易惯例中合同双方的约定相一致。

□ 品质检验证书

4—012 品质检验证书不能与原产地证明混同[59]，它时常在出口贸易中被用到。例如，合同双方可约定卖方应提供相关证明，如“由专家开具”的品质检验证书、证明特定军队剩余物资是“全新”的政府证明、担保货物（水果）的“无病害的植物病理学证明”、证明货物与贸易协会的“标准样本”（standard sample）的质量标准一致的证书，以及“政府谷仓内的玉米证明”。[60]合同双方还可约定关于成分或品质的证明应由卖方自己出具。[61]

品质检验证书有两类：一类是全世界通用的标准品质证书（certificate of standard quality）（也称为对物证书（certificate in rem）），另一类是限定于合同双方的合同要求证书（即所谓的对人证书（certificate in personam））。[62]证书类型的要求取决于合同双方的意图。标准品质证书的例子有公共检验机构、公认的工程类组织、造船类组织或是调研类组织出具的证书[63]，例如劳合社证书（Lloyd’s certificate）。有时会要求检验机构出具的品质证书，例如 SGS（瑞士通用公证行）[64]的证明。[65]

对人的品质证书有时会声明它们可“作为最终的品质证明”，于卖方和买方均有法律约束力，即使证书是不正确的或检验人有疏忽行为。若该证书被法庭或仲裁机构驳回，或是由检验人废除，那么证书即失去法律效力。[66]进一步说，销售合同的双方可在货物品质和货物当前状态之间作出区分。在此类情况下，尽管证书写明可作为最终证明，对该证书的理解也只能限制在货物质量证明。这种情况并不使得买方失去针对货物状态提出诉请的机会。[67]如果合同双方忽略了得出该区分，那么“货物品质”同时包括货物当前状态。[68]

□ 检验证书

4—013 检验证书并不等同于品质证书，尽管在合同规定的情况下，后者可能由检验机构出具。该类证书的最低规定是检验人员直观地对货物进行了检验，并发现货物处在明显的良好状态。如果采用了特别的检验方式或是记录了检验结果的特别信息，例如电子设备的测试数据，买方必须对此进行明确规定。[69]在对一般商品进行检验的众多检验机构中，其中有一个机构在许多世界商业中心中均为典型，因此在这里需要提一下，即总部设在日内瓦的瑞士通用公证行（Société Générate de Surveillance SA（SGS））。[70]它被称为世界上最大的独立检验机构。

检验机构和委托人之间的合同是货物检验合同。[71]在这一合同下检验者有义务保持合理谨慎。在一个案例[72]中，检验者被指派在发运港装运时对石油进行检验。石油在装运时是液体状态，但当到达目的地时，变成了固体状态。检验者因此被起诉，最高法院认为该检验员未能履行自己的合同义务，这是因为在石油装运时，他并没有提取足够的样品，没有以有规律间隔提取样品，也没有检验石油的相对密度。基于 *Hedley Byrne & Co Ltd v Heller & Partners Ltd*[73]一案中的原则，该检验员还负有疏忽违约责任。在另一个案例[74]中，合同双方约定由两个"具有国际声誉"的指定检验机构中的一个对货物进行装船前检验。其中一个机构被指派对货物进行检验，但却把该任务委托给了另一家在合同中未指定的机构。随后该公司在没有进行进一步检查的情况下，将未指定机构出具的证明采纳为自己的证明。法庭认为该指定机构违反了该检验合同。依据合同条款，该机构应自己进行检验，并无权将该任务委托给他方。

□ 装船前检验

如今简称为 PSI 的装船前检验在出口交易中的重要性正在不断上升。该检 **4—014**
验通常由独立的检验机构来进行。如果检验员操作得当，装船前检验是十分有益的。这种检验避免了接下来卖方和买方之间关于货物是否与合同相符的争议，同时也避免了被保险人和保险人之间关于货物的损失是发生在风险产生之前还是之后的争议。[75]有一些海外国家坚持装船前检验。Croner 的 *Reference Book for Exporters* 一书对于各国在进口时是否要求装船前检验证明给出了详细信息。

通常的程序是在货物被送至承运人时，对货物进行实质性的检验。该检验一般检查货物的数量和状态，但是检验的方式取决于合同中关于货物检验的规定。一些检验机构保留有实验室以及其他测试设施，以备在有要求时进行更为复杂详细的测试。

有时候，除质量控制以外，检验机构还被要求进行价格控制（price control）。在这种情况下，检验机构须就该合同要价是否与其他供应商就类似货物提出的要价可比较这一方面，向买方提出建议。在一些发展中国家，若未能得到检验机构出具的包括价格控制的清洁装船前证明，则不允许进口。在某些情况下，出口方指责检验机构由于先前与海外买方达成一致，坚持对价格进行不公正的减扣或公开应予保密的价格计算方法。这种第三方对于买卖双方合同关系的介入可能引起法律问题，除非在销售合同中已提前明确约定。

GATT/WTO 在乌拉圭回合的谈判过程中考虑了这一问题。[76]谈判结果产生了《装运前检验协定》（Agreement on Preshipment Inspection）[77]。该协定的目的是保证装运前检验团体操作行为以及相关法律规范的透明性。该协定的另一个目的是为出口方和检验团体间所产生的争议提供迅速的解决方法，这里的检验团体定义为[78]任何"合同约定的……进行装运前检验任务"的团体。

检验工作包括出口合同项下的货物品质、数量、价格以及海关征税商品分类目录的核实。[79]在其他方面，协定对于透明性是这样规定的：检验团体向出口方提供列有所有应遵循的要求的清单，并提醒出口方注意变动。[80]该协定还规定了一套上诉程序，在该程序下，检验团体所采用的方式将出口商的诉求考虑在内。[81]

另一部也产生于乌拉圭回合的是《原产地规则协定》(Agreement on Rules of Origin)[82]，该协定旨在保证进口国所使用的原产地规则并不阻碍贸易活动。这可以通过保证原产地规则是易懂的[83]，并且以一致的、统一的、公正的以及合理的方式[84]来实施，而达到协定的目的。该协定有助于此类规则的趋同化。[85]

□ 违约赔偿金和处罚金

4—015 合同双方可能在合同中约定，在未履行合同或延迟履行合同的情况下，违约的一方应支付一笔固定的金额，该金额可为一整笔款项，或是依据违约程度不同分成不同的等级。[86]

在涉及出口销售的合同中，很少能见到规定在违约条件下可追讨金额的条款，但是这些条款在国际标准合同格式中却是十分常见的，例如常在商品贸易中用到的合同格式。在英国法中[87]，在合同违约条件下须支付的固定金额可为违约赔偿金（liquidated damages）和处罚金（penalties）。如果依据合理架构，合同显示出双方可诚实预计违约情况下所蒙受损失的金额，那么便是违约赔偿金的情况。如果合同双方的目的是通过设立罚款或处罚金来保证合同履行，那么便是处罚金的情况。特别地，当该固定金额与可能的损失金额不成比例，即过于昂贵或不合情理时，处罚金意图便更为明显。[88]合同双方的真正意图须被确定。“违约赔偿金”以及“处罚金”术语在条款中的使用，尽管有助于推测双方的意图，却并不是决定性的。如果合同中规定的金额符合违约赔偿金的条件，法庭会裁定赔偿该金额，即使违约后果使得赔偿该预估的损失变得几乎不可能，也不能构成追讨该金额的阻碍。实际损失低于或高于该金额也同样是无关紧要的。然而，如果原告自己对违约负有责任，那么原告便不可依赖违约赔偿金条款。[89]从另一方面来说，如果固定金额符合处罚金的条件，法庭将不予置理。[90]这两种条款之间的区别在证明索赔的情况中也同样重要：如果条款规定了违约赔偿金，索赔的一方当事人需要证明损失的金额；但如果该条款被视为处罚金条款（如前所述，该条款被忽略），那么索赔方需要证明他期望得到补偿的损失金额。

违约赔偿金条款使得法庭不可能为合同双方拟定损失。该条款不仅为买方带来好处，同时由于其对于供应商责任的限制，对卖方同样有益。

需要指明的是，履约保证金的规定是“应有履行的保证”（guarantee of due performance），而并不是保证金受益方在合同违约条件下对于损失的预估。如果保证金超出了申索的损害赔偿，提供赔偿的一方可得到超过部分金额的返还。[91]

注释

[1] 见第 21 章。

[2] 见第 21 章，第 21—002 段。

[3] 见第 32—004 段。《国际货物买卖统一法》将在适当的时候被《联合国国际货物销售合同公约》（维也纳，1980）所取代，但该公约至今还未在英国生效（2007 年 7 月）。

[4] *Toepfer v Lenersan-Poortman* NV [1980] 1 Lloyd's Rep. 143，147 - 148，CA。参见第 4—003 段。

[5] Para. 377 HGB.

[6] 通常参见 Derecho Civil，Manuel Albaladejo。由 Jose Maria Bosch 于 2001 年出版，编者为 S. A. Barcelona。

[7] 该公约和用来进行修订的附件（维也纳，1980）在英国至今还未生效。

[8] 在该书的早前版本中出现。

[9] 由贸易工业部的政务次官、大法官 Hansard 于 2005 年 2 月 7 日做出该声明，ColWA87。

[10]《1995 年货物买卖法》（修订本）在条例 61 中加入了定义"……除了与之前的第 20A 以及 20B 节相关的部分，该定义还包括随着所有权向买方的转移而产生的货物向合同项的划归"：参见下文。该法被加入《货物买卖法》中，第 20A 和 20B 节。参见 R. Bradgate and F. White，"Sale of Goods forming part of a bulk：proposals for reform" [1994] L. M. C. L. Q. 315；T. Burns，"Better Late than Never；The Reform of the law on the Sale of Goods Forming Part of a Bulk"（1996）59 M. L. R. 260 and L. Gullifer，"Constructive possession after the Sale of Goods（Amendment）Act 1995" [1999] L. M. C. L. Q. 93. Vienna Convention Arts 30—34。

[11] 参见 *E Reynolds & Sons*（*Chingford*）*Ltd v Henry Bros. Ltd* [1995] 1 Lloyd's Rep. 258 at 259；*Commerical Fibers*（*Ireland*）*Ltd v Zabaida* [1975] 1 Lloyd's Rep. 27（仓库交货或装运地甲板交货）。

[12]《1979 年货物买卖法》条例 32（1）。同样适用于货物未运送给买方，而是运送给接收该货物为抵押物的银行方的情况（*Kum v Wah Tat Bank Ltd* [1971] 1 Lloyd's Rep. 439）。

[13] *Biddell Bros v E Clemens Horst Cp* [1912] A. C. 18 at 22.

[14]"作为普遍原则，货物完整所有权的转移取决于标识货物的能力"，参见 Hobhouse J. in *Obstain Inc v National Mineral Development Corporation Ltd*；*The Sanix Ace* [1987] 1 Lloyd's Rep. 465 at 469。还可参见 *Re Goldcorp Exchange Ltd* [1995] 1 A. C. 74 一案，在该案中，判决为尽管已开具代表货物的证书，但所有权不予转移给买方。卖方在交货前破产，破产时还未将要出售给买方的金子归置，参见 *Re Stapylton Fletcher Ltd* [1994] 1 W. L. R. 1181。还可参见 S. Worthington，"Sorting Out Ownership Interests in a Bulk：Gifts，Sales and Trusts" [1999] J. B. L. 1（January）。

[15] [1927] 1 Ch. 606；*The Aramis* [1989] 1 Lloyd's Rep. 213，CA.

[16] *Karlshamns Olje Fabriker v Eastport Navigation Corporation*；*The Elafi* [1981] 2 Lloyd's Rep. 679. 参见 J. Adams（1982）45 M. L. R. 690。

[17] 该诉求还以《1855 年海运提单法》为基础。该法规的不足已由《1992 年海上货物运输法》进行了修正，申索人基于海运提单合同，为了提单下运输的货物而对承运人提起诉讼的权利不再依赖于所有权的转移，参见第 15—052 段。

[18] *Indian Oil Corporation Ltd v Greenstone Shipping SA* [1988] Q. B. 345. 还可参见 *Glencore International AG v Metro Trading International Inc* [2001] 1 Lloyd's Rep 284。

[19] 提到的信息可参见 *Re Stapylton*，*Fletcher Ltd*，以及前文的 1198。

[20] para. 4. 5. Law Com.，No. 215.

[21]《统一商法典》条例 7—207（2）。"可替代货物"在《统一商法典》条例 1—201（18）中被定

义为“(1) 任一单位货物，从性质上还是贸易用途上来说，都是其他任一单位的等同物；或是 (2) 通过约定，将货物视为等同物”。

［22］ Law Com. No. 215 paras 4.15 and 4.16.

［23］［1957］ 1 Lloyd's Rep. 240. 参见 *Re Goldcorp Exchange* ［1995］ 1 A. C. 74 at 90。

［24］“title” 和 “property” 经常可互换使用。参见《统一商法典》条例 2—401 (1)。

［25］ *Mitsui & Co Ltd v Flota Mercante Grancolombiana SA*; *The Ciudad de Pasto and Ciudad de Neiva* ［1988］ 2 Lloyd's Rep. 208 at 213. 条例 19 (2) 的假设在关联公司之间受到了反驳：*The Albazero* ［1975］ 3 W. L. R. 491 at 512，513；revsd on other grounds ［1977］ A. C. 274，HL。

［26］ *The Kronprinsessan Margareta* ［1921］ 1 A. C. 486 at 517；*The Glenroy* ［1945］ A. C. 124.

［27］ 例外地，该环境可能产生另一种结果，参见 Roskill L. J. 在 *The Albazero* ［1975］ 3 W. L. R. 491 at 523 一案中的评论；revsd ［1977］ A. C. 774，HL。

［28］ 在 *The Albazero* ［1977］ A. C. 774 中，Brandon J. 、最高法院和上议院同意，通过海运提单的转移，所有权和占有权转移给收货人。还可参见 *The San Nicholas* ［1976］ 1 Lloyd's Rep. 8，11，13。

［29］ *Kwei Tek Chao v British Traders and Shippers Ltd* ［1954］ 2 Q. B. 459 at 487；*Gill & Duffus SA v Berger & Co Inc* ［1984］ 2 W. L. R. 95 at 104，HL. 另一个货物所有权转移无效的案例是 *McDougall v Aeromarine of Emsworth Ltd* ［1958］ 1 W. L. R. 1126。

［30］ *Per* McNair J. in *Ginzberg v Barrow Haematite Steel Co* ［1966］ 1 Lloyd's Rep. 343 at 353.

［31］ *Cheetham & Co Ltd v Thornham Spinning Co Ltd* ［1964］ 2 Lloyd's Rep. 17；*Ginzberg v Barrow Haematite Steel Co Ltd* ［1966］ 1 Lloyd's Rep. 343.

［32］ *Anonima Petroli Italiana SpA v Marlucidez Armadora SA*；*The Filiatra Legacy* ［1991］ 2 Lloyd's Rep. 337.

［33］ 参见上文第 4—006 段。

［34］《1986 年破产法》第 251 条款中有“保留所有权协议”的定义。其中规定：“保留所有权协定意指一项销售货物的协议，该协议并不使得卖方有权对货物提起诉求，但是在卖方未收到货款且买方公司停业的情况下，卖方对于货物或代表货物的任何财产有优先于买方公司其余一切债权人的权利。”

［35］ 参见上文第 4—006 段。

［36］ 参见 G. Monti，G. Nejman and W. J. Reuter，“The Future of Reservation of Title Clauses in the European Community” (1997) 46 I. C. L. Q. 866。

［37］ 2007 年 6 月。

［38］ 作为该类条款的一个例子，参见 Croner's *Model Business Contracts*。

［39］ 参见 ［1980］ J. B. L. 388。

［40］ *Aluminium Industrie Vaassen BV v Romalpa Aluminium Ltd* ［1976］ 1 W. L. R. 676. 还可参见 *Hendy Lennox (Industrial Engines) Ltd v Graham Puttick Ltd* ［1984］ 1 W. L. R. 485；*Clough Mill v Martin* ［1985］ 1 W. L. R. 111，CA；*In re Andrabell Ltd* ［1984］ 2 All E. R. 407；*Chaigley Farms Ltd v Crawford, Kaye & Grayshire Ltd* ［1996］ B. C. C. 957。

［41］ 该条款在 ［1976］ J. B. L. 209—210 中被完整再现。

［42］ (1880) Ch. D. 696.

［43］［1980］ Ch. 228. 还可参见 ［1979］ J. B. L. 216，在该案中，*Bond Worth* 中的保留所有权条款被完整再现。

［44］ 该案例的完整标题是 *E Pfeiffer Weinkellerei & Weineinkauf GmbH & Co v Arbuthnot Factors Ltd* ［1988］ 1 W. L. R. 150。

［45］ 参见 Benjamin (第七版) 中的讨论，paras 5—141 et seq。

[46] *Hendy Lennox* (*Induatrial Engineers*) *Ltd v Graham Puttick Ltd* (1984) 81 L. S. Gaz. 585.

[47] *Cf. Four Point Garage Ltd v Carter* [1985] 3 All E. R. 12; *Fairfax Gérrard Holdings Ltd v Capital Bank Plc* [2007] 1 Lloyd's Rep. 171.

[48] *Borden* (*UK*) *Ltd v Scottich Timber Products and McNicol Brownlie Ltd* [1981] Ch. 25.

[49] 参见 *Re Peachdart Ltd* [1984] Ch. 131。还可参见 *Ian Chisholm Textiles Ltd v Griffiths* [1994] B. C. L. C. 291。参见 T. I. Ogowewo, "When is a Cow Not a Cow? Loss of Title and Retention of Title Clauses" [1996] 12 I. C. C. L. R. 445。

[50] C. M. Schmitthoff, "The Risk of Loss in Transit in International Sales" in *Unification of the Law Governing International Sales of Goods*, in *The Comparison and Possible Harmonisation of National and Regional Unification*, Paris, 1966, pp. 169-199; Essays, 277. Arts 97 and 67; Vienna Convention Arts 66—70.

[51] 在 *President of India v Metcalfe Shipping Co* [1969] 2 Q. B. 123; affd [1970] 1 Q. B. 289, CA 中，FOB合同下的风险转移（以及所有权转移）延迟至海运提单交送之时。

[52] *Sterns Ltd v Vickers Ltd* [1923] 1 K. B. 78. 特别事件包括，例如，买方所接受的卖方的交付令中指示仓管员将部分货物交付给买方，特别是在交付令条款规定，买方有责任支付该部分货物费用的情况下。还可参见 Croom-Johnson J. in *Comptoir d'Achat v Luis de Ridder* [1947] 2 All E. R. 443 at 453。在不能建立特别事件的情况下，由第三方保管的部分货物的所有权和风险只有在第三方将该部分货物与其他货物分离并且承认他拥有该部分归买方所有的货物时，才得以转移。*Wardar's* (*Import & Export*) *Co Ltd v W Norwood & Sons Ltd* [1968] 2 Q. B. 663。比较《维也纳公约》第 67（2）条款。

[53] Benjamin's *Sale of Goods*, (7th edn.), paras 18—300—305 and genarally.

[54] *Leigh and Sillavan v Aliakmon Shipping Co* [1986] A. C. 785.

[55] 参见《1979 年货物买卖法》ss. 14（2）以及 15（2）(c)，该法由《1994 年货物买卖与供应法》进行了修订。条款 14（2A）与（2B）包含了令人满意的品质状态的定义以及在确定货物是否符合隐含条款规定时所应考虑的事项。关于之前使用的术语“适销品质”的解释，参见 *Cehave NV v Bremer Handelsgesellschaft mbh*; *The Hansa Nord* [1976] 1 Q. B. 44 and *M/S Aswan Engineering Establishment Co v Lupdine Ltd* [1987] 1 W. L. R. 1，尽管后一案例在修订案规定下不能以相同方式来判定，参见 G. G. Howells, "The Modernization of Sales Law?" [1995] L. M. C. L. Q. 191。

[56] *Mash & Murrell Ltd v Joseph I Emanuel Ltd* [1961] 1 W. L. R. 862; revsd on appeal on the facts [1962] 1 W. L. R. 16. 还可参见 *Rogers v Parish* (*Scarborough*) *Ltd* [1987] Q. B. 933。

[57] *Broome v Pardess Co-operative Society* [1939] 2 All E. R. 978 at 985; 还可参见 *Ollett v Jordan* [1918] 2 K. B. 41 at 47。这些案例涉及的是“适销性”的要求。通常建议，至少在商业效用的基础上来说，意欲转售的货物必须能够承受过境交付过程中的惯常事件。

[58] *Mash & Murrell Ltd v Joseph I. Emanuel Ltd*, at 871.

[59] 原产地证明通常是对货物的原产地国家的说明。出于进口规范，不同国家的海关法律中都要求提供该证明。

[60] *South African Reserve Bank v Samuel* (1931) 40 Ll. L. R. 291. 参见 *Re Reinhold & Co and Hansloh* (1896) 12 T. L. R. 422. *Foreman & Ellams Ltd v Blackburn* [1928] 2 K. B. 60; *Panchaud Freres SA v Etablissements General Grain Co* [1969] 2 Lloyd's Rep. 109。

[61] *Groupement National d'Achat des Tourteaux v Sociedad Industrial Financiera Argentina* [1962] 2 Lloyd's Rep. 192.

[62] *Groupement National d'Achat des Tourteaux v Sociedad Industrial Financiera Argentina* [1962] 2 Lloyd's Rep. 192.

[63] *Minister Trust Ltd v Traps Tractors Ltd* [1954] 1 W. L. R. 963，977—979.

[64] Société Générale de Surveillance SA (Geneva)，参见注释 [70]。

[65] *Berger & Co Inc v Gill & Duffus SA* [1984] 2 W. L. R. 95.（该案例中涉及的证书声称是由“General Superintendence Co Ltd”出具的。该公司随后将此名更改为“SGS Inspection Services Ltd”。该案例所要求的证书是一份装运后证明，且须在起运港开具。因此，该证明不能够作为 CIF 合同下的装运单据之一进行提交。）关于小麦的官方自然质量证明书与独立实验机构的证明的区别，参见 *Ets Soules & Cie v International Trade Development Co Ltd* [1979] 2 Lloyd's Rep. 122 at 133。

[66] *Alfred C Toepfer v Continental Grain Co* [1973] 1 Lloyd's Rep. 289；*Berger & Co. Inc v Gill & Duffus SA* [1984] 2 W. L. R. 95. 还可参见 *NV Bunge v Compagine Noga d'Importation et d'Exportation SA*；*The Bow Cedar* [1980] 2 Lloyd's Rep. 601 at 605（化学检验的证明并未包括货物描述）；类似地，还有 *Ch. Daudruy van Cauwenberghe & Fils SA v Tropical Products Sales SA* [1986] 1 Lloyd's Rep. 535。关于“最终性”，参见 *Apioil Ltd v Kuwait Petroleum Italia SpA*；*Apioil Ltd v Sociedade Nacional de Combustiveis de Angola SA* [1995] 1 Lloyd's Rep. 124。

[67] *Cremer v General Carriers SA* [1974] 1 W. L. R. 341 at 354.

[68] 参见《1979 年货物买卖法》s. 14（2B）。

[69] *Commercial Banking Co of Sydney Ltd v Jalsard Pty Ltd* [1973] A. C. 279；*International Petroleum Refining and Supply Sociedad Ltd v Caleb Brett & Son Ltd*；*The Busiris* [1980] 1 Lloyd's Rep. 569.

[70] 可在 http://www. sgs. com 上找到。SGS 的总部地址是 1 Place des Alpes，Caisse Postale 898，Ch-1211，Geneva 1，Switzerland。SGS 的英国分公司位于 Rossmore Business Park，Ellesmere Port South Wirral Cheshire CH65 3EN。还可参见 Desmond I Guobadia，“Legal Environment and Procedural Rules for Pre-shipment Inspection” [1997] 7 I. C. C. L. R. 248。

[71] 参见 A. Goldstajn，“The Contract of Goods Inspection”（1965）14 Am. J. Comp. Law 383。关于第三方对争议货物的检验，参见《统一商法典》s. 2—515（b）。

[72] *International Petroleum Refining and Supply Sociedad Ltd v Caleb Brett & Son Ltd*；*The Busiris* [1980] 1 Lloyd's Rep. 569.

[73] [1964] A. C. 465.

[74] *Kollerich & Cie SA v The State Trading Corporation of India* [1980] 2 Lloyd's Rep. 32（该案例发生于买卖双方之间，法庭认为证明文件是错误的，且卖方未能提交正确的证明文件）。

[75] 参见 *Fuerst Day Lawson Ltd v Orion Insurance Co Ltd* [1980] 1 Lloyd's Rep. 656 at 664（在该案例中，事实上有一份装运前检验证明，但是法庭认为这份证明文件是不充分的）。

[76] 关于欧盟国家出口货物的装运前检验，还可参见 EU Council Regulation No. 3287/94。

[77] 该协议的内容可在 http://www. wto. org 上找到。

[78]《装船前检验协定》第 1（4）条款。

[79]《装船前检验协定》第 1（3）条款。

[80]《装船前检验协定》第 2（5）条款。

[81]《装船前检验协定》第 2（21）条款。

[82] 该协定的内容可在 http://www. wto. org 上找到，同时参见第 34—004 段及以下内容。

[83]《原产地规则协定》第 2（a）条款。

[84]《原产地规则协定》第 2（e）条款。

[85]《原产地规则协定》第 9 条款。

[86] 参见 *Dunlop Pneumatic Tyre Co Ltd v New Garage and Motor Co Ltd* [1915] A. C. 79，Lord

Dunedin 对该案的评述。还可参见 *Robophone Facilities Ltd v Blank* [1996] 1 W. L. R. 4128；Chitty, *Contracts* (29th edn, 2004), para. 26—109 et seq。

[87] 参见 *Dunlop Pneumatic Tyre Co Ltd v New Garage and Motor Co Ltd* [1915] A. C. 70 at 87；进一步参见 *Ford Motor Co v Armstrong* (1915) 31 T. L. R. 267；*Lombard North Central Plc v Butterwort* [1987] Q. B. 527 at 540 (per Nicolls L. J.)，以及 *Golden Bay Realty Property Ltd Orchard Twelve Investments Property Ltd* [1991] 1 W. L. R. 981。

[88] 一项补偿金条款的执行方式与处罚金不同。这点是通过 *Export Credit Guarantee Department v Universal Oil Products Co* [1983] 1 W. L. R. 399 中的判决确定的，在该案例中，一项条款规定 ECGD 须由被告人来进行补偿，由于支付给为被告方项目提供融资的银行方的货款得到了上议院的裁决支持。在对于阿根廷玉米进行的交易中收取费用并不是一项处罚：*Fratelli Moretti SpA v. Nidera Handelscompaine BV* [1981] 2 Lloyd's Rep. 47。在一项造船合同中，有一条款规定，如果购船方在由造船方进行担保的长期贷款中违约，他须立即支付所有未支付款项，这并不是一项惩罚条款：*Oresundsvarvet Aktiebolag v Marcos Diamantis Lemos*；*The Angelic Star* [1988] 1 Lloyd's Rep. 122。

[89] *Astilleros Canatios SA v Cape Hatteras Shipping Co Inc*；*The Cape Hatteras* [1982] 1 Lloyd's Rep. 518 at 526.

[90] *Lamdon Trust Ltd v Hurrell* [1955] 1 W. L. R. 391.

[91] *Comdel Commodities Ltd v Siporex Trade SA* [1997] 1 Lloyd's Rep. 424, per Potter L. J. at 431. 如果合同一方的过失受普通法关于惩罚规定的制约，那么他所缴纳的订金可能遭到没收，参见 *Workers Trust & Merchant Bank Ltd v Dojap Investments Ltd* [1993] A. C. 573, PC。

第 5 章

货物的接受与拒收

5—001 在国际货物买卖合同的履行过程中，有关货物的检验（examination）、接受（acceptance）和拒收（rejection）的各项规则具有重大的实践意义。如果合同受英国法约束[1]，上述规则以《1979 年货物买卖法》（Sale of Goods Act 1979）为依据。[2]国际货物买卖的当事人也可以采用《国际买卖统一法》（Uniform Laws on International Sales Act），该法是《1967 年国际买卖统一法》（Uniform Laws on International Sales Act 1967）的附件，或者采用《1980 年维也纳销售合同公约》（Vienna Convention on Contracts for the International Sale of Goods（1980））[3]，这些规则将会取代其他规则，且其中的各项规定将用于管理货物的检验和接受。有关这方面的问题将在以后讨论。[4]

《货物买卖法》中的规则所依据的总原则是：如果买方被视为已经接受了货物，他就失去了拒收货物的权利。但是，他并不丧失与货物相关的一切权利。虽然买方此时不得不收下货物，但如果实际交付给他的货物价值低于卖方承诺提供的货物价值，买方可以请求损失赔偿。该损失赔偿请求权并不因货物买卖特有的法律规则而丧失，而是受到一般的法律规则支配。因此，在根据《1980 年诉讼时限法案》（Limitation Act 1980）阻止买方起诉以前，这项权利并不因过去了一段时间而消失。由于大多数商业合同都属于简单合同（simple contracts），卖方从违约行为发生起，经过六年之后[5]，一般就有权以时效期限已过作为理由进行抗辩。可见，英国的买卖法倾向于不鼓励买方拒收货物，但允许买方在其按照合同明示价格付款超出货物价值而多付的情况下，享有损失赔偿的请求权，买卖法对此项请求权并没有加以太大的限制或规定过多的条件。

□ 要件、担保和无名条款

根据《1979 年货物买卖法》，买卖合同的条款要么属于要件，要么属于担保。事实证明，这种简单的分类方法已无法满足商业环境的需要，因此法院又认可了第三种类型的合同条款——无名条款作为补充，无名条款又被称为中间条款（intermediate term）。[6] 5—002

□ 要件与担保（conditions and warranties）

如果与货物有关的某项要件遭到破坏，买方即有权拒收货物。要件是交易双方在订立合同时认为足够重要、可称之为合同要素的条款。[7]要件必须与担保区别开来，担保是一种次要的合同条款，涉及的是附属于合同的主要目的的事项。[8]如果担保遭到破坏，买方并无权拒收货物，他必须留下货物，但可以请求损害赔偿，如果该货物有市场价格，则损害赔偿额就是所交货物的价值与按照担保交货应有的价值之间的差额。[9]由于要件比担保具有更高的法律特性（legal quality），因此每项要件都应包含一个担保，但不能反过来说担保包含要件。因此，买方可以自行决定把违反要件视为违反担保，留下货物而不是拒收货物，并主张损害赔偿，要求赔偿上述两种价格之间的差额。[10]若买方在法律上已被视为接受了货物[11]，且因此丧失了拒收货物的权利，他从此以后就必须把原来的违反要件作为违反担保处理，只能主张损害赔偿。[12] 5—003

根据《1979 年货物买卖法》中所隐含的意思，在英格兰和威尔士，买卖合同中的某些条款应被视为要件。[13]若合同中对货物进行了描述，那么卖方所供应的货物必须与其描述相符。[14]货物必须具备令人满意的品质（satisfactory quality）[15]，且货物必须具备卖方所知道的、买方购买该货物所要求的特定用途[16]，若卖方不了解相关货物应具备的用途，货物必须符合该种类货物通常能够提供的所有用途[17]；若货物是在提供的样品基础上订购的[18]，或者附有样品和描述，则货物必须与样品一致。[19]这些条款是法律中对买卖合同的规定，但是，受《1977 年不公平合同条款法》（Unfair Contract Terms Act 1977）（该法并不适用于国际供货合同）的约束，这些条款有时可能并不适用或因情况而有所不同。[20]

除了法律规定的要件之外，国际买卖合同中的某些特定条款也被视为要件。一般来说，与时间相关的条款被认定为要件。[21]FOB 合同中的装运港条件也是一项要件[22]，如果交易双方达成一致，那么用于运输的船舶名称和类别也被视为要件。若缺少对运输船舶名称和类别的规定，则货物应该由该类型货物的贸易通常使用的运输船舶装运这一点也是合同的要件。[23]

由此看来，违反要件就是指违反要件的当事人拒绝履行合同。[24]因此，有权拒收货物的买方的地位与卖方根本没有交货时的买方[25]所处的地位是一样的，但如果遭到违反的条款应视作无名条款[26]，或适用“微量原则”（de minimis rule）[27]，或要作特殊考虑的情况，例如贸易惯例或当事人有相反协议[28]，则另当别论。在通常情况下，买方有权就不交货向卖方主张损害赔偿。[29]如果买方已经预付了货款，他可以以损失的形式收回，如果买方遭受了其他可以预见的合理损失，也可以同样索回这些损失。买方拒收货物的动机通常是，卖方交付的不符合规定的货物对他是没有用处的，并且要求损害赔偿是他唯一的救济方法。从实践观点看，买方以合同要件遭到违反为理由而拒收货物的权利，与以担保遭到违反为理由主张损害赔偿的权利之间的区别在于：在前一种情况下，买方往往可以主张比后者高得多的损害赔偿。若交易一方有权要求损害赔偿，他必须采取合理的措施减轻自己的损失[30]，但他没有义务在全球范围内搜寻，以在一个遥远的国家找到市场[31]，如果他的表现合乎情理，法院也不能做出对他不利的主张，认为对于违约的买方存在更为有利的减轻损失的方法。[32]

□ 无名条款（the innominate term）

5—004 无名条款是一种既非要件也非担保的合同条款。它的特征是，如果合同遭到违反，后果须视违约的性质和严重程度而定。[33]如果违约严重，那么无过失的一方可以将合同作为已被撤销处理，但如果违约不严重，则合同继续存在，无过失的一方只能就其所遭受的损失要求损害赔偿。

无名条款的概念产生于海运合同中的船舶必须适航的条款。[34]船舶不适航的性质可能是严重的，也可能是轻微的，它对合同的影响视造成船舶不适航的事实而定。无名条款的概念已经扩展到其他类型的合同，尤其是买卖合同。[35]法官 Wilberforce 将它称为“现代的理论”（modern doctrine），他说道：[36]

> “一般合同法是沿着更加合理的路线向前发展的，在处理违反或者偏离合同的性质和严重性的问题上，不应该接受自动给予或不给予撤销合同的权利的这种死板的分类方法。如果要在把依据《1893 年货物买卖法》（Sale of Goods Act 1893）处理的案例扩展到其他领域，和允许在这些案例中注入更为现代化的理论之间做出抉择，我的偏好是很明显的。”

Cehave NV v Bremer Handelsgesellscharft mbH；*The Hansa Nord* 案件[37]提供了无名条款适用于国际买卖法的例证。Bremer 是一家德国公司，售给荷兰的 Cehave 公司一批美国橘渣（orange pellets），条件是“CIF，鹿特丹”。这种橘渣将被用作制造家畜饲料。合同是按照家畜饲料行业协会（Cattle Food Trade Association）的合同格式签订的，其中有这样一项条款：“发运的货物必须处于良好状态。”这批货物约 3 400 吨，由 Hansa 号轮船装运。合同

价款折合约 100 000 英镑，但货物的市场价格在船舶到达时大幅下跌，从 Hansa 号轮船卸货时发现第一舱的货物（1 260 吨）受损，第二舱的货物（2 053 吨）状况良好。买方拒收整批货物。鹿特丹的法院命令将货物变卖。这批货物被一位中间商买去，扣除相关费用，金额相当于 29 903 英镑。同一天，该中间商将这批橘渣按照同样的价格卖给原来的买方，尽管收到的数量比整批货物完好时应收到的数量少，但买方还是将货物运到自己的工厂加工家畜饲料。这笔交易的总的结果是，这个荷兰的买方以大约 30 000 英镑的低价，买进了原先商定的 100 000 英镑的货物。这个案件被提交仲裁，后来又提交法院审理。上诉法院判决，该合同条款，即“发运的货物必须处于良好状态”并非《1893 年货物买卖法》中所指的要件，而是一项无名条款。Denning M. R. 法官说道：[38]

“如果售出的货物中有小部分的状态略微低于那项标准，商人在遇到这种情况时，应予以减价处理。除非整批货物有严重的或实质性的损坏，否则买方无权拒收全部货物。”

法院判决，买方无权拒收整批货物，但有权取得损失赔偿，其金额是到达鹿特丹时完好货物的价值与受损货物价值之间的差额。该案件又被发回仲裁，以确定损失赔偿的金额。

在此引入《1994 年货物买卖与供应法》（Sale and Supply of Goods Act 1994）第 15 节 A 款的规定，当买方以该法第 13、14 及 15 节遭到违反为由而有权拒收货物，而买方并是不以消费者的身份进行交易时，他可能不将违约视作违反要件处理，因为这种违约是微不足道的，以至于把它视作违反要件是不合理的。在这种情况下，尽管当事人可能提供其他明示或暗示，买方可能只将其作为违反保证处理。这表明，一项 FOB 和 CIF 合同的生效并不意味着交易双方一定适用第 15 节 A 款。[39]

但是，无名条款的概念不应被滥用。那些被交易双方视为对合同非常关键的条款，从法律意义上来说确实应该将其作为要件。这尤其适用于大部分商业合同中的时间条款。[40]例如，在 FOB 合同中，一项条款规定“买方必须发出通知，使船舶至少有连续 15 天的时间准备就绪”，该条款就是一项要件。[41]

同样，在 CFR 合同中，一项条款规定，船舶必须直接从装运港驶往卸货港（直运条款（direct shipment clause）），法院将该条款认定为要件而并非无名条款。[42]

□ 货物的检验（examination of goods）

当卖方提交货物时，除非另有协议，买方有权要求享有检验货物的合理机会，以便确定货物是否与合同规定的相符。[43]未提前经买方检验的货物[44]，不能视为已经被买方接受的货物。因而，买方在其有合理的机会对货物进行检验之前，并没有丧失拒收货物的权利。[45] 5—005

此处存在一种初步的推定，即检验货物的地点和时间就是交货的地点和时间。但是，如果交易双方有协议，成交时的情况或贸易惯例表明双方有与上述推定相反的意愿，则这种推定被推翻。Bailhache法官在一个案例中指出：[46]

“要延展检验地点必须具备两个因素：原来的买方必须知道，无论是被告知或是根据必然的推断，货物将要被运往更远的地方；卖方交货的地点本身必须是不适合进行检验的，或者货物的性质或包装使得在那个地方检验是不合理的。”

B & P Wholesale Distributors v Marko Ltd 一案[47]就是一个说明在特殊情况下延展检验地点和时间的例证。该案件的卖方是一个肉类进口商，出售给作为肉类批发商的买方一吨带皮的肥腌肉（fat salted backs with rind）。在货物运抵伦敦码头时，买方有机会对货物进行粗略的检验，可他并没有这样做，而是把货物运往他在切斯特（Chester）的仓库。在仓库中，买方发现这批肉与合同规定不符，因此拒收货物并通知银行停止向卖方开出作为货款的支票。卖方以买方不开支票为由，对买方提起诉讼，买方以交货损毁为由提出反诉并请求损失赔偿。Pearson法官判决买方胜诉，这位学问精深的法官认为，交货地点在伦敦码头，但检验地点延展到买方在切斯特的仓库。他指出，《货物买卖法》（依据当时生效时的结构）第34节的真正含义是：对货物进行适当的检验必须是可行的，在买方获得对货物进行检验的机会之前，不能视为买方已经按照第35节的意思接受了货物。作为对其判决的进一步支持，法官现在还可以援引《1967年虚假陈述法案》中对《1979年货物买卖法》第35节所做的补充。[48]这些补充使得问题更加清楚，即买方在获得检验货物的真正机会之前，他拒收货物的权利是存在的。

在出口贸易中，检验地点和时间往往不是交货的地点和时间，而是进行了延展。在出口贸易的合同中，交货的地点和时间一般由交易双方所采用的专门贸易术语规定。[49]在卖方不需向买方提供提单的情况下，例如工厂交货（Ex Works）、装运港船边交货（FAS）、装运港船上交货（FOB）（买方与承运人订约）、集装箱交货等交易中，货物的实际交付是在卖方国家进行的。[50]在需要提供提单的情况下，例如在典型的或者提供额外劳务的装运港船上交货（FOB）合同，成本加保险费、运费（CIF）合同以及成本加运费（CFR）合同项下，交货是推定性的（constructive），完全不管货物实际的位置。在出口贸易中，无论交货是实际的还是推定的，一般都满足Bailhache法官所提出的[51]延展检验地点所必须具备的两个要件：即货物通常是为出口订购的，并按照出口要求加以包装。仅以这些事实就足以向卖方表明，货物将被运往远处。而交货地点往往不适宜检验货物，所以要求买方在那里进行检验是不合理的。因此，在出口贸易中，除非当事人另有协议，例如安排装船前检验[52]，或者行业习惯有不同的规则，否则都必须推定当事人有意愿将货物的检验延展至货物运达目的地，该地点就是约定的检验地点。[53]因此，在一个涉及CFR合同的案例中，Hobhouse法官指出[54]：“卖方有权将买方行使拒收货物这项权利延展至货物运达目的地。”此外，在 *Molling & Co v Dean & Son Ltd* 一案中[55]，卖方是一家德国的彩色印刷商，出售给买方 40 000 册玩具书，且卖方知道买方已经将这些玩具书转售给美国的第二买主（转购人，sub-purchaser）。这些书籍是为运往美国而特别包装的，买方没有将书箱打开就运交美国的第二买主。由于这批书籍与合同的规定不符，第二买主正当地予以拒收并将其运回给原来的买方（第二买主的卖方）。法院判决，检验地点已延展至美国，买方有权拒收这批书籍并要求损害赔偿，金额为将货物运往美国又运回英国的运费以及在纽约所缴纳的关税。

在国际贸易中，货物卸岸的码头以及卸岸后存入的海关，都不适宜进行检验。检验的地点是在买方[56]（或他的履行合同的代理人[57]）的营业处所。如果目的地在内地，货物卸岸后必须被运往该地，则通常以最终目的地为拟定的检验地点。

应当注意的是，《1979 年货物买卖法》并没有将货物的检验作为接受货物的前提条件。它只要求给予买方检验货物的“合理机会”（reasonable opportunity），并规定，在买方获得这种机会以前，不能视为他已经接受了货物。[58]买方是否利用该机会，或者放弃他的检验权，则由他自己决定。例如，当买方有这种机会却不对货物进行检验，就是放弃了这种权利。因此，买方如果在货物运到之后，不加以检验就将货物存入他的仓库，几个月之后发现货物有缺陷，他就不能拒收货物，因为经过一段合理的时间之后[59]，买方仍保留货物而没有拒收的表示，就可以视为已经接受了货物。[60]稳妥的做法是，货物到达检验地点后，无论该地点是交货地、最终目的地或者其他地点，买方都应尽可能早地检验货物。

如果货物有隐藏的缺陷，且这种缺陷“不能通过一般合理的检查发现”[61]，则对于这种缺陷的检验地点可以延展到能够有效地做此种检验的地点。买方搜寻信息的行为并不使买方丧失其拒收货物的权利，前提是这些信息是卖方同意提供的，或者是能够使买方在接受、拒绝和解决问题之间做出恰当明智的选择的。[62]

□ 货物的接受（acceptance of goods）

《货物买卖法》第 35 节所采取的准则是：买方是否“已经被视为接受了”货物。[63]货物的收到不同于货物的接受，本节明确规定仅是收到货物不能视为接受了货物。但另一方面，该节对货物的认可不作要求。在第 35 节提出的三种情况中，存在两种情况，虽然买方对货物可能不予认可，但也可被认定为接受了货物。 5—006

买方在以下几种情况下将被认定接受了货物：

(a) 买方向卖方表示他已经接受了货物；

(b) 货物已经交付买方，买方对货物作了任何与卖方所有权相抵触的行为；

(c) 经过一段合理的时间后，买方留下货物，没有向卖方表示他已经拒收了货物（第 35（4）节[64]）。

上述三种情况中第一种是很明显的，无须加以解释。至于第三种，应该注意到，买方的犹豫不决，即留下货物的时间长到不合理，却并未表示对货物拒收，这就有可能导致其丧失拒收货物的权利。该法律避免了要求买方在固定的期限内做出拒收的表示。“合理的时间”（reasonable time）是一项有弹性的要求，可以根据不同案件的具体情况有所不同。什么是合理的时间一直是一个事实问题。[65]如前所述[66]，一个慎重稳妥的买方，应当在货物运到检验地点时就对货物进行检验并做出拒收或者留下的决定。

第二种情况特别重要。首先，这种情况只是在买方已经获得检验货物的合理机会之后才发生的。其次，只有在货物交付给买方之后，“任何与卖方所有权相抵触的行为”才能被视为对货物的接受。但是这种交付不需要是实际的交付。例如，在 FOB 或者 CIF 合同中，把货物交付承运人再运交买方，就足够了。[67]与卖方所有权相抵触的行为是指买方将货物视为己有而采取的行为。任何对货物的处置，例如将货物转卖（resale）、发运（dispatch）或交付（delivery）给第二买主，以及将货物作为质押品，都是与卖方所有权相抵触的行为，因为买方这样做就是接受了货物的所有权，尽管对货物的质量他可能并不满意[68]，可现在这已经不再适用于现行的法律。现行的《1979 年货物买卖法》规定[69]，若货物在二手交易中被交付给其他买主或作其他处置，买方不会仅仅因此而被视为接受了货物。该规定的推行可以保证，如果买方在没有对合同规定的货物进行检验的情况下将其继续卖给第二买主，即使双方在初始检验地点交付了货物，也未必视作买方接受了货物。这项修订在当前国际买卖的背景下很容易理解，因为货物的交付会受提单的出示的影响。在后面的例子中可以明显看出，对提单的接受是接受货物本身的唯一条件。拒收货物的权利并不简单地因为提单被“出售”给第二买主而丧失。[70]

如果合同是不可分割的，也就是说，即使货物是被分批装运的，在付款前必须全部完成交付，若买方接受了部分货物，他就不能再拒收其他部分。[71]但是，《1979 年货物买卖法》第 35A 节规定，如果买方有权以对方违约对其中一些或全部货物造成了影响为由拒收货物，那么他就不应因为接受了其中一部分而丧失拒收其他部分货物的权利。

然而，如果卖方所提交的货物的数量有误，则买方的地位就有所不同。买方有权拒收全部货物，也可以接受合同数量的货物而拒收其余的货物，但如果他接受的数量少于或大于其所购的数量，他必须按照其所接受的数量支付货款。[72]以上情况仍然受到下述条件的约束：法律的这一条规定并不普遍适用于所有的国际买卖交易[73]，买方在多余或短缺的数量很微小的情况下可能不会拒收货物，因为那样做并不合理。如果买方所购的是“各种各样”的货物而卖方提交的只是一种花色的货物，买方有权接受所交货物的合理百分比而拒收其余的货物。[74]

□ 货物的拒收（rejection of goods）

想要拒收货物的买方，必须在合理的时间内[75]通知卖方他拒绝接受货物。通知应当清楚、明确，且买方不应做出与卖方对货物的所有权相抵触的行为，以致与通知自相矛盾。拒收的通知没有指定的格式，可以通过口头，也可以通过电传、传真或书面形式发出，但买方必须使通知到达卖方手中，否则是无效的。 5—007

拒收货物的买方没有义务把货物送回卖方，除非双方另有约定。[76]但是，作为受托人（bailee），他必须承担合理地保管货物的责任。除了这项义务以外，货物的灭失或损坏的风险，均由卖方承担。

买方拒收货物的权利可以延展至货物运达且买方有合理的机会检验货物之时，除非合同中明确表述，或者能通过必要的暗示从其条款中推断出交易双方具有相反的意图。[77]在适当的情况下，买方甚至在收到货物之前就可以拒收货物。比如说，如果买方在临时发票或通知单中发现卖方发运的货物与合同不符。[78]除 CIF 合同项下的买卖外[79]，如果卖方提供的货物与合同不符，则可以撤回原来提交的货物，另交别的货物，但只有在合同规定的时间内才能提交别的货物。[80]Branson 法官在一个案例中说道[81]：

> “不阻止卖方在许可的时间内提交另一批与合同要求相符的货物，对于这批货物，根据合同，买方必须因此接受并付款。……在任何具体情况下都不能断言，如果第一次提交的货物不是适当提交，就不会有另一次可以成为适当提交的交货。”

□ CIF 合同的拒收权

对于 CIF 合同还要作些补充说明。如前所述[82]，这类合同的特点是对装运提单特别重视。在 *Kwei Tek Chao v British Traders and Shippers Ltd* 一案中[83]，法院的附带意见（obiter）认为，对提单（装运单据的一部分）的处置并不一定成为与卖方对货物的所有权相抵触的行为，因此，在原则上，CIF 合同的买方并不会由于处置了伪造的单据，如把它质押给银行，就丧失了对货物的拒收权。在该案中，并没有出现买方处置单据是不是做了与卖方对货物的所有权相抵触的行为这一问题，但是，为了那些“可能相关的人”的利益，Devlin 法官指出，如果买方只是处置单据，他就没有做出足以与卖方对货物的所有权相抵触的行为，因此，如果货物在到达时检验发现与合同不符，买方仍然保留拒收货物的权利。关于买方转售提单或将之质押给银行就是意图将货物的一种产权乃至所有权转让给第二手买主或质权人的这一论点，Devlin 法官予以驳回，理由是买方自己对货物只有有条件的所有权，即该所有权是以货物与合同相符为条件的，因此，他不能对货物作超出“有条件的所有权”的处置。Devlin 法官指出：[84] 5—008

"我认为，正确的观点是，买方从单据上取得的对货物的所有权是有条件的，如果经过检验发现货物与合同不符，货物将重新归于卖方。这就是说，买方只取得货物的有条件的所有权，这个条件是随后的条件。他对单据所作的处置只是处置货物的有条件的所有权。因此，不存在与卖方的所有权相抵触的处置，除非他的处置行为超出了有条件的所有权的范围。"

□ 每批交货作为一个独立合同下的拒收

5—009 合同中可以规定，"每批交货作为一个独立的合同"。[85]这个条款给予卖方一种选择：他可以一批交货，在这种情况下就是一个不可分割的合同；他也可以分为几批交货，这种情况下就是有几个独立的合同，事先安排了分批交货的情况除外。卖方通过履约的方式来做出选择。[86]在CIF合同中，卖方依据几张独立的提单将货物用不同的船舶装运，这就清楚地表明了他做出了分为若干独立合同的选择。如果他用几张独立的提单在同一艘船上发运货物，那么情况就比较复杂。这里涉及当事人的意向问题。即他们究竟是打算作为一笔交易还是分成几个合同。有这样一个案例[87]，香港的卖方出手了140包灰棉府绸（grey cotton poplin）给曼彻斯特的棉布加工批发商（cotton converters）。合同条件是"CIF，利物浦"，并规定每批交货作为一个独立的合同。卖方将整批货物用同一艘船舶装运，但由于考虑到香港配额的规定，货物是以两张提单发运的，每张提单各占整批货物的一半。买方接受了一张提单，拒收了另一张提单。英国上议院判决，在该案件的特殊情况下——买方购入货物是为了自用需要而不是转售——尽管分别以两张提单装运货物，但当事人是把它看做一笔交易，所以，买方既然接受了其中一部分货物，就不能拒收另一部分。[88]可是，该案件的判决是依据特殊情况的，通常情况下，当合同中包含可分的条款且货物又用几张分开的提单装运时，就必须推断当事人是打算分为几个合同的。[89]

□ 被拒收货物的所有权

5—010 当卖方接受了买方对货物的拒收时，被拒收货物的所有权即重新归于卖方。[90]当卖方不接受拒收时，则可以认为，如果日后法院或仲裁庭判决买方拒收货物是合理的，那么货物所有权同样重新归于卖方，因为，正如Devlin法官在*Kwei Tek Chao*案中所说[91]，转移给买方的所有权是受到随后条件约束的，即以货物经过检验与合同规定相符为条件。买方预付了货款而后拒收货物，在没有得到退回的货款之前，无权依据"未收回货款的买方的留置权"（unpaid buyer's lien）[92]扣留货物。在CIF合同的情况下，处置单据并不影响买方拒收货物的权利，因为这种权利通常只是在货物运到并可以被检验之后才会发生。[93]

□ 拒收与禁止反言

5—011 如果买方有正当理由拒收货物，但他本身的行为使卖方相信他并未依赖该理由行事，则他禁止反言——买方不得再持该项理由拒收货物，而如果允许他这样做，则是不公平或不公正的。[94]另一方面，如果买方已经根据某种理由拒收货物，且把该理由通知了卖方，他就不受这种理由的限制，日后还可以提出拒收的其他理由。[95]如果由于发生了落空事件，致使货物的拒收变得不可能，那么买方就会丧失拒收货物的权利。[96]

□ 对合同严格履行的放宽[97]

有时会出现这样的情况：国际买卖合同的一方当事人因对方要求放宽合同规定而不坚持严格履行合同。买方可能要求卖方延迟交货日期或付款日期，卖方也可能要求延长装船时间。接到这种要求的当事人可能完全了解，按照合同条款，他有权拒绝该要求，如果对方不严格照合同内容履行，他可以认为合同已被撤销并请求损失赔偿。但是出于经营方针上的考虑，他也许不愿意坚持这项权利。从法律观点看，这种合乎情理的态度可能引起相当大的困难。如果被要求放宽合同条件的一方当事人要求对方付出一定的对价作为给予这种好处的报酬，这就存在一个改变了原来合同条件的真正的合同，且新合同对双方当事人均有法律约束力。但是，如果一方当事人给予这种好处只是对严格履约条件的自愿放宽，情况就不同了。在这种情况下，如果“一方当事人的行动导致对方改变了其地位”[98]，那么，很有可能前者不得立刻改变想法，即重新坚持其先前严格的权利。例如，一个购买电脑的外国买方要求出口商卖方延迟一个月装运，卖方同意了。这样，卖方也许就不能任意取消这项安排。这一观点是建立在“弃权的理论”（doctrine of waiver）或衡平法中禁止反言的基础上的。[99] Denning 法官就后者作了如下表述：[100] 5—012

“如果一方当事人以他的行动使对方相信合同项下的权利不再会被严格坚持，同时使对方依据这样的信念行事，并且对方也这样做了，那么前者当事人日后就不得再坚持其严格的权利，因为这样做将是不公平的。”

但是这并不意味着原来的合同条件已经改变且不能再作为依据了。Goddard 法官就这一点指出：[101]

“如果发生的事情仅仅是自愿放弃坚持按照书面合同的严格规定而交货或者接受货物，原来的合同是不受影响的，按全部合同数量交付或接受货物的义务依然继续存在。”

Simonds 法官指出：[102]

“我并不认为，尤其是在商业交易中，仅仅是宽容的行为会产生权利。”

因此，如果在上述案例中，买方在一个月期满后，仍然不愿接受交货，卖方就有权恢复合同原先的条款。Goulding 法官在一个案例中指出：[103]

“实际上，根据以往的判例，仅仅将合同期限延长为一个新确定的期限将会维护以时间作为要素的合同，而并没有在实质上做出新规定。”

而且，如果对这种宽容没有规定期限，则同意放宽严格条件的一方当事人可以单方面通知对方，宽容时间已经过去，必须重新适用合同的严格条件。通常，表示宽容的一方须给予对方一个合理时间的通知，“以便后者在前者行使其严格权利之前，做出重新安排”。[104]但这种通知并不总是必需的：只要情况清楚地表明宽容时间已过，或者即使给予通知，对方也无法遵照执行，则通知就不需要了。在一个案例中[105]，一家法国公司在FOB合同项下向一家英国公司购买了一批货物，合同规定货款用英镑支付，“在几个星期之内”以在伦敦开出的银行信用证付款。法院认定，开证的时间已于8月19日期满，又经过了数次延期。10月22日，卖方紧急通知买方，由于开证延迟，他们认为合同已经撤销。Devlin法官判决，10月22日的紧急通知是充分的，卖方无须再给时间，因为即使卖方给了时间，比如再给买方两个星期时间的通知，买方也不能遵照执行，因为其无法从其往来的银行获得可转让的英镑。学问精深的法官将这一法律原则表述如下：[106]

“我认为，关于订立以时间作为要素的合同而又任由时间流逝的一方当事人的地位，已经在过去的判例中清楚地讲明了。在通常情况下，他必须重新将时间作为合同的必不可少的要素，这就是说，他必须发出通知，给予对方一个从各方面说都是合理的时间来履行其义务。但是按我的意见，尽管这是一项一般原则，但发出通知并不总是必要的。”

这些公平的原则在国际买卖中十分重要，这些原则使自愿放弃坚持严格履行合同的卖方，在需要时可以重新提出合同的严格条件。

□ 未收到货款的卖方的权利

5—013 在国际买卖的交易中，卖方为了迅速发送货物，通常在收到货款之前交出货物。即使采用现金交易，在买方的汇款到达卖方之前也需要一段时间。若货物买卖是一项赊销交易，则买方对于由卖方开立的汇票完成付款需要更长的时间。在未收到货款的时间内，可能发生很多事情。买方可能无力清偿债务（insolvent），可能发行比普通商业债务具有优先权的公司债券，可能与负债沉重的公司合并，或者买方所在国禁止使用约定的货币付款。因此，卖方在此期间受到适当的保护是十分必要的。

如果法律不能做出一些特殊规定，使卖方在交出货物到收到货款这段容易受损失的期间内得到保护，那就不能说已经尽到法律的职责。可是，最好的保护还是卖方的周密考虑。如果卖方在收到货款之前就交出货物，那么他应该在买卖合同中加入一项条款，规定在他收到货款之前保留货物的所有权。《1979年货物买卖法》第39（2）节赋予未收到货款但保留了货物所有权的卖方[107]扣留货物直至货款已付的权利，同时规定[108]，他与没有保留货物所有权的未收到货款的卖方同样享有对货物的留置权（lien）和停运权（stoppage in transit）。

在《1979年货物买卖法》第38节到第48节中规定了在卖方没有保留货物的所有权时，未收到货款的卖方享有的权利。这些权利可以通过法律的含蓄意思加以主张（第39（1）节）：[109]

(a) 卖方占有货物时，对货物享有留置权以索取价款；

(b) 买方无力清偿债务[110]且卖方已经与货物的占有分离后，卖方对在运输途中的货物享有停运权；

(c) 在该法的许可下，卖方享有再出售货物的权利（right of resale）。

该法也对"未收到货款的卖方"一词下了定义[111]，是指：

(a) 全部货款没有被支付或未被表示将会被支付；

(b) 收到作为有条件支付货款的汇票或其他可转让票据，但因为拒绝承兑或其他原因而使得票据上的条件未能得到履行。

未收到货款的卖方的权利，可以由卖方的代理人即提单的背书人，或者因代付了货款或对货款负有支付责任的发货人或保付代理人，抑或由于其他原因取得了卖方地位的人行使。[112]

□ 未收到货款的卖方的留置权

未收到货款的卖方只有当他仍对货物实际占有时，才能对出售的货物行使留置权。卖方把货物交付承运人以运交买方，或者把货物交付给买方或其代理人，他就丧失了对货物的留置权。[113]但如果货物还在运输途中，尚未交给买方或其指定的代理人占有时，问题就出现了：未收到货款的卖方是否可以行使停运权？这一问题将在下一节中解释。《1979年货物买卖法》对停运权的规定是十分严格的。在国际买卖交易中，未收到货款的卖方对货物的留置权的作用相对次要。 5—014

卖方的留置权仅仅是收到货款前保留货物的权利，而不是再出售货物的权利。然而，卖方在《1979年货物买卖法》规定的某些特定情况下享有再出售的权利[114]，有时这种权利是某种行业例如茶叶业的习惯。留置权的行使不包括买方违约时期货物的仓存费用（storage charges）。[115]在赊销交易（a credit sale）中，卖方在赊销期间不享有留置权，除非在此期间买方无力清偿债务。[116]在赊销期满后，卖方任何时候都可以行使留置权。即使卖方是作为买方的代理人而占有货物，他也有权行使留置权。[117]保付行——作为国外委托人的代理人，如果委托人不付佣金或附属费用，则对其代委托人购买的货物可行使留置权。

□ 停运权

对出口商来说，停运权比留置权具有更显著的实际价值，特别是法院关于停运权往往做出对卖方有利的解释。但应该注意的是，只有在买方无力清偿债务时，卖方才能主张此项权利。[118]停运权的行使，就像是卖方伸长他的手臂， 5—015

在运输途中向无力清偿债务的买方夺回货物。

该权利只能在货物运输过程中行使。运输期从货物脱离卖方或其代理人开始，到买方或其有权接收货物的代理人占有货物时为止。《1979 年货物买卖法》对运输期间（duration of transit）的定义是："为了运送给买方"而把货物"交付给陆路或水路的承运人或其他受托人时起，直到买方或其有权接收货物的代理人从承运人或其他受托人那里接收货物时为止。"[119]"运输"（transit）这一术语在法律上的含义与普通含义完全不同。从法律角度来看，货物虽然没有移动，但也可认为在"运输中"（in transit），而移动中的货物却可能被认为从未处于"运输中"。例如，在工厂交货合同下，卖方在本国将货物交付给买方代理人，货物的占有直接由卖方交给买方，所以尽管这批货物正在运往目的地的途中，但卖方不能对其主张停运权。只有当货物的占有在脱离卖方之后处于中间人手中，例如由承运人、运货代理人或其他独立的中间商保管，而且只有在他们对货物的保管只是为了运输的目的时，卖方才可以主张停运权。这项权利的行使对货物直接发生效力，它的目的在于使处于运输中的货物的占有重新归于卖方，以便他扣留货物并主张行使留置权，直到货款付清为止。[120]如果货物受到损失，行使停运权的卖方不能对保险金提出要求。在一个案例中[121]，原告是瑞典的木材商，出售给伦敦一家公司一批木材，木材按时装船，但在运输途中遭受了损失。卖方已对木材进行了保险，但在运抵英国之前，买方停止付款。卖方通知船长行使停运权，问题在于，卖方是否有权获得保险公司赔偿木材损失的款项？法院判决，其对赔偿的主张是不能成立的，引用 Cairns L. C. 法官的话：

> "停运权是停止运输货物的权利，无论货物到达目的地时的状态如何。如果货物到达时数量或者质量遭受损失，停运权就减少了与其损失程度相当的实际价值，不存在可以使卖方有权对货物到达时的状态提出要求的任何约定。"

停运权的行使是由卖方通知承运人或承运人的委托人，或由卖方在不妨碍社会安宁的前提下取得对货物的实际占有。发送给承运人的委托人，即载运货物船只的所有人的通知，必须给予一段足够的时间，使得委托人在当时情况下通过合理的努力，能够及时通知它的雇员或代理人，以阻止将货物交付给买方。[122]

停运权起初是由商业惯例发展而来的，经过许多诉讼案例才形成当前的形式。详细阐述其发展过程将超出本书的范围，这里仅就以下三点做出简要说明。

第一，货物交给承运人或接受买方指示的代理人，未必导致其停运权的丧失。前面提到的《1979 年货物买卖法》第 32（1）节[123]关于这项权利的规定是不适用的。如果承运人或代理人仅仅是为了运输货物而作为买方的代理人，那么只要货物仍在他们手中，则卖方仍可以主张停运权。在另一种情况下，如果代理人被授权依照买卖合同条款接收货物，且必须依照买方的指示处置货物，则卖方就丧失了停运权。法院一般会赞同这样的看法：船长是作为承运人取得货物，而并非作为买方授权接受合同项下货物的代理人。即使货物装运在买方包租（charter）的船上，这仍然适用。所以，在普通的 FOB 合同下，卖方把货物交付给船长，船长以买方为抬头开出提单的情况下，货物仍处在“运输中”，则卖方仍可以行使停运权。但是，如果在运输过程中[124]或到达目的地后，承运人向买方或其代理人承认自己是为了买方的利益保管货物的，那么即使买方指示他将货物转运至另一地点，“运输”也到此为止。[125]

第二，停运权并不因提单的抬头是买方或其代理人，或者原来是卖方抬头的提单移交给了买方，而宣告丧失。如前所述[126]，提单的移交对货物所有权的转移起着决定性的作用，除非卖方保留了对货物的处置权。但是这些行为对停运权的行使是没有影响的。事实上，在提单已经落入买方手中，因而使买方取得了对货物处置权的情况下，停运权对卖方才具有更大的实际意义。

第三，尽管未收到货款的卖方的留置权或停运权，通常不受买方未经卖方同意而出售该货物或对货物作其他处置的影响[127]，但在下述情况下，其地位却发生了变化：如果提单交给买方后，买方在取得有价值的对价（valuable consideration）的条件下，将提单以背书方式转让给善意的（good faith）第三方，那么未收到货款的卖方就丧失了各项权利，而该第三方则对货物取得了正当有效的所有权。[128]这项规则现在已经在《1979 年货物买卖法》第 47（2）节做出了规定，但它是在经过六年的诉讼之后，于 1794 年在著名案件 *Lickbarrow v Mason* 一案中[129]首先建立起来的。

□ 再出售的权利

《1979 年货物买卖法》赋予未收到货款的卖方如下再出售的权利：[130] 5—016

(a) 如果货物的性质是易腐烂变质的，不需要通知买方即另行出售；

(b) 如果货物不是易腐烂变质的，在未收到货款的卖方将其再出售货物的意图通知买方之后，买方未能在合理的时间内付清货款或表示准备付清货款。

再出售权一经行使，未收到货款的卖方就不受原来合同的约束，原来的买卖合同就告撤销。[131]货物的所有权重新归于卖方，卖方可将其转让给第二买主。卖方有权取得再出售货物的全部收入，无论该收入多于还是少于原来合同的货款。[132]如果卖方在再出售过程中遭到损失，他可以向违约的买方要求损失赔偿。[133]在再出售交易中购进货物的第三方所获得的货物的所有权，就其对原来的买方而言，是有效的所有权（good title）。[134]

注释

[1] 参见下文第 21—002 段和第 21—004 段。

[2] 经由《1994 年货物买卖与供应法》和《1995 年货物买卖法（修订本）》修订。

[3] 该公约于 1988 年 1 月 1 日起实施，但尚未在英国生效。

[4] 参见第 32 章。

[5] 在诉权由于下述情形而加强时，时效期限将延长：书面承认债务，部分付款或诈骗等类似情况。

[6] *Per* Mustill L. J. in *Lombard North Central Plc v Butterworth* [1987] Q. B. 527 at 537；*Phibro Energy AG v Nissho Iwai Corp and Bomar Oil Inc*（*The Honam Jade*）[1991] 1 Lloyd's Rep. 38，CA.

[7] 关于一项合同条款是否构成要件这一问题的讨论，参见 *State Trading Corporation of India Ltd v M Golodetz Ltd*；*The Sara D* [1989] 2 Lloyd's Rep. 277。

[8]《1979 年货物买卖法》第 61 节。

[9]《1979 年货物买卖法》第 53（3）节。参见 *Bence Graphics International Ltd v Fasson UK Ltd* [1998] Q. B. 87，准确的金额是交付货物的价值与按照担保交货应有的价值之间的差额。如果买方尚未支付全部货款，他可以用主张损害赔偿来抵消部分或全部货款（第 53（1）节）；另参见 *Louis Dreyfus Trading Ltd v Reliance Trading Ltd* [2004] EWHC 525 (Comm)，[2004] 2 Lloyd's Rep 243。

[10] 参见第 11（2）节。

[11]《1979 年货物买卖法》第 35 节。

[12]《1979 年货物买卖法》第 11（4）节，现以下文第 35A 节为准。

[13]《1979 年货物买卖法》第 13（1）A，14（6），15（2）节。

[14]《1979 年货物买卖法》第 13（1）节。

[15]《1979 年货物买卖法》第 14（2）节。关于“同一性”一词与“特性”一词的区别参见 *Total International Ltd v Addax BV* [1996] 2 Lloyd's Rep. 333 at 341。对第 14（2）节和第 14（3）节的关系的评述参见 *Jewson v Kelly* [2003] EWCA Civ 1030，[2004] 1 Lloyd's Rep. 505：Clarke L. J. 在第 46 段中表示：“在第 14（2）节和第 14（3）节之间存在着相当程度的重叠部分，但是这二者起着不同的作用。第 14（2）节意在建立一种货物必须达到的一般标准，而第 14（3）节的作用在于，当买方（卖方所认定的买方）购买了用于特定用途的货物，并依赖于卖方的技术和判断时，第 14（3）节就为其提供了一项特殊的（更高的）标准。”

[16]《1979 年货物买卖法》第 14（3）节。*Slater and Slater v Finning Ltd* [1996] 2 Lloyd's Rep. 353，Scot. HL。

[17]《1979 年货物买卖法》第 14（2B）（a）节。

[18]《1979 年货物买卖法》第 15 节。

[19]《1979 年货物买卖法》第 13（2）节。

[20]《1979 年货物买卖法》第 55 节。另参见《1977 年不公平合同条款法》第 26（1），（3），（4）节。

[21] *Bunge Corporation v Tradax Export SA* [1980] 1 Lloyd's Rep. 294，[1980] CA；[1981] 2 Lloyd's Rep. 1，HL. 参见 *State Trading Corp of India*（上文注释 [7]）；*Phibro Energy AG v Nissho Iwai Corp*（*The Honan Jade*）[1991] 1 Lloyd's Rep. 38；*Torvald Klaveness A/S v Arni Maritime Corp*（*The Gregos*）[1993] 2 Lloyd's Rep. 335 at 347。

[22] *Petrotrade Inc v Stinnes Handel GmbH* [1995] 1 Lloyd's Rep. 142.

[23] *Ashmore & Son v CS Cox* [1899] 1 Q. B. 436；*Bowes v Shand* (1877) 2 App. Cas. 455.

[24]《1979 年货物买卖法》第 11（2）节。

[25] 然而，如果交货时间尚未逾期，那么卖方可以再次交付货物。*Hyundai Merchant Marine Co Ltd v Karander Maritime Inc*；（*The Nizuru*）[1996] 2 Lloyd's Rep. 66。《维也纳公约》第 48（1）条。

[26] 参见下文第 5—004 段。

[27] *De minimis non curat lex*；*Moralice (London) Ltd v ED and F Man* [1954] 2 Lloyd's Rep. 526；*Rapalli v KL Take Ltd* [1958] 2 Lloyd's Rep. 469.

[28] 在商品贸易中被广泛采用的同业公会（Trade Association）的条款，有时并不包括对货物拒收的规定。

[29] 赔偿金额是合同价格与市场价格（如果该货物存在有效市场）之间的差额（第 51（3）节）。相关市场价格是指在交货日当天或者货物被拒收当天的市价。参见 *Procter & Gamble Philippine Manufacturing Corp v Kurt A Becher GmbH* [1988] 2 Lloyd's Rep. 21。

[30] *Sotiros Shipping Inc. and Aeco Maritime SA v Samiet Solholt*；（*The Solholt*）[1983] 1 Lloyd's Rep. 605.

[31] *Lesters Leather and Skin Co v Home and Overseas Brokers Ltd* (1948) 64 T. L. R. 569.

[32] *Gebruder Metelmann GmbH & Co KG v NBR (London) Ltd* [1984] 1 Lloyd's Rep. 614.

[33] *Hongkong Fir Shipping Co Ltd v Kawasaki Kisen Kaisha Ltd* [1962] 2 Q. B. 26; *United Dominions Trust (Commercial) Ltd v Eagle Aircraft Services Ltd* [1968] 1 W. L. R. 74 at 80，82; *The Mihalis Angelos* [1971] 1 Q. B. 164; *Cehave NV v Bremer Handelsgesellschaft mbH*; *The Hansa Nord* [1976] 1 Q. L. R. 989 at 998; *Compagnie General Maritime v Diakan Spirit SA*; *The Ymnos* [1982] 2 Lloyd's Rep. 574; *Phoenix General Insurance Co of Greece SA v Halvanon Insurance Co Ltd* [1985] 2 Lloyd's Rep. 599 at 614. 另参见 *Bunge v Tradax above*, *HL*。

[34] *Hongkong Fir Shipping Co Ltd v Kawasaki Kisen Kaisha Ltd* [1962] 2 Q. B. 26.

[35] *Cehave NV v Bremer Handelsgesellschaft mbH*; *The Hansa Nord* [1976] 1 Q. B. 44：见下文。

[36] *Reardon Simith Line Ltd v Yngvar Hansen-Tangen* [1976] 1 W. L. R. 989 at 998；另参见 *Lord Wilberforce in Bremer Handelsgesellschaft mbH v Vanden Avenne Izegem PVBA* [1978] 2 Lloyd's Rep. 109 at 113，201，*Krohn & Co v Mitsui and Co Europe GmbH* [1978] 2 Lloyd's Rep. 419; *Antaios Compania Naviera SA v Salen Rederierna AB* [1984] 3 W. L. R. 592 at 597。

[37] [1976] 1 Q. B. 44.

[38] [1976] 1 Q. B. 44 at 61.

[39] 参见第 15（A）（1）节，第 15（A）（2）节；Benjamin，*Sale of Goods* (7th edn)，para. 19—173 and Law Com. No. 160，paras 4. 23，4. 24。

[40] *Lombard North Central Plc v Butterworth* [1987] Q. B. 527；但并非所有时间条款都构成要件，参见 *Bunge v Tradax*，下文注释 [41]。

[41] *Bunge Corporation v Tradax Export SA* [1980] 1 Lloyd's Rep. 294，[1980] CA and [1981] 2 Lloyd's Rep. 1，HL; *Société Italo-Belge pour le Commerce et l'Industrie SA v Palm and Vegetable Oils (Malaysia) Sdn Bhd*; *The Post Chaser* [1982] 1 All E. R. 19; *State Trading Corporation of India Ltd v M Golodetz Ltd* [1988] 2 Lloyd's Rep. 182 at 187; *Compagnie Commerciale Sucres et Denreées v C Czarnikow Ltd*; *The Naxos* [1991] 1 Lloyd's Rep. 29 at 36.

[42] *Bergerco USA v Vegoil Ltd* [1984] 1 Lloyd's Rep. 440 at 444; *State Trading Corporation of India Ltd v M Godoletz Ltd* [1988] 2 Lloyd's Rep. 182 at 183—184.

[43]《1979 年货物买卖法》第 34 节。《维也纳公约》第 38 条。

[44] 关于装运前检验的内容参见上文第 4—014 段。

[45]《1979 年货物买卖法》第 35（2）节。

[46] *Saunt v Belcher and Gibbons* (1920) 26 Com. Cas. 115 at 119；另参见 *Perkins v Bell* [1893] 1 Q. B. 193 and *Bergerco USA v Vegoil Ltd* [1984] 1 Lloyd's Rep. 440 at 446; *Compagnie Commerciale Sucres et Denrées v C Czarnikow Ltd*; *The Naxos* [1991] 1 Lloyd's Rep. 29。

[47] *The Times*, February 20，1953.

[48]《1967 年虚假陈述法案》第 4（2）节中已经加入了《1979 年货物买卖法》第 35 节中对第 34 节的补充内容。

[49] 参见第 4—003 段。

[50] 通常指把货物交给承运人以运交买方的时候（第 32 节）。

[51] *Saunt v Belcher and Gibbons*，见上文注释 [46]。

[52] 参见上文第 4—014 段。

[53] *Molling v Dean* (1902) 18 T. L. R. 217; *Boks v Rayner* (1921) 37 T. L. R. 800; *Bragg v Villanova* (1923) 40 T. L. R. 154; *Scarliaris v Ofverberg & Co* (1921) 37 T. L. R. 307, CA; *Biddell Bros v E Clemens Horst Co* [1911] 1 K. B. 934 at 960; *Kwei Tek Chao v British Traders and Shippers Ltd* [1954] 2 Q. B. 459; *Bergerco USA v Vegoil Ltd* [1984] 1 Lloyd's Rep. 440.

[54] *Bergerco USA v Vegoil Ltd* [1984] 1 Lloyd's Rep. 440 at 446. 对于该判决更为详尽的引述参见第 2—026 段。

[55] (1902) 18 T. L. R. 217.

[56] *B & P Wholesale Distributors v Marko Ltd*, *The Times*, February 20, 1953.

[57] 这种代理人不同于以转运货物为目的的代理人（如运输代理人、承运人或仓库管理人，后者得到的授权只限于转运货物），除特殊情况外，买方应有合理的机会对前者占有的货物进行检验。

[58]《1979 年货物买卖法》第 35（2）节。

[59] 假定买方将货物存放在自己的仓库的时间超过了合理的程度而不予检验。

[60]《1979 年货物买卖法》第 35（1）（a）节。

[61] *Per* Brett J. in *Heilbutt v Hickson* (1872) L. R. 7 C. P. 438 at 456.

[62] *Clegg v Andersson (t/a Nordic Marine)* [2003] 1 All E. R. 721 overrulling *Bernstein v Pamson Motors (Golders Green) Ltd* [1987] 2 All E. R. 220; *Jones and another v Gallagher and another* [2004] EWCA Civ 10；另参见 *J H Ritchie Ltd v Lloyd Ltd* [2007] UKHL 9。

[63] 参见 I. Brown, "Acceptance in the Sale of Goods" [1988] J. B. L. 56。

[64] 在确定买方是否已经接受了货物时，必须将进行调整或修理的时间考虑在内：*Clegg v Andersson (t/a Nordic Marine)* [2003] EWCA Civ 320。

[65]《1979 年货物买卖法》第 59 节。

[66] 参见第 2—026 段。

[67] 参见第 32 节；*Kwei Tek Chao v British Traders and Shippers* [1954] 2 Q. B. 459; *Bergerco USA v Vegoil Ltd* [1984] 1 Lloyd's Rep. 440 at 445；另参见 *Benaim v Debono* [1924] A. C. 514。

[68] 但只是转售货物（并未处置或试图处置货物，如发交第二手买主），或探听货物能否销售得出去，都不构成同卖方所有权相抵触的行为。

[69]《1979 年货物买卖法》第 35（6）（b）节。

[70] 或者作为抵押品抵押给银行，参见 *Kwei Tek Chao*，参见上文和下文第 5—008 段。

[71]《1979 年货物买卖法》第 11（4）节。但这一节是以第 35A 节为准。

[72]《1979 年货物买卖法》第 30 节。

[73]《1979 年货物买卖法》第 30（2A）节。参见上文注释 [39]。

[74] *Ebrahim Dawood v Heath (est. 1927)* [1961] 2 Lloyd's Rep. 512.

[75]《1979 年货物买卖法》第 36 节。参见《维也纳公约》第 39 条关于买方丧失拒收权的内容。

[76] 出处同上。但是由于错误或者其他原因而拒收了货物的买方必须按照第 50 节的规定，对其拒收货物造成的损害负责。损失的衡量在第 50（2）（3）节中做出了规定。参见 *Bem Dis A Turk Ticaret S/A Tr v International Agri Trade Co Ltd (The Selda)* [1999] 1 Lloyd's Rep. 729。

[77] *Bergerco USA v Vegoil Ltd* [1984] 1 Lloyd's Rep. 440 at 446.

[78] *EE & Brian Smith* (1928) *Ltd v Wheatsheaf Mills Ltd* [1939] 2 K. B. 302.

[79] 在该合同项下，提交的单据必须严格按照要求的顺序。

[80] *Borrowman v Free* (1878) 4 Q. B. D. 500；Lord Devlin，"The Treatment of Breach of Contract" [1996] Cam. L. J. 192。

[81] *EE & Brian Smith* (1928) *Ltd v Wheatsheaf Mills Ltd* [1939] 2 K. B. 302 at 314.

[82] 参见上文第 2－019 段。

[83] [1954] 2 Q. B. 459；参见上文第 2－026 段。

[84] [1954] 2 Q. B. 459 at 487。参见 *Gill & Duffus SA v Berger & Co Inc* [1984] A. C. 382，其中规定，即使买方知道自己拥有在货物到达时拒收货物的权利，但是他必须接受合格的单据。

[85] *Cehave NV v Bremer Handelsgesellschaft mbH*；*The Hansa Nord* [1976] 1 Q. B. 44，合同中规定："每艘船装运的货物作为独立的合同。"

[86] *J Rosenthal & Sons Ltd v Esmail* [1965] 1 W. L. R. 1117.

[87] *J Rosenthal & Sons Ltd v Esmail* [1965] 1 W. L. R. 1117.

[88] 参见上文第 5－007 段。

[89] 另一个问题在于，如果货物是用分开的提单装运时，是否构成"分批装运"？因为在信用证条件下，银行有权拒收这样的提单。根据 UCP 600 第 31（b）条的规定，允许进行分批装运，另外，根据 UCP 600 第 31（b）条规定，如果交单包含了多套运输单据，表明是采用同种运输方式装运并且航线相同，目的地也相同，那么就不认定为分批装运，即使交单表明装运日期不同、装货港不同、接管地点或起运地点不同。

[90] *JL Lyons & Co v May & Baker* [1923] 1 K. B. 685 at 688.

[91] [1954] 2 Q. B. 459；参见上文第 2－026 段。

[92] 并不允许行使"未付款的卖方的留置权"：*JL Lyons & Co v May & Baker* [1923] 1 K. B. 685。

[93] 参见上文第 5－008 段。

[94] *Panchaud Freres SA v Etablissements General Grain Co* [1970] 1 Lloyd's Rep. 53 at 57；*Motor Oil Hellas* (*Corinth*) *Refineries SA v Shipping Corporation of India*；*The Kanchenjunga* [1990] 1 Lloyd's Rep. 391.

[95] *Panchaud Freres SA v Etablissements General Grain Co* [1970] 1 Lloyd's Rep. 53 at 56.

[96] *Mackay v Dick* (1881) 6 App. Cas. 251；*Colley v Overseas Importers* [1921] 3 K. B. 302.

[97] C. M. Schmitthoff，*Legal Aspects of Export Sales* (3rd edn，Institute of Export，1978)，pp. 14－16.

[98] *Per* Lord Simonds in *Tool Manufacturing Co Ltd v Tungsten Electric Co Ltd* [1955] W. L. R. 761 at 764.

[99] 这两个理论通常被视作是等同的或重复的，但严格的说，它们是两个截然不同的独立的理论。参见 Denning 法官在 *Panchaud Freres SA v Etablissements General Grain Co* [1970] 1 Lloyd's Rep. 53 at 57，以及 Adams 法官在"Waiver Redistributed"(1973) 36 *Conveyancer* 245 中的评论。与衡平法上的禁止反言不同的是禁反行为（estoppel by previous conduct)，专业上称其为"禁止翻供"（estoppel by convention)。如果交易当事人达成一致，假设某项陈述是事实，并依赖该假设行事，就会发生禁止翻供的情况。（参见 Chitty，*Contracts* (29th edn，2004)，paras 24－007 *et seq*。）采取行动的一方当事人如果决定采取不同行动，则被认为不是善意行事（act in good faith）(venire contra factum proprium)。另参见 *The Kanchenjunga*，上文注释 [93]。

[100] *Plasticmoda SpA v Davidsons (Manchester) Ltd* [1952] 1 Lloyd's Rep. 527. 关于该内容有很多案例，其中最著名的案例是 *Central London Property Trust Ltd v High Trees House Ltd* [1947] K. B. 130。除此之外，以下案例也与此相关：*Panchaud Freres SA v Etablissements General Grain Co* [1970] 1 Lloyd's Rep. 53；*Woodhouse A. C. Israel Cocoa Ltd SA v Nigerian Produce Marketing Co Ltd* [1972] A. C. 741；*WJ Alan & Co Ltd v El Nasr Export & Import Co* [1972] 2 W. L. R. 800 at 841；*Société Italo -Belge pour le Commerce et l'Industrie SA v Palm and Vegetable Oils (Malaysia) Sdn Bhd*；*The Post Chaser* [1982] 1 All E. R. 19；*Tai Hing Cotton Mill Ltd v Liu Chong Hing Bank Ltd* [1985] 3 W. L. R. 317 at 333；*Sea Calm Shipping Co SA v Chantiers Navals de L'Esterel SA*；*The Uhenbels* [1986] 2 Lloyd's Rep. 294 at 298。

[101] *Bessler Waechter Glover & Co v South Derwent Coal Co* [1938] 1 K. B. 408 at 416.

[102] *Tool Manufacturing Co Ltd v Tungsten Electric Co Ltd* [1955] 1 W. L. R. 761 at 764.

[103] (1973) 26 P. C. R. 89；quoted with approval by Kerr L. J. in *Nichimen Corporation v Gatoil Overseas Inc* [1987] 2 Lloyd's Rep. 46 at 53.

[104] *Per* Lord Tucker in *Tool Manufacturing Co Ltd v Tungsten Electric Co Ltd* [1955] 1 W. L. R. 761 at 785；*SCCMO (London) Ltd v Société Générale de Compensation* [1956] 1 Lloyd's Rep. 290 at 300.

[105] *Etablissements Chainbaux SARL v Haibormaster Ltd* [1955] 1 Lloyd's Rep. 303；*Nichimem Corporation v Gatoil Overseas Inc* [1987] 2 Lloyd's Rep. 46（在买卖合同中，未能开立信用证是违反要件的行为，这一点不因卖方向买方保证可以对开立信用证采取宽容的态度而改变）。

[106] In the *Chainbaux* case at 312。

[107]《1979 年货物买卖法》第 34（2）节。该所有权保留条款在上文第 4—007 段中进行了讨论。

[108] 除此之外还有其他法律救济。关于卖方的法律救济参见《维也纳公约》第 64～65 条。

[109]《1979 年货物买卖法》第 38～48 节。

[110]《1979 年货物买卖法》第 61（4）节，由《1985 年破产法》(Insolvency Act 1985) 予以修订，在第 10 节中将破产定义为："一个人满足下列条件则被认为是本法所指的破产：停止按照正常商业途径偿还其债务，或者无法在债务到期时偿付"。《1986 年破产法》中规定了企业和个人的破产。

[111]《1979 年货物买卖法》第 38 节。

[112]《1979 年货物买卖法》第 38（2）节。

[113]《1979 年货物买卖法》第 43 节。

[114] 参见上文第 5—017 段。

[115] *Somes v British Empire Shipping Co* (1860) 30 L. J. Q. B. 229.

[116]《1979 年货物买卖法》第 41（1）(c) 节。

[117]《1979 年货物买卖法》第 41（2）节。

[118] 参见上文注释 [10]。

[119]《1979 年货物买卖法》第 45（1）节。

[120]《1979 年货物买卖法》第 44 节。

[121] *Berndtson v Strang* (1868) L. R. 3 Ch. App. 588.

[122]《1979 年货物买卖法》第 46（1）节。

[123] 参见上文第 4—003 段。

[124] *Reddall v Union-Castle Mail Steamship Co Ltd* (1915) 84 L. J. K. B. 360.

[125]《1979 年货物买卖法》第 45（3）节。

[126] 参见上文第 4—006 段。

［127］《1979 年货物买卖法》第 47（1）节。参见 *DF Mount v Jay & Jay*（*Provisions*）*Co Ltd* ［1960］1 Q. B. 159。

［128］相同的规定适用于其他文件，例如交给码头管理员的提货单；但是，只有在买方将其从卖方那里收到的提货单背书给第三方的情况下，从买方手中取得货物的第三方才受到保护。但是，如果《1979 年货物买卖法》第 25（1）节中的要求得以满足，第三方可以援引该条规定使自己受到保护：*DF Mount v Jay & Jay*（*Provisions*）*Co Ltd*［1960］1 Q. B. 159。

［129］（1794）5 T. R. 683. 一份交给一位仓库管理员的提货单要么是卖方向买方做出的交货承诺，要么只是赋予买方接收货物的权利。究竟属于哪一种取决于交易当事人的意愿：*Alicia Hosiery Ltd v Brown Shipley & Co Ltd*［1970］1 Q. B. 195。

［130］未收到货款的卖方没有行使留置权和运输中的停运权，但仍拥有货物的所有权，其同样拥有再出售的权利：*per* Diplock L. J. in *R. v Ward Ltd v Bignall*［1967］1 Q. B. 534 at 545。

［131］*R. v Ward Ltd v Bignall*［1967］1 Q. B. 534. 货物的留置权、扣留权和运输中的停运权的行使——与再出售权不同的是——并不意味着合同被撤销（第 48（1）节）。

［132］*R. v Ward Ltd v Bignall*［1967］1 Q. B. 53.

［133］《1979 年货物买卖法》第 48（1）节。

［134］《1979 年货物买卖法》第 48（2）节。

第 6 章

合同的落空

6—001 在某些时候，合同的当事人所谋求的商业目标，不是由于他们自身的过失，而是由于意外情势的影响而受到挫败。若发生这种情况，英国法规定，如果符合特定要求，那么将被视为合同落空（frustrated)。尽管合同落空学说依据的原则很明确，但是其应用却依然面临困难，在特殊情况下所处的情势是否意味着合同落空往往很难决定。Diplock 法官[1]对落空的定义是：

“法律结论的得出依赖于对一个事实问题的最终分析，即令合同落空的这一事件（或一系列事件)，是否已经使得合同的履行情况根本不同于合同中的规定内容。”

因此，合同落空必须经由法院确立。合同落空必须满足以下条件：存在一项外部事件，寻求依赖该事件以主张合同落空的一方当事人，对该事件的发生不存在过失和责任。如果合同落空成立，结果将会导致合同实际上宣告无效，或立刻终止。当事人对于已落空的合同项下的尚未到期的义务免于负责。[2]

合同落空学说在国际贸易交易中是十分重要的。因为国际贸易由于受各种政治、经济的影响，其包含的不确定因素比纯粹的国内贸易大得多。值得注意的是，涉及国际贸易的诉讼[3]为合同落空学说的形成以及该学说发展为现在的形式起了很大的作用。

其他法律体系对合同落空事件的发生做出了相关规定。例如，《美国统一商法典》规定称其为“履行不能”（impracticability），是指该履行不能影响了合同成立所依据的基本假定。[4]法国法体系认可“不可抗力”（force majeure）条款，而德国法体系提出了“交易基础丧失”这一概念，即交易基础的瓦解。本章首先讨论合同落空学说中的各项条件，然后讨论这一学说的影响。

落空的法律含义

只有在订立合同后，出人意料地出现了某种根本不同的情势，才会发生落空的问题。并不是每种事态变化都满足合同落空学说中的这一标准。一些新情势的出现，可能会使合同的履行比当事人在签订合同时所想象的更为困难、更为繁重或者开支更大，这可能是由于价格的突然性或异常性涨跌，也可能是因为无法从原供货人处取货而使得卖方向另外一个要价更高的来源处取得货物。[5]这些事件通常不会导致合同落空，只有当这些意外事件严重到足以造成一种根本不同的情势，以致买卖双方不能够履行合同时，才会引起合同落空。Radcliffe 法官在 *Davis Contractors Ltd v Fareham UDC* 一案中做了如下表述： 6—002

“只要法律认为，在不存在当事人过失的前提下，由于合同履行的情势变化使得事情与合同承诺的完全不同，从而导致合同义务的履行成为不可能，那么就会导致落空。我未曾同意过这些条件。”

Simon 法官表示：[6]

“一项尚待履行的合同的当事人，在履行合同的过程中，往往会遇到他们完全无法预料的情势变化——极反常的价格涨跌、货币突然贬值、履行合同的意外障碍或者其他类似事件，但这些事件本身不会影响他们已达成的交易。而另一方面，如果依照合同订立时存在的情势来考虑合同的各项条款，发现当事人从来未曾同意，会在出现意外且根本不同的情势下还受到合同的约束，那么合同在这一点上就失去了约束力——并非由于法院依据其自由裁量权，认为对合同条款加以限定是公平合理的，而是按照对合同的正确解释，在这种情势下并不适用。”

Bingham L. 法官在 *The Super Sevant Two* 中说：[7]

“合同落空学说的目的在于达成一个公平合理的结果，以作为免于不公平的权宜之计。而情势发生重大变化之后继续实施合同原先的条款将会导致不公平的产生。”

根据法官们的意见可以明确，国际商家应该具备相当的先见之明。因此他才能够在遭遇难以预料的，但从法律角度来说又是可以预见的情势转变中通过一般的保护措施来维护自己的利益，比如制定一项适当的不可抗力条款[8]、投保或进行对冲交易（hedging transaction）。

□ 落空可能是程度问题

6—003 法律意义上的落空在某些情况下可能会在某一阶段发生——通常是较难预料的——在一系列逐渐变化的事件中，意想不到的意外事件是否就是法律意义上的落空，是一个程度上的问题。Roskill 法官对这一规定表述如下：[9]

> “在某些情况下，如果法院宣称由于特殊事件导致落空事件的发生，就可以立刻决定该原理能否被正当合理地援引。但在其他情况下，如果事件的后果会导致合同义务的延期履行，通常需要等待事件的发展来观察延期是否已经造成损害，由此引发的进一步延期是否会使相关合同义务的最终履行与合同承诺的结果存在根本性的不同。”

Denning 法官在以下案例中[10]对该观点表示认可。卖方是一家出售棕榈纤维的公司，棕榈纤维是一种在制造刷子之类的物品时使用的木质纤维。上诉法院判决，卖方在一项包含了“以取得巴西的出口许可证为条件”这一条款的 CIF 合同下，不得因需要以超出双方协议价 20%～30%的价格获得许可证而解除其履行合同的义务。Denning 法官说：“超出部分的付款是不是卖方能够合理预期到的，这取决于卖方需要支付超出多少程度的价格才能取得许可证。如果是……合同价格的 100 倍，那就会成为意料之外发生的‘本质上不同的情况’，他们就无须进行付款。”[11]

如果法院宣称合同由于政府的出口或进口禁令、罢工[12]或其他劳工行动导致合同落空，也会出现相同的程度上的问题。[13]在这些情况下，在上述事件发生之初，合同可能只会被中止，只有在一段合理时间后，可以明确这一期间发生的事件影响了合同的基础的情况下，才能认定合同落空。[14]那么什么是一段合理的时间又成为一个程度的问题。[15]在这些情况中，明确合同落空的精准日期不是必要的，但必须表明合同是在不晚于某一特定日期之前落空的。[16]

□ 由于延期而落空

6—004 不是由双方当事人引起的延期是否构成使合同落空的意外事件，这是一个程度上的问题，在上段中已经讨论过。

但是，下述情况必须加以补充，有时过度延迟会使当事人提起仲裁。一方当事人在之后的法律诉讼过程中表示，由于在仲裁员面前不可能做出公正的审判，因而仲裁协议“落空”。[17]Diplock 法官表示[18]，就当事人来说，由于过度延迟导致其实际上无法获得公正判决，不能作为使合同落空的意外事故，即使过分延迟并不是由当事人的过失引起的。仲裁程序中对过分延迟的裁决可能会认可以下推断：当事人是经由双方同意才放弃仲裁，或者一方不予履行，而另一方接受了他的这种做法。[19]在这两种情况下，仲裁即告终止，但从法律角度看，任何一种情况都不构成合同落空。[20]

□ 自身引起的落空

6—005 由于一方当事人的作为或不作为造成的履约不可能，或者导致情势的根本变化，不得作为使合同落空的意外事件。落空原理的首要要求是，使合同落空的意外事件必须是当事人无法控制的，即任何一方当事人都不对其负责。[21]引用 *Hannah Blumenthal* 一案[22]中 Oakbrook 的 Brandon 法官的话说，使合同落空的意外事件必须是“某一外部事件或者情势的外在变化”。“自身引起的落空”这一说法因此在条件上构成了矛盾——但其应用广泛，并且具有比正确表述的“自身引起的履行不能”（self-induced inability to perform）这一说法更为简短的优势。

对于自身引起的落空事件的举证责任由提出该点的一方承担。[23]

合同落空的条件

6—006 要给引起合同落空的事件开列一份完整的清单显然是不可能的。以下是一些典型的情况，往往可以成功地主张合同已经落空。[24]

□ 标的物的毁灭

6—007 引起落空的最简单的情况是：合同的履行取决于某一特定的人或物的继续存在，而该人或物在合同签订之后物质上已经灭失。在这种情况下，“有一项隐含的要件（a condition is implied），即由于该人或物的灭失而使合同的履行成为不可能，则合同应免于履行”。[25]

如果一条包租的船因为发生了并非由于船东及其雇员的疏忽造成的爆炸事故而无法装载货物，法院对此所作的判决是，该项海上运输合同的商业目标已经落空。[26]如果合同的标的物是特定货物的买卖，例如出售二手机器或古玩，则依据《1979 年货物买卖法》第 7 节的规定：

> “若属于出售特定物的协议，事后非因为卖方或买方的过失，该特定物在风险转移给买方之前毁灭时，该协议因此无效。”

然而，若在合同订立前，使履行成为不可能的事件就已经存在，并且该事件本可以通过在合同中制定一项恰当的条款予以弥补，那么就不能以落空作为辩护理由。在 CFR 合同下，将大米用 Epaphus 号轮船装运送达“意大利一个主要港口”。在该合同项下，有权指定交付港口的买方指定了拉文纳（Ravenna）港，但是对该港口来说轮船的吃水太深，港务局拒绝 Epaphus 号在该港卸货。轮船转至安科纳（Ancona），卸掉部分货物减轻重量。法院认为，合同中并不存在一项隐含的条款，规定禁止买方指定一个无法卸货的意大利港口。[27]

□ 违 法

战争爆发

6—008 如果当事人签订合同之后战争爆发，就会产生一个问题：这一事件的发生是否会使合同的履行成为违法，抑或战争的爆发只会对履约产生间接的影响？

假设英国的出口商将货物销售给另一国的进口商，两国之间爆发了战争，如果英国出口商的履约行为会构成同敌人的贸易而成为违法行为[28]，则合同宣告落空。同样，如果战争过程中进口商所在国被敌人占领，合同也告落空。因此，在 *Fibrosa* 一案[29]中，一家波兰公司在第二次世界大战爆发前，向英国利兹（Leeds）的一家制造商订购了一批亚麻梳麻机（flax-hackling machines）。这批机器须在一定时间内，按照“CIF，格旦尼亚（Gdynia）”条件交货，合同还规定，如果发生战争或当事人不能控制的其他意外事件，应准予合理地延长交货时间。战争爆发后，格旦尼亚被德国占领。英国上议院判决，由于战争的缘故，合同已经落空，英国制造商解除交付机器的义务。即使合同条款允许延长交货时间，也无法挽回该合同，因为这项条款的意图只是短暂的延期，有别于长时间、无期限地中断合同的履行。

但另一方面，如果合同是英国向 X 国家的出口，而战争在 X 国与 Y 国间爆发，那么战争的爆发只对合同产生间接的影响。在这种情况下，履约的合法性并不因为战争而受到影响，该合同不能因为这次意外事件而自动落空。而合同是否可能由于其他的原因而落空，特别是以英国政府或 X 国政府禁止履约为由，或者出于战争对情势产生了极其严重的影响[30]，则是一个完全不同的问题。这些问题留待以后解释。[31]

进出口禁令

6—009 除战争之外，合同签订之后也可能由于政府禁止履行而宣告落空。例如政府对已经成交的出口或进口实行封锁禁运。[32]

但是，此处必须十分审慎。并不是每一项政府禁令都能够使合同成为违法的。有时其后果只是中止和推迟合同的履行。将合同的各项条款，尤其是那些规定了履约时间的条款，与禁令联系起来加以考虑，往往是必要的。只有当禁令是最终的，并且包括了尚可用于履行合同的全部时间，这种禁令才能成为使合同落空的意外事件。如果不满足这些条件，那么，当事人最好的办法是等待履行期届满之后，再主张合同落空，因为禁令可能在履约的时限内取消。[33]如果政府禁令超过了规定的履约时间，通常可以放心地认为，合同已经落空，因为在每个合同中都有一项隐含要件，即在合同应予履行之日，其履行必须是合法的。[34]

关于订约后出现的政府禁令只有在它包括了全部的履约期限才能成为使合同落空的意外事件的规定，在以下情况同样适用，即如果该政府禁令不是立即生效，而是让出口人有一段宽限时间，在这段时间内他可以履行现有的合同。有这样一个案例[35]，合同规定，在1951年10月和11月间，按照CIF条件从西西里（Sicilian）的港口装运蚕豆到格拉斯哥（Glasgow）。1951年10月20日，意大利发布了一项条例，规定从1951年11月1日起，除非有特别许可证，否则禁止出口。卖方未能装运货物，买方请求损失赔偿。Devlin法官判决，买方获得胜诉。这项禁令不能作为使合同落空的意外事件，它只是将装运时间从两个月减少到一个月，并且在意大利政府的条例发布之后，卖方仍有10天的宽限，在这段时间内他们本来是可以装运货物的。但是如果此项禁令是即时生效的，则它就可以成为使合同落空的意外事件了。而如果卖方能够证明他们在剩下的10天期限内找不到运载船舶，那么这项禁令同样可以成为使合同落空的意外事件。

有时政府禁令可能允许出口商履行他们已订立的合同中至少一部分内容。这就可能因此留下“漏洞”（loopholes）。例如，政府禁令可能允许货物已装到驳船或者已经开始将货物装载到船上的出口商履行他们的合同。在这种情况下，希望以合同落空为借口进行辩护的出口商会有较大的压力以证明他无法利用这些“漏洞”。[36]

政府禁令影响国营贸易公司

曾出现过这样的问题：国营贸易公司能否以出口商政府禁令使合同落空为 **6—010**
由进行辩护？一般来说，国营贸易公司是独立的法人，其与政府的联系并未紧密到可以不按照禁令行事。但是，也可能存在能够证明外国政府确实采取措施来使其国营企业脱离合同义务的个别情况。在这种情况下，法院可能得出不同的结论。这些主张是从一个案例[37]中推论出来的。在该案中，一家波兰的国营贸易公司向英国的糖商出售一批食糖。合同是1974年5月和7月按照精制糖协会（Refined Sugar Association）的标准条件签订的。合同规定于同年11月/12月交货。波兰国营公司被授权签订这些合同，且作为合同标的物的食糖是波兰的甜菜糖（Polish beet sugar）。精制糖协会的不可抗力条款规定，如果发生“政府干预行为”，合同应予以延长，以至最终撤销。由于8月的大雨，波兰的甜菜歉收，11月5日波兰对外贸易部发布命令，使得依据波兰的法律，食糖的出口成为违法。此项出口禁令直至1975年都有效。该国营公司未能交付这批食糖，并以不可抗力为由抗辩。英国上议院判决，国营公司的这项主张是正当的。国营贸易公司独立于政府，而且证据表明，实施这项出口禁令是为了避免严重的国内社会与政治方面的动乱，是属于精制糖协会不可抗力条款意义范围内的“政府干预行为”。因此，法院有权对政府发布该禁令的动机进行探究，以了解其禁止国营贸易公司履行合同的原因。[38]但如果法院认为这有可能构成对外国国家主权的不正当干预（unwarranted interference），法院是不愿意管辖的。在 *Settebello Ltd v Banco Totta and Acores* 一案[39]中，上诉法院避免了就以下问题表达其观点，即如果某项法律法规是为了对国营公司及其担保人的合同进行干预，那么英国法院是否应该对这样的外国法律法规的动机加以分析？法院决定，与这一问题相关的请求信（letter of request），若其请求是“令人深感为难的并实有冒犯的”，那么这些请求信不应该被寄往友好的国外国家的法院。

□ 情势发生根本性的变化

6－011 如果在合同订立之后，情势发生的重大变化使得合同失去了基础[40]，并且，若使其继续存在下去，将是一个新的、与当事人原先签订的合同不相同的合同，在这种情况下，合同也宣告落空。这是因为，在当事人原来的共同目的已经消失之后，还要求当事人恪守他们原来的合同，那就意味着用一个不同的合同去代替他们原来的合同。

要确定一个合同是由于物质上的（标的物毁灭）还是法律上的（违法）履行不能而落空，相对来说是比较容易的。最困难的是，在履约尚属可能的情况下，确定情势是否发生了使合同失效的根本变化。[41]英国法院的判决表明，法院认为，契约神圣不可侵犯的原则要比商业上的灵活要求重要得多，因此，他们绝不轻易将一项尚能履行的合同视为落空。只有当情势变化严重到当事人在签订这项合同时就会回答别人——“好管闲事的旁观者”（officious bystander）——说：“当然，如果发生了这种意外事件，这个合同就不成立了”，只有这样，该合同才能被认为是落空。[42]

例如，如果一项供货合同的履行，由于当事人不能控制的原因拖延了很久，因此依据当时的劳动工资和原料成本等条件所确定的价格已经完全过时，那么就有理由争辩说，该合同的基础已经不存在了。[43]还有一些情况也属于这一类，即合同的目的是为了实现一个特殊的目标，而该目标却被随后发生的突发事件挫败，以致合同落空。如果一个事件是在当事人订立合同时考虑范围之内的事件，通常就不作为造成合同落空的意外事件，即使当事人没有料到或考虑到这件事情可能会发生。[44]但是，在例外的情况下，合同落空的原理也适用于当事人虽然知道有发生合同落空的意外事件的可能性，但没有对这种可能发生的不测事件做出规定的情况。[45]

由于情势发生根本变化而引起合同落空，对这一问题进行成功抗辩的难度可以从几个称为苏伊士运河案（Suez Canal cases）的案例中看出来。[46]这些案例是由 1956 年 11 月 2 日由于埃及和以色列的军事行动而封闭苏伊士运河引起的。在这些案例中，东非的出口商以“CIF，欧洲指定目的港”的条件，出售了一批货物。合同是在苏伊士运河封闭日之前签订的，但其履行却是在运河封闭之后。到履约的日期，运河已经不开放航运了，但仍能绕过好望角（Cape of Good Hope）把货物运到目的地。这条航线比经过运河的航程长得多，因而要付出一笔很大的额外费用。而这笔费用还没有巨大到足以支持合同落空的观点，这一点是很清楚的。更困难的问题在于，必须改用绕过好望角的航线，这是否构成卖方义务在性质上的本质不同？英国上议院[47]对这个问题作了否定的回答。法院判定，卖方承担了这样一项义务：当通常的航线——经过运河——不再可行时，应当采用合理的和切实可行的航线来运送货物，在该案中，这条可行的航线就是绕过好望角。在上诉法院，Harman 法官把英国法院对合同落空问题的一般态度作了如下表述：[48]

“合同落空这一原理是合同的一方当事人在履约有困难或者无利可图时常常援引的一项原理，但很少有据此而获得胜诉的。事实上，它是最后的手段，正如 Radcliff 法官在最近一件案例[49]中所说的，合同落空是一种罕见的、不得已才做出的结论。”

另外一组案例，所谓的“阿拉伯河案”（Shatt-al-Arab cases）[50]，表明合同落空是一项不应贸然做出的法律结论。当 1980 年 9 月伊朗和伊拉克之间爆发战争时，大量的船舶困在作为两敌对国间分界的阿拉伯河上。与这些被困船只相关的争端就出现了，主要问题在于，与这些船只相关的租船合同何时宣告落空？[51]处理这些案件的海事仲裁员们对合同落空日期的意见在 1980 年 10 月 4 日和 1980 年 12 月 9 日这两天之间摇摆不定，[52]但很多人将 1980 年 11 月 24 日作为合同落空日。上议院在 *The Evia*（*No. 2*）[53]中拒绝对所有案件规定同一个日期，理由是它们所处的实际的社会环境可能不同，租船合同的时间长短可能不同，货物卸船可能是在不同的日期完成的，或者不同船只的船主和船员们可能在不同的时间离船。阿拉伯河案中体现的唯一原则已经提到过[54]，两个除交易双方所在国以外的其他国家间爆发了战争，通常不作为使合同落空的事件，但是这样的战争产生的影响可能导致合同落空。Mustill 法官在 *Chrysalis*[55]中这样总结该观点：

“战争的爆发并不会阻碍合同的履行，但以下情况除外，即合同的一方当事人与参战的一方进行交易，使得合同的随后履行是不合法的；战争事件进一步所导致的结果，可能会也可能不会阻碍合同的履行，这要依案件所处的特殊情势来看。”

□ 进出口许可证和配额

实施或加强限制进出口的政府管理条例，如实行许可证制度和配额等，往往会产生很多难题。当合同由于无法领到许可证或者由于配额太少而不能履行时，往往主张该合同已经落空。[56]这里应当记住以下几点： **6—012**

（1）当买卖合同没有包括“以取得许可证为条件”（subject to license）、“以配额为准”（subject to quota）等条款或其他类似条款，从而使该合同成为附有条件的合同时，就会产生这样的问题：承担领取许可证或配额义务的当事人[57]，是应该绝对受到此项义务的约束，还是只是勤勉尽责地采取一切合理手段取得许可证或配额？[58]这两种情况的法律地位是不同的。如果当事人绝对地承担了履约义务，他就是对取得许可证或配额做出了保证，如果办不到就会处于违约的地位；但是，如果他只是答应采取一切合理的手段行事，那么，只要他能证明自己已经尽到责任而结果却失败了，则合同即告落空。这一问题是对合同义务的解释问题。

如果当事人在合同中没有采用“以……为条件”（subject to）之类的词句——正如 Devlin 法官指出的，“这是所有商人都一定很熟悉的一种用语”——来将其所承担义务的性质在合同中阐释明确，那么很容易引起疑惑。法院对这项义务作何解释，完全取决于案情。Devlin 法官曾经说过[59]，“一般而言，在合同对此没有做出规定的情况下，我认为总是可以公允地说，大部分总是含有后一种隐含的担保”，即勤勉尽责地行事。Steyn 法官说：[60]

“根据管控隐含条件的各项原则，法院常常趋向于隐含最少的必要规定来使合同在交易中生效，即其责任只是在合理的程度上尽最大努力。”

但是，也有一些法官持有反对意见[61]，而且鉴于“以……为条件”这种词句已经被出口商广泛使用，因此，如果欠缺这样的词句，往往是有相当大的风险的，因为那样的话，法院可能会认为此项保证是绝对的。

在一个案例中[62]，印度的卖方以 CIF 合同出售了一批黄麻，合同中没有包括“以配额为准”的条款，结果由于分配给他们的配额太少，未能提供全部数量的货物。在签订合同时，从印度出口黄麻已经被禁止，除非持有许可证，而且配额制度已经生效。卖方主张，应当视为合同中包含一项隐含条款，即这些合同是以能够获得必要的许可证和配额为条件的。英国上议院驳回了这种看法，认为卖方的交货义务是绝对的。在另一个案件[63]中，芬兰的卖方向英国的一家公司出售一批鹌鹑蛋（ant eggs），条件是“FOB，赫尔辛基（Helsinki）”，“交货：一旦领到出口许可证，立即交货”。卖方虽然尽了一切应尽的努力，但是因为他们不是芬兰鹌鹑蛋出口商协会（Finnish Ant Egg Exporters' Association）的成员，因而无法取得出口许可证，并无法装船。Devlin 法官认为，“一旦”（as soon as）这一词句与“以……为条件”是不一样的，因此卖方绝对地承担了迟早要取得许可证的义务。学问精深的法官维持原判，认为卖方有责任向买方赔偿损失。另外一个案例[64]是关于出口泰国木薯粉球（Thailand tapioca pellets）到东加勒比海地区（E. C.），东加勒比海地区为限制进口到该地的货物而实行配额制度，买卖合同是采用谷物及饲料贸易协会（Grain and Feed Trade Association，GAFTA）第 119 号格式合同，其中包括一项特殊要件，根据该要件，卖方必须提供一份泰国出口许可证以便买方能够以降低了的关税税率将货物进口至东加勒比海地区。卖方未能取得许可证，买方要求损害赔偿。Steyn 法官判决，合同中的特殊要件构成卖方做出的对取得出口许可证的绝对的保证。[65]

（2）如果买卖合同中包含有“以取得许可证为条件”、“以配额为准”的条款或其他类似条款，从而使该合同成为附有条件的合同，则这种条款给予卖方某些保障，但并非完全的保障：卖方只有在他能够证明自己虽然已经尽了应尽的努力，也采取了一切合理的步骤，但仍不能取得许可证或不能满足政府规章的要求，或者要取得许可证，就要付出人们所不能合理期望地接受的高昂代价时，他才能免除交货义务。如果卖方断定，即使自己努力争取也没有用，因而不采取措施，不努力去申领许可证，那么，他就负有举证这种努力必定会归于失败的责任。用 Devlin 法官的话说，这“对于当事人来说往往是一种十分艰难的举证责任”。[66]如果卖方无视当地对出口许可证的要求，在完全有可能获得的时候，没有去取得这种许可证，那么他就是没有尽到最大的努力去取得许可证。[67]进行合作以履行政府对货物进出口惯例方面的要求，这一义务是从一项包含在每一个合同中的一般性条款中提出来的，即当事人应当合理地进行合作，以保证其合同义务的履行。[68]卖方要承担这种义务，买方也要承担。在 *Kyprianous v Cyprus Textiles Ltd* 一案中[69]，买方要从叙利亚装运一批棉花籽，但没有向卖方提供一份说明他们不打算把这批货转口到以色列的证书（叙利亚仍对以色列实行禁运），因而使卖方无法取得叙利亚的出口许可证，货物就不能装运。法院驳回了买方以不履行合同为由对卖方提起的损害赔偿诉讼，理由是买方本身没有进行合作，向卖方提供为取得出口许可证所需要的资料，而这项要求是双方当事人都知道的。

如前所述[70]，明文规定“以取得许可证或配额为条件”的做法往往是比较明智的，但是也有可能在适当的情况下，采取必要的隐含方法把这种条款包含在合同内，以便其在商业上发挥作用。[71]在这种情况下，当事人的义务与将该条款明文规定是一样的。

□ 部分落空

如果合同规定一方当事人有权在几种履行方式中选择其中的一种来履行， **6—013**
且其中的一种方式已经落空，该合同并不因此而完全灭失，而是应当采用其他几种方式中的一种来履行。[72]例如，在一项于第二次世界大战前不久签订的合同中，规定货物必须从加尔各答（Calcutta）运往汉堡（Hamburg）、安特卫普（Antwerp）、鹿特丹（Rotterdam）或不莱梅（Bremen），由买方宣布目的港。战争爆发并不能使合同落空，因为在安特卫普和鹿特丹（当时未被德国占领）交货，仍然是合法的。[73]另一个案例是关于出口豆粕这一存在国际市场的大宗货物的，双方使用谷物及饲料贸易协会（GAFTA）标准格式合同，在“CIF，里斯本（Lisbon）”条件下出售，但是葡萄牙当局拒绝出具进口许可证。由于无法举证禁令使得当事人不能重新装船或转运至一个非葡萄牙的目的港，因此合同未被判决落空。如果一项合同规定必须使用特殊船只运输专用设备，那么也会有与上例相同的结论，合同不会因为船只沉没而落空。因为通过使用合同中特殊指定的另外一艘船只运输，合同可以得到履行。[74]

□ 履行的分摊

可以看出，由当事人自身引起的落空并不能等同于法律意义上的落空，即 **6—014**

不能将其作为不履行合同的借口。[75]

如果一个人签订了多项合同，但由于发生了法律上认定的使合同落空的意外事件，使其无法履行全部合同，在这种情况下，就产生了一个难题。例如，一个出口商向买家A出售1 000吨糖，又向另一位买家B出售1 000吨糖，如果在交易达成之后、交货之前实施了配额计划，只向该出口商分配1 000吨的配额，那么该如何处理呢？传统观点认为，无论他选择如何做，是向每一位买家供应500吨糖还是将全部货物交付给买家A，他都无法摆脱责任，采取前一做法就要对两位买家都承担责任，采取后一做法则需要对买家B承担责任。他采取的任何行动都只会是他自身的选择，并且任何“落空”都将会是他自己引起的。但是，在 *Intertradax SA v Lesieur-Tourteaux Sarl* 一案中[76]，法院提议，如果发生了使合同落空的事件，合同的一方当事人无法履行所签订的所有的合同，他应该采取一种公平合理的做法。如果他这样做了，那么即使他无法履行所有合同，也能以合同落空为由进行辩护。在这一案例中，Denning M. R. 法官引用他所赞同的初审法官 Donaldson 的意见如下：[77]

> “……如果卖方采用一种正当合理的交易手段处理这些货物——无论是按照比例、按照订立合同的日期顺序还是其他的基础——有效的合同落空的原因并不是卖方的处理方式，而是导致供货不足的事件。”

在进行分摊时，卖方应当只考虑自己的法律责任，而对任何道德上的责任不予理会，即使是对当时未与其订立合同的固定客户也是如此。[78]

此处应当提及美国法的规定。《统一商法典》中规定：[79]

> “如果第（1）款所述的原因只是部分地影响了卖方的履约能力，卖方必须将其产品和交货在他的客户间进行分摊，他有权选择把当时尚未订立合同的固定客户以及他自己将来生产的需要包括进去。他可以以任何公平合理的方式进行分摊。”

现行的英国法也采用与美国法相同的分摊原则，也就是说应该采取一种公平合理的方法，如果卖方这样做了，就不会剥夺卖方以合同落空事件为由对他没有履行的部分进行抗辩的权利。但是，美国法与英国法的一处重要不同在于，英国法并不允许卖方将其对固定客户的道德责任考虑在内，但美国法是允许的。[80]此外，英国法院尚未对于以下问题做出决定，即是否应该将处在这种情况之中的卖方的要求考虑到分摊问题中。在卖方对他人负有合同义务的情况下，允许其这样做的做法是令人怀疑的。在这里重申一次，英国法和美国法可能存在重大的差异。

合同落空的后果

□ 概　述

6—015 关于合同落空的后果，Simon 法官已经对此作了精辟的阐述[81]：“当法律意义上的落空发生时，它不仅仅为一方当事人在对方对其提起的诉讼中提供了抗辩理由，它还消灭了合同本身，并自动地解除了双方当事人的责任。”从合同落空的事件发生之日起，该合同即随之宣告无效。有关当事人对于尚未履行的合同义务即告解除，剩下要做的事情就是要对解除义务之前该合同项下所产生的双方的权利与义务进行理算。这项理算工作可能涉及很多困难的问题，例如，在 *Fibrosa* 一案中[82]，当合同落空的意外事件发生时，波兰的买方在总数为 4 800 英镑的价款中，已经支付了 1 000 英镑，而英国的制造商为了制造这种机器，也付出了一笔可观的费用，因为这不是一种普通类型的机器，而是按照买方的规格制造的。在这种情况下，买方能否收回预付的货款？卖方是否有权保留其所付出的费用？如果可以的话，应该如何计算？诸如此类的问题在当事人之间进行理算时，都可能出现。

□《1943 年法律改革（合同落空）法》（The Law Reform（Frustrated Contracts）Act 1943）

在大多数情况下[83]，对由于落空而解除合同所发生的当事人间合同权利的理算，都是按照《1943 年法律改革（合同落空）法》中的规定处理的。这一法案是在 *Fibrosa* 案之后通过的，目的在于使法院能够在衡平（equity）与公平（justice）的基础上处理这类争议。[84]根据该法案第 1 节第（2）条的规定，在解除合同之前，已经预付了货款的当事人，可以收回预付的一切款项，但是如果法院认为公平，也可以判决接受该笔货款的一方，扣除解除义务以前在履行合同中或为了履行合同所支付的费用。如果没有预付货款，以致一方无法收回已经支出的费用，则法院准许他要求对方支付公平的费用，如果后者在合同解除时，因占了前者的便宜而使自己得到了金钱上的好处（第 1 节第（3）条）。该法案明文规定，企业管理费用和个人劳务也可以包括在扣除或要求偿还的款项之内（第 1 节第（4）条）。同时，在进行理算时，一方当事人可能已经对引起合同落空的意外事件自愿地投了保，并已经取得保险赔款，但法院理算时对这一事实不予考虑。但是，如果这项保险是根据已告落空的合同的明文规定（或依据法令）而投保的，例如该合同是 CIF 合同，那么在理算时，应当把这笔保险赔款考虑在内（第 1 节第（5）条）。该法案的目的在于防止任何一方当事人从对方的开支中获得不当利益。[85] 6—016

该法案不适用于以下情况：

“（1）不受英国法支配的合同（第 1 节第（1）条）。这项规定是不够精确的，因为它没有说明当一个合同的不同方面受到不同的法律支配时，应该如何处理。[86]例如，如果有一个合同是在英国签订的，却要在巴西履行，在这种情况下，合同的有效性很可能要受到英国法支配，而与履行合同有关的事项则由巴西的法律支配。可以肯定，这样的合同如果宣告落空，是不能根据该法案的规定进行理算的，该法案的各项规定只有在合同的履行是受英国法律的支配时才能适用。

(2) 适用《1979 年货物买卖法》第 7 节的合同（《1943 年法律改革（合同落空）法》第 2 节第（5）条)。《1979 年货物买卖法》第 7 节规定，对于特定货物的买卖合同，如果该特定货物在风险转移给买方之前已遭毁灭，则合同无效。[87]在这种情况下，买方可以收回预付的货款，但卖方无权扣除所支出的正当的费用。

(3) 某些保险合同、某些租船合同以及其他海上运输合同（第 2 节第（5）条)。这些合同落空时，当事人的权利如何进行理算的问题，一般都在合同中做出了具体的规定。

(4) 合同中对于商业上落空的意外事件已作规定的情况。在这种情况下，法院应认为合同上的规定有效，只有在与合同的规定相一致的范围内，才能适用该法案（第 2 节第（3）条)。"

该法案特别规定（第 3 节第（2）条)，它同样适用于有仲裁员裁决的争议案件。当一方当事人主张合同落空时，仲裁条款一般并不因此失效，此时仲裁员须对双方当事人之间关于合同是否落空的争议做出决定。[88]

□ 不可抗力条款

6—017 出口商会发现，比较明智的做法是在合同中订立一项条款，事先规定在发生他们所不能控制的某些意外事件时互相之间的权利和义务，而不论这种意外事件从法律角度来看是否构成合同落空。[89]事实上，这种条款在实践中已被采用，这就是所谓“不可抗力”条款，这种条款的范围及其作用是很不相同的。[90]一件包括在不可抗力条款范围内的事件必须由主张的一方当事人加以举证——由于该条款解释范围非常狭窄，因而对当事人是很大的负担。[91]这种规定的作用则因每一件案件中对不可抗力条款的恰当的理解而定。

□ 不同类型的不可抗力条款

6—018 关于该条款的范围，即它所包括的各种意外事件，只要说明其适用的不可抗力的场合就行了。这一术语在法律上有明确的含义[92]，它包括了当事人无法控制的每一种意外事件。但有时当事人改变了这种条款的通常含义，因此在每个案件中，在解释这种条款时，必须“十分注意上下文，并应注意到合同的性质和一般条款，且这种条款的作用，可能因每一合同文件而异”。[93]有时，当事人会对该条款的范围做出十分详细的规定，其规定可能如下：[94]

“对由于罢工、停工、劳资争议、异常的工作条件、机器的意外事故、航线引发的延误、政府政策或限制措施包括进出口限制与其他许可证、战争（无论是否宣战）、暴动、国内骚乱、火灾、自然灾害以及当事人所不能控制的任何其他意外事件，都可以作为由于以上原因导致的延期或不能履行合同的充分辩护。”

与大部分同类型的条款一样，这种不可抗力条款包括两个部分，即一份“所列示的各种不幸事件”（the various catastrophes there listed）的清单[95]，以及最后附有的一项包括了清单中未涵盖的任何事项的概括性条款，以作为补充保障。前面所说的概括性条款上写着“双方当事人所无法控制的其他意外事件。”[96]

关于不可抗力条款的后果，有时这些条款规定，在出现妨碍履约的因素时，可以延长履行合同的时间，或者自动中止或解除合同；有时则规定，当出现这种意外事件时，给予每一方当事人，或者只给予某一方当事人一项选择权，使之得以在中止合同或解除合同二者之间做出抉择。“不可抗力除外”或“以不可抗力为条件”这种词句的意思是：在发生不可抗力事件的情况下，当事人得以免除进一步履行合同的义务，其条件是必须尽到合理地进行合作以争取合同能够履行的责任。[97]

分两个阶段的不可抗力条款

不可抗力条款的使用日益广泛，条款形式根据其后果分为两个阶段：第一阶段是将履约的时间延长一定的期限，如 28 天；如果构成不可抗力的意外事件在上述期限届满之后仍持续下去，则任何一方当事人都有权解除合同。 **6—019**

有时不可抗力条款规定，要求延长履约时间的当事人必须向对方发出通知，甚至要发出几个通知，例如警告性通知、最后通知等。这些规定，与有关行使解除合同的选择权的规定一样，必须小心谨慎地遵照办理。[98]

大宗商品贸易所使用的标准合同中的不可抗力条款

有时在合同中，特别是在大宗商品贸易中的一些标准合同中，往往有更复杂的规定。一项根据伦敦油脂和牛羊油贸易协会（London Oil and Tallow Trades Association）的合同格式签订的合同[99]规定，在 12 月到 1 月间，从亚历山大港（Alexandria）装运埃及棉籽油到鹿特丹（Rutterdam）。该合同包括两项不可抗力条款，一项规定，如果发生战争或合同中约定的其他阻碍装运的意外事件，该合同应予解除；另一项则规定，如另有其他的意外事件延误了装运，则装运时间得延长两个月。埃及政府从 12 月至 1 月 3 日（在此期间卖方实际上是打算装船的）禁止出口这种货物，但在 1 月 31 日装运期间届满时是可以装运的。卖方没有在原定的装运期限内装船，买方要求赔偿损失。卖方抗辩说，按照第二项不可抗力条款的作用，该合同的履行延长了两个月。英国上议院判决，根据这项不可抗力条款所作的解释，这种抗辩是正确的，上述第二项不可抗力条款在 12 月至 1 月 3 日这段时间内出现延误，已经发生效力了，尽管这种延误在装船期限终了时已经不复存在。 **6—020**

复杂的不可抗力与解约条款在所谓的豆粕案（*Soya Bean Meal* cases）中引起了争论。该案涉及对谷物及饲料贸易协会（GAFTA）标准格式合同的解释。[100]在 *Vanden Avenne* 一案中，汉堡的 Bremer Handelsgesellscharft 公司出售一批美国原产的豆粕给安特卫普的 Vanden Avenne 公司。合同于 1973 年 4 月 5 日订立，交货条件是“CIF，鹿特丹”，按月分批交货。合同是采用谷物及饲料贸易协会（GAFTA）第 100 号格式合同，其中第 21 条和第 22 条规定了详细的解约条款与不可抗力条款。由于 1973 年春天密西西比河发生洪灾，美国发货人的豆粕出口受到严重阻碍，短缺引起了市场价格的猛涨。1973 年 6 月 27 日，美国政府对豆粕出口实施禁运，但几天之后，又于 7 月 2 日给予出口商以配额，允许他们按原合同规定数量的 40%出口。卖方主张，根据合同采用的谷物及饲料贸易协会第 100 号格式合同所规定的解约条款和不可抗力条款，他们对 1973 年 6 月的批量中被禁止出运的部分，可以解除责任。英国上议院在对第 21 条和第 22 条加以解释时，支持卖方的这一主张。买方争辩的理由之一是，第 21 条规定（要求有通知）是一项先决条件（condition precedent），卖方有责任满足这项要求，但仲裁员在认定事实时，并没有涉及这个问题，所以该案应发回仲裁员审理。上议院驳回了这项争辩理由。Wilberforce 法官指出，第 21 条是一项无名条款[101]而不是一个先决条件，因此无须认定。上议院还认为，卖方没有购买海运中的在途货物（goods afloat）[102]来进行交货的义务，并判决卖方胜诉。[103]

□ 过分空泛的不可抗力条款

6—021 从上述内容可以看出，“不可抗力”这一术语的含义在法律上是明确的，尽管可能并非其所有的隐含意思也都是明确的。因而它的使用人不会使当事人之间的协议因存在不确定性而失效。但如果在合同中不作详细规定，只规定按照“习惯的”不可抗力条款办理，那情况就不同了，因为这样就不可能确定在实践中所采用的众多不可抗力条款中，当事人想要的是哪一种。在这种情况下，法院就会认为，该条款太空泛了。如果该条款是合同的关键之处，就会使合同无效[104]，如果这项含义不清的条款可以与合同的其他条款分开，就可以忽略它而使其他义务不受影响并可以强制执行。[105]但如果采用必要的含蓄做法（necessary implication），使这种“惯用的不可抗力条款”（usual force majeure clause）具有明确的含义，则情况就有所不同。例如在这种条款中清楚地援引了某一行业所惯用的条款，在这种情况下，它就具有充分的法律效力。

此外，如果当事人使用没有明确法律含义的词语，也是不明智的。例如，在一个案例中[106]，法官必须决定一个包含有一项“UCE”（不能预见的情况除外（unforeseen circumstances excepted））条款的合同，在出现不能预见的情况而妨碍卖方从预期的供货人那里取得他卖给买方的货物时，是否可以认为合同已经解除的问题，这位法官指出：

> “遗憾的是，商人们继续使用这类我可以称之为缩写式的词句，在合同中又不加以说明，只能留待法院对其进行解释。”

同时认为，这一条款并不意味着卖方如果不能从预定的供货人那里取得货物，就可以免除交货的义务，他仍须从别处取得货物。

□ 由于意外事件使不可抗力条款失去作用

6—022 在例外的情况下，不可抗力条款可能会由于发生了意外事件而失去作用。

如果在合同签订之后，发生了使合同的履行成为违法的意外事件，或者发生了不能预见的重大变化，以至于如果维持原合同，将会构成一个与原合同不同的另一个新的合同，在此情况下，法院就不考虑有没有这种不可抗力条款了。

不可抗力条款对于声称要付出比合同价格高出20%～30%的价款才能领到出口许可证而请求免除交货义务的卖方，是不予保障的，这不是不可抗力事件，因为它与政府禁令或封锁禁运不同，它对出口并不存在物质上或法律上的阻碍。[107]

注释

[1] *Pioneer Shipping Ltd v BTP Tioxide Ltd*; *The Nema* [1982] A. C. 724; *Tsakiroglou & Co Ltd v Noblee Thorl GmbH* [1962] A. C. 93. 参见 Chitty, *Contracts* (29th edn), paras 24－001－24－068; Treitel, *Frustration and Force Majeure* (2nd, ed, 2004) and McKendrick, *Force Majeure and Frustration of Contract* (2nd edn, 1994)。

[2] *Per* Bingham L. J. in J *Lauritzen AS v Wijsmuller BV*; *The Super Servant Two* [1990] 1 Lloyd's Rep. 1.

[3] *Joseph Constantine Steamship Line Ltd v Imperial Smelting Corporation Ltd* [1942] A. C. 154 and *Tsakiroglou & Co Ltd v Noblee Thorl GmbH*, above.

[4]《美国统一商法典》第2－615节。

[5] 合同落空的原理可以适用于买卖未经特定化的货物的CIF合同，但从这种合同的性质及其有可能买到正在运输中的海上路货的情况来看，它比别的合同更难发生使合同落空的意外事件。参见 *Lewis Emanuel & Son Ltd v Sammut* [1959] 2 Lloyd's Rep. 629。另参见 *Davis Contractors Ltd v Fareham UDC* [1956] A. C. 696 at 729 and case note at [1996] L. M. C. L. Q. 170。

[6] *British Movietonews Ltd v London and District Cinemas Ltd* [1952] A. C. 166 at 185.

[7] 参见注释 [2]。另参见 *Gamerco SA v ICM/Fair Warning (Agency) Ltd* [1995] 1 W. L. R. 1226。

[8] 参见下文第6－017段至第6－021段。

[9] *Pioneer Shipping Ltd v BTP Tioxide Ltd*; *The Nema* [1982] A. C. 724 at 752; *Kissavos Shipping Co SA v Empresa Cubana de Fletes*; *The Agathon* [1982] 2 Lloyd's Rep. 211 at 213.

[10] *Brauer & Co (Great Britain) Ltd v James Clark (Brush Materials) Ltd* [1952] 2 All E. R. 497 at 501. 另参见 *Hong Kong Fir Shipping Co Ltd v Kawasaki Kisen Kaisha Ltd*; *The Antrim* [1962] 2 Q. B. 26, CA; *Exportelisa SA v Rocco Guiseppe & Figli Soc Coll* [1978] 1 Lloyd's Rep. 433。

[11] *British Movietonews Ltd v London and District Cinemas Ltd* [1952] A. C. 166.

[12] Roskill法官在 *The Nema* 752页中指出，如果交易一方未能采取合理措施避免罢工，就可能不得依赖于不可抗力条款：*B & S Contracts and Design v Victor Green Publications* [1982] I. C. R. 645。

[13] 参见下文第6－008段关于战争影响而导致的合同落空事件。

[14] *Reardon Smith Line Ltd v Ministry of Agriculture, Fisheries and Food* [1962] 1 Q. B. 42; revsd in part on different grounds [1963] A. C. 691.

[15] Andrew J. Bateson, "Time as an Element of Frustration" [1954] *Business Law Review* 173; 另参见 "Time in the Law of Contract" [1957] J. B. L. 357。

[16] *Marshall v Harland & Wolff Ltd* [1972] 1 W. L. R. 899 at 904.

[17] *Bremer Vulkan Schiffbau und Maschinenfabrik v South India Shipping Corporation Ltd* [1981] A. C. 909；*Paal Wilson & Co. A/S v Partenreederei Hannah Blumenthal* [1983] 1 A. C. 854. 在 *Food Corporation of India v Antclizo Shipping Corporation*；*The Antclizo* [1988] 2 Lloyd's Rep. 93，95，101 中，上议院表示了对所谓的"sleeping arbitrations"的关注，同时建议，应当通过立法使法院有权因需要起诉而取消仲裁。这一点在《1996 年仲裁法案》(the Arbitration Act 1996) 第 41 条中予以规定。

[18] *Paal Wilson & Co A/S v Partenreederei Hannah Blumenthal* [1983] 1 A. C. 854.

[19] 在特定情况下，沉默和不作为会构成中止仲裁的要约和接受，但是必须有明确的证据表明这是交易双方共同的意愿：*Excomm Ltd Guan Guan Shipping (Pte) Ltd*；*The Golden Bear* [1987] 1 Lloyd's Rep. 330 at 341。另参见 *Tankrederei Ahrenkeil GmbH v Frahuil SA*；*The Multitank Holsatia* [1988] 2 Lloyd's Rep. 486 at 493，该案中未能证明双方存在这方面的意图。

[20] 关于仲裁延期的影响参见第 23 章。

[21] *Bank Line Ltd v A Capel & Co* [1919] A. C. 435 at 452："自身引起的合同落空不能存在依赖。"(Sumner 法官)；*Maritime National Fish Ltd v Ocean Trawlers Ltd* [1953] A. C. 524。另参见 *The Super Servant Two*。

[22] 参见 [1983] 1 A. C. 854 at 909。

[23] *Joseph Constantine Steamship Line Ltd v Imperial Smelting Corporation* [1942] A. C. 154 at 179.

[24] 欧洲共同体法庭 (European Court of Justice) 关于合同落空的观点参见 Case 109/86 *Joannis Theodorakis Viomikhania Eleou AE v The State (Greece)* [1989] 2 C. M. L. R. 166。

[25] *Per* Blackburn J. in *Taylor v Caldwell* (1863) 3 B. & S. 826 at 839. 参见 L. E. Trakman, "Frustrated Contracts and Legal Fictions" (1983) 46 M. L. R. 39。

[26] *Joseph Constantine Steamship Line Ltd v Imperial Smelting Corporation* [1942] A. C. 154. 如果交易双方签订合资经营协议在外国开发油田，其后该国政府没收双方当事人在油田方面的股权，该协议也告落空：*BP Exploration Co (Libya) Ltd v Hunt (No. 2)* [1979] 1 W. L. R. 783。

[27] *Eurico SpA v Philipp Brothers*；*The Epaphus* [1987] 2 Lloyd's Rep. 215.

[28] 向敌人或者为了敌人的利益而提供货物是一种刑事犯罪：参见《1939 年对敌贸易法》(Trading with the Enemy Act 1939) 以及 Treitel (2004) 第 8—004 段。

[29] *Fibrosa Spolka Akcyjna v Fairbairn Lawson Combe Barbour Ltd* [1943] A. C. 32. 该案中合同落空的影响参见下文第 6—015 段。

[30] 此处所指的战争的影响与战争爆发产生的影响的对比，参见 *Kodros Shipping Corporation v Empresa Cubana de Fletes*；*The Evia (No. 2)* [1983] 1 A. C. 736；*International Sea Tankers Inc v Hemisphere Shipping Co*；*The Wenjiang (No. 2)* [1983] 1 Lloyd's Rep. 400；*Finelvet AG v Vinava Shipping Co Ltd*；*The Chrysalis* [1983] 1 W. L. R. 1469。

[31] 参见下文第 6—011 段。

[32] 关于进出口许可证和配额的要求参见下文第 6—012 段。

[33] *Andrew Millar & Co Ltd v Taylor & Co Ltd* [1916] 1 K. B. 402；*Austin, Baldwin & Co v Wilfred Turner & Co* (1920) 36 T. L. R. 769；*Atlantic Maritime Co Inc v Gibbon* [1954] 1 Q. B. 105，114，132；*Compagnie Algerienne de Meunerie v Katana Societa di Navigatione Marittima SpA*；*The Nizetti* [1960] 2 Q. B. 115，125 - 126.

[34] *Walton (Grain & Shipping Ltd) v British Italian Trading Co Ltd* [1959] 1 Lloyd's Rep. 223. 比较案例：*Nile Company for the Export of Agricultural Crops v H & J M Bennett, Com-*

modities Ltd [1986] 1 Lloyd's Rep. 555 at 582。

[35] *Ross T Smyth & Co Ltd* (*Liverpool*) *v WN Lindsay Ltd* (*Leith*) [1953] 1 W. L. R. 1280; *Re Anglo-Russian Merchant Traders Ltd*, *and John Batt & Co* (*London*) [1917] 2 K. B. 679. 另参见 *Gamerco SA v ICM/Fair Warning* (*Agency*) *Ltd* [1995] 1 W. L. R. 1226。

[36] *Per* Lord Denning M. R. in *Bunge SA v Deutsche Conti Handelsgesellschaft mbH* [1979] 2 Lloyd's Rep. 435 at 437; *Bremer Handelsgesellschaft mbH v C Mackprang Jr* [1979] 1 Lloyd's Rep. 221 at 223.(这两件豆粕案在下文第 6—020 段予以讨论。)

[37] *C Czarnikow Ltd v Rolimpex* [1979] A. C. 351. 另参见下一注释中的案例。

[38] 除参见上文 *C Czarnikow Ltd v Rolimpex* 外,另参见 *I Congreso del Partido* [1983] 1 A. C. 244; *Empresa Exportadora de Azucar v Industria Azucarera Nacional SA* (*Iansa*); *The Playa Larga and the Marble Islands* [1983] 2 Lloyd's Rep. 171 at 189。但在 *Bromarin AB v IMD Investments Ltd* [1999] S. T. C. 301 中,立法上的变化并未使得股权计划落空——交易双方已经接受了变化带来的风险。

[39] [1985] 1 W. L. R. 1050.

[40] 如果是在合同订立前这种情势已经存在,那么不构成合同落空,这种情况在上文第 6—002 段中已予以讨论。当然,这可能成为一种常犯的错误(*Solle v Butcher* [1950] 1 K. B. 671); *Associated Japanese Bank International Ltd v Credit du Nord SA* [1988] 3 All E. R. 902。

[41] 参见 Radcliffe 法官在下述案例中的表述: *Davis Contractors Ltd v Fareham UDC* [1956] A. C. 696 at 729,以及 Simon 法官在下述案例中的表述: *British Movietonews Ltd v London and District Cinemas Ltd* [1952] A. C. 166。

[42] *Per* McNair J. in *Carapanayoti & Co Ltd v ET Green Ltd* [1959] 1 Q. B. 131 at 148; Pearson J. in *Lewis Emanuel & Son Ltd v Sammut* [1959] 2 Lloyd's Rep. 629.

[43] *Metropolitan Water Board v Dick*, *Kerr & Co* [1918] A. C. 119 at 139.

[44] *Davis Contractors Ltd v Fareham UDC* [1956] A. C. 696; *The Lefthero* [1992] 2 Lloyd's Rep. 109 and *Kuwait Supply Co v Oyster Marine Management Inc* (*The Safeer*) [1994] 1 Lloyd's Rep/637—a Kuwait case.

[45] *WJ Tatem Ltd v Gamboa* [1939] 1 K. B. 132.

[46] *Tsakiroglou & Co Ltd v Noblee Thorl GmbH* [1962] A. C. 93, HL; *Gaon* (*Albert D*) *& Co v Société Interprofessionnelle des Oléagineux Fluides Alimentaires*; *Carapanayoti & Co Ltd v ET Green Ltd* [1959] 1 Q. B. 131, per McNair J.; *The Eugenia* [1964] 2 Q. B. 226, *CA and The Captain George K* [1970] 2 Lloyd's Rep. 21(其中关于运输合同存在争议)。

[47] 在 *Tsakiroglou* 案中,第一审法院的意见严重分歧,McNair 法官在 *Carapanayoti* 案中判决合同落空,而 Diplock 法官在 *Tsakiroglou* 案和 Ashworth 法官在 *Gaon* 案中则反对合同落空。参见 [1959] J. B. L. 366。

[48] [1960] 2 Q. B. 318 at 370. 只对合同履行产生较小影响的事件未必会导致合同落空: *Congimex Compania Geral de Commercio Importadora e Exportadora Sarl v Tradax Export SA* [1956] 1 Lloyd's Rep. 250。

[49] *Davis Contractors v Fareham UDC* [1956] A. C. 696 at 727.

[50] *Kodros Shipping Corporation of Monrovia v Empresa Cubana de Fletes*; *The Evia* (*No. 2*) [1983] 1 A. C. 736; *International Sea Tankers Inc v Hemisphere Shipping Co*; *The Wenjiang* (*No. 2*) [1983] 1 Lloyd's Rep. 400; *Finelvet AG v Vinava Shipping Co Ltd*; *The Chrysalis* [1983] 1 W. L. R. 1469. 注释 [44] 中已提到 *Gulf War* 案,"*The Safeer*"。

[51] 其他问题也出现了，如船只是否被引入“安全港口”？参见 *The Evia*（No. 2）。

[52] 参见 *The Wenjiang* [1982] 1 Lloyd's Rep. 128 at 130。

[53] 参见注释 [30]。

[54] 参见上文第 6—008 段。

[55] [1983] 1 W. L. R. 1469 at 1481.

[56] 由于政府禁令使履行合同成为非法的情况，参见前文第 6—010 段。另参见 *Bangladesh Export Import Co Ltd v Sucden Kerry SA* [1995] 2 Lloyd's Rep. 1。

[57] 在 FOB 合同项下取得出口许可证的责任问题参见上文第 2—017 段（*AV Pound & Co Ltd v MW Hardy & Co Inc* [1956] A. C. 588）。在 CIF 合同项下，如果卖方无法从装船港装运，其是否必须取得未卸货物（路货），这一问题参见上文第 2—033 段。

[58] *Re Anglo-Russian Merchant Traders Ltd, and John Batt & Co (London) Ltd* [1917] 2 K. B. 679 at 685，689；*Diamond Cutting Works Federation Ltd v Triefus & Co Ltd* [1956] 1 Lloyd's Rep. 216 at 224；*Pagnan Spa v Tradax Ocean Transportation SA* [1986] 2 Lloyd's Rep. 646 at 650.

[59] [1957] 1 W. L. R. 273 at 277；另参见注释 [58] 中引用的案例。

[60] *Pagnan SpA v Tradax Transportation SA* [1986] 2 Lloyd's Rep. 646 at 650.

[61] *Per* Jenkins L. J. (approved by the House of Lords) in *Partabmull Rameshwar v KC Sethia (1944) Ltd* [1951] 2 Lloyd's Rep. 89，97 - 98；*Denning L. J. in Brauer & Co (Great Britain) Ltd v James Clark (Brush Materials) Ltd* [1952] 2 All E. R. 497 at 501.

[62] *Partabmull Rameshwar v KC Sethia (1944) Ltd* [1951] 2 Lloyd's Rep. 89，97 - 98.

[63] *Peter Cassidy Seed Co Ltd v Osuustukkukauppa IL* [1957] 1 W. L. R. 273. 在案件 *Atisa SA v Aztec AG* [1983] 2 Lloyd's Rep. 579 中，卖方为取得出口许可证采取了具体的措施，在许可证无法取得时，并不能因此而使合同落空。

[64] *Pagnan SpA v Tradax Ocean Transportation SA* [1986] 2 Lloyd's Rep. 646 at 646.

[65] 但是买方对于损失的索赔并未成功；Steyn 法官判决，谷物与饲料贸易协会（GAFTA）119 中的条款规定了在原产地国家政府行为进行出口限制的情况下的合同的撤销问题，而该案例中的特殊要件不得凌驾于该条款之上。尽管卖方违反了其绝对义务，但依据上述条款，卖方由于采取了行动而被谅解。

[66] *Per* Devlin J. in *Charles H Windschuegl Ltd v Pickering & Co Ltd* (1950) 84 Lloyd's Rep. 89 at 93；Sellers J. in *Société D'Acances Commerciales (London) Ltd v A Besse & Co (London) Ltd* [1952] 1 T. L. R. 644 at 646；Denning L. J. in *Brauer & Co (Great Britain) Ltd v James Clark (Brush Materials) Ltd* [1952] 2 All E. R. 497 at 501；*Joseph Pike & Sons (Liverpool) Ltd v Richard Cornelius & Co* [1955] 2 Lloyd's Rep. 747 at 750；*Aaronson Bros Ltd v Maderera del Tropico SA* [1967] 2 Lloyd's Rep. 159 at 160；*Smallman v Smallman* [1972] Fam. 25 at 32.

[67] *Malik Co v Central European Trading Agency Ltd* [1974] 2 Lloyd's Rep. 279 at 283.

[68] Andrew J. Bateson, "The Duty to Co-operate" in [1960] J. B. L. 187. 有关“尽了最大努力”是否可认作为事实，参见 *Agroexport State Enterprise for Foreign Trade v Compagnie Europēne de Ceréales* [1974] 1 Lloyd's Rep. 499。

[69] [1958] 2 Lloyd's Rep. 60.

[70] 参见上文第 6—012 段。

[71] *Re Anglo-Russian Merchant Traders Ltd, and John Batt & Co (London) Ltd* [1917] 2 K. B. 679 at 685，689；*Diamond Cutting Works Federation Ltd v Triefus & Co Ltd* [1956] 1 Lloyd's Rep. 216 at 225；*Peter Cassidy Seed Co Ltd v Osuustukkukauppa IL* [1957] 1 W. L. R. 273；*Pagnan SpA v*

Tradax Ocean Transportation SA [1986] 2 Lloyd's Rep. 646 at 650（参见上文第 6－012 段）。

[72] *Waugh v Morris* (1873) L. R. 8 Q. B. 202; *Reardon Simith Line Ltd v Ministry of Agriculture, Fisheries and Food* [1963] A. C. 691; see the notes by RP Colinvaux on this case in [1960] J. B. L. 236 and [1961] J. B. L. 407.

[73] *Hindley & Co Ltd v General Fibre Co Ltd* [1940] 2 K. B. 517；另参见 *Ross T Smyth & Co Ltd (Liverpool) v WN Lindsay Ltd (Leith)* [1953] 1 W. L. R. 1280 and *J. Lauritzen AS v Wijsmuller BV (The Super Servant Two)* [1990] 1 Lloyd's Rep. 1.

[74] *Congimex v Tradax Export SA* [1983] 1 Lloyd's Rep. 250 at 253.

[75] 参见上文第 6－005 段。

[76] [1978] 2 Lloyd's Rep. 509.（参见 Treitel 第 5－020 至 5－027 段。）

[77] [1978] 2 Lloyd's Rep. 509 at 513.

[78] *Pancommerce SA v Veecheema BV* [1983] 2 Lloyd's Rep. 304 at 307.

[79] 参见《统一商法典》第 2 节第 615（b）款。

[80] John Donaldson 法官在以下案件中强调了这一点：*Pancommerce SA v Veecheema BV*。其中他将其称为"按比例"抗辩，参见上文注释 [78]。

[81] *Joseph Constantine Steamship Line Ltd v Imperial Smelting Corporation Ltd* [1942] A. C. 154 at 163.

[82] 参见第 6－008 段。

[83] 例外情况参见下文。

[84] 在 *Fibrosa* 诉讼案中，法院判决，波兰买方可以收回 1 000 英镑的预付定金，理由是根本不存在对价。这一严苛的规则已被 1943 年的法律所废除。

[85] *BP Exploration Co (Libya) Ltd v Hunt (No. 2)* [1979] 1 W. L. R. 783 at 799, [1983] 2 A. C. 352, HL. 另参见 *Bank of Boston Connecticut v European Grain and Shipping Ltd; The Dominique* [1989] 2 W. L. R. 440 at 454, HL; AM Haycroft and DM Waksman, "Frustration and Restitution" [1984] J. B. L. 207。参见 *Gamerco*，上文注释 [35]。

[86] 参见第 22 章。

[87] 关于风险的内容参见第 4－010 段。

[88] *Heyman v Darwins Ltd* [1942] A. C. 356；参见第 23－023 段。

[89] *Per* Lord Tucker in *Fairclough Dodd & Jones Ltd v J H Vantol Ltd* [1957] 1 W. L. R. 136 at 143. 另参见 BJ Cartoon, "Drafting an Acceptable Force Majeure Clause" [1978] J. B. L. 230。

[90] 不可抗力条款在下述方面不同于免责条款：后者的目的是保护违约一方当事人，而前者则只是在某种意外事件发生时才适用，不管这种意外事件的后果是否会导致一方当事人违约；*per* Lord Tucker, [1957] 1 W. L. R. 136 at 143。

[91] *Sonat Offshore SA v Amerada Hess Development Ltd and Texaco (Britain) Ltd* [1988] 1 Lloyd's Rep. 145.

[92] 尽管 Donaldson 法官在案件 *Thomas Borthwick (Glasgow) Ltd v Faure Fairclough Ltd* [1968] 1 Lloyd's Rep. 16 at 28 中表示，"该条款的准确含义，如果存在准确含义的话，已经困扰了律师们很多年"。欧洲法院对不可抗力条款的解释参见 *Theodorakis v Hellenic Republic* (Case 109/86 [1989] 2 C. M. L. R. 166)。

[93] McCaidie 法官在 *Leveaupin v Crispin* [1920] 2 K. B. 714 at 720 中指出，"以不可抗力和装船为条件"的条款，对于事实上已从供货人那里收到货物，但却把它用于履行其他合同义务的卖方，是不能援引它来保护自己的：*Hong Guan & Co Ltd v R Jumabhoy & Sons Ltd* [1960] A. C. 684。如果交

易一方未采取合理的措施组织罢工事件，就不得援引不可抗力条款：*B & S Contracts and Design v Victor Green Publications* [1984] I. C. R. 419。

[94] 这一条款是基于不可抗力条款的，参见 *Baltimex Ltd v Metallo Chemical Refining Ltd* [1955] 2 Lloyd's Rep. 438 at 446，*Sonat Offshore SA v Amerada Hess Development Ltd and Texaco (Britain) Ltd* [1988] 1 Lloyd's Rep. 145 at 148。另一种更为复杂的不可抗力条款形式参见国际商会出版物 No. 650—ICC Force Majeure Clause 2003—ICC Hardship Clause 2003。

[95] *Per* Purchas L. J. in the *Sonat* case (上文注释 [95])，at 158。

[96] 在 *Sonat* 案中，概括性条款上写着"或者在当事人合理控制范围之外的其他原因"；上诉法院判决，这些措辞应被分门别类逐字分析，而不应孤立地分析，不将一方当事人所谓的疏忽或故意违约导致的石油钻机钻探设备的破损或故障认定为是不可抗力导致的。

[97] 参见上文注释 [69]。

[98] *Bremer Handelsgesellschaft mbH v Vanden Avenne Izegem PVBA* [1978] 2 Lloyd's Rep. 109. 另参见 *Hoecheong Products Co v Cargill HK* [1995] 1 W. L. R. 404。在 *Andre & Cie SA* [1976] 1 Lloyd's Rep. 416 中，上诉法院判决认为，"合在一起"的通知，即一套包含了多项必要通知的通知，只要包含了所有需要的信息，就是充分符合要求的。在 *Johnson Matthey Bankers Ltd v State Trading Corporation of India Ltd* [1984] 1 Lloyd's Rep. 427 案中，不可抗力条款规定，卖方——一家印度国家贸易公司，如果不能交付货物——银块——应该向买方进行损害赔偿，但如果合同由于印度政府的出口禁令而落空，那么就不判定为违反了印度的公共政策。

[99] *Fairclough Dodd & Jones Ltd v JH Vantol Ltd* [1957] 1 W. L. R. 136.

[100] *Bremer, etc. v C Mackprang Jr* [1979] 2 Lloyd's Rep. 221；[1981] 1 Lloyd's Rep. 292；*Cook Industries Inc v Tradax Export SA* [1985] 2 Lloyd's Rep. 454；*Andreé et Cie v Cook Industries Inc* [1987] 2 Lloyd's Rep. 463 and many others.

[101] 参见上文第 5—002 段。

[102] 参见上文第 2—033 段。

[103] 在上文注释 [1] 列出的一些案例中，发现了与 *Vanden Avenne* 案不同的事实，法院判决买方胜诉。

[104] *British Electrical and Associated Industries (Cardiff) Ltd v Patley Pressings Ltd* [1953] 1 W. L. R. 280 at 258.

[105] *Nicolene Ltd v Simmonds* [1953] 1 Q. B. 543.

[106] *Per* Greer J. in *George Wills & Sons Ltd v RS Cunningham, Son & Co Ltd* [1924] 2 K. B. 220 at 221。

[107] *Brauer & Co (Great Britain) Ltd v James Clark (Brush Materials) Ltd* [1952] 2 All E. R. 497 at 499；参见上文第 6—009 段。

第 7 章

发票与包装

发　票

7—001　在出口贸易中，正确地开具发票是非常重要的。买卖合同的顺利履行经常取决于此。卖方有时可能会认为，买方在这方面的要求过于严格，但是必须铭记的是，买方之所以要求这些细节，是为了使其符合本国的规章，例如进口许可证、关税、外汇管制等方面的规章。在这些情况下，买方可能会要求预先开具非正式的形式发票（pro forma invoice），或者要求将发票的日期推迟到最后发票日期之后一个月或其他指定的时间。

□ 发票必须真实和正确

7—002　出口商应该在其经营方针中制定一项严格的准则，规定只能开具在各方面均正确的发票，无论在国际买卖合同还是其他国际供应合同中都是如此。

有时国外的买方会要求出口商在发票中填写不准确的内容，买方可能出于减少、避开税收或本国进口关税的原因，要求卖方少报发票中的货款。[1]或者采取相反的做法，买方可能要求高报发票价格，超出的价款会被转入其海外账户，因为他希望将资金转移到国外从而避开本国的外汇管制。[2]

开具不真实的发票大部分是出于进口商的动机。若合同中的当事人达成协议，允许开具不真实的发票，那么在法律上，该合同通常不具有强制性。若买方要求出口商在发票中填写不真实的内容，出口商出于其自身的利益考虑，也不应该迁就。如果卖方明知合同中规定的虚假发票在买方国家是违法的，他仍然同意买方开具不真实发票的要求，那么英国法院将会拒绝强制执行该合同，因为他们不能给予意图违反善意别国的法律的当事人以法律上的协助。[3]如果在这种情况下，买方未履行其义务，那么卖方在英国或国外法院都可能无法采取自力救济（contractual remedy），但以下情况除外，即按照英国的诉讼程序，法院判决，对于合同的违法部分，其他合同当事人可以不予追究。[4]此外，不真实的发票也可能会直接触犯英国法。通过在发票中高报货款来避开外汇管制的做法违反了《布雷顿森林协议》（Bretton Woods Agreements）[5]，该协议构成了英国法的一部分。如果发生在发票中高报价款这种情况，就超出的价款而言，合同在英国法院是不予强制执行的。[6]

出口商拒绝开具不真实发票的这种做法，对他自己来说，也将会因此避免一个在随后陷入法律困境的祸根。通常来讲，卖方声明开具不真实发票的做法是违反他们商业惯例的，对此声明买方往往是可以接受的。

□ 商业发票

商业发票应注明买卖双方的名称和地址、买方订单的日期和编号、已售货物的说明、包装细节（包括每包或每项重量）、包装上的准确标志和号码，以及价格。如果可能，应加注装运细节（包括船名和航线）。发票通常包括一项"错误与遗漏除外"（e. and o. e.）（errors and omissions excepted）。装运细节比较典型的写法是： **7—003**

"发票：利物浦 Bubble and Squeak 公司供应苏格兰粗呢（Worsted Tweeds）四箱，收货人：澳大利亚悉尼 Bow and Line 公司，Aurora 号装运，由利物浦起运，订单号码为 XYZ/1345。"

如前所述，发票价格要与合同约定的价格相符，合同价格可能是工厂交货（ex works）价格，也可能是 FOB 或者 CIF 价格等等。如果是在 CIF 合同下，发票中的价格，在双方无相反约定时，应该按照前述原则计算。[7]买方经常要求在发票中详细列明价格的构成要素，分别列明工厂实际净价与附加费用，因为他们需要将这些细节提交给他们自己的政府当局。在带有附加服务（additional services）[8]的 FOB 合同下，卖方有时会根据买方的要求，为货物安排运输与保险。由于这样做超出了 FOB 合同下卖方的正常义务，是一种额外安排，因此卖方不应该在货物发票中列示这些项目，而应该用一张单独的发票列示预付运费（prepaid freight）、保险费（insurance premium）、额外佣金（incidental commissions）和费用（charges）等项目，向买方收取款项。[9]

□ 信用证交易中的发票

7－004 若交易双方一致同意用信用证付款，商业发票通常是向通知行提交的单据之一。发票是一份重要的——如果不能算作是最重要的——单据。发票内容包括买卖合同中详细列示的货物的准确说明及其他相关详细资料，这一点必须引起重视。这些细节在开立信用证时，很可能被买方（信用证申请人）递交给开证行，然后传达给通知行，如果发票中没有列明所要求的细节或者表述不正确，那么单据就有可能被开证行或通知行拒绝。《跟单信用证统一惯例》（2007修订版）（UCP（2007 Revision））第18条规定：

(a) 商业发票：

ⅰ. 必须是由受益人开立的（第38条规定的情况除外）；[10]

ⅱ. 必须是以信用证申请人的抬头开立的（第38条第（g）款规定的情况除外）；[11]

ⅲ. 必须与信用证采用同种货币填写；

ⅳ. 无须签字。

(b) 如果上述各银行没有承诺或协定接受超过信用证金额的部分，那么，按照指令行事的指定银行，即保兑行（如果有的话）或者开证行也可能会接受一张发票价格超过信用证允许数额的发票，且银行的决定将会对所有当事人产生效力。

(c) 商业发票中关于货物、服务或者履约行为的说明必须与信用证中所作的描述相符。

发票中的详细说明必须与提交给银行的其他单据中对货物所作的一般说明相符。[12]

□ 官方格式的发票

7－005 尽管那种必须以官方格式填写并经当地领事签证的领事发票（consular invoices）现在已经被取消，但是一些国家规定，商业发票应当采用特定格式或者应满足特定要求，例如发票应附有价值证明书和/或原产地证明书。各国法律对发票的要求差别很大，且随时都在改变，未雇用运输代理人的出口商应随时掌握这种变化，明确他是不是按照目的地国家对发票的最新现行要求发运货物的。这些变化记载于一些贸易刊物上，例如克罗纳的《对出口商的参考书》（*Reference Book for Exporters*）。[13]出口商如遇到疑难问题，可以从目的地国家领事馆、他所属的商会或英国贸易投资总署（UK Trade and Investment）取得他需要的信息资料。[14]

包　装

□ 提供恰当包装的义务

出口商必须对运往国外的货物的包装给予足够的重视。无论买卖合同中所达成的协议如何，出口商都有责任采取某种能够保证货物安全到达，并便于在途中或在目的地对货物进行处理的包装方式。忽略这方面的工作，一定会造成延迟交货，并可能使国外买主拒收货物或索取赔偿。 7—006

□ 货物销售包装

如果货物没有按照买方的要求或者商业惯例进行包装，买方在某些情况下有权拒绝接受货物。若对包装有特殊要求，那么依据《1979 年货物买卖法》第 13 节的含义，货物的包装通常构成货物说明的一部分。货物应该按照所要求的包装供应，这对国外买方来说是十分关键的。[15]如果他订购的是一磅或两磅的瓶装果酱，那么供应十磅的罐装果酱就是违反合同。根据《1979 年货物买卖法》第 13 节第（1）条，如果货物是按照说明出售的，货物必须与说明相符就是一项隐含要件（implied condition）。然而，必须根据无名条款原理来理解该规定，根据无名条款[16]，买方是否有权取消合同，或者合同是否继续存在而他仅有权要求损害赔偿，要视违约的性质和严重程度而定。[17]如果包装缺陷影响了货物"实质性的特征"（substantial identity），即被视为违反上述第 13 节第（1）条的隐含要件。 7—007

在一个案例中，货物说明就被当作一项要件。法院判决，澳大利亚水果罐头的买方有权拒收整批货物，因为卖方并没有根据约定每箱都装 30 听罐头，在这批货中，有一部分用小箱每箱装了 24 听，尽管公断人已经申明，每箱装 24 听或者 30 听，其市场价格完全相同。[18]如果裁决正确，那么此案是对上述规则的一个显著延伸。在早些时候的一个案例中，一批暹罗（Siam）大米被拒收，原因是它所用的包装是单层麻袋（single bags），而不是规定的双层麻袋（即粗麻袋）。[19]买方被要求证明双层麻袋包装的大米较单层麻袋包装的更易于销售，如今这种证据或者其他证明违约严重程度的证据对于证实构成违反要件是必要的。当货物按照 FOB 或 CIF 条件出售时，除非明确规定须另付额外包装费用，价格中均包括了出口包装费用。出口商若想另收包装费用，则应在寄送报价单或确认书时，清楚地予以说明。

□ 货物运输法中对包装的规定

在海上货物运输法（law of carriage of goods by sea）中，运费是按照货物的重量（weight）、尺码（measurement）或价值（value）支付的，承运人有权要求按其中的最高费率来计算运费。[20]卖方应与其运输代理人协商，以确定一 7—008

种有利于节省运费的包装方式，但是这种考虑不应凌驾于货物的安全运输与客户的便利之上，客户的代理人必须在货物到达时对包装进行处理。若双方同意货物可以装在甲板上，卖方就必须提供比货物存放在货舱（stowed in the holds）更为牢固的包装，但如果货物采用集装箱运输，则可以例外。如果包装有缺陷，船东就会拒绝出具清洁提单（clean bill），卖方就无法按照合同规定，向买方提供清洁提单。每件货物包装上刷制的唛头（mark）和商标标记应与买方的说明严格相符，买方有权拒收唛头或商标标记不符的提单。提单或者其他运输单据上对货物的说明应该，至少在一般条件上，与发票和其他单据相符，以便依据整套提单来鉴别货物。

《1971 年海上货物运输法》（Carriage of Goods by Sea Act 1971）的附则《海牙—维斯比规则》（Hague-Visby Rules）第 4 条第 5（a）款规定，除非在起运前已经申报了货物的性质和价值，并列入提单，承运人对货物在途中的灭失或损失责任有一定金额的限制。赔偿金额不得超过每件或每单位 666.67 记账单位（units of account），或者按已灭失或损坏货物的毛重（gross weight）计算，每千克 2 记账单位，以较高者为准。[21]如果是空运的货物，其承运人法定责任上限（statutory maximum limitation）是按重量而不是按件数计算的。[22]在国际陆路运输中，同样是参照重量而非件数计算的。[23]

□ 集装箱运输的货物的包装

7—009 在海上集装箱运输中存在一个法律难题：依据《海牙—维斯比规则》第 4 条第 5（a）款的规定，集装箱本身是一件“包装”，还是集装箱中装运的每件货物是一件独立的“包装”？[24]这一问题的现实意义是显然的。如果集装箱本身就是“包装”，那么如前所述，承运人的责任是有限的。但如果集装箱中的每件货物是一件“包装”，且一个集装箱中装有比如说 100 件货物，那么根据《海牙—维斯比规则》的规定，承运人的责任上限将会比前面一种情况高出 100 倍。这一问题以及其他的集装箱运输的法律方面的问题将在第 16 章加以讨论。[25]

□ 保险法中对包装的规定

7—010 在某些情况下，包装不良可能被视为货物的固有瑕疵（inherent vice）并因此丧失一切险保险单的保障，该保单在劳氏海上保险单（Lloyd's Marine Policy）附带的货物保险 A 条款（Cargo Clauses A）项下。[26]

□ 与包装有关的进口条例

7—011 包装应该符合目的地国家现行的法律。一些国家禁止或限制使用某些特定的包装方式，并对特定的包装物料，例如玻璃容器或金属板征收进口税；一些国家对于包装的刷唛与品牌标记有严格的规定。卖方如有疑问，应向买方获取详细的指示；或者如果方便的话，可以从贸易刊物或咨询机构了解有关情况。[27]

□ 危险货物

对于运输途中危险货物的包装和标记有严格的法律规定。[28]海洋、航空[29]、公路[30]、铁路[31]运输的规章各不相同。与这些要求相关的资料可以从专门从事出口包装的公司、运输代理人和别处提到的贸易刊物处获取。[32] 7—012

就海洋运输来说，各种详细的资料，包括危险货物种类，都在《国际海运危险货物规则》(International Maritime Dangerous Goods Code) 中予以说明。[33]危险货物的承运人必须做出包括一份《危险货物记录》(Dangerous Goods Notes)[34]及其他约定文件在内的危险货物声明。

注释

[1] *Euro-Diam Ltd v Bathurst* [1990] 1 Q. B. 35.（一家英国出口商应一家德国进口商的要求，低报了其出口货物（钻石）的发票价格并因此违反了德国的税法。尽管如此，若未售出的货物在德国被盗，仍然可以从英国保险公司那里获得赔偿，因为保险合同不会因为销售或回购合同的不合法而废止。）

[2] *United City Merchants* (*Investments*) *Ltd. v Royal Bank of Scotland* (*The American Accord*) [1983] 1 A. C. 168；参见下文第 21—030 段。

[3] 参见下文第 21—025 段。

[4] *Fielding & Platt Ltd v Najjar* [1969] 1 W. L. R. 357 at 362（法院认定，根据买方的法律，英国制造商对其非法行为并不知情）；另参见 The American Accord，above，n. 2。

[5] 英国是《布雷顿森林协议》的缔约国。《1945 年布雷顿森林协议》因《1980 年海外发展和合作法》(Overseas Development and Co-operation Act) 第 18 (1) 节和第 2 目的实施而被废除，但是《1946 年布雷顿森林协议枢密令》(the Bretton Woods Agreements Order in Council 1946) (S. R. &O. 1946 No. 36) 仍然有效。参见第 21—027 段。

[6] *United City Merchants* (*Investments*) *Ltd. v Royal Bank of Canada* (*The American Accord*) [1983] 1 A. C. 168；参见下文第 21—030 段。

[7] 参见上文第 2—020 段。Per Blackburn J. in *Ireland v Livingston* (1872) L. R. 5，HL.

[8] 参见上文第 2—007 段。

[9] 参见上文第 2—008 段。

[10] 用以管制可转让信用证。

[11] 该条规定，第一受益人的名字可由申请人的名字替代，即使原信用证要求申请人的名字必须出现在除发票以外其他任何文件上。

[12] 参见下文第 11—018 段。

[13] http://www.croner.co.uk.

[14] http://www.uktradeinvest.gov.uk，另参见第 31 章。

[15] 尽管在 *M/S Aswan Engineering Establishment Co v Lupdine* [1987] 1 W. L. R. 1 中，英国的卖方未能履行合同，将一种液体的防水化合物出售给一家科威特的买方，是由于包装的质量问题所致（卖方为出口货物而购买的重型桶在科威特的高温中毁坏），该案例中的问题并不涉及此处探讨的关键，而是重型桶是否符合《1979 年货物买卖法》第 14 (2) 节规定的可销售品质 (merchantable quality)（该案中法院判定其符合），且买方是否能够就重型桶制造商的过失侵权行为提出索赔（法院驳回了其

索赔权)。

[16] 参见上文第 5—004 段。

[17] *Per* Lord Wilberforce in *Reardon Smith Line Ltd v Yngvar Hansen-Tangen* [1976] 1 W. L. R. 989 at 998.

[18] *Re an Arbitration between Moore & Co Ltd and Landauer & Co* [1921] 2 *K. B.* 519. 该案例在当今未必会用相同的方式裁决，其中有争议的条款可能会被认定为无名条款。另参见 *Manbre Saccharine Co v Corn Products Co* [1919] 1 K. B. 198 at 207。

[19] *Makin v London Rice Mills Co* (1869) 20 L. T. 705.

[20] 参见下文第 15—008 段。

[21] 该记账单位是使用世界银行的特别提款权的货币记账单位，关于特别提款权的货币单位转换为英镑参见下文第 15—045 段。

[22]《1979 年空运和陆运法》(Carriage by Air and Road Act 1979), Sch. 1, Art. 22, 参见下文第 17—003 段和第 17—012 段。

[23] 《1965 年陆路货物运输法》(Carriage of Goods by Road Act 1965), Sch. 1, Art. 23 (3),《1979 年空运和陆运法》第 4 (2) 节予以修订。参见下文第 18—005 段。

[24] *The River Gurara* [1998] 1 Lloyd's Rep. 225. 澳大利亚的一个案例中，考虑了《海牙—维斯比规则》第 4 条第 5 (c) 款对"单位"的定义，参见 *El Greco (Australia) Pty Ltd v Mediterranean Shipping Co SA* [2004] 2 Lloyd's Rep. 537。

[25] 参见第 16—009 段。

[26] *FW Berk & Co Ltd v Style* [1956] 1 Q. B. 180；参见下文第 19—023 段。

[27] 参见第 31 章。

[28]《1997 年商船（危险货物及海洋污染物）规例》(Merchant Shipping (Dangerous Goods and Marine Pollutants) Regulations 1997), SI 1997/2367,《2006 年商船（危险货物及海洋污染物）(修正案）规例》(SD846/06) (Merchant Shipping (Dangerous Goods and Marine Pollutants) (Amendment) Regulations 2006) 予以修订；另参见《1995 年商船法案》(Merchant Shipping Act 1995) 第 85 和 87 节。

[29] 参见由国际航空运输协会 (IATA) 出版的《危险品运输规定》(Dangerous Goods Regulations) 的指南，见 http://www. iata. org。

[30] 欧洲的相关规定可参见《关于危险货物道路国际运输的欧洲协议》(European Agreement concerning the International Carriage of Dangerous Goods by Road) (ADR) 2007 版本 (ECE/TRANS/185, Vol. Ⅰ and Ⅱ)。

[31] 参见 Croner's *Reference Book for Exporters*, http://www. croner. co. uk。

[32] 参见第 31—008 段。

[33] 2006 版。该规则可从国际海事组织 (International Maritime Organization) 处获得，地址为：Imco Building, 4 Albert Embankment, London SE17, 参见 http://www. imo. org/imo/pubs, 另参见下文第 15—050 段。其他关于海运危险货物的信息可以从英国海事与海岸警卫署 (Marine and Coastguard Agency) 处获得，参见 http://www. mgca. gov. uk。

[34] 参见 Simpler Trade Procedures Board (SITPRO), http://www. sitpro. org. uk。

第8章

产品责任[1]

8—001 产品责任是指产品的生产者由于产品缺陷对最终使用者造成了伤害、损害或损失而对产品负有的责任。产品缺陷可能由于产品本身的质量——更确切地说，是产品质量不合格，但也可能是因为产品的使用说明不完整或未能对产品的危险性做出充分警示。

很显然，产品责任问题对那些将产品部分销往国外的制造商来说意义重大，同时也与其他的供应商有关。与产品责任问题相关的另一个问题也很重要，即这些制造商或供应商们是否能利用保险对由产品缺陷导致的损失赔偿风险予以补偿？如果可以，那么应该订立什么样的条款？

由产品缺陷引发的损害赔偿的基础可能是合同、侵权行为、法定权利或者以上各项的组合。

产品责任的基础

8—002 缺陷产品责任建立在下列三种法学理论的基础上：

(a) 严格法律责任（strict liability）；

(b) 不完全法律责任（qualified liability）；

(c) 过失赔偿责任（fault liability）。

在适用以上产品责任的法学理论时，索赔者（原告）必须证明产品存在缺陷且他遭受了损失。如果一国的法律体系适用严格法律责任学说，那么除了上述举证责任外，索赔者只需证明其因果关系，即损失是由产品缺陷造成的。如果索赔者成功履行了举证责任，那么产品生产者不得进行抗辩，并且从理论上来说，生产者应负有法律责任。

如果适用不完全法律责任，索赔者同样需要证明因果关系，但生产者可以进行抗辩：鉴于产品投入流通时科学或技术知识水平的原因，无法发现该缺陷。这一抗辩被称为开发风险（development risk），或称为现有水平抗辩（state of art defence）。

如果索赔建立在过失赔偿责任的基础上，索赔人除了证明因果关系外，还必须证明生产者是有过错的，例如他在产品的制造过程中疏忽了。

以上三种法学理论在英国法中都有应用。严格法律责任学说应用于消费者依据合同提起诉讼的情况；不完全法律责任学说应用于建立在《1987 年消费者保护法》（Consumer Protection Act 1987）基础上的情况，该法律是对《欧共体产品责任指令》（EC Directive on Product Liability）的补充；过失赔偿责任学说应用于过失侵权行为的情况。

英国法

□ 买卖合同引发的产品责任

在英国法中，卖方的缺陷产品责任是在《1979 年货物买卖法》（Sale of Goods Act 1979）和《1982 年货物与服务供应法》（Sale of Goods and Services Act）中货物所有权转移的部分提出的，以上两部法案都经《1994 年货物买卖法（修订本）》予以修订。这两部法案中规定的责任并不限于针对货物生产者，也不仅指销售自产货物的制造商或者销售他人生产的货物的商家。 **8—003**

这些法案中规定了一项隐含要件，即在交易过程中卖方销售的[2]、转卖人供应的[3]货物应该质量合格。只有在一位理性的人考虑了所有相关情况后认为，出售的或供应的货物是符合要求的，货物才是质量合格的。[4]

如果货物存在缺陷，质量不合格，作为消费者的买方或受货人有权以违反合同的隐含要件为由拒收货物并/或请求损害赔偿，但如果违约程度很轻微，拒收货物是不合理的，那么非消费者就可能不会拒收货物。[5]卖方或供货商的责任属于前文所说的严格法律责任的性质。[6]关于法案的相关规定，在第 4 章和第 5 章中有更为详尽的论述。

对于消费者，该项关于质量合格的隐含要件不能因合同条款而予以排除和限制[7]，任何未经单独磋商的条款必须满足公平的要求。如果合同条款是不公平的，那么其对消费者就不具备法律约束力。[8]在其他买卖或供货合同中，尤其是在国际供应合同中[9]，合同的豁免和限制性条款都是可以接受的。

建立在简单合同基础上的索赔限制期是从提出诉讼理由日起 6 年。[10]

□《欧共体产品责任指令》（EC Directive on Product Liability）

8—004 该指令于 1985 年 7 月 25 日由内阁会议（Council of Ministers）通过。[11]成员国国内法律间的协调是一项艰巨的任务。[12]首要的困难就是解决严格法律责任与过失赔偿责任二者间的冲突，以使产品责任的基础达成一致，并决定生产者的产品责任是否该设定上限，即是否应该对产品责任施加一个最大值的限制。[13]在众多困难中的第一个难题引起了西欧国家的一个特别敏感的政策问题。从传统来说，侵权责任是出于过失，但当今的技术进步使这一观点变得不切实际，在某种形式下更赞同其属于严格法律责任。随着美国已经认可了严格产品责任[14]，解决这一困难的需要变得更为迫切。欧共体的难题在于采用一套既承认严格法律责任，又不阻碍科学和技术进步的体制。

该指令赋予成员国不遵守特定条例的选择权，进而解决了这些难题。关于责任基础问题，指令采纳了不完全法律责任原则[15]，作为严格法律责任与过失赔偿责任二者的折中，但指令明显倾向于严格法律责任。但是，该指令允许成员国背离指令中的某些规定，公开留给成员国一种权利，可以通过自己的立法来决定指令中的某些规定将如何实施[16]，但指令并没有赋予过失赔偿责任特定的选择权。

关于责任限制，该指令规定，生产者对受害者的责任不得因任何限制或豁免生产者责任的规定而得到限制或免除。[17]但是对同类产品的同样缺陷造成的死亡或人身伤害，各成员国可以规定由生产者承担总计不少于 7 000 万欧洲货币单位（ECU）的责任限额。[18]

该指令为初级农产品和狩猎产品（game）提供了第三种选择。指令中对“产品”的定义不包括农产品和狩猎产品[19]，但是成员国可以对是否包括它们加以选择。[20]

□《1987 年消费者保护法》（The Consumer Protection Act 1987）

8—005 该法案于 1989 年 3 月 1 日完全实施[21]，在第Ⅰ部分“产品责任”[22]中指出其目的在于使《欧共体产品责任指令》中关于此问题的部分生效[23]，并且规定：[24]

“该部分具有为执行《产品责任指令》而制定必要规定的效力，并应该根据《产品责任指令》进行解释。”

该法案紧密依据指令中的规定，产品责任是以不完全法律责任原则为基础的[25]，英国没有采用指令中规定的任一项选择，但通过枢密院令（Order in Council）保留了其做出选择的权利。[26]

缺陷产品的责任

该法案赋予完全或部分由于产品缺陷而遭受损害的使用人一项法定诉讼权。[27]在该法案中，产品一词定义如下：[28] **8—006**

"'产品'是指任何商品[29]或电力电，（依下述第（3）条[30]）还包括由作为产品的零部件、原材料或其他物件构成的另一种产品。"

如果考虑到产品的营销方式、版式、包括危险性警示的使用说明、关于其用途的合理预期以及它供应的时间等因素，产品的安全性没有达到人们一般的预期（包括其零件），那么产品就是存在缺陷的。但仅凭其后续产品中的缺陷不能认为被诉讼的产品存在缺陷这一点成立。[31]

损害是指"死亡、人身伤害或者任何财产（包括土地）[32]的损失或损害"，但是对于那些不属于通常用于个人使用、占用或消费的财产，以及遭受损失或损害的人主要不是将该财产用于个人使用、占用或消费的，不承担责任[33]，同时也不对缺陷产品本身或零部件造成的损失或损害承担责任。[34]该法案规定，对于任何财产损失或损害，应当给予受害者的赔偿额不超过 275 英镑，利息[35]不包括在内。但是对死亡或人身伤害的赔偿案件未设定上限，尽管《欧共体产品责任法令》中规定了一项可选限定。[36]

以下各当事人是负有法律责任的：[37]

1. 产品的生产者；

2. 通过将其名字标示在产品上或者使用某种商标或者其他识别标记，以表明自己是该产品生产者的任何人；

3. 欧共体成员国中的进口商；

4. 索赔者要求其在合理时间内证实属于前述三类中的任何一类，却未能及时提供该信息的供货商。

生产者（上述第 1 类）定义如下：[38]

与产品有关的"生产者"，意思是

(a) 生产制造该产品的人；

(b) 对于未经制造而是经过提炼或提取的物质，则是指该物质的提炼或提取者；

(c) 对于未经制造、提炼或提取，其本质特征可归因于执行了某种工业上或其他方面的工序（例如对农业产品）的产品，则是指该工序的执行者。

供货商（上述第 4 类）可以是批发商、分销商、零售商、委托人或代理人。通过以下方式供货：[39]

(a) 出售、出租或出借产品；

(b) 订立租购协议（hire-purchase agreement）来供应商品；

(c) 履行包工包料合同（contract for work and materials）供应商品；

(d) 为换得除货币以外的任何对价（包括购货代价券（trading stamps））而供应货物；

(e) 在履行法定职能中或与履行法定职能相联系而提供商品；

(f) 将商品作为奖品发给或作为礼物送给他人。

从前述内容可以看出，任何在缺陷产品到达索赔人之前与其相关的人，似乎都负有潜在责任。但是，对以下两种情况有保留规定。一是产品中包含存在缺陷的零部件或原材料[40]，其最终产品的供应商；二是零部件存在缺陷，但缺陷全部归于最终产品生产者的设计和指示，其零部件的生产者。[41]

在该法案的这一部分规定的责任不受到任何合同条款、任何通知或者任何其他规定的限制或排除时[42]，如果两个或更多人要对同一损害负有责任，那么责任既是共同的又是各自的，即应当承担连带责任。[43]

根据该法案第 10 节，如果消费品不是“合理地安全”(reasonably safe)，与一般安全规定不相符，那么供应该消费品即是违法行为，尽管该节已经部分被《1994 年一般产品安全规章》(General Product Safety Regulations，1994)取代，直至 2005 年 10 月 1 日由于《2005 年一般产品安全规章》[44]的生效而被撤销。

在该法案中，对由缺陷产品引起的损害进行起诉的权利，不受索赔者根据合同或侵权行为而提起的其他起诉缘由的影响。[45]该法案规定的法定起诉原因被视做为司法目的而基于侵权行为的诉讼。[46]

辩护

8—007 对缺陷产品的法定诉讼的辩护，在《1987 年消费者保护法》第 4 节第（1）条中都予以列示，否认诉讼先决条件（pre-conditions）的除外。该规定非常重要，现予以全文引用：

“在依据本部分规定提起的关于产品缺陷的民事诉讼中，任何被起诉的人（‘被起诉方’）可以提出下列理由作为抗辩：

(a) 缺陷可归因于执行法律的强制规定或履行共同体义务；

(b) 被起诉人未在任何时间向其他人供应该项缺陷产品；

(c) 符合以下条件，即

(ⅰ) 被起诉人不是在其商业活动中向他人供应该项产品；

(ⅱ) 上述第 2 节第（2）条对被起诉人不适用，或者仅仅由于被起诉人的不以营利为目的的行为而适用；

(d) 在相关的时间内，产品不存在该项缺陷；

(e) 在相关的时间内，科学和技术知识的状况尚未达到这种水平，即不能期望同种产品的生产者能够发现所控制的产品存在该缺陷；

(f) 该条上文已予以论述。”

在该法案中“技术水平”辩护这一词句与《欧共体产品责任指令》中的含

义不同。[47]但是，欧洲审判法院（ECJ）认定，指令的第4节第（1）（e）条与该法案第7节并没有明显的冲突，并且在第4节第（1）（e）条中认为委员会的争辩（Commission's argument）明显扩展了该项辩护，没有被充分理解。[48]

对于生产者或供应商来说，重要的三个因素是：原因、时效期和互有过失（contributory negligence）。

如前所述[49]，索赔者须证实损害是由产品缺陷造成的，该法案没有改变这一要求。

关于时效期，基于《1987年消费者保护法》中对法定权利的规定，必须在诉因发生或得知之日起3年之内提起诉讼。[50]但是法案中对时限有一项最重要的规定，即依据第4节[51]中的相关时间的含义，时限为从相关时间算起10年之内，或者对于电力电，从其被发出的时间起算。[52]总的来说，与其他产品有关的相关时间是从产品被供应时起算。[53]

如果缺陷产品引发的损害赔偿诉讼是基于过失侵权行为，它就受到《1980年诉讼时限法案》（Limitation Act 1980）中规定的一般时限（ordinary time limit）的约束，该法案有关过失诉讼的部分，由《1986年潜在损害法》（Latent Damage Act）予以修订。[54]

《1945年法律改革（互有过失）法案》（Law Reform（Contributory Negligence）Act）和《1976年致命事故法案》（Fatal Accidents Act）[55]适用于由缺陷产品导致的损害赔偿，其损害是部分地由于产品缺陷，部分地由于受到损害方引起的。[56]

举例

可以举三个假定的例子加以说明。

第一个例子，一个6岁的小男孩向文具商购买了一个弹弓[57]，在小男孩用平常的方法使用该弹弓时，弹弓由于做工较差而折断，断裂部分扎伤了小男孩的眼睛。文具商是从一位批发商手中购得这批弹弓的，而批发商则是从一位进口商处购买的，这批弹弓是在国外制造的。根据《1987年消费者保护法》，小男孩可以直接起诉进口商，基于他的法定诉讼权索取赔偿。[58] **8—008**

第二个例子，一位商业冷藏库的制造商以他自己的品牌在英国及其出口市场上进行营销，却表示冷藏库是国外另外的制造商为他生产的。其中一个冷藏库因电线连接错误发生了故障，储存在里面的食品全部腐烂，给店主造成相当大的损失。由于缺陷产品是以制造商的品牌营销的，因此制造商是负有责任的。

第三个例子，一位制药商生产了一种药物，经过长时间的仔细试验，该药物具有出色的疗效，他将其投入市场。一段时间之后，意外发现一小部分使用者对药物的成分过敏。根据该法案第4节第（1）（e）条规定，制造商可能会进行开发风险辩护。

□ 损　害[59]

如果诉讼是基于违约、物质损失（如死亡、人身伤害、财产损害）及经济 **8—009**

损失（如利润或其他财务损失）等，那么就可以根据损失的相关程度予以弥补。[60]

如果诉讼是基于《1987 年消费者保护法》的规定，物质上的损失可以收回，但对纯经济损失则未作规定。

如果对缺陷产品的损害赔偿诉讼是基于过失侵权行为，那么可以从 *Donoghue v Stevenson* 一案[61]中清楚地看出，与人身和财产相关的物质损失都是可以补偿的。关于纯经济损失的补偿，法院的态度更为严格。当前适用的法律规定，正如 Purchas L. 法官在 *Greater Nottingham Co-operative Society Ltd* 一案[62]中表述的[63]，只有在侵权行为人能够从当事人紧密的关系中选出一项没有对受害人造成金钱上的损失的假设，那么过失诉讼中请求补偿经济损失才是可能的。如果诉讼是基于缺陷产品的，则这只在极少的情况下才有可能。[64]如果原告能够举证他与供应商之间存在类似于依赖的紧密关系，导致供应商应对其负有关于财物损失的勤勉义务，才能请求补偿经济损失[65]，但这种情况不太可能发生。

诉讼程序问题

8—010 与产品责任、保险或再保险相关的争议通常会引发程序上的问题。

如果缺陷产品在英国国内生产并出口至国外，最终使用者遭受了损害，那么就引发了一个问题：使用者应该在英国还是其自己的国家提起诉讼？[66]

此外，根据《审判条例》（Judgment Regulation）适用的情况，消费者可以在其居住地或者是卖方、供应商居住的缔约国发起诉讼。[67]

产品责任保险[68]

8—011 制造业出口商必须牢记的是，即使具备最出色的经营和最仔细监管的生产线，也偶尔会变成“离群的凶猛野象”（rogue elephant），即生产出劣质品。因此出口商应该认真考虑这一问题：是否应该对缺陷产品的风险进行投保？其他缺陷产品的供应负责人，也会有相同的考虑，因为依据《1987 年消费者保护法》，他们有可能被起诉。产品责任保险是可以投保的，但保费因产品的不同而各异，可能会比较昂贵。

产品责任保险单（product liability cover）通常是公共责任保险单（public liability policy）的一部分，二者既可以合并在一起，也可以作为一份单独的清单。保险单根据保险公司的不同而各异，其内容取决于投保人与保险公司的谈判。

产品责任保险范围包括有缺陷产品直接引起的财务上的损失，不包括由于产品不起作用导致的损失。但是，保单中必然包括保险公司承保责任的时间上限。这在美国的索赔案件中更是如此，其保单可能还包括其他特约除外事项（specific exclusions）。在美国的索赔案件中，诉讼费包括在赔偿金额内，但是这可能取决于一定的限制，或是包括在保险公司承保责任的上限范围内。

保险单是一种保障的单据，因此其适用范围只扩展至被保险人的相关法律责任，使被保险人可以不用承担责任或通过谈判来处理问题。

保险法的一般原则同样适用于产品责任保险，其中最重要的原则包括：披露责任（the duty to disclose）、被保险人对保险标的的可保利益要求，这些原则是被保险人所受损失的保障，在后续的海上和航空保险的章节中予以论述。[69]

美国法

8—012 应该对美国关于合法地位的一项简单调查加以介绍，原因有二：美国是英国重要的出口市场，英国的出口商及其法律顾问应该了解美国市场上出现的问题。此外，是美国引导世界各国将缺陷产品责任归于供货商一方[70]，并且美国对欧共体接受不完全法律责任原则产生了影响。

□《侵权法重述（第二次）》第 402 节第 A 条（Restatement（Second）of Torts s. 402A）

8—013 美国关于产品责任的法律都是基于《侵权法重述（第二次）》第 402 节第 A 条的规定。该规定采纳了严格法律责任原则，在第 2 条（a）款中明文规定，即使是“卖方[71]在产品的准备和销售中已经足够谨慎”，该规定仍然适用。[72]

第 402 节第 A 条中规定：[73]

“402A. 对于产品对使用者或消费者所造成的物质上的损失，卖方承担如下特殊责任：

（1）将有缺陷的或其质量具有不合理危险性的产品向使用者、消费者出售的卖方，并因此对最终使用者、消费者或其财产造成物质上的损害的，如果符合以下情况，则应承担责任：

（a）卖方参与了该产品的出售交易；

（b）卖方所售产品没有本质改变并预期或能够到达使用者或消费者；

（2）出现以下情况，第（1）节中的规定仍然适用：

（a）卖方在其产品的准备和销售中已经尽可能谨慎；

（b）使用者或消费者还未购买该产品，或者还未与卖方达成任何合同上的关系。”

这一节只是规定了产品对一个人或其财产造成物质上的损害的责任。关于纯经济损害，在司法意见上有时似乎更支持纯经济损失只有在合同相对性原则（privity of contract）成立的情况下，才能够予以赔偿。[74]值得重点关注的是，上述引用的《侵权法重述（第二次）》尽管具有说服力，但并没有权威的法律约束力，且尚未被美国全部州一致采纳。[75]

□《侵权法重述（第三次）：产品责任》（Restatement（Third）of Torts：Product Liability）

8－014 1997年5月，美国法律研究院（American Law Institute）通过了《侵权法重述（第三次）：产品责任》最终草稿的提案，其中规定，如果当事人“销售或者分销缺陷产品，那么他对该缺陷所造成的人身或财产损害承担法律责任”。[76]

该重述法案包括21节，分为4章：第1章（第1～8节）论述商业产品销售者基于产品销售时的缺陷责任；第2章（第9～11节）论述商业产品销售者非基于产品销售时的缺陷责任；第3章（第12～14节）论述继任者与制造商的责任；第4章（第15～21节）论述因果关系、积极抗辩（affirmative defence）以及相关定义。

在美国，与产品责任相关的法律改革被广泛地商讨，生产者与消费者之间的冲突游说群体（conflicting lobbies）力量强大。《统一商法典》第2－318节引申出一项对买方家中某位遭受人身伤害的成员提供的保证。各州对于包括还是排除人身伤害的相关要求的做法，可能是不同的。很多州引入了“最高限额”（caps），即对非经济损害例如身心痛苦（pain and suffering）等特定案件规定了最大责任限制。而另外一些州则对所有派生的非经济损害[77]都设定了最高限额，美国各州对这种情况的处理各不相同。

注释

[1] 参见Miller and Goldberg，*Product Liability*（2nd edn）2004，*Benjamin's Sale of Goods*（7th edn，2006），Harvey and Parry *The Law of Consumer Protection and Fair Trading*（6th edn，2000）；*Butterworths Trading and Consumer Law*（looseleaf）。

[2]《1979年货物买卖法》第14（2）节修正版。

[3]《1982年货物与服务供应法》第4（2）节。

[4]《1979年货物买卖法》第14（2A）节；《货物与服务供应法》第4（2A）节。

[5]《1979年货物买卖法》第15A节；《货物与服务供应法》第5A节。

[6] 参见Seller法官在*Nicolene Ltd v Simmonds*［1958］2 Lloyd's Rep. 419 at 425中的论述。

[7] 1979年法案第55（1）节；1982年法案第11（1）节，及《1977年不公平合同条款法》第6（2）（a）节。

[8] 欧共体理事会指令：《消费者合同不平等条款规章》（Unfair Terms in Consumer Contract Regulations）第3条；关于《不公平合同条款法》和欧共体指令参见上文第3－019段。

[9]《1977 年不公平合同条款法》第 26 节。

[10]《1980 年诉讼时限法案》第 5 节。

[11] 85/374 [1985] O. J. L260/29，在 1999 年欧盟委员会对于缺陷产品责任的绿皮书中就对该指令的影响予以考虑（参见 http://www.europa.eu)；在欧盟委员会 2006 年 9 月的第 3 份关于产品责任指令的报告中对其进行了回顾（com (2006) 496 final)。

[12] 该指令的筹备工作进行了 9 年。

[13] 例如关于原子能损害的国际公约，参见 1965 年和 1969 年的《原子能装置法》(Nuclear Installation Acts，1965 & 1969)。对于其成员国批准通过的国际公约中的关于由原子能事故引发的伤害或损失问题，欧共体指令并不适用。

[14] 参见下文第 8—012 段至第 8—013 段。

[15] 指令 85/374 第 7 (e) 条。

[16] 指令 85/374 第 15 (1) (b) 条。

[17] 指令 85/374 第 12 条。

[18] 指令 85/374 第 16 条。

[19] 参见下文第 8—006 段。

[20] 指令 85/374 第 15 (1) (a) 条。

[21]《1987 年消费者保护法》(Commencement No. 3) 指令 1988 (SI 1988/2076)。

[22] 第Ⅱ部分阐述消费者安全，第Ⅲ部分阐述误导标价 (Misleading Price Indications)，第Ⅳ和第Ⅴ部分阐述执法及其他事项。

[23] 参见上文第 8—004 段。

[24]《1987 年消费者保护法》第 1 (1) 节。

[25]《1987 年消费者保护法》第 4 (1) (e) 节。

[26]《1987 年消费者保护法》第 8 节。

[27]《1987 年消费者保护法》第 2 (1) 节。

[28] 该定义应与欧共体指令的第 2 条进行对比。在指令中，“产品”是指除初级农产品和狩猎产品以外的所有动产，即使已被组合在另一动产或不动产之内。初级农产品是指种植业、畜牧业、渔业产品，不包括经过加工的这类产品。产品也包括电。

[29] 关于“货物”，第 45 节中认为，“货物”包括农作物、附着在土地上的任何物质以及任何船舶、飞行器或车辆。对“货物”的这一定义与《1979 年货物买卖法》第 61 (1) 节中的定义不同。缺陷产品责任并不涉及任何狩猎产品或者农产品，除非其经过了工业加工程序（第 2 (4) 节)。

[30] 第 3 (3) 节中写道：“在这一部分中，包含在其他产品之内的以零件、原材料或其他形态存在的产品的提供者，不能仅因为其提供了某一产品的供应而被认定为其供应所有以这种方式组成的产品。”

[31]《1987 年消费者保护法》第 3 节。

[32]《1987 年消费者保护法》第 5 (1) 节。

[33]《1987 年消费者保护法》第 5 (3) 节。

[34]《1987 年消费者保护法》第 5 (2) 节。

[35]《1987 年消费者保护法》第 5 (4) 节。

[36] 指令 85/374 第 16 条。

[37]《1987 年消费者保护法》第 2 节。

[38]《1987 年消费者保护法》第 1 (2) 节。

[39]《1987 年消费者保护法》第 46 节。

[40]《1987年消费者保护法》第1（3）节。

[41]《1987年消费者保护法》第4（1）（f）节。

[42]《1987年消费者保护法》第7节。

[43]《1987年消费者保护法》第2（5）节。

[44] 于2005年10月1日起生效（SI 2005/1803，实施欧共体指令2001/95/EC [2002] O. J）；参见Miller and Goldberg，*Product Liability*（2nd，2004），ch. 19。

[45]《1987年消费者保护法》第2（6）节。

[46]《1987年消费者保护法》第6（7）节。

[47] 指令85/374第7（e）条。

[48] C－300/95 *Commission of the European Communities v United Kingdom* [1997] All E. R. (EC) 481。

[49] 参见上文第8－002段。

[50]《1987年消费者保护法》第1节第1段中向《1980年诉讼时限法案》中新插入11A节，这对于1980年法案是一项具有影响力的修订。

[51]《1987年消费者保护法》第1节第1段。

[52]《1987年消费者保护法》第4（2）节。

[53]《1987年消费者保护法》第4（2）（a）（b）节。

[54] 造成财产损害的过失行为必须在诉因发生累计6年之内或者在知晓损害3年之内提起诉讼，但是从导致损害事件发生起有一个最重要的15年期限。对人身伤害的索赔必须在素以发生或知晓损害3年之内提起诉讼，并在3年内对案件予以处理。

[55]《1987年消费者保护法》第5节。

[56]《1987年消费者保护法》第6（4）节。

[57] 这个例子出自 *Godley v Perry* [1960] 1 W. L. R. 9。

[58] 1959年，*Godley v Perry* 案结案时，责任是基于一连串的合同之上的，即小男孩必须起诉文具商，文具商起诉批发商，批发商起诉进口商，而进口商可能对国外供货商进行合同索赔。

[59] 参见McGregor *McGregor on Damages*（17th，edn 2003）。

[60] *Hadley v Baxendale* [1854] 9 Exch. 341；*Victoria Laundry v Newman Industries* [1949] 2 K. B. 528；*Czarnikow Ltd v Koufos* [1969] 1 A. C. 350；*H Parsons (Livestock) Ltd v Uttley Ingham & Co Ltd* [1978] Q. B. 791.

[61] [1932] A. C. 562.

[62] [1988] 3 W. L. R. 396.

[63] 参见 *Hedley Byrne & Co Ltd v Heller & Partner Ltd* [1964] A. C. 465。

[64] *Per* Bingham L. J. in *Simaan Contracting Co v Pilkington Glass Ltd* (No. 2) [1988] 2 W. L. R. 761 at 777.

[65] *Henderson v Merritt Syndicates Ltd* [1995] 2 A. C. 145.

[66] 参见第22章。

[67]《审判条例》第14～17条，参见第22章。

[68] 参见Mildred，*Product Liability Law and Insurance*（2000），ch. 5，其中对产品责任保险及保单的特点进行了详细探讨。

[69] 参见第19章。

[70] 参见Miller and Goldberg，*Product Liability*（2nd edn，2004）。

[71] 与英国法不同，美国《侵权法重述（第二次）》中的"卖方"适用于参与出售商品的任何人，

包括制造商、批发商、零售商或分销商，甚至餐馆的经营者也是卖方（第 402 节第 A（f）条注释）。

［72］但美国法认可对“无法避免的不安全产品”的抗辩。这一抗辩尤其适用于试验性药品。如果一种药品经过严格的准备，并附有正规的说明和警告，那么若被知晓情况的患者使用后，就不能认为该产品是有权限的或是具有不合理的危险性的，同时“卖方”也不用承担严格法律责任。

［73］像侵权法中通常的做法一样，该规定后另外附有评论，这里不再阐述。

［74］参见 S. J. Leancock，“A General Conspectus of American Law on Product Liability”［1989］J. B. L. 273；另参见 *Seely v White Motor Co* 63 Cal. 2d. 9（1965）。

［75］J. H. Tipler and M. J. Christensen，“The Possibility of Bringing a United States Lawsuit for Product Liability Damages arising in the United Kingdom”［1995］J. P. I. L. 185.

［76］参见第 1 章。

［77］N. L. Manzer，“1986 Tort Reform Legislation：A Systematic Evaluation of Caps on Damages and Limitations on Joint and Several Liability”（1988）73 *Cornell Law Review* 628n at 637 - 648.

第二部分

出口中的金融问题

第 9 章

汇 票

9—001 在每一个出口合同中，关于货款支付的条款由四个因素组成：付款时间、付款方式、付款地点和支付的货币。在法律上，各种出口资金融通的方法都表现为这四种因素的变化和变更。

商业惯例已经形成了一些支付方式，以试图调和在出口交易中的经济利益冲突。一方面，出口方的利益就是要尽快收到货款，然而如果运输文件是物权凭证的文件，出口商就不希望在收到货款之前，或者至少确定他的汇票已经得到承兑之前出让这些文件；另一方面，买家却希望推迟付款，直到票据——特别是提单——已经不在卖方的处置之中。为了调和这些利益冲突，一家或者多家银行的介入就是必不可少的。

有银行介入的最常用的支付方式就是托收安排或者银行信用证项下的支付。在托收安排中，银行按照卖方的托收指示行事，表明货物物权凭证的单据和支付货款的交换通常在买方的营业地点完成。相反地，在信用证项下，对银行的指示通常是由买方发出，单据和支付货款的交易通常在卖方的营业地点完成。相当一部分业务采用信用证，在这种做法下，银行根据买方的指示，允诺承兑、偿付或者议付由卖方开具的汇票。托收安排和信用证这两种支付方式都让介入交易的一家或者几家银行可以用物权凭证来作为一种附属抵押品。

支付安排有时也没有要求银行的介入，而是由买方直接将货款汇入卖方的往来账户中，或者卖方会给买方一个跟单汇票，例如，一张附着提单的汇票。[1]

本章考虑不需要中间银行介入的支付方式，并特别讨论支付票据，这些支付工具不仅在买家直接将货款支付给卖家的情况中用到，而且在托收和信用证支付安排下非常频繁地用到。

接下来的几章将考虑托收安排[2]、信用证[3]、银行保函[4]以及保付代理、福费廷、融资租赁和其他形式的商业性出口融资。[5]

往来账户付款

最简单的做法就是参与交易的各方同意采用“随订单付现金”（cash with order）条款，能按照此条款售出货物的出口商，其出口交易的资金风险就降至最低了。 9—002

交易各方有时同意“见票即付”（sight payment）英镑或者某种外币。在这种情况下，买方必须在卖方出示已出售货物的物权凭证时汇付货款。

只有在出口商充分掌握了买方的资信状况并对其偿付能力毫不怀疑的情况下，才能使用见票即付。出口商将票据单交给买方，买方通过电汇（T/T）、信汇（M/T）或者 SWIFT[6]转出的方式将约定的货款支付给出口商，这些汇款通常是通过买方的往来银行办理的。见票即付的方式有时被用于出口商向其国外分支机构或者子公司出售货物的情况，在这种情况下，“卖方向其分支机构发货，货款的结算通常只是一种定期的汇款，甚至这可能是一种有来有往的交易，因为原材料是来自产品的最终销售地，在这种情况下，母公司及其下属公司之间的结算，就不过是记账和定期付汇差额而已”。[7]

如果出口商不掌握买方的资信状况，或者出于其他的情况需要，可以安排“凭单付现”（cash against documents）或“交货付现”（cash on delivery）的条件支付货款。这些付款条款尤其适用于工厂交货合同的交易。“交货付现”也可以被用于在 CMR[8]条款下陆路运输货物的情况。在采用 FOB 或 CIF 合同的情况下，由买方直接付款并不是正常的付款方式，通常而言，这种情况下的付款是通过一家银行，以托收安排[9]或者信用证[10]的方式完成的。

汇票[11]付款

一般情况下，买方并不采用直接汇款的方式来支付货款，而是允许出口商 9—003

向其[12]开出一张汇票（bill of exchange）[13]，这种支付安排对双方都有明显的好处，出口商得到了一张可以立即议付变现的流通票据，而对买方来说，只要汇票不是见票即付的[14]，就可以在一个明确的信用期限内结算货款。如果交易方都没有做出明确的安排，则根据特定贸易的现行商业惯例来决定货款是采用买方直接付款的方式还是开立汇票的方式来支付，以及开立汇票所依据的商业条款。

□ 汇票的性质

9－004 （英国）于1882年将管理汇票的法律编纂成《票据法》（Bills of Exchange Act），该法曾被描述[15]为"议会历来通过的最好的律法"，凡是与汇票打交道的人都应该仔细研究该法。该法第3节对汇票所下的定义如下：

"……由一个人给另一个人签发的无条件的书面命令，要求受票人见票时或者于未来某一规定的或可以确定的时间，将一定金额支付给某一指定人或持票人。"

这个定义可用下面的图示表示：

伦敦，20××年1月10日

10 000英镑　于提出要求时* 付不列颠银行或其指定人** 一万英镑，对价收讫。

此致

出口有限公司

美国波士顿

进口公司

* 或是：于19××年3月10日

* 或是：见票后90天

** 或是：持票人（bearer）

一张汇票有三个原始当事人——出票人（drawer）、受票人（drawee）和受款人（payee）。在上例中，它们分别是出口有限公司（出票人）、进口公司（受票人）和不列颠银行（受款人）。出票人和受款人，或是受票人和受款人可以是同一个人，但是，如果出票人和受票人是同一个人，该汇票的持票人有权选择决定是把它作为本票（promissory note）还是作为汇票处理（《汇票法》第5节）。[16]

汇票的特征是：

（a）由汇票所产生的每一项债务均须在汇票上书面说明并经责任方签署（《票据法》第23节）。

（b）汇票所规定的债权可以很容易地通过汇票的"议付"（negotiation）转让，若汇票为远期汇票，如含有信贷成分，则通常是以折扣价买卖该汇票。如果汇票是持票人抬头，一经交付汇票，转让即告完成；如果是指示性抬头的汇票，则需背书和交付汇票，转让才告完成（《票据法》第31节）。[17]

(c) 只有持有汇票的人才有权要求履行汇票所规定的义务。这个人称为汇票持有人，《票据法》第 2 节规定该人可以是受款人、被背书人或是持票人，他是占有汇票的人。

(d) 汇票的受让人对于汇票可取得比其前手更为优越的权利，这对普通法原则来说是一个突出的例外（按照普通法原则，受让人不能取得比其转让人优越的权利）。这条规则的目的，是为了便利汇票的流通。

第 38 节第 2 章对该项规则明确规定如下：

“如果他（即持票人）是一个‘正当的持票人’（holder in due course），他持有的汇票不因其前手在权利方面有任何缺陷而受到影响，同样也不受只存在于前手之间的个人抗辩力的影响，他可以向汇票的所有责任方要求付款。”

正当持票人是一个善意地付了对价，取得了一张表面完整合格的、未过期的汇票的人，他未发现该汇票曾被退票过，也未发现转让汇票给他的人在权利方面有任何缺陷（第 12 章第 9 节第 1 条）。持票人如从正当持票人处取得汇票的所有权，而其本人又不是对汇票有欺诈行为或非法行为的参与者，则对承兑人和所有该持票人的前手当事人而言，具有该正当持票人所有的全部权利（第 29 节第 3 条）。根据第 29 节第 3 条，当汇票议付给一个正当持票人，但是而后遭到拒付时又退票给出票人时，结果是后者具有正当持票人的全部权利。[18]每一个汇票的持票人在表面上都被认为是正当的持票人，但如果承认或被证实汇票的承兑、签发或者随后的议付因欺诈[19]、胁迫或暴力和恐吓而受影响，则举证责任因此移至该持票人，该持票人需证明：首先，他是在被指控欺诈或非法行为后取得汇票；其次，他是以善意取得汇票者（第 30 节第 2 条）。[20]

应该注意到，一张汇票代表的并不是一项单独的债权债务关系，而是一系列的债权债务关系，这些关系尽管在许多方面是互不相关的，但是，由于它们体现在同一张票据之内，所以在其他许多方面确实紧密地互相联系在一起。一般而言，所有三个原始当事人都得对汇票的偿付负责：出票人因为开立汇票而负有责任（第 55 节）；受票人通过在汇票上写上承兑字样（通常是横写于汇票的正面）而成为承兑人（acceptor）（第 17 节）；受款人在汇票议付时背书而成为背书人（endorser）（第 52 节第 2 条 a 款）。有时一张汇票可能会被认为是不合格的，比如说如果汇票上面的背书是不合格的。“背书在什么情况下是不合格的呢？Denning 法官认为只要足以引起‘是否是指定受款人的背书’这样的疑问时，它就是不合格的。汇票同货币一样，它必须是无可置疑的。”[21]

原则上，每一个签署汇票的人（即使只是“背书人”）都对汇票负有责任[22]（第 56 节），但是，出票人或者背书人可以通过在其签署上加注“不得追索”（without recourse）字样而免除责任。

此外，作为出票人、背书人或者承兑人而在汇票上签字的人，可以通过在签字时加注说明他是代表委托人，或者只是以代表身份签署的字样来免除责任[23]；但是，如果加注的只是诸如“佣金代理人”或者“公司董事”之类的形容词，则不足以免除个人的责任（第 26 节第 1 条）。

支付汇票的第一债务人就是汇票的受票人，出票人和背书人只是对追索负责，例如，如果受票人对汇票拒付时，他们（出票人和背书人）就会收到来自持票人或者一个后来的背书人的拒付通知。退票就是一个充分的拒付通知（第 49 章第 6 条）。

即期汇票（sight bill）如果在提示付款时未得到付款则为拒付，远期汇票（time bill）如果在向受票人提示承兑时未被承兑或者未被付款则为拒付（除非提示已过期）。当汇票为见票一段时间后付款时，必须提示承兑，以便确定该汇票的到期日（第 39 节第 1 条）。当然，在即期汇票的情况下就不需要提示承兑。在远期汇票的情况下，汇票票面所规定的最后一天即为汇票的到期日和付款日，如果那一天是非工作日，则顺延到接下来的工作日。[24]

汇票的提示付款必须“在营业日之合理时间内，持票人或有权代持票人收款之人在本法下文规定之合适地点，向汇票上指定为付款人之人或有权代付款人付款或拒绝付款之人做出。上述之人为经合理努力可找到之人”（第 45 章第 3 节）。此外，持票人应向被要求付款之人展示汇票并在获得偿付后将汇票交付给该付款的当事人（第 52 章第 4 节）。

1996 年的《放松（汇票）管治令》[25]现在允许托收银行通过电子方式或其他方式通知支票的重要特征来提示付款支票，而不是提示支票本身。[26]

出票人或任何背书人可以在汇票上加注一个人的姓名以使持票人在遭到不承兑或者不付款而退票时，可向该人提出要求（第 15 节）。这种人被称为“需要时的委托人”（the referee in case of need）。汇票在送交这种委托人以前必须做出拒绝证书或者拒绝记录（第 67 章）。[27]在英国，在汇票上列明需要时的委托人这件事只是选择性的，而在许多国外的国家则是强制性的。

在一般情况下，开立汇票时需要列明付款日期。汇票要么是即期汇票，要么是远期汇票（银行术语也叫“term bill”或者“usance bill”，后者最初指在特定贸易项下为了一个时期的商业惯例而开立的远期汇票）。在《票据法》第 10 章第 1 条中对即期汇票下的定义是：

“(a) 明确表示要求见票时或者提示时即付的汇票；

(b) 没有明确表示付款日期的汇票。”

远期汇票是一种在将来的固定日期或者是将来可确定日期付款的汇票（第 10、第 11 节）。在后者的情况下，通常是在开票日或者见票后的一个固定时期付款，例如“见票后 90 天”。付款日期不确定或者根据某一种偶然的条件付款的汇票，从法律意义上来讲，并不是汇票。由此可见，凡是“在某一天或以前付款”[28]、“最迟某一天付款”[29]、“见票后付款”或“船到……港时”[30]付款的汇票都是无效的。

付款地点由出票人在汇票上予以规定。如果出票人未予规定，则由承兑人在承兑汇票时予以规定。汇票通常是在银行付款，但这并非法律要求。在规定某一特定地点作为付款地点的情况下，该地点并不能被认为是唯一的付款地点（第19节第2条c款），可以在另一个地点向承兑人起诉要求付款。但是，如果已经明确规定该汇票只能在该指定地点而非其他地点付款，则只能在该地点向承兑人起诉。如果承兑人在承兑时加注一个单一的付款地点，持票人就有权将之视为有保留的承兑，把汇票视为已被退票（第44节），但是，如果该付款地点并不是唯一的付款地点，他就不能要求这种权利。在一个诉讼案中[31]，一个波兰的公司向"伦敦明新街庄园大厦XY公司"开出一张"在阿姆斯特丹AB银行"付款的汇票，开票日期是1939年5月1日，规定于1939年11月1日以荷兰盾付款。该汇票已经由XY公司按时承兑，但是，由于第二次世界大战的爆发，未能在阿姆斯特丹提示。尽管付款地点是荷兰，规定的货币是荷兰盾，法院还是判决原告有权向伦敦XY公司收回货款，因为没有规定阿姆斯特丹是唯一的付款地点。

□ 国外汇票

1882年的《票据法》包含处理外国汇票的重要条文。[32]国外汇票是这样的一张汇票： 9—005

(a) 它是由一个非居住于不列颠群岛的人开立的[33]；

(b) 或是由一个居住于不列颠群岛的人向一个居住于国外的人开立，并在国外付款的。

所有不符合上述规定的汇票都是国内汇票（第4节）。应该注意的是，在国外付款或是受票人居住在国外的汇票并不一定是国外汇票，只有这两种因素兼备的汇票才是国外汇票。然而，凡是由住在国外的出票人开具的汇票都是国外汇票。凡是无法肯定是国内汇票还是国外汇票的汇票，均按照国内汇票处理（第4节第2条）。国内汇票和国外汇票的主要区别在于，后者在遇到不承兑或不付款造成退票时，规定必须出具正式的拒绝证书（第51条），而国内汇票却无须出具这种证书。在这方面，英国的法律和许多国家的法律不同，后者可能对国内汇票同样要求拒绝证书。鉴于英国法律在这些问题上和其他方面与外国法律存在着差异，了解出票人的义务是由英国法律还是由某一特定的外国法律体系管辖就往往是非常重要的。《票据法》第72节就汇票的法律冲突问题规定了详细的规则。[34]

对于规定使用外国货币但在英国付款的汇票，可以在英国法院裁决，仍使用外币支付。[35]

□《联合国国际汇票和国际本票公约》(1998)

从全球来看，世界上的票据法分为两个体系，它们是在日内瓦大会建立的日内瓦体系（它被用于实行了民法的国家）[36]和英美法体系（它被用于英国、大多数的联邦国家、美国以及其他实行了普通法的国家）。 9—006

为了协调这两大体系，联合国国际贸易法律委员会准备了一个《联合国国际汇票和国际本票公约》[37]，该公约于1988年12月9日在联合国代表大会上通过，该公约的宗旨在于创立一种特殊的票据，以使得从事国际贸易的人士用其来代替现有的支付工具或信贷工具。只有在有问题的票据被认定是“国际汇票（《联合国国际贸易法律委员会公约》）”或者“国际本票（《联合国国际贸易法律委员会公约》）”，并且这种认定必须出现在该票据抬头和文本内容中时，本公约的条款才能被使用。

在本书写作时，该公约还未在英国采用。它将会在十个州通过或者使用该支付工具的十二个月后开始实施。

□ 有附加条款的汇票

9－007 出口贸易惯常使用的汇票并不是像以上9－003段所述的那种简单格式的汇票，它往往还有一些附加条款。以下就是出口交易中使用的一种汇票的示例：

1285号

利物浦，20××年
2月15日

10 000英镑　见本汇票第一联（日期及期限相同的第二联和第三联未付）后90天付给不列颠银行或其指定人10 000英镑，按代收行出售伦敦即期汇票的牌价支付，另加年利12%，按出票日至汇款应到达伦敦的日期计息，对价收讫。

出口有限公司

此致
美国波士顿
进口公司

应该特别注意按照特定汇率付款或在应付金额之外另加利息或特定费用的条款。因此，应把所规定的“按代收行出售伦敦即期汇票的牌价支付”的款项和所列的“年利12%……按出票日至汇款应到达伦敦的日期计息”一并加到应付金额之内。这类条款极为普通，尤其是用外币支付的条款更加如此，因为买方所在地和卖方所在地一般存在着各种通行货币的不同兑换率，而且在议付汇票时，不可避免地会发生一些从属费用，例如银行费用或者外国印花税等。即使在必须用英镑汇票付款的场合中，为了确切规定有关当事人在汇率发生任何不可预料的波动时所应负的金融责任，在汇票上加注汇率及费用条款也是可取的。

下面是在出口交易的汇票中常用的“浮动”汇率条款：

(a) 按伦敦银行即期汇票买入价付款；
(b) 按代收行电汇卖出价付款；
(c) 按代收行向伦敦开出的即期汇票卖出价付款；

(d) 按代收行向伦敦开出的见票后 90 天汇票卖出价付款；

(e) 用经认可的在伦敦付款的银行汇票偿付，汇率以背书时为准。

这些条款，有一些是习惯用于特定国家的贸易，其他一些则是用于买方按特殊方式取得资金融通的场合。因此，"汇率以背书时为准"的条款主要在卖方向银行贴现汇票时使用，银行事后在将规定的货币兑换成受款人的本国货币时，就将它的贴现利息部分包括在应付金额之内。[38]

同上述条款一样，以下也是一些有关费用和利息的条款，以下条款有时是结合起来使用并附加于汇率条款之上的：

(a) 自出票日起至汇款应到达伦敦之日止，利息按年利百分之×支付；

(b) 连同汇率付款；

(c) 按不蒙受汇率损失付款；

(d) 连同印花税一并付款；

(e) 连同银行费用一并付款；

(f) 连同代收行费用一并付款；

(g) 连同议付行费用一并付款。

如果汇票没有规定自开票日起付息，就只能要求自汇票到期日起计息（第 57 节第 1 条 b 款）。如果汇票没有规定受票人负担从属费用，则该项费用由出票人负担。

从法律的意义上来看，并不反对在汇票中加列汇率或偿付利息及费用的条款。1882 年《票据法》规定，汇票的金额必须是"一项肯定的货币金额"[39]，但是在第 9 节第 1 条中又补充规定：

"一张汇票的金额仍然是本法所指的肯定金额，尽管还要求支付——

(a) 利息

…………

(e) 按指定的汇率或是按汇票的指示确定的汇率付款。"

这种"自出票日起至汇款应到达伦敦之日止，利息按年利百分之×支付"的条款，在法律上的有效性是有争议的。澳大利亚的最高法院曾经根据这种条款的不确定性[40]，宣判过它在法律上是无效的，其主要原因是无法从汇票表面的任何词句确定利息的终止日期。然而，人们怀着无比的敬意提出，这种观点是不正确的。1882 年的法律第 9 节第 1 条 a 款明确规定了要求支付利息并不会使汇票丧失法律效力，利息的支付只是纯粹从属于本金的支付，因而对像利息和汇率这类从属金额，就不能像对本金那样要求严格准确。但是汇票上面必须明确规定汇率。伦敦的银行有时会以这种条款不明确为理由而拒绝接受，但至今为止人们还没有要求英国法院就这种条款做出解释规定。

"按不蒙受汇率损失付款"的条款旨在保障出票人免遭汇率发生不利变动的损失，特别是要避免由买方把本国货币存入银行至该银行（或外国中央银行）遵照外汇管制条例，将之折成外币的这段时间内，汇率变动的损失。

按外币表示的汇票无须规定汇率条款。1882 年《票据法》第 9 节第 1 条 d 款的规定完全是随意性的。[41]对于未加注汇率条款，汇率也无法参照行业惯例予以确定的汇票，根据汇票付款日在付款地的即期汇率计算（第 27 节），不过，除了主张使用这种汇率之外，法院也可以对汇票所规定的外币做出判决，在这种情况下，兑换成英镑的日期就是判决执行的日期，即实际上的付款日期。[42]

□ 跟单汇票

9—008 卖方通常在开给买方的汇票上附有他所出售商品的提单，这种汇票称为“跟单汇票”（documentary bill）。出具跟单汇票的目的主要在于，确保只有在买方按照双方当事人的安排首先承兑或者偿付跟单汇票后，他才能取得提单和提单所赋予的货物处置权。如果买方拒付汇票，他就必须退还提单，即使他错误地保留提单，法律上也仍然认为已售出货物的所有权并没有转移给他。[43]

跟单汇票有时也包含清楚写明与该汇票有关的出口交易的文句。这种申明虽然明显多余，但是它不会使汇票失效（第 3 节第 4 条 b 款）。这种做法方便易行，有利于仔细审查汇票和单据，而这些审查则是办理出口贸易资金融通业务的人们的首要责任。

□ 保付汇票

9—009 保证（aval）就是一个想为汇票“担保”并保证付款给正当持票人[44]的人在汇票上签名。Blackburn 法官[45]将“保证”这一术语描述为一个古老的意味着“承诺支付”的词语。但是，受到大陆法系通行的影响，这一古老的词语在英国又被重新使用，特别是在与福费廷[46]联系在一起时。

第 56 节指出：

“当非汇票出票人或承兑人在汇票上签字时，他就因此承担了背书人对正当持票人的债务责任。”

尽管保证人承担了背书人对正当持票人的债务责任，但他并不是背书人。[47]根据观察，他是一个对汇票债务有直接责任当事方的保证人，该保证人所保证的债务人由在汇票上的保证文字来决定。他可能会为承兑人的付款提供保证，也可能为某个背书人提供保证，还可能为汇票所涉及的直接债务方、承兑人以及对追索有债务责任的人提供保证。

在 *G & H Montage GmbH v Irvani*[48]一案中，原告是一个德国公司，它在 1976 年向 Irvani 为董事长以及总经理的伊朗公司出售了三个冷藏库。购买价应由 30 张半年期的汇票支付，这些汇票可以在伦敦立即支付。原告向伊朗卖方寄送了 30 张汇票，被告 Irvani 按时承兑了它们并且在汇票背面签字。当原告将汇票送至其德国的银行（明显是托收）时，该银行建议应让被告在其签名上加注“对受票人视为保证人”字样。经被告授权后，原告加注了这些字样。在1979年2月的伊朗革命以后，有些未偿付的汇票遭到了拒付，但是却没有得到任何关于这些汇票被拒付的通知，在其中一些情况下，拒绝证书并没有在《汇票法》第51节要求的时间内做出。

原告在英国法庭上起诉从伊朗逃出来的被告Irvani的担保。Saville法官和上诉法庭决定，尽管他们依据的理由不同[49]，但是都对原告有利，两个法庭都认为第56节不能适用。它们认为，在第65节适用的情况下，对担保人的拒绝通知[50]是必需的，因为这是其责任的先决条件。

只有远期汇票，而非即期汇票，才能被保付。汇票的原始当事方之一，如开票人或者承兑人，不能自己为汇票保付，因为他在任何情况下已经对汇票负有责任，而保付，根据其本质，是将债务加于另外一个人身上，尽管他就变成了汇票的某一“当事方”[51]了。但是原始当事方自身的债务可以由第三方来保付。

根据规定，汇票只有在被受票人承兑以后才被保付。通常情况下，汇票由银行保付[52]，但是对于这个后果并没有法律来规定，任何一个签名能承担责任的人都可为汇票保付。银行通常通过在汇票上加盖“已保付”（per aval）字样或者类似的词语来对汇票加以保付，当然，这一批注必须由授权人签字。

商业上，有良好信誉的银行的保付是具有重要价值的。在金融机构通过福费廷安排或者类似的交易[53]为出口商提供无追索权融资时，它是担保的一种形式。因此，保证人对在汇票上加注其债务责任的收费就会很高。

保付也可以和运输单据联系起来应用。因此，如果在一个托收安排下，单据需要提交给汇票的承兑人（在买卖交易中，就是指买方），对其放单可能是他得到信誉良好的保付的一个先决条件。或者，相反地，承兑人可以将向其放单作为获得其保付的先决条件。这种融资方面和单据方面的结合与信用证交易有一些类似，但是它并不能代替后者，也没有给予出口卖方与不可撤销的保兑信用证相同程度的融资担保。

□套　票

如前所述[54]，卖方通常要向买方递交若干套运输单据，在这种情况下，卖 9—010
方的汇票就不是“单张”的，而是“一套几份”的，每份都附一套发送货物的运输单据，同时注明该套汇票共有几份，每一份都注明它是一套中的一部分。在上文（第9—007段）所举的实例中，“本汇票第一联（日期及期限相同的第二联及第三联未付）”字样说明，该汇票是一式三份。1882年《票据法》第71节第1条对这种做法有如下规定：

“如果开立的是一套汇票，其中每一份又都被编号，都提到其他各份，则所有份数构成一张汇票。”

这套汇票中的每一份都可能被背书，分别交给不同的人，但是受票人只会接受一份。如果他愚蠢到在一份以上的汇票上签字承兑，经他承兑的各份汇票又交到不同的正当持票人手中，那么他就得把每一份汇票看成是不同的汇票而对其负责。在正常情况下，偿付经过承兑的那份汇票就是清偿了整套汇票，承兑人有权要求交付那份承兑过的汇票。

□ 出口商对汇票的议付

9—011 出口商和所有其他商人一样，对其而言尽快让资金周转是尤其重要的。因此，出口商经常要求他的往来银行，用交由该银行托收[55]的跟单汇票作为抵押，给予垫款，或者是贴现或收购他有权根据买方的承兑信用证[56]开给通知行的汇票。一张经由银行承兑过的汇票在银行界被称为“易转手的汇票”(fine trade bill)。

在垫款的情况下，凭个别汇票给予的特定垫款不同于总额透支，后者是以银行所掌握的日常交来的托收汇票作为保证的。这类垫款的性质，从法律意义上来说，是属于银行向其客户的放款。[57]如果出口商不能履行债务，银行由于掌握了跟单汇票及其收益，处于有保障的债权人的地位。

在买方已经同意根据信用证支付货款的情况下，出口商如想在向通知行交单之前取得资金，可以拿开给买方或者银行的汇票到另一家银行议付[58]，取得现金。在这个问题上，银行把两种不同的交易区别开来，如果银行利息由出口商（出票人）付给，则称为贴现（discount）；如果由受票人付给，出口商按照汇票的票面价值收款，则称为购买（purchase）。一张汇票究竟是可购买的还是可贴现的，则要取决于汇票的条款。[59]贴现率在这里具有重大的实践意义。在法律上，已贴现汇票和已购买汇票没有区别，都是通过背书和交付，把汇票转让给银行，在这两种情况下，银行对出票人都有追索权。

在信用证项下对汇票的议付和对信用证本身的贴现有所区别，后者可能发生在信用证规定延期支付的情况下。[60]这一主题将在第11章详细讨论。[61]

□ 关于汇票的诉讼

9—012 法庭不愿意允许关于汇票行为的辩护，这在英国法律中由来已久。持票人有权为起诉要求即决判决[62]，并且在例外的情况下，被告可以不用反诉，或者遭遇违反基础合同的未清算的损失。

Wilberforce 法官在一个远期汇票，即在未来某个时期支付的汇票的案件中[63]，将其指为“延期的现金分期付款”，他说因为汇票是一项“书面的无条件命令”，正如在“英国法律第3节中……它不允许交叉诉讼，或者辩护，除非这种有限的诉讼是基于欺诈、无效或者对价无效而做出的”。[64]

在汇票的一个当事方违约的情况下，例如承兑人不付款而拒付，那么就可以依据1998年的《民事诉讼规则》第24部分对他做出即决判决申请。[65]抵销原则对汇票并不适用，但是信用证在新规则下仍适用。[66]

在《民事诉讼规则》第24.2条下，法院有权利对原告给出即决判决，如果具备以下条件：

(a) 原告没有希望赢得索赔或诉讼；并且

…………

(ⅱ) 被告没有希望成功抗辩，赢得索赔或诉讼；以及

(b) 没有其他理由表明应该在诉讼中处置该案件。

这一权利比在旧的《最高法院规则》下存在的权利还要广。Woolf 大法官如此形容它：[67]

"它让法院能够对没有实质性胜诉希望的原告或者被告进行即决处置，'没有实质性胜诉希望'这一用语并不需要任何证实，它们本身就可以证实。'实质性'这一用语是为了与不真实的申诉希望相区别……"

关于汇票的诉讼可能以索赔的形式开始，这就需要说明当事各方需要包含一个明确的关于索赔的本质申明，以及确定由索赔人寻求的补偿。[68]索赔的细节可以附着在索赔表格之后或者单独递交。[69]必须要至少在即决判决听证会通知的前 14 天内做出回应[70]，而文件和作用证据至少在听证会的前 7 天内做出回应。[71]申请人的证据回应，如果有的话，必须在听证会的前 3 天做出。[72]

一个索赔人可能会申请即决判决，直到被告对索赔已提出接受送达[73]，或被告因法庭允许提出抗辩，或者按程序规定的形式做出回应。

注释

[1] 参见下文第 9—008 段。

[2] 参见下文第 10—001 段。

[3] 参见下文第 11—001 段。

[4] 参见下文第 12—001 段。

[5] 参见下文第 13—001 段。

[6] SWIFT 是一个由环球同业银行金融电讯协会创建的独立网络，它的网站是：http://www.swift.com。参见 Geva，*The Law of Electronic Funds Transfer* (1992)；Brindle and Cox，*Law of Bank Payments* (3rd edn 2004)。

[7] 参见 W. W. Syrett，"Finance of Exports"，in *Talks about Exports*，published by the Institute of Export，Pitman，p. 44；关于对等贸易参见下文第 14—001 段。

[8] 参见下文第 18—001 段。

[9] 参见下文第 10—001 段。

[10] 参见下文第 11—001 段。

[11] 关于汇票，通常参见 Guest，*Chalmers and Guest on Bills of Exchange*，(16th edn，2005)；Elliott，Odger and Phillips，*Byles on Bills of Exchange and Cheques*，(27th edn，2001)；Chitty，*Contracts* (29th edn，2004)，Ch. 34；Hedley，*Bills of Exchange and Bankers' Documentary Credits* (4th edn，2001)。

[12] 这种支付方式的一个例子参见 *Credito Italiano v M Birnhak & Sons Ltd* [1967] 1 Lloyd's Rep. 314 at 320. 在 CFR 合同下双方当事人同意的一个类似的支付安排可参见 *Leigh and Sillavan Ltd v Aliakmon Shipping Co Ltd* [1985] Q. B. 350，CA；affd [1986] A. C. 785，HL，但是在这种情况下，汇

票须经买方的银行背书（这种情况下银行成为了这张汇票的背书人）。

［13］“bill of exchange”和“draft”的表述同义。

［14］关于议付，见下文第 9－011 段；关于即期汇票和远期汇票，见下文第 9－004 段。

［15］*Per* MacKinnon L. J. in *Bank Polski v KJ Mulder & Co* ［1942］ 1 K. B. 497 at 500.

［16］此处以及下文的参考资料均为《1882 年票据法》。

［17］自从《1992 年支票法》通过以来，带有“只能计入受款人账户”（account payee 或者 a/c payee）批注的支票不能转让，因此这种支票现在不再是可议付的工具；参见《1992 年支票法》第一章的补充部分第 81A（1）节。

［18］*Jade International Steel Stahl und Eisen GmbH & Co KG v Robert Nicholas （Steels） Ltd* ［1978］ Q. B. 917.

［19］“欺诈”在此处意味着普通的法律欺诈，例如商业诈骗：*Osterreichische Landerbank v S' Elite Ltd* ［1981］ Q. B. 565。

［20］*Bank of Cyprus （London） Ltd v Jones* （1984） 134 N. L. J. 522.

［21］*Per* Denning L. J. in *Arab Bank Ltd v Ross* ［1952］ 2 Q. B. 216 at 227. 其中“Face”的意思是指汇票的票面和背面。

［22］参见下文第 9－009 段。

［23］但是如果一张支票先被一个公司承兑，然后又被一个董事“以公司的名义”背书，那这个董事个人就对汇票有责任，因为这个公司在承兑行为发生时就对汇票发生了责任，那么他的承诺就必须约束他自己（S. 26（2））：*Rolfe Lubbell &Co v Keith and Greenwood* ［1979］ 2 Lloyd's Rep. 75；这是一个基于事实的决议，它并没有揭示一个通用的原则；也可参见 *Novaknit Hellsa SA v Kumas Bros International Ltd* ［1998］ C. L. C. 971，CA。

［24］英国《1882 年票据法》第 14 章第 1 条被《1971 年银行和金融交易法案》第 3 章第 2 节所代替。

［25］SI 1996/2993.

［26］参见《1882 年票据法》第 74B 章第 1 节（被《1996 年放松（汇票）管制令》第 4 章第 1 节修订）。

［27］参见下文第 9－005 段和第 10－003 段。

［28］参见 *Williamson v Rider* ［1963］ 1 Q. B. 89。

［29］参见 *Claydon v Bradley* ［1987］ 1 W. L. R. 521。

［30］在 *Korea Exchange Bank v Debenhams （Central Buying） Ltd* ［1979］ 1 Lloyd's Rep. 548 at 551，CA 中记载“在承兑交单后九十天付款”是“无用表述”，并且票据并非是在将来的固定日期或者是将来可确定日期可付款的票据，因此它并非汇票。也可参见 *Novaknit Hellas SA v Kumar Bros International Ltd* ［1998］ C. L. C. 971，CA；*Hong Kong and Shanghai Banking Corp Ltd v GD Trade Co Ltd* ［1998］ C. L. C. 238，CA。

［31］参见 *Bank Polski v KJ Mulder & Co* ［1942］ 1 K. B. 497。

［32］参见 Collins，Dicey，Morris，*The Conflict of Laws* （14th edn，2006），Vol. 2，p. 1804 *et seq*。

［33］“大不列颠群岛”包括大不列颠共和国及北爱尔兰联合王国、马恩岛、根西岛、泽西岛、奥尔德尼岛和萨克岛的任何部分，以及与它们之中任何一个毗邻的属于英国统治的区域。

［34］参见 Collins，Dicey，Morris，*The Conflict of Laws* （14th edn，2006） at para. 33－338 *et seq*。

［35］参见《1977 年司法管理法案》第 4 节（废除英国央行，ss. 57 （2）；72 （4）），也参见 *Barclays Bank International Ltd v Levin Brothers （Bradford） Ltd* ［1997］ Q. B. 270。

［36］1930 年 7 月，在对与汇票相关的统一法律的议题上产生了三个日内瓦公约，1931 年 3 月 19

日在日内瓦签署了关于与支票相关的同一法律的三个更深入的公约。

[37] 公约全文可以在以下网址找到：http://www. uncitral/org；也可参见 Ademuni Odeke，“*The United Nations Convention on International Bills of Exchange and Promissory Notes*”[1992] J. B. L. 281。

[38] 考虑到货币可能贬值，在背书时明确写明汇率的计算办法，而不依赖汇票正面的文字，这是可取的做法。参见 *Tropic Plastic and Packaging Industry v Standard Bank of South Africa Ltd* 1969 (4) S. A. L. R. 108；参见 the note in [1970] J. B. L. 121—122。

[39] 参见上文第 9—004 段。

[40] 参见 *Commonwealth Bank of Australia v Rosenhain & Co* [1992] Vic. L. R. 155（High Court of Australia）。

[41] *Cohn v Boulken*（1920）36 T. L. R. 767.

[42] *Barclays Bank International Ltd v Levin Brothers*（*Bradford*）*Ltd* [1997] Q. B. 270.

[43] 上文第 4—006 段提到的《1979 年货物买卖法》第 19 节第 3 条。*Leigh and Sillavan Ltd v Aliakmon Shipping Co Ltd* [1985] Q. B. 350，CA；affd [1986] A. C. 785，HL（但是，与这种情况相关的是接下来的第 1 条，而不是第 19 节的第 3 条）。关于 *Aliakmon* 的例子请参见前文第 2—030 段。

[44] 参见上文第 9—004 段。

[45] *Steele v M' Kinlay*（1880）5 App. Cas. 454 at 772.

[46] 参见下文第 13—009 段。

[47] 他有时被（不客气地）表述为拟背书人。

[48] 查阅 Saville 法官的决定，请参照 [1988] 1W. L. R. 1285，该案例收录于 [1988] 1 Lloyd's Rep. 460 *sub nom. Grunzweig und Hartmann GmbH v Irvani*。关于 CA 的决定参见 [1990] 1 W. L. R. 667。

[49] Saville 法官认为第 56 节不适用，因为原告不是正当持票人，根据德国法律，被告是作为一个担保人而非背书人而负有责任。上诉法庭则认为德国法律应为约束该保付的法律（尽管汇票是在伦敦被拒付的），而在德国法律的规定中，并未要求向担保人发出拒付通知。

[50] 并且还要同票据法规中关于向背书人追索的其他规定保持一致，例如有效拒绝证书。

[51] 一旦担保人是汇票的某一“当事方”了，第 72 节就适用，*per* Saville J. in *G & H Montage GmbH v Irvani* [1988] 1 W. L. R. 1285 at 1295。

[52] 银行加注保付与银行开出的承兑信用证的区别在于，前者银行作为一个局外人，在承兑人的签名下加注其签名，而在后者的情况中，汇票由银行开出，并且银行是作为汇票的原始当事方之一签名的。

[53] 参见下文第 13—001 段。

[54] 参见上文第 2—021 段。

[55] 关于托收安排，见下文第 10—001 段。

[56] 关于信用证，见下文第 11—001 段。

[57] *Plein & Co Ltd v Inland Revenue Commissioners*（1964）175 L. T. Rep. 453.

[58] 关于通知行被授权议付由卖方开出的汇票的议付信用证，见下文第 11—024 段。

[59] 参见上文第 9—007 段。

[60] 参见 *European Asian Bank AG v Punjab & Sind Bank*（*No. 2*）[1982] 1 W. L. R. 642。

[61] 参见下文第 11—024 段。

[62] 大部分国家也允许在汇票违约情况下的即决审判。

[63] *Nova*（*Jersey*）*Knit Ltd v Kammgarn Spinnerei GmbH* [1977] 2 ALL E. R. 593 CA.

［64］这一规定现在已经被扩展到包括直接扣款指示，这种直接扣款指示被认为等同于支票：*Esso Petroleum Co Ltd v Milton*［1997］1 W. L. R. 938，［1997］2 ALL E. R. 593，CA。

［65］本文中这一言论可以援引以下案例证明：*James Lamont & Co Ltd v Hyland Ltd*［1950］1 K. B. 585；*Brown Shipley & Co Ltd v Alicia Hosiery Ltd*［1996］1 Lloyd's Rep. 668；*Nova (Jersey) Knit Ltd v Kammgarn Spinnerei GmbH*［1977］1 W. L. R. 713；［1997］2 ALL E. R. 463，HL。也可参见 Lord Denning M. R. in *Power Curber International Ltd v National Bank of Kuwait SAK*［1981］2 Lloyd's Rep. 394 at 398；*Continental Illinois National Bank & Trust Co of Chicago v John Paul Papanicolaou；The Fedora，Tatiana and Eretrea II*［1986］2 Lloyd's Rep. 441 at 445；Chitty，*Contracts*（29th edn，2004），para. 34－097。

［66］参见 *Safa Ltd v Banque du Caire*［2000］2 Lloyd's Rep. 600 at 606。

［67］*Swain v Hillmann*［2002］1 ALL E. R. 91 at 92.

［68］CPR Pt 16.

［69］PD16 para. 3.

［70］CPR r. 24. 4（3）.

［71］CPR r. 24. 5（1）.

［72］CPR r. 24. 5（2）.

［73］CPR r. 24. 4（1）.

第10章 托收安排[1]

10—001 如果交易方没有安排在出口商的国家偿付货款，就会发生如下问题：由谁在买方所在地向买方提示卖方给买方的汇票？如果是跟单汇票[2]，由谁在买方承兑或支付票款以后向其提交运输单据？在通常情况下，出口商要求他的银行在国外安排汇票的承兑或付款，该银行则通过它自己在卖方所在国的分行或代理行完成这项任务。卖方有时把这些任务委托给他的代表或者子公司（如果他在买方的营业地点有代表），或者其运输代理人。

卖方发出的有关提示汇票要求承兑或者付款的指示要经过辗转传递，而且需要在国外办理。这些指示必须明确、全面，能够应付在执行过程中可能发生的各种偶然情况。银行要求客户通过填写“跟单汇票托收申请书”（documentary bill lodgment form）发出指示，这种表格是为了在各种可能情况发生时都能获得相应指示而设计的。

在现代实务操作中，跟单汇票托收申请书是以表格的方式呈现的，这个表格包括在正常商务流程中可能发生的各种偶然情况，银行要求其客户填写完整个表格并且列出他想要给银行的所有指示。接下来就是空白处，以便让银行的客户写下他们想做出的进一步指示。[3]

□《托收统一规则》

10—002 《托收统一规则》（1995年修订版）统一了商业银行在托收安排方面的做法，该规则是由国际商会制定的一系列全球认可的规则条例。[4]《托收统一规则》本身并没有法律效力，它只有当有关当事人在合同中予以规定时才适用。[5]这种做法相当普遍，特别是在卖方所指定的托收行和按照托收行的指示，在买方所在地向买方提示汇票的代收行之间的业务往来中尤其如此。如有需要，一些特殊条款也可以应当事方的要求清楚地排除在外。

现行版本的《托收统一规则》[6]明显比以前的版本详细许多，该规则被分为七个部分。第一部分包括“通用条款和定义”，这其中包含下述有意义的规定。

在第2条a款中，“托收”意味着银行根据委托指示处理单据以便：

“（ⅰ）取得承兑及（或）付款，或者

（ⅱ）凭承兑及（或）付款交出商业单据，或者

（ⅲ）凭其他条件交出单据。”

在第2条b款中，“单据”意味着金融单据及（或）商业单据：

“（ⅰ）‘金融单据’指汇票、本票、支票、付款收据或其他用以取得付款的类似凭证；

（ⅱ）‘商业单据’指发票、运输单据、物权凭证或者其他类似的单据以及任何非金融单据。”

在第2条c款中，“光票托收”是指“金融单据不附带商业单据的托收”。在第2条d款中，“跟单托收”是指以下托收安排：

“（ⅰ）金融单据附带商业单据；

（ⅱ）商业单据不附带金融单据。”

在后一种跟单托收中，托收行向买方提示商业单据和金融单据。对出口商有利的就是这种形式的托收安排。

在第3条中，托收业务办理涉及的当事方被定义为：

(a)“委托人”（第3条a款（ⅰ））是指“委托银行办理托收业务”的当事方（通常是卖方）。

(b)“受票人”（第3条a款（ⅱ））是指“根据托收指示向其做出提示”的当事方。

(c)“代收行”（第3条a款（ⅲ））是指“除托收行以外，参与办理托收指示的任何银行”。

(d)“提示行”（第3条a款（ⅳ））是指“向受票方做出单据提示的代收行”。

《托收统一规则》规定[7]，所有汇款的托收均必须附有由托收行送交代收行的托收委托书，该委托书须详细列出全面、明确的指示。只允许代收行按托收委托书的指示行事。[8]第4条b款列出了在每一项指示中必须包括的详细内容，并且指出每一项指示都必须明确指出委托人、受票人、托收行以及提示行，它还须明确表述托收金额和应付币种，列明所附单据、凭以交付单据的条

件、其他与利息和费用有关的事项，并指出付款方式以及当遭到拒付时应采取的行动。

在跟单托收时，出口商必须用托收申请书指示托收行，后者则在委托书中指示代收行：单据究竟是在承兑汇票（D/A）时交付，还是在实际付款（D/P）时交付，抑或是根据特殊指示交付（这就必须在托收委托书中说明）。委托书还须给出在拒绝付款及（或）拒绝承兑的情况下单据是否必须交给一个“需要时的委托人”[9]的指示，以及这一委托人的权限是什么，买方在（汇票）到期前付款是否有折扣，如果（买方）没有赎单的话货物是否要存仓，需要上什么保险。

根据第12条a款，银行必须保证它接收到的单据和托收委托书中列明的单据表面一致。如果不能做到这一点，就必须通知发出指示的一方，“以电信的方式，如果该方式不可能，则应以其他快捷的方式，不得延误”，明确指出任何单据短缺或者单据非托收指示所列的情况。代收行必须立刻通知托收行托收的情况[10]，并且该通知必须[11]要有相应的详情，托收行必须就通知的方法向代收行给出清楚的指示。第26条c款列出了三种类型的通知，也就是付款通知、承兑通知[12]以及不付款和（或）不承兑（即拒付）通知。付款通知必须包括：(a) 托收总金额；(b) 手续费和（或）支付款和（或）费用额以及，(c) 资金的处理方式。[13]

第13条[14]免除了银行对公司的单据完整性和真实性的责任。根据第14条，银行还对许多事件造成的后果免责，例如单据和信息在传送过程中的延误、信息传递过程中的丢失与损坏，以及由于收到任何指示需要声明而造成的延误。另外，银行对在汇票、本票或者类似单据上任何签字的真实性不负责任。[15]

□ 拒付（dishonour）

10－003 在托收指示中应加入对代收行在发生拒付时应采取何种行动做出的特别指示，这些指示需要明确指出在汇票拒绝承兑或拒绝付款时有关公证文件或拒绝证书（或者是其他合法的替代）的事项。[16]如果缺少这种指示，银行就没有义务为单据出具拒绝证书。所谓公证文件，是指在汇票拒绝承兑或者拒绝付款时，取得一项由公证人在汇票上做出的记录。在实践中，这项由公证人签署并加盖日期的记录，对所有当事人来说，就是汇票已经遭到退票的充分证明，只有在特殊情况下，比如这件事引起诉讼时，才需要向公证人取得一份正式的拒绝证书。根据英国法律，如果一张汇票已经在退票日当天或紧接着的第二个营业日公证[17]过，那么，拒绝证书可以在以后做出，其日期可按公证日期回填（1882年《票据法》第51节和第39节）。

托收指示可包括其他附加的要求，例如出口商可以要求代收行在“遭到拒付时电告”。

□ 与托收指示相悖交单

如果代收行在与托收指示相反的情况下交单，比如，未坚持在远期汇票付款或者承兑后交单，那么银行就对卖方因违反合约[18]以及变换单据造成的损失负有责任。 **10—004**

信托收据下放单

代收行有时会发现它自身处于一种困境中，他意识到如果他没有按照托收指示中列明的情况放单，特别是提单，他就承担了相当大的风险，另一方面，买方可能是他的客户之一。在这种情况下，一旦买方破产，那么买方的赔偿将不会对银行有好处。因此，银行可能会试图在信托收据下，在单据到期日以前提前放单。信托收据构成了一份真实的信托合同，买方是受托人，银行是受益人，受托财产就是提单、买方从运输工具上获得商品以及如果买方有权出售这些商品他所得到的销售收益。[19]在这种信托收据下，买方需要偿还货款给银行（他可能在得到售出商品的销售收益后能够偿还），从而改善代收行因托收指示而处于的不利状况。在另一种形式的信托收据下，买方没有权利出售他从运输工具上获得的商品，但是他有权以银行的名义对货物进行仓储并将仓储收据交付给银行。然而，据观察，一旦信托收据下的放单没有如计划发展，除非代收行从卖方处获得了指示，否则他就会对卖方负有责任。更糟糕的是，如果一个有商业代理资格的买方违反由信托收据构成的信托合同，将提单卖给一个善意的买家，那么该善意的买家对商品的所有权要胜过银行。[20] **10—005**

在 *Midland Bank Ltd v Eastcheap Dried Fruit Co*[21]一案中，银行收到的指示是收到现金货款时交单（包括提单）给买方。[22]作为代收行的银行并没有在收到现金付款后交单，而是在一张"托收批注"下交单了，该批注指出仅仅是为了检查货物而交出，单据留给买方托管，如果买方没有立即付款，则必须将单据退还。买方则将单据卖给了一个善意的买家，银行付款给了卖方并起诉了买方。上诉法庭判定买方因违反合约以及变换单据须对银行负责。

注释

[1] 参见 Benjamin (7th edn，2006)，Ch. 22，para. 22—067 *et seq*。

[2] 关于跟单汇票，可以参见前文第 9—008 段。

[3] 参见，例如，被广泛应用的 SITPRO 托收请求的标准格式。

[4] 国际商会第 522 号文件。这些规定于 1996 年 1 月 1 日生效。也见 *ICC Uniform Rules for Collections: A Commentary* (*Brochure No*. 550) 和 *ICC Guide to Collection Operations for URC 522* (*Brochure No. 561*)。《托收统一规则》不应该与《跟单信用证统一惯例》混淆；关于后者，见第 11—004 段。关于银行表示坚持使用《托收统一规则》的国家和地区可以从国际商会得到。它的网址是：http://www.iccwbo.org。

[5] URC Art. 1 (a). 注意，在单据在跟单信用证项下议付的情况下时，《托收统一规则》不适用。

[6] 也就是说 URC 522。《托收统一规则》最早是 1956 年出版的，1967 年以及 1978 年都作过修订。

[7] 见第 4 条 a 款（ⅰ）。

[8] 在第 4 条 a 款（ⅱ）下，银行为了获得指示将不检查单据，而在第 4 条 a 款（ⅲ）下，银行将对除了从其处得到托收的当事方以外的任何当事方的指示都不予理会。

[9] URC Art. 25.

[10] URC Art. 26.

[11] URC Art. 26（a).

[12] *Cf.* the earlier position under URC 322，as expressed by Longmore J. in *Minories Finance Ltd v Afribank Nigeria Ltd* [1995] 1 Lloyd's Rep. 134.

[13] URC Art. 26（c)（ⅰ).

[14] 参见 UCP 600 第 34 条以及 UCP 500 第 15 条。

[15] URC Arts 22 and 23.

[16] URC Art. 24.

[17] 参见上文第 9－004 段。

[18] 卖方和代收行之间存在合同的当事人的关系，因为在托收的程序中，当托收行将卖方的指示传递给代收行时，它就作为了卖方授权的代理人，参见 *Calico Printers Association Ltd v Barclays Bank* (1930) 36 Com. Cas. 197，CA。又参见 Rix 法官在 *Bastone v Firminger Ltd. v Nasima Enterprises (Nigeria) Ltd* [1996] C. L. C. 1902，QBD 中的评论。

[19] 一份信托收据不是在《1978 年买卖契约法》意义下的买卖契约，所以也就不需要根据《1985 年公司法》第 396 节第 1 条（c）登记为一项指控。

[20] *Lloyd's Bank v Bank of America National Trust and Savings Association* [1973] 2 K，B，631；[1938] 2 K. B. 147；见下文第 27－017 段。

[21] [1962] 1 Lloyd's Rep. 359.

[22] 这个案例并不涉及跟单汇票，但是代收行收到指示，要求收到单据时即付。

第 11 章 信用证

信用证的性质

11—001 信用证（letter of credit）[1]，又被称为跟单信用证（documentary credits）或者商业信用证（bankers commercial credits），是商品出口贸易中最常用的结算方式，它被英国法官称为“国际商业贸易生命的血液”。[2]法官 Donaldson 和法官 Ackner 都赞同说：[3]

“不可撤销信用证和银行保函（在它与不可撤销信用证等价的情况下）被

认为是国际商业贸易生命的血液。除非在国际商业贸易中发生诈骗，否则法庭的干预就会造成血液流通不畅，进而会扰乱将信用证作为手中的现金一样对待的商业惯例。”

信用证有很多种，其中最重要的差别是在可撤销和不可撤销信用证以及保兑和非保兑信用证之间。[4]所有信用证的共同特点是，根据买卖双方在交易合同（基础合同[5]（underlying contract））中达成的协议，买方通常安排一家银行，在接收到特定的单据（通常包括运输单据）提示并且信用证规定的以及银行向卖方提出的其他条件达到时，向卖方支付货款（通常在卖方营业所在地）。在接收到单据提示时，银行会按照信用证条款，立即支付货款、延期支付货款或者承兑或议付一张由卖方开出的汇票。[6]

信用证交易的关键在于它的跟单特性，也就是说，在货物由一张提单代表的情况下，这一物权凭证就被用来作为整个交易过程的资金融通工具。Wright法官[7]对信用证的作用作了如下描述：

“国际商业的一般过程包含用单据筹措资金的做法，以此来弥补装船和交单付款之间的时间差。”

对于国际贸易中应用的银行信用证的这种跟单特性怎样强调也不过分，银行之所以愿意向出口商提供资金，是因为它掌握了运输单据作为垫付货款的担保品，而且必要时可以向开证行行使追索权，而开证行则可以转而向买方（发出指示的客户）行使追索权。由于运输单据中包括提单，银行一律要求提交整套的正本提单，不然的话，不诚实的托运人就可以用其中的一份取得跟单信用证项下的款项，而用该套提单的其他几份正本作为抵押品，从其他银行取得垫款。[8]

□《跟单信用证统一惯例》

《跟单信用证统一惯例》统一了商业银行在跟单信用证方面的做法，该规 **11—002**
则是由国际商会制定的一系列规则条例，通常它们被称作UCP。这是在国际贸易法律中，统一化尝试取得的最大成功，经过七十多年的努力和定期的修订[9]，现在，UCP已几乎拥有了世界性的影响。现行的版本是于2007年1月1日生效的UCP 600。[10]尽管商业界认为从UCP 500过渡到UCP 600的时间很可能会比较短，但是由UCP 500引起的争端可能还会在英国法庭上持续相当一段时间。因此，在下文中，尽管原则上是要参考UCP 600的规定，但是在相关的时候也会参考UCP 500的规定。由UCP 600引起的主要改变将会在适当的标题中指出。[11]

根据UCP 600的陈述，它的目标之一就是“检查UCP中的用语和格式，以去除那些可能导致不一致的应用和解读的文字”[12]，并且新的版本采用了一套更为简便且更加精确的样式来起草，从而进行新的尝试并避免重复和模糊不清。

《跟单信用证统一惯例关于电子交单的附则》(eUCP)

11－003 国际商会也印发了《跟单信用证统一惯例关于电子交单的附则》[13]，发行的目的在于“适应单独提交或与纸质单据混合提交的电子记录的情形”。[14]该附则总共包括十二条，它作为 UCP 的一个补充，可以和 UCP 中的规则结合使用。更新版的 eUCP[15]于 2007 年 7 月 1 日生效。

UCP 的应用

11－004 只有当交易方清楚地将 UCP 在他们的合同中标明时，它才适用。UCP 600 第一条清楚地规定：

> “《跟单信用证统一惯例》，2007 年修订本，国际商会第 600 号出版物，适用于所有在正文中标明按本惯例办理的跟单信用证（包括本惯例适用范围内的备用信用证）。除非信用证中另有规定，本惯例对一切有关当事人均具有约束力。”

在英国法律中，UCP 并没有法律效力[16]，也没有贸易惯例的地位，而是根据第一条，只适用于交易双方清楚地将 UCP 在他们的合同中标明时。当和一家英国银行、一个国外的商业机构或者其他银行签订合同时，通常都是由英国银行在合同中标出 UCP，所以英国的法庭都很熟悉 UCP 的规定并且还经常对它们做出解释。[17]在美国的一些州，当交易方都同意使用 UCP 或者 UCP 在商业惯例上可用时，《美国统一商法典》(Uniform Commercial Code) 关于信用证的部分[18]就会被 UCP 所代替。在拥有全国性银行协会的国家，被银行协会的成员所通用的标准条件常常包含 UCP。如果在信用证交易中用到国际自动支付系统 SWIFT[19]，那么 UCP 就适用于银行之间以及银行与 SWIFT 之间的合同关系。

即使在 UCP 被全部或者部分采纳的地区，根据上文引用的第一条，交易方还是有自由从合同中剔除它或者剔除其中的一些部分。

国际商会已试图将与信用证有关的单据标准化，并且出版了《国际商会标准跟单信用证表格》[20]和 1993 年修订的指导守则。[21]有时，银行会要求由国际商会银行委员会出具它对 UCP 的应用和解释的观点，而已出版的观点[22]则是十分有价值的原始资源。

为了对 UCP 进行补充并为在信用证项下的审单操作提供指导，国际商会还发行了《国际标准银行实务》(ISBP)。[23]

UCP 600 比之前的版本包含了更少的条款，从 49 减至 38。它的变化都是对单独条款的介绍，包括定义[24]和解释[25]，这都是为了使 UCP 更易理解和使用，并且也淘汰了类似“合理时间”[26]和“表面上”[27]等词语。

在第二条可以找到信用证的定义，即（为了规则需要）：

> “信用证意指一项约定，无论其如何命名或描述，该约定不可撤销并因此构成开证行对于相符提示予以兑付的确定承诺。”

“兑付”一词是为了凸显开证行的义务而引入的，在第二条中对其定义如下：

"兑付意指：

(a) 对于即期付款信用证即期付款。

(b) 对于延期付款信用证发出延期付款承诺并到期付款。

(c) 对于承兑信用证承兑由受益人出具的汇票并到期付款。"

□ 信用证交易的步骤

如果是安排信用证付款，一般可以分为四个步骤： 11—005

(a) 出口商和国外买方在买卖合同中约定凭信用证付款。

(b) 国外买方指示在一家他的营业所在地的银行（称为开证行（issuing bank）），根据买方发给他的指示所规定的条款，开立一张跟单信用证给英国出口商。

(c) 开证行与一家在出口商营业所在地的银行（称为通知行（correspondent bank））商定，由通知行在卖方提交运输单据时议付、承兑或者支付出口商的汇票。

(d) 通知行通知出口商，将凭所提交的装运单据议付、承兑或者支付其汇票。通知行在通知时可以不附带自己的保证，也可以保兑开证行开立的信用证。[28]

有时，如果该银行在国外买方和出口商所在地都设有代表机构，则上述的（c）和（d）两个阶段可以合二为一，由开证行直接或通过其设在出口商所在地的分行，通知出口商已开立以他为受益人的信用证。

从上述分析可以看出两点。首先，对出口商非常重要的（a）和（b）两步，就是在与买方签订的买卖合同中约定最合适的信用证的种类，并从通知行处获得通知。

其次，一旦卖方在信用证到期日之前提交了严格相符的单据，对于开证行（如果是不可撤销信用证）和保兑行（如果是保兑信用证）来说，就要履行一份具有约束力的承诺。这个承诺本质上是由合同确定的，一家给出了这种承诺的银行将不会接受买方拒绝向履行信用证条款的卖方付款的指示[29]，并且也不会接受对信用证的撤销。

□ 两个基本原则

与信用证有关的法律都基于以下两个原则： 11—006

(a) 信用证的独立性原则；以及

(b) 信用证的严格相符原则。

□ 信用证的独立性

根据这个性质，信用证独立于买卖基础合同以及其他交易，并与它们是分 11—007
离的。一家参与信用证业务的银行需要关心的只是，由卖家提交的单据是否与指示中指定的单据相符。因此，信用证交易就是一种单据交易，对于基础合同是购买木材、原油还是机器，或者它是否牵涉其他的交易，这些都与银行无关。在信用证下银行应该拒绝付款的唯一例外情况就是，虽然卖方提交的单据表面上看起来相符，但是却能让银行满意地证明单据是造假的并且受益人（卖方）也牵涉在造假之中。[30]这也就是经常被提到的“欺诈例外”（fraud exception）。[31]

信用证的独立原则在 UCP 600 第四条[32]和第五条[33]中表述如下：

第四条

信用证与合同

a. 就性质而言，信用证与可能作为其依据的销售合同或其他合同，是相互独立的交易。即使信用证中提及该合同，银行亦与该合同完全无关，且不受其约束。因此，一家银行做出兑付、议付或履行信用证项下其他义务的承诺，并不受申请人与开证行之间或与受益人之间在已有关系下产生的索偿或抗辩的制约。

受益人在任何情况下，不得利用银行之间或申请人与开证行之间的契约关系。

b. 开证行应劝阻申请人将基础合同、形式发票或其他类似文件的副本作为信用证整体组成部分的做法。

第五条

单据与货物/服务/行为

银行处理的是单据，而不是单据所涉及的货物、服务或其他行为。

信用证的独立性的好处是，在某种程度上，它与汇票类似。[34]这一特点是被 Denning 法官在 *Power Curber International Ltd v National Bank of Kuwait* 一案中[35]记录的，他说：[36]

“每一家开立信用证的银行都应兑付它的责任，这是十分重要的。银行不可能关心买方与卖方之间可能产生的任何纠纷。买方可能会说商品并没有达到合同的要求，然而，银行必须兑付它的义务；买方可能说因为大量购买而要求扣除部分金额，但是银行仍必须兑付它的义务。给定商品的价格，一张信用证就像一张汇票一样，不允许任何撤销或者反申诉使之贬损：见 *Nova Jersey (Knit) Ltd. v. Kammgarn Spinnerei GmbH* 一案。[37]对于信用证而言更是如此。然而，汇票是由买方给卖方的，信用证则是由一家银行开给卖方的，并意图避免本质上撤销或者反申诉的任何事件。”

在这个案例中，科威特的分销商从美国北卡罗来纳州的 Power Cuber 公司购买机器，科威特国家银行开立了一张不可撤销信用证，指示在迈阿密的美国银行通过在北卡罗来纳夏洛特的一家银行通知卖方信用证已开出。机器按时被送到，但是科威特买方在科威特法庭向卖方提出了大规模的反申诉，并且从法庭得到了一个临时扣押令，尽管银行愿意兑付不可撤销信用证，但是扣押令阻止了银行向买方付款。卖方向英国法庭起诉了那家在伦敦注册的银行，Parker法官对银行做出了不利的即决判决，上诉法庭也同意这一判决，理由是来自科威特法庭的命令并不能影响银行兑付信用证的义务，并且该命令在境外也不具备效力。[38]从这个案例可以看出，在很多情况下，即决判决[39]都是针对在不可撤销信用证或者不可撤销和保兑信用证项下否认其义务的银行而做出的。而且，法庭一般会拒绝签发冻结令[40]，来阻止银行在信用证项下的付款。[41]然而，在适当的情况下，法庭还是有权签发针对受益人（卖方）的这种命令，冻结他在信用证项下从银行得到的款项。Denning法官曾经在一个案例[42]中说：

“这种禁令并不能阻止信用证或者银行保函项下的付款，但是对被告从银行处获得的款项有效。”

另一方面，一般认为[43]一家银行可以撤销对因为它自己对受益人的信用证债务而产生的违约罚金的偿付，只要对违约罚金的求偿是直接从同一笔与该信用证相关的交易中造成的。

严格相符原则

人们把银行有权拒收没有严格符合信用证条款的单据的法律原则称为严格 **11—008**
相符原则。这条原则（出口商往往不太喜欢）的理论依据是，通知行是开证行的特别代理人[44]，后者又是买方的特别代理人；如果得到有限授权的代理人所办的事情超越了授权范围（银行界的术语是：对它的委托），委托人就有权不承认该代理人的行为，该代理人就不能从其委托人那里获得补偿，必须自己承担该笔交易的商业风险。买方很容易在行市下跌的情况下以不符合信用证条款为理由，拒收银行已经接受的单据。因为银行经营的是金融业务，不是商品买卖[45]；在一般情况下，银行不具备关于某一特定行业的做法和惯例的专门知识。如果所交付的单据没有严格符合信用证条款并已被银行拒收，出口商应当立即同国外的买主联系，要求他通知银行接受该项单据。银行是拒绝背离它所得到的指示的，只要不是指示或《统一惯例》（如果使用的话）认可的，即使是细小的，显然是微不足道的背离，银行也不会去做，如果诉诸法律，银行的这种做法是得到法院支持的。Sumner法官用下面经典的表述来表达信用证的严格相符性：“对于几乎相同或者能起同样作用的单据是不会被接受的。”[46]

严格相符的原则可以通过以下案例说明：

在*Equitable Trust Company of New York v Dawson Partners Ltd*一案[47]中，被告向巴达维亚（即现在的雅加达）的卖方买了一批凡尼拉豆。他指示原告（银行）开立一张以卖方为受益人的保兑商业信用证，凭某些单据提供资金，这些单据包括一份由“检验员”（by experts）出具的品质证书。由于电码模糊不清，巴达维亚的通知行通知卖方该信用证凭交付一份由检验员出具的证书付款。卖方弄虚作假，所装运的货物大部分是废品，而检验人没有察觉这一欺诈。最高法院判决，原告（银行）无权向买方索偿，因为他违背了给他的提示，凭只有一个检验人，而不是至少有两个检验人出具的证书提供了资金。

在 *Soproma SpA v Marine & Animal By-Products Corporation* 一案[48]中，买主是一家意大利公司，它从纽约公司购买了一批智利全鱼粉。该公司使用伦敦谷物与饲料贸易协会的合同格式，条件是“CFR，萨沃纳”，同时规定，买方应通过一家纽约银行开立一张跟单信用证。卖方向银行提示的单据应包括空白抬头并标明“运费已付”的提单；此外还要有一张分析证明书，说明货物的蛋白质含量不低于 70%。该信用证受《统一惯例》(1951 年修订版）的约束。卖方交给纽约通知行的提单并不是空白抬头的，因而是不可转让的[49]，也没有标明“运费已付”，相反却注明“运费到付”；分析证明书说明，蛋白质的最低含量为 67%；发票上的货物名称虽然写上了“全鱼粉”，但是提单上只写了“鱼粉”。买方拒收了单据。随即（信用证的有效期已到），卖方直接向买方做了第二次交单[50]，补交一份表明他们已经付过运费的运费收据和一份蛋白质最低含量为 70%的分析证明书。买方仍然拒收第二次交付的单据。这项争议经在伦敦仲裁以后，提交英国法院审理。McNair 法官判决，买方拒收单据是合法的，理由如下：

(1) 第二次直接交付的单据与本案无关[51]，应完全不予理会；

(2) 第一次交付的单据，即提交给纽约通知行的单据，是有缺陷的，因为：

(a) 提单没有注明“运费已付”[52]，而且事实上是注明“运费到付”。再者，它不是空白抬头的，因而不是可转让的，结果它也不是 CIF 或者 CFR 合同下应交付的适当提单。

(b) 分析证明书标明蛋白质含量过低。

(c) 不过由于商业发票已经对该批货物做了正确的描述，在提单中使用总称（“鱼粉”）来描述货物即可。在这个问题上，该法官援引了《统一惯例》(1951 年修订版）第三十三条[53]的规定，即如果发票已就货物进行了正确的描述，提单用总称即可。

在 *J H Rayner & Co Ltd v Hambro's Bank Ltd*[54]一案中，通知行通知卖方以其名义的信用证已开立，需要提交能证明“科罗曼德尔落花生”装运的单据。卖方向银行提交了提单，提单上描述的商品是“机器去壳的花生仁”，在其边缘上注有“CRS”字样，也就是“科罗曼德尔”的简写，但是在发票中，商品被正确地描述为“科罗曼德尔落花生”。上诉法院认为，考虑到信用证的严格相符性，银行在该信用证下拒绝付款是正确的。McNair 法官正确地将 *Soproma* 案与 *Rayner* 案区分开来，因为《统一惯例》适用于前者但不适用于后者。

如果交付的单据有缺陷，而银行却根据保兑的跟单信用证偿付了货款，那么委托人——开证行或者买方——若是批准这种没有授权的付款，就是拒绝了索偿的权利。[55]在适当的情况下，委托人即便迟迟未采取行动或保持沉默，也会被认为有批准的意思。[56]委托人应该根据单据的表面价值予以拒收，假如买方明知单据不合格而又不采取行动，打算等货物到达目的港检验后才予以拒收，他就可能被认为已经批准了银行的付款。在 *Bank Melli Iran v Barclays Bank DCO* 一案[57]中，有一家伊朗的买方从英国的卖主购买了美国卡车。伊朗 Melli 银行根据买方的指示，开了一张信用证给卖方，Barclays 银行是通知行。开证行在发给通知行的指示中载明：该信用证是用来支付“一百部新的雪佛兰卡车”的货款，要求提示美国政府有关方面的证书。提交给 Barclays 银行的单据是含糊不清和互相矛盾的。发票上写的是这些卡车处于“新的状态”（in a new condition），政府的证书把它们称为“新的，好的”（new，good），而提货单却写成“新—好”（new-good）。Barclays 银行根据这些单据付了款，并将之转递给伊朗 Melli 银行。后者通知 Barclays 银行说，它认为该批单据有缺点，但没有拒收。况且，它后来还授权 Barclays 银行增加信用证的金额，买方也在第一批货款到达伊朗时进行了检验。

大约在六个星期之后，Melli 银行拒收了单据。McNair 法官决定：第一，该批单据有缺点，Barclays 本应予以拒收；第二，但在本案的情况下，Melli 银行已经批准了这项付款，因而丧失了拒收权。

□ 交给银行的单据

11—009 银行应该仅仅以单据为依据来判断是否履行了委托指令。[58]根据严格相符的原则，银行有权拒收卖方提交的没有把信用证规定的各种项目包括进去的单据。[59]除此之外，银行没有义务，也不应该超越这个权限顾及其他。特别是，银行无须关心它被要求获得的单据的法律意义和价值。按照要求的形式填制的单据，即使其法律价值似乎是值得怀疑的，对买方来说，仍然可能具有某种商业价值。正如 Devlin 法官所说[60]，“说明为什么要这样做的理由并不是银行的事”。一个例证是，信用证要求提单包含货物的具体说明，尽管由于提单载有“对于本提单可能填写的货物重量、尺码、唛头、个数、品质、内容以及价值，本承运人概不知情”的一般条款，所以在提单上记载这种说明是毫无价值的，但是除非另有其他的指示，银行仍然必须坚持在提单上填写规定的说明。不过，银行无须因为提单上“承运人对重量等等概不知情”的条款未被删去而予以拒收。[61]如果没有相反的指示，银行没有责任关心提单上这种“印成小字”的条款；它所必须做的，用 Salmon 法官的话来说[62]，就是“银行自己满意于提交给它的是正确的单据，单据上面没有船东或者托运人加上的可以被合理它解释为货物或者其包装可能存在缺陷的背书或者条款”。[63]

审核时间

11—010 UCP 400 并没有对审核单据的合理时间提供清楚的指导[64]，UCP 500 在这一方面与之显著不同，在 UCP 500 第十三条 b 款中做了如下规定：

“开证行、保兑行（如有），或代其行事的指定银行，应有各自的合理的审单时间——不得超过从其收到单据的翌日起七个银行工作日[65]，以便决定是接受或拒绝接受单据，并相应地通知寄单方。”

上诉法庭在 *Banker's Trust Co v State Bank of India* 一案[66]中就考虑了到底多长时间才属于合理的审单时间这一问题。在这一案件中，原告开立了一张由被告保兑的不可撤销信用证，该信用证受 UCP 400 约束。原告在三天内审核了 967 张左右的单据，并在发现单据不符时，通知了客户，也就是开证申请人。在开证申请人允许再次审核单据期间，72 小时又过去了。拒绝接受单据的通知是由原告在单据接收日后的第 8 个工作日发出的。原告认为，合理的审单时间应包括询问开证申请人的必要时间。Hirst 法官在一审中判定[67]，8 个工作日已经超过了原告审核单据的合理时间。上诉法庭再次确认了这一决定，认为银行审单的合理时间不应因为允许开证申请人对单据进行审核而延长，于是判定开证行在单据提示和拒绝接受单据之间的时间超过了合理的审单时间。[68]合理的审单时间的长短要视每个案例的具体情况而定，影响因素有提交单据的数目和复杂程度、语言、从运输工具提早到达的角度考虑的事情的紧急性需求，以及买方可能因为怀疑或者确定卖方欺诈而拒绝付款的情况。[69]在银行信托公司，被告援引专业证据，表明英国主要的票据交易行通常是尽量在收到单据后的 3 个工作日内，对单据做出接受或者拒绝接受的决定。[70]

按照 *Bankers Trust* 案例，UCP 500 做出修订，在第十三条 b 款中做出了将审单时间设为 7 个工作日的限定。[71]但是，多少天才相当于 7 个工作日，从而构成符合规定的"合理时间"这一问题引起了许多不同的解释，于是在 UCP 600 中删除了这些文字，取而代之的是现在的 UCP 600 第十四条 b 款的规定，即银行应有一个固定的最长审单天数，即自其收到单据提示次日起的 5 个银行工作日[72]，进而做出决定单据提示是否相符。

UCP 600 第十六条 d 款现在要求，在银行决定拒绝兑付或者议付的情况下，它必须在"不迟于单据提示次日起第 5 个银行工作日终了前"发出通知。[73]

单据不符

11－011 这一方面的法律被 John Donaldson 法官归纳总结如下[74]，其中他认为这些法律的基础是：

> "……银行毫不关心为什么买方会要求特定的单据[75]；几乎相同或者与所列单据起同样作用的单据不会被接受[76]；有时银行有权在任何含糊不清的授权上加上合理的解释，如果这个授权清楚，那么解释必须和这个授权保持一致[77]；单据必须迅速地被接受或者被拒绝接受，且没有任何拖延查询的机会[78]；提交的单据如果在合理审阅和理解后，还需要更进一步的探究或者会因此而进入法律诉讼程序，那么该单据就是不符单据。"[79]

因此，必须区分两种不同的情况，即可能在信用证指示（授权）中有含糊不清的表述，或者可能在所提交单据中有含糊不清的单据。

如果信用证指示模糊不清[80]，对银行而言最好的程序就是要求澄清，如果无法这样做，那么银行合理的举动会受到保护。Diplock 法官说：[81]

“如果银行从它的客户处接到含糊的或者不清楚的指示，它只要对它们做出了合理的解释，就不算违反和买方的合同，即使在法庭上，对指示的实践意义这一问题经过更慎重的考虑后，可能会得到其他更好的解释。”

如果提交的单据含糊不清，原则上这个交单人就是恶意的交单人。然而，银行在审核所交单据的时候，不应该在所有情况下都对单据字斟句酌，死板并过分要求细节绝对相符。[82]如果单据“被合理地审阅和理解”后，所提交单据上的措辞与指示中的措辞具有同样的意思，如果它们一致但不相同，银行不应该拒绝接受单据。在一份国际商会的银行委员会建议中指出，“银行不能像机器人那样行动，而应该单独检查每一种情况并做出它们的判断”。[83]

但是，给银行在解释单据这方面留出的余地是很窄的，银行如果不坚持严格相符，就可能会承受一定的风险。在 *Seaconsar Far East Ltd v Bank Markazi Jomhouri Islami Iran* 一案[84]中，信用证规定，每一份上交的单据都必须注明买方的姓名和信用证号，而这些没有出现在某一张提交的单据中，所以银行拒绝了交单人。卖方认为这一遗漏本质上并不重要，但是法院判定由于信用证号和买方的姓名是在信用证条款中特别要求的，所以实际上银行有权拒绝接受单据。

在实际中，银行可能在某些例外情况下，保留付款[85]或者有损害赔偿保证书[86]时预备接受一份含糊不清的单据。

规定的拒绝接受单据的程序在 UCP 600 第十六条中有所陈述。如果银行决定拒绝兑付或者接受单据提示，它必须向单据提示人对此发出一个单独的通知，须申明：

“ⅰ. 银行拒绝兑付或议付；

ⅱ. 银行凭以拒绝兑付或议付的各个不符点；

ⅲ. (a) 银行持有单据等候提示人进一步指示；或

(b) 开证行持有单据直至收到申请人通知弃权并同意接受该弃权，或在同意接受弃权前从提示人处收到进一步指示；或

(c) 银行退回单据；或

(d) 银行按照先前从提示人处收到的指示行事。”

在 UCP 500 第十四条 d 款（ⅰ）和（ⅱ）中，拒绝接受单据的准则要求银行在拒绝通知中必须说明银行凭以拒绝接受单据的全部不符点，并说明单据已由本行代为保管听候处理，或将退还给交单人。[87]

第十六条[88]规定，要求的拒绝通知必须以电讯方式发出给向银行提交单据的一方，或者，如果不可能以电讯方式通知时，则以其他快捷方式[89]通知，但不得迟于提示单据日期翌日起第五个银行工作日终了。[90]

如果开证行认为单据不符，那么它可以就放弃不符点谨慎地接洽开证申请人，这通常都是在拒绝接受的通知发出以前进行的。如果开证申请人同意放弃不符点，那么单据通常就会被接受。[91]

银行若未按照UCP规则规定的拒绝程序执行，它就失去了宣告单据不符的权利。[92]在 *Bayerische Vereinsbank Aktiengesellschaft v National Bank of Pakistan* 一案[93]中，开证行向开证申请人转交了单据，以期望后者能审核单据的不符点。在Mance法官的判决中，开证行起的作用"不过是一个邮箱"[94]，将单据传递给开证申请人，而后又将申请人的意见传递给保兑行。如果申请人仅仅只是指出要放弃开证行发现的单据不符点，那么这个过程就可以变得更快，所以开证行并没有"在合理的时间内"或者"在不耽搁时"做出表示，根据UCP 500第十四条e款的规定，它无权宣称单据与信用证条款不符。

当信用证尚处于有效期内，不符单据被拒绝并不表示受益人无权对不符点进行补救并提交相符单据。

UCP中与单据有关的条款

11—012 在参照UCP开立的信用证项下，如果出现了单据不足的问题，并且这一问题不能在银行收到的指示中得到解决时，银行就可以参考UCP的规定，因为它列出了通常可被银行接受的相当详细的单据。UCP 500扩展了与单据有关的条款，特别是和运输单据相关的条款。UCP 600同样地包含了许多关于出口交易中特定种类单据的详细指导，这些规定大致就遵照了UCP 500的模式。

运输单据

11—013 通常情况下，买方在信用证项下都会要求（卖方）提示发票、保险单以及提单或者其他种类的运输单据。考虑到对某些种类的运输单据日益频繁的使用，UCP 500中引入了区分各种类型的运输单据的独立条款，并列明了在何种情况下银行可以接受它们。

最常要求的运输单据是提单或者联合运输单据。UCP 600已经剔除了UCP 500第三十条中的由运输代理人签发的运输单据这一内容，转而被替代的是[95]，运输单据可以由"除了承运人、船东、船长或租船人以外的任何人"签发，只要运输单据与UCP 600要求的多式联运单据、提单、海运单、空运单据、陆路运单、铁路运单或者内河航运单保持一致。

另外，UCP 600还分别包含以下独立的条款：

(a) 涵盖至少两种不同运输方式的运输单据（第十九条）；
(b) 提单（第二十条）；
(c) 不可转让的海运单（第二十一条）；
(d) 租船合同提单（第二十二条）；
(e) 空运单据（第二十三条）；
(f) 公路、铁路或内陆水运单据（第二十四条）；
(g) 快递收据、邮政收据或投邮证明（第二十五条）。

(a) 涵盖至少两种不同运输方式的运输单据（联合运输单据）（第十九条）[96]当运输单据涵盖至少两种不同运输方式时（多式或联合运输单据），就需遵照此条的要求。单据必须看似表明承运人名称并由承运人或其代理人、船长或其代理人签署。[97]即使信用证禁止转运[98]，注明将要或者可能发生转运的运输单据仍可接受，只要全程运输由同一运输单据涵盖。[99]

(b) 提单（第二十条）[100]在英国法律中，提单被认为是可以转让的物权凭证。[101]第二十条大体上反映了1993年修订版第二十三条中关于海运提单的条款。如果信用证要求提单包含“港到港”（port to port）的运输要求，它也就意指需遵照以下要求。提单必须看似表明承运人名称并由承运人或其具名代理人、船长或其具名代理人（代理人的任何签字须标明其系代表谁签字）签署[102]，并须通过预先印就的文字，或已装船批注的方式表明货物已在信用证规定的装货港装上具名船只。[103]此外，提单上须标明货物从信用证规定的装货港发运至卸货港。[104]第二十条c款允许提交一个包括允许货物转运条款的提单。[105]

对于其他形式的运输单据，UCP 600大致遵照了UCP 500中用于约束提单的条款，但是也作了适当的改变。

(c) 不可转让的海运单（第二十一条）[106]与提单不同，海运单不是可转让的物权凭证。它只是表明托运人接收到了这批货物以及按照合同将货物运输给了指定收货人。不可转让海运单的规定很大程度上都和提单的规定相似，也允许银行接受按规定情况提交的单据。

(d) 租船合同提单（第二十二条）[107]对租船合同提单的要求也反映了对提单的要求。租船合同提单可以由船长、船东或租船人，或者他们分别的代理人签发。[108]在这一条款中，银行可以接受租船合同提单，但是它没有义务去核实租船合同。即使信用证规定须提交租船合同，银行也无须对它进行审核，可以直接跳过租船合同而无须承担责任。

(e) 空运单据（第二十三条）[109]约束空运的条款要求承运人或者以其名义的具名代理人签发空运单据。[110]该单据必须表明商品已经被承运人收妥[111]，以及信用证规定的起飞机场和目的地机场。空运单据的出具日期将被视为发运日期，除非空运单据载有专门批注注明实际发运日期，此时批注中的日期将被视为发运日期。[112]

(f) 公路、铁路或内陆水运单据（第二十四条）[113]约束着由公路、铁路或内陆水道的运输，这一条款与前文所述条款的原理大致相同。若无关于公路、铁路或内陆水运单据份数的指示，银行将会接受包括全套单据的运输单据。无论是否注明正本字样，铁路或内陆水运单据都被作为正本接受。[114]

(g) 快递收据、邮政收据或投邮证明（第二十五条）[115]

在海运或者在多种运输方式包括海运的情况下，除非信用证特别授权，否则银行不会接受表明货物已装或即将被装上舱面的运输单据。[116]表明货物会被装于舱面的运输单据可以被接受。[117]第二十七条[118]规定，交给银行的运输单据必须是“清洁的”（clean），也就是说，它们不能载有“明确宣称货物或包装有缺陷”的条款或批注。[119]

□发　票

11－014　第十八条[120]论述商业发票，列明了需达到的要求。商品的商业发票必须表面上是由信用证规定的受益人出具的，尽管不一定是他签署的。[121]发票必须以开证申请人为抬头[122]，发票对商品、服务或者履约行为的描述应该与信用证中的描述一致，尽管其他单据可以用与信用证中的描述不矛盾的概括性用语。[123]发票的币种必须与信用证规定的币种一致。银行可以拒绝接受提交单据中包含金额大于信用证允许金额的商业发票的单据。[124]

□保险单据

11－015　保险单据现在受 UCP 600 第二十八条约束。[125]这类单据规定须由保险公司，或承包人或其代理人或代表出具并签发。代理人或代表必须表明任何签字执行的权限。如果保险单据表明其以多份正本出具，所有正本均须提交。[126]除非信用证特别授权，保险经纪人出具的暂保单不能被接受[127]，尽管（除非另有规定）会接受保险单在预约保险项下的保险证明书或声明书。[128]保险单据日期不得晚于发运日期，保险单据必须以与信用证相同的货币表明投保金额。[129]

投保金额须至少为货物的 CIF 或 CIP[130]价格的 110%。若银行无法从单据中确定 CIF 或 CIP，那么它可以接受表明投保最低金额是信用证要求兑付或议付金额的 110%或发票所示货物总金额的 110%，或者两者中的较大者的保险单据。[131]

信用证须规定要求的保险类型和任何需投保的其他额外风险。如果缺少这一规定，银行将会接受卖方提交的单据，并且不承担任何因风险未被覆盖其中而导致的责任。[132]

当信用证规定投保“一切险”（all risks）时，只要保险单据载有任何“一切险”批注或条款，即使不含有“一切险”标题，也可被接受。[133]

当然，卖方也可以要求提供除了商业发票、运输和保险单据以外的其他单据。[134]在信用证要求其他单据却未规定出单人或其数据内容的情况下，则根据第十条 f 款[135]的规定，如果银行没有收到关于这些单据要求的内容的具体指示，则只要提交的单据内容看似满足所要求单据的功能，且其他方面符合第十四条 d 款（无须与其他要求的单据或信用证中的数据等同一致，但不得矛盾），银行将接受该单据。银行有义务审查在这些额外单据中的不一致性。对于信用证中未要求的单据，银行将不予理会或将其退交交单人。[136]

正本单据

11－016　统一的规则是，买方有权要求收到正本的单据。[137]UCP 500 第二十条试图说明提交的单据可能被认为是正本单据的情况，并指出[138]除非信用证另有规定，只要单据注明为正本[139]，且在必要处已加签字，用影印、自动或电脑处理或复写方法制作的单据也视为正本单据。单据上的签字可以手签，也可用签样印制、穿孔签字、盖章、符号表示或其他任何机械或电子证实的方法处理。[140]

第二十条 c 款（ⅰ）中规定，标明副本字样或没有标明正本字样的单据为副本单据。[141]

在 *Glencore International AG v Bank of China* 一案[142]中，开证行主要以受益人出具的一份证书上未注明“正本”字样为由，拒绝了单据，UCP 500 第二十条 b 款在此处就适用。单据是从一个文字处理系统中产生并被打印出来，而后被复印，受益人在其中一份复印本上用蓝色墨水作了正本签字。上诉法庭判定，根据第二十条 b 款，如果单据本身不是正本，正本签字也不足以让单据成为正本。

关于第二十条 b 款确切解释的问题，致使国际商会银行技术与实务委员会（ICC Commission on Banking Technique and Practice）发行了一项《政策申明》。[143]UCP 600 第十七条现在反映了国际商会提供的指导，并试图对什么条件构成一份“正本单据”给出定义，它指出银行应将“任何带有看似出单人的原始签名、标记、印章或标签的单据”视为正本单据[144]，除非另有说明，银行也将一份单据视为正本单据，如果：

“（c）（ⅰ）单据看似由出单人手写、打印、穿孔或盖章；或者

（ⅱ）单据看似使用出单人的原始信纸出具；或者

（ⅲ）单据声明其为正本单据，除非该声明表面上不适用于提交的单据”。[145]

□ 各种单据结合审阅

银行通常按照指示向几种单据组成的整套单据提供资金，这些单据通常是指提单、发票和保险单或者保险凭证。在这种情况下，如果没有相反的指示，只要该套单据中的各种单据总括起来包括了银行的委托书中所要求的各个项目即可，不需要在每一种单据都列入这些项目。发票中描述的商品必须严格与信用证要求的商品一致，但是在其他单据中它可以用总称来描述。这条规则现在收录于 UCP 第十四条 e 款[146]中，这在某种程度上削弱了严格相符的原则。 **11—017**

第十四条 e 款的规则根据的是 *Midland Bank Ltd v Seymour* 这个英国案例。[147]在该案中，一家英国商行向香港的卖主买了一批鸭毛，条件是“CFR，汉堡”。它给银行的指示是，单据必须表明：“下述货物是由香港装船运往汉堡”，同时，在“品名、规格、数量及价格”等条件中还规定：“香港鸭毛，净毛 85%；12 包，每包重量约 190 磅；每磅 5 先令”。提单只把货物填成“香港鸭毛 12 包”。但是，如果把所有的单据，即提单、发票、重量单和原产地证明书，结合起来审阅，却包含了对货物的完整描述。卖方发运的是一批废物，买方主张银行无权根据信用证借记其账户，因为提单上没有对货物的全面描述。Devlin 法官驳回了这种论点，判决银行已经信守了它的委托。

单据之间的关联

尽管有时除发票以外的单据对商品的描述允许有一些自由，但是所有提交给银行的单据必须保证明确、毫不含糊地涉及同一物品。这个对物品鉴定的问 **11—018**

题不同于在单据中对物品描述的问题。如果单据不能明确地表明其与同一物品相关，则该单据不相符。但是，单据本身不必关联于同一基准。在一件与糖买卖相关的案件[148]中，信用证指示要求原产地证书为欧共体原产地证书（EUR 1 certificates），要求一整套清洁提单来表明货物运输由 EC 港运至吉布提再转运至也门。提单显示货物是由捻角山羊号（vessel Markhor）船运输的。一张原产地证书上提到货物是由"捻角山羊号机动船或者其替代者"（m. v. Markhor or substitute）运输的，而另外一份则提到货物由"多种运输方式运至目的港吉布提港，再转运至也门"（transport mixed a destination Djibouti Port in Transit Yenmen）的方式运输。上诉法庭认为，尽管该单据符合现行的 2007 年修订版 UCP 第十四条 e 款关于商品描述的规定，但是提单和原产地证书之间的关联性却不存在。"捻角山羊号机动船或者其替代者可能会是另外一艘船，也就意味着另外一批糖。"[149]尽管上诉法庭的判决并不完全一致，但是在这一问题上[150]，对于关联性的要求法院应用得太苛刻的意见还是被尊敬地递交上去。

UCP 500 第十三条 a 款规定单据之间"表面不一致"，即视为与信用证条款不符。这一规定现被第十四条 d 款替代，它规定：

"单据中的数据，在与信用证、单据本身以及国际标准银行实务参照解读时，无须与该单据本身中的数据、其他要求的单据或信用证中的数据等同一致，但不得矛盾。"

□ 由电讯发出的指示

11—019 UCP 600 关于信用证中由电讯发出的指示[151]的规定包含在第十一条中。[152]这些规定的核心就是，除非有明确的相反指示，以电讯方式发出的指示会被认为是有效的信用证指示或者有效的修改文据，即使邮寄确认书被寄出，银行都没有义务对它进行审核。

第十一条规定如下：

"(a) 以经证实的电讯方式发出的信用证或信用证修改即被视为有效的信用证或修改文据，任何后续的邮寄确认书应被不予理会。

如电讯声明'详情后告'（或类似用语）或声明以邮寄确认书为有效信用证或修改，则该电讯不被视为有效信用证或修改。开证行必须随即不迟延地开立有效信用证或修改，其条款不得与该电讯矛盾。

(b) 开证行只有在准备开立有效信用证或做出有效修改时，才可以发出关于开立或修改信用证的初步通知（预先通知）。开证行做出该预先通知，即不可撤销地保证不迟延地开立或修改信用证，且其条款不能与预先通知相矛盾。"

□ 信用证开立的时间

11—020 买卖合同通常就信用证必须开立的日期做出明确的规定。有时规定信用证必须在某一天开出；有时规定，必须"立即"开出，这意味着信用证必须在一个合理谨慎的人所需要的时间内开出[153]；或者有时规定，信用证的开立要取决于卖方做出的有关交货的行动，例如发出一份临时发票[154]，或者是发出货物已经或即将备妥待运的通知。[155]信用证的开立还有可能取决于由卖方提供一份履约保函。[156]当确认通知（可能有的情况）被交给受益人（卖方）时，信用证即被认为“开出”。[157]

如果没有规定信用证开立的时间，有关当事人在正常情况下无权推定：合同的存在要取决于买方开立的信用证。虽然合同当事人可以约定，合同须“以信用证的开立为条件”，在这种情况下，信用证的开立是合同成立的前提条件，用 Denning 法官的话说，就是“没有开立信用证，双方之间就不存在合同”[158]，但是要对买方的承诺作这种解释，只有在合同当事人明示或含蓄地约定，买方的承诺是受上述条件约束时，才能够成立。

在对合同没有加以这种限制的正常情况下，开立信用证的条款只和合同的履行发生关系，它只是履行合同的前提条件，只是双方约定的付款安排，如果买方在规定的时间内未开出信用证，卖方可视买方为违反合同的一个条件，即不履行合同。[159]

如果买卖合同是没有限制条件的，但又没有规定开立信用证的日期，那么信用证必须在“一个合理的时间”内开出。[160]这个合理的时间是以装船的第一天往回溯，而不是以合同签订日期为起点向前推算。[161]人们认为，以装船期的第一天作为回算的起点，买方必须在装船期以前的一个充裕的时间内提前开信用证，以便卖方能在货物送达码头之前就得知他可以从所规定的信用证得到有关货款的保证。如果在合同中对装船期规定有一定的期限，例如 2 月、3 月或者 4 月，那么在没有相反规定的情况下，买方就不得在卖方备妥货物待运时才开证，而是应当把整个装运期限的好处都给予卖方。这正如 Somerwell 法官在一个案件[162]中所说的：

“如果卖方享有可在一段时间内装运的权利，同时又约定了付款的方法，这种付款方法就必须适用于整个装运期。如果买方担心（在装运期限长的情况下，他可能会担心），因而想使该项付款方法在卖方可能装运以前的短暂时间内才开始被运用，那么他就必须在合同中加列这样的条款，例如在接到卖方电报后十四天内开出。”

这些条款在 CIF 合同[163]及卖方必须代买方安排运输和海上保险的 FOB 合同[164]中同样适用。而且就表面而言，也适用于严格的 FOB 合同[165]，因为只有这样，用 Diplock 法官的话说[166]，才能使人“对一个极为普通的商业合同充满信心”，尽管在这种合同项下，装运期限是为买方的利益，而不是卖方的利益安排的。

在 *Glencore Grain Rotterdam BV v Lebanese Organization for International Commerce* 一案[167]中，上诉法庭认为，在没有特殊规定的情况下，在 FOB 合同项下的卖方有权要求在开始装运货物前看到一份已开出的合格的信用证。

而后他们的义务就是，根据买方关于运输规定的条款或其与船主达成的协议，将合同规定的货物装运到指定的船上。

□ 信用证的到期日

11－021 信用证必须规定买方提示单据的日期或最迟日期（在规定的提示地点）。UCP 600 第六条 d 款（ⅰ）[168]规定：

> “信用证必须定一个交单的截止日。规定的承付或议付的截止日将被视为交单的截止日。”

UCP 还进一步对到期日的确定、到期日为银行非营业时间[169]，或者由于银行无法控制的事件致使其业务受阻时到期日的延长问题[170]，做了详细的规定。

信用证的到期日不应与装运日期混淆。装运日期较早，它是提单上列明货物已装上运输工具的日期。除了到期日以外，信用证有时还规定，提交给银行的单据必须载明某一装运日期。如果卖方交给银行的是日期较晚的提单，或者是过期提单[171]，即使没有超过到期日，银行也会拒绝接受单据。第十四条 c 款[172]规定，在信用证要求提交运输单据的情况下，除了规定的提交单据到期日以外，必须在不迟于发运日之后的 21 个日历日内交单，并且在任何情况下都不得迟于信用证的截止日。

长期交易下的信用证，还有可能保持相当长的有效时间，这属于例外的情况。在一个案例[173]中，当事方都同意，信用证在三年期限届满时即被认为自动失效，但是，如果把这件事提交仲裁，它就会被认为不必修改就自动从到期日期延长一年。信用证还有可能包含一个条款，规定除非银行，比如在到期日前 30 天通过挂号信，通知受益人该信用证不会被延长有效期，否则信用证就自动从到期日延长另一段固定的时间。这个条款被称为“常年有效条款”（evergreen clause），不应与循环信用证混淆。[174]

信用证适用的法律

11－022 只有在个别的情况下才有必要确定约束跟单信用证的法律，因为正如上文指出的那样[175]，大多数国家的银行是根据 UCP 办理信用证业务的，这种一致性就在许多法律问题上排除了法律冲突的可能性。当然，确定约束信用证的法律这一问题与确定约束买卖双方关系即基础买卖合同的法律完全是两码事。

UCP 本身并不包括任何关于法律冲突的规定，若有必要决定约束信用证的法律，而信用证本身又没有包含一项法律选择条款[176]，那么就会根据约束法律选择的一般原则来决定。[177]在普通法系下，与该信用证关系最密切、最真实的国家法律就是适用该信用证的法律[178]，通常情况下，该法律通常会规定对信用证要求单据的提示和审核，以及何种情况下由开证行或者以开证行的名义付款。

自从 1991 年 4 月 1 日信用证合同引入以来，《罗马公约》中的条款决定了其适用的法律。根据公约的第三条，合同是由当事方所选择的法律来约束的，合同条款或者事实的情况对法律的选择必须用合理确定的语言来表示或者说明。在当事方没有选择约束合同法律的情况下，第四条第一款保持了在普通法系中可适用的法律是与合同联系最紧密的国家法律的立场。根据第四条第二款（基于第四条第五款的假设），承担履行该合同特定义务的当事人一方在合同结束时有其惯常居所，主要营业所在地国家为与合同有最密切关系的国家；或如根据合同的条款，合同的履行地是主营业所所在地以外的其他营业所所在地，则应为其他营业所所在地国家。第四条第五款规定，如果特定义务不能被履行，则第四条第二款不适用，并且“如果从整个情况表面上来看，合同与另外的国家联系更紧密，则第二段中的假定……应不予理会”。

当试图确定约束信用证的法律时，需记住信用证涉及几种不同的合同关系，且这些关系并非都由同样的法律所约束：

1. 在买方与开证行之间，与之关系最密切的法律可能是开证行营业和开立该信用证的所在国的法律。在实践中，鉴于这一合同常常是在处于同一国家的当事方之间产生的，所以“需要在不同国家的法律之间做出选择的情况”[179]不太可能发生，《罗马公约》也就不太可能被应用。

2. 在开证行与受益人（即卖方）之间，这一合同通常是受到受益人提交单据以获得付款所在地法律约束的。一旦信用证也被保兑，这就在受益人和保兑信用证的银行之间产生了一个独立的合约。

在一个重要的普通法系案例[180]中，一家西班牙银行给一家在巴拿马注册却在得克萨斯州休斯敦营业的油井设备公司开立了不可撤销信用证，该信用证由一家纽约银行作为通知行但未被其保兑。受益人在英国法庭起诉了银行，而初步的问题就是受益人和开证行之间的合同是由西班牙的法律（开证行所在国的法律）约束，还是由纽约的法律（通知行所在地的法律）约束。运用普通法系的原理，Ackner 法官决定倾向于纽约的法律，因为它是跟这笔交易关系最密切、最真实的法律。他说道[181]：

> “……我很满意……如果开证行所在地的法律被认为是合适的法律，那就会造成很大的不便。通知行将不得不经常不断地去适用各式各样的国外法律（如果采纳另一种观点）。”

在《罗马公约》中，合同的特定义务表面上看来就是开证行的义务。根据第四条第二款的规定，约束的法律应当为主要营业所在地或者银行营业所在国的法律。[182]

3. 开证行与通知行之间的关系所带来的困难最大。在这类同业之间的交易中，对于有关关系最密切法律的问题，有可能从一般交易或者习惯交易程序当中得出某些结论。但是在不存在一般交易条件或者习惯交易程序的情况下，通用法系的立场是，认为合同与信用证支付银行的分行所在地有最密切、最真实的联系。

在 *Bank of Credit & Commerce Hong Kong Ltd* (*in liquidation*) *v Sonali Bank* 一案[183]中，被告争论的焦点是，孟加拉国的法律应该是约束在五个信用证项下共七个要求偿付的法律。

原告是除一桩案件以外的所有案件的保兑行，也是所有案件中受益人单据提示的对象，由在香港的原告向受益人付款。运用普通法系原则，Cresswell 法官认为[184]，在每一桩案件中，约束香港 Credit & Commerce 银行（在香港）和 Sonali 银行之间的法律是香港的法律，因为：(a) 每个案例的共同背景都是香港 Credit & Commerce 银行（在香港）须对信用证加以保兑；(b) 当香港 Credit & Commerce 银行保兑了信用证，它就承担了除 Sonali 以外的义务；(c) Sonali 在要求香港 Credit & Commerce 银行加以保兑时，就授权了该银行议付表面上看起来与规定和信用证条款相符的单据，并会将款项偿还给该银行；(d) 香港 Credit & Commerce 银行在保兑了该信用证以后，就有义务对单据议付；(e) 信用证规定，由香港受益人或者以其名义提交的单据应该在香港议付（也就是香港 Credit & Commerce 银行对受益人付款的地方）。

在 *Bank of Baroda v Vysya Bank* 一案[185]中，这是第一批需要在《罗马公约》下解决的英国案件之一，原告通过其伦敦办公室保兑了信用证。适用于 Vysya 银行（开证行）和 Baroda 银行（保兑行）之间的法律就需要根据《罗马公约》第四条[186]来决定，这就要求明确当事方之间合同中规定的义务。适用的法律可以是主要营业地或者承担合同特定义务的当事方的营业地所在国家的法律。Mance 法官说道[187]："在开证行和保兑行的合同中，由合同规定的特定义务就是由后者来对信用证加以保兑，并因此对涉及受益人的被接受的债务付款。"因此，特定义务就是由 Baroda 银行通过一个"非主要营业地的营业地"来履行的义务。由于保兑行为发生在伦敦，所以双方的合同就相应地应该由英国的法律来约束。

Mance 法官也考虑到了约束与信用证有关的其他合同的法律，并决定无论是参考《罗马公约》的第四条第二款还是第五款，约束保兑行 Baroda 银行与受益人之间的法律都应该是英国的法律。他认为开证行 Vysya 银行与受益人之间的法律也受英国法律的约束。尽管应用第四条第二款会产生应受印度法律约束的假定，但是 Mance 法官认为这一假定会被第四条第五款的规定驳回，该款更倾向于使用单据提示付款所在国的法律。第四条第二款的应用会导致疑义，以及在国际信用证的开立和使用上缺乏善意和同情，还会引致极大的不便，因为在约束两个银行（开证行和保兑行）中的一个与受益人之间的法律系统各不相同。[188]

在最近上诉法庭的 *Marconi v Pan Indonesia Bank Ltd* 一案[189]中，法院需要决定在信用证项下，约束受益人和保兑行之间合同关系的法律。双方都同意决定适用法律这一问题都需要参照《罗马公约》。根据第四条第一款，适用的法律应是与合同联系最密切国家的法律，而根据第四条第二款，履行合同中特定义务的一方营业所在地国家被假定为（适用法律的）国家。在这一案例中，该方是被告，因此印度尼西亚的法律应被假定为约束合同的法律。然而，根据第四条第五款，若该合同与其他国家的法律联系更为密切，则法院有权移除这一适用法律的假定。根据这一规定，法院得出结论：应根据保兑行在信用证项下履行其义务所在地来决定可适用的法律，因为英国是单据呈交的地点也是汇票议付和付款所在地，因此当事方之间的合同与英国的法律联系更密切。法院因此决定印度尼西亚法律由英国法律替代来作为适用法律。

□ 没有开立信用证的损失

如果没有按规定开出信用证，卖方即有权要求赔偿由于违反该项约定而遭到的损失。[190]这种损失的赔偿金额有时可以高于卖方因为买方拒绝接受货物而得到的赔偿金额。在后面这种情况下，如果货物存在现成的行市，就可以援引《1997年货物买卖法》第五十节第三条，该条规定，关于损失的计算，表面上应是合同价格与本应接受货物的当天市价之间的差额。在行市上涨时，不接受货物所造成的损失是有名无实的。但是，没有开立信用证所造成的损失却不受第五十节第三条的约束，在合适的情况下，卖方的这种损失可包括该项交易如果履行时卖方可能获得的利润。[191]若卖方即使提示了单据，但是通知行无正当理由地在合理的时间之外推迟了对信用证的付款，那么该行就需赔偿卖方的损失。[192] 11—023

信用证的种类

□ 即期、延期、承兑和议付信用证

对卖方来说，重要的是知道他将按照什么方式收取信用证项下的款项。这有四种可能：信用证可能即期付款、延期付款、承兑或者议付。信用证本身应该列明在这四种方式中，当事方选用的是哪种方式；这一点必须事先在合同中予以解决，因为信用证是根据合同开立的。 11—024

1. 如果当事方安排的是即期付款信用证，通知行就会按照指示在卖方提示单据时向其付款或者安排付款。这就是即期付款信用证的例子。

2. 如果当事方安排的是延期付款信用证，通知行就会按照指示，根据信用证条款，在某个将来可确定的日期付款或者安排付款。

延期付款信用证可以规定，例如，在提单日的180天后付款。在这种情况下，需要远期汇票的承兑信用证[193]就不太合适，因为汇票不能只根据提单开出日这一不确定的时间来确定付款时间。[194]

如果卖方在信用证到期日之前要求现金，他只能通过议付该信用证的方式获得。[195]开证行有时在信用证中规定，这种议付只能通过其指定的银行，“可

能是因为这（是）一家和其（有）商业关系的银行”。[196]延期付款信用证的议付通常会有一个贴现率，这就减少了信用证相对于卖方的金额。

一家未事先从开证行授权而议付延期信用证的银行，承担了在信用证到期日前发现开证行诈骗并拒绝付款的风险。[197]

3. 如果信用证是承兑信用证，卖方按照特定的方式向通知行开出汇票，该汇票通常是远期汇票。银行通过承兑汇票表明它承担在汇票到期时向提示汇票的人按面值付款的责任。承兑信用证给卖方提供相当大程度的保证。如果他不想在（汇票）到期之前一直持有汇票，就可以通过转让（例如通过贴现或者卖给银行）而取得现金。[198]在转让时，他不可能得到汇票面值的全部现金，因为议付银行将扣除一定折扣或者利息，还有佣金。

另外一种形式的承兑信用证就是，根据当事方在买卖合同中的安排，该信用证应被开证行或者买方（开证申请人）承兑。在开证行开出的是不可撤销信用证的情况下，根据 UCP 600 第七条[199]的规定，开证行对该汇票将会被买方承兑及付款负责。如果通知行保兑了汇票，根据第八条[200]，它也承担了相似的责任，这意味着，在不可撤销信用证或者是不可撤销的保兑信用证项下，如果信用证受 UCP 约束，即使当事方的安排是只需买方承兑，卖方也具有相当程度的安全保障。[201]

通知行对于已承兑的汇票对卖方没有追索权。如果银行拒绝付款而退票（例如因为丧失偿还能力），卖方仍然有向买方要求支付货款的权利，因为承兑信用证只不过是买方付款义务的一种有条件的履行。[202]

4. 按照议付信用证，通知行只是被授权议付[203]卖方向买方或者开证行开立的汇票。通知行背书并议付汇票，但要扣除折扣或利息以及佣金。汇票可以是即期的或者远期的，视信用证条款而定。

议付信用证允许对卖方（作为开票人）进行追索，因为银行已成为汇票的背书人，但如果通知行是保兑行（且提交的单据是相符的），它就没有这种便利，因为它在保兑该信用证时就承担了对卖方的责任。[204]

银行有时只是授权以跟单汇票作为抵押品垫付货款。[205]

□ 可撤销的和不可撤销的信用证；保兑的和非保兑的信用证

11－025 区分这些种类的信用证是十分重要的。将信用证称为“可撤销”和“不可撤销”是根据开证行对受益人（卖方）的义务划分的，而将信用证称为“保兑”和“非保兑”是根据通知行对受益人的义务划分的。

UCP 500 修订版第六条规定，信用证要么是可撤销信用证，要么是不可撤销信用证，若没有特别说明信用证的种类，该信用证就被认定为是不可撤销的。[206]在 UCP 600 中[207]，关于可撤销信用证的规定已被删除，规定所指的信用证均为不可撤销信用证。

在第二条中，信用证被定义为：

“指一项不可撤销的安排，无论其名称或描述如何……”

在第三条中指出："信用证是不可撤销的，即使未如此表明。"因此，对于欲开立可撤销信用证的交易方，要么对 UCP 600 的规定做出合理的修改，要么在信用证加入 UCP 500 的条款。

当然，除非开证行开出不可撤销信用证，否则没有通知行或者指定银行会对其进行保兑。UCP 包括了关于授权通知行向开证行要求偿还款项的详细规定，前提是通知行按照指示接受了单据。[208]

关于不可撤销信用证何时对开证行具有约束力，以及保兑信用证何时对通知行具有约束力是有争议的。[209]人们认为这些义务在单据提交以前就对银行具有了约束力，也就是当受益人接收到银行的通知并予以接受时。[210]根据前文所述，承担这些义务的银行与受益人之间的关系是合同约定的。

从出口商的角度看，信用证一个特别重要的特点就是它是不可撤销的还是不可撤销以及保兑的。他必须在买卖合同（或者基础合同）中，对这两种类型中最适合的一种及其所有其他细节，包括付款方式，做出安排。[211]而后，他必须检查由银行发给他的通知，这一通知须包含根据基础合同条款安排的信用证条款。

□ 可撤销的和非保兑的信用证

在实践中，可撤销信用证应用并不广泛，不可撤销信用证（可能会被保兑或者不被保兑）是最常用的。可撤销信用证可能随时会在对受益人无事先通知的情况下，被修改或者取消。[212] **11—026**

如果信用证是可撤销的，它的本质就反映在通知行发给受益人（卖方）的通知中，该通知也会清楚地表明信用证是非保兑的。以下是这种通知条款的典型词句：

> "本行未从客户处得到保兑此信用证的授权，所以此信用证可不经通知注销或修改。"

从出口商的观点看，非保兑信用证是一种非常不能令人满意的资金融通方法，但是人们有时宁愿要求非保兑信用证，因为它的银行费用更低。*Cape Asbestos v Lloyd's Bank* 一案[213]有力地说明了安排非保兑信用证不安全的本质。华沙的进口商向原告买了一批石板棉，并通过被告开出一张以后者为受益人的非保兑的信用证。被告按时将该信用证通知原告，加列了"此仅为上述信用证开立的通知，不是对该证的保兑"的词句。原告发运了一部分货物，向银行开出的汇票得到了承兑，原告后来又发运了余下部分的货物，但是，在向银行提示汇票时却遭到了拒绝承兑。在此期间，华沙的进口商已经取消了该信用证，但是这家银行（被告）没有将取消一事通知原告。法院判决，银行有权拒绝承兑余下部分的汇票。Bailhache 法官在审理该案的过程中说："非保兑的信用证实际上一文不值"。

这个案件是在异乎寻常的事实基础上造成的，因为，在正常情况下，银行是会将非保兑信用证已被撤销一事通知债权人的。按这种信用证售货的出口商至少应该要求银行在通知书中加列一项通知词句。根据这种词句，银行有义务在信用证被取消时立刻通知出口商。

□ 不可撤销的和非保兑的信用证

11－027 在不可撤销信用证项下开证行的义务在 UCP 600 第七条[214]中列出了。在使用这种类型的信用证[215]时，开证行不能撤销其对受益人的义务，但是通知行自身并没有在信用证项下付款的义务。不可撤销的和非保兑的信用证通知会申明：

"本信用证对上述开证行不可撤销，但是本行未授权对其保兑，因此它并不涉及任何我方的义务。"

这种信用证有时由一些主要的银行（如美国和英国的银行）签发，它们认为当地保兑是没有必要的。

尽管非保兑的信用证比保兑的信用证稍微便宜一些，但是它有劣势，就是它并没有将买卖合同中的义务在卖方所在国本土化。如果通知行拒绝对提交的单据付款，受益人可能需被迫在海外提起诉讼，这种情况就使商业信用证的主要目的大打折扣。[216]

□ 不可撤销的和保兑的信用证

11－028 这种信用证对出口商最有利，因为通知行明确规定，只要汇票的开立和提示符合信用证的条款，它将承付出口商的汇票。

在保兑信用证的情况下，通知行对受益人的义务明确地在银行发给受益人的通知中列出。以下就是通知书中的典型词句：

"本行负责承付遵照本信用证条款开立和提示的汇票。"

Diplock 法官[217]把保兑信用证的作用表述为：构成"银行的一项直接的承诺，卖方如果按照要求的时间，提示符合要求的单据，就可取得货款"。即使买方已指示银行取消信用证，银行也不得撤回它对出口商所应承担的义务。这可以从 *Hamzeh Malas & Sons v British Imex Industries Ltd* 一案[218]得到说明。这个案件的原告是一家约旦商行，它签订了一个从被告（一家英国公司）购买一批强化钢筋（分两批装运）的合同。货款分由两张保兑的信用证支付，每批一张，由伦敦米兰银行开出。两张信用证均按时被开出，并经该银行向卖方保兑。第一张信用证已在第一批货物装船时结清。但是发生了对第二张信用证的争议。买方对第一批货物的质量与合同不符提出抗议，并向法院申请一项禁令，禁止卖方根据第二张信用证开立汇票或者收取任何款项。Donovan 法官和上诉法院拒绝颁发这种禁令，其理由已由 Jenkins 法官在一份明明白白的判词中予以阐明：

"这看来是足够清楚的，保兑信用证的开立构成了银行和货物买卖之间的契约，不论有关当事人在货物是否符合合同的问题上可能发生什么争执，这个契约已经使银行承担了付款的绝对义务。人们已经根据商业银行信用证的这种特性，建立起了一种周密的商业体制。因此，根据我的判断，法院如果在本案中干扰早已确立的惯例，那将是错误的。

还有一点也必须牢记，一个卖方按保兑信用证条件售货，就是在有保证的条件下售货，这种保证就是在任何情况下都无法阻止他收取货款。当商品在一国制造却在另一国销售时，这是一项不可忽视的有利条件。”

如果信用证与买卖合同不符，卖方可以有两种解决方式。他可以拒绝这种与合同不符的信用证；如果根据买卖合同条款，他有权得到保兑信用证，而银行通知他的只不过是开立非保兑信用证，那他就无须交货。[219]或者，他可以接受这种不合规定的信用证；但是，如果他是毫无异议地这样做了，他就会被认为是无可挽回地放弃了取得合乎合同规定的信用证的权利了。[220]

保兑行的追索和偿付

在保兑信用证项下，即使该信用证只是一种议付信用证，银行对卖方并不享有追索权[221]，除非银行是“有保留”（under reserve）付款[222]，或者卖方已向银行交递了损失赔偿保证书[223]，或者卖方属诈骗行为。[224] **11—029**

根据信用证条款已付款给卖方的保兑行，有权从开证行[225]和/或开证申请人（买方）获得偿付。在保兑行对受益人有保留付款的情况下，如果开证行保留单据超过合理时间，并且未指出是应该接受还是拒绝接受单据，而最后又接受单据，那么开证行就被认为无权再依靠不符点，而是必须偿付保兑行因为延迟接受而引起的财务费用（包括利息）。[226]

保兑作为本地化手段

保兑信用证在出口贸易中十分受欢迎，因为它作为一种工具，起了将出口交易中所有重要支付义务全都本地化到卖方所在国进行的作用。如果卖方能得到来自卖方所在国一家信誉良好的银行的保兑，他就能确定，只要他按时提交相符单据，他就能获得他在合同中与买方安排的付款、对汇票承兑或者议付。因此，就付款义务来说，出口交易因此而变得与国内交易相似，出口交易的信用证风险实际上就被消除了。保兑信用证在许多交易中都是常用的结算方式。银行通过采用这种类型的商业信用证，为出口清偿的顺利进行做出了巨大贡献。[227] **11—030**

保兑的变形

实践中产生了两种通知行保兑的变形：“卖方的保兑”（seller’s confirmation）和“附条件保兑”（soft confirmation）。 **11—031**

“卖方的保兑”是保兑的银行费用由受益人（卖方），而不是像通常情况下一样，由开证申请人（买方）来承担的一种安排。[228]在卖方非常急于从他所在的营业地一家声誉好的银行获得一份绝对的义务保证，从而使买卖交易的风险降至最低，但买方又不愿负担这一给卖方提供额外保证的费用的情况下，这一安排就会被使用。

"附条件保兑"是通知行有条件的（并非确定的和绝对的）义务。这种习惯是从不太发达国家的进口中产生的，并且这种进口是通过国际机构提供的贷款，如从国际复兴与开发银行（世界银行），或是区域性或国家性的国外援助机构得到融资。位于出口商所在国的通知行可能觉得从开证行获得偿付有困难，例如遇到下列情况，进口国政府禁止偿付或者外汇管制延迟付款。如果了解到这种复杂情况可能发生，通知行就可能基于被金融机构偿付的条件进行保兑。通知行会通过下属申明来限定其保兑：

"我行进行保兑的前提条件是，可以从……处获得偿付，然后才会进行付款。"

国际商会银行委员会规定[229]，这种通知行限制性的责任是允许的，只要付款的条件已清楚地告知受益人。但是，根据 UCP，该信用证并不在"不可撤销信用证"之列，在 UCP 的定义中，议付行的义务也不构成"保兑"。

□ 备用信用证

11－032 备用信用证[230]是银行承担的一项保证，即只要受益人在国际贸易交易中符合了总是包含一种或多种单据的信用证的规定，银行保证向第三方（受益人）支付或承兑其开立的汇票。银行也可能受到指示，授权另一家银行按照规定的条款付款、承兑或者议付汇票。

在国家贸易交易中，备用信用证就像普通信用证一样，是由提交的单据与信用证要求相符来让它起作用的。然而，这两种信用证却有天壤之别。普通信用证通常[231]是为了要求受益人提交运输单据和其他指定单据这一履约行为，而使用的一种结算方式；备用信用证则是为了以防另一方违反（基础）合同的情况而保护受益人。备用信用证要求的单据不必包括运输单据；这种信用证可能由于各种描述的单据而起作用，例如，受益人的索赔书或者从受益人处发出的另一方已违约的申明。备用信用证和银行保函或者履约保函具有相似的作用。[232]

备用信用证源于美国，根据当时美国的联邦法律和一些州的法律，传统上，国内商业银行机构被禁止开立保函。因此，这些美国的银行将信用证的概念扩展到国内的银行，但是在需提交的单据方面有所改变。据前文所述[233]，如果当事方约定受 UCP 约束，则 UCP 对备用信用证就适用。[234]国际商会联合国际银行法律与实务协会发布了关于备用信用证的单独准则，名为《国际备用信用证惯例》（简称 ISP 98）[235]，该惯例于 1999 年 1 月 1 日开始实施。这一套规则的制定是为了与《联合国独立保函和备用信用证公约》保持一致。只要当事方愿意，他们仍然有开立受 UCP[236]约束的备用信用证的自由。

关于普通信用证的原则同样也适用于备用信用证。[237]特别是，信用证的独立性和严格相符的要求对这种信用证也适用。

□ 循环信用证

如果出口交易不只是单独一批货物的买卖，国外买主又是定期购买出口商货物的老顾客，他就可能安排一张以后者为受益人的循环信用证。[238]由买方给银行发出长期有效的指示，安排一张以出口商为受益人，在任何时候都不得超过一个固定最高金额的信用证。这种安排的好处是，无须重新开立信用证并可节约办事人员的劳动。循环信用证是，比如说，独家经销协议的必然结果。[239]劳埃德银行的联合经理人曾经在一个诉讼案[240]中作为专家证人，提出下述的定义，来解释这个术语的含义： 11—033

"一张循环信用证是一种具有一定金额的信用证，该金额可以通过支取多少、补足多少而自动恢复。如果你有一张有效期三个月、金额为五万英镑、凭见票后三十天付款的汇票运转的循环信用证，那么，当用汇票支取款项时，该信用证的金额就暂时降至五万英镑以下。但在汇票提示付款以后，其金额就又补足到原来的五万英镑。这就是技术上所说的循环信用证，它是自动运转的，无须重新开证。"

循环信用证的一些变形也被应用。循环信用证不应与"常年有效信用证"(evergreen credit)[241]混淆，尽管它们同样都不是限制在单一交易期间内。

□ 打包信用证（packing credits）；红条款信用证（red clause credits）

打包信用证，有时称为预支信用证（anticipatory credit），其目的在于协助出口商生产或者收购约定出口的货物。这种信用证也是凭一种非运输单据的单据，在货物装运前的某个时候提供资金。银行按照指示凭（卖方）出示的运输单据以外的单据支付货款或者部分货款，例如，仓库收据（证明有这种货物存在），或是运输代理人收据[242]（证实他已收到货物并由其保管），或是航空邮件挂号收据。[243] 11—034

打包信用证对于不熟悉业务的小出口商是一种简便的融资方法。例如，如果他是按照伦敦仓库交货的条件来出售布匹，同时安排根据信用证凭运输代理人的收据付款，那么，有关实际的运输单据他就不必关心，而由运输代理人根据买方的指示办理。另一方面，买方则确切地知道，卖方在收到货款时，已经不再占有他所售出的货物了。在一些比较复杂的、其性质已经比较接近正规的商业信用证交易中，银行在发给出口商的信用证通知书中加列所谓的"红条款"(red clause)[244]，准备凭规定的单据，例如仓库收据[245]，承付出口商一定金额的即期汇票。出口商在发运货物并向银行提交了运输单据时，再提示一份从价款中减去已经收到的银行垫款额度的汇票。

在打包信用证的情况下，这种安排可解释为一种买方通过银行预付货款的协议，该项预付是凭出示规定的单据付给的，但是价款只有在提交正规的运输单据（和/或其他指定单据）时才予以偿付。

□ 背对背（back-to-back）和母证（overriding credits）

11－035 背对背信用证又称为抵偿信用证（countervailing credits），它主要应用于英国商人在一个国家购进商品并在另一个国家转售的境外贸易，以及一种商品在由最后买主购进以前，经过几个中间商辗转倒手涉及一连串合同[246]的交易。

背对背信用证的特点是，最后买主开给其直接卖主的保兑信用证被后者用来作为他给其供货人的信用证的抵押品。如果中间商有好几个，则在这一连串的合同中，每一个人都用以他为受益人的信用证，作为开给其前手的信用证的抵押品，依此类推，一直到第一个买主开出来以他的原始供货人为受益人的信用证为止。这些信用证的条款，除价格和发票以外，其他在文字上是一模一样的。

背对背信用证的最简单的运转方法是，让一家银行控制所有的信用证，不过在牵涉几家银行的情况下，也同样可以运用。也可以利用可转让的信用证[247]或者采用跟单信用证和托收安排[248]相结合的方法，进行背对背的安排。

在这类安排中，由最后买主开立的信用证具有特殊的重要性。这个信用证被人们称为母证，中间商一般都知道，它是这种安排的整个融资结构的基础。基于这个理由，在发生涉及整串合同的纠纷时，法院特别重视这张信用证的条款。[249]

□ 可转让信用证

11－036 一种比背对背信用证更为流行的方法是使信用证成为可转让的。[250] UCP 600 第三十八条 d 款[251]规定，只要不禁止转运，可转让信用证就是自动可分割的。只有当开证行规定时，信用证才是可转让的。

据上文所述[252]，从汇票或者其他可流通工具可以被转让给他人的情况上看，信用证并不是可流通的。[253]通知行除非得到相反的指示，否则并没有被授权向随便一个能满足信用证条件的人提供信用证项下的资金。事实上，如果银行凭非指定受益人或其代理人提交的单据付款，那就违背了它所受的委托。

如果把信用证的权益让给其指定受益人以外的人，可以有两种做法：转让（assignment）信用证的权益以及信用证本身的转让（transfer），即转让信用证项下的所有权利和义务，但后者只能在当事方让信用证成为可转让的情况下存在。对这两种方法需要分别进行研究。

转让信用证的权益

11－037 信用证是一种权利财产（chose in action）。[254]当它是一张保兑的信用证时，银行在该信用证项下向卖方承诺在提交指定单据时付款，这是银行一种有条件的债务，即一种以卖方提交指定的单据作为前提条件的债务。卖方只要遵照1925 年《财产法》（Law of Property Act）第一百三十六节对于转让债权所规定的要求，就可以在买方或通知行没有授权，甚至在信用证不是可转让的情况下，转让这种有条件的债务，也就是说，把信用证授予他的权益转让出去。

《财产法》规定：转让必须是全部的，不得是部分的；必须有让与人签署的书面文件；必须将书面的转让通知交送债务人，即银行。转让后的债仍然是有条件的，该项条件只能由卖方（或其代理人），而不能由受让人履行。该项条件构成了一项义务，这种义务，根据法律的一般原则，在没有取得对方（即银行）同意时，是不得转让的。而银行在这个问题上，必须根据其委托人，即开证行或者买方的指示行事。UCP 特别允许转让信用证的权益，即使该信用证未被注明是可转让的[255]，但是对这种权益的转让，可通过在信用证中规定一个条款予以排除。转让信用证权益只能用于卖方打算自己装运货物和自己向银行提示单据的场合。当然，这种转让要受到先前权益的约束。[256]

在买方想用一家银行以其名义开立的信用证来作为另一家银行开立信用证的担保时，转让就可以使用。[257]

还可以应用其他一些不那么正式的办法，把信用证的权益给予供货人。*Trans Trust SPRL v Danubian Trading Co Ltd* 一案[258]的案情是：A 给予 B 一项购货选择权，B 卖给 C，C 卖给 D。B 和 C 签订的买卖合同规定，后者负责取得一张由 D 开立的、以 A 为受益人的信用证；B 则负责将 C 的买价和卖价之间的差额退还给 C（这项差额对于 B 是公开的）。D 没有开证，法院判决 C 要负责 B 的利润损失。

卖方只是做出将从买方信用证项下的款项拨付货款给供货商的承诺，并不能提供给供货商多少保证。这可能被称为一种平衡法上的转让，但是，即使卖方已把此事通知了银行，供货商在信用证上面的权益，仍可因其后发生的信用证非法转让（如果它是可转让的），或是因为信用证权益的法定转让（legal assignment）而受到挫败。卖方只指示银行，凭卖方提交的正式单据，把信用证的款项或者部分款项付给供货商的做法，对供货商来说同样是没有保障的，因为卖方可以撤回他的指示。供货人的处境可以通过规定卖方对银行的任何指示在本质上是不可撤销的来加强。

信用证本身的转让

信用证本身的转让同信用证项下权益的转让是迥然不同的。信用证本身的 **11—038**
转让是指卖方把信用证项下的权利和至少是某些义务，转让给另外一个人，通常就是他的供货人。在这种方式下，那个被转让人在信用证中就接替了让与人的地位，并且得到了预先的保证：只要信用证的条款得到遵守，就可以从最后买主所提供的款项中得到偿付。这种安排需要取得买方和开证行的同意（除非事先约定，否则买方没有提供可转让信用证的义务）；而且还必须在信用证上规定可转让的条款。如果信用证是可以转让的，除非有其他规定，一般只能转让一次。

据上文所述[259]，凡是适用 UCP 的可转让信用证，只要不排除分批装运，都是自动地可分割以及可部分转让的。受英国法律约束的可转让信用证（它不受 UCP 这项规定的约束），不是可以自动地分割的。如果要达到这种效果，就应该在信用证上注明它受 UCP 约束以及是可转让的。

UCP 600 第三十八条规定：

“可转让信用证

a. 银行无办理信用证转让的义务，除非其明确同意。

b. 就本条而言：

可转让信用证系指特别注明“可转让”（transferable）字样的信用证。可转让信用证可应受益人（第一受益人）的要求转为全部或部分由另一受益人（第二受益人）兑用。

转让行系指办理信用证转让的指定银行，或当信用证规定可在任何银行兑用时，指开证行特别如此授权并实际办理转让的银行。开证行也可担任转让行。

已转让信用证指已由转让行转为可由第二受益人兑用的信用证。

c. 除非转让时另有约定，有关转让的所有费用（诸如佣金、手续费、成本或开支）须由第一受益人支付。

d. 只要信用证允许部分支款或部分发运，信用证可以分部分转让给数名第二受益人。

已转让信用证不得应第二受益人的要求转让给任何其后受益人。第一受益人不视为其后受益人。

e. 任何转让要求须说明是否允许及在何条件下允许将修改通知第二受益人。已转让信用证须明确说明该项条件。

f. 如果信用证转让给数名第二受益人，其中一名或多名第二受益人对信用证修改并不影响其他第二受益人接受修改。对接受者而言，该已转让信用证即被相应修改，而对拒绝改的第二受益人而言，该信用证未被修改。

g. 已转让信用证须准确转载原证条款，包括保兑（如果有的话），但下列项目除外：

—信用证金额，

—规定的任何单价，

—截止日，

—交单期限，或

—最迟发运日或发运期间，

以上任何一项或全部均可减少或缩短。

必须投保的保险比例可以增加，以达到原信用证或本惯例规定的保险金额。

可用第一受益人的名称替换原证中的开证申请人名称。

如果原证特别要求开证申请人名称应在除发票以外的任何单据出现时，已转让信用证必须反映该项要求。

h. 第一受益人有权以自己的发票和汇票（如果有的话）替换第二受益人的发票和汇票，其金额不得超过原信用证的金额。经过替换后，第一受益人可在原信用证项下支取自己发票与第二受益人发票间的差价（如果有的话）。

i. 如果第一受益人应提交其自己的发票和汇票（如果有的话），但未能在第一次要求时照办，或第一受益人提交的发票导致了第二受益人的交单中本不存在的不符点，而其未能在第一次要求时修正，转让行有权将从第二受益人处收到的单据照交开证行，并不再对第一受益人承担责任。

j. 在要求转让时，第一受益人可以要求在信用证转让后的兑用地点，在原信用证的截止日之前（包括截止日），对第二受益人承付或议付。该规定并不得损害第一受益人在第三十八条 h 款下的权利。

k. 第二受益人或代表第二受益人的交单必须交给转让行。”

可转让信用证可以采用下述方式，应用在背对背的安排上：（A）国的 A 公司销售货物给（B）国的 B 公司，B 公司承诺以保兑的不可撤销信用证付款。B 公司其后又将货物转售给（C）国的 C 公司。C 公司承诺用另外一张保兑的、不可撤销的、可转让的信用证付款给 B 公司，B 公司于是按照应付给 A 公司的价款金额，将 C 公司开立的信用证，部分地转让给 A 公司。在这种场合，最为重要的是，C 公司的信用证和 B 公司开立的信用证要使用同一种货币，因为不然的话，币值的波动就会给这种安排带来影响。在这样一个案件[260]中，B 公司开立的是肯尼亚先令信用证，C 公司开立的却是英镑信用证。在转让时，这两种货币是等值的，A 公司对转让给他的信用证未加反对。后来英镑贬值，肯尼亚的币值未变。上诉法院判决，A 公司既然接受英镑信用证，就丧失了要求以没有贬值的肯尼亚先令付款的权利，虽然这笔交易的计价货币是肯尼亚先令。

看起来，一家可转让信用证的开出行或者通知行，可能仍然会在所有信用证规定的条件都符合的情况下拒绝实现信用证的转让。[261] UCP 在第三十八条 j 款中规定，如果信用证是可以转让的，“第一受益人可以要求在信用证转让后的兑用地点，在原信用证的截止日之前（包括截止日），对第二受益人（信用证的受让人）承付或议付”。[262] 因此，尽管银行可能会接受转让信用证，但这并不意味着它有义务这样做。这一解释是根据第三十八条 a 款得到的，根据这一款，银行“无办理信用证转让的义务，除非其明确同意”。枢密院在一家来自新加坡的案件[263]中判决，银行“必须在（转让）请求之后明确同意，并且必须包含转让的程度和要求转让的方式”。在 UCP 第三十八条 a 款中规定，在开证时将信用证称为“可转让的”并非银行对转让充分的同意。这一规定因为降低了可转让信用证在提供融资交易中的作用而受到批评。[264] 幸运的是，主要的国际银行在实际中并不拒绝其开立的“可转让”信用证转让的请求，除非它们认为有足够的理由这样做（但是法律上它们不必解释这样做的原因）。

信用证异常条款

□ 信用证和银行损害赔偿保证书（bank indemnities）

如果卖方提交不合格的单据，正如有时会不幸地发生的那样，通知行除了 **11—039**
有权拒收以外，还可以要求出口商提供一份损害赔偿保证书，由银行凭该保函提供信用证项下的资金。有时，在通知行和出口商的往来行不是同一家银行的情况下，通知行会要求出口商的往来行出具这种保证书。这种程序在出口商提示的单据与通知行收到的指示不符，或者是交单时信用证已过期，又未做出展期安排的情况下采用。卖方交给通知行的保证书，未经卖方同意，通知行不得转让或转交给开证行使用。

出口商在出具这种保函以取得信用证项下的资金时应该清楚地知道，银行可能会向他追索，并可能要求他对该保函承担责任[265]，因此，他应竭尽全力地立即和国外的买方达成解决不符点的协议。

对卖方来说，除了给银行出具保函以外，另一种办法就是请求通知行按照"信用证保障下的托收"递交单据。[266]在这种情况下，银行只有在买方接受单据时，才付款给卖方。这种替代方法避免了卖方出具保函的风险，却完全失去了买方必须开立的跟单信用证的意义。

如果买方拒不修改地发给银行指示，其严重程度又足以构成背弃买方根据买卖合同条款开证的承诺，卖方就可以有进一步的选择：向买方索取违反合同的损失赔偿。

□ 保留付款（payment under reserve）

11－040 另外一种银行对所交单据能否与其收到的指示相符表示怀疑，但却又希望顺应受益人（卖方）向其付款的可能性，就是"保留"付款。[267]当银行认为受益人处于正当的立场，并且若有困难出现即能返还付款时，或者它认为被断定的不符点不重要，即使它们存在，开证行和受益人也会接受单据时，银行就会这样做。特别地，如果受益人是一个很有价值的客户，或者与受益人之间关于单据是否符合要求产生了真正的争端，银行就可能进行保留付款。

"保留付款"这一用语出现在了 UCP 500[268]中，但是并未在其中给出定义。[269]上诉法庭在 *Banque de l'Indochine et Suez SA v J H Rayner* (*Mincing*) *Lane Ltd* 一案[270]中对它的意思进行了考察。在这个案例中，由一家在 Djibouti 的银行开立了不可撤销信用证，受益人的通知行对该信用证加具了由它自己保兑。银行考虑到所提交的单据从许多特定的层面上都是有缺陷的，但是根据与受益人之间的安排，它还是进行了保留付款。问题在于，这一保留是赋予了银行在开证行拒绝接受单据的情况下收回这笔钱的权利，还是说该银行只能在所提交的单据真实不符的情况下才能收回汇款。法院决定，根据各当事方的意图，"保留付款"这一用语具有前者所述的意思。"双方的意思是"，Kerr 法官说：[271]"该付款保留的条件是，如果开证行拒绝接受单据，不管是出于它自身的意见还是买方对其的指示，受益人都得立即偿还货款。"法院不必决定[272]，通知行是否只能够在开证行基于与通知行最初通知给受益人的不符点完全相同（或者至少有一些相同）的情况下才可以收回货款，但是它已经倾向于这种观点。这一观点引起了质疑，因为通知行在保留付款的情况下，应该有权在单据遭到开证行或者买方拒绝时收回其付款。

□ 信用证的短路（short-circuiting of letter of credit）

原则上，如果国际买卖合同的各当事方已经安排了跟单信用证的付款方法，他们就必须恪守他们之间的协议，不能在货款支付的问题上彼此直接提出要求而使信用证短路。McNair 法官在 *Soproma* 案[273]中说过，跟单信用证安排： 11—041

“对双方来说是互有好处的——对卖方的好处是，合同条款提供了一个一般是在他本国得到权威方面承认的‘可靠付款人’，他可以对这个人起诉；对买方的好处是，他可以同他的往来银行做出提供必要资金的安排。”

基于这个理由，McNair 法官在 *Soproma* 案中，把卖方直接向买方做出的第二次交单看做是无效的。

信用证的有条件性

但是，在特殊情况下，可以允许跟单信用证短路。在一般情况下，信用证所起的作用是有条件付款，而不是绝对付款。[274] 11—042

如果，例如被有关当事人指定充当中间人的银行丧失清偿债务的能力，卖方一般可以直接向买方交付单据，要求偿付价款。[275]上述的含蓄条款也是因中间人丧失清偿能力而告解除的。

因此，有一个案例[276]，尼日利亚的买主从伦敦糖商购买了一批糖，用瑞士商人银行开立的不可撤销信用证付款，瑞士商人银行是一家商业银行，其大部分股份由尼日利亚的买方所持有。该信用证是承兑信用证，规定凭向银行开立的 90 天期的汇票付款。该批糖已经供应了，买方亦已经将货款交给瑞士商人银行，但是该银行在把钱付给伦敦的卖方以前，就陷入债权人申请下的自动停业清算。卖方通过在伦敦的仲裁，主张有权从买方取得货款。后来仲裁失败引起诉讼。Ackner 法官判决，买方虽已将货款交给银行，卖方仍可主张这项权利。Ackner 法官说道：[277]

“从认定的事实可以得出，信用证只是一种有条件的付款，如果信用证得不到支付，被告的债务就没有偿还。这是因为卖方的信用证付款的承诺并不是提供一个没有付款的付款来源（跟单信用证）……被告对卖方承担的义务是一种首要义务。一旦开证行未能支付，这一义务便又告成立。”[278]

然而，如果信用证项下的货款因为卖方的过失而未支付，例如他提交了不符单据，他就不能依赖于信用证有条件付款这一特性，买方也就解除了付款的义务。[279]

短路的其他案例

Sale Continuation Ltd v Austin Taylor & Co Ltd 一案[280]就适用与上述相同的论点。在这个案件中，马来西亚的一家木材出口商 N 公司使用了 A（被告）的服务，以 A 作为其木材的销售代理人。A 把 N 的木材卖给一家比利时的木材进口商 G。经安排用背对背[281]的方式付款，其内容是不可撤销信用 11—043

证和托收结合，并已指示一家比利时银行凭单据向G收取货款。A则通过原告，一家英国商业银行（在该笔交易中是开证行），开出了以N为受益人的信用证。卖方向原告开出汇票得到了原告的承兑。其后，原告根据一份信托收据将单据交给A，A又交给G，G把货款付给A并接受该批木材。此后，原告丧失清偿能力，N向它开出的汇票遭到退票。A于是将他从G那里收到的货款直接转给N。原告向A起诉，主张他有权获得货款。Paull法官驳回原告的主张，判决被告A将货款直接转给N是合法的，因为原告已经表示对N的汇票拒付，这就解除了A将款项交给原告，以促使原告承付N的汇票的义务。至于信托收据的作用，N有权在原告表示退票时，取消他和原告订立的以单据作为抵押的合同。Paull法官的这个判决，毋庸置疑，是地地道道的普通常识。

□ 影响信用证的欺诈行为

11—044 在前文已述[282]，建立信用证系统最重要的原则之一是机构的独立性，也就是说，参与信用证交易的银行，原则上都不受基础买卖合同或者其他合同的当事方之间产生的纠纷的影响，只有一种情况对这一原则例外：欺诈例外，这就允许法院考虑除信用证的真实条件和条款以外的证据，这一例外基于的原则是“代价非法即不能据此兴讼”（ex turpi causa non oritur actio）。如果这一情况能够成功地被认定，银行（不可撤销信用证项下的开证行和加具了保兑的通知行）应该拒绝履行其对受益人的义务，即根据信用证条款，对在信用证到期日前相符交单的受益人付款、承兑或者议付。

在单据不符时，不符点只是出现于单据表面。[283]在此，我们处理单据表面上看起来符合规定但是它们或者是交单人受到了欺诈影响的情况。这种欺诈通常会和单据本身有联系，可能它们对其所指商品的描述是伪造的或者不真实的，但是它们表面上看起来却像是跟单信用证项下正确的符合条件的单据。

在买方试图阻止银行承付信用证或者阻止卖方利用该信用证的情况下，买方通常会发出这样的欺诈指控。买方可能宣称，卖方装运的是垃圾而非与信用证相符的货物，或者是完全没有装运任何货物，抑或是提单是伪造的或者欺诈性质上错误的[284]，这样他们就能通过倒签而显示在规定的运输时间内运输，而实际上货物的运输却超过了规定的时间。

银行没有义务积极查明欺诈指控是否属实[285]，它可能会采取消极的态度，来评价由买方向其呈现的证据。如果法院诉讼因此产生，那么就必须根据法院所掌握的证据，来判断相关欺诈是否发生，而在早期银行对欺诈不知情并不重要。[286]

在查明欺诈例外是否适用时，需区分三种情况：

第一种情况，只是由买方单方面向银行提出欺诈问题。这种指控可能只是基于一种怀疑，甚至是严重的怀疑，或者是银行本身，若是没有买方的鼓动，可能就接受了这一疑点。如果不能确立更多，则银行必须付款。Megarry 法官说[287]："我会尽量推迟对银行不可撤销信用证的干涉，甚至绝不干涉国际银行领域，除非显示有重大的事故"，上诉法庭在一件它拒绝对银行支付款项禁令的申请案件中表示[288]：

"唯一能出具禁令的例外情况就是，证明银行知道任何已经做出的或者其后可能做出的付款请求都是具有明显的欺诈性的。但是，对于欺诈事实和银行知情的证据必须都足够清楚。当然，证据是基于未经证实的顾客的陈述显然是不够充分的，因为在批准这一禁令和银行申请撤销禁令这段相对较短的时间内，对银行信用会造成不可挽回的损失。"

第二种情况，银行对所发生的欺诈行为已经确信无疑。在此之前可能有些模糊的证据，例如，提交的全部或者部分单据是具有欺诈性的或者伪造的，但是银行并没有证据显示受益人（卖方）知晓该诈骗行为。有可能该诈骗行为是由第三方造成的，例如代运人或者货运经纪人，该第三方想掩盖货物超出时间装运的事实，而受益人又不知情。一个人可能就会以为，即使在这种情况下，"欺诈解除一切责任"[289]的原则还适用，但实则不然。在 *United City Merchants* (*Investments*) *Ltd v Royal Bank of Canada* 一案[290]中，上议院判决银行必须付款。这个案件涉及由秘鲁买方向英国的卖方购买一批玻璃钢制品生产设备，卖方要求买方开出两倍于购买价格的发票，以规避秘鲁政府的外汇管制措施。这一案例引起了两个问题：在前文提到过的[291]，"《布雷顿森林协议》立足点"以及信用证的立足点，这将在下面的方式中产生。提单被倒签了，提单显示的装运日期是 1976 年 12 月 15 日，也就是信用证规定的最迟装运日，但是实际上，货物在之后的一天，也就是超出了规定的日期时，才装运。银行（加拿大皇家银行）已保兑过该信用证，它知晓了这一诈骗行为，因为在第一次提交的提单中，日期被空出了，1976 年 12 月 15 日是添加的，而在其后在信用证到期日之前，第二次提交的单据中，提单显示的是 1976 年 12 月 15 日。单据因此表面上不符。错误的日期是由货运经纪公司的员工插入的，而卖方对此毫不知情。上议院判决说，虽然银行已知晓诈骗，但它仍有义务付款，因为卖方是被第三方的欺诈所欺骗的。Diplock 法官说道[292]：

"……一种是表面看起来相符的单据，卖方不知道它实际上包含了不准确的描述，而该种不准确的描述是由制单人的疏忽造成的；另一种单据与之类似，只是其不准确的描述是由制单人有意在其他人中欺骗卖方（或者受益人）本身。何种理性的根据能在这两者之间做出任何区分呢？"

关于 *United City Merchants* 的判决在银行界引发了不安。在银行已经知道提交的单据，尽管表面相符但实际上是欺骗性的或者伪造时，仍要求其付款，这与一般银行从业者的常识恰恰相反。[293]更重要的是，银行害怕这样做可能会承担法律义务。受益人（卖方）可能提起合同的索赔，基于银行已经对无效单据偿付了货款的依据，因为其已知单据为欺诈或者伪造的。人们认为，在某些这类案例中，如果信用证是在UCP条款下开立的，银行就受到第三十四条[294]的保护，该条规定：

"银行对任何单据的形式、充分性、准确性、内容真实性、虚假性或法律效力……都不负责。"

但是这一问题没有在*United City Merchants*的案例中解决，法律的立场仍存有质疑。

在最近上诉法院对*Montrod Ltd v Grundkotter Fleishvertriebs GmbH*一案[295]的判决中，法院判决即使受益人善意提交的单据没有任何商业价值或者是"无效"（nullities）的，他仍然有权要求付款。在这一案件中，Montrod作为开证申请人，对Gruadkotter要求索赔，要求法院对其没有出具能符合信用证要求的正确的质检证书进行判决。Gruadkotter提交了表面上和信用证条款相符的单据，并且并无他方欺诈的证据。法院最终判定，Montrod宣称的所谓的"无效"例外的原则，并不是英国法律认可的允许银行在信用证项下相符交单时拒绝付款。因此，提交的单据无效不能成为独立的拒绝付款的理由，这也是独立性原则的一个例外。

第三种情况下，银行对欺诈的发生有了积极的证据并且受益人对该欺诈知情。如果这两点都明显对银行有利，那么银行就不必履行它在信用证项下的责任。可能会发生以下情况，例如受益人（卖方）本身在其知情时提交的单据是错误的，或者有别人经其知晓或者默许这样做。[296]另一种可能发生的情况是，卖方向买方提交了证明货物运输的单据，但是又从安排运输的人处撤回了货物，并且知道货物不会送达买方。同*United City Merchants*和其他案例相比，法律在此处的立场就十分明确。[297]

欺诈的证据

11—045 原则上，法院要求欺诈例外抗辩成立的条件已经非常清晰明白了。然而，Ackner法官在一个案件[298]中指出，对欺诈的证据提出过分严格的要求，将会使法院无法运用信用证独立性这一例外原则。博学的法官对欺诈成立的证据要求程度做出了如下的指导[299]：

"我们应该认为法院会要求对于指控提供强有力的确凿证据，这些证据通常是用同一时期的单据的形式，特别是由买方发出的……如果法院认为根据其掌握的材料，能做出的唯一现实的判断就是欺诈，那么卖方的行为就完全构成了欺诈。"

注释

[1] 更多的内容参见（R. King ed.）H. C. Gutteridge and M. Megrah，*The Law of Bankers' Commercial Credits*（8th edn，2001）；R Jack，A. Malek，D. Quest，*Documentary Credits*（3rd edn，2001）；L. Sarna，*Letters of Credit*：*The Law and Current Practice*（3rd edn，1997，Carswell）；Benjamin's *Sale of Goods*（7th edn，2006）；W. Hedley and R. Hedley，*Bills of Exchange and Bankers' Documentary*

Credits (4th edn, 2001); p. Todd, *Bills of Lading and Banker's Documentary Credits*, (3rd edn, 1998)。

[2] *Per* Kerr L. J. in *RD Harbottle (Mercantile) Ltd v National Westminster Bank Ltd* [1978] Q. B. 146 at 155; *per* Griffiths L. J. in *Power Curber International Ltd v National Bank of Kuwait SAK* [1981] 2 Lloyd's Rep. 394 at 400; *per* Donaldson L. J. in *Intraco Ltd v Notis Shipping Corporation of Liberia*; *The Bhoja Trader* [1981] 2 Lloyd's Rep. 256 at 257; *per* Ackner L. J.; and *per* Stephenson L. J. in *United City Merchants (Investments) Ltd v Royal Bank of Canada* [1982] Q. B. 208 at 222; *per* Hirst J. in *Hong Kong and Shanghai Banking Corporation v Kloeckner & Co AG* [1989] 2 Lloyd's Rep. 323 at 330.

[3] *Intraco Ltd v Notis Shipping Corporation of Liberia*; *The Bhoja Trader*, above.

[4] 参见下文第 11—025 段。

[5] 基础合同可能是另外一种类型的合同，例如，建筑合同或者服务合同。

[6] 参见下文第 11—024 段。

[7] *TD Bailey, Son & Co v Ross T Smyth & Co Ltd* (1940) 56 T. L. R. 825 at 828.

[8] 这一段是经过了 Ackner L. 法官的允许而引用的：*United City Merchants (Investments) Ltd v Royal Bank of Canada* [1982] Q. B. 208 at 247。

[9] UCP 600 是该规则的第 7 版。第 1 版于 1933 年出版，第 2 版于 1951 年出版，而后依次为第 3 版 1962 年，第 4 版 1974 年，第 5 版 1983 年，以及第 6 版（UCP 500）1993 年。

[10] 在 2007 年 1 月 1 日前开立的信用证还是继续受到 UCP 500 的约束。

[11] 参见 E. P. Ellinger, *The Uniform Customs and Practice for Documentary Credits (UCP): their development and the current revisions*, [2007] L. C. M. L. Q. 152; C. Debattista, *The New UCP 600*, [2007] J. B. L. 329; J. B. Byrne '*The Comparison of UCP 600 & UCP 500*', Institute of International Banking Law and Practice Inc. 2007。

[12] UCP 600, Introduction.

[13] *The Supplement to UCP 600 for Electronic Presentation (eUCP)*.

[14] eUCP Art. e1 (a).

[15] 版本 1.1。

[16] 例如，参见 *Royal Bank of Scotland v Cassa di Risparmio delle Province Lombard* [1992] 1 Bank L. R. 251。

[17] 例如，参见 *Banque de l'Indoschine et de Suez v J H Rayner (Mincing Lane) Ltd* [1983] Q. B. 711; *European Asian Bank AG v Puniab & Sind Bank (No. 2)* [1983] 1 W. L. R. 642; *Forestal Mimosa v Oriental Credit Ltd* [1986] 1 W. L. R. 631。

[18] UCC 第五条；关于 UCP 与《统一商法典》之间的联系，参见 *Alaska Testile Co Inc v Chase Manhattan Bank* [1992] 982 Fed. 2d. 813。

[19] http://www.swift.com; SWIFT 代表 Society for Worldwide Interbank Financial Telecommunications.

[20] 关于 UCP 500，国际商会第 516 号文件，包含了一份标准的跟单信用证申请表格。

[21] "ICC Guide to Documentary Credit Operations for UCP 500" (ICC Brochure No. 515).

[22] Decisions (1975 - 1979) of the ICC Banking Commission (ICC Doc. No. 371); Opinions (1980 - 1981) of the ICC Banking Opinion (ICC Doc. No. 399) and Opinions of the ICC Banking Commission on Queries relating to Uniform Customs and Practice for Documentary Credits (1984 - 1986) (ICC Doc. No. 434); Opinions of the ICC Banking Commission (1989 - 1991) (ICC Doc. No. 494); Opinions of the ICC Banking Commission (1995 - 1996) (ICC Doc. No. 565), ICC Banking Commission Collected Opin-

ions 1995 - 2001 (ICC Doc. No. 632). 1981—1984 年间的意见并未出版。更多有用的 ICC 出版物，参见"ICC Case Studies on Documentary Credits under UCP 500"（ICC Brochure 535）；Documentary Credits: UCP 500 and 400 Compared—1993 Revision（ICC Doc. No. 511）；"More Queries and Responses on UCP 500"（ICC Brochure No. 596）；UCP 500—Opinions of the ICC Banking Commission 1998 - 1999（ICC Doc. No. 613）。

[23] ICC Brochure 245（2003）是为补充 UCP 500 而发行的；ICC Brochure 681（2007）是为补充 UCP 600 而发行的。

[24] UCP 600 第二条。

[25] UCP 600 第三条。

[26] 参见下文第 11—010 段。

[27] UCP 600 中现在只在第十四条 a 款出现与单据审核有关的事项。

[28] 有时情况更为复杂。开证行可能授权另外一家银行（例如，在一个在卖方所在国的主要的贸易中心）保兑，而这家银行又可能指示第三家银行（例如，在卖方营业所在地的一个小地方）作为不可撤销和保兑信用证的通知行。然而，如果开证行未作成不可撤销信用证，没有银行会保兑一个信用证，见 UCP 500 第九条 b 款。在 UCP 600 中，涉及可撤销信用证的部分被删除了。关于保兑和非保兑信用证，见下文第 11—025 段。

[29] *Hamzeh Malas & Sons v British Imex Industries Ltd* [1985] 2 Q. B. 127，见下文第 11—026 段。

[30] *United City Merchants (Investments) Ltd v Royal Bank of Canada* [1983] 1 A. C. 168；*Tukan Timber Ltd v Barclays Bank Plc* [1987] 1 Lloyd's Rep. 171 at 174. 关于影响信用证的欺诈，见下文第 11—042 段。

[31] 付款银行的义务是只考虑单据，而不考虑其他任何因素。对这一原则唯一成熟的例外是"欺诈例外"，所谓的"无效例外"并未在英国法律中指出，*Montrod Ltd v Grundkotter Fleischvertriebs GmbH* [2002] 1 W. L. R. 1975。见下文第 11—044 段。

[32] UCP 500 第三条。

[33] UCP 500 第四条。

[34] 这一表述不应该被误解。善意持票人的概念（见上文第 9—004 段）并不适用于信用证。更进一步说，信用证并不能够流通；如果它被做成可转让的，它只能转让一次（见下文第 11—038 段）。

[35] [1981] 2 W. L. R. 1233. 另参见 *Toprak Mahsulleri Ofisi v Finagrain Compagnie Commerciale Agricole et Financiere SA* [1979] 2 Lloyd's Rep. 98；*Intraco Ltd v Notis Shipping Corporation*；*The Bhoja Trader* [1988] 2 Lloyd's Rep. 256。

[36] [1981] 1 W. I. R. at 1241.

[37] [1977] 1 W. I. R. 713（这一案例是关于汇票的，不是关于信用证的）。

[38] 参见 Jack, Malek and Quest, paras 13. 19 - 13. 22。

[39] 参见上文第 9—012 段。也见 *SL Sethia Liners Ltd v State Trading Corporation of India Ltd* [1985] 1 W. I. R. 1398 at 1401；*Forestal Mimosa Ltd v Oriental Credit Ltd* [1986] 1 W. I. R. 631；*Continental Illinois National Bank & Trust Company of Chicago v John Paul Papanicolaou*；*The Fedora, Tatiana and Eritrea II* [1986] 2 Lloyd's Rep. 441, CA（这一案件是关于保函的）。

[40] 在 CPR 第二十五条第一款 f 的规定下，正式被认为是一个"马瑞瓦"（Mareva）禁令。

[41] *Intraco Ltd v Notis Shipping Corporation*；*the Bhoja Trader* [1981] 2 Lloyd's Rep. 256；*Bolivinter Oil SA v Chase Manhattan Bank NA* [1984] 1 W. L. R. 392；[1984] 1Lloyd's Rep. 251；见下文第 22—030 段。如果欺诈例外一旦确立，法庭就会签发冻结令。

[42] *Z Ltd v A-Z and AA-LL* [1982] Q. B. 558 at 574.

[43] *Hong Kong and Shanghai Banking Corporation v Kloeckner & Co AG* [1989] 2 Lloyd's Rep. 342（这个决定是基于例外事实的）。

[44] 参见 Jack Malek and Quest，para 6. 4。

[45] 参见 UCP 600 第五条，在上文第 11－006 段中引用。

[46] *Equitable Trust Co of New York v Dawson Partners Ltd* [1927] 27 L. I. R. 49 at 52；*per* Devlin J. in *Midland Bank v Seymour* [1955] 2 Lloyd's Rep. 147；*per* Parker J. in *Kydon Compania Naviera SA v National Westminster Bank Ltd*；*The Lena* [1981] 1 Lloyd's Rep. 68 at 75. 另参见 *Hing Yip Hing Fat Co Ltd* [1991] 2 H. K. L. R. 35，discussed in Murphy "Documentary Credits and Rejected Documents"（1992）L. M. C. L. Q. 26；*Seaconsar Far East Ltd v Bank Markazi Iran* [1993] 1 Lloyd's Rep. 236 at 239；*Glencore International AG v Bank of China* [1996] 1 Lloyd's Rep. 135；*Bayerische Vereinsbank Aktiengesellschaft v National Bank of Pakistan* [1997] 1 Lloyd's Rep. 591；*Kredietbank Antwerp v Midland Bank Plc* [1998] 2 Lloyd's Rep. 173。

[47]（1927）27 L. I. L. R. 49. 另参见 *Gian Singh & Co Ltd v Banque de l'Indochine* [1974] 1 W. I. R. 1234。

[48] [1996] 1 Lloyd's Rep. 367.

[49] 参见下文第 15－024 段。

[50] 不是向纽约的通知行。

[51] 由于下文第 11－041 段讨论的原因。

[52] 运费也没有从货价中扣除，并且货价收据也没有随汇票提交。

[53] 1951 年版本中的这一规定大体上与 1993 年修订版的第三十七条 c 款以及 2007 年修订版的第 14 条 e 款相同。

[54] [1943] 1 K. B. 37.

[55] *Bank Melli Iran v Barclays Bank（Dominion，Colonial and Overseas）* [1951] 23 Lloyd's Rep. 376. *Cf.* also *Panchaud Freres SA v Etablissements General Grain Company* [1970] 1 Lloyd's Rep. 53 at 57（在这一案件中，付款不是在跟单信用证项下做出的）。

[56] *Bank Melli Iran v Barclays DCO* [1961] 23 Lloyd's Rep. 53 and the Canadian case *Michael Doyle & Associates Ltd v Bank of Montreal* [1982] 6 W. W. R. 24（尽管文件是伪造的，但是银行无条件接受了对其开立的汇票；银行不能从受益人处收回货款）。

[57] [1951] 2 Lloyd's Rep. 367.

[58] UCP 600 第十四条 a 款；UCP 500 第十四条 b 款。

[59] 银行有权要求提供证明与指示中的条件相符的单据证据：*Floating Dock Ltd v Hongkong and Shanghai Banking Corporation* [1986] 1 Lloyd's Rep. 65 at 80。另参见 *Banque de l'Indochine et de Suez SA v JH Rayner（Mincing Lane）Ltd* [1983] Q. B. 711，CA；*Astro Exito Navegacion SA v Chase Manhattan Bank NA*；*The Messiniaki Tolmi* [1988] 2 Lloyd's Rep. 217 CA（gas free certificate not endorsed by Taiwan authorities）；*Seaconsar Far East Ltd v Bank Markazi Jomhouri Islami Iran* [1993] 1 Lloyd's Rep. 236。

[60] *Midland Bank Ltd v Seymour* [1955] 2 Lloyd's Rep. 147 at 151. Also *per* Donaldson J. in *Golodetz & Co Inc v Czarnikow-Rionda Co Inc*；*The Galatia* [1979] 2 Lloyd's Rep. 450 at 457；and *per* Parker J. in *Kydon Compania Naviera SA v National Westminster Bank Ltd*；*The Lena* [1981] 1 Lloyd's Rep. 68 at 75.

[61] 同上。

[62] *British Imex Industries Ltd v Midland Bank Ltd* [1958] 1 Q. B. 542 at 552.

[63] 有时信用证指示会包括不寻常的要求。在 *Astro Exito Navegacion SA v Southland Enterprise Co Ltd* (No. 2) [1982] 1 Q. B. 1248 中，买卖货物是要被解体的船只，指示要求以买方的名义签发的证书来证明该船只已经安全到达目的地。另参见 *Gill & Duffus SA v Berger & Co Inc* (*No. 2*) [1984] A. C. 382，在该案件中在 CIF 合同下需要提交的运输单据需要包括卸运的商品的质量证书；这些规定明显是不合理的。

[64] 在第十六条 c 款中："开证行应该在合理的时间内审核单据并决定……是接受抑或拒绝接受单据。"

[65] 尽管并没有定义银行工作日。

[66] [1991] 2 Lloyd's Rep. 443, CA.

[67] [1991] 1 Lloyd's Rep. 587.

[68] [1991] 2 Lloyd's Rep. 443 at 449.

[69] 另参见 Jack Malek and Quest, para. 5. 42。

[70] *Banker's Trust Co v State Bank of India* [1991] 1 Lloyd's Rep. 587 at 594; *Hing Yip Hing Fat Co Ltd v Daiwa Bank* [1991] 2 H. K. L. R. 35; *Seaconsar Far East Ltd v Bank Markazi* [1993] 1 Lloyd's Rep. 236; E. P. Ellinger [1985] J. B. L. 406; H. Bennett, "Documentary Credits: A Reasonable Time for What?" [1992] L. C. M. L. O. 169. 关于银行无正当理由没有在合理时间内付款的责任，请参见第 11—021 段。

[71] 参见 Jack, Malek and Quest, para. 5. 43。

[72] 尤其应注意的是，第 13 条（b）款并非要求 7 个银行日，而是允许至多 7 个银行日的一段合理时间，在很多情况下合理时间是比较短的。

[73] UCP 500 第十四条 d 款（ⅰ）和（ⅱ）规定，通知必须毫不延迟地发出，并且在任何情况下都不得超过收到单据的翌日起算的第 7 个银行工作日；又参见 *Rafsanjan Pistachio Producers v Bank Leumi Cooperative* (*UK*) *Plc* [1992] 1 Lloyd's Rep. 513 at 531，在本案例中，法庭认为"不迟延"意为"不合理的迟延"；*Bayerische Vereinsbank v Bank of Pakistan* [1997] 1 Lloyd's Rep. 59; *Seaconsar* (*Far East*) *Ltd v Bank Markazi Jomhouri Islami Iran* [1997] 2 Lloyd's Rep. 89; affd. [1999] 1 Lloyd's Rep. 36。更多见下文第 11—010 段。

[74] *Banque de l'Indochine et de Suez SA v JH Rayner* (*Mincing Lane*) *Ltd* [1983] Q. B. 711, 729 - 730. 又参见 *Shamsher Jute Mills Ltd v Sethia* (*London*) *Ltd* [1987] 1 Lloyd's Rep. 388; C. M. Schmitthoff, "Discrepancy of Documents in Letter of Credit Transactions" [1987] J. B. L. 93, *Essays*, 431。

[75] *Commercial Banking Co of Sydney Ltd v Jalsard Pty Ltd* [1973] A. C. 279.

[76] *Equitable Trust of New York v Dawson Partners Ltd* (1926) 27 Ll. L. Rep. 49.

[77] *Jalsard*'s case, above.

[78] *Hansson v Hamel and Horley Ltd* [1992] 2 A. C. 36.

[79] *M Golodetz & Co Inc v Czarnikow-Rionda Co Inc*; *The Galatia* [1980] 1 W. L. R. 495.

[80] 这可能与 UCP 500 的第五条 a 款相抵触（UCP 600 中并不包含类似的条款）。一般认为，对于基础合同与提交的单据间的任何不符点，银行都应该不予理会，因为原则上（并且服从欺诈例外），银行应该对基础合同毫不关心；参见 *Siporex Trade SA v Banque Indosuez* [1988] 2 Lloyd's Rep. 147, 161（履约保函的案例）。

[81] In *Jalsard*'s case, above.

[82] See, e. g. *Hing Yip Hing Fat Co Ltd v Daiwa Bank Ltd* [1991] 2 H. K. L. R. 35.

[83] Opinions (1980 - 1981) of the ICC Banking Commission (ICC Publications No. 399), 35.

[84] [1993] 1 Lloyd's Rep. 236; reversed on other grounds [1994] 1 A. C. 438.

[85] 参见下文第 11—040 段。

[86] 参见下文第 11—039 段。

[87] 在 UCP 600 中对二者都有要求；见 *Glencore International AG v Bank of China* [1996] 1 Lloyd's Rep. 135，常识是，银行随后不会依赖于任何在通知中未包含的不符点；又参见 *Hing Yip Hing Fat Co Ltd v Daiwa Bank Ltd* [1991] 2 H. K. L. R. 35。

[88] UCP 600 Art. 16 (d), UCP 500 Art. 14 (d) (ⅰ); and see *Rafsanjan Pistachio Producers Co-operative v Bank Leumi (UK) Plc* [1992] 1 Lloyd's Rep. 513; *Bayerische Vereinsbank v Bank of Pakistan* [1997] 1 Lloyd's Rep. 59 at 70, *Seaconsar (Far east) Ltd v Bank Markazi Jomhouri Islami Iran* [1997] 2 Lloyd's Rep. 89; affd. [1999] 1 Lloyd's Rep. 36.

[89] 在 UCP 500 中是 7 天。

[90] UCP 600 第十六条 c 款，UCP 500 第十四条 d 款（ⅰ）。

[91] UCP 600 第十六条 b 款，在 UCP 500 第十四条 c 款中，尽管如原文所述，第十四条 c 款并没有如第十三条 b 款所提到的那样延长 7 天的银行工作日；案例 *Banker's Trust Co v State Bank of India* [1991] 2 Lloyd's Rep. 443. at 449 中的专家证据表明，几乎一半的信用证交易中都存在不符点，而在绝大部分案例中，买方都准备放弃不符点。

[92] UCP 600 第十六条 f 款，UCP 500 第十四条 e 款。

[93] [1997] 1 Lloyd's Rep. 59.

[94] At 69.

[95] 见第十四条第一款。

[96] UCP 500 第二十六条。

[97] UCP 600 第十九条 a 款（ⅰ），UCP 500 第二十六条 a 款（ⅰ）。

[98] 在 UCP 600 第十九条 b 款中定义为"在从发运地至……的运输中，从某一运输工具上卸下货物并装上另一运输工具的行为（无论其是否为不同的运输方式）"。

[99] UCP 600 第十九条 c 款（ⅰ）；UCP 500 第二十六条 b 款。

[100] UCP 500 第二十三条。

[101] 一般所指的海运提单，见第十五章。

[102] UCP 600 第二十条 a 款（ⅰ）；UCP 500 第二十三条 a 款（ⅰ）。

[103] UCP 600 第二十条 a 款（ⅱ）；UCP 500 第二十三条 a 款（ⅱ）。

[104] UCP 600 第二十条 a 款（ⅲ）；UCP 500 第二十三条 a 款（ⅲ）。

[105] 只要提单表明相关货物由集装箱、拖车或驳船运输，只要全程运输由同一提单涵盖（UCP 600 第二十条 c 款（ⅲ）；UCP 第二十三条 d 款（ⅲ））。

[106] UCP 500 第二十五条。

[107] UCP 500 第二十五条。

[108] UCP 500 第二十二条 a 款（ⅰ）。

[109] UCP 500 第二十七条。

[110] UCP 600 第二十三条 a 款（ⅰ）。

[111] UCP 600 第二十三条 a 款（ⅱ）；UCP 500 第二十七条 a 款（ⅱ）。

[112] UCP 600 第二十三条 a 款（ⅲ）；UCP 500 第二十七条 a 款（ⅲ）。

[113] UCP 500 第二十八条。

[114] UCP 600 第二十四条 c 款；UCP 500 第二十八条 b 款。

[115] UCP 500 第二十九条。

[116] UCP 600 第二十六条 a 款。

[117] UCP 600 第二十六条 a 款；UCP 第三十一条（ⅰ）。

[118] UCP 500 第三十二条。

[119] 参见 *M Golodetz & Co Inc v Czarnikow-Rionda Co Inc*；*The Galatia* [1979] 2 Lloyd's Rep. 450 [1980]，C. M. Schmitthoff，"Discrepancy of Documents in Letter of Credit Transactions" [1987] J. B. L. 94。

[120] UCP 500 第三十七条。

[121] UCP 600 第十八条 a 款（ⅰ）和（ⅳ）；UCP 500 第三十七条 a 款（ⅰ）和（ⅳ）。

[122] UCP 600 第十八条 a 款（ⅱ）；UCP 500 第三十七条 a 款（ⅱ）。

[123] UCP 600 第十四条 e 款；UCP 500 第三十七条 c 款；另参见 *Bank Melli Iran v Barclays Bank Dominion，Colonial & Overseas* [1951] 2 Lloyd's Rep. 367；*Glencore International AG v Bank of China* [1996] 1 Lloyd's Rep. 135 at 153。

[124] UCP 600 第二十八条 b 款；UCP 500 第三十七条 b 款。

[125] UCP 500 第三十四条。

[126] UCP 600 第二十八条 b 款；UCP 500 第三十四条 a 款和 b 款。

[127] UCP 600 第二十八条 c 款；UCP 500 第三十四条 c 款。

[128] UCP 600 第二十八条 d 款；UCP 500 第三十四条 d 款。

[129] UCP 600 第二十八条 f 款（ⅰ）；UCP 500 第三十四条 f 款（ⅰ）。

[130] "Cost，Insurance and Freight" 或者 "Carriage and Insurance Paid To"。

[131] UCP 600 第二十八条 f 款（ⅱ）；UCP 500 第三十四条 f 款（ⅱ）。

[132] UCP 600 第二十八条 g 款；UCP 500 第三十五条（a）和（b）。

[133] UCP 600 第二十八条 h 款；UCP 500 第三十六条。

[134] 参见如案例 *Credit Agricole Indosuez v Muslim Commercial Bank* [2000] 1 Lloyd's Rep. 275 中有关要求提交单据的条件。

[135] UCP 500 第二十一条。

[136] UCP 500 第二十一条。

[137] 参见 Jack，Malek and Quest，para. 8. 48。

[138] 参见第二十条 b 款。

[139] 参见 Bennett，"Strict Compliance Under the UCP 500" [1997] L. C. M. L. Q. 7；Bennett，"Original Sins under the UCP" [2001] L. C. M. L. Q. 88。

[140] UCP 500 第二十条 b 款。

[141] 尽管这并不适用于原始手写或者复印文件，因为这些不用注明为正本；参见 *Glencore International AG v Bank of China* [1996] 1 Lloyd's Rep. 135/。

[142] [1996] 1 Lloyd's Rep. 135；*Kredietbank Antwerp v Midland Bank Plc*，[1999] 1 Lloyds Rep Bank 219，如果单据表面表明其为正本单据，则没有必要标记其为正本。另参见 *Credit Industriel et Commercial v China Merchants Bank* [2002] All E. R. (Comm) 427。

[143] 参见 http://www. iccwbo. org. The Determination of an "Original" document in the context of UCP 500 sub-Art. 20 (b) (July 12，1999)。

[144] UCP 600 第十七条 b 款。

[145] UCP 600 第十七条 c 款。

[146] UCP 500 第三十七条 c 款。

[147] [1995] 2 Lloyd's Rep. 147；*Panchaud Freres SA v Etablissements General Grain Co* [1970] 1

Lloyd's Rep. 53, CA, above, para. 2—026.

[148] *Banque de l'Indochine et de Suez SA v J H Rayner (Mincing Lane) Ltd* [1983] Q. B. 711；由这一案例引起的另一个问题参见第 11—040 段。

[149] *Per* Sir John Donaldson M. R. [1983] Q. B. 711 at 732.

[150] 单据中还有另外的不符点，并且根据这些不符点，法庭的判决明显是正确的。

[151] 表面上包括电报、电传和传真，但是不包括电话对话；Opinions of the ICC Banking Commission (1984 - 1986) ICC Publication NO. 434, p. 19, cited in *Todd* (1988), p. 153。

[152] UCP 500 第十一条。

[153] *Gracia v Page & Co* [1936] L1. L. R. 391; *Baltimex v Metallo Chemical Refinery Co Ltd* [1956] 1 Lloyd's Rep. 450.

[154] *Knotz v Fairclough, Dodd & Jones Ltd* [1952] 1 Lloyd's Rep. 226.

[155] *Plasticmoda SpA v Davidsons (Manchester)* [1952] 1 Lloyd's Rep. 527; *Etablissements Chainbaux SARL v Harbormaster Ltd* [1955] 1 Lloyd's Rep. 303.

[156] *Cf. State Trading Corporation of India Ltd v M Golodetz Ltd; The Sara D* [1989] 2 Lloyd's Rep. 277；参见第 14—005 段和注释 [26]。

[157] *Bunge Corporation v Vegetable Vitamin Foods (Pte) Ltd* [1985] 1 Lloyd's Rep. 613 with reference to *Brinkibon Ltd v Stahag Stahl und Stahlwarenhandels GmbH* [1983] 2 A. C. 34; *State Trading Corporation of India v M Golodetz Ltd; The Sara D* [1988] 2 Lloyd's Rep. 182.

[158] *Trans Trust SPRL v Danubian Trading Co Ltd* [1952] 2 Q. B. 297 at 304; see also *United Dominions Trust (Commercial) Ltd v Eagle Aircraft Services Ltd* [1968] 1 W. L. R. 74, 80, 82; *Gyllenhammar & Partners International Ltd v Sour Brodogradevna Industria* [1989] 2 Lloyd's Rep. 403.

[159] *Nichimen Corporation v Gatoil Overseas Inc* [1987] 2 Lloyd's Rep. 46.

[160] *Diamond Cutting Works Federation v Triefus & Co Ltd* [1956] 1 Lloyd's Rep. 216 at 225.

[161] *Sinaison-Teicher Inter-American Grain Corporation v Oilcakes and Oilseeds Trading Co Ltd* [1954] 1 W. L. R. 935.

[162] *Pavia & Co SpA v Thurmann-Nielsen* [1952] 2 Q. B. 84 at 88; see also *Tsakiroglou & Co Ltd v Trangrains SA* [1958] 1 Lloyd's Rep. 562; *Margaronis Navigation Agency Ltd v HW Peabody & Co of London Ltd* [1964] 1 Lloyd's Rep. 173 (laydays under charterparty).

[163] *Pavia & Co SpA v Thurmann-Nielsen* [1952] 2 Q. B. 84; *Sinaison-Teicher Inter-American Grain Corporation v Oilcakes and Oilseeds Trading Co Ltd* [1954] 1 W. L. R. 935.

[164] 参见上文第 2—007 段；*NV Handel My J Smits Import-Export v English Exporters (London) Ltd* [1957] 1 Lloyd's Rep. 517 at 519。

[165] 参见上文第 2—007 段；特别是在一连串合同中最终买家的信用是背对背性质的情况下：Ian Stach Ltd v Baker Bosley Ltd [1958]。

[166] ibid. at 144.

[167] [1997] 2 Lloyd's Rep. 386.

[168] UCP 500 第四十二条 a 款。

[169] UCP 600 第二十九条 a 款和 b 款；UCP 500 第四十四条，另参见 *Bayerische Vereinsbank AG v National Bank of Pakistan* [1997] 1 Lloyd's Rep. 59。

[170] UCP 600 第三十六条；UCP 500 第十七条。

[171] 参见下文第 15—032 段。

[172] UCP 500 第四十三条 a 款。

[173] *Offshore International SA v Banco Central SA* [1976] 2 Lloyd's Rep. 402.

[174] 参见下文第 11—033 段。

[175] 参见上文第 11—002 段。

[176] 标准的信用证格式通常不指出法律的选择。

[177] 参见第 21 章。

[178] *Offshore International SA v Banco Central SA* [1976] 2 Lloyd's Rep. 402 at 403.

[179] Art. 1 (1) of the Convention and see Jack, Malek and Quest, para. 13. 31; Morse [1994] L. C. M. L. Q. 560 at 570.

[180] *Offshore International SA v Banco Central SA* [1997] 1 W. L. R. 399.

[181] Ackner 法官的言论被上诉法院通过了，参见 *Power Curber International Ltd v National Bank of Kuwait SK* [1981] 2 Lloyd's Rep. 394 and 400。另参见 *Toprak Mahsulleri Ofisi v Finagrain Compagnie Commercial Agricole et Financiere SA* [1979] 2 Lloyd's Rep. 98 at 114; *Intraco Ltd v Notis Shipping Corporation*; *The Bhoja Trader* [1981] 2 Lloyd's Rep. 256 at 258; *Attock Cement Company Ltd v Romanian Bank for Foreign Trade* [1989] 1 Lloyd's Rep. 572。

[182] 见下文 *Bank of Baroda*。

[183] [1995] 1 Lloyd's Rep. 227.

[184] 237 页；这一案例中的信用证是在 1991 年 4 月 1 日之前开出的，因此《罗马公约》并不适用。

[185] [1994] 2 Lloyd's Rep. 87.

[186] 参见上文。

[187] At 90.

[188] At 93, citing Ackner J. in *Offshore International SA v Banco Central SA* [1997] 2 W. L. R. 399 at 401.

[189] [2005] EWCA Civ 422; [2007] 1 Lloyd's Rep. 41.

[190] 参见上文第 5—003 段。

[191] *Trans Trust SPRL v Danubian Trading Co Ltd* [1952] 2 Q. B. 297 at 305.

[192] *Ozalid Group (Export) Ltd v African Continental Bank Ltd* [1979] 2 Lloyd's Rep. 231.

[193] 对于承兑信用证，见下文第 3 点。

[194] 参见上文第 9—004 段。

[195] *European Asian Bank AG v Punjab & Sind Bank (No. 2)* [1983] 1 W. L. R. 642. See E. P. Ellinger, "Discount of Letter of Credit," [1984] J. B. L. 379.

[196] *Per* Robert Goff L. J. (handing down the judgment of the CA), in the *European Asian Bank AG* case, above, n. 65 at 655.

[197] *Banco Santander SA v Bayern Ltd* [2001] 1 ALL E. R. (Comm) 776.

[198] 参见上文第 9—001 段。

[199] UCP 500 第九条 a 款（ⅲ）。

[200] UCP 500 第九条 b 款（ⅲ）。

[201] 参见 *Forestal Mimosa Ltd v Oriental Credit Bank Ltd* [1986] 1 W. L. R. 631, CA.

[202] 参见下文第 11—004 段。

[203] 参见上文第 9—004 段；"议付"在 UCP 600 第二条中定义如下："议付是指指定银行在相符交单下，在其应获偿付的银行工作日当天或之前向受益人预付或者同意预付款项，从而购买汇票（其付款人为指定银行以外的其他银行）及/或单据的行为。"

[204] 将远期汇票当做即期汇票对待并不是在保兑时自动运行的，并且这也不会排除追索：*Maran Road v Austin Taylors Co Ltd* [1975] 1 Lloyd's Rep. 156 at 161。

[205] *Plein & Co Ltd v Inland Revenue Commissioners* [1946] 175 L. T. 453.

[206] UCP 500 第六条 c 款。

[207] UCP 600 第三条。

[208] 条件是单据在信用证被撤销之前已经被接受了。

[209] 困难是因为银行给了受益人一份单边合同的提议，而问题就在这份提议被接受了之后产生了。有一些作者，如 Treitel，*The Law of Contract*，(11th edn，2003)，p. 152，表示承兑在受益人采取履行买卖合同的行动时就发生了。这一观点可以参见 Rowlatt J. 在 *Urquhart Lindsay & Co Ltd v Eastern Bank Ltd* [1992] 1 K. B. 318 中的观点，他认为受益人必须已经按照银行的责任行事了。另外一些作者，如 Gutteridge 和 Megrah，*The Law of Banker's Commercial Credits* (7th edn)，p. 34，他们的观点是，这个问题是学术上的，他们认为，在信用证通知到卖方的时刻，银行就对卖方有义务，但是这种义务直到卖方履行了信用证的条件才生效。另参见 Todd，*Bill of Lading and Bankers Documentary Credits*，(3rd edn，1998)，p. 278。

[210] 这是惯例采用的观点。它是基于当通知传达到受益人时信用证被认为"开出"的规则而订立的；见上文第 11—020 段。另参见 Donaldson J. 在 *Elder Dempster Lines Ltd v Ionic Shipping Agency Inc* [1968] 1 Lloyd's Rep. 529 at 535 中的评论。然而，这个问题的一种答案可能在《1999 年合同法(第三方的权利)》中，它允许受益人让买方和开证行之间的合同中的一个条款生效。该法案的第一部分规定，第三方可以使旨在给予其利益的合同中的条款生效。

[211] 是不是即付、延期付款、承兑或者议付；见上文第 11—024 段。

[212] 在 UCP 500 第八条 a 款中规定。

[213] [1921] W. N. 274；另参见 Lord Denning M. R. in *WJ Alan & Co Ltd v El Nasr Export and Import Co* [1972] Q. B. 189 at 207。

[214] UCP 500 第九条。

[215] 例如，参见 *Cie Continentale d'Importation v Ispahani Ltd* [1960] 1 Lloyd's Rep. 293 at 301；*Maran Road v Austin Taylor & Co Ltd* [1975] 1 Lloyd's Rep. 156；*Discount Records Ltd v Barclays Bank Ltd* [1975] 1 W. L. R. 315；*Trendtex Trading Corporation v Central Bank of Nigeria* [1977] 2 W. L. R. 356；*ED & F Man Ltd v Nigerian Sweets & Confectionery Co Ltd* [1977] 1 Lloyd's Rep. 50。

[216] C. M. Schmitthoff, "Confirmation in Export Transactions" [1957] J. B. L. 17.

[217] In *Ian Stach Ltd v Baker Bosley Ltd* [1958] 2 Q. B. 130.

[218] [1958] 2 Q. B. 127；a sequel of this litigation was the case of *British Imex Industries Ltd v Midland Bank Ltd* [1958] 1 Q. B. 542，mentioned at above，para. 11—009. See also *Urquhart Lindsay v Eastern Bank* [1992] 1 K. B. 318；further，see *Stein v Hambros Bank* (1982) 9 Ll. L. R. 507；*National Bank of South Africa v Banca Italiana* (1992) 10 Ll. L. R. 531；*Discount Records v Barclays Bank Ltd* [1975] 1 W. L. R. 315.

[219] *Panoutsos v Raymond Hadley Corp* [1917] 2 K. B. 473.

[220] *WJ Alan & Co Ltd v El Nasr Export & Import Co* [1972] 2 Q. B. 189 at 212，*per* Lord Denning，CA.

[221] 参见第 11—024 段；*Maran Road v Austin Taylor & Co* [1975] 1 Lloyd's Rep. 156 at 161。

[222] 参见下文第 11—040 段。

[223] 参见下文第 11—039 段。

[224] 参见下文第 11—044 段。一般认为，除了卖方的欺诈或者欺骗以外，由保兑行对卖方提出的

赔偿要求是允许的，如果在一般法律原则下允许该索赔；例如，保兑行在一个常规错误下付款；但是有的观点并不赞同，参见 Gutteridge and Megrah (7th edn), pp. 86 - 87。

[225] 参见 UCP 600 第七条，UCP 500 第十四条 a 款。

[226] *Co-operative Centrale Raiffeisen-Boereleenbank BA* (*Rabobank Nederland*) *v Sumitomo Bank Ltd*；*The Royan* [1987] 1 Lloyd's Rep. 345；在加拿大案例 *Michael Doyle & Associates Ltd v Bank of Montreal* [1982] 6 W. W. R. 24（本案例是关于非保兑不可撤销信用证的）中，尽管单据显示了不符点，通知行仍接受了卖方出具的以其为付款人的汇票，而开证行拒绝了单据。不列颠哥伦比亚省上诉庭判通知行无权向卖方追及信用证项下的款项。

[227] 在信用证必须被一等的欧洲或者美国银行保兑的情况下，开立信用证在土耳其法律（买方的法律）下为非法的事实并非实质性的，因为卖方并不关心开立信用证的机制过程；*Toprak Mahsulleri Ofisi v Finagrain Cie Commerciale* [1979] 2 Lloyd's Rep. 98 at 114。

[228] *British Imex Industries Ltd v Midland Bank Ltd* [1985] 1 Q. B. 542 at 544，有关卖方的保兑。在这个案例中卖方同意给银行一笔保兑佣金。

[229] Opinions (1980—1981) of the ICC Banking Commission, pp. 10 - 13 (Ref. 68).

[230] 参见 Benjamin (2006) paras 23 - 237 *et seq*。

[231] 但是可能会有关于打包信用证的其他单据，见下文第 11—034 段。

[232] 参见第 12 章。

[233] 参见上文第 11—003 段。

[234] UCP 600 第一条，UCP 500 第一条。

[235] ICC Brochure No. 590.

[236] 开出的备用信用证也可能受国际商会《见索即付保函统一规则》（国际商会第 458 号文件——现处于修订中）约束，参见第 12—004 段。

[237] 例如参见 *Offshore International SA v Banco Central SA* [1977] 1 W. L. R. 239；*Hong Kong and Shanghai Banking Corporation v kloechner & Co AG* [1989] 2 Lloyd's Rep. 323；*Society of Lloyd's v Canadian Imperial Bank of Commerce* [1993] 2 Lloyd's Rep. 579。

[238] 例如，参见 *The Future Express* [1993] 2 Lloyd's Rep. 542, CA, affirming [1992] 2 Lloyd's Rep. 69。

[239] 参见第 30 章。

[240] *Nordskog v National Bank* [1992] 10 Ll. L. R. 652.

[241] 参见上文第 11—021 段。

[242] 参见下文第 15—029 段。

[243] *Diamond Cutting Works Federation v Triefus & Co Ltd* [1956] 1 Lloyd's Rep. 216.

[244] Gutteridge and Megrah (8th edn), p. 22. "红条款"信用证（之所以这样称呼是因为最初条款都是用红色墨水写的）的应用已经消失了。

[245] 在 *Tukan Timber Ltd v Barclays plc* [1987] 1 Lloyd's Rep. 171 中，该红条款规定，没有买方的一位董事的副签，不得预支信用证项下款项。在 *Mitsui & Co Ltd v Flota Mercante Granco Iombiana SA* [1988] 1 W. L. R. 1145 中，该红条款则规定，"在货物可托运时但在发运之前"支付 80%的货款。

[246] 这种类型的贸易在货物贸易中经常被使用，但是在其他类型的贸易中也可以见到。

[247] 参见下文第 11—036 段。

[248] 参见下文第 11—043 段。

[249] *Ian Stach Ltd v Baker Bosley Ltd* [1958] 2 Q. B. 130 at 138；*Baltimex v Metallo Chemical*

Refinery Co Ltd [1956] 1 Lloyd's Rep. 450 at 455.

[250] 例如，参见 *Ian Stach Ltd v Baker Bosley Ltd* [1958] 2 Q. B. 130；*WJ Alan & Co Ltd v El Nasr Export and Import Co* [1972] 2 Q. B. 189；*European Asia Bank AG v Punjab and Sind Bank* (No. 2) [1981] 2 Lloyd's Rep. 651 at 129；[1983] 1 W. L. R. 642 at 649，CA；*Bank Negara Indonesia 1946 v Lariza (Singapore) Pte Ltd* [1988] A. C. 583。另参见 *R. M. Goode* [1981] J. B. L. 150；C. M. Schmitthoff，"The Transferable Credit" [1988] J. B. L. 49。

[251] UCP 500 第四十八条。

[252] 参见上文第 11—006 段。

[253] 关于可转让信用证对供货商的流通能力和受益人的延期付款信用证（为了获得现金）的流通能力，见 *European Asian Bank AG v Punjab and Sind Bank* (No. 2) [1981] 1 W. L. R. 642 at 654-655。

[254] *Per* Denning L. J. in *Trans Trust SPRL v Danubian Trading Co Ltd* [1952] 2 Q. B. 297 at 305.

[255] UCP 600 第三十九条；UCP 500 第四十九条，其中也明确表明，它只指转让信用证的权益，而不指转让在信用证项下履约的权利。对后者的转让是存在争议的。参见 Jack Malek and Quest，para. 10. 41，Gutteridge & Megrah (8th edn)，p. 132。

[256] 例如，参见 *Banco Santander SA v Bank Paribas* [1999] 2 All E. R. 18 aff'd [2000] Lloyd's Rep. Bank 165。

[257] 例如，参见 *Mannesman Handel AG v Kaunlaren Shipping Corp* [1993] 1 Lloyd's Rep. 89。

[258] [1952] 2 Q. B. 297.

[259] 参见上文第 11—036 段。

[260] *WJ Alan & Co Ltd v El Nasr Export and Import Co* [1972] 2 Q. B. 189.

[261] 参见 Benjamin (7th edn，2006)，para. 23—078，他指出银行只应该基于合理的原因拒绝这种转让，而且他还将这种情况与房主对租赁的转让行为拒绝权限的有限性进行类比。

[262] UCP 1983 年修订版中对应的部分是第五十四条 a 款，其中规定"受益人有权要求银行"提供转让。

[263] *Bank Negara Indonesia* 1946 *v Lariza (Singapore) Pte Ltd* [1988] A. C. 583（这一案例出现在 UCP 1974 年修订之后）。

[264] 参见 C. M. Schmitthoff，in the article quoted at above para. 11—036，n. 16。

[265] *Moralice (London) Ltd v ED & F Man* [1954] 2 Lloyd's Rep. 526.

[266] 关于托收安排，请参见第 10 章。

[267] 或者承兑或者议付。

[268] UCP 500 第十四条 f 款规定，当托收行已经同意保留接受了单据，或者在一份损害赔偿担保书下接受了单据时，这种条款只和这种安排的当事方有关，而并不影响开证行或者保兑行的责任。这一表述并未在 UCP 600 中出现。

[269] *Per* Sir John Donaldson M. R. in *Banque de l'Indochine et de Suez SA v JH Rayner (Mincing Lane) Ltd* [1983] Q. B. 711 at 727，其中建议 UCP 应作进一步修改。

[270] [1983] Q. B. 711；see also *United Commercial Bank v Bank of India* [1981] All E. R. 1426.

[271] [1983] Q. B. 711 at 734.

[272] 因为单据实际上是伪造的，特别是因为它们之间没有联系；见上文第 11—008 段。

[273] *Soproma SpA v Marine & Animal By-Products Corporation* [1966] 1 Lloyd's Rep. 367 at 385，see above，para. 11—018.

[274] *WJ Alan & Co Ltd v El Nasr Export and Import Co* [1972] 2 Q. B. 189, CA. See also *Maran Road v Austin Taylor & Co Ltd* [1977] 1 Lloyd's Rep. 50; *ED & F Man Ltd v Nigerian Sweets & Confectionery Co Ltd* [1977] 2 Lloyd's Rep. 50.

[275] *Soproma SpA* [1996] 1 Lloyd's Rep. 367 at 386.

[276] *ED & F Man Ltd v Nigerian Sweets & Confectionery Co Ltd* [1977] 2 Lloyd's Rep. 50; *Shamsher Jute Mills Ltd v Sethia (London) Ltd* [1987] 1 Lloyd's Rep. 388. 只有在卖方明示或默示的规定其应如此，信用证才构成绝对付款。

[277] [1977] Lloyd's Rep. at 56.

[278] 各当事方同意让指定银行充当开证行和通知行的事实并不能将有条件的义务转化为绝对的义务。

[279] *Shamsher Jute Mills Ltd v Sethia (London) Ltd* [1987] 1 Lloyd's Rep. 388.

[280] [1967] 2 Lloyd's Rep. 403.

[281] 参见上文第 11—035 段。

[282] 参见上文第 11—007 段。

[283] 参见上文第 11—011 段。

[284] 法庭表面上并不在这方面区分提单是伪造的还是欺诈性质上错误的，但是也有不同的情况；在伪造提单的情况下，可以认为，它不属于单据，但是错误提单（即使它是欺诈性的）是一份拥有非真实内容的真实提单；在 *United City Merchants* 案例中，上议院对错误提单进行处理，而不处理伪造提单。

[285] *Barclays Bank Plc v Quincecare Ltd*, *Financial Times*, March 1, 1989 (relating to the general duty of the bank to exercise care).

[286] *Bolivinter Oil SA v Chase Manhattan Bank NA* [1984] 1 Lloyd's Rep. 251 at 256.

[287] *Discount Records Ltd v Barclays Bank Ltd* [1975] 1 W. L. R. 315 at 320. 另参见 *Etablissements Esefka International Anstalt v Central Bank of Nigeria* [1979] 1 Lloyd's Rep. 455 and *Tukan Timber Ltd v Barclays Bank Plc* [1987] 1 Lloyd's Rep. 171（过去两次试图伪造单据的行为并不能支持在将来会第三次提交伪造单据的推论）。

[288] *Bolivinter Oil SA v Chase Manhattan Bank NA* [1984] 1 W. L. R. 392 at 393. See also *Continental Illinois National Bank and Trust Company of Chicago v John Paul Papanicolau; the Fedora, Tatiana and Eretrea II* [1986] 2 Lloyd's Rep. 441. 英国法庭并没有采取美国法庭的做法，即基于强烈的欺诈或者欺诈嫌疑而颁发暂时的限制令。

[289] *Sztejn v J Henry Schroder Banking Corporation* (1941) 31 N. Y. S. 2d, 631 at 634.

[290] [1983] 1 A. C. 168. See, further, *Tukan Timber Ltd v Barclays Bank plc* [1987] 1 Lloyd's Rep. 171. 又参见加拿大最高法院在 *Bank of Nova Scotia v Angelica-Whitewear Ltd* [1987] 36 D. L. R. (4th) 161 中的重要决定。

[291] 参见下文第 21—028 段。

[292] [1983] 1 A. C. 168 at 167.

[293] 关于伪造和错误的提单的区别对待，见上文注释 [48]。

[294] UCP 500 第十五条。

[295] [2002] 1 W. L. R. 1975.

[296] See, e. g. *Rafsanjan Pistachio Producers Co-operative v Bank Leumi (UK) Plc* [1992] 1 Lloyd's Rep. 513.

[297] *Empresa Exportadora de Azucar v Industria Azucarera Nacional SA (IANSA); The Playa*

Larga and the Marble Islands [1983] 2 Lloyd's Rep. 171（本案例产生于买卖双方之间而与银行无关，但是案情与本章的讨论有关）；*Tukan Timber Ltd v Barclays Bank plc* [1987] 1 Lloyd's Rep. 171 at 176。

[298] *United Trading Corporation SA v Allied Bank Ltd* [1985] 2 Lloyd's Rep. 554 at 561.（本案例涉及卖方递交的履约保函，而非信用证，但在欺诈指控的情况下，二者的法律问题是相同的。）参见 *E. P. Ellinger* [1985] J. B. L. 232；*Bolivinter Oil SA v Chase Manhattan Bank NA* [1984] 1 W. L. R. 392 at 393；[1984] 1 Lloyd's Rep. 251 at 255－257。

[299] [1985] 2 Lloyd's Rep. 554 at 561.

第 12 章 银行保函和其他常用的合同担保

□ 普通法系和国际贸易中的保函

12—001 在普通法系中，保函（guarantee）[1]，或称为保证（suretyship），是一种涉及三方的安排：主债务人（principal debtor），有求偿权的债权人（creditor）以及第三方，即一旦主债务人不能履行其债务就会对债权人承担债务责任的担保人（guarantor）（保证人）。[2]这种在担保人和债权人之间的安排就是担保合同，这是附属于债权人与主债务人之间合同的第二性责任（secondary obligation）。

和任何一种合同一样，在担保合同中，必然会有意建立一种有能力订立合同的当事方之间的法律关系，且合同条款本身必须由有效的约因所支持。[3]为了让其可强制实施，担保合同中的关键条款[4]必须以书面形式列出，或者经由担保人或其代理人以书面形式的批注或备忘录证明。[5]任何这种书面协议或者备忘录的缺失，都会影响到其可强制执行性，而非合同基础的有效性。[6]

鉴于担保合同本质上是一个附属，一项协议只有在存在另一主要附属义务的情况下才可能是担保合同。用 Selborne 法官的话说[7]：

“除非有一个主债务人（这个主债务人可能会因事后的情况而非当时的情况而参与其中，包含交易过程），否则就不可能有担保，即只有在有担保人的情况下才可能有担保。除非有一项债务或者另外的人需要担保，否则一个人也不可能去担保别人的债务。”

被保证的义务可能包括除了对债务偿付以外的责任，例如对其他形式义务的履行。担保人的责任范围由担保合同的条款来规定。[8]一般而言，根据所谓的同范围原则（principle of co-extensiveness），担保人仅对主债务人的义务范围负有责任。[9]

担保人可能通过多种途径来解除其责任。如果因为履行或其他事项，或者是根据法律程序偿还债务责任被解除，主债务人的义务被解除，那么保证人也会相应地解除其责任。若债权人的行为导致保证人可能会对其责任有所变动或者消除，这也会使保证人从其责任中解除。因此，如果原始合同未经保证人同意而有所变动[10]，例如如果债权人允许主债务人展期或者主债权人解除一个联合担保[11]，那么担保人的责任就被解除了。如果原始合同是无效的，那么保证人也将免除对债权人的责任。[12]

必须将见索即付担保（demand guarantee）[13]和条件担保（conditional guarantee）区分开。即付担保在国际货物买卖合同和建筑合同中被广泛应用，它是在受益人向银行提示有关单据时即时付款的，并且它是无条件的。[14]银行通常不会询问发生该索赔的情况。[15]在条件担保的情况下，担保人的义务通常是由基础义务未被履行而引起的。银行有时不愿签发条件担保，因为它们不希望卷入基础合同引发的争端中。然而，其他金融机构，像保险公司或者担保公司，就乐意签发条件担保。

担保合同必须同赔偿担保书合同区分开，后者常常与担保合同有着相似的性质，起着相似的作用，因为它也是由第三方来保证义务的履行。然而，和担保合同相反的是，赔偿担保书合同是两个当事人之间的安排，在这种安排下担保人有义务保证另一方在与别人的交易中不受损失。[16]对债权人来说，它是第一性的责任，是一种单独的、独立的义务，其有效性不受其他当事方之间合同存在与否的影响。更重要的是，虽然在银行保函下担保人的义务一般同主债务人的义务是同范围的，但是这一原则对赔偿担保书并不适用。在 *Gulf Bank KSC v Mitsubishi Heavy Industries*（*No. 2*）一案[17]中，客户同意偿付银行“在保函签发下或者与保函有关时”做出的索赔。在反赔偿担保下的义务被表述为不得因为保函的全部或者部分无效，“通过任何方式解除或者削减”，并且即使保函绝非法律有效的，银行也有权根据赔偿担保书要求索赔。

在国际贸易中，银行保函或者其他合同保函常常（虽然并不总是）规定，如果保函的条件满足，则担保人就有首要的、独立的付款义务。[18]很少见到银行保函是严格普通法系下的保函，也就是说，只有在银行的客户违约时才有付款的义务。用 Somervell 法官的话来说[19]，“‘保函’经常被用在其法律意义之外，它仅仅表示‘义务’”。[20]

这就是“保函”一词在本章中所包含的意思，也是“保函”一词在国际商会于 1978 年发布的《合同担保统一规则》中的意思。[21]

《合同担保统一规则》仅仅是处理以卖方或者供货方的名义的保证书、保函、损害赔偿保证书、担保书或者类似的责任，而不是处理以买方名义的责任。它处理三种类型的保函：投标保函，本书将在第 25 章关于国外建设和安装的部分中讨论[22]；履约保函；以及还款保函。《合同担保统一规则》是为了规范银行、保险公司或者其他第三方开立的保函，只有在保函明确指出“该保函受国际商会的投标保函、履约保函和还款保函（合同担保）统一规则（第 325 号文件）约束”时，该规则才有效。

然而，在实践中，《合同担保统一规则》并没有获得广泛的接纳，主要原因是它要求法院的判决或者仲裁裁决作为获得付款的条件。[23]试图去修订该规则的尝试失败了，取而代之的是，在 1992 年 4 月，国际商会颁布了《见索即付保函统一规则》[24]（URDG），该规则考虑到国际银行惯例，旨在为付款方和受益人创造一个更加公正公平的环境。尽管《合同担保统一规则》很少被应用，但是它并没有被撤销，仍然可以将它加入履约保函中。

联合国国际贸易法委员会（UNCITRAL）也出版了它的《联合国独立保函和备用信用证公约》[25]，在正式生效以前，该公约仍然需要获得规定数量的批准。

除了国际商会《合同担保统一规则》定义与规范的投标保函、履约保函以及还款保函[26]以外[27]，银行、保险公司以及其他第三方还发行了许多种类的保函。

反担保[28]在买方（或者建设合同中的雇佣方）要求卖方（或者承包商）提供履约担保的情况下出现。卖方从其所在国的银行取得该保函，但是该银行将保函交给买方所在地的一家银行，而不是直接给买方。买方所在地的银行随后给买方一个反担保。[29]非常重要的是，反担保的条款和原始担保的条款完全相同。[30]

□ 银行保函

12—002 买方或者卖方都有可能办理银行保函。如果由买方办理银行保函，那么该保函的目的就是通过以一个“可信的付款人”（reliable paymaster）[31]代替买方的方式来确保对卖方的货款偿付。如果由卖方办理银行保函，那么该保函的目的就是对买方的保证，在卖方发生未发货、商品缺损或者其他形式的不履约行为时，买方可以要求损失赔偿，这种保函被称为履约保函。但是，正如前文所述，银行保函也会保证多种其他的意外情况。

如果付款的条件都满足，那么保函通常是银行的一项绝对的义务。[32]在描述这些义务时产生了一个令人混淆的术语。在实践中，见索即付保函、履约担保、履约保函和备用信用证都有一个相似的法律性质，并且都与跟单信用证相似，因为它们都是以形式为第一位的，一般只是基于提交书面的付款要求连同其他规定单据的条件，开证行不需要担心受益人是否有实际的违约。

许多可应用于跟单信用证的考虑因素也同样适用于银行保函。特别地，银行责任的独立性原则[33]以及严格与银行指示（委托）中所列条款相符原则[34]，加以必要的变通，都同样适用于银行保函。[35]在 *IE Contractors Ltd v Lloyds Bank Plc* 一案[36]中考虑了严格与付款通知相符的原则。Leggatt 法官申明，“付款必须严格与保证中规定的条款相符，就像在跟单信用证中提交的单据必须严格与信用证条款相符一样”。在上诉[37]中，Staughton 法官认为严格相符原则的应用因每个案件中保函或者保证书的构成不同而异，且每一个案件中特有的条款必须附着于该原则上。

银行履行其义务的责任仍然受欺诈例外原则约束[38]，这与在信用证中讨论过的情况[39]一样。实际上，这其中的有些规则在涉及银行保函的情况中有所发展。[40]

买方办理的银行保函

为了卖方的利益[41]，由买方办理的保函可能会规定，如果没有开出以卖方为受益人的信用证，或者没有按照基础合同规定的付款方式和付款时间付款，那么银行就负责对卖方支付担保的金额。在某案例[42]中，被告银行提供了一份所谓的履约保函，保证如果没有在某一期限前开出以原告卖方为受益人的信用证，那么它就会承担付款的义务。实际上，信用证没有开立，Hirst 法官认为根据该保函银行有付款的义务，因为其责任是绝对的。这位渊博的法官说了[43]与信用证[44]相关的篇章中有名的“生命血液”相似的话： 12—003

> “履约保证书的全部商业目的就在于提供当所述事件发生时，随时的、立即的以及确定可用的保证。”

Devlin 法官指出[45]，“银行担保并不是全面的履约担保，而只是一种部分的履约担保”，即价金支付的担保。

如果是由买方负责取得一张保兑的信用证，而开证行虽然没有保兑该信用证，却绝对担保按与保兑信用证一样的条件支付价金，那么该银行的担保就被视为充分代替信用证的文件。

卖方办理的银行保函

□ 见索即付保函[46]

这是由卖方办理的以保障买方免受不履约损失的保函。履约保证书仅仅是即付保函的一种形式。[47]与其本质上相似的是预付款（或还款）保函，是由卖方办理的，用于保证在买方预先支付部分或全部货款时可以取得退款。[48] 12—004

银行负责付款的条件一般是买方首先提出付款要求[49]，并且要与保函的条款一致而无须关心基础合同。在这种情况下，银行所承担的责任和保兑信用证相类似，都是绝对和独立的责任，即使卖方反对而他的有关买方的要求是不正当的论点又得到了客观事实强有力的支持，银行仍然必须履行其义务。然而，如果银行清楚肯定地认为，买方的要求是欺诈的论点确凿无疑，银行就不应该付款，至少它也应该诉诸法律，要求把款项交给法院，由合同当事人通过诉讼决定归属。在 *Edward Owen Engineering Ltd v Barclays Bank International Ltd* 一案[50]中，英国的卖方同意向利比亚的一家国营企业提供温室。买方通过巴克莱银行开立以卖方为受益人的不可撤销保兑信用证。卖方必须提供一张其金额为价金 10%的要求即付的履约保函。他们指示巴克莱银行向利比亚的乌姆马银行（Umma Bank）开立这种保证书，乌姆马银行将其自身开立的保证书给予买方。巴克莱银行的担保书是"于要求时即付，无须证明或者条件"。买方未能按合同规定开出令人满意的信用证，卖方因而拒绝提交该项温室。买方根据见索即付保函向乌姆马银行索要付款，后者根据巴克莱银行的担保书要求其付款。上诉法院拒绝按卖方的要求颁发禁止巴克莱银行付款的禁令。法院把见索即付保函项下的付款，视同保兑信用证项下的付款。Denning 法官说道：

"从所有这一切可以得到的结论是：履约保函与信用证立足于同一基石。开出履约保函的银行必须按照规定履行该保函。这丝毫不涉及供货人与其客户的关系，也不涉及供货人是否已经履行了其合同义务或者供货人是否有违约的问题。如果有见索即付的规定，银行必须根据其担保立即付款，不需要任何证据或者条件。唯一的例外是银行发现了明显的欺诈行为。"

银行在出具见索即付保函时常常只根据卖方的反损害赔偿担保[51]，这种保证一般载明银行的最大责任和有效期。

如果卖方（或者是建设合同下的承包商）没有履行合同，买方（或者是雇用方）就有权索赔全部损失，但是要是他引入履约保函，那么他在计算损失的过程中就必须考虑到担保金额。[52]在 *Cargill International SA v Bangladesh Sugar & Food Industries Corporation* 一案[53]中，上诉法庭确认了 Morison 法官的决定[54]，认为履约保证在本质上隐含着，在没有明显表达异议的词句时，在未来的某个阶段就可能在当事方之间有一个"账目"（accounting）。因此，虽然在履约保证金额超过经证实的实际损失时，买方可以要求履约保证上的全部金额，但是该保证的开出方有权收回多余支付的部分。

《见索即付保函统一规则》[55]试图将国际市场惯例编纂起来，在受益人和负责办理履约保证的一方之间建立一个平衡关系。该规则反映了 UCPDC 中的许多规定，它适用于任何见索即付保函或者反担保[56]，只要明确规定将其引入。[57]

《见索即付保函统一规则》第二条 a 款对见索即付保函定义如下：

"(a) 就本规则而言，见索即付保函（以下称保函）意指凡由银行、保险公司，或其他组织或个人（以下称担保人）以书面开立的，对提示与保函条款相符的书面付款要求以及保函所规定的各种其他单据（例如，建筑师或工程师的证明、判决书或裁决书等）而付款的保函、担保书（bond）或其他付款保证，而不论其名称如何。该项付款保证是开给第三者（以下称受益人）的，它是

（ⅰ）应某一当事人（以下称‘委托人’）的指示并由其承担责任而开立的；或者

（ⅱ）应某一银行、保险公司，或其他任何组织或个人（以下称‘指示方’）因执行另一委托人的指示而做出要求或指示并由各指示方承担责任而开立的。”

关于见索即付保函的独立性在第二条b款中做了描述：

“就本规则而言，保函与其可能依据的合约或投标条件在性质上是不同的交易，即使保函中包括对这类合约或投标条件的援引，担保人与这类合约或投标条件无关，也不受其约束，在保函下担保人的责任是凭提示的书面付款请求和在表面上与保函条款相符的保函中所规定的单据，给付保函中所规定的金额。”

这些规定包含了关于由受益人提出索赔的一些要求，它们就是为了在维持见索即付保函本质特征的同时也为不公平的索赔提供一些保护。它规定，索赔必须是书面的[58]，必须不得延迟地交与委托人[59]，并且必须在保函规定的地点和到期日以前进行提示。[60]第二十条列出了正式的索赔要求：

“(a) 保函项下的任何索赔必须采用书面形式，并必须（在保函可能规定的其他单据之外）附一书面声明（不论含在索赔书中或含在随附索赔书的一份或数份在索赔书中提及的独立单据中），并说明：

（ⅰ）委托人在相关合同项下不履行其责任，如为投标保函，违反投标条件；及

（ⅱ）委托人有何种违约。

…………

(b) 反担保项下的任何索赔应附有担保人已收到保函项下符合其条款及本条款规定之索赔书的书面声明。”

因此，尽管保函可能只要求出具书面的索赔书，但是它仍然必须附随一份申明，表明委托人违反了义务，并且还要说明该违约的本质。该规定被认为有阻止在引入该规定的保函项下的欺诈索赔的作用。[61]

不公平索赔或欺诈

无条件见索即付保函或履约保证让出口商承担了相当大的风险。受益人可能在保函项下做出不公平的索赔，也就是说，在考虑了各当事方在基础合同中的共同义务后，该索赔在这种情况下完全不公平。Kerr法官正确地评论[62]道， 12—005

“在这种不合格条款下的履约保函看起来着实令人吃惊，但是据说它们一点也不异常，特别是在与中东顾客的交易中”。竞争激烈的商业环境可能让出口商不得不接受这种风险。

出口信用保函部门就是为了在某些规定的约束下承担这种不公平索赔的风险。[63]此外，针对不公平见索即付保函索赔的规定在私人保险市场上也可以使用。[64]据主张，各当事方如果规定保函受国际商会《见索即付保函统一规则》约束，那么就会改善他们的处境。然而，根据最近的一份英国简化贸易程序委员会（SITPRO）的调查[65]，在英国只有少部分见索即付保函是规定受这些规则约束的。

如前所述，与跟单信用证有关的欺诈例外原则，同样适用于见索即付保函或者履约保证[66]，原则上，在做出了欺诈性质的索赔时，这种应用可以通过一个阻止银行做出支付的命令来体现。

然而，实际上，法院不情愿去干涉保函独立性的本质，这就意味着这种命令只是在例外的情况下才会授予。银行承担的与这些规定相关的责任是不可撤销的，只有当欺诈明确成立时，银行才有资格拒绝付款。

在 *Bolivinter Oil SA v Chase Manhattan Bank NA* 一案[67]中，上诉法院考虑授予单方面的禁令，以禁止在信用证、履约保证以及保函下的付款，并做出以下解释：

“这种信用证、保证或者保函独特的价值在于，受益人可以完全被满足，不管之后可能会在受益人和银行的客户之间产生何种与履约或者基础合同的实际存在性有关的争端，只要规定的条件满足，银行自身就有义务对其付款。在请求银行开立这种信用证、保证或者保函时，客户就是为了利用这一独特的性质。如果，在最例外的情况下，通过得到一张禁止银行履行其义务的禁令，他就会被允许背离银行个人的不可撤销的义务，并且假定他在请求时就知道这种可背离的情况，那么他就会破坏到银行最宝贵的资产，不管这个银行多么庞大和富有，它最宝贵的资产都是它在金融的和合同的守约度上的声望。更进一步说，如果这种情况发生得十分频繁，那么所有的不可撤销信用证和履约保证以及保函的价值就都被破坏了。

在不可撤销信用证、履约保证或保函项下，被要求签发在短期内的、单方面的限制银行付款禁令的法官，应该询问是否有对该信用证、履约保证或保函本身有效性的质疑。如果没有或者是该质疑并非实质性的，明显就不应该授予禁令，应该放任银行自由地来履行其合同义务，尽管在受益人得到该笔钱后，可能会被加上不能自由处置该笔钱的限制。可以授予禁令的完全例外的情况是，经证实银行已经知道任何已经做出的或者此后将做出的要求付款的索赔，都是明显具有欺诈性的。但是，关于欺诈的证据以及关于银行知情的证据都必须清晰明确。通常，这种证据如果基于顾客的未经证实的申明当然就不够充分，因为在授予这种禁令和银行申请将其解除之间相对较短的时间内，这会对银行的信用状况造成无法挽回的损失。”

因此，在受益人和开立保证或者保函的银行之间的合同就必须强调其独立性。如果规定的条件满足，原则上将不授予在此保证或者保函项下禁止银行付款的禁令。

在 *United Trading v Allied Arab Bank* 一案[68]中，上诉法院考虑了申请禁令的证据负担，得出结论：如果基于可用证据，得出的严格可证实的唯一推断结论是受益人欺诈，那么这就充分证明授予禁令是正当的。[69] Ackner 法官说：

“关于欺诈的证据以及关于银行知情的证据都必须清晰明确，而仅仅是关于欺诈的断言或者指控则无须详细充分。我们会期望法庭要求指控的强有力的确凿证据，通常是以当时的单据的形式，特别是由买方发出的单据。一般而言，要使欺诈证据清晰明确，我们也需要给买方一个对指控做出回答的机会，并且期望在我们可以适当地对其做出期望的情况下，他没有提供任何或者充分的回答。如果法院考虑到根据其面前的证据，唯一现实的推断结论是受益人欺诈，那么卖方的行为就充分地构成了欺诈。”

在实际中，由申请人承担的迫切的提供证据的责任很难免除。能符合欺诈例外原则的应用要求，真正属于欺诈案例的情况很少，仅仅只是怀疑欺诈是不够充分的。在 *Society of Lloyd's v Canadian Imperial Bank of Commerce* 一案[70]中，备用信用证与之相关，法院认为，银行请求辩护它掌握了其客户指证构成充分欺诈的信息，因此证明拒绝接受提交的单据，这一做法对银行而言是理由不充分的。

Turkiye I S Bankasi AS v Bank of China 一案[71]关系到由中国银行为土耳其银行提供的一份反担保来覆盖一份由土耳其银行开立的履约保证。在该保证下做出了索赔。问题是土耳其银行是否应该根据其面前的材料，基于欺诈例外的原则而拒绝付款。而中国银行的争论是，土耳其银行应该意识到其客户在该保证联合开出的反担保项下做出的索赔是欺诈性的。Waller 法官认为，土耳其银行有权实施其针对中国银行的反保函，他说[72]：

“询问一方对另一方的指控完全就不用银行做出。如果一方想要证明索赔是欺诈性的，他就必须向银行提交不可反驳的证据，而不能只是做出指控，期望银行来核查那些指控是否（完全）成立……银行的角色不是来检查关于指控和反指控违反合同的真实性的，如果让银行来做这些就是把银行放在了法庭的位置上，它的角色与法庭相同，需要决定是否该做出付款……”

近年来，禁止银行对不公平索赔做出付款的问题致使申请签发禁止受益人根据保函做出索赔的禁令。在 *Themehelp Ltd v West* 一案[73]中，业务中的买方向卖方提供了一个第三方第一性见索即付保函，以保证货价在一份共同的货物买卖协议框架下支付，货价以分期付款的形式支付。在随后获知不符交单时，考虑到当时的商业状况，买方成功申请了限制卖方根据保函索赔的禁令。Waite 法官支持受理该案件的法官授予的禁令，他认为[74]授予限制受益人执行权利的禁令并不等同于对履约保函的独立性构成威胁。他说，如果索赔还没有做出，那么就没有危及履约保函的完整性的风险，因而也就不会将担保人卷入是否构成欺诈的问题中来。通过这种方法，买方成功地在不卷入银行的方式下阻止了付款。

在一个存在强烈争议的判决中，Evans 法官特别总结道，禁令的授予是同法律原则相违背的，并且对银行系统的完善有害，解决问题的办法是由原告申请一个马瑞瓦（Mareva）禁令（现如今被称为“冻结禁令”）来限制受益人使用从履约保函中获得的款项。因此这也就不会削减保证的独立性原则了。

注释

[1] 关于保函合同，一般参见 *Halsbury's Laws*（4th edn，2004 reissue），Vol. 20（1），para. 101；see also Andrews and Millett，*Law of Guarantees*，（4th edn，2005）；O'Donovan，*The Modern Law of Guarantee*（3rd edn，2003）。

[2] 如果原始债务人违约，债权人可以向担保人索赔。债权人没有必要在一开始就选择向原始债务人索赔，或者第一起诉他，但是各当事方可能会在保函合同中如此规定。当担保人付款给了债权人以后，他通常就可以向原始债务人索要偿还：*The Zuhal K and Selin* [1987] 1 Lloyd's Rep. 151。

[3] 除非保函是通过契据做出的，在这种情况下它必须同《1989 年财产法》（各方面的条款）关于契据的要求保持一致。

[4] 这种条款随后的各种变形也一样。

[5] Statute of Frauds（1677）s. 4（as amended）. 但是对于担保人责任的约因不必说明：在案例 *Actionstrength Ltd v International Glass Engineering IN. GLEN Spa* [2002] 1 W. L. R. 566 中审视了 s. 4 的效力，本案中的上诉法庭认为该允诺属于 1677 年法案第 4 章规定的保函，且因为没有书面证实而无法执行。本案又以债务人不得依赖该法案而上诉至上议院 [2003] 2 W. L. R. 1060，上诉被驳回，因为法官发现允许禁止反言以避免 s. 4 的应用与该立法不符且实际上推翻了该立法。还可参见 *Silverbrun Finance（UK）Ltd v Salt* [2001] 1 All E. R.；*Carlton Communications Plc v Football League* [2002] EWHC 1650。

[6] 在保函合同有备注或者备忘录作为证据的情况下，安排本身可以是口头的；see *Elpis Maritime Co Ltd v Marti Chartering Co Inc* [1992] 1 A. C. 21。

[7] *Lakeman v Mountstephen*（1984）L. R. 7 HL 17 at 24.

[8] *Moschi v Lep Air Services Ltd* [1973] A. C. 331 at 345.

[9] See Steyn J.，“Guarantees：The Co-extensiveness Principle”（1974）90 L. Q. R. 246.

[10] *Holme v Brunskill*（1877）3 Q. B. 495 and see *Credit Suisse v London Borough of Allerdale* [1995] 1 Lloyd's Rep. 315；*Lloyds TSB Bank Plc v Hayward* [2005] EWCA Civ 466；还可参见案例 *Marubeni Hong Kong and South China Ltd v Government of Mongolia* [2004] 2 Lloyd's Rep. 198，尽管法庭发现本案中的保函也约束被告，但是基础合约变更如此巨大以至损害了担保人的利益，因此可以解除担保人在本保函项下的责任。

[11] 除非保函合同规定债权人可以允许初始债务人有这种特权。

[12] *Associated Japanese Bank（International）v Credit du Nord* [1989] 1 W. L. R. 255.

[13] 参见下文第 12－004 段。

[14] *IE Contractors v Lloyds Bank Plc* [1989] 2 Lloyd's Rep. 205 at 207（“在有时名为见索即付保函下，无须证明该简式保函、特定格式保函或随附特定单据的保函下索款的有效性，即产生其付款义

务”)。

[15] 参见下文第 12—004 段。

[16] *Yeoman Credit v Latter* [1961] 1 W. L. R. 828.

[17] [1994] 2 Lloyd's Rep. 145.

[18] 在某些大陆法系中，这被叫做“绝对保函”。

[19] In *Heisler v Anglo-Dal Ltd* [1954] 1 W. L. R. 1273 at 1276.

[20] 在案例 *Heisler v Anglo-Dal Ltd* [1954] 1 W. L. R. 1273 中，卖方给买方一个人“担保”，在未交付货物的情况下支付 10%的货价给买方，而买方坚持要求银行或第三方的担保。上诉法庭确认了高院 Devlin 法官的判决，认为从合约的正确解释来看买方无权获得第三方的担保，卖方的个人担保便足够。上诉法庭还批准了 Devlin 法官的判词，尽管对律师而言，个人对自己所履行的义务所开具的“担保”是毫无价值的，但对商业人士而言则因强化其给出的允诺而具备一定的价值。另外，该合约还可以解释为在未履行合约时以违约赔偿金的形式支付一定金额的允诺。还可参见 *Newman Industries v Indo-British Industries* [1957] 1 Lloyd's Rep. 211 and *Attock Cement Ltd v Romanian Bank for Foreign Trade* [1989] 1 W. L. R. 1147 (履约保函的独立性特征)。

[21] ICC Brochure No. 325 (1978).

[22] 见下。

[23] 在第九条。

[24] ICC Brochure No. 458 (1992) . See further Goode, “Guide to the ICC Uniform Rules for Demand Guarantees”, ICC Brochure No. 510; Goode, “The new I. C. C. Uniform Rules for Demand Guarantees” [1992] L. M. C. L. Q. 190. ; Affaki, “A User's Handbook to the Uniform Rules for Demand Guarantees”, ICC Publication No. 631, 2003 Edition; See para. 12—004, below.

[25] 在 1996 年 1 月 26 日，于 1995 年 12 月 11 日被联合国大会采用。这一公约将会在五个验证、接受、通过或者允许后生效。公约的原文可以从 http://www. uncitral. org 中找到。另可参见 Gorton, *The Draft UNCITRAL Convention on Independent Guarantees* [1997] J. B. L. 240。

[26] 在建筑合同中，由雇用方提供的为提前支付的还款保函在 *Muduroglu Ltd v TC Ziraat Bankasi* [1986] Q. B. 1225 中有涉及。

[27] URCG 第二条。

[28] 在 URDG 第二条 c 款中定义。

[29] 有时，这个术语被保留，由当地银行开出的保函被称作“原始保函”，而卖方的银行开出的保函被称作“反保函”，参见 *IE Contractors Ltd v Lloyd's Bank plc and Rafidain Bank* [1989] 2 Lloyd's Rep. 205。这只是一个纯粹的术语称呼的差别，并不会影响书中的结论。

[30] Counterguarantees were issued in *Edward Owen Engineering Ltd v Barclays Bank International Ltd* [1978] Q. B. 159, and *United Trading Corporation SA v Allied Arab Bank Ltd* [1985] 2 Lloyd's Rep. 554; *Muduroglu Ltd v TC Ziraat Bankasi* [1986] Q. B. 1225. 一些国家，特别是中东国家，要求履约保函以反保函的方式运行。

[31] *Per* McNair J. in *Soproma SpA v Marine & Animal By-Products Corporation* [1966] 1 Lloyd's Rep. 367 at 385.

[32] 银行保函通常包括一个约束担保方“无抵销或者反索赔权”(see *The Fedora* [1986] 2 Lloyd's Rep. 441) 的条款；有时这个条款可能被引入银行保函作为其构成的一部分，参见 the Singapore case *PH Grace Pte Ltd v American Express International Banking Corp* [1987] 1 M. L. J. 437。

[33] 参见上文第 11—007 段。特别参见 *Siporex Trade SA v Banque Indosuez* [1986] 2 Lloyd's Rep. 146；还可参见 *Ermis Skai Radio and Television v Banque Indosuez SA*, February 26, 1997,

unreported。

［34］参见上文第 11—008 段。

［35］Hirst J. in *Siporex*，see n. 33，above. See also *Potton Homes Ltd v Colman Contractors*（*Overseas*）*Ltd*［1984］28 Build. L. R. 19.

［36］［1989］2 Lloyd's Rep. 205 at 207.

［37］［1990］2 Lloyd's Rep. 496.

［38］参见上文第 11—044 段。但是，如果保函是一个由卖方开出的即付履约保函，那么当在保函项下做出索求时，问题就是买方（但不是卖方，在信用证项下）是否有欺诈行为。参见下文第 12—005 段。

［39］*Siporex Trade SA v Banque Indosuez*［1986］2 Lloyd's Rep. 146.

［40］*United Trading Corporation SA v Allied Arab Bank Ltd*［1985］2 Lloyd's Rep. 554；*Bolivinter Oil SA v Chase Manhattan Bank NA*［1984］1 W. L. R. 392；*Intraco Ltd v Notis Shipping Corporation*；*The Bhoja Trader*［1981］2 Lloyd's Rep. 256；*Potton Homes Ltd v Coleman Contractors*（*Overseas*）*Ltd*［1984］28 Build. L. R. 19.

［41］或者是在另外一种基础合同类型下的受益人。

［42］*Siporex Trade SA v Banque Indosuez*［1986］2 Lloyd's Rep. 146.

［43］*Siporex Trade SA v Banque Indosuez*［1986］2 Lloyd's Rep. 146 at 158.

［44］参见第 11—001 段。

［45］In *Sinaison-Teicher Inter-American Grain Corporation v Oilcakes and Oilseeds Trading Co Ltd*［1954］1 W. L. R. 935 at 941；affd［1954］1 W. L. R. 1934，CA.

［46］See generally Pierce，*Demand Guarantees in International Trade*（1983）.

［47］See，e. g. *RD Harbottle*（*Mercantile*）*Ltd v National Westminster Bank Ltd*［1978］Q. B. 146；*Edward Owen Engineering Ltd v Barclays Bank International Ltd*［1978］Q. B. 150；*Potton Homes Ltd v. Coleman Contractors*（*Overseas*）*Ltd*［1984］28 B. L. R. 19；*United Trading Corporation SA v Allied Arab Bank Ltd*［1985］2 Lloyd's Rep. 554；*Siporex Trade SA v Banque Indosuez*［1986］2 Lloyd's Rep. 146；*Tukan Timber Ltd v Barclays Bank plc*［1987］1 Lloyd's Rep. 171，Wadha Bank Ltd v Arab Bank Plc［1996］1 Lloyd's Rep. 470，*Turkiye Is Bankasi AS v Bank of China*［1998］1 Lloyd's Rep. 250，*Cargill International SA v Bangladesh Sugar Food Industries Corp*［1998］2 All E. R. 406，CA，*Kvaerner John Brown Ltd v Midland Bank plc*［1998］C. L. C. 446.

［48］*Howe Richardson Scale Co Ltd v Polimex Cekop and National Westminster Bank*［1978］1 Lloyd's Rep. 161，CA.

［49］索求必须严格按照保函（或者反保函）中规定的方式进行，否则就是无效的；*IE Contractors Ltd v Lloyd's Bank Plc and Rafidain Bank*［1989］2 Lloyd's Rep. 205。参见上文第 12—002 段。

［50］［1978］Q. B. 159.

［51］实际上，反损害赔偿担保书在基础履约保函可能完全没有法律效力的情况下甚至都能发挥效用，*Gulf Bank KSC v Mitsubishi Heavy Industries Ltd*（No. 2）［1994］2 Lloyd's Rep. 145。见第 12—001 段。

［52］*Baytur SA v Moona Silk Mills* December 20，1984，unreported，noted in［1985］J. B. L. 324. 这一案例与 GAFTA 表格第 62 号中的一个条款的解释有关。买方要求赔偿履约保函以外的损失，但是 Mustill J. 认为，根据条款的构成，他们还是得归功于保函。

［53］［1998］2 All E. R. 406，CA. See also *Tradigrain S. A. v State Trading Corporation of India*［2005］EWHC 2206（Comm）.

[54] [1996] 2 Lloyd's Rep. 524; see also *Comdel Commodities Ltd v Siporex trade SA* [1997] 1 Lloyd's Rep. 424.

[55] 参见上文第12—001段。See also Goode, *Guide to the Uniform Rules for Demand Guarantees*, ICC Publication No. 510. The text of these Rules is available in Jack, Malek and Quest, op. cit., Appendix 4。

[56] 正如第二条c款中的定义。

[57] URDG第一条——这一规则适用于在其中规定受国际商会《见索即付保函统一规则》(国际商会第458号出版物)约束的任何即付保函或承诺。

[58] "书面形式"包括EDI信息以及其他经验定的以及已验证的远程传送，URDG，第二条d款。

[59] URDG第二十一条。

[60] URDG第十九条。

[61] See, e. g. Jack, Malek and Quest, op. cit., para. 12. 80; Goode, "The New I. C. C. Uniform Rules for Demand Guarantees" [1992] L. C. M. L. Q., 203.

[62] In *RD Harbottle (Mercantile) Ltd v National Westminster Bank Ltd* [1978] Q. B. 146 at 150.

[63] "保函风险"在保函保险政策中可以覆盖，这是出口信用保函部门为相关的出口合同提供的产品。

[64] From, e. g. Lloyd's of London, NCM Credit Insurance Ltd.

[65] SITPRO Report on the Use of Demand Guarantees in the UK (2003); see http://www. sitpro. org. uk.

[66] *Edward Owen Engineering Ltd v Barclays Bank International Ltd* [1978] Q. B. 159, [1978] 1 All E. R. 976; *United City Merchants (Investments) Ltd v Royal Bank of Canada* [1983] 1 A. C. 168, [1982] 2 All E. R. 720.

[67] [1984] 1 Lloyd's Rep. 251, DC.

[68] [1985] 2 Lloyd's Rep. 554 at 561. See also *Banque Saudi Fransi v Lear Siegler Services Inc* [2006] EWCA Civ. 1130.

[69] 尽管在这个例子中，认为原告不满足这一检验。

[70] [1993] 2 Lloyd's Rep. 579; and see *Kvaerner John Brown v Midland Bank Plc* [1998] C. L. C. 446. 法院基于该见索即付保函是在欺诈下做出的而判决维持禁令。

[71] [1996] 2 Lloyd's Rep. 611; [1998] 1 Lloyd's Rep. 250, CA.

[72] At 617.

[73] [1995] C. L. C. 703; [1995] 4 All E. R. 215, CAS, considered in *Group Josi Re v Walbrook Insurance Co Ltd* [1996] 1 W. L. R. 1152; [1996] 1 All E. R. 791, CA; see also *Czarnikow-Rionda Sugar Trading Inc. v Standard Bank London Ltd* [1999] 2 Lloyd's Rep. 187.

[74] *ibid.* at 98-99.

第13章 保理、福费廷、融资租赁以及其他形式的商业融资

13—001 除了之前的章节所述的融资方式以外，有很多其他的融资程序被现代出口贸易广泛应用，在这些融资程序中，由银行或者金融机构来提供融资。在此讨论四种额外的融资方式：保理、福费廷、融资租赁以及无追索融资。

这其中的两种方式，国际保理和国际融资租赁，组成了国际统一私法协会（Unidroit）[1]制定的国际公约的主要内容，它们分别处理各自的事务并于1988年5月28日在渥太华召开的外交会议上被采用。这两个公约现在还没有生效，因为它们需要至少三个州的批准。[2]这些公约是健全司法的例子，它们有助于理解这些融资交易所基于的法律原则。接下来将会讨论公约的主要特征。[3]

在2001年7月，联合国国际贸易法委员会（UNCITRAL）制定了《联合国国际贸易应收账款转让公约》，这在2001年12月被联合国大会采用，现今正开放签署以及加入批准。[4]这个公约的目的是为应收账款转让的交易提供便利。[5]

保理（Factoring）

□ 国际保理的本质

出口保理的本质[6]就是，一家被称作保理商的金融机构，同意减轻出口商在出口交易中的融资负担，特别是从国外买方回收货款，从而使出口商可以集中精力于他自己的业务，出售以及营销其产品。因此，这就有一个劳动的划分，出口业务，包括发送货物、制作单据以及转移运输单据，这些都是由出口商（卖方）来办理的，但是信用管理，根据协商好的程度，是由保理商来负责的。 13—002

国际保理在现代出口贸易中有相当重要的作用，它帮助缓解出口商业务中的现金流问题，由于大部分的出口交易都涉及信用这一因素，因此这是一个重要的考虑因素。如果保理是在无追索权的基础上进行的[7]，那么它就为坏账提供了保障。

建立一个保理协议时，在法律本质上，有两点对出口商是特别重要的：保理安排的法律形式是什么，是公开型保理还是隐蔽型保理？以及当海外买方未能付款时保理商是否对出口商有追索权，或者说保理是基于无追索权的基础上的吗？

就合法形式而言，公开型保理是指海外买方被告知（或者至少能被告知）这一融资安排，但是隐蔽型保理安排在出口卖方和金融机构之间是保密的，不允许告知海外买方。在这两种情况下，国际保理并非法律意义上的保理。[8]

在保理安排是基于无追索权时，保理商，也就是出口商对货价求偿权的受让方，承担了信用风险，并且一旦买方违约便无权收回。然而，如果保理安排允许追索，例如，对于转让给保理商的未经核准的应收账款[9]，保理商有权要求损失赔偿。

□ 直接和间接保理

保理可以是直接的或者间接的。[10]在直接保理的情况下，只有一个保理商，也就是在出口商（卖方）所在国的出口保理商，出口商与之签订保理合同。在间接保理的情况下有两个保理商：出口保理商和在进口商（买方）所在国的进口保理商。在直接保理安排项下，关于对货价求偿权转让，出口商直接和海外买方建立合同关系。在间接保理的情况下，这种安排会由其公开的海外买方向其所在国的进口保理商支付，进口保理商再向出口商所在国的出口保理商支付，而后者再向出口卖方提供安排的融资。在出口商和进口保理商之间没有直接合同关系。间接保理的优点在于，每一个金融机构（出口保理商和进口保理商）都只服务于一个本地的客户，而它们可以对本地客户的信用价值做出最好的评估。进口保理商和出口保理商之间的关系，有时是关联公司，有时是一个共同体。 13—003

当然，保理合同是和出口买卖合同分开的。约束保理合同的法律通常是保理商经营所在地的法律。

保理安排对出口卖方是否具有追索权是这个协议的双方之间的安排。如果，据卖方所知，卖方供应了不合格的商品或者违背了买卖合同中的其他条件，并且买方合理地拒绝了出口买卖合同项下的付款，那么即使与其签订的合同规定的是无追索权融资，保理商通常还是有权追索。

□ 保理的合法形式

13－004 公开型保理和隐蔽型保理的合法结构是不同的。公开型保理本质上是建立在出口商对货价求偿权的合法转让基础上的。转让必须遵守《1925 年财产法案》第一百三十六节的规定，该节用于规范债务的转让。根据这个规定，转让必须是书面的，有转让方（出口卖方）的签字，并且必须是绝对的[11]，必须对债务人（海外买方）做出即刻的书面通知。在实践中，该通知通常只是在发票上给出。在债务人收到该通知时，转让方随后获得对该项债务的法律权利。[12]不遵守《1925 年财产法案》第一百三十六节中一项或者多项要求的转让将被视同为债权转让。

最常见的隐蔽型保理的形式仅仅由一份卖方的求偿权转让给金融机构的债权转让构成。这不满足合法转让的要求，因为它没有向海外的买方发出通知。一些国外法律系统并不承认债权转让，因为这一原因，在一些情况下，金融机构不情愿同意这种形式的保理，其他形式的隐蔽型保理就可能会被使用。[13]

海外买方（对货价的债务人）应该尽早地得到转让给保理商的通知。这种通知可以保证保理商优先于债务人的其他保证的债权人。如果几个债权利益互相竞争，告知债务人的顺序就决定了它们的优先级。[14]有这样一个案件[15]，一个德国的酒生产商向一家英国的酒商出售了一定数量的酒。合同包含了保留物权条款（reservation of title clause），这对买方的债权人无效，因为这在《1985 年公司法》第三百九十五节[16]中并没有记录作为一项责任，而未记录的责任仅仅只是债权责任。其后，买方又将酒卖给了下游的一个购买者，并且与被告保理商签订了保理合同[17]，以合法转让的方式将对随后的购买货价的求偿权转让给了他。下游的购买者被告知了这一转让，并且对保理商付了款。当原始买方终止对德国酒卖方付款时，后者为了保理商从下游购买商处获得的货款而起诉了保理商。Phillips 法官（相当吃惊地）觉得该转让遵守了合法转让给保理商的规定，可以被作为债权转让对待。[18]这位渊博的法官认为，（后来的）对保理商的债权转让要优先于（前一次）有利于德国卖方的债权责任，因为对债务人给出的关于对保理商的转让通知在时间上要早一些。

公开型保理

13－005 公开型保理中的回收价款服务是通过以下方式来进行的。保理商与出口商签订保理合同，在该合同中保理商同意从出口商处购买某些特定的已被核实的由海外买方所欠的短期债务（经核实的应收账款）。当出口商向国外出售货物时，对货价的求偿权就转移给了保理商，海外的买方也会要求向其付款。因此，买方会被通知货价不应付给出口商的事实。经核实应收账款的转让可能是（通常就是）构成无追索权融资的主要问题。未经核实的应收账款由保理商以有追索权的基础购买。保理安排通常是在“全部业务”的基础上做出的，而保理商的佣金也相应地计算。在这种安排下，出口卖方有义务向保理的金融机构提供他所有的应收账款。

除了回收价款服务以外，保理商还可以实现对出口商的信用管理的功能。这些功能将会在保理协议中列出，并且有一些可用的选择。它们可能包括由保理商办理的对出口商的内部信用控制和销售记账（分类记账），一份规定出口商将发票的复印件都要交给保理商，以使他能进行这些活动的协议。

保理商可以在经计算的平均结算日向出口商支付，这被称为“平均到期日保理”。在这种安排下，出口商通常都会在特定的日期收到一个确定的付款，而不是一系列的小额付款，这些付款的到期时间还根据各种海外买方的货价到期日而不同。然而，如果出口商更喜欢，他也可以安排金融机构按照那些到期日向其付款，这就被叫做“双保理”（pay as paid factoring）。

如果出口商想要保理商在提供回收价款和（或）信用管理服务之外，还要对交易进行融资，那么保理商将会对出口商做出立即的支付，通常是经核实发票账面价值的80%，同时对海外买方追加信用。此处也是一样，保理商可能在无追索权的基础上承担信用风险，向出口商支付经核实的应收账款。在出口保理商对交易进行融资的情况下，他通常会使用到在海外买方国内的进口保理商的服务，这使得后者可以用本国货币支付货款。如果保理商在回收价款服务以外提供立即的融资，就需要支付一笔费用，费率因利息的不同而不同，通常是适当银行基准利率的3%～4%以上。保理商十分慎重地选择接受作为其客户的进口商。

如果在一个货款回收安排下，规定保理商的融资与应收账款的转让相结合（在实际中经常用到的结合），并且供应商是一个公司，根据《1985年公司法》第三百九十六节第一条e款的规定，转让现在的和将来的应收账款是否应作为账面债务记录下来的问题就出现了。据认为，在该条款的规定下不要求记录，因为转让的目的就是债款回收，而不是为一个贷款提供担保，并且对应收债款的转让是绝对的，而不是通过收费的方法。[19]

隐蔽型保理

最常用的隐蔽型保理被称为“发票贴现”。它是以出口卖方将货款的债权转让给保理商的形式来实现的。在这种安排下，保理安排不会对海外的买方公开，他将货款付给出口卖方。保理合同会规定，出口卖方只是作为保理商的保管人接收货款，他必须将货款放入由后者开立的单独的账户中。在合同如此规定的情况下，如果在收到付款时，出口公司的董事将其放入公司的账户，他就会发生产权转移过程中的侵权行为，并且必须将付款退还给保理商。[20]发票贴现通常基于有追索权的基础。 **13—006**

一些金融机构还利用其他的合法形式，这些也不用向海外买方公开融资安排，它们要求出口商将商品卖给它们以立刻得到现金，随后授权出口商作为其非公开的代理人，将货款转售给海外买方。[21]对国外买方的转售通常以信用条件作为基础。在这种安排下，出口商作为金融机构的代理人，从海外买方处得到货款并将其存入后者的账户中。

世界性的代理保理商联合会已经成立了，它制定了管制保理交易的通用规则。一个例子就是由国际保理商联合会制定的《国际保理统一规则》。[22]

□ 国际统一私法协会《国际保理公约》(Unidroit Convention on International Factoring)

13—007 一旦实施[23]，该公约适用于[24]位于不同国家的供货方（卖方）与债务人（买方）之间订立的买卖合同，于任何时候产生的根据保理合同所转让的应收账款，而且：

“(a) 这些国家和保理商营业地所在国均为缔约国；或者

(b) 货物销售合同与保理合同均受某一缔约国的法律管辖。”

这一规定的目的是将《国际保理公约》与《联合国国际货物销售合同公约》互相匹配。[25]

保理合同的参与方可能会排除这一公约的应用，或者由货物销售合同的双方当事人，排除关于向保理商送交此种排除的书面通知之时或之后产生的应收账款。

国际统一私法协会《国际保理公约》约束保理合同，为了这一目的，一份保理合同必须满足如下要求[26]：

“(a) 供应商可以或将要向保理商转让由供应商与其客户（债务人）订立的货物销售合同所产生的应收账款，但主要供债务人个人、家人或家庭使用的货物销售所产生的应收账款除外；

(b) 供应商应至少履行两项下述职能：

(ⅰ) 为供应商融通资金，包括贷款和预付款；

(ⅱ) 管理与应收账款有关的账户（销售分户账)；

(ⅲ) 代收应收账款；

(ⅳ) 对债务人的拖欠提供坏账担保。”

该公约适用于公开型和隐蔽型保理。

一个困难的问题是，在供应合同中对货价求偿权转让的禁止是否能阻止供货商将求偿权转让给保理商？如前所述，供应合同和保理合同是两个不同的合同关系，公约采取的解决办法是规定[27]，供应商将应收账款对保理商的转让应该是有效的，尽管在供货商和债务人之间的协议中会禁止这种转让。但是一个缔约国可能会排除这种规定，申明当买卖合同签订时，债务人的营业所在地是在该缔约国时，这一规定并不适用。[28]进一步而言，尽管在供货合同中禁止转让给保理商，这也不会影响债务人对供货商的任何善意的义务，或者是任何违反供货合同规定的责任。[29]

在对债务人进行转让的通知方面，根据规定[30]，通知必须是书面的，并且合理指出债务人须向其账户付款的保理商，以及与转让相关的应收账款。一份关于未来供货合同中产生的应收账款的转让通知是无效的[31]，并且所有关于未来供货合同的转让通知都是无效的。

在债务人已经做出付款却未收到货物，或者收到不合格的货物时，他原则上没有权利收回其付款，只能向供货商索赔。[32]然而，存在两种例外的情况，债务人可以向保理商索要款项[33]：如果债务人已经向保理商付款，但该保理商出于对该应收账款存在质疑的考虑，尚未向供货商付款；或者如果保理商在向供货商付款时已经知道供货商对债务人有违约的情况。

公约还约束间接保理。[34]在供货商转让给出口保理商而他又二次转让给了进口保理商时，经常遇到的情况是，债务人只收到关于第二次转让的通知，而没有第一次转让的。公约规定[35]，对债务人的再转让通知同样构成了转让通知。然而原则上，公约不适用于保理合同条款所禁止的再转让。[36]

□ 国际贸易法委员会《国际贸易应收账款转让公约》（UNCITRAL Convention on the Assignment of Receivables in International Trade）

本公约的目的是要“促进跨国界的资本和信贷的可获得性，因此为跨国界的商品和服务流动提供便利”。[37]它是通过创造一套统一的与该交易相关的规则，来为涉及应收账款转让[38]的跨国交易提供便利。为了让应收账款国际化，公约要求转让方和债务人在转让合同签订时处于不同的国家，一般而言，该公约不适用于国内转让国内应收账款。 13－008

该公约被分为6个部分，包含了47个独立的条款，以及一个序言和一个附件。它的原则性规定包括：

（ⅰ）承认大部分应收账款转让的有效性[39]；

（ⅱ）承认未来应收账款通过现有应收账款转让的方式转让的有效性[40]；

（ⅲ）承认对应收账款部分转让以及未分割转让的有效性[41]；

（ⅳ）对于合同反转让条款范围的限制[42]；

（ⅴ）在转让应收账款时，法律的选择决定受让人的利益相对于竞合求偿人权利的优先性[43]；

（ⅵ）限定性的规则规定受让人对转让的应收账款产生的收益有财产权。

福费廷（Forfaiting）

福费廷[44]，或者用法语的表达方式[45]，一揽子交易，是从债权人那里无 13－009

追索地购买一个由可流通票据，例如汇票或本票，体现的债务。如果购买者（也称为包买商）不能从债务人处获得满意的付款，他也没有对债权人的追索权。但是，包买商只会在当他得到一家信誉良好的银行的保证之后去购买一张可流通票据。这种保证可以以在可流通票据上加具保付的形式[46]，或者以单独的银行保函的形式[47]，来保证到期准时履行在该可流通支付工具项下的所有义务。包买商对该可流通支付工具的购买，当然是有一定折扣的。包买商可以是一家银行、金融机构或者贴现公司。

福费廷协议传统上只基于单一的基础交易，并且常常是高价值的交易，尽管它们现在越来越多地适用于价值不太显著的和信用期限更短的交易。

□ 福费廷的本质

13—010 这种交易的本质是，债务人在未来的某个时间到期的义务可以由债权人通过将其卖给包买商的方式立即兑现，而包买商只会在得到第三方的担保之后才去无追索权地购买该项义务。福费廷这一术语在两种交易中都被使用：在金融交易中，为了使某项长期金融资产流动；在出口交易中，为了改善给予海外买方信用的出口商的现金流情况。本章仅涉及第二种类型的福费廷。

□ 保兑汇票和银行保函作为包买商的保证

13—011 在国际贸易中，出口卖方会从海外买方处得到远期汇票或者本票，它们会在将来的某个特定的时候到期。这些可流通的票据会被进口商所在国的一家银行保付，或者该银行会保证其履约。可流通票据因此得到保证，出口卖方就会拿它们到自己的银行议付，并且该银行对他无追索权。因此，该出口商的银行就是一个包买商。福费廷安排需要经过买卖双方之间的出口买卖合同同意，并且这通常是在首先从银行获得协议以后才完成的，也就是说，卖方和银行之间规定银行会包买可流通票据的协议，以及买方同其所在国的银行之间规定银行会保付或者保证该流通票据的协议。福费廷尤其适合资本物品的出口，因为买卖合同可能会规定期限超过2～5年的分期付款。一个典型的交易就是机器的买卖，需要买方用在5年内到期间隔为半年的10张本票支付。银行更希望从买方处得到本票，但是汇票也是可以接受的。

包买商自然对支持他所购买的流通票据的保证的有效性特别关心。如果是保付，前文已经提到[48]，这种承诺在英国法律中是有效的并且保证人作为一个支持者与票据的背书人承担同样的义务。如果该保证以银行保函的形式做出，那么就会说明这是一个第一性保函并且担保人是处于第一性债务人的位置，还有该保函必须是不可撤销的和无条件的，以及该保函可分割、可转让，并且它会包含如下的表述：

"任何述及方（承兑人或者本票签字人）的违约行为需向我方（保证银行）发出书面通知，在接到该通知时，我方应立刻支付在该保函项下到期的所有款项。"

对可流通票据的保证是抽象的，它并不依赖于与基础买卖合同或者海外进口商为其他出口交易开出的可流通票据相关的事件。在这一点上，保证是独立的，包买商和出口卖方之间的合同通常在书面规定中如此表述，但是包买商通常会要求得到关于基础交易的通知。

出口卖方和包买商之间的合同通常包含法律选择条款和司法管辖权条款，如果保证是以保函的形式做出的，那么进口商所在国的银行给包买商的保函中也会加入类似的条款。如果包买商位于英格兰和威尔士，那么这些合同通常受英国法律的约束，并且附有英国法庭支持的非专属性管辖权条款。

□ 第一性的和第二性的福费廷交易

包买商为了让他自己有资金可用或者分散风险，通常会再转让他通过福费廷交易所购买的可流通票据。金融圈内称其为初级和二级福费廷市场，并且将原始的包买商当做介绍银行。二级市场操作可能会造成复杂的法律问题。通常，出口商对这些不作关心，但是有时他们可能会受到与之有关的反馈影响。因为这个原因，有一个福费廷业务单元的银行会在与卖方的福费廷合同的无追索权条款上加注如下的警示条款： 13—012

“我方保证已免去了我方对你方作为出票人的追索权，并会尽量从我方的任何后继购买者中获得类似的义务。”

进一步地，据称，无追索权条款并不能在卖方无合法理由却未向买方发货时保护卖方。考虑到保证（保付或者保函）的独立性特点，法院是否会接受这一观点遭到质疑，但是可以确定的是，如果能证明卖方涉及欺诈，就一定会成立。[49]

如果包买商是一家经营出口融资交易的银行，它通常会从其跟单信用证收集系统获得可买断的票据。[50]货物的物权凭证转移到出口商的银行，银行同时会得到根据之前与包买商的安排的指示，只有在汇票承兑或者本票上签字，以及保付背书或者由进口商的银行开出保函时才能释放该凭证。

国际融资租赁

□ 国际融资租赁的本质

银行和金融机构有时会被要求为国际租赁交易提供融资协助。这些交易通常都是与资本物品，如船或者飞机、集装箱以及用于石油或矿物资源勘探的重型设备的租赁有关。想要利用这些设备的承租人向出租方缴纳一定的租金。由于出租的时间可能很长，所以出租人承担了相当大的金融风险。 13—013

如果该设备的所有者准备承担这些风险，他就会自己作为出租人，因此普通的出租就是一个在承租人和出租人之间的两方合同。如果该设备的所有者不想承担金融风险，那么他就可以引入融资租赁交易。在这样一个交易中，一家银行或者金融机构会介入所有者和使用者之间。所有者（被称作供货方）将货物完全卖给金融机构（被称作债权人），可能是以现金结算的方式，而金融机构就充当相对于使用者（承租人，被称作债务人）的出租人。这是一个三方的交易。这是在1974年建立的《消费信用法案》[51]下国内领域的出租—购买合同和债务人—债权人—供货方协议的原则，在国际领域的应用。

有两种类型的融资租赁协议。在纯租赁交易中，当租赁到期后，物权要归还出租人。在其他租赁协议中，承租人可以选择获取出租物品的物权，在这种情况下，租金中就包含了一个延期的价格部分。在两种类型的融资租赁协议中，由承租人支付的租金有时还包括对设备磨损折旧的摊销部分。

□ 国际统一私法协会《国际金融租赁公约》（Unidroit Convention on International Financial Leasing）

13－014 该公约[52]生效时[53]适用于[54]出租人和承租人的营业所在地在不同的国家，而且：

“(a) 如果这些国家及供应商营业地所在国均为缔约国；或者

(b) 供应协议与租赁协议均受某一缔约国法律管辖。”

本公约的应用只有在供应协议与租赁协议各方当事人同意时才能被排除（第五条）。

本公约约束包含下列特点的交易[55]：

(a) 承租人指定设备并选择供应商，并不主要依赖出租人的技能和判断；

(b) 出租人取得的设备与一租赁协议相联系，并且供应商知道这一租赁协议已经或将要在出租人和承租人之间订立；

(c) 租赁协议规定的应付租金的计算特别考虑到了摊提设备的全部或大部分成本。

无论承租人是否已经取得或以后取得购买设备或者在更长期间内为租赁而继续持有设备的选择权，亦无论是否支付名义上的价金或租金，本公约均适用。[56]

本公约将以下两种协议区别开来：

(a) 出租人和供应商之间的供货协议；

(b) 出租人和承租人之间的出租协议。[57]

本公约的主要目标是要消除出租人关于设备对供应商的责任，因为出租人在交易中仅仅只有融资利益。[58]除另有规定外，出租人不应对承租人承担设备方面的任何责任，除非承租人由于依赖出租人的技能和判断以及出租人干预选择供应商或设备规格而受到损失。[59]进一步而言，出租人不应以其出租人身份而对第三方承担由于设备所造成的死亡、人身伤害或财产损害的责任[60]，尽管他可能会以其他的身份，例如以所有者的身份承担责任。[61]

在不交货、交货迟延或交付与供应合同条款不符设备的情况下，租赁协议中各方的权利如下：

“(a) 对出租人，承租人有权拒收设备或终止租赁协议[62]；

(b) 出租人有权提供符合供应协议规定的设备而对违约做出补救[63]；

(c) 承租人应有权提留应付的租金，直至出租人做出补救并提供符合规定的设备。[64]”

这些权利与《联合国国际货物销售合同公约》下买卖双方的权利是相匹配的。[65]在公约中授予出租人和承租人的权利是可操作的，就如同承租人已经同意按照供应协议的条款从出租人那里购买设备一样。[66]

该公约还包含了更多的保护出租人的保障措施。它规定[67]，承租人不应因为不交货、交货迟延或交付不符设备而享有针对出租人的其他请求权，除非这些是由出租人的行为或不行为所造成的。此外，它还规定供应商根据供应协议所承担的义务亦应给予承租人，如同承租人是该协议的当事人而且设备直接交付给承租人一样。[68]

公约中的另外两个规定也要在此提及。第一，在承租人违约时，出租人可以收取未付的到期租金以及利息和损害赔偿。[69]如果承租人的违约是实质性的，出租人在租赁协议有此规定时也可以要求加速支付未到期租金，或者终止租赁协议并在终止协议之后，他可以收回对设备的占有以及赔偿。[70]然而，如果终止租赁协议，他就不能要求加速支付租金，尽管这些价值可能会在损失计算中考虑到。[71]在任何情况下，出租人要求的损失赔偿仅仅只是补偿性的。规定大大超过清算的损失赔偿的合同条款对承租人不具有法律效力。[72]

第二，出租人对设备的物权在承租人无法清偿债务时受到保护。它们可有效地对抗承租人的“破产受托人”(bankruptcy)[73]和债权人，包括已经取得扣押或执行令状的债权人。[74]如根据适用法律[75]规定，只有符合有关公告的规定时出租人对设备的物权才能有效地对抗承租人的无法清偿，则只有在符合上述规定时，这些权利才对承租人的无法清偿有效。

其他形式的商业融资

□ 无追索权的融资

这种类型的融资是介于由保兑机构提供的功能[76]和在信用证项下由保兑银行提供的功能[77]之间的。这种交易和保兑机构的行为的典型不同体现在，金融机构并不承担出口商品的义务，也不用自己关心运输安排、保险或者出口制 13—015

单。它和保兑银行的位置不同体现在，出口商并不用承担作为汇票出票人的个人义务。[78]结果是，在这种类型的交易中，融资机构承担了交易过程中的金融风险。

融资机构提供无追索权融资的条款都有很大的不同，出口商承担的权利和义务也依据其和融资机构的安排有很大不同。在一份典型的无追索权交易（永远记住其他的安排是可能的）中，融资机构进入两份合同中，一份是和出口商，另外一份是和海外买方。

在同出口商的合同中，融资机构承担了立即支付其全额货款的责任，这一货款要少于海外买方给出口商的支付[79]，这一支付必须在提交特定的运输单据给融资机构后立即做出。有些融资机构只有在得知海外买方的名称，并且它们对海外买方的金融信用感到满意后，才承担这种责任。通常，融资机构本身受出口信贷担保局（ECGD）的条款保护，并且还会进一步在其与出口商的合同中降低其参与交易的信用风险和政治风险。[80]合同因此就会包含一份条款，明确规定融资机构不参与交易中的货物处理，例如：

“我方对你方由与买方的交易中产生的或者与其相关的任何索赔均不负责，不管基于何种该索赔可能成立的法律背景，或者无论它是否造成损失、破坏或者其他，或者是因你方对买方或者买方对你方造成的。”

合同还可能规定一个特殊的、通用的、有利于融资机构的滞留权，规定应用英国法律并且可能规定伦敦仲裁。

第二种和同种交易相关的合同是在融资机构和海外买方之间签订的。这一合同包括买方有义务向融资机构支付购买货价以及相关费用，要少于直接支付给出口商的款项。通常买方在接到运输单据提示时，必须接受由融资机构开立的由其支付的票据。这一程序使得融资机构能够给买方授信，或者接受买方的分期付款。合同当然不会提及出口信贷担保局（ECGD）对融资机构的政策。有些融资机构要求买方出具损失赔偿保证书，并且要求确认进口商有必要的进口许可证，以及用于向融资机构转移资金的外汇管制许可。在其他方面，与买方的合同包含的条款都与同出口商的合同相似。

注释

[1] Unidroit 的网站是 http://www.unidroit.org。

[2]《国际金融租赁公约》第 16 条第 1 款；《国际保理公约》，第 14 条第 1 款。

[3]《国际保理公约》，见下文第 13－007 段；《国际金融租赁公约》，见下文第 13－013 段。

[4] 为了达到国际法律的效力，公约要求五个国家通过它。在本书写作的时刻，这还未完成。

[5] 公约的文本可以在以下网址中找到：http://www.uncitral.org，且见下文第 13－008 段。

[6] See generally Ruddy, Mills, Davidson, *Salinger on Factoring: The Law and Practice of Invoice Finance* (4th edn, 2005); R. M. Goode, "Conclusion of the Leasing and Factoring Conventions" [1998] J. B. L. 347 at 510. 涉及保理业务的金融公司交易协会是 the Factors & Discounters Association, Boston House, The Little Green, Richmond, Surrey, TW9 1QE, tel: 020 8332 9955; fax: 020 8332 2585; Web-

site：http://www.thefad.org.uk.

［7］参见下文第 13－003 段。

［8］关于《1889 年保理法案》中关于保理商的含义，请见下文第 27－017 段，Mocatta J. in *Hamilton Finance Co v Coverley Westray* [1969] 1 Lloyd's Rep. 53 at 58，described the expression "factoring" as somewhat confusing.

［9］参见下文第 13－005 段。

［10］这个区别不应该同隐蔽型保理和公开型保理的区别混淆。

［11］这意味着整个索赔，而不只是部分，应该被转让，所以债务人就不会因为要同时面对多个债权人而不方便。

［12］对于合同规定禁止转让的影响在以下案例中被考虑：*Helstan Securities Ltd v Hertfordshire County Council* [1978] 3 All E. R. 262；*Linden Garden Trust Ltd v Lenesta Sludge Disposals Ltd and St Martin's Property Corp Ltd v Sir Robert McAlpine Ltd* [1994] 2 A. C. 85.

［13］参见下文第 13－006 段。

［14］在 *Dearle v Hall*（1828）3 Russ. 1 的规则之下。

［15］*E Pfeiffer Weinkellerei-Weineinkauf GmbH v Arbuthnot Factors Ltd* [1988] 1 W. L. R. 150.

［16］关于物权条款的保留，请见上文第 4－007 段和第 4－009 段。

［17］这是一个国内保理安排，而不是国际保理安排。

［18］如果 Phillips 法官将该转让认定为合法转让，他就会基于这点做出对保理商有利的判决，因为一个合理的转让通常要优先于权益利益。

［19］See *Lloyd's and Scottish Finance Ltd v Prentice*（1977）S. J. 147；see also *Lloyd's and Scottish Finance Ltd v Cyril Lord Carpets Sales Ltd* [1992] B. C. L. C. 609，HL.

［20］*International Factors Ltd v Rodriguez* [1979] Q. B. 351.

［21］参见上文第 27－005 段。

［22］它的全文，于 2005 年 7 月发行，可以在 *Salinger on Factoring*，(4th edn，2005）上找到。还可参见 Sommer，*Factoring*，*international factoring networks and the FCI Code of International Factoring Customs*，Uniform Law Review，1998，685－691.

［23］参见上文第 13－001 段。

［24］《国际金融租赁公约》，第二条 c 款。

［25］参见第 32－026 段。

［26］《国际金融租赁公约》，第一条第二款。

［27］《国际金融租赁公约》，第六条第一款。

［28］《国际金融租赁公约》，第六条第二款及第十八条。

［29］《国际金融租赁公约》，第六条第三款。

［30］《国际金融租赁公约》，第八条第一款 b 和 c。

［31］这一规定只适用于给债务人的通知。保理合同（在供应商和保理商之间的）可以规定供应商转让未来收益的权利（第五条 a 款），甚至是没有新的转移行为的转让。

［32］《国际金融租赁公约》，第十条第一款。

［33］《国际金融租赁公约》，第十条第二款。

［34］《国际金融租赁公约》，第十一条。

［35］《国际金融租赁公约》，第十一条第二款。

［36］《国际金融租赁公约》，第十二条。

［37］See the "Explanatory note by the UNCITRAL secretariat on the United Nations Convention on the Assignment of Receivables in International Trade" at http://www.uncitral.org/.

[38] 在公约第二条中定义为"转移……在达成协议中将全部或者部分或者在转让方的合同权利中获得一笔货币款项的（应收的）未分割的利益转让给第三方"。

[39]《国际金融租赁公约》，第八条。

[40]《国际金融租赁公约》，第八条。

[41]《国际金融租赁公约》，第八条。

[42]《国际金融租赁公约》，第九条（尽管这并不影响债务人对转让人的权利）。

[43]《国际金融租赁公约》，第二十二条。

[44] See Ripley, *Forfaiting for Exporters—Practical Solutions for Global Trade Finance* (1996); Lutschg-Emmenegger, *Guide to Forfaiting* (1998).

[45] 福费廷在在欧洲大陆就有其渊源，据说最初是在瑞士被使用的。伦敦已经成为了一个重要的福费廷市场，而大部分涉及国际金融的伦敦银行都从事福费廷交易。

[46] 参见上文第 9—009 段。

[47] 参见上文第 12—002 段，或者备用信用证，见第 11—032 段。

[48] 参见上文第 9—009 段。

[49] On the principle accepted by House of Lords in *United City Merchants Investments Ltd v Royal Bank of Canada* [1983] 1 A.C. 168; see para. 11—044 above.

[50] 参见上文第 10—001 段。

[51]《1974 年消费信用法案》第十二节。

[52] 参见上文第 13—001 段。

[53] 英国还没有通过该法案。

[54]《国际金融租赁公约》，第三条第一款。

[55]《国际金融租赁公约》，第一条第二款。

[56]《国际金融租赁公约》，第一条第三款。

[57]《国际金融租赁公约》，第一条第一款。

[58] R. M. Goode, "Conclusion of the Leasing and Factoring Conventions—1" [1988] J.B.L. 347.

[59]《国际金融租赁公约》，第八条第一款 a。

[60]《国际金融租赁公约》，第八条第一款 b。

[61]《国际金融租赁公约》，第八条第一款 c。

[62]《国际金融租赁公约》，第十二条第一款 a。

[63]《国际金融租赁公约》，第十二条第一款 b。

[64]《国际金融租赁公约》，第十二条第三款，或者他——承租人——已经失去了拒绝该设备的权利。

[65] 参见下文第 32—026 段。

[66]《国际金融租赁公约》，第十二条第二款和第一款。这一规定，以及第十条的规定，在某种程度上，修改了英国的合同保密原则。

[67]《国际金融租赁公约》，第十二条第五款。

[68]《国际金融租赁公约》，第十条。但是供应商并不会针对同样的损失而对承租人和出租人都负责。

[69]《国际金融租赁公约》，第十三条第一款。

[70]《国际金融租赁公约》，第十三条第二款。

[71]《国际金融租赁公约》，第十三条第二款。

[72]《国际金融租赁公约》，第十三条第二款 b 和第三款 b。

[73]《国际金融租赁公约》，第七条第一款 b 给出了这一条款的广泛定义；它包括了一个清算人和一个管理人。

[74]《国际金融租赁公约》，第七条第一款。

[75]《国际金融租赁公约》，第七条第二款。为了这一条款的目的，适用法律在第七条第三款定义为在出租人有权援引第七款所指的规则时下列国家的法律：

(a) 如系经注册的船舶，以所有权人名义注册所在国（为本项目的，光船租船人不视为所有权人）；

(b) 如系根据 1944 年 12 月 7 日在芝加哥制定的《国际民用航空公约》登记的航空器，依此规定登记的所在国；

(c) 如系通常由一国移至另一国类型的其他设备，包括飞机引擎，承租人主营业地所在国；

(d) 如系任何其他设备，设备所在国。

[76] 参见上文第 27—018 段。

[77] 参见上文第 11—028 段。

[78] 根据他与金融机构之间的合同的规定，但是，如果买方出于出口商负责人的原因而拒绝付款，例如他提供了与合同不符的货物，那么出口商就需要对金融机构负责。

[79] 在这种类型的交易中，这种方式的支付是常见的。

[80] 这一政策必须向买方保密。

第 14 章 对销贸易

14－001 易货贸易是一个集合术语，用来表示用多种方式将两个出口交易结合起来，其中一个交易是从出口商所在国发出，另一个则是从进口商所在国发出。易货贸易最简单的形式就是互惠买卖合同和易货，但是正如我们随后将会看到的，其他形式的易货贸易也在使用，其中有些是非常复杂的。[1]

□ 买卖合同与易货合同

14－002 国际贸易中的普通交易都建立在销售货物的理念上。货物的买卖意味着用货物来交换货币，而货币代价被称为价格。[2]价格是在货物送达时立即支付[3]，还是提前支付，或者是否允许贷款，这些都是不相关的。不同于其他法律系统，在英国法律中[4]，合同中价格不确定或者合同中不包含价格决定机制同样也是不相关的。《1979 年货物买卖法》承认“开放价格”（open price）合同，并且规定[5]在这种情况下，买方必须支付一个“合理的价格”。然而，如果合同规定用货物来交换货物或者服务，它就不是法律意义上的买卖合同，而是易货合同。[6]

约束易货合同的规则在英国法律中并没有完全定义。[7]很明显，《1979 年货物买卖法》并不能直接应用。然而，《1982 年货物与服务供应法》第一部分[8]

的规定适用于易货合同。根据这份法案的规定，就建立合同的法律包含的条款而言，易货合同与货物买卖合同相似。[9]在易货交易中，一方向另一方提供的货物的物权在双方希望其变化的时候变化。[10]在这一方面，以及其他1982年法案中不包括的方面，《1979年货物买卖法》中的许多规定，通过类推的方法都适用于易货交易。[11]

□ 经济背景

对销贸易协议的原因不难发现。一些国家，特别是那些缺乏强势货币和信用工具来为其进口支付的国家，希望通过要求这些工具来扩张它们的出口市场。石油出口国家想要建立稳定的市场条件，就利用它们自己生产的石油作为代价，来得到它们需要的工业或者其他产品。在一些国家，有类似效果的管治措施被应用。 14—003

对销贸易可能不是国际贸易中最合意的形式。它和世界贸易组织（WTO/GATT）以及经济合作与发展组织（OECD）想要维持和提倡的公开的以货币为基础的多边贸易体系的理念不相一致。

然而，在实践中，在许多海外市场上的进口商可能坚持采用对销贸易的方式。大型的或者中等的出口商不能忽视这种可能性。他应该意识到，对销贸易安排通常涉及相当大的额外风险。对收到的对销贸易商品的处置就可能造成麻烦，尤其当它们不能立即进入商品市场并被售出时。出口商可以要求第三方的服务来处置，例如一家贸易机构，而后者对对销贸易商品的要价可能要高于在出售时取得的货物的要价。这一价差，加上贸易机构的佣金，被称做逆贴水（disagio），它有可能相当大，必须被计入到出口商准备出售的货物的货价中。有时，出口商可能发现，由于外汇管制或者其他存在于许多国家之间的贸易壁垒，很难将对销贸易商品变现，那他就有必要参与一个涉及第三方国家的转手交易，其目的在于获得出口买卖中他应得的货价。最后，出口信贷担保局（ECGD）的保护对对销贸易并不适用，除非是在普通出口买卖与对销买卖不相关的互惠买卖协议中。[12]私人保险可能会提供更有利的条件。如果出口商参与一个带有保兑机构、经纪人、银行或者其他金融机构的保理协议，那么它可以减小或者规避这些额外风险中的某些风险。[13]出口商就将其义务转让给了保理商，而不再卷入对销贸易中。保理商为他提供立即的货款，当然，也会收取为其服务的费用，有时还要求他办理银行保函。

对销贸易的分类

对销贸易呈现的形式无穷无尽，并且国家与国家之间，不同的案例之间、还形态各异。但是，有些类型的对销贸易可以被辨明。通常，建立一个框架协 14—004

议（也被称为谅解备忘录）是可取的，在该协议中应当进行独立的交易。框架协议的重要特征将会在下文中讨论。[14]特别地，任何独立的框架协议都是不必要的。因此，在一个长期或者主要建设合同[15]中，经常会在主要合同中加入对销贸易的规定。举一个假想的例子，如果在A国的一个公司承担为B国的公共事业建立一个矿井的责任，并且又进一步在合同中规定会回购该矿井的产出，那么回购条款很有可能包含在采矿合同之中。严格说来，这些条款，尽管看起来像是主要合同中的条款，却为单独的合同建立了一个框架协议，凭此，A国将会购买从B国公共事业中产生的矿物。

□ 互购买卖协议

14－005 在这种安排下，出口卖方和海外买方建立单独的合同，他（出口卖方）或者别人凭此承担购买买方所在国生产的特定商品的义务。因此，有两个平行的买卖合同：出口合同和对销买卖。协议当事方还要决定对销买卖应该涵盖出口销售金额的全部还是部分。[16]在后一种情况下，海外买方须将余额以现金的形式支付，或者提供额外的商品以达到平衡。互购买卖协议是易货贸易最常用的形式。

存在两个互购买卖协议的变形。在第一种变形中，建立对销买卖的出口卖方的义务仅仅只和在框架协议下的对销买卖相关，除了这种联系，这两个买卖合同就是完全互相独立的。在第二种变形中，出口买卖是以出口卖方加入，或者可能履行，对销买卖为条件的。第一种变形由于两种原因更加可取。第一，出口商可以在一个综合短期担保下获得出口买卖的保护。[17]第二，通常的银行保函、信用证和（或）履约保证，如果完全独立于对销，则对出口买卖而言更容易安排。[18]即使选择了第一种变形，出口买卖和对销之间的联系也十分密切，以至于如果其中一个合同不能履行，例如因为合同落空，在争辩中的优点就是，当事方可以要求另一个合同也同样失效。

交易方对出口买卖和对销下不履约或者违反合同的补救，同单一买卖交易下完全相同。

在 *Pagnan SpAro v Granaria BV* 一案[19]中涉及一份互购买卖合同，其中一份合同是对泰国木薯粉的买卖，而对销买卖是对中国树薯粉。[20]双方进行了协商，但根据法院的调查，从未进入正式的合同。John Donaldson M. R. 法官在他的判决中说[21]：

> “提议是每一方都要从另一方购买，因此也就有‘转手’交易。我认为，在那一观念中固有的是，如果这两个合同中的任何一个在关键时刻仍在协商中，那么这两个合同都处于协商中。”

□ 对销买卖中买方的定义

14－006 在互购买卖协议中产生了一个难题。只有在极少数情况下出口卖方想为了自己的使用而获得对销的商品。通常他想将它们处置，以实现其价值，这就意味着他必须找到一个愿意购买它们的贸易商。在商品不具有可立即进入商品市场的情况下，这一困难尤其巨大。通常出口商在同意对不在可交易商品市场交易的商品进行对销贸易以前，会接洽一家专门从事这种交易的贸易机构，从而确定它是否愿意购买对销贸易的商品。

从法律的角度来看，重要的问题是：谁是对销买卖中的买方？通常出口商A会和海外进口商B签订出口买卖合同，进口商B就会通过对销的方式卖给在出口商所在国的贸易商C，而C就作为对销交易的一个当事人。但是，进口商B也有可能要求C作为A的代理人，在这种情况下，对销合同就在A和B之间订立。

有时，尽管互购买卖协议彼此是独立的，但是出口商会坚持对销的货物必须在他出售的货物运输前运输。然而，国外的出口商会不情愿运输，除非他确定他的钱是可以得到的。国外的对销商可能需要开立一份履约保函[22]，但是解决这一难题更常用的方法是与银行创建一个托管账户。在这样一种安排下，只有当某些特定的条件满足时，银行才有义务付款，例如对销买方会将对销购买的货物价款付至这一托管账户中，然后银行将会在得到对销货物已装运的通知时向对销卖方或者其银行放款。

□易　货

这一术语在商业圈中被引用得不太严密。它有时被（不正确地）用在各种形式的对销贸易中，不管当事方做出安排的法律本质如何。 14—007

在法律上，如前所述[23]，易货是以货物来交换货物或者服务，例如用古巴的糖来交换英国生产的螺钉。

易货安排有时也被描述为补偿合同，因为一方交付货物是对另一方交付货物的“补偿”（在法律条款中的“对价”）。如果其中的一方未能按照合同交货，那么这可能会为另一方不履约提供理由。

同样的，在此需要区别两种类型。在真正的易货中，有一个简单的交易，并且交换的物品上都不会被标上价值。例如，一个摩托车的所有者安排用其来交换他朋友的迷你车。在第二种形式的易货中，交换的货物会被标上一些价值，很明显，在商业交易中，只有标价了的易货才会被采用。

一个标价了的易货与互购买卖合同并不相同，尽管在某些情况下法庭会倾向于将二者相同对待。[24]而这两者本质的区别是，标价了的易货，像未标价的易货一样，是一个单合同交易，在这个合同中，双方的责任是互相依赖而存在的，但是互购买卖协议永远都是两个合同的安排，尽管这两个合同是按照前文所述的方式联系着的。[25]

在标价了的易货中产生了两个问题。第一个问题是，对出口商从海外客户处收到的货物的处置。此处的立场和之前所讨论的互购销售中的一致。[26]也就是说，出口商通常会需要第三方的服务，以处置或者转手交易的方式来处理这些货物，第三方会收取费用、佣金或者逆贴水。第二个问题是，必须做出对支付结算余额的安排，这最终就会出现对易货中的一方有利的情况。这就需要建立一个结算账户或者凭证账户，较可取的是在一个不执行外汇管制系统的强势货币国家建立。易货商品的价格在结算账户中冲销，在信用余额以现金或者其他形式支付到规定的一方之后交易结束。

□ 回购协议

14—008 这种安排是在采矿、石油勘探或者其他主要出口交易中做出的。执行该工作的缔约方同意购买价格的全额或者部分通过他对设备产出的购买来支付。回购条款可能会有一定的时间跨度，它通常被引入主合同中。[27]

回购条款通常会包含一个最惠客户（mfc）条款，根据这一条款，雇用方（产出的卖方）会授予承包商（买方），给予其他购买商品的顾客在类似条件下的最为优惠的价格。[28]最惠客户价格会享受一定的折扣，包括安装价格的折旧因素。从需要加入折旧因素的方面看，回购条款可能会有一定的时间跨度。

□ 抵销协议

14—009 抵销交易是货物的出口商有义务在货物中加入特定的材料、零件或者需要随后在进口国再加工，或者要在进口国履行特定的服务安排。抵销安排是高科技产品（例如防御系统和飞行器）的买卖中一项成熟的特征。有时要求出口商开立或者装备一个工厂来制造零件，或者维护进口国的一个装配厂。

□ 处置和转手交易

14—010 在互购买卖和易货协议中，正如已讨论过的[29]，对对销贸易货物的处置导致了一个问题。在此，要区别两种情况。该货物可能拥有容易进入的商品市场，在此它们可以定期地交易[30]，或者它们不能轻易地流入市场。

如果商品有一个商品市场，像石油或者其他商品，出口商就会让市场上的一个经销商卖出该商品。如果一个飞机制造商向一个石油生产国卖飞机，用石油支付，对于制造商而言很容易通过鹿特丹石油市场上的经销商将石油卖出去。即便是如此简单的一个处置也可能会引入一连串的经销商。在这一连串的合同中，价格可能仍然浮动着的对销贸易商品（石油）的物权，随着可流通的提单或者类似物权凭证的转移而转移。

如果该货物不存在商品市场，那么立场就更加复杂了。英国的出口商可能不能从海外进口商处得到付款，因为进口商所在国可能出于缺乏强势货币或者其他原因，不允许价款转移到英国。此外，进口商所在国可能和第三国有一个清算安排，而该国对出口商所在国有账户顺差。在此，这种账户顺差可以通过一个三角交换交易将其用于支付对英国出口商的货价。英国出口商通过以下方式安排对销。他将自己的货物卖给在A国的海外买方，海外买方将其本国的产品卖给与A国有清算安排的B国。然后在B国的买方（他没有相对于英国的货币限制）向英国的卖方支付。在这种方式下，英国出口商由B国与A国进行贸易时积累的账户顺差来得到支付。其他形式的交换交易也同样在使用。它们并不总是需要是三角的，而它们其中的有一些就只是简单的货币交换。很明显，任何形式下的交换都需要一个经验丰富的易货贸易专家的协助。

□ 石油易货贸易

在石油业务中，对销贸易经常被使用。由于这个原因，在之前部分的举例 14—011
通常都是指石油交易。石油的对销贸易通常采取互购买卖合同或者易货的形式。对销货物的处置就变得相对容易，因为石油有一个商品市场，但是有时要求石油分销公司来对石油做出处置。

□ 框架协议

在对销贸易中，对原始框架协议（有时也叫对销贸易协议）的起草必须格 14—012
外小心。有些情况下该协议以意向书的形式出现，但这是不够的，因为意向书在法律上是没有效力的。

框架协议应该是一个有效力的合同，它应包括对双方共同义务的清晰界定。对销贸易的商品应当明确，且应表明它们的价值是通过FOB还是CIF的基础来确定的。还应对结算账户或者凭证账户，以及对支付或者其他固定间隔期的账户余额的支付以及协议的到期日做出安排，协议还须规定出口商在对销贸易合同项下的义务可以由其附属公司或者其他由其指定的公司履行，应该也允许对对销购买的义务的转移。这使出口商能够将这些义务转移给第三方，例如随后会在原则允许范围内成为对销商品买方贸易机构。此外，不应该对与对销商品销售的市场相关的事宜做出限制。坚持对销贸易的一些国家会提供多种对销贸易商品的选择，在这种情况下，英国的出口商应该试图为自己保证范围最广的对销贸易商品的选择。

框架协议还应该包括一个和互购销售协议的连接，如果选择这一形式的话。应该规定，出口商的对销义务只有在主要出口合同完成或者对销卖方提供了履约保函以后才生效。

如果出口商想要通过公开型保理安排来立即实现对销贸易过程[31]，那么保理商应该成为框架协议的一个当事方。框架协议通常包含对出口商在对销贸易中不履行义务的惩罚条款，这些惩罚条款成为应付的条件，应该和出口商在出口买卖合同下的义务分开并且独立开来。也就是说，如果对销贸易是采取互购买卖安排的形式，那么惩罚条款应该只和对销买卖相关，而不应该和出口买卖相关。

另外，框架协议应当包含通常被列入国际贸易合同中的条款。[32]特别地，法律选择条款必须被加入。所有合同，即框架协议、出口买卖以及对销买卖合同，都受同一个法律系统的约束会让问题变得简单。同样也应该有仲裁条款，仲裁条款应该足够全面以覆盖任何从框架协议本身及其相关合同中产生的或者与之相关的争端。当事方可以规定特殊仲裁，例如所谓的“中立仲裁”，但是最好的方法是在同一公共机构的规则例如国际商会仲裁庭规则下的仲裁。[33]

注释

[1] See generally *Countertrade and Offset* at http://countertrade@bccb.org.uk, produced by the Department for Business Enterprise and Regulatory Reform, previously the Department of Trade and Industry; see also *Countertrade*, ICC Publications No. 944; UNCITRAL Legal Guide on International Countertrade Transactions, 1992 (http://www.uncitral.org); *Brown, Franklin: Countertrade: Paying in Goods and Services*, 1994; Rowe *Countertrade* (3rd edn, 1997).

[2]《1979 年货物买卖法》第二节第一条规定：“货物买卖合同是卖方以买方支付的货币作为对价将货物的物权转让给买方的合同”。

[3] 除非双方另外同意，货价就是可支付的。用《1979 年货物买卖法》的术语来说，除非双方另外同意，货物的送达和货款的支付就是“并存的条件”（第二十八节）。

[4] 法国法律（《民事法典》，第 1583 条）要求货价的确定，或者说确定的方法，要在买卖合同中规定。美国法律，同英国法律一样，允许“开放价格”(open price) 合同（UCC，s. 2—305 (1))，在这种情况下，一个“合理的”价格就是可支付的。《关于国际货币买卖合同适用法律的海牙公约》（海牙，1964）第五十七条，以及《联合国国际货物销售合同公约》（维也纳，1980），第 55 条，原则上都追随了英国和美国的法律规定。关于“开放价格”(open price)，一般参见 *R & J Dempster Ltd v Motherwell Bridge and Engineering Co Ltd* [1964] S. C. 308。

[5] In s. 8 (2).

[6] 参见 *Re Westminster Property Group Plc* [1985] 1 W. L. R. 676。美国的买卖合同的概念比英国的要广。UCC s. 2—304 (1) 规定“货价可以通过货币或者其他方式支付。如果它全部是或者部分是通过货物支付的，那么每一方对他或她所转移的货物而言就是卖方”。一份易货合同因此就是美国法律意义上的货物买卖合同。

[7] See *Benjamin's Sale of Goods* (7th edn, 2006), paras 1—034—1—037. See also *Esso Petroleum Co Ltd v Customs and Excise Commissioners* [1976] 1 W. L. R. 1 at 11.

[8] 于 1983 年 1 月 1 日正式生效，见 [1982] J. B. L. 357 - 358。

[9] 这些条款与物权等（s. 2）、商品描述（s. 3）、适用性（s. 4）、样品（s. 5），以及通过明示协定排除的默示条款、交易的程序或者约束双方的惯例相关。

[10] *Cf. Koppel v Koppel* [1966] 1 W. L. R. 802 at 811.

[11] *Buckley v Lever Bros Ltd* [1953] 4 D. L. R. 16.

[12] 参见下文第 14—005 段。

[13] 关于保理，参见上文第 13—001 段。

[14] 参见下文第 14—012 段。

[15] 参见下文第 25—001 段。

[16] In *State Trading Corporation of India Ltd v M Golodetz Ltd; the Sara D* [1989] 2 Lloyd's rep. 277 the countersale covered only 60 per cent of the principle sale.

[17] 参见下文第 20—012 段。

[18] 参见 *State Trading Corporation of India Ltd v M Golodetz Ltd; the Sara D* [1989] 2 Lloyd's rep. 277，一份在争论中的互购买卖协议，在这份协议中货物买卖和对销是独立的。遗憾的是，融资安

排之间又是有关联的。买方有义务开立信用证，而卖方在对销贸易的义务中要提供一份所谓的对销保函。更糟糕的是，买卖双方的义务得同时履行。买方开立信用证失败，卖方开立对销保函也失败。上诉法院认为卖方提供对销保函的义务不是买方开立信用证的先决条件，因此买方因为开立信用证失败而违反了合同。

[19] [1986] 2 Lloyd's Rep. 547.

[20] 这只是木薯粉的另外一个名字，尽管中国产品和泰国产品在质量上有差别。

[21] *Pagnan SpAro v Granaria BV* [1986] 2 Lloyd's Rep. 547 at 549.

[22] 参见上文第 12—004 段。

[23] 参见上文第 14—002 段。

[24] *Aldridge v Johnson* (1857) 7 E. & B. 885，依据协议，Aldridge 将交付 32 头价值 192 英镑的小公牛给 Knights，反过来后者交付 100 夸脱价值 215 英镑的大麦给前者，余额 23 英镑则支付现金。法院视该交易为对销交易。See *Benjamin's Sale of Goods* (7th edn, 2006), para. 1—037.

[25] 参见上文第 14—005 段。

[26] As fn. 25.

[27] 参见上文第 14—004 段。

[28] 关于 mfc 条款的例子，可以见下文第 30—008 段。

[29] 参见上文第 14—006 段。可能还会有其他问题。有一些在这个案例中出现：*Pagnan SpA v Granaria BV* [1986] 2 Lloyd's Rep. 547 at 549, *viz*，包括售出货物和对售货物之间的价格差异，付款时间的价格差异，以及对出口证书的要求差异。还有些问题可能与汇率有关。

[30] 在商业术语中，这些市场被称为"批发商品市场。"

[31] 参见下文第 13—005 段。

[32] 参见下文第 32—014 段。

[33] 关于特殊仲裁、公共机构仲裁以及在国际商会规则下的仲裁，请见第 23 章。

第三部分

出口运输

第 15 章

海上货物运输[1]

出口交易中的货物运输

□ 单一方式运输和多式联运

15—001 作为销售合同和建筑包工合同的主体，货物需要从发送地运送到目的地。这类运输带有国际性的特征，可以通过海上运输、航空运输、陆上运输，或联合以上两种或更多运输方式来执行。如果只使用一种运输方式，那么这种国际运输方式被称为单一运输（unimodal）；如果是联合多种运输方式，则被称为多式联运（multimodal）或联合运输。举例说明：一个瑞士的生产商向伦敦的一家商店出售手表。托运方式为从苏黎世飞机运输到希思罗机场，这是单一国际运输方式。一名英国布拉德福的商人向澳大利亚堪培拉的一名进口商销售针织品，货物在布拉福德装载到门到门的集装箱中，用卡车或拖车运送到利物浦，接着用船将集装箱运送到悉尼，再通过陆上运输运送到堪培拉。这个运输过程包括了三个阶段，即陆上运输、海上运输以及再次陆上运输，被称为多式联运。

单一方式运输受到国际公约的制约。这些国际公约被多国采用，具有很强的实际作用。较为重要的有：

（1）海运：与海运提单有关的《海牙—维斯比规则》（Hague-Visby Rules）；

（2）空运：《华沙公约》（Warsaw Convention）；修改的《华沙公约》[2]；

（3）公路运输：《国际公路货物运输公约》（CMR）[3]。

这些公约将在之后的章节中讨论。[4]

《联合国国际货物多式联运公约》于1980年5月24日在日内瓦通过[5]，但是至今未被使用。然而，联合国贸易和发展会议（UNCTAD）和国际商会（ICC）已经给出了公约的标准格式。

□ 传统运输方式和集装箱运输（container transport）

传统上，海上货物运输受到由货物自然性质决定的两种方式的影响。如果货物为散装运输，如谷物、煤炭或石油，托运人（shipper）[6]将通过租船合同（charterparty）[7]租用整船。如果货物都单独包装运输，常常装载到船舱中或甲板上，并通过提单（bills of lading）[8]运输。传统的航空货物运输是在空运托运单（air consignment notes）[9]或者航空运单（air waybills）[10]下完成的。而公路货物运输中所利用的则是寄售通知书（consignment note）。[11] 15—002

在当代的国际运输中，除去散装货物，其余货物通常都由集装箱装载。[12]在这种情况下，也许会用传统的运输单据，但更多是用其变体。最重要的即为联运单据（combined transport documents）[13]和FIATA联运提单（FIATA combined transport bills of lading）。[14]很大部分由集装箱承载的货物使用的单据并非传统的运输单据。因此，《跟单信用证统一惯例》（UCP）（2007年修订）[15]规定只要同一运输单据包括整个运输，银行就可以对联运单据进行承兑。

从历史上来讲，国际货物运输在很大程度上都依托于纸质文件，即采用运输单据，尽管这些单据的性质和形式都发生了很大改变。可预见的是，在不远的将来，传统书写的运输单据可能将会被无纸电子贸易数据通信系统取代。[16]

要想理解运输技术的现代发展，出口商应当具备国际运输传统方法的相关知识。因此，在本章中，我们将讨论与传统海上货物运输相关的法律。下一章将讨论集装箱运输中的特殊法律问题。有关航空货物运输和陆上货物运输的法律将在其余章节分别讨论。

海上货物运输的业务程序

15—003 传统的海上运输的一般业务程序可由下面的例子来说明。一位英国的出口商与海外的买方签订了销售合同（contract of sale），因此他有义务安排海上运输将货物运送到目的地，该出口商愿意自己进行这项安排。显然他需要与船舶所有人（shipowner）[17]订立运输合同（contract of carriage），后者借此承诺将货物由船舶从英国出发港运送到海外的目的地。这份合同称作海上运输合同（contract of carriage by sea）[18]。付给船舶所有人的酬劳称作运费（freight），船舶所有人称作承运人（carrier），出口商作为运输合同的一方，称作托运人（shipper）。首先出口商需要考虑商品数量是否能保证租整船，若能满足，这种情况下的海上运输合同条款将体现在租船合同中。然而，大部分情况下，货物只占该船舶所招揽货物的一部分，与其他托运人的货物一同装载。这时运输合同条款体现在提单中。提单实际上是船舶所有人用来确认待运输的货物已交付[19]，并重申运输合同条款的一种收据。然而，这种单据通常只在运输合同已经付诸执行后才签发。[20]

通常，托运人会指示运输代理人（forwarder）来获得货物的舱位。同样，船东也会雇用代理，即装货经纪人（loading broker），来为船只获取货物。Devlin 法官是这样形容这些代理人的[21]：

“运输代理人通常的任务为：确定起航的时间和地点，必要时负责租订舱位和准备提单。不同的班轮公司有不同形式的提单，这些提单能从伦敦市的文具店获得，运输代理人有义务填写必要的细节，并把草本交给装货经纪人。他的责任也包括安排货物到船边、报关、为货物缴税。在装运之后他领取签妥的提单并交给托运人。在英国开展业务的所有常规班轮公司将安排货物的业务委托给装货经纪人。他在有关的航运文件或其他地方通知起航的时间，并通常给他的顾客准备和发放船期通知卡。监督装运的安排是他的职责，尽管实际积载行为是由为船舶所有人直接服务的货物监督员来进行的。签署提单并将其递交给托运人或其代理人以换取运费也是他的责任。他的酬劳通常来自按运费收取的佣金[22]，这无疑可促使他在船位充沛的情况下，想方设法执行其主要任务，招揽足够的货载，以装满他所代理的船舶……

因此，装货经纪人和运输代理人所执行的是两种截然不同的职能。但实务中，同一公司常常同时为装货经纪人和运输代理人，尽管这两种业务可能由不同的部门执行。公司通常只为一个班轮公司的装货经纪人，同时也经办该班轮公司的所有业务。因此，如果他愿意，也可以自由进行其他的业务。”

船舶所有人通过装货经纪人及时通知承运人或其代理人装载托运货物的船舶的名字、装货地点和受载时间。这些可由船期表（sailing card）完成，船期表中还提及了截止日期（closing date），即船舶接收托运货物的最后日期。为了保证船舶为航行做好准备，截止日期通常比实际开航日期提前几天。如果货物未能在规定期限内送到指定地点，即于截止日期之后才到达，即使船舶未航行，船舶所有人仍有权利拒绝接收。

当货物被送到码头，托运人给船舶所有人发出一个装货指令（shipping instructions），简要说明预期装运中的细节详情，并给码头的监督员发出一个装船通知单，通知他货物已到并说明它们的细节详情和即将装载的船舶名字。

向船舶所有人交货的地点和方式取决于双方协议的限制，或者遵循港口的惯例。在习惯法中，如果缺少特别协议或者习惯，托运人需要自费在船边或者船舶吊钩所及之处交货。除非另有特别惯例，当货物交付给船舶所有人时，托运人将收到大副收据（mate's receipt）。例如，在伦敦港，只有水运货物在船边交付，托运人才能收到大副收据。若货物通过陆上运输送到码头，它们将存储到伦敦港务局的库房，并签发码头收货凭条或者码头收据。当货物被装载到船上，大副收据才会签发。而在一些外国的港口，所有货物，无论通过水运还是陆运接收，都会签发大副收据。

大副收据是具有重要意义的单据。当待装运的货物存储在码头时，理货员（tally clerks）会对货物进行检查，并记录"装货日期、识别标志、每件的包装情况、件数、重量和（或）体积和货物接收时状况的缺陷或评论"。[23]特别地，理货员会对货物包装的任何损害、缺乏保护、旧箱和模糊的标志等进行标注。当装载完毕，船舶上主管装载业务的官员将根据理货员的记录签署大副收据，并会加上所有货物接收时状况的评价和各项批注。如果大副收据作过批注，被称为不清洁（claused）的收据。[24]如果收据上不包括不利的批注，则为清洁收据（clean receipt）。大副收据上的批注将会体现在提单中，决定提单为不清洁提单或清洁提单。大副收据的签发有两种后果：

(1) 大副收据表明船舶所有人承认他已按大副收据上标明的状态接收了货物，已拥有了货物的所有权并承担其风险。有时会包括一项声明，其大意为"本公司接收这些货物，是以将要签发的该货物的提单所列明的条件为准"。[25]但是，即使这类条款没有清楚地包含在提单中，船舶所有人掌管的货物，也需要以通常提单中的条件和免责条款（exemptions）为准。[26]

(2) 大副收据是表明货物所有权的主要初步证据（facie evidence）。除非掌握相反情况，船舶所有人一般会认为，大副收据的持有人或者收据上所指定的人[27]就是货物的拥有者，并有权用大副收据来交换获得提单，然而大副收据并非物权凭证（document of title），它的让与并没有转移货物的所有权，所以它是比提单低一级的单据。[28]因此，如果船舶所有人不坚持退回大副收据而签发提单，那是船舶所有人权限范围内的事。[29]

装载时理货员记录的装载记录会交给船舶所有人秘书，他会将其与托运人送到船舶所有人办公室的提单草本（draft bills of lading）进行比较。进行常规班轮业务的班轮公司会出版它们已印好的可随时修订的提单，并提供给文具店。托运人或其代理人通常为了托运填好一式两份或者三份原始的提单。当装载时的理货记录与提单上所列的细节一致时，则装货经纪人或者其他代理人将代表船舶所有人利益签署提单，并将完整的已签署的提单交给托运人。[30]然而，提单并非总是清洁的，如果有争议的话，将引起复杂的情况。因为当以信用证作为支付手段时，如果托运人提交的提单为不清洁提单，通知行可能会拒绝支付。这类复杂情况以及适当和不适当的解决方法都将在之后进行讨论。[31]

所有提单上的要点都会在船货清单（ship's manifest）中体现出来。一份船货清单必须包括货物标志、件数、数量、内容、托运人、收货人以及货物发送目的地所在国领事机构要求的要点。船货清单需要向海军、港口、海关及领事机构出示，并需要包括船舶上所有货物的细节。

提单通常按同样的内容和日期签发一套，份数可以为两份或者更多。如果其中一份已经“完成”，即货物已凭此交付，其他几份就会失效。除非是以信用证为支付方式，为了保证速度和安全到达，整套提单各份一般通过随后的航空信件（挂号信更好）寄予收货人。在货物到达时或之前，托运人手头拥有至少其中一份提单是非常重要的，这是因为船舶所有人只有在收到提单后才会转交货物。有时，把提单的一份与其他单据[32]一起通过载货船舶的船上邮包里的信件发送。在英国，船上邮包里的内容则由出发港的高级船员控制。出口商将各单据装入不加封的信封，寄往海外买家或者他的代理人或需要时的受托人（referee）[33]，其中不能包括与货物和汇款无关的函件。递送邮件时要附上一封给船长的附信（cover letter），请其将邮件发送给收件人。到达后，船长将信发送给收件人，如果收件人之前未收到提单，收件人将在目的地把提单交给船舶所有人的代表或代理人，即船舶运输代理人（ship's agent）。[34]船舶运输代理人将签发提货单，持有者凭此向主管卸货的船舶官员提取货物。

如果出口商在信用证下出售货物，他通常向通知行或指定银行递交整套提单和其他所需单据。接着银行通过空运将单据寄予开证行。若各份提单在不同人手中，船舶所有人或船长（作为船舶所有人的代理人）可以把货物交给第一个提交提单的人，“只要他不知道其他对货物的所有权，或者没有获悉可能会合理怀疑提货者无权提货的情况。如果他收到上述通知或已经获悉存在上述情况，他必须自付风险交货给合法的拥有者，或请法院处理。若没有出示提单，他没有权利交货给提单上指定的收货人。如果该收货人事实上没有权利取货，而他却把货物交出，那么他将自己承担风险。”[35]

当出示提货单后，货物将由船舶交付给提货单上授权的提货人。若双方不存在相关协议或者卸货港没有相反规定，船舶所有人或船长不一定向收货人通知船舶到达的时间和卸货准备。收货人有义务去确认这些情况。若没有事前安排或习惯约定，交货必须在越过船舷（ship's rail）时发生，且收货人承担用于取货的驳船（lighters）和卸货工人（stevedores）的费用。船舶所有人对货物的责任在船舶到达目的港时并未结束，只有当他按照以提单为凭证的运输合同条款，或者按照法律的规定，将货物按期地交付给托运人时，责任才结束。然而，货物交付并不意味着货物一定要转移到收货人的实际保管下，只要货物交付到码头公司或合适的仓库就可以了。通常，提单中会包括交付的方式和船舶所有人责任终止的相关条款。

海上运输合同

□ 凭提单的运输或凭租船合同的运输

海运合同分为两种，即为由提单证明的合同和体现在租船合同中的合同，15—004
它们存在很大区别。租船合同主要受习惯法约束，它适用契约自由（liberty of contracting）的原则。[36]船舶所有人可以通过与承租人的协议，在满足习惯法的要求下，没有任何限制地修改自己的基本责任。而另一方面，提单表现的运输合同，很大程度上受到成文法的约束，尤其是《1971 年海上货物运输法》(Carriage of Goods by Sea Act 1971)。[37]这项法律限制了双方的契约自由，尤其是限制了船舶所有人加入超越与提单有关法律（《海牙—维斯比规则》）规定的责任豁免条约。

对一般的出口商来说，租船合同并不重要。因为绝大部分情况下装载的货物并没有足够多到需要租用整船。租用整船的出口商可能在租船合同下签发提单，且租船合同的条款可能包括在提单中。[38]如果支付方式为信用证，在信用证没有特殊规定的情况下，银行可以接受包含租船合同条约的提单。[39]

□ 海上运输合同的缔结

由之前的内容可知，海运合同是在提单签发之前达成的，提单仅仅是对已建 15—005
立的合同部分条款的证明。[40]因此，海运合同中一项特别的条款，即使只是口头达成的，也可能推翻提单上的一般条款。这可以由 *The Ardennes* 案来解释。[41]在此案例中，西班牙的一名糖水橘子托运人口头同意承运人直接将货物运载到英国，这样货物就可在 1947 年 12 月 1 日之前，即进口税提高之际，到达该国。提单中包括了常规条款，即承运人有选择任何路线以及直接或间接到达目的港的自由。船舶实际先到安特卫普，直到 12 月 4 日才到达伦敦。Goddard 法官认为运输合同是在提单签发之前达成的，承运人不能随便自由运用是该运输合同中的一项明示保证，如果合同中没有该规定，承运人有自由运输的权利，且口头保证推翻了提单中设立的条约。由此，他判定承运人给予收货人赔偿。

如果载货船舶已由所有人以整船形式出租给租船者，引发的问题则为与托运人签立合同的另一方是船舶所有人还是租船者（charterer）。这将在之后进行讨论。[42]

货物退关（shutting out goods）

15－006 托运人的货物尽管已在截止日之前送到了装载的指定地点，但因缺乏舱位而被船东退关，此时，需要区分两种不同的情况。如果托运人仅凭船期表的记载，在未与托运人提前达成协议的条件下将货物送到码头，由于没有达成合同，所以他无权索取赔偿。船期表上的通告具有邀请发盘的性质，货物发送到码头为发盘，船舶所有人有权利接受或拒绝发盘。然而，在托运人已提前预订舱位的前提下，情况则有所不同。这里，“运输合同表面上已被撕毁，因而可对船方提出控诉”。[43]即使在这种情况下，对因退关而引起的损失起诉的行为也很少见。有以下几个原因：第一，船舶所有人截止日期的告示中通常包含如下保留条款，“货物的最后日期为××，除非船舶在此之前已装满”。第二，在这种情况下，船舶所有人通常会退还预付的运费，货物退关造成的利润损失不一定能恢复，这取决于该损失是不是可预见的。[44]

□运　费

15－007 “运费是为安全的运输和货物发送而支付给承运人的报酬，并只有在安全运输和交付下才会支付。如果货物在航程中灭失，则不会支付。”[45]这个定义需要解释，因为承运人的义务在于准备好交付货物而非实际交付[46]，“安全”也并非指货物的状态。所以，“……运费是通过运输和货物准备好交付给商人而获得……”。[47]只有当船舶所有人准备好在目的地向收货人发送货物，他才有权收取运费，除非他受到货物所有人的错误影响。[48]如果货物到达时受到损害，船舶所有人仍然有权收取运费，除非损害非常严重以至于货物完全失去了其销售属性。[49]在货物到达目的港以及船舶所有人准备好交付货物之前，不用支付运费。实践中，正如提单所证明的那样，运输合同通常包括一项条款用以规定运费是应付的还是不可退还的，“船舶和（或）货物灭失与否”。

由于承运人在目的地交付货物后有权获取全部运费，即使存在货损的情况下也是如此，所以货物所有人没有权利将货物损害或货物交付延迟的损失从运费中扣除，或以货损赔偿来抵付承运人要求的运费。[50]然而，货物所有人有权通过诉讼或反诉要求损害赔偿。[51]

运费的计算

15－008 提单下应付运费通常通过重量或体积来计算，并考虑到承运人的关税。有些货物的重量或体积在运载过程中减小，有些则增加，例如由于空气湿度带来的减少或增加。在无相关协定、港口习惯或贸易习惯的情况下，若重量或体积减小，运费将根据交付时的重量或体积来支付。若重量或体积增加，则根据装运时支付。[52]

运费分为几种不同的种类：包船（lump sum）运费、预付（prepaid）运费、比例（pro rata）运费、额外（back）运费、空舱（dead）运费、运费附加金（primage）。

包船运费

运费通常是根据重量、体积或价值来支付的，托运人也有可能为使用整条船或部分而支付包船运费。[53]这种情况下，该运费是固定且不可变的，无论托运人利用了全部空间，还是未满负荷装载或者根本未装载货物。而且，若无相关协议，即使只有部分装载货物在目的地交付，包船运费也需要全部支付。[54]但是若船舶所有人无法交付任何货物，他无权要求运费。包船运费在提单的使用中并不常见，但在租船合同下有时被采用，一般是当托运人不确定将运载货物的数量或种类时。 15－009

预付运费

在法律上，船舶所有人无权在货物到达目的地并准备好交付前要求运费。合同双方可通过协议自由修改这些规则，不受《1971年海上货物运输法》限制。 15－010

就提单下运费的支付而言，实践中法律条款总是被双方的明文协议废除。提单中有关预付运费的条款有很大差异。下面的例子相当典型：

“所提货物的运费……应在装货港装货时由托运人到期全额支付。无论船舶或货物灭失与否，运费都是不可付还的。”

大部分提单中的运费条款包括该句“船舶灭失与否”，其后常常补充一句“运费被视为已在装运过程中赚得”。在这类提单中，预付运费的性质是确定无疑的：用法律术语来说，即先付运费。这类运费在规定的事件发生时就算到期且赚得，如在签署提单的时候。在合同条款下，如果运费支付在后，则它为应付的。即使在运费支付之前，如果合同由于承兑行为或实质性毁约而终止，若运费为应付，承运人对应付费用的要求也不会随之终止。[55]一般情况下，船舶所有人对运费的要求不会受到随后货物损失的影响，而且他不仅有权保留全额预付运费，还有权起诉应付预付运费而未付的托运人。[56]不过，在以下三种例外情况中，船舶所有人需要退还预付费用：

(1)“船舶从来没有赚得运费或没有开始赚得运费”[57]，例如船舶未起航等。

(2) 在预付费用应付前货物已经灭失。[58]

(3) 货物不慎灭失，但并非由于除外危险（excepted peril）。[59]

如果提单中未提及预付运费何时应该支付，那么一般在船舶最终起航的时候支付运费。在预付运费的情形下，由托运人承担风险，他能从海上保险获取保险利益。[60]在现代实务中，提单或租船合同中运费条款的遣词通常明确地说明预付运费为先付运费。但在过去有时候会产生疑问，预付运费具有先付费用的性质还是只是托运人根据习惯法的一般原则为货物安全到达而发放的借款？当货物在运输中灭失时，关于预付条款阐释的差别非常重要。如果为预付运费，则一般无法退还。而如果是借款的形式，预付的运费可由托运人退还。该条款的解释完全依据合同双方的意愿，但有时却很难确定。所以法院发展了新的规则，即当货物由船舶所有人投保时，预付运费很可能为借款，而当货物被托运人投保时，运费有可能为预付运费。

运费先付（prepaid freight）和运费到付（freight collect）提单

15－011 到目前为止，我们已讨论了海上运输合同引发的义务以及运费由何人何时偿付的问题。另外一个问题则与CIF合同下的买卖双方有关。CIF价格中包含了运输的费用，但问题是该运费是由卖方以先付费用的形式支付，还是在货物到达时由买方支付？在后一情况下，卖方需要通过在发票价格中扣除运费给予买方运费信用。至于以哪种方式支付，取决于双方的协议。“当采用第一种方式时，卖方提供运费先付提单。当采用第二种方式时，卖方提供运费到付提单，即在该提单下货物接收者（买方或第二买方）在卸货港（port of discharge）支付运费”。[61]

这种区分在商业上具有很重要的作用。如果用的是运费到付的提单，买方支付运费的义务是以货物到达为条件的。尽管如此，此合同仍为真正的CIF合同。[62]

比例运费

15－012 比例运费只有在特殊的情况下支付，即运输合同的双方达成新的合同[63]，规定货物将会在中途交付，而非在提单上注明的目的港时。除非合同上明文规定，只有在托运人对于把货物运至原定目的地一事具有真正选择权的情况下，才能被引申出来。因此，当船舶所有人在中途港甩下货物且无法或不愿意将其运送到目的港时，托运人则不必付比例运费。只有当船舶所有人只装载了部分货物或者交付了部分装载货物，而其余部分由于除外危险而不可能交付时，船舶所有人才有权获取比例运费。[64]

额外运费

15－013 当运载货物在托运人的指示下或为了托运人的利益被运送到目的地之外的地方，托运人有义务支付额外运费。[65]当托运人以未付款卖方的身份在运输中行使停止的权利[66]，并指示船舶所有人在目的港之外的地方提交货物时，托运人有义务支付额外运费。如果他指示船舶所有人在未到达目的地就交付货物，他需要支付所有最初的运费当做赔偿，由于托运人中止运输的指示已违反了运输合同并妨碍了承运人赚取运费。[67]当船长从托运人的利益出发，认为将货物运送到目的地以外的其他地方更可取时，例如目的港因罢工而停业，托运人有义务支付额外的运费作为额外运费。

空舱运费

15－014 当托运人在与船舶所有人约定运输后却未能装载货物或者未能装载所有的货物时，他已违反了运输合同并有义务支付协定好的运费（空舱运费）。但是如果船舶所有人利用本应由违约托运人占用的舱位，装载其他托运人的货物，在要求赔偿时他需要扣除已赚的运费。他可能向违约托运人要求赔偿的数额为原先协定好的运费和实际赚得的运费之差，例如当他不得不接受低费率的货物时。[68]

运费附加金

有些提单把支付给船舶所有人的酬劳叫做“运费和运费补贴（freight and primage）（若有的话）”。运费附加金原本是托运人为船长在航行中对货物给予的照料和关注而支付给船长的小额付款。但是，这类支付已不再是习惯做法。 15—015

在当代实务中，运费附加金已不常支付。当需要支付时，一般不会超过支付给船舶所有人的运费的1%。

班轮公会（shipping conferences）确定的运费费率

班轮货运的标准运费率常常是由班轮公会来确定的。班轮公会是由向特定地区开展常规班轮业务的船舶所有人组成的联合组织。[69]它们提供的运费率通常会低于非班轮公会成员提出的运费率，但只是在海运预定的支持下常规业务才能保持盈利。 15—016

在习惯法中，公会协定的合法性在著名的*Mogul*案例中得到支持。[70]该案例为一名非公会成员的船舶所有人起诉从中国向欧洲运输茶叶的公会成员。最终结果为公会协定并非不合法的同谋，原因是公会成员所追求的为合法目标，即保护和拓展自身贸易，并未为达到目标采用不合法的方式。

班轮公会也招致了一些发展中国家的批评，后者认为在一些情况下班轮公会歧视他们的船舶所有人、托运人和国际贸易。在联合国贸发会议的提议下，《班轮公会行动守则公约》（Convention on a Code of Conduct for Liner Conferences）于1974年4月6日在日内瓦签署，并于1983年10月6日生效。[71]一项欧共体指令规定了欧共体国家认可该公约并受到保留条款的限制。该公约的目标如下[72]：

> “本规则旨在各种利益中找到平衡，解决班轮公会会员和国家航运公司认可的非会员间的歧视。[73]本规则修改了*Mogul*案例中英国国会上议院的裁决。[74]同时，班轮公会中各个成员间的关系得到了调节。班轮公会成员与托运人间的交易也包括其中，包括忠诚回扣。法规中制定了运费歧视的重要条款，包括优惠运费率。总之，这是一部非常全面的法规。”

该规则也提供了针对某些特定争端的强制调解程序。在该公约生效之前，英国通过了授权法，即时间表中附加该法令的《1982年商船（班轮公会）法》（Merchant Shipping (Liner Conferences) Act 1982）。该法于1985年3月14日实施。[75]

班轮公会中的船舶所有人之间或和客户之间的协议毫无疑问存在着限制因素。该限制因素是考虑到国际贸易组织从维持定期远程班轮运输服务获得的利益而得到的。该限制因素由欧共体复议。在某些特定条件下，一项1986年的理事会条例[76]从《欧共体条约》第81条和第82条的限制中豁免了班轮公会的协议，包括运费协议。之后的一项理事会条例[77]中规定了班轮公司联合经营的集体豁免权。这项豁免近期被废除[78]。

《1980年贸易利益保护法》（Protection of Trading Interests Act 1980）[79]

和《1995 年运输和贸易利益（保护）法》(Shipping and Trading Interests (Protection) Act 1995)[80]中对英国托运人和班轮公司提供了更多的保护。颁布这些法案所代替的原始法律主要是为了应对美国的反托拉斯法。

由谁来付运费

15－017 从出口商的角度来说，将运费付给谁这个问题非常明确，除非在租船活动下不确定托运人是与船舶所有人还是租船主签订合同。[81]但另一方面，船舶所有人向谁索取运费这个问题具有重要的意义。仅仅通过参考买卖合同是无法回答此问题的。买卖合同规范了货运双方的根本责任，但却没有规定船舶所有人支付运费的责任。

当提单中不包括明文条款时，可应用下面的准则：

(1) 由于货物运输合同为托运人和船舶所有人签订，托运人对支付运费负有首要责任。这项责任纯粹为契约性质的。从这个方面来说，这与托运人在装运期间是否为货物所有者无关，也与在提单下货物是否由托运人或其命令或第三人的指示下交货都无关。

(2) 收货人处于完全不同的位置。在运输合同中他没有义务支付运费，因为他并非合同的当事人，当然除非在 FOB 合同下收货人作为托运人，或者托运人作为收货人的代理人签订合同。

尽管这样，船舶所有人可能在《1992 年海上货物运输法》第三部分第一条[82]中提及的条件下向收货人要求运费。

(3) 在运输中行使中止权利[83]的卖方有义务向船舶所有人支付运费。

船舶所有人的留置权（lien）

15－018 船舶所有人对其所有的托运人的货物有留置权。船舶所有人的留置权是依据习惯法或者明文条约。

在习惯法中，船舶所有人享有以下留置权：

(1) 对于在货物交付时支付的运费，但并非预付运费、空舱运费或者货物交付后才支付的运费。[84]

(2) 对于共同海损（general average contributions)。[85]

(3) 对于“船舶所有人或船长在保护和保存货物时带来的费用”。[86]

在习惯法中船舶所有人的留置权为占有留置权（possessory lien)。只有当货物由船舶所有人所有，并在船舶上或者以之后讨论的留置权申明为依据在岸上仓库中时，留置权可被实行。当货物准时交付或者船舶所有人同意在货物交付之后接收运费，留置权丧失。

在习惯法中，船舶所有人的留置权只附加给同一合同下通过同一航程运交给同一收货人的所有货物。在此情况下，签发多份提单是没有影响的。如果部分货物未收到运费就交付，船舶所有人仍然可能为全部运费向其余的货物要求其留置权。但是，如果货物分属不同运输合同下运输，情况就有所不同。譬如，船舶所有人在同一运输合同下运输货物，并未收运费而交付给收货人，那么对于之后由同一托运人运送给同一收货人但属于不同运输合同的货物，在习惯法中他并不能为之前未付运费而要求这些货物的留置权。

船舶所有人的留置权通常通过双方的协议而超越习惯法的限制。提单中通常包括有关船舶所有人留置权的特殊条款。下面为典型的条款：

"承运人，其受雇人或代理人对货物有留置权并有权通过私下或公开的拍卖出售货物以获得所有运费（包括以前约定的额外的应付运费）、运费附加金、空舱运费、延期费、滞留费、救助费、任何海损费用以及提单下托运人、收货人或货物所有人用在货物上的所有其他花费，行使该项留置权和销售的花费，以及托运人、收货人或货物所有者所有之前未付的负债。此条款不能阻碍承运人向托运人、收货人或货物所有人要求偿还应收费用和根据该条款通过实施留置权而实际获得的费用之差。"

船舶所有人的留置权范围通常通过这些特殊条款得到拓展，包括空舱费用、预付费用、货物交付后的应付运费、之前未付齐的运费、内陆或转运费用、搬运费用、罚款、成本或其他托运人或收货人应向船舶所有人或其代理人支付的费用。[87]有关船舶所有人留置权的条款通常赋予船舶所有人通过公开拍卖等方法出售货物以行使留置权的权利。

提单和其他运输单据

□ 提单的性质

提单的一个主要目的就是能够让货物所有人迅速地销售货物，尽管货物由承运人保管而非在他本人手中。当货物通过公海从伦敦向新加坡运输，同时提单通过航空运输寄往新加坡的买方，买方即成为货物的所有人。该提单则能够使买方向新加坡的银行抵押货物或者转售给纽约的回购商。提单是商贸习惯的产物，也是国际贸易中的一个典型惯例，它于 16 世纪开始被采用。1686 年出版的一部有关商业法律的书籍中提道，"提单通常在所有的地方均有销售，并有多种语言版本"。[88]提单作为物权凭证的特点于 1794 年 *Lickbarrow v Mason* 一案中由法院首次确认。 15—019

从法律角度，提单是：

（1）一份正式收据，说明船舶所有人确认货物以提单中说明的种类、数量和状态以指定船舶运送到指定目的地，或者至少为了货运目的已由船舶所有人接收保管。

（2）运输合同的证明，详细地重复了提单签发之前就达成的运输合同的条约。

（3）物权凭证，使收货人能通过提单的背书和转让转移货物。

在对提单的以上三条性质进行更详细的讨论之前，有必要阐述一下管理提单的国际规则，以及不同提单间和提单与其他运输单据间的区别。

□ 有关提单的国际公约

15—020 尽管在按时交付和签发的提单上包括的条款在法律上表现了托运人和承运人之间的协议，但事实上托运人对这些条款并没有协议的空间。合同上达成的条款已预先制定好，托运人的地位类似于铁路乘客。乘客购买车票，即与铁路当局对个人运输签署了一份标准合同。托运人如铁路乘客一样，受到法令的保护以防止合同另一方滥用较高议价实力。这种保护措施包含在《1971年海上货物运输法》中，该项法律中应用了《海牙—维斯比规则》。用Sumner法官[89]的话来说，提单的立法目的是“代替常规的合同，因为承运人常常成功地运用常规合同，运用立法的议价能力，解除每项责任，借此……他处于有限的免责情况下”。

应用了《海牙规则》的1971年法案优于《1924年海上货物运输法》，它还有一段有趣的历史。[90]提单中有关承运人的免责条款变得越来越繁多复杂，以至于提单作为“贸易货币”（currency of trade)[91]的实用性受到极大挑战。非运输合同原始当事人的提单所有人对其尤其不满，因为他们对合同订立没有影响，例如货物的未来购买者，提前接受提单作为抵押品的银行，或者承运人权利转让的保险公司。

《1968年布鲁塞尔议定书》（Brussels Protocol of 1968）对《海牙规则》进行了修改。修改后的《海牙规则》，被称为《海牙—维斯比规则》（Hague-Visby Rules)，附加在《1971年海上货物运输法》之中。该项规则于1977年6月23日生效。

《海牙—维斯比规则》在《联合国1978年海上货物运输公约》中得到了根本性的修改，被称作《汉堡规则》（Hamburg Rules)。它由联合国国际贸易法委员会（UNCITRAL）筹备，并于1978年3月30日在汉堡的联合国会议上通过。《汉堡规则》由20个国家认可，并于1992年11月1日生效。《汉堡规则》中的主要修改为：该条约应用于除租船合同以外的所有有关两国之间货物运输的合同，即使货运并非在提单下进行；承运人对货物的责任期延长到覆盖了货物由承运人掌管的整个期间；废除了有关航海过失的承运人免责；对合同承运人和实际承运人做了区分，合同承运人对实际承运人负责，而合同承运人和实际承运人都有责任时，在责任范围内他们应负连带责任。承运人的最大责任限额以IMF的特别提款权（SDRs）衡量，有了显著提高；《汉堡规则》也能应用于提单外的其他运输单据。另外《汉堡规则》规定诉讼时效为两年而非一年，并禁止直接或间接取消规则中的规定。该规则也对开始诉讼的法庭有特定条约，尽管在谈及依据相关国内法决定审判依据时这些条约仍受到法庭的约束。规则中也对将争议进行仲裁做了规定。

当前的状况是，英国还未认可《汉堡规则》。英国采用的是《海牙—维斯比规则》，而一些国家仍然坚持原始的《海牙规则》，尤其是美国。[92]因此需要注意的是，即使在英国，原始的《海牙规则》也可能在仲裁或法庭的诉讼程序中引用，譬如有关提单的争议涉及的国家为非《海牙—维斯比规则》的缔约国但始终坚持着原始的《海牙规则》的情况。在这种情况下，有关提单的法律至少暂时已不具备统一的国际管制，只有当所有海运国家都再度采用统一的规则时才会有统一的管制。

联合国国际贸易法委员会制定了一项有关统一规则方案的提议，即《货物运输（全部或部分）（海运）协定草案》。[93]在应用范围、责任和免责等很多方面，该项草案都制定出与《汉堡规则》和《海牙—维斯比规则》不同的方案。该草案的一个显要特点是，它推荐的适用范围是包含海运的联合运输或多式联运。此草案同时为电子提单制定了条款。但在一些很难融合的地方，此草案不可能被迅速地普遍接受。

这一章中的处理方法是建立在《1971 年海上货物运输法》和法案附加的《海牙—维斯比规则》基础之上的。

简单来说，此法案和此规则针对货物从缔约国发送或者提单在缔约国签订的情况，规定了承运人的责任义务，但也只限于提单签发或者类似的物权凭证签发的情况。然而，《海牙—维斯比规则》可能明文包含于原本可能不适用的其他运输单据中。它们并不适用于租船合同。规则中提供了有关承运人责任的豁免和限制，以及货物所有人对货物灭失或损害索取赔偿的时间限制的规定。

□《1971 年海上货物运输法》的领土适用和单据使用

领土适用

该法案[94]适用于装运港为英国港口并与提单有关的海上货物运输。法案的第 X 条中说明： 15—021

“这些条款应该适用于与提单有关的两个不同国家港口之间的货物运输，如果：

(1) 提单在缔约国签发；

(2) 运输由缔约国的港口开始；

(3) 提单中体现的合同受到这些条款或者使该条款生效的各国法律的管辖，无论船舶、承运人、托运人、收货人或其他利益方的国籍是什么。”

因此，该法案适用于外运提单，即涉及从英国、北爱尔兰或其他缔约国港口出口的货物，或者在这些国家签发的提单。[95]

该法律适用的提单既可以涉及沿海运输，也可以涉及国际航海。[96]只有当与海上货物运输有关时[97]，该法案才会被执行应用，它并不适用于之前或随后的陆上运输。在一个案例中[98]，签约的承运人负责将装载在冷藏集装箱里的冷冻鸡肉从苏塞克斯郡运送到沙特阿拉伯的吉达。但是，由于对托运人不知情，承运人在将集装箱通过陆上运输从尤克菲运送到肖尔黑姆后，用船舶运送到勒阿弗尔，并在那里存放了五六天，接着用另一艘船舶从勒阿弗尔运送到吉达。当到达目的港时，由于集装箱里温度过高，货物已发生了腐烂。很明显，从尤克非到肖尔黑姆的短暂距离中，货物不会解冻，那么货物应该是在从肖尔黑姆到勒阿弗尔的航行中开始变坏的。Bingham 法官认为：（1）《海牙—维斯比规则》不适用于从尤克菲到肖尔黑姆的陆运；（2）但是根据运输合同，海上运输是从肖尔黑姆开始的，而非从勒阿弗尔开始的；（3）在勒阿弗尔陆上的短期存储与海上航程有关。资深的法官认为，当货物在肖尔黑姆装载时，《海牙—维斯比规则》适用。因此，托运人能在该规则下索取赔偿。

承运人不能从合同中免除他们由于履行职责时的疏忽、错误或失败而致使货物发生损害的责任。运输合同中旨在解除承运人义务的条款是无效的。[99]在 *Hollandia* 案亦即 *Morviken* 案中[100]，英国国会上议院需要在以下情况中考虑这项条款的范围。一台用于路面建设的机器从利斯的苏格兰港由一艘荷兰的船舶 Haico Holwerda 运送到处于荷兰西印度洋群岛的博内尔岛。提单中有条款约定：该海运合同由荷兰的法律管辖，并且所有的诉讼要在阿姆斯特丹的法庭提出。该机器在阿姆斯特丹转船到挪威的船只 Morviken。当机器在博内尔卸载时，据所有者声称，它由于承运人雇员的疏忽而受到损害。在英国，根据《海牙—维斯比规则》，货物所有人如果能举证证明该案，他能获得约 11 000 英镑的赔偿。但是在荷兰，当时荷兰采用未修改的《海牙规则》，承运人责任的最高限为 250 英镑。在英国法院讨论他们是否具有管辖权的预备诉讼阶段[101]，就《海牙规则》下导致承运人责任减轻这一问题而言，英国国会上议院指出，根据第三条第八款，选择支持荷兰法的法律是无效的，因为如果不这样的话，承运人可以通过简单的提单适用法律的选择来避免责任。法庭认为管辖权归于阿姆斯特丹法庭的条款也同样是无效的，但也只有在使得承运人责任减轻的情况下如此。如果该项争论没有涉及其责任，例如只是涉及对未付费用的索赔，那么这项条款是有效的。[102]需要注意的是，在 *Hollandia* 案的决议中考虑的情况是，在《海牙—维斯比规则》下，提单的条款采取的法律系统“并未”或“未能”使承运人责任的扩大生效。然而，在《海牙—维斯比规则》应用的领土要求未能满足的条件下，英国法律的选择并不意味着想要使用此规则。[103]

单据使用

15－022 海上运输法和《海牙—维斯比规则》应用于所有“明确或暗示表明签发提单或者其他类似的物权凭证的合同”下的货物运输。[104]

如果承运人与托运人的合同中并未提及签发提单，并且运输是在海运货单、数据运费收据或类似只能表明货物已接受的运输单据下进行时，承运人不受该法律和规则的制约。[105]这类非流通的收据一般是由英国穿越海峡的运送者签发的，用以取代提单。[106]然而，这类收据也可以受到规则的约束，通过在收据上注明规则可“把收据当成提单”来应用。[107]

另外在很多例子中，为了使原本不适用该规则的运输合同应用其规则，提单中可包含所谓的“首要条款”（clause paramount）。

Denning 法官这样描述了首要条款的作用[108]：

“当首要条款写进一份合同，其目的是为了给予《海牙规则》合同强制力。

所以，尽管提单可能包括诸多例外，《海牙规则》总是最首要的，它使得船舶所有人有义务恪尽职守使船舶适航等等。”

该规则是以法律形式还是以合同形式包含于提单中取决于依据条款的措辞。如果条款旨在使该提单或收据适用于规则，则说明是以法律的形式。如果条款只是为了重新申明其适用于海上运输法，但在特定规定下有所变化，例如责任限制，则说明是以合同的形式。

该规则的法律应用和合同应用的显著不同在 *European Enterprise* 案[109]中有所体现。在此案例中，运输合同由海运货单来体现。海运货单中明文包括了《海牙规则》，但是并不包括“收据犹如提单”的语句。[110]该海运货单中也包括了责任限制条款，其限制超过了《海牙规则》的规定。[111] Steyn 法官认为由于该语句未被包括，规则具有合同的但非法律的强制力，因此限制条款可以有所不同。他并不同意之前案例的裁决。[112]这并不意味着规则中的责任限制条款能被特别约定的条款推翻。规则的适用通常表明限制条款的适用，除非合同当事人都同意改变限制，在通常的解释原则下解决问题。[113]

该规则尽可能应用于非流通的运输单据[114]和租船合同[115]中。

在运输合同不被规则管辖或者在合同中并未包含规则的情况下，习惯法将被采用。根据习惯法，承运人将隐含地与公共承运人（common carrier）承担同样的责任，即承运人运载货物时承担全部绝对风险，除非货物是由于天灾(act of God)、公敌（Queen's enemies)、自身内在缺陷或托运人的失误发生灭失或货损。[116]

“货物”（goods）包括“每种商品，除了活动物和运输合同中表明装载在甲板上且确实这样运输的货物”。[117]在双方就甲板运输没有达成特别规定的情况下，货物被装载在甲板上运输，且没有相关声明符合第一条(c)，该运输受到规则的限制。[118]当提单中包含有关船舶所有人有自由将货物装在甲板上的条款时，他有权这样做，但将无法解除第三条第 2 款对其规定的责任，例如适当并谨慎储藏货物的责任。[119]

有关承运人责任的扩展、除外危险和该规则中其他条款将在本章后面部分详细讨论。

□ 提单的种类

租船合同提单（charterparty bills of lading）

当租船者自己运送货物，运输合同的条款体现在租船合同而非提单中。然 **15—023**
而，对收货人或被背书人（indorsee）来说提单构成了运输合同，因为他们并不知道租船合同的条款内容。尽管大部分租船合同中明确包括了规则，但租船合同提单并不适用于《海牙—维斯比规则》。[120]

租船合同提单即为包含了一些租船合同条款的提单，这样就能对收货人和提单的被背书人产生影响。但是，有一种提单虽然在租船合同下签发，却未在与收货人或被背书人的合同中参并租船合同的条款。技术上来说，这种提单不是租船合同提单。[121]在信用证的结算方式下，除非有相反规定，银行将拒绝接受租船合同提单。[122]

有时，租船合同中规定在租船合同下签发的参并所有或部分租船合同条款的提单为租船合同提单。这样的规定符合船舶所有人的利益，即面对托运人（货物所有人）时维持了租船合同中的保护。[123]租船合同提单可以以可转让或不可转让的形式签发。

租船合同提单为货物所有人提出了两个潜在的问题。第一个问题与参并了租船合同条约的提单有关，即这些参并的条款是否有效。[124]在当他因为货物灭失或货损向承运人起诉时，他的第二个问题为确定向谁起诉，是船舶所有人还是租船者。[125]

当提单从技术上来说为租船合同提单，即提单在租船合同下签发时，船舶所有人的问题为哪些租船合同的条约能包括到提单中去。这里，John Donaldson[126]的言论应铭记于心：

“首先……必须为提单中包含或体现的合同。该合同是船舶所有人和收货人为当事人的唯一合同。至于船舶所有人和租船人间的约定，无论是否写在租船合同中，都完全无关，除了当全部或部分约定成为提单合同的一部分。包含的条约并非由船舶所有人和租船人协议达成的，它只能由提单合同的当事人协议达成，所以提单中必须存在参并条款的生效语句。”

存在两种可能性：参并条款可能明文提到租船合同中一条或几条特别的条款，或者以综合的方式引用，譬如注明“上述租船合同的所有条约、条款和例外已包括在此提单中”。[127]

对货物所有人来说，主要问题为综合的参并条款成功包括在租船合同条款中的程度。考虑到提单中存在“参并条款的生效语句”，确定部分或所有租船合同条款是否有效参并到提单中有两个步骤。第一步为参并条款中的特别语句是否明确地表明了被参并的条款；第二步为被参并的条款必须与提单一致（即描述和一致性问题）[128]。

若租船合同多于一份，则确定哪个为重要的合同非常必要。租船合同的日期可能明确这个问题，但是当没有日期时，提单中的参并条款提及的合同被认为是主要的租船合同[129]，除非事实说明它是一个次要的租船合同。未能书面呈现的租船合同是无法参并到提单中的[130]，口头协议同样不适用。[131]

综合参并条款能足够包括与装载、货运、卸货以及运费支付密切相关的有关条款。[132]但是租船合同中的语句不能被篡改以至于与提单的语句矛盾。[133]

法院对接受包含其中的仲裁条款（arbitration clause）显得更为谨慎。合同当事人的意图必须在提单中用明确的词语表达。[134]这里，这些词语用来使当事人的意图生效。[135]

可流通（negotiable）和非流通（non-negotiable）的提单

15—024 要使提单能够发挥其基本作用，即能够使人转让非他所有的货物，则提单至少在一定程度上可以流通。但是，提单并非与汇票一样的流通工具。[136]与提单有关的流通主要意味着可转移。[137]但是，近期的案例仍将提单定义为可以流通，或者“一种流通工具”。[138]

提单，如同汇票一样，可以填写成不记名的或某人或其指示。如果为不记名的，它们则在转让时转移。如果为指示的，它们则通过背书在提单转让时转移。实务中，不记名的提单很少使用，因为提单是一项代表着提单中货物的物权凭证。[139]在双方都愿意的前提下，提单的转移将实现对货物的权利传递，例如，货物被销售并且双方愿意通过提单的转让而转移货物的所有权，或货物被抵押收费的权利。提单作为物权凭证的性质使得转移的模式具有非常重要的实际意义，通过使提单“可流通”，货物也变得流通起来。若买方在销售合同中规定需要可流通的提单，则他有权拒绝不可流通的提单。[140]

提单的流通性不及汇票的流通性表现在两个方面。第一，除非汇票上明确说明不具备流通性，汇票一定是可流通的。而提单只有在说明为流通的，才为流通提单。当托运人填写提单草本时，他可以选择设立一种可被收货人用作转移中介的运输单据；或者只是从船舶所有人处取得规定交货给特定收货人的正式收据。

在现代的提单中，提单左边的方框里通常写有：

“收货人（若为‘指示’(Order) 标明通知人（Notify Party））。”

如果托运人想要获得可流通提单，他需要填写“指示”并添加收货人的名字为“通知人”。[141]

如果托运人想要获得非流通提单，则他不用在提单的相关位置填写“指示”，但需要在之后的位置填写收货人的名字。这样做的作用是，尽管托运人能通过转让提单将货物转移给收货人，但收货人不能进一步将货物的所有权通过提单转移给第三方。[142]

提单与汇票的流动性区别的第二个方面为，提单的持有者与汇票的持有者不同，不能要求比前任持有者更好的物权。[143]他不能自由实现物权；这意味着，当可流通提单由于诈骗行为获得，并通过背书转移给善意的被背书人(bona fide indorsee)，后者无法获得提单所代表的货物的物权。但如果是汇票，票面合乎规范且没有过期或拒付，被背书人就有权获得汇票的所有权利。

然而，在两个特殊的案例中，法定条款能够在特定的环境下使提单善意的被背书人获得比前任更好的权利。《1889 年代销商法》(Factors Act 1889) 第二条第 1 款中保护了从超越了其代理权的代销商处获取提单的被背书人。[144]《1979 年货物买卖法》(Sales of Goods Act 1979) 第 47 条 (2) 说明，提单从买方转移给善意的被背书人，这将会废除未付运费的卖方的留置权和使运输中止的权利。[145]

在一些国际商务的情况下传统的可流通提单更加适用，但在其他的一些情况下非流通的形式比较合适。可流通提单通常用于货物贸易，例如谷物或煤炭。与这类运输的货物有关的提单在一系列合同（string contracts）下买卖。[146]在这种合同下，中间商并不会取货，只有最后一个购买者会在船舶到达时实际取货。可流通提单也会用于当买方计划，或至少打算在货物到达之前向银行将提单当做附属抵押品抵押。还有些其他案例下出口商和海外进口者的合同规定使用可流通提单。另一方面来说，如果已预料到收货人将在船舶到达时自己取货，且不会进行提单的经营，非流通的提单更加合适。非流通的运输单据将在之后进行讨论。[147]

“已装运”（shipped）提单和“备运”（received）提单

15—025 除非货物是在集装箱中运输，提单通常为“已装运”提单，但有时为“备运”提单（也被称为“船边交货”提单）。这两种提单的区别能从以下的例子看出：

“在良好状况下被……装载货物到蒸汽或内燃机船上……”

和

“在良好状况下从……接受货物等待装载到船上……”

“已装运”提单也被称为“装船”（on board）提单，尤其在美国。在美国买卖的英国商人如果想得到“已装运提单”，他们通常会按该国习俗要求“海上装船”（on board ocean）提单。已装运提单和备运提单的区别很重要。

当船舶所有人签发了“已装运”提单，他便承认了货物已装载在船上。如果他签发了“准备装运”提单，他承认货物只是交付到他的保管下，这时货物可能被保存在他掌管的船舶或仓库中。因此“备运”提单并没有“已装运”提单重要，因为“备运”提单并不能保证货物已经开始装载。在 CIF 合同下，买方不需要接受“备运”提单作为运输单据的一部分，但会坚持要求“已装运”提单，除非买卖合同双方当事人明确协商或某些特殊贸易有相反习俗。[148]在 *Yelo v SM Machado & Co Ltd* 一案中[149]，信用条件为“已装运”提单。Sellers 法官认为提供“备运”提单（装载日期没有被背书）是不够的。

在应用《海牙—维斯比规则》的所有案例中[150]，托运人有权在船舶所有人收到货物时向他要求提单[151]，在货物装载后要求“已装运”提单。[152]但是船舶所有人可能在“备运”提单上标注船舶名字和装载日期[153]，这样就相当于“已装运”提单。当在信用证方式下进行交付时，UCP 600（2007 年 7 月修订）[154]同样要求提单上标注货物已装运的时间。《1992 年海上货物运输法》也同样适用于已装运和备运提单。

在集装箱运输线上内陆装载仓库签发的集装箱提单一定是“备运”提单。[155]

清洁（clean）和不清洁（claused）提单

15—026 这两种提单的区别和不清洁提单相关的问题将会在之后讨论。[156]

需要补充的是，若条款内容并非指货物的状态而是货物之后的命运和交货时的状态，则不构成不清洁提单。在一个案例中[157]，提单上内容为“该提单担保的货物已卸货……被大火和/或共同海损中用于灭火的水损害”的条款并不会影响该提单成为清洁提单。[158]

联运提单（through bills of lading）

15—027 当海上运输仅为全部航程的一部分，之后[159]货物需要通过其他陆运或水运承运人来运输时，那么对托运人来说，使用联运提单比与该航程连续承载货物的各个承运人分别订立合同更为方便。联运提单也用于“海上运输自身通过转运（transhipment）分成了由不同船舶所有人负责的几个运输阶段”的情况[160]，但提单中表明的运输合同是否允许转运是另一个问题。[161]在现代运输中，联运提单的使用日益增加。

采用联运提单的托运人只需要与签署提单的承运人打交道。这位承运人负责与相继承运人（on-carrier）安排转运事宜。承运人可索取包括一切的全部运费。如果该运费为预付运费，则在规定的事件发生时应付[162]并受到前面所讨论的有关预付运费的条例制约。[163]货物只能由最后的相继承运人凭分发给收货人的一份原始的联运提单来交付货物。海上运输最主要的合同为与各相继承运人签订的合同的叠加。

联运提单通常包括一项条款，用以说明免除安排运输的承运人的责任或者说明转运由货物所有人承担风险，或者船舶所有人的责任在货物交付给相继承运人时已终止。

当托运人和相继承运人发生法律纠纷时，确定相继承运人是否为与托运人签订合同的一方具有重要意义。该问题的解答首先取决于联运提单条款的解释。如果托运人只与承运人签订合同，并且相继承运人只是承运人的受雇人或者分包商（sub-contractor），承运人可向合同中的相继承运人索赔。但是另一方面，若与托运人订立合同的承运人充当了相继承运人的代理人，托运人则与相继承运人之间存在着直接的合同。在实践中，这两种情况都有发生。

《1971年海上货物运输法》和该法采用的规则适用于从英国和北爱尔兰或者任何缔约国的港口发送货物或签发提单的所有联运提单，即使货物在外国港口进行了转运。如果《汉堡规则》成为法律，承运人与合同承运人以及实际承运人的关系将会完全不同。[164]

集装箱提单（container bills of lading）

15—028 这类提单是由集装箱班轮公司签发的，用于涵盖装于集装箱中通过多式联运从内陆地区发送到目的地的货物。集装箱提单有其他提单没有的特征，将在之后讨论。[165]

运输代理行提单（house bills of lading）和拼箱提单（groupage bills of lading）

15—029 运输代理行提单是由运输代理人（freight forwarder）签发的。运输代理人在由承运人对其签发的拼箱提单下，将分属不同所有人或者为不同出口交易标的物的货物整合起来一起托运。这种货物整合通常出现于拼箱的情况。[166]该单据的一个例子为国际运输商协会（FIATA）联运单证（FBL）。[167]在此单证的标题中已注明了它为“可流通的”[168]，并且在1992年的修订版本中，该单证涵盖了联合国贸发会议和国际商会有关多式联运单据的条例，并满足国际商会联合运输单证的要求。[169]UCP 600（2007 年 7 月修订）[170]包括与这些单据必要内容有关的条例，这样这些单据将可用于信用证融资的销售。

运输代理行提单在法律意义上来说并非提单。[171]它并非能使收货人或受托人有权从承运人获得货物的物权凭证。《1992 年海上货物运输法》的条款[172]不能应用于此。在 CIF 合同下，运输代理行提单并不是合适的交付提单。同样，如果某合同允许交付这类提单，则该合同不是严格意义上的 CIF 合同。[173]

运输代理人签发的运输单据会被银行拒绝，除非单据中说明该代理人充当了承运人或承运人的代理人，或结算指示另有规定。

装船证明有两种。一种由承运人签发，尤其是短途航运；一种是由代理人签发的（该代理人非承运人）。在这两种情况下，它们仅仅只是证明签发该单据的人已将货物保管的收据。

包含空中运输的联运提单

15－030 这类联运提单用于货物在卸货港卸货后，由空中运输运往内陆最终目的地的情况。

联运提单当然可以包含空运中转，但是难题在于，提单为物权凭证[174]，但空运托运单并不是。[175]一般认为，这两种单据的组合并不能赋予联运提单物权凭证的性质。然而，在实践中，如果收货人没有交出联运提单，并且不存在保证其完成的商业惯例，货物有时可能不能交付到目的地的收货人手中。出口商不能依赖习惯做法，一旦没有遵守习惯，不存在任何法律补救措施。

交换提单（switch bills）

15－031 交换提单由承运人签发，用于交换原始的那份提单，其中包括一些修改过的细节。可能有很多原因引起这些细节的改变，例如为了隐藏货物的来源或原始供应商的身份[176]，或者为了欺骗性地逃避关税。在 *Almak* 案中[177]，签发交换提单是为了改变装运货物的时间，并以此控制货物的价格。尽管有时交换提单因为正当的原因签发，“但仍然为充满危险的行为……”。[178]

过期提单（“stale” bills of lading）

15－032 “过期提单”的说法用于银行实务中。银行在买方的指示下或代表买方的利益，在卖方出示的提单（和其他单据）下通过信用证方式进行融资。为了保护其委托人的利益，银行有义务拒绝已“过期”的提单。这意味着，尽管提单在所有方面都符合信用的要求，但在提交提单的时候发生延期，此延期可能会使收货人卷入法律或实践的纷争，或者支付额外的费用，例如货物仓储。

UCP（2007 修订版）在第 14 款（c）条中说明，运输单据必须在签发后的特定时间内提交。在没有明确规定时间的情况下，如果在提单或其他单据签发日的 21 天之后才提交提单，则银行可以拒收。在很多例子中，引入确切的时间期限会减少过期提单的不确定性。

当卖方给予一定补偿时，银行常常会接受可能会被认为过期的提单或其他运输单据。

海运货单（sea waybills）

海运货单是一种非流通的运输单据，它有一个很显著的优点，即在接收货物进行身份证明时收货人不一定必须出示它。因此在货物先于海运货单到达的情况下，避免了收货人和承运人的延误。它并非物权凭证，但是在票面上包含了承运人的标准条款，表明了托运人和承运人间的运输合同。[179]然而，与提单不同的是，这些条款并没有详细地写到海运货单的背面。海运货单常以“已装运”的形式签发，但也能像提单一样，在货物装载的时候做出标志。 15—033

我们已观察到[180]，当意图只是收货人在船舶到达时提取货物时，非流通提单是足够的。但是在一些商业情况下，尤其是商品贸易中，提单会被交易，所以需要可流通单据。而且，当支付方式是通过单据信用时，由于海运货单不是物权凭证，无法向银行提供像提单一样的保障，所以银行不会接受海运货单。虽然如此，UCP 600[181]表明可接受海运货单。[182]

在现代，由承运人签发的非流通海运货单得到了更加广泛的应用[183]，尤其是随着海上集装箱运输的发展。随着《国际海事委员会海运单统一规则》（CMI Uniform Rules for Sea Waybills）的引入，在《1992 年海上货物运输法》[184]下的运输合同中有关收货人起诉承运人的条款可能会促使海运货单更广泛地应用。此外，由于海运货单的不可流通性，它“很容易被利益相关方通过电子数据交换系统发送的信息取代”。[185]

一种非流通运输单据可能为非流通的提单或仅仅是承运人承认已接收货物或已托运货物的收据凭证。[186]当此单据为非流通的提单时，若其满足了《1971 年海上货物运输法》的应用条件[187]，则《海牙—维斯比规则》能应用于此运输合同。当此单据为海运货单时，则规则不会应用于此[188]，但可能明文包含在单据中。[189]

提货单（delivery orders）

通过利用涉及整个托运货物中特定货物的提货单，可以对散装货物进行分装或者将同一提单下的托运货物分成若干小宗货物卖给不同的买方。这样的提货单可以为船舶提货单（ship's delivery order）或者商人提货单（merchant's delivery order）[190]，而且尽管并非物权凭证，从法律角度来看它们的区别还是很重要的。[191]船舶提货单是由承运人签发或代表承运人利益，或者由指示承运人向持有人提交货物的托运人来签发。[192]商人提货单可能由卖方签发，它承担向买方或其指示的代理商[193]或货运代理在目的港提交货物的任务。并且此提货单指示委托人将部分货物交付给提货单的所有人。在这种情况下，托运货物将会交付给代理商或货运代理。 15—034

区分这两种提货单的重要性表现在，船舶提货单赋予可提货人起诉承运人的权利[194]，而商人提货单中的当事人没有这样的权利。

电子提单（electronic bills of lading）

信息技术的发展带来了无纸贸易和合同的发展。[195]目前已有诸多尝试想要设立一个可以用来以电子的方式签发和转让提单的系统，以避免传统单据的延 15—035

期交付问题和欺骗性单据的流行。[196]这类系统的应用将随着科技的发展而发展，尤其是与数据安全交换和加密有关的技术。

□ 提单的日期

15－036 为提单正确地标注日期具有非常重要的意义。对“已装运”提单来说，正确的日期为所有货物已装运的日期，而且绝对不能标注早于该日期。[197]而对“备运”提单来说，日期为货物交由承运人保管的时间。如果“备运”提单被标注为“已装运”提单，则此标注的日期为货物装运的日期，而不是承运人接收货物的日期。如果装货延续了几天，提单的日期应为装载结束的日期[198]，但也可能有贸易惯例容许在装载开始的时候插入日期。

提单在以下三种法律关系中具有实质作用：运输合同、销售合同和信用证下与银行的关系。在运输合同中，托运人有权要求提单正确地标注日期。如果船长（或其他承运人的代理人）疏忽地标错了日期，只要托运人能证明由于错误的日期而遭受了损失，作为承运人将对此损害承担责任，因为承运人有在标注提单日期时恪尽职守的义务。[199]然而，如果当日期的错标是出于托运人方面的粗心，则情况也许会有所不同。[200]

提单日期也会与销售合同的日期有关。至少在 CIF 合同中，提单日期的错误标注可看做违反了合同条件，使买方有权拒绝提单并拒绝履行合同[201]，即使货物事实上已经在合同规定时间内运送。[202]在 *Almak* 案[203]中，柴油的价格协议为提单日期那一天规定的价格。货物在 6 月 27 日装载，但提单上日期为 6 月 22 日，提单签名时并未注意到时间的错误。因此价格是参考 6 月 22 日的价格确定的，而非 6 月 27 日。在这两个日期间，市场价下降了 7 英镑，因此买方就得比正确标注日期的情况下多支付费用给卖方。买方（是由买方来租船承运自己购买的货物）向船舶二船东的起诉最终失败了，因为提单上的错误日期归结为买方的疏忽，是他交给了船长错误标注时间的提单。

在信用证方式下支付时，信用证上除了会有有效期，常常还会有货物的装运日期。[204]这同样与提单的日期有关。提单的签发者为了使日期满足信用证的装运时间，会故意地倒填日期，而这是一种欺骗性的行为。就提单的签发来说，伪造提单和倒签提单实则没有什么区别。但是如果倒签提单到了无辜者手中，欺骗性的倒签提单就并不是无效的，事实上很有效。在 *United City Merchants* (*Investments*) *Ltd v Royal Bank of Canada* 一案[205]中，提单被代理人的雇员倒填日期，但托运人并不知情。此案认为确认信用证的银行需要在收到倒签提单时支付。

在某些情况下，当装运时间由于某个真正的错误而不正确时，需要承运人进行修正。[206]

□ 提单作为收据

15－037 作为船舶所有人接受货物的收据，提单在其页边空白包括了货物的描述。

该描述也许是整个提单最重要的部分，因为收货人或想要通过提单背书来购买货物的被背书人通常没有机会检查货物的质量和数量来确定买方的陈述。因此收货人或被背书人根据船舶所有人在提单中对货物的描述确定购买价格。在很多案例中，失望的买方经常成功地使得船舶所有人为提单上不准确的描述和为限制船舶所有人责任而设定的巧妙条款负责。

通过《海牙—维斯比规则》[207]的条款，托运人有权要求船舶所有人签发的提单载明以下条款：

“(1) 在该货物开始装船之前，托运人应书面提供为辨认货物所需的主要标志。如果该标志以戳的方式或以其他方式清楚地标示在没有包装的货物上，或在装有该货物的箱子或包装物上，则该项标志通常到航次终了时仍保持清晰易辨。

(2) 托运人用书面提供的包数或件数，或者数量或重量。

(3) 货物的表面状态。

但是，如果承运人、船长或承运人的代理人有合理根据怀疑货物的任何标志、号码、数量或重量，没有确切代表实际收到的货物，或者他无适当方式来核对，便无须在提单上注明或标明。”

对货物表面状态的准确叙述是必要的，且仅承运人或船长方面应有的照料是不够的。[208]

当船舶所有人确认货物接受时“表面状态良好”，他将签发“清洁”提单。当描述是有限制的，则提单为“不清洁”提单。[209] UCP（2007 年修订）第 27 条对清洁运输单据进行了如下定义：

“清洁运输单据即为未载有明确宣称货物包装状况不良或存在缺陷等情况的条款或批注的单据。”

“良好的表面状态”意味着“明显的，就肉眼所能观察到的，外表上（货物）被妥当地安放在船上”[210]，但是该陈述没有涉及货物“在有关装载环境的合理检查下并不明显”的质量问题。[211]该陈述并非构成船舶所有人的承诺，它仅仅只是事实的陈述，以及证实这种事实是正确的。[212]签发清洁提单的船舶所有人并不保证在“良好的表面状态”下向收货人提交货物。他可能证明在提单签发之后货物由于除外危险发生货损，但他却不能否认接收货物时货物表面状态良好，且不能通过宣称货损是由于提单签发前货物的不良包装引起的而免责。[213]这种禁止反言（estoppel）仅仅有利于根据提单而认定货物表面状况良好的收货人。[214]但正如 Scrutton 法官[215]所说，

“提单在商业上的重要性显而易见。我认为他（例如收货人）并无异议地取走清洁提单已经足够说明他相信提单。”

在某个案例[216]中，被指示在“所呈上”的提单上签字的船长拒绝签署该提单，因为标注的从沙特阿拉伯运送的燃油的数量多于实际装船的数量。[217]这

迫使进一步的调查[218]并使船舶出发延期。Evans 法官认为“所呈上”条款并不意味船长有义务签署异常的提单。“有一个隐含的基本要求为所呈上的提单应该与实际运送的商品有关，而且不应该包括已知不正确的货物的错误描述”。[219]

当承运人被要求签署与事实相反的提单时，他将处于一个进退两难的困境。如果他服从，他将对承运人负有责任；如果他拒绝，他会给他的客户——托运人就提单的协商带来不便。这就解释了为什么有时候托运人会通过出示他或其银行的保函，用以引导承运人签发与事实不符的清洁提单。[220]这进一步解释了用显然合法的形式标注提单这一趋势，这样虽然不一定能吓退疏忽的收货人，但是至少保护了承运人。这也解释了常常在提单页边空白标注的例如“重量未知”、“质量未知”或“状况未知”等模糊的限制性标注。某些提单在正文中印有以下语句或类似语句：

“体积、重量、数量、品牌、容量、状况、质量和价值由托运人声明，但承运人不知情。”

从承运人的角度来看，这些限制性条款的作用随着《1971 年海上货物运输法》的运用而显著变弱，因为在此法案下，托运人有权就一些具体项目要求提单上进行清楚陈述。[221]当需要说明必要项目时，不能消极地标注它们对船舶所有人来说“未知”，这样的“未知”条款在法律上是无效的。

然而需要注意的是，根据规则第三条 3（b）款，承运人只有义务在提单上标明包装的件数、数量或重量，但并非所有的细节项目。当他标注了包装的数目，并对其他项目附加了限制条款，例如“重量和质量未知”，则限制条款对后面的项目提供了保护。[222]当数量被标注为“未知”时，提单并不是运送货物数量的书面证据。[223]然而，“未知”条款并不提供绝对保护。船舶所有人承认货物接受时表面状况良好并不能通过增加“状况未知”来取消该承认。正如在某案例中[224]，由木材组成的货物被装载在已经恶化的环境。船长在其航海日志中记录该木材“很黑很潮湿，并部分发霉”，但是他签发的提单上只标注了“状况未知”。Langton 法官认为该字句不足以向收货人传达木材受到了损坏。这位资深的法官说[225]：

“需要做的最直接的事情当然就是在提单足够的页边空白上标注字句，用以明确地通知提单的购买者他将接收的货物表面并不处于良好状态。对船长来说，从航海日志中摘取‘很黑很潮湿，并部分发霉’的字句添加在提单上也是他的职责所在。如果他能在记录航海日志时发现此问题，他必然也能为了提单发现此问题。”

另一个问题是船舶所有人是否能以在销售合同下收货人无论何种情况一定要接收有缺陷的货物为借口，逃避清洁提单禁止反言的影响。[226]Kerr 法官[227]驳回了这种观点，因为清洁提单的签发基于运输合同，其当事人不能以另一个完全不同的合同即销售合同为由，来辩护帮助自己。[228]

托运人应该向承运人保证唛头、数量和重量的准确性，并且托运人得就这些项目的不准确性带来的灭失或货损向承运人提供担保。在一些情况下，当船舶所有人要求承运人承担责任时，承运人不能以从托运人获得担保的权利为借口而进行辩护。[229]当船舶所有人在签发清洁提单时迟疑，托运人有时候会给他明确的赔偿保证来促使他签发清洁提单，但是这样的赔偿保证可能是非法的，并不能保护托运人。[230]提单中有时候包含条款，说明当托运人对货物的申明不准确或不够时，他有义务为偿付损害而支付双倍的运费。[231]

依据《1971 年海上货物运输法》第三条（3）（a）到（3）（c）款，在该法下签发的提单是承运人接收到货物的表面证据。但对主标志来说，只有当标志“足够地鉴定货物”时，禁止反言条款才能对承运人生效。[232]该条款[233]可应用于“已装运”和“备运”提单。[234]《海牙—维斯比规则》进一步认为[235]，对于信誉良好的第三方掌握的细节详情来说，提单应该为绝对证据。此第三方可以是提单被转移的收货人或被背书人。[236]很明显提单是签署提单者（例如船长）装运的绝对证据。但是存在一个问题，即当船长（或其他代理人）签署不准确的提单且提单持有人因此遭受了货损时，作为主要责任人的承运人是否需要为此负责？在《1992 年海上货物运输法》生效之前，*Grant v Norway* 案[237]认为，船长没有名义上的权利故意签署包含误报的提单。为了处理这个问题，法案中包含了规则 s. 4[238]，当存在误报的提单由船长以外的其他人签署，委托人的职责则取决于代理人的基本原则。[239]在某案中[240]，胶合板从马来西亚的巴生港运送到英国的纽波特，由承租人的代理人签发的提单表明货物装载在甲板下，但事实上它们在甲板上。胶合板在雨水中发生损害。买方声称他们绝对不会接受标明“在甲板上”的提单，因为货物在航程中保持干燥是必要的。最终买方向承运人成功地索取了赔偿。Sheen 法官说[241]：

“……*承租人的代理人有名义上的权利以船长的利益签发提单。因此签名将船舶所有人约束为提单中包含的合同中的主要责任人*”。

未被授权的代理人自己可能会对违反了代理权的默示保证而负责。[242]

□ 提单作为运输合同的证明

提单背后设立的条款一直以来都被认为只是托运人和承运人之间运输合同 **15—038**
的证据，因为合同在提单签发之前已经达成。[243]同样，在承运人和善意的受让人之间，提单中运输合同的条款是绝对性的，且承运人禁止反言引入相反的外部证据。[244]

□ 提单作为物权凭证

提单的主要目的是使提单所代表的货物的拥有者在货物运输时也能处理货 **15—039**
物。[245]在商业惯例中，拥有提单在很多方面都等同于拥有货物[246]，提单的转移通常与货物自身的转移有相同影响，因此提单是货物的象征或关键。这就是它为何会被当做物权凭证的原因。

这里需要注意两点。第一，提单的转移仅被看做是象征性的货物控制权的转移，但并不一定是所有权的转移。在当事人意图让与时，提单的转移会引起这项权利的让与。当收货人或提单的被背书人是托运人在目的地的代理人，很明显在转移提单时，当事人只是想要转移在货物到达时从承运人接收货物的权利，而非货物的所有权。当收货人或被背书人为提单代表的货物预支费用的银行时，当事人意图通过提单的转移而索要费用或向银行抵押货物，但并非将货物的所有权转移给他，尽管受押人可以要求提取货物并销售。在买卖关系中，与所有权转移有关的条约也适用。[247]

货物的所有权是否通过提单的转移而让与取决于双方的意图。在 CIF 合同（和其他国际销售的合同种类）下，卖方经常有此意愿。但回想起来，以买方名义取得提单并不足以表现卖方想要让与货物所有权的意图。[248]

第二，只有持有提单的人才有权向承运人要求提取货物。如果承运人将货物交付给第一个出示一份原始提单的提单持有人，即使这仅仅是一套提单里的一份[249]，他将受到保护，并且不需要询问提单持有人的资格或者其他份提单的下落。提单将会一直保持其物权凭证的特征，直到随着货物的交付从而海上运输合同解除。[250]除非承运人知道提单持有人资格的缺陷，否则他将不需要为货物的错误交付而负责。如果承运人将货物交付给非提单持有人，那么他将承担风险。如果此人并非真正的所有人，承运人将会为货物转移的行为负责。在实践中，承运人通常严格地坚持提单的出示。但是当提单被出示而收货人的身份仍有疑虑，或在其他特殊情况下[251]，承运人有时会要求在银行出示保函的前提下才能交付货物。

Sze Hai Tong Bank v Rambler Cycle Co Ltd[252]一案展现了承运人在提单未出示的情况下交付货物带来的问题。在该案中，一英国公司向进口商出售了自行车部件。货物由隶属 Glen Line Ltd 的 S. S. Glengarry 运送。卖方指示中国银行收集货款并发放提单给付款的买方。然而买方却在买方和 Sze Hai Tong 银行开具的保函还没有提单的情况下促使承运人交付货物。当卖方意识到发生的状况，他们在新加坡法庭因违约和侵占财物对承运人提起诉讼。承运人将 Sze Hai Tong 银行引为第三方，并申明赔偿保证来抗辩。新加坡高等法院认为承运人负有责任并进一步认为银行有义务赔偿承运人。银行向新加坡上诉法院和新加坡枢密院司法委员会的上诉失败，Denning 法官在法庭裁决中说[253]：

“很明显承运人在提单未出示时交付了货物，所以他将承担风险。合同是在出示提单的前提下交付给提单下的被授权者……运输公司并没有把货物提交给这样的人。因此它们将为违约负责，除非在提单中有某些保护条款。并且它们在提单未出示的情况下就把货物交付给无权接受货物的人，因此它们需要为侵占财产承担责任，除非另有类似的保护。”

司法委员会拒绝了如下说法，即承运人和银行可以根据提单中的条款——承运人的责任在货物从船舶卸载后完全停止——来减轻责任。因为该免责条款并不是为了保护那些故意漠视义务并由于在提单未出示时交付货物而造成基本违约的承运人。

从另一方面来说，如果不能出示提单，即使货物真正的所有人也不能获取货物。在某案中[254]，一个加拿大公司从英国的卖方买了六辆卡车和备用零件。卖方将货物从南安普敦运送到蒙特利尔，并支付了运费。但直到卖方支付了包含之前运输的特定运送费用，承运人才交付提单（已按时起草并签字）给卖方。宣称对提单有一般留置权的承运人将提单转交给他们在蒙特利尔的代理人，并指示代理人持有提单直到他们批准发放。加拿大公司要求成为货物的所有人，并向英国法院申请暂时强制指示承运人在提单未出示的情况下交付货物。上诉法院拒绝了这一请求。Denning 法官说[255]："无论所有权是否让与，他们（买方）需要出示已按时背书的提单以在这个阶段获得权利。" Lloyd-Jacob 法官评论道[256]："在这个阶段确认物权的决定可能会给某些人带来严重不公，即那些对该行为涉及的情况一无所知并通过提单获取了物权的人。"

然而，在合同条款的限制下，当船长合理地确定要求货物者有权拥有货物并对提单的缺失有合理的解释时，船长可能在未出示提单的条件下交付货物。[257]

在货油运输中，"原始提单必须在货物到达时出示"这一严格规定有时可以放松。如果油轮为定期租船，且租船者指示船长将货物提交给不能出示提单的一方，船长有权拒绝履行此指示。然而，如果没有理由怀疑这些为错，船长遵从了他们的指示，而货物所有人因此遭受了损失时，通常以船长委托人的身份承担主要责任的船舶所有人，可以向给予他非法指令的租船方要求保障。[258]

逻辑上来说，提单作为物权凭证的作用和它的流通性质截然不同。[259]即使是非流通的提单也可当做物权凭证，因为上面标明的收货人如果出示了提单，他将是唯一可以向船舶所有人要求交付货物的人。然而，由于习惯上通常将提单的准流通性（quasi-negotiability）和物权凭证的作用结合起来，提单作为一种使运送中的货物快速转让的方式，具有非常重要的实际价值。

□ 赔偿（indemnities）和提单

我们已注意到[260]，如果承运人被迫拒绝签署清洁提单，会带来一个困难的境地。当支付方式为信用证时，如果出口商出示不清洁提单，则无法从银行获得融资。另一方面，那些明知货物接收或装船时表面状况不良好但仍签发清洁提单的承运人，面对善意的收货人或受托人时，对自己接收到的货物处于这样的状态禁止反言，并可能要承担责任。[261] **15-040**

解决此困境的一个直观的方法是，出口商提供给承运人一个赔偿保证，即出口商将会为签发清洁提单带来的任何货损进行补偿。然而这样的赔偿保证不能解决所有问题。如果出口商和承运人双方都知道在提供保函的情况下，清洁提单的签发并没有考虑到货物的实际情况，他们即为合谋欺骗善意的收货人或被背书人。这些收货人和被背书人领取了提单，并认为货物装运或备运时不存在缺陷。这样的欺骗损害了赔偿保证，并使其成为非法的。承运人也不能在此保证之下向出口商索取赔偿。从承运人来看，赔偿保证已完全失去了意义。并非所有清洁提单的赔偿保证都非法。需要区别以下两种情况：不清洁提单可能包含专门性条款，即并没有给买方拒绝接受货物的权利。在这种情况下，提供赔偿保证是合法方便的。当不清洁提单中包含条款给予买方拒绝接收货物的权利时，被欺骗[262]损害的赔偿保险是无效的。对出口商来说，正确的行为是立即向买方通知事实，要求他修改信用证并授权给银行支付签发的提单。这几条原则在 *Brown, Jenkinson & Co Ltd v Percy Dalton (London) Ltd*[263]一案中有所说明。上诉法院中绝大部分认为在此案中，出口商（被告人）给予原告，即船舶所有人的货运代理人的赔偿保证是无效的。货物是由 100 桶橘子汁组成的，理货员在其材料登记卡上将桶描述为“陈旧和脆弱的”，并记录了一些泄漏情况。但是原告因为被告的请求，在被告的赔偿保证下签发了清洁提单。Pearce 法官说[264]：

“信任是贸易的基石，提单是非常重要的单据……在一些无足轻重的事项和善意的争论中，查明事件的正确状态引发的困难已超过了它本身的重要性，毫无疑问（接受赔偿保证）的习惯是有用的。但这里，原告超越了这些合理的限制……莽撞行为已经足以使人为欺骗带来的损害承担责任。这里原告意图用谎报来欺骗，尽管他们并没有打算让受骗方最终得不到补偿。”

有一段时间英国的银行达成共识拒绝签发和副署为获取清洁提单所需的赔偿保证。[265]

为了促使承运人在提单未出示的情况下将货物提交给收货人而给予的赔偿保证，尽管在一些例子中这是应当受到指责的，但正如 *Sze Hai Tong Bank v Rambler Cycle Co Ltd* 一案中讨论的，有时候这是有效并可被承运人实施的。[266]

除非在合同中有所规定，承运人在缺少提单时[267]并非一定要在赔偿保证下提交货物。[268]

对赔偿保证起诉的限制期限要在处理案件的法庭采用的法律允许的时间内。[269]在英国法律中，简单合同的索赔期限是起诉发生后六年。[270]

□ 租船合同的赔偿

15—041 租船合同中通常认为，当船舶所有人在租船者的指示下签署了提单，租船方应该对给船舶所有人带来的所有责任提供赔偿保证。相应地，即使船舶所有人对提单的持有者负有责任，他仍可以在租船合同赔偿保证条款下将责任转移给租船者[271]。

承运人责任

承运人关于受其委托的货物安全性的责任在《海牙—维斯比规则》中[272] **15—042**
有详细的描述，第三条：

“1. 承运人须在开航前和开航时恪尽职责：

(a) 使船舶适于航行；

(b) 适当地配备船员、装备和供应船舶；

(c) 使货舱、冷藏舱和该船其他装载货物的部分能适宜和安全地接受、运输和保存货物。

2. 除遵照第四条规定外，承运人应适当和谨慎地装载、搬运、积载、运输、保管、照料和卸载所运货物。”

这些条款下的原则只有在船舶所有人疏忽时他才负有责任。这在字面上已经清楚地表达出来了，在第 1 款中命令船舶所有人“恪尽职责”（to exercise due diligence），在第 2 款中要求他应该“适当和谨慎”（properly and carefully）地行为。因此，在该法下船舶所有人的责任比普通法下要轻，尽管不能超越《海牙—维斯比规则》订立合同的条款对其有所弥补。[273]尤其是在普通法下，船舶所有人对提供适航的船舶负有绝对责任，即在考虑到航程中一般风险的前提下，使船舶在各个方面都适于货物安全地装载、搬运和卸载。

在《1971 年海上货物运输法》下，只有当承运人在合理的检查下未能发现船舶的不适航性，他才需要承担责任。[274]“在旧的条约下，相关问题只是船舶适航还是不适航。这个条约毫无疑问更适合以前当船舶不是非常复杂的木质结构的时候。但当代，当船舶为布满复杂机械的钢铁结构时，旧的条约给海运承运人施加了太苛刻的义务……他需要为所有的附属于审慎仔细的承运人的义务，以及其雇用的雇员和代理商的义务承担责任”。[275]

在第三条第 1 款（a）（以及在普通法）中，适航的含义包括适货。因此，当船舶在装货之前的状态对于完成合同约定的航程存在着主要和持久的障碍时，该船舶不适航。当船舶在装货之前被昆虫侵扰并因此在目的地被当局禁止卸货时，该船舶不适航。[276]然而，适航的概念不能拓展到包括所有可能损害货物的活动，而非威胁货物的船舶的固有属性。[277]

第三条第 1 款的规定是最重要的；所以，与第四条第 6 款[278]相反，在托运人没有警告船舶所有人运送货物的危险属性的情况下，船舶所有人不能向托运人要求赔偿保证。[279]

承运人恪尽职责的义务并不局限于他自身的尽职尽责。如果他雇用的雇员和代理人[280]没能做到恪尽职责[281]，他需要承担责任。甚至，当在他的指示下维修船舶的规范的独立缔约人及其工人玩忽职守时[282]，他也被认为是有责任的，尽管在这种情况下船舶所有人或其雇员及代理人并没有失职。在第三条第1款和第2款中，承运人需要为他的雇员和代理人负责。这是他职责的重要延伸，并与第四条第2款（a）形成对比，后者中认为承运人不需要为他的雇员在航行或船舶管理中的疏忽或过失负责。[283]另一方面，承运人的雇员或代理人——但不是独立缔约人[284]——如果被起诉，在规则下，他有权拥有和承运人一样的辩护权和责任限制。[285]

承运人为其雇员的疏忽行为或过失承担的责任不仅仅只是第三条第1款中列举的，还包括第三条第2款中提到的。所以，在某案中，承运人需要对由于其积载不当而给货物玉米带来的损害向货物所有人承担责任。此案中，玉米主要为散装装载在较低的货舱里，玉米上面装载的为桶装的牛脂。在航行中，一些桶破损了，变热的牛脂开始泄漏并渗入积载玉米的货舱，导致玉米受到损害。[286]类似地，承运人也要为以下的货损承担责任：由于承运人的雇员装载时玩忽职守所致的货损[287]；在货物已装载完毕但开航之前疏忽酿成的火灾导致的货损[288]；在托运人和承运人未对拖拉机达成甲板货的协议的前提下，拖拉机被装载在甲板上，但由于未被安全地系牢导致被冲到船外所致的货损。[289]相反地，在以下情况下承运人没有玩忽职守且不需要承担责任：在中途港时，尽管承运人仔细看守，防浪阀的盖板在货物卸载和再装载期间被装卸工人偷走，以致在接下来的航程中货舱中的货物被海水损害。[290]但是，如果船长在积载货物的时候，严格遵照托运人代理人（在其授权范围内）的指示，托运人则不用利用声称积载有误的行为来反悔。[291]

实践中承运人须在装载活动中发挥作用，但该作用的范围和领域是由合同双方决定的，也许还会进一步取决于港口的习俗习惯和货物的性质。在第三条第2款中“应适当和谨慎地装载”的字句并非为了定义承运人在装载行为中的范围和领域，但定义了该服务履行时的术语。[292]所以，当在FOB合同下销售的货物用船舶的吊钩从码头上装载，而在越过船舷时由于承运人雇员的疏忽发生了货损时（货物摔落在码头上），承运人应该承担责任。因为在运输合同下承运人应该为整个装载过程负责，而非仅仅越过船舷的部分。[293]

在第三条第2款中提出的承运人适当和谨慎地卸载货物的责任，通常在货物交付给有权接受与装运时表面状况一致的货物的收货人[294]时结束。[295]然而，当货物被卸载在驳船上，如果货损是由于疏忽地装载在这些货物上面的其他货物所致，则船舶所有人将继续承担责任。[296]由于第三条第2款中也定义了履行合同的规定且没有地理上的含义，所以如果卸货港由于罢工而停业，而承运人有权在任何其他安全方便的港口卸载货物时，该条款仍然有效。[297]货物中转到约定卸货港的费用则由托运人承担。

根据第三条第8款，运输合同中任何寻求解除或减轻承运人对货物责任的条款都是无效的。[298]

除外危险

在规则的第四条[299]中包含了“引起货物灭失或货损但承运人不需要承担责任的事项清单”。[300]此条第1款和第2款提道： 15－043

“1. 不论承运人或船舶，对不适航所引起或造成的灭失或损坏，都不负责，除非造成的原因是承运人未按第三条第1款的规定，恪尽职守使船舶适航，保证适当地配备船员、装备和供应该船，以及使货舱、冷藏舱和该船的其他装货部分能适宜和安全地收受、运输和保存货物。凡由于船舶不适航所造成的灭失或损坏，对于已恪尽职守的举证责任，应由根据本条规定要求免责的承运人和其他人负担。

2. 不论承运人或船舶，对下列原因所引起或造成的灭失或损坏都不负责：

(a) 船长、船员、引水员或承运人的受雇人，在航行或管理船舶中的行为、疏忽或不履行义务；

(b) 火灾，但由于承运人的实际过失或私谋所引起的除外；

(c) 海上或其他通航水域的灾难、危险和意外事故；

(d) 天灾；

(e) 战争行为；

(f) 公敌行为；

(g) 君主、当权者或人民的扣留或管制，或依法扣押；

(h) 检疫限制；

(i) 托运人或货主，其代理人或代表的行为或不行为；

(j) 不论由于何种原因引起的局部或全面罢工、关厂、停工或限制工作；

(k) 暴动或骚乱；

(l) 救助或企图救助海上人命或财产；

(m) 由于货物的固有缺点、性质或缺陷引起的体积或重量亏损，或任何其他灭失或损坏；

(n) 包装不善；

(o) 标识不清或不当；

(q) 非由于承运人的实际过失或私谋，或者承运人的代理人，或受雇人的过失或疏忽而引起的其他任何原因，但是要求这项免责利益的人应负责举证，证明有关的灭失或损坏既非由于承运人的实际过失或私谋，亦非承运人的代理人或受雇人的过失或疏忽所造成。”

□ 举证责任

在第四条第1款下，由货物所有人负责举证，证明船舶不适航，且不适航 15－044

为引起货物灭失或损害的原因。[301]接着举证责任转移到承运人，证明已恪尽职守使船舶适航。[302]然而，如果货物的灭失或损坏是由船舶不适航引起的，第三条第 1 款的效力使得船舶所有人不能使用第四条第 2 款的免责[303]，但也许仍能限制责任。[304]

船舶所有人负有举证责任，证明货物灭失或损坏是在第四条第 2 款的免责范围之内，接着货物所有人证明承运人的疏忽[305]，除了说明疏忽或失误的（a）或（b）的情况和船舶所有人举证反驳其疏忽的（q）的情况。[306]其中，船舶所有人常常试图依靠的是货物的内在缺陷（第四条第 2 款（m））。[307]

在短交货案例中，即实交货物比（清洁）提单规定的装载货物少，举证责任会引发问题。这种情况在散货石油运输中并不少见。

在这种案例中，则应该由货物所有人亦即通常为原告承担证明货物短缺的责任。[308]但是他不需要证明短缺的原因，这一原因一般是推测的。[309]

□ 除外危险和保险

15－045 从托运人的角度来看，免责事项的目录第一眼看来并非很令人不安。相比较劳埃德船舶协会的海上保险和对其进行补充的伦敦学会条款 A、B 和 C 下的目录[310]，这些基本条款覆盖了有些并非基于承运人疏忽（例如对船上货物造成损失的火灾）的免责。如果它们没有被包括，则需要花费额外的保费来获取额外的保险。对托运人来说，确定他运输合同的条款和海上保险的合同相互配合具有重要的实际意义。托运人在运输合同下需要承担的风险应该包括在其海运保单中。提单中有时会包括用来引起托运人注意的条款，表明获取适当的保险范围的必要性。

□ 船舶所有人责任的最大限制

15－046 《海牙—维斯比规则》在第四条第 5 款中表明，承运人对运送货物发生的损害或灭失的最大责任限制为：

“（a）除非在装货前，托运人已声明了该货物的性质和价值并载入提单，否则不论承运人或船舶，在任何情况下，对货物有关的任何灭失或损坏，每件或每单位的赔偿金额，超过每件 666.67 记账单位[311]或按灭失或损坏货物毛重每千克超过 2 记账单位的部分不负责任，两者以其中较高的数额为准。

（b）全部赔偿金额应参照货物根据合同从船上卸下或应卸下的当地当时的价值计算。货物价值应按商品交易所价格确定，或者如无此种价格时，则按当时市场价格，或者如既无商品交易所价格又无当时市场价格时，则参照同类同质货物的正常价值确定。

（c）如果货物是用集装箱、托盘或类似的运输器具拼装时，提单中所载明的、装在这种运输器具中的件数或单位数，应视为本款所指的件数或单位数；除上述情况外，此种运输器具应视为件或单位。

（d）本条中涉及的记账单位为国际货币基金组织规定的特别提款权。本款

(a) 项中提及的数额应当换算成本国货币，基于处理案件的法庭的相关法律确定的日期当天的汇率。[312]

(e) 如经证实损失是由于承运人有意造成损失而做出的行为或不行为或明知可能会产生损失而仍不顾后果做出的行为或不行为而产生的，则承运人或船舶无权享受本款所规定的责任限额。

(f) 本款 (a) 项提到的声明，如载入提单时，应作为初步证据，但对承运人不具约束力或最终效力。”

在英国，第四条第 5 款提到的特别提款权的价值每日都会转换为英镑。[313]

规则中规定的承运人最大责任限制并不是绝对数值。它们可能根据双方的协议或者装运前托运人对装载货物声明价值且将声明载入提单而增加。[314]然而，承运人的最大责任限制不能通过协议规定而低于第四条第 5 款 (a) 中的限额。[315]

当货物的声明价值体现在提单中，如果货损或灭失是由非除外危险引起的，承运人可能要求超过最大限制的赔偿。赔偿是由托运人实际承担的货损来衡量的，并且承运人可以去证明货损低于提单中表明的货物价值。

如果托运人想要承运人的责任超过法定的最大限制，有两个条件需要满足，即货物价值的声明和在提单中载明价值。在某案中[316]，托运人满足第一个条件，但是货物价值并没有体现在提单中。MacKinnon 法官说：“尽管原告在装运之前声明了货物价值，但却没有载入提单中。在这些情况下，要求被告应该承担 100 英镑以上的部分的条件中只有一个得到满足”，并规定要应用最大责任限制。[317]在双方决定承运人的责任超过最大限制的情况下，运费也会高于实行限制时的情况。

承运人不仅仅可以通过起诉海运合同的当事人和他的受托人来为最大责任限制辩护，在 FOB 合同（买方和承运人签订）的情况下[318]，如果货物在越过船舷之前由于船舶所有人的雇员的疏忽而发生货损，承运人还可以起诉卖方，如果后者负责装载货物到买方指定并签订合同的船舶上。[319]

在没有与货物所有人达成相关协议的前提下，船舶所有人将精细的装备装载在甲板上，以至于他违反了自己的义务并使货物遭到破坏，这种情况下船舶所有人可能使用第四条第 5 款 (a) 中的单位赔偿责任限制。[320]

当利用最大责任限制时，承运人的责任可以根据每件每单位或每单位毛重中较高的来计算。“每件”，按前任最高法院首席法官的话来说[321]，“暗示货物是包装的”。因此，船舶上运载的汽车没有在箱子中、纸条箱中或其他覆盖物下就不能称之为一件。[322]“每单位”是指各种贸易下所用的运费单位，例如在谷物的散装运输中。如果赔偿是以件数或单位数来计算的，则这与它们的重量无关。

当提单中列明了集装箱中“据称箱内装有”的分别包装的项目的数量，这时包裹而非集装箱构成了有关件数，但提单并不具有最终效力，只是为了货物所有人通过外部证据来确定装载的件数。[323]

在以下两种情况中规则的保护条款不起作用。首先，对承运人来说，如果被证明损害是由于承运人意图要造成损害或者是明知可能会带来货损而鲁莽的作为或不作为引起的，则他（和船舶）不能利用最大责任限制。[324]其次，对托运人来说，他故意在提单中谎报货物的价值，则不能让承运人或船舶对货物的灭失和损害负责[325]，除非船长在检查中原本应该注意到谎报，且没能签发不清洁提单。[326]

然而，承运人可能利用第三条第 6 款中一年的诉讼时效应对由故意谎报货物带来的索赔。[327]

第四条（之二）（1）中说明了应用于合同和侵权行为诉讼的责任辩护和责任限制。

《1976 年海事索赔责任限制公约》

15—047 作为规则第四条第 5 款责任限制的补充，船舶所有人也可能会利用《1976 年海事索赔责任限制公约》（Convention on Limitation of Liability for Maritime Claims 1976）的限制条款。该公约是由《1995 年商船法》的 s. 185 赋予了法律效力，它作为第一部分的附件七，附加在该法案之后。第二部分包括对在英国实施的公约的修订。

第 6 款中制定了一般责任限制，并且以记账单位[328]来表示。该责任限制与船舶的吨位有关，对低于 300 吨的小船舶有更低的限制。并且对死亡和人身伤害[329]比对其他灭失或损害有更高的限制。[330]

而且，根据 s. 186，英国船舶的所有者[331]对由火灾引起的灭失和货损或者由黄金、白银、手表或名贵宝石的偷窃带来的损失不负责任[332]，除非这些物品的价值在提单中声明或者在运送期间以书面形式表示。

“如经证实[333]损失是由于承运人有意造成而做出的行为或不行为或明知可能会产生损失而仍不顾后果做出的行为或不行为而产生的”[334]，则没有责任限制或除外。

该法案将会提出限制诉讼，责任前的声明已经被确立或承认。[335]

□ 保护雇员及代理人而不是独立承包商（independent contractors）

15—048 当履行承运人义务的雇员被货物所有人起诉时（例如，为了疏忽带给货物的破坏），他是否可以如承运人一样以规则下的最大责任限制和其他抗辩理由来辩护呢？规则中将这些保护条款延伸到雇员和承运人的代理人，而非独立承包商。[336]在规则第四条（之二）第 2 款到第 4 款中规定：

“2. 如果这种诉讼是对承运人的受雇人或代理人（而该受雇人或代理人不是独立的缔约人）提起的，则该受雇人或代理人有权利用按照本公约承运人有权援引的抗辩和责任限制。

3. 从承运人及其受雇人和代理人得到的赔偿总额，在任何情况下，不得超过本公约的责任限额。

4. 但是，如经证实，损失是由该受雇人或代理人有意造成而做出的行为或不行为或明知可能会产生损失而仍不顾后果的行为或不行为产生的，则该承运人的受雇人或代理人无权利用本条的各项规定。”

在 *Midland Silicones Ltd v Scruttons Ltd* 一案[337]中规定了独立的承包商不受到规则的保护。在此案中，英国国会上议院认为装卸工人（为承运人所雇用）在卸载货物时由于疏忽而损害了货物，当货物所有人因其失职对他提出诉讼时，他不能在运输合同下援引最大责任限制[338]，因为装卸工人和货物所有人之间不存在相互关系。

当意图是要保护除承运人的受雇人和代理人之外的被承运人雇用的独立承包商时，或者在《海牙规则》规定的提单下为这三类从属人员提供保护时，在提单中载入喜马拉雅条款（*Himalaya* Clause）是非常必要的。[339]该条款指出，承运人作为他自己雇员和代理人（包括一直被承运人雇用的独立承包商）的代理人，与货物所有人订立合同约定这些雇员、代理人和独立承包商应该受到运输合同的责任限制和其他抗辩的保护。在 *New Zealand Shipping Co Ltd v AM Satterthwaite & Co Ltd*；*The Eurymedon* 一案[340]中，大部分枢密院成员认为这样的条款能达到想要的效果。[341]在 *Starsin*[342]中英国上议院认为提单是租船者的而非船舶所有人的，但是在船舶所有人和租船人签订的附属合同的基础上，船舶所有人仍然能被提单中的喜马拉雅条款保护。

然而，提单中表明第三方拥有免责和限制好处的喜马拉雅条款，不能扩展到专属管辖权条款，就解释意义来说，该条款并非免责或者限制，而是为合同双方创建了相互的权利和义务。[343]

可以通过援引委托法律[344]来跳过合约关系的原则。[345]在 *Pioneer Container*[346]一案中，在运输合同下有运输分包合同，枢密院认为次订约人，作为次受托人，能够利用运输合同中的条款，包括专属管辖权条款。

在 *Mahkutai*[347]案中，为了满足商业需求对代理委托制度的应用，Goff 法官促进了法庭对喜马拉雅条款的接受以及代理委托制度的应用。他认为，这些是技术性的解决方法，并且要让法庭最终接受“一个成熟的合约关系原则的除外，用来摆脱英国法中法庭面临的所有相关事项”是可实现的。[348]

以上案例中表现的原则在颁布《1999 年合同法（第三方的权利）》的英国法后变得愈发不重要。运输合同通过该法案的第六条（5）大致地脱离了该法案第一条的总体结构。然而，这项除外没有限制喜马拉雅条款给第三方的保护。这项法案事实上特别阐明了第三方可能利用喜马拉雅条款提供的保护并简化这些条款。[349]

□ 索赔通知与对货物损害或损失进行索赔的时限

规则在第三条第 6 款中对承运人因货物灭失或损害而面临的索赔具有严格的要求。然而，第三条第 6 款（之二）中规定了时间期限，并就赔偿诉讼必要的时候有三个月的延长期。然而这个延长期只有在主诉案件决定或处理之后才能制定，而这往往不可避免为一年时间限制期满之后： 15—049

"6. 除非在货物移交给根据运输合同有权收货的人的保管之前或当时，将灭失或损坏以及这种灭失或损坏的一般性的通知，用书面提交承运人或其在卸货港的代理人，或者灭失或损坏不明显，在三天内提交，否则这种移交应是承运人已交付提单所描述货物的初步证据。

如果货物状况在其收受时已经联合检查或检查，就无须提交书面通知。除按第 6 款（之二）的规定外，除非在交付货物或应交付货物之日一年以内提出诉讼，承运人或船舶在任何情况下都免除对货物的任何责任。[350]但是，诉讼事由提出后，如经当事方同意，该期限可延长。

遇有任何实际的或推定的灭失或损害，承运人与收货人应为彼此检验和清点货物给出所有合理的设施。

第 6 款（之二）。即使在前款规定的年限期满后，如果在受理该案的法院的法律准许的期间内，仍可以对第三者提出赔偿诉讼。[351]但是，准许的时间不得少于 3 个月，自提出这种赔偿诉讼的人已经解决了对他本人的索赔或者起诉传票送达他本人之日起算。"

第三条第 6 款中的时效是绝对的，即索赔不再存在。[352]这个时间限制是严格的，诉讼程序在时间限制内在错误的法庭开始的事实并不意味着该诉讼能在期限到期之后可以在正确的法庭开始。[353]

这些条款有时会在提单中的条款内进行微调。所以，提单中可能会有：

"涉及由船长和（或）船员佐证的承运人免责的事实和情况，船舶的反对[354]会被认为是这种事实和环境下提单当事人的足够证据。"

在利用第三条第 6 款时，法庭会参考规则背后的目的：诉讼快速地开始[355]；在原先诉讼被驳回之后开始的新的诉讼与规则的目的相违背[356]；因此规则能有目的地进行解释。[357]

一年的时间期限只有当"起诉"是由有资格的索赔人提出时才能中断，该索赔人即为有权利[358]在有法定资格的法庭申诉的人[359]。当事人偶然的错误描述[360]和抗辩的细节修改是不会使申诉失效的[361]。但加入之前并未抗辩的诉讼原因将会使申诉失效。[362]

第三条第 6 款的时间限制应用于对货物灭失或损害的索赔上，但不局限于物理的灭失或损害。它也包括与货物有关的灭失或货损[363]，以及货物没有装载带来的财务上的损失。[364]它并不用于对承运人其他的索赔，例如对承运人因为运送危险品引发的货损，以不适航作为申辩理由进行索赔的情况。[365]

如果意图延长规则中规定或提单协定的限制期限，必须慎重地考虑到有关期限延长有着明确的约定。两个当事人中一方的不活跃或沉默可能会导致一个模棱两可的境遇，并可能会引发禁止反言的严重问题。[366]

如果在规则下签发的提单包括仲裁条款，则在规则和仲裁法之间会存在着明显的矛盾。在规则中规定一年的时间限制，但《1996 年仲裁法》（Arbitration Act 1996）在 s. 12 中规定高等法院有权利在达成的仲裁协议下延长时限，只要满足已经超出合理预期的情况，或者一方的行为使得另一方遵守严格的时间期限是不公平的，时限延长就是正当的。这种矛盾是很明显的，因为法庭只有对合同规定的时限延长的权利，但第三条第 6 款里的时间期限是由法律强制实施的法定时间期限；因此在《1966 年仲裁法》的 s. 12 下的自行决定权不能使法庭延长第三条第 6 款中一年的时间期限。[367]

第三条第 6 款（之二）应用于对第三方的索赔诉讼，与第三条第 6 款相独立。[368]

共同海损索赔和分摊

共同海损的法律，以及它在海运合同下如何影响托运人权利和义务的内容，作为在共同海损发生后保护托运人的保险法的必要初步解释，已在有关保险的章节中[369]进行了讨论。 15—050

提单中通常包括条款规定共同海损需要根据《1974 年约克—安特卫普规则》（York-Antwerp Rules 1974）进行调整。有时候在条约没有相关条款进行规定的地方，需要英国海损理算师的实践来补充。

危险货物

提单有时会包括条款警告托运人不要托运危险或有害的物品；例如： 15—051

"托运人被警告不要运送具有危险或有害性质的货物。如果他们这样做的话，他们会为所有随之发生的损害承担责任，也会对条例带来的处罚负责。"

在规则第四条第 6 款中规定：

"承运人、船长或承运人的代理人对于事先不知其性质而装载的具有易燃、爆炸或危险性的货物，可在卸货前的任何时候将其卸在任何地点，或将其销毁，或使之无害，而不予赔偿。该项货物的托运人，应对由于装载该项货物而直接或间接引起的一切损坏或费用负责。如果承运人知道该项货物的性质，并已同意装载，则在该项货物对船舶或货物发生危险时，亦得同样将该货物卸在任何地点，或将其销毁，或使之无害，而不负赔偿责任，但如有共同海损，不在此限。"

在 *Giannis NK* 案[370]中有关危险品的判罚具有权威性。在此案中，花生提取粉粒被运送，但在托运人和承运人都不知情的情况下，被卡帕甲虫侵扰。该船舶还运载着小麦粉。甲虫侵害在装卸港才被发现，船舶被命令离港。在更远的港口，船舶被要求将货物返回它的装运港或将其倒入海中。花生和小麦粉（尽管小麦粉没有被滋扰）都被倒进海中，船舶进行了熏蒸消毒。承运人向托运人要求损害赔偿，尤其是延期带来的损失和熏蒸费用。英国上议院需判断，被滋扰的货物是否满足第四条第 6 款中危险品的定义，如果是这样的话，托运人在第四条第 3 款[371]中的责任是否满足。该提单中参并了《海牙规则》，但考虑中该规则与相应的《海牙—维斯比规则》是一致的。

英国上议院认为“具有易燃、爆炸或危险性的货物”是个宽泛的定义，且并不局限于会直接引起物理损害的货物，还包括由于会引起其他货物损失的间接危险的货物。花生为危险的，并在已知它危险性质的基础上同意运送。第四条第 6 款不受到第四条第 3 款的限制，托运人应承担责任。

至于第四条第 6 款和第四条第 3 款的关系，英国上议院认为第四条第 6 款创造了并没有由第四条第 3 款明文或暗示限制的独立的权利和义务。相应地，尽管托运人并未表现出过失或者疏忽，第四条第 3 款也不能使之免除第四条第 6 款的严格责任。他们进一步认为在普通法下的托运人的责任与第四条第 6 款下的是一样的，即他的责任不取决他自己知情货物为危险的或知情的方式。

在早期的案件里托运人被认为应该为由于进口限制或禁止带来的货物卸货的延迟而负责，尽管货物本身不是危险的。[372]在第四条第 6 款中承运人的消息包括那些他应该知道的事项。[373]

在 *The Fiona* 案[374]中考虑了第四条第 6 款和第三条第 1 款[375]的关系。在卸载时，货物燃油损害了承运人的船舶。承运人没有遭到警告这可能会产生爆炸性混合物。爆炸是被该船舶先前运送的货物污染该批货物而引起的。上诉法庭认为承运人无法在第四条第 6 款下获得损害赔偿，因为他违背了第三条第 1 款[376]的义务，而这是一条基本的义务。

在《1995 年商船法》[377]下托运人对下列情况的罚款负有责任，即在任何船舶运输的，英国或外国的，商品被认定为“危险”，但并没有给予船舶所有人通知，也没有在包装外面标注货物的属性，或者明知发送的货物为危险品，却对商品或发货人进行错误描述。另外，危险货物的运输被拓展的条例所包括。[378]未能遵守这些条例将会导致货物被拒绝装运，且发货人承担严重的罚款。

货物所有人提起的诉讼

□ 起诉对象——法定的（legal）和实际的（actual）承运人

15—052 在货物所有人需要起诉承运人的事件中，他有必要知道运输合同是与船舶所有人还是租船者签订的。承运人的定义有时很难明确[379]。换句话来说，实际承运人不一定是法定承运人。达成协议的为法定承运人。“船舶所有人”也是比较容易混淆的，因为它会被用于表示注册的船舶所有人、光船承租人、二船东（转租合同承租人），或者订约承运人。[380]

总体来说，如果租船人为光船承租人[381]，在这种情况下租船人雇用自己的船长和船员，有可能船长作为租船人的代理人签署提单，那么租船人将为承运人。然而如果租船人不是光船承租人（即期租或程租），船长和船员为船舶所有人的雇员，运输合同一般是和船舶所有人签订的。如果契约中规定船长作为船舶所有人的代理人签订提单，且托运人不知道租船合同中包含这样的条款，也是有这种情况的。[382]

提单上可能包含条款说明与托运人签订合同的一方应该为船舶所有人（或者光船承租人），而不是（普通的）租船方。[383]但是这样的条款是令人困惑的。提单上的署名和署名人的资格也可能会起到作用。在某些不太可能正确判断起诉对象的情况下，承担同时起诉租船人和船舶所有人的花费是必要的。这是因为如果货物所有人错误地把租船人当成船舶所有人对其要求货物损失，租船人不能被当做船舶所有人的代理人，除非他得到后者的授权[384]，并且如果对所有人的诉讼在《海牙—维斯比规则》的时间期限之外才提起，那么之后对其的诉讼会失效。[385]情况总在变化，在每种情况下提单是租船人的还是所有人的这个问题是关于解释的问题，这取决于周围的环境。[386]

这个问题在 *The Starsin* 案[387]中进行了探讨。这个案例中涉及对由不良积载引起的木材变质的索赔。货物所有人对船舶所有人和承运人都提起了诉讼。相关提单由港口代理人签署，并在提单上印有“(作为承运人的）代理人”的字样。提单背后的详细条款表明提单表明了与船舶所有人或光船承租人签订的运输合同（船舶实际为承运人定期租船）。英国上议院在解释提单时，认为提单为租船人的，而非所有人的。考虑到商业交易进行的速度，（在提单表面的）特别标注的字样应该比提单背后的标准格式条款的分析具有更重要的地位。因此船舶所有人在合同中的专门补救会针对租船人而不是所有人。[388]

如果信用证为支付方式且提单需要出示，UCP 600（2007 修订）[389]规定银行会对提单进行形式审查。

这种对早期 UCP 条款的发展，即省略了签字的要求，可能会帮助货物所有人在信用证下确认起诉的正确的当事人。

□《1992 年海上货物运输法》下责任和起诉的权利

海上货物运输合同常常由发货人签订，尤其是在诸如严格的 FOB 合同、 15—053
有额外服务的 FOB 合同，或者 CIF 合同下，当他需要在交货期限内将货物卖掉时。如果对承运人提起诉讼是必要的，那么引出的问题是谁有权来起诉，发货人还是收货人？

在《1992 年海上货物运输法》[390]生效之前，在提单被转移给收货人或被背书人，且物权通过交付委托和背书行为而转让的情况下，收货人或被背书人有权根据《1855 年提单法》第一部分对运输合同起诉。换句话说，该条款作为起诉权利的法定转让而使用，并且收货人或者被背书人有权对货物的灭失和货损对承运人提起诉讼，因为他作为货物的所有人而遭受了货物的损害。[391]如果物权的转移并非“基于或通过”提单的背书，例如在转运之前就转移给收货人，则在《1855年提单法》下诉讼的权利并没有转移给收货人。[392]

《1992年海上货物运输法》(简称为“1992年法案”)[393]废除了《1855年提单法》。[394]总的来说，1992年法案规定了关于提单、海运货单和提货单的起诉权利；免除了物权转移的要求[395]；区分了受让人权利和责任的转移；规定了持有者能代表承受货损的人起诉，尽管自己并未遭到损失；并且在调查之前就散装货物制定有关起诉权利的条款。

1992年法案应用于[396]：

(1) 任意提单；

(2) 海运货单

(3) 船舶的提货单。

在1992年法案中，通过背书不能转移的提单不在考虑范围内[397]，但是法律委员会认为这样的提单符合海运货单的定义。[398]备运提单也包括在内。[399]海运货单并非提单，而是包含或表明了运输合同的货物收据，并表明了合同下谁来接收货物。[400]船舶的提货单也并非提单或海运货单，而是包含了有关运输合同的保证和承运人将货物提交给特定收货人的保证的单据。[401]

作为提单的法定持有者[402]，或海运货单的特定收货人，或提货单中涉及的有权接收货物的人，将有权在运输合同下起诉承运人，“只要他是合同的一方”[403]。但是这个条款中存在例外。当提单没能给持有者拥有货物的权利时，这种情况会发生，除非他在提单不再是物权凭证的可转移单据之前就根据合同或协议成为持有人[404]，或者起诉权的丧失是履行协议的过程中交给另外一方的货物或单据被拒收造成的。[405]后面的条款能用这个案子的《草案法》的解释来阐述[406]：

“……卖方和买方在3月签订了销售合同，规定3月交付货物。在货物交付后，提单将不再是可转移的物权凭证。货物在到达后被拒收，单据使它们原路返回直到11月它们到达卖方。尽管到11月，提单已经不再代表有效的货物的所有权，但卖方仍然能够起诉承运人，因为在提单不再为可转移的物权凭证之前，在协议(3月的销售合同)下交付的货物被拒收，使得他成为提单的所有人。”

在船舶的提货单下，起诉的权利涉及提货单的规定，而且局限于提货单中的货物。[407]第五部分(4)(b)中规定了在没有指明货物的提单下起诉的权利存在，无论因为它们与其他货物混合还是其他原因。[408]

该条款是为自己未遭受损失但代表遭受损失的人提起诉讼的人制定的[409]，并且说明了持有人起诉的权利是在提单背书给其他人或提交货物的权利转移给其他人时消失的。[410]

在以下情况中，某人根据第二部分第一条[411]在运输合同下承担责任[412]：

(1) 向单据中涉及的任何货物的承运人要求或实行货物交付；

(2) 就任何货物，在运输合同下向承运人要求索赔；

(3) 在授予此人这些权利之前，向任何货物的承运人要求或实行货物交付。

“要求交付”在法庭上有着严格的解释，意味着提单的被背书人通过正式的请求确认拥有货物交付给他的合同权利。[413]在此案中，提单的持有者需要货物的样品，在检验样品后拒绝它并卖掉了它。在英国上议院的判决中，Hobhouse 法官认为该案中不足以适用以上 1992 年法案的第二部分第一条；船舶驶向泊位和取得货物样品被认为只是要求提交货物之前的准备行为。

在船舶的提货单下进行的散装运输中，责任局限于提货单中涉及的货物。[414]所有上文都对作为运输合同原始当事人的托运人或承运人的责任无偏袒。[415]

在 1992 年法案生效之前，当船舶所有人在提单出示后提交货物，且持有者没有货物的所有权时[416]，法庭默认承运人和提单持有人之间存在 *Brandt v Liverpool*[417]合同。当船舶所有人在提单未出示时交付货物时，会应用 *Brand v Livepool* 合同。[418]

与提单的陈述有关的条款采用法律委员会推荐（5）[419]，*Grant v Norway*[420]中的条款应该作废。所以第四节[421]说明：

“提单——（a）代表货物已装载上船或已准备好装载；（b）由船长签发，或由虽非船长，但却有签署提单的承运人明确的、暗示的或显然的授权的人签发——应该有利于提单的法定持有者，成为装运货物的或者装运收据的承运人的绝对证据。”

这在第五部分第四条（a）中再次得到了强调。该条款表明此法案的条款应用于货物不复存在的情况下。

1992 年法案用法定文件为国务大臣制定了广泛的条约，规定该法案可应用于 EDI（电子数据交换），使之像书面的信息一样具有相同的效力和影响。[422]

尽管 1992 年法案只处理合同中起诉的权利的问题，有关侵权的起诉权利并不包括其中。[423]

如果承运人错误地将货物交付给没有权利接收货物的人，承运人则对产权转移中的侵权行为负有责任。[424]尤其是当收货人将货物转售给另一位购买者并将提单转移给购买者，但却说服承运人到达后在没有提单的情况下交付货物给他时，这种情况会出现。[425]

该法案没有对多式联运单据制定特别的条款，但委员会认为，通过包括“备运”提单，多式联运单据也“在适用的范围之内”。[426]

注释

[1] See generally Scrutton, *Charterparties and Bills of Lading* (20th edn, 1996); Halsbury's

Laws of England, Vol. 43 (2) (Reissue), Pt 14.

[2] 然而在空运中也存在非公约运输，见第 17 章。

[3] 缩略词 CMR 代表《国际公路货物运输公约》。也存在与货物铁路运输有关的国际公约，叫做 CIM，代表《国际铁路货物运输公约》。CIM 包含在《国际铁路运输公约》中，即 COTIF。国际铁路运输的内容，见第 18 章。

[4]《海牙—维斯比规则》，参见第 15—021 段，第 15—022 段，第 15—042 段到第 15—046 段，第 15—048 段，第 15—049 段，第 15—051 段；《华沙公约》，见第 17 章；CMR 见第 18 章。

[5] See J. Ramberg in *International Carriage of Goods*: *Some Legal Problems and Possible Solutions* (C. M. Schmitthoff and R. M. Goode ed., 1988).

[6] 这个称号应用于与海运承运人签立合同的人。他通常为出口商，即卖方，但是也可能是买方或买方的代理人。

[7] 参见下文第 15—003 段。但提单也能就租用船中装载的货物签发，参见下文第 15—023 段。

[8] 参见下文第 15—019 段。

[9] 见第 17 章。

[10] 见第 17 章。

[11] 见第 18 章。

[12] 见第 16 章。

[13] 见第 18 章。

[14] 参见下文第 15—029 段。

[15] UCP 600 于 2007 年 7 月 1 日生效，第 19 条。见第 11 章。

[16] 有关电子商务和电子数据交换，见第 33 章。

[17] 或者是从目前来看有权参与货物运输合同的非船舶所有人，例如租船者。有关作为托运人的出口商该与船舶所有人还是租船人订立合同的问题，参见下文第 15—052 段。

[18] 或者"运输契约"。

[19] Scrutton, *Charterparties and Bills of Lading* (20th edn, 1996), pp. 2, 3.

[20] 参见下文。

[21] 参考案例 *Heskell v Continental Express Ltd* [1950] 1 All E. R. 1033 at 1037。

[22] 货运经纪人的佣金由船舶所有人支付，然而运输代理人的佣金由托运人支付。

[23] 参考案例 *Harris & Son Ltd v China Mutual Steam Navigation Co Ltd* [1959] 2 Lloyd's Rep. 500 at 501。也可参考 *Naviera Mogor SA v Societe Metallurgique de Normandie*; *The Nogar Marin* [1988] 1 Loyld's Rep. 412 at 420, CA。

[24] 参考案例 *Cremer v General Carries SA* [1973] 2 Lloyd's Rep 366（大副收据上的限制不会转移到签发的清洁提单上）。

[25] 参考案例 *De Clermont and Donner v General Steam Navigation Co* (1891) 7 T. L. R. 187。

[26] 参考案例 *De Clermont and Donner v General Steam Navigation Co* (1891) 7 T. L. R. 187。

[27] 如果某人被指名；大部分收据不指名。

[28] 然而特别的是，根据当地惯例大副收据可能为物权凭证，但"不能流通"的标注使之不能成为物权凭证：参考案例 *Kum v Wah Tat Bank Ltd* [1971] 1 Lloyd's Rep. 439 at 443（这样的当地惯例可以在新加坡和沙捞越的贸易中找到）。

[29] 参考案例 *Nippon Yusen Kaisha v Ramjiban Serowgee* [1938] A. C. 429。

[30] 在实务中，提单有时只有在船舶离开港口时才交给托运人。当提单在《1971 年海上货物运输法》下签订时，正如从英国港装载托运的案例（参见下文第 15—021 段），《海牙—维斯比规则》中的第

三条第 3 款规定托运人能在承运人接收掌管货物后要求签发提单。参见下文第 15—025 段。

［31］参见下文第 15—040 段。

［32］参见下文第 2—021 到 2—025 段。

［33］参见下文第 10—002 段。

［34］船舶运输代理人的作用在案例 *A/S Hansen-Tangens Rederi Ⅲ v Total Transport Corporation*；*The Sagona*［1984］1 Lloyd's Rep 194 198 - 199 中由 Staughton J. 阐述。在船舶到达后，他处理港口、移民和海关程序，并安排恰当的卸货。在法律中，他通常是船舶所有人的代理人，但如果船舶为定期租船，他通常为租船人的代理人。

［35］Scrutton，*Charterparties and Bills of Lading*，(20th edn，1996)，p. 292.

［36］由于契约自由的特点，租船合同的当事人常常会采取标准格式，例如尤其是"金康"程租合同、"巴尔 1939"租船合同和纽约物品交易所形式。但有时基本格式中的条款会根据实际需要变动；参考案例 *Compagnie Tunisienne de Navigation SA v Compagnie d'Armement Maritime SA*［1971］A. C. 572。

［37］参见下文第 15—021 段，第 15—022 段；第 15—042 到 15—046 段；第 15—048 到 15—051 段。

［38］参见下文第 15—023 段。

［39］UCP 600（2007 年修订），第二十条，第二十二条。第二十二条中还规定，银行不用检查租船合同的条款，尽管租船合同要求在信用证下出示。

［40］参见第 15—003 段和第 15—019 段。由托运人递交给承运人的提单草稿通常为一种发盘，但只有在承运人通过接收托运人货物而接受该发盘时，运输合同才能达成。参考案例 *Burke Motors Ltd v Mersey Docks and Harbour Co*［1986］1 Lloyd's Rep. 155。

［41］［1951］1 K. B. 55. 但是没有被主要的特别协议改变的提单上的条款仍然有效，参考案例 *The Arawa*［1980］2 Lloyd's Rep. 135 at 138。

［42］参见下文第 15—052 段。

［43］Scrutton，*Charterparties and Bill of Lading*，(20th edn，1996)，p. 123.

［44］*Per* Bigham J. in the unreported case of *Hecker v Cunard S. S.*，July 1898 (referred to by Scrutton，*loc. cit.*，p. 123 n. (2)).

［45］参考案例 *Kirchner v Venus*（1859）12 Moore PC 361 at 390；*Compania Naviera General SA v Kerametal Ltd*；*The Lorna I*［1983］1 Lloyd's Rep. 373 at 374。预付运费和"运费到付"参见下文第 15—010 段，第 15—011 段。

［46］参考案例 *The Argos*（*Cargo ex*），*Gaudet v Brown*（1873）L. R. 5 PC 134。

［47］参考案例 *Dakin v Oxley*（1864）15 C. B. N. S. 646。

［48］参考案例 *The Argos*（*Cargo ex*），*Gaudet v Brown*［1873］L. R. 5 PC 134。

［49］参考案例 *Asfar v Blundell*［1896］1 Q. B. 123；这里涉及的"销售属性"的含义，参考 Donaldson J. 的案例 *Montedison SpA v Icroma SpA*［1980］1 Lloyd's Rep. 91 at 95。

［50］参考案例 *Aries Tanker Corporation v Total Transport Ltd*［1977］1 W. L. R. 185；*Bank of Boston Connecticut v European Grain and Shipping Ltd*；*The Dominique*［1989］A. C. 1056；*RH & D International Ltd v IAS Animal Air Services Ltd*［1984］1 W. L. R. 573（应用于 CMR 费用）。

［51］Scrutton，*Charterparties and Bills of Lading*，(20th edn，1996)，p. 331.

［52］参考案例 *The Metula*［1978］2 Lloyd's Rep. 5。

［53］Scrutton，*Charterparties and Bills of Lading*，(20th edn，1996)，p. 329.

［54］参考案例 *William Thomas & Sons v Harrowing Steamship Co*［1915］A. C. 58。

［55］参考案例 *Bank of Boston Connecticut v European Grain and Shipping Ltd*，*The Dominique*

[1989] A. C. 1056”。

[56] 参考案例 *Oriental Steamship Co Ltd v Tylor* [1983] 2 Q. B. 518。

[57] 参考 James L. J 的案例 *Ex p. Nyholm, re Child* (1873) 43 L. J. Bk. 21 at 24。

[58] 如果，例如预付运费在船长签发提单五天后是应付的，货物不慎在这五天里丢失，且提单里不包括“装船时赚得”或类似的条款时，承运人不能要求（未付的）预付费用，参考案例 *Compania Naviera General SA v Kerametal Ltd*; *The Lorna I* [1983] 1 Lloyd's Rep. 373, *The Dominique* [1989] A. C. 1056。

[59] 参考案例 *Dufourcet v Bishop* [1886] 18 Q. B. D. 373; *Rodocanachi v Milburn* (1886) 18 Q. B. D. 67。

[60] 见第 19 章。

[61] 参考 Brandon J. 的案例 *The Pantanassa* [1970] 1 Lloyd's Rep. 153 at 163, *Federal Commerce and Navigation Ltd v Molena Alpha Inc* 和 *The Nanfri* [1979] A. C. 757。

[62] 同上。

[63] 参考案例 *St. Enoch Shipping Co Ltd v Phosphate Mining Co* [1916] 2 K. B. 624。

[64] Scrutton, *Charterparties and Bills of Lading*, (20th edn, 1996), p. 333; 除外危险，见第 15—043 段。

[65] 参考案例 *The Argos* (*Cargo ex*) (1873) L. R. PC 134。

[66] 见第 5—015 段。

[67] 参考案例 *Booth Steamship Co Ltd v Cargo Fleet Iron Co Ltd* [1916] 2 K. B. 570。

[68] 参考案例 *Cf. Total Transport Corporation of Panama v Amoco Transport Co*; *The Altus* [1985] 1 Lloyd's Rep. 423。

[69] 见 Halsbury 第 43 卷 (1)。

[70] 参考案例 *Mogul Steamship Co v McGregor*; *Gow &Co* [1892] A. C. 25。

[71] See L. Juda, “The UNCTAD Liner Code: A Preliminary Examination of the Implications of the Code of Conduct for Liner Conferences”, (1985) 16 Journal of Maritime Law and Commerce, 181.

[72] 在 [1982] J. B. L. 441 的一项评论中。

[73] 法规的第一条。

[74] 参考案例 *Mogul Steamship Co v McGregor, Gow & Co* [1982] A. C. 25。

[75] 1985 年指令生效的《1982 年商船（班轮公会）法》(SI 1982/182)。下列 SI 也被颁布：《1985 年商船（班轮公会）（确认条件）规范》(SI 1985/405)；《1985 年商船（班轮公会）（强制规定）规范》(SI 1985/406)。

[76] 理事会规则 4056/86，于 1987 年 7 月 1 日生效，称为《1986 年海上运输（反托拉斯）规范》，见 [1986] O. J. L378/4。该条例被规则 1419/06 废除，见下一注释。

[77] 870/95。

[78] 通过条例 1419/2006，尽管就满足之前制度的班轮公会来说，之前豁免还会在过渡期的两年中继续。也可参考竞争法规则 411/2004 和之后的第 29 章，还可参考欧洲委员会决议 [1992] O. J. L134 和与班轮公会有关的 [1993] O. J. L134。

[79] 见第 21—032 段。

[80] 第 1—4 节，于 1996 年 1 月 1 日生效。

[81] 见第 15—052 段。

[82] 见第 15—053 段。

[83] 见第 5—015 段。

[84] 参考案例 *Canadian Pacific* (*Bermuda*) *Ltd v Lagon Maritime Overseas*; *The Fort Kipp* [1985] 2 Lloyd's Rep. 168。

[85] 见第19—028段。

[86] Scrutton, *Charterparties and Bills of Lading*, (20th edn, 1996), p. 378.

[87] 参考案例 *Whinney v Moss Steamship Co Ltd* (1910) 15 Com. Cas. 114。

[88] Malynes *lex Mercatoria* (3rd edn, 1686), p. 97.

[89] 参考案例 *Gosse Millard Ltd v Canadian Government Merchant Marine* [1929] A. C 233 at 236 (涉及1971年法案前的《1924年海上货物运输法》)。

[90] 见 A. Diamond Q. C, "The Hague-Visby Rules" [1978] L. M. C. L. Q., 225。

[91] Scrutton, *Charterparties and Bills of Lading*, (20th edn, 1996), p. 404.

[92] 见《1936年美国海上货物运输法》。

[93] 协议草案是由国际贸易法委员会有关运输法律的第三工作组来筹备的，见 http://www.uncitral.org。

[94] 见《1971年海上货物运输法》第一条第3款。

[95] 参考案例 *Rafaela S* [2005] 1 Lloyd's Rep. 347。上诉法院认为规则应用于从英国港转运的情况。货物从南非的德班运送到英国的菲力斯杜港，再由 Rafaela S 装载从菲力斯杜港运送到美国的波士顿。尽管货物运输是在一张全程提单下进行的，规则仍然适用。但参考相反的案例 *The Anders Maersk* [1986] Lloyd's Rep。该案例中香港高级法院认为转运和货物运输并不相同，不足以应用该规则。这个问题很重要，因为规则在船舶停靠到提单中没有提到的港口时都可能被应用，更别提表明的运送港口了。

[96] 原始的《海牙规则》不能利用于沿海运输（《1924年海上货物运输法》第四条；见《1971年海上货物运输法》第一条第3款）。

[97]《1971年海上货物运输法》第一条第3款。

[98] 参考案例 *Mayhew Foods Ltd v Overseas Containers Ltd* [1984] 1 Lloyd's Rep. 317；也见 *The Anders Maersk* [1986] 1 Lloyd's Rep. 483。

[99]《海牙—维斯比规则》第三条第8款。

[100] [1983] A. C. 565。也可参考案例 *The Saudi Prince* (*No. 2*) [1988] 1 Lloyd's Rep. 1（印度法下第三条第8款的应用）；*Sierra Leone Government v Margaritis Marine Co Ltd*；*The Amazona*, *The Yayamaria* [1989] 2 Lloyd's Rep 130。（第三条第8款在 *The Hollandia* 案例中解释。）

[101] 该案例是在英国的管辖下发生的，因为 Haico Holwerda 船舶的姊妹船 The Hollandia，在英国的管辖下被扣押。

[102] 在案例 *The Hollandia* 中进一步认为，与规则相反，确定管辖权条款的选择是否有降低承运人责任的效力的时间，为承运人试图依靠减轻条款的时候。在案例 *Pirelli Cables Ltd v United Thai Shipping Corporation Ltd* [2000] 1 Lloyd's Rep. 663 中也有相似的结论。该案中，原告有权无视额外的支持在泰国法庭开庭的管辖权条款，并在英国开始诉讼，除非被告并不会在泰国的诉讼中依靠更低的责任限制。在泰国，规则并没有强制效应。

[103] 参考案例 *Hellenic Steel Co v Sudamar Shipping Co*；*The Kominos S* [1991] 1 Lloyd's Rep 371。

[104] 见《1971年海上货物运输法》s. 1 (4)。这将会包括非流通的提单，参考案例 *The Happy Ranger* [2001] 2 Lloyd's Rep 530 和 *The Rafaela S* [2005] 1 Lloyd's Rep 347（见第15—024段）。

[105] 见第15—033段。

[106] 参考案例 *Browner International Transport Ltd v Monarch S. S. Company Ltd*；*The European*

Enterprise [1989] 2 Lloyd's Rep. 185。

[107] 见《1971 年海上货物运输法》第一部分第六条（b)。

[108] 参考案例 *Adamastos Shipping Co Ltd v Anglo-Saxon Petroleum Co Ltd* [1957] 2 Q. B. 233 at 266 和 *Nea Agrex SA v Baltic Shipping Co Ltd* [1976] Q. B. 933 at 943"。

[109] 参考案例 *Browner International Transport Ltd v Monarch S. S Co Ltd*；*The European Enterprise* [1989] 2 Lloyd's Rep. 185。

[110] 由第一部分第六条（b）规定。

[111] 见《海牙—维斯比规则》第四条第 5 款。

[112] 参考案例 *McCarren v Humber International Transport Ltd*；*The Vechscroon* [1982] 1 Lloyd's Rep. 301。

[113] 例如，规则的限制条款不会被约定好的担保否定或损害。参考案例 *Seabridge Shipping AB v AC Orssleff's Eftf's A/S* [1999] 2 Lloyd's Rep 685，也可参考 Privy Council decision in *Dairy Containers Ltd v Tasman Orient Line CV* [2004] UKPC 22（包括《海牙规则》)。

[114] 例如，商用车辆运行指令，参考案例 *McCarren v Humber International Transport Ltd*；*The Vechscroon* [1982] 1 Lloyd's Rep. 301。

[115] 参考案例 *Adamastos Shipping Co Ltd v Anglo-Saxon Petroleum Co Ltd* [1959] A. C. 133；*The Merak* [1964] 2 Lloyd's Rep. 527 at 536；*Seven Seas Transportation Ltd v Pacifico Union Marina Corporation*；*The Stya Kailash and Oceanic Amity* [1984] 1 Lloyd's Rep. 588。

[116] *Halsbury's Laws of England* (4th edn, Reissue), Vol. 43 (2), "Shipping and Navigation", para. 1483.

[117] 见《海牙—维斯比规则》第一条（c)。

[118] 参考案例 *Svenska Traktor Akt v Maritime Agencies (Southampton) Ltd* [1953] 2 Q. B. 295。

[119] 参考案例 *Svenska Traktor Akt v Maritime Agencies (Southampton) Ltd* [1953] 2 Q. B. 295。

[120]《海牙—维斯比规则》第一条（b)，认为提单必须规范承运人和提单所有人之间的关系。

[121] 参考案例 *Enrico Furst & Co v WE Fischer Ltd* [1960] 2 Lloyd's Rep. 340。

[122] 见之前第 15—004 段、注释 [14] 以及 UCP 600 第 20 条和 22 条。

[123] 参考案例 *Federal Commerce and Navigation Ltd v Molena Alpha Inc*；*The Nanfri*，*The Benfri*，*the Lorfri* [1979] A. C. 757；*Paros Shipping Corporation v Nafta (GB) Ltd*；*The Paros* [1987] 2 the Lloyd; s Rep. 269(在此案中提单违背了租船合同，并未以租船合同规定的形式签发)。

[124] 见下文。

[125] 见第 15—052 段。

[126] 参考案例 *Skips A/S Nordheim v Syrian Petroleum Co Ltd*；*The Varenna* [1984] Q. B. 599 at 615。

[127] 参并条款的措辞各不相同。见 Scrutton，*Charterparties and Bills of Lading* (20th edn, 1996) Art. 37。

[128] 参考案例 *The Emmanuel Coloctronis (No. 2)* [1982] 1 Lloyd's Rep. 286。

[129] 参考案例 *Seateam & Co v Iraq National Oil Co*；*The Sevonia Team* [1983] 2 Lloyd's Rep. 640 at 644。

[130] 参考案例 *The Heidberg* [1994] 2 Lloyd's Rep. 287；*cf. Gill & Duffus SA v Rionda Futures* [1994] 2 Lloyd's Rep. 67；*Swiss Bank Corp v Novorissiysk Shipping Co*；*The Petr Schmidt* [1995] 1 Lloyd's Rep. 509——此案中未达成租船合同。

[131] 参考上面的案例 *The Heidberg*。

［132］参考案例 *Thomas & Co Ltd v Portsea SS Co Ltd*［1912］A. C. 1；*The Merak*［1964］2 Lloyd's Rep. 527；*The Annefield*［1971］1 Lloyd's Rep. 1。

［133］参考案例 *Miramar Maritime Corp v Holborn Trading Ltd*；*The Miramar*［1984］A. C. 676。此案中租船合同中的"租船者"字样不能被提单中的"收货人"代替。也可参考案例 *SA Sucre Export v Northern River Shipping Ltd*；*The Sormovskiy 3068*［1994］2 Lloyd's Rep. 266。

［134］参考案例 *Thomas & Co Ltd v Portsea SS Co Ltd* 和 *The Annefield*，*supra*；*Daval Aciers D'Usinor et de Sacilor v Armare Srl*；*The Nerano*［1996］1 Lloyd，s Rep. 1。

［135］参考案例 *The Nerano* 和 *The Ouinoussin Pride*［1991］1 Lloyd's Rep. 126。

［136］见第 9—004 段。

［137］参考案例 *Kum v Wah Tat Bank Ltd*［1971］1 Lloyd's Rep. 439 at 446。

［138］例如案例 *OK Petroleum AB v Vitol Energy SA*［1995］2 Lloyd's Rep. 160 at 163。

［139］见第 15—039 段。

［140］参考案例 *Soproma SpA v Marine & Animal By-Products Corporation*［1966］1 Lloyd's Rep. 367。至于担保，见《1889 年代销商法》第一部分。

［141］托运人可能指名自己为收货人。

［142］英国上议院证实非流通提单，在指名的一方手中发挥着物权凭证的作用，授权给指名的一方（但并非被背书人）在提单出示后接收货物。参考案例 *The Rafaela S*［2005］1 Lloyd's Rep. 347。

［143］见第 9—004 段。

［144］见第 27—017 段。

［145］见第 5—015 段。

［146］系列合同是指在同一货物或同一提单下的一系列销售合同，即货物由 A 售予 B，再由 B 售予 C，等等，一直继续下去。

［147］见第 15—033 段，第 15—034 段。

［148］参考案例 *Diamond Alkali Export Corporation v Fl. Bourgeois*［1921］3 K. B. 443。关于"准备装运"提单的措辞参考案例 *Ishag v Allied Bank International*，*Fuhs and Kotalimbora*［1981］1 Lloyd's Rep. 92 at 97。

［149］［1952］1 Lloyd's Rep. 183.

［150］见第 15—021 段，第 15—022 段。

［151］见第三条第 3 款。

［152］见第三条第 7 款。

［153］见第三条第 7 款。

［154］UCP 600 第 20 条（a）（ⅱ）。

［155］见第 16—007 段。

［156］见第 15—003 段和第 15—037 段。

［157］参考案例 *Golodetz & Co Inc v Czarnikow-Rionda Co Inc*；*The Galatia*［1980］1 W. L. R. 495，CA。

［158］有时候租船合同提单（即参考租船合同条款的提单）被描述成"不清洁"提单，但是这个术语容易让人混淆，应该避免，参考案例 *Federal Commerce and Navigation Ltd v Molena Alpha Inc*；*The Nanfri*，*The Benfri*，*The Lorfri*［1979］A. C. 757。

［159］当中转发生在货物运送之前时，也可使用全程提单。本章中的观察也使用这种必要的修正。

［160］Scrutton，*Charterparties and Bills of Lading*（20th edn，1996）Art. 180，p. 369.

［161］见第 2—032 段和第 11—013 段。在这两段中讨论了 UCP 中涉及禁止转运的提单的可承兑行

的条款。

［162］见第 15－010 段。

［163］同上。

［164］见第 15－020 段。

［165］见第 16 章

［166］同上。

［167］FIATA 代表国际运输商协会。它的总部在 CH-8050 瑞士苏黎世 P. O. BOX 8493 Baumackerstrasse 24 号。FIATA 在用的三个文件为：FIATA FCR（运输代理行的收货证明书），FIATA FCT（运输代理行的运输证明书）和 FBL（可流通的 FIATA 联合运输提单）。

［168］FIATA 单据的“可流通性”只意味着运输合同下的权利的可转让性但并非责任的转让。进一步来说，FIATA 联合运输提单不是物权凭证，但合同规定交出适当背书的单据是接受货物的前提条件。

［169］见第 16 章。

［170］见 UCP 600 第 19 条。

［171］《统一商法典》s. 1－201（6）中对提单的定义比英国的定义要广泛；该定义中还包括了由参与商业运输和运送货物者签发的货物收据，包括空运单。

［172］见第 15－053 段。

［173］参考案例 *Comptoir d'Achat v Luis de Ridder*；*The Julia*［1949］A. C. 293。

［174］见第 15－039 段。

［175］见第 17 章。

［176］参考案例 *Noble Resources Ltd v Cavalier Shipping Corp*；*The Atlas*［1996］1 Lloyd's Rep. 642。

［177］参考案例 *Rudolf Oetker v IFA Internationale Frachtagentur AG*；*The Almak*［1985］1 Lloyd's Rep. 557。

［178］参考案例 *The Atlas* at 645。

［179］有关收货人和承运人的身份见第 15－053 段。

［180］见第 15－024 段。

［181］见 UCP 600 第 21 条。

［182］见第 11－013 段。

［183］见《法律委员会报告》有关 1992 法案条款的第 5.9 段。

［184］见第 15－053 段。

［185］见《国际海事委员会有关电子提单条约》前言第 22 页。电子数据互换内容见第 33 章。

［186］举例：在 FOB（由买方和承运人签订）合同（见第 2 章）中，非流通单据，尽管被称为提单，也只是承运人的收据。但是在严格的 FOB 合同或有额外服务的 FOB 合同或者是 CIF 合同下，非流通提单也可能为真正的提单。

［187］见第 15－022 段。

［188］见 1971 年法案第一部分第一条第 4 款和只应用于提单的第三条第 4 款。

［189］见 1971 年法案 s. 1（6）（b）；参考案例 *The European Enterprise*［1989］2 Lloyd's Rep. 185，见第 15－022 段。

［190］也称为“纯粹的”提货单。

［191］见《有关海上货物运输的起诉权利》（法律委员会，第 196 号），第 5.23—5.31 段。

［192］有关各种提货单的完整解释可在 Kerr 法官的案例 *Cremer v General Carriers SA*；*The Dona*

Mari [1974] 1 W. L. R. 341 at 349；*Waren Import Cesellschaft Krohn & Co v Internationale Graanhandel Thegra NV* [1975] 1 Lloyd's Rep. 146. ibid 中找到。

[193] 参考案例 *Comptoir d'Achat v Luis de Ridder*；*The Julia* [1949] A. C. 293。

[194]《1992 年海上货物运输法》s. 2 (1)；见第 15—052 段。

[195] 见《联合国国际贸易法委员会有关电子商务的标准法》，《2000 年电子通信法》，《欧盟电子商务指令》。电子商务将在第 33 章详细讨论。

[196] 见国际海事委员会关于电子提单系统的电子提单规则。在 http://www. bolero. net 可查询 BOLERO 系统即电子提单的可用商用系统的相关信息。

[197] 参考案例 *Mendala Ⅲ Transport v Todd Transport Corp*；*The Wiloma Tanana* [1993] 2 Lloyd's Rep. 41。在已装船的案例中，当货物在内陆集装箱收货站置于"满载"集装箱时，这不是更早的时点，*per* Mocatta J. in *United City Merchants (Investments) Ltd v Royal Bank of Canada*；*The American Accord* [1979] 1 Lloyd's Rep. 267 at 271—273。

[198] 参考案例 *Rudolf A Oetker v IFA International Frachtagentur AG*；*The Almak* [1985] 1 Lloyd's Rep. 557 at 558。

[199] 参考案例 *Stumore Weston & Co v Michael Breen* (1886) 12 A. C. 698（承运人可能向被保障的船长索赔）。也可参考 *The Saudi Crown* [1986] 1 Lloyd's Rep. 261。

[200] 参考案例 *The Almak* at 560。

[201] 除非该违反被看做是对匿名条款的违反。见第 5—004 段。

[202] 参考案例 *Re an Arbitration between the General Trading Co (Ltd) v van Stolk's Commissiehandel* (1911) 16 Com. Cas. 95；*Procker & Gamble Philippine Manufacturing Corporation v Kurt A Becher GmbH & Co KG* [1988] 2 Lloyd's Rep. 21, CA。

[203] [1985] Lloyd's Rep. 557.

[204] 见第 11—021 段。

[205] [1983] A. C. 168；参考案例 *Standard Chartered Bank v Pakistan National Shipping Corp* [1995] 2 Lloyd's Rep. 365（船舶所有人和代理人对接受错误标注日期的提单而付款的银行负责），见第 11—044 段。

[206] 参考案例 *Mendala Ⅲ Transport v Total Transport Corp*；*The Wiloma Tanana* [1993] 2 Lloyd's Rep. 41。

[207]《海牙—维斯比规则》第三条第 3 款。

[208] 参考案例 *Trade Star Line Corp v Mitsui & Co Ltd*；*The Arctic Trader* [1996] 2 Lloyd's Rep. 449 at 458。

[209] *Per* Salmon J. in *British Imex Industries Ltd v Midland Bank Ltd* [1958] 2 Q. B. 542 at 551.

[210] *Per* Sir R. Phillimore in *The Peter der Grosse* (1875) 1 P. D. 414 at 420.

[211] *Per* Branson J. in *Re National Petroleum Co*；*The Athelviscount* (1934) 39 Com. Cas. 227 at 236；*Harris & Son Ltd v China Mutual Steam Navigation Co Ltd* [1959] 2 Lloyd's Rep. 500 at 501（内在缺陷）。也见规则第四条第 2 款。

[212] *Per* Channel J. in *Compania Naviera Vascongada v Churchill & Sim* [1906] 1 K. B. 237 at 247".

[213] 参考案例 *Silver v Ocean Steamship Co* [1930] 1 K. B. 416；*Cremer v General Carrier SA* [1974] 1 W. L. R. 341 at 500；*Naviera Mogor SA v Societe Metallurgique de Normandie*；*The Nogar Marin* [1988] 1 Lloyd's Rep. 412（尽管运送的焊丝卷明显生锈，仍签发了清洁提单。船舶所有人应该负责）。

[214]《海牙—维斯比规则》第三条第 4 款。

[215] 参考案例 *Silver v Ocean Steamship Co* [1930] 1 K. B. 416。

[216] 参考案例 *Boukadoura Maritime Corporation v SA Marocaine de' Industrie et du Raffinage Boukadoura*; *The Boukadoura* [1989] 1 Lloyd's Rep. 393。

[217] 原因可能为岸上的测量和装载的测量不同。

[218] 船长的测量被证明为接近正确的。

[219] *Per* Evan J., in *The Boukadoura*, above, at 399. 船长有权根据自己的诚信、合理的判断和技巧来标注提单。

[220] 见第 15—040 段。

[221] 见上。

[222] 参考案例 *New Chinese Antimony Co v Ocean Steam Ship Co* [1971] 2 K. B. 664; *Pendle & Rivet v Ellerman Lines* (1927) 33 Com. Cas. 70 at 77; *Re National Petroleum Co*; *The Athelviscount* (1934) 39 Com. Cas. 227; *Rederiaktiebolaget Gustav W Erikson v Dr Fawzi Ahmed Abou Ismail*; *The Herroe and The Askoe* [1986] 2 Lloyd's Rep. 281 at 283; *The Boukadoura* [1989] 1 Lloyd's Rep. 393 at 399。

[223] 参考案例 *Noble Resources v Cavalier Shipping Corp*; *The Atlas* [1996] 1 Lloyd's Rep. 642，为港口当局利益而准备的理货单据是装船数量的外在证据。参考案例 *Agrosin Pty Ltd v Highway Shipping Co Ltd*; *The Mata K* [1998] 2 Lloyd's Rep. 614。

[224] 参考 *The Skarp* [1935] 第 134 页。在上面 *The Herroe and The Askoe* 一案中，"未知"条款的效果被船长明确在提单说明运载的马铃薯包装上添加了签名和邮票的行为取代了。

[225] 参考 *The Skarp* at 142。

[226] 必要地，这是有关不能反悔的信任问题。在 *The Skarp* [1935] 第 134 页中，Langton 法官认为之前的案例说明，即使货物在有缺陷的情况下，收货人也应该接收货物。

[227] 参考案例 *Cremer v General Carriers SA* [1974] 1 W. L. R. 341 at 353。

[228] 这是排斥他人行为的原则（其他当事人间的交易）。

[229] 见《海牙—维斯比规则》第三条第 5 款。

[230] 见第 15—040 段。

[231] 见第 4—015 段。

[232] 见《海牙—维斯比规则》第三条第 3 款 (a)。

[233] 见《海牙—维斯比规则》第三条第 4 款，参考案例 *Att-Gen of Ceylon v Scindia Steam Navigation Co India* [1962] A. C. 60（但对于重量或包装的内容来说，提单甚至不是初步证据）。也可参考 *The Frank Pais* [1986] 1 Lloyd's Rep. 529 at 533。

[234] 见第 15—025 段。

[235] 见《海牙—维斯比规则》第三条第 4 款，第二句。

[236] 在《1992 年海上货物运输法》第四部分下提单是由船长签发的，见第 15—053 段。

[237] 参考案例 *Grant v Norway* (1851) 10 C. B. 665。

[238] 见第 15—053 段。

[239] 见第 27 章。

[240] 参考案例 *The Nea Tyhi* [1982] 1 Lloyd's Rep. 606。

[241] 参考案例 *The Nea Tyhi* [1982] 1 Lloyd's Rep. 606 at 611。参考案例 *The Saudi Crown* [1986] 1 Lloyd's Rep. 261。

[242] 参考案例 *V/O Rasnoimport v Guthrie & Co Ltd* [1966] 1 Lloyd's Rep. 1。

[243] 参考案例 *The Ardennes* [1951] 1 K. B. 55；*Choyang Shipping Co Ltd v Coral (UK) Ltd* [1997] 2 Lloyd's Rep. 641。

[244] 参考案例 *Leduc v Ward* [1888] 20 Q. B. D. 457。

[245] 见第 15—019 段。

[246] 提单所有人推定的货物所有权，而只要货物由承运人掌管，承运人就拥有实际的所有权。

[247] 见第 4—004 段到第 4—006 段。

[248] 参考案例 *The Kronprinsessan Margareta* [1921] 1 A. C. 486 at 517。关于在提单转移给收货人或者被背书人时托运人起诉的权利会在下面讨论，见第 15—053 段。

[249] 见第 15—003 段。在案例 *Motis Exports Ltd v Dampskibsselskabet AF*1912，*Aktieselskab* [1999] 1 Lloyd's Rep. 837 中，在伪造提单的出示下递交货物的船舶所有人对真实提单的所有人负责。由于他对在伪造的提单下拒绝递交货物不负有责任，被欺骗递交货物的行为没有抗辩理由。

[250] 参考案例 *Barclays Bank Ltd v Commissioners of Customs and Excise* [1936] 1 Lloyd's Rep. 81（提单不会因为"到期"而丧失其物权凭证的性质，例如在船舶到达之后没能立即出示）。

[251] 在石油运输中货物有时候在提单到达最后一个被背书人手中之前就到达了。这是因为提单是在系列合同下交易的。在这些案例中，承运人可能会根据银行的保函释放货物，但他将承担风险。

[252] [1959] A. C. 576。参考案例 *Chabbra Corporation Pte Ltd v Jag Shakti (Owners)*；*The Jag Shakti* [1986] A. C. 337；*Glebe Island Terminals Pty Ltd v Continental Seagram Pty Ltd*；*The Antwerpen* [1994] 1 Lloyd's Rep. 213；*SA Sucre Export v Northern River Shipping Ltd*；*The Somovskiy* 3068 [1994] 2 Lloyd's Rep. 266；*Kuwait Petroleum Corp v I & D Oil Carriers Ltd*；*The Houda* [1994] 2 Lloyd's Rep. 541；*MB Pyramid Sound NV v Briese Shiffahrts GmbH*；*The Ines* [1995] 2 Lloyd's Rep. 144。

[253] [1959] A. C. 576 at 586.

[254] 参考案例 *Trucks & Spares Ltd v Maritime Agencies (Southampton) Ltd* [1951] 2 All E. R. 982。

[255] 同上，at 983。

[256] 同上，at 984。

[257] 参考案例 *SA Sucre Export v Northern River Shipping*；*The Sormovskiy 3068* [1994] 2 Lloyd's Rep. 266。

[258] 参考案例 *A/S Hansen-Tangens Rederi III v Total Transport Corporation*；*The Sagona* [1984] 1 Lloyd's Rep. 194。

[259] 见第 15—024 段。提单作为物权凭证的性质源自商业管理，并在 *Lickbarrow v Mason* (1794) 5 T. R. 683"案例中第一次得到确认。提单作为类似可流通的工具的性质来源于《1855 年提单法》。

[260] 见第 15—037 段。

[261] 见第 15—037 段。

[262] 用不正当手段签发的清洁提单的收货人或被背书人可以对欺骗性的谎报起诉。参考案例 *Cordova Land Co Ltd v Victor Brothers Inc* [1966] 1 W. L. R. 193 at 800。

[263] [1957] 2 Q. B. 621。参考支持的印度案例 *Ellerman & Bucknall Steamship Co v Sha Misrimal* [1966] All India Rep. 1892。

[264] [1957] 2 Q. B. 621 at 639.

[265] [1957] J. B. L. 173.

[266] [1959] A. C. 576，见第 15—038 段有关讨论这个案例的部分。参考案例 *The Delfini* [1990] 1 Lloyd's Rep. 252 和 *The Houda* [1994] 2 Lloyd's Rep. 541。在案例 *Laemthong International Lines v*

Abdullah Fahem [2005] EWCA Civ 519 中，赔偿保证被给了租船者，但在《1999 年第三方合同权利法案》下，船舶所有人允许利用它。

[267] 参考案例 *The Houda* [1994] 2 Lloyd's Rep. 541。

[268] 参考案例 *The Delfni* [1990] 1 Lloyd's Rep. 252。

[269] 见《海牙—维斯比规则》第三条第 6 款（之二），见第 15—049 段。

[270] 见《1980 年限制法案》第五部分。如果赔偿保证以立契的方式给予，将会是 12 年（《1980 年限制法案》第八部分）。

[271] 船舶所有人对租船者要求赔偿保证会引发很多争论。这些案例中对这个问题的考虑已经超出了本书的范畴。

[272] 有关规则的评论详见 Scrutton，*Charterparties and Bills of Lading*（29th edn，1996）。

[273]《海牙—维斯比规则》第三条第 8 款。

[274] 见《1971 年海上货物运输法》第三部分。承运人恪尽职责保证船舶适航的内容见案例 *The Tilia Gorthon* [1985] 1 Lloyd's Rep. 552。

[275] *Per* Wright J. in *W Angliss & Co* (*Australia*) *Proprietary v Peninsular and Oriental Steam Navigation Co* [1927] 2 K. B. 456 at 461；*Ministry of Food v Lamport and Holt Line Ltd* [1952] 2 Lloyd's Rep. 371；*International Packers London Ltd v Ocean S. S. Co Ltd* [1955] 2 Lloyd's Rep. 218 at 236；*Riverstone Meat Co Pty Ltd v Lancashire Shipping Co Ltd*；*The Muncaster Castle* [1961] A. C. 807；*Union of India v NV Reederij Amsterdam*，*The Amstelslot* [1963] 2 Lloyd's Rep，223；*Albacora SRL v Westcott & Laurance Line Ltd*；*The Maltasian* [1966] 2 Lloyd's Rep. 53；*The Flowergate* [1967] 1 Lloyd's Rep. 1 at 7；*The Torenia* [1983] 2 Lloyd's Rep. 210.

[276] 参考案例 *Empresa Cubana Importadora de Alimentos "Alimport" v Iasmos Shipping Co SA*；*The Good Friend* [1984] 2 Lloyd's Rep. 586。但是如果当船舶本是适航的，但在经过巴拿马运河时需要减轻重量，这种情况在规则下是不适航的：参考案例 *Actis Co Ltd v The Sanko Steamship Co Ltd*；*The Aquacharm* [1982] 1 Lloyd's Rep. 7。

[277] 参考案例 *A Meredith Jones & Co Ltd v Vangemar Shipping Co Ltd*；*The Apostolis* [1997] 2 Lloyd's Rep. 421。

[278] 见第 15—050 段。

[279] 参考案例 *Mediterranean Freight Services Ltd v BP Oil International Ltd*；*The Fiona* [1994] 2 Lloyd's Rep. 506；*The Kapitan Sakharov* [2000] 2 Lloyd's Rep 255；也可参考 *The Happy Ranger* [2006] 1 Lloyd's Rep. 649。

[280] 有关条约对雇员和代理人的保护，见第 15—047 段。

[281] 参考注释 [274] 和注释 [282] 中的案例。

[282] 参考案例 *Riverstone Meat Co Pty Ltd v Lancashire Shipping Co Ltd*；*The Muncaster Castle* [1961] A. C. 807。有关通常的要求也可参考 *The Fjord Wind* [2002] 2 Lloyd's Rep 191（所有人的责任，即证实在包括曲柄销失灵的事件发生之后，已经进行了恰当的调查）；*Northern Shipping Co v Deutsche Seereederei GmbH* [2000] 2 Lloyd's Rep 225（符合非恪尽职责限定的可应用的国际运输标准）。

[283] 至于航海，这个定义比较狭窄。在案例 *Kawasaki Kisen Kaisha Ltd v Whistler International Ltd*；*The Hill Harmony* [2003] 3 W. L. R. 1954 中，英国上议院认为船长采取不常见的更慢的路线的决定并非船舶航行的失误，这样船舶所有人就可以在规则下抗辩。规则第四条第 2 款的抗辩无法应用于船舶所有人提供适航船舶的责任。参考案例 *The Star Sea* [1995] 1 Lloyd's Rep. 651。

[284]《海牙—维斯比规则》第四条（之二）第 2 款，见第 15—047 段。

[285]《海牙—维斯比规则》第四条（之二）第 2 款。

[286] 参考案例 *Ministry of Food v Lamport and Holt Line Ltd* [1952] 2 Lloyd's Rep. 651。

[287] 参考案例 *Pyrene Co Ltd v Scindia Navigation Co Ltd* [1954] 2 Q. B. 402；见第 2—007 段。

[288] 参考案例 *Maxine Footwear Co Ltd v Canadian Government Merchant Marine Ltd* [1959] A. C. 589。

[289] 参考案例 *Svenska Traktor Akt v Maritime Agencies (Southampton) Ltd* [1953] 2 Q. B. 295。

[290] 参考案例 *Leesh River Tea Co Ltd v British India Steam Navigation Co Ltd*；*The Chyebassa* [1966] 1 Lloyd's Rep. 450。

[291] 参考案例 *Ismael v Polish Ocean Lines* [1976] Q. B. 893。

[292] 参考案例 *GH Renton & Co Ltd v Palmyra Trading Corporation of Panama*；*The Caspiana* [1957] A. C. 149；*Balli Trading Ltd v Afalona Shipping Co Ltd*；*The Coral* [1993] 1 Lloyd's Rep. 1；在案例 *The Jordan II* [2004] UKHL 49 中，上议院认为（赞成 *Renton* 案）将装载货物的任务转移给托运人，作为在第三条第 2 款之外订立的合同条款，并未冒犯规则的第三条第 8 款。

[293] 参考案例 *Pyrene Co Ltd v Scindia Navigation Co Ltd* [1954] 2 Q. B. 402；见第 2—007 段。

[294] 参考案例 *Sze Hai Tong Bank Ltd v Rambler Cycle Co Ltd* [1959] 2 Lloyd's Rep. 114 at 120。

[295] *Per* Wright J. in *Gosse Millard v Canadian Government Merchant Marine*；*American Can Co v Same* [1927] 2 K. B. 432 at 434。

[296] *Per* Roche J. in *Goodwin, Ferreira & Co Ltd v Lamport and Holt Ltd* (1920) 34 Ll. L. R. 192 at 194；也可参考 *East & West Steamship Co v Hossain Brothers* [1968] 2 Lloyd's Rep. 145 at 149 (Pakistan Sup. Ct.)。

[297] 参考案例 *GH Renton & Co Ltd v Palmyra Trading Corporation of Panama*；*The Caspiana* [1957] A. C. 149。

[298] 参考案例 *The Saudi Prince (No. 2)* [1988] 1 Lloyd's Rep. 1。但是在非《海牙—维斯比规则》管辖的运费收据下，如果一般法允许，则这样的例外可能存在，参考案例 *Browner International Transport Ltd v Monarch SS Company Ltd*；*The European Enterprise* [1989] 2 Lloyd's Rep. 185。

[299] 第四条（包括六条规则，之后为第四条（之二））由于太长所以这里并未全部写出；实际问题的解决需要参考这个条文。

[300] *Per* Wright J. in *Gosse Millard v Canadian Government Merchant Marine* [1927] 2 K. B. 432 at 434.

[301] 参考案例 *Minister of Food v Reardon Smith Line Ltd* [1951] 2 Lloyd's Rep. 265；*Kuo International Oil v Daisy Shipping Co*；*The Yamatogawa* [1990] 2 Lloyd's Rep. 39。

[302] 参考案例 *Phillips Petroleum Co v Cabanali Naviera SA*；*The Theodegmon* [1990] 1 Lloyd's Rep. 52；*The Antigoni* [1991] 1 Lloyd's Rep. 9。

[303] 参考案例 *Maxine Footwear v Canadian Government Merchant Marine* [1959] A. C. 589。

[304] 第四条第 5 款，见第 15—046 段。

[305] 如上案例 *The Theodegmon*。

[306] 见 Scrutton *Charterparties and Bills of Lading* (20th edn, 1996), p. 446。

[307] 参考案例 *Albacora SRL v Westcott & Laurance Line Ltd*；*The Maltasian* [1966] 2 Lloyd's Rep. 53；*The Flowergate* [1967] 1 Lloyd's Rep. 1 at 7；*Chris Foodstuffs (1963) Ltd v Nigerian National Shipping Line*；*The Amadu Bello* [1967] 1 Lloyd's Rep. 293（隐瞒运送前损失）。

[308] 参考案例 *Amoco Oil Co v Parpada Shipping Co Ltd*；*The George S.* [1987] 2 Lloyd's Rep. 69。

[309] 参考案例 *BP International Ltd v Surena Delmar Navegcion SA*；*The Irini M* [1988] 1 Lloyd's Rep. 253。

[310] 见第 19—018 段。

[311] 计账单位为世界货币组织的特别提款权（SDR），正如在第四条第 5 款（d）所述。参见下文。

[312] 这些对计账单位的解释由《1995 年商船法》Sch. 13 第 45 段的 s. 314 代替了有关“金法郎”的条款，在使 1979 年协议书生效的《1971 年海上货物运输法》中加入了 s. 1A。在案例 *The Rosa S* [1989] 2 W. L. R. 162 中认为，规则中原来对金法郎的解释是指转化为英国货币的金价。

[313] SDR 在特定日期的转化价格能由银行或参考金融出版物确定。如果必要的话，能获得财政部或以财政部名义出示的证明作为在特定日期相等英镑价值的最终证据。

[314]《海牙—维斯比规则》第四条第 5 款（a）和（f）。

[315]《海牙—维斯比规则》第四条第 5 款（g）。也见第三条第 8 款和案例 *The Hollandia*（也称为 *The Morviken*）[1983] A. C. 564，见第 15—021 段。

[316] 参考案例 *Pendle & Rivet Ltd v Ellerman Lines Ltd* [1927] 29 Ll. L. Rep. 133。

[317] 当这个案件决定在《海牙—维斯比规则》下 100 英镑为承运人最大责任限制的时候。

[318] 见第 2—007 段。

[319] 参考案例 *Pyrene Co Ltd v Scindia Navigation Co Ltd* [1954] 2 Q. B. 402。见第 2—007 段。

[320] 但这是提单条款的解释问题。见案例 *Kenya Railways v Antares Co Pte Ltd*；*The Antares (Nos 1 and 2)* [1987] 1 Lloyd's Rep. 424；*Wibau Machinenfabric Hartman SA v Mackinnon Mackenzie & Co*；*The Chanda* [1989] 2 Lloyd's Rep. 494。博学的法官 Hirst 区分了 *The Antares*；*Nelson Pine Industries Ltd v Seatrans New Zealand Ltd*；*The Pembroke* [1995] 2 Lloyd's Rep. 290。在案例 *Kapitan Petko Voivoda* [2003] 2 Lloyd's Rep 1 中，Hirst 法官的裁决被上议院否决。在此例中，尽管船舶所有人违背了船舶适航的承诺，但协议的责任限制仍然得到了应用。19 世纪官方的背离受到了具有国际适用性的规则解释的质疑。规则中“在任何情况”的字句被认为有它们本来的意思，见案例 *The Happy Ranger* [2002] 2 All E. R. (Comm.) 24 *per* Tuckey L. J.。在合同的额外条款中出现的类似的字样可能有更限定性的意义，见案例 *Mitsubishi Corporation v Eastwind Transport Limited* [2005] 1 Lloyd's Rep. 383。

[321] *Per* Goddard J. in *Studebaker Distributors Ltd v Charlton Steam Shipping Co Ltd* [1938] 1 K. B. 459 at 467.

[322] *Per* Goddard J. in *Studebaker Distributors Ltd v Charlton Steam Shipping Co Ltd* [1938] 1 K. B. 459 at 467.

[323] 参考案例 *The River Gurara* [1998] 1 Lloyd's Rep. 225。也见 *The Atlas* [1996] 1 Lloyd's Rep. 642。

[324]《海牙—维斯比规则》第四条第 5 款（e）。

[325]《海牙—维斯比规则》第四条第 5 款（h）。参考案例 *Compania Portorafti Commerciale SA v Ultramar Panama Inc*；*The Captain Gregos* [1990] 1 Lloyd's Rep. 310。

[326] 参考案例 *Naviera Mogor SA v Societe Metallurgique de Normandie*；*The Nogar Marin* [1988] 1 Lloyd's Rep. 412。在此案例中，船长的渎职（作为船舶所有人的代理人）打破了因果关系链，因此船舶所有人不能援引抗辩来反悔。

[327] 参考案例 *Compania Portorafti Commerciale SA v Ultramar Panama Inc*；*The Captain Gregos* [1990] 1 Lloyd's Rep. 310。有关第三条第 6 款，见第 15—048 段。

[328] 这里是国际货币基金组织定义的特别提款权：第八条。

[329] 在责任限制符合第七条时除去乘客。责任限制无法应用于雇用合同由英国法规定的船员：s. 185 (4)。

[330]《1995 年商船法》第二部分第 5 段。

[331] 在 s. 186（5）中“所有人”包括部分所有者、租船人、船舶的管理者或者操作者。在 s. 186（2）（a）中船长、船员或者雇员的责任也排除在外。然而，租船人并没有权利限制对船舶所有人的索赔，参考案例 *Aegean Sea Traders Corp v Repsol Petroleo SA*；*The Aegean Sea* [1998] 2 Lloyd's Rep. 39。

[332]《1995 年商船法》s. 186（1）（a）和（b）。

[333] 举证的责任在原告，参考案例 *The Captain San Luis* [1993] 2 Lloyd's Rep. 573。

[334]《海牙—维斯比规则》第四条。

[335] *Ultisol Transport Contractors Ltd v Bouygues Offshore SA*，*The Times*，July 3，1997.

[336] 原始的《海牙规则》不承认对雇员和代理人的延伸，且保护这些从属人员唯一的方法就是在提单内加入下文所述的喜马拉雅条款。

[337] *Sub nom*. *Scruttons v Midland Silicones Ltd* [1962] A. C. 446. 装卸工人和船舶的代理人可能会因为仅仅由于委托保管而接收货物带来的货损承担对所有人的责任；没有合同或转让是必要的。参考案例 *Gilchrist Watt and Sanderson Pty Ltd v York Products Pty Ltd* [1970] 1 W. L. R. 1262。

[338] 凭借《1936 年美国海上货物运输法》。

[339] 根据案例 *Adler v Dickson*；*The Himalaya* [1955] 1 Q. B. 158 来命名。该案例涉及对乘客的人身伤害（她到喜马拉雅山去旅行）。该案中认为有利于承运人的额外条款并不能阻止对船舶的船长因其渎职而招致的起诉。Pearce L. 法官在案例 *Midland Silicones case* [1961] 1 Q. B. 106 at 128 中认为，在这方面，在乘客合同和在海上货物运输合同下管理承运人责任的原则是一致的。喜马拉雅条款的目标是为承运人的雇员、代理人和独立承包商弥补 *Adler v Dickson* 案中导致的困难。

[340] [1975] A. C. 154：参考案例 *Port Jackson Stevedoring Pty Ltd v Salmond and Spraggon (Australia) Pty Ltd*；*The New York Star* [1981] 1 W. L. R. 138。

[341] 当第三方根据自己的条件提取货物而非依据由承运人签发的提单上的条款时，第三方将不会被给予喜马拉雅条款的保护，因为他相对货物所有人的责任将由他们之间的条款约束，见案例 *The Rigoletto* [2000] 2 Lloyd's Rep. 532。

[342] [2003] 1 Lloyd's Rep. 571.

[343] 参考案例 *The Mahkutai* [1996] A. C. 650。

[344] 见第 27—026 段。

[345] 参考案例 *Elder*，*Dempster & Co Ltd v Paterson*，*Zochonis & Co Ltd* [1924] A. C. 522；*The Pioneer Container* [1994] 2 A. C. 324。

[346] [1994] 2 A. C. 324.

[347] 见上。

[348] 在 665。

[349] 见 *Chitty on Contracts* 第 18—014 段。这个法案是在法律委员会有关合同相互关系应该普遍改革的报道后（1996 年第 242 项报道）通过的。

[350] 至于限制时效不对货物所有人起作用的案例，见 *Goulandris Brothers v B Goldman & Sons Ltd* [1958] 1 Q. B. 74；*Rambler Cycle Co v P & O Steam Navigation Co* [1968] 1 Lloyd's Rep. 42（Malaysia Fed. C.（Appellate））。在第三条第 6 款下的“接收”发生在货物在码头登陆或者最终置于收货人的处置下：参考案例 *The Beltana* [1967] 1 Lloyd's Rep. 531（Aust.）。

[351] 在英国法中这是六年，《1980 年诉讼时效法案》第五部分第三条第 6 款（之二）独立于第 6 款：只有当对货物所有人 B 承担有实际或潜在责任的船舶所有人 A，对船舶或船舶所有人 C 由于货损要求补偿时，才会利用第 6 款（之二），参考案例 *China Ocean Shipping Co（Owners of Xingcheng）v Andros（Owners of The Andros）* [1987] 1 W. L. R. 1213。

[352] 参考案例 *Mediterranean Freight Services Ltd v BP Oil International Ltd*；*The Fiona* [1994]

2 Lloyd's Rep. 506；*Aries Tanker Corp v Total Transport*；*The Aries* [1977] 1 Lloyd's Rep. 334；*Compania Portorafti Commerciale SA v Ultramar Panama Inc*；*The Captain Gregos* [1990] 1 Lloyd's Rep. 310（有关财产侵占的起诉是有时间限制的）。时间限制是从接收货物的时点算起的，这个可能会根据在货物运行中当事人的特别规定而有所变化，参考案例 *Trafigura Beheer v Golden Stavraetos Maritime Inc* [2003] 2 Lloyd's Rep. 201。

[353] 参考案例 *Compagnia Colombiana de Seguros v Pacific Steam Navigation Co Ltd* [1965] 1 Q. B. 101，Roskill J. 认为在时间限制内起诉错误当事人的行为，无法使发现错误后在时效之外才开始起诉正确当事人的行为变得正当。

[354] 也叫做船长的抗议，见第 19—032 段。

[355] 参考案例 *Kenya Railways v Antares Co Pte Ltd*；*The Antares*（*Nos 1 and 2*）[1987] 1 Lloyd's Rep. 424（承运人并未由于他未经授权就将货物积载在甲板之上的行为而被剥夺了利用时间限制的权利）；但参考案例 *Wibau Maschinenfabric Hartman SA v Mackinnon Mackenzie & Co*；*The Chanda* [1989] Lloyd's Rep. 494。

[356] 参考案例 *Fort Sterling Ltd v South Atlantic Cargo Shipping NV*；*The Finnrose* [1994] 1 Lloyd's Rep. 559。

[357] 参考案例 *Government of Sierra Leone v Marmaro Shipping Co. Ltd*；*The Amazona and Yayamaria* [1989] 2 Lloyd's Rep. 130（当诉讼是根据双方的约定由原告建立时，被告不能利用时间限制）。

[358] 参考案例 *Transworld Oil*（*USA*）*Inc v Minos Compania Naviera SA*；*The Leni* [1992] 2 Lloyd's Rep. 48。

[359] 参考案例 *The Nordglimt* [1988] Q. B. 183。"起诉"包括仲裁程序，参考案例 *The Merak* [1965] P. 223，*Nea Agrex SA v Baltic Shipping Co Ltd* [1976] Q. B. 933（对承运人的信件要求仲裁者应该以满足"提出诉讼"的要求来任命）；参考案例 *Petredec v Tokumaru Kaiun Co*；*The Sargasso* [1994] 1 Lloyd's Rep. 162。参考案例 *Allianz Versicherungs Aktiengessellschaft v Fortuna Co Inc* [1999] C. L. C. 258（传真仲裁者任命的通知足矣）。诉讼在错误的法庭开始或违反仲裁条款都不足以破坏时间限制，参考案例 *Thyssen Inc v Calypso Shipping Corporation* [2000] 2 Lloyd's Rep. 243。

[360] 参考上面的案例 *The Leni*。

[361] 参考案例 *The Kapetan Markos* [1986] 1 Lloyd's Rep. 211；参考案例 *Continental Fertiliser Co Ltd v Pionier Shipping CV*；*The Pioneer* [1995] 1 Lloyd's Rep. 223。

[362] 参考案例 *The Leni*；*Payabi v Armstel Shipping Corp Ltd*；*The Jay Bola* [1992] 2 Lloyd's Rep. 62。

[363] 参考案例 *Goulandris Bros v B Goldman & Sons* [1957] 2 Lloyd's Rep. 207；*Cargill International SA v CPN Tankers*（*Bermuda*）；*The OT Sonja* [1993] 2 Lloyd's Rep. 435。

[364] 参考上面的案例 *The OT Sonja*。

[365] 参考案例 *Mediterranean Freight Services v BP Oil International*；*The Fiona* [1994] 2 Lloyd's Rep. 506。时间限制并不能应用于非"货物赔偿"的索赔。例如对船舶价值的损失的索赔。在案例 *The Casco* [2005] 1 Lloyd's Rep 565 中，时间限制没有应用于与货物或"货物损失"有关的索赔，例如船舶价值损失的索赔。

[366] 参考案例 *K Lokumal & Sons*（*London*）*Ltd v Lotte Shipping Co Pte Ltd*；*The August Leonhardt* [1985] 2 Lloyd's Rep. 28；也可参考案例 *The Stolt Loyalty* [1993] 2 Lloyd's Rep. 281 affd [1995] 1 Lloyd's Rep. 598。

[367] 参考案例 *Kenya Railways v Antares Co Pte Ltd*；*The Antares*（*Nos 1 and 2*）[1987] 1

Lloyd's Rep. 424，CA。此案也认为承运人未经授权在甲板上积载货物的行为，不会剥夺他利用时间限制的权利。参考案例 *Wibau Maschinenfabric Hartman SA v Mackinnon Mackenzie & Co*；*The Chanda*，*Government of Sierra Leone v Marmaro Shipping Co Ltd*；*The Amazona and Yayamaria* [1989] 2 Lloyd's Rep，130。

[368] 第三条第 6 款可用于下面这种情况：对货物所有人 B 承担有实际或潜在责任的船舶所有人 A，对船舶或船舶所有人 C 由于货损要求补偿。参考案例 *China Ocean Shipping Co*（*Owners of Xingcheng*）*v Andros*（*Owners of The Andros*）[1987] 1 W. L. R. 1213。

[369] 见第 19—029 段。

[370] 参考案例 *Effort Shipping Co Ltd v Linden Management SA* [1998] 2 W. L. R. 206。

[371]"对于任何非因托运人、托运人的代理人或其受雇人的行为、过失或疏忽所引起的使承运人或船舶遭受的灭失或损坏，托运人不负责任"。

[372] 参考案例 *Mitchell*，*Cotts & Co v Steel Brothers & Co Ltd* [1916] 2 K. B. 610。

[373] 参考案例 *Brass v Maitland* [1859] 26 L. J. Q. B. 49；*The Athanasia Cominos* [1990] 1 Lloyd's Rep. 277。

[374] 参考案例 *Mediterranean Freight Services v BP Oil International*；*The Fiona* [1994] 2 Lloyd's Rep. 506。

[375] 见第 15—042 段。

[376] 见第 15—042 段。

[377]《1995 年商船法》s. 87。

[378]《1997 年商船（危险品和海上污染）规范》(S. I. 1997/2367)。经过《商船（危险品和海上污染）（修订）规范》(SD896/06) 修订。危险品是指那些被 IMDG（国际海上危险品）法规分类的物品。该法规统一的版本于 1994 年修订，由国际海事组织出版。它包括为了使该法规与第十版《联合国对于危险品运输的建议》相协调而发生的变化。

[379] 见 Scrutton，*Charterparties and Bills of Lading*（20th edn，1996），p. 80。

[380] 参考案例 *The Stolt Loyalty* [1995] 1 Lloyd's Rep. 598。

[381] 也称为光船租赁。

[382] 参考案例 *Manchester Trust v Furness*，*Withy & Co* [1895] 2 Q. B. 539。

[383] 该条款常被归为"让渡条款"，参考案例 *Kenya Railways v Antares Co Pte Ltd*；*The Antares*（No. 2）[1986] 2 Lloyd's Rep. 633；*Ngo Chew Hong Edible Oil Pte Ltd v Scindia Steam Navigation Co Ltd*；*The Jalamohan* [1988] 1 Lloyd's Rep. 433。但这些条款本身就可能是令人费解的。同样可能令人费解的是提单中的"承运人赔偿保证"的条款，很难被解释。

[384] 在案例 *The Antares*（*No. 2*）中他没有权利，但在案例 *The Jalamohan* 中他有此权限。

[385] 参考案例 *The Antares*（*Nos 1 and 2*）[1987] 1 Lloyd's Rep. 424，CA，有关《海牙—维斯比规则》的时间限制见第 15—048 段。

[386] 参考案例 *Sunrise Maritime Inc v Uvisco Ltd*；*The Hector* [1998] 2 Lloyd's Rep. 287。

[387] [2003] 1 Lloyd's Rep 571.

[388] 由于受到责任限制或喜马拉雅条款适用性的限制，可能存在潜在的对船舶所有人有关民事侵权的诉讼，见第 15—048 段。

[389] UCP 第 20 条。

[390] 1992 年 9 月 16 日。

[391] 参考案例 *The San Nicholas* [1976] 1 Lloyd's Rep. 8。

[392] 参考案例 *Hispanica de Petroleos SA*（*Hispanoil*）*v Vencedora Oceanica Navegacion SA*；*The*

Kapetan Markos [1986] 1 Lloyd's Rep. 211 at 213 和 *The Kapetan Markos*（No. 2）[1987] 2 Lloyd's Rep. 321 at 329。

[393] 有关 1992 法规的详细解释见法律委员会的《有关海上货物运输的起诉权利》(法律委员会第 96 号)。附属于报告的提单草本未经修订而颁布，提单草本自身包括解释注脚。

[394]《1992 年海上货物运输法》s. 6（2)，但 1992 年法案并没有追溯力，所以不能应用于在其生效之前签发的单据，s. 6（3)。

[395] 见第 4—004 段到第 4—006 段。

[396]《1992 年海上货物运输法》s. 1（1)。

[397]《1992 年海上货物运输法》s. 1（2)（a)。

[398] 报告的第 2. 50 段。

[399]《1992 年海上货物运输法》s. 1（2)（b)。

[400]《1992 年海上货物运输法》s. 1（3)。尽管海运单是不可流通的，但由于收货人是"通过说明来识别的"，这允许在签发海运单下改变收货人，s. 5（3)。

[401]《1992 年海上货物运输法》s. 1（4)。

[402] 包括善意的持有者，s. 5（2)（c)。

[403]《1992 年海上货物运输法》s. 2（1)。第五部分定义了合同，无论是提单中包括还是表明的合同。见《1855 年提单法》s. 1。

[404]《1992 年海上货物运输法》s. 2（2)（a)。《草案法》第 49 页的注释明确了已接受货物和货物被损坏的案例包括在内。

[405]《1992 年海上货物运输法》s. 2（2)（b)。

[406] 见《草案法》第 49 页。

[407]《1992 年海上货物运输法》s. 2（3)。

[408] 有关未确定货物的内容也可参考由《1995 年货物买卖法（修订版)》修订的《1979 年货物买卖法》。

[409]《1992 年海上货物运输法》s. 2（4)，尽管他没有责任这么做。如果他这样做，委员们将会认为，他将为遭受货损者承担赔偿损失。见报告第 2. 24 段到第 2. 29 段。

[410]《1992 年海上货物运输法》s. 2（5)。

[411] 包括运费责任，见第 15—017 段。

[412] s. 3（1)。权利和责任的分离意味着接受抵押人（例如将提单作为担保的银行）能够起诉，而并不需要对运费或延滞费负责，见报告第 2. 30 段到第 2. 31 段。

[413] 参考案例 *Borealis AB v Stargas Ltd*；*The Berge Sisar* [2000] 1 Lloyd's Rep 663。

[414]《1992 年海上货物运输法》s. 3（2)。

[415]《1992 年海上货物运输法》s. 3（3)。

[416] 因此没有权利因合同或侵权行为去起诉，参考案例 *The Aliakmon* [1986] A. C. 785。

[417] 见 *Brandt v Livepool*，*Brazil and River Plate Steam Navigation Co* [1924] 1 K. B. 575，正如 *The Aramis* [1989] 1 Lloyd's Rep. 213 案中解释的。(当被背书人出示提单，偿付运费并接收货物时，如果发盘、接收和合同意图都满足要求，则暗示承运人和被背书人之间存在合同关系。)

[418] 参考案例 *The Captain Gregos*（*No. 2*）[1990] 2 Lloyd's Rep. 395，也可参考案例 *The Gudermes* [1993] 1 Lloyd's Rep. 331。

[419] 第 40 页。

[420]（1851）10 C. B. 665。

[421] 但注意该条款只能应用于可转移的提单，见报告 s. 2（2)（a）和第 2. 50 段。

[422]《1992年海上货物运输法》s.1（5）。电子数据交换内容见第33章。

[423] 见报告的第5.24段。有关民事诉讼见第2—030段。

[424] 参考案例 *Chabbra Corporation Pte Ltd v Jag Shakti*（*Owners*）；*The Jag Shakti* [1986] A.C.337；*The Winkfield* [1902] P.42。

[425] 在案例 *The Jag Shakti* 中接受抵押者能够作为在 *The Winkfield* [1902] P.42 中的受托人全部恢复。

[426] 见报告第2.49段。

第 16 章

集装箱运输

16—001 出口货物在运输时通常都用集装箱（container）装运。现在时刻表化的集装箱经营提供了主要工业化市场之间的关键班轮货物运输服务。由于其灵活多变性，滚装操作（roll-on/roll-off operations）在远程航线上也运用广泛，同时还促进了货物成组化（unitised service）运输服务在发展中国家和地区的高增长。[1]其他成组化货物运输也正在使用，例如货盘（pallets）、载驳船（LASH barges）[2]和拖车（trailers）。

集装箱运输特别适合多式联运。[3]例如，货物在运输过程中经过三个阶段，第一阶段货物从内陆的仓库运至装货港，然后经过海运，最后通过陆运到达内陆的目的地。货物从起始地到目的地之间始终在同一个集装箱中，因此从一个运载工具上搬至另一个运载工具的成本将大大减少。另外，遭遇偷窃的危险将降低，重复搬运过程中货物损坏的风险也将降低。[4]接下来将看到，集装箱运输在法律方面仍然存在巨大的问题和困难。目前试图在多式联运领域达成一个广泛认可的协议[5]的努力都失败了，而且这些失败经验也没能加快问题的解决。

□ 集装箱运输的业务流程

16—002 集装箱运输的运营过程是：出口商同代理人一起安排运输，或者直接同集装箱运输公司联系，然后将他的货物运至最近的代理人或航运公司的集装箱装货仓库，也称作集装箱货运站（CFSs）。[6]

如果出口商需要整箱装货（FCL），那么代理人或航运公司将准备好的空集装箱送至出口商处以供装货。如果出口商安排的交货地点为海外买方所在地，那么这个集装箱就成为门到门集装箱运输。门到门集装箱由承运人的封条封起来，这一点很重要。有时封存工作由船方完成，另外一些时候由运输车辆的司机完成。出口商应该对这一点进行确认，因为如果集装箱货物发生短缺或损坏，需要提出赔偿诉讼，那么承运人封条的状况能够解释发生了什么。

如果货物量少于一个集装箱，出口商将把货物送至集装箱货运站，在那里货物将同其他出口商的货物一起拼装成一个集装箱。到达目的地后，再送至当地的集装箱货运站进行拆分，也就是说，各个小包裹将被分开并分别交付给相应的收货人。

The Esmeralda I 案能够解释集装箱货运的用途以及它可能面临的问题[7]，这个案件在威尔士最高法院审理。原告是澳大利亚的一名进口商，他从巴西的一名制造商那里购买了一批刀具。货物以集装箱整箱形式运输。被告承运人租的船在 Rio Grande 装货。集装箱被送至卖方经营所在地，当货物被装进集装箱后，贴上了承运人的封条，并锁上以确保安全。随后集装箱运抵悉尼，并送至买方经营所在地。但是此时，封条被拆开，锁被撬开。原本集装箱中应该有 437 箱刀具，但是丢失了 118 箱。因此原告（收货人）将被告（承运人）告上法庭。承运人开出的清洁的装船提单的正面印有“FCL/FCL”字样，并包含以下内容：提单上如果提到货物具体的数目，该数目由发货人提供，船长并不能核查数目的准确与否。

提单上还有其他类似的说明。例如，提单上提到“第 20 号集装箱内有 437 个装有刀具的纸箱……”。“据说装有____由运货人包装”的字样也印在了提单上面。因此诉讼被驳回。收货人提出承运人不能否认其收到了 437 个装有刀具的纸箱，但提单上条款击败了原告的辩护。专家认为，在 FCL/FCL 条件下，首先，FCL 意味着发货人想要运输任何能够装满一整个集装箱的货物；其次，只有进口商能够打开这个集装箱。法院接受了专家的意见。[8]

□ 集装箱租赁协议

承运人并不需要拥有各种规格的集装箱，而是通常向专业公司租借。目前 16－003
集装箱租借业务规模庞大。[9]集装箱租赁合同规定，如果租借人在合同规定的到期日后仍没有归还集装箱，那么租借人必须支付“延期费”，也就是违约金。[10]

当运输代理人或航运公司收到整装集装箱货物或者拼装集装箱（groupage container）[11]货物之后，应该开具一份收据。如果接收方是航运公司，那么他应该开具一份集装箱提单。如果接收方是运输代理人，那么他应该开具一份 FIATA（国际货运代理协会联合会）联合货运提单或者一份联运单据、运输代理行提单及其他形式的收据。在这一领域，没有统一的做法。[12]

□ 集装箱运输的法律问题

16—004 如果国际贸易双方同意采用集装箱运输的方式，交货的临界点和风险转移点都将根据合同订立的不同的海运方式而发生变化。在传统的运输方式中，FAS、FOB、CIF、CAF 的临界点在装运港，而到达合同的临界点则是在目的港。[13]如果集装箱运输是已经安排好了的，那么临界点就是承运人接管货物的地点；这个地点可能是内陆的集装箱货运站。[14]

国际贸易标准术语在这里非常重要。例如，如果销售合同签约方想要使用集装箱运输，建议使用 FCA（货交承运人）、CPT（运费付至）、CIP（运费、保险费付至）。其他可能用到的术语包括 CIP（运费、保险费付至目的地）、DDU（未完税交货）和 DDP（完税后交货）。将各个术语区别开来的关键是货物运输的不同途径；术语能够充分说明货物的交付是以一种方式还是其他方式进行。集装箱和货盘适用于大多数运输方式。[15]

□ 集装箱运输中运营人的责任

16—005 正如我们所看到的，集装箱广泛地应用于国际多式联运中。如果集装箱中的货物在运输中灭失、损坏或者延误，应该追究集装箱运输经营人的责任，但此时将出现问题。[16]国际公约中，对于不同运输方式中关于承运人责任判定条件和最大责任范围的规定差别非常大。这一问题在欧洲大陆的贸易中特别明显。在海运中出现的损失由《海牙规则》或者《海牙—维斯比规则》负责，空运中出现的损失按照《华沙公约》的规定处理，陆地运输受 CIM 或 CMR 管理。《海牙—维斯比规则》规定只有当承运人有重大过失时才应该对损失负责。另一方面，《华沙公约》、CMR 和 CIM 都有严格的责任制度，但是它们的区别在于承运人的免责条款不同。在一个空运案例中（陆运案例也类似），承运人可以通过一些特殊条款实现免责，这些条款包括固有缺陷和不可抗力。如果在多式联运中无法确定灭失或损坏发生在哪一段，那么确定责任的困难将进一步增加。目前，还没有一个被广泛认可的法律出台以解决这方面的问题。

在出口商眼中，多式联运运营构成了一个商业交易，而不管货物运输被分成了几个不同阶段。这一看法导致定责问题更加困难。最好的解决办法应该是有一套统一的被多式联运运营人所认可的责任制度。这个制度应该使责任确定不再依赖于损失发生的具体地点。[17]这样的一个责任制度实际上已经在 1980 年 5 月 24 日的日内瓦大会上被《联合国国际货物多式联运公约》所认可。[18]但截至本书撰写时[19]，仍然只被少数几个国家所接受，而且没有被英国法律所认可。这一统一的问责制度在公约第 16 条中收录：

“基本责任

1. 如果货物在多式联运运营人的管理下发生灭失、损坏或延误，那么多式联运运营人应该对这一灭失、损坏或延误承担责任，除非多式联运运营人能够证明他和他的雇员采取了一切合理的措施以防止灭失、损坏或延误的发生。

2. 如果货物没有在协定的交货时间内交付，那么就被认定为延误交货。如果没有协定交货时间，应该根据当时具体的情况，将一个对于尽职的多式联运运营人来说合理的时间作为交货时间。

3. 如果货物在上述第 2 条中规定的交货期之后 90 天仍然没有交付，那么可以认定货物已经灭失。"

根据公约第十八条第 1 款的规定，多式联运运营人的责任上限为每损失一个集装箱（或者其他海运单位）赔偿 920 个单位 SDRs，或者每损失 1 千克货物赔偿 2.75 个单位 SDRs，这两种计算方法哪个额度更高取哪个。然而，在第十九条中又规定：根据合同，如果国际多式联运运营人在运输过程中没有包含海运运输或者内陆水运，那么他的责任上限应该为每损失 1 千克赔偿 8.33 个单位 SDRs。这个最高责任的限制类似于 CMR 的规定。

直到公约开始生效并在多个国家开始得到应用——在这实现之前或许还需要一点时间——一部关于多式联运运营人责任的法律必须在合同基础上建立起来。由于大多数规范各种运输方式的公约都具有强制性[20]，因此以合同为基础的条约只能分两步进行。首先，这个条约应该规定，如果能够确定损失是在哪个运输阶段发生的，就应该按照该阶段运输公约的规定处理；第二，如果不能确定损失是在哪个运输阶段发生，则按照合同中具体协定的某部公约处理，例如《海牙规则》或《海牙—维斯比规则》、CMR。[21]这样的对多式联运运营人责任的规定被叫做网状责任制（network liability system）。[22]

□ 集装箱运输中应用的单据——联运单据

前面已经提到，多式联运运营人所用的单据跟其他单据在样式和功能上都不同。ICC 对联运单据做出了统一规定，联运单据在订立合同的双方同意之后并入合同成为多式联运合同[23]的一部分。联运单据（简称 CT）都是一个"从开始到结束"的单据，因此无须给多式联运中的不同运输阶段开具不同的单据。根据签约方的要求，联运单据可以开成可转让单据，也可以开成不可转让单据。多式联运单据的开具，表明多式联运运营人开始承担完全的多式联运责任，根据统一规则，责任包括整个多式联运过程中的灭失、损失以及延误。 **16－006**

在看过统一规则的运作和使用之后，接下来将介绍另一个系列的多式联运规则，即 UNCTAD/ICC 运输单据规则。1992 年 1 月，这套规则被首先引入联运单据的规定。这套规则是基于已有的一些条例，例如《ICC 关于联运单据规定的特别条例》（即 ICC 第 298 号）。它们同《海牙规则》和《海牙—维斯比规则》，以及《汉堡规则》，都有密切的联系。在这套规则的前言中表明这套规则只对"联运提单的惯例部分"做出规定。

这一规则并不会自动生效，而是需要根据出口商和多式联运承运人的协商在合同中添加相关说明后才能生效。可流通 FIATA 多式联运提单修订版[24]和 BIMCO/MULTIDOC 都符合这些要求。

当合同中使用了这一规则时，它们就不能脱离网状责任制，但是它们可以自己规定损失发生在运输阶段未知时的最大赔偿责任，因此任何其他国际惯例都不能被用以进行辩护。

□ 集装箱提单

16—007 如果在联合运输中包括有海运，那么需要开具一份集装箱提单。这类单据应该是真正的提单。根据法律规定，一旦货物开始了海上运输，那么就应该受到《海牙规则》或《海牙—维斯比规则》的约束[25]；实际上，这套规则不仅可以应用于集装箱货运，还可以应用于货盘以及类似货物运输。[26]

所有的集装箱提单一般都是备运提单，而不是已装船提单；除此之外，如果提单是在内陆集装箱货运站开具的，那么它不能是别的形式。所有的集装箱提单都倾向于接受网状责任制。它们经常表明，如果货物的灭失、损坏不能确定是在运输的哪个阶段发生的，那么承运人的责任应该由《海牙规则》和《海牙—维斯比规则》决定。

一个典型的条款应该如下所述[27]：

“3. 责任。至于海运提单，不管是否可以流通，只要海运发生在 1924 年 8 月 25 日在布鲁塞尔签订的关于统一提单若干规则的国际公约中的缔约国，都应该受到《海牙规则》的约束。

如果提单中海运方面的术语或条款被证明是与对《海牙规则》有强制约束力的法律法规相悖或不一致，这些术语或条款应该避免出现那样的违背或不一致，但是如果没有违背或不一致，那么上文中提到的《海牙规则》应该适用。

由提单的性质可知，对于那些提单中明确表明运输起始均在内陆地区的货运，承运人应该在他们收到货物准备装运时依据提单中条款对货物负责，负责的时间从他的代理人或雇员（可以是次承运人，也可以不是）在特定的第一个发送地收到提单开始至他的代理人或雇员（可以是次承运人，也可以不是）在特定的目的地交付提单结束。

如果每个副契约人就全程运输中副契约方进行的货物移交或者仓储部分的工作，分别与商家签订了直接合同，这些合同受到具有强制执行力的法律影响而修改，承运人在货物装载前或者卸载后的时间里也对货物承担同样的责任。在装载前或卸载后如果货物无论什么原因在承运人手中而非在副契约人手中时，它们将会受到承运人的《货物运输标准情况》的制约。该情况中包括了排除承运人对货损或灭失和其他方面的责任的条约。如果在货损或灭失发生时，不能确定货物处于谁的保管下，货损或灭失应该被认为发生在海上航程中，并应当利用合适的《海牙规则》。当没有法律规定可能影响承运人之后的责任财务限制，承运人的财务责任无论如何也要超过不管货损或灭失发生与否《海牙规则》中规定的财务责任。”

从上面那段话的第一句就可以看出，承运人承认国家法律的强制性规定以及国际货运体系都适用于运输中的陆运部分。CMR、CIM 或者《华沙公约》因此可以应用于特殊转运阶段的责任划定。同时也必须看到，当确认货物的灭失、损坏所发生的转运阶段时，可能会产生很多疑问，此时，责任的划定应该参考相关规范海运阶段的规定来进行。

“承运人或者任何其他职位的人，都不应该为延误所造成的灭失或损坏承担责任，不管造成这一延误的原因是什么。”[28]

□ 甲板积载（deck stowage）

16－008 集装箱提单应该在其背面的条款和条件中注明，船主可以将集装箱安置在甲板上。例如，如下说明：

“在没有向船方明确说明的情况下，集装箱可以被放置在甲板上，也可以放置在甲板下。同时，不管是放置在甲板上还是甲板下，在此引入的《海牙规则》应该适用。货物或者集装箱都应该承担共同海损，无论是在甲板上还是在甲板下。”[29]

但是，这只是一个选择权，并不意味着船主可以引用这一条而将货物放置于甲板上。如果这样做的话，提单正面必须做出相关说明，以让托运人知道货物将被安置在甲板上。在一个美国案例[30]中，一批由纽约运往横滨的书籍，书籍由集装箱运输并被放置在甲板上，但是提单上并没有表明集装箱将被放置在甲板上。当船在太平洋上航行时遭遇了恶劣的天气，货物都被海水浸泡后损坏了。法庭认为船方因为将货物放置在甲板上，根据《海牙规则》的规定，已经失去了争取限制责任的权利；法庭给出的一个理由是：“收货人或其他代理人都不能从提单上知道货物将被放置在甲板上还是甲板下”。[31]在一个英国的案例中[32]，运输代理人以书面的形式许诺进口商将装有货物的集装箱放置在甲板下面。但是后来代理人违背了他的诺言，将集装箱放在甲板上，当船遭遇一个轻微的波浪时，集装箱掉入了海中，沉入了海底。法院裁定运输代理人应该对货物的灭失负责。

□ 集装箱运输中“包或单位”的概念

16－009 集装箱本身与装在其中的货物有所区别，它通常是在常规“已装运”提单下运输。一旦海运开始，那么根据《海牙—维斯比规则》，确定整个集装箱为一个单位还是集装箱中的单个货物作为一个单位显得尤为重要。《海牙—维斯比规则》第四条第 5 款中规定了在那种单位建制下发生灭失、损坏时的最大责任。[33]《海牙—维斯比规则》试图通过引入第四条第 5 款 c（一条关于集装箱的条款）来解决单位建制的问题。[34]根据《海牙—维斯比规则》，承运人开具的海运提单上的文字描述是具有结论性的。如果提单只涉及“集装箱中据说装有（特定商品）”，那么集装箱本身应该被认为是一个单位，但是如果它分别列举了集装箱中装载的货物，那么这些货物中的每一个都应该被当作一个单位。如果提单特别提到了集装箱中的一、两件货物，而没有提到其他货物，那么这一、两件被提到的货物将被单独记作一个单位，这样做的目的是为了最大化责任范围，而集装箱中剩下的其他货物则属于一般责任范围。

因此，简要地说，如果提单把货物描述为“集装箱中据说装有（特定商品）”，那么整个集装箱是一个单位。如果提单把货物描述为它们被装在集装箱中，那么根据《海牙—维斯比规则》，这些货物将被单独记作一个单位。这与《海牙—维斯比规则》的第四条第 5 款的规定、《汉堡规则》的第四条第 2 款的规定，以及为了限制单位责任的各种决定相一致。

如果承运人将例如“据说装有”（said to contain）、“由商人提供的详情”（particulars furnished by merchant）、“数量未知”（quantity unknown）等术语写在提单上，那么就意味着提单表明承运人并不知道关于货物的具体重量、数量等信息，同时还表明货物运输是建立在承运人没有参与集装箱装填工作的假设基础之上的。[35]在上述情况下，货主将承担证明集装箱中实际所装货物的数量与合同中规定的数量一致的责任。由于存在免责条款，因此提单在诉讼中并不是决定性的。在案例 *The River Gurara*[36]中的决议对上述情况给出了一个例证。在这个案例中，货主通过在提单上列举一系列货物名称，以确保每一个被列举出来的单位货物能够得到法律保护。在案例 *The Esmeralda*[37]中，整箱货条款被引入，另外还用了“据说装有”术语，这使得承运人可以否认货主在提单上做出相关记录，因此证明提单上内容正确性的责任落在了货主身上。在这个案例中，法官对于一条“收到货物时状态良好”的条款持有疑问。这样的条款只能被理解为是关于集装箱条件的；很显然承运人不可能说明已经被填装进集装箱并封存了的货物处于良好的状态和条件。

在案例 *The Mormaclynx*[38]中，美国法庭裁定集装箱中所装的皮革，每一包都应该被当做一个单位；因为提单上记录有“一个集装箱中包含 99 包皮革”的说明。[39]在另一个案例 *The Kulmerland*[40]中，美国法庭确认为整个集装箱是一个单位；因为在那个案例中提单上有“集装箱中据说装有机械”字样，没有告知承运人纸板箱的数量，同时也没有在此基础上同船方订立相关合同的意图。[41]

注释

[1] 改编自 *Understanding the Freight Business*（3rd end，1984），p. 33。有关集装箱的内容，见 M. D. Booker，*Containers，Conditions，Law and Practice of Carriage and Use*（Twickenham，England，1987). See also Malcolm Clarke，“Containers：Proof that Damage occurred during Carriage”，in *International Carriage of Goods：Some Legal Problems and Possible Solutions*（ed. C. M. Schmitthoff and R. M. Goode，1988），p. 64；David Glass，*Freight Forwarding and Multimodal Transport Contracts*（2004）；Paul Budgen，*Freight Forwarding and Goods in Transit*（1998）。集装箱也被用来指标准箱（teu）、“以 20 英尺集装箱为单位”和“箱子”。集装箱可能大于或小于 20 英尺。标准箱通常用来衡量特定集装箱船的运载能力。4 000teu 载重的船舶并非罕见。

[2] LASH 代表“lighter-aboard-ship”，即载驳船。

[3] 多式联运合同指针对由至少两种运输方式组成的货运的单一合同——《UNCTAD/ICC 多式联运单据规则》：ICC 出版物第 481 号，也见《联合国国际货物多式联运公约》，日内瓦 1980，第一条。

[4] 但不能避免整个集装箱被偷。

[5] 见第 16—005 段。

[6] Leggatt 法官认为在案例 *Burke Motors Ltd v Mersey Docks & Harbour Co* [1986] 1 Lloyd's Rep. 155 中，负责将货运从英国运至加拿大的海运公司，扮演的是货运代理人的角色而不是承运人的角色，这一判断的正确性值得怀疑。1991 年在维也纳签署了一份关于国际贸易中运输港站经营人责任的联合国公约；但是到目前为止，这份公约仍然没有被足够多的国家批准生效。

[7] 参考案例 *Ace Imports Pty Ltd v Companhia de Navegacao Lloyd Brasileiro*；*The Esmeralda I* [1988] 1 Lloyd's Rep. 206，参见下文第 16—004 段。

[8] 法庭发现偷窃发生在巴西，在整装集装箱被封存上锁之前。

[9] 在案例 *The River Rima* [1988] 2 Lloyd's Rep. 193 中，英国上议院认为船上的集装箱不是"用于船只运行或维修的货物或材料"（1981 年最高法院法案第 20 页的定义），因此法院不能在集装箱租赁公司和船方之间的索赔诉讼中对物（例如扣留船只）使用海事审判管辖权。

[10] 在英国有这样一个交易惯例：如果因由进口商任命的专职报关员的错误而造成了集装箱不合理地延期归还，那么报关员将对这一滞期负责，参考案例 *Kuehne and Nagel Ltd v WB Woolley (Scotland) Ltd*。

[11] 见第 16—002 段。

[12] 见 *Contracts for the Carriage of Goods*，Lloyds of London Press，Issue 13 1998 at 6.13。

[13] 见第 2 章，第 2—046 段。如果合同使用的术语是工厂交货、FCA 或者 DAF，那么这一地点将会有所不同。

[14] 如果签订销售合同的双方同意使用集装箱运输，且将交货地点定在买方处（门到门集装箱），那么临界点将有所不同。

[15] 见第 15—002 段。

[16] 见第 15 章、第 17 章以及第 18 章中关于《海牙—维斯比规则》、CMR、CIM 以及其他航空运输方面的规则体系。

[17] 这一解决办法是 1972 年在日内瓦举办的多式联运国际研讨会上提倡的；见 Lord Diplock，"A Combined Transport Document" [1972] J. B. L. 269。

[18] 联合国文件 TD/MT/Conf/16。见注释 [3]。

[19] 这一公约将在 30 个国家批准同意之后开始生效。

[20] 例如《华沙公约》在第三十一条中包括了关于处理联合运输的明文规定，其中包括航空运输部分。它指出，在联合运输中，如果航空运输也遵守公约规定，那么订约方可以在合同中加入航空运输条件的条例。

[21] CMR 第二条第 1 款；见第 18—006 段。

[22] 见第 16—007 段。

[23] ICC Brochure No. 298，1975 (Reprinted March 1985 and now superseded by the UNCTAD/ICC Rules for Multimodal Transport Documents，ICC Brochure No. 481，see below)；see F. J. J. Cadwallader，"Uniform Rules for Combined Transport" [1974] J. B. L. 193.

[24] 目前的《国际货运代理协会联合会多式联运单据规则》是在 1992 年制定的。

[25] 通过合同规定，它们可以延伸到那些无法断定灭失或损坏发生在运输的哪个阶段的情况；见下面一段。

[26]《海牙—维斯比规则》，第四条第 5 款（c)；参见上文第 15—045 段。一个空的集装箱在公路

货运协会的运输条件中被认为是一种“货物的托运方式”，参考案例 *Acme Transport Ltd v Betts* [1981] 1 Lloyd's Rep. 131。根据第四条第 5 款（c）的规定，滚装卡车、拖车或者子母船不会被当做一个“单位”。

[27] 这一摘要来自一份被都柏林、鹿特丹以及其他中心城市的 EUCON 所使用的提单，并在它们的许可下，改写了一部分。“商人”被定义为包括船方、收货人、提单持有人以及货主。见案例 *Finagra (UK) Ltd v OT Africa Line Ltd* [1998] 2 Lloyd's Rep. 622 中所使用的提单。

[28] EUCON 提单。

[29] EUCON 提单第 7 条第 2 款。

[30] 参考案例 *Encyclopaedia Britannica Inc v The Hong Kong Producer and Universal Marine Corp* [1969] 2 Lloyd's Rep. 536 at 542。

[31] 参考案例 *Encyclopaedia Britannica Inc v The Hong Kong Producer and Universal Marine Corp* [1969] 2 Lloyd's Rep. 536 at 542。

[32] 参考案例 *J Evans & Sons (Portsmouth) Ltd v Andrea Merzario Ltd* [1976] 1 W. L. R 1078。

[33] 见第 15—028 段、第 15—029 段、第 15—046 段。

[34] 见第 15—028 段、第 15—029 段、第 15—046 段。

[35] 参考案例 *New Chinese Antimony Company Ltd v Ocean Steamship Company Ltd* [1917] 2 K. B. 664；*The Atlas* [1996] 1 Lloyd's Rep. 642。

[36] *Owners of the Cargo lately aboard the River Gurara v Nigerian National Shipping Line Ltd* [1981] 1 Lloyd's Rep. 225；see also the decision of the Federal Court of Australia in *EI Greco (Australia) Pty Ltd v Mediterranean Shipping Co. SA* [2004] 2 Lloyd's Rep. 537.

[37] 参考案例 *Ace Imports Pty Ltd v Companhia de Navegacao Lloyd Brasileiro*；*The Esmeralda I* [1988] 1 Lloyd's Rep. 206。

[38] 参考案例 *Leather's Best Inc v The Mormaclynx* [1970] 1 Lloyd's Rep. 527。这个观点在加拿大案例 *The Tindefjel* [1973] 2 Lloyd's Rep. 253 中同样被采用了。见 *Contracts for the Carriage of Goods by Land, Sea and Air*，Looseleaf，Lloyd's of London Press，notes at paras 6. 2. 4，3. 6. 1 *et seq*。

[39] “s. t. c”是“据说装有”的缩写。

[40] 参考案例 *Royal Typewriter Co v Division Litton Business Systems Inc v MV Kulmerland and HamburgAmerika Linie* [1973] 2 Lloyd's Rep. 428。在 *Kulmerland* 案中，美国法院并不认为对提单上货物的起诉是决定性的标准，而是根据重量判断出集装箱中的货物并没有被打包出口的事实（“功能测试”），但是在 *Tindefjell* 案中，Collier 法官参考模糊的对 Kulmerland 案中所开提单上的货物提起的诉讼。在另一个美国案例 *Insurance Company of North America v S/S Brooklyn Maru, Japan Line Ltd*；*The Brooklyn Maru* [1975] 2 Lloyd's Rep. 512 中，法院同样使用了“功能经济”测试，但是在随后的裁决中，例如 *Mitsui & Co Ltd v American Lines* 1981 A. M. C. 331，2nd Circuit (1981)，美国法院放弃使用功能测试，因为它不公平地处罚了那些通过使用较轻便的包装来包装货物以利用集装箱优势的船方。见 T. J. Armstrong，“Packaging Trends and Implications in the Container Revolution” 1981 *Journal of Maritime Law and Commerce*，Vol. 12，p. 427。

[41] *Per* Collier J. *The Tindefjell* [1973] 2 Lloyd's Rep. 253 at 259.

第 17 章 航空货物运输

□ 法律制定的历史

17—001 航空货运受到《1932 年航空运输法》（Carriage by Air Act 1932）的约束，该法案正如 1924 年和《1971 年海上货物运输法》一样，给予 1929 年在华沙签署的统一国际航空运输某些规则的公约以成文法的效力。但是经过多年之后，《华沙公约》（Warsaw Convention）亟须修改。例如，《华沙公约》中对乘客伤亡的责任限制就非常低。[1] 1955 年 9 月 28 日，一项修订案在海牙达成，称为《海牙议定书》（Hague Protocol）。1955 年在海牙修订的《华沙公约》被纳入了《1961 年航空运输法》，并于 1967 年 6 月 1 日在英国、海峡群岛、马恩岛以及一些英国海外殖民地中开始实施。1961 年的法案取代了 1932 年的法案。法案的 10 个部分已经获得英国枢密院令的通过而成为法律，以将那些不受旧公约约束的航空货运归入修正后的公约的约束范围之内，即那些以一个其他国家作为出发、目的或经停地，另一方面又以英国作为出发、目的或经停地的航空运输。[2]

基本公约规定了航运承运人同乘客、货物托运人和收货人之间的法律责任关系。原始的和修订后的公约都没有给出关于承运人的清楚定义。“承运人”是指同乘客或发货人有合同关系的人还是实际管理运输的人，这一点仍不明确。因此有必要在《华沙公约》中加入一条扩展公约，该扩展公约于 1961 年在墨西哥的瓜达拉哈拉签署。这一补充公约旨在统一由订约承运人以外的个人履行国际运输事宜的规定。《瓜达拉哈拉公约》(Guadalajara Convention) 被包括在《1962 年航空运输（补充条款（Supplementary Provisions））法》中，并适用于受原始的和修订的《华沙公约》约束的运输。[3]

于 1975 年在蒙特利尔签署的议定书 1 和 2，将原来公约中使用的金法郎替换成 IMF 特别提款权（SDRs）以限定承运人的责任。另外两个议定书，3 和 4，同样是于 1975 年在蒙特利尔签署。这两个议定书又是关于承运人责任的。3 号议定书同另一部对乘客责任做出规定的《危地马拉议定书》(Guatemala Protocol) 相关联。4 号议定书是关于货物、邮政条款以及关于这些领域的责任提升方面的。1 号议定书和 2 号议定书现在已经在英国得到应用，4 号议定书已经于 1999 年 5 月 21 日得到实施。[4] 当考虑非公约的货物运输时，SDRs 从 1985 年 10 月 4 日开始已经取代了金法郎的地位，但并不是依靠《1961 年航空运输法》的效力，也不是依靠《1979 年航空运输法》的效力。最终，《1999 年蒙特利尔公约》对公约体制进行了一个激进的修改。修改主要是针对客运和行李运输，而不是针对货物运输。对货物运输的主要修改是第四条第 2 款规定可以使用电子化单据。[5]

基于这些国际协议，英国法律现在明文规定了一套用于航空货运的全面[6]而复杂的编号系统，不仅用于受到公约约束的所谓的国际货运，也同样用于那些在接下来将提到的非公约运输。非公约运输所指的运输从字面意义上理解是不受国际公约约束的国际运输。通过英国枢密院令采取的一系列措施，上面提到的规范航空货运的法律体系已经扩展到多个英国海外殖民地。[7]

□ 航运中的损失

就货物的破坏、灭失或损坏而言，“航运”包括由承运人掌管货物的整个 17—002
阶段，无论货物是在机场，还是在飞机上，又或者是停在某个机场以外的地点。如果发生在机场以外的地面运输是为了装载、交付或转运货物，那么根据合同的规定，在此地面运输期间发生的损失都应该被认为是发生在航空货运期间。[8]

□ 基本的责任体系——概览

被英国法律所承认的三个规则体系中关于承运人责任的基本框架都是一致 17—003
的。它们不仅应用于有偿航空货物运输，还应用于无偿航空货物运输。因此，首先要说明基本的责任体系，然后应该弄清存在于这三个体系中的区别：由原始《华沙公约》约束的运输，由修订后的《华沙公约》约束的运输，以及非公约运输。

在航空运输期间发生的货物毁灭、遗失、损坏或延误，即使未举证，航空货运承运人也应承担责任。被英国《航空运输法》授权生效的公约，建立了一项法定诉讼权利。[9]承运人有权使用特殊的辩护权，但是他不能立约使其不受责任约束或者降低责任限定。而同时，承运人可以享受最大责任限制范围的保护，并且只有当原告能够证明损坏到达了某个程度时，责任才能提升。航空运输承运人的最大责任限制为：

(1) 每千克 17 个单位 SDRs[10]；或

(2) 船方宣布的价值，其中所有的附加费用已经支付。

通过设定一个 SDRs 转换成英镑的转换率，以实现 SDRs 到英镑的转换。[11]

□ 承运人的辩护

17—004 如承运人证明他和他的代理人[12]为了避免损失，已经采取了一切必要措施[13]，或不可能采取这种措施时，承运人不负责任。如果货物的灭失、损坏是由于第十八条第 2 款中所说的一个或多个原因造成的，那么承运人将不负责任，这些原因包括：货物的固有缺陷，非承运人造成的包装缺陷，战争以及当局政府行为。

如果承运人证明受害人自己的过失是造成损失的原因或原因之一，那么法院可以免除或减轻承运人的责任（第二十一条第 2 款）。

□ 可索赔方

17—005 托运人拥有诉讼权，在特定的环境下，收货人也享有诉讼权。受损或丢失了的货物的货主有权起诉承运人，他的起诉权并没有被排除在《华沙公约》之外。[14]但是，修订公约的第二十六条限制了发货人和收货人的起诉权，同样也就限制了货主的起诉权。[15]除非承运人方面存在欺诈行为，如果没有在损坏、延误发生之后的有效期内对承运人做出书面投诉，那么不能起诉承运人。修订公约的第二十九条规定，诉讼应该在到达目的地之日起，或应该到达日期，或运输停止之日起的两年内提出，否则就丧失要求赔偿的起诉权。如果收货人在接收货物时没有向承运人提出投诉，那么就可以认为货物在交货时处于良好的状态。

托运人可以向第一承运人和货物发生毁灭、遗失、损坏和延误阶段的运输负责人提起诉讼，除非明文规定第一承运人对整个运输过程负责。例如如果托运人行使了公约第十二条所赋予他的在转运过程中停止运输的权利，那么托运人将拥有诉讼权。收货人有权向最后承运人和实际承运人提起诉讼。遭受损坏或灭失的货物的所有人有权对实际承运人提起诉讼。

□ 可能被起诉的承运人

17—006 (1) 连续承运人（successive carrier）：就连续承运人同他所监管的运输的

相关性来说，他应该被认为是运输合同的签订方之一。

(2) 订约承运人 (contracting carrier)：作为同托运人或托运人的代理人签订运输合同的主要人员，在很多情况下，订约承运人都是第一个（有时是唯一一个）航空承运人，但是订约承运人也有可能仅仅是开具运输单据的人，也可能是航空器承租人，还可能是货物集中人或代理人。

(3) 实际承运人 (actual carrier)：是由订约承运人授权负责整个或部分运输的承运人；他既不是连续承运人，也不是订约承运人。

第一承运人、实际承运人和最后承运人应该对托运人或收货人负连带责任。订约承运人对整个运输过程负有责任，实际承运人只对他负责的运输阶段负有责任。对原告而言，他既可以对订约承运人又可以对实际承运人提出书面投诉或诉讼，还可以同时起诉或分别起诉。

如果承运人的雇用人员或代理人是在其职责范围内行事，那么他们就有权引用承运人得以援引的责任范围进行辩护。[16]实际承运人或其雇用人员和代理的行为及疏忽，都可以被认为是订约承运人的行为及疏忽，反之亦然。但是，如果是出于以下原因，实际承运人的责任不能超过每千克 17 个单位 SDRs：

(1) 订约承运人的行为或疏忽；
(2) 订约承运人加入的任何特殊协定；
(3) 针对订约承运人的特殊价值声明。

除非是在第 2 条和第 3 条中，实际承运人已经同意受到约束。

□ 不同公约体系何时适用？

要判断不同公约体系何时适用并不是一件简单的事情，但是下面的讨论将给予一定的帮助。有偿或无偿的航空货运由以下公约监管： **17—007**

1. 原始的《华沙公约》[17]

根据各方签订的合同，当出发地和目的地（不考虑中断、误送[18]、转运以及连续合同和连续承运人的数量）是在： **17—008**

(1) 原始公约的两个缔约国内的地区；或者
(2) 其中一个地点为原始公约缔约国。

但是原始公约并不适用于“那些为了建立一条常规航线的航空运输以及在常规航空运输范围之外的特殊环境下的运输情况”。[19]

2. 修订后的《华沙公约》[20]

根据各方签订的协议，当出发地和目的地（不考虑中断、转运以及连续合同和连续承运人的数量）是在： **17—009**

(1) 修订公约的两个缔约国内的地区；或者
(2) 其中一个地点为修订公约缔约国。

当一项航空货物运输的出发地是在原始公约缔约国（例如美国），而目的地是在既遵守原始公约又遵守修订后公约的缔约国（如英国）时，困难出现了。在这种情况下，只有原始公约中的条款才能同时约束这两个国家。

为了便于在英国法院提出诉讼，《航空运输（公约缔约国）法》[21]列出了属于原来公约或修改的公约或两者均已参加的缔约国及其属地的名单。[22]

3. 非公约规则

17—010 如果货物运输既不受原始公约约束又不受修订公约约束，例如运输目的地不是这两个公约的缔约国并且在其他国家没有降落点，那么无论出发地在哪里，根据法律规定，货物都不受这两个公约的保护。在向英国法院提起诉讼之前，货物将受到非公约规则的约束，虽然从传统字面意思上来说，该货运属于国际性货运，但是从技术层面上来说，又不属于两个公约管辖范围之内。非公约规则并不适用于纯粹的国内航班，即签订的航空货物运输是在一个国家内部的运输。[23]在这种情况下，该国法律将负责约束运输合同，或者如果法律允许，订约方可以选择某一法律对其进行约束。非公约规则同时也约束[24]邮件和邮政包裹运输[25]，大概国内、国际运输情况都适用。

□ 受原始《华沙公约》约束的运输

运输单据

17—011 运输单据称为航空货运单（air waybill，AWB）。承运人有权要求托运人填写航空货运单，且每一件货物需要有单独的一份航空货运单，同时托运人有权要求承运人接收航空货运单。然而，单据的缺失、不规范或遗失并不会影响合同的效力以及国际公约对运输进行约束。航空货运单并不是一种权利凭证。航空货运单必须一式三份，并连同货物一起交给承运人。第一份注明“交承运人”，由托运人签字；第二份注明“交收货人”，由承运人和托运人签字，并附在货物上；第三份由承运人在接收货物后签字，交给托运人。在货物交付给收货人之前，托运人应该提供报关所需的额外信息和单据。托运人对由于这些信息和单据的缺失或不规范而对承运人造成的损失负有责任。托运人的义务同样将扩展到他在航空货运单中添加的条目和陈述。同时，如果承运人按照托运人的要求开出了一份航空货运单，那么就可以认为承运人是按照托运人的要求行事的。

如果承运人接受货物未出具航空货运单，或者航空货运单上未载有下列条款，那么承运人就无权引用本公约关于免除或限制承运人责任的规定：

(1) 货运单填写的地点和日期；
(2) 始发地和目的地；
(3) 约定的经停点（在特定案例中，承运人可能改变）；
(4) 托运人的名称和地址；
(5) 第一承运人的名称和地址；
(6) 必要时收货人的名称和地址；
(7) 货物的性质；

(8) 件数、包装方式及货物上的特殊标志和号码;

(9) 货物的重量、数量、体积及尺寸[26];

(10) 一项运输应受本公约有关责任规则约束的声明。[27]

航空货运单是订立合同、接受货物和运输条件以及货物重量、尺寸、包装和件数的初步证据。除非承运人在托运人在场的情况下查对货物并在航空货运单中注明已经查对,或者是对货物表面状况的记载外,关于货物的数量、体积和状况的记载不能构成不利于承运人的证据。

基本责任

除基本的辩护权之外,如果承运人能够证明“在运输货物过程中,损失是由于领航疏忽或驾驶中、航空器的操作中的过失引起的,而在其他一切方面承运人和其代理人已经采取一切必要的措施以避免损失时,承运人不承担责任”。当存在乘客的伤亡时,这一辩护条例不能被引用。如果损失是由于承运人有意的不良行为造成的,那么根据第二十五条规定,承运人需对乘客承担无限责任。根据未修订的《华沙公约》第二十五条的规定,如果损失是承运人的雇用人员或代理人的“渎职”造成的,承运人也无权引用最大责任限制条款。[28]免除责任条款对于航空运输也十分重要。在一个案例中[29],有两盒铂金从南非空运至美国费城。这份航空货运合同受到未修订的《华沙公约》的约束。这批铂金在伦敦希思罗机场转机,从一架南非飞机上转机飞往美国。初审法官发现,就是在转机过程中,两盒铂金中的一盒被一名或多名搬运工盗走。上诉法庭认为原告,即货主、承运人和收货人,有权要求获得相当于损失的铂金价值的赔偿,承运人不能引用公约的最大责任范围条款进行辩护,因为对铂金的偷窃属于搬运工的有意的不良行为,因此承运人应该承担责任。 17—012

根据未修订的《华沙公约》的规定,计算承运人每千克 17 个单位 SDRs 的赔偿责任时,损失的货物重量具有决定性的意义。[30]

托运人和收货人的特别权利

除非在空运托运单中另有明确规定,托运人和收货人有以下权利: 17—013

托运人:

(1) 在向承运人出示托运人的空运托运单副件后,托运人拥有优先于将货物交付给收货人的处理权,但是需要支付由此产生的费用(第十二条);

(2) 托运人在履行合同规定的义务的条件下,不论为自己或别人的利益行事,都可以用自己的名义行使权利(公约第十四条)。

收货人:

(1) 收货人于货物到达目的地,并在缴付应付款项和履行空运托运单上所列的运输条件后,有权要求承运人移交航空货运单并将货物交付与他(公约第十三条);

(2) 收货人在履行合同规定的义务的条件下,不论为自己或别人的利益行事,都可以用自己的名义行使权利(公约第十四条)。

索赔过程

17－014 除非空运托运单中有其他说明，当承运人货物灭失，或者货物在其应该到达之日的7天以后仍然没有到达，那么收货人有权行使赔偿权。收货人应在发现损坏后立即向承运人提出异议，最迟在收到货物之日起7天内提出[31]，如果延误，应最迟在行李或货物交收件人自行处置之日起14天内提出异议。[32]提出的异议应该在规定期限内写在空运托运单上或另以书面形式提出。根据公约第二十八条的规定，要求赔偿损失的诉讼，应该在一个缔约国领土内，向承运人住所地或主要经营所所在地或其签订合同的机构所在地法院提出，或向目的地法院提出。[33]

□ 受修订的《华沙公约》约束的运输

运输单据

17－015 运输单据称为航空货运单。所有原始公约中关于航空货运单的规定和条款都适用于修订后的公约中所使用的航空货运单，包括一些出现在其中的重要特例以及对遗漏的惩罚。公约第五条至第八条涵盖了对航空货运单的要求，但是那些关于航空货运单的内容的规定得到了简化。根据公约第八条的规定，航空货运单应该包括：

(1) 始发地和目的地；

(2) 如果始发地和目的地在同一个缔约国领土内，而在另一个国家有一个或数个约定的经停点时，则至少一个此种经停点；

(3) 关于托运重量的声明。

如果这些要求没能达到，运输合同仍然有效，且受到公约约束，包括关于责任范围的约束（公约第九条）。自第五条至第八条关于运输凭证的规定，不适用于超出正常航空运输业务范围在特殊情况下进行的运输（公约第三十四条）。

□ 基本责任

17－016 除去基本的那些，没有额外的辩护权。对疏忽领航的辩护已被废止。

如果承运人的雇用人员及代理人在他们的职责范围内行事，他们也将享受到承运人所拥有的责任限制。如果存在一个承运人的总计责任的限制，那么他的雇用人员和代理人的责任不能超过这个限制。当计算责任范围时，使用的重量是相关单位的重量，而并不必须是记录在同一航空货运单上的所有单位货物的重量，除非某一单位货物的灭失、损坏及延误影响了同一张航空货运单上其他货物的价值。承运人的最大责任限制是每千克17个单位SDRs，除非托运人要求了一个更高的数额。另外，如果货物的灭失或损坏是由于承运人的有意行为或鲁莽行为造成的，那么这一限制将不再起作用。[34]根据公约第十八条的规定，如果承运人能够证明货物的灭失或损坏是由以下原因造成的，那么他就可以免除责任：

(1) 货物的内在缺陷；
(2) 由非承运人及其雇用人员所带来的包装缺陷；
(3) 战争或武装冲突；
(4) 当局政府针对货物进口、出口以及转运方面的行为。

如果仲裁发生在公约规定的一个管辖区域内，允许指定货物运输仲裁条款(公约第三十二条)。

托运人和收货人的特殊权利

在修订后的《华沙公约》中，这一部分没有做出修改。 **17—017**

索赔过程

收货人向承运人提出书面异议的时间限制有了如下改变： **17—018**

(1) 如果是损坏——最长期限从 7 天增加到 14 天[35]；
(2) 如果是延期——最长期限从 14 天增加到 21 天。(公约第二十六条)

□ 非公约运输

基本的责任体系包括非公约货物运输[36]的责任范围以及提出异议的时间。 **17—019** 这一责任体系同修订后的《华沙公约》完全相同，但是非公约货运的责任体系中没有任何关于运输单据以及托运人和收货人特殊权利的条款。

非公约规则同样适用于邮件和邮政包裹运输，因为它明确规定在普通法下，航空邮件包裹的寄件人对航运承运人有一个直接诉讼权，且承运人将承担无限责任。[37]一个特别的案例发生在从英国至科威特的运输中，这起运输不受原始《华沙公约》管理，即使运输的货物是普通货物而不是航空邮件，这是因为科威特不是《华沙公约》的缔约国。无论如何，未修订的《华沙公约》都不适用于受到《国际邮政运输公约》所管理的运输，同时修订后的《华沙公约》也不适用于邮件和邮政包裹运输。这一点已经由《1969 年邮局法案》的第 29 页第 3 条所解决。邮局法案是保护邮局、邮局行政人员以及同邮件运输相关的工作人员避免因为邮政包裹的灭失或损坏而承担民事责任。[38]一般认为负责运输邮件的航空公司可以寻求这一规定的保护。在一个案件中[39]，美国运通公司将一个装有旅行支票的邮政包裹从英国布雷顿寄往斯威士兰的一家银行。邮局将装有这份托运货物的一个密封邮包送至在伦敦希斯罗机场的英国航空公司，途径约翰内斯堡，运至斯威士兰。装有旅行支票的包裹在机场被一名搬运工偷走，后来被判偷窃罪。在同美国运通公司的诉讼中，英国航空公司成功地引用了《1969 年邮局法案》第 29 页第 3 条的保护。因为这一规定对诉讼的免除是完全的，因此不能说这一监管是令人满意的，但不能忽视的是它已经在法令中被削弱了。在非公约运输中，SDRs 已经替代了金法郎。[40]

□ 国际航空运输协会的运输（IATA 运输）

一个同货物相关的更加统一的规则由国际航空运输协会（IATA）成员在 **17—020**

实务中引入。国际航空运输协会已经使用一套统一的航空货运单以及出现在三份原始提单背面的合同条款超过 50 年的时间，这些规定都随着时间的推移不断被修改。IATA 的货运单以及合同条款被 IATA 会员用于承运人之间的货运和线上运输，同时也被非会员所使用。非会员是指要么参与了包含有会员的承运人间运输，要么仅仅只是想采用由 IATA 会员设立的国际标准。IATA 航空货运单的格式及其他都被设计成便于转换成电子单据的形式，但它不能成为一个法律凭证。

IATA 的合约条款不能以任何形式削减原始《华沙公约》或修订后《华沙公约》的条款的效力。出口商可以通过向首席 IATA 航空公司申请而免费获得最新形式的样本。

IATA 条例中的第 4 号条例规定，除非关于承运人的收费标准以及运输条件另有规定，承运人的责任不应该超过灭失、损坏以及延误货物每千克 20 美元（或其他等价单位）。这一最大责任大致等于公约规定的 17 个单位 SDRs 的责任限制，这也成为 IATA 设立的可选择的责任限制之一。因此，公约限制在几乎所有的实用目的的情况中十分盛行，但是那些在英国法庭审理的最罕见的国际案件受到法律和具体合同的约束，除非是国内航运。[41]因此，一份从伦敦到曼彻斯特的客运或货运合同既不被公约所约束，也不被非公约规则所约束，而是受到合同条款的约束。合同条款受到《1977 年不公平合同条款法》以及《1994 年消费者契约不公平条款指令》的约束。[42]

注释

[1] 一般参考 Shawcross and Beaumont，*Air Law* (4th end) and H. Caplan，"Ratification of Hague Protocol by United Kingdom" [1961] J. B. L. 170. See also Chitty，*Contracts* (29th edn，2004)，Ch. 35。

[2] 为了进一步了解这一条款的应用范围，参见案例 *Holmes v Bangladesh Biman Corporation* [1989] 1 Lloyd's Rep. 444，特别是 447 页大法官 Bridge 所做的裁决。也可以参考案例 *Gurtner v Beaton* [1993] 2 Lloyd's Rep. 369 at 388。注意这一条款不能被理解为允许修订后的《华沙公约》可以适用于发生在一个其他国家内部或者其他两个国家之间的运输。

[3] 未修订的《华沙公约》的内容包括在《航空运输法（条款应用）1967 年命令（SI 1967/480）修订公约》（即由《海牙议定书》修订的《华沙公约》）和《瓜达拉哈拉公约》的 Sch. 2 中。在规则 Sch. 1 中列举了例外、适用性和修正内容。

[4]《1979 年航空和公路运输法(开始第 2 号命令)》SI 1997/2565、《航空运输法（条款应用）1967 年命令》和由 SI 1999/1737 补充的《航空运输法》（议定书的实施第 4 号命令）SI 1999/1312。

[5]《航空运输法（1999 年蒙特利尔公约补充）2002 年命令》对 1999 年的《蒙特利尔公约》进行了补充。

[6] 公约给出了这一领域一套独有的规则，并且不依靠当地法律条文；参见案例 *The Deep Vein Thrombosis litigation* [2003] 3 W. L. R. 956。

[7] 有时参考英国规则，见案例 *Holmes v Bangladesh Biman Corporation* [1989] 1 Lloyd's Rep. 444 at 447。

[8] 见公约第十八条第 1 款和第 2 款。货物是否处于承运人控制之下是货运合同订立的一个问题，参见案例 *Rolls Royce Plc v Heavylift Volga Dnepr Ltd* [2010] 1 Lloyd's Rep. 653（承运人的代理人在

机场棚所造成的损失被认为是处于承运人的控制之下)。

[9] *Per* Lloyd J. in *American Express Co v British Airways Board* [1983] 1 W. L. R. 701 at 707－708，也可以参考案例 *Malca-Amit Ltd and others v British Airways Plc* [1999] Unrep.（LTL 4/5/99）——一起诉讼（这里指偷窃钻石案）中要求的证据的标准是在概率上取得平衡。

[10] 见《航空运输（英镑兑换）1999 年命令》(SI 1999/2881)，它取代了 SI 1996/244；寻找的新的英镑兑换法案仍然是必要的。

[11] 这一许可是从财政部获得的；见 1979 年颁布的《航空和公路运输法》第 5 部分。对货物的索赔无论是在合同范围内还是范围外的，根据公约第二十四条第 2 款的规定，所有的索赔都必须遵守公约规定，包括最大责任范围。对于公约第二十四条第 1 款关于乘客和行李索赔规定的讨论，参考案例 *Sidhu v British Airways Plc* [1997] A. C. 430。也可以参考 [1998] L. M. C. L. Q. 476（新西兰版本）。

[12]《航空导航法》第 29 部分将 1932 年的《航空运输法》中的《华沙公约》中的"代理人"一词替换成"雇员和代理人"，因此修正了在官方法语版公约中出现的一个错误。这一修改被 1961 年的《航空运输法》批准生效，并因此得以施行。

[13] 在案例 *Grein v Imperial Airways Ltd* [1917] 1 K. B. 50 at 69－71 中被解释为合理的必然性。一般解释参考 *C. Debattisa* [1997] J. B. L. 130。

[14] 公约第十三条第 3 款，第二十六条。参考案例 *Gatewhite Ltd v Iberia Lineas Aereas de Espana Sociedad* [1989] 1 Lloyd's Rep. 160。

[15] 参考案例 *Western Digital Corp v British Airway Plc* [2001] Q. B. 733 中上诉法庭所作的决定（确定在上面提到的 *Gatewhite* 案中的决定）。

[16] 国际上，这是修订后公约的一个特点，但是它根据《1962 年航空运输（补充条款）法》第四部分，可应用于在英国法庭提起的诉讼。而且现在在《航空运输法（条款应用）1967 年命令》(SI 1967/480) 时间表 2 第 B 部分第 25A 条款中继续保持。可参考《1999 年合同法（第三方的权利）》s. 6 (5) (b) 和 s. 6 (8) (c)，其中规定了第三方可以利用条约管辖下合同的例外和限制条款。这项法案应用于 2000 年 5 月 11 日以来的合同。

[17] 参考《航空运输法（条款应用）1967 年命令》Sch. 2。

[18] 参考案例 *Rotterdamsche Bank NV v BOAC* [1953] 1 W. L. R. 493。

[19] 在修订后的公约中没有类似范围的规定。

[20]《1961 年航空运输法》第 1 节和 Sch. 1。

[21]《航空运输（公约缔约国）1977 年命令》(SI 1977/240)；《航空运输（公约缔约国）（补充）1977 年命令》(SI 1977/1631)；《航空运输（公约缔约国）（补充）1978 年命令》(SI 1978/1058)。最近的为《航空运输（公约缔约国）1999 年命令》(SI 1999/1313)。

[22] 案例 *Phillipson v Imperial Airways Ltd* [1939] A. C. 332 在当代没有太多的实际应用。

[23] 参考案例 *Holmes v Bangladesh Biman Corporation* [1989] 1 Lloyd's Rep. 444（乘客在孟加拉国境内的空难事故中丧生；上议院认为航空运输合同由孟加拉国法律约束，1967 年法案并不适用）。

[24]《航空运输法（条款应用）1967 年命令》Sch. 1。

[25]《航空运输法（条款应用）1967 年命令》第四条。

[26] 上诉法庭决定依循原始的法文内容和美国翻译，并裁定这些例外只需要满足其中一项即可，参考案例 *Corocraft Ltd v Pan American World Airways Inc* [1969] 1 Q. B. 616。

[27] 国际航空运输协会（IATA）机票和运货单的惯例为："下面的运输受到《华沙公约》中确定的责任的条款的约束，除非该运输根据公约并非为'国际运输'"。这项惯例在美国案例 *Seth v BOAC* [1964] 1 Lloyd's Rep. 268 和英国案例 *Samuel Montagu & Co Ltd v Swissair* [1965] 2 Lloyd's Rep. 363 中得到支持。这一叙述被要求写入注意事项。参考案例 *Fujitsu Computer Products Corporation v Bax*

Global Inc [2006] 1 Lloyd's Rep 366。

[28] 修订后的《华沙公约》中第二十五条的遣词有所不同，并未用“渎职”这个词。该条款规定，当损害是由于承运人自己或承运人雇员或代理人的作为或不作为所致的，承运人不能采用责任限制。为了打破限制，原告必须证明损失是故意的或由疏忽导致的，并明知可能会导致这样的损失。在由代理人导致的货损案件中，原告必须额外地证明代理人的行为是在其授权范围内。参考案例 *Goldman v Thai Airways International Ltd* [1983] 3 All E. R. 673 和 *Nugent and Killick v Michael Goss Aviation Ltd* [2002] 2 Lloyd's Rep. 222（需了解损失可能会发生）。

[29] 参考案例 *Rustenburg Platinum Mines Ltd, ect v South African Airways, etc.* [1979] 1 Lloyd's Rep. 19。有关“轻率”的定义（在修订后的《华沙条约》第二十五条中用到，但是在未修订的《华沙公约》中未出现），参考案例 *Goldman v Thai Airways International Ltd* [1983] 1 W. L. R. 1186, CA。

[30] 参考案例 *Datacard Corpn v Air Express International Corp* [1983] 2 Lloyd's Rep. 81。

[31] 第二十六条第 2 款中“损坏”包括部分损失，参考案例 *Fothergill v Monarch Airlines Ltd* [1981] A. C. 251，也见案例 *Rothmans of Pall Mall (Overseas) Ltd v Saudi Arabian Airlines Corp* [1981] Q. B. 368。

[32] 计算延误货损的内容见案例 *Panalpina International Transport Ltd v Densil Underwear Ltd* [1981] 2 Lloyd's Rep. 187。

[33] 关于第二十八条和第二十九条的检查，见案例 *Milor SRL v British Airways Plc* [1996] Q. B. 702 at 706。

[34] 参考案例 *Antwerp United Diamonds BVBA and The Excess Insurance Co Ltd v Air Europe* [1995] 2 Lloyd's Rep. 224，在案例中检验了第二十五条到第二十二条的关系；至于渎职，见案例 *The Thomas Cook Group Ltd and others v Air Malta Co Ltd (Trading as Air Malts)* [1997] 2 Lloyd's Rep. 399。

[35] 有关部分损失的内容参考案例 *Fothergill v Monarch Airlines Ltd* [1981] A. C. 25。

[36] 这里可应用的条款包括在《航空运输法（条款应用）1967 年命令》Sch. 1 中。

[37] 参考案例 *Moukataff v BOAC* [1967] 1 Lloyd's Rep. 396，在此案中，英国海外航空公司(BOAC) 雇员从密封的邮袋里偷窃了汇款并因此而违法。向科威特汇款 20 000 英镑的汇款人向该公司追回了超过了 17 000 英镑的丢失款项。

[38]《1969 年邮局法案》s. 33 就注册的内陆包裹实施责任限制。

[39] 参考案例 *American Express Co v British Airways Board* [1983] 1 W. L. R. 701。

[40]《1979 年航空运输法（条款应用）（第二次修订）》(SI 1979/931)。

[41] 参考案例 *Holmes v Bangladesh Biman Corporation* [1989] 1 Lloyd's Rep. 444。

[42] 见 D. Grant，“Carriage—A United Kingdom Consumer's Perspective” [1998] J. B. L. 123，这篇文章讨论了 IATA 一般运输条件下《1999 年消费者合同规范》中不公平条约的可能影响。IATA 一般运输条件实施了欧洲共同体议会管理当局第 93/13 号指令，废除了 SI 1999/2083。SI 1999/2083 于 1999 年 10 月 1 日生效。

第 18 章

陆路运输

铁路和公路运输

18—001 陆上国际货物运输包括铁路货运和公路货运，两种运输方式都受到国际公约的约束。

1961 年 2 月 25 日颁布的《国际铁路货物运输公约》(CIM) 对国际间的铁路货物运输做出了规定。这一公约被 1972 年英国颁布的《铁路货物运输法案》赋予了法律效力。但是这一法案被 1983 年颁布的《国际运输公约法案》所取代，后者继续将 CIM 纳入《国际铁路运输公约》(COTIF) 范畴。COTIF 签署于 1980 年 5 月 9 日。CIM 作为国际铁路货物运输合同制定的统一规则被收入公约第三章。[1]至于英国方面，1983 年的公约法案以及 COTIF 法案也于 1985 年 5 月 1 日开始施行。[2]

国际公路货物运输受到 1956 年 5 月 19 日颁布的《国际公路货物运输公约》(CMR)[3]的约束。在英国，CMR 被 1965 年颁布的《公路运输法案》赋予法律效力。该法案将 CMR 记入议程[4]，并于 1967 年 6 月 5 日开始施行[5]。

COTIF 公约的缔约国包括几乎所有欧洲国家以及一些亚洲和非洲国家。[6]

□ 公路运输——CMR

适用范围

如果一份运输合同中规定由路面交通工具[7]进行运输，并且合同中规定的起运地和目的地分别位于两个不同的国家[8]，而这两个国家中至少有一个是国际公约的缔约国[9]，那么这份运输合同将适用于CMR[10]。大多数缔约国是欧洲国家。[11] 18—002

需要明确的是，公约并不要求起运地和目的地所处的两个国家均为公约缔约国。例如，一份将货物从英国（缔约国）通过公路运至沙特阿拉伯（非缔约国）的运输合同将受到CMR的约束。

公约对于由国家、政府机构和组织发起的运输合同同样适用。[12]对于在英联邦法院下进行的诉讼，相关条款可以被应用于仲裁程序。[13]一份运输合同可以指定一家仲裁机构，只要仲裁机构符合公约中的相关要求。[14]CMR不适用于英国和爱尔兰之间的运输合同。[15]另外，不适用CMR的情况还包括[16]：

(1) 受到《国际邮政运输公约》约束的运输；

(2) 丧葬托运；

(3) 迁居。

同时，CMR规定，当装载货物的交通工具在途中，需通过海路、铁路、内陆水路以及空中运输过程时，在没有遇到紧急情况时只要货物没有离开车辆，CMR仍将适用于整个货物。因此，CRM适用于很多通过拖车或类似运输工具，从一个缔约国地区运至其他国家的集装箱货物（特别是集装箱拼箱）。但是，如果货物在其他交通方式运输过程中遭受损失、损坏和延误，且这些不是由于陆路承运人的行为或过失造成的，那么陆路承运人的责任不能由CMR裁决，而应该由相关国际公约裁定。[17]这些条例已经在之前讨论过的 *Thermo Engineers Ltd v Ferrymasters Ltd*[18]的案例中得到了应用。[19]

连续承运人（successive carrier）

CMR第三十四条规定，如果一项运输是由一份单独的合同管理但由多个连续公路承运人进行，那么每一个承运人都应该对整个运输负责。第二承运人和每一个连续承运人，由于他们接受了货物和托运单（consignment note），所以他们在托运单的指示下成为合同的一部分。但是，必须指出，"一份由多个连续承运人执行的合同"是指一份只开具了一份托运单的合同。如果托运的货物被分成了若干个部分，且每一个部分都对应开具了一个单独的托运单，那么根据公约第三十四条的规定，运输这些部分货物的承运人就不是连续承运人。[20]在案例 *ITT Schaub-Lorenz Vertriebsgesellschaft mbH v Birkart Johann Internationale Spedition GmbH & Co KG* 中，Bingham L. J.[21]说，"如果存在连续公路货运承运人，那么被托运人或收货人起诉的公路运输承运人可以对那些应该对货物灭失或损坏负责的公路运输承运人起诉以挽回损失，但是承运人 18—003

却不能通过证明他已经把运输业务委托给真正应该对运输负责的非公路运输承运人而逃脱责任”。除非是在反诉案件或撤销案件中，关于货物灭失、损坏或延误的合法诉讼应该只是针对第一承运人、最后承运人或是灭失、损坏、延误发生时控制货物的承运人，但是多个承运人也可能被同时起诉。[22]在有连续承运人的情况下，由承运人中那个对货物灭失、损坏负有责任的承运人单独承担赔偿责任，但是如果不能确定哪个承运人应该对此负责，那么赔偿责任应该由他们一起承担。[23]如果有一个承运人无力偿还，那么他的赔偿责任应该由其他承运人按比例分摊，这一比例就是他们原本能够从运输合同中获得的报酬的比例。[24]

并不总是很容易地判断，和货主订立合同的人是否为只负责取得货物的运输代理人，或者是否为负责运输货物的承运人，甚至他可能将运输外包给其他人。前者不被 CMR 所约束，但是后者将受到 CMR 约束。如果一个人签署了一份负责将货物运送至目的地的合同，但是他自己并没有管理货物并将货物分送给他所转包出去的承运人，那么根据 CMR 第三十四条的规定，他将不再是第一承运人，实际的承运人是连续承运人。除同第一承运人签订的运输合同之外，Megaw L. J.[25]说：“CMR 公约建立了一个在实际承运人和货主之间的人工法定合同”。这位资深的法官继续说：

> “看公约第一条第 1 款，我认为 CMR 公约必须充分考虑到同货主签订合同的公司或个人就是第一承运人，不管它是否管理货物，在公约条款的规定下，所有的后续承运人都是连续承运人。”

另一方面，如果货主自己和多个承运人签订合同，每一个承运人负责一段运输，同第一个承运人没有单独的运输合同，那么 CMR 关于连续承运人的规定在这种情况下将不适用，尽管公约将可能对单个承运人还有约束效力。

托运单

18—004 CMR 规定公路货运合同应该通过托运单予以确认，但是托运单的缺失或不规范并不会影响合同的效力，这样的合同仍然受到公约的约束。[26]托运单需要有 3 份经过发货人和承运人签名的副本。[27]第一份副本交给发货人，第二份副本随货物一起运输，第三份由承运人保留。当货物是由多辆车辆、多种不同的交通工具运输或者货物被拆分成很多部分时，卖方或承运人可以要求为每一辆车辆、每一种交通工具或者每一小部分货物分别开具一个托运单。[28]托运单既不是一种可转让票据，也不是物权凭证。

托运单是货运合同订立的初步证明、合同生效的条件以及承运人接收货物并开始运输所开的收据。[29]如果托运单中没有提及承运人收到货物时货物的状况，那么就可以认定货物完好、有序，并且标志和数量都和托运单上提到的保持一致。[30]

由于关税及其他一些手续在货物发出之前已经完成，因此发货人应该随托运单一起附上相关文件，或者将这些文件交由承运人，并向承运人提供任何他所需要的信息。[31]

发货人有权处理货物，尤其是要求承运人在运输中终止运送，变更交货地点，或将货物交给非托运单上标明的收货人的其他人。[32]但是，这一权利将在第二份托运单的副本已经交给指定收货人或者收货人要求承运人将第二份托运单和货物交给他时失效。[33]另外，自托运单签署时起，收货人有权对货物进行处置，前提是发货人将相关条目写入托运单。如果发货人使用他对货物的处置权[34]，命令承运人将货物交给其他人，此人不能再重新任命另一个收货人。[35]想要行使货物处置权的发货人必须向承运人出具第一份托运单，并将新的指令写入其中；同时，发货人必须给承运人赔偿保证，并且不得对货物进行分割。[36]规定发货人可以停止货运权利的这些条款不得与销售合同中的规定相冲突。[37]根据 CMR 的规定，卖方的停止货运权能否行使同买方是否破产没有关系，但是根据《1979 年货物买卖法》，这一权利只有在买方破产时才存在。

当货物抵达目的地，但外界环境使得货物无法完成交付时，承运人应该告知托运人并等待托运人的指令。如果收货人决定接受货物，那么发货人有权在不出示第一份托运单副本的情况下处置货物。但是，在收货人拒绝收货之后，只要承运人没有接到卖方发出的进一步指令，收货人仍然可以改变初衷要求收货。[38]

承运人的责任

承运人对发生在其接管货物到交货之间的货物的部分或全部损失[39]负有责任，也对交货时间的延误负有责任。[40]但是，在以下情况下，承运人对货物的灭失、损坏和延迟可以免除责任： **18—005**

(1) 由托运人的不当行为和疏忽造成的损失和延误；
(2) 由于托运人给出的错误指令导致的损失和延误；
(3) 货物的内在缺陷或自然变质；
(4) 由承运人所不能避免的客观环境或灾难所造成的损失和延误。[41]

如果承运人想要通过上面所述第四条来免除责任，那么他仅证明自己在损失发生时没有疏忽是不够的，还必须证明这一损失不可避免。[42]在一个案例[43]中，承运人负责将一批鞋子从米兰运到英国，他将装有货物的卡车停在米兰一处没有警卫的卡车停车场，然后和他的助手去吃饭了。附近唯一有警卫的卡车停车场在两个小时车程以外，将车开到那里去将打乱开车作息时间表。司机离开时启动了车载警报装置，但是窃贼成功地绕过了报警系统并偷走了卡车和货物。在此案例中，承运人对货物的损失负有责任，因为只要他和他的助手能够轮流看守卡车，这一损失就能够避免。在另一个案例中，有一批毛皮要从苏格兰埃尔运至意大利的萨勒诺[44]，但在罗马至那不勒斯的途中遭到持枪劫匪的袭击。货主宣称由于卡车上没有安保设施，承运人不能依靠第十七条（Art. 17 (2)）免除责任。但是法官认为在当时的情况下，面对武装劫匪，货物损失无法避免，因此承运人可以根据第十七条免除责任。Longmore J. 指出要想使渎职罪名成立，必须证明某人明知道某种行为是错的但却一意孤行或者做某些不考虑后果的事情，也就是说，某人在实施行动的时候已经意识到他的行为可能造成损失，但是却不在乎他的行为是否会造成损失。[45]

当货物的灭失、损坏或延误是由于运输工具的缺陷导致的[46]，那么承运人将不能免除责任。例如，货物由于车载遮盖物的破损而遭到雨水淋浸。[47]另外，如果货物的灭失、损坏或延误是由于承运人所雇用人员的不当行为或疏忽所造成的，承运人不能免除责任。[48]

与此同时，CMR 包含了一类能够免除承运人责任的风险；这类风险包括在已经获得同意并在托运单中指出的情况下使用无遮盖的车辆。[49]对于货物的灭失、损坏或延误是否属于第十七条（2）中规定的免责范围内的举证应该由承运人完成。[50]如果运输货物的车辆装备了特殊设施以防止货物受到温度和湿度的影响时，承运人不得索要加装这类设施的额外报酬，除非他能够证明由其承担的关于这些设施的选择维持和利用的所有步骤已被采取，并且符合所有签发的特别指示。[51]

货物在约定的到期日 30 天后仍未交付就可以裁定货物已经灭失，如果没有规定到期日，则以货物交给承运人后 60 天为限。相关人员可以将这批货物按灭失处理。[52]

如果合同要求以货到付款方式交货（cash on delivery，c. o. d.），而承运人在交付货物时没有坚持收货人以现金形式支付时，他将承担不超过合同规定金额的赔偿责任。[53]承运人对货物全部或部分损失的赔偿必须在责任限制的范围内。这一范围的最大值为每千克短缺 8.33 SDRs[54]；另外，承运人必须退还全部运输费、关税及其他运输费用。[55]在 *James Buchanan & Co Ltd v Babco Forwarding and Shipping UK Ltd*[56]案例中，一批由格拉斯哥出口至伊朗的威士忌酒在伍尔维奇被从卡车停车场盗走。这批威士忌的价值约为 7 000 欧元，但是海关当局要求这批威士忌的货主兼托运人 Buchanan 公司支付约 30 000 欧元的消费税。根据税法，Buchanan 必须支付这笔税费。然后 Buchanan 公司要求承运人对这一损失承担责任并赔偿。上议院认为这一请求是合理的。法庭裁定消费税属于第二十三条第 4 款规定的“由货物运输产生的其他费用”，承运人也必须赔偿全部 37 000 欧元，因为第 4 款不仅没有限制赔偿金额反而指出承运人应该赔偿全额损失。

在交货延误的情况下，损失的度量最高不能超过运输费，只要托运人能够证明损失已经达到了那个程度。[57]

当承运人的行为违反合同形成侵权时，对承运人责任的免除和限制规定仍然有效。[58]由承运人所雇用的工作人员只要是在他们的工作职业范围内行事，那么他们也能够享受这些豁免条款。[59]第二十九条指出，一旦承运人犯有玩忽职守罪或者仲裁庭裁定其犯下类似玩忽职守的其他罪责，那么他将不能引用 CMR 中的豁免条款为自己辩护。在 *Laceys Footwear (Wholesale) Ltd v Bowler International Freight Ltd*[60]的案例中，承运人不但没有根据合同要求对货物投保，也没能按照交货指令交货。在许多公约国的法庭中，对“玩忽职守”的定义已经有所区别。[61]

时间限制

18－006 如果收货人已经收货，并且在收货后的 7 天内没有对货物可能存在的或明显或不明显的缺失和损坏提出明确质疑，那么就可以认定交货事实已经达成，并且货物质量与合同规定一致。[62]如果收货人自收到货物起 21 天内没有对承运人提出交货延误的质疑，那么承运人将可以不对延误交货做出赔偿。[63]

根据 CMR 的规定，对货运合同提出诉讼的期限是 1 年。但是，对于玩忽职守罪以及法庭和仲裁庭裁定的等同于玩忽职守罪的罪责，提出诉讼的期限为 3 年。[64]根据第三十二条第 1 款，时限从以下时点开始计算：

(1) 如果货物在交付时已经有部分灭失、损坏和延误，那么就从交货当天开始计算；

(2) 如果为全部损失[65]，那么就从合同规定的到期日 30 天后开始计算，如果合同没有规定到期日，那么就从货物交由承运人管理 60 天后开始计算；

(3) 其他情况则从运输合同订立起 3 个月后开始计算。[66]

上述条款的第一条要想成立必须满足两个条件：只能是部分灭失、损坏和延误；货物必须已经完成交付。如果货物没有在第二十条第 1 款[67]规定的时限内交付，则可以认定这批货物已经灭失，因此 1 年期的计时起点应该由上述（2）段的规定所决定。如果一个案件既不满足（1）段的规定也不满足（2）段的规定，那么 1 年期始点应该由（3）段的规定所决定。[68]

CMR 规定，如果货主或其代理人针对承运人提出书面索赔时，1 年的诉讼时效可以中止，并在承运人以书面形式拒绝这份索赔声明时，诉讼时效继续算起。[69]诉讼时效中止是为了使承运人能够有时间判断这一索赔是否合理。当存在连续承运人的时候，托运人必须指明该索赔是具体针对哪一个承运人。托运人只告知第一个承运人该索赔而让他去告知后续其他承运人的做法是不合理的，因为每一个承运人都有权知道有一份针对他发出的索赔，这样他才能够通过拒绝这一索赔而重新恢复 1 年期限的计时。[70]

违背公约的无效合同

18－007 除了连续承运人间的内部协议之外[71]，任何直接或间接违背 CMR 规定的合约都是无效的。[72]特别的，一份对承运人有利的保险或者其他类似条款，以及其他试图转移举证责任的条款，都将被认为是无效的。[73]

□ 铁路货运

18－008 国际间铁路货运的重要性与日俱增。形成这一现象的原因包括随着对环境保护的重视引发的对铁路运输的推动，以及英吉利海峡隧道的开通，这意味着英国的国际铁路货运不再需要将火车车厢装上火车轮渡以跨越英吉利海峡。CIM/COTIF 的体系同 CMR 的非常类似，在将责任加于承运人身上时赋予承运人一定的权利辩护，限制了责任的同时也限制了例外情况。

使用范围

18－009 正如第一条规定的，CIM适用于路程至少穿越两个国家的铁路货物托运合同。[74]如果一份托运合同的起始地和目的地属于同一个国家，只是在运输途中经过了其他国家，那么CIM将在以下情况下不再适用：途径其他国家境内的这段铁路仍然是由出发地所在国家运营；或者这两个国家已经达成协议认为这一类运输不属于国际运输范畴。如果特定条件被满足，修正后的条例将不再适用于该铁路货运合同。[75]这样的合同将由其他关于国际铁路货运的条例监管。[76]

签订合同

18－010 第十一条对托运人和铁路公司之间的合同订立做出了规定。托运人需要给每一个整装车厢开出一份托运单，每一份托运单都需要跟条例的规定相对应。[77]从铁路公司收到附有托运单的货物起，合同正式生效，同时托运单必须印上目的地的标志。这样一份托运单将成为合同订立的证明并成为合同的一部分。[78]托运人负责完成托运单的细节，并由铁路公司核查[79]，同时托运人还负责对货物进行适当的包装。[80]对于装货，根据条例规定装货站对此负有间接责任。

责　任

18－011 同CMR对公路运输的规定一样，铁路运输承运人对货物的灭失、损坏及延误负有潜在的责任（取决于条例具体的规定和要求）。铁路公司一旦接受了货物就将对整个运输过程负责，但是如果存在多段铁路，每一段铁路都将受到合同的约束。[81]第五十五条规定，对于货物灭失、损坏做出的赔偿要求应该针对起运站、目的站或者事故发生地铁路公司提出。托运人必须选择几个铁路公司中的一个进行投诉，任何针对所有铁路公司的诉讼都是无效的。[82]

根据第五十四条，如果要对铁路公司提起诉讼，就需要等到收货人拿到托运单并收到货物或者表明收货权之后才能进行。在第三十六条中，铁路公司有一系列免责条款，尤其包括不合格包装、不适当装货（托运人负责的装货）以及货物的固有缺陷所造成的灭失和损坏。以上情况的举证责任归在铁路公司一方。[83]

铁路公司的赔偿责任的最高限额为：损失一千克赔偿17个单位的SDRs。同时，退回运输费和其他同货物相关的费用。[84]如果灭失或损坏是由于铁路公司的玩忽职守或者重大过失造成的，那么赔偿金额将不受上面的限制。任何赔偿要求都必须以书面形式送达相关的铁路公司，同时诉讼应该在一年内提起，如果灭失、损坏是由于玩忽职守或者欺诈行为造成的，应该在两年内提起诉讼。[85]

注释

[1] 1983年法案包括8535（1982）赦令，其中包括COTIF；CIM是COTIF的附录B，在8535赦令中复制了一遍（从107页开始）。这个版本受到于1991年6月1日生效的1990年修订版的约束。并

且也有针对特定条款进行修订的议定书。该议定书通过1996年11月1日生效的SI 1994/1907，成为英国法的一部分。修订过的CIM和COTIF预期于1999年生效。CIM修订版起因于一些其他事项，确认铁路运输可能为货物运输唯一的因素，并且对铁运系统负责的一方可能不是运输服务的操作人员。更多信息参见 *Contracts for the Carriage of Goods by Land*，*Sea and Air*，Lloyds of London Press。

[2]《1983年国际货物运输公约法案（公约开始的证明）1985年命令》（SI 1985/612）。COTIF通过由SI 1994/1907于1996年11月1日生效的议定书的方式进行修订。对条款进一步的修订是由1999年在维尔纽斯签订的议定书确定的，为了反映大范围的铁路私有化。这些修订还未被认可。

[3] Convention relative au contrat de transport des marchandises par route.

[4] 1965年法案由《1979年航空和公路运输法》修订，由参考特别提款权（SDR）代替了CMR中参考金法郎。

[5]《1965年公路货物运输法（开始）1967年命令》（SI 1967/819）。1965年法案的应用由法案s. 9拓展到直布罗陀、马恩岛和格恩西岛。

[6]《1983年国际运输公约法案》规定，对于COTIF s. 2（1）的成员国来说，确认可由理事会命令来达到。

[7]"路面交通工具"包括铰接式车辆、拖车和半拖车：第一条第2款。

[8] 为了公约的目的，泽西岛对英国来说不是"不同的国家"，参考案例 *Chloride Industrial Batteries Ltd v F & W Freight Ltd* [1989] 1 W. L. R. 45。

[9] CMR第一条第1款。尽管发货通知书还没有签发，但对多人提货存在包括一切的协议时，可以利用CMR。参考案例 *Gefco (UK) Ltd v Mason* [1998] 2 Lloyd's Rep. 585。

[10] 见上文注释[3]。也可参考Chitty on *Contracts*（29th edn，2004），Chap. 36。

[11] 公约是由欧洲经济委员会起草的，但是也需要被非欧盟成员批准，例如伊朗和约旦。

[12] CMR第一条（3）和法案的s. 6。

[13] 见第三十一条和第三十九条，可参考案例 *Frans Maas Logistics (UK) Ltd v CDR Tracking BV* [1999] 2 Lloyd's Rep. 179 at 183。

[14] CMR第三十三条，参考案例 *Bofors UVA v Skandia Transport* [1982] 1 Lloyd's Rep. 410。

[15] 附加在法案之后的签署协议书。

[16] CMR第一条（4）。

[17] CMR第二条（1）。在案例 *Quantum Corp Ltd v Plane Trucking Ltd* [2002] EWCA Civ 350中，上诉法院承认CMR可应用于由空运实现并由空运单负责的多式联运中的公路部分运输。

[18] [1981] 1 Lloyd's Rep. 200。

[19] 见第2—007段。

[20] CMR第三十四条。第三十四条中"由连续承运人进行的单个运输合同"是指在签发的单独托运单下的合同。如果托运货物被分成几份，并且对每一份签发了不同的托运单，那么承运这些独立的包裹的承运人，并非第三十四条所言的"连续承运人"，参考案例 *Arctic Electronics Co (UK) Ltd v McGregor Sea & Air Services Ltd* [1985] 2 Lloyd's Rep. 510。如果在英国法庭的管辖下由第三十九条（2）引发了问题，这项议题将具有特别的意义。

[21] [1988] 1 Lloyd's Rep. 487 at 493。托运单承兑的任务可能并未委托。参考案例 *Coggins T/A PC Transport v LKW Walter IT AG* [1999] 1 Lloyd's Rep. 255 at 259。

[22] CMR第三十六条。尽管第三十条的遣词，在普通法中，也就是案例 *Aries Tanker Corporation v Total Transport Ltd* [1977] 1 W. L. R. 185（见第15—007段）所应用的条款，有关货物的灭失或货损的损失不能通过扣除运费的方式，同理也可应用于CMR应用的运输合同下的应付运费，参考案例 *RH&D International Ltd v LAS Animal Air Services Ltd* [1984] 1 W. L. R. 573；*United Carries Ltd v*

Heritage Food Group (*UK*) *Ltd* [1995] 2 Lloyd's Rep. 269。

[23] CMR 第三十七条。

[24] CMR 第三十八条。第三十九条（2）中，已向货物所有人赔付的承运人能向对货物灭失、损害或延期负责的承运人提起诉讼要求追偿。参考案例 *Cummins Engine Co Ltd v Davis Freight Forwarding* (*Hull*) *Ltd* [1981] 1 W. L. R. 1363，CA。

[25] 参考案例 *Ulster Swift Ltd v Taunton Meat Haulage Ltd* [1977] 1 Lloyd's Rep. 346 at 360-361，也可参考之前注释 [21] 的案例 *Coggins*。

[26] CMR 第四条。关于由托运单带来的特殊的实务，可参考案例 *Aqualon* (*UK*) *Ltd v Vallana Shipping Corporation* [1994] 1 Lloyd's Rep. 669。当涉及相继承运人时，托运单的缺失可能会引发问题；参考案例 *Sandeman v Transits y Transportes Integrales SL and others* [2003] EWCA Civ. 113。

[27] 托运单的内容由 CMR 第六条（1）和第六条（2）来约束。

[28] CMR 第五条（1）和（2）。第六条中说明了托运单中要表明的细节详情，包括时间，签发托运单的地点，托运人、承运人和收货人的名字和地址，货物的描述——包括重量标志、数量和货物是否危险，以及它们通常公认的描述。见第二十二条（1）和有关公路运送危险品的欧盟委员会指令 1994/55。

[29] CMR 第九条（1）。有关托运单的缺失，参考注释 [9] 提到的案例 *Gefco*。

[30] CMR 第九条（2）。

[31] CMR 第十一条。

[32] CMR 第十二条（1）。

[33] CMR 第十二条（2）和第十三条。

[34] CMR 第十二条（3）。

[35] CMR 第十二条（4）。

[36] CMR 第十二条（5）。

[37] 见第 5—015 段。

[38] CMR 第十五条。

[39] "全部损失" 在 CMR 中的含义见下文注释 [65]。

[40] CMR 第十七条（1）。

[41] CMR 第十七条（2）。

[42] 证明货物不可避免的责任由承运人承担：第十八条（1）。

[43] 参考案例 *Michael Galley Footwear Ltd* (*in liq.*) *v Laboni* [1982] 2 ALL E. R. 200。也可参考 *JJ Silber Ltd v Islander Trucking Ltd* [1985] 2 Lloyd's Rep. 243（意大利的持械抢劫；由于承运人未能履行由第十八条规定的举证责任，所以承运人负有责任）。

[44] 参考案例 *GL Cicatiello SrL v Anglo European Shipping Services Ltd* [1994] 1 Lloyd's Rep. 678。

[45] 参考案例 *National Semiconductors* (*UK*) *Ltd v UPS Ltd and Inter City Trucks Ltd* [1996] 2 Lloyd's Rep. 212 at 214。

[46] CMR 第十七条（3）。

[47] 参考案例 *Walek & Co v Chapman and Ball* (*International*) *Ltd* [1980] 2 Lloyd's Rep. 279。

[48] 见第十七条（3）。

[49] CMR 第十七条（4）。

[50] CMR 第十八条（1）。

[51] CMR 第十八条（4），参考案例 *Ulster Swift Ltd v Taunton Meat Haulage Ltd* [1977] 1 Lloyd's Rep. 346。

[52] CMR 第二十条。

[53] CMR 第二十一条。原则上承运人并没有权利接收支票来代替现金。但是当他拥有收货人银行完全有约束力的承诺以用来保证支票是可承兑的时候，承运人被认为有潜在的权利向收货人提交货物。

[54] CMR 第二十三条（3）。特别提款权在《1979 年航空和公路运输法》s. 4（2）中以“计算单位”引入。该法案于 1980 年 12 月 28 日生效（通过《1979 年航空和公路运输法（开始第一号）1980 年命令》(SI 1980/1966 C. 84)）。特别提款权在特定日期对英镑的兑换率由财政部确定。由财政部或以财政部名义出示的转化汇率的证明将是这个价值（1979 年法案 s. 5）的最终证据。在引入特别提款权之前，最大的责任限制为 25 个金法郎。该金法郎参考的是拉丁联合会的金法郎；金法郎价值的确定是不定的。见 L. Bristow，“Gold franc—Replacement of unit of account” [1978] 1 M. C. L. Q. 31。

[55] CMR 第二十三条（4）。用于被损坏货物的调查的费用可当做“其他费用”予以补偿：参考案例 *ICI plc v MAT Transport Ltd* [1987] 1 Lloyd's Rep. 354 at 362。

[56] [1978] A. C. 141。

[57] CMR 第二十三条（5）。

[58] CMR 第二十八条。

[59] CMR 第二十八条（2）。见《1999 年合同法（第三方的权利）》ss. 6（5）（b）和 6（8）（b）。这部分讨论了在 CMR 约束的合同下，第三方利用除外条款或责任限制条款的权利。

[60] [1997] 2 Lloyd's Rep. 369。也见注释 [45]。

[61] 有关合约案例法的调查见 Wijffels (2001) 36 E. T. L 65。也可参考 *Datec Electronic Holdings Ltd & another v UPS Ltd* [2007] UKHL 23 (House of Lords)；[2006] 1 Lloyd's Rep. 279 (Court of Appeal) overturning [2005] 1 Lloyd's Rep. 470 (Commercial Court judgment)。

[62] CMR 第三十条（1）。

[63] CMR 第三十条（3）。

[64] CMR 第三十二条（1）。有关“玩忽职守”也可参考案例 *Sidney G Jones Ltd v Martin Bencher Ltd* [1986] 1 Lloyd's Rep. 54（司机在车上睡着了）和注释 [43]、[44]、[45] 和 [62]。

[65] 根据《1906 年海上保险法》的术语，CMR 第三十二条（1）中“全部损失”意味着“实际全部损失”，不包括“推定全部损失”：参考案例 *ICI plc v MAT Transport Ltd* [1987] 1 Lloyd's Rep. 354。

[66] 参考案例 *Shell Chemicals UK Ltd and Shell UK Ltd v P & O Roadtanks Ltd* [1993] 1 Lloyd's Rep. 114。

[67] 这里的时间限制是指约定的时间限制到期之后的 30 天，或者如果没有约定的时间限制，则为承运人接管货物后 60 天。

[68] 参考案例 *Worldwide Carriers Ltd v Ardtran International Ltd* [1983] 1 Lloyd's Rep. 61 at 65. *Cf. William Tatton & Co Ltd v Ferrymaster Ltd* [1974] 1 Lloyd's Rep. 203。

[69] CMR 第三十二条（2）。

[70] 参考案例 *Worldwide Carries Ltd v Ardtran International Ltd*, above；*Sidney G Jones Ltd v Martin Bencher Ltd* [1986] 1 Lloyd's Rep. 54；*Poclain SA v SCAC SA* [1986] 1 Lloyd's Rep. 404（承运人的责任保险公司接受书面索赔的权限）；*ICI Plc v MAT Transport Ltd* [1987] 1 Lloyd's Rep. 354)。

[71] 但是连续承运人的内部协议不能废除条约第三十七条和第三十八条。

[72] CMR 第四十一条（1）。

[73] CMR 第四十一条（2）。

[74] 在第四条中列出的特定货物种类在条约的范围之外。

[75] 施加这项要求的第二条在 1999 年修订中已被废除。

[76]《国际铁路货物运输公约》(CIM) 第四条。例如有关易腐食品国际运输的规定、同名的 1976

年法案和《欧洲共同体委员会有关危险品铁路运输的指令》(96/49)。

[77] CIM 第十二条和第十三条。托运单可能规定了“捷运货物列车”——货物必须在 12 个小时内发送，并且运行速度为每 24 小时 300 千米，或者“慢车”——在 24 个小时内发送，每 24 小时 200 千米；见第二十七条。

[78] CIM 第十一条（3）。

[79] CIM 第十八条和第二十一条。

[80] CIM 第十九条。

[81] CIM 第三十五条（1）和（2）。托运单是运输合同的证据（第十一条（3），其内容在第十三条中做了规定）。

[82] CIM 第五十五条（4）。

[83] CIM 第三十七条（1）——第三方可能会依据除外或限制条款。见《1999 年合同法（第三方的权利）》s. 6（5）（b）和（8）（a）。

[84] 修订的 CIM 第四十条。正如第十六条（2）和第四十条中所说，这受托运单中进行“特别的价值声明”权利的约束。

[85] CIM 第五十三条和第五十八条。

第四部分

保险

第 19 章

货物运输保险

19—001 出口销售的货物习惯上需要保险以防止运输途中发生危险损失。保险是按照运输方法投保，选择海上运输险、航空运输险或陆上运输险。

“海上保险”一词很容易引起误解，因为海上保险合同，经过订约双方的协议，或根据商业上的习惯，可以扩展到保障与海上航程连接的内河与陆上运输中遭到的损失。[1]在出口贸易中，通常采用这种扩展的海上保险来承担货物从卖方仓库到起运港，并从目的港到国外买方仓库的运输。[2]

海上保险是自古就有的制度。14 世纪它开始闻名于伦巴第（Lombardy）地区。1601 年，英国通过了第一个关于海上保险的法案。在 1688 年的文件中第一次提到了伦敦的劳合社的发源地——劳合氏咖啡馆。有关海上保险的法律编入了《1906 年海上保险法》[3]，该法案规定了一个标准保单格式，称作劳合社船舶与货物标准保单。自 1982 年 1 月 1 日起，这一保单标准已被劳合社海上保险单及《协会货物保险条款》取代。[4]三种最重要的条文规定被称为协会货物保险条款 A、B 和 C。

海上保险

□ 销售合同的各项规定

出口贸易中的销售条款，通常都规定了海上保险的一切费用究竟应由卖方还是应由买方负担。如果货物是按 FOB 条款售出的，这笔费用应由买方支付，即使 FOB 的卖方经买方的请求而投保也是如此。[5]如果货物是按 CIF 条款售出的，则卖方本有投保的义务，应自付保险费用。[6]在 CFR 合同中，卖方不需要投保，负责货物在运输中的风险的买方也不需要投保。但是，CFR 合同如载有“由买方办理保险”或类似条款，则买方负有契约上需要保险的义务，而不仅仅是声明的性质（declaratory effect），保险的责任因此也就“落在对方”。也就是，在 CIF 合同中，应由卖方办理的保险，现在应由买方办理。[7] 19—002

海上运输保险单或海上运输保险凭证[8]是运输单据之一。[9]货物按 CIF 售出时，卖方有责任办理海上运输保险单或凭证，按照行业习惯投保这种货物和航程应予投保的险别，此外，卖方无须承担更多的义务。[10]除非订约双方商妥或由于贸易习惯上的需要，卖方无须取得一切险[11]的保单。

□ 被保险人、保险人和保险经纪人

海上保险合同的订约双方为被保险人与保险人。保险人是劳合社保险人或一些海上保险公司。“劳合社”的会员有保险人和非保险人两种，前者通常被称为“具名人”，由他们组成“辛迪加”并由业务代理人代其经营具体业务。各“辛迪加”的成员，按照各自所占的微小份额，对承保的风险负责，以达到共同承保的目的。也就是说，把这一项风险分散给许多保险人，如果发生损失，就由这些人来承担对被保险人的赔偿。保险业务代理人经常是，但不必一定是他所代理的辛迪加或其他辛迪加的成员。保险业务代理人的职责是，本着诚信善意和为辛迪加整体利益的原则，处理辛迪加的事务。[12]劳合社在它的“营业所”里承受保险业务。营业所在伦敦，劳合社的保险人只能接受由劳合社经纪人介绍的业务（劳合社经纪人可以进入营业所），因此，如果要向劳合社投保就要通过这种经纪人。海上保险公司很早就是劳合社在海上保险业务方面的竞争者。投保人可以直接同它进行接洽或者通过它们的代理人（时常被称作“业务代理人”，虽然这种代理人的作用并不等同于劳合社的业务代理人）或保险经纪人同它进行接洽。20 世纪 90 年代早期劳合社市场剧变之后，企业和个人现在都提供资本，承保劳合社的风险。 19—003

依照商业常规，愿意将货物投保的出口商并不同保险人直接接触，而是委托一家保险经纪人代其投保。如果这一出口商是保险经纪人的经常委托人，他可以把指示写在经纪人提供的表格上，并填明表格上所需填明的详细内容后，递送出去。经纪人通常授权在一定的保险费率范围内投保，并用习惯的简写把投保内容写在一种称做“承保条”（the slip）[13]的文件上，交给劳合社或海上保险公司。愿意承保一部分这项保险的保险人把他愿意承保的金额写在承保条上，并加签名，这就叫做“承保了部分责任”（writing a line）。经纪人向保险人呈交“承保条”构成了一项要约，而保险人“承保了部分责任”构成了一项承诺。[14]因此，“承保条”上的每一行形成了一个即时有法律约束力的契约，契约双方是保险人和被保险人，或是经纪人呈交“承保条”时所代表的再保险人。于是，该经纪人再把承保条传递给其他保险商，他们相继写下愿意承保的部分，直到覆盖所有风险。[15]

在整个风险被承保之后，经纪人将委托人指示表格的副本签署后作为办妥保险的备忘录送交给被保险人。这一备忘录按照经纪人受托进行保险的性质而被用作暂保单或开口保单（closed or open cover note）。[16]如果被保险人在给经纪人的指示中说明货物和装船的全部情况，因而使这项保险的内容全部得以确定，则给以暂保单。倘被保险人的指示内容不确定而十分笼统，需要被保险人进一步通知才能确定被保险的货物、航程或保品，则给以开口保单。遇到被保险人需要“预约保单”（open cover）[17]、“流动保单”（floating policy）[18]或保留将来给予“确切通知”的权利时，常会发生这种情况。

按照商业上慎重的做法，保险经纪人应当把代被保险人安排的保险条件立刻通知被保险人并尽快将暂保单给予他。但是经纪人在法律上并没有应该这样做的义务。在*United Mills Agencies Ltd v RE Harvey, Bray & Co*一案[19]中，原告指示被告——即保险经纪人——把原告的一批货物投保预约海上运输保险，取得立即生效的保障。4 月 2 日经纪人报告说：已经办妥保险，4 月 4 日把暂保单交送了被保险人，其中不包含货物在包装厂期间保险的条款。在 4 月 4 日到 4 月 5 日夜间，这批价值 8 000 英镑的货物在包装厂库房里被一场大火焚毁。被保险人对经纪人提出损害赔偿的诉讼被法院驳回。McNair 法官认为，经纪人对货物在包装厂并未保险一事是不知情的，因而不能因为没有对在包装厂的货物办理保险或未将这种未保险情况报告给被保险人，就认为是经纪人的疏忽。[20]这位法官还驳回了被保险人有关经纪人有责任立即将保险条款通知被保险人的抗辩：

“经纪人如果那样做，无疑是谨慎的做法，它既可以消除它的委托人的顾虑，又可以使委托人能够检查保险的条款；不过，这种谨慎的做法同说这样做是经纪人的责任，却完全是两码事。”

《英国国际货运协会标准交易条件（2005 年版）》规定，常常在实际中充当包装商或采购包装的国际货运代理人，没有义务安排保险，除非客户明确指示。《标准交易条件》的第 11 条 a 款和 b 款规定：

“(a) 当且仅当客户书面给予明确指示，并由本公司书面同意，才会办理保险；而且所有本公司办理的保险将受一般例外及保险人或承保人承担风险的条件的影响。除非另有书面约定，本公司没有任何义务办理一项单独的货物保险，但可以在本公司所持有的任何开口保单或一般保险单上发表声明。

(b) 至于本公司同意安排保险，本公司也只作为客户代理。第26条a款ⅱ项规定的关于上述条件的赔偿责任限额，不适用于第11条规定的本公司的义务。”

保险经纪人的地位在两个方面是反常的；他是被保险人的代理人[21]，却向保险人领取报酬。经纪人本身要单独对保险人负责保险费的缴纳[22]，但作为保险人和被保险人直接的居间人，按照法律上的假设，保险费是被作为已付了的。Bayley法官[23]因此说道：

“在被保险人和保险人之间，保险费被认为已经付讫。因为在多数情况下，保险人并不和被保险人相识，他只能向经纪人收取保险费，而经纪人又向被保险人收取保险费。后者也只能向经纪人付保险费，因为他是保险人与被保险人之间的居间人。但经纪人不仅是一位代理人，而且是从被保险人接过钱来，再付给保险人的一个委托人。”

这项规则的历史根源是劳合社的保险人在保险业开始发展的阶段不愿同被保险人直接打交道，只从他们熟悉的、资历值得信赖的经纪人处接受保险业务。如今，不管是在劳合社或其他地方投保运输险，这项规则已经由《1906年海上保险法》第53节和第54节做出了规定。[24]第53节规定的一般规则是，经纪人负责向保险人支付保费，而经纪人从被保险人那里收回保费，即使经纪人还没向保险人支付保费。[25]只有当有明确措辞表明契约双方打算改变他们之间的关系时，这个规则才可以被替代。第53节第二条赋予经纪人对于未清偿的佣金和费用的保单留置权。然而，当经纪人为许多共同被保险人的利益，对于其中之一的赔偿责任办理保险，留置权不得行使。[26]

□ 海上保险的种类

(一) 定值保单与不定值保单

《1906年海上保险法》把保险单分为定值和不定值两种。定值保单是载明 **19—004**
被保险标的物的约定价值的保单（第27节第2条）；不定值保单[27]只订明保险金额的最大限额，而把保险价值留待以后确定（第28节）。

这两种保单的主要区别在于：定值保单所定的价值，如果没有欺骗行为，就是被保险标的物的最后的保险价值（第27节第3条）；而不定值保单内保险货物的价值，还需要提供发票、付款单、估价单和其他证件予以证明。不定值保单内货物或商品的保险价值是该项货物的进货成本加上运输费用和杂费以及保险费（第16节第3条）。

定值保单与不定值保单的区别有很重大的实践意义。在定值保单中，买方的预期利润通常包括在申报价值之内，比如说，在货物的发票价值、运费和杂费及保险费之外，加10%或15%的利润加成。但在不定值保单中，买方的预期利润不能包括在保险价值以内。

按照现代出口惯例，一般都使用定值保单，而很少使用不定值保单。这一趋势目前已经发展到对使用流动保单和预约保单的货物的估值做出特殊规定，因为这些保单的被保险人往往不可能在货物到达之前或发出货物损失通知之前申报保险价值。[28]

所谓“保险价值”是在保单内载明的价值，而“装船价值”的定义则同第16节第3条所规定的不定值保单的保险价值一样。倘若货物在运输中，市价有上涨的可能，用普通保险单投保货物险的被保险人可以投保所谓的“增值”(increased value) 保险。在三个版本的协会货物保险条款A、B和C中，第14条包括将此惯例考虑在内的说法。第14条将在第19—032段再现。[29]

（二）航程保单、定期保单和混合保单

19—005 保险单的另外一种分类方法是将其分为航程保单、定期保单和混合保单(第25节)。航程保单是对标的物从某一地点运送到另一地点的保险。定期保单是标的物在某段固定时期内的保险。混合保单既承保保险标的物的特定航程，又在某段固定期间内对之负责。

在航程保险单中有一项默示保证，即载货船只在航行开始时应具备适航性。[30]保险的持续时间由协会货物保险条款A、B和C中的运输条款控制。提供的保险是“仓至仓”，因此运输条款将海上保险承保范围扩大到包括海上航程涉及的陆上风险。如果运输条款被删除，风险将在港口开始和终止。运输条款将在后续章节中详细介绍。[31]

定期保单在以往的出口交易中很少被采用，但是现在被越来越频繁地采用。这种保单的保险期限现在可以超过12个月[32]，它们经常载有“延续”条款，规定双方同意：

> “倘若保单上的保险期满，而船舶仍在海上、在危急中、在避难港或在停靠港，只要事先曾有通知给保险人，该保险仍属有效，按月按比例计收保险费，直到抵达目的港为止。”[33]

在定期保单中，不存在船舶在海上应当适航的默示保证，但依照第39节第5条，若“被保险人私谋”将处于不适航状态下的船舶派出海，保险人对可归因于不适航的任何损失不负责任。[34]

对于针对航程和时间共同保险的合同，经常出立混合保单[35]。因此保险人只有当损失发生在保险期间、船舶在指定的航程中时，才承担保险下的责任。[36]

（三）流动保单

19—006 流动保单载明的是保险的一般条件，而不是想要投保的每批货物的具体细节。被保险人在投保时，对于这些具体细节通常是一无所知。但是，尽管有这些不确定的因素，流动保单却自动地承保以它为根据而运载的每批货物，只是被保险人有责任在一经起运后立即向保险人“申报”每批起运的货物。比方说，一张流动保单承保了总值500 000英镑、限12个月到达指定目的地的货

载。当被保险人发运并申报 30 000 英镑的货物，有效的保险额便即减为 470 000 英镑。当该保单所承保的全部货值申报完毕，保单即已全部保足。[37]

流动保单的使用已经减少。在很多案例中，预约保单已经取代了它的位置。经纪人也订立定期保单作为替代，非正式的“承保条”保单已经在劳合社市场上取代了流动保单的位置。[38]然而，考虑流动保单仍然是必要的，因为这种保单形成了一个模式，常用的非正式预约保单以此模式为基础框架。

在流动保单下，通常会给被保险人一本通知书或凭证，以便其申报起运货物。

《1906 年海上保险法》第 29 节中有如下关于流动保单的规定：

“(1) 流动保单是只载明这一保险的各项总条件，而将船名和其他细节留待以后申报的一种保单。[39]

(2) 以后的一次或一次以上的申报可以采用在保单上批注，或者其他习惯方法来进行。

(3) 除保单另有规定外，各次申报必须按照发运或装船的顺序办理。如系货物保险，这些申报必须将保单条款范围内的所有各批托运货物全部包括进去，并诚实地声明货物或其他资产的价值，但申报中的遗漏或差错，甚至在货物损失或者到达以后，仍可加以更正，只要这项遗漏或错误申报并非故意欺骗。

(4) 除保单另有规定外，如系在获悉货物已遭受损失或已到达之后方作价值申报者，则对于这一申报的保险标的物保单应作为不定值保单。”

第 29 节第 4 条不鼓励托运人等到他们知道货物已安全抵达，或以特定的方式装运，然后才决定是否申报。若非本款，托运人可以只宣布损失。然而，本条款的作用就是，这样一个惯例将导致当事方如不定值保单不存在一般对待标的物。货物的价值将参考第 16 节第 3 条的规定，得到相应的评估。[40]不过，被保险人无须，事实上有时也不可能，在船舶开航以前就申报托运货物。上文已提到的《1906 年海上保险法》第 29 节第 3 条规定，申报中的遗漏或差错，甚至在货物遭到损失或者业已到达之后，仍然允许予以更正，只要这种遗漏或错误申报并非故意欺骗。保险人亦不得拒绝属于保单条款范围内的某一批货物，虽然他有权拒绝原不属于保单范围内的风险或不诚实的申报。

流动保单经常载有被保险人应尽早申报的条款。法院曾做出判决[41]，被保险人倘若违反这项保证，没有尽可能早地进行申报，他就无权在货物遭受损失时，依据保单要求赔偿。被保险人不能援引第 29 节第 3 条提出要求，因为在这个案件中完全没有做合同所规定的那种申报，这样，保险人就失去了分保这种风险的机会。

流动保单并不是一种定期保单，而是各个航程保单的总和。被保险人如果要避免它的某些货物漏保，可以在现在持有的保单到期之前，再投保一个流动保单。这是流动保单的一个缺点，因为如果被保险人忘记办理新保险，货物可能在运输中没有保险。这个缺点是可以避免的，只要办理一个“永远开口的”的预约保单。这个新保单有“本保单系某年某月某日出立的第某号保单的继续”的条款。

该条款的意义，用 Blackburn 勋爵的话来说[42]：“它既然是先前保单的继续，申报中的任何损失应先由前一张保单负责赔偿，只有在由于已经赔款，或由于申报过的业已安全到达的货物已经把前一保单所保金额完全用足之后，后一保单的保险人才对所发生的损失担负赔偿责任。”

流动保单经常载有限制每只船保险金额的条款，例如，保险总额为 500 000 英镑的保单规定“每只船限额为 50 000 英镑”。被保险人倘若有意使托运金额超过每只船的限额，必须在装船以前另行安排额外保险。

这项“每只船限额条款”（per bottom clause）又经常被一项“地点条款”（location clause）所补充，按照这一条款，保险人将其所保的风险在任一地点的累积责任限制在一个固定的最高限额。凡是承保与海上运输有关的陆上风险，保险人总是要把地点条款加进保单。以下是地点条款的一个例子：

“如装船前保险标的物在任何一个地点灭失或受损，则不论本合同有无相反的规定，保险人对于由同一原因所发生的一次或多次事故，不负超过他在总定额中的份额……英镑（先前保单与后续保单的保险额合并计算）的赔偿责任。保险标的物在内河或陆上的运输不得认为属于本条款意义范围内的装船。”

每一地点的责任时常被限制于最低风险金额。由于地点条款的规定，如果在装船前，积存在一个仓库的货物发生火灾，保险人仅负地点条款所订明的金额的责任，虽然这些货物的保险价值的总和可能远远超过这一金额。Dover 认为[43]，地点条款只限于装船以前在一个地点积存的货物，而不是在卸货港或卸船以后积存的货物。该条款现在的说法支持了这一见解。当然，经过双方协议，该条款也可以扩大到限制保险人对海船卸货之后积存的货物所负的责任。

流动保单对某几种特别指定的货物，如纺织品、金属器皿、汽车等，一般是商定好固定的保险费率。有时保单上还订有“仍予负责”条款（“held covered” clause）[44]，订明“其他货物按另议费率仍予负责”。

这样一个条款的效力，是将没有在保单中具体提到的货物或航程纳入保险覆盖范围内。被保险人有义务在知道“仍予负责”条款中包括的事实后，立刻向承保人发出通知，否则航程和货物将不予负责。[45]收到通知的承保人，有义务提供一个保费合理的保险，保费为特定风险的市场利率。流动保单描述货物类型、给出保险费率以及将要进行的航程，但它没有指定使用的船舶名称。出于对自己的保护，保险人会坚持使用的船是船舶注册中的一个特定等级。他会坚持将协会船级维护条款作为附件，在此条款下被保险人保证所有使用的船都是指定的等级。这一条款根据第 33 节，以保证的形式，未能遵守该条款将于违反时起免除承保人的责任。

（四）预约保单

预约保单连同各项保险凭证已成为应用于出口贸易的普通而流行的一种保险形式。预约保单是除流动保单外，对断断续续进行的货运订立一个总保险的另一种方法。这种断断续续进行的货运的详细情况在投保时是不知道的。这项方法在很多方面与流动保单相似。特别是，除保险合同中另有规定外，被保险人也必须按合同中的规定对所有货运逐批申报。 19—007

预约保单同承保条[46]一样，并不是一种保险单，而是一种文件，保险人随后依据这种保单规定的范围签发合乎法定手续的流动保单或内容已确定的保单。预约保单有时附有协会预约保单标准条款，它和协会流动保单标准条款[47]的内容一致，所不同的是，它用“预约保单”的字样替换了“流动保单”的字样。

预约保单可以是定期的，也可以是永久性的，而流动保单通常以 12 个月为期限。如果预约保单订为长期的（即“永远开口的”），则应订明一个条款，以便订约双方可以在指定的时间内，比如 30 天或三个月内发出取消保单的通知。

预约保单同流动保单一样，通常载有保险人对每只船所负责任的最大限额和地点条款。[48]

预约保单通常规定有确定保险价值的特别条款。有时它是这样规定的：如果在损失发生之前，货物的价值已经申报，则以申报的价值为准。如果损失发生在申报之前，则以货物的进货成本加各项杂费、运费、保险费以及一般为15%的利润加成，作为确定价值的标准。有的还规定，价值可以加上这批货物应付或已付的关税。

流动保单同预约保单的区别，从实践观点看，可以做如下说明：就流动保单而言，被保险人收到一张正式的保险单；至于预约保单，没有正式的保险单发出，安排也更加非正式，不过如被保险人需要（如因预约保单导致诉讼），他有权要求出具保单。在以上两种情况下，通知发出时，保险就注销。

预约保单的主要条款通常在每批申报货物的保险凭证上予以详细说明。[49]

如果预约保单有一些异乎寻常的条件，依据该保单而发的保险凭证的受让人可能无法预料保险合同中可能包括这些条件，那么这些条件应该在保险合同中明确地订明。仅仅提到参照预约保单办理，并不能认为保险凭证包括这些条件，若预约保单中的其他条件已在保险凭证中载明，则尤为如此。有这样一个判例[50]，瑞士一家保险公司给法国一家运输行的一张预约保单中规定，对保险人的控诉职能在签订合同的所在地的商事法院，即瑞士法院起诉。法国运输行的客户售给一家英国公司一批火腿罐头，该客户要求这家运输行办理这批货物的保险。运输行就把这批货物向保险人进行了申报，由保险人发出保险凭证。这项凭证，虽然提到了要参照预约保单条款，并重申了其中某些条款，却没有订明或提到要接受瑞士法院的绝对管辖权。买方接受了包括这份保险凭证在内的各种单证，并据以提出了损害赔偿要求，他们认为这种损失是保险合同所承保的。在由买方在英国法院对保险人提起的诉讼中，保险人以只有瑞士法院有绝对管辖权为理由，要求中止诉讼程序。但英国的上诉法院拒绝了这一要求，认为从单据的结构而言，预约保单和保险凭证是两个不同的合同，因而预约保单中关于瑞士法院管辖权的条款对买方无约束力。为支持这一见解，上诉法院的法官们引证了 *Phoenix Insurance Co. of Hartford v De Monchy* 一案[51]的判决。

（五）统保单

19—008 使用流动保单和预约保单，被保险人一般要把属于这些保险范围的每批货物都进行申报。这对出口商很不方便。对于价值小或航程短的各批货物须耗费大量劳动和费用。因此，被保险人愿意投保统保单。统保单通常规定被保险人无须把每次装运逐一通知保险人，而且也不必按各类不同费率付保险费，而只需付一笔总保险费，把所有装运的货物统包在内。

□ 保险合同

19—009 现在有必要考虑保险合同当事人的权利和义务。

（一）承保条和保险单

19—010 回忆一下本章开篇的段落，预期的被保险人和经纪人会决定拟议保单的详情。经纪人会准备一个备忘录或承保条，列出拟议保险财产的详情、保险将要承保的航程或者时间段、保险标的物的估值、所需保单形式（A、B 或 C）的指示、包含的任何标准条款（如协会战争条款）的说明以及任何其他特别条款或保证。该经纪人将承保单呈递给承保“辛迪加”，其中承保第一人——被称为“领导者”——一般是一个声誉良好、有口碑的人。承保人启动承保条意味着他接受了风险，并因此形成了一个关于双方所接受全部风险的比例的具有约束力的合同。在 *General Reinsurance Corporation v Forsakringsaktiebolaget Fennia Patria* 一案[52]中，一个芬兰保险公司试图修订在伦敦劳合社的一个特定的风险的再保险。通用再保险公司接受了承保条的一项针对其所述部分金额的修订。在总金额承保之前，发生了亏损。Fennia Patria 想取消修订，因为在这种情况下未经修正的保险单对它更为有利。然而法院判决，Fennia Patria 与通用再保险公司之间已经缔结了一个有效的合同，因此无法因被保险人的风险未在修订的承保条中得到完全保险，而取消 Fennia Patria 的修订。

一旦承保条已完全草签，总的风险就得到保障。经纪人把承保条拿到劳合社签字办事处，在那里签署，进而执行保单。海上保险合同必须纳入保单，才可在举证时被采用。[53]如果保险单和承保条之间有任何不一致，可参考承保条。[54]在这种情况下，以承保条的条款为准。[55]如果保险人想使保险单载明的义务与承保条所承担的义务不同，他们必须在承保条中保留做出这样调整的权利。[56]

（二）保险凭证、经纪人暂保单、保险信

19—011 在现代出口业务中，有一些单据，虽然缺乏像保险单那样的法律地位，性质上也不及保险单重要，但仍可以用来表示业已取得保险保障，因而被广泛地使用。这类单据中最重要的是保险凭证。不过，有时也有用经纪人签发的暂保单或卖方签发的已将货物保险的证明信。这三项单据之所以普遍流行，Bailhache 法官[57]有如下解释：

“保险单的缮制是需要一些时间的，当保险人为数众多或保险公司有好几家时，尤其如此，因为货船一到，照例须及时提出单据，而当时要取得正式保险单并不是总可以做得到的。但为了避免卸货延迟或买方未能做好提货准备而招致增加费用，买方习惯于接受经纪人的暂保单或保险凭证，而不坚持要保险单以利交易的进行。”

在有预约保单的情况下，经常使用保险凭证。这项凭证有两个部分：第一部分把保险货物的预约保单的主要条款在凭证上重复登载一遍[58]；第二部分声明被保险的货物的保险价值、航次和唛头、数量以及其他细节。该凭证由经办这项预约保单的保险经纪人签字，也可由被保险人本人签字。

由保险经纪人或被保险人所发的保险凭证使其持有人有权要求发给与凭证上条款一致的保险单，如果货物发生损失，得凭凭证要求赔偿。按照以前的权威[59]，在英国法律中，CIF 合同的买方并不一定要接受保险凭证以代替保险单，除非他已经明确表示同意接受，或者有可以这样做的行业惯例。

经纪人的暂保单不过是他给客户的一种通知书，报告他已经取得保险保障。暂保单的实际价值甚至还不如保险凭证，因此如果合同书无相反的规定，CIF 的买方可以不接受用暂保单代替保险单。

保险信很少使用，它由卖方（被保险人）写给买方，用来确认已经投保。这样的通知信并不总是正确的。它的价值取决于买方对卖方的信任。这种保险信在法律上没有确定的地位，不过，一旦买卖双方涉诉，它可以作为可接受的证据，指控卖方（被保险人）。

（三）说明情况的义务

如同一切保险合同，海上保险合同也是以最大诚信为基础的（最诚实合 19—012
同）。如果订约双方中一方[60]做不到这一点，对方就可以废除合同（第 17 节）。[61]由于合同的缜密性，被保险人在缔结合同之前，有义务把他所知道的或按照商业常规他应该知道的（第 18 节第 1 条）一切实质性的情况[62]向保险人说明。第 18 节第 2 条规定，凡可能影响一位谨慎的保险人去确定保险费率或决定是否承保该项风险的每一情况都是实质性的。例如，在一个判例中[63]，货物是一批政府原先的剩余物资——至少二十年前制造的皮上衣，但在向保险人申报时只是简单地说成“供出口用的整包男士新服装”。法院认为，这并没有说明实质性的事实，因而被保险人在货物被盗时，不得凭保险单取得赔偿。

第 20 条涉及不同陈述的效果。实质性陈述必须真实，否则保险人可以解除合同。[64]实质性陈述会影响一个谨慎的保险人对于厘定保险费或接受风险的判断。[65]本节区分了基于事实的陈述和基于期望或信念的陈述。[66]对于前者，如果合同的事实陈述基本正确，保险人无法解除合同。[67]在后一种情况下，如果基于期望或信念的陈述是真诚的，保险人无法解除合同。[68]

如果保险合同是通过保险经纪人或其他代理人订立的，那么，除被保险人应向保险人说明实质性情况外，代理人亦必须将他本人知道，或别人告知，或者按理他应该知道的各项实质性情况向保险人说明。[69]但是，第19节b款规定，如果被保险人对于一项实质性事实知道得太迟，来不及告知代理人，结果被保险人虽然知道而代理人却不知道，这样他所投保的保单便不能废除。在 *Pan Atlantic Insurance Co Ltd v Pine Top Insurance Co Ltd* 一案[70]中，与充分披露有关的当局得到了充分的审查。裁决认为，在不披露事件中，如果不披露促成了合同的成立，保险公司有权撤销合同。对于实质性错误陈述，只有错误陈述促成合同成立时，保险人才有权撤销合同。[71]在第18节和第20节中，给出了实质性的解释，与所用言词的固有的本身的意义相符。[72]

如不被查询，以下情况无须声明（第18节第3条）：

“(1) 任何减少风险的情况。

(2) 保险人已经知道或料定会知道的情况，如众所周知的事情或常识，以及保险人按照他所经营业务的常规应该知道的事项。

(3) 保险人同意免提的任何情况报道。

(4) 由于已有明示或含蓄的保证，声明反为多余的事项。”

凡愿将出口销售的货物投保的出口商应自问是否已经把所运货物，特别是异乎寻常的、特别危险的出口货物的性质详细告知保险人。从法院的一些判例中，得出如下的规律[73]：

(1) 严格地从法律角度看，如货物属于合法商品的一般品种，完全可以称为普通货物包裹，出口商无须向保险人告知保险货物的详情。但是，如果有哪怕是极轻微的，却可以使一个明智的人拿不准的事项，出口商也应该把详细情况通知保险人。

(2) 当货物异乎寻常，或有特别危险的性质时，出口商有义务告知保险人。[74]

(3) 如果货物投保时名称新奇或异乎寻常，足以引起一般细心的保险人加以查询，而保险人却未予查询，则按第18节第3条c款，应认为出口商没有义务告知信息。[75]

一旦有不披露，无论是欺诈、疏忽或无辜的，受损害方有权选择是否撤销或确认合同。撤销的权利[76]：

“从合同成立时开始存在，并一直持续到对不披露或错误陈述充分了解的承保人确认合同或视为已确认合同……对确认提出质疑之前（对其进行调查是不充分的），充分了解事实是必要的……即使承保人充分了解事实，他也有权在合理的时间内决定是否确认合同。如果承保人未采取任何行动来肯定或否定合同，而且给他做决定的合理时间已过，他将被视为已确认合同。在这种情况下，或者是如此多时间已过，必要的推断本身就是一种确认，或者是延迟做出选择使保险人遭受不利，或者是第三方的权利干预。”[77]

除非存在欺诈，一般避免撤销合同并使其退还保险费（第 84 节）。

根据《〈海上保险法〉保险单解释条例》的规定，“货物”是指具有商品性质的货物，但是如无相反的习惯，对投保甲板货物及活牲畜应特别加以说明，不能笼统地称为货物。这一定义依然有效，尽管附于《1906 年海上保险法》的劳合社船舶与货物标准保单不再使用。

（四）“仍予负责”条款

按照惯例，被保险货物一般应有详细说明。被保险人须切实注意正确地说明货物的情况。保险单中对货物有实质性的错误陈述时，保险人可以根据这一理由废除合同。即使错误的陈述是由于被保险人不了解这项陈述的实质性，或由于他无意中的差错，或由于意外事件，也不能例外。因此，鉴于错误的陈述可能带来严重的后果，订约双方有时在合同中插入一条“仍予负责”条款，按照该条款，不论在任何情况下，对无意中造成的错误陈述的货物仍予负责，但要求被保险人在必要时加付保费。这种“仍予负责，保险费另议”的条款会置保险人于险地。[78]下面是协会货物保险条款中这类“仍予负责”条款[79]的一例： **19—013**

“当本保险责任开始后，被保险人变更目的地，应立即通知保险人，经另行商定保险费和条件，本保险仍然有效。”

即使没有明文规定，“仍予负责”条款总是以一隐含条件为依据，即被保险人一经获悉发生影响本条款的事件，须立即通知保险人。[80]

有过这样一个判例[81]，被保险人把一箱旧机器称为“机器”，天真地认为这种名称已经足够了，在他的保险单内却载有一条“仍予负责”的条款。后来在航运中，这批机器发生了破损，法院判决该标的物的名称系属于实质性的错误陈述，保险人理应有权废除合同，但“仍予负责”条款补救了这一缺陷。于是，保险人不得不赔偿被保险人的损失，但同时有权加收保险费。

当且仅当出口商对保险人绝对诚实——这是在保险单有效期间出口商应尽的义务，他才可以取得“仍予负责”条款的保障。有一个判例[82]是：被保险人从法国进口一批猪肉罐头到英国并投保“一切险”[83]的保单，保险单承保了内在缺陷和潜在瑕疵以及当局查禁的风险。保险单规定被保险人应保证这批罐头全部由制造厂打好制造日期的标记，同时保单载有“仍予负责”条款。结果是，罐头中有些没有按规定打好标记。当部分货物被被保险人的买主拒收时，被保险人提出索赔说，虽然有些标记做得不够准确，但全部罐头都受“仍予负责”条款的保障。McNair 法官驳回了这一抗辩，做出了保险人胜诉的裁决，根据的理由是，被保险人对保险人不坦白。因为直到他要援引这一条款的时候，仍未能改正他对货物的错误陈述，因而他不能援引“仍予负责”条款。[84]

另一个例子是，一个被保险人没有披露他所出口的搪瓷制品货物是存货残余（end），是以非常低的价格购买的，但已通过加工抬高了价格。此外，他没有披露，搪瓷是纸箱包装的，没有如合同所说用木箱包装。在这里，保险单中所包含的“仍予负责”条款不能支持被保险人，因为这种错误陈述性质如此严重，若非如此不会有承保人为这个保险提供一个合理的商业费率。只有保费适用时，“仍予负责”条款才可应用，但在这个案件里，应该引用一个非常高的额外保费。[85]

□ 可保利益

19—014 在保险标的物遭遇灭失的时候，被保险人必须对该保险标的物有可保利益，这是保险法的一项根本原则[86]。[87]如果被保险人有可保利益，他就可以收回在保险期间发生的已投保的损失，即使损失发生在合同缔结之前，除非被保险人知道损失情况而保险人不知道。[88]在 *Lucena v Craufurd* 一案[89]中，Lawrence 法官对保险利益作了如下定义：

“对财产的保存具有利益是指，其存在他就受益，其受损他就遭受不利。财产的所有权和从财产中产生的利益非常不同：前者，其价格可以一般地衡量。后者，其价格要通过它的每一个利害来衡量，而这些利害产生于或取决于可以被称作补偿的东西。”

因此，从本质上讲，为了有财产保险利益，一个人必须以某种方式因损害、损耗或毁坏而蒙受损失。《1906 年海上保险法》第 5 节第 1 条规定：“根据本法各条规定，与海上冒险有利益关系的每一个人都具有保险利益。”第 5 节第 2 条规定：

“一个人与海上冒险有利益关系，尤其是在他与该冒险或处在危险中的任何保险财产，具有任何法律上或衡平的关系，因而若保险财产安全或及时抵达，他便能从中获取利益；反之，如果保险财产灭失，损坏，或被滞留或招致有关责任，他的利益将受到损害。”

如果一个人试图为他没有可保利益的财产投保，所签合同就不是保险合同，而且是无效的。这种合同是无效的，因为它既违背公共政策，又违背了法定禁止通过博弈或赌博签订海上保险合同的规定。[90]根据《1845 年赌博法》第 18 节，这种合同也是无效的。承保人可以未查证投保人是否具有保险利益就同意为货物保险，这一保单被称作保险单证明权益（policy proof of interest）保单。虽然保险单证明权益保单没有海上保险法及其他法规的法律责任，承保人通常会按惯常的方式履行义务。这样的保单依赖于承保人的信用，常常被称为信用保单（honour policy）。虽然承保人不太可能冒着毁坏声誉的风险拒绝支付这样的保单，但是对破产中的受托人或承保人的接管人进行的任何诉讼都可能会失败。

如果保险的货物是一个销售合同的标的物，可能出现是卖方、买方还是双方都具有保险利益的问题。答案取决于销售合同条款及其执行阶段。显然，货物产权的归属一方有保险利益。拥有货物或立即占有权，同样构成保险利益。

一般认为，承担风险一方同样拥有保险利益。在 *Leigh and Sillavan Ltd v Aliakmon Shipping Co Ltd* 一案[91]中，英国上议院的判决没有影响这一立场；英国上议院对于此案判决如下，在 CIF 或 CFR 条款下，只有风险转移给了买方，所有权或占有利益并没有转移给买方，因此买方对承运人的过失侵权不能采取行动，但此案没有处理有关保险利益的问题。买方对于货物安全抵达即可转售实现的盈利始终拥有保险利益。

未得到偿付的卖方对于货物拥有或有利益（contingent interest），因为他可以在运输途中行使停运权。卖方对于货物还有可撤销利益（defeasible interest），直至认为买方已接受了货物，从而卖方失去了拒绝的权利。同样的，当 FOB 卖方或 CFR 卖方都未收到价款时，其对于运输途中的货物有或有利益。或有利益和可撤销利益构成在法律范围内的保险利益（第 7 节第 1 条）。它们可以并且应该由卖方利益险（seller's contingency insurance）承保。

以 FOB 条款出售未确知货物，而买方要购买保险时，偶尔会出现问题。然而，通常装载货物的风险由买方承担，这已足以让他拥有保险利益。[92]

承运人对于托付给他的货物有保险利益，因为原则上，他对灭失或损坏的货物货主负有责任；他可以对业主的货物保险，并以业主受托人的身份基于保险单进行起诉。[93]

受国外委托人指示采购货物的代理人可以用他自己的名义在国内市场订购所需货物。这是保付商行（confirming house）惯用的方法。[94]如果在这些情况下，代理人已将货物运出，而国外委托人已投保运输险，则代理人可能发现他自己对国内市场的卖主承担了责任，倘若委托人一旦丧失偿付能力，就可能引起麻烦。遇到这类情况时，代理人可以像卖方那样，有中途停运权[95]，但这项权利的行使，实际上不一定能取得令人满意的结果。[96]

根据《1906 年海上保险法》第 26 节第 2 条，保险利益的性质与范围是无须说明的。该法案提到了许多种保险利益。例如，海上保险合同中的保险人对其承保的风险有保险利益，并可将有关风险再保险[97]，但是原被保险人没有权利或兴趣进行这样的再保险，因此他只能起诉其原保险人。[98]凡预付款支付运费，预付运费的人有保险利益，如果发生损失时运费是不可偿还的。[99]被保险人对于其保险成本具有保险利益。[100]保险财产的所有人对这些财产的全部价值有保险利益，哪怕有第三方同意或有责任赔偿他的损失。[101]

（一）保险费

《保险法》第 52 节规定，除另有协议或另有行业惯例外，保险人一旦出立保险单，必须收取保险费（premium）。前面已经说过，经纪人在正常情况下单独负责向保险人直接支付保险费。 **19—015**

如被保险人超额投保，而他所保的是不定值保单，则保险费可以按比例归还给他。[102]但若他投保的是定值保单，则不予退还，因为货物的约定价值应该是对双方都有约束力的。如果超额投保是由于重复保险（double insurance）所致，则仅按保险标的物的价值获得保障的被保险人对他所支付的几笔保险费可请求按比例退还给他；如果遭到损失，被保险人得向几个保险人中的任何一个索赔全部赔款，至于这几个保险人之间如何分担这项损失的赔款，则由他们根据第 32 节第 2 条自行处理。在少数个别情况下，被保险人不得收回所交保险费的多余部分，如：

“（1）被保险人故意投保重复保险。

（2）已赔付全部保险金额。

（3）不同时间投保几份保险单，而前面的一张保险单已承担无论何时的全部责任（第 84 节第 3 条 f 款，但书）。”

之所以发生重复保险，是由于对同一保险标的物的危险投保了两次或两次以上，并往往超过其本身的价值。如果两个人，一为卖方，一为承运人，对同一批货物都有利益，各自投保不同的利益，则不发生重复保险的问题。[103]

对于必须在这方面依靠经纪人提供内行意见的出口商，要对保险费率十分注意。费率通常是按照包括协会货物保险条款的责任报价的。

（二）转让

19－016 售出或转让已保险货物时，这些货物的保险不能自动地转移给买方。被保险人把已保险货物的所有权转移给买方时，并不把“保单”自动转移（第 15 节和第 51 节）。用 Arnould 的话说，保险不是“保险财产的附属物”。[104]

但是，出售已保险货物的合同中通常有明示或暗示的条件：卖方应将该保险单转移给买方。现代的习惯做法是，把保险单空白背书交给买方，即完成转移权利的手续。第 50 节允许保单受让人用他自己的名义起诉。正如已经指出的[105]，保险人与受让人之间的关系不是最大诚信的。转让无须取得保险人的同意。在发生损失后，保险单仍可转让。保险单并非流通票据（negotiable instrument）。[106]

在已保险的货物售出、保险单已转让给买方以后，买方有权在遇有损失时，索赔全部保险价值，即使货物售出的价格低于其保险价值也是如此。此时卖方不得要求收回保险价值与售价之间的差额。[107]另一方面，买方也不得要求取得“增值”保险的利益。因为这种“增值”保险是卖方自己斟酌决定投保的，并且按照买卖合同没有必要转让给买方。[108]

□ 承保风险和不承保风险（除外条款）

19－017 在海上保险中，“保证”（warranty）一词的使用是混淆不清，并且有矛盾的。它的第一种用法是指被保险人应该履行的条件；第二种用法是对保单的词句加以限制或说明其例外。[109]

第一类保证被称作“承诺保证”（promissory warranty），它是被保险人承诺某些事实的存在。这类保证往往采用如下形式：

“兹保证：用专门包装。”

或者

“兹保证：并无铁矿砂在内。”

或者

“保险的海上冒险行为是合法的。”[110]

用普通法律术语来说，这些无非是必须完全遵守的条件[111]，否则保险人可以从这些保证被违背之日起即不负责。[112]例如，在运输船舶属于“保证德国FOM”（warranted German FOM；FOM：旗帜、所有权、管理）的情况下，如果船舶实际上不是德国所有，保险人可被解除责任，基于事实的国籍标准才是决定性的。[113]一旦承诺担保被打破，在英国法律中保险人可以拒绝给付保险金额，即使“条件”的违反没有导致保险人遭受的损失。[114]

第二类保证（亦译作“特约”——译者注）是完全不同的，它称作“例外保证”（exceptive warranty），即保险人在所列的各种情况下，不负责任；它通常以“warranted free”，即“特约不赔”表示，它的含义是保险人不承保所列的风险。例如条款：

“兹经特约：由于罢工或被迫停工的工人或参加工潮、暴动或民变的人员所造成的损失，不负赔偿责任。”

表明保险人对此原因导致的损失没有赔偿责任。

这两类“保证”的区别对出口商了解保险单究竟为他们的货物提供了什么保障，是极为重要的。实际应用中，通常避免使用这个易混淆的术语，而是阐明承保的具体风险和不承保的其他风险。这一术语在协会货物保险条款中有应用，具体见“除外条款”标题下论述不承保风险一节。

□ 劳合社海上保险单和协会货物保险条款 A、B、C

目前通用的保险单格式是劳合社船舶与货物保单（S. G. Policy）[115]，它作为一种标准格式，附录于《1906 年海上保险法》。此保单于 1779 年被采用，是之前格式的改良版。它抗拒使其成为一个更加现代化、更易理解的形式的尝试。为考察个别条款的含义，必须研究其在两个世纪使用中法院的无数决定。这些决定所提供的解释准则的存在本身就是重新起草保单的一个障碍。最终联合国贸易和发展会议对保单的强烈批评导致了其发生。[116]伦敦保险人协会的技术条款委员会成功地制定了新保单，替代了劳合社船舶与货物保单和五套条款。新保单和条款自 1982 年 1 月 1 日引入，至 1983 年 3 月 31 日完成转型期。1983 年 3 月 31 日是规定的旧条款撤销的日期。新条款被分别称为协会货物保险条款 A、B 和 C。设计它们是为了配合新保单形式共同使用。 19—018

劳合社海上保险单的形式已不再包含保险的条款。它只是一个表格，要将以下资料插入其中：保单号码、被保险人及船舶的名称、保险航程或保险期限、受保标的物及其商定价值（如果有）、保险金额、保险费、条款和应附背书以及一系列特别要件和担保条件。

相比于旧的形式，三套协会货物保险条款反映了一种新的方法。此外，还有其他各种条款，如协会战争条款（货物）和协会罢工条款（货物）。

协会货物保险条款 A、B 和 C 列明了它们提供的保险，连同根据该保单所除外的损失。协会货物保险条款 A 被认为是旧劳合社船舶与货物保单中“一切险”的代替。协会货物保险条款 B 和 C 承保具体风险，其中条款 C 是目前承保范围最窄的，它只对重大人员伤亡提供保险。这三个条款都包括共同海损（general average）和救助费用（salvage charges）。

（一）协会货物保险条款 A（ICC（A））

19－019 协会货物保险条款 A 中第一条定义了本保险中所提供的保险。规定如下：

“本保险承保保险标的损失或损害的一切风险，但不包括下列第 4、5、6 和 7 条规定的除外责任条款。”

然而，协会货物保险条款 A 所提供的“一切险”不承保由货物的固有缺陷或包装不良或延误导致的损失或损害。[117]

第 4、5、6 和 7 条是除外责任条款，在后文中详细讨论。[118]

（二）协会货物保险条款 B（ICC（B））

19－020 本保险承保下列风险，但以下第 4、5、6、7 条文规定除外。

“1.1 保险标的物之毁损或灭失合理归因于：

1.1.1 火灾或爆炸，

1.1.2 船舶或驳船搁浅、坐浅触礁、沉没或倾覆，

1.1.3 陆上运输工具倾覆或出轨，

1.1.4 船舶、驳船或运输工具与水以外的任何外界物体碰撞，

1.1.5 在避难港卸货，

1.1.6 地震、火山爆发、雷电所引起的货物的损坏和灭失，

1.2 由于下列原因所致保险标的物之毁损或灭失：

1.2.1 共同海损牺牲，

1.2.2 抛货，

1.2.3 海水或者河水进入船舶、驳船、运输工具所造成的损失，

1.3 货物在装卸时落海或摔落造成整件的全损。”

第 4、5、6 和 7 条除外责任条款与协会货物保险条款 A 中的除外责任条款相同，但是第 4.7 条款免除了蓄意破坏或毁坏保险标的物的责任。

（三）协会货物保险条款 C（ICC（C））

19－021 本保险承保下列风险，但以下第 4、5、6、7 条文规定除外。

“1.1 保险标的物之毁损或灭失合理归因于：

1.1.1 火灾或爆炸，

1.1.2　船舶或驳船搁浅、坐浅触礁、沉没或倾覆，

1.1.3　陆上运输工具倾覆或出轨，

1.1.4　船舶、驳船或运输工具与水以外的任何外界物体碰撞，

1.1.5　在避难港卸货，

1.2　由于下列原因所致保险标的物之毁损或灭失：

1.2.1　共同海损牺牲，

1.2.2　抛货。”

第4、5、6和7条除外责任条款同样有效，与协会货物保险条款B中的除外责任条款完全相同。

（四）运输条款

现在应该考虑协会货物保险条款A、B和C中的运输条款（Transit Clause），此条款是如非删除即为有效的条款。根据这一条款，保险人的赔偿责任扩大到包括装运前和装运后的风险。例如，被保险人可根据这一条款，为从伯明翰到巴黎的货物托运投保，只要在保单中列明这些地方为运输的起点和目的地。[119]协会货物保险条款A、B和C中的运输条款的补充条款是运输合同终止条款，这两项条文的措辞如下： **19—022**

“8.1　本保险责任始于货物运离载明的仓库或储存处所开始运送之时，在通常运送过程中连续，终止于：

8.1.1　在载明的目的地或之前交付到收货人的或其他最后仓库或储存处所，

8.1.2　在载明的目的地或之前交付到任何其他仓库或储存处所，其被保险人用作

8.1.2.1　通常运送过程以外的储存或

8.1.2.2　分配或分派

或者

8.1.3　被保险货物在最后卸货港全部卸离海船满60天，以先发生者为准。

8.2　如果在最后卸货港卸离海船后，但在本保险终止之前，货物被发送到非本保险承保的目的地，本保险，在依然受前述规定的终止所制约的同时，截止于开始向此种其他目的地运送之时。

8.3　保险人不能控制的迟延、任何绕航、强制卸货、重装或转载期间以及船东或承租人行使根据运输合同赋予的自由权产生的任何航海上的变更期间，本保险继续有效（但须受上述规定的终止和下述第9条规定的制约）。

如果由于被保险人不能控制的情况，运输合同在载明的目的地以外的港口或地点终止，或运送在如同上述第8条规定的交付货物前另行终止，那么本保险也终止，但若立即通知了保险人并在本保险有效时提出继续承保的要求，以受保险人要求的附加保险费的约束为前提，本保险继续有效，

9.1 直至货物在此种港口或地点出售并交付，或者，除非另有特别约定，直至被保险货物到达此种港口或地点满60天，二者以先发生者为准，

或者

9.2 如果货物在上述60天（或任何约定的延展期间）内被运往载明的目的地或其他目的地，直至根据上述第8条的规定而终止。”

根据运输条款，连同增加的运输终止条款，货物的风险是从离开保险单指定的起运地仓库时开始，延续到货物送至保险单所载目的地的最终仓库为止，或者交送至保险单所载目的地或目的地以前的其他仓库为止。但保险单规定了货物在最后卸货港全部卸离海轮以后60天[120]的最长期限。在这一期限届满后，即使货物还没有到达仓库，保险单亦不再予以负责。如果在60天期限届满之前，货物在最后卸货港全部卸离海轮以后，继续运往保险单规定的目的地以外的其他目的地，则在起运的时刻起，保险即告终止。如果货物由于某种原因不能继续运到仓库，比如，由于买方未付进口税，货物被扣留在海关仓库里，而被保险人又无法迅速予以处理，这项60天期限的保障对被保险人就极有价值。这些规定所依据的原则是，在合理预计到被保险人或者他的买主能够对这批货物做出进一步保险安排之前，被保险人应受到保护。在被保险人不能控制的情况下，如果根据运输合同，货物被卸在原定目的地以外的其他地点，货物继续受到保障[121]（受60天期限限制），直到它们被续运到约定的或者另外目的地，进入最后仓库或直至出售或送交时为止。对于“仓库”一词，应给予其寻常的、固有的含义。[122]

（五）承保风险

19—023 除了下文即将讨论的第4、5、6和7条除外责任条款外，协会货物保险条款A承保保险标的物的一切毁损或灭失的风险，而条款B和C只承保具体列明的风险。这些风险的具体详述超越了本书的范围。

为了节省保费，不想投保A险，而是投保了B险或C险的出口商，要确保其货物可能遭受的特定风险得到明确的保险，并不会被条款B和C的规定排除。

（六）不承保风险（除外条款）

19—024 **普通除外条款**。第4条款是普通除外条款，除了下文将要提到的一种特定的除外条款，它都包含在协会货物保险条款A、B和C中。

条款4.1免除责任：“可归咎于被保险人的蓄意恶性的损失、损害或费用。”此条款反映了《保险法》第55节第2条中的规定：

“保险人不承担由被保险人恶意行为所导致的任何损失，但除非保单另有规定，保险人对承保风险直接[123]导致的任何损失承担责任，尽管若非船长或船员的恶意行为或疏忽，该损失将不会发生。”[124]

“恶意行为”本质上是一个事实问题，但由事实得到一个恰当的推断需要涉及对法律的考虑。[125]

条款 4.2 免除责任："保险标的物的通常渗漏，通常重量或体积损失，或通常磨损。""通常"一词是指正常运输中由各种原因可能引起的损失，如货物本身的属性或货物在运输途中的处理引起的损失。当一个货物的通常泄漏损害了第二个货物时，第二个货物的被保险人只有在协会货物保险条款 A 下才能得到赔偿，如果他的保险基于条款 B 或 C 就无法获得赔偿。

条款 4.3 免除责任："保险标的物的包装或准备不足或不当引起的损失、损害或费用。"（在本款意义上，"包装"应视为包括集装箱或托盘内的堆放，但仅适用于此种堆放是在本保险责任开始前进行或是由被保险人或其雇员进行之时。）至于包装是否合适或足够的问题，往往要根据特定贸易的习惯决定。如果包装是这样的，以致货物不能承受特定航程中的通常情况，那么由此造成的任何损失或损害，或因更换不充足的包装而招致的任何费用，被保险人不能得到赔偿。[126]保险责任开始之前或之后被保险人或其雇员装载货物时，集装箱或防水密封运货箱中货物受到的损失或损害不会得到保险。然而，此除外条款不适用于堆放发生在保险责任开始之后，且没有被保险人及其雇员的参与的情况。

条款 4.4 免除责任："保险标的物固有缺陷或性质引起的损失、损害或费用。"[127]这一除外条款涵盖了被保险货物由于本身发展导致损害或灭失的情形。例如，一个货物发生自燃，可能损坏了第二个货物。如果自燃是固有缺陷（例如可能是在粮食货物的情况下）造成的，第一个货物的货主无法得到保险赔偿，但第二个货物的货主可以根据条款 A、B 和 C 为自己的损失得到保险赔偿，因为火灾和爆炸造成损失或损害的风险是被保险的。

其中一个困难在于造成的损失或损害并非由货物本身造成，而是由包装不足导致。Sellers 法官在 *FW Berk & Co Ltd v Style* 一案[128]中认为，不充足包装是该商品的固有缺陷——袋装的硅藻土——但精通法律的法官发现事实是，在任何情况下货物都无法经受住必要的处理和运输，因此他拒绝了被保险人重新套袋的费用索赔。另一方面，若包装足以承受一般处理和运输，但因为一个外部事件未能保护货物，那么这一事件，而不是不足的包装，是损害或损失形成的近因，而且被保险人根据一切险（即现在的条款 A）可以得到赔偿。另一个更近的例子是关于一批工业皮手套的货物，从加尔各答到鹿特丹货物运输过程中经受润湿损坏。经确定，在包装和货柜运输前，手套就已经吸收了水分。货柜运输开始后，手套内的水分在容器内散发，造成了进一步的损害。有人认为，保险人可以依靠固有缺陷除外责任；手套恶化是由于其自然行为的结果，而不是它们的包装。[129]

条款 4.5 免除责任："迟延直接造成的损失、损害或费用，即使该延迟是由承保风险引起的（但根据上述第 2 条支付的费用除外）。"因此，尽管根据运输条款[130]，如果延迟的发生超出被保险人的控制，保险继续有效，任何直接因延误而引起的损失却均不受保。然而，在一个共同海损行为造成延误的情况下，保险人有权就延迟期间他发生的任何费用得到赔偿，例如，他所支付的船员工资。

条款 4.6 免除责任："船舶的所有人、经理人、承租人或经营人的破产或经济困境产生的损失、损害或费用。"如果由于财政困难，承运人不得不在到达目的地之前停止，保险人将不必支付根据第 12 条所产生的代理费用。第 12 条只适用于因已投保的危险而终止航程导致的费用。

条款 B 和 C 中的第 4.7 条免除责任："任何人的错误行为对保险标的或其组成部分的蓄意损害或蓄意毁坏。"本条款不包含在协会货物保险条款 A 中。在本条款下，保险人将不对纵火、船底穿孔、任何恶意破坏或任何其他恶意行为造成的损失或损害承担责任，其中受保标的物是被故意损坏或破坏的。如果被保险人希望移除这一例外，他应该增加一个恶意损坏条款。

条款 A 中的第 4.7 条与条款 B 和 C 中的第 4.8 条相同，免除责任："因使用原子或核裂变和/或聚变，或其他类似反应，或放射性力量，或物质所制造的战争武器产生的损失、损害或费用。"

根据《1906 年海上保险法》第 55 节第 2 条 c 款："除非保险单另有规定，对……鼠害或虫害造成的任何损失，保险人不负赔偿责任。"根据条款 A，因为没有明确排除，此类损失在保险范围内，但若使用条款 B 和 C，尽管在普通除外条款中没有明确排除，此类损失是不被保险的，因为此风险未在风险条款中做出明确规定。

不适航和不适运除外条款。当被保险货物已发运，被保险人不太可能控制所使用的船舶，但根据《海上保险法》第 39 节，如果船舶不适航，被保险人的保险可能是无效的。然而，根据协会货物保险条款第 5.2 条，"保险人放弃载运保险标的到目的港的船舶不得违反默示适航或适运保证，除非被保险人或其雇员对此种不适航或不适运有私谋"。如果被发送到海上的船舶在不止一个方面不适航或不适运，而被保险人只对其中的一个方面有私谋，那么根据《海上保险法》第 39 节第 5 条，如果损失或损害可归因于被保险人私谋的特定不适航方面，保险人可能只是逃避责任。该条款要求被保险人一方有明确的知识，默许或忽视保险部分的真实情况。[131]

因此，根据第 5.2 条，如果被保险人及其雇员不知道不适航的情况，损失或损害的责任就不能排除，保险人对于被保险的任何损失或损害都负有责任。尽管没有明确说明，第 5.2 条提到了船舶开始航行时的状况，并在第 5.1 条提到装载货物时间的措词中明确说明。规定如下：

"本保险决不承保这样的损失、损害或费用，如其起因于船舶或驳船不适航，或船舶、驳船、运输工具、集装箱或托盘对保险标的物的安全运输不适合，而且在保险标的装于其上时，被保险人或其雇员对此种不适航或不适运有私谋。"

在船舶不适航（如打火器）或装载货物所用的运输工具/集装箱不适运，而且被保险人或其雇员了解不适航或不适运的情况时，免除保险人责任，在这一方面，第5.1条比第5.2条更加全面。此处“雇员”不应该与代理人混淆，被保险人的代理人（如装卸工人）知道不适航或不适运情况时，不会影响保险人的赔偿责任。

战争除外条款。第6条是战争除外条款，在协会货物保险条款A、B和C中都包含。删除第6条意味着战争风险在条款A中是被保险的，而在条款B和条款C中不被保险，因为这种危险是在风险条款中不存在。凡被保险人需要战争风险保险，他应该要求增加协会战争条款。

罢工除外条款。第7条在三套协会货物保险条款中都有，但删除本条款只能为投保A险的被保险人偿付此类风险，因为在条款B和条款C中罢工风险没有在具体保险风险中列明。

凡被保险人特别需要为罢工和其他劳工动乱投保，他应要求增加协会罢工条款。

第7.3条免除了由“任何恐怖分子或出于政治动机而行为的人员”造成的损害或费用。

尽量减少损失。旧劳合社船舶与货物保单包含一个“诉讼和施救”条款，规定被保险人“在不对本保险造成影响的前提下，为抗辩、保护和追偿货物、船舶等，进行诉讼、施救和出差”是合法的。此条款已经被条款A中的第16条代替，规定如下：

> “对可取得赔偿的损失，被保险人及其雇员和代理人有义务采取为避免或尽量减少此种损失的合理的措施，并保证对承运人、保管人或其他第三方追偿的所有权利被适当保护和行使而被保险人负责在可取得赔偿的损失之外补偿被保险人履行这些义务而适当合理地招致的任何费用。”

本条款现在被称为被保险人的义务条款。结合《海上保险法》第78节，对于与条款有关的风险导致的合理费用，被保险人可以从保险人处得到赔偿，尽管保险人已经赔付了全部损失。赔偿取决于被保险人对情形评估的合理性，如果他在所有情况下都合理地行事以避免损失，若非如此保险人将要承受风险，那么被保险人可以根据损失的证据得到赔付。[132]

□ 共同海损[133]

共同海损的法律包括在一般海商法里，它涉及出口商所处的两方面的关系，即该出口商同承运人订立的海上运输合同和他同保险人订立的保险合同。[134]同一共同海损行为可能涉及两种合同，而出口商在运输合同中的权利与义务和他在保险合同中的是不一样的。 **19—025**

（一）共同海损行为

共同海损行为（general average act）发生在如下情况中：在海上航行中，三方面——船舶、货物和运费——的利益存在风险。它们冒着相同的风险组合成为一个共同的运输航行事业。当它们遇到一个共同的灾难时，可能必须自动 **19—026**

地做出特殊的牺牲或发生特殊的费用，以保全在共同的航行事业中陷入危险境地的财产（第 66 节第 2 条）。船舶如果遇到恶劣天气，有必要抛弃部分货物或部分船上装备以减轻船舶载重。这种牺牲的做出是为了共同航海事业各有关方面的利益，而且只有通过有意牺牲共同航海事业中某一伙伴的财产而得以保全其利益的物主们，按比例分担他的损失，才是公平合理的。这里发生的情况完全不同于例如货物由于海水浸蚀而变质或船舵丢失等单独海损的情形。单独海损是单独一方的利益遭遇不幸，只能由该利益的所有者单独负担，不过他可以通过办理 ICC 条款 A 或 ICC 条款 B 下的保险（尽管 ICC 条款 C 不能承保这个风险）规避风险。

共同海损行为必须合乎以下要求（第 66 节第 2 条）。共同海损必须是：

"（1）特殊牺牲或特殊费用，

（2）有意采取的，

（3）合理地做出或支付的，

（4）在危急时刻，

（5）为了挽救处于共同危险中的财产。"

共同海损还必须是：

"（6）牺牲或费用都做得得当，

（7）不包括有关船舶航运中应负的正常责任或费用，这些正常的责任或费用应在运费内开支，

（8）共同海损并非由于要求分摊的人应予负责的错误行为而引起的。"

（二）共同海损损失

19—027 共同海损损失（general average loss）是由共同海损行为造成的共同海损费用[135]和共同海损牺牲。

共同海损损失有时是由于共同海损的牺牲造成的。例如，货物被抛弃，或在船舶面临沉没的危险时，因把部分货物装进小艇而遭受损失。货物被抛弃不构成共同海损行为，除非这些货物是按照该行业公认的习惯装载的。[136]共同海损损失也可能是由于共同海损费用造成的，即为了使船舶和货物获得安全的共同利益而支付的特殊费用，例如，船舶驶向并进入避难港的费用。[137]在避难港修理船舶、储存货物发生的合理费用等也可能属于共同海损费用。至少惯例允许把所载货物在避难港的仓储费用纳入共同海损损失，如果船舶由于受损进入避难港，而这种损害又是造成共同海损的原因。[138]

各海运国家的法律对共同海损的定义有很大分歧。[139]这种分歧之所以还能取得某种程度的一致，要归功于国际法协会。该协会起草了理算共同海损的标准规则，现行的文本是 2004 年《约克—安特卫普规则》。[140]这些规则虽然不具有法律效力，实际上却经常被有关当事人所采用。有些时候当事人之间另有约定，比如，他们也许规定"海损，如果发生的话，应当按照英国规则理算"。如果不采用 2004 年《约克—安特卫普规则》，当事人间又没有特别的约定，那

么，共同海损就要按照目的港现行法律理算。如果船舶没有到达目的港，就在航程中断的港口办理。

（三）共同海损与海上运输合同

现在有必要分别谈一下共同海损法律对海上运输合同和保险合同的影响， 19—028
因为它们都受到共同海损法律的影响。按照海上运输法律，如果发生共同海损，受到损失的一方有权要求这一航行中的其他各有关利益方按比例[141]分担（第66节第3条）。这种分担也许是货主的权利，也许是他的义务，这要视情况而定。如果他受到共同海损损失，他有权向船东和其他货主要求分摊。如果船东或其他货主的利益遭到损失，而他的利益却由于他们的牺牲或由于支付了一笔费用得以保全，则他就有义务为他们分担。[142]这些权利与义务是海上保险合同所产生的。它们和保险并没有直接关系，无论货主是否曾投保都是存在的。如果提单采用《约克—安特卫普规则》，而船舶和货物在产生费用以后，仍全部灭失，则货主不承担分担共同海损费用的责任。[143]按照英国的普通法，只要船东还继续占有货物，为了收取共同海损分摊，他对货物就有留置权。有时他拒绝放弃对货物的占有，一直等到货方委托人签具共同担保合约（average bond）[144]为止。这是一种正式保证，它保证共同海损分摊金额一经确定，立即支付各自的分摊额；同时，货主还须将保证金存入船东和货主所指定的联名保管银行账户。货主在付出保证金后，取得一张共同海损保证金收据，收据里载有理算师的名字，在退回应退款项时，货主应交出这一收据。共同海损担保合约通常是以船东为一方、所有的货主为另一方而缔结的。在个别情况下，如果某一货主愿意独行其是，单独取得他的货物，他可以向船东提供一份由银行出具的保函。共同海损的理算，即计算共同海损各方的每一笔分担金额，是一项由海损理算师进行的复杂而又旷日持久的工作。[145]海损理算师是由船东委派的。

（四）共同海损与保险合同

根据共同海损的法律，货主应负责的风险通常全部由他的海上运输保险赔 19—029
偿。风险有两种：货物的物质损失；应分担共同海损的责任。《海上保险法》第66节第4条和第5条有如下规定：

“（4）除保单另有明文规定外，如被保险人已经支付了共同海损费用，则可向保险人获得对其所应分担部分的补偿。如果发生共同海损牺牲时，被保险人可不向其他有分担义务的利害方行驶要求分摊的权利，而从保险人那里获得对于这项全部灭失的补偿。

（5）除保单另有明文规定外，被保险人对于其已付或应付保险货物的共同海损分摊，可向保险人获得补偿。”

这些规定在协会货物保险条款中得到实施。协会货物保险条款A、B和C中的共同海损条款有着同样的规定[146]，规定如下：

“本保险承保根据运输合同、准据法和惯例理算或确定共同海损和救助费用，其产生是为了避免任何原因造成的损失或与避免任何原因造成的损失有关，但此种原因不是本保险第4、5、6、7条或其他条文除外的危险。”

应该注意，因适当的除外条款中的事项引起的共同海损损失，不在此条款的承保范围内。[147]

根据《保险法》第66节第4条规定，货主可以向保险人索赔所受损失的保险金额，而不用介入复杂的理算。保险人一经付清保险金额就取得代位行使被保险人根据运输合同产生的权利，从而使他能行使货主对共同海损分摊的请求权。[148]这当然是一种高明而切合实际的解决办法，只要不是保险不足，出口商就能立刻从保险人那里取得他的损失赔偿，而把共同海损理算的技术性问题留给保险人去处理。出口商一经得知这项损失，应立刻转告保险人。在一般情况下，保险人总是准备支付共同海损保证金、签具共同海损担保合约证书或类似担保的。如果出口商已经支付了共同海损保证金，保险人通常在收到共同海损保证金收据之后，偿还保证金，虽然在法律上严格说来，保险人没有义务这样做。[149]

□ 索　赔

（一）赔偿责任和因果关系

19—030 为了根据协会货物保险条款A、B和C追偿损失或损害，仅仅表明所用协会货物保险条款涵盖了导致损失的特定风险是不够的。还必须弄清楚，责任没有被第4、5、6和7条明确排除在外。[150]

最初，意欲根据保险进行索赔时，必须考虑该保险人是否非常可靠，会赔付被保险人。在《1906年海上保险法》第55节第1条中规定：

“根据本法规定及除保险单另有规定外，保险人对承保风险作为近因而导致的任何损失承担保险责任，但是，如前所述，保险人将不对承保风险并非近因而导致的任何损失承担保险责任。”

应用协会货物保险条款A时，近因检验适用于一切险。应用条款B和C时，明确指出，对于所保的某些风险，只需表明损失或损害可以合理地归因于已承保的风险。这些风险在协会货物保险条款B和C的第1.1条中列明。凡根据协会货物保险条款B和C的第1.2条提出索赔，近因检验仍然适用。

原因是近因是指，从效力方面说是相近的，而不一定是最晚的，或在时间上最接近意外事故。[151]近因的选择需要运用常识标准。*Reischer v Borwick*一案[152]可以很好地说明这一点。在该案中，船舶投保了碰撞损失险，但未投保海上风险。该船在河中撞到一个障碍物[153]上，船壳被撞出了一个洞。经临时补漏后，一辆拖船拖拽该船驶往最近的码头进行修理。不幸的是，在拖拽途中，船舶在水中的移动使得水从临时补漏处涌入，船开始沉没。判决认为此案中，与障碍物相撞是损失的近因，因此保险人应当承担保险责任。

如果有两个导致损坏的主导原因，其中一个属于协会货物保险条款的承保风险，另一个是该条款的除外责任，保险人可以依靠除外条款，从而避免承担赔偿责任[154]；但如果没有除外责任，保险人必须赔偿被保险人。[155]

（二）举证责任

19—031 如果被保险人想根据保险得到赔偿，他就有责任举证用以证明其损失或损坏属于保险承保的范围，但如果他依赖，例如，“海中的危险”[156]，他必须证明损失或损害在某种程度上的特殊性。[157]他还必须证明它们在保险开始时是完好无损的。[158]在一个案例[159]中，被保险人，一家英国公司，在雅加达的一家印度尼西亚公司购买了精油。这些精油将用于肥皂和香水的生产。根据伦敦保险人协会公司海上保险单保险的货物，承保了所有的风险并包含一般仓至仓条款。[160]当装有货物的钢或铁桶抵达时，发现里面装的是水，只有少许精油的痕迹。Mocatta 法官驳回了被保险人对保险人的索赔。精通法律的法官认为，被保险人有举证的义务，证明运输途中的货物就是他们按合同规定所购买的精油。

一旦被保险人证明，损失是由被保险的风险造成的，举证责任就转移给保险人，轮到他证明风险实际上并未包含在保险或是除外责任中。[161]保险人可以依靠除外条款，即使根据承保风险条款保险人有表面的赔偿责任。

（三）索赔的准备

19—032 如果被保险人获悉，即使是非正式地获悉，他的货物在运输中可能已遭损失，他应该立即通知他的保险经纪人并依照他的建议行事。使用经纪人不仅是为了订立保险合同，也为了解决索赔，这已成为习惯。如果收货人接到通知，他的货物在到达时已受损，他应该立即通知劳合社在卸货港的代理人，这家代理人就对货物进行检查并出具一份检验报告，但索赔金额不足 3 英镑者除外。被保险人还须设法确定这一损失究竟是单独海损还是共同海损。单独海损损失是由特定的受益方独自招致的，并由其承担损失，如果这项损失根据保险单可以取得赔偿，则被保险人须提出下列证据作为赔偿的佐证：保险单、发票、提单和检验报告。根据情况，在必要时，还须提供其他单证，例如，倘若遇到的损失是由于重量短少，就需提供装卸重量单；倘若损失是由于海上灾害所致，则还须提供航海日志或海事报告的抄本。[162]“海事报告书”（master’s protest）是船长在领事或公证人面前做出的正式声明，说明损失发生的原因，它常常有船员作证。如系共同海损，则应按前面提到的程序办理。如前所述[163]，被保险人无须证明损失的原因，但必须证明货物在保险开始时未曾受损。被保险人的经纪人不得受保险人雇用去取得赔款估定人的报告。[164]在国外给付赔偿的货物保险单时常包含一条特殊的红条款，称作“特别声明”（“Important”）条款（因为该条款以“特别声明”一词为名）。它载明保险人在索赔程序方面所提出的要求。如果保单中包含这样一个条款，必须严格遵循其中所列的程序。

协会货物保险条款 A、B 和 C 都包含一系列以“索赔”为名的条款，下文再现了这些条款：

“11.1 为了根据本保险取得赔偿，被保险人在损失发生时对保险标的须具保险利益。

11.2 除了上述11.1款另有规定外，被保险人有权取得本保险承保期间发生的承保损失的赔偿，尽管该损失产生在本保险合同订立之前，除非当时被保险人知道该损失而保险人不知道。

12 由于本保险承保的一种风险发生作用的结果，承保的保险标的运送在根据本保险承保的目的地以外的港口或地方终止，承保人将适当合理偿付被保险人在卸下、储存和发运保险标的至所承保的目的地而适当和合理遭受的额外费用。不适用于共同海损或救助费用的本条规定，须受上述第4、5、6和7条包含的除外责任的制约，且不包括由被保险人或其雇员的过失、疏忽、破产或经济困境所引起的费用。

13 推定全损得不到赔偿，除非因实际全损看来不可避免，或由于把货物恢复、整理和发运保险标的到承保目的地的费用会超过其抵达时的价值，保险标的被合理放弃。

14.1 如果对保险货物由被保险人办理了增加价值保险，货物保险价值就应视为增加至承保损失的本保险和所有增加价值保险的保险金额的总和，本保险的责任按照本保险的保险金额占此保险金额的总和的比例计算。

索赔时被保险人须向保险人提供所有其他保险的保险金额的证据。

14.2 如果本保险是增加价值保险，应适用下述条款：

货物的保险价值应视为等于由被保险人对货物办理的承保损失的原始保险和所有增加价值保险的保险金额的总和，在这样保险下的责任应该按照保险金额占保险金额总和的比例计算。

索赔时被保险人须向保险人提供所有其他保险的保险金额的证据。”

可以看出，根据第12条保险人要偿还被保险人高于正常费用的任何费用，这些费用是卸下、储存和发运保险标的物至目的地所产生的适当和合理的费用，并因处理保险所保风险导致。

劳合社出版有《劳合社检验手册》，虽然主要是供检验员之用，但也有可供需要提出货物保险索赔的进出口商参考的有用资料。[165]

（四）全部损失与部分损失

19—033 法律对“全损”（total loss）一词给予特殊的、专门的定义，而把全损以外的所有损失视作部分损失。例如，如果托运的100箱板条箱包装自行车中的25箱被海水腐蚀，或因受热一批干草货物不得不在中转港口进行出售，部分损失就发生了。

全损分为实际全损（actual total loss）与推定全损（constructive total loss）。第57节规定，以下情况为实际全损（有时也称“绝对全损”（absolute total loss））：

“（1）保险标的物完全灭失，或

（2）被保险人无可挽回地丧失保险标的物；

（3）标的物已受损失至失去它商业上的原有用途。"

根据第60节第2条第3款，货物的推定全损是：

"货物的修理费用加上续运到目的地的费用超过其运到后的价值。"

实际全损与推定全损的区别是，前者标的物已无可挽救地完全丧失，被保险人唯一可以采取的办法是向保险人要求赔偿；但后者标的物所受的损失是可以修复的，虽然费用非常可观。在这种情况下，被保险人对于这种损失可以有不同的选择，既可以把它作为部分损失处理，也可以作为全损处理，把受损标的物委付给保险人（第61节）。因此，当全损是实际全损的时候，被保险人无须向保险人发出委付通知（notice of abandonment），因为这是徒具形式。但当全损是推定全损时，被保险人必须发出委付通知以表明他所做出的选择[166]。如果不及时发出通知，则这项损失就会被当作部分损失（第62节）。如果保险人拒绝接受委付通知，被保险人必须起诉；诉讼事由出现于事故发生日，而不是委付通知送达之日。[167]如果货物发生推定全损之后，船长正当地将其出售，这一情况应被作为实际全损，不需要委付通知，处在这种情况下的货物，已经遭受了无可挽救的损失，即使给保险人发出通知，对他也是无利可得的（第62节第7条）。[168]

要区别实际全损与推定全损往往不是那么容易。在这一问题上有过无数判例，但至今还不曾引申出一个十分明确的原则。最好的一个例证仍然来自下面的一个老判例[169]：一艘运载着海枣的船舶在航程中沉没，随后被捞出。到达卸货口岸时，海枣仍保留了其本身的外观和蒸馏酒精的价值，但是它们受到如此的海水浸渍，并且已经发霉，它们作为海枣将不再有销路。这被认为是海枣的一个实际全损。

（五）赔付办法

如果是全损，而保单是定值保单，被保险人有权按保单订明的金额获得赔 **19－034**
偿；如果保单是不定值保单，则按照货物的保险价值获得赔偿，但以保险金额为限（第68节）。[170]被保险人如按货物的到岸价值外加买方预期的销售利润投保[171]，可得到全部赔偿。

如果货物是部分损失，第71条规定了其赔偿办法：

"（1）以定值保单保险的货物，一部分全损时，按全损部分在全部保险货物的保险金额中所占的比例计算；

（2）以不定值保单保险的货物，一部分全损时，按全损部分的保险价值计算；

（3）当全部或部分保险货物到岸时受损，如果是定值保单，按其保险金额的贬值率计算；如果是不定值保单，按其保险价值的贬值率计算。这种贬值率是当地完好货物的价格和受损货物的价格之间的差价与完好货物价格的比例。"

如果部分损失不是一部分货物的全损，而是货物受到部分损害时，第71

节往往不能使被保险人得到充分的赔偿。因为保险人对保险金额的赔偿比例是用货物到岸后的价格（如果它们到岸时完好的话）同它们受损后的价格进行比较而计算出来的，这个比例始终不变，与市场的波动没有关系，而如果根据净值（即扣除运费和各项港口开支后的价值）来计算，结果可能不同。[172]保持一个不变的赔偿办法的结果是，索赔时行市下跌比上涨对被保险人更为有利。第71节规定的计算方式，可以用下面的例子具体说明：

举例

假设：

(1) 货物定值投保金额…………………………………………………… 600 英镑

(2) 例一：到岸完好，行市上涨，售价可得……………………… 800 英镑

(3) 例二：到岸完好，市场疲软，售价可得……………………… 400 英镑

(4) 在以上两种情况下，受损货物到岸后，以完好价格的75%的价格出售

例一　　例二

(a) 完好时价格…………800 英镑　400 英镑

(b) 受损后价格…………600 英镑　300 英镑

差价…………200 英镑＝25%　100 英镑＝25%

以上两例，保险人均应赔偿保险金额 600 英镑的 25%，即 150 英镑。

赔偿的计算并不总是像上例这样容易确定。如果货物品种不同而只有一个总的保险金额，其中的一种货物受到损失时，在用一般的计算方法之前，必须先根据受损货物与其他品种的比例算出受损货物的保险金额。

（六）保险人的代位权

19—035 保险人偿付了保险赔款以后，就有权在他已赔付被保险人的金额范围内，代位行使被保险人对保险利益的一切权利和补偿要求。这种代位权利的目的在于防止被保险人以同一笔损失索取一次以上的赔偿，例如，货物由于碰撞以致灭失，被保险人不能先从保险人处取得赔偿，再控告碰撞中有过失的船东。因为根据权利转移的原理，对过失船船东起诉的权利在保险人赔付保险赔款后，已由被保险人转移给了保险人。这时保险人得到了代位行使被保险人根据侵权行为或契约所产生的一切权利，如被保险人依据运输合同向承运人索赔的权利。如果被保险人已经从第三方取得损失赔偿，则保险人可向被保险人索回后者所收到的款项。[173]

代位权须受两个条件的限制：

(1) 保险人只能要求取代被保险人的地位，不能取得优于后者所有的权利[174]，同时

(2) 除非双方另外规定契约式的代位权条款，保险人只能要求就已经赔偿的范围内代位行使被保险人的权利。

在全损和部分损失两种情况下，保险人都可以要求代位行使被保险人的一切权利和补偿要求；但是，如果是全损，他还有一项权利，那就是，他成为已

赔付的任何损余的所有人（即使损余的价值大于他给付的赔款）。[175]如果保险人赔付的只是部分损失，则保险标的物的权利仍旧归被保险人所有，损余所产生的任何利益可以由他保留（第 79 节）。

实际上，保险人在给付赔款时，往往要求被保险人签署一张权益转让书，并保留包括提单在内的各种单证，以便代位行使转让给他的各项权利。

不要混淆代位权和委付后保险人依据委付取得保险标的物的权利。委付只能用于推定全损[176]，而代位权对于业已偿付赔款的一切情况，不论是全损抑或是部分损失都适用。委付是转让标的物的所有权，但却不像代位权那样转移向第三者追偿的权利。如果是代位权，保险赔偿的给付是被保险人权利转移的先决条件，而委付就无须这样。这实际上就是说，甚至在推定全损的情况下，保险人在对被保险人赔付之前，不得行使被保险人向第三方（比如有过失责任的承运人）追偿的权利。但是，如果保险人已取得了被保险人的权利转让，他甚至可以在偿付保险金之前，起诉第三方。

空运保险

根据《理事会条例 785/04》[177]，在欧盟成员国境内飞行或飞越一个欧盟成员国时，所有空运承运人都有义务办理有关货物保险，以及旅客和行李保险。某些飞机不受此条例的约束。[178]该条例规定强制性保险要扩大至包括战争风险、恐怖主义和劫持行为。[179]条例还规定了以特别提款权（国际货币基金组织账户的国际单位）表示的货物要投保的强制保险的最低水平。[180] 19—036

对于空运发送的货物，有两个主要保险方法：

（1）在海运市场通过经纪人，或

（2）主要在空运市场通过航空货运保险单。

这两种方法中，第一种更常见，因为那些从事航空货运业的人都可以安排一年期保险单，以适应其具体要求。

□ 海洋条款

在海运市场中采用的航空货物运输保险，是通过特殊的协会空运货物保险条款获得的。它们是： 19—037

（1）协会货物保险（空运）条款（Cl. 259）；

（2）协会战争险条款（空运货物）（Cl. 258）；

（3）协会罢工条款（空运货物）（Cl. 260）。

协会空运货物条款是为劳合社海上保险单使用。它们作为模板存在于海洋协会货物保险条款中，可以进行适当的修改。

协会货物保险（空运）条款是标准格式。本保险承保单风险为：

“1. 本保险承保保险标的物毁损或灭失之一切危险；但下列第 2、3、4 条之规定除外。”

因此，这个标准保单是一个一切险保单，但第 2、3、4 条包含了 14 个除外条款，包括战争和罢工除外条款。[181]

协会战争险条款（空运货物）承保以下风险，不包含 9 项所述的除外风险：

“本保险，除下文第 2 条规定的外，包括由下列因素造成的对保险对象的一切损失或损坏的风险：

1.1 战争、内战、革命、叛乱、暴动或由此引起的内乱，或由某一好战国采取的或针对某一好战国的任何敌对行为；

1.2 由 1.1 款承包风险引起的俘获、扣押、拘捕、限制或扣留，以及由此产生的后果或任何企图；

1.3 海上遗弃物水雷、鱼雷、炸弹或其他海上遗弃的战争武器。”

因此，本保单承保了标准保单排除外的战争风险。它既不包括也不排除罢工或类似事件的风险。一般认为，本保单不承保这些风险，因为它们没有在所保风险中列出；第 2 条包含除外条款。

协会罢工条款（空运货物）承保以下风险，它们受制于 11 项所述的除外风险：

“保险承保下列致使保险标的物毁损或灭失的危险，但下文中的第 2 条除外：

1.1 由于罢工工人、停工工人或参与劳工骚扰、暴动或内乱之人所致。

1.2 由于任何恐怖分子或因政治动机之行为所致。”

因此，这些条款对恐怖主义或政治攻击提供了保险。同样，除外条款载于第 2 条。

只有结合三个空运货物保险条款并相应地评估保险，才能提供全面的保险。专业的货物托运人会有一年期保单，可以对个别及散装货物在定期申明的基础上进行评估。

协会货物保险（空运）条款和协会战争险条款（空运货物）不承保邮寄派送的货物，而协会罢工条款（空运货物）在这一点上没有明示。由于这些条款通常结合标准格式一起使用，这种保单上的邮政派送除外条款使得罢工条款中的邮寄条款不再适用。

□ 航空货运保险单

19－038 现实中，国际空运货物的保险单至今还没有一个标准格式；其实，不是所有的航空承运人都提供航空货运保险单。提供保险单的公司会在空运单封面包含一个标题，托运人可以在此处声明保价，这样他就可以通过航空承运人自己的保单得到保险。航空承运人的保单接受个体托运人的保价。这种保单上的条款可以在承运人的主要办事处得到，通常它们以上述协会货物保险条款为基础。通过空运单申请保险对于非专业或不定期货物托运人明显非常方便，但它很少成为专业货物经营商的选择，专业货物托运人在海运市场有自己的一年期保单。

基于这个原因，通过空运单获得保险并不是一个大交易量的业务，而且似乎不是空运市场的重要组成部分，即使它对于航空托运人有着微小的额外福利，例如产生小额佣金、消除对航空托运人的代位求偿。

其实空运单为货物托运人提供了三个机会申请保价：

(1) 运输保价；

(2) 海关保价；

(3) 保险保价。

为每千克价值低的货物进行运输保价是不必要的。如果货物价值超过每千克 20 美元或每千克 13.80 英镑，那么货物有保价的资格，对此将会收取额外费用。然而，在某些司法管辖区，限制价值按照黄金自由市场价格波动。专业货物托运人不认为保价节约成本，因为这不是一个正规的保险形式。超额申报运输保价，仅仅可以提高承运人对于保价的赔偿责任限额。证明损失金额以及该航空公司有法律责任，仍然是必要的。如果申请保价，通常会在标题栏保留空白或填入“NVD”(无申报价值)。对于偶尔或专业货物托运人最好的做法是，依靠个人的保险安排，正如上文所述。

注释

[1]《1906 年海上保险法》第 2 节第 1 条。

[2] 关于运输条款（包括“仓至仓”条款），见第 19—022 段。

[3] 在下文中引用的章节涉及本法。英国保险业务由《1982 年保险公司法》(修正案) 监管，而劳合社的保险业务是由《1982 年劳合社法》监管；这两部法律的制定在本书中未涉及。在英国，金融服务管理局根据《2000 年金融服务及市场法》对保险业进行监管。

[4] 参见下文第 19—018 段。《协会货物保险条款》的全文翻印于 Reference Book of Marine Insurance Clauses (69th edn, Witherby, 1997)。在 13 Journ. Marl. L. & Com. 527 (1982) 及 N. Leloir 的论文“The Lloyd's Marine Policy and the Institute Cargo Clauses”[1985] J. B. L. 228 中，包含了对这些条款的评论，以及 Dr. Samir Mankabady 制定的劳合社标准海上保险单 (Leloir 女士的论文中包含了一个非常有用的比较表格)。

[5] 参见上文第 2—007 段。

[6] 参见上文第 2—020 段。

[7] *Reinhart Co v Joshua Hoyle & Sons Ltd* [1961] 1 Lloyd's Rep. 346；见上文第 2—038 段。

[8] 参见下文第 19—011 段。

[9] 参见上文第 2—021 段。

[10] 在棉花贸易中，根据 CIF 合同要办理的普通保险单包括“内陆损失”，即货物装船前所受损

失：*Reinhart Co v Joshua Hoyle & Sons Ltd* [1961] 1 Lloyd's Rep. 345，353。

[11] 关于"一切险"的含义，参见下文第 19—019 段。

[12] *Daly v Lime Street Underwriting Agencies* [1987] 2 F. T. L. R. 277。

[13] 关于承保条的法律特征，参见下文第 19—010 段。特别见 H. N. Bennett，"The Role of the Slip in Marine Insurance Law" [1994] L. M. C. L. Q. 94。

[14] *General Re-insurance Corporation v Forsakringsaktiebolaget Fennia Patria* [1983] Q. B. 856；关于该案，参见下文第 19—010 段。还可以见 *The Zephyr* [1984] 1 Lloyd's Rep. 58，以及 *Touche Ross & Co v Colin Baker* [1991] 2 Lloyd's Rep. 230，CA。

[15] 同上。

[16] 不应混淆开口保单与预约保单（open cover）；预约保单是一种保险，参见下文第 19—007 段。

[17] 参见下文第 19—007 段。

[18] 参见下文第 19—006 段。

[19] [1952] 1 T. L. R. 149.

[20] 如果是经纪人的疏忽行为，结果就会不同；见 *Osman v J Ralph Moss Ltd* [1970] 1 Lloyd's Rep. 313，在该案的机动车辆保险中，法官认为经纪人有责任建议并且保护其客户；类似的，见 *McNealy v Pennine Insurance Co Ltd* [1978] R. T. R. 285，CA（也是关于机动车辆保险的案件）。

[21] 关于经纪人作为代理人的责任，见 *Anglo-African Merchants v Bayley* [1970] 1 Q. B. 311，以及 *North and South Trust Co v Berkeley* [1971] 1 W. L. R. 470。

[22] 见《1906 年海上保险法》第 53 节，以及关于保险人、被保险人、经纪人之间关系的判例法，包括 *Universo Insurance Co of Milan v Merchants Marine Insurance Co* [1897] 2 Q. B. 93；*Health Lambert Ltd v Sociedad de Corretaje de Seguros* [2005] 1 Lloyd's Rep. 597；*Health Lambert Ltd v Sociedad de Corretaje de Seguros (No. 2)* [2006] 2 Lloyd's Rep. 551。

[23] *Power v Butcher* (1892) 10 B. & Cr. 329 at 340；还可以见 *Amin Rasheed Corp v Kuwait Insurance* [1982] 1 W. L. R. 961 at 967，在该案中，Bingham J. 说道，"在办理保险时，经纪人充当被保险人的代理人，而不是承保人的代理人，这一主张具有引人注目的权限"。经纪人有权起诉，作为被保险人的受托人主持诉讼程序，除非协议整体上表明相反的意图；*Transcontinental Underwriting Agency v Grand Union Insurance Co Ltd* [1987] 2 Lloyd's Rep. 409。

[24] 特殊情况下，经纪人可被认为是保险人的代理人：*Stockton v Mason* [1978] 2 Lloyd's Rep. 430。

[25] *JA & Co Ltd (In Liquidation) v Kadirga Denizcilik Ve Ticaret SA Chapman*，*The Times*，March 19，1998. 还可以见 *Velos Group Ltd v Harbour Insurance Services Ltd* [1997] 2 Lloyd's Rep. 461。

[26] *Eide UK Ltd v Lowndes Lambert Group*，*The Times*，December 29，1997，CA. 因被保险人没有支付保险费向被保险人索赔时，经纪人没有权利扣留船舶：*Bain Clarkson v Owners of Sea Friends* [1991] 2 Lloyd's Rep. 283。

[27] 不定值保单有时称为开口保单。开口保单不应与预约保单相混淆；参见下文第 19—007 段。

[28] 参见下文第 19—006 段。

[29] 关于保险价值，见 *The Captain Panagos* [1985] 1 Lloyd's Rep. 625，以及 *The Thor II* [2005] 1 Lloyd's Rep. 547。

[30] 关于保证，见上文第 5—002 段。

[31] 参见下文第 19—022 段。

[32]《1906 年海上保险法》第 25 节第 2 条原则上禁止超过 12 个月的定期保单，然而《1959 年财政法》第 30 节第 5 条废除了此规定。该法规还废除了《1906 年海上保险法》第 23 节的第 2 至 5 条。

[33]《伦敦保险业公会船舶定期保险条款》的展期条款使得风险的延期依赖于给保险人的通知。

[34] 见 *Cohen & Sons v Standard Marine Insurance Co*（1925）21 Ll. L. R. 30；*The Star Sea* [2001] 1 Lloyd's Rep. 389；HL *Marina Offshore Pte Ltd v China Insurance Co Ltd* [2007] 1 Lloyd's Rep. 3（Singapore CA）。

[35] 关于混合保单的例子，见 *The Al Jubail* Ⅳ [1982] 2 Lloyd's Rep. 637，在该案中，一船舶得到了从航程结束至波斯湾的 12 个月的保险。

[36] 就混合保单而言，也有适航的默示保证。见上一注释中提到的 *The Al Jubail* Ⅳ 一案，以及 *Lombard Insurance Co v Kin Yuen Co*；*The Pab*，*Lloyd's List*，July 25，1995。

[37] Arnould，op. cit.，para. 165.

[38] V. Dover，*A Handbook of Marine Insurance*（8th edn，1975），p. 133.

[39] 关于申报的后果，见 *Union Insurance Society of Canton Ltd v George Willis & Co* [1916] 1 A. C. 281；*Glencore International AG v Alpina Insurance Co*（*No. 2*）[2004] 1 Lloyd's Rep. 567。

[40] 参见上文第 19—004 段。

[41] *Union Insurance Society of Canton Ltd v George Wills & Co* [1916] 1 A. C. 281.

[42] *Inglis v Stock*（1885）10 App. Cas. 263 at 269.

[43] V. Dover，above.

[44] "仍予负责"条款在第 19—013 段进行讨论。

[45] *Thames and Mersey Insurance Co Ltd v HT Van Laun & Co* [1917] 2 K. B.（n.（1905））.

[46] 参见下文第 19—010 段。

[47] 关于协会条款，参见下文第 19—018 段。

[48] 参见上文第 19—006 段。

[49] 参见下文。

[50] *MacLeod Ross & Co Ltd v Compagnie d'Assurances Geéneérales L'Helvetia of St. Gall* [1952] W. N. 56.

[51]（1929）45 T. L. R. 543；参见下文第 19—011 段。

[52] [1983] Q. B. 856，CA。

[53]《1906 年海上保险法》第 2 节。

[54]《1906 年海上保险法》第 89 节。海上保险单的印花税不再是应付的：《1970 年财政法》附表 7，第 1 节第 2 条第 b 款。

[55] *Symington & Co. v Union Insurance Society of Canton Ltd*（No. 2）（1928）34 Com. Cas. 233 at 235，per Scrutton L. J.

[56] 原则上，对于签订承保条的所有承保人，保险合同服从相同的条款：*Jaglom v Excess Insurance Co Ltd* [1972] 2 Q. B. 250 at 257。承保人也可就"待约定承诺书"达成一致，这意味着他们受"主要承保人约定的条款"约束，不需要进一步的协商：*American Airlines Inc v Hope* [1973] 1 Lloyd's Rep. 233 at 245。关于经纪人对承保人的责任，如果风险得到超额承保，而经纪人表明要减少（"sign down"）承保人在承保条中的责任，承保条中的风险不可以减少（sign down），见 *General Accident Fire and Life Assurance Co v Tanter*；*The Zephyr* [1985] 2 Lloyd's Rep. 529，CA。

[57] *Wilson*，*Holgate & Co v Belgian Grain and Produce Co* [1920] 2 K. B. 1，8.

[58] 参见上文第 19—007 段。

[59] *Diamond Alkali Export Corporation v Fl. Bourgeois* [1921] 3 K. B. 433；*Phoenix Insurance Co of Hartford v De Monchy*（1929）45 T. L. R. 543.

[60] 关于保险人的责任，见 *Banque Keyser Ullman SA v Skandia*（*UK*）*Insurance Ltd* [1989] 3 W. L. R. 25，CA。遵守最大诚信的责任不存在于保险赔偿费的受让人与保险人之间：*Bank of Nova*

Scotia v Hellenic Mutual War Risks Association (*Bermuda*) *Ltd*; *The Good Luck* [1989] 2 Lloyd's Rep. 238, CA。

[61] 最大诚信的责任是一个相互责任、当事人对彼此的责任。最大诚信的责任适用范围扩展至索赔的提出；然而，不提出欺诈性索赔的责任并不能延伸至重大过失做出的索赔：*Manifest Shipping & Co Ltd v Uni-Polaris Insurance Co Ltd*；*The Star Sea* [1997] 1 Lloyd's Rep. 360，CA。

[62] 情况是事实：情况必须被知晓，或者被保险人按理应该知晓。

[63] *Anglo-African Merchants v Bayley* [1970] 1 Q. B. 311 at 319 - 320。在 *Woolcott v Sun Alliance and London Insurance Ltd* [1978] 1 W. L. R. 493 一案中，法官认为，因为被保险人没有披露他曾犯过抢劫罪的事实，保险公司本可以基于实质性不披露而避免一个火灾保险单。还可以见 *Lambert v Co-operative Insurance Society Ltd* [1975] 2 Lloyd's Rep. 485。关于实质性事实，见 *The Grecia Express* [2002] Lloyd's Rep. 669，以及 *North Star Shipping Ltd v Sphere Drake Insurance Plc* [2006] 2 Lloyd's Rep. 183。

[64]《1906 年海上保险法》第 20 节第 1 条。

[65]《1906 年海上保险法》第 20 节第 2 条。

[66]《1906 年海上保险法》第 20 节第 3 条。

[67]《1906 年海上保险法》第 20 节第 4 条。

[68]《1906 年海上保险法》第 20 节第 5 条。

[69]《1906 年海上保险法》第 19 节。如果被保险人向经纪人披露了完整的信息，而经纪人没有把收到的信息转述给保险人，合同是可撤销的，但保险人可能已经免除了经纪人获得进一步披露的权利：*Roberts v Plaisted* [1989] 2 Lloyd's Rep. 341。关于此类案件中经纪人的责任，见 *Forsikringsaktieselskapei Vesta v JNE Butcher Bain Dawes Ltd* [1989] 1 Lloyd's Rep. 331。

[70] [1994] 2 Lloyd's Rep. 427.

[71] 关于 *Pan Atlantic* 一案的应用，见 *St. Paul Fire and Marine Insurance Co* (*UK*) *Ltd v McConnell Dowell Constructors Ltd* [1996] 1 All E. R. 96，CA。在该案中，保险人被赋予使保险单无效的权利，如果有证据表明他们是在某些条款上受到引诱才签订合同的。还可见 *Marc Rich & Co AG v Portman* [1996] 1 Lloyd's Rep. 430，在该案中双方争论的焦点是，案中的一处未披露是无关的，因为保险人本会对任何事件开具保单。Potter J. 驳回了这一论据，因为保险人已证明，尽管他们没有积极地搜寻信息是不谨慎的，但他们确实是在不披露的基础上而被引诱签订了该合同。

[72] 上文中 *Pan Atlantic* 一案中，Goff 勋爵所说。

[73] *Greenhill v Federal Insurance Co Ltd* [1927] 1 K. B. 65；进一步见 *Mann*，*Macneal Boyd v Dubois* (1811) 3 Camp. 133，以及 *Carter v Boehm* (1766) 3 Burr. 1905。

[74] Arnould，*op. cit.*，para. 654.

[75] *Greenhill v Federal Insurance Co Ltd* [1927] 1 K. B. 65，Sargant L. J.

[76] 受损害方是否有权利索赔存在疑问。在 *Banque Keyser Ullman SA v Skandia* (*UK*) *Insurance Ltd* [1989] 3 W. L. R. 25，CA 案中，法官认为这样的索赔不能基于合同或法律责任成立，而只能引入侵权。还可以见 *Banque Financiére de la Cité v Westgate Insurance Co* [1988] 2 Lloyd's Rep. 513。该索赔不能依据《1967 年错误表述法》第 2 节成立，因为职责的疏漏只构成了沉默，而不是积极的行为。

[77] *Per* Donaldson J.，*Liberian Insurance Agency v Mosse* [1977] 2 Lloyd's Rep. 560.

[78] *American Airlines Inc v Hope* [1973] 1 Lloyd's Rep. 233 at 241.

[79]《协会货物保险条款》中的第 10 条。

[80] *Thames and Mersey Marine Insurance Company Ltd v HT Van Laun & Co* [1917] 2 K. B. 48；*Greenock SS Co v Maritime Insurance Co* [1903] 1 K. B. 367。

[81] *Hewitt Brothers v Wilson* [1915] 2 K. B. 739. 进一步见 *Kirby v Consindit Società per Azioni* [1969] 1 Lloyd's Rep. 75。

[82] *Overseas Commodities Ltd v Style* [1958] 1 Lloyd's Rep. 553.

[83] 此保单事实上是一个"一切损失或损害"保险单。

[84] *Overseas Commodities Ltd v Style* [1958] 1 Lloyd's Rep. 553.

[85] *Liberian Insurance Agency Inc v Mosse* [1977] 2 Lloyd's Rep. 560.

[86]《1906 年海上保险法》第 6 节的规定，在《协会货物保险条款》的第 11.1 条款中重申。

[87]《1906 年海上保险法》第 6 节。

[88]《协会货物保险条款》第 11.2 条款。

[89] (1806) 2 Bos. & P. (N. S.) 269，302. 除非双方同意，投机性利益不构成利益：*Cepheus Shipping Corporation v Guardian Royal Exchange Assurance plc*；*The Capricorn* [1995] 1 Lloyd's Rep. 622。

[90] 按"无论有无保险利益"，或"除保险单本身外，再无具有保险利益的证明"，或"保险人无救助利益"，或按其他类似条件订立的保险单，被视为博弈或赌博合同：《1906 年海上保险法》第 4 节第 2 条。但是，如无救助的可能，保险单可以按保险人无救助利益的条件签订（《1906 年海上保险法》第 4 节第 2 条）。

[91] [1986] A. C. 785。见上文第 2—030 段。

[92] *Karlshamns Oljefabriker v Eastport Navigation Co*；*The Elafi* [1981] 2 Lloyd's Rep. 679；*Leigh and Sillavan Ltd v Aliakmon Shipping Co Ltd* [1986] A. C. 785；*Inglis v Stock* (1855) App. Cas. 263. 根据《1906 年海上保险法》第 8 节，任何性质的部分利益均可承保。《1979 年货物买卖法》第 20A 节遇到了许多可能出现的问题。

[93] 如果根据运输合同条款，承运人没有遭受风险（在非常罕见的情况下），那么他不能根据保单得到赔偿，因为仅仅拥有他人的货物（没有为他们承担责任）不构成可保利益：*Scott v Globe Maine Insurance Co Ltd* (1986) 1 Com. Cas. 370。

[94] 参见下文第 27—018 段。

[95]《1979 年货物买卖法》第 38 节第 2 条。参见下文第 27—019 段。

[96] 保险可以保护代理人，不受之前对承保人要求的不测事件的影响。

[97]《1906 年海上保险法》第 9 节第 1 条。

[98]《1906 年海上保险法》第 9 节第 2 条。

[99]《1906 年海上保险法》第 12 节；见上文第 15—010 段。

[100]《1906 年海上保险法》第 13 节。

[101]《1906 年海上保险法》第 14 节。

[102]《1906 年海上保险法》第 84 节第 2 条 e 款。

[103] *A Tomlinson (Hauliers) Ltd v Hepburn* [1966] A. C. 451.

[104] *Arnould*, *loc. cit.* para. 252.

[105] 参见上文第 19—012 段。

[106] 关于检验转让与代位求偿，见 *Colonia Versicherung AG v Amoco Oil Co* [1997] 1 Lloyd's Rep. 261，CA。

[107] *Ralli v Universal Marine Insurance Co* (1862) 31 L. J. Ch. 207；*Landauer v Asser* [1905] 2 K. B. 184.

[108] *Strass v Spiller and Bakers* (1911) 16 Com. Cas. 166. 在本案中，保险人已向卖方支付了保险金额，而且没有提出关于销售后卖方依然拥有保险利益的问题；后来买方向卖方索要保险的钱，不

过他们的要求被驳回了。

[109] Chalmers, *Marine Insurance* (10th edn, 1993), p. 51.

[110]《1906 年海上保险法》第 41 节。然而，在联邦德国销售和返还钻石的合同不受在发票中故意谎报货物价值的影响，该发票的意图是避免联邦德国相应的增值税：*Euro-Diam Ltd v Bathurst* [1990] 1 Q. B. 35。

[111] 在 *Vaughan Motors & Sheldon Motors Services Ltd v Scottish General Insurance Co Ltd* [1960] 1 Lloyd's Rep. 479 一案中，Diplock J. 提出。关于一般情况，见上文第 5—002 段。应该注意，保险法中所用的"保证"一词与一般法律中所用的"保证"有不同的含义。

[112]《1906 年海上保险法》第 33 节第 3 条。如果承诺保证受到破坏，在英国法律中，保险人可以拒绝支付保险金额，尽管条件的违反不是造成保险人所承受的损失的原因。

[113] *The Tiburon* [1990] 2 Lloyd's Rep. 418.

[114] 其他法律体系采用了更宽大的态度，如挪威法律所显示的，见 *Forsikringsaktieselskapet Vesta v JNE Butcher Bain Dawes Ltd* [1989] 1 Lloyd's Rep. 331。破坏承诺保证使得保险人有权利将合同视为可撤销的，但是（尽管有第 33 节的规定）破坏承诺保证并不能使合同无效：*Bank of Nova Scotia v Hellenic Mutual War Risks Association (Bermuda) Ltd; The Good Luck* [1989] 2 Lloyd's Rep. 238, CA。

[115]"S. G."指船舶与货物。此前，有仅为船舶承保的船舶保险与仅为货物承保的货物保险，但它们的使用已经废止。

[116] 联合国贸易和发展会议官方记录 TD/B/590。

[117] 参见下文第 19—024 段。

[118] 参见下文第 19—024 段。

[119] 本条款不承保运输开始时，运至仓库前的货物损害的风险：*Reinhart Co v Joshua Hoyle & Sons Ltd* [1961] 1 Lloyd's Rep. 346, 354 and 358。

[120] 存在一个所谓的南美 60 天条款，看上去与协会货物保险条款相似，除了该条款规定了一个通过马格达莱纳河的 90 天的装船延期。

[121] 见，例如 *GH Renton & Co v Palmyra Trading Corporation of Panama; The Caspiana* [1957] A. C. 149。

[122] *Leo Rapp Ltd v McClure* [1955] 1 Lloyd's Rep. 292; *Reinhart Co v Joshua Hoyle & Sons Ltd* [1961] 1 Lloyd's Rep. 346 at 358.

[123] 关于"直接"，参见下文第 19—030 段。

[124] 包括恶意行为，尽管被保险人不能利用其自己的错误；见 *Schiffshypotheken Bank zu Luebeck AG v Compton; The Alexion Hope* [1987] 1 Lloyd's Rep. 60。

[125] 关于"恶意行为"的解释，见 *Horabin v British Overseas Airways Corp.* [1952] 2 All E. R. 1016; *Coutlas v KLM (S. D. N. Y. 1961) Transport Laws of the World* iv/c/1, p. 303。

[126] *FW Berk v Style* [1956] 1 Q. B. 180.

[127] *Soya GmbH Mainz Kommandit-Gesellschaft v White* [1983] 1 Lloyd's Rep. 122.

[128] [1956] 1 Q. B. 180。还可见 *Gee & Garnham v Whittall* [1955] 2 Lloyd's Rep. 562，在该案中，一批投了"一切险"的铝制水壶，在到达时损坏了；Sellers J. 驳回了被保险人的索赔请求，再次认为包装不足是货物的固有缺陷。

[129] *TM Noten BV v Paul Charles Harding* [1990] 2 Lloyd's Rep. 283, CA.

[130] 参见上文第 19—022 段。

[131] 关于私谋的讨论，见 *Compania Maritima San Basilio SA v Oceanus Mutual Underwriting*

Association (Bermuda) Ltd；*The Eurysthenes* [1976] 2 Lloyd's Rep. 171，CA；*Manifest Shipping & Co Ltd v Uni-Polaris Insurance Co Ltd*；*The Star Sea* [1997] 1 Lloyd's Rep. 360，CA（and also at first instance [1995] 1 Lloyd's Rep. 651）。

[132] *Integrated Container Service Inc v British Traders Insurance Co* [1984] 1 Lloyd's Rep. 154；*Netherlands Insurance Co Est. 1845 Ltd v Karl Ljungberg & Co AB* [1986] 2 Lloyd's Rep. 19（上诉自新加坡的 PC 案件；被保险人为保持对承运人的上诉时效，所支付的诉讼费用根据"诉讼和施救"条款是承保的）。还可见 *Royal Boskalis Westminster BV v Mountain* [1998] 2 W. L. R. 538。

[133] 见 Lowndes and Rudolf's *The Law of General Average and the York-Antwerp Rules*，D. J. Wilson and J. H. S. Cooke（12th edn，1997）。

[134] 共同海损的规则甚至可能影响第三方关系人，即因疏忽与承运船舶相撞的另一只船。由于碰撞，货物所有者支付给承运船舶共同海损赔偿，而他有权从另一只船处收回他所支付的摊款；*Morrison Steamship Co v Greystoke Castle* [1947] A. C. 265。

[135] 请拖轮船东把船拖至安全地带而支付给拖轮船东的赔偿，是共同海损行为的"直接后果"，因而可作为共同海损费用得到赔偿；*Australian Coastal Shipping Commission v Green* [1971] 1 Q. B. 456；见 2004 年《约克—安特卫普规则》，规则 C。

[136] 见 2004 年《约克—安特卫普规则》，规则 I。

[137] 如果遭受柴油发电机故障的船舶偏离航道驶入避难港以进行维修，而且航道偏离是一个合理的偏离，符合有关提单的《海牙规则》第 4 条第 4 款，那么船东有权向货主和其保险人要求共同海损赔偿；*Danae Shipping Corporation v TPAO and Guven Turkish Insurance Co Ltd*；*The Daffodil B* [1983] 1 Lloyd's Rep. 499。

[138]《海损理算协会惯例规则》。

[139] 存在一个《1989 年国际救助公约》，于 1989 年在《国际法与商务期刊》589 期全文刊登。本公约与共同海损损失或分摊没有关系，而是解决救助人的救助报酬的问题。

[140] 第一套《约克—安特卫普规则》制定于 1924 年；它们被 1950 年版本代替，而 1950 年版本又相继被 1974 年、1994 年和 2004 年版本取代。1994 年版本中对所包含规则进行的最大的修订是，引入现在的首要规则，该规则规定："在任何情况下均不得有任何牺牲或费用的补贴，除非补贴是合理做出或招致的。" 2004 年规则中的最大变动是从规则中除去了救助条款（第 6 条规则）。

[141] 船主与货物所有人之间的共同海损分摊是根据涉及利益的价值，按比例计算的。见 2004 年《约克—安特卫普规则》中关于分摊价值的第 17 条规则，以及《1906 年海上保险法》中的第 66 节第 3 条。

[142] 除非索赔人有过失，例如船主因疏忽未使船舶适航；在该案中，根据《海牙规则》第 3 条第 6 款（见上文，第 15—048 段）的规定，如果货物所有人没有在 1 年内起诉船主，他不会丧失抗辩权与反申诉权：*Goulandris Brothers Ltd v B Goldman & Sons Ltd* [1958] 1 Q. B. 74（解释 1950 年《约克—安特卫普规则》，规则 D）。进一步，见 *The Aga* [1968] 1 Lloyd's Rep. 431。

[143] *Chellew v Royal Commission on the Sugar Supply* [1922] 1 K. B. 12.

[144] 原则上，共同海损分摊索赔的时效期限是从牺牲发生的日期算起。然而，如果收货人作为货物让渡的报酬，执行劳合社标准形式的共同担保合约，那么他就承担了一项新的合约义务——分摊共同海损，此义务始于理算师完成报告之日：*Castle Insurance Co Ltd v Hong Kong Islands Shipping Co Ltd*；*The Potoi Chau* [1984] A. C. 226，关于香港产个人电脑案。"共同担保合约"一词在该案中被描述为"一个普通的，但是法律上不精确的描述"（经 Diplock J.）。

[145] 关于《海损理算协会惯例规则》，见 Lowndes and Rudolf，*The Law of General Average and the York-Antwerp Rules*，D. J. Wilson and J. H. S. Cooke（12th edn，1997）。

[146] 在协会货物保险条款A中，共同海损牺牲受到一切险的保险。在协会货物保险条款B和C中，此风险受到明文规定的保险。

[147] 尽管共同海损分摊的索赔在普通法中有规定，但是如果索赔与租船契约运作期间的事项有关，则该索赔是起因于租船契约的索赔，受租船契约中的仲裁条款约束：*Union of India v EG Aaby's Rederi A/S* [1975] A. C. 797。

[148] 参见下文第19—035段。

[149] *Brandeis, Goldschmidt & Co v Economic Insurance Co Ltd* (1922) 38 T. L. R. 609.

[150] 通常，货物所有人是保险合同的一方当事人（原当事人或指定的当事人），并且根据该合同直接提出索赔。然而，在例外的情况下，他必须根据《1930年第三方（告保险人的权利）法》，依靠法定的权利转移，获得告保险人的权利；*The Fanti*，*The Padre Island* (*No. 2*) [1989] 1 Lloyd's Rep. 239。

[151] *Leyland Shipping Company Ltd v Norwich Union Fire Insurance Society Ltd* [1918] A. C. 350.

[152] [1894] 2 Q. B. 548.

[153] 嵌入河流或海洋中的一木块。

[154] *Wayne Tank and Pump Co Ltd v Employers Liability Assurance Corporation Ltd* [1974] Q. B. 57 *per* Lord Denning M. R. (at 67C), Cairns L. J. (at 69B) and Roskill L. J. (at 75D).

[155] *JJ Lloyd Insurance Ltd v Northern Star Insurance Co Ltd*; *The Miss Jay Jay* [1987] 1 Lloyd's Rep. 264.

[156] 关于此习语的意义：超乎寻常的海上条件通常是必要条件。见附于海上保险法第7条后的解释法律的规则，以及相关的案例法，包括 *Lawrence v Aberdein* (1821) 5 B & Ald. 107；*The Lapwing* (1940) 66 Lloyd's Rep. 174；*The Marel* [1994] 1 Lloyd's Rep. 624；*The Milasan* [2000] 2 Lloyd's Rep. 458。

[157] *Rhesa Shipping Co SA v Edmunds*; *The Popi M* [1985] 1 W. L. R. 948, HL；还可以见 *Lamb Head Shipping Co v Jennings*; *The Marel* [1994] 1 Lloyd's Rep. 624, CA。

[158] 参见上文第19—023段，该段的案例是 *Reinhart Co v Joshua Hoyle & Sons Ltd* [1961] 1 Lloyd's Rep. 346, 354, 358。还有 *Fuerst Day Lawson Ltd v Orion Insurance Co Ltd* [1980] 1 Lloyd's Rep. 656, *Electro Motion Ltd v Maritime Insurance Co Ltd and Bonner* [1956] 1 Lloyd's Rep. 420；*National Justice Compania Naviera SA v Prudential Assurance Co Ltd*; *The Irakian Reefer* [1995] 1 Lloyd's Rep. 455, CA。

[159] *Fuerst Day Lawson Ltd v Orion Insurance Co Ltd*, above.

[160] 案例发生在劳合社海上保险单与协会货物保险条款开始使用之前。

[161] *M Golodetz and Co Inc v Czarnikow-Rionda Co Inc* [1980] 1 W. L. R. 495 at 513.

[162] Dover, *A Handbook of Marine Insurance* (8th edn, 1975), p. 618.

[163] 参见上文第19—028段。

[164] *North and South Trust Co v Berkeley* [1971] 1 W. L. R. 471.

[165] 劳合社代理人监察员汇总并编辑，可在劳合社获得。

[166] *Kastor Navigation Co Ltd v Axa Global Risks (UK) Ltd* [2004] 2 Lloyd's Rep. 119.

[167] *The Kyriathi* [1993] 1 Lloyd's Rep. 137. *Asfar & Co v Blundell* [1896] 1 Q. B. 123. 还可见 *Terkol Rederierne v Petroleo Brasileiro*; *The Badagry* [1985] 1 Lloyd's Rep. 395（推定全损对租船契约中代替条款的影响）。

[168] *Roux v Salvador* [1836] 3 Bing, N. C. 85；见 *Fraser Shipping Ltd v Colton* [1997] 1 Lloyd's Rep. 586，是关于实际全损与推定全损，以及确定中的后续困难的近期案例。

[169] *Asfar v Blundell* [1896] 1 Q. B. 127，CA.

[170] 第 67 条和第 68 条对于保险人责任的规定是决定性的；没有额外的特别或一般损失赔偿可以得到再保险：*The Italia Express*（*No. 2*）[1992] 2 Lloyd's Rep. 281。

[171] 参见上文第 19－004 段。

[172] Dover，*A Handbook of Marine Insurance*（8th edn，1975）.

[173] 见 *Re R Miller*，*Gibb & Co Ltd* [1957] 1 W. L. R. 703（在支付卖方之后，出口信贷担保署代位行使价格权利）；*H Cousins Ltd v D & C Carriers Ltd* [1971] 2 Q. B. 230（在保险人赔付被保险人后，代位行使利益权利）；*Pierce v Bemis*；*The Lusitania* [1986] Q. B. 384（保险人赔付船主全部损失后，代位行使对船体与失事船舶设备的权利）。然而，如果被保险人的未保险损失已经得到补偿，保险人不能根据代位求偿权提起二次诉讼：*Hayler v Chapman* [1989] 1 Lloyd's Rep. 490。

[174] 因此，如果被保险人不复存在，那么保险人不能直接起诉第三方当事人：*MH Smith*（*Plant Hire*）*v DL Mainwaring* [1986] 2 Lloyd's Rep. 244。然而，被保险人及时委托可以避免这个问题，参见下文。

[175] 但是，如果由于货币贬值，被保险人从对损失有责任人处得到的赔偿比从保险人处得到的赔付多，被保险人有权保留该超出额。

[176] 参见上文第 19－033 段。

[177] 2004 年 4 月 21 日颁布，2005 年 4 月 30 日生效。

[178] 包括国家航空器及小于特定尺寸的飞机等。

[179] 条例 725/04 第 4 条款。

[180] 第 6 条款规定，货物的最低限度的保险是每千克 17 单位 SDRs。

[181] 注意依照上文提到的理事会条例的强制性保险。

第 20 章 出口信贷担保

20—001 货物贸易和服务贸易的出口商可能需要保险范围包含出口交易风险的险种，但这些风险通常不在普通商业保险的保障范围。除了各种政治风险可能导致的货款无法支付以外，还存在着多种商业风险，例如买方破产或者延期付款。为了预防此类损失，出口商就需要寻求出口信贷担保所能提供的保障。[1]

到目前为止，这样的保障主要来自出口信贷担保署（Export Credits Guarantee Department，ECGD）。出口信贷担保署是一个独立的政府部门，直接向商务部汇报。[2]它成立于 1919 年，其宗旨是通过保障出口商免受各种风险的影响来增加英国的出口。随着 1991 年所进行的保险部门私有化，出口信贷担保署开始将其主要业务集中在提供信用保险，以及为涉及中长期信贷安排的资本货物出口项目进行融资。目前，为短期支付条款下的商品出口商提供的保险可以从私人承保方获得[3]，比如荷兰信贷保险公司，现更名为安卓公司（Atradius）。[4]

出口信贷担保署目前提供的出口信贷担保[5]的法律依据源于《1991 年出口和投资保证法》[6]。法案的第一部分界定了出口信贷担保署的权力。第一节赋予国务大臣[7]权力，为从事商业活动的人员或为其利益提供的财政支持或援助而制定计划；财政支持或援助可以是包括担保、保险、捐款或贷款在内的任何一种形式。[8]制定这些计划的目的是，方便国务大臣直接或间接地通过在英国境内从事商业活动的人员，为在英国境外从事商业活动的人员提供货物与服务。[9]国务大臣还可能制定向外国提供经济支援的其他安排。[10]

第二节界定了国务大臣在提供海外投资相关保险方面的权限。在英国境内从事商业活动的人员都可以得到此类保险，以对具体风险损失[11]提供保障；具体风险可能来自企业中的被保险者在英国境外进行的任何形式的资源投资项目[12]，或者企业中的被保险者为企业中其他人的资源投资而做出的担保，其中企业是指与被保险者有利益关系的企业。[13]

第三节授权国务大臣做出其认为有利于出口信贷担保署资金管理的各种安排，包括出借、提供和收回保险和担保的权力。[14]

出口信贷担保署的承约限额在第 6 节中做了说明。其中，在第一、二条项下的计划不得超过 350 亿英镑[15]，如涉及外币交易则不超过 300 亿[16]单位特别提款权（SDR）。[17]在第三项下的计划不得超过 150 亿英镑，也不得超过 100 亿特别提款权。[18]国务大臣有权[19]提高承约限额，但需征得财政部的同意。

在某些情况下，出口信贷担保署可能会对一项已经在另一国投保的交易的保险范围进行说明，并提出是否有必要再次购买保险的建议，这时出口信贷担保署负有责任关怀义务。比如[20]，一个德国承包商与沙特阿拉伯政府签订了在吉达（Jeddah）和达曼（Daman）修建两座体育场的合同。然后，德国商人又与一家英国公司签订了供货协议，规定后者为体育馆修建提供协定的金属制品。这家想要投保信贷风险的英国分包商从出口信贷担保署官员那里得到的建议是：如果德国主承包商在爱马仕保险股份有限公司（相当于德国的出口信贷担保署）的信贷保险包括英国分包商在内，就没有必要再从出口信贷担保署额外购买。主承包商确认说他们的保险中包括分包商在内，但是爱马仕公司的保单中并没有拓展给分包商抵御主承包商违约风险的权利，而后来德国主承包商确实没能偿付给分包商提供金属制品的价款。因此，英国分包商公司起诉出口信贷担保署提供了有过失的意见。Neill 法官认为此案中包含两种风险，一是沙特方面的风险，爱马仕公司的保单涵盖了这一风险；二是德国方面的风险，分包商并未就此风险投保，因此应该购买合适的出口信贷担保署担保来规避此风险。法官判决：基于 *Hedley Byrne v Heller and Partners*[21]一案奠定的原则，出口信贷担保署未能尽到责任关怀义务，因此负有过失责任。

出口信贷担保署（ECGD）

出口信贷担保计划的实施是由出口信贷担保署主持的。该署提供的保险便利范围广泛，从而使得出口商可以消除通常海上保险和战争险不承保的出口风险。该署索取的保险费率根据险别和商品输往国家的不同而异。由于该署的宗旨不是追求商业利润，所收费用只需足敷其开支，所以实际保险费率不高。出 20—002

口商体会到，一笔向该署投保的交易，比没有办理这种保险的交易，更容易得到银行的垫款。出口商可以直接通过出口信贷担保署的分支机构或保险业经纪人与该署接洽，只需填写适当的投保表格，就可以免费取得适用于他所经营行业的保险费率表，而且并不因此承担投保义务。

出口信贷担保署提供的保险便利

20—003 出口信贷担保署提供的大多数保险便利都是针对大型项目的中长期信贷保险而设计的，而且主要针对高附加值的资本货物和服务。

现有的保险便利的种类包括：

(1) 向银行提供的付款担保以用于获得出口信贷；

(2) 在出口融资方面的支持，以固定利率或者以比通常更低的利率的形式；

(3) 出口保险：为销售合同中的中长期信用安排提供到期不能付款的保险。

出口信贷担保署还针对供应商不得不提供的不公平债券需求带来的风险设计了相关的其他保险。[22]

出口信贷担保署提供的某些服务的详细内容如下。

□ 卖方的信贷融资便利（supplier’s credit financing facility）

20—004 此类保单可以补偿卖方承担的买方不能给付价款的风险，不管无力偿还是因为破产还是政治风险导致的。在这一便利下，卖方可将已承兑的汇票或本票转手给银行，出口信贷担保署则为任何将来可能发生的拖欠支付向银行提供全额担保。这种保障是通过名为一揽子保证协议（Master Guarantee Agreement）[23]的方式进行的，由出口信贷担保署向参与协议的银行提供。

出口信贷担保署通常要求买方提供的汇票或本票是可以自由转让的，并且由可接受的第三方进行了担保。多数情况下，这一便利是基于无追索权提供的。这样一来，出口商在向银行转让汇票/本票的时候，就能够取得可流通票据的全部价值，并且将票据风险转移给银行。目前，这一安排要求的合同价值最低为 25 000 英镑，信贷比例最高为合同价的 85%，信贷期限最低为两年。

出口保险单[24]也可以与卖方的信贷融资便利联合获得，而且可以提供从合同签署起至融资银行购买汇票/本票期间的保障。

当合同条款和融资安排更为复杂的时候，买方信贷安排就显得更为合适了。

□ 买方信贷便利（buyer credit facility）

出口信贷担保署提供的买方信贷便利允许银行向500万英镑以上的合同发放，可用于大型项目或者高价值的资本商品和服务的融资。在这一安排下，出口商可以向国外进口商提供两年及以上的信用，同时出口商可以获得现金支付。买方信贷便利的申请必须是在合同签约之前进行的。 20—005

通常情况下，国外买方需要在信贷便利生效之前，利用自有资金付给卖方不低于合同价款15%的货款。剩余部分可由买方贷款直接付给卖方或者由一家英国银行[25]付给买方所在地银行，并且出口信贷担保署将对本金和利息的任何无法收回的风险进行百分之百的担保。还款期通常长于两年，出口信贷担保署的保险费通常由出口商支付。

买方信贷便利中涉及的合同关系包括：

（1）一份英国供应商和国外买方之间的供应合同；

（2）一份英国出借人和国外买方之间的贷款协议；

（3）一份出口信贷担保署向英国出借人提供的包含还款担保的支持协议；

（4）一份英国供应商和出口信贷担保署之间的保险协议。[26]

这种便利主要是在支付原则下使用的，意味着支付必须要有某种资格证书来表明合同项下要求的某事项的发生，比如说装船或者货物发送。另外一种原则称为退还基础，意味着在付清定金之后，买方直接将剩余货款支付给卖方，贷款由买方自行获得。

出口保险补充险可提供装船前或交易完成之后的保险，或者对直接支付风险进行保险，它可与买方信贷结合使用。

□ 承保信贷限额（cover for lines of credit）

许多谋求电气化、农业机械化或者一种或几种工业发展的政府或政府机构倾向于安排信贷便利，但同时又不使它们自己对任何一个供应商承担义务。为了满足这种需要，并在总的方面扩大英国商品的销路，出口信贷担保署在许多情况下向政府或机构担保英国银行提供的信贷额度，有时也对私人企业提供信贷限额承保。如果借款人未能偿还融资的任何一部分，出口信贷担保署保证该英国银行将得到足额偿付。 20—006

在一般信贷限额（GPLOC）下，银行使得进口商可以充分利用承保信贷限额这一便利，具体采用的形式是英国出借人[27]与外国银行之间的贷款。这一贷款可用于英国出口商与国外买方在海外市场所签订的多个不相关的合同的融资，而英国出借人可以通过卖方融资便利或者买方信贷担保的形式从出口信贷担保署得到担保支持。

为使这种协议不至于延长信贷期限，它们通常被限定在资本货物和项目所需货物的销售或服务，而每一个具体合同的信贷期限为2～5年，通常是由具体的合同值（有时可以低至25 000英镑）与保险货物的类型决定的。这种协议也对装船时及以前应付的金额，以及对在买方国家发生的国内费用进行资助的程度，做出了规定。

此外，出口信贷担保署还提供项目信贷限额（PLOC）服务，这是用于特定项目或工程需要多个英国出口商同时承担的情况。在这种情况下，针对具体项目的协定数额的融资是可行的，并且由买方/借方指明在此便利下可以获得融资的具体合同。

（一）项目融资计划

20—007 为了支持对大型项目的新建和海外扩张进行融资的贷方，出口信贷担保署提供了项目融资计划（Project Financing Scheme）。项目融资是一个专业术语，用于描述主要针对大型项目的借贷，并且出借人在很大程度上依靠新项目的收益来取得贷款偿还，同时项目资产和合同也作为抵押品。

项目融资计划一般是针对出口信贷担保署支持的2 000万英镑贷款以上的资本项目，尽管特殊情况下，低于此额度的贷款也可能实现。这一安排是基于买方信贷系统的，并为出借人提供了两个选择：一是投保综合险；二是只投保政治风险。

项目融资保险的申请者或者项目赞助商需要承担出口信贷担保署可能带来的任何内部花费，包括出口信贷担保署委任的独立/专家意见的成本，以及外部的法律咨询费。

（二）出口保险单

20—008 出口保险单（Export Insurance Policy，EXIP）是基于一份完整的投保单、直接向出口商提供的、针对买方拒付货款和某些特定政治风险的保险。

EXIP可与买方信贷或者卖方信贷组合同时使用，既可以为出口信贷担保署融资支持没有覆盖的项目提供保险，也可以在获得融资之前，为出口信贷担保署覆盖的项目提供装船或者生产期间的保险。另外，EXIP也可基于独立原则，提供给没有出口信贷担保署融资帮助的现金或者信贷合同。

出口保险单可以为特定的合同量身定做，但它必须包含定义了商业风险和政治风险的标准。通常投保的份额是95%，当然更低比例的投保也是可以的。当出口商对损失的披露远远低于合同价值的时候，出口信贷担保署也可能同意缩小披露范围。

（三）债券保险单

20—009 越来越多的买方要求有债券条款或者专门的担保条款来保证卖方履行合同义务。这些保险工具都是无条件和见票即付的，因此对出口商就意味着一种风险，使得出口商在面对不公平交易条件或者由于政治事件如政府行为导致的交易条件时变得不堪一击。[28]为了在这些情况下给予出口商一些保护，出口信贷担保署提供了这样的债券保险来补充基础合同的保险范围。

（四）海外投资保险

20—010 原则上，一切在英国营业的公司及其海外子公司都有资格投保出口信贷担保署的海外投资险[29]，但是这不包括外国公司的英国子公司或分支机构，如果这些子公司和分支机构只是它们海外母公司的投资渠道。只有向一个企业有所投入才可得到保险，包括以现金形式出现的普通股本、厂房或技术知识，以及发放给海外企业的贷款和对这种贷款的担保（必须签署正式的协议并且与英国的出口无关）。

为取得保险的资格，投资必须是新的，意味着投资流入一个新的企业或是向已存在的海外企业注入额外的资本。投资人必须在对投资承担不可撤销的承诺之前就提出投保申请。现有的投资不符合投保的条件，尽管它在有直接投资者同时向企业以股票的形式注入新资源（虽然不是留存收益）的情况下，可能会被考虑。投资者必须准备将资金留在海外的企业至少 3 年。

英国的投资者可以得到防止以下损失的保险：

(1) 征收，包括把投资或海外企业进行国有化、充公没收，以及东道国政府对外国投资者的恶意歧视引起的变相征收（或叫逐步征收）。

(2) 战争，包括东道国参与的战争，东道国发生革命或叛乱导致的损失，以及战争造成的无法正常经营。

(3) 对侨汇的限制：出口信贷担保署对于此类风险的标准承诺是 15 年以内、90%的损失或协定的更低比例。最高保险金额应该在一开始就确定下来，并且投资者应该在最高保险金额以内，在每个 12 个月的保险合同的初始，确定现行保险金额。保险的基础是企业的初始投资收益和在转移至英国期间的利润。而贷款投资保险的基础通常是未偿本金和累计利息的总和。

（五）出口信贷担保署一站式服务

出口信贷担保署与其他出口信贷机构联合提供多种一站式服务安排（One Stop Shop arrangements）。[30]这些安排提高了与多个国家有供货协议的出口商的灵活性，并且允许出口商和银行可以与一家机构处理多国业务。 **20—011**

主要有两种形式的安排：

(1) 联合安排：允许一家机构考虑为另一国的保险机构按商品和服务的一定比例提供合同支持。

(2) 再保险安排：为出口信贷支持和可能的利息支持提供保险。主保险人（通常是出口商为主承包商的保险人）会按惯例条款为整个投标提供支持，同时获得其他出口信贷机构（出口商为分包商的保险人）提供的再保险。

当出口信贷担保署是主保险人的时候，出口信贷担保署就可以开出全套的一站式服务安排以便多国供货。

（六）短期出口信贷保险

出口信贷担保署的保险服务集团是短期出口信贷保险的主要提供者，它于 **20—012** 1991 年被卖给了荷兰的私人信贷保险商——当时的荷兰信贷公司，后更名为安卓集团，现在仍是英国短期出口信贷保险的主要保险人。当然，其他保险公司也拥有此类保险业务。[31]

短期综合险通常的承保对象是驻在英国的公司出口的信贷期限不超过180天[32]的买卖，或者是以总营业额为基础的经营者，也就是说短期综合险可覆盖投保人与信贷保险包含国家的买方的所有合理商业活动。这有效阻止了投保人在投保时只针对可能出现问题的合同进行投保的可能性。事先会规定一个针对每个海外买家的信贷限额，并且出口商要同意申报所有保险适用合同的合同金额。

保险费是根据这些合同来计算的，并且每份申报合同的金额都是百分之百进入计算的。另外还需每年支付一定比例的管理费用。通常还要求与保险相关的合同，都应当具体指明所售商品的属性或者所提供的服务的性质，并在事先规定的信贷条款以内说明具体的付款条件。

保险是连续性的，在出口信贷担保署或出口商决定终止之前继续有效，它可以一年办理一次。这种综合担保使出口商从货物装船开始至货款收讫为止这段时间内得到保障。它也可以把“信贷期以前”（pre-credit）的风险作为一种选择性的额外风险包括进去。在那些原来的国外买主丧失清偿能力或是不能履行出口合同时，这种基本保险单对于出口商是再合适不过的，因为它保证了出口商可以随时处理那些在国内或其他海外市场已售出的货物。

基本担保承担由于下述原因引起的损失：

“(1) 买方无力偿付；

(2) 买方未能在合同规定的付款日期后六个月内偿付；

(3) 买方国家政府或是第三国付款时，所在政府已做出一般延期偿付债务的政令；

(4) 由外国政府做出的、全部或部分阻碍合同履行的其他措施或决定；

(5) 阻碍或延迟合同贷款转移或订金支付的政治事件、经济困难、法律或法律措施；

(6) 买方国家实施某一项法律使买方得以根据该项法律，在通过付款有效地解除债务时，可以不顾支付的贷款在汇出日折成合同货币时，因外汇汇率的变动而少于债务所规定的金额；

(7) 在英国境外发生战争（包括内战、敌对行动、叛变和起义）、革命或暴乱、暴风、水灾、地震、火山爆发或海啸而全部或部分地阻碍合同的履行；

(8) 公共买方未能或拒绝履行合同的条款。”

对于商业损失，保单可以赔偿货物和服务价值的90%；对于政治原因导致的损失，保单可以偿付95%（客户承担未保险部分的风险）。

应该指出的是，担保并没有包括下述原因造成的损失：

(1) 由于被保险人或任何代表他行动的人未能履行合同的任何条款和条件，或是未能遵守对合同履行产生影响的任何法律条文；

(2) 由于电离性、放射性、有毒性、爆炸性或其他危险性或污染的属性，或任何爆炸性核装置或组件，核燃料、燃烧或废物；

(3) 未能获得为履行合同所必需的任何进出口许可证或其他授权证书，或履行合同会违反外汇管理规定；

(4) 由于从买方国家以外的其他国家卸货或是付款，产生的与第三国有关的损失；

(5) 中国、法国、英国、俄罗斯联邦和美国之间的战争导致的损失。

注释

[1] 关于出口信贷担保的具体讨论，参见 Benjamin (7th edn, 2006), Ch. 24。

[2] 见 http://www. ecgd. gov. uk。

[3] 上限是两年，参见下文第 20—012 段。

[4] 见 http://www. atradius. com；名称更改于 2004 年 1 月 1 日。

[5] "担保"包括赔偿——参考《1991 年出口和投资保证法》第 4 节第 3 条。

[6] 于 1991 年 10 月 23 日生效，废止了《1978 年出口担保和海外投资法》。

[7] 国务大臣的职责通过出口信贷担保署得到实行与履行。

[8]《1991 年出口和投资保证法》第 1 节第 4 条。

[9]《1991 年出口和投资保证法》第 1 节第 1 条。

[10]《1991 年出口和投资保证法》第 1 节第 2 条。

[11] 直接或间接因战争、没收、汇款限制及其他相似事项导致的损失。

[12]《1991 年出口和投资保证法》第 2 节第 1 条 a 款。

[13]《1991 年出口和投资保证法》第 2 节第 1 条 b 款。

[14]《1991 年出口和投资保证法》第 3 节第 1 条、第 3 节第 2 条 a 款与 b 款。

[15] 根据第 6 节第 1 条 a 款。

[16] 根据《出口和投资保证（关于外国货币保证的限制）1998 年令》SI 1998/1675，从 150 亿增加至 250 亿；再根据《出口和投资保证（关于外国货币保证的限制）2000 年令》SI 1998/1675，增加至 300 亿。

[17] 国际货币基金组织的记账单位。

[18]《1991 年出口和投资保证法》第 6 节第 3 条。

[19] 根据第 6 节第 4 条。

[20] *Culford Metal Industries Ltd v Export Credit Department*, *The Times*, March 25, 1981.

[21] [1964] A. C. 465。

[22] 参见下文第 20—009 段。

[23] 在 ECGD 网站上可找到该协议。

[24] 或简称 EXIP——参见下文第 20—008 段。

[25] 该银行必须得到《2000 年金融服务与市场法》授权。

[26] 包含 ECGD 规定的可对卖方执行的追索权；见 http://www. ecgd. gov. uk；还可见 *Export Credits Guarantee Department v Universal Oil Products Co* [1983] 2 Lloyd's Rep. 152，在该案中，法官认为追偿权协议中的规定——出口商需要偿还出口信贷担保署根据银行保证支付给融资银行的金额——不是罚款条款的性质；因此，此条款可对出口商执行。

[27] 该出借人应拥有与出口信贷担保署签订的主担保协议。

[28] 例如，阻止合同履行的行为有注销或不续约出口许可证、战争、敌对、内乱等。

[29] 见《海外投资险详细指南》，可在 http://www.ecgd.gov.uk 下载获得。
[30] 与出口信贷担保署有合作协议的国家列表可在出口信贷担保署网站获得。
[31] 例如，Aon Trade Credit，Euler Hermes UK，Coface UK。
[32] 通过进一步支付保险费，最多可以延伸至两年。

第五部分

国际商务纠纷解决

第21章

英国法与外国法[1]

21—001 从英国输出货物必然涉及不同的法定管辖方。他们之间任何纠纷的解决都涉及一个法律领域，即所谓国际私法（private international law），或者称法律冲突（conflict of laws）。这个法律分支适用于国际交易，并决定在一个具体讼案中，须适用哪一国的法律来处理当事人之间的争执；同时也要决定哪一国的法院是有管辖权的法院。这两个问题不一定是一致的。[2]可以设想，根据冲突法的规则，讼案须由英国法院审判（管辖权），但却须适用外国的法律（准据法）。在英国律师和法院看来，另一国家所施行的法律都是外国的法律，在这一点上，无论是对以英国法为其法律基础的国家还是欧洲共同体的成员国或者其他国家，都是一视同仁的。

每个国家都有其国际私法或者关于法律冲突的制度，根据这些制度该国法院决定管辖权和准据法问题。本章将主要涉及英国法律冲突，特别是英国法院在判定特定案件时采用的法律。[3]

对于当事人来说，了解他们所订立的合同是适用英国法律，还是外国法律，是一个非常重要的问题。事实上，从法律观点看，这是出口交易的中心问题。[4]如上文指出的，英国法律的规则和外国法律的规则往往是不同的；例如，FOB一词在英国和美国法律中就具有不同的含义。[5]《1979年货物买卖法》（修订本）（包含货物条件的默示条款及其他内容），适用于受英国法律约束的合同，而不适用于受外国法律约束的合同[6]；有时英国法律认为不能履行的合同，外国法律却认为是有效的；《1943年法律改革（合同落空）法》的规定仅适用于受英国法律约束的合同[7]，如此等等。因此，在含有外国元素的合同中，最好选定法律条款，因为在发生争议时，关于管辖合同的不确定性，可能会导致针对当事人法律地位的昂贵的中间程序和不确定性。

除了解决合同的准据法，本章还简单介绍了侵权和准合同的法律冲突。本章还涉及对于外国的立法或者行政措施的域外效力，以及保护我们国际贸易利益的英国法律的域外效力。有几节是关于涉外时效期限、记账货币与支付货币、请求信以及外国国家豁免权的。本章也将考虑合同违反外国友好国家法律或者在合同履行地履行合同不合法时，英国法庭拒绝执行合同的情况。根据外国法律英国出口商违法的犯罪后果问题也在本章的考虑之内。最后，还有一节是关于外汇管制的。

□ 外国法律的证明

明确合同由外国法律制度制约，并不意味着法官或者仲裁员必须依职权确定该法律制度的规则。在英国法律中，早已确定外国法律是一个事实问题，尽管它是“一种特殊的事实问题”。[8]试图证实一个合同是由外国法律管辖的一方，必须进行申辩，并像证明任何其他事实一样证明外国法律。《罗马公约》[9]并不适用于证据和程序[10]，因此公约并没有改变英国法律中外国法律必须得到其承认和证明的规定。如果不对外国法律进行申辩，则争议将根据英国法律判决；如果外国法律的证明不能让法官或者仲裁员满意，英国法律将适用。[11] **21—002**

在 *Macmillan Inc v Bishopsgate Investment Trust Plc* (No. 4) 一案中，认为当外国法的概念与英国法律没有什么不同时，法官应运用其普通法和成文法的知识，并有权采取不同于专家证人的观点。上诉法院和法官有权在考虑到法官发现的相关情况的基础上，针对解释的问题采取其独立的观点。因此，尽管外国法律是一个事实问题，但不是一个基本事实，由此外国法律的问题可能由上诉法院复审，特别是有关解释的问题。

外国法律由专家证人做出证明。一位专家证人是“一个合格的人……由于他的知识或者经验可以胜任”[12]，他将给出证据。

如果外国法律的内容得到承认，就无须证明外国法律。[13]在某些案件中，法院在听取关于这点的具体证据之前，就已决定了外国法律问题。[14]此外，在某些情况下，法院会承认并考虑原始资料（如外国法院的判决），而不需要将这些资料在专家证据中展示。[15]在举证专家证据时必须谨慎。专家必须证明该外国法律的内容，并在必要时证明与外国法律解释有关的任何特别规定。专家的角色不是承担法院的职能，也就是说专家不会把相关的解释规则应用到案件事实中。[16]

但是，如果任何外国法律问题已被英格兰上级法院或者由枢密院决定，任何关于该问题的裁断或者决定在以后的诉讼中可以作为证据得到承认。除非有相反证明，外国法律将会依照裁断被采用，前提是裁断或者决定是报告过的，或者以可引用的形式记录，即可以在英国法庭作为一个典据引用。[17]英国法院对欧洲共同体法[18]予以司法认知，在英格兰或北爱尔兰的上诉中上议院对苏格兰法律也予以司法认知，反之亦然。

由于证明外国法律很可能昂贵而费时，英国诉讼中的一方只有当对其有利时，才会申辩外国法律。在某些情况下，根据英国法律解决问题可能对他更便宜。例如在 *Romalpa* 一案[19]中，该合同可能由荷兰法律管辖，但由于双方都没有申辩荷兰法律，案件是根据英国法律裁定的。在欧洲大陆许多国家，法官和仲裁员必须确定那些他们看来依职权适用的外国法律。也存在一些无须专家证据即可证明外国法律的法定规则。[20]

避免冲突的方法

21—003 避免，至少减少，国际商业交易中法律冲突危害的需要是非常明显的，而且人们为达到这一目的已经采用了多种国际协议（法律冲突的危害是指，不同司法管辖区的法院对于司法权、准据法以及判决和裁决的可执行性有相互冲突的结论）。在这些影响国际买卖法律的协议中，最重要的是两个附于《1967 年国际货物买卖统一法》后的关于国际买卖的海牙统一法：《联合国国际货物销售合同公约》和《关于国际货物销售合同适用法律的海牙公约》。[21]这两个公约尚未得到英国的正式批准，因此未编入英国冲突法。

合同的法律管辖——《罗马公约》

21—004 合同适用的法律在英国法律中是参照《1990 年合同（准据）法》确实的。该法履行《关于合同之债准据法的公约》，就是通常所说的附于准据法后作为附表 1 的《罗马公约》。附于准据法后的还有在分别正式接受希腊、西班牙和葡萄牙加入《罗马公约》时制定的《卢森堡公约》[22]和《丰沙尔公约》[23]。

《布鲁塞尔议定书》作为附表 3 附于准据法后，但尚未生效。现在的《罗马公约》适用于 1991 年 4 月 1 日后订立的所有合同，除非该公约明确排除。[24]

鉴于《1990 年合同（准据）法》，普通法中决定法律选择的法规将不在本章中介绍，因为它们依然适用的情况，如 1991 年 4 月 1 日或者之前签订的合同以及公约所排除在外的合同，应该参考本书之前的版本。[25]

一般来说，该公约规定[26]了当事人明示或者暗示的自由选择的法律，但当没有这样的选择时，与合同最密切相关的国家的法律就成为管辖的法律。[27]对这种自由存在限制，例如关于某些消费者合同[28]及其他国家的个人就业合同的具体规定。[29]

□ 公约的解释

欧洲共同体成员国的法院为提供统一的公约解释和应用，应该已经考虑到 **21—005** 它的"国际角色"。[30]正如所有共同体立法中，《罗马公约》需要特意的解释。[31]可参考 Giuliano 和 Lagarde 关于公约的报告[32]，作为公约解释的辅助。该报告[33]指出，第 18 条可能使当事人依靠其他缔约国法院关于解释的判决。该法规定，应按照欧洲法院所规定的相关决定或者原则，对公约进行解释。[34]它要求司法通知是欧洲法院做出的决定或者意见[35]，但关系到《布鲁塞尔议定书》的条文尚未生效。该协议本身尚未生效，但它已被英国批准。本议定书规定上议院、没有进一步上诉可能的法院、作为上诉法院的各缔约国法院参考欧洲法院[36]，尽管《布鲁塞尔议定书》不像《布鲁塞尔公约》[37]，它只规定这些法院可以这样参考。

□ 公约的范围

第 1 条第 1 款规定： **21—006**

"本公约的规则适用于任何情形下涉及需在不同国家的法律之间进行选择的合同债务。"

毫无疑问，应该赋予"合同债务"一个独立自主的共同体意义，不应该根据国内法对其进行解释[38]，因此"合同债务"可能比按英国法律通常认定为合同的债务，包含更宽的债务范围。

Giuliano 和 Lagarde 的报告[39]阐明，一个国家的法律，其实是指一个国家的法律制度。在第 19 条第 1 款中进行了进一步解释，其中规定，如果一国由几个领土部分组成，每个部分有自己的法律规则，那么每一个领土部分视为确定准据法的独立的国家。虽然第 19 条第 2 款接着规定，第 19 条第 1 款的规定不必适用于只有两个这样的领土部分之间的冲突，英国决定，公约的规则"应适用于英国不同地区的法律冲突的情况"[40]，因此公约规则适用于英格兰和苏格兰之间的法律冲突。

第 1 条第 2 款列明了不适用公约规则的事项。它们是：

（1）自然人的地位或者法律行为能力问题；

（2）遗嘱和继承，或者家庭问题；

（3）由汇票、支票、本票以及由于票据的可转让性而产生债务的其他流通票据[41]所产生的债务；

（4）仲裁协议[42]和选择法院协议[43]；

（5）公司法所管辖的问题；

（6）代理对第三人的行为是否能约束其委托人[44]；

（7）信托的设立；

（8）证据和程序，举证责任除外。[45]

第1条第3款排除了承保在欧洲经济共同体成员国领土内发生的风险的保险合同，但公约适用于再保险合同。[46]

除上述外，公约的规则适用于所有在1991年4月1日之后签订的合同。值得注意的是，该规则的应用并不局限于与缔约国有关联的情况，因为第2条清楚地表明，一个非缔约国的法律是可以适用的。

第20条规定，目前和未来的共同体法优先于国内法，并且第21条规定，公约的规则“不妨碍本公约缔约国成为或者将成为其成员国的其他国际公约的适用”。因此，例如，《海牙—维斯比规则》[47]仍然适用于海上货物运输。第15条排除了反致。

英国已行使第22条允许的保留，不应用第7条第1款和第10条第1款e项的规定。[48]无论合同适用什么法律，第7条第1款允许另一国家的强制性规则得以使用。第10条第1款e项涉及合同无效的后果。但是，应该指出的是，该条款指的是英国减损合同导致无效的后果，而不是第8条和第9条所涉及的合同的实质上的或者形式上的有效性的后果。

□ 准据法

21—007 公约采用了两个基本原则。第一，当事人可以明示或者默示选择管辖合同的法律，而且选择是有效的，受稍后将会涉及的某些限制。[49]第二，如果没有这样的明示选择，合同将受与之最密切相关的国家的法律管辖。[50]根据英国法律，在公约生效之前，当没有任何明示或者暗示的选择时，合同的准据法是与之有最亲密、最真实联系的法律制度。[51]虽然乍一看英国“准据法”典据，似乎可以帮助解释看似类似的规则，但应避免依赖它们，哪怕它们可能有一些有说服力的价值。

（一）选择的自由

21—008 “合同应适用当事人选择的法律。此项选择必须是明示的，或者由合同条款或者由具体情况合理确定地表明。当事人可以选择适用于全部合同或者仅适用于部分合同的法律。”[52]

如果当事人没有明确选择管辖法律，他们可能已默示做出选择。[53] Giuliano 和 Lagarde 的报告列出了一些默示选择的例子。[54] 满足如下条件的即为默示选择：

(1) 合同采用某一特定法律制度所管辖的已知标准形式，如劳合社的海上保险保单[55]；

(2) 当事人之间有以往的交易情况；

(3) 选择了具体的法院地；

(4) 参考特定的条文，《法国民法典》的某一条款或者多条条款；

(5) 选择了仲裁地点[56]；

(6) 在相同当事人之间的关联交易中，有过明确的选择。

不过，报告强调，只有当案件的其他情况并不表明违反原意时，才可认定默示选择；报告规定，当事人“没有做出选择的明确意图”时，不能推定选择。[57]

第 3 条第 1 款允许分割规则（dépeçage），据此合同的不同部分可能由不同的法律管辖，尽管 Giuliano 和 Lagarde 的报告说，只有合同可分割并且选择在逻辑上一致时，本条款才适用。对于违约导致的拒付债务，不可能卖主有一个选择同时买方有另外一个选择。[58] 当事人不得利用分割规则，以避免强制性条款。[59]

第 3 条第 2 款给予当事人最大限度的灵活性，他们可以在任何时候改变管辖合同的法律，只要改变不影响第 9 条规定的合同形式上的效力，并不会对第三人的权利产生不利影响。

如果当事人选择了一个外国法律，并且做出选择时所有相关的情况与一个国家有关，那么该国的非减损（non-derogatory）强制性合同规则是不能避免的。[60]

第 3 条第 4 款涉及对于准据法的选择表示同意的事实和效力，会在后文中介绍。

(二) 无明示或者暗示选择

“在当事人未根据第 3 条的规定选择合同的准据法的情况下，该合同应适用与它有最密切联系的国家的法律。但是，如果合同的可分割[61]部分与另一个国家有更密切的联系，则该部分合同可作为例外，适用那个国家的法律。”[62] 21—009

与普通法的立场相反，在决定与合同有最密切联系的国家的法律时，法院可以考虑合同缔结后所发生的事项。[63]

第 4 条第 2 款规定：

“除另依本条第 5 款[64]的规定，合同特定履行的当事人在订立合同时，其惯常居所地的国家，或者当事人是法人组织或者非法人组织时，其管理中心所在地的国家，应推定为与该合同有最密切联系的国家。但是，如果合同是在当事人的贸易和职业活动过程中订立的，则与该合同有最密切联系的国家应是主要营业地所在的国家，或者，如果根据合同规定，合同将在主要营业地以外的另一营业地履行，则与该合同有最密切联系的国家应是另一营业地所在国。”[65]

特征性履行不是金钱给付；它是“付款所应得到的履行，即货物交付，授予权利使用某一项财产，服务、运输、保险、银行业务、安全的供应等”[66]，并且在保证合同中“特征性履行总是担保人的履行，无论是与主要债务人还是与债权人有关”。[67]在信用证交易中，特征性履行是保兑行的履行。[68]如果是通过银行伦敦分行履行，特征性履行是“通过营业地而不是主要营业地”履行，因此英国法律是合同的管辖法律。[69]

对第4条第2款有例外。首先，它并不适用于不动产产权或者不动产使用权，在后一种情况下，推定不动产所在地国家是与合同有最密切联系的国家。[70]然而，正如Giuliano和Lagarde的报告[71]所指出的，第4条第3款不能拓展至不动产修理或者建造合同，因为这种合同的标的物不是不动产，而是不动产修复或者建造的合约。报告[72]还指出，推定是可以驳回的，并举了一个例子：两个比利时居民签订了一个租赁意大利度假住宅的合同，合同很可能与比利时的联系更加密切。

其次，它并不适用于货物运输合同。[73]如果在订立这种合同时，承运人设有主要营业地的国家同时也是装货地或者卸货地或者托运人主要营业地所在的国家，则应推定该国是与合同有密切联系的国家。[74]Giuliano和Lagarde的报告指出，“‘托运人’一般为托运货物给承运人的任何人”[75]，而“‘承运人’指合同中负责运输货物的一方，不论他是否自己执行运输”。[76]第4条第4款接着规定，单程租船合同和其他以货物运输为主要目的的合同均应视为货物运输合同。Giuliano和Lagarde的报告指出：“第4款的措辞是为了明确租船合同可以被认为是货物运输合同，以货物运输是合同的本质为限”。[77]如果仲裁条款规定在指定的地方进行仲裁，详细情节可能表明该国的法律是准据法。[78]如果提单的同一方当事人与租船合同之间有相关合同，并已经选定一方的法律为管辖法律，法院将不得不推断，已经选择了另外一方法律。[79]

第三，如果合同的特定履行不能确定，则不适用第4条第2款，并且，如果总的情况显示出合同与另一个国家有更密切的联系，则不应适用第4条第2款、第3款和第4款的推定。[80]这一规定似乎考虑到司法裁量权的一个措施，当觉得特定情形与之前的推定不一致时，法官有司法裁量权。

（三）准据法和强制规则的限制

21—010 公约包含了关于准据法适用的若干限制，无论准据法是当事人通过明示或者暗示所选择的，无论准据法是不是与合同最密切相关的国家的法律。不过，值得注意的是，这些局限并没有使准据法无效，而是限定了其适用性，某些消费者合同和个人雇佣合同除外，这两种合同中没有与第3条一致的选择[81]，或者基于公共政策的选择。[82]

在第3条第3款、第5条、第6条、第7条第2款、第9条第6款中提到的强制性规则，是不能有合同减损的规则。颁布了《海牙—维斯比规则》的

《1971年海上货物运输法》就是一个很好的例子。

第3条第3款规定，如果当事人选择了某一外国法律，并且一切与当时情况有关的其他因素都只与一个国家有联系，他们的选择不影响该国强制性规则的应用。

第7条第2款规定，公约条款不得限制法院地法律强制规则的适用，不论合同适用什么法律。

第9条第6款[83]涉及不动产所有权或者不动产使用权形式上的有效性。如果不动产所在国法律受强制性要求限制，那么关于形式上的有效性的强制性要求适用。

最后，第16条规定，如果某一法律规则的适用与法院地的公共政策“显然不符”时，可以拒绝这种适用。公共政策的例外，是更广概念上的公共政策的一部分，据此，英国法院将有权在某些有限制的情况下，强制执行法律规则。[84]公共政策的例外适用于一般国际私法（即《罗马公约》以外的法律），下文将进行更详细的讨论。[85]

在法律冲突的情况下，公共政策的规则已被用来使限制贸易合同[86]、帮诉合同[87]、强制采购合同[88]无效。英国法院会强制执行根据管辖法律有效的合约，不管该合同根据英国法律是否有效，如欠缺对价。[89]这些普通法规则没有提供公共政策理由，解释为什么管辖的国外法律不能适用，虽然它们在国内的范围内具有强制性。相比之下，英国法院可以根据公众政策，拒绝执行可以剥夺合同效力的外国国家的法律，例如专制的或者歧视性的法律。[90]这样，公共政策的概念可能导致一种情况——根据合同的管辖法律无执行效力的合同，英国法院会赋予其效力（因为该法律有冒犯性）。

（四）准据法的范围

第10条规定：

“1. 根据本公约第3条至第6条和第12条[91]的规定，合同的准据法应特别管辖下列事项： **21—011**

（1）（合同的）解释；

（2）（合同的）履行；

（3）在诉讼法授予法院的权限内，对违约的后果，包括对损害赔偿的估定——只要法律对此做出规定；

（4）偿清债务的各种方法，诉讼时效及诉讼限制；

（5）合同无效的后果。[92]

2. 关于履行合同的方式以及履行有瑕疵时所采取的步骤，应考虑履行地国家的法律。”

Giuliano和Lagarde的报告[93]指出，“特别”意味着列明的并不详尽。对于“履行”的问题，报告[94]认为这包括履行所需的一切，并接着列举在第10条第1款范围内的事项：

“履行债务必要的勤勉；与履行的地点和时间有关的条件；在何种程度上债务可以由有法律责任的当事人以外的人履行；通常情况下债务履行的条件，以及关于某些种类的债务履行的条件（连带责任，选择之债，可分割的和不可分割的债务，金钱债务）；履行由一笔款项支付、关于已付款的债务人解除债务的条件、收据等构成的情形。”[95]

然而，就第 10 条第 2 款提到的履行方式而言，报告[96]承认无法赋予其任何确切含义，并且认为，什么是“履行的方式”是法院地的法律的问题。报告接着建议要包括关于政府假期的规则、货物应如何进行审查以及遭拒绝时应该采取的步骤。由于第 10 条第 2 款允许法院考虑履行地的法律，法院可以考虑这样的法律是否相关，以及可以应用该法的全部还是部分，以实现双方之间的公平。[97]

虽然损失的评估是适用的法律的问题，报告[98]强调，第 10 条 c 项规定，只有损失的评估由法律规则管辖并且实际情况总是法院地的问题时，才是如此。

（五）举证责任，形式上和实质上的效力

21—012 对于特定方面是实质性的还是程序性的问题，不同国家的法律制度可能有不一致的看法，公约试图为这种差异做出规定。

公约排除了证据和程序的问题，但不得妨碍解决举证责任问题的第 14 条的适用[99]。第 14 条规定举证责任受合同准据法，以及涉及推定或者决定举证责任的各项规则的管辖，只要这些推定或者决定包含在准据法的合同法律之中。这意味着，如果这些假设或者决定是准据法中一般法律的一部分，但不是准据法中合同法的一部分，其应用就会受到限制。Giuliano 和 Lagarde 的报告[100]举了一般法的例子：当事人一方缺席就证实了另一方的主张；在回复另一方要求时保持沉默被视为接受。

第 14 条第 2 款规定，只要法院地可以管理，一个合同或者行为可以由法院地法律承认的任何证明方法予以证明，或者当合同或者行为在形式上其有效性受到质疑时，由第 9 条中的任一规则予以证明。

第 9 条第 1—4 及第 6 款规定：

“1. 在同一国家的当事人之间订立的合同，如果具备了根据本公约适用于该合同的法律或者该合同订立国的法律所规定的形式要件，则该合同在形式上有效。

2. 在不同国家当事人之间订立的合同，如果具备了根据本公约适用于该合同的法律或者这些国家中某个国家的法律所规定的形式要件，则该合同在形式上有效。

3. 如果合同是通过代理人订立的，则代理人实施行为的国家即为本条第 1 款和第 2 款所指的有关国家。

4. 一项旨在对已经订立的合同或者拟订立的合同具有法律效力的行为，

如果具备了根据本公约适用于或者将要适用于该合同的法律所规定的形式要件，或者具备了实施该项行为的国家法律的形式要件时，则该行为在形式上有效。

…………

6. 尽管有本条第1至4款的规定，标的为不动产所有权或者不动产使用权的合同，应受不动产所在地国法律对形式的强制性要求的管辖，根据该法律，不论合同在何国订立或者适用何种法律，必须符合这些形式要求。”

尽管在第9条中没有说明，Giuliano 和 Lagarde 的报告[101]指出，本条款的意图是，如果合同形式上有效，法律得以适用，而后可以用于确定合同的有效性。报告[102]承认，如果合同是可分割的，可能会出现困难，“哪个管辖合同内容的法律可以用来确定形式上的有效性?”报告认为，“采用与决定合同形式上有效性有争议的条件最密切相关的合同部分的准据法，是合理的”。

报告[103]还承认，决定合同缔结地时存在困难。通过解释，报告指出，如果合同由一方代理人和另一方当事人，或者双方代理人之间缔结，他们见面的国家的法律管辖合同形式上的有效性，不论委托人在何处。如果在缔结合同时，一方代理人和另一方当事人，或者双方代理人在不同的国家，形式上的有效性存在于不同国家的人之间，即使委托人当时在同一个国家。该报告[104]清楚地表明，如果合同当事人在不同的国家，提出要约的国家的法律或者接受要约的国家的法律在决定形式上的有效性时不起作用。

考虑到实质上的有效性，第8条第1款规定，合同或者合同任何条款的存在及效力，应由在合同或者其条款有效的情况下，根据本公约所指定的准据法来确定。这就避免了“存在选择时的循环论证……除非合同有效，没有法律可以说是适用的。”[105]对于法律的选择，第9条第1款也适用于当事人同意的问题。[106]但是，对于存在的问题，而不是同意的有效性问题[107]，第8条第2款规定：

“不过，如果情况表明按照前款规定的法律确定当事人行为的效力不合理时，该当事人可以依据其惯常居所地国的法律来确定其不同意适用该法律。”

Giuliano 和 Lagarde 的报告[108]指出，列入本段是为了规定一方在合同信息中的沉默表示。它强调“行为”不仅适用于行动，也适用于未能采取行动。所有的情况都必须加以考虑，特别是“双方相互之间遵循的惯例，及他们以前的业务关系”。报告指出，根据第8条第2款，受到第8条第1款约束的一方可不受第8条第2款的约束，但反之不成立。此规定适用于寻求依赖第8条第1款的当事人。[109]

（六）无能力行为

第11条规定，在同一国家的当事人之间订立的合同，如果根据该国法律 21—013
规定自然人具有行为能力，那么只有当合同另一方当事人在订立合同时知道或者是由于疏忽才不知道其无行为能力时，该自然人才可援引另一国家的法律确立其无行为能力的事实。

（七）自愿转让和代位求偿权

21－014 适用于这两种合同情况的法律分别在第12条和第13条中有论述。

□ 特定合同

（一）某些消费者合同

21－015 第5条涉及向消费者提供其行业或者职业以外的货物或者服务的合同，或者为了该目的提供信贷的合同。如果当事人已选定管辖他们之间合同的法律，该选择不得剥夺消费者惯常居所地国家的法律的强制性规则对其提供的保护[110]：

“——如果合同在该国订立，在订立合同前向消费者发出了专门邀请或者刊登了广告，而且消费者在该国对订立合同已采取了一切必要的步骤；或者

——如果另一方当事人或者其代理人在该国收到了消费者的订单；或者

——如果合同是为了货物的销售，而消费者是从该国到另一国并在那里递交其订单的，并且消费者此项旅程是卖方为了吸引消费者购买货物而安排的。”[111]

如果合同是在上述情况之一下订立的，在未做出法律选择时，不应根据第4条选择准据法，而应适用消费者惯常居所地国家的法律。[112]第5条不适用于运输合同，或者提供服务的合同，此种服务是在消费者惯常居所地国家以外的国家向消费者专门提供的。[113]尽管有第4款的规定，本条应适用于以全包价格提供旅行和食宿的合同。[114]

对于形式上的有效性问题，第9条第1～4款不适用于消费者合同，该合同形式上的效力受消费者惯常居所地国的法律管辖。[115]

Giuliano和Lagarde的报告中包括，除其他外，以下是关于第5条的说明。[116]它的规定是对被认为是较弱一方的消费者的保护，并且应该这样解释。然而，如果另一方不知道，或者在所有的情况下都不能合理预期其已经知道此方的身份是消费者，那么消费者将不会受到保护。如果一个人在一定程度上是消费者，在一定程度上是在其行业或者专业过程中，那么只有当他的角色主要在其行业或者专业之外时，他才能够得到保护。本条款包括信贷、现金销售和保险销售，但证券销售除外。

（二）个人雇佣合同

21－016 个人雇佣合同在第6条中涉及。凡没有契约性的法律选择，第4条的规定就不适用。作为代替，合同将受到第6条第2款的管辖：

“（1）适用受雇者为履行合同而惯常工作的国家的法律，即使他是在另一国家内临时受雇；或者

（2）如果受雇者并不惯常地在任何一国工作，则适用其受雇用的经营所在地国家的法律。

除非从整个情况看，合同与另一国家具有更密切的联系，在这种情况下，

该合同应适用那个国家的法律。”

如果根据第3条规定选择了法律，那么选择的法律适用。[117]然而在没有做出选择时，根据第6条第2款，不得剥夺受雇者依照适用的法律的强制性规则对其提供保护的权利。[118]

同消费者合同一样，本条款是为了较弱一方的利益。它不适用于集体协议。[119]

非合同责任：侵权行为

□ 侵权——普通法与成文法

21－017 当在英国以外的地方有侵权行为，或者在国外因侵权行为遭受损害时，可能出现外国法律的问题。普通法制定了确定适用侵权行为法的制度（即在特定情况下是适用英国法律还是外国法律）。传统的普通法规定：

（1）如果在英格兰境内有侵权行为，适用英国法律。[120]

（2）如果侵权行为发生在国外，那么只有当受到控告的行为在英格兰和该行为的发生地都不合法时（双重可诉规则），该侵权行为才可以在英格兰控告。[121]

法院灵活运用双重可诉规则，因此在一些侵权行为发生在国外的情形下：

（1）如果在有关个案的情况下，英国法律与纠纷的关系更为密切，英国法院可以应用英国法（排除当地侵权法）。[122]

（2）如果当地法律（英国法除外）与纠纷的联系最密切，那么英国法院可以应用当地法律。[123]

普通法因其复杂性遭到批评。成文法改革了普通法，现在只有在1996年5月1日之前发生的行为或者遗漏才适用普通法。[124]1996年5月1日是《1995年国际私法（杂项规定）》（以下简称“1995年法令”）生效的日期。该法规定了有关侵权行为的现行英国法律冲突的立场。

1995年法令废除了（诽谤和类似的侵权行为除外）双重可诉规则和在判例中（如*Boys v Chaplin*）确立的灵活的除外规则。第11条第1款中，该法规定了一般规则：

“一般规则是准据法乃侵权或者不法行为之事件发生地国法。”

1995年法令的第11条第2款为侵权行为或者遭到控告的行为发生在不同国家的情况做出规定。本款规定了在某些特定情况下的准据法（如在财产损失的情况下，准据法应该是遭受损失时财产所在国的法律）。在其他类似情况下，本款规定，准据法应为事件的最重要因素发生地国家的法律。

一般规则（即准据法乃侵权或者不法行为之事件发生地国法），在某些情况下根据法令第12条可被替代。在这些情况下，法院考虑到对将侵权行为与另一国家联系在一起的一些因素。如果法院认为根据另一国法律确定案件比根据不法事件发生国的法律确定案件“实质上更合适”，一般规则将被更合适的准据法代替。

法院已明确表示，一般规则不会被轻易取代。[125]此外，如果遭投诉作为或者不作为发生地的法律也是一方当事人所在国的法律，法院很少，如果有过的话，替换推定而应用另一个国家的法律来确定侵权索赔。[126]

1995年法令避免了普通法下的复杂性。根据普通法，需要确定侵权行为的地方。[127]根据1995年法令，准据法参照作为和不作为而定，而不是行动的原因决定的。1995年法令适用于在外国领土或者国家水域内进行的侵权行为。发生在公海的侵权行为（尤其由于海上冲突）将受英国海事法管理，不会被普通法的双重可诉规则所替代，也不会被1995年法令所替代。[128]

□ 非合同责任：归还

21－018 英国法律中的归还问题并不直截了当，因此甚至在确定准据法问题之前，将债务划分为归还的（与契约的和侵权的相对）很可能就非常麻烦。

上文中的《罗马公约》只适用于“合同债务”，因此不适用于根据英国法律归于恢复原状的问题或者准合约问题。

对于与归还有关的准据法，英国法律的原则概括如下：

(1) 如果一个合同中出现归还请求权，该请求权将根据该合同的准据法确定，或者根据存有疑问的合同有效时的准据法确定。[129]

(2) 如果请求权是针对不当得利，那么与该请求权联系最密切、最真实的地方的法律即为准据法，也就是说：

ⅰ. 如果与请求权相关的交易涉及不动产，那么该不动产所在地的法律即为准据法；[130]

ⅱ. 在其他不当得利的情况下，不当得利（或者所受损失）的发生地的法律即为准据法。[131]

虽然在统一欧洲联盟内，《罗马公约》的实施在协调国际合同私法方面取得了一定的成果，在侵权行为和归还等方面还存在着相当大的不一致性。在尝试进一步统一关于这些棘手问题的欧洲法律框架时，欧盟委员会提出了一个关于非合约债务的准据法的条例草案——“罗马Ⅱ”条例。[132]

□《1984年涉外时效期间法》

21－019 每一个法律制度都规定了开始诉讼或者仲裁程序的时间限制。在英国法律中，时效期间在《1980年诉讼时效法》中给出了规定。一般来说，根据简单的合同成立的行为，时效期间为诉讼因由产生后6年；根据契约的行为，时效期间为自契约签订日起12年。特别规定适用于基于侵权行为或者欺诈行为而成立的行为。外国法律制度规定了其他的时效期限，有时是更长的时效期限。[133] 统一国际货物买卖中的时效期限问题的努力并没有显著进展。[134]

在英国国际私法中，诉讼时效隶属于程序规则[135]，但在许多外国法律制度中，诉讼时效是实体法的一部分。因此，如果受外国法律管辖的合同的诉讼程序被引入英国，法官或者仲裁员必须根据《1980 年诉讼时效法》（作为法院地法的一部分）应用英国的时效期间。原告可能因此失去了根据适用于实质性合同的外国法律而享有的更长时效期间的益处，而被告可能因此失去了更短时效期间的益处。为了纠正这种不公正，议会通过了《1984 年涉外时效期间法》。该法规定，原则上，如果英国法院或者英国的仲裁员要使用外国法律，关于时效的外国法律规则应同样适用（第 1 条第 1 款）。如果英格兰和威尔士的法律与其他国家的法律同时考虑在内，也是如此（第 1 条第 2 款）。然而，这个原则存在例外。当外国的时效规定与英国公共政策冲突时，外国的时效规定不适用（第 2 条第 1 款）。明文规定，如果外国的时效规定的适用“会造成进行或者可能进行诉讼或者法律程序一方不必要的困难”[136]，则这样的冲突存在（第 2 条第 2 款）。如果外国法律因一方缺席审判，允许适当延长时效期间，那么该规定应被忽略（第 2 条第 3 款）。参考外国法律是指参考外国的内部法律，不包括外国的国际私法（第 1 条第 5 款）。[137]

外国法院对一个时效点的决定应被视为“关于案情”的决定，即就法律的实质性问题做出的决定，甚至包括外国法院关于英国时效规定的决定（第 3 条）。[138]

如上所述，该法的规定适用于仲裁程序（第 5 条）。

《罗马公约》第 10 条第 1 款 d 项规定，诉讼时效受准据法的管辖。

记账货币与支付货币——用外币赔偿

21—020 对于货币债务，如购买价格，当事人间可以约定用某一种货币表示，而债务人有用另一种货币清偿这项债务的自由。计算债务人债务的货币称作记账货币（currency of account），债务人可以用来支付债务的货币称作支付货币（currency of payment）。这种区别的效果在于，如果在清偿之日，支付货币的汇率对记账货币的汇率下降，买方必须获得更多的支付货币，以全部履行他的债务。因此，在尼日利亚农产品销售部售给 Woodhouse 一批可可的案件[139]中，合同规定“CIF，利物浦”交货，购买价格以尼日利亚货币表示，当时是尼日利亚英镑[140]，与英镑等价。应买方的要求，卖方同意买方可以以英镑支付货价。但在付款之前，英镑贬值而尼日利亚英镑保持原价值。英国上议院判决：记账货币仍是尼日利亚货币，尽管卖方同意接受买方以英镑清偿债务。

区分记账货币与支付货币的意义已有所下降，因为在目前，如果合同的债务是用外币表示的，已有可能由英国法院做出以该外币表示的判决。[141]如果损失以该货币表示，并且在订立合同时双方合理地思考了以该外币进行赔偿，也有可能在合约或者侵权行为中以外币获得损害赔偿。[142]在适当情况下，仲裁裁决同样可以以外币形式获得。[143]此外，以外币表示但在英国支付的汇票，判决可以以外币形式获得。[144]

但是，债权人没有义务要求以外币支付。如果他愿意，他可以要求以英镑支付。[145]引用 Donaldson 法官的话[146]：

> “原告可以选择要求支付的货币，而且他可以证明以该货币做出的裁决或者判决将最真实地表达自己的损失，相应地最全面、最准确地弥补了他的这一损失……虽然账户货币是一个相当重要的因素，但它不是确定原告要求支付货币及判决以何种货币做出的决定因素。”

赔偿金应以外国货币或者付款时与之等价的英镑支付，尽管当合同确定了账户货币与支付货币之间的汇率时，该汇率必须适用。[147]

在清盘破产公司或者破产公司自愿清算时，外币债务及因之产生的利息，将在清盘令发出日转换成英镑。[148]按 Mervyn Davies 法官的说法[149]，“因为清算，对银行［债权人］的‘账户货币’已变成英镑”。原因是该公司所有债权人在清盘时应得到同等对待。但在清盘完全有偿付能力的公司时，立场可能会不一样；如果债权人获得的支付比其按照合约做出的外币支付请求少，清算人很可能有义务在将剩余财产分配给股东之前，补上该短缺。[150]

直到最近，外币判决的利率一直与英镑判决的利率相同。[151]但是，按照法律委员会的建议[152]，议会颁布了《1995 年国际私法（杂项规定）条例》，根据第 22 条第 1、2、4 款规定，外币判决的利率应由法院自由裁量。在《1996 年仲裁法》中有相应的规定。[153]

外国法律的除外

21—021 作为一种国际礼仪，英国法院原则上承认外国法律的效力，并且会执行外国法院的判决，即使该救济措施不被英国法律承认。[154]

然而，在特殊情况下，英国法院会拒绝承认或执行外国法律。这种拒绝的根本原因是，根据英国法院的判决，有关外国法律与英国法律的公共政策相抵触。[155]这项普通法规则已纳入几个成文法法规。[156]有两点要注意。第一，虽然英国法院一般会承认外国法律，但如果其应用的结果违反英国公共政策，也可能被拒绝执行。在非常罕见的情况下，外国法律与英国法律如此冲突以致英国法院“拒绝承认其为法律”。[157]

英国法院拒绝使用外国法律的情况可按以下三个标题分类。

□ 外国的没收法律或国有化法律

就没收发生时在外国国家领土内的财产而言，英国法院承认得到本国政府[158]认可[159]的外国国家的国有化或其他没收性法律的有效性。[160]尽管如此，对于将这样的法律适用于外国国家领土之外的财产，英国法院会拒绝承认，即使外国法院声称该没收法律具有域外法律效力。[161]这种主张会超越一国国家主权，干涉其他国家的主权，这违反了国际法公认的原则。如果外国法律不主张域外效力，英国法庭可能就没有要考虑的问题了。[162] 21—022

□ 外国的税收法律、刑事法律和其他政治性质或行政性质的公共法律

英国法院不会直接或间接地执行另一个国家的税收法律[163]，即使该国是英联邦或欧洲联盟的成员国。[164]本规则适用于税收、利率、关税或其他在海外国家征收的税收。然而，一个外国国家要求在英格兰采取与税务诉讼有关的证据不是对该税法的直接或间接执行。[165] 21—023

在英国的管辖范围内，外国的刑法同样也是不可直接或间接强制执行的。[166]"penal law"（刑事法），在严格意义上应写作"criminal law"[167]，但"penal law"被赋予更广泛的含义，它包括针对某一个人[168]、某一个家庭或某一个商业企业[169]的歧视性法律，如果这些歧视性措施是针对一个在英国居住的人[170]或常驻的公司或违反基本人权，尤为如此。但是，除了后两种情况，根据*Luther v Sagor*[171]一案中的原则，英国法院承认更广泛意义上的"penal law"，如果该外国国家已完善其对于在自己的领土被没收的资产的所有权，例如外国国家没收当地一家公司的股份，即使该公司在该国领土之外有宝贵的财产。[172]

如果一个外国国家试图执行其税收法律或刑事法律，即为直接执行。间接执行的一个例子是，第三方试图执行一项权利，但最终的结果是外国国家执行其税收法律或刑事法律。[173]

英国法院是否应拒绝承认外国的其他公共法律，是存在争议的，尽管许多案例中讨论过，问题仍然未解决。[174]

据认为，存在两种不同的公共法律：一种是政治或行政性质的，另外一种为非政治非行政性质的。后一类包括旨在保护自然环境[175]，或防止未经授权的国家艺术珍品出口的法规。[176]应拒绝承认前一类公共法律，但是没有权限拒绝后一种类型的公共法律，特别是当这个国家已经颁布了具有相同目的的法律时。

□ 公共政策的其他情况

然而，应该强调指出，要改变一个著名法官的言语[177]，公共政策的类别是永无止境的。对除上文所述之外的情形，英国法院有剩余酌情权，拒绝适用外国法律，如果英国法院的结论是承认外国法律会违反非纯粹国内的公共政策。[178]在伊拉克入侵科威特导致的一个最近的案例[179]中，伊拉克根据伊拉克 21—024

决议，获取了某些飞机。英国法庭拒绝承认伊拉克决议，因为这明显违反了国际法和《联合国宪章》。此外，伊拉克对科威特的入侵，与英国或其公共政策并非遥不可及或毫不相关。

基于公共政策，在胁迫下做出的放弃索赔的合同，在英国法庭辩护时将被视作无效。[180]

对外国法律的违反

□ 民法上的后果

21－025 根据普通法的规定，英国法院不会为执行一个合同而破坏外国友好国家的法律，如果一个合同的履行是履行地法律所禁止的，英国法院不会判令执行这样的合同。[181]所以如果出口买卖合同的当事人有意识地、故意地约定违反一个友好国家（即没有与英国进行战争而其政府为英国政府所承认的国家）的法律，英国法院不会因当事人一方提出诉讼而判令该项合同的履行，因为这样做不符合国际友谊（international comity）的原则。即使当事人企图违反的是外国财政方面的法令，即关于关税、进出口配额、进出口禁令、外汇管制规章[182]或者税务法令，上述原则也是适用的。

在1944年的*Regazzoni v KC Sethia*[183]一案中，印度政府禁止直接或者间接地向南非联邦输出包括麻袋在内的一些指定的货物，原因是当时两国政府对如何处理南非的印侨存在纠纷。一个瑞士商人Regazzoni，向被告（一个根据英国法律组织而与印度方面有联系的公司）按照“CIF，日内亚”购进大批麻袋，双方当事人都了解货物将由日内亚转运到南非。法院认定，双方当事人有意逃避印度的法令。这项合同是受英国法律约束的，但因印度政府不批准这批货物出口到日内亚，而未能履行。买方因卖方没有交货，提出诉讼要求赔偿损失。英国法院不受理该项诉讼案，因为判令当事人履行企图违反印度法令的合同不符合英国的国家政策。

对上述*Regazzoni*一案所表明的原则，尚有某些限制条件和例外。首先，如果只是当事人一方而不是双方，知道其行为的非法性，则不影响合同的有效性。[184]如果当事人没有违反外国法律的意图，合同也不是无效的，除非它违反了合同的准据法。[185]其次，如果争议中的交易已完成，而违法因素发生在交易完成之后，或者虽然发生在双方订立合同之前，但在订约时已不存在，则对交易不产生影响。[186]在英国，在一项普通的货物买卖中，卖方虽然知道或者怀疑买方将用于走私到外国，合同很可能仍然是有效的。第三，违反外国法律的因素只对涉及这项因素的合同产生影响，对与该合同有联系的合同没有影响。因此，为欺骗进口国的海关当局而伪造出口发票的事实，并不妨碍出口商因其货物在运送至伦敦码头途中被窃而向承运人要求赔偿损失。[187]此外，如果基于销售或者返还向联邦德国出口钻石并在发票中低估钻石的价格以节省德国营业税，而部分货物在联邦德国被盗，那么英国保险合同（钻石以其正确的价值得到保险）不受违反德国法的影响，保险人有责任根据保险单承保。[188]

自从《罗马公约》生效以来，对于首段所述的原则，即如果一个合同的履行是履行地法律所禁止的，英国法院不会判令执行该合同而破坏外国友好国家的法律，目前尚不能确定其是否会得到维护。该原则很可能仅限于英国法律是合同准据法的情况。如果合同受一个外国法律的管辖，而其中一个行为的履行在另一国家是不合法的，即使该国法律不是该合同的管辖法律，根据公约第 7 条第 1 款[189]规定可能会拒绝执行该合同；然而，此规定在英国尚未生效。为了避免执行这样的合同，英国的法院只能诉诸第 7 条第 2 款[190]，如果该原则可以作为英国法律的一个强制原则，或者基于公共政策的理由诉诸第 16 条规定。[191]

对于根据英国法律不合法，并且以公共政策为由根据履行地法律同样不合法的合同，英国法院不会判令执行，即使外国仲裁员认为不违法无关紧要。[192]

□ 刑法上的后果[193]

与违反外国法律民法的后果不同的是，在刑事后果上存在着一个做了某种 21—026
根据外国法律是属于犯罪的行为，或者图谋做这种行为的英国出口商是否可在英国定罪而受到惩罚的问题。[194]在这个方面应该注意以下各点：

（1）英国法院不因外国直接或者间接提出诉讼而执行外国的刑法；[195]

（2）原则上，在外国所做的犯罪行为在英国是不受处罚的。

（3）可是，在特殊情况下，在外国所做的某种行为如按英格兰的“普通法”或者英国所制定的法令构成犯罪的行为，则受英国法院的处罚。

（4）犯罪行为如果是属于所列举的可引渡的罪行，而英国与该外国有相互引渡的安排时，被控告或者已定罪的人可以被引渡至该外国。关于引渡的问题，对大多数外国国家，依照《1989 年引渡法》[196]（此前四部引渡法[197]的合并）、《1967 年逃犯法》、*Regazzoni v KC Sethia*（1944）Ltd［1958］A. C. 301 以及《1978 年刑事审判法》。《1978 年刑事审判法》的通过是为了使英国正式批准《欧共体条约》中关于制止恐怖主义的规定。

（5）《1995 年刑事法》的实施对收回犯罪行为收益、促进海外没收和限制令的执行做出了进一步规定。

（6）《1990 年刑事审判（国际合作）法》的颁布，是为了使英国与外国在调查和检控刑事罪行方面合作更加充分，因而《欧洲刑事司法互助条约》可能得以批准。该法规定了相互的服务或者进程，以及证据的提供[198]，包括移交囚犯作供、搜查有关材料、涉及海上犯罪的措施。《1986 年贩毒罪行法》中的有关贩毒得益的事项被合并于《1994 年贩卖毒品法》中。

上述第三项，即在国外所做的行为触犯了英国的法律而可在英国受到惩罚的规则，曾于 1956 年 12 月 10 日在利兹（Leeds）地方厅，由 Barry 法官判决

的 *R. v Reiss and John M Potter Ltd* 一案中，间接地起了作用。[199]被控诉人从乌拉圭直接进口一批羊毛条至意大利及希腊，他用欺骗手段从布拉德福(Bradford) 商会取得该批羊毛条系英国产品的原产地证书。原产地证书是通过以下方式获得的：被控告方向商会提交通常的申请表，商会本着完全信任的态度，没有怀疑含有虚假的细节，因此予以核实。英国当时的立法[200]规定，任何人在英国境内帮助及鼓励“英国境外”，犯下如果在英国境内时构成轻罪（misdemeanor）的行为，就是一种罪行。被控告方受到了起诉，并被罚款 5 000 英镑。《1968 年商业表示法》改变了上述立法，取消了境外效力，甚至规定对旨在运往英国境外目的地的货物，如果有虚伪的说明，在英国不予控诉。[201]

如果买方根据货物将销往出口市场转售的虚假陈述在英国购买货物，但是其本意是在国内市场转售而卖方根据虚假陈述收取（较低的）出口价格，那么该欺诈买方就犯了以欺骗手段取得财产的罪行，违反了《1968 年盗窃法》第 15 条规定。[202]他还犯了欺骗的侵权行为，并且有责任对卖方进行损害赔偿，损害根据货物的全部市场价值确定。[203]

从英国发出伪造的直接用户证明书并声称是外国机关颁发的人，可以被作为共谋欺骗外国机关，如果此共谋是可诉讼的，行为人还将因此被定罪。如果采取的行为与达到的目标是在该外国，那么共谋就是可诉讼的。[204]对于违反国外法的出口贸易共谋，只有当这个行为同时在英国也构成共谋犯罪，才予定罪，例如以欺骗手段在英国获取金钱利益之罪。[205]即使国外犯法的共谋可能会导致英国某人遭受经济损失，本规则依然适用。因此，在一个案例[206]中，两个人在英国共谋，对海外商品贴上伪造的生产于英国的高知名商品标签，并将贴有虚假标签的这些伪劣产品出售给外国买家。这种共谋对英国出口贸易的损害是显而易见的。然而，上诉法院认为，两个肇事者不能在英国受到起诉，因为共谋的真正目的是为了欺骗国外买家，并且共谋的偶然后果不是可诉讼的罪行。

相反，在国外结成在英国犯罪的共谋，只要有两个或者更多的共谋者有意实施这个阴谋，则这项共谋可以被认为继续存在，如果共谋者仍怀着阴谋进入英国，英国法院就有审判他们共谋犯罪的管辖权。[207]在特别情况下，居住在英国的人会因在国外做了不诚实或者不正当的行为以致有损于诚实的英国商人的声誉和妨害英国的公众利益而受到处罚，但英国法院对此特别审慎，只有在非常严重的情节下才会做出这样的决定。[208]

外汇管制

□《布雷顿森林协议》下的外汇合约[209]

21－027 虽然 1979 年英国废除了外汇管制，一些外国国家仍然坚持外汇管制法规以保护本国货币。如果这样的国家是《布雷顿森林协议》的成员国（英国也是成员国之一)，那么涉及该外国货币并且违背了其外汇管制法规、具有“外汇合同”资格的合同，在英国法院不能强制执行。这在《1946 年布雷顿森林协议枢密令》[210]中做出了规定。《1946 年布雷顿森林协议枢密令》规定《1944 年布雷顿森林协议》第 2 条 b 款[211]在英国具有效力。该条款规定：

“凡是涉及任何成员国货币，而且违背该成员国为维持本协议或者为求得和本协议保持一致而规定的外汇管制条例的外汇买卖合同，不得在任何其他成员国领土内执行。”

对于“外汇合同”，没有明确定义。最初，英国法院[212]采用了广义的观点，即“外汇合同”是指“以任何方式影响一国外汇资源的任何合约”[213]，并且“应考虑到《布雷顿森林协议》保护其成员国货币的目的，对其进行解释”。[214]后来，英国法院采用了狭义的观点，即外汇交易合同原则上仅仅指一种货币的金融交易。随后上议院批准了此狭义观点。[215]然而，为了买卖货物或者商品的纯粹的商业契约不是外汇买卖合同，尽管价格是以外国货币表示的。因此，一个意大利买主从英国商人购买五金的契约，尽管未经意大利官方认可，也不能算是“外汇买卖合同”，可以对买方执行。[216]但是，《布雷顿森林协议》只适用于外汇合同，并不影响违反一国外汇管制所制定的银行安排的合法性。[217]

(一) 伪装下的外汇合同

外汇合同可能在一个无辜的商品合同的伪装下签订，然后将无法执行。如 **21—028**
果《布雷顿森林协议》成员国设有外汇管制，该国家的买方可能会劝诱卖方将货物的发票价格定得比真实价格高，并让他将超出部分转入买方在其国家外的账户。就超出真实价格而言，交易即为外汇交易合同，因为它涉及从买方国家转移货币，违反了该国的外汇管制条例。合同中的这一部分，在英国法院无法强制执行，但代表真实的商品交易的部分将得到执行。此规则在 *United City Merchants* (*Investments*) *Ltd v Royal Bank of Canada*; The American Accord[218]中得以确定。在此案中，Glass Fibers and Equipment Ltd 是一家英国的公司，向一家秘鲁公司 Vitrorefuerzos SA 销售一套玻璃纤维设备。应买方要求，卖方在发票中声明了两倍于真实采购价格的价格，发票价格显示为 FOB 英国港口 662 086 美元。双方之间的协议是，超过真实购买价格部分应由卖方转入在美国的受买方处置的一个“延伸”账户 (draw down account) 中。英国上议院认为，就超过真实的购买价格而言，该交易是一个伪装下的外汇合同，因违反《布雷顿森林协议》而无法执行。Diplock 勋爵指出，即使没有申诉这一点，法院自己也必须将其考虑在内，并补充道：

“但是，这并不能使违背一个成员国而不是英国的外汇管制规定的外汇合同成为一个根据英国法律非法的合同，或者使在履行此合同的过程中在这个国家采取的行动非法。像一个没有任何书面说明或者备忘录的担保合同，对其，法院只是无法将其强制执行，仅此而已。”

同样，为通过退款在英国获得英镑，在伊朗用伊朗货币（《布雷顿森林协议》成员国之一）购买机票的协议，是伪装下的外汇合同。声称已得到退款的被告根据支票采取行动，这属于强制执行不可执行的合同，该行动将视为无效，当然前提是，该交易违反了伊朗的外汇管制规定，而且这些条例与《布雷顿森林协议》是一致的。[219]

□ 外国外汇管理规章的承认

21—029 一个外国国家的外汇管制规定不属于税收法律。[220]但是如果一个外国国家试图收回违反外汇管制规定出口的资金，不论是直接或者间接地，英国法院都没有审理该行动的审判权。[221]这个问题在上文中讨论过。[222]然而，即使一个外国国家不是《布雷顿森林协议》的成员国，该国家的外汇管制规定也被英国法院认可，只要它们不会执行故意违反这些规定的合同。[223]

□ 外国国家豁免权[224]

21—030 当一个企业与一个外国国家[225]或者外国的国营公司订立合同并发生争执时，就会发生这样一个问题，即如果进行诉讼的话，这个外国国家或者外国国营公司是否可以用主权地位的豁免权作为抗辩理由而避免商务上的责任？对这个问题有两种说法。根据绝对豁免权（absolute immunity）的学说，这个外国国家或者外国国营公司总是可以以剔除豁免权作为抗辩理由。有限制的豁免权（restrictive immunity）的学说却把行使主权行为（acta jure imperii，主权行为）和一般的商业行为（acta jure gestionis，非主权行为）区别开来。[226]对前者给予豁免权，对后者却拒绝给予这种权利。[227]

现在，《1978 年国家豁免法》已就这个问题做出了规定。该法案是根据有限制的豁免权说制定的[228]，其第 3 节规定：

“（1）在下列有关的诉讼程序中，国家不享有豁免权：

（a）国家参加的商务交易；或者是

（b）国家的债务，这项债务由于合同（不论是不是商务交易）的关系，全部或者部分要在英国履行。

（2）如果争议双方都是国家或者有其他书面约定，本节就不适用；如果合同（不是商务交易）是在有关国家境内签订的，而该项债务是受该国的行政法约束的，上述第 1 条 b 款则不适用。

（3）在本节，‘商务交易’是指：

（a）任何供应货物或者劳务的合同；

（b）任何贷款或者其他提供资金的交易以及任何与这类交易或者其他金融有关的担保或者损失赔偿保证；以及

（c）国家参与或者从事的，不属于行使主权的任何其他交易或者活动（不管是商务的、工业的、金融的、专业的或者是其他类似性质的交易或者活动）。

但上述第 1 条各款对国家与个人之间的雇佣合同均不适用。”

应该注意，在第3节第3条a、b两款所列的条件中，交易的目的是无关紧要的。因此，如果一个国家购买军事设备，是不能主张豁免权的。不过，第3节第3条c款是包括行使主权的交易的，因此国家可以在行使主权的交易中主张豁免权。

《国家豁免法》还进一步对享有独立法人人格的国营公司作了规定。[229]这种独立的实体不享有豁免权，除非：

(1) 诉讼程序关系到它行使国家主权所做的任何行为；以及

(2) 处在一般认为国家应享受豁免权（或者是适用本法第10节的诉讼程序，该国不是《布鲁塞尔公约》的缔约国）的情况下。

外国的中央银行或者其他金融当局并不被视作是该法意义范围内的独立的实体，即使根据其本国的法律是具有这种性质的，其财产都具有豁免权。[230]如果一个国家书面同意仲裁，那么英国法院对于与仲裁有关的诉讼程序是不给予豁免权的，这种书面协议甚至可以在争议发生之前做出。[231]

目前用于或者打算用于商业目的的国家财产可能作为执行判决或者仲裁的标的。[232]如果执行的条件得到满足，这种财产也同样可以成为在英国执行外国判决的标的。然而，即使是在商业事务方面，也不可能从法院获得针对一个国家的禁令[233]，这显然是这项法律的一个缺陷，但是针对违约的保证裁定不是一个禁令，可以予以许可对其执行仲裁裁决。[234]不过，可以从法院得到针对掌握该国的用于商务方面的财产的第三者（如银行）颁发的禁令，因为上述法律并没有明文排除这种可能性。为外国外交使团附加一个英国银行的账户，即使该账户资金拟为使团的日常开支使用，也不能通过执行判决，因为这不是法令第13节第4条中的“商业目的”。然而，如果判决债权人能够证明该账户的指定只是为了满足在商业交易中发生的应付债务（以微量规则为准[235]），情况则不同。[236]

根据《1978年国家豁免法》制定的《1997年国家豁免（商船）令》[237]，保留了免于执行某些国家所拥有的船舶和货物的豁免权；根据《国家豁免法》第13节第4条，没有此豁免权。在发出关于一国所拥有的船舶或货物的对物诉讼的逮捕令之前，需要向该国家的领事发出通知。

一个外国国家可以在自己的领土范围内，对个人的折磨行为要求豁免[238]，但作为一个公共政策问题，在决定英国法院是否应拒绝给予外国法律效力这一问题时，该外国国家的行为是有重大关系的。[239]

美国也是采用有限制的豁免权说的国家[240]，这个学说是美国《1976年外国主权豁免法》的基础。[241]《1978年英国国家豁免法》遵循的模式类似于《1972年欧洲国家豁免公约》，以及更近的于2004年10月16日出台的《联合国国家及其财产管辖豁免公约》。

外国国家的域外效力

一国可以为其法律或行政措施主张域外效力，法院也可以为其判决或指令 **21—031**

主张域外效力。此类域外效力主张试图实施“过高”的司法权，在原则上是应该避免的。但在实践中，为赋予国内法效力，或基于其他可能的经济或政治原因，有时引起域外主张。有时，外国关于治外法权的主张，与英国的主权和贸易利益相冲突。

英国已在两个层面采取保护措施：议会颁布了《1980年保护贸易利益法》；法院已经拒绝与英国主权相冲突的外国法院的域外主张。

□《1980年保护贸易利益法》

本法案修订后的主要规定[242]是：

21—032 （1）任何外国为管理或者控制国际贸易的法律已经或者将要采取的措施对英国的贸易利益造成了损害或者有损害之虞[243]，国务大臣得用命令指示对这些措施适用本条规定，或者适用于该命令中所指明的事项。[244]

（2）某项指定已经或者可能要求英国境内的人向外国任何法院、法庭或者当局提供任何不在该国领土管辖范围以内的商业文件或者向这样的法院、法庭或者当局提供任何商业情报，或者任何当局已经或者可能向英国境内的人指定公布任何此类文件或者情报，如国务大臣根据本条规定认为这种指定是不可接受的，可以发出指令禁止服从该项指定。[245]

第2节第2条规定下列情况下是不可接受的：

（ⅰ）如果它侵犯了英国的司法管辖权或者有损于英国的主权；或者

（ⅱ）如果服从该项指定将损害英国的安全或者是英国政府与其他国家政府之间的关系。

本节第3条规定，对于外国国家人员提出的要求，下列情况下是不可接受的：

（ⅰ）如果它不是为在外国提起的民事或者刑事诉讼之目的而发出的；或者

（ⅱ）如果该指定要求一个人说明他拥有、保管或者掌握何种与任何此类诉讼有关的文件，或者为任何此类诉讼的目的提供除该项指定中所特指的文件以外的任何文件。[246]

（3）本法案进一步规定，由一外国法院做出的关于在英国取得证据的请求，如果表明该项请求侵犯了英国的管辖权或者有损英国的主权时，则英国的法院不得发布命令执行该项请求[247]；由国务大臣或者代表国务大臣签署的证明书，证明侵犯或者损害属实时，此项证明书是这一事实的决定性证据。[248]

（4）本法案进一步包括了关于索还在英国发生的若干倍赔偿金的规定，其中若干倍赔偿金指赔偿金超过补偿所需的数额。特别地，美国法院可能在反垄断诉讼中裁定这种赔偿金。若干倍赔偿金包含惩罚性的元素，而英国的赔偿原则上是补偿的性质。[249]

□ 法庭对外国域外索赔的拒绝——请求信

如果根据英国法院的判断，外国法院或当局的主张侵犯了英国的主权，英国法院将会拒绝这些主张。[250]特别地，他们会拒绝美国法院或当局为协助在英国执行美国反托拉斯法治外法而做出的具有域外性质的主张。[251] 21—033

然而，这里遇到了一个困难。英国法院受1970年3月18日制定的《关于从国外调取民事或商事证据的海牙公约》约束，《1975年（涉外诉讼）证据法》赋予了该法案在英国的效力，目的在于当外国法院请求协助在英格兰和威尔士取证时，为其提供帮助。外国法院的请求被称为请求信（letters of request）或调查委托书（letters rogatory）。《1975年证据法》规定，只能用于获取证据，但不能用于发现证据。[252]该法的要求之一是，如果要求提供文件，那么文件必须足够具体化。[253]

然而，请求信程序不得用于不正当目的。在一个案例中[254]，美国司法部进行干预时，请求信被用来为所谓反托拉斯协议的大陪审团调查提供证据，该请求信被拒绝了，因为Wilberforce勋爵评论说[255]："试图将大陪审团的调查延伸至域外……是对英国主权的一种侵犯。"另一个例证是*State of Norway's Application*一案。[256]一个富有的挪威船东居住在挪威时去世了。挪威税务局断言他是一个创立于英国的信托的实际拥有人，并且他对于没有申报的信托收益负有纳税义务。死者的代理人否认了这些指控，关于这些问题的诉讼在挪威法庭仍然悬而未决。该法院要求英国法院对英国商业银行的董事和一名雇员进行审查，该银行是死者的信托银行。对这一案例[257]，上诉法院通过多数判决，拒绝依从请求信，理由是请求笼统，并且依从此请求信将无理地导致该银行破坏对客户的保密责任。因而挪威法院在第二次诉讼中，认真、反复地具体化其要求，在上议院获得了成功。[258]最高法院认为，挪威法院的诉讼程序，无论在英国法还是挪威法中，都在民事案件或商事案件的定义范围内。上议院还认为，英国法院不直接或间接协助外国税收法律执行这一规则，不会扩大至为在外国国家执行外国税收法律而发出的取得证据的求助。

相反，如果发送一封（英文）请求信至一个外国法院可能会造成该外国法院尴尬，那么英国法院将拒绝该请求信的申请[259]；同意这样的申请将违反国际礼仪，而且不符合友好国家法院之间应表现的相互尊重。除特殊情况，英国法院也会拒绝做出侵犯外国主权的命令。[260]

《1975年证据法》第9条第4款不允许英国法院做出"对王室或王室的任何其他官员或雇员具有约束力"的命令。在洛克比空难中，美国试图通过正式的请求信，要求审查王室雇用的但已退休的一名科学家。有人认为，法院没有管辖权，责令他服从外国法院对其作为一名王室雇员所获得的知识进行审查。[261]

《1990年刑事司法（国际合作）法》第3条对在国内使用从外国获得的证据进行了规定，第4条对通过请求信在国外使用从外国获得的证据进行了规定。

关于《理事会条例 1206/2001》管辖的欧盟联盟司法协助，规定了各成员国法院之间关于民事和商事事件取证的合作。对于成员国之间的协助申请程序，载于 CPR 第 34 部分。理事会条例程序优先于成员国之间的其他任何双边或多边协定。

注释

[1] 参见 Dicey，Morris and Collins，*Conflict of Laws*（14th edn，2006）and *Halsbury's Laws*，Vol. 8（1）. And Vol. 18（2）。

[2] 但是，这两个问题不是不相关的，例如，选择英国法律可能授予英国法院管辖权（见 CPR，Pt 6. 20），而选择受理案件的法院则意味着选择了管辖法律（《罗马公约》第 3 条 1 款）。

[3] 与英国法院管辖权有关的问题在下文第 22 章讨论，判决与裁决的承认与执行相关问题在第 24 章讨论。

[4] 另一个中心问题是，有管辖权国家的法院。

[5] 参见上文，第 2—006 段。

[6] 见第 4、5 章。

[7] 参见上文，第 6—016 段。

[8] *Parkasho v Singh* [1968] P. 233 at 250；*Dalmia Dairy Industries Ltd v National Bank of Pakistan* [1978] 2 Lloyd's Rep. 223 at 286；*Bumper Development Corp v Commissioner of Police of the Metropolis* [1991] 1 W. L. R. 1362 at 1370；*Macmillan Inc v Bishopsgate Investment Trust Plc*（*No. 4*）[1999] C. L. C. 417.

[9] 参见下文，第 21—004 段至第 21—016 段。

[10]《罗马公约》第 1 条第 2 款 h 项。尽管公约规定合同受"当事人选择的法律"（第 3 条第 1 款）管辖，公约不适用于证据和程序（第 1 条第 2 款 h 项）的事项。此规定的效果是，法院可以应用其自己的证据和程序的规则来确定管辖法律，而问题由受理案件的法院所在国的程序法决定（见 Giuliano 和 Lagarde 的报告 C282，第 35 页）。*Macmillan Inc v Bishopsgate Investment Trust Plc*（*No. 4*）[1999] C. L. C. 417.

[11] *Bumper Development Corp v Commissioner of Police of the Metropolis* [1991] 1 W. L. R. 1362. 在 *Morgan Grenfell v SACE* [2001] EWCA Civ 1932 案第 53 段中，法院表达了其愿望，英国法院最终可被允许审判确认其他管辖权的法院的约定。

[12]《1972 年民事证据法》第 4 节第 2 条。

[13] *Mullins v Owen* [1907] 1 K. B. 746.

[14] *Re Cohn* [1945] Ch. 5.

[15] 在国际纠纷中，当事人越来越多地引用外国法院的判决，以支持其论据。在 *Svenska AB v Government of Lithuania* [2006] EWCA Civ 1529 案中，在初审判决时立陶宛法院没有作为证据提到，而上诉法院考虑了立陶宛法院的判决。这与上文 *Morgan Grenfell* 案中的意见一致。相反，见 *Bumper Development Corp v Commissioner of Police of the Metropolis* [1991] 1 W. L. R. 1362，1371。

[16] 见 *Svenska Petroleum Exploration v Lithuania* [1005] EWHC 2437 Comm [29] 案的初审判决；*King v Brandywine Reinsurance Co* [2005] EWCA Civ 235。

[17]《1972 年民事证据法》第 4 节第 2 条。

[18]《1972 年欧洲共同体法》第 3 节。

[19] *Aluminium Industrie Vaassen BV v Romalpa Aluminium Ltd* [1976] 1 W. L. R. 676.

[20]《1859年英国法律确定法》（允许不同普通法管辖下的法院协助另一普通法管辖下的法律程序），相似的，《1907年证据（殖民地法律）法》允许承认不同“英国所有”的法律释义。

[21]《海牙统一法》与《维也纳公约》在第32章讨论。

[22]《1990年公约（准据）法》附表2。

[23]《1990年公约（准据）法》附表3A。

[24]《罗马公约》第1条第2款、第3款。

[25] 还可以见 Dicey，Morris & Collins，*Conflict of Laws*（14ht edn，2006）；*Halsbury's Laws*，Vol. 8（1）。

[26]《罗马公约》第3条第1款。

[27]《罗马公约》第4条第1款。

[28]《罗马公约》第5条。

[29]《罗马公约》第6条。

[30]《罗马公约》第18条。

[31] 例如，参见 Case No. 29/76 *LTU GmbH & Co v Eurocontrol* [1976] E. C. R. 1541。

[32]《1990年合同（准据）法》第3节第3条a款。

[33] 第38页。

[34]《1990年合同（准据）法》第3节第1条。

[35]《1990年合同（准据）法》第3节第2条。

[36]《罗马公约》第3卷，第1条第a、b款。可见《罗马公约》第177条。

[37] 参见下文，第22—012段。

[38] 关于《布鲁塞尔公约》第5条第1款中的“与合同有关的事项”：Case 9/87 *SPRL Arcado v SA Haviland* [1988] E. C. R. 1593；Case C-26/91 *Jakob Handle GmbH v Traitements Mecano-chimiques des Surfaces* [1992] E. C. R. I-3967。

[39] 第10页。

[40]《1990年合同（准据）法》第2节第3条。

[41] 票据本身必须是流通票据，而如果该义务是可以转让的，则票据义务也不被排除。因此，“像提单，或类似的出具于运输合同、债券、公司债券、担保、赔偿保证书、存款单、仓单认股权证之中的票据，只有当它们被视为流动票据时，才可排除；即便如此，除外只可应用于因其流通性产生的义务。此外，无论是根据这些票据签订的合同，还是买卖这些票据的合同，其义务都不被排除”。票据是否流通是受理案件的法院的一个法律事项：Giuliano 和 Lagarde 的报告第11页。

[42] 此除外只与仲裁协议本身的协议有关，而与实质合同无关。关于仲裁协议的准据法参见下文第23—007段。

[43] 选择法院协议被排除，因为每一个法院都根据其法律决定协议有效性的问题，并且当考虑欧盟之间的关系时，诸如有效性及条款、允诺的形式等方面就在《布鲁塞尔公约》第17条的范围内：Giuliano 和 Lagarde 的报告第11页。

[44] 此除外只适用于约束委托人对第三方当事人行为的代理人，不适用于其他多种代理协议，也不适用于代理人与委托人之间的关系或代理人与第三方当事人之间的关系：Giuliano 和 Lagarde 的报告第13页。

[45]《罗马公约》第14条。

[46]《罗马公约》第1条第4款。

[47] 通过《1971年海上货物运输法》执行。

[48]《1990年合同（准据）法》第2节第2条。

[49]《罗马公约》第 3 条第 1 款。

[50]《罗马公约》第 4 条第 1 款。

[51] *Amin Rasheed Shipping Corp v Kuwait Insurance Co* [1984] A. C. 50.

[52]《罗马公约》第 3 条第 1 款。

[53] 见 *Egon Oldendorff v Libera Corp* (*No. 2*) [1996] 1 Lloyd's Rep. 380。在该案中，具有合理确定性的选择通过明示或暗示做出。

[54] 第 17 页。

[55] 见 *Gan Insurance Co Ltd v Tai Ping Insurance Co Ltd* [1999] 2 All E. R. 54，QBD (Comm Ct)(在该案中，上诉法院认为根据 Giuliano 和 Lagarde 的报告中的例子，发现有暗示意图表明合同的管辖法律为英国法律而据此做出判决，是合理的)。

[56] *Egon Oldendorff v Libera Corp* (*No. 2*) [1996] 1 Lloyd's Rep. 380；此外，租船契约中的标准条款在英国法律中是众所周知的。

[57] *Egon Oldendorff v Libera Corp* (*No. 2*) [1996] 1 Lloyd's Rep. 380；此外，租船契约中的标准条款在英国法律中是众所周知的。

[58] 第 17 页。

[59]《罗马公约》第 7 条：Giuliano 和 Lagarde 的报告第 17 页。强制性条款将在下文讨论。

[60]《罗马公约》第 3 条第 3 款。

[61] Giuliano 和 Lagarde 的报告第 23 页强调，本段中的可分割性在英国很罕见。

[62]《罗马公约》第 4 条第 1 款。

[63] Giuliano 和 Lagarde 的报告第 20 页。

[64] 涉及消费者合同，有关内容参见下文第 21—015 段。

[65] 见 *Hogg Insurance Brokers Ltd v Guardian Insurance Co Inc* [1997] 1 Lloyd's Rep. 412 (在该案中，赔偿是否定性宣告救济无影响)。

[66] Giuliano 和 Lagarde 的报告第 20 页。

[67] Giuliano 和 Lagarde 的报告第 20 页。

[68] *Bank of Baroda v Vysya Bank Ltd* [1994] 2 Lloyd's Rep. 87.

[69] 同上。

[70]《罗马公约》第 4 条第 3 款。

[71] 第 21 页。

[72] 第 21 页。

[73]《罗马公约》第 4 条第 4 款。

[74]《罗马公约》第 4 条第 4 款。

[75] 第 21 页。

[76] 第 22 页。

[77] 第 22 页。

[78] Giuliano 和 Lagarde 的报告第 17 页；*Egon Oldendorff v Libera Corp* (*No. 2*) [1996] 2 Lloyd's Rep. 380。

[79] Giuliano 和 Lagarde 的报告第 17 页。

[80]《罗马公约》第 4 条第 5 款。

[81] 分别是《罗马公约》第 5 条第 3 款和第 6 条第 2 款。消费者合同与雇佣合同将在下文讨论。

[82]《罗马公约》第 16 条。

[83] 阐明于下文，第 21—012 段。

[84] 公共政策原则适用于国内合同的有限情况，并且一般认为该原则在国际环境下的应用更受限，见 *Kuwait Airways Corp v Iraqi Airways Co*（*Nos 4 and 5*）[2002] 2 A. C. 883。

[85] 第 21—021 段及以下内容。

[86] *Rousillon v Rousillon*（1880）14 Ch. D 351.

[87] *Trendtex Trading Corp v Credit Suisse* [1982] A. C. 679.

[88] *Kaufman v Gerson* [1904] 1 K. B. 591.

[89] *Re Bonacina* [1912] 2 Ch. 394.

[90] *The Playa Larga* [1983] 2 Lloyd's Rep. 171；*Oppenheimer v Cattermole* [1976] A. C. 249.

[91] 第 12 条涉及无偿转让。

[92] 第 10 条第 1 款 e 项在英国无效：公约第 2 节第 2 条。

[93] 第 32 页。

[94] 第 32 页。

[95] 第 32 页。

[96] 第 33 页。

[97] Giuliano 和 Lagarde 的报告第 33 页。

[98] 第 33 页。

[99]《罗马公约》第 1 条第 2 款 h 项。

[100] 第 36 页。

[101] 第 36 页。

[102] 第 30 页。

[103] 第 30 页。

[104] 第 31 页。

[105] 第 30 页。

[106] Giuliano 和 Lagarde 的报告第 28 页。

[107] 同上。

[108] 同上。

[109] *Egon Oldendorff v Libera Corp*（*No. 1*）[1995] 2 Lloyd's Rep. 64.

[110] 公约没有关于"惯常居所地"的定义，Giuliano 和 Lagarde 的报告中也没有提供任何启示。

[111]《罗马公约》第 5 条第 2 款。

[112]《罗马公约》第 5 条第 3 款。

[113]《罗马公约》第 5 条第 4 款。

[114]《罗马公约》第 5 条第 5 款。

[115]《罗马公约》第 9 条第 5 款。

[116] 第 23 页与第 24 页。

[117] Giuliano 和 Lagarde 的报告第 25 页。

[118]《罗马公约》第 6 条第 1 款。

[119]《罗马公约》第 6 条第 1 款。

[120] *Szalatnay-Stacho v Fink* [1947] K. B. 1。

[121]"双重可诉规则"由 Willes J. 在 *Phillips v Eyre*（1870）L. R. 6 Q. B. 1 一案中提出。

[122] *Boys v Chaplin* [1971] A. C. 356（在马耳他道路上的事故涉及两个当时暂时在马耳他的英国国民，马耳他法律不允许对疼痛和苦楚进行赔偿）；*Johnson v Coventry Churchill International Ltd* [1992] 3 All E. R. 14（英国公司的英国雇员在德国的工作事故中受伤，而德国法律只承认恶意行为中

工业事故的侵权索赔）。

［123］*Pearce v Ove Arup Partnership Ltd*［2000］Ch. 403.

［124］并且是在法律未经 1995 年法具体改革的领域，例如诽谤。

［125］*Roerig v Valiant Trawlers Ltd*［2002］1 W. L. R. 2304.

［126］*Harding v Wealands*［2004］EWCA Civ 1735.

［127］*Metall und Rohstoff AG v Donaldson Lufkin & Jenrette Inc*［1990］1 Q. B. 391，涉及鉴别诉讼事由实质所在的旧体系。

［128］例如，在公海上船舶相撞时，传统上认为英国海商法管辖侵权行为。例如，见 *The Leon*（1861）P. D. 148。

［129］*Dimskal Shipping Co SA v International Transport Workers Federation*［1992］2 A. C. 152；*Fibrosa Spolka Akcyjna v Fairbairn Lawson Combe Barbour Ltd*［1943］A. C. 32.

［130］*Battyany v Walford*（1887）36 ChD. 269.

［131］*Re Jogia*（*a bankrupt*）［1988］2 All E. R. 328，*KOTC Co SAK v Al Bader*［2002］2 All E. R.（Comm）271.

［132］"罗马Ⅱ"是一个提案，针对欧洲议会条例与关于非合约义务的准据法 COM/2003/0427 的理事会。本提案阐明了侵权索赔及其他非合约义务索赔（包括恢复原状索赔）的法律规则的建议性选择。

［133］见，例如 *Gotha City v Sotheby's*；*Federal Republic of Germany v Same*，*The Times*，October 8，1998（适用德国的 30 年时效期间，但因公共政策和英国法律而除外；适用《1980 年诉讼时效法》第 4 节，这样时间就不利于窃贼了）。

［134］《联合国国际货物销售合同时效期间公约》，参见下文第 32－032 段。

［135］《罗马公约》不适用于程序，第 1 条第 2 款 h 项。

［136］关于"不必要的困难"的解释，见 *Jones v Trollope & Colls Cementation Overseas Ltd The Times*，January 26，1990；*The Komninos S*［1990］1 Lloyd's Rep. 541 案初审（在上诉中基于其他理由推翻原判）；*Arab Monetary Fund v Hashim*［1996］1 Lloyd's Rep. 589。

［137］本规定的意图是，排除外国法律到英国法律的反致。

［138］*Good Challenger Navegante SA v Metalexportimport SA*［2004］1 Lloyd's Rep. 67，在该案中，上诉法院不承认罗马尼亚法院对英国《诉讼时效法》适用性的裁决。

［139］*Woodhouse AC Israel Cocoa SA v Nigerian Produce Marketing Co*［1972］A. C. 741；还可见 *WJ Alan & Co Ltd v El Nasr Export & Import Co*［1972］2 Q. B. 189；*President of India v Lips Maritime Corporation*；*The Lips*［1988］A. C. 395（租船契约中的运费与延滞费由美元确定，但可以以"英国境外英镑"支付；拖延支付延滞费不是赔偿诉讼的诉因）。

［140］现已改称奈拉。

［141］*Miliangos v George Frank Textiles Ltd*［1976］A. C. 443；*Schorsch Meier GmbH v Hennin*［1975］Q. B. 416.

［142］*Jean Kraut AC v Albany Fabrics*［1977］Q. B. 182；*Services Europe Atlantique Sud v Stockholm Rederiaktiebolag Svea*；*The Folias and The Despina R*［1979］A. C. 685；*George Veflings Rederi A/S v President of India*；*The Bellami*［1978］1 W. L. R. 982；*BP Exploration Co*（*Libya*）*Ltd v Hunt*（*No. 2*）［1979］1 W. L. R. 783；*Société Francaise Bunge SA v Belcan NV*；*The Federal Huron*［1985］2 Lloyd's Rep. 197（以外币赔偿遭到拒绝，因为双方当事人在订立合同时没有将此考虑在内）；*AG for Rep of Ghana v Texaco Overseas Tankships Ltd*；*The Texaco Melbourne*［1994］1 Lloyd's Rep. 473（上议院裁决以加纳塞地进行赔偿，因为原告的损失是以此货币遭受的，尽管他们要花费美元

更换货物，而且违反合约之日与判决之日之间塞地外汇汇率已大幅下降）。

[143] *Jugoslavenska Oceanska Plovidba v Castle Investment Co Inc* [1974] Q. B. 292；现在《1996年仲裁法》第48节第4条。

[144] *Barclays Bank International Ltd v Levin Brothers (Bradford) Ltd* [1977] Q. B. 270.

[145] *Ozalid Group (Export) Ltd v African Continental Bank Ltd* [1979] 2 Lloyd's Rep. 231.

[146] *Ozalid Group (Export) Ltd v African Continental Bank Ltd* [1979] 2 Lloyd's Rep. 231 at 234.

[147] *The President of India v Taygetos Shipping Co SA* [1985] 1 Lloyd's Rep. 155，还可见 *The Lash Atlantico* [1985] 2 Lloyd's Rep. 464。

[148] *Re Dynamics Corporation of America* [1976] 1 W. L. R. 757；*Re Lines Bros Ltd* [1983] Ch. 1；*Re Lines Bros Ltd (No. 2)* [1984] 2 W. L. R. 905.

[149] *Re Lines Bros Ltd (No. 2)* [1984] 2 W. L. R. 905 at 914.

[150] Brightman L. J. in *Re Lines Bros Ltd*.

[151] *Practice Direction* [1976] 1 W. L. R. 83，修订于 *Practice Direction* [1977] 1 W. L. R. 184。

[152] 法律委员会第124号（1983年）。

[153] 第49节，见 *Lesotho Highlands Development Authority v Impreglio SpA* [2004] 1 All E. R. Comm 97，上诉法院针对以外币的裁定额进行了详细的讨论。

[154] 例如 *SA Consortium General Textiles v Sun and Sand Agencies Ltd* [1978] Q. B. 279（惩戒性损害赔偿）。

[155] *Vervaeke v Smith* [1983] 1 A. C. 145.

[156] 例如《1984年外国判决（互惠执行）法》第2节；《1982年民事管辖权和判决法》附表1第27条第1款，以及附表3C第27条第1款；《罗马公约》附表1第16条。

[157] *Oppenheimer v Cattermole* [1976] A. C. 249（纳粹针对德国犹太人的法令），还可见 *Frankfurter v WL Esner Ltd* [1947] Ch. 629。

[158] *Carl Zeiss Stiftung v Rayner & Keeler (No. 2)* [1967] 1 A. C. 853；*Gur Corporation v Trust Bank of Africa Ltd* [1987] Q. B. 599.

[159]《1991年外国公司法》第1节讨论了涉及在未被认可的国家领土内的实体公司的事项。

[160] *Luther v Sagor* [1921] 3 K. B. 532；*Princess Olga v Weisz* [1929] 1 K. B. 718；*Williams & Humbert Ltd v W&M Trade Marks (Jersey) Ltd* [1986] A. C. 368.

[161] *Lecouturier v Rey* [1910] A. C. 262，*Frankfurther v WL Exner Ltd* [1947] Ch. 629；*Redler Grain Silos Ltd v BICC Ltd* [1982] 1 Lloyd's Rep. 435 at 438.

[162] *Lecouturier v Rey* [1910] A. C. 262. 见 *Kuwait Airways Corp v Iraqi Airways Co (Nos 4 & 5)* [2002] UKHL 19 关于伊拉克入侵科威特合法性以及在国际法律中地位的讨论。承认某些外国法律在涉及所有权的诉讼程序中可能关系重大。

[163] *Re Visser* [1928] Ch. 877；*Indian Government v Taylor* [1955] A. C. 491。还可以见前文中的 *State of Norway's Application* 一案。*Buchanan and Macharg v McVey* [1958] A. C. 516 (note) .

[164] *QRS 1 Aps v Frandsen* [1999] 3 All E. R. 289（上诉法院认为，《布鲁塞尔公约》第1条中所排除的税收赔偿包括间接税收，因此公约不适用）。

[165] 前文中的 *State of Norway's Application* 一案。

[166] *Huntington v Attrill* [1893] A. C. 150.

[167] *United States of America v Inkley* [1988] 3 W. L. R. 304（佛罗里达在一个民事诉讼中的判决，执行一个保释保证书失败了，因为该保释保证书是在一个刑事诉讼中实施的）。

[168] *Banco de Vizcaya v Don Alfonso de Borbon y Austria* [1935] 1 K. B. 140.

[169] *The Rose Mary* [1953] 1 W. L. R. 246 (see on this case *Re Helbert Wagg & Co Ltd's Claim* [1956] Ch. 323 at 346).

[170] *Folliott v Ogden* (1978) 1 H. Bl. 123.

[171] [1921] 3 K. B. 352.

[172] *Williams & Humbert Ltd v W & H Trade Marks (Jersey) Ltd*; *Rumasa SA v Multinvest (UK) Ltd (The Dry Sack Litigation)* [1986] A. C. 368, HL.

[173] *Banco de Vizcaya v Don Alfonso de Borbon y Austria* [1935] 1 K. B. 140.

[174] 见，例如*Attorney-General of New Zealand v Ortiz* [1982] Q. B. 349及 [1984] A. C. 1，该案解释了针对公共政策原则限制的不同观点；*Att. -Gen (UK) v Heinemann Publishers Australia Ltd* [1988] 165 C. L. R. 30，以及 *Att. -Gen (UK) v Wellington Newspapers Ltd* [1988] 1 N. Z. L. R. 129 (“捕俘间谍”案)；*United States v Ivey* [1995] 130 D. L. R. (4th) 674。

[175] *United States v Ivey* [1995] 130 D. L. R. (4th) 674.

[176] 欧盟已经实施了关于《文物出口》(理事会修订条例3911/92号) 和《返还从成员国非法获取的文物》(93/7和96/100指令) 的条例和指令。请参见第26—006段。英国不是1995年《国际统一私法协会关于被盗或非法出口文物公约》的成员方。

[177] *Per* Lord Macmillan in *Donoghue v Stevenson* [1932] A. C. 562 at 619.

[178] *Lemenda Trading Co Ltd v African Middle East Petroleum Co Ltd* [1988] Q. B. 448 (对于被认为是违反英国与外国公共政策的金钱收益，宣称会影响外国官员；Phillips J. (at 745)：“公共政策的一些标题是基于道德的普遍原则……如果合同违反了这样的公共政策法规，英国法院不会执行该合同，无论合同的本有法是什么以及履行地在何处”)。还可以见 *Mitsubishi Corporation v Alafonzos* [1988] 1 Lloyd's Rep. 191；*EI Du Pont de Nemours v IC Agnew* [1987] 2 Lloyd's Rep. 585 (英国法院比外国法院更适合决定关于英国公共政策的观点)；*Camdex International v Bank of Zambia (No. 3)* [1997] 6 Bank L. R. 44.

[179] *Kuwait Airways Corp v Iraqi Airways Company*, *The Times*, May 12, 1998.

[180] *Royal Boskalis Westminster NV v Mountain* [1988] 2 W. L. R. 538 (伊拉克当局扣押了科威特的挖泥船，他们同意放弃索赔，以保证得到释放)。

[181] *Ralli Brothers v Compania Naviera Sota y Aznar* [1920] 2 K. B. 287；*Roster v Driscoll* [1929] 1 *K. B.* 470；*Regazzoni v KC Sethia (1944) Ltd* [1958] A. C. 301；*Ispahani v Bank Melli Iran* [1998] Lloyd's Rep. Bank 133. 但是，根据履约者居住国法律合同是无效的，这一事实不够充分，除非该国同样是实际履行要发生的国家；*Toprak Mahsulleriofisi v Finagrain Compagnie Commerciale, Agricole et Financiere* [1979] 2 Lloyd's Rep. 98 at 107。还可以见 *Kleinwort Sons & Co v Ungamische Baumwolle Industrie AG* [1939] 2 K. B. 678；*Libyan Arab Foreign Bank v Bankers Trust Co* [1989] Q. B. 728 (这些案件在“特征性履行”的概念引入英国法律之前已判决，“特征性履行”见前文第21—009段)。

[182] 在*United City Merchants (Investment) Ltd v Royal Bank of Canada* [1983] 1 A. C. 168一案中，出现了一个不同的观点。当事人达成的违反《秘鲁外汇管制条例》的协议是无效的，因为该协议违反了英国法律，即《1946年布雷顿森林协议》，而不是因为它违反了外国国家的法律，即秘鲁法律。

[183] [1958] A. C. 301；还可以见 *Foster v Driscoll* [1929] 1 K. B. 470。

[184] *Archbolds (Freightage) Ltd v S Spanglett Ltd* [1961] 1 Q. B. 374；*Fielding & Platt Ltd v Najjar* [1969] 1 W. L. R. 357；*Phoenix General Insurance Company of Greece SA v Halvanon Insurance*

Co Ltd [1987] 2 W. L. R. 512 at 561；SCF Finance Co Ltd v Masri（*No. 2*）[1987] 2 W. L. R. 58 at 78.

[185] *Regazzoni v KC Sethia*（*1944*）*Ltd* [1958] A. C. 301；*Fielding & Platt Ltd v Najjar* [1969] 1 W. L. R. 357.

[186] *Regazzoni v KC Sethia*（*1944*）*Ltd* [1958] A. C. 301；还可以见 *Mackender v Feldia AG* [1967] 2 Q. B. 590. 但是在 *Geismar v Sun Alliance and London Insurance Ltd* [1978] 1 Q. B. 383 一案中，法官认为，基于公共政策，对非法进口至本国的货物的保险合同不能执行。

[187] *Pye Ltd v BG Transport Service Ltd* [1996] 2 Lloyd's Rep. 300.

[188] *Euro-Diam Ltd v Bathurst* [1990] 1 Q. B. 35.

[189] 若情况与另一国家有密切联系，该条款允许该国适用强制性规则。

[190] 该条款规定，公约的任何条款都不得限制法院地法强制规则的适用，不论合同适用什么法律。

[191] 完整的讨论，见 Dicey，Morris & Collins *Conflict of Laws*（14th edn，2006）at chap. 5.

[192] *Soleimany v Soleimany* [1999] Q. B. 785；还可以见 *Eco Swiss China Time Ltd v Benetton International NV* [1999] 2 All E. R. 44 (Comm)。

[193] 关于违反海关法的行为，见第 26 章。

[194] 见 C. M. Schmitthoff，"Criminal Offences in Export Trade Law" [1957] J. B. L. 146。

[195] Denning L. J. in *Regazzoni v KC Sethia*（*1944*）*Ltd* [1956] 2 Q. B. 490 at 515；affd [1958] A. C. 301 at 318. 参见上文第 21－025 段。

[196] 如果在外国国家犯下的罪行是可引渡的，尽管该罪行针对的是外国税收当局，那么根据《引渡法》，不执行外国税收法律的规定不适用于引渡：*R. v Chief Metropolitan Stipendiary Magistrate Ex p. Secretary of State for the Home Department* [1988] 1 W. L. R. 1204。根据《引渡法》及与外国的双边协定，密谋向一个外国国家（美国）出口危险药品是可引渡的罪行：*Government of the United States v Bowe* [1990] 1 A. C. 500（上诉自巴哈马的 PC 案件）。

[197] 1870 年、1895 年、1906 年以及 1932 年的引渡法，不包括《1873 年引渡法》。

[198] 在 *R. v Secretary of State for the Home Department Ex p. Fininvest SpA* [1997] 1 W. L. R. 743 一案中，涉及来自意大利检察机关的请求信，法官认为，《1990 年刑事审判（国际合作）法》中的"证据"一词，相较于以往法律，具有不同的、更宽泛的意义；政党及政治家介入指控罪状，并不会使罪行政治化。

[199] 未被报道。该案件在 [1957] J. B. L. 147 中得到讨论。

[200]《1887 年/1953 年商标法》第 11 节。后来《1968 年商业表示法》替代了这些成文法规。

[201]《1968 年商业表示法》第 32 节，经修订（其他详情经由商务部执行）。

[202] *R. v Dearlove and Drucker*（the Oxo cubes case） [1988] Crim. L. R. 323； [1988] J. B. L. 167，CA. 如果双重价格结构违反了《欧共体条约》第 81 条第 1 款，即构成犯罪。

[203] *Smith Kline & French Laboratories v Long* [1989] 1 W. L. R. 1，CA.

[204] *Board of Trade v Owen* [1957] A. C. 602.

[205] *R. v Peter Stanley Cox* [1968] 1 W. L. R. 88；*R. v Governor of Brixton Prison Ex p. Rush* [1969] 1 W. L. R. 165；*Attorney-General's Reference*（*No. 1 of 1982*）[1983] Q. B. 751.

[206] *Att. -Gen. 's Reference*（*No. 1 of 1982*）[1983] 3 W. L. R. 72.

[207] *R. v Doot* [1973] A. C. 807.

[208] *R. v Newland* [1954] 1 Q. B. 158；*Board of Trade v Owen* [1957] A. C. 602. 此原则不适用于 *Attorney-General's Reference*（*No. 1 of 1982*）[1983] Q. B. 751。

[209] 曾经的《国际货币基金组织协定》。

[210] S. R. & O. 1946 No. 36。本枢密院令根据《1945年布雷顿森林协议》制定，后来大部分都废止了，但《布雷顿森林协议枢密令》依然有效。

[211] 因为《罗马公约》第21条规定公约不应妨碍国际公约的使用，《布雷顿森林协议》的第2条b款根据《罗马公约》无效。

[212] *Sharif v Azad* [1967] 1 Q. B. 605.

[213] *Sharif v Azad* [1967] 1 Q. B. 605. Per Lord Denning at 613.

[214] *Sharif v Azad* [1967] 1 Q. B. 605 . Per Diplock L. J. at 618.

[215] *Wilson, Smithett & Cope Ltd v Terruzzi* [1976] Q. B. 683. See Sir Joseph Gold, "Exchange Contracts, Exchange Control, and the IMF Articles of Agreement; Some Animadversions on Wilson, Smithett & Cope Ltd v Terruzzi" (1984) 33 I. C. L. Q. 777.

[216] *Wilson, Smithett & Cope Ltd v Terruzzi* [1976] Q. B. 683.

[217] *Ispahani v Bank Melli Iran* [1998] Lloyd's Rep. Bank 133.

[218] [1983] 1 A. C. 168. 还可以见 *Overseas Union Insurance Ltd v AA Mutual International Insurance Co Ltd* [1988] 2 Lloyd's Rep. 63 at 70（再保险协议未违反南非的外汇管制，也不是变相外汇合约）。

[219] *Mansouri v Singh* [1986] 1 W. L. R. 1393, CA.

[220] *Kahler v Midland Bank* [1950] A. C. 24; *Re Lord Cable* [1977] 1 W. L. R. 7.

[221] *Re Lord Cable* [1977] 1 W. L. R. 7.

[222] 参见上文第21—023段至第21—026段。

[223] 同上。

[224] 进一步见 Fox, *The Law of State Immunity*, OUP（2002）。

[225] 欧共体不是《1978年国家豁免法》意义上的"国家"，因此不能根据该法主张豁免权：*International Tin Council* cases [1988] 3 All E. R. 257, 316－320。

[226] 见 *Kuwait Airways Corp v Iraqi Airways Co* [1995] 1 W. L. R. 1147 at 1160。

[227] 英国普通法发展到承认有限制的豁免权的原则：*I Congreso del Partido* [1983] 1 A. C. 244。在本判决之前，限制性学说已经被枢密院在 *The Philippine Admiral* [1977] A. C. 373 案中应用，被上议院在 *Trendtex Trading Corporation v Central Bank of Nigeria* [1977] Q. B. 529 案的附带意见中应用。关于主权（"平等者之间"）的概念，见 *I Congreso del Partido* 案中 Wilberforce 勋爵所言（at 262）。一个完全不同的问题是国际公法的规则，有时称作"国家行为"原则，根据该原则法院不会审判不同主权国家之间的交易：*Buttes Gas and Oil Co v Hammer* (*No. 3*) [1982] A. C. 888。在 *MacLaine Watson & Co Ltd v International Tin Council* [1989] Ch. 253 (affirmed by HL in [1989] 3 W. L. R. 969) 案中，Kerr L. J. 表达了其怀疑：国家非正当性规则可以延伸至基于商业协议的索赔。还可以见 Evans J. in *Amalgamated Metal Trading Ltd v Department of Trade and Industry*, *The Times*, March 21, 1989 及 *Occidental Exploitation v Ecuador* [2005] 2 Lloyd's Rep. 707 案中的评论。在美国，在判例 *Alfred Dunhill v Republic of Cuba*, 425 *U. S.* 682 (1976) 中，最高法院承认商业行为是国家原则法的例外；见 Stephen J. Leacock, "The Commercial Activity Exception to the Act of State Doctrine revisited: Evolution of a Concept", in (1988) 13 *North Carolina Journal of International Law & Commercial Relations*, 1。

[228] 根据 Diplock 勋爵在 *Alcom Ltd v Republic of Colombia* [1984] A. C. 580 at 600 案中的评论，《国家豁免法》通过重申第1节第1条的绝对原则开始，但是法案使得原则受到广泛例外的影响（第2至17节）。按照这些例外的宽泛范围，文中的观点是合理的。

[229] 在第14节第2条中。

[230]《1978年国家豁免法》第14节第4条；*Hispano Americana Mercantil SA v Central Bank of Nigeria* [1979] 2 Lloyd's Rep. 277（英国的1978年法相比美国的《1976年外国主权豁免法》给予中央银行更进一步的豁免权，美国的1976年法仅仅保护银行“其自身账户所有”的财产）。还可以见 *Grovit v De Nederlandsche Bank* [2006] 1 Lloyd's Rep. 636。

[231]《1978年国家豁免法》第9节。如果一国没有对仲裁条款达成“书面一致”，在执行该协议的任何裁决程序时，该国可能免受法院司法权的审判。见 *Svenska v Government of the Republic of Lithuania* (*No. 1*) [2006] 1 Lloyd's Rep. 2 and (No. 2) 2005 EWHC [2437] Comm [2006] EWCA Civ 1529，(CA)（在该案中，认为立陶宛同意了仲裁条款）。

[232]《1978年国家豁免法》第13节第4条。参见 *Alcom Ltd v Republic of Colombia* [1984] A.C. 580。

[233]《1978年国家豁免法》第13节第2条a款。

[234] *Soleh Boneh International Ltd v Government of the Rep of Uganda* [1993] 2 Lloyd's Rep. 208.

[235] 微罪不举原则（法律不计较琐细的事）。

[236] *Alcom Ltd v Republic of Colombia* [1984] A. C. 580. 还可以见 *Maclaine Watson & Co Ltd v International Tin Council* (*No. 3*) [1989] 3 W. L. R. 969，HL；*AIG v Republic of Kazakhstan* [2006] 1 Lloyd's Rep. 45。

[237] SI 1997/2591，于1997年11月1日生效。

[238] *Al-Adsani v Government of Kuwait*，*The Times*，March 29，1996. *Jones v Minister of Interior* [2006] UKHL 26，HL.

[239] *Kuwait Airways Corp v Iraqi Airways Co* (*No. 5*)，*The Times*，May 12，1998. 本案的事实已在前文的第21—024段给出。

[240] 在美国，1952年5月19日 Mr. J. B. Tate（当时的国务院法律顾问）寄给当时司法部长的所谓的贸易信（Trade Letter），加速了从绝对主义向限制主义的转变。最高法院在 *Alfred Dunhill of London Inc v Republic of Cuba* (1976) 96 S. C. 1854 一案中，应用了限制性的理论。

[241] 见 Kazimeirz Grzybowski，“The United States Foreign Sovereign Immunities Act 1976” [1978] J. B. L 111。

[242] 根据《1980年治安法院法》附表7与9，以及《1982年民事管辖权和判决法令》第38节。对于《1980年贸易利益保护法》的考虑，见 Lawrence Collins，“Blocking and Clawback Statutes：The United Kingdom Approach” [1986] J. B. L. 372 at 452。

[243]《1980年贸易利益保护法》第1节第1条。第1节第1条和第3条在《理事会条例2271/96》（保护贸易利益免受第三国所采用的域外法律效力影响）适用的范围内无效。违反以下条例的第2和第5条是违法行为：Extraterritorial US legislation (Sanctions against Cuba，Iran and Libya) (Protection of Trading Interests) Order 1996 (SI 1996/3171)。

[244]《1980年贸易利益保护法》第1节。本节的法令与横贯西伯利亚输油管线（SI 1982/885；见 [1982] J. B. L. 360）及 *Laker* 诉讼（SI 1983/90；本条例在 *British Airways Board v Laker Airways Ltd* [1985] A. C. 58 案中考虑到）有关。无合理的理由而不根据第1节遵从国务大臣的要求，是可判处的（第3节）。

[245]《1980年贸易利益保护法》第2节。第2节在理事会条例适用的范围内无效。再者，无合理理由不遵从是可判处的（第3节）。

[246] 本规定针对所谓的“审前盘问”，特别是在美国广泛认可的审前程序中；这类程序的目的是确信调查者是否有足够的证据开始程序；另一方面，英国法院不会限制诉讼当事人利用其权利在美国通过审前程序获得信息：*South Carolina Insurance Co v Assurance Maatschappij “De Zeven Provincien”*

NV [1987] A. C. 24。但是在其他情况下，可能会出现问题，见 *Lonrho Ltd v Shell Petroleum Co Ltd* [1982] A. C. 173；*Re State of Norway's Application* (*No. 2*) [1988] 3 W. L. R. 603；被 HL [1990] 1 A. C. 723 推翻（参见下文第 21—022 段）。

[247] 根据《1975 年（涉外诉讼）证据法》；参见下文第 21—022 段。

[248]《1980 年贸易利益保护法》第 4 节。

[249] 参见上文第 4—015 段。

[250] 关于拒绝外国税收法律、刑事法律、某些公共法律、声称具有域外效力的没收法律及某些歧视性法律，参见上文第 21—022 段至第 21—024 段。

[251] *British Nylon Spinners Ltd v Chemical Industries Ltd* [1953] Ch. 19；*Re Westinghouse Electric Corporation Uranium Contract Litigation MDL Docket No. 235* (*No. 1 and No. 2*) [1978] A. C. 547. 还可以见 *Radio Corporation of America v Rauland Corporation* [1956] 1 Q. B. 618（在美国的一个专利诉讼中，要求审前调查）；*X AG v Bank A* [1983] 2 All E. R. 464（以美国法院的传票裁定不遵从的禁令）。但是英国法院不会限制诉讼当事人利用美国的审前调查程序，见"*De Zeven Provincien*" case [1987] A. C. 24 at 43。

[252] *Re International Power Industries Inc NV* [1985] B. C. L. C. 128. 见 Lawrence Collins 的拓荒之作"Problems of Enforcement in the Multinational Securities Market. A United Kingdom Perspective" in (1987) 9 *University of Pennsylvania Journal of International Business Law*，487。

[253] *Re Asbestos Insurance Coverage Cases* [1985] 1 W. L. R. 331；*Minnesota v Philip Morris Inc* [1998] I. L. Pr. 170. 根据《1975 年证据法》，外国法院的证据可以通过录像获得，尽管这些证据在英国法院是不被接纳的：*J Barber & Sons v Lloyd's Underwriters* [1987] Q. B. 103。

[254] *Westinghouse* 案件，参见上文。*Westinghouse* 案件在《1980 年贸易利益保护法》第 4 节生效前判决。

[255] 同上，at 616。

[256] [1990] 1 A. C. 723.

[257] *Re State of Norway's Application* [1987] Q. B. 433. 还可以见 *Minnesota v Philip Morris Inc* [1998] I. L. Pr. 170.

[258] *Re State of Norway's Application* (*No. 2*) [1990] 1 A. C. 723.

[259] *Settobello Ltd v Banco Totta and Acores* [1985] 1 W. L. R. 1050；参见上文第 6—010 段。还可以见 *Buttes Gas and Oil Co v Hammer* (*No. 3*) [1982] A. C. 888；*Maclaine, Watson & Co Ltd v International Tin Council* [1989] 3 W. L. R. 969。

[260] *Mackinnon v Donaldson, Lufkin and Jenrette Securities Corporation* [1986] Ch. 482（根据《1879 年银行簿记证据法》，裁定拒绝出示外国银行保存的单证）。

[261] *Lockerbie Air Disaster, Re*, *The Times*, May 20, 1992.

第22章 国际商事诉讼——管辖权[1]

引言

22—001 在国际商事交易中，各方当事人都应当考虑到交易过程中纠纷产生的一切可能性。例如在签订一份国际商事合同时，出口商就必须确保在双方发生纠纷的情况下，所签订的合同中有明确的管辖权条款[2]来规定特定国家或地区的法庭才拥有司法管辖权。[3]如果来自英国的出口商希望由英国法院来裁决本企业的商业纠纷，那么在合同的谈判过程中，他就必须尽可能地在合同中约定相应的管辖权条款。当然选择适用相应的法律规定也是可行的。[4]

如果合同中未能引入明确的管辖权条款，那么当事人之间一旦发生纠纷，就确定司法管辖权这一事项而言，将可能产生很多复杂的情况，例如一方当事人可能会“挑选法院”（forum shopping），即利用国际民事管辖权的积极冲突，从众多有管辖权的法院中选择一个最能满足自己诉讼请求的法院进行起诉，当事人的实际动机可能包括延迟争端解决、争取东道国法院审理或是使自己的损失得到最大化的补偿等。同样，两个甚至两个以上的具有司法管辖权的机构对同一争端就管辖权冲突而进行诉讼的情况也有可能会发生。

综上所述，在没有明确的管辖权条款的情况下，各方当事人往往会在争端发生之后，从该纠纷中自身的特定利益出发去考虑管辖权归属的问题，如延迟争端解决、东道国优势等，那么这往往就会造成当事人之间相持不下的局面。但是如果合同中载有明确的管辖权条款，那么在大多数情况下这种管辖权冲突的问题将不会发生或至少更易解决。此外，解决管辖权冲突和“一事两诉”的成本也都很高，而且还经常造成双方争端实际解决的无限延迟。但是如果双方在起草合同的过程中，就管辖权归属问题进行了规定，那么上述问题的影响将会减小，甚至完全避免。

本章内容在概述英国法中有关司法管辖权方面的规定的基础上，例如哪些法院就国际贸易纠纷具有管辖权，进一步讨论了在英国法背景下管辖权条款的执行问题，以及管辖权条款缺失情况下可用于解决管辖权冲突的法律规定。在讨论的过程中，我们可以很明显地发现，随着时代发展，为了协调英国与欧盟，及欧洲自由贸易联盟（European Free Trade Association，EFTA）成员国在管辖权立法上的差异，传统的普通法中有关司法管辖权的规定正在逐渐被欧洲立法和国际公约同化。

就管辖权的对象而言，本章内容主要讨论的是对人管辖权（in personam）的相关问题。[5]概括而言，有三大类的相关法律规范就对人管辖权的行使范围进行了规定。同时我们需要注意的是，这其中大部分的但不是全部的规定都认定对人管辖权的归属取决于被告的居住地。[6]

具体来说，上述三部分的法规分别适用于下面三种类型的管辖权冲突：

(a) 欧盟及 EFTA 成员国内部管辖权分配：欧盟理事会规则 2001 年第 44 号《关于民商事管辖权和判决承认与执行的规则》（Council Regulation (EC) 44/2001，“the Judgments Regulation”，以下简称欧盟 2001 年第 44 号规则）。该规则就适用范围内的司法管辖权进行了详尽的规定，并在欧盟的司法管辖权体制内得以强制性运用。1968 年《布鲁塞尔公约》和 1988 年《洛迦诺公约》的相关规定也在该条例中得以沿用，并仍保持着一定的重要性[7]，本章将详细探讨此规则的相关规定。此外，本章有关《布鲁塞尔公约》和《洛迦诺公约》相关案例的讨论也集中在欧盟规则解释的范围内。

(b) 欧盟及 EFTA 成员国之外的管辖权分配：传统英美法中关于管辖权的规定主要存在于普通法及其法定修改之中。而这些规则主要适用于欧盟 2001 年第 44 号规则和/或《布鲁塞尔公约》、《洛迦诺公约》不适用的情形（主要是被告居住地位于欧盟[8]和 EFTA[9]成员国之外的国家或地区）。

(c) 英国内部法院的管辖权分配：在国际商事案件管辖权分配的过程中，欧盟 2001 年第 44 号规则有时会将其分配给英国某一特定法院，有时又只是笼统地指定由英国法院受理。在后面这种情况下，国内管辖权的分配将由英国国内法决定。[10]

根据英国法规定，只有在载明诉讼的诉状格式（claim form）被送达至被告后，相应的诉讼程序才能在英国法院启动。《英国民事诉讼规则》第 6 章则详细规定了有关诉状送达的内容。根据此章内容，当拟议被告的住所位于欧盟或 EFTA 管辖范围内时，无须法院许可，诉状格式即可域外送达。当然，英国法院对上述居住地被告的管辖权已在欧盟 2001 年第 44 号规则和其他的民事诉讼公约中得以确认。

但当拟议被告的住所位于上述管辖范围之外时，《英国民事诉讼规则》第 6 章还列举了在法院许可情况下可以进行域外送达的情形。对于此类诉讼，英国法院的管辖权在传统英国法中得以确认，而非由欧盟 2001 年第 44 号规则或其他的民事诉讼公约确认。

同时，针对欧盟 2001 年第 44 号规则或其他的民事诉讼公约中规定可以选择进行域外诉讼的情形，《英国民事诉讼规则》第 6 章还规定了可以依据当事人申请而签发诉讼禁令限制域外诉讼的条件。

综上，本章的内容只是涉及有关民事诉讼公约和欧盟规则中关于管辖权的规定，至于有关判决执行的内容，将在本书第 24 章进行探讨。

除此之外，本章还简要介绍了两项临时救济，包括冻结禁令（即马瑞瓦禁令，Mareva injunctions）和搜查令（即安东·皮勒命令，Anton Piller orders）。其中，冻结禁令通过冻结被告的财产以防止其诉前恶意的财产转移；搜查令则是出于证据保全等目的责令一方当事人准许他方当事人进入其住所的命令。本章有关上述禁令的讨论主要集中在英国法院给予临时救济时的管辖权归属问题上。最后，本章还简要介绍了与海事法密切相关的对物管辖权的内容。

欧洲管辖权规则

22—002 正如本章引言所述，根据《英国民事诉讼规则》第 6 章的规定，当被告住所地位于欧盟和 EFTA 成员国范围内时，域外送达无须法院许可即可执行。《英国民事诉讼规则》第 6 章第 19 条规定：

“无须法院许可的情形下之域外送达

(1) 如诉状格式中载明向被告提起的每一诉讼，法院依《1982 年民事管辖权和判决法》皆有管辖权的，以及符合如下条件，则可向域外的被告送达诉状格式——

(a) 当事人之间并未因同一纠纷，正在联合王国其他地区或其他任何公约地区的法院进行诉讼程序；以及

(b) (ⅰ) 被告的住所位于联合王国或任何公约地区；

(ⅱ) 属《1982年民事管辖权和判决法》附表1第16条、第3C条或第4条所指诉讼程序；或者

(ⅲ) 被告签订《1982年民事管辖权和判决法》附表1第17条、第3C条或第4条所指的管辖权协议。

(1A) 如诉状格式中载明向被告提起的每一诉讼，法院依欧盟2001年第44号规则拥有管辖权的，以及符合如下条件的，则可向域外的被告送达诉状格式——

(a) 当事人之间并未因同一纠纷，正在联合王国其他地区或其他任何公约地区的法院进行诉讼程序；以及

(b) (ⅰ) 被告的住所位于联合王国或任何公约地区；

(ⅱ) 属欧盟2001年第44号规则第22条所指诉讼程序；或者

(ⅲ) 被告签订欧盟2001年第44号规则第23条所指的管辖权协议。

(2) 如诉状格式中载明向被告提起的每一诉讼，为法院基于任何法律规定享有管辖权的，即使存在如下情形，亦可向域外的被告送达诉状格式——

(a) 被提起诉讼的人不在法院的管辖区内；或者

(b) 引起诉讼的事实未发生在管辖区内。

(3) 如依本条之规定，向域外送达诉状格式的，则须声明原告有权向域外送达诉状格式之理由。”

此外，《英国民事诉讼规则》第6章第22条和第23条还分别规定了依第19条向域外送达诉状格式的，提出送达认收书或自认书的期间和提出答辩状的期间。[11]

□ 审判规则的解释（《布鲁塞尔公约》和《洛迦诺公约》）

作为欧盟法律，欧盟2001年第44号规则在英国直接生效。其中上诉法院可以要求欧洲法院（The ECJ，European Court of Justice）就欧盟规则的解释等相关问题做出预审裁决，从而确保在审判过程中保持规则的一致性。这种情况经常会出现在有关《布鲁塞尔公约》的司法解释上。[12]另外，在特定的案件中，上诉法院或是上议院在做出判决之前，必须将某些法律问题交给欧洲法院做出预审裁决。同时英国法院必须接受欧洲法院所制定的规则或是做出的判决的约束。鉴于欧盟规则和《布鲁塞尔公约》有关条文的相似性，以及地区之间法律适用一致性的需要，欧洲法院在对《布鲁塞尔公约》进行法律解释时，往往会与对欧盟规则进行法律解释时的价值取向保持一致。同时，欧盟规则还赋予了英国郡法院一定的自主解释权，例如，法院可以判决适用规则规定的统一 22—003

形式而无须与当地法律保持一致。[13]

有关《布鲁塞尔公约》的司法解释，有一系列的官方报告值得借鉴，例如P. Jenard 和 Peter Schlosser[14]教授的研究报告。在《洛迦诺公约》方面，则可以借鉴 P. Jenard 和 G. Moller 教授的研究报告。[15]

《洛迦诺公约》本身并没有具体条款可被欧洲法院引用，但是公约中却有明确规定，公约成员国在使用公约时，需要注意其他公约成员国对相应公约的司法解释。[16]因此，该公约在成员国范围内建立了一个交流信息和相互咨询的体系，并且在该体系内，相关信息得以整合，有关公约实施效果的意见和建议也得以交流。[17]此外，欧洲法院在解释《布鲁塞尔公约》时，应当注意相应EFTA 成员国对《洛迦诺公约》的适用和解释，反之亦然。[18]同时，《洛迦诺公约》规定其成员国不得妨碍《布鲁塞尔公约》的执行。[19]由此可得，如果争端双方同属于欧盟成员国，则适用《布鲁塞尔公约》；如果双方同属于 EFTA 成员国，则适用《洛迦诺公约》；而且，由于两部公约在规则适用上的规定是完全相同的，所以当一方当事人住所地位于《布鲁塞尔公约》成员国，而另一方当事人位于《洛迦诺公约》成员国时，管辖权归属也不会出现争议。最后，各公约均以多种语言撰写，并且每种语言版本具有同等的权威性。[20]

□ 审判规则应用的地域

22－004 对于民商事案件[21]，无论其受理法庭的性质，均可适用欧盟 2001 年第 44 号规则，但涉及税收[22]、海关或行政措施的案件除外。[23]涉及下述内容的案件同样超出了规则的管辖范围：

(a) 有关自然人的民事主体地位和权利能力，以及由婚姻关系、遗嘱继承关系而产生的财产性权利（第 1 条第 2（a）款）；

(b) 破产、公司或其他法人清偿协议，司法和解及其他类似程序（第 1 条第 2（b）款）；

(c) 社会保障（第 1 条第 2（c）款）；

(d) 仲裁（第 1 条第 2（d）款）。[24]

□ 审判规则的管辖权规定

22－005 根据一般管辖权规则，除非另有规定或约定，凡在一个成员国内有住所的人，不论其所属国籍，均可在该成员国法院被诉。[25]但是，欧盟规则及其他公约都赋予了当事人就争端解决进行协议管辖的权利。[26]同时，除了该规则其他条款下规定的管辖权，一成员国法院对已出庭应诉的被告有管辖权，除非该被告出庭应诉只是为了抗辩管辖权。[27]

规则的第 2 章至第 7 章还规定了几种具体合同的特别管辖权，这些合同包括保险合同、消费者合同和雇佣合同。

此外，规则还就几项特殊领域规定了专属管辖权，即无论被告是否在成员国有住所，成员国法院均享有专属管辖权。例如：

(a) 不动产之上的物权；

(b) 组织设立的效力；

(c) 公司的解散或其他行为的效力；

(d) 公共登记的效力；

(e) 专利、商标及其他知识产权的注册和效力；

(f) 判决的执行。[28]

该欧盟规则还就法院对受理案件专属管辖权的审查[29]、未决诉讼和关联诉讼的处理（先受理法院管辖原则）[30]以及临时救济措施的适用[31]等相关问题进行了规定。

协议管辖权

欧盟2001年第44号规则第23条规定：

“1. 如当事人一方或数方在公约成员国国内有住所，并协议约定某一成员国的某一法院或某些法院拥有管辖权，以解决因某种特定法律关系而产生的或可能产生的争议，那么这种情况下只有该被指定的法院才具有管辖权。除非另有规定，此管辖权应是专属的。而且管辖权协议应当： **22—006**

(a) 是书面的或是有书面证明的；或

(b) 符合当事人之间业已确定的惯例的形式；或

(c) 在国际贸易或商务中，符合双方当事人意识到或应当已经意识到的通常做法，并且，在这类交易中，此种形式已被该类特定贸易或商务中相同类型的合同双方当事人广泛知晓并普遍遵守。”

根据欧盟规则，无论该管辖权条款是专属管辖权条款（仅赋予一家法院专属管辖权），还是非专属管辖权条款（经双方同意，一家或多家法院享有管辖权），均视为有效条款。同时，除非双方当事人另有协议，一旦双方约定了公约成员国内的某法院享有管辖权，就推定为只有该成员国内的此法院享有专属管辖权。

如果一方当事人未遵守按照欧盟规则订立的协议管辖权条款，而向条款之外的法院提起诉讼，那么被告有权决定是否在此法院继续诉讼程序。同时，被告可以就在错误法院参与诉讼而造成的实际损失向原告求偿。[32]

只要合同中的专属管辖权条款是有效的，那么被指定的法院就拥有合法的管辖权来裁定该合同项下的任何纠纷，例如判定该条款所属的主合同是否有效等。[33]此外，对明确纳入主合同的管辖权协议而言，无论当事人是否签订主合同，只要当事人签订了此管辖权协议，管辖权协议本身就依法成立。[34]

此外，欧洲法院还对下面的这几个问题做出了解释[35]：(1) 以口头协议形式存在的管辖权协议是否有效；(2) 如果只是出于规则第5条第1款[36]的目的，确认特定法院管辖权的口头协议是否有效。[37]对于问题(1)，欧洲法院认为在双方当事人未对口头协议提出异议，并且不违背《布鲁塞尔公约》第17

条C款（即对应欧盟规则第23条第1款C项）规定的情况下，该口头协议仍然是具有约束力的。至于相关的交易习惯是否存在及双方当事人是否意识到此管辖权协议的存在，则交由国内法院判定。关于问题（2），法院认为，如果一个指定履行地点的口头协议，关心的是哪个法院有管辖权，而不是合同项下的义务将在哪里开展，那么只要其符合《布鲁塞尔公约》第17条（即对应欧盟规则第23条）中有关管辖权协议的规定，而不是欧盟规则第5条第1款的规定，该口头协议即视为有效。[38]

根据欧盟规则第24条的规定，仅从被告出庭应诉并不能确定该法院享有管辖权。例如被告出庭只是为了抗辩该法院的管辖权[39]，那么就不能认定其享有管辖权。[40]另外，如果法院的专属管辖权是欧盟规则第22条赋予的，那么即使被告在其他法院出庭应诉，其出庭的法院也同样不享有管辖权。总的来说，被告在错误法庭的出庭应诉可以对抗符合欧盟规则第23条规定的协议管辖权，但不得对抗根据欧盟规则第22条赋予的专属管辖权。[41]

一般管辖权规则——被告住所地

22—007 欧盟2001年第44号规则第2条规定了民事诉讼中最普遍的管辖权制度，即除规则另有规定外，凡拟议被告在成员国有住所，应在其住所地法院提起诉讼。但是欧盟规则并未就住所地进行明确的定义，成员国法院可以根据其国内法进行判断。[42]

根据《1982年民事管辖权和判决法》第41条第2款，如果某当事人在联合王国内居住，并且该居住表明该人与联合王国有某种实质性联系，则可以认定该当事人在联合王国有住所。有关企业等组织，如果其满足《1982年民事管辖权和判决法》第42条项下的规定，即可视为在联合王国内有住所。例如：

（ⅰ）企业的组成地或其组成依据法律的所属国是联合王国，并且其注册地或部分经营场地在联合王国内部；或

（ⅱ）企业的主要管理及控制机构在联合王国内。[43]

当成员国国内管辖权规则与此一般管辖权规则冲突时，均适用一般管辖权规则。例如，在英国传统规则中，如果拟议被告在英国国内仅是短暂停留，国内法院也享有对其的管辖权。但这项规定在案件适用欧盟规则时已被排除。[44]

当然，一般管辖权规则也有例外，如在欧盟规则第3条至第7条中规定的特别管辖权

总的来说，英国传统法中的管辖权规则仅仅在欧盟规则或是公约不适用的情况下才会发挥效用。例如，拟议被告住所地在欧盟或EFTA成员国之外，或根据规则及公约无法确定管辖权的情况下。

特别管辖权

22—008 欧盟2001年第44号规则第5条列出了一系列不适用基本管辖权规则的情形，例如在哪些情况下拟议被告可以在除其住所地之外的国家法院被诉。[45]如果涉及国际贸易的内容，那么以下条款中的地方法院均享有管辖权，分别是：

“1. 拟议被告在一成员国内有住所，但其也可以在另一成员国内被诉：

(a) 案件和合同有关，有关义务的履行地法院也享有管辖权；

(b) 没有其他约定的情况下，用于确定管辖权的有关义务的履行地应该在：

—— 货物销售合同中的履行地应该是在合同中规定的，并且在成员国内的货物交付地或者已经完成货物交付的地点；

—— 服务合同中的履行地应该是在合同中规定的，并且在成员国内的服务提供地或者已经提供服务的地点；

(c) 如果 (b) 项没有规定，则可以选择适用 (a) 项。

2. ……

3. 有关侵权行为或者准侵权行为的案件，由损害事件发生地或者可能发生地的法院行使特别管辖权。

4. ……

5. 由公司的分支机构、代理机构或者其他组织的经营活动产生的纠纷，由该分支机构、代理机构或其他组织所在地的法院享有特别管辖权。

6. ……

7. (其中涉及海事诉讼中的对物管辖权，本章后续将做详细阐述)。”

□ 合同：第 5 条第 1 款

法院在对“与合同有关的案件”进行界定时，必须完全按照欧盟规则的规定，而不是国内法的规定。[46]代理合同中，独立代理人在委托人不合理拒付时提起的佣金和赔偿金的诉讼[47]，以及有关合同是否成立的纠纷[48]均属于此处“与合同有关的案件”的界定范围。而在合同无效情况下返还原物的请求[49]，以及次购买人对制造商提起的诉讼[50]，由于双方当事人之间没有直接合同约束，因此不属于此处“与合同有关的案件”的界定范围。具体到先前所说的代理合同，由于买方作为佣金的受托人，并且这是与合同有关的案件，因此代理人可以根据买卖双方之间的合同向买方请求支付佣金。[51]此外，代理人合理公正地履行代理义务也属于规则第 5 条规定的义务，因为此项义务无论是由双方的事前协商确定，还是基于合同的规定或之后的补充，其都与该项代理合同直接相关。[52] **22—009**

有关义务的履行地则指的是构成原告诉求依据的主要合同义务的履行地，而不是指所有的合同义务的履行地点。[53]因此当原告提出几项诉求的时候，首先需要确定其主要诉求所依据的义务的履行地来确定管辖权的归属。[54]如果无法确定合同项下的有关义务的履行地点，那么规则的第 5 条就无法适用，因此此时将重新适用一般管辖权条款。[55]至于如何确认义务的履行地点，欧洲法院已经赋予了各国法院根据其各自签署的其他国际私法规则自行确定的权利。[56]即使国内法院适用的统一规则与欧盟规则第 5 条第 1 款相冲突，仍然适用其所选的其他统一规则，例如《国际货物买卖统一法公约》[57]第 59 条第 1 款的规定。

如果原告诉求依据的两项义务属于同一重要性等级，那么根据欧盟规则第5条第1款的规定，同一成员国法院对基于同一合同两项同层次义务的诉讼不能同时享有管辖权，只能根据管辖权冲突规则，对在其国内履行的部分义务上产生的诉求享有管辖权，而对在其他成员国内履行义务上产生的诉求不享有管辖权。实践中，欧洲法院发现，一旦当原告发现多个法院分别对同一纠纷内的部分事项享有特别管辖权可能造成诉讼困难时，原告会倾向于选择适用一般管辖权规则，在被告住所地就整个纠纷向被告提起诉讼。[58]法院在受理时也往往会根据欧盟规则第28条[59]中有关关联诉讼的原则来确定不同成员国法院之间对关联诉讼的处理方式。但是规则本身并不会赋予管辖权，尤其是在一方法院已经根据公约规定受理案件的情况下。

□ 侵权、犯罪或准犯罪：第5条第3款

22-010 欧洲法院认为，受诉法院应当根据公约及欧盟规则的制度体系及目标，对"与侵权行为或准侵权为有关的案件"的诉因进行自治解释，而不应根据受诉法院所属国的实体侵权法来确定诉因。[60]根据欧盟规则的定义，有关侵权的案件是指寻求确立被告的责任，并且不属于与规则第5条第1款范围内合同有关的案件。但是，欧盟法院同时也意识到一些案件的诉求可能既有属于侵权的部分，也有非侵权的部分，那么根据规则第5条第3款，一成员国法院可能只对侵权部分的诉求拥有管辖权，对于非侵权责任的部分可能需要由其他成员国法院受理，这就出现了同一案件需要进行拆分诉讼的情况。但是好在这部分的案件往往可以根据规则第28条的规定定义为关联诉讼并解决管辖权争端。[61]

在 *Bier v Mines de Potasse D'Alsace* 一案[62]中，欧洲法院认为"损害发生地"意味着原告可以在损害发生的地点和导致损害发生的地点之间选择其一提起诉讼。然而，在货物运输合同中，如果很难确定货损发生的地点，可以认定承运人交付货物的地点为货损发生地。[63]依据 *Minster Investments Ltd v Hyundai Precision and Industry Co Ltd* 一案的判决，审理 *Bier v Mines de Potasse D'Alsace* 案的法官也认为，虽然因疏忽而签发品质检验证书的被告住所地位于英格兰之外的国家，但是如果住所地在英格兰的原告因信赖此证书而采取行动并造成了损失，那么导致损害发生地可以认定为英格兰。[64]然而，在后续有关因疏忽而引起错误陈述的案件审理中，*Minster* 一案的审判原则并未得到适用[65]，甚至某些案件得出了完全不同的结果。[66]

在诽谤诉讼中，原告可以就损害赔偿在出版商的机构所在地、实际损害的发生地或者印刷品实际分发销售的地点之中选择其一提起诉讼。[67]而在财物损失索赔的案件中，原告只能就事件造成的直接损失而不是所有间接损失进行索赔[68]，因此规则第5条第3款显然不能够适用于引起损失的原因所造成的全部损失的发生地；也不能适用于原告在英格兰境内发生的初始损失导致的其他后

续损失的发生地。[69]

在有关仿冒行为的案件中，如果对原告造成了商誉上的损害并由此直接造成的经济损失发生在英格兰，那么可以认定导致损害的发生地在英格兰。[70]

□ 分支、代理或其他机构：第5条第5款

欧洲法院就“分支、代理或其他机构”的定义进行了严格的规定，这些机构必须具有固定的地址，能够以母公司或委托人的名义进行经营活动，并且其活动产生的后果直接约束母公司或委托人[71]，或者第三方有理由相信这些机构能以母公司或委托人的名义开展活动[72]。除此之外，分支、代理或其他机构必须接受母公司或委托人的直接指导或控制。[73] 22—011

欧洲法院在就“必须由经营活动所产生的争议”进行解释时，认为这包括分支、代理及其他机构的管理活动、侵权行为产生的责任以及以母公司名义进行的经营活动。[74]但是，第5条第5款并没有要求分支机构以母公司名义开展的经营活动必须在该机构所在的成员国内实施。[75]

□ 共同被告，第三人和反诉：第6条

欧盟2001年第44号规则第6条就下列几项可以进行选择管辖的情形进行了规定：有关共同被告的案件[76]，第三人诉讼[77]，反诉[78]以及对同一被告有关合同的事项和不动产物权事项的诉讼合并[79]。 22—012

有关共同被告的案件，其中任何一个被告住所地的法院均享有管辖权。同时，为了避免恶意排除被告所在地法院管辖的情形发生，本条款严格要求请求合并的诉讼之间必须存在密切联系，如区分诉讼极有可能导致庭审不便或相互抵触判决的产生，只有满足上述条件才适合合并审理。[80]规则第6条第1款还规定当受审法院对住所地不在本成员国内的原始被告享有管辖权时，该法院不得基于诉讼的不可分性直接享有对住所地位于本国的其他被告的管辖权。[81]

确定一方被告住所地的时间应当是诉状格式的签发时间，而不是送达的时间。同时，对共同被告的诉状发出及送达时间可以先于对原始被告的诉讼开始的时间。[82]

有关第三人的诉讼，除非原始诉讼的目的就是将其排除在管辖之外，那么第三人都可以在审理原始诉讼的法院被诉。第6条第2款规定，只要法院对原始诉讼拥有管辖权，那么不论第三人的住所地是否在成员国，均可作为第三人参加诉讼。[83]只要原告的诉状或是被告的请求与第三人相关联，那么就可以将第三人纳入诉讼。[84]但如果原诉讼中止时，被告请求加入第三人的诉求就不能得到第6条第2款支持，此外，第6条第2款的规定与被告是否受到法律援助或无法将诉求送达第三人住所地成员国的法院的事实也都没有关联。[85]同样，当被告和第三人之间存在协议管辖权条款时，第23条赋予的协议管辖权将排除被告基于第6条第2款规定的依赖。[86]

有关反诉的规定中，第6条第3款规定只有当被告基于原诉讼依据的同一

合同或事实发生的诉讼可视为反诉，但仅作为被告对原告的抗辩提出的诉求不视为反诉。[87]此外，高等法院也可受理居住地位于其他成员国的被告的诉讼，只要这些诉讼与其他目前被告居住地位于英格兰境内的诉讼密切相关。[88]

针对第 6 条的适用，各成员国的法院拥有部分的自由裁量权，但在引用该条规定时必须考虑到本国国内法的一般规定（例如《英国民事诉讼规则》第 20 章对第三人诉讼的相关规定）。

□ 船舶：第 7 条

22—013 规则第 7 条规定，如某一成员国法院对船舶的适用或经营所产生责任的诉讼具有管辖权，则该法院对相应的海事责任限制诉讼也具有管辖权。

□ 保险合同：第 8 条至第 13 条

22—014 欧盟 2001 年第 44 号规则第 8 条至第 13 条规定了有关保险合同案件的管辖权。总的来说，当诉讼与保险合同有关时，保险人可以在其住所地成员国被诉[89]，并且当诉讼是由保单持有人、被保险人或者受益人提起时，被告也可以在原告住所地成员国法院被诉。[90]如果被告为共同保险人，那么其他被告应当在对主保险人提起诉讼的成员国法院一并被诉。[91]

但是当保险人提起诉讼时，无论被告是保单持有人、被保险人还是受益人，保险人只能在被告住所地的成员国法院提起诉讼，不过规则第 12 条允许保险人在本诉讼法院就同一案件提起反诉。[92]具体来看，规则第 12 条的适用不考虑保险人的住所地，但是反诉必须只针对原告，不得在反诉中加入新的第三人。[93]

关于不动产保险或者责任险的案件中，原告还可以选择在侵权行为发生地提起诉讼。[94]为了保护争议中弱势一方（往往是被保险人）的权益，规则中就保险纠纷的协议管辖条款进行了严格的限制。[95]有关协议管辖条款只有在以下情形中才产生效力：

(a) 协议是在争议发生之后订立的；或

(b) 协议允许保单持有人、被保险人或保险受益人在规则第 8 条至第 12 条规定之外法院提起诉讼；或

(c) 投保人与保险人之间订立管辖权协议，并且在订立协议之时双方均在同一成员国内有住所，同时管辖权协议约定此成员国法院享有管辖权（前提是此协议不违反该成员国的法律）。

此外，当协议管辖权条款涉及第 14 条第 5 款所列的“较大风险”时，也被承认为有效条款（并不要求其满足第 12 条中的相关规定），例如对于出口商而言，有关海运或空运中的有关货物灭损的保险合同的协议管辖条款就属于有效条款。除上述“较大风险”之外，第 14 条第 5 款还列举了如海船、近海的设施或者其他航空器，因与商业用途有关的风险所导致的任何损失，其中也包

括运费或租金在内的经济损失等。

□ 消费者合同：第 14 条至第 17 条

欧盟 2001 年第 44 号规则第 14 条至第 17 条还就消费者合同的管辖权进行了特别规定。尽管实践中出口商往往并不直接与消费者订立合同，但是考虑到本书内容有涉及产品责任的章节，因此这里还是就合同的管辖权进行论述。在与消费者相关的货物买卖、服务提供的交易或者货物买卖中的贷款协议的相关诉讼中，规则规定消费者可以在本人住所地成员国内法院，或者是货物出卖方、服务提供方以及贷款人所在地法院向其提起诉讼。而货物出卖方、服务提供方以及贷款人只能在消费者所在地的成员国法院提起诉讼。规则中有关消费者合同的协议管辖的规定和对保险合同中协议管辖的规定基本一致，例如出于保护弱势消费者的目的，严格要求协议管辖条款只有在满足一定条件的情况下才能发生效力。同时，规则第 15 条的规定只适用于住所地位于成员国内或者在成员国内有分支、代理或其他组织机构的被告。当被告在成员国内没有住所地时，管辖权由原告提起诉讼的成员国法院根据国内法进行裁定。[96]欧洲法院还严格限定此处的消费者指的是出于个人最终消费而交易的当事人，而不包括为了贸易目的或其他职业原因进行交易的当事人。[97]同样的，如果当事人订立合同的标的一部分用于贸易或其他专业操作，另一部分出于个人最终消费，那么其合同也不适用此处的规定，除非其出于贸易或其他专业操作的部分是可忽略不计的（de minimis）。[98] 22—015

□ 雇佣合同：第 18 条至第 21 条

当雇主在某一成员国内有住所时，雇员可以在雇主所在地成员国的法院，或雇员本人通常工作地，或者雇员从事的业务所在地成员国的法院中选择其一提起诉讼。[99]而雇主只能在雇员所在地的成员国法院提起诉讼。[100] 22—016

此外，出于保护处于弱势地位的雇员的目的，规则也就个人雇佣合同中协议管辖条款的生效条件进行了严格的规定：

(a) 协议是在争议发生之后订立的；或者

(b) 协议允许雇员在本规则规定之外的法院提起诉讼。[101]

□ 不考虑住所的专属管辖权：第 22 条

欧盟 2001 年第 44 号规则第 22 条规定了在几种特殊情况下，成员国的国内法院可以不考虑被告的住所地而享有专属管辖权。其中包括不动产所在地成员国的法院享有的对物管辖权，成员国法院对本国范围内组织机构设立有效性的判定，成员国法院对国内公司及其他法人组织或非法人机构的解散等行为有效性的判定，知识产权登记所在的成员国法院对专利、商标、外观设计以及其他知识产权登记效力的解释，以及判决执行所在的成员国法院对有关国外判决执 22—017

行的诉讼也享有管辖权。当一成员国法院按照第 22 条规定享有专属管辖权时，其他任何成员国法院均应宣布放弃其管辖权。[102]

□ 司法管辖权以及诉讼的受理

22－018 当被告在其住所地之外的成员国法院被诉时，规则第 25 条和第 26 条提供了一些保护条款。如果根据公约或者欧盟规则，接受原告诉讼请求的法院不享有管辖权，那么被告未出庭应诉即意味着其拒绝承认该法院的管辖权。更进一步说，如果原告不能证明被告已经及时收到传票或是其他类似文书并安排庭辩事项，或者其已采取一切必要措施保证被告收到文书，那么法院应及时中止诉讼程序。除非有关民商事案件的司法文书或司法外文书的域外送达程序已经完全按照《海牙公约》的规定执行。

□ 未决诉讼和关联诉讼：第 27 条至第 30 条

22－019 如果同一当事人就同一诉因在不同的成员国法院提起诉讼（未决诉讼，lis pendens），除首先受诉的法院之外，其他所有法院在先受理法院的管辖权确认之前，均应依其职权中止诉讼。一旦首先受诉的法院的管辖权得到确认，那么其他所有法院均应放弃自己的管辖权，而交由先受理法院审理此案。[103]

关联诉讼则是指几个诉讼案件联系之紧密以至于分别审理会导致产生抵触判决的风险。如果关联案件在不同的成员国法院内审理时，先受理法院之外的其他法院可以自行决定是否中止诉讼，也可以在一方当事人的请求下中止诉讼。[104]

不过，欧盟规则第 27 条规定，双方当事人之间的几起诉讼必须是相同的[105]，如果诉讼之间内容并不完全一样，那么第二个受理此案件的法院只需要在先受理法院已经受理的案件范围内放弃其管辖权。但是第二个法院也可以根据第 28 条的规定，自行决定是否按照关联诉讼的标准放弃其管辖权。[106]但是，欧洲法院认为如果双方当事人在两个诉讼中的利益都是相同的，并且是不可分割的，那么这两个诉讼只能按照规则第 27 条的未决诉讼规定来处理。[107]在海事诉讼中，针对船舶所有人提起的对人诉讼和针对船舶提起的对物诉讼，由于其拥有相同诉因、相同目的以及相同的双方当事人，往往可以认定为同一诉讼。[108]

此外需要注意的是，欧盟规则第 27 条的规定对于被告而言，无论其在成员国内是否有住所均同样适用。[109]该条款规定完全取决于成员国对案件的受理程序，而不考虑当事人的住所地情况。至于成员国法院受理诉讼的具体时间的确定，则取决于收到原告诉状的法院所在成员国国内的程序法规定。[110]

最后，欧盟规则第 27 条（不包括第 28 条）的规定是强制性的，当同一诉讼在两个及以上成员国法院受理时，先受理法院之外的其他法院均应中止其诉讼程序，直到先受理法院能够确认其管辖权。尽管可能根据双方当事人签订的协议管辖权条款，后受理的法院享有争端解决的管辖权，但是也必须在先受理法院确认其管辖权之前中止程序。因此，正如欧洲法院在*Gasser*一案[111]中的判决结果，未决诉讼的处理原则在效力上是高于当事人之间的协议管辖的。此案和*Turner v Grovit*一案[112]的判决结果都避免了后受理案件的英国法院利用诉讼禁令来限制其他成员国的先受理法院的司法管辖权。

□ 审判规则和不方便法院（forum non conveniens）原则

不方便法院原则是英国普通法体系中的一项重要原则，当英国法院认定其他成员国内法院对案件享有管辖权且审理该案件更为方便时，其可以选择主动放弃管辖权。此项原则在英国传统法对管辖权的规定中占有很重要的地位，因此在下文讨论欧盟规则不适用情况下有关法律的准据规则时，本章将系统阐述此项原则。 **22—020**

《1982年民事管辖权和判决法》第49部分规定，在《布鲁塞尔公约》和《洛迦诺公约》等不适用的情况下，上述不方便法院原则可被法院采用。同样的，由于欧盟2001年第44号规则作为欧盟法规在英国境内直接生效，这也就意味着如果英国法院的管辖权是根据该欧盟规则获得的，那么其就不能依据国内法的不方便法院原则终止诉讼从而放弃管辖权。不仅如此，尽管可能在英国法院被诉的被告住所地在欧盟及EFTA成员国之外，但是该法院的管辖权是根据欧盟规则第23条规定的协议管辖条款赋予的，那么该法院也不得使用国内法的不方便法院原则放弃管辖权。此外，根据欧洲法院近期的判决来看，如果被告在其住所地所在成员国的法院被诉时，该法院就不得基于不方便法院原则将其管辖权让与非成员国的法院。[113]但是，上述判决并不能约束英国法院在双方当事人协议非成员国法院享有管辖权时，基于不方便法院原则将管辖权让与给非成员国法院的情况。不过到目前为止，英国法院做出这种中止诉讼放弃管辖权裁定的标准并不十分确定，尤其是在双方当事人订立的协议管辖条款属于非专属管辖权条款时。[114]

管辖权的传统规则

总结前文，我们可以发现依据普通法确定的管辖权规则在一定程度上已被欧盟法规（例如欧盟2001年第44号规则）和国际公约（例如被《1982年民事管辖权和判决法》吸收而生效的《布鲁塞尔公约》和《洛迦诺公约》）所取代。但是由于上述法规和公约都属于区域性法规，所以当争议不在此区域内产生，例如拟议被告的住所地位于欧盟或EFTA成员国之外时，那么依据普通法确定的管辖权规则即发生效力。 **22—021**

一般来说，普通法下英国法院的管辖权在文书（通常是诉状格式）有效送达拟议被告之时成立。文书的有效送达也被视为英国法院执行管辖权的先决条件。因此，普通法就文书在管辖区内以及域外的有效送达进行了规定。

但是，即使法院拥有的管辖权是有效的（文书的送达程序同样有效），普通法（与欧盟规则和公约规定不同）也允许法院自由裁量放弃其管辖权，例如当该法院认为另一法院的地址更有利于庭审的开展时。[115]

此外，就算拟议被告只是在法院所在地做短暂停留，英国当地法院也可以就此获得管辖权向被告（尽管可能其居住地在国外）有效送达文书。[116]这也就是英国普通法上的过分（exorbitant）管辖权规则。但是，被告也可以申请适用不方便法院原则以中止诉讼。[117]

一般来说，如果被告表示服从某英国法院的管辖权时，那么该法院便可以开始准备行使其管辖权。但是，如果被告出庭应诉仅仅是为了抗辩法院的管辖权时，则不能认定其自愿服从法院管辖。被告可以按照《英国民事诉讼规则》第 11 章的规定向审理该案件的法院提起管辖权异议。

但是如果该被告在对法院的管辖权提出异议的同时，还就案情进行了辩护，那么此时可以认定该被告已经服从了该法院的管辖。不过，在外国法院做出判决之前请求英国法院中止诉讼的申请并不能认定为被告服从于英国法院的管辖权。[118]同样，有关被告对其资产冻结令予以解除的申请也不构成其服从于该法院对主诉讼管辖权的要件。[119]除此之外，只要被告明确表明自己管辖权异议的立场，那么无论其是在诉讼中提出申请[120]，还是遵守披露的义务[121]，或是就管辖权异议所引起的诉讼费用要求提供担保的申请[122]，都不被视为其服从于受诉法院的管辖权。

在文书有效地进行域外送达后，英国法院往往都会要求属于另一管辖区的当事人在法院所在地就原告的诉求参加庭审辩论，但这从技术角度来看显然侵犯了文书送达地所在国的尊严，所以这样的文书域外送达需要在法院许可的情况下才可以进行。[123]

《英国民事诉讼规则》就域外送达的许可条件进行了详尽的规定，其中就包括受诉的英国法院必须满足适当法院（proper forum）的要求。[124]域外送达可以得到许可的情形主要包括以下几项：

(a) 被告住所地位于管辖区内——当被告在管辖区内有住所时，原告在征得法院的许可后，向身处于域外的被告送达诉状格式。[125]

(b) 签发禁令——当诉讼的目的在于主张法院签发禁令，责令被告或是禁止被告在管辖区内为一定行为时，征得法院许可后可向被告域外送达诉状格式。[126]

(c) 与诉讼有关的必要或适当的其他当事人——当诉状格式已经被送达至被告 A，同时受理法院认为原告与被告 A 之间确实存在实质性争议，那么，经过法院许可，原告可以向与诉讼有关的必要或适当的其他当事人送达诉状格式。[127]

(d) 合同之诉——双方当事人签订的合同符合下列要件的，经许可后可域外送达诉状格式[128]：

（ⅰ）合同的签订地点位于管辖权范围内；

（ⅱ）合同是通过代理人签订的，并且代理人在管辖区内有营业场所或居住地的；

（ⅲ）合同准据法为英国法的；

（ⅳ）合同载明的协议管辖条款表明英国法院具有管辖权的。

(e) 侵权之诉——当侵权发生地在管辖区范围内，或者造成侵权后果的行为发生在管辖区范围内，经过法院许可后可域外送达诉状格式。[129]

(f) 有关司法判决和仲裁裁定的执行——因执行判决或是仲裁裁定而提起的诉讼，经法院许可后可域外送达诉状格式。[130]

(g) 位于管辖区内的标的物财产——当诉讼标的物为管辖权内的财产时，经法院许可后可域外送达诉状格式。[131]

□ 有关域外送达许可的申请

《英国民事诉讼规则》第 6 章第 21 条规定了域外送达申请的条件和程序。**22－022** 由于此申请提交时往往没有预先通知，因此规则要求此申请依据的所有书面证据都必须一次性全部披露。如果得不到完全的披露，那么很有可能此项申请就会被搁置。[132]除此之外，原告还必须清楚地证明本申请依据的管辖权规则适用于本案。只有在所有的书面证据都符合域外送达中申请资料的标准，同时所列事实足够证明英国法院为方便法院时，原告的申请才被视为有效。[133]在满足上述要求之后，该合适的法院才可能行使自由裁量权决定是否批准申请人的申请。“法院只有在认定此案件适合在英格兰和威尔士境内提起诉讼，才能许可域外送达的申请”。[134]

Goff 勋爵在 *Spiliada* 一案[135]中所做的判决以及《英国民事诉讼规则》第 6 章第 21 条的规定都为方便法院和不方便法院原则下法院司法裁量权的行使提供了一定的指导。在方便法院原则下，法院可以行使自由裁量权决定是否授权原告域外送达诉状格式的权利；在不方便法院原则下，被告可以申请英国法院中止诉讼以确定外国法院的管辖权。这两项原则的结构基本类似，除了举证责任的承担方存在差异。在有关域外送达申请的案件里，由申请域外送达一方承担举证责任，往往是诉讼中的原告一方；而在有关诉讼中止的案件里，由申请中止诉讼的一方承担举证责任，往往是诉讼中的被告一方。

□ 中止本国诉讼以及限制外国诉讼

在有关国际纠纷的诉讼中，很有可能双方当事人就同一诉因在多个具有管辖权的法院提起诉讼，**22－023** 例如在英国法院和其他外国法院同时具有管辖权的情况下均提起诉讼。这也就是我们通常所称的“未决诉讼”。为了避免诉讼程序的重复，以及随之可能产生抵触判决的风险，同时保证公平，需要选择最适合的一家法院来受理该案件。因此这里的英国法院就享有自由裁量权[136]决定是否中止本院的诉讼或发布禁令限制外国诉讼。但是具体来说有关中止本国诉讼和限制外国诉讼的原则是不一样的。[137]不过近期实践表明，有关这两项解决未决诉讼的方式的申请标准都变得愈发严格，其中一个原因就是防止一方当事人“挑选法院”（forum shopping），例如对原告而言，其可能会选择最有利于他的管辖权，在这种管辖权下可能其诉求更容易实现或损失得到最大化补偿。

基于不方便法院原则的诉讼中止

22－024 尽管不方便法院原则在很多年前已经被纳入苏格兰法律体系，但是英格兰法院适用此原则以中止诉讼仍然是这些年才开始的。[138]在这之前，此原则一直只被用于裁定域外送达的申请是否得以通过。关于基于不方便法院原则的诉讼中止，在案例中就表现为尽管英国法院具有管辖权，但是如果其认为其他的法院更合适受理此案件，那么该英国法院可以放弃行使其管辖权。

在 *The Spiliada* 一案[139]中，Goff 勋爵在回顾了法律发展的历程后，就裁定中止诉讼的申请[140]是否得以通过的原则进行了总结：

“（a）基本原则是在其他可选的拥有管辖权的法院里，存在可获得的明显是更适合的法院，例如出于对各方当事人的利益实现合理保护并保证公平的目的，那么本受诉法院可以根据不方便法院原则中止本院的诉讼。

（b）一般来说，需要被告举证证明存在其他可获得的明显是更适合的法院，因而本法院需要中止诉讼，但是一旦被告的证明成立，那么接下来就需要原告举证证明出于公平的考虑，诉讼必须在本受诉法院继续进行。

（c）在所有最终决定中止本院诉讼的英国判例中，一个很显著的特征就是总存在其他很明显更合适的法院。对于被告而言，其举证责任不仅仅是证明英格兰法院不是自然法院或合适的法院，其更需要证明还存在其他可获得的法院明显是更合适的法院。如果在被告和英格兰的联系并不是很紧密（例如，英格兰法院获得管辖权只是因为被告在境内短暂停留）的情况下，那么相对而言，被告证明国外存在更合适法院的举证责任就要轻松很多。

（d）收到中止诉讼请求的法院应该就一系列相关因素审查被告提交的其认为更合适的法院。这些相关因素不仅仅包括影响诉讼便利或费用的因素（例如在证人出庭方面的考量），还包括相关交易准据法方面的考虑以及各方当事人居住和开展交易的地点。

（e）如果法院在被告承担举证责任这一阶段，认为其他明显更适合本案的法院是不可获得的，那么通常来说被告中止诉讼的申请即被拒绝。

（f）但是，如果法院在被告承担举证责任这一阶段，认为其他明显更适合本案的法院是可获得的，那么一旦原告不能证明出于公平因素的考量必须在英格兰法院进行诉讼，那么通常来说法院会裁定中止诉讼。在这一阶段的审查中，法院会就该案的情况进行具体分析，包括在第一阶段审查中未被纳入的其他因素，例如可能导致原告在外国法院起诉不能实现公正的所有因素。”

Goff 勋爵认为[141]，仅仅因为原告在英格兰法院诉讼中会享有合法的个人或司法的优势[142]，是不足以判定中止诉讼的。[143]但这类问题的关键原则在于判定哪家法院更能平衡双方当事人的利益以实现公平的目的。在这个原则中一个重要的考量因素就是我们通常所说的"Cambridgeshire"因素。[144] 自从 *The Spiliada* 一案后，不方便法院原则在英国法院受理案件时受到越来越多的重视。[145]

基于外国法院专属管辖权条款的诉讼中止

当双方当事人就争议的解决在合同中约定了某外国法院具有专属管辖权，那么一般情况下，英国法院会按照该条款的约定，中止本院的诉讼。*The Eleftheria* 一案[146]确立了管辖权条款下法院授予中止诉讼令的基本原则： 22—025

"（1）协议要求在外国法院进行诉讼，但原告在英格兰法院提起诉讼，被告又申请中止诉讼的，英格兰法院可以行使自由裁量权决定是否中止诉讼；

（2）除非有极强有力的反对理由，英格兰法院应当决定中止诉讼；

（3）有关极强有力的反对理由的举证责任，在原告一方；

（4）法院在行使自由裁量权时，必须考虑该案件的所有情况；

（5）在与第（4）条不冲突的情况下，法院尤其要适当考虑以下因素：

（a）证据在何国可以取得或更方便取得，以及因此在英国法院和外国法院审理的便利程度及相关费用；

（b）合同是否适用该外国法律，如果适用的话，该外国法律与英国法律有无重要区别。

（c）合同双方与何国有联系，联系紧密程度如何；

（d）被告是否单纯地希望在外国法院审理此案，还是意图谋求其诉讼程序上的优势；

（e）原告是否会因为在外国法院起诉而导致下列损失：

（ⅰ）被剥夺诉讼担保；

（ⅱ）无法执行法院判决；

（ⅲ）面临不适用于英格兰的诉讼时效；

（ⅳ）由于政治、种族、宗教或其他原因不可能得到公正的判决。"

目前看来，在法院决定是否背离由自由协商确定的管辖权条款之前，原告必须出示极强有力的反对理由，这几近成为一条成文法上的规则。

诉讼时效

在双方当事人协议外国法院具有管辖权的情况下，如果该案件根据外国法律诉讼时效已届满，那么接下来可能会产生许多问题，例如，原告是否有权在英国法院提起诉讼，被告是否有权申辩其所选定的外国法院才是最合适的法院，而原告理应在时效届满之前提起诉讼，因此英国法院应该中止诉讼。 22—026

当同一诉讼在外国法院已经时效届满时，英国法院在决定是否中止诉讼之前，应当充分考虑该案件所有的情形，包括当事人造成外国诉讼时效届满的原因所在。[147]

英国法院在授予中止诉讼令的同时，也可以附条件要求被告在选定的外国法院诉讼不得以诉讼时效已过为由进行抗辩。[148]但是，如果是由于原告的原因在外国法院造成诉讼时效届满，并且没有正当理由的，那么前面所要求的不得以诉讼时效届满为由进行抗辩在这里就不甚合适。另外一个条件往往是要求原告不得在外国法院向被告索赔惩罚性或者双倍罚金。[149]

但是在某些情况下，即使在国外案件已过诉讼时效，但是英国法院仍然可以选择继续诉讼。不过，仅仅是因为大量的证据可以在英国获得（也许外国法院也可以获得），并不足以让英国法院背离其协议管辖条款[150]，同样仅从两种同样完善的法律制度中去比较各自处理案件的方式，这样比较的结果也不足以让英国法院信服。[151]除此之外，假如双方当事人约定外国法院享有管辖权，并且该法院确实是自然法院（natural forum），也是最合适法院，那么仅仅以胜诉一方无法获得诉讼费用补偿这个理由请求英国法院中止诉讼是不能成立的。[152]但是当协议外国法院专属管辖的条款违反了相关英国制定法的内容，那么此条款视为无效。[153]

如果协议管辖的结果是英国法院享有管辖权，但一方当事人根据《英国民事诉讼规则》第 6 章的规定申请域外送达，那么通常情况下该申请不会得到批准，并且英国法院也不会中止本院诉讼。[154]

限制外国诉讼

22—027 一方面，英国法院可以通过行使自由裁量权决定中止诉讼，另一方面，其也有权颁布禁令[155]，禁止当事人在外国法院提起或继续诉讼程序。但是，由于此项禁令很明显地干预了外国法院的管辖权，因此英国法院必须小心行使自由裁量权[156]，尤其是当原告在其本国法院提起诉讼时。[157]但是有关诉讼禁令的适用原则和不方便法院原则并不完全一样。[158]

其中最具有示范性的判例就是 *Société Nationale Industrielle Aérospatiale v Lee Kui Jak* 一案[159]（以下简称为 *Aérospatiale* 案），此案中 Goff 勋爵列出几项与诉讼禁令有关的基本原则。基本上说，诉讼禁令可能会在下述情况下适用：

(a) 出于公平目的的考量，英国法院必须行使管辖权。如果外国诉讼也满足公平的条件，那么通常情况下英国法院是不会授予诉讼禁令的。[160]

(b) 英国法院应该是解决该纠纷的自然法院。[161]

(c) 英国法院行使的管辖权是针对个人而不是外国法院的。[162]

(d) 该禁令对其指向的一方当事人必须是有效的救济方式。

(e) 英国法院在行使管辖权时必须是谨慎处理的。[163]

(f) 该禁令限制的外国诉讼在本质上来说是“困扰和压迫”（vexation and oppressive）的。[164]

在 *Aérospatiale* 案中，Goff 勋爵认为上述类别为禁令的行使提供了有效的指导，但是其也必须根据时代的发展进行修正。*Simon Engineering Plc v Butte Mining Plc* 案就是一个很典型的案例，其中英国法院是该诉讼的自然法院，而且美国法院的诉讼对当事人来说是“压迫”的，尤其是在胜诉收费制安排及诉前发现程序这两点上，因此英国法院决定限制美国法院的诉讼。[165]

如果原告在英格兰并没有额外救济[166]，而且在外国展开诉讼也不合乎情理，以至于会对当事人的公平权造成侵害，那么英国法院可以考虑颁布诉讼禁令。[167]有关 Laker Airways 的两个反垄断案例可以用来进行比较。一个案例中，British Airways 涉嫌与其他航空公司合谋将 Laker Airways 挤出市场，被告 British Airways 申请英国法院向美国法院颁布诉讼禁令，但是最终英国法院考虑到，在美国法院进行的诉讼中，British Airways 公司已经表示服从于其管辖权，因此拒绝颁发诉讼禁令。但是，在另外一个 Laker Airways 案件[168]中，被告 Midland Bank 最终却拿到了诉讼禁令，因为英国法院认为，Midland Bank 和前一个案例中被告 British Airways 不同的是其主要经营活动都是在英国境内开展，如果让其在美国法院接受反垄断的诉讼是既不公平也不合理的。

另外一种少见的情况就是，原告希望英国法院中止诉讼而在外国法院就同一被告继续诉讼，但是被告希望在英国法院继续诉讼因而请求其授予诉讼禁令，那么在这种情况下，英国法院就需要综合考虑双方的请求。假如被告是英国居民，并且主要在英国法院管辖权范围内开展活动，那么英国法院的诉讼一般情况下不会中止。但是，如果英国法院只是决定不中止诉讼，那么很有可能因为被告需要在两方法院出庭应诉，而造成实质不公平，因此英国法院往往同时会授予诉讼禁令。[169]

上议院认为[170]，作为一般规则，出于尊重对方的考量，只有英国法院在对某特定案件有足够的利益关系或其他联系时，其才能授予诉讼禁令。如果英国法院与此案没有此种特殊的联系[171]，就算美国田纳西州法院的诉讼是压迫性的，并且印度才是合适的法院，即使当时田纳西州并不存在方便法院原则，那么英国法院也不能授予诉讼禁令。

诉讼禁令和英国法院专属管辖权条款

当合同中包含明确的英国法院专属管辖权条款时，法院的基本处理原则就 **22—028**
是促使双方当事人遵守合同约定。但这个原则并不是一成不变的，在没有极强有力的反对理由时，英国法院可以行使自由裁量权支持双方当事人自由协商管辖权事宜。[172]总的来说，当授予诉讼禁令的一般标准得以满足，并且外国法院展开诉讼违背了英国法院专属管辖权条款的规定，那么被告在向英国法院申请诉讼禁令时要相对容易很多。上诉法院法官 Millett 在 *Angelic Grace* 一案中陈述道：

“在判决的过程中，我发现是时间确立在行使管辖权过程中颁布诉讼禁令时应尽的谨慎和注意义务了。……在一方当事人根据外国诉讼是困扰和压迫的这一基本原则申请诉讼禁令的情况下，如果外国法院的受理并没有违反合同中的约定，那么英国法院在核查申请的时候就必须注意到外国法院的态度。在前一个案例中，对外国法院审判程序公正和完整性进行考量的时候要避免无端怀疑的情况。在后一个案例中，法院在受理案件前就必须考量其诉讼是不是令人困扰和感到压迫的。但是在判决中，我认为基于被告承诺不在外国法院提起诉讼这一清楚而简单的事实提出的申请，我们理应批准申请授予禁令以限制外国诉讼。”[173]

同样的，有关合同约定内容的执行也不视为对外国法院的干预；如果申请人提供了足够的保证金来提供担保，英国法院也可以考虑颁布禁令。[174]

但是，相比较当事人违背协议管辖条款，在外国提起诉讼的情况下英国法院授予诉讼禁令的情形，英国法院对当事人违背伦敦仲裁条款，而通过外国法院的诉讼获得判决的执行发布禁令，无疑是对外国司法程序的一个更大的挑衅。[175]另外，假如被告吹嘘其有能力掌控塞拉利昂的司法体系，那么即使原告已表示其服从塞拉利昂的管辖权，仅凭前面一点英国法院也能判定在塞拉利昂的诉讼是令人困扰和感到压迫的，因而其有权授予禁令以限制境外诉讼。[176]

尽管专属管辖权条款可以赋予被告不在外国法院被诉的基本权利（例如通过诉讼禁令的执行等方式），但是如果在外国提起的诉讼是针对一个以上被告的，那么此时颁布诉讼禁令就不是十分适宜了，因为这很有可能导致平行诉讼的产生（一个被告在英国法院被诉，其他的共同被告却在外国法院被诉）。这种情况下，即使有专属管辖权条款存在，出于抵触判决产生的风险，英国法院一般也是不会授予诉讼禁令的。[177]

域外送达

22—029 《英国民事诉讼规则》第 6 章第 24 条至第 30 条就域外送达的程序进行了详细的规定。如果被告所在国是《民事诉讼公约》（而不是《海牙送达公约》）的成员国时，被告可以通过该国司法当局，或通过英国驻该国领事馆送达诉状格式。当被告所在国是《关于向国外送达民事或商事司法文书与司法外文文书的海牙公约》（简称《海牙公约》，于 1965 年 11 月 11 日在海牙签署）的成员国时，诉讼格式可以通过有关国家根据《海牙公约》指定的机构送达，如果该国法律允许，其也可以通过该国司法当局或是英国驻该国领事馆送达。

除了多边的《海牙公约》以外，大不列颠王国还和一系列海外国家就文书的域外送达签订了双边协议，而且大部分协议目前仍然有效。

如果被告成员国既非《民事诉讼公约》成员国，也不是《海牙公约》的成员国，那么对被告域外送达的效力要取决于当局政府是否同意此送达生效。

就诉状格式的翻译来说，一般情况下的诉状格式都必须附有译本，应采取被送达国家使用的官方语言翻译，当该国存在一种以上官方语言时，采取诉状格式送达国家特定地区使用的官方语言翻译。[178]而且一切文书的译本都必须附上翻译人员的声明，声明该翻译正确。

原告申请域外送达时应提交申请函一份并附上副本一份，交由法官，并将文书转交高级聆案官（Senior Master），由其安排诉状文书送达的具体方式。

中间救济

□ 冻结令

冻结令的性质

英国法院可授予的一种中间救济方式就是颁布冻结令[179]，禁止一方当事人离开资产所在地的管辖权范围，或者是限制当事人处理任何财产（无论该财产是否处于管辖权范围内）。[180]此条规定最初是由《1981 年最高法院规则》确认，之后《英国民事诉讼规则》第 25 章对其实施程序等进行了具体的规定，并辅以详尽的诉讼指引和相关表格。冻结令的目的仅仅是防止被告不正当转移或处理财产而导致原告无法实现其正当诉求的情况发生[181]，并没有保证原告相对被告其他债权人的优先受偿权。[182] 22－030

《英国民事诉讼规则》第 25 章第 2 条第 1 款规定英国法院可以在任何程序阶段颁布冻结令，包括在诉讼程序开始前及做出判决后。但是，在规则第 25 章第 2 条的第 2 款和第 3 款中，又限定了诉前禁令的颁布条件，包括情况必须是紧急的，或是为司法利益必须进行救济的。如果法院在诉前签发禁令的，则其可就拟提起的诉讼做出指令。

在欧盟 2001 年第 44 号规则生效之前，英国法院只能对在其管辖权范围内与其有实质性关联的诉讼案件颁布冻结令。[183]但是规则生效后，情况有所改变，规则第 31 条规定：

> "如果该成员国国内法律有临时性救济措施的相关规定，那么申请人也可以根据该国国内法申请法院授予救济措施，即使根据本规则规定，可能其他成员国的法院对该案才具有实质性关联。"[184]

因此在英国法院与诉讼案件没有实质联系的情况下，也是可以授予冻结令和其他中间救济的，例如为了支持在外国法院进行的诉讼，英国法院可能对其没有实际管辖权的案件也会授予冻结令。[185]

为了保证公约和欧盟规则成员国内的法律程序顺利进行，英国法院已经授予了一定量的全球范围内的冻结令。[186]

另根据《1982 年民事管辖权和判决法》第 25 条第 1 款的规定，英国法院有权就已经或即将在《布鲁塞尔公约》和《洛迦诺公约》成员国内提起诉讼的，并且诉因属于公约中第 1 条规定的内容的案件，授予冻结令。[187]《英国民事诉讼规则》第 25 章第 4 条也就没有实质性联系的案件授予临时救济的情况予以了规定。但是，如果英国法院认为其在与案件没有实质性关联的情况下授予冻结令是不合适的，那么其有权决定拒绝当事人的申请。[188]

冻结令实际上是法院基于自由裁量权的一项临时救济，《英国民事诉讼规则》第25章及诉讼指引中的内容都没有对冻结令颁布的条件进行详尽的描述，但一般来说需要法院按照《英国民事诉讼规则》第1章第1条和第2条的内容谨慎行使自由裁量权。而且通常来说这两条法规的内容效力也高于先前司法当局对理应授予冻结令的具体情形的界定。[189]

《英国民事诉讼规则》第1章第1条和第2条是整部规则的核心，全文如下：

"1.1　基本目标

(1) 本规则为新程序规则，基本目标是保证法院公正审理案件。

(2) 公正地审理案件需切实——

(a) 保证平等对待当事人；

(b) 节约诉讼费用；

(c) 务必采取与下列因素相适应的方式来审理案件——

(i) 案件金额；

(ii) 案件的重要程度；

(iii) 系争事项的复杂程度；

(iv) 各方当事人的经济状况。

(d) 案件审理过程中应保证公平、便利；

(e) 案件所需分配应与法院资源的整体配置保持均衡，并对其他案件所需资源加以考量。

1.2　法院对基本目标的贯彻

法院进行以下行为时，须坚持本规则的基本目标——

(a) 行使本规则规定的任何权利；或者

(b) 对本规则进行解释。"

一般来说，申请冻结令的原告原则上并不需要通知被告，但是为了在申请材料中明确表明其申请的合理性，申请人必须列出其申请所依赖的全部事实根据，包括所有应向法院开示的主要事实。[190]

除法院另有指令外，申请人都必须向法院提供担保，就法院认为申请人应对相对人（或送达或通知命令的其他当事人）所承担的损失做出赔偿，因为假如申请人败诉，那么反过来看此禁令就是不合理的。[191]法院也有可能进一步要求申请人就未来可能造成的损失提供银行担保。

支持冻结令的相关指令

22—031 为了尽可能地使冻结令得到有效的执行，法院可能同时会发出支持性的辅助指令。此处将讨论两项辅助指令。

首先，法院可以指令当事人提供有关财产或资产地点的信息，或者提供作为或可能作为申请冻结令标的物有关财产或资产信息的命令。[192]

其次，法院也可以指令被告交出其护照并要求其在判决之前不允许离开管辖区。[193]

如果法院已做出临时性禁令，而有关诉讼程序因为当事人协议以外的原因中止，除非法院另有指令，该冻结令失效。[194]另外，如果由于诉讼请求基于本规则第 3 章第 7 条（未支付特定诉讼费用的制裁）原因被驳回，那么自诉讼请求被驳回 14 日后，该冻结令失效。但如果原告在禁令失效前恢复诉讼的，那么有关冻结令继续生效，直到申请举行审理程序为止，除非法院另有指令。[195]

□ 搜查令

搜查令是法院责令一方当事人出于证据保全和财产保全等目的，允许他方当事人进入住所的命令。之前此禁令被称为安东·皮勒命令（Anton Piller order），这个名字由 1975 年 *Anton Piller KG v Manufacturing Processes Ltd* 一案[196]中得来，该案中法院依据其自由裁量权而授予一方当事人此项禁令。事实上，此项禁令授予的原因有很多。[197]例如出于保护证据使其不被转移、销毁或隐瞒的目的而授予搜查令[198]；或者有证据表明机密图纸等已被对方用于不正当竞争[199]；或者有证据表明包含消费者名单或评估的机密信息被不正当使用[200]；或者甚至是在审理结束后在判决执行过程中，为了避免相关文件的销毁或隐藏等情况发生。[201] 22—032

有关搜查令的程序和规则在《英国民事诉讼规则》第 25 章第 1 条第 h 款中有相关规定，并在所附的诉讼指引的第 7 条第 1 款做了补充规定。[202]

搜查令也只是授予申请人，并不会对另一方当事人另行通知。此外，和冻结令一样，搜查令也是法院根据其自由裁量权决定授予的，当然这种自由裁量权必须保持贯彻《英国民事诉讼规则》第 1 章第 1 条和第 2 条中规定的基本目标。[203]

在申请文件中，申请人必须列出其申请所依赖的全部事实根据，包括所有应向法院开示的主要事实。[204]搜查令上所有要从被告处获得的材料都必须列明清单单独附页。同时搜查令的执行过程中须有监督律师（Supervising Solicitor）陪同并予以监督。[205]但是申请人需要就被申请人因为搜查令的执行而造成的损失予以赔偿。

临时性救济申请的处理通常应在法院庭审程序中进行，但是情况紧急的，也可通过电话方式处理。[206]没有预先通知的申请需要申请人对全部重要事实进行披露。而且在未对被申请人送达通知的情况下授予的搜查令，被申请人可以在特定时间里向法院提出异议（如果要求合理的话，法院可判决撤销搜查令）。

对物管辖权

如本章引言介绍的一样，对物诉讼指的是针对物（res）提起的诉讼。所说的物，通常指的是船舶，但也可能包括船货、航空器或气垫船等。为了对原告的诉求提供担保，可对该物行使留置或抵押，并以其出卖的价款执行法院判决或仲裁裁定。英国最高法院的海事管辖权，包括对物管辖和对人管辖，由《1981 年最高法院规则》第 20 条和第 21 条予以界定。其诉讼程序也由《英国民事诉讼规则》第 61 章海事诉讼及其诉讼指引予以规范。 22—033

在对物诉讼中，一般情况下只要申请人向法院提交扣押申请通知书，并提供相关的声明及担保，法院就可以签发扣押令。[207]为了防止财产被扣押，被申请人也可以就扣押物提供足够的担保。扣押财产只能由海事执行官或其代理人执行。[208]有关对物诉讼的诉状格式的送达，一般来说是通过在对物诉讼指向的财产上张贴对物诉状格式或副本进行送达，诉状格式或其副本应张贴于诉讼标的物的外部，张贴处应能够合理预见相关人士看到此对物诉状格式。如果上述财产为货物，则可以通过在已收取运费的货物上张贴，或是在装运货物上的船舶上张贴。但如果受送达的财产由专人保管，而不允许其他人接近，那么将该对物诉状格式副本交由该人处视为送达。[209]此外，被送达诉状格式的财产必须处于该法院管辖权范围，而且不得在超过其对人管辖权范围外的地域进行域外送达。

《1981年最高法院规则》就法院拥有海事管辖权的诉讼请求进行了列举，其中与出口商最为相关的一项是“任何因船舶所装运货物的损坏或灭失而产生的诉求”[210]，另一项是“任何因船舶货运合同或是租船合同产生的诉求”[211]。在上述诉求中，如果在签发诉状格式时，利益相关人（the relevant person）[212]是请求扣押船舶全部股份的受益所有权人（the beneficial owner），那么可以就载货船舶或是兄弟船舶[213]申请扣押。就载货船舶而言，利益相关人指的是当诉因发生时，占有或控制该船舶的所有权人或者是租船人。[214]此处的承租人不仅仅是指光船承租人，还包括期租承租人和航次承租人[215]、集装箱货位承租人或是部分舱位的航次承租人。[216]对物诉讼的诉状格式可以就上述利益相关人中的一人或多人签发，并向管辖区范围内最近的当事人送达。

按照《扣船公约》[217]的规定，当船舶在英国法院管辖区内被扣押时，海事法院有审理此对物诉讼的管辖权。[218]当存在外国法院专属管辖权条款时，英国法院有权行使自由裁量权决定是否中止诉讼。一般情况下，除非有极强有力的反对理由时，法院会决定中止诉讼。[219]但是当存在有效的仲裁条款时，英国法院一般会强制中止诉讼。[220]在这两种情况下，法院都可以要求利益相关人就被扣押的财产缴纳保证金或是提供其他的担保，从而停止扣押发还财产。或者法院也可以有条件地中止诉讼，条件要求当事人提供能够满足判决结果或仲裁裁定的等价担保。[221]

在实践中，船舶所有人一般都会服从于法院的管辖权并提供足额的担保以请求发还财产。因为诉讼的金额往往远小于船舶空置的成本以及船舶停运所导致的一系列运输合同纠纷。假如该利益相关人认为抗辩完全没有理由或任何意义，那么其往往选择放弃抗辩或要求返还船舶。这种情况下该船的扣押往往并不需要等到目标船舶进入英国水域，因为在很多国家，其司法工作人员和司法制度都能保障此项扣押的顺利进行，包括完成相关文书以及执行扣押等。

到目前为止，大部分观点认为对物诉讼和对人诉讼是分开进行的不同的诉讼，因为前者是针对船舶展开，而后者是针对船舶所有人展开的。但是，上议院法官现在认为[222]，在外国法院就同一诉因提起的对人诉讼在英国法院提起的对物诉讼之前做出判决的情况下，由于英国的对物诉讼实际上仍然是相同当事人之间的诉讼，那么英国法院有权根据《1982 年民事管辖权和判决法》第 34 条的规定停止诉讼程序。[223]考虑到这条规定，以及公约和欧盟规则都未就海事对物诉讼（不包括与不动产相关的诉讼）进行规定的事实，综合来看，实际上英国法院的海事对物诉讼不会影响到公约以及欧盟规则的适用。

此外，《布鲁塞尔公约》和《洛迦诺公约》第 57 条都规定公约内容不影响成员国已经加入的、在一些特殊事项上分配管辖权或判决问题的国际公约。在欧盟 2001 年第 44 号规则前言第 25 条中也有类似的规定。前面提到的《扣船公约》就是这样一项国际公约，因此英国法院可根据《扣船公约》第 7 条的规定，代替《布鲁塞尔公约》和《洛迦诺公约》的相关规定，保留大不列颠王国法院的海事对物诉讼管辖权。同时，也有英国法院认为[224]，当《扣船公约》第 7 条规定与《布鲁塞尔公约》第 17 条（即对应的欧盟规则第 23 条规定的协议管辖条款的内容）[225]相冲突时，《扣船公约》的效力优先。

在 *Maciej Rataj* 一案[226]中，欧洲法院认为尽管某些国际公约（此处是指《扣船公约》）的管辖权条款效力优先于《布鲁塞尔公约》或相关公约的管辖权规定，但是在国际公约没有规定的范围内，《布鲁塞尔公约》等公约仍然适用。比如国际公约就未对未决诉讼及关联诉讼进行规定，但是《布鲁塞尔公约》及《洛迦诺公约》却进行了约束（欧盟规则也做出了规定）。[227]在该案中，载货船舶（The Tatry）在欧洲港口卸载了有关危险物品。船舶所有人意识到其可能被起诉，因此其先在鹿特丹法院对部分托运人提起了责任限制之诉（对人诉讼）。但是之后，The Tatry 的兄弟船舶 The Maciej 在英格兰被托运人扣押。船舶所有人遂向英国法院请求中止诉讼，申请理由包括鹿特丹法院是先受理法院，而且两起案件是关联诉讼，并且认为鹿特丹法院是最合适的法院。最终欧洲法院根据《布鲁塞尔公约》第 21 条和第 22 条规定，认定此处对人诉讼和对物诉讼并没有实际区别，因而决定适用《布鲁塞尔公约》的规定。

因此，欧盟规则有关未决诉讼的规定在海事诉讼中仍然适用，同样，只有在欧盟规则不适用的情况下，英国普通法中的管辖权规则才适用。[228]同样，法院在规则不适用的情况下，可以准据英国普通法的不方便法院原则中止诉讼或者授予禁诉令限制外国诉讼。

欧盟规则还就海事诉讼中，当船舶已被或可能被扣押时，有关费用的纠纷管辖权进行了规定[229]：

"一方当事人居住于成员国内，但在下述情况下可能在另一成员国内被起诉：对于海上货物救助酬金或运费的争议，就相关货物或运费，以下法院拥有特别管辖权：

(a) 为保证支付相关费用，已经扣押货物的法院；或

(b) 本应被扣押，但是已经接受被申请人所缴纳保证金或提供相应担保的法院；

此条规定假定被告与该货物或运输行为具有利益关系，或者在海难救助时具有此种利益关系。”

欧盟规则的上述规定试图将对船舶的管辖权扩大到其他财产，在《1981年最高法院规则》第20条中也有相应的管辖权规定，但是在《扣船公约》中管辖权只是严格限制在船舶本身的扣押。除此之外，《扣船公约》中规定只在船舶已经扣押的情况下扣船国家法院才享有特别管辖权，而不包括船舶本应被扣押的情况。[230]

□《海牙选择法院协议公约》

22—034 2005年6月30日，海牙国际私法会议第二十次大会，在海牙和平宫通过并签署了《海牙选择法院协议公约》。该公约形成了一个关于包含管辖权以及判决执行的全新的多边协议。到目前为止，英国并未加入此公约。但是一旦英国加入该公约，那么该公约将会为英国构建一个在成员国间，类似于《布鲁塞尔公约》、《洛迦诺公约》在欧盟规则体系间的管辖权体制，根据公约的签署国数目，很可能比上述公约的体系更为庞大。

《海牙公约》的宗旨是就法院管辖权冲突的解决、当事人管辖权协议的执行以及法院判决的确认和执行制定明确的规则，类似于《纽约承认及执行外国仲裁裁决公约》对于仲裁相关问题的指导性作用。[231]

《海牙公约》的三项基本原则分别是：

(1) 当事人在协议中指定的解决争议的法院具有受理该案件的管辖权（第5条）；

(2) 如果协议中存在指定法院，非由当事人选择的法院没有管辖权（第6条）；

(3) 拥有指定管辖权的法院所做出的判决必须在其他的成员国法院得到承认及执行（第8条）。

通过声明程序，新《海牙公约》还提供第四项额外可供选择的原则，即缔约国也可以宣称，由非协议双方指定的法院做出的判决，该国也会予以承认并执行。

新的《海牙公约》只适用于商事纠纷，排除了一方为消费者的纠纷、劳动关系纠纷、家庭婚姻关系纠纷，同样，有关仲裁事项、货物的运输以及特定的知识产权诉讼（第11条）也被排除在外。

假如有足够的国家加入了《海牙公约》，那么该公约中关于协议管辖权的规定，将在诉讼领域为国际民商事活动的当事人提供与《纽约公约》同样程度的支持。同时成员国广泛的参与有助于协调各国国内法中关于管辖权的规定，并减少法院选择以及附属诉讼等情况的产生，最终使得诉讼成为国际贸易活动中更具有可预测性的争端解决方式。

注释

［1］参见 Dicey，Morris & Collins，*Conflict of Laws*（14th edn，2006 Chs 11－13）；*Halsbury's Laws*，Vol. 8（1）。

［2］出于相同的原因，如果当事人希望通过商事仲裁来解决双方的纠纷，也需要在合同中约定明确的仲裁条款。本章内容暂且认定诉讼是唯一的争端解决途径，或其他方法未被当事人采取。另外有关仲裁的内容详见第 23 章。

［3］但是特定情况下，有关管辖权的约定会在诉讼过程中被视为无效，详见第 22－006 段至第 22－008段。

［4］参见第 21 章。

［5］对人诉讼（in personam action）是指针对自然人或法人的相关诉讼。而对物诉讼（in rem action）是指针对海事法领域中具体物件例如船只等的诉讼，这部分内容详见第 22－033 段。

［6］参见下文。

［7］《关于民商事案件管辖权及判决执行的公约》，即《布鲁塞尔公约》于 1968 年生效，在英国于《1982 年民事管辖权和判决法》中得以吸收，后者于 1987 年 1 月 1 日生效。《洛迦诺公约》也以同样的方式被英国法借鉴。而欧盟 2001 年第 44 号规则作为欧盟法律，根据欧盟公约的规定在欧盟成员国内直接生效，因此并未强制要求英国以吸收立法形式确认该条例的效力。概括来说，除了仍然适用于《布鲁塞尔公约》的丹麦以外，欧盟其他所有国家都适用此理事会规则（EC）44/2001。而先前只在欧盟以外的 EFTA 成员国范围内适用的《洛迦诺公约》，由于欧盟的不断扩张，对于拟议的被告居住地位于挪威、冰岛和瑞士之外的诉讼也可能适用（挪威、冰岛和瑞士现仍为 EFTA 成员国）。

［8］EU，European Union，即欧洲联盟，简称欧盟。

［9］European Free Trade Association，即欧洲自由贸易联盟。

［10］修订后的《1982 年民事管辖权和判决法》附件 2 第 4 款中的内容为在英国内部不同地区间管辖权的分配提供了依据，但本书在此不做进一步讨论。

［11］《英国民事诉讼规则》第 11 章规定了管辖权异议的相关内容。例如一方当事人希望法院管辖解决争端，但是另一方当事人对法院管辖权提出异议，那么诉讼程序就可能是在一个错误的法院展开。当然，上述情况通常会发生在案件的预审过程中。

［12］详见《1982 年民事管辖权和判决法》第 1 部分。

［13］详见 C-26/91 *Jakob Handte & Co Gmbh v Société Traitement Mechano-Chimiques des Surfaces SA*（TMCS）一案。

［14］［1979］O. J. C59/71. 见《1982 年民事管辖权和判决法》第 3 条第 3 款。

［15］［1990］O. J. C189/57. 见《1982 年民事管辖权和判决法》第 3B 条第 2 款。

［16］《洛迦诺公约》的第二议定书的第 1 条。

［17］《洛迦诺公约》第 2 条至第 4 条。

［18］《1982 年民事管辖权和判决法》第 3B 条第 1 款。

［19］《洛迦诺公约》第 54 条 B 款。

［20］《洛迦诺公约》第 68 条。

［21］在每版规则第 1 条中，"民商事案件"都被给予了一个共同的解释，并不因国家的不同而有所区别：详见 Case 29/76 *LTU Lufttransportuntemehmen GmbH & Co KG v Eurocontrol*［1979］E. C. R. 1541（《布鲁塞尔公约》的司法解释）。

［22］规则第 1 条，同时可参见 *QRS* 1 *Aps. v Frandsen*［1999］3 All E. R. 289（《布鲁塞尔公约》的司法解释）。

［23］欧盟 2001 年第 44 号规则第 1 条。

[24] 但是有关仲裁例外的范围仍存有很大争议，尤其是针对仲裁条款有效性而提起的诉讼，以及根据仲裁条款而采取的临时措施或诉讼禁令。在 C-190/89 *Marc Rich & Co v Societa Italiana Impianti PA*；*The Atlantic Emperor* [1991] E. C. R. I-3855 一案中，欧洲法院认为如果争议的主要事项就是仲裁本身，那么无论该诉讼程序是否需要确认仲裁条款是否存在，该案件都超出了欧盟规则的管辖范围。在 Case C-391/95 *Van Uden Maritime BV v Kommanditgesellschaft in Firma Deco-Line* [1999] All E. R. (E. C.) 258 一案中，欧洲法院认为，尽管纠纷的实质内容可能仍需由仲裁进行解决，但是部分支持仲裁程序的临时救济措施的申请同样可能受《布鲁塞尔公约》的管辖。最后，在 *The Hari Bhum* [2004] EWCA Civ 1598 一案中，英国上诉法院认为根据仲裁例外的规定，有关支持仲裁而进行的禁诉令的申请超出了欧盟规则的管辖范围。但是根据欧洲法院在 *West Tankers Inc v RAS SPA* [2007] UKHL 4 案中所作的决定，上述英国法院的认定事项仍有待欧洲法院的复议。

[25] 欧盟 2001 年第 44 号规则第 2 条。

[26] 欧盟 2001 年第 44 号规则第 23 条（即协议管辖权规则）。

[27] 欧盟 2001 年第 44 号规则第 24 条。

[28] 欧盟 2001 年第 44 号规则第 22 条。

[29] 欧盟 2001 年第 44 号规则第 25 条和第 26 条。

[30] 欧盟 2001 年第 44 号规则第 27 条至第 30 条。

[31] 欧盟 2001 年第 44 号规则第 31 条。

[32] 参见 *A/S Svendborg D/S of 1912 v Akar* [2003] EWHC 797。在案件审理过程中，法官认为，当一方当事人未遵守双方约定的协议专属管辖权条款时，所引起的诉讼成本可以作为损害赔偿求偿。但是就非专属管辖权条款而言，情况又不尽相同。对于专属管辖权条款，协议管辖认定只有选定的法院才拥有管辖权。但是对于非专属管辖权条款，协议管辖的结果只是确认选定的法院具有管辖权，但并不排除其他的法院也拥有管辖权。

[33] 参见 Case C-269/95 *Benincasa v Dentalkit Sarl* [1998] All E. R. (EC) 135。

[34] 参见 *Crédit Suisse Financial Products v Société Genérale d'Entreprises* [1996] 5 Bank L. R. 220。此外，管辖权协议必须得到"清楚、准确的证明"，见 *Blos Distilleries BV v Superior Yacht Services Ltd* [2007] 1 Lloyd's Rep. 683 (H/C)。

[35] 参见 Case C-106/95 *Mainschiffahrts-Genossenschaft e. g.* (*MSG*) *v Les Gravieres Rhénanes* [1997] All E. R. (EC) 385。

[36] 详见第 22—016 段。

[37] 参见 Case C-25/79 *Zelger v Saltrini* (*No. 1*) [1980] E. C. R. 89。

[38] 参见 Case C-25/79 *Zelger v Saltrini* (*No. 1*) [1980] E. C. R. 89。

[39] 参见 Case C-150/80 *Elefanten Schuh GmbH v Jacqmain* [1981] E. C. R. 1671。

[40] 关于欧洲法院对欧盟规则第 24 条（即对应《布鲁塞尔公约》第 18 条）的司法解释，请参见 Case 48/84 *Spitzley v Sommer Exploitation SA* [1985] E. C. R 787。

[41] 欧盟 2001 年第 44 号规则第 24 条。

[42] 欧盟 2001 年第 44 号规则第 59 条和第 60 条规定了有关法人、非法人组织及自然人的确定住所的冲突规则。

[43] 参见 *Domansa v Derin Shipping and Trading Co Inc* [2001] 1 Lloyd's Rep 362。

[44] 在第 22—021 段中，进一步阐述一般管辖权规则在《布鲁塞尔公约》和《洛迦诺公约》中享有同样地位。此处引用判例法的一般规则是为了说明在实际案件审理过程中，会以欧盟规则的规定为准。

[45] 这些例外情况已被严格限制并加以解释，具体可参见 Case 189/87 *Kalfelis v Schroder*

[1988] E. C. R. 5565。

[46] 参见 Case 9/87 *Arcado Sprl v Haviland SA* [1988] E. C. R. 1593 及 Case C-26/91 *Jakob Handte GmbH v Traitments Mechano-Chimiques des Surfaces SA* (*TMCS*) [1993] I. L. Pr. 5。

[47] 参见 Case 9/87 *Acrado Sprl v Haviland SA* [1988] E. C. R. 1593。

[48] 参见 Case 38/81 *Effer v Kantner* [1982] E. C. R. 825; *Tesam Distribution Ltd v Schuh Mode Team GmbH* [1990] I. L. Pr, 149; *Boss Group Ltd v Boss France SA* [1997] 1 W. L. R 351(被告不得在法国进行的诉讼中宣称其合同成立，而在英国进行的诉讼中拒绝承认合同成立，其在法国诉讼程序中承认合同成立就足够确定英国法院对此合同的管辖权); Case C-269/95 *Benincasa v Dentalkit Srl* [1998] All E. R. (EC) 135。

[49] *Kleinwort Benson Ltd v Glasgow City Council* [1999] 1 A. C. 153 一案经欧洲法院裁定英国上议院不具有司法管辖权。

[50] 参见 Case C-26/91 *Jakob Handte GmbH v Traitments Mechano-Chimiques des Surfaces SA* (*TMCS*) [1993] I. L. Pr. 5。

[51] 参见 *Atlas Shipping Agency (UK) Ltd v Suisse Atlantique Société d'Armement Maritime SA* [1995] 6 I. L. Pr. 600。

[52] *Agnew v Lansforsakringsbolagens AB* [1996] 4 All E. R. 978 一案与 *Trade Indemnity plc v Forsakringsaktiebolaget Njord* [1995] 1 All E. R. 796 一案就此项义务判决并不一致。另外参见 Case C-334/00 *Tacconi SpA v HWS*，其中就合同义务和先合同义务进行了区分处理。

[53] 参见 Case 14/76 *de Bloos Sprl v Bouyer SA* [1976] E. C. R. 1497; *Viskase Ltd v Paul Kiefal GmbH*, *The Times*, March 30, 1999(当货物交付时，货物必须能够满足订立合同时双方所约定的合同标准或者该货物通常所知的用途，此外，合同义务履行地应为货物的交付地点)。参见 *Chailease Finance Corp v Crédit Agricole Indosuez* L. T. L. April 20 1999(即使在合同订立时无法立即确认有关义务的履行地点，也可以根据义务预计的履行地点确认具有特别管辖权的法院)。参见 *PRS Prodotti Siderurgici Srl v Owners of the Sea Maas: The Sea Maas*, *The Independent*, July 7, 1999(《海牙规则》及《维斯比规则》中的承运人恪尽职责的义务是提单项下最基本的义务)。

[54] 参见 Case 255/85 *Shenavai v Kreischer* [1987] 3 C. M. L. R. 782; *Medway Packaging Ltd v Meurer Maschinen GmbH* [1990] 2 Lloyd's Rep. 112; *Source Ltd v TUV Rheinland Holding AG* [1997] 3 W. L, R, 365; *Raiffeisen Zentralbank Osterreich Aktiengesellschaft v National Bank of Greece SA*, [1999] 1 Lloyd's Rep. 408(主要义务可以从隐含条款中引申出来)。

[55] 参见 Case C-256/00 *Besix SA v Wassereinigungsbau Alfred Kretzschmar GmbH & co KG* (*Wabag*)。

[56] 参见 Case C-288/92 *Custom Made Commercial Ltd v Stawa Metallabu GmbH* [1994] E. C. R. I-2913; Case 12/76 *Industrie Italiano Como v Dunlop AG* [1976] E. C. R. 1473。

[57] 详见本书以前章节内容。

[58] 参见 Case C-420/97 *Leathertex Divisione Sintetica SpA v Bodetex BVBA*, *The Times*, October 26, 1999。

[59] 详见第 22—019 段。

[60] 参见 Case 189/87 Kalfelis *v* Schroder [1988] E. C. R. 5565。

[61] 详见第 22—019 段。

[62] 参见 Case 21/76 [1976] E. C. R. 1735 及 *Kronhofer v Maier* [2004] All E. R. (EC) 939。

[63] 参见 Case 51/79 *Reunion Europeeane SA v Spliethoffs Bevrachtingskantoor BV* [1999] I. L. Pr. 205。

[64] 参见 *Minster Investments Ltd v Hyundai Precision and Industry Co Ltd* [1988] 2 Lloyd's Rep. 621。

[65] 参见 *Domicreat Ltd v Swiss Bank Corp* [1999] 1 W. L. R. 364（导致损害发生的事件应该是因疏忽导致错误陈述的做出，而不是错误陈述的接受）。

[66] 参见 *Source Ltd v TUV Rheinland Holding AG* [1997] 3 W. L. R. 365（对货物疏于检查实际上是"与合同有关的案件"，并不属于第 5 条第 3 款的适用范围）。

[67] 参见 Case C-68/93 *Shevill v Presse Alliance SA* [1995] E. C. R. I-415。

[68] 参见 Case C-220/88 *Dumez France and Traboba v Hessische Landesbank* [1990] E. C. R. 49（由于中断贷款对德国子公司造成的损失即属于直接损失，但是因此给法国母公司造成的损失则属于间接损失）。

[69] 参见 Case C-364/93 *Marinari v Lloyds Bank Plc* [1995] E. C. R. I-2791。

[70] 参见 *Mecklermedia Corporation v DC Congress GmbH* [1997] 3 W. L. R. 479 及 *cf. Modus Vivendi Ltd v British Products Sanmex Ltd* [1996] F. S. R. 790。

[71] 参见 Case 33/78 *Somafer SA v Saar-Ferngas AG* [1978] E. C. R. 2183（其中销售代表并不满足上述条件）。

[72] 参见 Case 218/86 *SAR Schotte GmbH v Parfums Rothschild SARL* [1978] E. C. R. 4905（如果一方当事人提供具有母公司或委托人名称开头的文件或合同，则另一方当事人有理由相信其具有代理资格）。

[73] 参见 Case 14/76 *De Bloos Sprl v Bouyer SA* [1976] E. C. R. 1497（独家经销商不符合此处的要求）。另参见 Case 139/80 *Blanckaert and Willems v Trost* [1981] E. C. R. 819（独立签署合同然后转签给委托人的经纪机构不属于第 5 条第 5 款定义的机构）。

[74] 参见 Case 218/86 *SAR Schotte GmbH v Parfums Rothschild SARL* [1978] E. C. R. 4905。

[75] 参见 Case C-439/93 *Lloyd's Register of Shipping v Société Campenon Bernard* [1995] E. C. R. I-961。

[76] 欧盟 2001 年第 44 号规则第 6 条第 1 款。

[77] 欧盟 2001 年第 44 号规则第 6 条第 2 款。

[78] 欧盟 2001 年第 44 号规则第 6 条第 3 款。

[79] 欧盟 2001 年第 44 号规则第 6 条第 4 款。

[80] 参见 Case 189/87 *Kafelis v Schroder* [1988] E. C. R. 5565 及 *Aiglon Ltd v Gau Shan Co Ltd* [1993] 1 Lloyd's Rep. 164。另参见 *Holding Oil Finance Inc v Marc Rich & Co AG* [1996]（为避免因区分处理而导致庭审不便或相互抵触判决的风险，滥用程序加入不合理的被告）。

[81] 参见 Case 51/79 *Réunion Européenne SA v Spliethoffs Bevrachtingskantoor BV* [1999] I. L. Pr. 205。

[82] 参见 *Canada Trust v Stolzenberg (No. 2)* [1988] 1 W. L. R. 547 及 *Petrograde v Smith* [1998] 2 All E. R. 346（被告住所地不在英格兰境内，或者其在英格兰境内停留期间与本案并没有实质关联，那么这就不构成英格兰法院对其的管辖权）。

[83] 参见 Case C-365/88 *Kongress Agentur Hagen GmbH v Zeehaghe BV* [1990] E. C. R. I-1845。

[84] 参见 *Kinnear v Flaconfilms NV* [1996] 1 W. L. R. 920。

[85] 参见 *Waterford Wedgwood Plc v David Nagli Ltd* [1998] FSR 92。

[86] 参见 *Hough v P&O Containers* [1998] 2 Lloyd's Rep. 318。

[87] 参见 Case C-341/93 *Danvaern Productions A/S v Schuhfabriken Otterbech GmbH* [1995] E. C. R. I-2053。

[88] 参见 *Masri v Consolidated Contractors International* [2006] 1 W. L. R. 830。

［89］欧盟 2001 年第 44 号规则第 9 条第 1 款 a 项也包括分支、代理或其他机构位于成员国内，但是母公司或委托人在成员国内无住所的情形。

［90］欧盟 2001 年第 44 号规则第 1 条第 1 款 b 项。

［91］欧盟 2001 年第 44 号规则第 6 条第 1 款 c 项。

［92］欧盟 2001 年第 44 号规则第 12 条。

［93］参见 *Jordan Grand Prix Ltd v Baltic Insurance Group*［1999］2 W. L. R. 134。

［94］欧盟 2001 年第 44 号规则第 10 条。

［95］欧盟 2001 年第 44 号规则第 13 条。

［96］参见 Case C-318/93 *Brenner v Dean Witter Reynolds Inc*［1994］E. C. R. I-4275。

［97］参见 Case C-269/95 *Benincasa v Dentalkit Srl*［1998］All E. R.（EC）135。

［98］参见 Case C-464/01 *Gruber v BayWa AG*［2006］2 W. L. R. 205。

［99］欧盟 2001 年第 44 号规则第 19 条。

［100］欧盟 2001 年第 44 号规则第 20 条。

［101］欧盟 2001 年第 44 号规则第 21 条。

［102］欧盟 2001 年第 44 号规则第 25 条。

［103］欧盟 2001 年第 44 号规则第 27 条。另参见 *Davy International v Voest Alpine Industrieanlagenblau GmbH*［1999］1 All E. R. 103（在《洛迦诺公约》生效之前，如果同时在英格兰和奥地利提起未决诉讼，那么英格兰法院并不需要中止其诉讼）。

［104］欧盟 2001 年第 44 号规则第 28 条。另参见 *Virgin Aviation v CAD Aviation*，*The Times*，February 2，1990（在司法裁量权的实践过程中，有关司法便利的方面，例如根据《英国民事诉讼规则》第 24 章规定进行简易判决的机会，都属于次要因素）。

［105］参见 Case C-406/92 *The Maciej Rataj*（*sub nom. The Tatry*）［1995］E. C. R. I-5439。

［106］参见 Case C-406/92 *The Maciej Rataj*（*sub nom. The Tatry*）［1995］E. C. R. I-5439，此判例在之后上议院审理 *Sarrio SA v Kuwait International Authority*［1999］A. C. 32 一案中得以沿用（当争议根据规则第 22 条规定具有专属管辖权时，应当用明确的、统一的方法来确定司法管辖权）。另参见 *cf. Mecklermedia Corporation v DC Congress GmbH*［1996］3 W. L. R. 479。

［107］参见 Case C-351/96 *Drouot Assurances SA v Consolidated Metallurgical Industries*［1999］2 W. L. R. 163（该案引用了《布鲁塞尔公约》中的类似条款）。

［108］参见第 22－033 段对 Case C-406/92 *The Maciej Rataj*（*sub nom. The Tatry*）［1995］E. C. R. I-5439 的论述。另参见 *JP Morgan Europe v Primacom AG*［2005］2 Lloyd's Rep. 665。

［109］参见 Case C-351/89 *Overseas Union Insurance Ltd v New Hampshire Insurance Ltd*［1991］E. C. R. I-3317。

［110］参见 Case 129/83 *Zelger v Saltrini*（*No. 2*）［1984］E. C. R. 2397。另参见 *Dresser UK Ltd v Falcongage Freight Management Ltd*［1992］Q. B. 502（英格兰法院受理诉讼的时间为传票送达被告的日期）及 *Neste Chemicals SA v DK Line SA*，*The Sargasso*［1994］3 All E. R. 180（尽管英格兰法院可能对案件的中间救济享有管辖权，但是其绝对不会对实质性的整体案件享有管辖权）。

［111］参见 Case C-116/02 *Gasser*，*Eric GmbH v MISAT Srl*［2004］1 Lloyd's Rep. 222。

［112］参见 Case C-159/02 *Turner v Grovit* 一案，注意本案是在只适用于欧盟规则情况下做出判决的，如果英格兰法院坚持做出诉讼禁令而将此案交由仲裁庭处理，那么欧洲法院就仲裁案件并没有效力，可参见"*The Hari Bhum*"［2004］EWCA Civ 1598。

［113］参见 Case C-281/02 *Owusu v Jackson*（该案引用了《布鲁塞尔公约》中的类似条款）。

［114］参见 *Ace Insurance SA-NV v Zurich Insurance Co*［2001］Lloyd's Rep. 618。

[115] 详见第 22—024 段。另参见 Dicey & Morris，*The Conflict of Laws*（14th edn，2006），Ch. 12。

[116] 参见 *Maharanee of Baroda v Wildenstein* [1972] 2 Q. B.；*Colt Industries v Sarlie* [1966] 1 All E. R. 及 *Adams v Cape Industries Plc* [1990] Ch. 433，673。

[117] 详见第 22—024 段。

[118] 参见 *Williams & Glyn's Bank Plc v Astro Dinamico Compania Naviera SA* [1984] 1 W. L. R. 438。

[119] 参见 *Obikoya v Silvernorth Ltd*，*The Times*，July 6，1983。此外，在合同中约定以英国法为准据法也不能认定英国法院具有管辖权，见 *Dundee Ltd v Gilman & Co (Australia) Pty Ltd* [1968] 2 Lloyd's Rep. 394（Sup. Ct. of N. S. W.）。而且，当一外国原告在英国境内法院提起诉讼时，可以认定该原告也认同该法院就被告提出的反诉也享有管辖权，见 *Metal Scrap Trade Corp Ltd v Kate Shipping Co Ltd* [1990] 1 W. L. R. 115；*Derby & Co Ltd v Larsson* [1976] 1 W. L. R. 202 及 *Balkanbank v Taher (No. 2)* [1995] 1 W. L. R. 1067。

[120] 参见 *Williams & Glyn's Bank Plc v Astro Dinamico Compania Naviera SA* [1984] 1 W. L. R. 438。

[121] 参见 *The Xing Su Hai* [1995] 2 Lloyd'd Rep. 15。

[122] 参见 Dicey & Morris，*Conflict of Laws*（14th edn，2006），para. 11 - 135 at n. 60。

[123]《英国民事诉讼规则》第 6 章第 20 条。

[124]《英国民事诉讼规则》第 6 章第 20 条和第 21 条。

[125]《英国民事诉讼规则》第 6 章第 20 条第 1 款。

[126]《英国民事诉讼规则》第 6 章第 20 条第 2 款。此处的禁令不应当包括中间禁令，因为中间禁令往往要求在主诉讼之外单独提起实质性诉讼（例如合同违约诉讼中的临时保全），参见 *Siskina v Distos Compania Naviera SA* [1979] A. C. 210。

[127]《英国民事诉讼规则》第 6 章第 20 条第 3 款。此处也包括反诉中必要或适当的其他当事人，本条规定旨在对多个被告的案件审理过程中，就相同或类似诉因的诉讼合并处理。虽然法律规定的范围很广，但是在判例法中，一般要求法院谨慎适用本条规定。另参见 *The Golden Mariner* [1990] 2 Lloyd'd Rep. 215。

[128]《英国民事诉讼规则》第 6 章第 20 条第 5 款。

[129]《英国民事诉讼规则》第 6 章第 20 条第 8 款。

[130]《英国民事诉讼规则》第 6 章第 20 条第 9 款。

[131]《英国民事诉讼规则》第 6 章第 20 条第 10 款。

[132] 参见 *The Hagen* [1908] P. 189。

[133] 以上原则都是从一系列判例当中总结出来，并最终在上议院审理 *Seaconsar Far East Ltd v Bank Markazi Jomhouri Islami Iran* [1993] 3 W. L. R. 756 一案时得以全部归纳。

[134]《英国民事诉讼规则》第 6 章第 21 条第 2A 款。

[135] 参见 *Spiliada Maritime Corp v Cansulex Ltd* [1986] A. C. 460，此案将在后文中详细讨论。

[136]《1981 年最高法院法案》第 37 条第 1 款和第 49 条第 3 款规定的法院固有的裁量权。

[137] 参见 *Société Nationale Industrielle Aérospatiale v Lee Kui Jak* [1987] A. C. 871。

[138] 关于其发展历程，可参见 Dicey & Morris，*The Conflict of Laws*（14th edn，2006），Ch. 12。

[139] 参见 *Spiliada Maritime Corp v Cansulex Ltd*，*The Spiliada* [1986] A. C. 460。

[140] 参见 *Spiliada Maritime Corp v Cansulex Ltd*，*The Spiliada* [1986] A. C. 460 at 476 - 478。

[141] 参见 *Spiliada Maritime Corp v Cansulex Ltd*，*The Spiliada* [1986] A. C. 460 at 482 - 484。

[142] 有关"合法的个人或司法的优势"，例如，法院可能判决在更大范围内赔偿损失、赔偿利息，

或更完整的审前发现程序，较为宽松的时效期间，或者获得诉讼费用担保的可能（尽管在中止诉讼程序中的诉讼费用担保是有条件的保留金形式担保），或者是在一国内时效已经届满但可以在其他合适的法院提起诉讼的情形。

［143］*Per* Lord Diplock in *MacShannon v Rockware Glass Ltd*［1978］A. C. 795.

［144］"Cambridgeshire"因素是指双方当事人各自的拥有丰富经验的律师和专家团队是否已经介入到案件当中，以及受理法院对此类案件的熟悉程度和专业化程度。在 *Cambridgeshire* 一案和 *Spiliada* 一案中，双方当事人的律师和专家团队均已经开始了大量的前期准备。

［145］这些案件中包括 *EI du Pont de Nemours v Agnew*［1987］2 Lloyd's Rep. 339（当根据英国法订立的合同涉及公共政策考量，而且外国法院在受理该案件时会按照其所在国的法律和公共政策进行判决时，这种情况下英国法院不得中止本院的诉讼）；*Banco SA v The British Bank of the Middle East*［1990］1 Lloyd's Rep. 504（当被告实际上与英格兰的关系十分密切，并且一旦外国法院受理案件时，依据的是其国内法而不是合同的准据法，那么原告胜诉的几率将十分微小，所以这种情况下英格兰法院通常是不会判决中止诉讼的）；*Minories Finance Ltd v Afribank Nigeria Ltd*［1995］1 Lloyd's Rep. 134（如果在英格兰法院中止诉讼并将案件交由替代法院的情况下，可能导致明显的延迟，那么出于公平的考量，英格兰法院可以选择拒绝中止诉讼。例如当专家证人在英格兰的情况下，如果英格兰法院决定中止诉讼交由尼日利亚法院管辖，那么就尼日利亚外汇管理机构处获得批准，到执行以美元为货币单位的判决之间会出现明显的延迟，又比如相比较对位于爱尔兰的财产执行的速度，尼日利亚法院的判决也会比英国法院的判决延迟相当长的时间）；*Milor Srl v British Airways Plc*［1996］1 W. L. R. 1483（不方便法院原则的适用与《华沙公约》第 28 条的规定不一致）；*Mohammed v Bank of Kuwait and the Middle East KSC*［1996］1 W. L. R. 1483（在考虑所有可选的合适法院时，要充分考虑到法院发布命令及庭审之时的客观实际条件，判断其是否能实现实质公平）；*HIB Ltd v Guardian Insurance Co Inc*［1997］1 Lloyd's Rep. 412（当准据法是英国法的情况下，如果原告希冀在除自然法院之外的法院寻求损害赔偿，尤其是原告根据英国法无法获得惩罚性赔偿，但根据外国法却有可能获得此部分赔偿的情况下，英格兰法院一般不会支持其请求）；*Connolly v RTZ Corporation*［1997］3 W. L. R. 373（一般来说，原则上要求即使原告在更合适的外国法院无法获得经济帮助，英格兰法院还是必须裁定中止本院的诉讼。但例外情况是，如果原告在英格兰法院可以获得司法帮助，并且在诉讼费用上也能获得合理安排，而且一旦没有了这些帮助和安排，原告甚至不可能进行诉讼，也就实现不了公平的目的，那么这种情况下，即使外国法院明显是更合适的，英格兰法院也可以拒绝授予诉讼中止令）；*Owners of the Ship Herceg Novi v Owners of the Ship Ming Galaxy*：*The Herceg Novi*［1998］2 Lloyd's Rep. 454（尽管英国适用的《1976 年海事赔偿责任限制公约》的最高赔偿金额比《1957 年船舶所有人责任限制公约》规定的最高赔偿金额要高出很多，但是英国法院仍然可以裁定中止本院诉讼，因为法官有理由认为根据公约其他部分的不同规定，此诉讼的中止并未对在英国提起诉讼的原告不利）；*Askin v ABSA Bank Ltd*，*The Times*，February 23，1999（首先需由被告确定其他的更合适的法院，然后再由原告证明除了英国之外的法院并不能保证公平。那么在后一个阶段中，广义上的国外法院的可获得性变得尤其重要）；*Lubbe v Cape Plc* and related appeals［2000］1 W. L. R. 1545（上议院认为，尽管南非法院明显是更合适的，但是如果授予了中止诉讼令，那么原告很有可能因为在南非无法获得人身损害赔偿案件中的司法援助以及合法代理人，从而导致无法实现公平。另外，在南非就集团诉讼并没有先进的经验或是完善的程序，尽管单独这一条并不足够构成拒绝中止诉讼的原因）。

［146］参见［1970］P. 40 at 110。有关原则实际上是通过 3 个判例确立起来的，分别是上诉法院在 *The El Amria*［1982］2 Lloyd's Rep. 119 一案中的判决和上议院在 *The Sennar*（*No. 2*）［1985］1 W. L. R. 490 一案和 *Donohue v Armco*［2001］UKHL 64，［2002］1 Lloyd's Rep. 425 一案中的判决。

［147］参见 *Spiliada Maritime Corp v Cansulex Ltd*［1987］A. C. 4650 at 483 - 484。另参见 *The*

Pioneer Container [1994] 2 A. C. 324 及 *Citi-March Ltd v Neptune Orient Lines* [1996] 2 All E. R. 454（尽管可能原告是有意造成案件在外国法院诉讼时效届满的，但是如果其这样做是有正当理由的，英国法院也可以行使自由裁量权决定继续诉讼。本案中英国法院是明显合适的法院，而且在英国和新加坡两地存在并行诉讼和抵触判决的风险）。

[148] 参见 *The Pioneer Container* [1994] 1 Lloyd's Rep. 593。

[149] 参见 *Donohue v Armco Inc* [2001] UKHL 64。

[150] 参见 *The Bergen*（*No. 2*）[1997] 2 Lloyd's Rep. 710。

[151] 参见 *The Bergen*（*No. 2*）[1997] 2 Lloyd's Rep. 710，*Spiliada*。

[152] 参见 *The Nile Rhapsody* [1994] 1 Lloyd's Rep. 382。

[153] 参见 *The Hollandia* [1983] 1 A. C. 565。

[154] 参见 *British Aerospace Plc v Dee Howard & Co* [1993] 3 Lloyd's Rep. 368。

[155] 此处所说的禁令即指诉讼禁令。

[156] 参见 *British Airways Board v Laker Airways* [1985] A，C，58 及 *Société Nationale Industrielle Aérospatiale v Lee Kui Jak* [1987] A. C. 871。

[157] 参见 *Metall und Rohstoff AG v ACLI Metals Ltd* [1984] 1 Lloyd's Rep. 598。

[158] 参见 *Société Nationale Industrielle Aérospatiale v Lee Kui Jak* [1987] A. C. 871。

[159] 参见 [1987] A. C. 871。

[160] 参见 *Turner v Grovit* [2002] 1 W. L. R. 107。

[161] 参见 *Aérospatiale* [1987] A. C. 871 at 896。

[162] 例如，英国法院的管辖权是对当事人的对人管辖权，而不是对外国法院的域外管辖权。

[163] 参见 *Donohue v Armco Inc* [2001] UKHL 64 及 *Turner v Grovit* [2002] 1 W. L. R. 107 at para. 28。

[164] 参见 *Aérospatiale* [1987] A. C. 871 at 896。

[165] 参见 *Simon Engineering Plc v Butte Mining Plc*（*No. 2*）[1996] 1 Lloyd's Rep. 91。

[166] 称之为"单一法院"（single forum）案件。

[167] 参见 *British Airways Board v Laker Airways Ltd* [1985] A. C. 58。

[168] 参见 *Midland Bank Plc v Laker Airways Ltd* [1986] Q. B. 689。

[169] 参见 *Advanced Portfolio Technologies Inc v Ainsworth* [1996] F. S. R. 217。

[170] 参见 *Airbus Industrie GIE v Patel* [1998] 2 W. L. R. 686。

[171] 在英国境内没有就该案提起诉讼。

[172] 参见 *The Chaparral* [1968] 2 Lloyd's Rep. 158 及 *Shell International Petroleum Co Ltd v Coral Oil Ltd* [1999] 1 Lloyd's Rep. 72。

[173] 参见 [1995] 1 Lloyd's Rep. 87 at 96。

[174] 参见 *Ultisol Transport Contractors Ltd v Bouygues Offshore SA* [1996] 2 Lloyd's Rep. 140。

[175] 参见 *Industrial Maritime Carriers*（*Bahamas*）*Inc v Sinoca International Inc*；*The Eastern Trader* [1996] 2 Lloyd's Rep. 285。

[176] 参见 *A/S D/S Svendborg v Wansa* [1996] 2 Lloyd's Rep. 559。

[177] 参见 *Donohue v Armco Inc* [2001] UKHL 64。

[178]《英国民事诉讼规则》第 6 章第 28 条。《英国民事诉讼规则》诉讼指引第 6B 章，作为规则的补充，对有关域外送达的内容进行了细化。

[179] 以前称之为马瑞瓦禁令，即 Mareva injunction，见 *Mareva Compania Naviera SA v International Bulkcarriers SA*；*The Mareva* [1975] 2 Lloyd's Rep. 509。后在《英国民事诉讼规则》第 25 章第

1条第f款改名为冻结令。《英国民事诉讼规则》于1999年4月26日起生效。其他相关内容可参考Mark Hoyle, *Freezing & Search Orders*, 4th edn (2006)。但需要注意的是,《英国民事诉讼规则》第25章第1条并没有列出英国法院可授予的临时救济的全部种类,而冻结令也只是这未完尽部分中的其中一条。

[180]《英国民事诉讼规则》第25章第1条f款项下所列i项和ii项实际上列出的是一项世界范围内的冻结令。

[181] *Per* Lloyd J. in *PCW (Underwriting Agencies) Ltd v PS Dixon* [1983] 2 Lloyd's Rep. 197 at 202。

[182] 参见 *Town and Country Building Society v Daisystar Ltd* (1989) 139 N. L. J. 1563, CA。

[183] 参见 *The Siskina* [1979] A. C. 210。

[184]《布鲁塞尔公约》和《洛迦诺公约》也包含类似的条款。

[185]《1982年民事管辖权和判决法》第25条。

[186] 参见 *Republic of Haiti v Duvalier* [1989] 2 W. L. R. 26; *X v Y* [1989] 3 W. L. R. 910(两个案件中的冻结令都是为了支持法国法院的诉讼程序)。另参见 *Credit Suisse Fides Trust SA v Cuoghi* [1998] Q. B. 818(支持瑞士法院的诉讼程序)。

[187] 实际上冻结令的效力不仅仅如此,参见《1982年民事管辖权和判决法》第25条第3款。

[188]《1982年民事管辖权和判决法》第25条第2款。

[189] 最具示范性的判例之一就是上议院就 *America Cyanamid Co v Ethicon Ltd* [1975] A. C. 396一案做出的判决,而且此案的判决至今仍然具有一定的指导意义。

[190]《英国民事诉讼规则》第25章诉讼指引——临时性禁令,诉讼指引第25章第3条。

[191]《英国民事诉讼规则》第25章诉讼指引——临时性禁令,诉讼指引第25章第5条第1款。

[192]《英国民事诉讼规则》第25章第1条g款。同时,第2条规定本条所指的"有关财产"指的是作为诉讼标的物的财产(包括土地),或者在诉讼中可能产生任何问题的财产。

[193] 参见 *Bayer AG v Winter* [1986] 1 W. L. R. 497。

[194]《英国民事诉讼规则》第25章第10条。

[195]《英国民事诉讼规则》第25章第11条。

[196] 参见 *Anton Piller KG v Manufacturing Processes Ltd* [1976] Ch. 55。

[197] 尤其是在获取涉嫌盗版的录像制品(参见 *Rank Film Distributors Ltd v Video Information Centre (A Film)* [1982] A. C. 380一案)或涉嫌假冒的产品(参见 *Sony Corporation v Time Electronics* [1981] 1 W. L. R. 1293一案)。

[198] 参见 *Crest Homes Plc v Marks* [1987] A. C. 829; *Columbia Picture Industries Inc v Robinson* [1987] Ch. 38。

[199] 参见上文注释[98]。

[200] 参见 *Vapormatic Co Ltd v Sparex Ltd* [1976] 1 W. L. R. 939。

[201] 参见 *Distributori Automatici SpA v Holford General Trading Co Ltd* [1985] 1 W. L. R. 1066。

[202] 诉讼指引中还附有搜查令的模板。

[203] 参见上文冻结令的相关内容。

[204]《英国民事诉讼规则》第25章诉讼指引——临时性禁令。另参见 *Memory Corp v Sidhu*, *The Times*, May 31, 1999。

[205] 监督律师不得为申请人律师所在律师事务所中的雇员或合伙人。可参见《英国民事诉讼规则》第25章诉讼指引——临时性禁令,诉讼指引第25章第7条第2款。

[206]《英国民事诉讼规则》第25章诉讼指引——临时性禁令,诉讼指引第25章第4条。

[207]《英国民事诉讼规则》第 61 章第 5 条。

[208]《英国民事诉讼规则》第 61 章第 5 条和第 8 条。

[209]《英国民事诉讼规则》第 61 章诉讼指引——海事诉讼，诉讼指引第 3 条第 6 款及第 5 条第 5 款。

[210]《1981 年最高法院规则》第 20 条第 2 款 g 项。

[211]《1981 年最高法院规则》第 20 条第 2 款 h 项。

[212] 利益相关人指的是如提起对人诉讼的，对诉讼负有责任的当事人，可参见《1981 年最高法院规则》第 21 条第 4 款 b 项。

[213] 此处不包含兄弟公司，可参见 *The Evpo Agnic* [1988] 2 Lloyd's Rep. 411。

[214]《1981 年最高法院规则》第 21 条第 4 款。

[215] 参见 *The Span Terza* [1984] 1 W. L. R. 27。

[216] 参见 *MSC Mediterranean Shipping Co SA v Owners of the Ship "Tychy"* [1999] 2 Lloyd's Rep. 11。

[217] 即《1952 年扣押海运船舶的国际公约》。

[218]《扣船公约》第 7 条。

[219] 参见 *The El Amria* [1981] 2 Lloyd's Rep. 119。

[220]《1996 年英国仲裁法》第 9 条。

[221]《1982 年民事管辖权和判决法》第 26 条，以及《1996 年英国仲裁法》第 11 条。

[222] 参见 *Republic of India v India Steamship Co Ltd*; *The Indian Endurance No. 2* [1997] 3 W. L. R. 818，适用了 Brandon 勋爵在 *The August 8* [1983] 2 A. C. 450 at 456 以及 *The Deichland* [1990] 1 Q. B. 361 中所作的意见陈述。

[223]《1982 年民事管辖权和判决法》第 34 条规定：在英格兰以及威尔士等提起诉讼的当事人，不得在获得判决之后就已获得判决的相同诉因，再向大不列颠王国之外的法院提起诉讼。另参见 *The Deichland* [1990] 1 Q. B. 361。

[224] 参见 *The Bergen* [1997] 1 Lloyd's Rep. 380。

[225] 参见上文第 22－006 段。

[226] 参见 Case C-406/92 (*sub nom. The Tatry*) [1994] E. C. R. I-5439。

[227]《布鲁塞尔公约》第 21 条和第 22 条分别对应上文所述内容（对应着欧盟规则中第 27 条至第 30 条的规定）。有关未决诉讼和关联诉讼的内容，详见上文第 22－019 段。

[228] 参见 *Seismic Shipping Inc v Total E & P UK Plc* [2005] EWCA Civ 985 (*"The Western Regent"*)。此案中，上诉法院拒绝中止诉讼，并限制田纳西州的诉讼，理由仅仅是根据《扣船公约》英国法院享有司法管辖权。

[229] 欧盟 2001 年第 44 号规则第 5 条第 7 款。

[230] 参见 Dicey and Morris, *Conflict of Laws* (14th edn, 2006) para. 13－031。

[231] 详见本书第 23 章。

第 23 章

国际商事仲裁

什么是仲裁？

23—001 国际贸易中产生纠纷无疑是不可避免的。一个理性的出口商，在其已经完全履行合同项下卖方的义务后，如果买方违约，通常情况下他必然会考虑采取一定的行动来挽回损失。当然，卖方在行动之前也会综合考虑各种救济方法的成本与收益。如果对于某些争议，其解决的成本可能比实际损失还要大，出口商也有可能放弃其基于合同的权益请求。但是，如果那些合同损失大到出口商不可能独自承担，或是合同违约牵涉到第三方利益，以及买方的违约如此明目张胆，完全没有正当理由，那么出口商就不可能放弃其基于合同的权益。具体来看，相比较耗时长、耗费大的诉讼程序，卖方可能会倾向于采取更方便、更迅速、收益成本比更大的方法来解决争议。

理想的情况是双方当事人在订立合同之前就争议的解决机制已经进行了协商，但是不如人意的是，当事人往往并未对争议解决条款提起充分的注意。[1]在当事人就争端解决方式达成协议之后，双方还需要在合同中对该解决程序进行明确的阐述。因为在合同订立之前确定争端解决方式远比在争议产生之后再协商要容易。而且在争议产生之后，权利受到侵害的一方当事人对争端解决方式明显缺少足够的议价能力，也不可能强迫另一方接受司法程序外的解决方式。因此，诉诸法院可能是受损害方唯一的解决途径。

如果当事人倾向于在法院之外解决纠纷，那么其最好在合同中明确加入"非诉讼纠纷解决程序"（alternative dispute resolution，ADR）条款。该条款包括调解和调停等。仲裁，尽管是诉讼程序之外的解决争议的替代方式之一，但是很少被认为是 ADR 条款内所列的方法。通常情况下，ADR 条款包括协商、调解、调停、微型审判以及专家裁定。

就"仲裁"而言，目前为止并没有一个被广泛接受的定义。[2]但是就仲裁的特性来说，大部分观点都保持一致，包括：

(a) 协议：仲裁必须是经双方同意的争端解决程序，因此必须以协议形式明确列出以区别于诉讼程序。该协议既可以以主合同中的条款形式出现，也可以单独签订合同成立。[3]

(b) 仲裁庭：解决争端的程序需要中立的第三方来执行。该第三方可以是由双方当事人共同选择，或通过双方当事人同意的程序选择，或是通过默认的相关法规选择出来的中立的个人或者一群人。

(c) 双方当事人间的纠纷：仲裁程序开展的基础是双方当事人之间产生了可以提交仲裁解决的纠纷（因为各国国内法和国际公约都对可以提交仲裁的案件的范围进行了限定）。

(d) 仲裁程序：仲裁的目的是保证当事人间的纠纷得以完全的、公正的解决。在很大程度上来看，双方当事人可以就仲裁的程序进行选择，但是大部分国家的国内法及国际公约都规定了仲裁程序所必须进行的合理的基本步骤。

(e) 有约束力的仲裁裁定：仲裁程序的最终目的就是通过仲裁裁定的执行解决双方当事人之间的纠纷。双方当事人就仲裁程序的约定确立了仲裁裁定的约束力，并且各国国内法也承认其裁定的约束效力。[4]但是如果仲裁庭是在缺少管辖权的情况下做出的裁定，或者做出裁定的仲裁程序存在缺陷或不公正因素，那么这样的裁定是缺少约束力的。

□ 仲裁的合同因素

如上所述，如果双方没有明确的将纠纷提交仲裁解决的协议[5]，那么即使 **23—002**

是在纠纷实际产生之后，仲裁也可能无法展开。[6]但经常发生的可能是另一种情况，即对仲裁裁定不满意的一方当事人会抗辩称先前由于一方当事人并未同意该仲裁条款或者同意仲裁作为可选择的解决方式，又或者称该主合同无效[7]而拒绝承认该仲裁裁定的约束力。

《1996年英国仲裁法》第7条规定：如果双方当事人另有约定，仲裁条款应视为与主合同分开的单独协议。因此，仲裁条款往往视为独立于约定主义务的合同而存在。英国法中关于仲裁协议独立性的规定在国际仲裁法律体系中也被承认[8]，并在 *Harbour Assurance Co* (*UK*) *Ltd v Kansa General Insurance Co Ltd* 一案中得以充分体现。[9]

除此之外，《1996年英国仲裁法》第30条还赋予了仲裁庭决定自己管辖权权限的权利。[10]此条款所规定的权利原则也被称为仲裁庭管辖权自裁原则（或管辖权/管辖权原则（principle of compétence compétence or Kompetenz Kompetenz)，本原则在国际仲裁法律体系中也具有重要的地位。[11]

以上两项基本原则放在一起，就决定了一旦仲裁庭成立，任何一方当事人都不得企图通过以下声明使得纠纷脱离仲裁庭的管辖：

（a）声明主合同无效，因而该仲裁条款或仲裁合同也是无效的；以及/或

（b）声明该事项仲裁庭无权管辖，因而需要诉诸法院。

以上所述的仲裁协议的独立性原则以及仲裁庭管辖权自裁原则使得当一方当事人提出上述声明时，仲裁庭有权就其声明做出裁定。大部分的法律制度，包括英国在内，在一方当事人对仲裁庭管辖权存在异议时，法院有权审理关于仲裁庭管辖权的相关问题并对此具有最终决定权。[12]不仅如此，和其他法律制度相同的是，英国法规定一方当事人如对仲裁庭实体管辖权存在异议时，需按照《1996年英国仲裁法》第31条和第32条规定的严格程序提出异议。如果当事人未按照上述仲裁法的规定提出异议，那么很有可能就会永久丧失提出异议的权利，并且仲裁裁定对其具有绝对约束力。[13]

但是，同样需要记住的是，尽管仲裁协议的合同因素决定当事人间的纠纷应当提交仲裁，但是在双方当事人长时间内未提起仲裁，导致一段时间之后，仲裁无法实现保证双方当事人之间纠纷公正解决的目的的情况下，该仲裁条款“受挫”。[14]不过这里的受挫并不是原本法律意义上的受挫，只是双方当事人在纠纷产生后长时间内未提起仲裁，那么可以认为双方当事人协商放弃该条款，或者一方当事人拒绝执行该条款，而另一方当事人也同意其拒绝。[15]根据仲裁协议的合同性质，后两种结论都是可能发生的。回顾历史，在《1990年英国法院和法律服务机构法》第102条规定和《1950年英国仲裁法》第13A条规定中，仲裁员无权驳回提起仲裁的请求。但是在《1996年英国仲裁法》第41条第3款中规定，在没有相反约定的前提下，如果仲裁员认为，申请人在提出申请之前存在过分的和不可原谅的延迟时，有权裁定驳回仲裁请求。

□ 仲裁的司法因素

尽管仲裁员由双方当事人选定，或者按仲裁协议约定的方式选定，但其都必须保证与法官在审理案件时相同的职业精神去对待仲裁纠纷。仲裁协议的双方当事人，不同于诉讼程序中的双方当事人，在很大程度上可以自由选择解决纠纷的仲裁程序。但是大部分国家的仲裁法都确定了当事各方应得到平等对待的基本程序性权利，并应给予充分的机会陈述其案情。[16]这种基本程序性权利是仲裁的基本特征之一，也与仲裁的司法特征相对应，被称为仲裁程序的“大宪章”（“Magna Carta”）。[17] 23—003

从仲裁程序的最终结果最能看出仲裁的司法因素。因为各国普遍观点认为，仲裁裁定对双方当事人的效力等同于法院判决。[18]但是，如果仲裁庭没有履行上述规定的基本程序，那么其裁定可能在地区法院被当事人提出异议或是被法院拒绝承认或执行。[19]这些规定进一步强化了仲裁司法因素的重要性。因为一项不是通过合法程序得出的仲裁裁定很有可能会被提出异议，并且被拒绝执行的风险很大。

□ 非诉讼纠纷解决程序和仲裁

非诉讼纠纷解决程序和仲裁的区别在于程序的宗旨不同。非诉讼纠纷解决程序的目的在于通过第三方，例如调解人等，组织解决争议和纠纷，从而使得争端和平解决。第三方的作用仅仅是帮助当事人就纠纷的解决达成一致，并没有权力赋予解决方案一定的约束力。调解成功的结果就是当事人之间达成的和解协议，而不是调解人做出的约束方案。而仲裁程序的目的在于通过双方当事人共同指派，由特定仲裁员或仲裁庭就纠纷的解决做出类似于司法判决的具有约束力的裁定。因此，由于具有中立的第三方和具有约束力的裁定结果等特性，仲裁程序相比较于其他非诉讼纠纷解决程序更接近于法院诉讼。不过非诉讼纠纷解决程序和仲裁也存在相同点，例如两者都需要依靠法院系统之外的中立第三方的帮助，并且仲裁和调解程序的进行都是非公开的，而法院诉讼程序一般情况下是公开进行的。 23—004

只有在双方当事人明确表示通过调解来解决纠纷时，调解才有可能成功。双方的明确表示则要求将非诉讼纠纷解决条款明确加入到合同当中来，这往往是双方关系的性质使然。例如双方当事人之间的贸易关系保持了很长时间，而双方也不希望因为一个小小的纠纷就破坏了长期的友好合作关系。在非诉讼纠纷解决程序的最终阶段，双方当事人可能要求调解员起草和解方案，然后由双方当事人签字执行。实质上此和解方案只能被认为是一个忽略纠纷事实的执行协议。

有关非诉讼纠纷解决程序的协议形式有很多种，通常情况下是以主合同中的条款形式存在的，例如要求当事人在将纠纷正式提交仲裁或者诉诸法院之前，必须出于善意地协商解决该纠纷。但实际上此条款的内容只能作为对双方当事人所提的建议，而不能要求强制执行。[20]

说到这里，英国法院目前实际上是鼓励当事人利用非诉讼纠纷解决程序解决纠纷的。例如，在《英国民事诉讼规则》中就规定法院可以选择中止诉讼，以保证当事人按照非诉讼纠纷解决程序结束争议。英国民商事审判指导中也列明了非诉讼纠纷解决程序的优点：

(a) 可以减少成本；

(b) 可以缩短拖延时间；

(c) 可以在维持双方正常商业关系的基础上解决纠纷；

(d) 可以在诉讼程序以外为双方当事人提供更多的纠纷解决方法；

(e) 可以节约法院时间和资源。

出于以上考虑，法院可以在诉讼程序的任意阶段要求双方当事人考虑非诉讼纠纷解决程序的可行性，并可以在非诉讼纠纷解决程序中双方达成一致之前中止本院的诉讼。并且法院可以根据双方当事人对非诉讼纠纷解决程序的运用做出有关诉讼费的命令。[21]

以上所述的倾向，与最近一段时间内英国法院做出的大量承认并执行双方当事人通过非诉讼纠纷解决程序达成的协议的判决结果，是相吻合的。例如当合同中规定某种特定的争议解决机制时，例如专家裁定，那么在诉诸法院之前，法院可以要求当事人先提请此种机制解决纠纷。概括来说，法院有两种方式支持有关非诉讼纠纷解决程序的协议：

(a) 法院可以中止本院诉讼，以保证非诉讼纠纷解决程序的进行；

(b) 法院可以要求无正当理由拒绝执行非诉讼纠纷解决程序的当事方支付诉讼等产生的费用。[22]

□ 仲裁和诉讼

23—005 目前，认为仲裁相对于诉讼具有明显优势的观点是被广泛接受的。首先，国际贸易合同中的当事人可以自行选择是否诉诸法院解决纠纷。这一点在合同双方当事人位于不同国家时显得尤为重要，因为不同国家拥有不同的法律制度和文化背景，一般情况下当事人都不可能愿意在对方所在国的法院提起诉讼以解决纠纷。而同时，仲裁协议的双方当事人在很大程度上不必受约于某一国的仲裁法规，而可以自行选择所需进行的程序（只需保证遵照国内法中确保各方当事人平等对待的合理程序即可）。

其次，贸易双方出于裁定的终局性和法律的适用准确性考量，也更偏好于仲裁方式。根据双方的仲裁协议及大部分国家国内的仲裁制度和仲裁法规，仲裁裁定就是一种具有绝对约束力的纠纷解决方案。[23]而且如果一方当事人就裁定提出上诉时，法院只会就裁定的特定因素进行考量（例如仲裁庭是否具有管辖权以及做出裁定的程序是否合法等），除此特定因素外，一般当事人在国内法院就仲裁裁定的上诉是不会被准许的。[24]

再次，仲裁在通常情况下是保密进行的，其听证会（如果有必要举行的话）都是不公开进行的，而且诉状内容也不会为公众知晓。在某些敏感案件中，这对于不希望将纠纷（包括商业交易或程序的细节）公之于众的当事人而言无疑是一个很大的优势。事实上，在《1996 年英国仲裁法》讨论成稿的议会辩论中，就有人建议将仲裁中有关文件的保密性以及仲裁裁定的保密性要求加入到法规当中。尽管这个提议最终并未被接纳，但是在最近的案件[25]审理过程中，保密性已经被视为仲裁条款的一个暗示性义务。但是，保密义务也不是绝对的，在某些涉及公共利益的案件中或是根据仲裁协议本身的性质，仲裁庭在特定情况下，可以放弃履行其保密义务。[26]

最后，也是在第 24 章会详细讨论的，由于国际仲裁裁定的承认与执行的国际公约的存在，例如《1958 年纽约承认及执行外国仲裁裁决公约》（简称《纽约公约》），使得全球范围内的仲裁裁定的承认和执行变得简单起来。但是在法院判决和执行领域，不存在一个与《纽约公约》同等地位的国际公约，因此目前普遍认为仲裁裁定在全球范围内的承认和执行相比较于法院判决而言更为协调，这也是仲裁程序的另一大优点。

此外，有观点认为仲裁程序要比诉讼程序更为快捷，也更为便宜。事实上，仲裁程序确实比诉讼程序要灵活很多，例如当事人可以根据争议的类型选择仲裁程序。但是仲裁程序并不一定就要比法院诉讼快捷，经常有观点认为目前的仲裁协议缺少了类似于简易审判程序的仲裁程序，而在简易司法程序中，大部分不合理的要求可以在未对全部证据听证的前提下被快速处理完。不仅如此，国家法院的经费来源基本上是公共支出，但是在仲裁程序中，当事各方必须就仲裁庭的仲裁服务以及听证会的举行等支付全部的必要费用。基于这个原因，仲裁的开销不一定会比法院诉讼低很多。

仲裁的法律框架

□ 仲裁协议

如前所述，仲裁协议是商事仲裁中最重要的特征。如果缺少有效的仲裁条 23—006
款，那么仲裁裁定的效力很有可能会受到质疑，而且法院也有可能会拒绝承认或执行该裁定。[27]

大部分的仲裁法都要求仲裁协议必须以书面形式表现出来[28]，但是在实际操作中这条要求经常会被放宽。

实践中，仲裁协议通常以两种形式出现，其一是包含在主合同当中（基本上会以仲裁条款的形式出现），其二是单独起草的仲裁协议书（以单独合同的形式确定）。而后一种形式的协议往往（但不绝对）是针对特定的纠纷而起草的，其中就具体的仲裁程序等细节都有详细的描述。但是仲裁条款则相反，其可能只是概括论述仲裁基本程序等方面的情况。

一份有效的仲裁协议其效力可以总结如下：

(a) 双方当事人有义务就仲裁协议范围内的纠纷提交仲裁处理，而不是首先提起诉讼。

(b) 仲裁协议确定仲裁庭就协议范围内的纠纷具有管辖权。

(c) 仲裁协议确定了仲裁庭开展仲裁程序的权力（例如决定仲裁程序以及举行仲裁等）。

(d) 仲裁协议的存在使得法院在一般情况不得对同一纠纷展开诉讼程序。[29]

仲裁协议的订立

23—007 在货物买卖合同中以书面形式确定的仲裁条款，往往仅以“所有纠纷应提交仲裁解决”这样简单的一句陈述出现，不过在英国法以及大部分的国内法规定下，该条款还是被认为有效的。但是这样的一个条款实际上并没有规定仲裁程序的进行步骤，因此实际上很有可能会引起后续的一系列纠纷。一般来说，仲裁协议的详细程度取决于当事人是在制定主合同中的仲裁条款或是就某一特定纠纷订立仲裁协议书，不论如何订立仲裁协议最好都对下面几项重要内容进行规范：

(a) 仲裁的法定地点（seat）：即使不一定会举行仲裁听证会，也需要确定法定仲裁地点，其意义在于确定仲裁所准据的程序法，例如仲裁的法定地点在英国时，就是用《1996 年英国仲裁法》。

(b) 仲裁的准据法：此处是指仲裁庭解决实际纠纷所准据的实体法。

(c) 仲裁庭的形成：包括仲裁员的数目、仲裁员的资格以及委任仲裁员的程序等。

(d) 是否进行特定的仲裁程序：例如双方当事人可以要求仲裁庭采用国际商会（ICC）、英国伦敦国际仲裁院（LCIA）、国际投资纠纷解决中心（ICSID）等组织的仲裁规则。

(e) 仲裁的语言。

除此之外，仲裁协议中还可能出现其他五花八门的附加条款，但是通常来说当事人（尤其是货物买卖合同的当事人）是没有精力逐条协商的，所以很多时候当事人会选择适用国际规则对具体事项进行规定，例如双方当事人选择适用了英国伦敦国际仲裁院（LCIA）规则，那么就意味着双方不再需要就具体仲裁程序进行协商，因为 LCIA 规则中已就程序事宜进行了规范。而且，国内法中也提供了很多默认的程序性规则以协助仲裁的进行。因此，假如一方当事人恶意拖延，拒绝委任仲裁庭，那么法院可以根据国内法规定的默认程序成立仲裁庭以进行仲裁。

仲裁条款示例

以下为两例仲裁条款：[30]

示例一："任何与本合同有关的或由本合同引起的纠纷[31]，包括合同的成立、有效性以及终止等事项，均应提交仲裁庭并由其最终裁定，其余程序性事项均准据英国伦敦国际仲裁院规则进行。" 23—008

示例二："与本合同的解释及履行有关的纠纷产生时，应在……（城市）提交仲裁裁定，并且由双方当事人根据合同指定独任仲裁员裁决。如果双方当事人就独任仲裁员的委任不能达成一致，那么双方将会采用三名仲裁员的形式，双方当事人各委任一名仲裁员，最后一名仲裁员由……委任。"

□ 管理仲裁程序的法律

仲裁适用的程序法，有时也称为仲裁法（lex arbitri），与仲裁庭处理纠纷时适用的实体法之间存在着根本区别。 23—009

确定了仲裁的法定地点则意味着将该仲裁与本国的法律体系之间建立起了一定的联系。仲裁法定地点所在国的法律体系，对于仲裁而言具有重大的意义，原因如下：

(a) 法定地点所在国的法律制度会就仲裁程序规定强制性的要求；

(b) 法定地点所在国的法律制度可能允许该国法院在一定情况下介入仲裁程序以保证仲裁的进行。同时，该国的法律制度可能会规定法院可以（不可以）颁布命令，例如中间禁令、费用担保、相关的披露义务以及仲裁员的委任或异议等。

(c) 一般对仲裁裁定的异议只能在仲裁的法定地点所在国提起。

(d) 一般情况下，仲裁法定地点所在国对仲裁裁定的承认和执行也会有关联。例如当仲裁法定地点所在国不是《纽约公约》的成员国时，裁定在其管辖权之外执行时可能会发生困难。

因此仲裁的法定地点通常决定了仲裁所准据的程序法。不过，需要指出的是，当今各国仲裁法实际上很少有强制性规定，并且都赋予了双方当事人在仲裁程序选择上极大的自主权。

但是，需要注意的是，仲裁程序法与合同准据法或称之为合同纠纷适用的实体法还是有明显差异的。例如，在下述案件[32]中，当合同实体法是英格兰法律，但是双方当事人在苏格兰提起仲裁，那么上议院最终认为应由苏格兰仲裁法确定该仲裁的程序步骤，但是仲裁员需要准据英格兰法律解决纠纷的实体问题。相反，当仲裁是在英格兰、威尔士或北爱尔兰进行时，不用考虑仲裁所适用的实体法，其程序性问题肯定由《1996年英国仲裁法》规定。这里需要强调的是，此处所引用的国家仲裁程序法与诉讼程序法的规定是不相关的，英国的仲裁程序并不由《英国民事诉讼规则》规范。[33]一般而言，在英国进行的仲裁其程序由双方当事人约定的仲裁协议以及《1996年英国仲裁法》的条文共同确定。[34]

如同很多国家国内仲裁法的规定，《1996年英国仲裁法》也规定：

(a) 仲裁所经程序必须满足公平、公正的最低要求，这也是程序规则的法定义务。[35]

(b) 在当事人没有明确约定的情况下，可以根据本规则的具体规定（例如默示的程序规则）保证仲裁的顺利进行。[36]

(c) 赋予当事人自由选择仲裁程序的权利：例如在强制程序（由法律规定的）之外，加以补充双方同意的程序规则（例如相关的组织规则）。

假如双方采用的是仲裁程序的国际规范，例如联合国国际贸易法委员会的《国际商事仲裁示范法》或是国际商会的《仲裁规则》等，其就仲裁程序都有具体的规范。即使仲裁法定地点在英国，所选定的国际规则中的规范效力也优于《1996 年英国仲裁法》中的非强制性条款。

大部分的国内仲裁法都不会就程序问题进行太多规定，但只要在履行基本强制性义务的前提下，就可交由双方当事人进行选择确定，而无须经过仲裁庭同意。在《1996 年英国仲裁法》第 3 条中规定，仲裁的法定地点可以由双方当事人协商确定，也可以经全体当事人授权确定仲裁地之仲裁机构、其他机构或个人确定，或者是经当事人授权的仲裁庭确定。另外，《仲裁法》第 2 条规定，如仲裁地在英格兰、威尔士或北爱尔兰，则适用本编（即第一编：依据仲裁协议之仲裁）的规定。[37]

《1996 年英国仲裁法》第 46 条还就争议实体（而不是程序）适用的规则进行了规定。一般来说，仲裁庭应该依照当事人所选择的适用于实体问题的法律，或者经当事人同意，根据其所约定的或仲裁庭所决定的其他因素进行裁定。当且仅当当事人未作选择或约定的情况下，仲裁庭应选择其认为可适用的冲突法规则所确定的法律。[38]

□ 仲裁程序中商人法（lex mercatoria）的适用

23—010 当今社会高速发展，鉴于相关法规的跨国性或无国界性，其同样可能成为仲裁实体的准据法。双方当事人可以授权仲裁员准据“国际上有关合同事项的被广泛接受的各项规范”，即商人法（lex mercatoria，或 law merchant）[39]解决实体争端。或者在当事人提供几个选项供仲裁员选择使用的情况下，仲裁员一般也会倾向于准据商人法进行裁定。在下述案例[40]中，一家中东国家的企业与一家德国公司，简称 DST，签订了石油开发合同，合同中的仲裁条款规定纠纷提交国际商会日内瓦调解中心仲裁。《1998 年国际商会仲裁规则》[41]授权仲裁员在没有指定合同适用法的情况下，可以自行选择其认为最合适的法律规则（此处包括商人法）进行裁决。但是，通常情况下仲裁庭不会选择使用国内法来裁定纠纷，而是会选择那些在国际上被广泛接受的处理有关合同事项的基本原则。在英国就仲裁裁决提起的有关诉讼中，关于“适用无国界的法规或原则会违反本国公共政策”的观点，上诉法院一般都不会予以接受。John Donaldson M. R. 在判决中陈述道[42]：

“有人认为仲裁员对商人法，即一系列被各国法律所认同的解决合同事项的基本原则的选择适用，超出了当事人赋予其的选择权限的这种观点，我认为是完全没有根据的。”[43]

先前提到过，《1996 年英国仲裁法》第 46 条就争议实体适用的规则规定，仲裁庭应当依照当事人所选择的适用于实体问题的法律，或者经当事人同意，根据其所约定的或仲裁庭所决定的其他因素进行裁定。这里所说的其他因素就包括商人法以及我们马上就要讨论的衡平仲裁。

□ 衡平仲裁（arbitration ex aequo et bono）

有些情况下双方当事人可以要求仲裁员按照公平合理的原则来解决纠纷。23－011
类似的“友好条款”表现方式有很多。有时当事人只要求仲裁员根据公平和良心进行裁决，有时更是将该仲裁协议描述为“一项高贵的约定”。[44]

但是，友好条款的存在并不意味着仲裁员可以完全无视法律的规定，而且试图做出这样授权的仲裁条款也是无效的。[45]其存在只是意味着仲裁员在解释法律以及双方当事人之间的纠纷时，可以按照最公平和合理的方式做出判断，而可以不受法律技术性的约束。在相关案例[46]中，上诉法院将友好条款解释为赋予仲裁员更宽广视野的一条约定[47]，Denning 勋爵就此条款阐述道[48]：

“该约定只是免除了技术性的要求以及严格的合约解释。之前在衡平法规定下所做的，现在仲裁员也可以根据此条款做到。”

但是必须确认的一点是，该友好仲裁的权利必须是经双方当事人一致同意而赋予仲裁员的。

临时性仲裁机构与常设性仲裁机构

在仲裁协议中，双方当事人还可以就临时仲裁和机构仲裁进行选择。如果 23－012
当事人选择了前者，那么很有可能该仲裁协议中也确认了仲裁员的身份，或是决定交由第三方来委任仲裁员，例如伦敦法律联合会等。[49]在临时仲裁中，当事人明智的做法是在协议中约定仲裁所适用的一整套标准仲裁法规[50]，以尽可能减少仲裁程序可能引起的纠纷，以及在委任仲裁员失败或仲裁庭无法确定首席仲裁员等情况下尽可能打破僵局。[51]

与临时仲裁不同的是，机构仲裁往往是当事人选定某家仲裁机构，并根据该机构自身的仲裁规则来进行仲裁。目前存在多家国际仲裁机构，例如国际商会、常设仲裁院以及伦敦国际仲裁院。除此之外，还有很多区域性的仲裁机构，例如德国仲裁协会、斯德哥尔摩商会仲裁院等。而且，就特定事项发生的特定纠纷也有专门的仲裁机构，例如专门针对知识产权纠纷的世界知识产权组织仲裁中心（WIPO），处理成员国与其他国家国民之间投资纠纷的国际投资纠纷解决中心（ICSID）。

尽管需要考虑到具体案件的实际情况，例如争议的金额等，但是相比较于临时仲裁，机构仲裁还是具有很多优势的。例如仲裁机构可以提供仲裁案件的管理与协助以保证仲裁的顺利进行，而且在当事人无法协商确定仲裁程序的时候，仲裁机构可以依据自身的仲裁规则向当事人提供帮助。因此在临时仲裁中出现的拖延战术在机构仲裁中成功的可能性很小。

但是，仲裁机构服务也是会产生相应成本的。通常情况下，当事人会就仲裁的整个过程交纳一定金额的费用，其中包括仲裁员的费用以及机构的管理成本等，而这笔费用往往又是以仲裁标的额的大小来确定的。

□ 国际商会及其国际仲裁院（ICC and the International Court of Arbitration）

23－013 国际商会国际仲裁院是目前国际贸易纠纷解决机制中最重要的仲裁解决机构之一。[52]其在世界范围内享有极高的声誉并被广为推崇。在仲裁立法和实践的发展过程中，国际商会发挥了极大的作用。到目前为止，国际商会裁决过的案件不计其数，其制定的国际仲裁法的基本原则被广为引用，不乏已被整理出版的相关仲裁裁定。

国际商会国际仲裁院[53]是由国际商会建立的非政府组织，法定仲裁地点设在国际商会的总部巴黎。国际仲裁院实际上只是一个行政管理机构，具体案件由单独的仲裁庭进行裁决，而不是国际仲裁院负责。目前适用的《国际商会仲裁规则》于1998年1月1日生效。

当事人如有意向将其纠纷提交国际仲裁院，国际商会建议采用下述形式的仲裁条款：

“所有与本合同有关的或者由本合同产生的纠纷，最终都应准据《国际商会仲裁规则》并由按照本规则产生的一名或一名以上的仲裁员进行裁定。

注意：

当事人实际上是有权就合同本身的适用法、仲裁员的数目以及仲裁的语言和地点等，在仲裁协议内进行规定的。其就上述事项的选择权并不受《国际商会仲裁规则》的约束。另外需要提醒注意的是，一些国家的国内法可能会要求当事人在合同中采取某种具体、明确的方式列明仲裁条款。”

国际商会的成员和非成员均可准据《国际商会仲裁规则》解决争议。如当事人选择进入调解程序，也可以准据1998年1月1日生效的《国际商会调解和仲裁规则》。国际商会下常设调解管理委员会，在每次案件调解之前，仲裁院会委任三名调解员成立调解委员会进行具体工作。申请一方可以通过其所在国委员会向国际商会总部申请，或直接向国际商会提交申请。

如果当事人没有选择调解或者调解失败，此纠纷将被提交仲裁。如先前已在纠纷调解委员会中担任调解员的，不得再被委任为仲裁员。仲裁院本身并不负责解决纠纷，但是如果当事人在仲裁员的委任事项上不能达成一致，仲裁院应请其认为合适的国际商会有关国家委员会对该项任命或指定提出建议。如果仲裁院不接受该国家委员会的建议，也可以请另外合适的国家委员会提出建议（《国际商会仲裁规则》第9条第3款）；通常来说仲裁院有一份仲裁员名单可供选择，这些候选仲裁员都经过了严格的挑选程序并且接受了足够的培训，足以胜任仲裁员一职。除此之外，独任仲裁员以及仲裁庭主席不得从双方当事人所在国家的国民中选任。当事人选择请求国际商会仲裁时，应通知其国家的国际商会国家委员会或直接向仲裁院秘书处提交仲裁申请书（《国际商会仲裁规则》第4条第1款）。仲裁院秘书处收到申请书的日期，被认为是仲裁程序开始的日期。《国际商会仲裁规则》第6条第4款还规定[54]：

"如无另外规定，仲裁员不因有人主张合同无效或不存在而丧失管辖权，只要仲裁员认定仲裁协议是有效的，即使合同本身可能不存在或无效，仲裁员仍应继续行使其管辖权以确定当事人各自的权利，并对他们的请求和抗辩做出裁定。"

上述条款规定即使包含仲裁条款的合同本身是不存在的（例如自始无效）、没有效力的或是非法的，但是其包含的赋予仲裁员管辖权的条款仍然是有效的。

《国际商会仲裁规则》本身就提供了一系列完整的程序，包含了仲裁过程中的任何因素，基本不需要仲裁庭再借助外界的任何法律资源或体系。[55]国际商会仲裁所具备的三个最重要的特征分别是：

"1. 在仲裁程序开始之前，仲裁员应该拟定审理范围书，并取得各方当事人的签字。[56]

2. 仲裁庭应在签署裁决书之前，将其草案提交仲裁院核阅。[57]

3. 仲裁院可以要求申请人按照比例预付一定数额的仲裁费用。[58]"

其中，审理范围书的用途在于确定仲裁员需要解决纠纷的实际范围。国际商会仲裁院对于裁定草案的核阅，是为了确保该裁决未来在特定国家内得以顺利执行。预付的存款，则是为了避免日后法院在仲裁程序中，命令外国被告提供费用担保的情形发生。[59]

裁决应在仲裁地于裁决书中载明的日期做出。[60]而且该裁决书对当事人均有约束力。《1998年国际商会仲裁规则》认为[61]当事人一旦将争议提交仲裁，即意味着各方当事人均负有毫不迟延地履行裁决的义务，并且在能有效放弃的范围内放弃了其他任何形式的追索权。基于上述规定，英国法院认为[62]，对《国际商会仲裁规则》的适用，可视其等同于《1996年英国仲裁法》规定下的排除法院管辖条款。因此通常情况下，英国法院会承认国际商会仲裁裁决的终局性效力。[63]

□ 伦敦国际仲裁院（the London Court of International Arbitration）

23—014 伦敦国际仲裁院是由伦敦商会、伦敦金融城政府（City of London Corporation）以及皇家特许仲裁员协会（the Chartered Institute of Arbitrators）共同出资设立的一家三方机构，并由皇家特许仲裁员协会负责日常管理。《英国伦敦仲裁院规则》即我们通常所说的 LCIA 规则。

下面列出的是伦敦国际仲裁院推荐使用的仲裁协议模板：

“任何与本合同有关的或由本合同引起的纠纷，包括合同的成立、有效性以及终止等事项，均应提交仲裁庭并由其最终裁定，其余程序性事项均准据英国伦敦国际仲裁院规则进行。

同时也可加入下列规则：

合同准据的实体法应该是……

仲裁庭应由……（一名或三名）组成（如果是由三名仲裁员组成的话，还可以规定其中两名仲裁员由双方分别各指定一名，另外一名……）。

仲裁的地点位于……

仲裁的语言是……”

伦敦国际仲裁院的仲裁员名册中不乏具有国际影响力的人物。而且大部分的仲裁费用一般会维持在中等水平。到目前为止，有相当数量的贸易协会都有自己的国际商事仲裁机制，但是在它们大部分的标准合同中仲裁条款都会选择准据英国伦敦国际仲裁院的规则来制定。[64]

□ 国际投资纠纷解决中心（ICSID）

23—015 考虑到国际投资过程中存在的巨大风险，建立一个国际投资纠纷解决机制以保护外国投资者显得十分重要，而且目前看来，这一尝试是相当成功的。1965 年《华盛顿公约》（即《关于解决国家与其他国家国民之间投资争端公约》）在华盛顿签署。[65]自公约生效起至 2007 年，共计超过 130 个国家签署了本公约，其中包括美国、英国、德国和法国。其中在英国，该公约于 1966 年在关于国际投资纠纷的仲裁法案[66]以及后续的修正案[67]中得以吸收生效。最近十年内，提交国际投资纠纷解决中心的案件数量保持着井喷式增长。

国际投资纠纷解决中心由世界银行出资设立，其总部位于华盛顿特区的世界银行内，其准据的仲裁规则就是先前提到的《华盛顿公约》。[68]该机构为成员国与来自其他成员国的投资者解决投资纠纷提供了相当大的便利，只要双方愿意将纠纷提交仲裁并同意按照公约的规定进行仲裁程序。具体而言，中心主要提供调解和仲裁两种解决方式，或是约定先调解，如调解不成再进行仲裁的程序。具体程序的开展可由成员国申请，也可由外国投资者申请。中心本身并不充当调解员或仲裁员的角色，但是为当事人提供了一系列候选调解员或仲裁员的名单，并就程序的进行提供必要的帮助。一旦双方当事人同意提交仲裁解决纠纷，那么中心会要求双方提供相关协议，其中包括保证合理考虑接纳调解员的建议或者执行仲裁裁决的声明。除此之外，不仅仅是当事人所在成员国，包括所有的成员国在内，都必须按照《华盛顿公约》的规定，承认并执行包括金钱给付在内的仲裁裁决。

英国《1966 年关于国际投资纠纷的仲裁法》以及后续的修订案均在附件中列出了《华盛顿公约》的全部内容[69]，并于 1967 年 1 月 18 日生效。[70]在该法案中规定，当个人需要承认或执行仲裁裁决时，可以在最高法院进行登记。但是该法案并不能在国际投资纠纷解决中心的仲裁程序中适用。[71]《华盛顿公约》的一个显著特征就是其允许个人直接与国家之间就投资保护主义等纠纷进行调解或者仲裁。[72]一般情况下，中心仲裁的裁决是具有终局约束力的，成员国法院必须执行，而且当事人无权提起异议。

此外，规定了特定纠纷仲裁程序的《多边投资担保机构公约》，于英国《1988 年多边投资担保机构法案》中生效。该公约还规定，如果在 60 日内仲裁庭仍未组成完毕，那么经各方当事人提请，可由本中心秘书长指认仲裁员或者仲裁庭的首任仲裁员。[73]

国际投资纠纷解决中心目前出版的规则共计四套，即《ICSID 管理和财务条例》(the Administrative and Financial Regulations)、《ICSID 启动规则》(the Institution Rules)、《ICSID 仲裁规则》(the Arbitration Rules) 和《ICSID 调解规则》(the Conciliation Rules)。这些规则与公约一起整理出版，命名为“ISCID 基本文件”。[74]

国际商事仲裁（法律和程序）

虽然各国的国内仲裁法在具体规定上会有很多差异，但是对仲裁持以一种更为开放的态度是当下各国立法的趋势，这样一种态度往往体现在友好仲裁制度的建立上。在这种仲裁制度当中，当事人有权决定仲裁的基本原则、程序设定等重大事项，而仲裁员只能在必要时干预仲裁以保证仲裁的顺利进行并且避免程序滥用。 **23—016**

毫无疑问，国际仲裁本身就是一项会受到不同法律体系以及文化背景影响的程序，同时在这个过程中，不同的仲裁法律制度间又会产生一定的关联。例如当一瑞士出口商与一美国公司就货损索赔事项提交仲裁时，考虑到双方之间对对方所在国相关法律和程序的陌生程度，将仲裁提交国际商会国际仲裁庭，并协商以英国法为实体法这样的解决方案，这对双方而言无疑都是乐于接受的。

事实上，国际仲裁领域一直在尝试构建一种能被广泛接受的仲裁法规体系，而要达到这样的认可程度，其必须包括以下方面：

(a) 关于仲裁法定地点的法律规定[75]；

(b) 有关国际仲裁协议和仲裁裁决的承认与执行的法律规定[76]；

(c) 有关证据和程序方面的法律规定[77]。

□《联合国国际贸易法委员会国际商事仲裁示范法》

23—017 UNCITRAL（联合国贸易法委员会，the United Nations Commission on International Trade Law）于 1985 年起草制定了《国际商事仲裁示范法》，并于 1985 年 12 月 11 日提请联合国大会投票表决。[78]

《国际商事仲裁示范法》的内容基本上都是世界范围内被广泛接受的仲裁法律与实践形成的规则，其中既有英美法系的传统规定（例如仲裁裁决与实体法的适用），也有大陆法系的相关规定（例如分离性原则和管辖权自决原则）。在示范法的体系中，不同的法律传统得到了有效的协调。

《国际商事仲裁示范法》是一部单独直接生效的立法，其实将它视为一个法律体系更为合适，而且每个国家都可以自行选择接受与否。到目前为止，该示范法已被 40 个以上的国家采用，包括大部分的欧洲国家[79]，亚洲包括中国和日本在内，在美国也有大部分州[80]选择采用该法。尽管剩下的国家没有选择适用示范法，但也都选择了和示范法模式基本一致的立法，只是出于国内原因对个别方面进行了较大的修改。[81]

《国际商事仲裁示范法》的基本原则包括：

(a) 仲裁协议的形式要件以及仲裁协议的执行[82]；

(b) 有关程序正义的最低要求[83]；及当事人就仲裁程序的选择权[84]；

(c) 仲裁裁决的约束力[85]；

(d) 仲裁庭对其管辖权做出裁定的权力（管辖权自决原则）[86]；

(e) 仲裁协议相对于主合同的独立性[87]。

□《联合国国际贸易法委员会仲裁规则》

23—018 作为示范法的补充，UNCITRAL 同时也制定了一系列的国际商事仲裁规则，该规则于 1976 年 12 月 15 日由联合国大会表决通过。这些规则在大型的临时仲裁中得以广泛运用，同时在一些机构仲裁（例如常设仲裁法院）中也得到充分利用。《联合国国际贸易法委员会仲裁规则》的基本观点是仲裁原则上不能因为当事人委任仲裁庭的失败而失败。所以，根据这项原则，当位于海牙的常设仲裁院进行仲裁时，可以根据双方当事人的要求，由仲裁院负责委任仲裁庭。[88]许多国家的商会在进行仲裁时遇到此类情况也会同意由机构本身委任仲裁庭。

□《1958年纽约承认及执行外国仲裁裁决公约》（即《纽约公约》）

《纽约公约》和示范法一样，是国际商事仲裁领域最为重要的法规之一。到目前为止，该公约已被100多个国家签署生效。在该公约框架下，成员国应承认在其他成员国范围内签订的仲裁协议的效力，并且保证执行在他国管辖权范围内做出的仲裁裁决。本书第24章将具体论述《纽约公约》框架下仲裁协议的承认和执行，现仅列出其主要条款： **23－019**

(a) 成员国法院必须承认并执行当事人签订的仲裁协议[89]；

(b) 成员国法院必须承认并执行其他成员国范围内做出的仲裁裁决[90]；

(c) 只有在有限的特定的情况下，成员国法院才能拒绝承认或执行其他成员国范围内做出的仲裁裁决[91]。

□ 国际仲裁的程序与实践

如前所述，国际范围内目前仍并未就国际商事仲裁形成广泛接受的实践规则，尤其是在下述方面仍未形成统一习惯： **23－020**

(ⅰ) 有关文书请求的形式与内容；

(ⅱ) 相关文件证据的形式与内容；

(ⅲ) 是否需要举行听证会，如果需要的话，有关会议的性质和形式；

(ⅳ) 是否需要证人证言，如果需要的话，有关证言的提供方式。

双方当事人来自不同的管辖区往往意味着他们对仲裁程序有各自不同的期许。例如来自英美法系的当事人以及他们的法律顾问可能希望披露所有的文件证据[92]，但是来自大陆法系的当事人及其法律顾问可能不习惯这种披露程序，并且反对将该程序加入到仲裁中来。所以最后很有可能在此事项上双方当事人无法达成一致。

通常情况下，国际仲裁以一种混合形式的程序进行，具体程序很大程度上取决于有关纠纷的实际特点，除此之外，还和所在国的国内法体系也有很大关系。具体而言，类似英美法系的证据发现程序在国际仲裁中就很罕见（尽管仲裁庭可能需要当事人提交相关文件证据），但在大陆法系并不常见的对证人的交叉盘问程序在国际仲裁中却经常出现，尽管仲裁中此项程序会受到仲裁庭的干预，而不会像英国法院里出现得那样频繁。

国际商事仲裁中，就仲裁程序而言，当事人或仲裁庭可以在两部具有一定权威性的规则中进行选择，即《国际商事仲裁中有关证据提取的国际律师协会规则》(International Bar Association Rules on the Taking of Evidence in International Commercial Arbitration)，以及《联合国国际贸易法委员会关于组织仲裁程序之备注》(UNCITRAL Notes on Organising Arbitral Proceedings)。双方当事人可以在协议中约定适用或由仲裁庭决定适用上述国际律师协会的指引中一部分或全部内容。[93]该指引就有关证据的提交、证人的询问以及专家意见的使用等都规定了具体的程序。而UNCITRAL备注就仲裁程序的进行和管理提供了一定的指导性意见。

英国仲裁法

23—021 有关仲裁的成文法规定形成于《1996年英国仲裁法》之中[94]，并适用于英格兰、威尔士和北爱尔兰地区。该仲裁法在现有立法（包括《1950年仲裁法》、《1975年仲裁法》、《1979年仲裁法》和《1988年消费者仲裁协议法》）的基础上，进行了多项变革与修改。有关仲裁程序中，法院不得干预的原则被保留下来并于第1条第c款中得以确认。[95]此外，在许多事项上，该法案借鉴了《国际商事仲裁示范法》的内容[96]，例如后者在第5条中规定的"本法所管辖的事项，任何法院均不得干预，除非本法有此规定"，也在《1996年英国仲裁法》中有所体现。[97]在英国法历史上该法案是第一个就仲裁程序进行了具体、连贯的规定的仲裁法。[98]

□ 仲裁协议

23—022 和《国际商事仲裁示范法》的规定一样，《英国仲裁法》也要求仲裁协议必须以书面形式呈现。该仲裁法将"仲裁协议"定义为将现在或将来之争议（无论其为契约性与否）提交仲裁的协议，同时规定只要以书面形式达成即可，而无论当事人签署与否。[99]只要该条款明确地以书面形式表现出来，或是包含此条款的合同明显被当事人接受或当事人已据此行为，那么就足够证明该仲裁协议的有效性，并不要求其一定与主合同在一个文件当中。下面列出一个有关谷物与饲料贸易协会（GAFTA）的仲裁裁决[100]，其中评述道：

> "关于仲裁协议必须以书面形式呈现的要求，并不意味着也要求该协议必须与主合同出现在同一份文件内，只要协议本身是书面的就足够了。事实上只要有证据能证明双方书面协议的存在，也可以证明仲裁协议的有效性。另外，根据仲裁法第32条[101]的规定，该协议只要以书面形式达成即可，而无论当事人签署与否。"

以电传方式达成的协议同样满足上述要求，即形成了一份书面形式的仲裁协议。[102]仲裁法还规定，如果当事人非以书面形式同意援引某书面条款的，也视为满足要求达成了书面协议。[103]纯口头仲裁协议在实践中其实很少发生，不过其只在普通法中视为有效条款，并不属于此处《1996年英国仲裁法》的管辖范围。因为在这种情况下，仲裁协议的确认和执行都存在一定的不确定性，而且仲裁法规定下的简易程序也无法适用。因此，仲裁法制定时还是倾向于要求当事人提供书面的仲裁协议，尽管不一定需要当事人签字。需要引起注意的是，在货物买卖合同或合伙协议中，如果存在仲裁协议，当事人在合同履行基础上所支付的汇票引起的争议并不能提交仲裁，除非双方均有明显意图通过仲裁解决。

就仲裁协议的效力而言，传统的看法是只有仲裁协议的当事人受其约束，并且只有当事人能选择执行该协议。这也是合同适用相对性原则的必然结果。不过《1999年合同法（第三方的权利）》却规定了一项足以打破合同相对性的例外情况。在该法案规定中，特定范围内的第三方尽管不是严格意义上的合同当事人，但也有权要求执行仲裁协议。[104]可是又由于英国法律在解释合同时并不进行扩大解释[105]，所以经常就第三方有关是否为合同合理当事人的事项产生争议。[106]

此外，当缺少有效的仲裁协议时，很有可能导致当事人或法院对仲裁裁决的异议[107]，并且在执行时遭到法院拒绝。[108]

最后，各国国内法都会对可提交仲裁的事项范围进行界定，在此范围之外的案件无法提交仲裁，例如公共领域内的案件一般不可仲裁，包括刑事案件、有关法律地位的争议、破产以及专利有效性的案件[109]，只能交由法院审理。在英国法律中，如果由于当事人所提交的事项实际上是不可仲裁的，那么该仲裁裁决在执行时可能会遭到拒绝。[110]

□ 仲裁协议涉及的争端

当事人在仲裁协议中也可以就可提交仲裁的事项进行规定。一般来说，仲 **23—023**
裁条款的范围是各不相同的，而且主要取决于协议的具体界定，但是这些都不构成仲裁条款的缺陷。[111]一组经常采用的措辞就是“凡因执行本合同所产生的或与本合同有关联的一切争议都应提交仲裁”。基于这样的措辞，双方当事人希望将与合同有关的重大误解、虚假陈述，以及超过合同范围的请求权项，包括无合同规定时按合理价格支付（quantum meruit）或者不当得利[112]的情况，甚至于与合同有关的侵权纠纷，都提交仲裁解决。Asquith法官在一个基于侵权行为而产生的请求权的案例中指出[113]：

> “我们认为，即便由于疏忽而产生的请求权不是‘合同项下的’请求权，但是这一请求权，与将该请求权纳入仲裁协议项下的交易之间，存在着足够的密切联系，尽管技术上将其认定为侵权行为。”

同样，如果在仲裁协议范围内，当事人也可以申请仲裁反诉。[114]

在有关合同落空的仲裁中，仲裁员有权根据《1943年法律改革（落空合同）法》对请求权事项是否可仲裁进行自由裁量。[115]同样，根据《1967年虚假陈述法》第3条及《1977年不公平合同条款法》第8条的规定，如一方当事人请求宣布事先约定的对虚假陈述进行免责的条款无效，仲裁员对此具有自由裁量权。另外，请求宣布无效的当事人需承担举证责任。有关专家的意见和评估不能作为仲裁解决的“纠纷”，并且对上述意见的认定也不属于仲裁裁决的一部分。[116]除此之外，如果一方当事人申请仲裁后，另一方当事人宣称自己最初的表意很明确，根本不会产生任何与“善意”有关的纠纷而拒绝提交仲裁，那么其表意实际上就构成了一项纠纷，并且必须提交仲裁解决。[117]

□ 事实问题和法律问题

23—024 有关事实纠纷和适用法律的纠纷，均由仲裁员裁定。在英国法中规定的允许法院司法复审的有限案件中，法院将会本着仲裁员对事实的裁决无误的观点，只对其所适用法律的准确性进行考察。当纠纷只是关于具体事件的，包括所提供的货物是否满足合同约定及描述或者与样品一致等，法院无权进行复审。因此，这些与货物质量有关的仲裁，往往进行起来效率很高，速度也很快，尤其是在按照贸易协会的规定展开仲裁的情况下。

但是当有关特定事项的具体事实并没有争议，而是就某种特定贸易中，具有重要意义的文件或其他事项的完成存在纠纷时，事实表明将其诉诸法院将会更加迅速和便宜。[118]当然提交法院的前提是双方当事人同意不执行其仲裁协议。实际上在争端解决过程中，这样的情况经常发生。[119]

如前所述，制定《1996年英国仲裁法》的一个主要目的就是减少法院对仲裁过程的干预，所以本法中没有赋予法院对仲裁裁决中对事实的认定进行复审的权利，只是规定在仲裁庭缺少管辖权或者仲裁程序存在严重不规范行为的情况下，当事人才可就仲裁裁决提出异议。[120]

不过，《1996年英国仲裁法》还就当事人对仲裁裁决中法律问题的上诉进行了规定[121]，但是显然相比较于当事人对诉讼判决的上诉，其对仲裁裁决的上诉规定要严苛很多。除了仲裁程序的所有其他当事人同意，以及法院准许上诉之外，当事人对仲裁裁决的上诉还要满足下述条件：

(a) 问题的决定将实质性地影响一方或多方当事人的权利；
(b) 问题是仲裁庭被请求做出决定的；
(c) 根据裁决书中认定的事实：
  (ⅰ) 仲裁庭对问题的决定明显错误，或
  (ⅱ) 问题具有普遍的公共重要性，仲裁庭对此做出的决定至少存在重大疑问。

一般情况下，法院是不会接受对仲裁裁决的上诉的，而且通常在仲裁协议中，双方也会约定禁止对仲裁裁决进行上诉。[122]《1996年英国仲裁法》中定义的适用法律的问题指的是有关英国法的问题（不包括外国法）。[123]

□ 仲裁庭的管辖权

23—025 除非当事人另有约定，一般在仲裁庭成立之后，其就有权决定自己的实际管辖权（管辖权自决原则）。仲裁庭可以判断仲裁协议是否有效、仲裁庭本身是否依法组成，甚至仲裁员的委任是否合适等。除此之外，仲裁庭对所提交的审理范围书内的事项也可进行裁定。[124]换个角度来看，其实以上所述各项均是《1996年英国仲裁法》第7条在普通法中确定了仲裁庭地位的结果。[125]总结来说，仲裁庭可以就仲裁协议的有效性，以及审理范围书内的事项是否属于其管辖权等事项进行判断。另外，《1996年英国仲裁法》第7条还确定了仲裁协议的独立性原则，这意味着无论主合同是否有效，仲裁员都可根据仲裁协议享有管辖权。而且仲裁庭还有权裁定主合同是否有效。

根据法律规定，在某些严格限定的场合下，有关管辖权的事项需交由法院而不是仲裁庭解决[126]，而且在管辖权出现纠纷的情况下，仲裁裁决可能会遭到法院拒绝执行。[127]一方当事人对仲裁庭实体管辖权存在异议时，需严格按照规定的程序提出异议。[128]如果当事人未按照上述仲裁法的规定提出异议，那么很有可能就会永久丧失提出异议的权利，并且仲裁裁定对其具有绝对约束力。[129]

□ 仲裁庭的责任和权力

根据合理规则的基本要求，仲裁庭必须履行程序公平的义务，实际上，这 23—026
也是《1996年英国仲裁法》规定的基本原则之一。[130]此项基本要求在仲裁法中被进一步细化，不仅要求仲裁庭要公平及公正地对待当事人[131]，而且在当事人对该仲裁员的公正性产生具有正当理由的怀疑的情况下，当事人有权申请法院撤换仲裁员。[132]此外，仲裁庭有义务尽量避免不必要的延误或开支。[133]在仲裁庭违反仲裁法第33条（仲裁庭的一般义务）的情况下，其裁决可能会遭到异议。[134]

仲裁员的角色类似于法官，也可以指令进行财产检查[135]，而且在合适的条件下，仲裁庭可以裁定以任何币种进行金钱性支付[136]，也可以在裁决的金钱性给付中加入加息[137]，除此之外，仲裁庭还可以指令申请人对仲裁费用提供担保。[138]此外，仲裁庭与法院一样，也可以要求当事人实际履行合同，或是命令对契据或其他文书进行修改、撤销。[139]但是，以上权利可能会受到当事人仲裁协议的约束。

《1996年英国仲裁法》第34条就仲裁庭有关程序及证据事项的权力进行了规定。不过该条规定下，仲裁庭权力的整体框架是建立在双方当事人约定的基础之上，因此也就保证了仲裁的进行能够符合当事人的希望和偏好。第34条第1款规定，在不违背当事人有权商定任何事项的前提下，仲裁庭需要决定所有程序和证据事项。接着第34条就列出了与程序和证据有关的事项，其中包括何时何地进行任何程序、是否采用及采用何种形式的书面请求和答辩，以及与证据相关的所有事项。另外，在第34条第2款g项中，明确规定在上述条件下，仲裁庭可以决定是否及在何种程度上，其可以主动确定事实和法律。

因此，这也就赋予了仲裁庭在传统的对抗方式和国外的审问方式中进行选择的权利。但是，当事人对适用法律的选择，例如国际商事仲裁中有关证据提取的国际律师协会规则（IBA rules），实际上也构成了仲裁协议的一部分，仲裁庭必须按照约定进行。同样，在当事人没有约定的情况下，仲裁庭也可以选择适用该国际律师协会规则。实践中，在当事人没有约定的情况下，仲裁庭会首先咨询双方的意见，例如程序的选择等，然后再决定最适合的仲裁程序并做出程序性指令。[140]

□ 仲裁程序中的临时措施

23－027 仲裁庭有权聘请专家提供专业帮助[141]、指令当事人对仲裁费用提供担保[142]、就任何与仲裁程序标的或仲裁过程中任何问题所涉及的相关财产做出指令[143]、指令一方当事人或证人以宣誓作证[144]，以及指令任一方当事人对其所保管或控制下的证据进行保全。[145]此外，《1996 年英国仲裁法》第 39 条还规定，当事人可自由约定仲裁庭是否有权做出临时裁定，例如关于临时支付仲裁费用的裁定。与之对应的是，该仲裁法第 47 条规定除非当事人另有约定，仲裁庭可以在不同时间就待决事项的不同方面做出一个或多个裁决。这些条款都确保了仲裁庭可以就不同的具体事项更有效率地做出仲裁裁决。除此之外，仲裁庭还有权裁定其管辖权[146]，并在一方不作为时做出强制性裁决。[147]

除非当事人另有约定，当任何一方当事人未对仲裁程序及时采取适当且必要的措施时，仲裁庭仍有权行使相应权力。《1996 年英国仲裁法》第 41 条就上述权力进行了不完全列举，例如，在申请人提出请求时存在过分的不可原谅的延迟时，仲裁庭有权驳回其请求[148]；在经适当通知后，当事人没有出席或委托代理人出席庭审，或者通知其提供书面证据或书面材料后未按要求提供，仲裁庭有权继续进行仲裁程序[149]；若申请人未遵从仲裁庭要求其提供费用担保的强制性裁定，仲裁庭可以裁决驳回其请求。[150]如一方当事人未遵从任何其他强制性裁定，仲裁庭可以按照《1996 年英国仲裁法》第 41 条第 7 款中规定的任选其一的措施执行。[151]

双方当事人可以就仲裁庭提供的救济方式进行协商，在当事人协商未达成一致的情况下，仲裁庭可以对程序中任何待决事项做出宣告式决定或裁定以任何币种为金钱性支付。同样，仲裁庭有权按照法院的方式命令或禁止当事人做某事、命令合同的实际履行（与土地有关的合同除外）、命令对契据或其他文书的修改等。[152]此外，在当事人未约定的情况下，仲裁庭有权裁决利息的时间范围和计算方式等。[153]特定情况下，一方当事人可以申请法院强制执行仲裁庭做出的强制性裁定。[154]

□ 仲裁裁决

23－028 《1996 年英国仲裁法》第 52 条规定当事人可以自由约定仲裁裁决的形式。如果没有相关约定，该裁决应以书面形式做出，并由所有仲裁员或所有同意该裁决的仲裁员在裁决书上签名。[155]在以前的仲裁裁决中，除非当事人要求仲裁书附具理由，仲裁员可以不做出解释，但是现在，根据《1996 年英国仲裁法》

第 52 条第 4 款规定，裁决书必须附具理由，除非做出的是一个和解裁决或当事人约定不需要附具理由。仲裁书附具的理由一般来说不应过长，也不需要就引据的法律作过多解释，Donaldson 法官认为：

“仲裁员必须在仲裁书中附具的理由包括，其对证据及事实的认定，本裁决做出的基本决定，及做出此决定的原因，但是其不需要就法律以及权威问题做出解释。”[156]

如果仲裁书中未附具裁决理由或者未充分叙述相关理由的，当事人有权自做出仲裁裁决书 28 日内申请法院指令仲裁庭充分叙明其所附具的裁决理由。[157]但是，如果双方当事人一致同意仲裁书中可以不附具裁决理由或其他事项，则此协议可以认为是排除了法院对此事项的管辖权。[158]裁决书一经做出，应毫不迟延地送达当事人[159]，除非当事人未支付仲裁费用，此时仲裁庭可按照《1996 年英国仲裁法》第 56 条的规定，行使扣留裁决书的权力。就仲裁地点而言，《1996 年英国仲裁法》第 53 条规定，除非当事人另有约定，只要仲裁地是在英格兰、威尔士或北爱尔兰，仲裁程序中的任何裁决均应视为在这些地方做出，而无须考虑其于何处签字、发出或向当事人送达。以上规定解决了例如仲裁员于法国巴黎签字，但是仲裁的法定地点位于英格兰时，可能出现的认定仲裁做出地点的纠纷。[160]仲裁庭裁决承担仲裁费用的一般原则是获胜一方负担费用，除非仲裁庭认为，根据具体情况，一方当事人承担全部或部分仲裁费用是不合适的。[161]

就裁决效力的规定，英国法律所采用的原则与国际实践保持基本一致，即除非当事人另有约定，依据仲裁协议做出的裁决是终局的。[162]但是本条款也没有排除当事人在有限的特定情况下，例如针对法律问题和程序严重不规范等事项，向法院提出司法复审的申请。一般情况下，根据《1996 年英国仲裁法》第 66 条规定，仲裁庭依仲裁协议做出的裁决，经法院准许，可按法院做出的具有同样效果的判决或命令的方式予以强制执行。[163]

□ 法院的作用

中止诉讼进行仲裁

如果各方当事人一致同意中止仲裁程序并将纠纷诉诸法院，那么毫无疑问，根据仲裁协议的合同性质，相当于当事人用新约定的诉讼协议代替了原来的仲裁协议，因此这是可行的[164]，并且法院将取代仲裁庭，依法享有管辖权并开庭受理此纠纷。 23—029

但是往往实际情况并不如人愿。在双方当事人就仲裁协议的执行与否还未达成一致的情况下，一方当事人可能擅自向法院提起诉讼，而同时另一方当事人却仍然希望将纠纷提交仲裁，此时其就有可能向法院申请中止诉讼，以进行仲裁程序。

上述向法院申请中止诉讼的权利在《1996 年英国仲裁法》第 9 条第 1 款中

得以规定，并且在一般情况下，法院应同意中止诉讼程序，除非法院认为该仲裁协议无效、不可执行或不能实行。[165]一旦法院同意中止诉讼，那么当事人就必须回到原来合同约定的仲裁程序中，这也与《1996年英国仲裁法》所规定的一般原则保持一致。[166]证明仲裁协议无效、不可执行或不能执行，因而法院不应中止诉讼的举证责任，由在法院提起诉讼一方当事人承担。[167]

在 *Halki Shipping Corporation v Sopex Olis Ltd* 一案[168]中，双方当事人就滞期费索赔事项产生争议，其中租船合同中的仲裁条款明确表明“任何由执行本合同产生的或与本合同有关联的纠纷均应提交仲裁”。但是原告却将纠纷诉诸法院，因此被告根据《1996年英国仲裁法》向法院申请中止诉讼。实际上，原告提起诉讼时，认为其诉讼请求并没有争议，故申请按照《英国民事诉讼规则》第24章规定进行简易审判程序。不过被告拒绝承担赔偿滞期费的责任，因此法院决定中止诉讼并驳回了诉讼请求。原告不服遂上诉。上诉法院认为“纠纷”一词在解释时必须回归到其最根本的意思，即双方当事人就诉讼请求无法达成一致即可，而不论该事项根据法律或事实是否可以得到结论，故支持原判。在大部分实践情况中，除非出现《1996年英国仲裁法》第9条第4款的事项，只要纠纷确实发生，那么法院都应按照第9条其余款规定中止诉讼。当然，当事人就中止诉讼提出的申请必须及时，并且按照《1996年英国仲裁法》第9条第3款的规定进行：

> “当事人在采取适当的程序步骤（如果存在的话），表示知晓诉讼程序之前或已采取有关措施对实体性请求进行答复之后，不得提出中止诉讼的申请。”

《1996年英国仲裁法》第11条就海事对物诉讼按第9条规定中止后的财产担保事项进行了规定：法院可以命令该被扣押财产留作担保，以利于执行对相关争议的仲裁所做出的裁决，或者命令提供与上述财产相当的担保，作为中止诉讼的条件以利于对上述裁决的执行。[169]

前几部仲裁法中有关国内仲裁和非国内仲裁的区别的规定，在《1996年英国仲裁法》中得以保留，并于第85条中就国内仲裁协议进行了定义。[170]另外，第86条第2款b项还规定，在“存在其他不要求当事人遵守仲裁协议的充分的理由”下，法院可以拒绝中止诉讼，不过有关充分的理由在实践中很难寻找到。[171]

当事人就中止诉讼提出的申请，必须在合适的时间内，以适当的形式提出，例如当事人在采取适当的程序步骤表示知晓诉讼程序之前，或采取有关措施对实体性请求进行答复之后，均不得提出中止诉讼的申请。[172]此处对实体性请求进行答复的有关措施界定并不十分明确，但是参照一般诉讼的规则，可视为被告表示服从法院管辖而对原告诉求进行抗辩的相应行为。[173]

委任仲裁庭

23—030 《1996年英国仲裁法》第15条第3款规定在当事人就仲裁员人数没有约定的时候，仲裁庭应由独任仲裁员组成。如果双方当事人指定的第三人拒绝，或没有在规定的或合理的期限内委任仲裁员，那么任一当事人均可通知其进行委任。但是如果该不作为第三人在收到通知起 7 日内仍未做出委任的话，双方当事人可以按照协议内容进行，或选择按照仲裁法第 17 条和第 18 条的规定行事。同样的，如果双方当事人必须就委任仲裁员这一事项达成一致却未成功时，也可以按照第 17 条和第 18 条的规定继续委任。通常的协议中都是安排一方当事人各委任一名仲裁员。《1996 年英国仲裁法》第 15 条第 2 款中规定：

“除非当事人另有约定，约定仲裁员人数为两名或其他偶数的，应理解为要求额外委任一名仲裁员作为首席仲裁员。”

对任何仲裁员的委任，包括首席仲裁员，都需要双方当事人达成一致。当然，无法达成一致的，还是可以选择按照仲裁法第 17 条和第 18 条规定行事。

在双方协议约定委任一名以上仲裁员的情况下，一方当事人希望尽快进入仲裁程序遂委任完成，而另一方当事人却迟迟未进行委任，这时，前者可以向不作为当事人发出通知，如果不作为当事人在接到通知之日起 7 日内未做出委任，则作为一方当事人委任的仲裁员可以被视为独任仲裁员，并且其做出的仲裁裁决同样具有约束力。[174]当然，委任有效的前提是该仲裁员接受当事人对其的委托。[175]

在前面一种当事人约定仲裁员为偶数的情况下，《1950 年英国仲裁法》的规定是再设一名公断人，而《1996 年英国仲裁法》第 15 条第 2 款的规定是额外委任一名仲裁员作为首席仲裁员。此外，《1996 年英国仲裁法》第 15 条第 1 款还赋予了当事人自由设立公断人或首席仲裁员的权利：

“当事人可以自由约定组成仲裁庭的仲裁员人数，以及是否委任首席仲裁员或公断人。”

如果当事人约定委任公断人，则根据仲裁法第 21 条第 1 款，其有可自由约定公断人的职权。此外，第 21 条第 4 款就公断人可行使权力的情形进行了基本规定：

“决定、裁定和裁决应由其他仲裁员做出，除非其他仲裁员不能就有关的仲裁事项达成一致。在这种情况下，其他仲裁员应立即书面通知当事人和公断人，因此公断人将代替仲裁庭行使做出决定、裁定和裁决的权力，就如同其为独任仲裁员。”

当然，在上述情况下，实际上可以认为仲裁员已经履行职责（functus officio）了。[176]

撤换仲裁员

《1996 年英国仲裁法》第 24 条第 1 款 a 项规定，当存在对某仲裁员的公正性产生具有正当理由的怀疑的情况时，当事人可申请法院撤换仲裁员。此处撤换仲裁员的标准和《国际商事仲裁示范法》中的规定不完全一致，后者规定在仲裁员缺少独立性或公正性的情况下，当事人均可申请撤换该仲裁员。而在英 **23—031**

国法规定下，仲裁员可能因为明显的或是实际的偏颇行为而被撤换[177]，例如一仲裁员拒绝一方当事人提出其证据等。[178]如果一名仲裁员与其中一方当事人的法律顾问属于同一出庭律师事务所，那么该事实并不构成撤换该仲裁员的理由。[179]

国际上大部分主要的仲裁机构都会要求候选仲裁员在被委任之前及时披露其与所有当事人之间的关联，以避免可能发生的不公正行为，并且消除了当事人可能对仲裁裁决提出程序上异议的可能性。

此外，根据《1996 年英国仲裁法》第 24 条第 1 款 b 项的规定，当事人在发现仲裁员不具备仲裁协议所要求的资格的时候，也可以申请法院进行撤换。当事人可以选择更加了解相关领域的仲裁员解决纠纷的权利，是仲裁程序另一个显著的优点。通常来说，当事人依协议可以委任律师、会计师、测量师或是其他商业人士（commercial men）。最后所指的商业人士不包括私人执业律师。[180]

法院的中间救济

23—032 为了与《1996 年英国仲裁法》的基本原则[181]保持一致，目前法院只能在有限的情形下干预仲裁。如前所述，法院可以在第 18 条的规定下协助委任仲裁员，也可以在第 24 条的规定下撤换不具备资格的仲裁员。在满足第 42 条所列条件的情形下，法院可以发出命令要求当事人遵守仲裁庭做出的强制性裁定。此外，除非当事人另有约定，法院可以按照第 43 条的规定保证证人出席，或者按照第 44 条的规定为协助仲裁程序的进行而做出相关命令。以上命令包括对仲裁程序标的财产的检验、保全或扣押等，其中最为重要的就是对其发出临时禁止令或指定财产管理人。[182]最后一项权力中就包括授予财产冻结令。第 43 条和第 44 条规定下的法院的所有权力都可以在合适的时候行使，并且根据第 2 条第 3 款 a 项和 b 项[183]的规定，法院行使权力时可以不考虑仲裁的法定地点是否处于英格兰、威尔士及北爱尔兰境内。

此外，在符合《1996 年英国仲裁法》第 32 条的规定下，法院可以应仲裁程序一方当事人的申请（经通知对方当事人），决定有关仲裁庭实体管辖权的任何问题。前文中介绍过关于仲裁庭的管辖权自决原则，因此此处有关管辖权的异议必须首先按照第 31 条的规定向仲裁庭提出。在程序开始时，当事人一方关于仲裁庭缺乏实体管辖权的异议，必须不迟于其在程序中就与所异议之管辖权有关的任何事项的实体予以抗辩之前提出。[184]此外，当事人根据第 32 条规定提出的异议必须得到程序的其他当事人一致书面同意，或者是经仲裁庭许可而提出。如果是经仲裁庭许可提出的，还需要法院认定满足以下事项才可以受理该申请，其中包括将该纠纷提交诉讼的决定实际上很可能会节省费用，并且该申请未经迟延地提出，以及该事项由法院决定具有合适的理由。[185]以上对申请所做出的严格要求也与该仲裁法的基本原则保持了一致，并且保护了仲裁庭自决管辖权原则的完整性。按照第 45 条规定，当事人对初步法律问题认定提出申请需要满足的条件，与此处第 32 条第 2 款中对初步管辖权认定提出异议申请所必须满足的条件类似。

□ 仲裁裁决的异议及复审

谈到仲裁裁决的复审，就不得不提到仲裁裁决的终局效力，这也是《1996年英国仲裁法》的基本原则之一。Diplock 勋爵在 *Nema* 一案[186]中评述道： **23—033**

“在我看来，在仲裁裁决的终局效力和最大化的法律准确性的天平上，英国议会在制定《1996 年英国仲裁法》时显然更倾向于前者。当然，无论议会多么倾向于确定仲裁裁决的终局性，也不会允许仲裁员背离最基本的法律原则而行事。”

在前面也提到过，法院只能对仲裁裁决中的法律问题进行司法复审。“Nema guidelines”也表明了法院在行使自由裁量权决定是否进行司法复审时要谨慎而为。[187]不过，上议院也就一次性合同（即只会发生一次的纠纷）和那些具有普遍的公共重要性的合同进行了区别规定，即对前者适用的规定相比较后者所适用的规定要更为严苛。在前一种类型的案件中，法官只有认定仲裁员存在明显的错误时才会接受申请（如《1996 年英国仲裁法》第 69 条第 3 款 c 项下ⅰ列所示）。在后一种类型的合同中，当纠纷涉及对标准合同的解释以及可能影响到大量交易的时候，法官都有可能接受申请。Diplock 勋爵就此举例苏伊士运河的关闭就属于具有普遍的公共重要性的纠纷，对于此类纠纷，仲裁庭对此做出的决定只要存在重大疑问时，法院就可能会接受司法复审的申请（如《1996 年英国仲裁法》第 69 条第 3 款 c 项下ⅱ列所示）。[188]

《1996 年英国仲裁法》第 69 条列出了法院可就仲裁裁决中法律问题进行司法复审的情形。[189]值得注意的是，当事人可以就此部分法律规定自行协商，也可以约定排除法院的管辖权。此外，如果一方当事人想要提起上诉的话，必须征得仲裁程序的所有其他当事人一致同意，并且获得法院准许。如果法院许可申请的话，其必须满足第 69 条的规定，并且该问题的决定将实质性地影响一方或多方当事人的权利，而且该问题还是仲裁庭被请求做出决定的，此外，由法院对该问题进行判决还必须是公正和适当的。[190]最后，根据第 69 条第 7 款的规定，法院可以做出确认、修改、撤销或是将全部或部分裁决发回重审的裁定。

另外，根据《1996 年英国仲裁法》第 67 条和第 68 条的规定，当事人也可对仲裁裁决提出异议。先前提到过，当事人可以按照第 67 条的规定，在仲裁庭没有实体管辖权的情况下按照规定进行上诉。有关实体管辖权的事项在本仲裁法第 30 条和第 82 条中列出。[191]

《1996 年英国仲裁法》第 68 条规定允许当事人就严重的程序不规范行为提出异议，其中第 2 款中列出的当事人可以依法提出上诉的严重不规范行为包括：仲裁庭违反第 33 条规定的一般义务的行为；仲裁庭超越其权限的行为；仲裁庭未处理当事人请求的所有事项；仲裁裁决是因欺诈而获取，或获取裁决的方式违背公共秩序等行为。[192]一旦当事人的申请被法院受理，那么法院可以做出与上述第 69 条第 7 款规定类似的裁定。另外，仲裁法第 70 条还进行了三项补充规定，包括：要求当事人用尽任何可利用的仲裁上诉或复审程序等救济方式，包含根据第 57 条规定可利用的追诉，此外，还要求当事人申请或上诉必须自仲裁裁决做出之日起 28 天内提出。根据《1996 年英国仲裁法》第 12 条规定，法院有权命令延长仲裁程序开始的时间，但必须要求申请人在约定的时间内采取了相关措施，否则其请求会被阻止或其权利会丧失。该相关措施包括开始仲裁程序，以及在仲裁程序得以开始前用尽其他争议解决程序。而且，仲裁协议的任一当事人都必须也仅能在用尽仲裁程序中任何可以获取延期的措施之后，才可以申请此种命令。法院只有在以上条件都得以满足，并且已就该案的所有情况都进行考量之后，才可以决定是否延长诉讼开始时间。[193]

□ 仲裁裁决的承认与执行

23－034 最后，《1996 年英国仲裁法》还规定了有关国内仲裁和国际仲裁裁决的承认和执行的整体机制。[194]但是以上程序性的规定并不能完全剥夺当事人依据普通法而获得的仲裁裁决承认与执行的权利。有关仲裁承认与执行更具体的内容将在第 24 章进行讨论。

注释

[1] 如同本书第 22 章所讨论的那样，由于没有对合同的管辖权、仲裁等问题或是合同适用法进行明确的规定，最终可能就合适法院、仲裁条款的有效性以及准据法等争议展开耗时长、开销大的诉讼程序。

[2] 针对“仲裁”的一个较为全面的定义，可参见 Fouchard，Gaillard & Goldman，*International Commercial Arbitration*（1999）at para. 9。

[3] 参见 Redfern & Hunter，*The Law and Practice of International Commercial Arbitration*，4th edn 及 Fouchard，Gaillard & Goldman，*International Commercial Arbitration*（1999）。

[4]《1996 年英国仲裁法》第 58 条。

[5]《1996 年英国仲裁法》第 1 条第 b 款和第 6 条就仲裁的合意的特性进行了规定。另参见 *Kenya Railways v Antares Co Pte Ltd*（*The Antares*）（*Nos 1 and Nos 2*）[1987] 1 Lloyd's Rep. 424。

[6]《1996 年英国仲裁法》第 6 条就仲裁条款进行了宽泛的定义。

[7] 例如该协议是因为欺诈、错误描述或重大误解而订立的。

[8]《联合国国际贸易法委员会国际商事仲裁示范法》（简称《国际商事仲裁示范法》）第 16 条第 1 款。

[9] 参见 *Harbour Assurance Co*（*UK*）*Ltd v Kansa General Insurance Co Ltd* [1992] 1 Lloyd's Rep. 81。

[10]《1996 年英国仲裁法》第 30 条第 1 款 a 项规定仲裁庭拥有裁决仲裁协议是否有效的管辖权；b 项规定仲裁庭有裁定仲裁庭本身是否适当组成的管辖权；c 项规定仲裁庭有权决定何等事项需要提交仲裁庭。

[11]《国际商事仲裁示范法》第 21 条，《国际商会仲裁规则》第 6 条。

[12] 参见 *Christopher Brown Ltd v Genossenschaft* [1954] 1 Q. B. 8，12。

[13]《1996 年英国仲裁法》第 73 条。

[14] 参见 *Bremer Vulkan Schiffbau und Maschinenfabrik v South India Shipping Corporation* [1981] 1 A. C 909 及 *Food Corporation of India v Antclizo Shipping Corporation* [1988] 1 W. L. R. 603。在后一案例中，纠纷多年后仍未提起仲裁，那么法院有权依据相关法律的规定驳回提起仲裁的请求。

[15] 参见 *Bremer Vulkan Schiffbau und Maschinenfabrik v South India Shipping Corporation* [1981] 1 A. C 909。

[16]《国际商事仲裁示范法》第 18 条。

[17] 参见 Craig，Park & Paulsson，*ICC Arbitration* 3rd edn，(2000)，p. 298。这一原则在《1996 年英国仲裁法》第 1 条和第 33 条中得以体现，条款规定仲裁庭必须平等对待各方当事人。并且到目前为止，此项基本程序性权利与人权立法均保持一致，可参见 *Stretford v FA* [2007] 2 Lloyd's Rep. 31 及 Schulz，Human Rights，Speed Bumps in the Arbitral Process [2006] IALR Vol 9 (1)。

[18] 有关判决和仲裁裁定的承认和执行将在本书第 24 章详细讨论，此处可参考《1958 年纽约承认及执行外国仲裁裁决公约》（简称《纽约公约》）第Ⅲ条。对此条款的接受前提是法院需要认同其裁定具有约束力。另参见《1996 年英国仲裁法》第 58 条和瑞士《民事诉讼法典》(ZPO) 第 1055 条。

[19]《纽约公约》第Ⅴ条，在《1996 年英国仲裁法》第 103 条中有相应的规定。另可参见《国际商会仲裁规则》第 34 条中有关裁定提出异议的事项，相应内容见《1996 年英国仲裁法》第 68 条。

[20] 在英国法中，根据 *Walford v Miles* 案判决中所陈述的不确定性，有关协商条款是不可强制执行的。

[21] 参见《英国商事审判指导》第 G 段。

[22] 参见 *Dunnett v Railtrack Plc* [2002] 1 W. L. R. 2432 及 *Cable & Wireless v IBM* [2002] EWHC 2059。目前上诉法院认为胜诉一方，只有在其无正当理由未进入非诉讼纠纷解决程序的情况下，才需要支付相应的诉讼费用，可参见 *Reed Executive Plc v Reed Business Information* [2004] 4 All E. R. 942 及 *Halsey v Milton Keynes General NHS Trust* [2004] All E. R. 920。

[23]《纽约公约》第Ⅲ条，《国际商事仲裁示范法》第 35 条以及《1998 年国际商会仲裁规则》第 26 条第 9 款。

[24] 英国法中存在例外情况，其认为仲裁裁定可以就法律问题进行上诉（《1996 年英国仲裁法》第 69 条的规定）。尽管第 69 条规定只在特定情况下，才可就裁定的某些法律问题进行上诉，但是《国际商事仲裁示范法》确实没有就法律问题可以上诉的规定，此部分可详见第 23－024 段。

[25] 参见 *Insurance Company v Lloyd's Syndicate* [1995] 1 Lloyd's Rep. 272 及 *Ali Shipping Corp v Shipyard Trogir* [1981] 1 Lloyd's Rep. 643，CA。此保密性的要求包含了诉状、提交的文件、举证的证据以及最终的裁定，另参见 *Minmetals Germany GmbH v Ferco Steel Ltd* [1999] C. L. C. 647。

[26] 这些案件很可能涉及公共领域，国家成为仲裁一方当事人的情形，例如在 NAFTA 和 ICSID 的仲裁。例如在 *United States v Panhandle Eastern Corp et al* (1998) 118 F. R. D. 346 的案件中，美国法院最终否认了条款中隐含的保密义务。

[27]《国际商事仲裁示范法》第 34 条至第 36 条及《纽约公约》第Ⅴ条。

[28]《国际商事仲裁示范法》第 7 条第 2 款及《纽约公约》第Ⅱ条第 2 款，详见第 23—022 段。

[29]《国际商事仲裁示范法》第 8 条第 1 款及《1996 年英国仲裁法》第 9 条。

[30] 示例一是英国伦敦国际仲裁院建议采用的仲裁条款模板。示例二是伦敦海事仲裁协会的版本。在英国法中，如果合同条款中出现“适当的仲裁条款”字句时，由于其无确定性，视为无效条款，参见 *Hobbs Padgett & Co (Reinsurance) Ltd v JC Kirkland Ltd* [1969] 2 Lloyd's Rep. 547。如果在租船合同中规定，仲裁按照“通常条件下习惯方式”进行，那么一般并不认为该条款无效，因为在一般的海事纠纷中，通常会指定两名仲裁员，每方指定一名，参见 *Laertis Shipping Corporation v Expor-*

tadora Espanola de Cementos Portland SA，*The Laertis* [1982] 1 Lloyd's Rep. 613。

[31] 有关“由合同引起的”及“合同约定的”等释义在第 23－023 段会继续讨论。

[32] 参见 *Whitworth Street Estates (Manchester) Ltd v James Miller & Partners Ltd* [1970] A. C. 583。另参见 *International Tank and Pipe SAK v Kuwait Aviation Fuelling Co KSC* [1975] Q. B. 224 及 *Dalmia Dairy Industries Ltd v National Bank of Pakistan* [1978] 2 Lloyd's Rep. 223 at 228。

[33] 但是也有可能双方当事人约定适用《英国民事诉讼规则》的部分条例。

[34] 当事人选定英国作为仲裁的法定地点这一事实并不代表着仲裁听证会等必须在英国境内举行。

[35]《1996 年英国仲裁法》第 33 条规定的公平义务。

[36]《1996 年英国仲裁法》第 4 条说明了强制性部分（例如公平义务）以及当事人可自由选择适用的条款之间的区别。

[37]《1996 年英国仲裁法》第 2 条。

[38] 注意《布鲁塞尔公约》第 1 条第 4 款排除仲裁适用的规定，以及《罗马公约》第 1 条第 2 款 d 项也规定其不适用于仲裁协议。参见 *Egon Oldendorff v Liberia Corp* [*No. 2*] [1995] 2 Lloyd's Rep. 64。

[39] 参见 The Right Hon. Lord Justice Mustill，“The New Lex Mercatoria：The First Twenty-Five Years”，in *Liber Amicorum for Lord Wilberforce* (ed. Bos and Brownlie，1987)，p. 149 及 O. Lando，“The Lex Mercatoria in International Commercial Arbitration” (1985) 34 I. C. L. Q. 747。另参见 C. M. Schmitthoff，“International Trade Usages”，Inst. Internl. Bus. Law and Practice，1987，I. C. C. Publication No. 440/4. Cf 及 Felix Dasser，*International Schiedsgerichte und Lex Mercatoria* (Zurich，1989)。

[40] 参见 *Deutsche Schachtbau-und Tiefbohrgesellschaft GmbH v R'As al-Khaima National Oil Co* [1987] 3 W. L. R. 1023。

[41] 现行的《国际商会仲裁规则》于 1998 年 1 月 1 日生效，其中第 17 款第 1 条做出了上述规定。某些法律体系内，例如瑞士，除非当事人约定使用国内法的情况，一般不允许仲裁员准据国内法就纠纷进行裁定。

[42] 参见 *Deutsche Schachtbau-und Tiefbohrgesellschaft GmbH v R'As al-Khaima National Oil Co* [1987] 3 W. L. R. 1035。

[43] 商人法经常受人诟病的一点就是其具体内容很难确定。有人尝试过将其具体原则进行分类，例如 CENTRAL 跨国数据库。也有将商人法原则具体化的，例如《国际贸易术语解释通则》(INCOTERMS 2000)、国际商会的《商事合同通则》(UNIDROIT)，还有国际法协会所做的其他努力等。

[44] 后一条款经常出现在再保险合同之中。

[45] 仲裁员如何根据该条款进行裁定的行为，很大程度上取决于该条款所确定的范围。参见 *Eagle Star Insurance Co Ltd v Yuval Insurance Co Ltd* [1978] 1 Lloyd's Rep. 357 及 *Home Insurance Co v Administratia Asigurarilor De Stat* [1983] 2 Lloyd's Rep. 674。

[46] 参见 *Eagle Star Insurance Co Ltd v Yuval Insurance Co Ltd* [1978] 1 Lloyd's Rep. 357。另参见 *Overseas Union Insurance Ltd v AA Mutual Insurance Co Ltd* [1988] 2 Lloyd's Rep. 63 及 *Home and Overseas Co Ltd v Mentor Insurance Co (UK) Ltd* [1989] 1 Lloyd's Rep. 473。

[47] 参见 Goff 勋爵在 *Eagle Star Insurance Co Ltd v Yuval Insurance Co Ltd* 一案中的判决。

[48] 参见 *Eagle Star Insurance Co Ltd v Yuval Insurance Co Ltd* [1978] 1 Lloyd's Rep. 362 及《1996 年英国仲裁法》第 46 条第 1 款 a 项和 b 项的规定。

[49] 当委任被拒绝时，请参考《1996 年英国仲裁法》第 18 条的规定，尤其是第 3 款：当事人可以申请法院指令做出任何必要之委任，或者自行做出任何必要之委任。

[50] 例如《国际商事仲裁示范法》和《1998 年国际商会仲裁规则》。

[51]《1996 年英国仲裁法》第 19 条。

[52] 参见 *Bank Mellat v GAA Development and Construction Co* [1988] 2 Lloyd's Rep. 44 at 48。其中 Steyn 法官评论国际商会仲裁为"最具国际化的仲裁机制"。

[53] 国际商会国际仲裁院地址：38 Cours Albert 1c，75008 Paris，France。

[54]《1998 年国际商会仲裁规则》第 4 条第 2 款规定：对于仲裁员的提前任命并不代表着仲裁开始。参见 *Offshore International SA v Banco Central SA* [1976] 2 Lloyd's Rep. 402 at 407。

[55] *Per* Kerr L. J. in *Bank Mellat v Helliniki Techniki SA* [1984] Q. B. 291 at 304.

[56]《1998 年国际商会仲裁规则》第 18 条第 1 款和第 2 款。

[57]《1998 年国际商会仲裁规则》第 27 条。

[58]《1998 年国际商会仲裁规则》第 30 条。

[59] 参见 *Bank Mellat v Helliniki Techniki SA* [1984] Q. B. 291。

[60]《1998 年国际商会仲裁规则》第 25 条第 3 款。

[61]《1998 年国际商会仲裁规则》第 28 条第 6 款。

[62] 参见 *Marine Contractors Inc v Shell Petroleum Development Co of Nigeria Ltd* [1984] 2 Lloyd's Rep. 77 及 *Arab African Energy Corporation Ltd v Olieprokukten Nederland BV* [1983] 2 Lloyd's Rep. 419。

[63] 参见 *Sanghi Polyesters Ltd* (*India*) *v The International Investor* (KCFC) (*Kuwait*) [2000] 1 Lloyd's Rep. 480。

[64] 参见谷物与饲料贸易协会（GAFTA）仲裁的相关规定。

[65] 该公约于 1966 年 10 月 14 日生效。参见 David M. Sassoon，"Convention on the Settlement of Investment Disputes" [1965] J. B. L. 334 及 J. Cherian，*Investment Contracts and Arbitration*，*The World Bank Convention on the Settlement of Investment Disputes* (Sijthoff，1975)。另参见 Schreuer，*The ICSID Convention*；*A Commentary* (2001)，McLachlan，Shore & Weiniger，International Investment Arbitration，Substantive Principles 及 Van Harten，*Investment Treaty Arbitration and Public Law* (2007) 。可参考 www. worldbank. org/icsid/cases. htm。有关多边投资担保机构（MIGA）的介绍详见下文，《多边投资担保机构公约》于 1985 年 10 月在世界银行汉城年会上正式通过，简称《汉城公约》或《MIGA 公约》。

[66] 该公约在英国于 1967 年 1 月 18 日生效（Treaty Series No. 25/1967）；Cmnd 3255。之后该公约在其他领域也有借鉴，参见 S. I. 1967 Nos 159，249，585. 1968/1199 and 1979/572。

[67] 1975 年《关于其他管辖权程序下的证据法》第 8 条第 2 款及附录二，《1981 年最高法院法》附录 5。

[68] 国际投资纠纷解决中心地址：1818 H Street，N. W. Washington D. C. ，20433，USA。

[69] 1966 年法案第 1 条第 2 款。

[70] 1966 年法案第 9 条第 2 款。

[71]《1996 年仲裁法》中第 9 条的有关中止诉讼的例外规定，但是《华盛顿公约》赋予当事人绝对自由的争议解决机制。

[72] 纠纷经常会涉及国际公法领域的争议及救济方式，参见 *Republic of Ecuador v Occidental Exploration* (*No. 2*) [2006] 2 Lloyd's Rep. 773。

[73]《多边投资担保机构公约》附件Ⅱ第 4 条第 b 款。该公约在英国《1988 年多边投资担保机构

法案》以附件形式生效。

［74］合订本于 1985 年 1 月出版（所包含的所有规则于 1984 年 9 月 26 日修改完毕）。该合订本还包含一些记录了当年有关仲裁费用的活页。后规则又于 2006 年 4 月 10 日修订，加入了有关例如中间禁令、保密性义务的一些例外如公众参与旁听、仲裁裁决的披露以及针对毫无根据的请求的快速驳回程序等新规定。

［75］如前所述，大部分的仲裁法试图赋予当事人更多的程序选择上的自由权利，但同时只是保证了仲裁庭公平对待的最低义务。参见第 23－009 段。在各国国内法上前述的问题仍然存在进一步协调的必要。

［76］有关内容会在第 24 章中详细讨论。大部分的国际仲裁会在中立的第三国进行，而且仲裁裁决也可能会在管辖权之外的国家执行，因此，各国国内法在仲裁裁决异国执行的问题上也存在协调的必要性。

［77］国际仲裁的当事人可能来自法律传统差异很大的国家，例如英美法系国家和大陆法系国家在证据等程序性要求上有着明显的差别。因此，制定出一部被广泛接受并且明显公平的相关程序规则显得尤为重要。

［78］《国际商事仲裁示范法》的修订条款于 2006 年 7 月通过，其中包含了仲裁条款的形式要件、中间救济的授予条件等等。《国际商事调解示范法》于 2002 年通过。

［79］奥地利和意大利也于最近接受了该示范法。

［80］包括田纳西在内的大部分的州，除了唯一属于大陆法系的路易斯安那州。

［81］《1996 年英国仲裁法》就是一个很好的例子。尽管该法与示范法在很多方面都比较相似，但是在其表决的过程中，实际上并没有考虑采用该示范法，因此英格兰和威尔士一般不认为处于示范法的管辖权范围之内。

［82］《国际商事仲裁示范法》第 7 条至第 9 条。

［83］《国际商事仲裁示范法》第 18 条。

［84］《国际商事仲裁示范法》第 19 条。

［85］《国际商事仲裁示范法》第 35 条。

［86］《国际商事仲裁示范法》第 16 条

［87］《国际商事仲裁示范法》第 16 条第 1 款。

［88］《联合国国际贸易法委员会仲裁规则》第 6 条第 2 款。

［89］《纽约公约》第Ⅱ条——当事人订立的协议必须是书面的，而且公约还规定当事人就协议仲裁的事项提交法院时，法院有权在另一方当事人的请求下，命令双方当事人提交仲裁。

［90］《纽约公约》第Ⅲ条。

［91］《纽约公约》第Ⅴ条——只限于管辖权和程序出现违反规定的情况，例如做出裁决的仲裁庭没有管辖权，或者仲裁协议是无效的。

［92］此处文件的披露意味着所有的文件证据，包括有利的或是不利的，都将在所有当事人中披露。

［93］一般在当事人就仲裁程序不能达成一致时，法庭乐意代为决定具体程序。

［94］该法于 1997 年 1 月 31 日生效。有关仲裁的诉讼程序在《英国民事诉讼规则》第 62 章中规定。

［95］《1996 年英国仲裁法》第 1 条 c 款规定：除本编另有规定外，任何法院均不得干预本编规定之事项。

［96］Saville 勋爵领导的立法小组在 1996 年 2 月做出的报告（所谓“Departmental Advisory Committee Report”，简称 DAC Report）中一一阐述了该仲裁法的原则。该报告对于解释《1996 年英国仲裁法》大有帮助，并且就法案的各个部分都进行了相应评述。尽管《1996 年英国仲裁法》并未全部采用

示范法的所有规定，但是就报告所评述的该仲裁法的基本原则等，和示范法还是具有很大的相似性的。

[97] 在《1996年英国仲裁法》之前，对仲裁法一个很主要的批评声音就是认为其允许法院干预的事项过多，可能影响到当事人在英国境内将纠纷提交仲裁的选择。

[98] 有关英国仲裁法以及其与国际仲裁实践之间关联的较为全面的讨论可以参考 Tweedale & Tweedale，*Arbitration of Commercial Disputes*，*International Law and English Practice* (2005)。

[99]《1996年英国仲裁法》第5条第2款a项。

[100] 参见 *Excomm Ltd v Ahmed Abdul-Qawi Bamaodah*；*The St. Raphael* [1985] 1 Lloyd's Rep. 403 at 408 and 409 及 *Zambia Steel & Building Supplies Ltd v James Clark & Eaton Ltd* [1986] 2 Lloyd's Rep. 225。另参见《1996年英国仲裁法》第5条和第6条第2款的规定，及 *Trygg Hansa Insurance Co v Equitas Ltd* [1998] 2 Lloyd's Rep. 439。

[101] 现为《1996年英国仲裁法》第6条第1款。

[102] 参见 *Arab African Energy Corp Ltd v Olieprodukten Nederland BV* [1983] 2 Lloyd's Rep. 419 及 *Abdullah M Fahem & Co v Mareb Yemen Insurance and Tomen (UK) Ltd* [1997] 2 Lloyd's Rep. 738。

[103]《1996年英国仲裁法》第5条第5款3项。

[104] 参见 *Nisshin Shipping v Cleaves* [2004] 1 Lloyd's Rep. 38。

[105] 在仲裁协议未经签署的情况下，协议的当事人只限定在其代理人、受让人以及《1999年合同法（第三方的权利）》规定下的第三方。大陆法系中的公司集团原则（group of companies doctrine）在英美法系国家中并不适用，尽管英国法可能会要求在特定情况下采用“揭开公司法人面纱”原则。参见 *Peterson Farms Inc v C&M Farming Ltd* [2002] EWCA Comm 121。

[106] 参见 *Svenska v Lithuania (No. 2)* [2006] 1 Lloyd's Rep. 2 and [2007] 2 W. L. R. 876 (C/A)，此案中，在外国仲裁庭做出的仲裁裁决在英国执行时，就遇到了关于当事人认定的问题。

[107]《1996年英国仲裁法》第67条。

[108]《1996年英国仲裁法》第103条。

[109] 当仲裁事项与上述案件相混时，很可能会使案件的仲裁变得更为复杂，因此各国法律就可仲裁事项和不可仲裁事项进行了界定。有关仲裁员是否必须引用欧盟竞争法以及仲裁员未引用竞争法时裁决是否可被拒绝执行的事项，可参见 Lew，Mistelis and Kroell，*Comparative International Commercial Arbitration*，(2003)，paras 19.19－19.46。

[110]《1996年英国仲裁法》第67条、第68条和第103条。

[111] 参见 C. M. Schimitthoff，“Defective Arbitration Clauses” [1975] J. B. L. 9。

[112] 参见 *Ashville Investment Ltd v Elmer Contractors Ltd* [1988] 2 Lloyd's Rep. 73（在建筑施工合同中，与合同修订等事项相关的纠纷因为与合同内容相关，可以提交仲裁）。

[113] 参见 *Woolf v Collis Removal Service* [1947] 2 All E. R. 260 at 263 及 *Government of Gibraltar v Kenney* [1956] 2 Q. B. 410 at 422－423。另参见 *Fillite (Runcorn) Ltd v Aqualift*，*The Times*，February 28，1989（“与合同相关的”并不包括“由执行合同引起的”纠纷）及 *Ethiopian Oilseeds and Pulses Export Corporation v Rio del Mar Foods Inc* [1990] 1 Lloyd's Rep. 86（“由执行合同引起的”纠纷被扩大解释，并赋予了仲裁员就合同的修订事项的管辖权）。

[114] 参见 *Metal Distributors (UK) Ltd v ZCCM Investment Holdings Plc.* [2005] 2 Lloyd's Rep. 37。

[115] 参见 *Government of Gibraltar v Kenney* [1956] 2 Q. B. 410。

[116] 参见 *Land Securities Plc v Westminster City Council* [1993] 1 W. L. R. 286。

[117] 参见 *Halki Shipping Corp v Sopex Olis Ltd* [1998] 1 W. L. R. 726。如果有当事人感觉其争议无法轻易解决，那么就不能使用《英国民事诉讼规则》第24章下规定的简易审判程序。

[118] 参见 Singleton 法官在 *KC Sethia (1994) Ltd v Partabmull Rameshwar* [1950] 1 All E. R. 51 一案中的判决及 Donaldson 法官在 *Seaworld Ocean Line Co SA v Catseye Maritime Co; The Kelaniya* [1989] 1 Lloyd's Rep. 30 一案中的判决。

[119] 参见 *Thoresen (Bangkok) Ltd v Fathom Marine & others* [2004] 1 Lloyd's Rep. 622（商事法庭就有关船舶购买合同是否具有约束力的法律问题所做出的声明）。

[120]《1996 年英国仲裁法》第 67 条和第 68 条，具体可参见第 23－033 段。

[121]《1996 年英国仲裁法》第 69 条，但是在《国际商事仲裁示范法》中没有相关规定。

[122]《1996 年英国仲裁法》第 69 条第 1 款，同时可参见 Dedezade 2006 IALR Vol. 9 (2)。

[123]《1996 年英国仲裁法》第 82 条第 1 款的规定以及北爱尔兰的法律（仲裁地点位于北爱尔兰）。有关外国法的问题一般通过专家证言由英国法院进行审理。另外普通法中也有相关规定，参见 *Morgan Grenfell & Co Ltd v SACE* [2001] All E. R. (D) 303。

[124]《1996 年英国仲裁法》第 30 条。

[125] 参见 *Harbour Assurance Co (UK) Ltd v Kansa General Insurance Co Ltd* [1992] 1 Lloyd's Rep. 81。

[126]《1996 年英国仲裁法》第 32 条。

[127]《1996 年英国仲裁法》第 67 条和第 103 条。

[128]《1996 年英国仲裁法》第 31 条。

[129]《1996 年英国仲裁法》第 73 条。

[130]《1996 年英国仲裁法》第 1 条第 a 款。

[131]《1996 年英国仲裁法》第 33 条第 1 款 a 项。

[132]《1996 年英国仲裁法》第 24 条第 1 款 a 项，详细论述可见第 23－031 段。

[133]《1996 年英国仲裁法》第 33 条第 1 款 b 项，根据特定案件的具体情况采取合适的程序，尽量避免不必要的延误或开支，必须符合公平的基本要求。

[134]《1996 年英国仲裁法》第 68 条第 2 款 a 项。

[135]《1996 年英国仲裁法》第 38 条第 4 款 a 项。

[136]《1996 年英国仲裁法》第 48 条第 4 款，另可参见 *Lesotho Highlands Development Authority v Impreglio SpA* [2003] 1 All E. R. Comm 22。

[137] 参见 *Lesotho Highlands Development Authority v Impreglio SpA* [2003] 1 All E. R. Comm 22。

[138]《1996 年英国仲裁法》第 38 条第 3 款，通常居住在英国之外的个人不应被要求提供担保。

[139]《1996 年英国仲裁法》第 48 条第 5 款。

[140] 该程序性指令和仲裁裁决是有很大区别的。例如，不同于仲裁裁决，程序性指令并不是终局性的，而且也不具有约束力需要强制执行等。不过，在此程序性指令下，如一方当事人没有充分理由而未遵从仲裁庭的该指令，仲裁庭可以就同样的问题进行仲裁，一定情况下还可做出强制性裁定。

[141]《1996 年英国仲裁法》第 37 条。除非仲裁协议明确由此项规定，该指令或裁决都可能受到法院的异议。当法院对此事项提出异议时，其须遵守 *Azov Shipping Co v Baltic Shipping Co* [1999] 2 Lloyd's Rep. 39 一案判决中所确定的原则。有关仲裁异议的内容详见第 23－033 段。

[142]《1996 年英国仲裁法》第 38 条第 3 款。

[143]《1996 年英国仲裁法》第 38 条第 4 款。

[144]《1996 年英国仲裁法》第 38 条第 5 款。仲裁程序的一方当事人可以采用《1996 年英国仲裁法》第 43 条中的规定保证证人出庭。

[145]《1996 年英国仲裁法》第 38 条第 6 款。

[146]《1996 年英国仲裁法》第 30 条。

[147]《1996年英国仲裁法》第31条第4款。

[148]《1996年英国仲裁法》第41条第3款。

[149]《1996年英国仲裁法》第41条第4款。

[150]《1996年英国仲裁法》第41条第6款。关于裁决和强制性裁定的区别可以参见《1996年英国仲裁法》第41条第5款和第82条的规定。

[151] 可选的措施包括指令不作为之当事人无权依据强制性裁定所指主张或材料；或者如情况表明有正当理由的，得以不遵从行为做出不利的判断；或者在仲裁庭认为适当的情况下，可就因不遵从行为之后果产生的仲裁费用的支付做出裁定。

[152]《1996年英国仲裁法》第48条。

[153]《1996年英国仲裁法》第49条。

[154]《1996年英国仲裁法》第42条。

[155]《1996年英国仲裁法》第52条第3款。

[156] 参见依据1979年仲裁法进行的 *Westzucker GmbH v Bunge GmbH* [1981] Com. L. R. 179案例（以及 [1981] 2 Lloyd's Rep. 132－133，但是判决中的具体措辞有微小差异）。另参见 *Trave Schiffahrtsgesellschaft GmbH Co KG v Ninemia Maritime Corporation*（*No. 2*）[1986] Q. B. 802。

[157]《1996年英国仲裁法》第70条第4款。

[158]《1996年英国仲裁法》第69条第7款。

[159]《1996年英国仲裁法》第55条第2款。

[160] 参见 *Hiscox v Outhwaite*（*No. 1*）3 All E. R. 641。

[161]《1996年英国仲裁法》第61条第1款和第2款。参见 *Smeaton，Hanscomb & Co Ltd v Sassoon I. Setty，Son & Co*（*No. 2*）[1953] 1 W. L. R. 1481 及 *The Rozel* [1994] 2 Lloyd's Rep. 161。

[162]《1996年英国仲裁法》第58条和《国际商会仲裁规则》第28条第6款。但是，当事人也可以特别约定就仲裁裁决可以进行仲裁上诉等（例如在某些特定的商品仲裁中）。

[163] 判决执行的内容可参见《纽约公约》第101条，详见本书第24章。

[164] 有关仲裁协议的终止，可参见第23—002段。

[165]《1996年英国仲裁法》第9条第4款。仲裁协议的不能执行必须是当事人外因所造成的，而不能仅仅因为任一当事人破产或身无分文而拒绝进行仲裁程序。

[166]《1996年英国仲裁法》第1条第b款："……当事人可以自由约定争议解决方式"及第c款："除本编另有规定外，法院不得干预本编规定之事项"。

[167] 参见Brandon法官在 *The Eleftheria* [1969] 1 Lloyd's Rep. 237 at 242一案中的判决。

[168] 参见 *Halki Shipping Corporation v Sopex Olis Ltd* [1998] 1 W. L. R. 726，另参见 *Jitendra Bhailbhai Patel v Dilesh R. Patel* [1999] 3 W. L. R. 322。

[169]《1996年英国仲裁法》第11条第1款a项和b项。另参见 *The Bazias* 3 [1993] Lloyd's Rep. 101。

[170]《1996年英国仲裁法》第85条第2款a项和b项规定："国内仲裁协议"针对的是仲裁地位于联合王国，并且任何一方当事人均不为其他国家国民或惯常居所位于联合王国以外的个人，或设立地或主要经营控制中心位于联合王国以外的法人团体，可参见 *Hume v AA Mutual International Insurance* [1996] L. R. L. R. 19。尽管《1996年英国仲裁法》保留了上述区别，但是有关国内仲裁协议规定的第85条至第87条到目前为止仍没有生效，并且可能一直无法生效，因为这些区别规定可能会和《罗马公约》相违背，可参见 *Philip Alexander Securities and Futures v Bamberger*，*The Times*，July 22，1996，CA。由于此部分内容也许无法生效，所以此处介绍也仅供参考。

[171] 参见 *Bulk Oil*（*Zug*）*v Trans-Asiatic Oil SA* [1973] 1 Lloyd's Rep. 129。

[172]《1996年英国仲裁法》第9条第3款。

[173] 参见 *The Atlantic Emperor* (*No. 2*) [1992] 2 Lloyd's Rep. 624, CA。

[174] 在大部分的仲裁协议中，双方当事人都会就仲裁员的委任设定时间限制。

[175] 参见 *Tradax Export SA v Volkswagenwerk AG* [1970] 1 Q. B. 537。

[176] 参见 Diplock 法官在 *Wessanen's Koninklijke Fabrikien v Isaac Modiano & Sons Ltd* [1960] 1 W. L. R. 1243 中的判决，其认为此时仲裁员实际上是已经完成任务了，即拉丁文中的"functus officio"，其出席听证会也只是作为当事人的代理人而已。

[177] 此标准是根据一个正常合理的当事人均可预见到听证会不能公平公正举行来进行衡量的。参见 R. *v West London Coroner Ex p Dallaglio* [1994] 4 All E. R. 139。

[178] 参见 *Diamond Lock Grabowski and Partners v Laing Investment* (*Bracknell*) *Ltd* [1992] 60 B. L. R. 112。

[179] 参见 *Laker Airways v FLS Aerospace Ltd* [1999] 2 Lloyd's Rep. 45。不撤换该名仲裁员是由出庭律师事务所（barristers' chambers）的特殊结构决定的，如果仲裁员换成是合伙制律师事务所（law firm）的合伙人，则可申请撤换该仲裁员。不过在一般国际仲裁实践中，当事人不会在同一家出庭律师事务所中聘任法律顾问并委任一名仲裁员，同样双方也倾向于在中立国家成立仲裁庭（参见《国际商会仲裁规则》第 9 条第 5 款）。

[180] 参见 *Pando Compania Naveria SA v Filmo SAS* [1975] Q. B. 742。

[181]《1996 年英国仲裁法》第 1 条第 c 款。

[182]《1996 年英国仲裁法》第 44 条第 2 款 a 项至 e 项。

[183] 参见 *Channel Tunnel Group Ltd v Balfour Beatty Construction Ltd* [1993] 11 Lloyd's Rep. 291, HL 及 *Alfred C Toepfer International GmbH v Société Cargill France* [1998] 1 Lloyd's Rep. 379。

[184]《1996 年英国仲裁法》第 31 条第 1 款。

[185]《1996 年英国仲裁法》第 32 条第 2 款。另参见 *Azov Shipping Co v Baltic Shipping Co* [1999] 1 Lloyd's Rep. 68。

[186] 参见 *Pioneer Shipping Ltd v BTP Tioxide Ltd*; *The Nema* [1982] A. C. 724 at 739 - 740。

[187] 如前所述，仲裁裁决的终局效力在《1996 年英国仲裁法》第 58 条中得以确定。

[188] 参见 Diplock 勋爵在 *Antaios Compania Naviera SA v Salen Rederierna BA* [1985] A. C. 191 at 203 一案中的判决。

[189] 参见第 23—024 段。

[190]《1996 年英国仲裁法》第 69 条第 3 款 a，b 和 d 项。

[191] 如当事人未按照规定要求提出异议，根据第 73 条规定可能会丧失异议权。

[192] 参见 *Egmatra AG v Marco Trading Co* [1999] 1 Lloyd's Rep. 862。不是所有的不规范行为都构成第 68 条下的"严重不规范行为"，如果一方当事人想提出异议，就必须证明其实质公平受到损害，参见 *Warborough Investment Ltd v S Robinson & Son* (*Holdings*) *Ltd* [2003] All E. R. (D) 108。

[193] 参见 *Vosnoc Ltd v Transglobal Projects Ltd* [1998] 1 Lloyd's Rep. 711 及 *Grimaldi Compagnia v Sekihyo Line* [1998] 2 Lloyd's Rep. 638; *Harbour and General Works v Environment Agency* [2002] 1 Lloyd's Rep. 65。

[194]《1996 年英国仲裁法》第 58 条、第 66 条、第 101 条和第 103 条。

第24章 外国判决及仲裁裁决的执行

24—001 当出口商准备在被告所属管辖区之外提起诉讼或仲裁之前，必须考虑的一个问题就是，该程序获得的判决或裁决最终是否可以得到执行。因为有可能被告就原告的诉求，根本没有财产进行清偿，那么出口商提起诉讼根本就是在浪费时间和金钱。也有可能判决或裁定做出之地与其执行地（通常是财产所在地）之间没有就判决和仲裁裁决的承认和执行达成双边协议，那么该判决或裁决的执行将非常困难甚至是不可能的事情。因此出口商只有在提起诉讼或仲裁之前就上述问题得到确定答案后方可行事，否则就算出口商经过耗时且开销大的程序胜诉了，一旦判决或裁决根本不能执行，那么他的胜利也是完全没有意义的。同样，如果出口商在其所属管辖权范围之外被起诉，原告也必须考虑对被告及其财产的判决最终是否能得到执行。

本章第一部分主要讨论的是，在其他管辖区内做出的判决或裁定，能否对判决或裁决债务人位于英格兰及威尔士境内的财产执行。首先，原判决的债权人必须在判决的执行地，即英国境内法院提起判决执行程序，就判决内容取得法院承认或进行登记（在某些特定的执行区域下，例如欧盟2001年第44号规则下，欧盟境内的外国判决的登记申请为强制程序[1]），或者在其他互惠双边机制下，国家之间互相承认和执行对方法院的判决内容。[2]除此之外，如果判决的债权人没有适用的外国判决承认或登记的机制，那么其只能就其判决在法院提起诉讼程序。具体而言，债权人只是凭借外国判决的既判力（res judicata）针对被告在英国法院提起诉讼。相比较而言，后一种程序更为繁复，也只有在上述特定的判决承认执行机制（例如在欧盟 2001 年第 44 号规则规定下的执行机制）不能适用的情况下才需要提起相应的诉讼程序。英国法院有权决定相应的判决在英国境内是否可以执行。不过，无论是依据普通法提起的诉讼或是在特定的执行机制下申请登记，判决的债务人都可以对该外国判决提出抗辩，并交由法院考量，其抗辩的理由可以是该判决是以欺诈的方式获得，或是做出该判决的外国法院对被告并不具有管辖权等等。

如果能够顺利完成上述登记程序或在诉讼程序中胜诉的话，那么原判决的债权人就成功地将外国判决转变为能以与英国判决相同方式执行的有效判决。一般来说，判决内容会包括法院命令，或禁止当事人做某事的要求，例如命令被告向原告支付一定金额的损害赔偿金等。如果被告怠于履行相关命令，那么原告往往可以申请国家机关对被告的财产进行强制执行。通常的执行措施包括押记令（charging order，即通过该命令，债权人拥有就债务人被押记财产做出清偿之时，收回此债权相应利息的权利——往往通过被押记财产的出售实现清偿），以及扣押第三债务人财产令（third party debt order，即通过该命令，原债权人可以就债务人的财产实现其债权——通常情况下凭借此命令可就债务人的银行账户强制执行）。如果情况更不乐观的话，判决的债权人可以选择向法院提出债务人破产申请，并以其未实现债权申请破产债权。

本章的第二部分主要讨论的是外国仲裁裁决在英国法院的执行。和诉讼判决一样，仲裁裁决也经常包含要求或禁止当事人做某事的命令，例如命令被告向原告赔偿损失等。但是和法院不一样的是，仲裁庭只是基于各方当事人的协商一致来行使权力，而且并没有相应的国家机关来执行其裁决命令。因此裁决只能在国家法律允许其执行的范围内执行。

和大部分的判决一样，绝大多数的仲裁裁决的实际履行并不需要考虑到该国法院是否具有执行管辖权。就仲裁裁决而言，双方当事人既然已经同意提交仲裁，那么其中必有一定的道德和商业因素促使其执行该仲裁裁决。

如果仲裁裁决没有得到履行，那么裁决的债权人可以申请法院行使其管辖权以执行仲裁裁决。通常来说，裁决的债权人会在债务人财产所在地法院寻求裁决的执行。这是因为国际仲裁大多数是在经双方当事人同意的中立第三国进行，而不会是被告的住所地所在国，那么被告往往不会在仲裁听证会进行地（或仲裁的法定地点）有实际财产，因此裁决的债权人通常不会在仲裁做出地寻求执行管辖权，而会在裁决的债务人住所地或至少其财产所在地寻求法院管辖权申请执行仲裁裁决。

和外国判决的执行一样，外国仲裁裁决也需要当事人在英国法院提起仲裁裁决执行程序。而且当事人既可以选择依据普通法体系对判决提起诉讼，也可以依据《1996年英国仲裁法》第66条规定的更有效率的成文法体系下的仲裁裁决执行体制来申请执行裁决。[3]

此外，在《纽约公约》[4]成员国内确定的更特殊的裁决执行体制，也在《1996年英国仲裁法》第99条至第104条中得以确立。仲裁法的该部分规定使得《纽约公约》中的基本原则得以生效，即在满足特定要求的情况下，成员国之间必须互相承认与执行他国的仲裁裁决。

很显然，有关《纽约公约》成员国做出的裁决在英国范围内的执行程序的规定，也相应地反映了英国仲裁裁决在其他成员国范围内的执行程序。因此仲裁裁决的债权人可以依据此执行机制，在公约的成员国范围内寻求英国仲裁裁决的执行。

到目前为止，已有130多个国家签署了《纽约公约》，因此相比较于欧盟2001年第44号规则在欧盟内部形成的诉讼判决执行体系，该公约形成的国际范围内的裁决承认执行体系更为系统，也更为全面。也正是因为《纽约公约》的广泛签署，使得仲裁裁决在国际范围内的执行变得更为统一，也更具有可预测性，这也是仲裁在国际贸易纠纷解决机制中的一大优势。当然，考虑到仲裁往往是在中立国家举行的事实，以及债权人需要在仲裁做出地点以外的管辖权范围内寻求执行的原因，那么随着贸易的发展，《纽约公约》的产生也是一种必然。

在仲裁裁决的执行程序中（无论是普通法中的，还是成文法中的），英国法院都需要考虑到该裁决是否应当在英国境内得到承认并执行。因此特定情况下，允许裁决的债务人提出有限的抗辩理由（例如仲裁庭缺少管辖权、裁决违反了英国的公共政策或是国家豁免[5]等）。如果债权人胜诉的话，那么原先的仲裁裁决就具有与英国法院判决相同的效力，而且裁决的债权人也可以就与判决相同的方式，对债务人的财产进行强制执行。

外国判决的承认与执行[6]

□ 判决规则

24—002 如果纠纷的主要事项属于民事或商事的范围，并且该判决由欧盟2001年第44号规则成员国法院做出[7]，那么有关判决承认与执行的程序将会按照欧盟规则的规定进行。

欧盟规则的基本理念之一就是实现欧盟成员国内“判决的自由流动”(free movement of judgments)，例如判决在一成员国法院做出，完全可以在另一成员国范围内得到承认与执行，即使该判决的债务人住所地位于第三国。[8]

□ 判决的含义（第32条）

欧盟2001年第44号规则就"判决"一词进行了定义，其中包含了绝大多数的司法命令，例如诉讼费用命令、强制履行令、交付命令及相关禁令等。但是，规则也明确规定，判决内容不包括： 24—003

（ⅰ）在非欧盟规则成员国的范围内执行判决的命令；[9]

（ⅱ）对一事件发展方向的命令；[10]

（ⅲ）在庭审完全结束前做出的命令。如果法院命令是在诉讼程序结束前，依据一方当事人申请而授予的，例如冻结令，那么其不能作为最终判决的一部分并在其他成员国内执行。但是如果该命令是在全部庭审结束之后做出的，那么此命令就构成该判决的一部分，并可以在其他成员国内执行。[11]

□ 判决不予承认的管辖权原因

欧盟2001年第44号规则第35条规定，如果法院判决与该规则内其他规定相冲突，那么此判决不应予以承认。这种情况通常是由于原审法院违反了欧盟规则中对某些特殊合同管辖权的规定，在没有管辖权的情况下，对与下列纠纷有关的案件做出了判决： 24—004

（ⅰ）保险合同（第8条起）；

（ⅱ）消费者合同（第15条起）；

（ⅲ）专属管辖权（第22条）；

（ⅳ）业已存在的否认判决效力的其他公约（第72条）。

被申请承认判决的法院可以就上述事项对原法院的调查结果重新进行审查，但是：

（ⅰ）复审法院不得对原判决的具体内容全部进行审查，只能就原法院的管辖权依据进行审查；[12]

（ⅱ）原法院认定的事实对复审法院仍具有约束力，复审法院不得对案件的事实要件进行重审；[13]

（ⅲ）复审法院不得以执行地国家的"公共政策"为由拒绝适用欧盟规则中列出的管辖权规则。[14]

□ 判决不予承认的实体原因

除了以上欧盟规则第35条列出的可拒绝承认外国判决的管辖权原因之外，在下述情况中，外国判决也有可能遭到拒绝承认： 24—005

(a) 如果判决的内容有违执行地所在国的公共政策。（第34条第1款）

在相关案例[15]的判决中，Donaldson大法官曾经评述道：

"有关公共政策的具体考量不可能被完完全全地定义出来，但是一般会要求该判决明显地表现出一定的违法性，或是该判决的实际执行会对公共利益造成损害。"

至于公共政策的组成等事项，一般由被申请判决承认的法院决定，但是由于欧盟规则第36条规定法院不得对原判决的实际内容进行审查，因此法院可能在认定是否与公共政策相冲突时存在困难。不过在普通法规定下，由欺诈方式获得的判决不应予以承认的判例，实际上可以为法院在判定原判决是否违反公共政策时提供参考。但是，Schlosser 报告[16]中明确了有关判决是否有违公共政策，或是否存在其他违法行为是审理法院进行考量的事项，而该事实本身并不构成当事人拒绝承认判决的理由。此外，法院在实际解释中，对公共政策的理解倾向于采用更为严格的标准，因为对公共政策较为宽泛的解释很可能对欧盟范围内"判决的自由流动"产生不利影响。[17]到目前为止，通常认为公共政策的考量中一般会包括有关欧共体竞争法的一般规则。[18]

(b) 如果是由于被告没有被合理送达传票等类似文书，或是文书送达后未留有适当时间让其安排庭辩事项等原因，造成的被告缺席情况下做出的判决。(第34条第2款)

本条规定旨在防止缺席审判下的判决被错误承认。当然，是否构成文书的合理送达，也是审理法院进行考量的事项。需要注意的是，此处不仅仅要求文书以合理方式送达，还要求留给被告适当时间安排庭辩事项。[19]但是如果被告在接收文书之后有合理时间安排事项的，可是却因为自身原因置之不理而造成缺席审判，那么其不得以此理由对判决的有效性进行抗辩。[20]

(c) 如果外国法院做出的判决，和当事人就同一纠纷在执行地法院得到的判决相矛盾。(第34条第3款)

根据欧盟规则第27条关于未决诉讼的规定，上述情况是很少发生的。但是很显然，如果外国判决认为一方当事人违约，而在被寻求承认和执行地的法院得到的判决却是相反的结论，那么本国一般都不会承认该外国判决。[21]

(d) 如果该外国判决，与之前由成员国法院或非成员国法院就相同当事人之间相同纠纷做出的判决不一致，并且先做出的外国判决符合英国法院关于可承认和执行的外国判决的标准。(第34条第4款)

除此之外，如果当事人已就原判决提出上诉，那么被请求承认和执行的本国法院可以终止其程序。(第36条)

□执　行

24—006 欧盟2001年第44号规则第38条规定，任何一成员国法院做出的并且能够在法院所在国执行的判决，经利益相关方的申请，可以在其他成员国范围内执行。规则第40条还规定，外国判决的执行必须严格按照本国法院规定的程序进行。在联合王国内部，该程序指的就是此外国判决必须在相关法院进行登记。[22]寻求判决承认的一方当事人必须提交该外国判决的副本，以及按照审理法院所在国的法律规定具有可执行性的相关证明文件。[23]

一般而言，外国判决的执行登记都是由判决的债权人一方向高等法院进行申请的，并且该申请人必须提供足够的证据。[24]只要其申请符合法律规定的形式要件，法院可立即做出执行该判决的宣告性裁决。不过判决的债务人可以通过上诉程序提出异议。[25]判决债权人也可以根据欧盟规则第 47 条第 2 款规定立即申请对债务人财产实施保护性措施。一旦债务人准备提起上诉，那么上述措施也可以为债权人提供一定的担保。不过债务人的上诉必须在登记命令的送达之日起一个月内提出。[26]其中上诉的理由必须是前文所述的判决不予以承认的原因之一。如果债务人上诉未能获得胜诉（或者上诉被驳回），那么该外国判决就会以高等法院做出的判决进行强制执行。

□ 普通法体系下的判决执行

依据传统的英国普通法规则，外国法院判决在英国并不能直接得到执行，**24—007**
而必须由当事人根据外国判决书在英国法院重新提起诉讼。但是英国法院既定的观点认为，出于禁止反言的原则，外国法院所受理的诉讼并不会重新展开，或是进行相应的司法审查。[27]因为外国法院已根据国际私法的规定对其享有管辖权的争议做出了判决，如果该诉讼又在另一具有管辖权的法院提起的话，就有可能涉及“禁止反言”的原则。如果先前进行的诉讼和再次提起的诉讼其当事人相同，并且诉因也完全相同[28]，那么在后提起诉讼的法院法官可以认定原先的判决具有终局性[29]，并拒绝重新听审此案。[30]但是，需要特别注意的是，通过欺诈方式获得的判决在英格兰和威尔士境内不得予以执行。[31]总的来说，如果判决的债权人通过普通法体系的规定来申请执行判决，其需要就判决之债提起诉讼，不过根据《民事诉讼规则》第 24 章第 2 条的规定，基于禁止反言原则，被告对原告诉求的抗辩是没有胜诉希望的，因此原告可以申请进行简易判决程序。和简单的登记程序相比，普通法规定下，原告需要就合同之债提起诉讼以及适用禁止反言原则，同时其还需要承担证明适用禁止反言原则的举证责任（例如诉讼的同一性、诉讼请求的一致性以及判决的终局性等），与此同时，被告还是有机会抗辩称禁止反言原则并不适用（例如原判决是通过欺诈获得的，或适用此原则会导致不公平的情况发生等）。[32]基于以上所有的原因，如果登记执行的方式是可行的，当事人都会倾向于选择登记执行的方式，而不是普通法体系下的诉讼程序申请执行。不过在没有双边互惠的判决承认与执行的机制下，外国判决的执行只能通过英国法院的诉讼程序进行。

□ 成文法体系下的判决执行

有关执行外国判决的成文法主要包括两个，即《1920 年司法行政令》第Ⅱ **24—008**
编和《1933 年外国判决互惠执行法令》。[33]在《1920 年司法行政令》下，由于英联邦国家与联合王国建立了相应的互惠基础，因此在英联邦国家内做出的金钱性判决都可以在大不列颠王国内进行登记执行程序。《1933 年外国判决互惠执行法令》也同样是基于类似的互惠双边协议，有关金钱给付的判决同样可以在联合王国内直接执行。另外，在《1920 年司法行政令》的规定下，在相关国家和地区[34]获得的判决必须在其做出之日起 12 个月之内进行登记（不过法院拥有的自由裁量权可适当延长），在《1933 年外国判决互惠执行法令》中也有类似规定。

□ 执行的条件

24－009 不论是英国普通法的规定，还是上述《1920 年司法行政令》和《1933 年外国判决互惠执行法令》等成文法的规定，有关判决执行的条件都是类似的，例如案件的审理法院对判决的债务人具有管辖权，判决的内容必须是固定金额的给付，判决是最终及不可推翻的，并且判决内容不涉及刑事制裁及税收处罚等。此外，判决的债务人对判决执行的抗辩理由包括：该判决系通过欺诈等方式获得，判决内容有违公共政策或是自然正义。

管辖权

24－010 在英国法院申请执行的判决必须是原审理法院在对被告拥有管辖权的基础上做出的。此要求可以通过以下方式满足：被告必须在该外国法院的管辖区内出现。事实上只需要被告的出现，而不是住所地即可确定该国法院的管辖权。[35]法人团体的出现可以界定为其在审理法院的管辖区内有固定的经营场所或是代表处等。

通常情况下，如果该外国法院的判决是在一方当事人违反仲裁协议，而将纠纷提交诉讼的情况下做出的，或是在一方当事人违反了专属管辖权条款，而将纠纷提交该外国法院的情况下做出的，那么英国法院可以拒绝执行该判决。[36]

不过，如果被告表示接受该外国法院的管辖权，例如参加诉讼程序等，都视为该外国法院就被告享有管辖权。被告参加诉讼程序的行为具体包括提出反诉，或是就原告的诉求提出抗辩等。但是，如果被告出庭只是为了抗辩法院的管辖权，则不能视其接受该国法院的管辖。[37]此外，被告是否服从审理法院的管辖权也可通过协议确认，例如合同中包含的确认审理法院具有管辖权的条款。如果被告没有出庭诉讼或没有明示协定提交管辖，则不能认为他们同意接受法院的管辖。[38]

确定金额的金钱给付

24－011 可执行的判决必须是确定数额的金钱给付，因此类似于实际交付货物的命令一般是不可以强制执行的。

最终及决定性

24－012 该外国判决对当事人之间纠纷的是非认定必须是最终及不可推翻的。法院不得对其重新开审，因此那些有瑕疵的判决或是某些形式的简易判决就不足以满足上述要求，对事实的认定就不具有终局效力。[39]而且，就上述原因[40]提出的上诉做出的判决才具有终局效力。英国法院认为，只有具有管辖权的外国法院最终解决了当事人之间的纠纷，其所作的判决才是不可推翻的。[41]

刑事制裁和税收处罚

外国法院依据公法做出的刑事制裁和税收处罚等，在英格兰和威尔士境内都不得予以执行。通常情况下，拒绝执行此类判决并不会出现问题，除非有关处罚以罚款或赔偿金的形式出现，或是表面上看如此。那么后面这种情况下，被寻求执行的法院应将其注意力转到该金钱给付的最终接收人是谁，如果该给付的最终接收人是政府，那么英国法院就会拒绝执行该判决。[42] **24—013**

惩罚性损害赔偿

一般来说，有关赔偿金给付的判决在英国是可执行的，即使赔偿金数额可能会超过实际损失的大小。不过如果是以数倍于损失的金额进行惩罚性赔偿，法官可能会认定其不可执行。如果在外国判决中，部分给付涉及实际损害的补偿性赔偿，但是另一部分是数倍于补偿性赔偿的惩罚性赔偿，那么此时英国法官会对该判决区分对待，认为只有补偿性赔偿才可执行，而惩罚性赔偿不应予以执行。[43] **24—014**

《关于选择法庭协议的海牙公约》

如同先前在本书第 22 章中所讨论的那样，如果《关于选择法庭协议的海牙公约》（海牙国际私法会议第二十次大会经会员国代表在海牙和平宫通过并签署）能得到广泛的签署，那么有关判决执行的国际体系将会发生巨大的改变。在双方当事人协议管辖的情况下，《关于选择法庭协议的海牙公约》的适用将大大有利于司法判决的自由流动，就如同《纽约公约》体系下国际仲裁裁决的执行一样方便（本章稍后讨论）。 **24—015**

□抗　辩

综上所述，以下几项内容均可作为对寻求承认及执行的外国判决的抗辩： **24—016**

欺诈[44]

基于一方当事人不得从其不道德行为中获益的基本理念，英国法院根据被告以欺诈之由提出的抗辩，可以就外国法院的判决重新开审此案。但是法院基于此原因对案件进行的重审必须是被动展开的，以检查是否存在欺诈行为为目的。通常来说，该欺诈行为是通过故意提供错误的文件或是提供伪证人向法院做出的，而且原法院做出判决时直接依据了此部分内容。在这种情况下，毫无疑问英国法院需要重新开审此案。但是如果是判决的债务人向法院进行了欺诈，那么由于无法认定受审法院是否充分考虑了这部分内容，英国法院在判断该判决的可执行性时就会产生一定的困难。因此这种情况下，英国法院仍然很有可能重新开审此案，并再次进行听证，尽管最后判决的结果可能证明该程序没有太大意义。[45] **24—017**

判决的承认有违公共政策[46]

如前所述，对公共政策的认定属于被寻求执行法院的基本事项。基本来 **24—018**

说，公共政策会与当时公平公正的基本原则一致。如果该外国判决有违当地基本的道德正义的准则，那么英国法院可以拒绝承认该判决。

判决的承认有违自然正义

24—019 有关自然正义的抗辩理由，和上述公共政策一样，也属于被寻求执行法院应予以认定的事项。有违自然正义的情形通常包括在外国诉讼程序中，相关文件没有送达被告，或是没有合理送达的情况。被告也可以就判决内容违背实质公平提出抗辩。在相关案例[47]中，原外国法院在没有考量证据的情况下，就判决被告向原告赔偿损失，因此，英国法院会认为该外国法院在没有权衡证据，甚至没有听证的情况下就做出该判决，有违普通法中实质公平的原则。因此如果判决的债务人意识到原诉讼程序存在上述有违实质公平的事项，并且在原诉讼法院试图纠正但遭到拒绝后再提起上诉，那么上诉法院的判决结果最终很有可能与原判决不同。[48]

□ 登　记[49]

24—020 判决的债权人可以在外国法院判决做出之日起，或是上诉法院做出判决之日起 6 年内单方面申请登记。[50]有关登记的通知也会随后送达给该判决的债务人，以便其及时申请撤销该登记。经登记的外国判决，与英国高等法院做出的判决具有同等的效力，除了在可提出撤销登记的期限内，或是法院认定有关撤销登记的申请无效之前，该判决暂时不可强制执行。

□ 欧洲法院的判决

24—021 根据《1972 年欧共体法案》（SI 1972/1950）中有关欧共体内部判决执行的规定，欧洲法院的判决和命令在英国境内直接生效。只要其在高等法院进行过登记即可直接执行，但是之前必须附上国务大臣的执行令。

仲裁裁决的执行

□ 英格兰及威尔士境内做出的裁决

24—022 通常情况下，在英格兰及威尔士境内做出的仲裁裁决都可交由英国法院进行执行。裁决的债权人可以在《1996 年英国仲裁法》第 66 条规定的两种方式中任选其一，向法院申请强制执行裁决[51]：

（ⅰ）经法院准许，可按法院做出的具有同样效果的判决或命令的执行方式予以强制执行；

（ⅱ）经准许，法院可按仲裁裁决做出判决，再予以执行。

有关仲裁裁决执行的申请细则在《民事诉讼规则》第 62 章第 18 条中得以

规定；裁决债权人的申请必须附具其仲裁协议的副本、仲裁裁决以及有关裁决仍未履行的相应证据。如果在此时点上，裁决的债务人能够提出有关裁决不应履行的证据，那么该裁决的执行应暂时中止。

《1996 年英国仲裁法》就裁决不应履行的原因做出了有限的列举，其中最为重要就是仲裁法第 66 条第 3 款中规定的仲裁庭不具有实体管辖权的情形。如被寻求强制执行的当事人证明仲裁庭无做出裁决的实体管辖权，那么法院不应准许执行该裁决。

有关管辖权的异议必须按照《1996 年英国仲裁法》第 70 条和第 73 条规定的合理形式、合理时间内提出。如果当事人未按照上述仲裁法的规定提出异议，那么很有可能就会永久丧失提出异议的权利。另外，第 73 条第 2 款还规定，如仲裁庭做出其有实体管辖权的裁定，而有权对此裁定提出质疑的一方当事人未提出，或未在仲裁协议约定或本编规定的合理期限内提出，那么在裁定的执行期内，该当事人就不得以仲裁庭无实体管辖权为由拒绝执行该裁决。

除上述规定之外，仲裁裁定在某些其他特定环境下也不能予以执行，例如仲裁裁决本身无效[52]，或者裁决与法院的判决相抵触[53]，抑或是有关裁决执行的诉讼时效已届满。[54]

□《纽约公约》成员国内做出的裁决

《1996 年英国仲裁法》第 100 条至第 104 条中有关仲裁裁决执行的规定使 **24—023**
得《1958 年纽约承认及执行外国仲裁裁决公约》（即《纽约公约》）的相应条款在英国境内开始生效。根据《纽约公约》下的互惠机制，成员国所作的仲裁裁决均可以在其他成员国内得到承认和执行。尽管公约只是针对成员国范围内做出的裁决，而不是全部的国际仲裁裁决，但是由于已经有 130 多个国家签署生效了该条约，那么实际中上述差别已经没有那么明显了，因此大部分的国际仲裁裁决，根据《纽约公约》的规定，即《1996 年英国仲裁法》第 101 条第 2 款的规定，均可在英国境内得到承认和执行：

> “任何《纽约公约》范围内的裁决经法院准许，可依执行具有相同效果的法院判决或命令的方式予以执行。”

同样，《1996 年英国仲裁法》第 100 条第 3 款就“《纽约公约》的范围”进行了列举，并且以枢密院训令的方式确认了《纽约公约》的成员国范围。同时要求必须以训令的内容作为确认某国家是否为成员国的最终证据。

有关执行《纽约公约》范围内裁决的申请程序在《民事诉讼规则》第 62 章及诉讼指引中都得到了详尽的规定。任何寻求承认或执行《纽约公约》裁决的当事人，应提交经适当证明的裁决书正本或经适当证明的裁决书副本，以及仲裁协议原件或经适当证明的仲裁协议副本。[55]法院也可以依据单方申请（ex parte）做出命令，即承认该裁决是必须执行的，但是允许裁决的债务人在一定时间内就债务履行进行准备，只有在规定时间届满后，才可进行强制执行。根据《民事诉讼规则》规定，该命令的域外送达可不经过法院许可。[56]

□ 拒绝执行之理由

24—024 《1996年英国仲裁法》第103条第2款基本上引入了《纽约公约》规定的可拒绝承认和执行裁决的全部理由。如果裁决的债务人在收到法院的强制执行命令时，仍认为该裁决实际不应执行，其可以就以下理由提出抗辩。不过，需要注意的是该仲裁法第103条中“如被寻求承认或执行裁决的一方当事人，其能证明以下情况，则裁决可能被拒绝”中的“可能被拒绝”的措辞，这意味着一旦当事人举证完毕，该英国法院仍然拥有自由裁量权决定是否予以执行。当然尽管字面上可以这样理解，但是实际上法官的自由裁量权也是有限的，如果当事人成功举证该裁决具有瑕疵，那么法院仍决定执行此裁决的情况还是很罕见的。[57]另外，根据《纽约公约》利于裁决执行的目的，有关证明应拒绝执行裁决的责任由原裁决债务人承担。[58]

可以拒绝承认和执行仲裁裁决的原因如下：

(a) 仲裁协议的一方当事人（根据适用于他的法律）无行为能力；可能发生的情况包括该方当事人是未成年人或不完全行为能力人，或者其他法律规定不允许订立仲裁协议的当事人。（《1996年英国仲裁法》第103条第2款a项）

(b) 据当事人选择适用于仲裁协议的法律，或未指明适用的法律时根据裁决做出地国家的法律规定，仲裁协议是无效的。此处可能涉及是否存在仲裁协议的纠纷。[59]（《1996年英国仲裁法》第103条第2款b项）

(c) 被寻求承认或执行裁决的一方当事人，未得到委任仲裁员或进行仲裁程序的适当通知，或因他故不能陈述案件。此处就关系到仲裁程序的合理性及公正性的基本要求，如果违背了此条基本要求，那么法院有权拒绝承认及执行该仲裁裁决。[60]（《1996年英国仲裁法》第103条第2款c项）

(d) 裁决解决的纠纷并非当事人协商一致而提交仲裁的争议，也不属于仲裁协议中所包含的提交仲裁的争议，或仲裁裁定的部分内容超出了提交仲裁的事项范围；如果最终裁决中包含了超出提交范围的决定事项，那么此部分决定可以从裁决中删除，剩余部分仍然有效。（《1996年英国仲裁法》第103条第2款d项）

(e) 仲裁庭组成或仲裁程序未依当事人的约定，或无约定时未依仲裁进行地国家的法律进行。这也是仲裁程序合理性的一个要求，不过基于此理由而进行抗辩的裁决的债务人，必须证明这项理由构成了对仲裁协议的实质性违约，从而导致该裁决不可执行。[61]不过如果由于被告丧失了对程序性瑕疵提出异议的权利的话，其也不能在诉讼中以此理由进行抗辩。[62]（《1996年英国仲裁法》第103条第2款e项）

(f) 仲裁裁决尚未对当事人产生约束力，或已被裁决做出国或裁决所依据法律的国家中的有权机构撤销或中止。假如仲裁裁决已在做出地被撤销，那么通常情况下英国法院都会以此为由拒绝执行该裁决。但是如果裁决做出地法院不是根据《纽约公约》的规定，而是按照国内法中对国内仲裁裁决的不同规定而撤销该裁决，那么问题就出现了。因为做出地所在国有关仲裁裁决的法律规定很有可能与执行地所在国有很大的差异（例如公共政策的不同等）。所以在这种情况下，尽管仲裁裁决在其做出地被撤销，但很多《纽约公约》的成员国法院仍然会判决继续执行该裁决。除此之外，裁决在做出地被撤销是英国法院拒绝执行该裁决的最有力的理由。[63]

此处“裁决做出国或裁决所依据法律的国家”，只包括仲裁的法定地点以及有关仲裁的程序法或称为仲裁法（lex arbitrii），而不包括解决实体纠纷所使用的法律。（《1996 年英国仲裁法》第 103 条第 2 款 f 项）

此外，《1996 年英国仲裁法》第 103 条第 3 款还规定，如裁决涉及事项是不可以通过仲裁解决的，或者承认或执行该裁决违反公共政策的，则法院也可以拒绝承认或执行该裁决。在 *Westacre Investment Inc v Jugoimport SDPR Holding Co Ltd* 一案[64]中，法官重新整理了有关拒绝执行仲裁裁决的原因，其中就包括仲裁员忽略了基础交易的非法性，或错误认定其不存在非法性。那么这个判例的内容也就对上述有关不应予以执行的裁决的范围进行了补充，以保证最大化地实现基本道德和公平的准则。因此，任何违背欧盟条约义务的以及违反欧盟竞争法规定的裁决，都不应予以承认和执行。[65]此外，有关纠纷可裁决性以及公共政策的法律所针对的都是仲裁执行地所在国的相关法律。[66]

□ 其他外国裁决

就《纽约公约》成员国范围之外的其他外国裁决的承认与执行而言，《1996 年英国仲裁法》第 99 条规定，这些裁决可准据《1927 年关于执行外国仲裁裁决的日内瓦公约》进行承认与执行。不过由于此公约下的仲裁裁决数量极少，因此这里也就不再进行深入探讨。[67] **24—025**

□ 普通法规定

仲裁协议往往被认为隐含着双方必须执行依此协议产生的仲裁裁决的含义[68]，因此按照普通法的规定，裁决的债权人可以以裁决内容形成的合同之债向另一方当事人提起诉讼，其中既包括国内仲裁也包括国际仲裁。[69] **24—026**

为了在此类诉讼中胜诉，原裁决的债权人需要举证证明：

（ⅰ）仲裁协议；
（ⅱ）该纠纷属于仲裁协议内可提交仲裁的部分；
（ⅲ）仲裁庭的管辖权；
（ⅳ）仲裁裁决；
（ⅴ）仲裁裁决的有效性；
（ⅵ）仲裁裁决内容未得到实际履行。[70]

根据以上内容我们可以看出，普通法的规定要比成文法以及《纽约公约》

的规定复杂得多，因此实践中准据普通法提出诉讼的情况很少见。唯一一种适用的情况就是双方当事人订立的是口头仲裁协议，那么在这种情况下，《1996年英国仲裁法》的规定就不再适用。[71]

最后一点，当仲裁裁决做出时，如果根据裁决做出地的现行法律，该裁决经登记批准即可成为法院做出的判决，或者是经法院认定该裁决具有与判决相同效力的话，那么只要该法院所在国属于《1920年司法行政令》或《1933年外国判决互惠执行法令》规定范围内的对象国，一般情况下该外国仲裁裁决可根据上述法令的规定在英国境内得到执行。[72]

注释

［1］有关欧盟2001年第44号规则和其他公约的适用范围可参考本书第22章。

［2］《1920年司法行政令》(the Administration of Justice Act 1920) 在联邦国家内构建了一个判决执行的双边机制，按照规定进行登记的外国判决具有同英国法院判决相等的效力。与此相似的是，《1933年外国判决互惠执行法令》(the Foreign Judgments (Reciprocal Enforcement) Act 1933) 提供了一个基于互惠关系的外国判决执行机制，基于此关系的登记程序完成可赋予外国判决与英国法院判决同等的效力。

［3］《1996年英国仲裁法》第66条规定，无论当事人的国籍或是贸易的性质，只要仲裁的法定地点位于英格兰及威尔士境内，其裁决均可进行强制执行。因此本条规定一般与国际贸易纠纷密切相关。

［4］即《1958年纽约承认及执行外国仲裁裁决公约》(简称《纽约公约》)。

［5］有关国家豁免的理由一直存在争议，有观点就在质疑为什么英国法院对针对主权国家的仲裁裁决的承认和执行没有管辖权。参见 *Svenska v Government of the Republic of Lithuania* ［2006］1 Lloyd's Rep. 2 (2007) 2 W. L. R. 876 (C/A)。

［6］参见 Dicey, Morris & Collins, *Conflict of Laws* (14th edn, 2006), Rules 34－52。

［7］有关欧盟2001年第44号规则的具体内容请参见本书第22章。包含类似条款的《布鲁塞尔公约》和《洛迦诺公约》此处同样适用。欧盟规则第1条规定："本规则只适用于民商事案件"。

［8］参见欧盟2001年第44号规则序言。另有关判决的承认执行的具体内容可参见欧盟2001年第44号规则第3章(第32条至第52条)。

［9］参见 *Owens Bank v Bracco* ［1994］Q. B. 509 (适用了《布鲁塞尔公约》中类似的定义条款)。按照此规定，由于澳大利亚不是欧盟规则成员国，因此判决的债权人不能在英国法院就其在澳大利亚获得的判决进行登记，然后根据欧盟规则的规定自动被法国法院承认。该判决仍然只是澳大利亚法院做出的判决。

［10］《1982年民事管辖权和判决法》第25条。

［11］参考欧盟规则第31条规定的中间命令的种类。另参见 Case 125//79 *Denilauer v Snc Couchet Freres* ［1980］E. C. R. 1553。

［12］欧盟2001年第44号规则第36条。

［13］欧盟2001年第44号规则第35条第2款。

［14］欧盟2001年第44号规则第35条第3款。

［15］参见 *Deutsche Schachtbau-und Tiefbohrgesellschaft mbh v Ras al Khaimah National Oil Co* 及 *Shell International Petroleum Co Ltd v Rakoil* ［1987］2 Lloyd's Rep. 246。

［16］参见 Schlosser Report, para. 192. ［1979］O. J. C59/128。

［17］参见 *Interdesco v Nullifire* ［1992］1 Lloyd's Rep. 180。

［18］参见 Case C-126/97 *Eco Swiss China Time Ltd v Benetton International NV*［1999］C. L. R. 183。

［19］参见 Case 305/88 *Isabelle Lancray v Peters & Sickert*［1990］E. C. R. I-2725 及 Case C-123/91 *Minalmet GmbH v Brandeis*［1992］E. C. R. I-5661。另参见 *Noirhommer v Walklate*［1992］1 Lloyd's Rep. 427 及 C-78/95 *Hendrikman v Magenta Druck & Verlag GmbH*［1997］2 W. L. R. 349。

［20］因为考虑到被告处于审理法院的程序期限内，参见 *Minalmet GmbH v Brandeis*［1992］E. C. R. I-5661。

［21］欧盟 2001 年第 44 号规则第 27 条第 3 款。另参见 Case 144/86 *Gubisch Maschinenfabrik KG v Giulio Palumbo*［1987］E. C. R. 4861 及 *Hoffman v Krieg*［1998］E. C. R. 645。

［22］欧盟 2001 年第 44 号规则第 38 条第 2 款，例如英格兰、苏格兰以及北爱尔兰的法院。

［23］欧盟 2001 年第 44 号规则第 53 条。

［24］有关执行的内容可参见《民事诉讼规则》第 74 章。

［25］欧盟 2001 年第 44 号规则第 42 条和第 53 条。

［26］欧盟 2001 年第 44 号规则第 43 条第 5 款。

［27］有关禁止反言的具体内容，可以参考 Barnett Res Judicata，Estoppel and Foreign Judgments，(2001) *Charm Maritime Inc v Minas Xenophon Kyriahu*［1987］1 Lloyd's Rep. 433 at 440－441；*Carl Zeiss Stiftung v Rayner & Keeler Ltd*（*No. 2*）［1967］1 A. C. 853；*The Sennar*（*No. 2*）［1985］1 W. L. R. 490；*The Speedlink Vanguard v European Gateway*［1986］2 Lloyd's Rep. 265 at 269；*Republic of India v India Steamship Co Ltd*［1993］A. C. 410；*The Irini A*（*No. 2*）［1999］Lloyd's Rep. 189 at 193，*per* Tuckey J。

［28］参见 *Desert Sun Loan Corporation v Hill*［1996］2 All E. R. 847。

［29］有关判决的终局效力即意味着审理法院不得重新开审此案，参见 *Nouvion v Freeman*（1890）L. R. 15 App. Cas. 1。事实上在案件的上诉过程中，禁止反言的原则经常会被打破。

［30］参见 *Adams v Cape Industries Plc*［1990］Ch. 433 及 *House of Spring Gardens v Waite*［1999］1 Q. B. 241。

［31］参见 *Jet Holdings Inc v Patel*［1990］1 Q. B. 335，详细内容可参考第 24－017 段。

［32］英国法院在审理相关案件时，也会谨慎适用禁止反言的原则，参见 *Good Challenger Navegante SA v Metalexportimport SA*［2004］1 Lloyd's Rep. 67。一般也认为该原则只在公平情况下适用，而不会在不公平的情况下适用，参见 *Carl Zeiss Stiftung v Rayner & Keeler Ltd*（*No. 2*）［1967］1 A. C. 853。

［33］后经《1982 年民事管辖权和判决法》修订。

［34］《1920 年司法行政令》包括的英联邦成员有：澳大利亚，马拉维，百慕大，斯里兰卡，新西兰，马耳他，纽芬兰，牙买加，特立尼达，加纳，尼日利亚，肯尼亚，坦桑尼亚，乌干达，津巴布韦，博茨瓦纳，马来西亚，新加坡，中国香港，塞浦路斯，直布罗陀以及福克兰群岛。

［35］参见 *Adams v Cape Industries Plc*［1990］Ch. 433。

［36］《1982 年民事管辖权和判决法》第 32 条第 1 款规定，如果被告参与了原外国法院的诉讼程序，并表示接受其管辖权，那么这种情况下外国法院做出的判决是可执行的。

［37］参见 *Williams & Glynn's Bank v Astro Dinamico*［1984］1 W. L. R. 438。另参见 *The Eastern Trader*［1996］2 Lloyd's Rep. 585 at 600，602；*Akai Pty Ltd v People's Insurance Co Ltd*［1998］1 Lloyd's Rep. 90 at 97，98。

［38］澳大利亚法院认为仅仅凭借双方当事人协议约定合同的准据法为英国法不能证明英国法院具有管辖权，参见 *Dunbee v Gilman & Co*（*Australia*）［1968］2 Lloyd's Rep. 394 一案，该案中澳大利亚法院在被告未出庭参加外国诉讼的情况下，拒绝执行该外国判决。

[39] 参见 *Nouvion v Freeman* (1889) 15 A. C. 1。

[40] 有关上诉的效果可参见《1920 年司法行政令》第 9 条第 2 款，及《1933 年外国判决互惠执行法令》第 5 条第 1 款。

[41] 换句话说，只有外国判决在满足上述条件的情况下，才适用禁止反言原则，见第 24—005 段。在 *Black-Clawson International Ltd v Papier-werke Waldhof-Aschaffenburg AG* [1975] A. C. 591 at 616 一案中，英国法院认为，原德国法院以诉讼时效届满为由拒绝了一家英国公司对德国被告的诉求的判决，就不是具有决定性的、不可推翻的。但是相关不同规定可参见《1984 年外国时效法》(the Foreign Limitation Periods Act 1984) 及本书第 21—019 段的内容。

[42] 参见 *SA Constortium General Textiles v Sun & Sand Agencies Ltd* [1978] Q. B. 279。

[43] 参见 *Lewis v Elides* [2004] 1 All E. R. 1196。

[44]《1920 年司法行政令》第 9 条第 2 款 a 项，《1933 年外国判决互惠执行法令》第 4 条第 1 款 a 项 iv 列。另参见 *Tuvyahu v Yoel Singh*。

[45] 参见 *Owens Bank v Etoile Commerciale* [1995] 1 W. L. R. 44 及 *Owens Bank v Bracco* [1992] 2 A. C. 443；[1992] C. L. J. 441。

[46]《1920 年司法行政令》第 9 条第 2 款 f 项，《1933 年外国判决互惠执行法令》第 4 条第 1 款 a 项 v 列。另参见 *ED & F Man (Sugar) Ltd v Haryanto Yani (No. 2)* [1991] 1 Lloyd's Rep. 161。

[47] 参见 *Adams v Cape Industries Plc* [1990] Ch. 433。

[48] 有关送达程序，可参见 J. G. Collier "Fraud Still Unravels Foreign Judgments"，Chap. 22。另参见《1920 年司法行政令》第 9 条第 2 款 c 项，《1933 年外国判决互惠执行法令》第 4 条第 1 款 a 项 iii 列。

[49]《民事诉讼规则》第 74 章就登记和执行的程序做出了规定。有关取消登记的申请的规定在规则第 74 章第 7 条以及规则第 74 章诉讼指引中列出。

[50]《1980 年诉讼时效法》第 24 条。

[51]《1996 年英国仲裁法》规定的程序也同样适用于外国仲裁（见该仲裁法第 2 条第 2 款 b 项。但是实际上大部分《纽约公约》的成员国范围内做出的仲裁裁决都会按照《纽约公约》的规定，也就是该仲裁法中第 99 条至第 104 条规定的程序执行，而且在《纽约公约》中拒绝执行裁决的原因要比此项一般规则更窄，所以很少有外国裁决会适用第 66 条的规定）。

[52] 裁决无效的原因可能有很多，例如仲裁程序瑕疵或是裁决内容有违公共政策。但一般推定仲裁裁决是有效的，参见 *Middlemiss v Hartlepool Corp* [1973] 1 All E. R. 172。

[53] 参见 *Carl Zeiss Stiftung v Rayner and Keller Ltd (No. 2)* [1967] 1 A. C. 853。

[54] 参见 *Good Challenger Navegante v Metalexportimport* [2004] 1 Lloyd's Rep. 67。该案中，英国法院认为有关诉讼执行的案件并未过诉讼时效，因此决定不予采纳罗马尼亚法院的调查结果。

[55]《1996 年英国仲裁法》第 102 条。另参见 *Yukos Oil Co v Dardana Ltd* [2002] 2 Lloyd's Rep. 326。

[56]《民事诉讼规则》第 62 章第 18 条第 8 款。

[57] 参见 *Yukos Oil Co v Dardana Ltd* [2002] 2 Lloyd's Rep. 326。

[58] 参见 *Rosseel NV v Oriental Commercial Shipping Ltd* [1991] 2 Lloyd's Rep. 625。

[59] 参见 *Yukos Oil Co v Dardana Ltd* [2002] 2 Lloyd's Rep. 326，此案中，上诉法院认为裁决的债权人唯一的义务就是证明存在与成文法规定一致的仲裁协议及仲裁裁决。

[60] 参见 *Minmetals Germany GmbH v Ferco Steel Ltd* [1999] 1 All E. R. 315。

[61] 参见 *Tongyuan (YSA) International Trading Group v Uni-Clan Ltd* Yearbook of Commercial Arbitration (2001) 886 - 892。

[62] 大部分的机构仲裁规则中都有类似的规则。参见《国际商会仲裁规则》第 33 条。

[63] 就裁决的债务人申请撤销裁决的案例可参见 *Soleh Boneh International v Government of Uganda* [1993] 2 Lloyd's Rep. 208 及 *IPCO v NNPC* [2005] 2 Lloyd's Rep. 326。

[64] 参见 *Westacre Investment Inc v Jugoimport SDPR Holding Co Ltd* [1998] 2 Lloyd's Rep. 111 及 Colman 法官在此案上诉过程中的判决，参见 [1999] 2 Lloyd's Rep. 65。另参见 *Soleimany v Soleimany* [1998] 3 W. L. R. 811 及 *J Harris v F Meisel* [1998] L. M. C. L. Q. 568。

[65] 有关公共政策的内容可参见第 24—005 段，另参见 *Eco Swiss China Time Ltd v Benetton International NV*。

[66] 参见 Redfern & Hunter, *The Law and Practice of International Commercial Arbitration* (4th edn, 2004) at paras 3-20—3-25。

[67] 可能此部分规定只涉及两个国家，在《1950 年英国仲裁法》第二编第 36 条第 1 款中得以保留。

[68] 参见 *FJ Bloemen Pty Ltd v Gold Coast City Council* [1973] A. C. 115。

[69] 参见 *Dalmia Cement v National Bank of Pakistan* [1975] Q. B. 9。

[70] 参见 *Christopher Brown Ltd v Genossenschaft Osterrichischer Waldbesitzer* [1953] 2 Lloyd's Rep. 373 及 *Delta Civil Engineering v London Docklands* [1997] 81 B. L. R. 19。

[71] 按照《1996 年英国仲裁法》第 5 条规定，实际中有关仲裁协议书面性的要求是很宽泛的，而且口头仲裁协议的情况很少发生。

[72]《1920 年司法行政令》第 9 条第 3 款 a 项及第 5 条；《1933 年外国判决互惠执行法令》第 10A 条。

“十一五”国家重点图书出版规划项目

·经／济／科／学／译／丛·

Schmitthoff's Export Trade
The Law and Practice of International Trade
(Eleventh Edition)

施米托夫论出口贸易
国际贸易法律与实务 下册

（第11版）

克利夫·M·施米托夫（Clive M. Schmitthoff）
卡罗尔·默里（Carole Murray）
戴维·霍洛韦（David Holloway）
达朗·蒂姆森-亨特（Daren Timson-Hunt）
著

冷柏军 主译

中国人民大学出版社
·北京·

《经济科学译丛》编辑委员会

目　录

第六部分

工程建设与长期合同

第 25 章 国外工程建设以及设备安装

25—001 国外工程建筑承包合同具有典型的特征。这种国际合同的当事人，一方往往是某个国外政府机关或国营公司，称为业主（employer），另一方是在另一个国家注册成立的公司或者几家联合的公司，称为承包商（contractor）。业主往往是，但也不一定是发展中国家的一个组织，承包商则一般是在发达国家注册成立的。从法律角度看，这种类型的合同是承包工程、供应货物、提供服务或兼而有之的合同。从经济角度看，它是一个国家向另一个国家转让技术的合同，例如，承包商在业主国家修建医院、工厂、机场或输油管道，或承担整个港口或城市的修建。这类合同可以是交钥匙合同（turnkey contract），即承包商承担交付能够立即投入使用的工厂装备的义务；也可以是分阶段交付合同，每个阶段必须由业主验收。

国际采购合同的另一个特征是，一般需要动用巨额资金。通常来说，业主，尤其是发展中国家的机构，没有能力或者不愿意使用自己的资金，因此需要国际官方金融机构的融资，例如国际复兴开发银行（IBRD)、国际开发协会(IDA)、设在华盛顿的世界银行、欧洲投资银行（EIB)、欧洲再建设和发展银行（EBRD)、欧共体等。尽管这些金融机构通常不愿意命令贷款人，即业主必须订立哪些合同条款，一些机构却制定了一些准则（guidelines)，希望国际采购合同的当事人遵守。

近几年来，合同条款中采纳了一种更为惯用的方法：1995年世界银行出版了《工程采购标准招标文件》（Standard Bidding Documents for the Procurement of Works)，多年来与其他机构共同修订该文件，并于2006年5月出版了其最新的协调版本《工程采购的主导采购文件与用户指南》（Master Procurement Document for the Procurement of Works & Users Guide)。[1]该文件，也称《多边开发银行协调版》(MDB Harmonized Edition)，用于部分或全部由参与银行融资的工程项目。参与银行包括国际复兴开发银行（IBRD)、泛美开发银行（IADB)、欧洲再建设和发展银行（EBRD)、非洲开发银行（African Development Bank）和伊斯兰发展银行（Islamic Bank for Development)。协调版本包括了建立在国际咨询工程师联合会的《由业主设计的房屋和工程施工合同条件》（Conditions of Contract for Construction for Building and Engineering Works Designed by the Employer）基础上的合同条件——见下。

这类交易动用的资金数额庞大的另一方面的表现是，使用各种各样的合同担保，例如投标担保、履约担保或付款担保等，这些担保已经引起国际商会的重视，并在其出版的《合同担保统一规则》(*Uniform Rules for Contract Guarantees*)[2]中予以论述。另外，世界银行的《主导采购文件》（Master Procurement Document）中包含了一些指导和担保格式。

国际采购合同的第三个特征是，其履行往往延续一段相当长的时间。在这段时期内，经济局势可能会发生变化。因此，这类合同除了通常的货币条款和不可抗力条款外，习惯上还要列入诸如价格调整条款，以减少长期合同本身固有的经济风险。

近些年来，政府业主与外国承包商之间相对简单的协议方式已经发生了转变，变为公共部门与私营企业之间更为复杂的伙伴关系结构。通常，这会涉及向国际银行机构进行非资源性贷款的融资。这种协议常包含一项建设—拥有—经营（Build Own Operate，BOO)、建设—经营—转让（Build Operate Transfer，BOT）或建设—拥有—经营—转让（Build Own Operate and Transfer，BOOT）方案，举例来说，政府授权一家由私营厂商组成的联营企业一项长达25年的特许权（concession)，允许其建设并经营一个新的基础设施项目，例如高速公路、机场等。该联营企业为项目进行融资，并在特许期限内获得超额收益。在这一项目方案中，双方签订的建筑合同很明显是一项主导的重要因素。

在英国，这种采购方式被认为是私人主动融资（Private Finance Initiative，PFI）模式，或是公共部门与私人企业合作（Public Private Partnership，PPP）模式。政府在1992年将其引入英国。尽管早在1987年，第一个这种类型的项目——达特福德（Dartford）泰晤士河口的大桥（Thames Estuary）实际上就已经采用了这种方式。从那之后，就开始被更多地用于范围更广的项目——医院、学校、高速公路、海滩维护以及其他项目。该方式的关键吸引力在于，它为政府或公共部门提供了一种不需要计算基建费用就可以开发新的基础设施项目的方法：特许公司通常是一家包括了建筑公司和服务提供商的合资公司，它为项目融资，一旦建筑工程完工且项目可以投入使用，政府就会在项目25～30年的特许期内，通过每月向私营企业支付固定数额的费用予以偿付。

每一项私人主动融资（PFI）方案在授予私营企业前必须对它的现金交易价格（value for money）这一指标进行判定。但是，值得探讨的是，是否所有的私人主动融资方案最终都具有优良价值（good value）。私营企业为项目融资的费用通常比政府融资成本更高，同时私营企业希望从投资中获得回报，可以认为，私营企业全部的费用会高于政府融资。但反过来说，私人主动融资方案也存在众多的优点：私营企业承担了建筑费用、超时（time overruns）和项目绩效等相关的风险。私人主动融资方案鼓励创新及更好地利用资源，并要求出具一份产出的明细单。私人主动融资模型是由英国建立的，并在欧洲、中东和其他很多不同国家广泛应用。

□ 联合国国际贸易法委员会法律指南

25－002 《联合国国际贸易法委员会关于起草建造工厂国际合同的法律指南》（UNCITRAL Legal Guide on Drawing Up International Contracts for the Construction of Industrial Works）[3]于1987年8月正式通过，并于1988年在英国出版。该指南旨在为那些负有起草建造工厂国际合同任务的当事人提供便利，是一本综合而详尽的使用指南。[4]其中的观点和意见在于在业主和承包商的利益之间寻求一种正义和公平的平衡。该指南从全球层面而非区域层面上对建筑合同加以详尽论述。

采购方式

□ 通过招标采购和通过谈判采购

25－003 从法律角度看，国际采购有两种方式，即通过邀请愿意与业主订约的公司进行投标，或是直接通过代理人与承包商就工程或供货合同进行谈判，而不事先要求有意订约的承包商进行竞争性投标。

在这两种方式中，通常采用的是投标采购，即竞争性投标的方式，世界银行要求将竞争性投标作为采购的标准方式，并在《世界银行指南》[5]中指出：

“在大多数情况下，国际竞争性招标（International Competitive Bidding）在严格的管理下，对国内制造的货物以及在指定条件下对国内工程合同进行补贴，可是说是最合适的采购方式。因此，在大多数情况下，世界银行要求，凡是由它提供资金的货物和工程项目，应采用国际竞争性投标方式采购，向所有符合条件的供应商和承包商开放。”

通常来讲，竞争性投标是出价最低的投标人中标，条例也总是规定应该接受价格最低的投标。但是，这种方式是存在风险的：Michael Latham 先生[6]在“Constructing the Team”中对英国建筑工业进行评论时，建议应该接受最合适的投标，而并非价格最低的。他还建议环境保护局（Department of the Environment）应提议“政府当局，包括地方当局，应该在质量、使用成本、生产价格（out-turn price）、已知的过去绩效以及价格等因素的基础上试图对所有投标人进行评估。同时，只要建立一个可评估质量的清晰审计跟踪体系，则审计师应准备接受不将价格作为唯一的标准”。

“最合适的价值”标准（the“best value” criterion）已经在某种程度上被欧共体的公共采购指令予以采纳，该指令要求采用最低价格或“最具经济优势”（most economically advantageous）的价格。投标过程中的相关责任方应该有一套完整的采购程序，将所有质量以及价格问题都考虑在内。尤其是在建筑合同中，反常的低价投标往往意味着过高的要求（excessive claims），结果使得比接受除最低价以外的其他投标的生产成本更高。

同样的，在评估 BOT（建设—经营—转让）合同、PFI（私人主动融资）合同及其他长期合同时，价格只是众多考虑因素之一——技术的完善性、运行的可行性、整个项目的交付能力以及财务承受能力都应该予以考虑。

联合国国际贸易法律委员会（UNCITRAL）在 2004 年出版的《联合国私人融资基础设施项目示范立法条文》（Model Legislative Provisions on Privately Financed Infrastructure Projects）中列示出很多投标评估的技术和经济标准，每一项都应在评估过程中占有相关的权重。

□ 公开招标和选拔招标

招标方式有两种：公开招标和选拔招标。公开招标的程序是“以广告或其 **25—004**
他公告的形式邀请符合条件的承包商投标”。在选拔招标中，只有业主约定的代理人所邀请的限定数量的公司才能投标。该代理人可以通过事先对市场情况的了解，或者经过预审之后，邀请合适的厂商证明他们提供所需劳务或生产所需货物的能力。[7]通用的方法是先经过资格预审程序，再进行选拔式竞争性投标。

如果不使用竞争性投标进行采购，那么前面各章所谈的观点，也适用于业主与承包商之间的合同，但是有时要加上本章提到的某些特殊条款。

现阶段，对主导项目先进行预审，再让通过预审程序的公司进行下一轮的投标。另外，对于大型交钥匙合同或是负责基础设施项目的合同，通常也采用两阶段投标。建立在概念设计（conceptual design）或者性能说明（performance specifications）基础上的技术方案可能会先被邀请投标，然后修订招标文件并提交最终技术和商业方案。世界银行在其准则中对两阶段投标予以考虑。

□ 欧共体公共采购指令

25—005 欧共体已经发行了多个关于政府、其他成员国的公共部门和公共工程的政府采购程序方面的指令。最早的是1971年的《公共工程和建筑合同指令》（Directive on public works and construction contracts）[8]和1977年《货物和设备供应的政府采购指令》（Directive on government procurement of supplies of goods and equipment）[9]。

欧共体这些措施的主要目的在于，为所有欧共体国家供应商和承包商的公共部门合同提供平等的投标机会，使外来的厂商免受歧视，此外，投标和合同授予程序应该是公开且光明正大的。

但是，由于成员国家缺乏能够确保各国遵守指令的有效措施，第一批指令大部分并未成功地实现其所宣称的目的。各国政府特别倾向于分项承包合同（split contract），以便它们能够有一个相对较低的门槛金额。另外，一些关键领域，例如公用水、能源事业、公共交通和电信服务大都被排除在这些指令的适用范围之外。

欧共体于1985年发行了一本白皮书，进一步强调了存在的问题并发行了关于以下四个主要领域的新指令——建筑工程、供货、服务和公共事业等。

2004年，这些指令合并为二：《公共合同指令》（Public Contract Directive）2004/18/EC和《公共事业合同指令》（Utility Contract Directive）2004/17/EC。前者包括公共工程合同（public works contract）、公共供货合同（public supply contract）和公共服务合同（public service contract）的授予程序；后者涉及了从事水、能源、交通和邮政服务的部门。

所有受到这些指令约束的合同的通告都必须在欧共体的官方期刊——《欧盟公报》（OJEU）上予以刊登。这些包含了关于合同本质的重要细节的通告必须授予相应的利益关系方且利益关系方须对通告做出回应。

□ 欧共体的采购招标程序

25—006 授权程序（award procedures）有四种——公开、限制、谈判以及于2006年1月31日生效的新指令中规定的一种新的程序——竞争对话程序。

1. 公开程序（open procedure）：所有有兴趣者都可以参加投标。招标人（contracting authority）必须给出从发出合同通知之日起至少52天的时间，此期间内投标人可以提交标书。这段期间可以在特定的情况下予以减少。

2. 限制程序（restricted procedure）：只有挑选出来的投标人才能提交标书——数量介于5～20家厂商之间。承包商将从符合合同通告要求并明确表示有兴趣的厂商中选出，只有那些被招标人邀请的厂商才能提交投标书。招标人必须提供至少37天的时间来接收其投标意向说明文件。被挑选出来的承包商一旦被邀请，那么就有40天的时间来提交投标书。

3. 谈判程序（negotiated procedure）：这种方式允许招标人向选出的承包商进行咨询，并就合同条款进行谈判。通常要求招标人在《欧盟公报》（OJEU）上刊登广告，但是在某些情况下不是必要的。由于谈判程序存在被滥用的风险，因此只能在有限的情况下应用。先前未在公报上刊登合同通告的谈判程序，只有在以下情况才能予以应用：将要实施的工程纯粹为了调查、试验、开发的目的；或者由于未能预见的事件（除非事件的发生归因于招标人），使得工程项目需要非常紧急地继续实施；或是需要重复或附加的工程、供给或服务，且必须由原始承包商提供。

4. 竞争对话（competitive dialogue）：这种方式只有在所要取得的是一种“特别复杂的合同”这一限定情况下才可应用。例如，如果招标人无法明确说明能够满足其需求的技术的具体要求，且/或无法明确指出该项目在法律或财务上的结构（legal/financial make-up），才能够采取这种程序。与谈判程序这种由投标人来满足招标人的要求的方式不同的是，竞争对话方式的目标是通过当事人的参与，使招标人制定出一项具体的说明。竞争对话的程序为，先对普通广告进行介绍推广，然后列出至少3位候选人。在对话期间，各方参与者可以就合同的各个方面进行单独讨论。如果谈判得出了招标人所要求的解决方案，且基于各解决方案的投标都被选中邀请，那么在招标后期（post-tender），该投标可以被“进一步阐明、详述或调整”，但是不能有实质性的改变。

电子拍卖：如果以电子方式提交的投标都与采购方的要求不相符，那么招标人可能会举行一个电子拍卖会来采购货物、服务或工程。这种方式可以与公开程序或者限制程序加以合并。

□ 欧共体的门槛值

采购规则也适用于超过特定门槛值的合同，且用于计算门槛金额的规则是十分详尽的。继1996年1月生效的《WTO政府采购协议》（WTO Agreement on Government Procurement）（GPA）之后，欧共体对其公共采购方法进行了修订，其中的变化是为了确保欧共体的规定不会反过来被GPA中规定的门槛值的变化所影响。关于门槛值的规定，某些内容既包含在欧共体规则中，同时也包含在GPA规则中，而另外某些内容则没有，这就使得欧共体公共采购规则中门槛值的应用在某种程度上来说是很复杂的。以下引用的数据已经扣除了增值税（net of VAT）。 **25—007**

2006年招标人授予的工程合同和公共事业的门槛值是5 278 000欧元

(3 926 895 英镑)，而石油、汽油、煤和电信行业的门槛值为 5 000 000 欧元(3 421 105 英镑)。

在供应和服务合同的情况下，门槛值为 137 000 欧元（93 738 英镑），对于其他招标人，门槛值为 211 000 欧元（144 371 英镑）。对于公共事业——水、电、城市交通以及航空、海运和港口设施建设，其门槛值为 422 258 欧元(288 918英镑)，而对于非城区交通需要的汽油、石油、煤、铁路服务的门槛值为 400 000 欧元（273 688 英镑）。电信业的门槛值为 600 000 欧元（410 533 英镑）。

合同结构

25—008 一份建筑项目合同的传统结构主要包括三个主要的当事方——业主、业主的专业团队（建筑师、工程师、估算师）以及承包商的团队（既包括主要承包商也包括分包商）。业主致力于使其专业团队准备好一份详细的计划书，并对项目进行设计。这些由业主的专业团队准备好的文件都会被包括在投标文件中。在投标过程结束后，会选出一个承包商来根据为其提供的详细的计划书和设计实施这项工程。承包商将会把不同部分的工作分租给各分包商。有时，业主会为特定的工作指定（“提名”）能够作为分包商的公司。

在这种结构中，建筑师或工程师经常扮演双重角色——他对项目进行设计，一旦承包商确定下来，他就可以代表业主对承包商的工作进行监督。在这种安排下，设计风险由业主及其专业顾问承担。

在国际项目中最常见的交钥匙合同或者是设计及建筑合同项下，承包商的作用更为广泛但风险也更大：他既要对项目的设计又要对其建设负责。业主仍将雇用工程师和其他顾问来准备项目的详细说明和初步设计，包括设备的性能规格说明等。这些文件都会在投标阶段提供给未来的承包商。但是，承包商要对详细的工程设计以及设备的采购和建筑负责，这些大部分的设计风险和建筑风险都由承包商负责。部分出于这一原因，承包商不仅对工程的具体设计，而且对供应商和分包商的选择，通常都具有相对的自主权。而供应商和分包商必须符合详细说明中的要求，例如在建加工厂的项目中，说明中必须包含其性能标准（performance criterion）。

□ 合同的格式

25—009 由于在较大的国际项目中存在各种不同的问题，因而合同的条件必须仔细构架，以满足每一案例中的特殊情况。

但是，有几种合同格式中提供了有用的模型，是为了国际化使用而设计的。其中最重要的有：

FIDIC 合同条款（FIDIC Conditions of Contract）[10]

总部设在洛桑（Lausanne）的国际顾问工程师联合会（Federation Internationale Des Ingénieurs-Conseils）（International Federation of Consulting Engineers）发展了三种合同格式，并被广泛运用，尤其是在英语国家（美国除外）： 25—010

(a) FIDIC 土木工程施工合同条件（Conditions of Contract for Civil Engineering Works），1987 年第 4 版（“红皮书”）。

(b) FIDIC 电气与机械工程合同条件（Conditions of Contract for Electrical and Mechanical Work），第 4 版（“黄皮书”）。

(c) FIDIC 固定价格交钥匙工程合同条件（Conditions of Contract for Fixed Price Turnkey Contracts），1994 年第 1 版（“橙皮书”）。

上述三种合同条件中，可能是 FIDIC 红皮书使用最为广泛，它已被用于许多基于官方或半官方基础上的案件裁决，例如在迪拜、中国香港和波兰都有应用。

1999 年，FIDIC 出版了一套取代上述文件的新的标准合同：

(a) 由业主设计的房屋和工程施工合同条件（Conditions of Contract for Construction for Building and Engineering Works Designed by the Employer）：建筑合同。

(b) 由业主设计的房屋和工程施工合同条件——只用于银行融资项目：MDB 建筑合同。

(c) 由承包商设计的电气和机械设备安装与房屋和工程合同条件（Conditions of Contract for Plant and Designed-Build for Electrical and Mechanical Plant and for Building and Engineering Works Designed by the Contractor）：房屋和工程合同。

(d) EPC/交钥匙项目合同条件（Conditions of Contract for EPC/Turnkey Contract）：EPC/交钥匙项目合同。

(e) 简单合同格式（Short Form of Contract）：简单格式合同。

2001 年，FIDIC 出版了疏浚合同——疏浚和填海工程合同格式（Form of Contract for Dredging and Reclamation Work）。

在建筑合同项下，承包商依据业主提供的设计来建设工程项目，但是，其中也可以有一些由承包商设计的土木、机械、电气及/或建筑工程。

MDB 建筑合同适用于由业主设计的、由国际银行融资的项目，而且 MDB 建筑合同是建立在 FIDIC 建筑合同的基础上，但也有几处不同点。[11]

在房屋和工程合同项下，承包商根据业主的要求，设计并提供房屋及/或其他工程，其中可能包括土木、机械、电气和/或建筑工程中的一种或几种。

EPC/交钥匙项目合同适用于交钥匙工程中的整套流程的项目，或者是发电站、工厂等类似设施，基础设施项目或其他类型的开发项目。其特点是：(ⅰ) 项目最终价格和要求的工期具有更大程度的确定性；(ⅱ) 由承包商承担设计、实施项目的全部责任，业主很少介入。按照交钥匙项目的通常安排，承包商实施所有的设计、采购和施工工作，最后提供一个可以立即投产运行、设施配备齐全的设备。

简单合同格式[12]适用于资本价值相对较小的工程。根据工程的类型和具体情况，这种格式也可用于资本价值较大的合同，尤其是相对简单、具有重复性或工期较短的合同。在此合同格式下，一般都由承包商根据业主或者其代表（如果有的话）提供的设计来施工，但对于部分或全部由承包商设计的土木、机械、电气和/或建筑工程，此合同同样适用。

1999 年的 FIDIC 合同格式在不同的文件中尽可能使用相似的词句。所有文件中都规定，应通过争端裁决委员会（Dispute Adjudication Board）来解决争端（尽管在 MDB 格式中略有不同，将其称为争端委员会（Dispute Board））。另外，所有 1999 年的合同中还包括限制承包商责任的规定，而这种条款先前仅在橙皮书中出现过。新文件总体上被采纳，尽管承包机构在 EPC/交钥匙项目合同条件（银皮书）中说明了应予以关注的问题：理论上讲，这样做将所有风险转移给承包商，对业主有吸引力，但在实践中，很可能会超出必要的或恰当的限度，过度增加了成本和承包商的风险。

这些合同格式适用于国际范围的投标邀请的一般情况，在某些情况下，尤其是这些条款将被用于国内合同中时，可能需要进行调整。FIDIC 将英文版本作为其官方的和权威的文本。

ENAA

25－011 日本工程促进协会（ENAA），为加工厂建筑（process plant construction）合同，尤其是一次性付款的交钥匙项目的国际合同制定了一个格式范本[13]，并为发电站的建筑制定了单独的格式。ENAA 格式文件包含 5 卷，除了合同格式之外，还包括有用的指导性说明。

IChemE

25－012 英国的化学工程师协会（IChemE）多年前就出版了适用于加工厂设计和建筑的合同格式。[14]其中两种主要的合同是：红皮书——英国一次性付款的加工厂合同条款格式范本（Model Form of Conditions of Contract for Process Plants），以及用于可偿还合同（reimbursable contract）的绿皮书。随着红皮书使用的日益流行，2005 年，IChemE 出版了总价合同的国际格式（International Form of Contract—Lump Sum Contracts），这一合同格式本质上是对红皮书的修订，使其能够适用于国际项目。绿皮书的国际格式正在制定中。此外，IChemE 还于 2003 年出版了一份目标成本的合同格式，即《勃艮第的国际图书》(Burgundy Book)。

IChemE 合同格式的起草非常完备，专门为加工厂工程设计，并有关于性能测试和性能担保等方面的详细规定，这些规定在设备建设过程中是非常重要的因素。

NEC

25－013 新工程合同（NEC）于 1995 年第一次出版，多年来不断予以扩展，经过英国土木工程师协会（Institution of Civil Engineers）的发展，已经用于多个国际项目。最新的版本是2005年6月出版的NEC3版本。NEC在有些方面与其他标准格式稍有不同，NEC合同格式旨在促进健全的项目管理原则和做法的实施，目标在于制定一个相对非对抗性的合同形式。合同包含一套标准核心条款（合同要件）以及多项选择权条款（option clauses）——这就规定了一系列基于相同核心条款的不同的合同安排——目标成本（target cost）、可收回金额（reimbursable）、一次性付款（lump sum）等。该合同格式的行文风格与其他建筑合同不同，它使用现在时态，用通俗易懂的英语写作完成。NEC合同格式已经被英国多个公共团体采用。[15]

UNIDO

联合国工业开发组织（UNIDO）为化肥厂建筑的交钥匙总价合同制定了一套格式范本。[16] **25—014**

工程采购的标准招标文件

《世界银行标准招标文件》（The World Bank Standard Bidding Documents）最初由总部设在华盛顿特区的世界银行于1995年1月出版，1999年予以修订。世界银行与其他多边开发银行协力，在2005年出版了该文件的新版本，并于2006年进行了更新。该标准投标文件适用于全部或部分由世界银行融资的且金额预计超过1 000万美元的工程项目。MDB建筑合同基于1999年FIDIC的建筑合同，并由FIDIC和世界银行共同出版。 **25—015**

□ 资格预审程序

国际上认可的关于资格预审要求的标准程序并不存在。有时只在一般条件中提出各种要求，例如： **25—016**

“凡是能够证明其条件适合，具有相应的技术和财务能力，在某行业的该领域具有经验和传统的有意投标的公司，可与……联系，以取得必要的申请表格。”

预审调查表有时是由业主应申请人的要求寄出。如果是已动工的工程的招标，对于那些已经在前一阶段预审合格的申请人，一般免于再次预审。

由世界银行贷款或者国际开发协会提供资金的交易一般要对投标人进行资格预审。世界银行的准则规定：[17]

“对于大型的、复杂的合同，通常有必要作资格预审，否则在其他情况下，为准备详尽的投标文件的高额花费就会阻碍竞争，例如定做的设备（custom-designed equipment）、工业厂房（industrial plant）、特定服务（specialized services）、一些复杂信息和技术、交钥匙合同、设计和建造或者管理承包等。这一规定也确保在投标之前，把投标邀请限于那些具备充分的能力和资源的厂商。预审应完全以有关厂商是否具备令人满意地完成具体工程的能力作为依据。应该考虑的因素有：(a) 经验以及过去履行类似合同的成绩；(b) 人员、装备以及建筑或制造设施的水平；（c）财务状况。对特定合同招标预审的邀请应予以提议并告知……合同的范围和预审要求的清楚说明应该被送达对邀请做出回应的厂商。”

世界银行与国际开发协会一般要求对资格预审程序进行复查，并要求向其提供预审合格的厂商的名单以及拒绝某一预审申请人的理由。这项工作必须在向申请人发出通知以前完成。[18]这些国际金融机构希望能保护工业界不会被武断地排除在预审之外，确保做到公平合理。

□邀请投标

25—017 业主的订约代理人向资格预审合格的申请人寄发投标文件。从法律角度看，是邀请投标，即邀请发出发盘（offer）。尽管在法律上，这尚属预先阶段，投标文件还是非常重要的，因为这些文件构成了可能达成的合同的基础。这些文件通常被纳入投标书中，而且，合同中也将予以援引。

招标文件一般分为三部分：第一部分包含合同的条件；第二部分包含技术细节，如图纸、规格、数量清单；第三部分包含有意投标的人应如何投标的详细指示。

这里主要论述邀请投标书上通常列示的四种条款。

一是业主无义务接受最低价投标或可以不接受任何投标。即使没有加列这一条款，业主本来就不承担接受的义务。二是保留投标人澄清投标的权利。三是如果出于非商业的理由，打算给予某些投标人优先待遇，例如，打算给予国内、政治或地区上的优先，那么应该在投标邀请书上清楚地进行说明。《世界银行准则》中解释了如何在国内与国外投标人递交的标书间进行权衡。[19]四是如果证明承包商或其雇用人在与合同有关的问题上存在贿赂或贪污行为，业主有解除合同的权利。《世界银行准则》有一节论述了欺诈和贿赂行为，并明确表明，如果一份方案中包含一份标书，无论是直接投标还是通过代理人，只要存在任何贿赂行为，该方案就将会被拒绝。如今，通常的做法是要求投标人出具一份书面的承诺书，以便投标人了解与欺诈和贿赂相关的法律对合同当事人的要求，这一点在《世界银行准则》[20]（1.15）xx，中予以规定。

此外，由于投标邀请一般是发给各国的投标人的，投标文件里应明确规定适用哪种或哪几种货币进行计价和付款。[21]

□ 投标书

25—018 投标书是承包商按照投标文件上的条件提出的拟与业主订立约束性合同的要约（offer）。按照英国法以及其他许多国家的法律，投标书在被接受前可以撤回，但这种撤回权一般是有限制的。《经济开发基金会（EDF）合同》（the EDF Conditions）[22]把撤回权限定于投标时限结束之时。[23]

在规定的收受投标书的日期之前，任何投标都可以撤回、补充或修改。

FIDIC合同比EDF合同更进一步，它的投标书格式排除了在投标期限届满后一段规定的期间内的撤回权：[24]

“我方同意从规定的收受投标书的日期起……天的期间内受本投标书的约束。投标书在该期间届满前对我方继续产生约束力并应随时予以接受。”

根据英国法，对撤回权的限制不能阻止投标人在规定期间届满后撤回其投标（但是撤回通知必须在接受之前抵达业主的订约代理人处[25]）。但是，此时投标担保的机制就会起作用：投标人受到标书的约束，如果投标人违反其承诺，撤回了投标，那么他就会丧失保证金。

投标书以援引的方式把招标文件纳入投标书中，因此合同条件和技术细节都成为标书的一部分内容。FIDIC施工合同条件（Conditions of Contract for Construction）中建议的投标书格式同时包括下列重要规定，即排除“以订立（正式）合同为条件”的规定：[26]

“除了订立正式协议外，本投标书以及你方的书面接受构成我们之间的具有约束力的合同。”

□ 投标担保

有些情况下，会要求投标人以由银行、保险公司或其他第三方出具的投标保证书（或投标保证金）来支持其投标。投标保证书的目的有二：一是向业主表示投标人确实有诚意；二是在投标人不履行因投标而承担的义务时保护业主。 25—019

就银行、保险公司与其他第三方来说，国际商会出版的《合同担保统一规则》（Uniform Rules for Contract Guarantees）[27]（简称《统一规则》）为它们制定了很有用的规定。虽然这些规定须经由当事人采用才能生效。《统一规则》对投标担保的定义如下：[28]

“（‘投标担保’）是指一家银行、保险公司或其他当事人（担保人）应本人（指示方）的要求而发出的指示，向邀请投标的一方（受益人）约定承担义务。担保人承担——如果本人不履行由于投标产生的义务——在规定的金额限度内向受益人清偿。”

根据《统一规则》，在下列情况下投标担保消灭：

(a) 提供担保之日起6个月后；[29]

(b) 业主与投标人订约，表示业主接受投标；[30]

(c) 与另一投标人订约；[31]或

(d) 业主明确表示他没有订约的意愿。[32]

按照《统一规则》，投标担保只对原始投标书（original tender）有效，不包括未经担保人同意的一切修改。[33]《统一规则》此外还规定，希望提出投标担保项下请求权的业主必须在一定时间内提供支持其请求索赔的材料。[34]如果担保书未规定应提出的材料，则必须由业主声明，承包商的投标已经被接受，但承包商没有签订合同或提供履约担保。此外，需要向承包商声明，一切争端都应通过仲裁解决。如果没有其他的规定，仲裁由承包商选择采用国际商会仲裁庭规则或联合国贸易法委员会仲裁规则。《统一规则》没有规定承包商在违反他所承担的受投标约束的义务而撤回投标时，业主在担保书项下的请求权。

《统一规则》规定，如果担保书未规定准据法，那么应该受到担保人营业地所在国家的法律管辖，如果担保人有多个营业地，则以出具担保书的营业地所在国家的法律为准据法。

世界银行的准则规定[35]，凡确定不与某些投标人订约时，应立刻把投标担保书退还给他们。

世界银行指引（World Bank Guidelines）规定[36]，一旦与中标方签订合同，投标担保金应返还给未中标的投标者们。

□ 开　标

25－020 《世界银行指引》[37]以及 EDF 条款[38]都要求投标应在公开会议中正式发表结果。但 EDF 条款的该项规定只涉及货物供应合同，并不包括承揽合同。

《世界银行指引》的规定如下[39]：

“中标结果应公开发表；投标者或是他们的代表们应准予出席（一般亲自出席，若使用了电子投标，则以联网方式出席）。投标者的名字以及各标的总金额，以及任何可供替代的投标者名字及总金额，在要求或是允许的情况下，应被大声朗读出来（在使用电子投标的情况下，还应在网络上公示）并予以记录。当投标结果公开时，记录的复印件须被立即送至银行以及及时递交投标的所有投标者。”

□ 投标的接受

25－021 如之前已发现的那样，发包人通常将不接受最低或其他投标的权利，与竞标者谈判关于投标阐明内容的权利，以及邀请可替代投标的权利保留于投标文件中。这对于拥有一个可供相互比较的基础来说，是十分必要的。FIDIC 的投标函中明确规定：

“我们理解，你方并非必须接受最低投标或接受某一项投标。”

《世界银行指引》中也有类似规定[40]：

“借款人须在投标的有效期内，与能力及资源相符且达到标准要求的投标者签订合同，且该投标者的投标满足（1）大体上满足投标文件的要求；（2）提供最低估价这两项条件。”[41]

□ 合同——部分关键条款

施工合同，特别是关于大型的复杂的基础设施建设的合同，给合同双方带来了风险，合同条款及条件中会注明这些风险在发包人和承包人之间的分担情况。资金、时间以及质量是所有建设工程的三要素。换句话说，项目所有人（以及贷款人）希望看到设计的合同结构能够保证合同于约定的价格内、特定的时间内完成，并达到合乎需要的标准，在生产设备的例子中，该标准意味着不仅工程本身的质量，而且设备运作的水平以及产出须达到发包人规定的标准。 25—022

定价

就费用而言，需要在物有所值以及价格确定之间达到平衡。这种平衡会根据使用的价格体系而变化。虽然一次总付（lump sum）或是固定价格（fixed price）是最为普遍的，特别是在涉及贷款机构的情况下，但同时也有多种多样的可适用于施工合同的价格机制： 25—023

成本加费用（Cost Plus Fee）。在这种机制下，发包人向承包人支付由于承包人进行工程项目而产生的实际成本费，同时加上代表承包人的管理、营运费用以及收益的报酬费用。该费用可为一笔固定的总额或是总合同价值的一个百分比。

从发包人的角度来说，这种安排允许他得知承包人能从该项目中获取的收益——这种收益不能从一次性总额的数目中反映出来。从另一方面来说，合同价格更接近于项目的估值，而不是实价。在这里有争议的一点是，这种定价方法并不能使承包人产生控制成本费用的动力，但在固定价格的机制下，承包人便有这种动力。从承包人的角度来说，这种价格机制下的风险却比固定价格机制下要小，因为他所付出的费用得到了补偿。但在顺利运作的情况下，获取合理利润的机会被削减了。

单位价格法（Unit Price Method）。在这种机制下，合同双方为每单位工程费用约定一个费率，支付的总费用取决于工程中使用的单位总数。每单位费率通常包括一个能代表承包人利润分享的数额。每一工程单位的组成要素可为材料——例如水泥数量，或是依据劳动力来计算——例如特定工作的每日劳动力费用。

正如成本加费用的方法，这种定价机制并不具有确定性：如果工程涉及比一般预想更多的单位，那么发包人需要支付额外的费用。或者，若承包人低估了所需的单位数，那么他的收益就很可能被削减。

使用这种定价方法时，拥有相应的能保证单位费率确实地反映承包人的费用的系统是很重要的，否则就给承包人留出了以他人损失为代价增加工程单位的余地。

一次总付或固定价格（Lump sum or Fixed Price）。在这种情况下，承包人在事先预定的数额基础上履行施工合同。承包人要承担比成本加费用安排下更大的风险：该价格包括他对于总费用的估算，对他所承担的合同条款以及意外事件风险的补偿，以及利润因素的补贴。如果承包人错误地估计了工程风险，他的利润会受到不利影响，很可能因为工程而蒙受损失。从另一方面来说，如能很好地控制费用，利润可得以最大化。

从发包人的角度来说，固定价格的方法有更强的确定性，因此更受金融机构的欢迎。然而，特别是在合同性质为长期合同的情况下，固定价格会产生困境，而允许价格波动的机制，例如原材料价格波动，可能会更为合适，尽管这样的安排从某种程度上来说偏离了“固定价格”原则。另外，这些合同通常包含允许特定环境下价格变动的条款，例如无法预见的土壤条件。

目标成本（Target Cost）。这种安排是固定价格与成本加费用的混合产物。在这种机制下，发包人与承包人会约定整体合同的“目标”成本——可能是通过参考成本加费用法或是单位价格法而得出的。为了鼓励承包人不超过目标成本，合同常常包含约定目标成本内的节余由发包人和承包人分享的激励机制。从另一方面来说，如果超出了目标成本，承包人须承担超过部分费用的全部或是一个事先约定的份额。在某些情况下，如果超过固定成本某一固定金额，承包人可能被要求承担超支费用的全部风险，这里将该固定金额称为“保证最大工程费用”（Guaranteed Maximum Price，GMP）。然而需要记住的是，这种说法可能是误导性的——即使有保证最大工程费用的规定，发包人也可能需要支付 GMP 以上的费用，前提是这种超支的原因是发包人要求的变动或是发生于发包方，足可以使承包人提起诉讼的违约。

风险定价和改变合同价格

25－024 施工合同的其中一项基本功能是在发包人和承包人之间分配风险承担。承包人面临的风险越大，他基于固定价格合同和目标成本合同要求额外费用的机会就越小。然而，当对合同进行投标时，承包人会估计自己所要面临的风险，风险越大，他出的价格就可能越高。这并不必然构成有利于发包人的经济解决方法。

例如，如果合同规定合同价格将现场的所有物质条件考虑在内，无论是可预见的或是不可预见的，并允许承包人在自己的投标中加入足以补偿自己风险的数额。如果没有相悖条款，事实上发包人将为不存在的风险支付溢价。

大多数的合同格式以分摊风险的方式来处理这一问题。举例来说，FIDIC 的施工合同条款通过 cl. 4. 12 规定承包人若遇到他认为“不可预见”的有害物质条件，即一个有经验的承包人在提交投标之日不能合理预见的条件，应给予工程师通知。如果工程师与承包人意见一致，且承包人由于这些条件遭受了误工以及/或产生了额外支出，那么工程师可准予工时的延长和/或合同价格的调整。

因此，在 FIDIC 条款下，风险由发包人和承包人共同分担，允许额外支出的可能性，但这种可能性仅存在于产生了有经验的承包人所不能合理预见的条件这一前提下。

承包人在长期合同的基础上与委托人共担风险，这种现象正呈不断上升趋势。带有私人主动融资计划的公私合作正在国际上变得越来越普遍，在这种公私合作中，公共部门与私营财团建立起长期合同关系，以进行一项设施——如医院或是监狱等——的设计、建设、运作及保养工作。在投标阶段，详细的风险评估表通常是这项项目的要素之一，能够在双方之间明确风险分配。此外，通过BOT计划，承包人所得的支付在项目现金流之外，由此表现为长期合同风险的重大因素之一。

合同变形

施工合同通常包括允许发包人要求工程变化且允许承包人提议变化的规 **25—025**
定。当然任何改变都可能影响到合同的价格。

现今，越来越多的合同包含此类规定，即在发包人或工程师与承包人签署指示之前，承包人须提供任何变化可能影响到的费用以及时间明细。在该时点便约定好变化发生时的细节，大大避免了随后阶段的不确定性以及争议发生的可能性。

合同会详细规定对于合同变化进行定价的方式。通常情况下，合同条款和条件声明，合同变更，无论是条件变化、增补还是删减，都将以合同规定的费率和价格进行估价，并假设合同管理人或工程师认为其可行。如果合同并不包含可适用的费率或价格，那么双方必须商讨出一个替代方法，或者使用适用费率来作为变化的计算基础。在没有约定的情况下，合同管理人或工程师将决定合适的费率，并且在争议发生的时候，这些费率将最终由法庭或仲裁机构来确定。

工时延长

合同通常会特别规定工程必须完成的日期。在项目过程中，可能会出现导 **25—026**
致完工日期进行延期的环境因素。这些环境因素可能包括，举例来说，发包人延迟给予承包人工程所在地的占有权；基于工程师要求的改变，承包人需要额外工时；或是不可抗力事件带来的延期。

工时延长条款是施工合同必不可少的要素之一，且该条款不需被详细起草。例如，应要求承包人要在其意识到有可能引起延期且有充分理由延迟完工日期的事件时，及时通知发包人。还应要求承包人解释所有工时延长的要求，以便发包人或其代表人进行评价。此外，合同应规定，任何由于承包方违约引起的工时延长，都是不被允许的。

缺少允许工时延长的条款可能对完工日期的有效性以及发包人要求延期违约赔偿金的权利有不利影响。如果承包人由于发包人的某些行为或疏忽而无法达到完工日期的要求——比如，在发包人延迟给予承包人工程所在地的占有权的情况下——那么，在英国法律下，如果承包人能够表明他不能在截止日期前完成合同，他并不需为延迟完工支付违约赔偿金。相反地，时间将视为“自由”（at large），即承包人有责任在合理时间内完成工程，但该时间并不是合同规定的时间，因为基于发包人的作为或不作为，该日期已变得不可实现。通过订立允许工时延长的条款，发包人可保留要求违约赔偿金的权利：承包人会试着寻求并被给予工时延长期，而违约赔偿金条款同样适用于新规定的完工日期。

设计及工作标准

25—027 工程规范往往会列明技术水平和要求材料的标准。

合同条款会列示质量标准，并包括承包人关于自身工作情况、设计、材料以及技术水平的保证。

此外，在关于工业性或流程设施建设的合同中，通常会包括性能测试以及考核该成套设备是否达到规范中规定的性能标准的步骤。

□ 检验及接收

25—028 工程进展期或整项的接收是合同履行的一个重要因素，因为支付或是部分支付通常依赖于此。该因素一般在合同中有若干细节规定。通常来说，合同会规定在工程完成的两个阶段进行接收——实际完工以及最终接收。在这种安排下，工程师会出具一份实际完工的证明，以该点为界，发包人将接管工程责任。最终证明将在“保养期”（maintenance period）或“维修责任期”（defects liability period）结束时出具，在“保养期”内，承包人既有权利也有责任对自身应负责的工程缺陷进行修复。该期限通常持续 12 个月，在期限结束的时候，将会开具最终证明。在具有保留权的情况下（参见下文第 25—035 段），通常将一半的保留权留待实际完工和最终证明开具通知单时再予以释放。

□ 转让（assignment）及分包（sub-contracting）

25—029 一般来说，禁止承包人在未经发包人事先同意的情况下，将自身在合同中的权益进行转让。然而，通常允许承包人将合同部分（但不是全部）进行分包。例如，一个建筑公司须建造一个医院，它很可能将 X 射线和其他诊疗设备分包给专业人士。事实上，承包人很可能将机械类、电子类工程，打桩工作以及其他项目的主要部分分包出去：主要承包人的角色正越来越倾向于负责项目建设的各类专业人士的管理者。正如 FIDIC 条款中所述，通常规定主要承包人应为各分包人的行为、违约及疏忽负责，如同为自己负责一样。

FIDIC 条款包含“指定分包人”任命的规定。这些分包人是由发包人选择的，而不是由主要承包人选择的。在 FIDIC 的施工合同条件下，条款 5.4 规定在工程师签署支付证明之前或是其他阶段，工程师可要求承包人提供合理证据，以证明在考虑之列的分包人得到了支付，如果承包人不能证明这一点，发包人可直接向分包人进行支付。然而在其他管辖范围下，主要承包人破产情况下的直接支付可能会产生问题，该类规定有以下用途：承包人未能支付分包人费用通常是承包人处于经济困难的一个信号。为了保证主要合同的顺利进行，及时对分包人进行支付是很重要的。即使发包人没有进行直接支付的权利，在合同中包含有如下规定是有意义的，规定能够使得发包人检查分包人是否得到支付，如果没有，则应在对主要承包人的支付中进行扣留。

□ 工程师或合同管理人

25—030 在 FIDIC 红皮书和新的 FIDIC 建设合同以及很多其他合同下，发包人任命一位工程师，来行使签署指示和决定的权力，并在工程进展过程中负责解决发包人和承包人之间的争议。虽然工程师是由发包人任命的，因此他只与发包人有合同关系，与承包人之间并不存在合同关系，合同通常还是要求工程师在与发包人和承包人的往来中公正作为。

尽管该种合同形式下的工程师并不是发包人的代表，对工程师来说，要保持完全的独立性也并非易事，尤其是由于发包人实际上在处理合同的过程中，会经常将工程师视作自己的代理人。事实上，工程师是发包人机构雇员的情况并不少见。

鉴于很难拥有一位真正公正的工程师，近年来在观点看法上有了新的转变。新的 FIDIC 建设合同规定，在合同项下，当工程师准备同意或是决定任何事务时，他须“咨询每一方当事人以努力达成意见的一致，如果未能达成一致意见，工程师应将所有相关情况考虑在内，依据合同做出公平的决定”。

FICID EPC 合同舍弃了工程师这一规定。取而代之，它规定合同由“发包人的代表人”来执行，代表的责任是代表发包人并依其授权行事。发包人的代表人并不被要求公正作为，但是在合同要求他同意或决定任何事宜时，他须咨询承包人以努力达成一致意见，若未能达成一致，则代表人须签署附加支持性详细资料的决定给承包人。

□支　付

合同会列明，随着工程进展，将基于何种事件实现对承包人的支付。在 **25—031**
FIDIC 和许多其他合同下，支付步骤会涉及这样一个过程，在该过程中，工程师或合同执行人将以定期间隔（最通常是每个月），向承包人支付到期的费用。在每个月末尾，承包人会提交一份支付申请给工程师，工程师会对此进行估值，并准予可支付的数额。随后发包人会在特定期限内进行支付。

在一次性支付的交钥匙工程（turnkey contract）中，通常会有一份支付计划，以使特定数额在特定日期或特定活动完成之时得以支付，而并不需要采用更多传统的估值方法。在有支付计划的情况下，确保合同包括将支付与工程进展相联系的条款是很重要的。因此，如果工程并未依照计划进行，发包人或工程师将有权调整支付计划。否则，提前于工程进程进行支付显然会产生风险，并会为发包人带来随后的风险。

有时候，支付计划与重要阶段相联系，即工程的关键阶段，比如地基完成。基于各重要阶段的支付只有在重要阶段完成时才会发生。重要阶段支付偶尔也与提前完成的奖金相联系，当然在延迟完成的情况下会有惩罚。

履约以及偿还担保

承包人通常会提供一项由银行、保险公司或其他第三方开具的履约担保。**25—032**
该项担保意图在保护发包人免受承包人未能履行合同下义务的影响。在大多数的国际性合同中，发包人会要求履约担保（或履约保证金）为“见索即付”(on demand)，即只要发包人要求，无论该要求是否正确做出，开具担保的当事方都应支付所要求的金额，金额上限至担保价值。英国的法庭和许多其他司法管辖机构一般持此观点，即认为在他们介入阻止银行基于一项经要求担保做出支付之前，有必要证明欺诈。这给承包人带来了风险：不诚信的客户（包括公共机构，特别是在一些发展中国家）并不是不知道无正当理由的见索即付债券会促成不公平的要求。

为了降低不公平要求的风险，合同可列明使得发包人有权在担保下做出要求的特殊事件。另外，可以起草履约担保，以对发包人设定一定的限制：例如，一项请求须附上一份仲裁机构或法庭的裁决复印件。或者，承包方的违约证明须随要求一并出示——例如一份要求改正某项工作的工程师通知的复印件。另一种处理该种问题的方法是在履约担保中包括争议解决机制：如果银行或承包人认为一项要求是不公正的，该项要求便要被递交给独立的仲裁机构，该仲裁机构将在一个特定的期限内——比如 28 天——决定是否对该要求进行支付。直到该仲裁方签署决定之前，该履约担保下的支付处于暂缓状态。

虽然银行的资金项目通常坚持见索即付债券的规定，如果债券的“见索即付”特性能通过以上提及的方式之一来予以缓和的话，这些提供债券的银行的客户便能得到更好的服务。

然而，由担保公司签发的履约担保通常仅在发包人对于自己所承受的损失金额满意的情况下，并且通常仅在法庭已开具仲裁裁决或最终判决，且未被承包人执行的情况下，才得以支付。

如果发包人在工程的开端对承包人进行了提前支付，他通常会要求一份保证自身利益的银行开具的支付担保。这将保护发包人免受承包人在预付款偿还前发生违约或破产的影响。因为预付款通常通过在合同进行期中分期付款扣减的方式得以全额偿还，预付款担保记录时要考虑到价值的折损，使其与分期付款金额相同。

有时候，发包人会被要求提供对承包人有利的支付担保，以保护承包人免受发包人违背自身合同义务的风险。最新的 FIDIC 条款现已包括支付担保的结构类型。

□ 违约金和奖金条款

25—033 国际工程合同通常包括一旦工程未能在规定期限内完成，承包人所应支付的违约金的条款。违约金金额应为可能遭受的损失的合理估计值；违约金不应具有惩罚性质，因为在这种情况下，违约金是一种罚款，并且在英国法中，可能被法庭驳回。进一步来说，该条款应规定，如果承包人因受任何不能为自己所控制的时间所阻碍而不能完成工程任务，他无须支付违约金。提前完工的奖金有时也会被包括在合同内，用以平衡违约金条款。

一些加工厂和类似设施的合同还会包括履约相关违约金的规定，例如，工厂的产出少于设计的生产能力（但是仍在可接受范围内）。在对违约金这一问题的考虑上，应指出的是违约金额通常是有限制的，一般上限为合同价格的

10%，所以违约金是作为承包人责任的上限来看待的。

□ 保留金（retention money）

国际工程合同中通常会规定“保留金”。在此类合同的条款下，发包人往往会从每份分期付款额中保留一个小的份额，比如5%，来作为可支付金额，直至工程实际竣工。通常的程序是将保留金的50%于实际竣工时予以支付，余额则会在故障修理责任期结束之时进行支付。保留金在履约担保所带来的保障之上，给予了发包人一定的保障措施，以应对承包方的违约情况。在合同有固定的支付明细安排的情况下，保留金可被设计进支付明细安排中去，那么就无须再单独应用一项与明细安排相一致的支付保留金条款了。 **25—034**

□ 货币条款

货币条款值得特别注意，尤其是在发包人须对不同国家的联合承包人或是在与主承包人不同的国家开展业务活动的分包商进行支付的情况下。FIDIC条款包括了明确规定合同价款的货币种类，规定固定汇率，以及以相关货币支付的条款。 **25—035**

□ 保险以及赔偿条款

发包人一般会被要求对于建设中的工程进行投保，并且须对第三方基于合同的责任也进行投保。如果未能做到，发包人可以以承包人利益对自身进行投保。根据项目所在地以及性质，由发包人来安排保险是比较便宜的做法，而合同中也经常采用此种做法。 **25—036**

承包人会在合同下赔偿给发包人任何与工程相关的申索和债务，承包人负有责任的第三方风险，以及保险单覆盖的责任范围。

□ 其他合同条款

一项国际工程合同通常包括许多之前便在本书中讨论过的条款，特别是： **25—037**

(1) 不可抗力条款（the force majeure clause）[42]；
(2) 法律条款的选择[43]；
(3) 仲裁条款（the arbitration clause）；
(4) 豁免条款的豁免权（the waiver of immunity clause）。[44]

这些条款中的一部分，例如仲裁条款，须进行修改以适应长期工程合同的特殊要求。

□ 仲裁以及争端解决

国际工程合同中的争端解决条款在过去几年间所发生的变化或许要比其他条款都多得多，FIDIC和世界银行标准招标文件（World Bank's Standard Bid- **25—038** ding Documents）反映了这一变化。

FIDIC 红皮书（FIDIC Red Book）规定任何争端最初都应在任一当事方请求时起算的 84 天内，由工程师来解决。如果有任何一方不接受工程师的决定，那么该争端便应被诉诸仲裁机构，且诉求须在决定做出的 70 天内提出。FIDIC cl. 67 还包括了仲裁进行前的和解规定：实际上，中止期为 56 天。

1999 年出版的 FIDIC 工程合同在争端解决这一问题上采用了不同的方式。在 cl. 20 规定下，对于任何争端来说（包括进行中的争端），如果工程师的决定未被接受，并不需要移交给仲裁机构解决，工程师的说明或是指示，将成为由个体或是三人小组组成的争议裁判委员会（Dispute Adjudication Board，DAB）的第一参考资料。当 DAB 由三个成员组成时，发包人和承包人各指定一名成员，余下的第三名成员由双方对另两名成员进行咨询后，协议得出。该名成员将承担 DAB 主席的职责。DAB 可在合同开始时予以建立或是在争端发生时的专案基础上予以建立。

在 MDB 工程合同下，该小组被称为争议委员会（Dispute Board，DB），每位成员都须熟练掌握合同规定的交流语言，并且对于工程设计的合同类型以及在合同文件的理解说明方面有专门经验。

作为工程合同 cl. 20 的修订，世界银行制定了一套六页的《争议裁判委员会一般准则》（General Conditions for Dispute Board Agreement）以及一套程序规则，以供争议委员会遵守。显然，这一举措的目的在于成立一个其成员都熟知工程项目且处于能迅速解决争端的地位的独立委员会。

当争端被提交给争议裁判委员会（或争议委员会）时，他们的决定期为 84 天。合同的任一当事方有 28 天的时间来决定是否接受该决议。如果不满意，那么当事方须在此期限内给出不满意的通知，则依照国际商会的仲裁规则，该争端会交由国际仲裁机构，由三名仲裁人进行最终解决，除非合同有相悖规定。如果任一当事方都未发出不满意的通知，争议裁判委员会的决定便为最终决定且对合同双方具有约束力。

此外还有关于在仲裁进行前双方和解的相关规定。如果未提供不满意的通知，那么争议裁判委员会的决定为最终决定且约束合同双方。

新的争端解决条款可在所有新的 FIDIC 条款中找到，且它们比起以前版本中的规定要更为详尽复杂。显然，建立一个其成员熟知工程项目的争议裁判委员会的目的在于使得所有的争端能得以迅速解决，并且避免冗长的仲裁程序所产生的巨大费用，而这常常是重大工程合同的后期特点。

这些新的发展受到了欢迎：新的解决方式不仅避免了工程师考虑决定争议的困难，同时实际可行，让合格的且能从自身观察得知工程进展的个人做出快速的决定。争端诉诸仲裁机构的可能性被大大降低了。

同样在英国，该趋势已被载入立法：《1996 年房屋转让、施工和重建法案》（Housing Grants，Construction and Regeneration Act 1996）引入了一项适用于所有“建筑工程”合同的仲裁法定权利：本法采用《莱瑟姆报告》（Latham

Report）的一项提议，在本法下，工程合同的任何一方当事人都可将一项争议诉诸裁决机构，裁决人须在要求提出起 28 天内做出决议。

费时且昂贵的传统诉讼以及仲裁方式在近年来受到冷落的另一个原因是调解以及其他争端解决手段的发展。

注释

[1] *Standard Bidding Documents for the Procurement of Works & User's Guide*（Published by the World Bank，May 2006）.

[2] 国际商会第 325 号出版物（2006 年版）。

[3] 联合国国际贸易法委员会法律指南可通过邮购获得，销售代码为 E. 87. V. 10，文件 A/CN. 9/SER. B/2，欧洲、非洲和北亚的读者可以从联合国出版社地址购买该指南：United Nations Publications，Palais des Nations，CH-1211 Geneva 10，Switzerland，北美、中美、南美洲以及南亚和太平洋地区国家可以通过以下地址邮购：United Nations Publications，Room DC2-0853，United Nations Headquarters，New York，New York 10017，USA。该指南还可以从世界各地控股联合国出版社的书店和分销商处购得。该指南是一本有关采购的范本。

[4] 联合国国际贸易法委员会法律指南的筹备工作进行了近 7 年。主席是芬兰的 Leif Sevon 先生。

[5]《国际复兴开发银行贷款和国际开发协会信贷采购指南》（*Guidelines for Procurement under IBRD Loans and IDA Credits*），2004 年 5 月。又称为《世界银行指南》，可从世界银行总部购买，地址是：1818 H Street，NW，Washington DC 20433，USA。

[6] "Constructing the Team"，Michael Latham（HMSO，July 1994）. Final Report of the Joint Government/Industry Review of Procurement and Contractual Arrangements in the United Kingdom Construction Industry.

[7] 参见 Gosta Westring，*International Procurement*（2nd revised edn，International Trade Centre UNCTAD/GATT，1985）。另参见关贸总协定中的政府采购协议，日内瓦，1979 年。

[8] 指令 71/305/欧共体［1971］O. J. L185/1。

[9] 指令 77/62/欧共体［1977］O. J. L113/1。

[10] FIDIC 合同可以通过以下地址获得：Association of Consulting Engineers，Alliance House，12 Caxton Street，London SW1H OQL（网址：http://www. acenet. co. uk），或者从国际咨询工程师联合会总部获取，地址是：PO Box 86，CH-1000 Lausanne，12-Chailey，Switzerland（网址：http://www. fidic. org）。

[11] 在 Jeremy Glover 的 *Understanding the New FIDIC Red Book：A Clause by Clause Commentary*（2005）中对不同点进行了分析。

[12]《FIDIC 简单合同格式》（1999）。

[13] 参见《日本工程促进协会加工厂建设合同格式范本》。该范本可以从日本过程促进协会获得，地址是：4－6 Nishi-shinbashi，1-chome，Minato-ku，Tokyo，105 Japan，传真：0081 3350 0255 00。

[14] 有关英国化学工程师协会的活动与出版物的详细情况，参见其网址：http://www. icheme. org/。

[15] 更多有关新工程合同的详细情况参见网站：http://www. neccontract. co. uk/。

[16]《联合国工业开发组织化肥厂建设交钥匙合同格式范本》。该范本可以从纽约的联合国工业开发组织处获得，地址是：New York，NY10017，USA。电话：212 963 6890；传真：212 964 4116，或地址：UNIDO Geneva，Bocage，Palais Des Nations，CH-1211 Geneva 10，Switzerland，电话：411 917 3367 或 917 3364；传真：411 917 0059。

［17］参见《世界银行准则》第 2.9 条。

［18］参见《世界银行准则》第 2.9 条附录 1。

［19］参见《世界银行准则》附录 2。

［20］参见《世界银行准则》第 1.15 条。

［21］参见《世界银行准则》第 2.28 至 2.33 条。

［22］《公共工程和供货合同的一般条款》(The General Conditions for Public Works and Supply Contracts）是由欧共体的欧洲发展资金赞助的（布鲁塞尔，1972 年 2 月 14 日）。一般称其为《合同的一般规定和一般条件》。

［23］参见《经济开发基金会合同》第 40（1）条。

［24］参见 FIDIC 合同第 1 部分中的投标书格式第 4 栏。

［25］关于实盘的相关内容参见前文第 3－006 段。

［26］FIDIC 合同第 1 部分合同格式第 5 栏。

［27］国际商会第 325 号出版物（1978）参见上文第 25－001 段。

［28］《统一规则》第 2（a）条。

［29］《统一规则》第 4（a）条。

［30］《统一规则》第 5（2)(a）条。

［31］《统一规则》第 5（2)(b）条。

［32］《统一规则》第 5（2)(c）条。

［33］《统一规则》第 7（1）条。

［34］《统一规则》第 8 和第 9 条。

［35］《统一规则》第 10 条。

［36］World Bank Guidelines Art. 2. 14.

［37］World Bank Guidelines Art. 2. 45.

［38］EDF Conditions Art. 4. 2.

［39］World Bank Guidelines Art. 2. 45.

［40］World Bank Guidelines Art. 2. 59.

［41］欧盟法院处理过不成功的 Amarti River 项目投标（最后由 EDF 融资）案例，关于该诉讼程序，参见 Case 118/83 *CMC Cooperativa Muratori e Cementisti v Commission*［1985］E. C. R. 2325。

［42］参见下文第 32－015 段。

［43］参见前文第 22－001 段。

［44］State Immunity Act 1978 ss. 2（2）and 9；参见前文第 21－019 段。

第七部分

海关法

第 26 章

政府出口管制

26—001 英国的出口受到众多国际、欧盟和国内法规的控制和监管。绝大多数直接影响英国出口贸易和对外货物供给的法规由英国税务海关总署（HM Revenue and Customs）执行。这类法规涉及范围非常广，包括出口禁令和限制、增值税（VAT）、进出口关税（duty）、消费税（excise）和统计规则。本章旨在介绍政府规定的主要部分而不是全部内容。未涉及的内容包括动物检疫和共同农业政策（CAP）。此外，本章还介绍了出口许可证，需要强调的是尽管它很重要，但是只有15%的出口受到许可证的限制。[1]

出口许可证规定

26—002 在《2002年英国出口管制法》（Export Control Act 2002）[2]（以下简称《出口管制法》）生效之前，关于出口许可证的法规只涉及货物贸易。这部法律制定后[3]，新增了对无形技术传输[4]（包括通过电子邮件、互联网和口头（电话）[5]的传输），对技术援助[6]，和对此类货物贸易的管制[7]。本章重点介绍的是有形货物出口。出口商需要注意的是，有些货物不仅本身受到许可证管制，而且与货物或者交易相关的限制性信息的提供也适用于《出口管制法》下的许可证要求。

有形货物这个术语不包含纸币、国库券、汇票、本票、股票、债券和类似在流通的物品以及金条；在英国废除外汇管制法律[8]之前，它们由这些法律专门管理。虽然它们不是有形货物，但是如果它们的发行或运作促进了受禁受限货物的收购、转让、流动，也会违反《出口管制法》。并且，此类项目的流动可能会受到反洗钱和《2002 年英国犯罪收益追缴法》（Proceeds of Crime Act 2002）的监管。

□ 一般出口管制

现行的英国出口许可监管体系所管控的对象是必须获得由商业企业和管理改革部（BERR）[9]签发的出口许可证的特定种类货物的对外出口。对于《出口管制法》规定以外的货物[10]，只要它与在英国境外的、被英国人控制的个人行为相关，BERR 就有域外权力（extraterritorial controls）。[11]根据《瓦圣那协议》（Wassenaar Agreement），英国通过《1994 年货物出口指令修正案》[12]列出了许可贸易的军事商品目录。此外，超国家审批程序也在《瓦圣那协议》下执行。 **26—003**

BERR 监管货物出口的一般执法权在 2002 年前一直由《1939 年进出口和海关权力（保护）法》（Import，Export and Customs Powers (Defence) Act 1939)[13]赋予，与货物进口相关的执法权现在仍然由此法规定。1939 年法的第一条被《2002 年英国出口管制法》修改，现在与出口货物相关的条例由 2002 年法规定。新法案授予国务大臣（Secretary of State）依程序“对与任何种类货物相关的出口管制征收强制性关税及相关事项做出规定”的权力。[14]从前的管制令[15]随着 1939 年法被修改而失效，因此国务大臣在行使新权力的时候颁布了一系列法令替代、扩大管控。

出口商如果想确定预备出口的货物是否要求具备许可证，可以查阅相关法令至今为止的所有修正案；或者咨询 BERR 的出口管制组织（Export Control Organization）[16]，填一份可以在 BERR 网站[17]上下载的关税税率咨询表。需要出口许可证的货物种类主要有：

——核物质，包括与核能产品的生产、加工相关的所有材料和器械；

——军用、安保和准军事物品、软件和技术，武器、弹药和相关材料[18]；

——爆炸性物质和技术[19]；

——禁止的军民两用物品和技术[20]，包括材料、化学品、微生物和毒素；通信和相关技术；船只、相关软件和技术（如：水面潜艇、潜水艇、包括浮艇）；航空器和相关技术[21]；

——运输途中的货物和特殊描述的货物[22]；

——运输途中，出口商被主管机关[23]通知、明知或者有理由推测到可能或就是有任何相关用途[24]的货物；

——指定出口到联合国制裁国家[25]的货物；

——濒危物种[26]；

——和文化利益物品[27]。

《2003年英国货物出口、技术传输和技术援助规定管控法（2003年英国管控法）》[28]附录中的禁止出口商品目录规定了所有禁止出口的货物种类，由于篇幅和技术解释限制以及被频繁地更新，故详细目录不在本书中罗列。出口商提交出口税率咨询表后，BERR的出口管制组织会告知是否需要出口许可证，并提供相应的可电子录入的许可证申请表。出口许可证主要有四种格式。最常见的是单一许可证（Individual Licence）。它由某个出口商为特定商品申请，通常有效期为2年。第二种是公开一般出口许可证（Open General Export Licence，OGEL），于1989年生效。当出口目的地为西欧、北美、日本、澳大利亚的特定地区时，无须申请独立许可证。OGEL通常是开放式结尾，也没有到期日。第三类是公开单一出口许可证（Open Individual Export Licence，OIEL），仅由某一出口商使用，但是包含某些货物到特定目的地的常规出货。根据货物种类和出口国家不同，它通常有2～3年的有效期。最后，第四种是转运出口许可证（Transhipment Licence）。

即使是按规定需要出口许可证货物，也允许有例外。《2003年英国管控法》第四部分第11条对例外作了具体说明。

国务大臣可在任何时候修改、吊销或撤除任何许可证或其他货物出口许可。[29]

即使货物只是暂时运送到国外，只要它们需要获得出口许可证，都必须按照相关法规的规定执行。因此，如果一个旅客打算把一些首饰带到国外佩戴，她实际“出口”了这些首饰。即使她打算还把它们带回国，并且还给它们保了回程险，也需要在离境时做出口申报。[30]

出口商只能出口许可证上明确注明的货物，未注明的货物无权出口。通常情况下许可证不可转让，但是对散货或者类似例外情况，许可证可以转让给“X、Y或他们授权的任何自然人或公司”。

出口许可证不准许出口商从事其他法律法规（如与海关或者邮政相关的规定）所禁止的行为。虽然法院还没有依据新法令受理和审判相关的案件，但是关于出口许可证不能免除其持有者违反出口管制法规定的法律很可能依然适用。[31]并且，拥有英国签发的出口许可证不能免去出口商按规定需要在进口国获得进口许可证的义务。[32]

□ 战略物资

26－004 《2003年英国管制法》对战略物资的出口管制做出了规定。[33]与一般管制不同，这些法规中的某些规定有域外效力。因此有些活动，例如传输受管制的技术信息，即使是在英国境外实施的，也要申请许可证；如果没有许可证就会造成犯罪。

出口管控目录最早由巴黎统筹委员会（CoCom）的《超国家协议》维护；1994年此协议失效以后，由《瓦圣那协议》替代。

《瓦圣那协议》于1996年签订，所有缔约国[34]一致同意采取管控措施，在不妨碍合法民用贸易[35]的同时防止军用和军民两用物品的扩散。英国通过修正后的《2003年管控法》[36]强制执行了此目录，此法于1996年11月1日生效。经过欧盟委员会（European Commission）在2000年对《理事会条例（欧洲经济共同体）3381/94》的重新审查，其中关于军民两用物资的规定被进一步修改。现在，最新的目录由《理事会条例（欧洲经济共同体）1334/2000》[37]规定，该目录也参考了《瓦圣那协议》。[38]另外，英国的《2003年管控法》也编入了相关规定，代替了原来的《1995年两用和相关物资（出口管控）法》。

违反出口许可证管制的行为构成违法犯罪，并会受到一系列处罚。虽然罪名太多不便在此列举，但是它们都能在《2003年管控法》的第六部分[39]中找到。违规处罚包括不同金额的罚款，甚至最高2年监禁；触犯海关罪最高可以被处以10年监禁。[40]此外，货物可被法庭或政府没收。[41]

□ 濒危野生动植物

濒危野生动植物国际贸易由《华盛顿公约》（CITES）保护。[42]此公约从世界自然保护联盟（IUCN）几个成员国之间采用的决议演化而来，最终被80个成员国于1973年3月3日接受并签署，1975年生效。现在的成员国已经扩展到了169个。[43] **26—005**

本公约现在通过共同体立法和国家立法强制实施。欧盟的主要规定在《理事会条例（欧洲经济共同体）338/97》中列出。条例复制了公约的绝大多数规定，例如，受保护物种被列入两个附录。考虑到公约的变化和加入新受保护物种的需要，附录经常需要被修改。[44]不同物种的受管控等级[45]取决于它在附录中出现的位置。

附录A——包含公约附录Ⅰ中的物种，包括：（1）已经或可能在区域或国际贸易中有需求使用，面临灭绝或稀有以至于任何程度的贸易都会威胁到它的生存的物种；或者（2）本属中绝大多数其他物种，或者说绝大多数亚种，按照（a）或（b）(ⅰ）小段标准被列入附录A，有必要列入目录以保证有效保护的物种。[46]

附录B——包含公约附录Ⅰ中的物种，包括：（1）包含在《华盛顿公约》（CITES）附录Ⅱ中，但不在附录A中，同盟国还未建立保护的物种；（2）列入公约附录Ⅰ，已建立保护的物种；（3）任何未列入公约附录Ⅰ、Ⅱ（ⅰ）的具有与维持此物种生存、此物种种群在某些国家生存、种群总数量维持在一个与其所在生态系统相适应的水平不相容的国际贸易程度的物种；或（ⅱ）由于与附录 A、B 所列物种从表面看类似，为了确保原样本贸易管制有效，从而有必要列入附录的物种；（4）被证实的，当活样本引入当地自然栖息地时，会对当地野生动植物产生生态威胁的物种。[47]

条例中也有附录 C 和 D。附录 C 列出不在条例附录 A、B 中的物种保留名单；[48]附录 D 在附录 A、B、C 不适用时使用，它仅与由进口担保（import warrant）监测的欧洲共同市场物种进口相关。[49]

条例的要求（也就是公约的要求）在英国通过制定实施条例（enforcement regulations）强制实施。[50]对目录 A 的货物管控要求最严格，必须在出口之前获得并向海关出示出口许可（export permit）。附录 B、C 的货物要求严格程度较低，但还是必须提前获得海关许可。

出口许可应向相关授权管理机构申请获得。[51]申请可能需要花费时间，因为获得许可证前要由指定的科研机构[52]对货物进行科学分析[53]，要提供证据说明货物是通过合法途径获得的，还要出具货物原产地证明。[54]例如涉及美国人参进口的 *Yuan Shui v Commissioners of Customs and Excise*[55]案。CITES 禁止以野生状态进口人参，但是允许进口经过培育的具备进出口许可的人参。要获得出口许可证就必须证明此参是经过培育的，并从可识别的传播途径获得。由于美国主管机关没有签发出口许可，DEFRA 拒绝签发进口许可。该批货物也被海关依法扣押。

指定管理机构是唯一有权力签发许可的机关，与海关扣押的无有效进口许可的货物以及此类货物归还的相关问题在升级。[56]在 *Commissioners of Customs and Excise v Ray* 案[57]中法庭判定，因为 DEFRA 拒绝发放进口许可，所以海关应归还货物。然而，在更近的 *Yuan Shui* 案[58]中，增值税和关税法庭发现《理事会条例（欧洲经济共同体）338/97》包含了 CITES 强制执行机制。据此，任何扣押但不归还货物的决定都必须“与侵害的本质和严重性相适应”。[59]如果货物出口和进口许可都没有，那么这个决定就很有意思了。但是，在执行决议过程中法庭明确了可以在归还货物时附加条件[60]，如要求称职的科研机构测试证明货物的安全性，并且测试费用由进口方承担。

违反英国管控法的行为构成各种犯罪，如故意或草率做出错误陈述罪[61]，违反许可证条件规定[62]提供伪造文件罪。[63]此类犯罪的罚款是标准罚款等级的 3～5 级，更严重的犯罪会受到监禁判决。[64]另外，任何违法行为都可能导致违反海关法律。[65]

如果无法准确确定准备出口的货物是否受 CITES 保护，出口商应该咨询 DEFRA[66]，也可从英国税务海关总署获得信息。[67]

□ 文化利益产品

26—006 英国文化、媒体、体育部（DCMS）管理与文化利益相关产品的出口。关于此类产品的出口管制权由《2002 年英国出口管制法》赋予，在《2003 年文化利益物品出口（管控）法》[68]中也有提及。《管控法》第 1 条第 1 款把此类产品定义为：

"1. 与文化利益相关的制成品或者在出口日 50 年以前生产的任何物品，以下除外：

(a) 邮票和其他与集邮相关的物品；

(b) 出生、结婚、死亡证明，或出口者或其配偶的其他个人文件；

(c) 由或向出口者或其配偶书写的信件或其他书面文字；和

(d) 由制造者本人或其配偶、遗孀/夫出口的私人财产。"

文化利益产品不仅受到英国国内立法保护，还受到相关的欧洲法律保护。[69]欧洲法律的介入使得水彩画也被加入出口管制范围。《管控法》中包含了误导性申请罪[70]和违反许可证规定罪[71]。对这些罪的惩罚是有或无上限的罚款和最高两年监禁。出口文化利益产品时，必须根据《管控法》的规定，按照许可证条件[72]（在被要求时）提供货物目的地证明，同时遵守其他许可证下的条件。DCMS 提供关于出口文化利益物品的指导。[73]

海关规章

□介　绍

海关在国际贸易中最主要的作用是收取关税和其他税种。此外，海关的第二个功能是代表其他政府部门执行监管，其中包括管控禁止或限制进出口的商品，收集数据信息和实施共同农业政策（CAP）。[74] **26—007**

海关监管一般都发生在出口的海港或者空港，但是对有资格的出口商，可以根据本地清关程序（local clearance procedure，LCP）在出口商所在地执行，或者根据指定出口地（designated export place，DEP）程序在其他商品集中托运地执行。[75]有一种情况除外，从 1993 年 1 月 1 日起，在欧盟成员国内的寄售货物流动（consignments movement）不再被视为出口，而被视为供给。英国出口商和从业者应当在 1993 年之后把与欧盟国家的贸易和与非欧盟国家的贸易区分开来。单一市场创造了一个混合格局，单一市场内贸易既不属于国内贸易，也不属于非欧盟国家间贸易。

无论是与欧盟国家还是与非欧盟国家做贸易，出口商都应该熟悉法律法规及海关要求。为了帮助出口商和公众加强理解，《海关关税》（Customs Tariff)[76]和海关公告[77]中对诸多规定做出了解释。值得注意的是《海关关税》和海关公告仅有信息传播功能，不能作为法庭审判的法律依据。的确，在《共同体海关法典》相关案件中，欧盟法院（European Court of Justice）曾经几度据此判决，并明确判定出口商有义务阅读并理解主要包含在共同体法律[78]中的相关法规。[79]

□ 单一市场对海关法规的影响

26—008 1993年1月1日，欧共体（EC）内的海关法规发生了重大变革。《单一欧洲法案》（Single European Act）[80]的实行，列明了为实现单一市场的时间表，破除了当时欧盟12成员国[81]的所有边境，开启了欧盟内商品自由贸易时代。[82]这意味着所有的关税、数量限额和程序壁垒（如海关总署在境内实施的系统检查）都不复存在。[83]随着欧共体内出口和进口的概念被输出（removal）和输入（acquisition）[84]所替代，单一市场内的海关手续极大地改变了。

1995年1月1日，《欧盟宪法条约》[85]又为欧共体引入了新的血液，奥地利、芬兰和瑞典三国加入经济共同体，新的15成员国被统称为欧盟（EU）。2004年5月1日，随着10个新成员国[86]的加入，欧盟成员国范围继续扩大。

□ 对欧盟内其他成员国供给货物

26—009 虽然《单一欧洲法案》消除了成员国间的边界，但是考虑到增值税、国内消费税的缴纳和统计数据的收集，仍然保留了一些形式的监管。虽然现在增值税和统计数据的监管与国内增值税监管同时进行，商品国内消费税缴纳监控仍然在很大程度上依赖附属单证，并且检查在商人或仓库保管人所在地进行。商品享受在欧盟成员国间自由移动的前提是商品处于“自由流通状态”（free circulation），它的定义是：

“（a）完全欧盟原产的商品，和

（b）满足《欧盟宪法条约》第9和第10条条件的商品，即来自非欧盟国家但已经在欧盟内处于自由流通状态的商品。”[87]

增值税

26—010 以前增值税征收作为海关清关的一个程序发生在出口国边境。从1993年1月开始情况发生了改变，增值税通过国家增值税系统在目的地成员国结算。[88]

供应商向其他成员国的客户供给商品时，需要获得客户的增值税登记号码，把它填写在商业发票上，并选中零税率供货（不征收增值税），客户在自己国家提交增值税报告（VAT return）。供应商向没有登记的客户供货时，由于无法填写增值税登记号码，必须以供应商所在国的合理税率，把增值税税款计算入发票，并计算入供应商的增值税报告。如果是供应商没有登记，则无法征收增值税。[89]

对所有向欧盟其他成员国的供货，在供应商的商业记录里保留货物已经离开英国的证据对增值税计算十分重要。这些证据可以是装运证明[90]、由承运人签发的商业运输单证，或其他单据。其他辅助信息包括国外付款记录。[91]已有增值税登记的公司必须在增值税报告上填写附带栏目，并附上增值税销售清单。[92]在增值税销售清单上列明增值税号码和计算期间内对各个在欧盟成员国范围内交易的公司的总销售额。[93]

1993 年引入的增值税系统是一个过渡系统，当时预备达到某一阶段后就用被称为通用增值税系统的系统替代它。根据增值税纳税义务从供应国转移到目的国的原则，委员会已经制定出了通用增值税系统的议案。[94]如果成员国不能统一各自的增值税税率，这些议案就不可能实施；然而有多数成员国都不愿意这样做。并且，随着 2004 年欧盟成员国的扩大，关于增值税的任何重大改变都不太可能在五年内完成。

统　计

获取准确的统计信息对商业和政府都十分重要。对非欧盟成员国的出口信息由报关单（Customs declaration）收集。[95]但在欧盟内，出入境手续被免除后采取了其他措施。引入的系统叫统计申报（Intrastat）[96]，它要求向成员国供应商品，并且供应量超过一定界限[97]的供应商按月申报供应[98]并报关。[99] **26—011**

统计申报系统的法律基础是欧洲联盟法[100]，还有许多国内法规做补充。[101]供应商不能忽视提供准确统计申报信息的重要性。虽然英国税务海关总署一开始对统计申报信息的合时性和质量采取的是注重实务的态度，但是众多案例表明不遵守要求会导致重罚。[102]

消费税

消费税是一种对含有酒精、烟草或者石油烃及其衍生物的商品施加的税。**26—012** 消费税对所有这些类商品征收，不论该商品是向国内、其他欧盟成员国还是向非欧盟成员国供应的。消费税是一种国内税，由消费国负责征收。

欧盟各成员国间消费税税率差别巨大，因此对相关货物的移动管控严格。消费税商品贸易途径有以下三种：推迟[103]到另一成员国内经授权的消费税应税商品接受者处，在这种情况下在货物到达此成员国时征收消费税；[104]在经授权的消费税应税商品仓库保管人之间；或者作为远程销售，此种情形下需要在完税后供应商品。[105]

只有经授权的消费税应税商品仓库管理人有权保管未税商品。需要在这些未税商品到达目的成员国时立即核定消费税，并且在此成员国缴付税款，或者把商品存放在消费税仓库。建立消费税商品仓库的完整程序的解释在《197 号海关公告》中。消费税仓库必须由英国税务海关总署授权，并且履行一些义务。在欧盟内转移消费税商品最常见的途径是通过授权仓库，因为这样可以把税款推迟到商品消费或销售时支付。仓库保管人可以是商品的所有者或者代表第三人行事。[106]无论何种情形，仓库保管人都被要求采取有效措施确保货物被适当地管控和采税，并且作为货物的保管者对消费税计量失误负有责任。[107]所有欧盟内未税的消费税应税商品移动时都需要担保。[108]担保可由货物所有者、仓库保管人或者货物承运人提供。

所有消费税未税商品的移动都必须配有伴随管理文件（AAD）[109]或者记录有等效信息的商业文件。AAD 是一份用来确认商品递送的四联文件。四联的用途如下：

第 1 联——发货人保留；

第 2 联——收货人保留；
第 3 联——返回发货人；
第 4 联——目的地国保留。[110]

由于现在的程序严重依赖伴随的纸质文件，欧盟委员会和欧盟成员国在力图使此系统电子化。被称作消费税商品移动和管控系统（EMCS）的新系统于 2007 年开始运行测试。成员国被要求在 2009 年完全使用此系统。EMCS 将通过欧盟委员会网络把消费税商品贸易商和仓库保管人链接起来，让消费税商品的移动同时处于发/收货人和海关当局的监控下。[111]

关于消费税商品移动和存储的基本法律是欧洲联盟法[112]，还有许多国内法规支撑。[113]处理待征消费税商品和为逃避消费税做初期准备工作[114]的违法行为被视为严重的犯罪。[115]其他犯罪行为包括伪造任何文件，例如 AAD，它被视为消费税管控系统中的组成部分。因此根据消费税法，一旦发现文件伪造就立即形成消费税应付责任。这种犯罪的后续惩罚强度不亚于欺诈罪。[116]另外，英国税务海关总署有权扣押并没收商品、运载商品的运输工具、任何商品包装及附属物。[117]商品所有人对消费税商品被盗或者丢失的情况也有可能负有责任。在 *James Buchman & Co Ltd v Babco Forwarding and Shipping* (*UK*) *Ltd* 案[118]中，价值 7 000 英镑的威士忌（不包含消费税）在运送到某一国外目的地途中在英国的运输工具上被盗，货物所有人需要支付大约 30 000 英镑的（未付）消费税。[119]关于消费税商品仓库保管人在货物欺诈转移情况下承担消费税责任的案例请见 *Greenalls Management Limited v Customs and Excise Commissioners* 案[120]。本案中消费税商品被安排从消费税仓库运送出口，但实际货物没有出口，反而被转移到本国内销。在这类案件中仓库保管人要对消费税负责。

□ 对非欧盟国家供给货物

26－013 从英国出口货物的基本政策保持不变，它依据计划出口货物的财务和限制性特征。[121]当没有出口付税或退税并且货物不受限制时，这些手续就相对简单；[122]但是当有付税或退税或许可证管控时，程序就会更加复杂一些。

自从 1993 年创造了欧洲单一关税区（single European customs territory），欧盟委员会[123]在成员国的支持下把众多欧盟海关法合并成一部单一法典。这就是共同体海关法典（Community Customs Code）[124]及其实施细则。[125]这部法律直接在成员国内应用，无须再编入国内法律。它因此构成英国海关法律的基础并包含对非欧盟国家进出口的规定。[126]现在共同体海关法典需要修改。虽然实施细则定期每年一次（有时候两次）有更新，但是基本法条仍保持不变。鉴于此，欧盟委员会现在正着手对法典做根本改变。[127]一个从根本上重新起草的海关法典新草案于 2007 年 6 月 13 日获得了欧盟理事会的同意。[128]现在的工作是继续更新实施细则。新的法典及其实施细则有可能于 2009 年 7 月左右开始生效。

在欧盟法律不适用的情况下应用国内法律。就这点最主要的法规是《1979 年海关和消费税管理法》（CEMA），虽然它被无数议会法案和法规围绕和支持。[129]海关当局通过海关公告公布对这些法律中相关规定的指导[130]，这些公告可在当地税务海关署获取。

《1979年海关和消费税管理法》中关于"出口商"的定义并没有被废除，尽管在共同体海关法典中也出现了这个定义。法典定义出口商为"以自己的名义执行出口清关，拥有货物或者在接受报关时有类似货物处置权的个人"。[131]虽然两个定义不同，但是似乎没有引发问题，因为它们并不相互抵触。

海关规定

26—014 海关法律对货物出口的基本要求是所有货物都必须通过出口程序。[132]为了通过程序，货物必须向海关报关。[133]为此目的的需要的文件（报关是通过书面的形式）是欧共体统一单证（SAD）。[134]这是一份多用途文件，除了用于出口报关，它也用于过境报关（对个人旅游者携带超过允许的商品）和进口报关。SAD由8联复印纸组成；在首联填写的信息可以在所有联上显示。每联（1～8）都有各自的功能。SAD可从当地税务海关署免费获得。

出口商可以直接向海关报关，或者通过担任其代理或代表[135]的第三方。出口商，尤其是初次或不经常报关的出口商，考虑到完成海关程序的复杂性，通常选择后者。海关报关必须准确；报关员在填写报关单时要确认报关单的准确性、附属单证的真实性和对与报关货物相关义务的遵守。[136]海关也操作电脑系统CHIEF[137]，它电子化处理出口报关步骤，省去了在一些情形下提交纸质SAD的需要。

共同体法要求出口离开欧盟的商品[138]在海关出口办公室（英国海关）报关，如果货物运输经过其他成员国，在离开欧盟的最后一个海关出境办公室办理报关。[139]一旦报关单提交到海关出口办公室，此办公室会通知海关出境办公室何时出口货物。这保证了货物不会在中途被转移。

基本的出口报关程序可以分为两类：一般报关程序和简化报关程序。

一般报关程序

26—015 有时被称为预先报关（pre-entry），它要求出口商向海关提交SAD，或者在出口商被允许使用CHIEF时使用新出口系统（NES）电子输入等效报关单。使用SAD时，第1、2、3联和附带单证必须随货物抵达出口商所在海关。[140]第1、2联由海关保留；后面的统计申报联和第3联退还给报关单位。如果货物在离开欧盟前运经其他成员国，则需要向欧盟的海关出境办公室出示第3联来确认货物的出口并证明实物的离开。[141]托运货物一出口，出口商就应为出口增值税证明和海关目的把加盖有海关公章的SAD第3联保存在自己的记录中。作为对以上管控程序的放松，对不受禁止或限制的价值在ECU3 000[142]内的低价值货物（low value consignment），只要在出境办公室报关，而无须向英国海关提交报关单。[143]

对使用海关CHIEF系统报关的货物，SAD可以被普通纸报关单[144]或电子信息替代，它们在NES系统中和SAD中的作用相同。通过其他成员国转运出口时，货物需要移动经过共同体过境系统（Community Transit System）。如果是这种情况，货物也需要在新共同体过境系统（NCTS）中报关。[145]

简化报关程序

26－016 简化报关程序允许放松限制使出口清关更迅速，或者发运货物时提供简化的信息。这些程序原来对应税货物和限制或禁止出口货物不适用，但是限制被放松了，现在只有限制或禁止出口货物被排除在现代简化报关程序外。共同体海关法典提供了三种此类程序：[146]

- 不完全报关程序[147]；
- 简化报关程序[148]；和
- 当地清关。[149]

在英国这些程序是出口商使用 NES 时的一系列选择中的一部分。

新出口系统（NES）

26－017 英国海关在 2002 年 3 月引入了新出口系统（NES)，作为一系列在 2005 年前完成的新设施和计划的一部分。这个系统让出口商不用再提交纸质报关单（SAD)，而是通过电子传输把报关单提交给海关。这个系统最终在 2003 年实现运作，以前的简化报关系统，例如简化清关程序（SCP）和定期登记手续（Period Entry）随之撤销。简化程序的选择范围如下：

- 简化报关程序（SDP）
- 当地清关程序（LCP)；和
- 指定地点（DEP）出口。

新程序中应用最广泛的是简化报关程序（SDP)，2005 年英国 5 400 万张出口报关单中有大约 20％是通过此方法向海关报关的。[150] SDP 代替了原来使用纸张的、累赘的 SCP 系统。SDP 只要求在出口前向海关电子传输最少量的信息[151]，然后补充完整的报关数据。[152] 然后货物提交到海关，CHIEF 系统会提供一份是否需要商检的通知。补充报关需要以电子形式在海关初次接受首次简化报关的 14 天之内做出。二次报关更加详细，由 24 项信息组成。[153] 关于对应的法律规定，SDP 属于《理事会条例（欧洲经济共同体）2913/92》第 76 条 1 款 a 项中的不完全报关程序。[154]

对于低价值货物，有一个类似于 SDP 的简化程序。[155] 此规定允许出口商以电子形式向 CHIEF 提交出口报关货物，或者运用 SAD。[156] 达到这个要求需要运送货物中没有需要交关税或者受限制的商品，总价值低于 600 英镑，总重量小于 1 000 千克。无论是用商业文件还是用 SAD 第 2 联做对海关出示的预装船报关单，如果此批货物通过其他成员国运输，SAD 的第 3 联都需要随货通行并标记好“简化出口”。在此程序下不需要补充报关。即使货物需要出口许可证，上面提到的简化报关程序仍然适用。在这种情况下，出口商需要同时出示完整的预装船报关单和许可证。如果货物通过纸质 SAD 向海关报关，那么获得海关清关可能需要更长时间，因为在信息被处理之前需要由海关工作人员手工输入到 CHIEF 中。

有一些简化程序可以帮助出口商在自己所在地或者其他指定的内陆地点接受海关管控。这些程序的依据是海关法典中关于当地清关的规定。[157]当地清关程序（LCP）和指定地点（DEP）程序是此类手续中的两个。

有权使用 LCP 或者 DEP 的出口商或其代理在他们所在地或者其他指定内陆地点以电子形式对货物报关并且完成清关。货物通常无障碍地通过口岸。为操作此程序，出口商在准备好出口时为发运货物签署一份发运货物唯一编码（UCR）。它被引用到将被输入海关 CHIEF 系统的首次预装船通知。接着货物可以被运送到港口或空港，当地的商务系统会自动提示海关货物何时到达可以接受装运和商检，或者清关已经完成。[158]提供完整出口信息的补充报关必须在货物装运后 14 天之内传输到海关。这是以电子形式传输到 CHIEF 系统的。作为一个备选方案，出口商可以最大限度地利用 LCP 在内陆对货物报关，但作为对初次和补充报关的替代，出口商也可以填写完整的预装船报关单。完整报关单需要的信息和补充报关单中需要的一样。[159]

DEP 是一个类似的系统，但它只针对被证明有能力运行自己的存货系统的操作者。这个程序对商品集中托运人、出口商、货代和航空公司开放。不像 LCP，消费税商品不能在 DEP 下移动。其他的程序都类似于 LCP。

海关规定和程序简化变化

在 2009 年新海关法典生效带来改变之前，其他根本改变已经在将于 2008 年或 2009 年 1 月 1 日生效的共同体法律中付诸实践。这一变化已经在共同体立法中颁布《理事会条例（欧洲经济共同体）648/2005》和《委员会条例（欧洲经济共同体）1875/2006)》。 **26—017.1**

这些变化引入了欧共体内关于海关程序的新概念。第一个是授权经济经营商（AEO）[160]地位，它让授权的进口商、出口商或者他们的代理享受关于安保的海关管控，和如上节提到的简化程序的优惠待遇。为取得 AEO 地位，出口商需要满足一些条件，包括适宜的合规记录、有记录和文档的良好管理系统、财务偿付能力[161]和适当的安保标准。[162]申请、授予、撤销 AEO 地位证书的详细步骤见法典实施细则 14a-14x 条。有三种提供不同地位和利益的证书：(a) 海关程序简化；（b）安保和海关管控便利；（c）海关程序简化和安保（(a) 和（b）的合并）。[163]这种状态的利益意味着如果 AEO 申请以下任何便利措施都不会受到其他的审议：

——海关进出口简化程序[164]；

——当地清关程序[165]；

——会产生经济影响的（例如加工贸易税务减免和仓储）简化报关或者当地清关程序[166]；

——外发加工程序（OPR）[167]；

——与定期发运服务相关的过境简化[168]；

——授权发/收货人状态（对共同体过境、TIR 和 T5 都适用）[169]；和

——其他共同体过境简化。[170]

除了 AEO 状态，共同体海关法典的改变还将引入其他要求，尤其是对出口的。除非货物不停留地通过[171]，离开欧盟的货物都要提供预离发信息。当不要求提供完整报关的时候需要提交新的“出口总结报关单”。[172]出口报关单或者总结报关单必须在货物离开欧盟境内之前录入。[173]作为另一种选择，也接受链接到出口商或其代理人电脑系统的等效信息。[174]总结报关单需要的数据列在法典实施细则的附录 30A 中。[175]这些新要求背后的目的是让海关当局在货物发运前采取更有效的风险评估并以此加强出口管控效率。[176]做出这些规定是鉴于日益增长的安全风险意识和安全水平，它也体现出海关当局在共同体层次上在这些方面发挥了更大的作用。

海关报关所需信息

26—018 虽然简化程序一般会把向海关提供信息的要求推迟，但是本质上对信息的总体要求和通过一般报关程序规定的一样。事实上有一到两个关键数据是海关依赖，也是值得个人注意的。商品编码（commodity code）[177]就是一个例子。这个编码能鉴别货物种类，使海关对出口采取适当的管控，并且修正进口关税税率和国内税率。税则结合了协调制度（Harmonised System）[178]、欧洲统计术语和共同关税税率。商品编码和关税税率的更新公布在欧洲共同体官方期刊上。覆盖了 5 000 个商品种类中 98%的所有商品的编码列表，编载在英国海关税务总署税则第Ⅱ卷中，可以在活页夹中或者以 CD-ROM 形式阅读，或者向 HMSO 购买，但是不能在网站上下载。税则根据官方期刊每月更新。[179]出口货物使用的商品编码是一个 8 位数字代码。[180]无论是使用 NES 还是 SAD 为出口货物报关，商品编码都在填写第 33 栏。

除了商品编码，海关为统计目的需要商品的准确价格。统计价格是对卖家的报价[181]，加上包括到装运上船或飞机前所有成本的调整。[182]税则[183]提供的描述是：

> “报关的价格是海外购买者购买商品的成本，四舍五入到 1 英镑（或者，若没有买卖交易，就是商品在向海外购买者销售时所能达到的价格）。它应该包括货物装上出口船只或飞机或处于爱尔兰边境前累积的，包装、在英国的内陆运输和海运、船坞使用费、装载费和所有其他成本、利润、费用和开支（例如保险和佣金）。
>
> 对于在英国加工或修理后重新出口的商品，报关价格必须包括加工费用和商品进口价格。”

统计价格在 NES 电子报关单或者 SAD 的第 46 栏填写。[184]

邮寄出口

26—019 海关对邮政移动的立法和管辖权通过《2000 年邮政服务法》第 105 条确定。目前有两个法规适用：仅对英国皇家邮政（the Royal Mail）信件适用的《1986 年邮政包装（海关和消费税）法》[185]和对其他不能提供全球邮政服务的运营商适用的《2007 年邮政包装（海关和消费税）法》[186]。[187]根据这些法规，海关规定允许除退税商品（drawback goods）外[188]的其他商品，通过邮包出口而无须向海关预报关或补报关。必须完成的报关单可以从皇家邮局（Post Office）、皇家包裹局（Parcel Force）或者其他邮政运营商处获得。[189]邮政投递单证必须和适当的支持文件一起粘在包裹上。[190]皇家包裹局为区别不同的服务标准要求，提供了一系列的投递文件。可以在邮政运营商处获取更多关于投递单证和可选服务的信息。邮政出口使用 CP1 和 CP2 报关单，它们都是 SAD 的简化版。在《1986 年邮政包装（海关和消费税）法》中可以找到更多关于从英国出口有关税的货物的要求。[191]

□ 贸易商海关记录和账户

海关管控日益从传统的边境策略，向利用商业记录和账户来证实出口报关单信息的贸易商所在地管控策略转变。[192]共同体法典要求任何直接或间接与海关发生关联以交易商品的个人都必须保留并提供相关单证。[193]根据《1979 年海关和消费税管理法》具体条例要求，贸易商保存记录（包括单证）的期限不能超过 6 年。[194]《1995 年贸易商海关（记录和账户）法》[195]将这一期限限制在 4 年。[196]这部法规细化了保存记录的形式，有照片、电脑光盘、音带或磁带、微缩胶卷或其他视觉形象。[197]法规的 Sch. 1 列出了需要保存的文件和记录。 26—020

通常，海关审计形式的管控旨在促进贸易，因为它能减少在货物移动中实施的监管，从而缩短过境时间。这种监管方法对有权使用简化程序，如 LCP 的贸易商适用。

□ 过境程序

海关过境程序通过减少边境手续并解除在每个国家边境支付关税和国内税的规定，促进了商品在国家间移动。现在有 3 种有效的国际过境系统：共同和共同体过境以及 TIR。[198] 26—021

共同和共同体过境

共同体过境系统允许非欧盟商品和某些不处于自由流通状态的欧盟商品无障碍地通过成员国和 EFTA 国家关境。此系统的法律依据包含在共同体海关法典[199]及其实施细则[200]中，并由国内立法支撑。[201]这个系统根据共同过境公约被扩展到 EFTA 国家[202]。[203] 26—022

从英国出口可采用两种过境程序：对运输经过或者抵达 EFTA 国家的货物适用的共同过境系统（Common Transit System）；或者对以非自由流通状态[204]通过其他成员国关境或从非 EU/EFTA 国家运输到成员国的商品适用的共同体过境系统（Community Transit System）。有些货物除外，包括 TIR 或 ATA 公约下的货物、邮政货物和通过铁路或国际集装箱简化程序运输的货物。过境手册（Transit Manual）中提供了是否该应用此过境程序的完整举例列表。[205]

《1979 年海关和消费税管理法》[206]中有共同体过境商品（Community

Transit Goods）的定义。这个术语的含义是：

“（a）与进口商品相关，意思是——

（ⅰ）已经通过共同体内部或外部过境系统，通过英国边境，完成进口，并且计划要从进口地再出口的商品，此时过境和出口属于同一共同体过境手续；或

（ⅱ）在进口接受共同体内部或外部系统过境，通过英国边境，并且计划再出口的商品，此时过境和出口属于同一共同体过境手续；

（b）与出口商品相关，意思是——

（ⅰ）已经如上述（a）（ⅰ）段定义完成进口，并且即将通过进口时使用过的共同体过境手续的后一部分来出口的商品；或

（ⅱ）接受共同体内部或外部系统过境，从进口海港或空港通过英国边境，并且即将通过在此海港或空港发生的共同体过境手续的后一部分来出口的商品。

［为实现上述（a）（ⅰ）段的目的，马恩岛被应为视为英国的一部分。］”

本过境系统的目的是防止商品在未计算国内税和关税的情况下转入国内市场内销。[207]它通过指定一个负责人来实现，负责人[208]负责保证过境手续正确实施和货物在目的地国交由海关。负责人必须对由于商品未到达目的地所产生的任何潜在收益或损失做出担保。[209]CT 系统在过去的 6 年内被彻底改革，单证手续被新共同体过境系统（NCTS）替代，它使信息以电子形式在欧盟内的出口商及其货代和海关办公室之间传输。这些变革是为了应对旧系统中固有的欺诈现象。[210]电子报关单从 2005 年 7 月 1 日开始替代了旧的纸质过境报关单，当时使用的是 SAD（第 1、3、4、5、7 联）。为了在此系统下为货物办理过境，必须向海关提交报关单。返回来，货物被分到一个唯一的参考号[211]，它会以数字和条码形式打印在附属过境单（TAD）上。TAD 必须伴随货物提交到海关，并置于英国离境处。[212]

当 TAD 被提交到海关出境办公室（在货物离开欧盟之前），此办公室的海关人员将把到达信息返回到离发办，解除对负责人过境担保的所有义务。只有海关目的地办公室解除担保之后才能完成这个手续。希望商品在欧盟过境的贸易商必须使用 NCTS 系统。[213]强制性使用此系统的要求由共同体法规定，并从 2005 年 7 月 1 日起实施。[214]可以从网上直接连接到 NCTS 系统或者用邮件发送 EDIFACT 信息。[215]更多关于系统的技术信息可从英国税务海关总署获得。

对获认可的发/收货人也有简化程序。这些手续让出/进口商在自己所在地[216]执行过境手续，这些地方可以是 DEP 或 LCP 地点。[217]发/收货人认可状态要得到海关授予，并且要达到某些为保证过境系统妥善执行而制定的标准。此授权列出了执行机制所需的条件，包括海关的义务，获认可的发货人如何、何时通知海关货物有移动和所有除外商品。[218]这个系统运作方式是自动地放行货物，或者为商检滞留货物。货物一旦完成清关，就和 TAD 一起直接从欧盟

运送到出境办公室。

关于NCTS的更多信息由英国税务海关总署公布在他们网站的"NCTS——过境贸易商所需信息"网页上。[219]

TIR系统

TIR系统[220]的依据目标与共同和共同体过境系统相似，但是适用于签署了《国际公路货物运输公约》(TIR Convention)的两国之间。[221]不像共同和共同体过境系统，TIR系统是基于拥有许可的车辆和集装箱的使用的。对这类车辆的一般要求是安全，适合加盖海关印章和有永久鉴别标识。英国车辆检查处(the Vehicle Inspectorate)进行审批[222]，一旦获批，车辆和集装箱就必须装备上TIR托盘。 26—023

进入TIR系统的货物必须从担保机构获得国际公路运输运单(TIR Carnet)。[223]这个运单是承运人达到一些基本要求的证明：承运人有坚实的财务状况、掌握确实的TIR系统相关知识、没有犯罪记录及海关和税务经常性违规记录。运单需要向海关离发办、过境办和目的地办出示。运输过程结束之后要立即把运单退还到担保机构。

从1993年以来，欧盟就被《国际公路货物运输公约》视为一个单一的区域，因此TIR运单不能用于欧盟成员国之间的移动。以下情况下，它可以在成员国间移动时使用：

"(i)在非共同体国家始发或者结束运输；

(ii)路线设计为经过一个非欧洲共同体国家到达一个共同体成员国；或

(iii)整批货物分运到共同体和另一个非欧盟国家。"

还需要注意，有些货物因为有日益增长的欺诈风险，被禁止使用此系统运输。禁运名单随着时间的推移不断改变。目前有如下货物是被禁止的：

- 除了HS编码22.07.10到22.08外的酒精及其衍生产品；和
- 除了HS编码24.02.10、24.02.20和24.03.10的原烟叶之外的烟草及其衍生产品。

□ 关税减免机制

海关法规中有一系列为特定商品减免或者延迟缴纳关税和国内税的便利制度。它们适用于为修理、加工再出口而进口的货物，或者仅仅允许贸易商把商品以悬而未决的状态存储一段时间，直到它们被使用、消耗、销售或者再出口。这些机制包括外运加工减免(Outward Processing Relief，OPR)、纺织品外运加工(Outward Processing Textiles，OPT)、运进加工减免(Inward Processing Relief，IPR)、退税(Drawback)和一系列海关仓储便利。 26—024

在欧洲法律中可以找到对如是程序的规定，虽然现在在国家层面上为程序授权。[224]也有一系列适用于这些程序的文件，此处不详细介绍。[225]这些文件的举例可以在相关法规[226]和由英国税务海关总署为这些程序制定的相关公告中找到。

外运加工和运进加工减免

26—025 根据进口商在满足一些条件时外运加工减免（OPR）机制，货物运送到非欧盟国家加工并返回时可以全部或者部分免除在加工国和重新进口到欧盟的国内税和关税。[227]OPR 的法律基础是共同体海关法典[228]及其实施细则[229]中的规定。想采用这种机制的出口商必须获得授权[230]，并且证明商品是一个产品加工工艺的一部分，或者将被镶入另一个产品。《235 号海关公告》申明：

“OPR 机制允许你在没有为出口商品缴付关税的情况下，再进口以前为加工或修理而出口了的商品，只要能表明已出口商品已被用于生产或者镶入新进口的商品。”

纺织产品是排除在 OPR 之外的，它们必须通过一个叫做纺织品外运加工（OPT）的特殊机制报关。享受的便利和 OPR 相同，但是对 OPT 的申请是提交到英国商业、企业和管理改革部（BERR）的。[231]

IPR 机制和 OPR 类似，但它允许进口商从非欧盟国家进口货物用于加工，只要货物会再出口并且能证明进口货物是最终出口货物的一部分，就能同样地免除全部或部分关税和国内税。[232]IPR 的法律基础也在共同体法律中。[233]

两个机制都对合格商品有限制。根据 OPR，商品必须处于自由流通状态，除非它们处于 IPR 程序并且在出口时不能要求豁免或退款。[234]IPR 机制甚至更加严格，因为利用此程序报关的货物需要满足的基本条件之一是，许可不会伤害到共同体内的生产同样商品，但是在销售价格上无法媲及非欧盟产品的供应商。[235]

对某些欧盟生产的敏感商品可能需要经济测试。它由 BERR 或者环境、食品和农村事务部（DEFRA）执行。对此类授权的申请需要提交到相应部委，附带上辅助文件，用以证明该同类或相似商品在欧盟境内没有生产，或者有正当理由认为无法在欧盟境内使用。[236]对于不那么敏感的产品就不需要经济测试，对此机制的申请成为海关进口报关手续的一部分。[237]

除了 IPR 之外，退税机制也有效。退税适用于先前付清全部相关国内税和关税进口，并且随后以相同状态或经过加工，无论有无改变它的样式和特性出口的商品。[238]这个程序退还进口时支付的任何关税和国内税。关于退税的相关法律包含在欧盟和国家法律中。[239]

进口未使用商品退回

26—026 进口商在满足一些条件时，被准许免于支付任何进口关税的资格。共同体海关法典[240]表示：

“已经从共同体海关区域出口，在 3 年内退回到此区域并放行获得自由流通状态的共同体商品，可以在相关人员要求下获得进口关税免税。

但是：

——考虑到特殊情形，3 年期限可以延长；

——如果在商品从共同体海关区域出口前，被退回的商品曾经因为其特殊用途以低或零进口关税放行获得自由流通状态，只有在商品以相同用途再进口时才可以享受第1段中的关税免除。

如果有问题的商品再次进口的用途不再相同，向此批商品征收的进口关税金额应该减去货物首次放行获得自由流通状态时征收的出口税额。如果后者金额大于退回商品获得自由流通状态的应缴税额，则不能获得退款。”

关于退回商品的规定在法典实施细则[241]、《1979年海关和消费税管理法》[242]中也有提及，对VAT、消费税[243]和CAP商品有特殊规定。[244]还需要注意经过批准、销售、退回或类似方式进口商品的进口关税不能退还。

保税仓库货物

对进口商有一个便利措施，进口的货物可以被允许在未缴付国内税和关税的情况下进入欧盟，并保存在一个获得许可的仓库内，直到它们被需要的时候，再进入下一道海关手续。这道手续要求支付缴纳国内税和关税。[245] **26—027**

有6种海关仓库设置[246]和另一种消费税仓库。[247]在英国，海关运营这6类中的4类：

——A类：公共仓库[248]，由仓库保管人负责。这种公共仓库可以被任何人使用，并且确保货物交税的责任在仓库保管人。

——C类：自营仓库[249]，仓库保管人也是货物存放人，但不一定是货物所有者。这种形式适合于个体贸易商。仓库保管人对仓库的报关手续和全部或一些海关文件负责。[250]

——D类：自营仓库[251]，仓库保管人也是货物存放人，但不一定是货物所有者。这种仓库和C类仓库很类似，一个重要的不同是国内税和关税计税点（为计价、计算关税和评税目的而设置）在货物进入仓储程序时[252]，与C类的货物离开仓库的时点相反。这种程序适用于个体贸易商，仓库保管人有义务在仓储手续中为货物报关。后者还负责全部或一些海关文件。

——E类：自营仓库，仓库保管人也是货物存放人，但不一定是货物所有者，通过贸易商的存货管理来控制货物的记录。

除了E类，其他类型仓库都要求有实体库房——一栋存放货物的建筑。对许可使用E类的贸易商，货物可以储存在任何地点，或者在提前通知海关后，在任何地点间移动。[253]

为确保国内税和关税的缴纳，消费税仓库的货物在存储期间需要担保[254]，而海关仓库很少要求财务担保。有许多应付关税的商品都保存在这样的仓库里，进口商的潜在客户可以进入仓库检查货物，在商品离开仓库时必须缴纳相应的国内税和关税。作为一般规则，在保税仓库里的货物不能进行生产制造，但是可以基于以下理由进行微小加工：

- 确保存储商品保存完好；或
- 改善它们的展示或销售质量；或

● 为分销和再销售做准备。[255]

出库出口时必须使用 NES 通过一般或简化程序报关。[256]对消费税保税仓库的货物，除了其他细节信息，出口商必须在报关单中填写仓库的名称。妥善完成的报关单需要最后送还给负责确保出库被录入库存记录的仓库管理人。一份有海关公章并退还给仓库管理人的报关单是货物已经出口的证明。[257]

□ 欧共体优惠安排

26—028 有些非欧盟国家对从欧盟成员国进口授予优惠关税待遇。[258]这些国家有：

(a) 欧洲自由贸易联盟（EFTA）国家，它们是冰岛、挪威和列支敦士登（包括在欧洲经济区（EEA）内）和瑞士。

(b) 保加利亚和罗马尼亚。

(c) 法罗群岛。

(d) 塞浦路斯、以色列和马耳他。

(e) 休达和梅利利亚。(f)“马士礼格集团”（Mashraq Group）——埃及、约旦、黎巴嫩和叙利亚；(g)“马格里布集团”（Maghreb Group）——阿尔及利亚、摩洛哥和突尼斯。

(f) 一些非洲—加勒比海—太平洋 79 国集团国家（ACP），具体海外国家和地区（OCT）详情可从贸易和工业部[259]获得。

(g) 约旦河西岸和加沙地带。

出口商需要满足一些要求，其在给惠国的客户才能享受到优惠待遇。[260]基本条件是出口商品必须符合具体优惠的原产地规则。这些产地原则在不同的给惠国之间都不同，出口商必须彻底弄明白他出口的商品符合特定目的地国家的要求。原产地规则设定在各种国际公约中，它们数量太多，在此不便细说。但是，具体细节在《828 号海关公告》中有总结。

出口商要向他的客户提供一份规定形式的证明，通常使用的是 EUR1（C1299）证明，并由出口国的海关当局签注。对低价值出口货物，在商业发票上注明就足够了，有些时候也使用 EUR2（C1297）表格，但两者都不需要海关的签注。对个人出口低价值商品的情况，不需要任何表格。值得强调的是，表格的使用不是强制的。只有当出口商品够原产资格，并且要向进口国申请优惠准入时才必须使用表格。通常要在出口国签注后的一个具体时间内向进口国海关当局提交移动申明。对 EFTA 国家、保加利亚、法罗群岛、以色列、罗马尼亚、约旦河西岸和加沙地带，这个期限是 4 个月，对 ACP/OCT 国家是 10 个月，其他国家是 5 个月。

出口商可能被要求提供能表明优惠制证明细节正确性的支持证据。如果在被要求时没有提供核实证据，进口国海关当局一般会要求进口商缴纳非优惠关税待遇下的全部关税。它可能追溯到以前对相同商品的进口，还可能会被处以罚金。因此在申请任何优惠前仔细检查相关条例非常重要。对海关错误或者不准确的报关可能引发刑事犯罪或者民事惩罚。

给惠国允许优惠的商品种类、优惠关税税率、申请配额的要求和运输规则差别都很大。如果出口商需要知道是否有优惠和优惠关税率是多少，他应该咨询相关国家的客户，或者英国贸易和投资部相关国家咨询台。[261]

作为一个一般法则，对欧盟的出口无权获得关税减免，对 EFTA 国家、保加利亚、罗马尼亚、以色列、西岸和加沙地带和法罗群岛也无权获得优惠关税待遇。但是只要最终产品为认定为是欧盟原产的，上述两种待遇就都可以在对其他国家的出口时被申请。这种减免包括对在内运加工减免安排中以补偿产品(compensating products)[262]形式出口的商品的进口关税免除和退还，但它不包括 CAP 税和可变费用、出口退税支付款、消费税减免或补偿。

□ 海关上诉

1995 年 1 月海关法引入了申诉制度。有两个因素驱动了申诉制度的制定：**26－029**
首先，它是对欧盟立法变化的回应[263]；其次，它承认了上诉人通过上诉庭对海关和消费税官员通常根据具体的技术性问题做出的决议索赔的成本。

增值税法庭[264]经过扩大权力及更名为增值税和关税法庭，获得了对海关决议上诉听证的司法裁判权。它从 1995 年 1 月 1 日起新应用的裁判权范围非常广泛，包含了所有海关官员做出的书面决定。包括了相关上诉程序条款[265]的《1994 年金融法》这样规定它的裁判权范围[266]（990 号海关公告中也有解释）：

- 附属事项——通常关于海关行使量裁权。包括授权、许可及其附属条件、安检和检获商品的归还。[267]
- 其他事项——主要关于关税和罚金数量，包括消费税评定和罚款、收费、税率或者海关关税数量以及归类意见书（Binding Tariff Information）决定。

值得注意的是，这个程序只适用于增值税中的进口增值税[268]；它不适用于对英国海关官员行为的抱怨[269]；也不适用于假设性事项[270]、与刑事适宜相关的决议[271]、或混合和扣留商品（可被没收）。[272]

增值税和关税法庭自从开庭以来，审理了无数的各类案件，从海关对关税和增值税的稽核[273]、海关的错误[274]、对欧共体条例关于反倾销部分合法性的挑战[275]到有关货物归类的案件。[276]

申诉程序本身由两个步骤组成：首先，由海关审查官员执行的内部复查(internal review)，审查官员是高级官员，其独立于做出原始判决的官员，也没有卷入之前的判决；其次，如果上诉人对复查结果不满意，可向独立增值税和关税法庭上诉（an appeal to the independent VAT and Duties Tribunal)。上诉人需要在 45 天内请求海关复查[277]，并且在海关做出复查决议当天的 30 天内向上诉庭提起上诉。[278]

笔者无意在此详细介绍上诉庭审判程序。它们可以在中心上诉庭网站上找到。[279]但是有必要强调的是，上诉庭已经建立了完善的审判程序和法则，任何提起上诉的个人都应该先自己熟悉《1986 年增值税上诉庭法规》。[280]这些法规制定了关于对复查决议上诉[281]、上诉时间[282]、案件陈述（Statement of Case）要求[283]、证人陈述要求[284]、听证通知书和听证程序[285]的适当方案。上诉人可以代表自己出席法庭[286]，听证一般也没有其他法庭正式。案件在上诉庭大法官面前审理，有时根据案件复杂程度也会有一到两名外界理事参加。举证原则比其他法庭更宽松[287]，并且一般来说上诉费用不由上诉人承担，除非上诉人有无理行为或者未出席听证。[288]上诉庭判决一般不是在听证结束时宣读，而是在听证当天的 2～3 个月内以书面形式发布。[289]根据《1994 年金融法》第 16 条 4 款，上诉庭有权命令仍然有效的决议在上诉庭发出命令起停止生效；要求海关官员根据上诉庭发出的任何命令再安排一次复查；宣布已经执行的决议无效，并命令采取行动以避免今后重复错误。

从上诉庭（Tribunal）的上诉被送往高等法院（High Court）上诉法院（衡平法庭），在有些情况下直接送到上诉法院（Court of Appeal）。[290]对高等法院的上诉必须在决议做出的 56 天之内提交。[291]

□ 海关民事惩罚

26－030 欧盟法律对英国税务海关总署国内权力的影响越来越大，这从一方面体现在加入了一些共同体为强化共同体要求或者确保出口商、进口商和货运代理人遵守这些规定而对成员国施加的责任。[292]历史上，海关曾经依赖刑事制裁来确保合规，但是这导致了针对相对轻微违法行为的犯罪记录。而且，刑事司法制度经常处理为共同体法认为是不相应（disproportionate）的微小违规或程序错误，显得不合理且烦琐。为了解决这个情况并使海关法配合增值税和消费税，2003 年引入了一系列民事惩罚。这些惩罚被列在两部法规中：

- 《2003 年海关（违反相关规定）规定》[293]，与进口相关；和
- 《2003 年出口（罚款）规定》[294]，与出口相关。

两部法规都以类似的章法起草，有建立规则和罚款系统的有关条例，并且以列举了每种违法行为、对罚款负责的个人和相应的罚款水平的条款作补充。[295]

从《出口（罚款）规定》可以马上明显地看出，所有列举出的出口规则都来自共同体海关法典[296]及其实施细则[297]中的条例。罚款包括范围广泛的违法行为，从未将货物置于或正确地置于出口和其他迁移程序[298]，到未能保证货物离开欧盟。[299]对使用 NES 的简化程序也包括在内。[300]

有两个标准的实际罚款：对严重违法行为处以 2 500 英镑的罚款，对一般违法行为处以 1 000 英镑的罚款。[301]根据出口规定 reg. 5（1）(a)，海关可以降低最高罚款水平，并且根据共同体法律原则，任何罚款都必须与违规、错误或欠缺行为的严重性相对应。[302]但是，对重复违反行为，罚金会增加，为鼓励合规，这种做法也被对应（proportional）原则所接受。[303]

罚金可以获得减免[304]，自己揭发违法行为可以免于处罚。[305]被征收罚款的一方可以为违法行为的合理理由（reasonable excuse）做充分辩护。该合理理由必须让海关官员或者上诉中的上诉庭满意。[306]这样看来，只有资金不足[307]和由于第三方行为或者过错导致违法行为[308]是合理理由。[309]

在英国税务海关总署复查以后，可以对处罚决定和罚款金额进行上诉。[310]增值税和关税法庭在此方面的权力写在 reg. 12（3）中，如下：

（a）改变或者撤销决议；和

（b）撤销原来的决议，由上诉庭的决议替代。

为证明违反相关出口规则的行为发生的举证责任在海关官员[311]，但是在上诉庭上推倒海关主张的举证责任在上诉人。[312]关于海关民事惩罚系统是否因《欧洲人权公约》（European Convention on Human Rights）第 6 条起见，引发了更多的刑事指控，法庭当然已经查明，尽管不情愿，对增值税的罚款情况的确如此。[313]

□ 违反海关法罪（customs offences）

违反海关法罪的定义

税务海关署专员除了执行海关规定外，还执行与进出口许可证相关的执行规定、货物在欧盟内自由移动的规定和征收增值税。除了在前面部分介绍的民事条例和处罚，在很多情况下处理这些问题的方法也有刑事条例。违反海关法罪的定义比仅仅违反海关和消费税管理法及据此制定的法规要广泛得多。[314]因为违反海关法罪宽泛和种类繁多的特性，笔者不准备在本章逐一介绍所有违反海关法罪，仅仅是总结主要犯罪种类和相关的海关权力。 **26－031**

违反海关法罪和欧洲联盟法

现在，根据辅助原则（principle of subsidiarity），欧洲联盟法不扩展到对罪行和罚则的规定，但它对成员国增加了一些义务，确保它们以强制方式履行义务。例如，共同体海关法典实施细则[315]中对海关法、TIR 和 ATA 公约提出：成员国的海关管理机构应该采取必要措施以应对任何犯罪和异常，并且要实施有效的惩罚。虽然欧洲联盟法只在与犯罪行为相关时让成员国承担义务，但是它甚至可以在成员国被认为有权限的地区产生直接效力。 **26－032**

在 *R. v HM Treasure Ex p. Centro-Com SrL* 案[316]中，在联合国对南斯拉夫制裁期间，原告公司在欧盟和意大利政府许可下，从意大利出口医疗商品到黑山。已经有几笔货款从南斯拉夫银行打到公司银行账户，但是，英国政府政策强制决定只有从英国支付出口货款才被允许，并且英格兰银行中断了资金的转移。原告公司主张这种做法违反了共同商业政策（common commercial policy）和欧洲共同体条约（EC Treaty）。[317]欧盟法院支持 *Centro-Com SrL* 并判决，虽然成员国拥有外交与安全政策（foreign and security policy）赋予的权利，但是这样的政策必须和共同体法保持一致。[318]经过 *Factortame* 案[319]和

Francovitch 案的测试[320]后，是否可以对因违反如是条例造成的损害要求赔偿成为一个问题，*Francovitch* 案中要求违规行为要“足够严重”并且损害是因此引发的。[321]

R. v Henry Thomas Sissen 案[322]中的被告被认定为欺诈性违反 CEMA 第 170 条 2 款 b 项中关于进口货物限制的规定。本案的货物李尔金刚鹦鹉途经另外一个成员国进口到英国。这种鸟类受到灭绝威胁并由 CITES 附录Ⅰ保护。在众多争议点中，上诉法院仔细思考了《委员会条例（欧洲经济共同体）3626/82》第 5 条 1 款和《条例（欧洲经济共同体）338/97》第 4 条（1）、（2）款是否包含任何针对 CEMA 第 170 条 2 款 b 项的限制。还有，条例规定在英国是否适用，如果适用，是否能够在鹦鹉经过另一成员国进口到英国的情况下被应用。

法院最终裁定欧共体条例有效，无须再引用其他国家法律：法条语言足够清楚地被认定为是一种限制，违反这样的规定将导致刑事犯罪。法院同时表示，违反第 170 条 2 款的行为是有意识地违反法律（enactment）中的限制性规定。在此情况下的法律包括任何欧共体条例。在更早时被区分出来的 *Air India v Wiggins* 案[323]中，法院认定 CEMA 在没有区分成员国的情况下纳入了欧共体条例中的限制规定，实际上扩大了欧共体条例所包含的成员国家的司法权。结果，在使用直接效力加强共同体规定的环境下，CEMA 没有仅限制英国而是将范围扩至整个欧盟，并最终根据英国法做出了判决。[324]

在完成单一市场建立时，为促进成员国间合作，也新引进了英国的法律。这种相互合作被海关法认定已经有一段时间了[325]，但是直到 1993 年，才有根据《1993 年刑事审判法》引入的特别关于在英国发生并将导致在其他成员国的犯罪行为的规定。1993 年法第 71 部分如下：

“在英国境内帮助或促使在英国境外发生的、违反了另一成员国法律的严重犯罪行为的个人有罪，如果：

(a) 相关违法行为构成或属于，对在此成员国的，任何与第（2）款制定的事项相关的法律规定的违反；

(b) 相关违法行为构成或属于对其他法律规定的违反，只要它们对任何相关事项有效；

(c) 其行为认定为对任何如是事项有作用。”

欧盟委员会现在正在试图在某些区域内统一海关法的刑事制裁。的确，2007 年对共同体海关法典修订[326]的基本原因之一就是引入这样的规定。这在某些方面是共同体法发展成熟和找到了从 20 世纪 70 和 80 年代以互助目的在此区域内展开的参照的自然结果。但是在过去的两年中，已经开始侵袭到刑事问题的国家权限（经常被称作第三支柱（Third Pillar）问题）。可以确定地估计，在未来 5～10 年之内，将出现有直接效力的欧洲法关于刑事犯罪及其惩罚的规定。[327]对绝大多数出口商来说这不会有任何影响或者影响甚微。但重要的是，任何实施的刑事制裁都必须是透明的，并且允许在案例法发展过程中国家法庭的判决有微小变化。很难预见将如何在实践中实现这个目的，并且保证在欧洲水平上的平衡。

违反海关法罪的应用

CEMA 第 68 条 2 款扩大了对任何明知需要出口许可证的“出口相关”(concerned in the exportation) 个人的刑事责任。被认定为“出口相关”(concerned with exportation) 的行为不仅限于实际将货物带出国境，还包括在货船或飞机离开前的行为，比如，在货船或飞机离开的前夜将货物移交到买方代理，并且明知代理人会在没有许可证的情况下将货物带出国境。[328]但是，枢密院在一起发生在香港的上诉中裁定，即使明知货物会被走私出境，在香港境内把货物移交给另一方带出本地区的行为不能算作违反当地海关要求的“引发”(cause) 货物被带出香港的犯罪。[329] *Attorney General's Reference No. 1 of 1988*[330]案重新提及了这个话题。本案是关于在明知情况下以欺诈方式违反管制药物禁令的行为。这种行为违反了 CEMA 第 170 条 2 款 b 项，此条例的判决范围扩展到出口、进口、关税和国内税。法庭申明，第 170 条 2 款应该被给予“最广泛的解释”(the widest interpretation possible)，同时，如果情况需要并且起诉中无须证明有针对海关官员的欺骗行为，被告不必做出任何行为就可以被认定为“在明知情况下以欺诈方式违反”，甚至仅仅是同意某种可能的积极参与。[331]并且，被告知道有可能以欺诈方式违反就足够构成明知。 26—033

至于需要出口许可证的货物，如果某人在明知情况下试图出口受禁货物，拥有许可证并不可以免去他在货物出口管控法下的义务。这点由 *R. v Redfern and Dunlop Ltd (Aircraft Tyre Division)* 案判定[332]，此案违反 CEMA 第 68 条 2 款和《1987 年货物出口管控法》(1987 年 2070 号令) 向伊朗出口军用飞机轮胎。[333]

还有一点值得注意的是，一些违反海关法罪是绝对罪行 (absolute offence)，不需要犯罪意图。《1979 年海关和消费税管理法》第 167 条就是一个例子。此部分包含了有关不真实报关的两条罪行：

“(1) 如果任何人明知或大意地——

(a) 向海关专员或者官员，制造或签署，或者导致被制造或签署，或者提交或导致被提交，任何报关单、通告、证明或者其他任何文件；或者

(b) 做出回答由官员向其提出的、根据任一法案要求要回答问题的陈述，可以是一份文件或者为任意指定问题制作或制造的声明，并且任何具体材料有不真实，他会因违反本节内容构成犯罪并且被逮捕；与相关文件或者声明有关的任何货物将被没收……

(3) 如果任何人——

(a) 向海关专员或者官员，制造或签署，或者导致被制造或签署，或者提交或导致被提交，任何报关单、通告、证明或者其他任何文件；或者

(b) 做出回答由官员向其提出的、根据任一法案要求要回答问题的陈述，

可以是一份文件或者为任意指定问题制作或制造的声明，并且任何具体材料有不真实，在不侵害下面第 4 节的情况下，他将被处以标准 4 级的罚款。”

虽然第 167 条 1 款要求犯罪嫌疑人在明知或大意情况下行为，但是在 167 条 3 款中没有这样的规定。结果是无论犯罪嫌疑人是否了解信息中的不实之处，都将被判定为有罪。[334]

也有一些违反海关法罪的举证责任从税务海关署专员转移到被告的情况。在 *R. v Cohen* 案[335]中上诉人被发现持有瑞士手表，但是他不能证明这些货物已经支付了关税并且关税是根据《1876 年海关集中托运法》第 186 条计算的。[336]法庭认为持有应纳关税货物但是无法提供货物已经纳税的一方证明有罪。但是，在有合理解释证明被告不知道或者不确定其是否知道货物还没有支付关税时，被告无罪。[337]更近的，关于《1992 年消费税法（个人救济）》（现已撤销）[338]规定的个人消费税补助的举证责任倒置问题引发了争议。此法案规定了一个应缴关税的上限，在此限额以上的商品就被视为以商业目的从其他成员国进口到英国的。如果将商品带入英国的个人能够向海关专员证明商品是用于个人消费，这个假定就可以被反驳。但是，根据上诉法院对 *R.（Hoverspeed Limited）v Customs and Excise Commissioners* 案[339]的判决观点，应该由海关专员承担举证责任。

在举证责任从起诉人转移到被告的情况下，举证要求标准从刑事的“无罪推定原则”（beyond reasonable doubt）标准降低到民事的“可能性倾向原则”（on a balance of probabilities）标准。[340]

最后，税务海关总署的权力由《警察与刑事证据法》（Police and Criminal Evidence Act）[341]覆盖，这部法律授予了总署一些权利和限制。比如，在 *R. v Sanusi* 案[342]中争论焦点是海关官员是否必须通知某人，其在被访问前有见自己律师的权利。

综合考虑到《1984 年警察与刑事证据法》[343]和《1985 年警察与刑事证据法（对英国税务海关总署的应用）》[344]，上诉法院裁定，虽然 1985 年法没有直接对海关应用 1984 年法第 66 条、第 67 条 9 款有效地加强了如下的情况说明，法典规定的行为必须被观察并且允许上诉。

英国税务海关总署和警察局的关系也是相关的；在 *Montes v HM Advocate* 案[345]中确定警察可以根据海关官员的指示依法行事。

Richard Scott 先生根据 Matrix Churchill 公司董事（Messrs. Herderson，Abraham 和 Allen）的起诉，在报告中[346]对《警察与刑事证据法》下的海关权力提出疑义。此份报告质疑 1979 年法第 1 条下的“指定事项”（assigned matter）的描述是否充足，以及出口和进口管控的强制执行力是否包含在定义中。[347]指定事项被描述为“与海关专员在当时根据任何法案施加任何关税相关的事项”。如果这个定义不够充足，那么将对《警察与刑事证据法》授予海关的权力产生重大影响。

罚款、没收和归还货物

26—034 海关法对违反海关规定的个人处以严厉的罚款和监禁处罚。[348]另外，违反规定的货物会被看成是“违禁货物”并被没收清关。[349]特别地，《1979 年海关和消费税管理法》第 68 条规定，出口货物或者以出口为目的将货物带到英国国内任何一个地方的个人，如果本货物的出口受限制或者被禁止，此人将被处以货物价值 3 倍[350]或者标准第 3 级[351]孰高的罚款，同时货物被没收。如果在明知情况下犯罪，惩罚措施还包括监禁。[352]

只要运输工具所有人明知在运输违禁货物，或者在恪尽职守时能够发现这些货物，海关当局就有权没收用于装载可被没收货物的任何船只和飞机。[353]至于没收，有很多点应该注意。

只有在海关依照法律扣押了走私货物后，才能将这些货物没收。在货物被认定为没收品之前必须执行一套既定程序。[354]首先是海关出示“扣押通知”(notice of seizure)。[355]然后，如果有争议，可以由“主张被扣押已没收的货物实际不应被没收的任何个人”在 1 个月之内[356]向任意海关和消费税办公室提交“索赔通知”[357]（notice of claim)。索赔通知必须清楚地说明它是挑战扣押的合法性而不是按照 CEMA 第 152 条 b 款请求归还货物。《12A 号海关公告》[358]对这个程序做了解释并提供了两份样本信。当对扣押提出挑战时必须使用“索赔通知”。[359]如果索赔通知不够清晰或者超过时间界限送达，那么法庭可以裁定扣押的合法性不许受到挑战。[360]在这种阶段扣押的合法性受到争议。货物的物权仍然属于索赔方，直到法庭确认扣押的合法性，或者一个月的可提出疑义的期限届满。在这段时间内，如果扣押货物是活动物或者是易腐商品，海关专员可以出售或者毁灭它们。[361]但是，如果法庭随后发现货物不应被扣押，那么货物所有权仍然属于索赔者，并且扣押是非法的。海关专员必须退还商品，或者当货物被毁坏或出售时，退还商品的市场价值[362]，或者退还销售款并承担造成的损失。

在 *Attorney General of New Zealand v Ortiz* 案[363]中，一个由 5 片木板组成的珍贵的毛里雕刻在未获得新西兰政府许可的情况下从新西兰出口，并最终被善意第三方 Ortiz 先生购买。这个出口违反了《1962 年新西兰文物法》的规定，此法规定未经许可出口的货物应被政府没收。新西兰总检察长在英国法庭要求这幅雕刻作品自动被政府没收并作为政府财产。上议院驳回了诉讼请求。Lord Bingham[364]说：“本案中没有扣押货物，结果不可避免地是此幅雕刻作品的所有权不会被授予政府”。在英国海关法中这点规定更加清晰，因为海关法使用的是“可被没收”（shall be liable to forfeiture）的表达，而不是像在新西兰法律中的“应被没收（shall be forfeited)”的表达。[365]

扣押合法性有时与海关法的解释问题相关。在 *Travell v Customs and Excise Commissioners* 案[366]中有关于对 CEMA 第 141 条的解释。第 141 条 1 款被分为两个部分并规定当任何商品成为可没收商品时，(a) 运输、装载它的工具也变成可没收的，[367]（b）和它包装在一起或者和它同时被发现的其他货物也变成可没收的。本案裁定，由于 CEMA 的范围有限，第 141 条 1 款的 a 项和 b 项应该被分开来理解。结果，无论第 141 条 1 款 a 项下项目是否可被没收，其他落入第 141 条 1 款 b 项下的项目都可被没收并且这样的行为是合法的。

根据欧共体条约中货物自由移动的规定，海关当局与没收货物相关的权力能够被复审。[368]但是，若如是没收有关公告道德、政策或安全，那么它在绝大多数案例下都会是合法的。[369]而且，关于相比于国内法，根据共同体法质疑扣押合法性的索赔在过去几年中已经得到了发展。虽然过去的情况是很少能够依据共同体法来判案[370]，因为成员国为了确保欧共体法律合理执行而实施的制裁绝大多数时候都被看成是成员国国内的事，这点在 *Hoverspeed* 案[371]之后极大地改变了，虽然此案对有关拒绝归还货物的上诉案件影响更大（见下）。

可以根据《欧洲人权公约》（ECHR）第一协议第 1 条中关于保护和平享有个人财产的规定，依据《1998 年人权法》向欧洲人权法院（European Court of Human Rights）求助。但是，国家机关有权为合法地维护公共利益及确保国内税和关税支付而控制物品的自由流通，甚至在有必要时没收物品。这点的应用范围可以在 *Air Canada v United Kingdom* 案[372]中体现出来，在此案中在客运航班中发现了大麻烟。航空公司收到了警告，如果再不提高其客运航班的安全性将会导致严重后果，但是，在随后的航班中同样发现有大麻烟，最多一次是 1987 年 4 月在希斯罗机场停靠的加拿大航空公司飞机上发现了总共价值800 000英镑的大麻烟。海关根据 CEMA 第 141 条 1 款扣押了这架飞机并在收到50 000英镑罚款后将其归还。[373]此案最终被递送到了欧洲人权法院。根据第一协议第 1 条执行的判定并发现没有违反如是条款的行为，而且要求“支付50 000英镑以归还在 1987 年 5 月 1 日被扣押的飞机与管控使用飞机进口受禁药物的目的相称”。在另一次应用中，根据第 6 条中关于刑事诉讼中每个人都有权享有一次公平公开的听证的规定，法院判定谴责程序和没收不构成刑事指控，所以不可依据第 6 条 1 款裁定。[374]

在货物被声讨为被政府没收后，英国税务海关总署有自由裁量权在它认为合适的情况下决定把货物归还给其原来的所有者。[375]例如，货物可以在支付了应缴国内税和关税后被归还，或者视情况而定，在支付了被扣押车辆价值的一定比例后归还车辆。英国税务海关总署还有义务解释归还物品需要缴纳的总金额大小和计算此金额的大概标准。另外，海关必须在一些情况下尽职考虑到上述商品的价值折损。[376]

值得注意的是，归还和 CEMA 第 3 章 16 和 17 段中的“交付”（delivery up）不一样，两者都不是像挑战海关原始扣押合法性那样的请求海关归还扣押商品。[377]有一个规则，如果扣押合法性没有在 1 个月期限内通过谴责程序得到合理挑战（见上），那么在上诉庭上试图依靠这点挑战拒绝归还就是做无用功。[378]结果，依据商品不是为个人使用的主张上诉会失败。

《12A 号海关公告》列出了申请要求归还扣押物品应依照的程序。应该使用 12A 号公告中为归还扣押物品的 B 信件形式[379]，并且归还商品的请求应该在被扣押起 45 天内及时并且确定地送出。在这段时间之后提交申请可能会有海关在考虑归还物品前已经将其处置的风险。[380]

挑战海关拒绝归还物品可以首先根据《1993 年金融法》第 14 条和第 5 章，要求对原决定进行复核。[381]这个要求必须在公布原决定的 45 天之内以书面形式做出。[382]复查由一个未参与原决定的高级官员执行，并且必须在申请人提出复核申请的 45 天之内将复核结果送达申请人处。[383]如果复核结果坚持原来的决定，唯一的救济就是依据《1994 年金融法》第 16 条向增值税和关税法庭上诉。关于增值税和关税法庭上诉程序见诉告海关部分（见上）。如在增值税和关税法庭对拒绝归还物品上诉，举证责任在上诉人，举证标准是民事标准（可能性倾向原则）。[384]

其他事项

海关还有责任管控伪造和盗版商品。《理事会条例（欧洲经济共同体）1383/2003》[385]规定这类货物有责任被没收和销毁。[386]CEMA 中相应部分是第 139 条、144～146 条、152～155 条和第 3 章，还有众多法律文书。[387]对于拥有专利的商品，这类商品在没有获得专利所有者的牌照而被进口到英国时，海关必须向专利所有人透露进口商的姓名，因为非法进口构成对专利所有人的侵权，并且每个人，即使是无辜的，都被卷入对他人的侵权行为中，有义务通过在调查期间不向受害方提供完整信息来帮助他，虽然他个人对第三方的损害可能不负有责任。[388] **26－035**

注释

［1］来源：英国税务海关总署。

［2］第 28 章。

［3］第 1～12 条，13 条（2）款、（3）款、（4）款、（5）款（a）项、（b）项的制定与第 16 条相关；第 14 条和 2003 年 10 月 30 号颁布的附录由 2003 年 2629 号令颁布实施；第 13 条（1）款、（5）款（b）项和第 16 条在 2002 年 7 月 24 日（经皇家同意）生效；第 15 条于 2004 年 5 月 1 日生效（由 2003 年 2629 号令颁布实施）。

［4］见第 2 条。

［5］第 2 条第 6 款定义“传输”（transfer）为“与技术相关的……以任一途径（或多种途径结合）的传输，包括口头交流……”

［6］第 3 条第 2 款定义“技术援助”（technical assistance）为“……提供、应用或者能够被应用的，与任何货物或技术的研发、制造、使用相关的服务”。

［7］贸易管制（trade controls）的定义包括对收购、转让、移动和为此三类行为任意一类提供便利的任何活动的管制。

［8］见《1947 年英国外汇管制法》第 22 条。

［9］原英国贸易工业部（Department of Trade and Industry，DTI）。BERR 由 DTI 和 BER 合并组成。在英文原版出版时部门职能转换还未生效，预计在 2007 年 10 月完成。在此期间英国国务大臣担当 DTI 和 BERR 的部长。

［10］见英国海关：Export Control Order 2006（SI 2006/1331）。

［11］《2002 年英国出口管制法》第 4 条第 8 款。

［12］1994 年 1191 号令。

［13］第 69 章。

[14]《2002 年英国出口管制法》第 1 条第 1 款第 1 项。

[15]《1994 年货物出口管制令》(1994 年 1191 号令) 和《1992 年货物出口管制令》(1992 年 3092 号令)(关于古董部分仍然保持有效)。

[16] 英国贸易工业部 (DTI) 出口管制组织：电话：020 7215 8070。

[17] 出口管制组织也有自己的网站：http://www. berr. gov. uk/export. control 。

[18]《2003 年货物出口、技术传输和技术援助规定(管控)令》(2003 年 2764 号令) 第一条第一部分被《2004 年货物出口、技术传输和技术援助规定(管控)令(修正案)》(2004 年 1050 号令) 修改。

[19] 2003 年 2764 号令第二部分。

[20] 2003 年 2764 号令第二条，例如：同时可被用于军事、民用目的的物品。

[21] 同见《理事会条例(欧洲经济共同体) 3381/94》和《理事会决议(修正案) 94/942/CFSP》。

[22] 如《理事会条例(欧洲经济共同体) 1334/2000》附件一所规定(见《2003 年英国管控法》第 4 条第 4 款)。

[23] 主管机关是英国国务大臣，或在《理事会条例(欧洲经济共同体) 1334/2000》下有权管理出口和传输的其他成员国主管机构。

[24]“相关用途”(relevant use) 指和化学、生物、核武器和其他可爆炸核物质的研发、生产、处理、运作、维护、储存、探测、检验和散播相关的用途，或者和可运送此类武器的导弹的研发、生产、维护、储存相关的用途。

[25] 根据《1946 年联合国法》。现在有对伊拉克、利比亚、安哥拉、塞拉利昂的禁运，以及对利比里亚、卢旺达和索马里的武器禁运。

[26]《濒危野生动物植物物种国际贸易公约》和《理事会条例(欧洲经济共同体) 338/97》(见上)。

[27]《2002 年文化利益物品出口管制法》(2003 年 2759 号令)(见上)。

[28] 2003 年第 2764 号令。最新修订包含在《2007 年英国(对朝鲜)出口管控法》(2007 年 1334 号令) 中。同见 2004 年 1050 号令；2004 年 2561 号令；2004 年 2741 号令；2005 年 232 号令；2005 年 468 号令；2005 年 3257 号令；2006 年 1331 号令；2006 年 1696 号令；2006 年 2271 号令；2006 年 2683 号令。

[29]《2003 年英国管控法》第 12 条第 5 款。

[30] *R. v Berner* (1953) 37 Cr. App. R. 113. 除非与文化利益物品相关，珠宝出口不再受限制。

[31] *R. v Redfern and Dunlop Ltd* (*Aircraft Tyre Division*) (1992) 13 Cr. App. Rep. (S) 709. 参见下文第 26—033 段。

[32] *Yuan Shui v Commissioner for Customs and Excise* (2004) C00187 案是关于根据《濒危野生动物植物物种国际贸易公约》需要进口许可证，并且在美国和英国需要出口许可证的货物。

[33] 根据《2003 年英国货物出口、技术传输和技术援助规定(管控)令》(2003 年 2764 号令)；《2004 年英国货物出口、技术传输和技术援助规定(管控)令(修正案)》(2004 年 1050 号令)；《2004 年英国货物出口、技术传输和技术援助规定(管控)令(修正案 2)》(2004 年 2561 号令)；《2005 年英国货物出口、技术传输、和技术援助规定(管控)令(修正案)》(2005 年 468 号令)；《2005 年英国货物贸易管控法(修正)》(2005 年 443 号令)；和《2006 年英国出口管制令》(2006 年 1331 号令) 修正。

[34]《瓦圣那协议》缔约国包括：阿根廷、澳大利亚、奥地利、比利时、保加利亚、加拿大、捷克共和国、丹麦、爱沙尼亚、芬兰、法国、德国、希腊、匈牙利、爱尔兰、意大利、日本、拉脱维亚、立陶宛、卢森堡、马耳他、荷兰、新西兰、挪威、波兰、葡萄牙、韩国、罗马尼亚、俄罗斯联邦、斯洛伐克、斯洛文尼亚、南非、西班牙、瑞典、瑞士、土耳其、乌克兰、英国和美国。(译者注：按国家英文

名称首字母排序。)

[35] 由《联合国宪章》第51条保护。

[36] 见下。

[37] 于2000年12月22日被《理事会条例(欧洲经济共同体)2889/2000》修改;于2001年3月6日被《理事会条例(欧洲经济共同体)458/2001》修改;于2001年11月20日被《理事会条例(欧洲经济共同体)2432/2001》修改;被2000年勘误O. J. L176/52和2002年勘误O. J. L10/82修正。

[38] 94/942/CFSP建立了最初的协议和目录。它也被新的进一步协调系统的法案所修改。

[39]《2003年管控法》16~18条。

[40]《2003年管控法》21条。

[41] 见上。

[42]《濒危野生动物植物物种国际贸易公约》。

[43] 更多信息可从CITES秘书处网站获得:www. cites. org/。

[44] 被《理事会条例(欧洲经济共同体)2724/00》替代;被《理事会条例(欧洲经济共同体)1579/01》和《理事会条例(欧洲经济共同体)2476/01》修改。

[45] 从进出口限制到禁止。

[46]《理事会条例(欧洲经济共同体)338/97》第3条第1款。

[47]《理事会条例(欧洲经济共同体)338/97》第3条第2款。

[48]《理事会条例(欧洲经济共同体)338/97》第3条第3款。

[49]《理事会条例(欧洲经济共同体)338/97》第3条第4款。

[50]《1997年濒危物种贸易管控(实施)条例》(1997年1372号令),根据《理事会条例(欧洲经济共同体)338/97》第16条对犯罪实施制裁;《1997年濒危物种贸易管控(费用)条例》(1997年1421号令(由1997年第1971号令修改)),根据《濒危野生动物植物物种国际贸易公约》设定应付费用。

[51] 由《理事会条例(欧洲经济共同体)338/97》第13条指定。英国的管理机构是环境、食品和农村事务部(DEFRA)。

[52]《理事会条例(欧洲经济共同体)338/97》,在英国是环境保护联合管理局(the Joint Nature Conservation Authority)。

[53]《欧共体条例》第5条第2款a项声明,在称职的科研机构建议此物种无须禁止的情况下发布许可。

[54]《理事会条例(欧洲经济共同体)338/97》第5条第2款b项。同见《管制法》第5条。

[55] 同被前文第26—003段引用。

[56] 关于没收和归还的细节,请见《罚款、没收货物和归还》的公告。

[57] [2000] 3 C. M. L. R. 1095。

[58] 前文中被引用。

[59] 根据已建立的共同体法律的部分原则。

[60] 根据《1979年海关和消费税管理法》152条b款。

[61]《1997年濒危物种贸易管控(实施)条例》(1997年1372号令)第3条第1款a项。

[62] 1997年1372号令,第6条。

[63] 1997年1372号令,第3条第1款b项。

[64] 1997年1372号令,第8条,被2005年1674号令修改:与附录A物种相关的任何商业活动,如购买、销售、以商业目的的持有、公共展示,处以最高5年监禁或罚金,或二者并处。

[65] 见 *R. v Henry Thomas Sissen* [2001] 1 W. L. R. 902。此案涉及非法进口列入CITES公约附

录Ⅰ的李尔金刚鹦鹉。根据《1979年海关和消费税管理法》第170条第2款b项起诉；进口商品欺诈逃税。

[66] 电话：0845 33 55 77，或发送电子邮件至：helpline@defra.gsi.gov.uk。网址：http://www.defra.gov.uk。

[67] 电话：0854 010 9000。网址：http：//www.hmrc.gov.uk。

[68] 2003第2759号令。

[69]《理事会条例（欧洲经济共同体）3911/1992》，由《理事会条例（欧洲经济共同体）2469/1996》和《理事会条例（欧洲经济共同体）974/2001》修改。执行条例由《理事会条例（欧洲经济共同体）752/1993》规定，后被《理事会条例（欧洲经济共同体）656/2004》修改。

[70]《2003年文化利益物品出口（管控）法》第4条。

[71]《2003年文化利益物品出口（管控）法》第5条。

[72]《2003年文化利益物品出口（管控）法》第6条。

[73] 电子邮件：exportlicensing@culture.gsi.gov.uk。也有网站提供有关指导的链接：http：//www.dcms.goc.uk。

[74] 被称为“指定任务”：见《1979年海关和消费税管理法》第1条第1款第1项，后被《2005年税务和海关部长法》第50条第4款22段替代。

[75] 参考《482号海关公告》。

[76]《海关关税》由3卷组成：卷Ⅰ介绍基本信息；卷Ⅱ包含描述商品特征，确定关税和国内税税率的商品编码目录；卷Ⅲ提供更多有关海关报关单填写的详细信息。《海关关税》可以在商品参考图书馆、当地海关办公室找到，或者可以从HMSO购买。有一部分信息也通过英国税务海关总署网站在网络上公开：http：//www.hmrc.gov.uk。

[77] 海关公告由英国当地税务海关总署办公室免费提供。在公告999中可以找到一系列最近的通知。现在，绝大多数公告都可从海关总署网站上获得。

[78] 以规章、指导和决定形式出现的共同体法律出版在《欧盟官方期刊》，也可在以下网站免费获得：http://www.europa.eu.int。

[79] 见 *Gunzler Aluminium* [1995] T.75/95 ECJ (first instance)；*The Commissioners of Customs and Excise v Invicta* [1997] Q.B.D.V and D R.56。

[80] 1986年签署，通过《欧洲共同体法案》第2条第1款加入英国立法。

[81] 比利时、丹麦、法国、德国、希腊、爱尔兰、意大利、卢森堡、荷兰、葡萄牙、西班牙和英国。

[82]《1986年单一欧洲法案》第8条。

[83] 但是关于某些非法药品和其他禁运物质的限制依然保留；关于色情作品供给，见 *R. v Henn* [1981] A.C.850案。还需要注意的是，根据《桑加特协议》(Sangatte Agreement)，通过英吉利海峡隧道进入英国的商品要在“英国控制区的”Coquelles接受海关“入境检查”：见《1987年英吉利海峡隧道管控法》第11条和《1993年英吉利海峡隧道（国际安排）令》(1993年1813号令）第2条。

[84] 为统计目的称为发货（dispatches）和到达（arrivals）。

[85] 1992年2月7日在荷兰马斯特里赫特签署。

[86] 塞浦路斯（仅限塞浦路斯共和国）、捷克共和国、爱沙尼亚、匈牙利、拉脱维亚、立陶宛、马耳他、波兰、斯洛伐克、斯洛文尼亚。

[87] 获得这种状态需要在商品进口进入欧盟时支付所有国内税和进出口关税。需要注意的是，根据过境规定，离开关境的欧盟商品被认为失去了自由流通状态，除非已做出相反申明。

[88] 变化由《增值税法令（欧洲经济共同体）388/77》（第6版）引入。（现在被《主要增值税法

令（欧洲经济共同体）2006/112》废除并替代。）

[89] 在这种情况下，在发票上备注“从未登记增值税号码的公司供货”很实用，但非必需。

[90] 是由承运人签发的规定格式文件。要注意，承运人签发此类文件可能要收费。

[91]《725 号海关公告——单一市场》提供更多此方面的指导。

[92] 101 号增值税表格。由《1994 年增值税法》第 11 条第 2 款 3 项规定。

[93] 更多信息请见《725 号海关公告》。

[94] 委员会文件 DGXXI，COM 328（96）最终版，日期 1996 年 7 月 10 日。

[95] 欧共体统一单证（the Single Administrative Document）第二联，或者通过电脑出口系统，NES，见下文第 26－017 段。

[96] 关于统计申报的详细信息参见《60 号海关公告》。

[97] 现行的对成员国出口金额界限是 260 000 英镑。这一数据每年按照通货膨胀比例调整。最近一次调整记录见《2006 年贸易统计法（海关和消费税）（修正）》（2006 年 3216 号令）。

[98] 统计上称作发货（despatches）。

[99] 补充统计申报单，海关表格 C1500。

[100] 最早引入此系统的原始法律是《理事会条例 3330/91/EEC》，补充规定在《理事会条例 3046/92/EEC》中。两次简化之后，旧法律被替换。现行法律是《理事会条例（欧洲经济共同体）638/2004》和《理事会条例（欧洲经济共同体）1982/2004》，两者都于 2005 年 1 月 1 日起生效。

[101] 它们中的绝大多数调整出口申报金额界限，并且每年撤销重新发布。最早的法规是《1992 年贸易统计法（海关和消费税）》（1992 年 2790 号令）。有些法规仍然保留部分有效：《1993 年贸易统计法（海关和消费税）（修正）》（1993 年 541 号令）（部分废除）；更近的有《2004 年贸易统计法（海关和消费税）（修正）》（2004 年 3284 号令）；最近的有《2006 年贸易统计法（海关和消费税）（修正）》（2006 年 3216 号令）。

[102] 见 *Commissioners Customs and Excise v Dams International Ltd*（1994）unreported，被告因未提供统计申报报告被处以 11 250 英镑的罚款。

[103] 未税。

[104] 在英国为消费税应税商品贸易商和承运人登记系统（REDS）。其他成员国也有类似系统运作。

[105] 对向个人供应消费税应税商品适用。

[106] 商品所有者把自己的货物存放在属于另一方的仓库内。

[107] 法令 92/12/EEC 14 和 15 条和《2001 年消费税（消费税商品未税移动）条例》（2001 年 3022 号令），被 2003 年 2758 号令和 2004 年 1003 号令修改，尤其在第 7 条。同见《1998 年消费税（国内、国外运输程序）条例》（1998 年 202 号令）和《197 号海关公告》。

[108] 法令 92/12/EEC 13 和 15 条（仓库保管人）和 16 条（登记贸易商）。

[109] 法令 92/12/EEC 18 条。同见《197 号海关公告》，129 段的 AAD 举例。注意，对目的地在欧盟外的消费税未税商品移动，如果在未付消费税的情况下货物被移动到英国国内的海港或者空港，那么货物需要附上消费税 W8 表格（可从英国税务海关总署获取）。

[110] 法令 92/12/EEC 19 条。

[111] 议案的提出是基于欧洲委员会于 1999 年 11 月实施的可行性研究。见委员会文件 CED No. 394，rev. 1（TAXUD/2718/2002 rev-1EN），2003 年 1 月 23 日。

[112] 法令 92/12/EEC。

[113]《1979 年海关和消费税管理法》（CEMA）（92～100 条）；《1992 年消费税商品法（持有、移动、仓储和 REDS）》（1992 年 3135 号令）；《1988 年消费税商品仓储（Etc.）法》（1988 年 809 号令）；

《1992 年盈利贸易商（会计和记录）条例》（1992 年 3105 号令）和诸多财务法律。

［114］违反《1979 年海关和消费税管理法》第 170 条。

［115］见 *R v Dosanijh*（Ind Law Rep. May 5，1998），此案中上诉法院提供了此类犯罪判决最高 7 年监禁（根据《1998 年金融法》第 12 条）的依据。

［116］*R v Hayward*［1999］Crim. LR 71 CA；*R v Martin*，*R v White*［1998］2 Cr. App Rep 385，CA.

［117］例如 CEMA 100J 条，170（6）条，170B（2）条。关于定罪行动的程序和案例见下。

［118］［1978］A. C. 141。

［119］同见欧盟法庭对 *Ministero delle Finanze v Esercizio Maggazini Generali SpA*（Case 186 and 187/82）［1984］3 C. M. L. R. 217 案的判决。

［120］［2005］1 W. L. R. 1754. *per* Lord Hoffman at 1755 - 1762。

［121］财务特征是关于支付关税或国内税的特征，限制性特征是关于限制或者禁止出口属性的。

［122］例如不需要出口许可证或者货物不受 CAP 管控。

［123］欧洲委员会是负责管理共同体法律和共同市场运作的机构。它的建制由《罗马条约》（经修正）155～163 条确定。

［124］《理事会条例（欧洲经济共同体）2913/93》。

［125］《委员会条例（欧洲经济共同体）2454/93》。

［126］注意共同体海关法典不管辖成员国之间的货物供给，因为它们处于自由流通状态，也就是说，既没有关税义务也不受海关管控。见法典第 1 条。

［127］见经修改的欧洲委员会文件 TAXUD/458/2004。

［128］见 2007 年 6 月 5 日的欧洲委员会文件 DS 512/07。

［129］见《1979 年海关和消费税法（普通减免）》；《1979 年酒精液体关税法》；《1979 年石油烃关税法》；《1979 年烟草制品关税法》。以上被称作《1979 年海关和消费税法》（《1979 年海关和关税管理法》第 1 条第 1 项）。

［130］《275 号海关公告》是关于货物出口程序的。同见《关于从英国出口和转移货物的 703 号增值税公告》。

［131］实施细则第 788 条第 1 项。注意《1979 年海关和消费税管理法》第 1 条第 1 项定义出口商为“与货物出口或存储目的有关，包括货物的发货人和相当于货物发货人执行有关航空任务的任何个人”。

［132］《理事会条例（欧洲经济共同体）2913/92》第 161 条 2 项，除了外发加工（outward processing）或者过境手续中的货物，所有计划出口货物都要通过出口程序。

［133］《理事会条例（欧洲经济共同体）2913/92》第 14 条 16 项下“出口”是一个“海关程序”，第 59 条要求“所有计划通过海关程序的货物都需要报关”。

［134］C88 号海关表格。要求使用 SAD 的规定由《理事会条例（欧洲经济共同体）2913/92》第 62 条和《委员会条例（欧洲经济共同体）2454/93》第 205 条、附件 37 持有。填写 SAD 的信息由海关和消费税，Vol. Ⅲ，Pt Ⅰ提供。

［135］这样的代表可以是直接（以另一方的名义并代表另一方）或者间接（以自己的名义行为但是代表另一方）的；《理事会条例（欧洲经济共同体）2913/92》第 5 条。

［136］《委员会条例（欧洲经济共同体）2454/93》第 199 条。

［137］Customs Handling of Import and Export Freight。

［138］或者处于其他货物离开境内的海关程序，如外向加工或者临时出口。

［139］《委员会条例（欧洲经济共同体）2454/93》第 182 条 a 项和 b 项。

［140］《理事会条例（欧洲经济共同体）2913/92》第 62 条 2 项。

[141]《条例（欧洲经济共同体）2454/93》第793条。

[142] 大约2 000英镑。

[143]《条例（欧洲经济共同体）2454/93》第794条。

[144] 要符合法典中普通纸报关单示例。见关税和消费税，Vol. Ⅲ，Pt 2，2.1.1。

[145] 见上。

[146]《理事会条例（欧洲经济共同体）2913/92》第76条。

[147]《理事会条例（欧洲经济共同体）2913/92》第76条1款a项和《委员会条例（欧洲经济共同体）2454/93》第280～281条。

[148]《理事会条例（欧洲经济共同体）2913/92》第76条1款b项和《委员会条例（欧洲经济共同体）2454/93》第282条。

[149]《理事会条例（欧洲经济共同体）2913/92》第76条1款c项和《委员会条例（欧洲经济共同体）2454/93》第283～287条。

[150] 来源：英国税务海关总署。

[151] 出口商/发货人（TURN）、收货人、报关员、目的国、货物地址、包装和描述（标志和数字）、程序码和附加信息如必要时的许可证号码。见《276号海关公告》第15部分。

[152] 见《276号海关公告》15.3段。

[153] 见《276号海关公告》第17部分。

[154] 同见《委员会条例（欧洲经济共同体）2454/93》第4章第1节第279条。

[155] 关于低价值货物的法律依据见《委员会条例（欧洲经济共同体）2454/93》第794条。

[156] 见《275号海关公告》5.1段和《276号海关公告》4.1段。

[157]《委员会条例（欧洲经济共同体）2454/93》第76条1款c项和263～267条。

[158] 见《276号海关公告》。

[159]《276号海关公告》第17段。

[160] 见《委员会条例（欧洲经济共同体）648/2005》插入第5条a款的第1条。

[161] 为确保这点所有国内税和关税都受保护。

[162] 见第5条a款2项，《条例（欧洲经济共同体）648/2005》有引用。

[163] 见第14条a项。

[164] 根据《委员会条例（欧洲经济共同体）2454/93》第260条和第282条。

[165] 根据《委员会条例（欧洲经济共同体）2454/93》第263条和第283条。

[166] 根据《委员会条例（欧洲经济共同体）2454/93》第269、272、276条。

[167] 根据《委员会条例（欧洲经济共同体）2454/93》第277条。

[168] 根据《委员会条例（欧洲经济共同体）2454/93》第313条a项和b项。

[169] 根据《委员会条例（欧洲经济共同体）2454/93》第324条a项，372条和454条a项。

[170] 根据《委员会条例（欧洲经济共同体）2454/93》第324条e项。

[171] 进口货物到欧盟也需要预到达报关单。见《理事会条例（欧洲经济共同体）2913/93》第15条，被《理事会条例648/2005》引用。

[172]《理事会条例（欧洲经济共同体）2913/93》第15条，被《理事会条例648/2005》引用。

[173] 第182条b款1项和182条c款1项。

[174] 第182条c款3项。

[175] 见《委员会条例1875/2006》的附录Ⅲ。

[176] *Ibid*. recitals 9 and 14.

[177] 有时被称为税则号（tariff number）。

[178] 由世界海关组织（WCO）提出，根据协调制度公约应用。目前公约有超过 109 个签署国，和另外 68 个国家在未签署的情况下自动遵守公约的规定。（来源：2006 年 7 月，WCO。）

[179] 注意在有任何不符的情况下，官方期刊是法律，而税则只是指导，不能作为法庭审判的依据。*Erwin Behn Verpanugsbedarf GmbH v Hauptzollant Itzehoe* [1990] I-02659（Case C-80/89）at para. 13；同见 *Friedrich Binder GmbH v Hauptzollamt Bad Raichenhall* [1989] ECR-2415（Case C161/88）at para. 22。在英国：*Commissioners of Customs and Excise v Invicta Poultry and Fareway Trading Co Ltd* [1998] V&DR 128（CA）at 130D。

[180] 除了根据共同农业政策出口的商品，编码需要再加上 4 位。

[181] 或者，如果货物不构成商业交易的一部分，会向购买者索要的价格。

[182] 本质上是 FOB 价格，虽然当价格包含吊装上船（uplift）时就不再这样称呼：*Rolex Watch Co Ltd v Commissioners of Customs and Excise* [1956] 1 W. L. R. 612。

[183] Vol. 3 Pt 2。

[184] 关于海关估价的更多信息请见 WTO《海关估价协议》第 34 章。

[185] 1986 年 260 号令。

[186] 2007 年 2195 号令。

[187] 见《2004 年邮政服务法》第 4 条。

[188] 对退税商品的定义见第 26—025 段。

[189] 自从《2000 年邮政服务法》放松了邮政服务管制之后，现在绝大多数的货运快递承运人都根据合同提供邮政服务。

[190] 在有要求时需要发票、产地证明等。这些文件应该放在邮递单证下面的套子里。也建议支持文件放在包裹里面，这样海关在没打开包装的情况下就看不见它们。

[191] 1986 年 260 号令。

[192] 761 号和 989 号海关公告指出在海关审计访问时贸易商可以预见会发生什么。

[193]《理事会条例（欧洲经济共同体）2913/92》第 14、16 条要求保留期限最少是 3 个日历年度。

[194]《1979 年海关和货物管理法》第 118 条 A 款。

[195] 1995 年 1203 号令。

[196] 1995 年 1203 号令 reg. 9。

[197] 1995 年 1203 号令 Sch. 2。

[198] 对暂时进口商品适用的暂准进口海关文件（ATA Carnet）系统也可用作在中途国家过境，但它不是一个过境系统。

[199]《条例（欧洲经济共同体）2913/92》第 91～97 条。

[200]《条例（欧洲经济共同体）2454/93》第Ⅱ部分“海关批准处理或使用”，标题Ⅱ“过境”。

[201]《1979 年海关和消费税管理法》和《1993 年海关和消费税（过境）法》（1993 年 1353 号令），被《1993 年共同体海关法典（相应参考修订）法规》和 1993 年 3014 号令修改。

[202] 欧洲自由贸易联盟（EFTA）国家包括：冰岛、列支敦士登、挪威和瑞士。

[203] 公布在 1987 年 8 月 13 日出版的欧共体官方期刊 No L：226 上。

[204] 有未付海关关税、受特殊的共同体措施如共同农业政策管制或者已经在英国出口报关的商品，和经过第三个国家在欧盟内两地间运输（内部过境系统）的货物。

[205] 可从欧盟委员会网站（http://ec.europa.eu/taxation-customs）上获取，英国税务海关总署网站有此链接。

[206]《1979 年海关和消费税管理法》第 1 条第 1 款。

[207]《理事会条例（欧洲经济共同体）2913/92》第 91 条 1 款 b 项。

[208]《理事会条例（欧洲经济共同体）2913/92》第 94 条。负责人可以是出口商或者第三方，例如仓库保管人、货代、承运人，只要他们有资格提供担保，这是为确保潜在关税的缴纳而提出的要求。

[209] 见《理事会条例（欧洲经济共同体）2913/92》第 94 条和《委员会条例（欧洲经济共同体）2454/93》第 359～374 条。担保有两种：个别——只担保单次移动；全面——担保无限次移动（注意此系统对某些"高风险"商品除外）。对某些商品可以撤回担保的要求。

[210] 根据 UCLAF 估算（现 OALF——欧洲委员会反舞弊部），在 1990—1994 年间因舞弊过境和货物转移损失了大约 97 500 万 ECU（78 000 万英镑）。

[211] 被称为移动参考号（MRN）。来源：Revenue & Customs 'NCTS—Information for the Transit Trader', version 3.1 April 2006.

[212] 这是由海关指定或者许可的地点。

[213] 这个系统适用于共同体过境、共同过境和英国过境（非流通状态商品运输到出口港）。

[214]《理事会条例（欧洲经济共同体）837/2005》和《EC/EFTA 共同过境联合委员会决议（4/2005)》。与"后退措施"和单独移动商品相关的除外。

[215] 见第 33 章有关电子商务的内容。

[216]《委员会条例（欧洲经济共同体）2454/93》第 398 条。

[217] 见第 26—017 段。

[218]《委员会条例（欧洲经济共同体）2454/93》第 399 条。

[219] 2006 年 8 月的 3.1 版是现行版本。网址是 http://www.hmrc.gov.uk。

[220] 国际公路货物运输（Transports International Routiers)。

[221]《国际公路运输运单（TIR Carnet）封面背面的国际货物运输海关公约》。此公约由联合国欧洲经济委员会主持通过。签署国完整名单在《464 号海关公告》附录 B 中公布。现在的成员国（截至 2007 年 8 月）有：阿富汗、阿尔巴尼亚、阿尔及利亚、亚美尼亚、奥地利、阿塞拜疆、白俄罗斯、比利时、波黑、保加利亚、加拿大、智利、克罗地亚、塞浦路斯、捷克共和国、丹麦、爱沙尼亚、芬兰、法国、克鲁吉亚、德国、希腊、匈牙利、印度尼西亚、伊朗（伊斯兰共和国)、爱尔兰、以色列、意大利、约旦、哈萨克斯坦、科威特、吉尔吉斯斯坦、拉脱维亚、黎巴嫩、利比里亚、立陶宛、卢森堡、马耳他、蒙古、摩尔多瓦（共和国)、摩洛哥、荷兰、挪威、波兰、葡萄牙、韩国、罗马尼亚、俄罗斯、塞尔维亚和黑山、斯洛伐克、斯洛文尼亚、西班牙、瑞典、瑞士、阿拉伯叙利亚共和国、塔吉克斯坦、前南斯拉夫马其顿共和国、突尼斯、土耳其、土库曼斯坦、欧盟。

[222] 对集装箱的审批见《464 号海关公告》第 12 部分。

[223] 目前公路运输协会（Road Haulage Association，RHA)（电话：01932 841515)，和货物运输协会（Freight Transport Association，FTA）（电话：01892 526171)，是英国唯一的两个签发运单的机构。

[224] 由英国税务海关总署授权。

[225] 举例包括：一系列 INF 文件（见，例如，信息表（INF）1——运进加工)。

[226]《条例（欧洲经济共同体）2454/93》，附录 82，106，110，81，98，84，70 等。

[227] 见《235 号海关公告》。

[228]《理事会条例（欧洲经济共同体）2913/92》第 145～160 条；和原《委员会条例（欧洲经济共同体）2454/93》，第 748～787 条。现被《委员会条例（欧洲经济共同体）933/01》第 585～592 条修改。

[229]《委员会条例（欧洲经济共同体）2454/95》第 585～592 条。

[230] 全欧盟范围的授权现在也可以通过英国税务海关总署取得。

[231] BERR Import Licensing Branch，Queensway House，West Precinct，Billingham，Cleveland

TS23 2NF. 电话：(01642) 364343，或者通过电子邮件：enquiries. ilb@dti. gov. uk。同见《235 号海关公告》。

[232] 见《221 号海关公告》。

[233]《理事会条例（欧洲经济共同体）2913/92》第 114～129 条，和原《委员会条例（欧洲经济共同体）2454/93》，第 549—649 条。现被《委员会条例（欧洲经济共同体）933/01》第 536～550 条修改。

[234] 见《235 号海关公告》。

[235]《条例（欧洲经济共同体）2913/92》第 117 条 c 项。

[236] 例如供应商无法供应充足的数量，这些商品不能在规定时间内生产出来，或者欧盟生产产品的成本过高以致企业不会有利可图。

[237] 通过填写海关手续编码（SAD 第 37 栏）并且加上注释表明货物通过 IPR 进口（SAD 第 44 栏）。

[238] 见《221 号海关公告》（第 16 条），对消费税应税商品见 207、172（石油烃）号海关公告。

[239]《理事会条例（欧洲经济共同体）2913/92》第 114 条 1 款 b 项和第 124～128 条。原《委员会条例（欧洲经济共同体）2454/93》，第 551 条 2 款及以下。现《委员会条例（欧洲经济共同体）933/01》第 550～552 条和《1979 年海关和消费税管理法》第 119 条及以下。对消费税应税商品：《理事会指示（欧洲经济共同体）12/92》，《1979 年海关和消费税管理法》第 133 条，《1992 年金融法》第 2 条，和《1995 年消费税商品退税法规》（1995 年第 1046 号令）。

[240]《理事会条例（欧洲经济共同体）2913/93》第 185 条第 1 款。

[241]《委员会条例（欧洲经济共同体）2454/93》第 844～856 条。

[242]《1979 年海关和消费税管理法》第 123 条。

[243]《1979 年海关和消费税关税法（普通减免）》第 10～11 条。

[244]《理事会条例（欧洲经济共同体）3719/88》。

[245] 例如货物从仓库转向自由流通时就需要缴纳关税和国内税。但是，如果货物再出口或者进入 IPR（或者另一个诸如此类的海关程序），就不需要缴纳关税和国内税。

[246] 在法典实施条例中具体列举了这 6 种，《条例（欧洲经济共同体）2454/93》第 504 条。

[247] 见第 26－012 段。

[248]《条例（欧洲经济共同体）2913/92》第 99 条。

[249]《条例（欧洲经济共同体）2913/92》第 99 条。

[250] 见《232 号海关公告》。

[251]《条例（欧洲经济共同体）2913/92》第 99 条。

[252]《条例（欧洲经济共同体）2913/92》第 112 条 3 项（被《条例（欧洲经济共同体）82/97》修改）。

[253] 但是它们不允许被存储在零售点：《委员会条例（欧洲经济共同体）2454/93/EC》第 527 条第 2 款（被《委员会条例（欧洲经济共同体）993/2001》第 1 条 28 段修改）。

[254] 这样的担保常常被称为"保税"（bond），因而有"保税仓"（bonded warehouse）和"保税货物"（bonded goods）。

[255]《232 号海关公告》。

[256] 见第 26－017 段。

[257] 注意对其他欧盟成员国的供应中，AAD 被 SAD 取代，见第 26－017 段。

[258] 较低或零关税。

[259] 完整列表可从英国海关货物关税第Ⅰ卷第 7 部分获得。

[260] 这些要求在《827 号海关公告》中有陈述。

[261] 电话：0207 215 8000。网址：http://www.ukkradeinvest.gov.uk。

[262] 加工后的最终产品。

[263]《理事会条例（欧洲经济共同体）2913/92》第 243 条要求建立这样一个机制。

[264] 于 1972 年根据《1972 年金融法》（C. 41）s. 40（其中 Sch. 6 被废除，由《1994 年增值税法》s. 82 和 Sch. 12 替代）建立，以应对当时的新增值税系统。

[265] 第 14～16 条。

[266] 见《1994 年金融法》第 5 章。

[267] 见《1994 年金融法》第 14 条。

[268] 对增值税其他方面有单独的法律申诉框架。

[269] 见《1000 号海关公告》。应该直接向官方裁定员（Official Adjudicator）抱怨，现在是 Dame Barbara Mills QC。

[270] 比如对从未进口过的商品的分类建议。见《990 号海关公告》。

[271]《条例（欧洲经济共同体）2913/92》第 246 条。

[272] 只要拒绝保存和以正确方式保存上述货物的都除外。

[273] *Lama Ltd v Commissioners of Customs and Excise* [2004] C00189；*Commissioners of Customs and Excise v Sidney Barlow Ltd* [1997] C64；*Commissioners of Customs and Excise v Man About Town (Men's Wear) Ltd* [1997] C65，本案有关为进口货物签发无效的 EUR1 证明。

[274] *Commissioners of Customs and Excise v Invicta Poultry Ltd and Fareway Trading* [1996] V and D. R. 291 [注意：在 [1997] Q. B. D. V and D. R. 56；*James Robinson Fibres Limited v Commissioners of Customs and Excise* [2002] C00172 中翻案]。

[275] *IKEA v Commissioners of Customs and Excise* [2003] C00180，本案是关于对欧共体条例中关于对印度和巴基斯坦床上用品施加反倾销税的合法性的挑战。

[276] *Commissioners of Customs and Excise v Eastern Pharmaceuticals* [1995] C3（第一次分类上诉），*Commissioners of Customs and Excise v Potter and Moore* [1997] C61 和更近的 *Elementis Ltd v Commissioners of Customs and Excise* [2003] C00177；和 *Parasonic v Commissioners of Customs and Excise* [2006] C0218。

[277]《1994 年金融法》第 14 条 3 款。复查要求在 45 天内执行，否则就认为支持原决议。这个时间不能被延长（第 15 条 2 款 b 项）。中心法院地址可以在《990 号海关公告》上找到。

[278]《1986 年增值税法院条例》（1986 年 590 号令）reg. 4。

[279] http://www.financeandtaxtribunals.gov.uk。

[280] 1986 年 590 号令。

[281]《1986 年增值税上诉庭法规》reg. 3。

[282]《1986 年增值税上诉庭法规》reg. 4。

[283]《1986 年增值税上诉庭法规》reg. 8。

[284]《1986 年增值税上诉庭法规》reg. 21。

[285]《1986 年增值税上诉庭法规》reg. 23 和 27。

[286]《1986 年增值税上诉庭法规》reg. 25。

[287]《1986 年增值税上诉庭法规》reg. 28。只要上诉庭认为合理就允许以任何方式引证证据。注意传闻证据（hearsay evidence）还应该从此规则中除外。（*Deeds Ltd v Commissioners of Customs and Excise* [1983] C1500；关于高等法院关于为何证据应该被普遍接受的反方观点，见 *Wayne Farley Limited v Commissioners of Customs and Excise* [1986] S. T. C. 487，Ch。）

[288]《1986年增值税上诉庭法规》reg. 29。同见 Sheldon 原则，根据这一原则，英国税务海关总署保证除非上诉是无理取闹就要求审理费。

[289]《1986年增值税上诉庭法规》reg. 30。高等法院曾判决要在3个月内发布判定结果：*R. v Customs and Excise Commissioners Ex p. Dangol trading as The Great Kathmandu Tandoori Restaurant* [2000] S. T. C. 107，QB Moses J at 112。

[290]《1986年增值税上诉庭法规》reg. 30A。同见《1992年上诉庭调查法》第11条1款和《1998年民事诉讼法》(CPR) Pt 52。

[291] CPR Pt 52。

[292] 举例见上。见《委员会条例（欧洲经济共同体）2454/93》第454条3款。

[293] 2003年3113号令。

[294] 2003年3102号令。

[295] 注意与进口相关的《海关（违反相关规定）规定》是根据《2003年金融法》制定的，然而《出口（罚款）规定》是根据《1972年共同体法》制定的。这是因为前部规定包括了财务本质的违法行为，但是后部规定和出口方面的非财务违法行为相关，因此用金融法作为它的母法（vires）不合适。

[296]《理事会条例（欧洲经济共同体）2913/92》。

[297]《委员会条例（欧洲经济共同体）2454/93》。

[298] 根据《理事会条例（欧洲经济共同体）2913/92》第161条2款。

[299] 根据《理事会条例（欧洲经济共同体）2913/92》第162条。

[300] 未能遵守被授权使用简化出口程序的条件，根据《理事会条例（欧洲经济共同体）2913/92》第6条和第76条，和《委员会条例（欧洲经济共同体）2454/93》第261条。

[301] 违法行为分类列举在《301号海关公告》3.1段中。

[302] Case 213/99 *Jose Teodoro de Andreade v Director da Alfandega de Leixoes* [2000] ECR I-11083 Case C-91/02：*Hannl und Hofstetter Internationale Spedition GmbH v Finanzlandesdirecktion für Wien，Niedanderösterriech und Burgenkand*；*Air Canada v UK* [1995] 20 E. H. R. R. 150 at 173，para. 36；和增值税罚款相关的 *David Sawyer v Commissioners of Customs and Excise* [2005] 19035 at para 101 - 102。

[303] 见 *Air Canada v UK* [1995] 20 E. H. R. R. 150。

[304]《301号海关公告》第5部分。

[305]《301号海关公告》3.1段。

[306]《2003年出口（罚款）规定》reg. 4 (1)。上诉庭是指增值税和关税法庭。

[307]《2003年出口（罚款）规定》reg. 4 (2)(a)。

[308]《2003年出口（罚款）规定》reg. 4 (2)(b) 和 (c)。出口商由于其货运代理人的行为或过失导致的违法行为除外。

[309]《301号海关公告》4.2段。

[310]《2003年出口（罚款）规定》reg. 9和12。

[311]《2003年出口（罚款）规定》reg. 12 (4)。

[312]《1994年金融法》第16 (6) 条。*Golobiewska v Customs and Excise Commissioners* [2005] All E. R. (D) 89 (CA).

[313] (1) *Han and Yau* (2) *Martins and Martins* (3) *Morris v Customs and Excise Commissioners* [2001] EWCA Civ 1040；[2001] 1 W. L. R. 2253 [2001] 4 All E. R. 687.

[314] 因此盗用出口配额可以算作海关罪：*Att. -Gen. of Hong Kong v Daniel Nai-Keung* [1987] 1 W. L. R. 1339，PC。

[315]《委员会条例 2454/93/EC》第 454 条 3 款，被《委员会条例（欧洲经济共同体）881/03》第 457 条 c 款 3 项修改。

[316] C-124/95，[1997] Q. B. 683；[1997] All E. R. (EC) 193。

[317]《欧共体条约》第 113 条。

[318] 根据此判决，欧盟法院发现这项政策违反了《欧共体条约》，而且是违反了《委员会条例（欧洲经济共同体）2603/69》第 1 条一般出口规定的一项非法数量限制规定。

[319] *R. v Secretary of State for Transport Ex p. Factortame* (*No. 5*) [1997] 22 L. S. Gaz. R. 31, QBD.

[320] *Francovitch v Republic of Italy Jointed* cases C-6/90 and C-9/90 [1991] ECR I-5357.

[321] 在 *Mulder v EC Council and EC Commission* [1992] E. C. R. 1-3061，ECJ 案之后，答案似乎是否定的。见 *Mulder v EC Council and EC Commission* para. 56。

[322] [2001] 1 W. L. R. 902，CA.

[323] [1980] 1 W. L. R. 915 HL. 上诉法院将此案区分出来，因为在本案环境中没有把欧共体看作一个单一市场。

[324] *Sissen* 案在 38 和 39 段中援引了上述内容。同见 *R. v Jakeman* [1982] 76 Cr. App. R. 233 案，关于在加纳发生的将进口品引入到英国的行为。

[325] 见《指令（欧洲经济共同体）76/308》关于关税恢复部分，《委员会条例（欧洲经济共同体）1468/81》（现在被《条例（欧洲经济共同体）515/97》替代）关于共同体海关当局间在农业问题上相互帮助的部分，和《1979 年海关和消费税管理法》第 9 条。

[326]《理事会条例（欧洲经济共同体）2913/92》。

[327] 2007 年发布的新欧盟宪法的确去除了一些“第三支柱”问题，比如“第三支柱”的正义和国内事务，及根据共同体权限的相关问题。

[328] *Garrett v Arthur Churchill* (*Glass*) *Ltd* [1969] 2 All E. R. 1141.

[329] *Att. -Gen. of Hong Kong v Tse Hung-lit* [1986] 3 W. L. R. 320，PC.

[330] (1998)，*The Times*，2 October 1998.

[331] 什么行为构成在第 170 条 2 款下的“以欺诈方式违反”(fraudulent evasion) 见 *Att. -Gen. 's Reference* (*No. 1 of 1981*) [1982] 2 W. L. R. 875；*R. v Latif and R. v Shahzad*，*The Times*，17 March 1994，CA，此案中裁定为“任何意在导致受禁货物的出口（或进口）的行为”。

[332] *R. v Redfern and Dunlop Ltd* (*Aircraft Tyre Division*) [1992] 13 Cr. App. Rep. (S) 709.

[333] 此案还确立，公司仅在对员工授予实际管理职权时对员工的行为负责，仅仅代理管理职责是不够的。

[334] *Peakes Gunston and Tee Ltd v Ward* [1902] 2 K. B. 1；*R. v Churchill* [1967] 2 A. C. 244，HL.

[335] [1951] 1 All E. R. 203. 同见 *Schneider v Dawson* [1960] 2 Q. B. 106，CA 和 *R. v Berry* [1969] 2 Q. B. 73 中援引 *Cohen* 案。

[336] 现在这些规定由《1979 年海关和消费税管理法》持有。

[337] 同见 *Mizel v Warren* [1973] 2 All E. R. 1149，此案是关于在英国购买的一个二手手镯的征用诉讼程序。英国高等法院 (Queen's Bench Division) 认定举证责任在被告。在 *Beck v Binks* [1949] 1 K. B. 250 案中裁定意图蒙骗国家处置未税货物的罪行可以在国境中任何地方发生，不仅限于在入境处。同见 *R. v Henry Thomas Sissen* [2001] 1 W. L. R. 902 案。

[338] 1992 年 3155 号令。被《2002 年消费税法（个人救济）（废止）》撤销（2002 年 2691 号令）。

[339] [2003] 2 W. L. R. 950；[2003] Q. B. 1041.

[340] *R. v Dunbar* [1958] 1 Q. B. 1.

[341] 海关根据《1984年警察与刑事证据法》第114条应用此法。见《1985年警察与刑事证据法（对英国税务海关总署的应用）（修改版）》（1985年1800号令）。

[342] *R. v Sanus*，[1992] Crim. L. R. 43，CA.

[343]《1984年警察与刑事证据法》第66条和67条9款。

[344] 1985年1800号令。

[345] *Montes v HM Advocate*（1990）S. C. C. R. 654.

[346] 探讨对伊拉克出口防御性装备和两用商品及其相关上诉的报告（1995—1996年，HC 115）。

[347] 见Scott报告：K 4. 2（i）。

[348] 如《1979年海关和消费税管理法》第170条3款提供了没有上限的罚款和最高7年监禁，第170条4款最高监禁达10年。

[349] 没收程序是对物（in rem）程序——也就是说处罚不是对某个人施加的；这与针对某个人施加的对人（in personam）程序相反。唯一的问题是货物是否有责任被没收；这与谁进口了这些货物或者它们是不是主动提供的无关；*Lord Advocate v Crookshanks*（1988）15 R. 995；*Denton v Jones* [1971] 1 W. L. R. 1426。关于《1979年海关和消费税管理法》第3章下的海外服务，见 *Commissioners of Customs and Excise v IFS Irish Fully Fashioned Stockings Ltd* [1957] 1 W. L. R. 397。

[350] 关于如何计算货物价值，见 *Byre v Low* [1972] 1 W. L. R. 1282。

[351] 在英格兰和威尔士的简易程序罪（summary offence）的标准罚款等级是由《1982年刑事审判法》第37条规定的，后被《1991年刑事审判法》（c. 53）第17条修改。在这些裁判权中第3级等于1 000英镑的罚款。

[352] *Garrett v Arthur Churchill (Glass) Ltd* [1969] 2 All E. R. 1141，[1970] 1 Q. B. 92。如上案件有关《1952年海关和消费税管理法》第56条2款，现被《1979年海关和消费税管理法》第68条2款替代。

[353]《1979年海关和消费税管理法》第141条1款a项被 *Customs and Excise Commissioners v Air Canada* [1991] 2 W. L. R. 344，CA案诠释。

[354] 见《1979年海关和消费税管理法》第139条和第3章。

[355]《1979年海关和消费税管理法》第3章第1～2段。

[356] 1个月表示一个公历月（在1978年法第1章中被解释）。

[357] CEMA Sch. 3，para3. 索赔通知中的细节在para. 4中具体规定。

[358] 现行2006年4月版本。

[359] 见《12A号海关公告》第2和第6段。

[360] *Barry Gascoyne v (1) Customs and Excise Commissioners (2) Chairman of the VAT and Duties Tribunal* [2004] EWCA Civ 1162；[2005] 2 W. L. R. 222 *per* Buxton LJ at pars 46 to 55. 本案是关于对英国税务海关总署对一封索赔信的解释（到底它是索赔通知还是归还请求，正确的路径是司法审查第3段）的挑战。属性应用在 *Tina and Robert Day* [2006] E00999中。

[361] *Barry Gascoyne v (1) Customs and Excise Commissioners (2) Chairman of the VAT and Duties Tribunal* [2004] EWCA Civ 1162；[2005] 2 W. L. R. 222 para. 16（b）.

[362] 是在英国的市场价值。

[363] *Att. -Gen. of New Zealand v Ortiz* [1984] A. C. 1.

[364] *Att. -Gen. of New Zealand v Ortiz* [1984] A. C. 1 at 87.

[365] 虽然*Ortiz*案揭露了一个关于新西兰法律的问题，但是上院的判决等同于英国海关法。

[366]（1997）*Independent* November 4，1997.

[367] 第 141 条 1 款 a 项列举了船只、飞机、机动车、集装箱（包括旅客行李类物件）或其他任意被用于装载、处理、保存或隐藏可被没收物品的物件。

[368]《罗马条约》第 30 条。

[369]《欧共体条约》第 36 条。同见 *R. v Bow street Metropolitan Stripendiary Magistrate Ex p. Noncyp Ltd* [1988] 3 W. L. R. 927 (DC) 和 *R. v Henn* (Case 34/79) [1981] A. C. 850 案，在这里应用《欧共体条约》抵制英国海关对据称违反了《1959 年反淫秽出版物法》，但是在其他成员国自由流通的图书的扣押。

[370] *Customs and Excise Commissioners v ApS Samex* [1983] 1 All E. R. 1043.

[371] *R.* (*Hoverspeed Ltd*) *v Customs and Excise Commissioners* [2003] 2 W. L. R. 950, [2003] Q. B. 1041.

[372] 1995 年 5 月 5 日判决，Series A，No. 316（App. No. 18465/91）。

[373] 根据《1979 年海关和消费税管理法》第 3 章 16 段。

[374] 见 *Raimondo v Italy*（A/281-A)(1994）18 E. H. R. R. 237 案，其中确定征用令不能构成 ECHR 第 6 条下的刑事指控。扩展阅读见：*A-G of New Zealand v Ortiz*（上已引用）；*United States of America v Inkley* [1989] Q. B. 255；和 *Huntington v Attrill* [1983] A. C. 150，PC。

[375] CEMA 第 152 条 b 款。

[376] *R. v Customs and Excise Commissioners Ex p. Tsahl* [1990] C. O. D. 230. 同见 *Allgemeine Gold-und Silberscheideanstalt v Customs and Excise Commissioners* [1980] C. L. Y. 622。

[377] 正确的挑战扣押程序见下。

[378] *Barry Gascoyne v* (1) *Customs and Excise Commissioners* (2) *Chairman of the VAT and Duties Tribunal* [2004] EWCA Civ 1162；[2005] 2 W. L. R. 222 (CA)；*The Commissioners of Revenue and Customs v Albert Smith* (2005) November 17，2005，unreported.

[379] 见《12A 号海关公告》第 3 和第 7 段。

[380] 见《12A 号海关公告》第 3 和第 6 段。

[381] 见 Sch. 5 sub-para. 2. (r)。

[382]《1994 年金融法》第 14 条 2 款和 3 款。

[383]《1994 年金融法》第 15 条 2 款 b 项。

[384] *Agieska Golobiewska v Customs and Excise Commissioners* [2005] EWCA Civ 607.

[385] 此理事会条例由《委员会条例（欧洲经济共同体）1891/2004》的执行规定补充。

[386]《委员会条例（欧洲经济共同体）1383/2003》第 17 条。同见《2004 年违反知识产权商品法》(见上)。

[387]《1995 年伪造和盗版商品法（继起规定)》(1999 年 1618 号令)。随着《理事会条例（欧洲经济共同体）3295/94》被《理事会条例（欧洲经济共同体）241/1999》修改，以扩大侵犯专利或补充保护证书权利的商品种类，这些条例做出了相应改变。同见《2004 年违反知识产权商品法》(2004 年 1473 号令)。

[388] 见 *Norwich Pharmacal Co v Customs and Excise Commissioners* [1974] A. C. 133。本案中一方获得了安皮禁令（见 *Anton Piller KG v Manufacturing Processes Ltd* [1976] 1 All E. R. 779，CA)，他的律师安全地保管着文件，他必须拒绝海关和消费税专员检查文件的要求，直到法庭给予专员检查的许可：*Customs and Excise Commissioners v AE Hamlin & Co* [1984] 1 W. L. R. 509。

第八部分

海外营销组织

第 27 章

代理安排[1]

海外自营代理

27—001 这种营销的特点是出口商通过缔结一份代表他行为的合同，由驻扎在国外但不是他的雇佣员工的代表与海外客户建立直接联系。[2]海外自营代理的酬劳通常是基于销售或通过他销售商品的价格计算的佣金，然而员工的酬劳通常由固定工资和一些情况下的奖金或提成构成。被代理人和自营商业代理的关系现在由协调成员国之间与自营商业代理相关法律的委员会指令规范。[3]这条指令由《1993 年商业代理法规（委员会指令）》实施。[4]这部法律于 1994 年 1 月 1 日生效。除去在 1994 年 1 月 1 日前产生的权利和义务，这部法律对在其生效前缔结的合同有效，因此它具有可追溯性。这部法律将在“代理和被代理人的权利和义务”标题[5]下被介绍，也会在本章的其他相关处被引用。

希望通过自营代理的办公室在国外营销自己产品的出口商应该十分小心。代理合同在双方间创造出保密关系，同时，代理在某些情况下拥有处置被代理人的货物、准许客户的赊销付款期和从被代理人处获得销售价格的默示授权。出口商在将自己的信任托付于代理之前应该搜寻信息了解此代理的个人声誉和财务状况。这些信息通常来源于出口商的银行或者他的代理人。如果获得了令人满意的调查结果，还需要另外注意两点。首先，在代理合同中需要加入预防条款[6]，例如在一份长期承诺之前有一个短的试用期，或者在一段时间内规定最低营业额，或者合同在接到通知时终止，但是在此处要遵守欧共体法律[7]中根据一些国外法律制定的关于自营商业代理和最短通知期限的规定。其次，被代理人和代理人之间应该建立并保持个人联系。在被代理人亲自见到代理人之前不应该缔结任何有后果的协议；还有，被代理人定期拜访代理人，或者相反，能保持高水平的相互信任，这是每一个成功的代理协议的必要元素。

被代理人可获得寻找海外代理的帮助。[8]

代理合同

□ 代理合同的法律本质

在法律意义上，代理人是一个个人，他拥有另一人，即被代理人，赋予的 **27—002**
权利，以代表被代理人或者以被代理人的名义行为，并且在法律上与被代理人结合起来对立于第三方。在出口贸易中，出口商赋予给海外的自营代理人的权利通常采用以下两种之一：代理人被授权将其区域内的第三方介绍（introduce）给被代理人，将是否与第三方签订合同的决策权留给被代理人[9]，或者代理人被授权代表被代理人与第三方签署（conclude）合同。在法律上，“代理人”（agent）的含义和在商业用语中使用的有所不同。法律定义更加宽泛，因为它包括了与第三方签署合同且按照雇主利益行为的雇佣员工；同时法律定义也更加狭窄，因为它不包括以自己名义从被代理人处购买产品再销售的代表人。在一个案例中[10]，Scrutton L. J. 提到了这个众所周知的事实，“在某些贸易中，使用‘代理’（agent）这个词通常参考的不是法律意义上的代理人和被代理人概念”，同时他还补充，商业上将购买者称为代理人的习惯给实际问题带来了许多困难。

独家分销商不是法律意义上的代理人，因为他不代表供应商的利益行为并且对供应商不负责任。他为了给自己获取利润，从供应商处购买商品再转售给消费者。[11]

自称为采购代理人（procurement agent）的，其法律特征就更难界定了。他的业务是根据另一方指示为其购买商品。采购代理人这个概念非常模糊。他可以是法律意义上指示方的代理人，也可能把商品转售给指示方。要根据他和指示方的合同构造才能判定他到底是哪种类型。[12]

每一个代理协议都创造了三种关系：

(a) 存在于被代理人和代理人之间的关系；
(b) 存在于被代理人和第三方之间的关系；
(c) 存在于代理人和第三方之间的关系。

第一个是被代理人和代理人之间的内部协议，即代理合同；它规定了双方的权利和义务、对代理人的授权范围和应付给代理人的报酬。[13]第二个是一般的销售合同，但是在上面加上了由于卖方是通过代理人签订合同而产生的一些特征。第三个关系只在例外情况下才会发生。

代理权

27—003 代理权可以是实际的（actual）、默示的（implied）、名义的（ostensible）（或表见的（apparent））、一般的（usual）、惯例的（customary）或者依照法律的（by operation of law）。实际权利通过被代理人和代理人之间签订协议发生。需要提醒的是，即使没有这样的被代理人和代理人之间的协议，或者有协议但是代理人实际超越了自己的权限，代理关系仍然成立。默示代理权从被代理人和代理人之间的关系或行为中产生。代理关系可以在没有被代理人和代理人之间的协议，但是被代理人同意代理人代表他行事，同时代理人也同意如此行为时发生。[14]

实际代理权

27—004 实际代理权是被代理人通过协议对代理人的明确授权。"'实际'（actual）的代理权是被代理人和代理人双方同意以各自单独名义订立的协议确立的法律关系。职权范围的树立是通过应用一般合同格式，包括对明确使用的文字、贸易术语或者双方的商业惯例的任何合理推理。"[15]这样的协议可以是契据式的、书面的或口头的。[16]

被代理人身份公开

27—005 只要代理人是在其实际或者默示代理权范围内行事，如果他向购买商品的客户透露自身的代理身份，那么他扮演的仅仅是被代理人口舌或者渠道的角色。销售合同是在被代理人和客户之间订立的，代理人通常从画面中完全消失。[17]

代理人没有义务向第三方揭露自己的代理身份。从第三方，即海外客户的角度来看，有如下几种可能：

(a) 代理人不揭露他的被代理人的存在并且以自己的名义签订合同。这里，他为未公开被代理人行事。

(b) 代理人揭露了他的被代理人的存在但是不揭露被代理人的名称，例如签订合同时署名“代表我的被代理人”。在这种情况下，他为隐名被代理人行事。

(c) 代理人揭露了他的被代理人的存在和名称。在这里他为显名被代理人行事。

这三种情形中的第一个意义重大，因为它体现了包括英国的英美法系国家中代理的概念，和包括绝大多数欧洲大陆国家的大陆法系国家中流行的代理的概念不同。在英国法律中，如果被代理人正式授权代理人使用自己的名义，也就是未透露代理身份与客户签订合同，将产生两个权利：第三方可行使的选择权和被代理人可行使的介入权。未公开被代理人可以因为代理人在实际代理权内代表被代理人签订的合同提出控告或者被控告。[18]

当第三方发现事实真相时，他可以选择向被代理人或者代理人提起诉讼，且该选择必须明确。[19]如果第三方对其中任意一方提起诉讼程序，第三方必须持有强有力的证据表明该方负有完全责任，但是这个证据可以被驳斥；例如，如果第三方未能掌握所有相关信息，他就还能够对另一方提起诉讼。[20]但是，对于在诉讼程序中何时做出明确选择尚无定论。[21]看起来法庭要发现第三方已做出明确选择通常很慢[22]，并且这还取决于个案的情况。如果第三方做出针对某一方的诉讼决定，那么他就终止了自己的选择权，并且对另一方采取的诉讼行为将不予接受。[23]但是如果被代理人和代理人对侵权共同负责，第三方可以先对任一方提起诉讼程序，再根据《1978年民事责任（分担）条例》对另一方提起诉讼程序。[24]

未公开被代理人有相应的介入权并且可以对代理人直接提起诉讼。这种介入权被认为是一个例外，因为它并不十分符合合同的相对原则。但是法庭根据商业便利原因使这个例外合法化。[25]被代理人行使介入权有例外，但是这些例外寥寥无几并且绝大多数限制在合同条款排除了介入权的情形[26]；或者被代理人身份对第三方至关重要的情形，例如第三方明确表示只愿意和代理人签订合同[27]，或者如果第三方知道了被代理人的身份就不会与他签订合同。[28]被代理人被第三方控告的情况适用同样的原则。[29]

第三方的选择权和被代理人的介入权保证这两方，甚至在未公开被代理人情形下，有效地建立起一个直接的双方合同联系。因此，《1979年货物买卖法》第14条5款应用到公开或未公开委托时可能会被判定为对违反第14条2款或3款负责。[30]

在其他两个情形中第三方都只有控告被代理人。第三方只有在争端发生区域内的现行法律有如此规定，或者代理人对第三方承担个人义务，或者代理人对贸易常规负法律责任时能够起诉代理人。仅仅在自己公司的标识上加上一个描述性短语例如“进口和出口代理”，没有揭露被代理人存在的代理人一般都不能逃脱法律责任（如果第三方选择对代理人上诉的话）。[31]但是，如果代理人在与客户签订合同时署名为“作为代理”（as agents），或者在给客户的信件中注明“代表”（on behalf of）、“因为”（on account of）或“为了”（for），那么代理人无须承担责任，即使他没有透露被代理人的名称。[32]当代理人明确地以自己的身份签署合同，成为合同中提及的租船人的中间人的指导人时，他不是为未公开被代理人行事。[33]有时候情况很清楚，行为人如同代理人一样行为，虽然他并没有这样暗示，比如客户已经知道他只是一个中间人。在这样的案件中只有被代理人，而不是代理人承担责任。[34]

被代理人在以上三种情形下都有权以自己的名义控告客户。诸多案例表明，根据英国法律，被代理人甚至在代理人没有揭露被代理人存在时签订合同的情形下仍拥有这项权利，只要代理人是正式被授权代表被代理人行事。例如，当英国出口公司或其他人担任海外未公开被代理人（客户）的法律概念上的代理并且货物与合同描述不相符时，后者可以直接向该国的供应商提出索赔。[35]与英国法律不相同，一些国外法律在这点的规定是如果合同是代理人以自己的名义订立的，只有他本人而不是未公开被代理人可以提起诉讼。对这点的发散是，出口商如果想保留自己直接控告海外客户的权利，他就应该在代理合同中明确提出要求代理人与客户打交道时表明自己的代理身份，或者至少应该要求代理人承诺指派被代理人对客户索赔。

□ 默示、一般和惯例代理权

27－006 代理人的默示权利可以从双方的关系和行为中推断。代理人可能会执行那些明确授权行为的附属和次要行为，“当可以从双方行为和案件情形中推断时，例如董事会任命其中一人担任常务董事。因此董事们会默示授权常务董事执行办公室常规范围内的所有事务”[36]。

代理的默示权利同样允许他按照惯例或者常规行为，只要这些行为是合理的并且也不与他的明确权利范围相冲突。自然地，贸易中的惯例或者常规行为会根据具体贸易或者行业的情况变化。

□ 名义（或表见）代理权

27－007 应该区别名义或表见代理权[37]和默示代理权，虽然有时候区分起来有些难度。

名义或表见代理权指代理人没有代表被代理人行事的真实授权，或者超出实际代理权限行事。如果第三方成功地证明了名义代理权的存在，被代理人就要承担相应的责任和义务。“名义或表见代理是使相对方看似存在代理行为的代理权”。[38]从当局的判决可以看出名义代理“像不可否认的代理（estoppel）一样，防止被代理人以不受合同约束为由辩护”[39]，尽管在学术作者看来这还有些争论。[40]“实际代理权和表见代理权两者相互独立。通常它们共存并重合，但是任何一方可以在没有另一方的情况下独立存在，并且它们的代表范围也不同”。[41]构成名义代理的必要元素由 Slade 法官总结如下[42]：

“否定了实际代理权存在的名义或表见代理权仅仅是不可否认代理的一种

形式，的确，代理人已经通过不可否认代理表示了名义代理权，除非满足以下三个要素，否则不能请求援助不可否认代理权：（ⅰ）有代表，（ⅱ）有依赖代表的行为，（ⅲ）由此依赖行为导致的地位变化。”

必须由被代理人或者被代理人正式授权的个人做代表[43]；代理人不能做代表。[44]名义代理权有时可以从代理人所处的地位推断出来。曾经判决过公司秘书对签订公司的合同有名义代理权[45]，银行的跟单信用证经理有独自签署银行保函的名义代理权，虽然银行内部规定要求有两个签字。[46]证明代理人拥有名义代理权的举证责任落在提出此主张的人身上。[47]

□追　认

在代理人超越自己的权限或者没有实际或默示权利去代表另一人行事，但 27—008
是如果该代理人声称其代表被代理人与第三方签订协议的情况下，被代理人可以追认该协议。一旦被代理人追认了意向协议，“……追认（ratification）有追溯效力，被认为等同于先前的授权”[48]，并且“追认，我们都知道，有追溯效力”。[49]被代理人追认后的效果是把全部三方放在一个面对面的平等位置，在此位置上代理人有明确的权利，也就是说被代理人和第三方相互执行协议；代理人不再为超越权限负责，也不会再对第三方负个人责任，还赢得了佣金。

但是，要追认一份协议，被代理人必须存在、可确定（虽然需要指明他的名字）并且他必须在代理人声称代表其行为[50]和追认[51]时都具备签订协议的民事行为能力。由此可知，因为意向被代理人必须是可确定的，所以未公开被代理人不能做追认。[52]追认必须在协议规定时间内或者在合理时间内做出。[53]

意向被代理人必须存在，并且在签订协议时具备订立协议的民事行为能力的要求意味着直到相对近的时间前，一个公司不能在它成立之前就追认未授权代理人的越权代理协议，也不能追认被代理人代表其行为。现在的法律规定即使一个公司根据自己的章程没有行为能力，任何此类行为还是依然有效。[54]由一个还未成立的公司或者担任这个公司的代理人建立的意向协议在声称代表此公司行为的一方和第三方之间具有法律效力。[55]36C（1）条规定：

“由或代表一个公司在其还未成立时签订的合同的意向，让步于其他任何相反协议，如同和声称为此公司行为或者成为公司代理人的个人订立的一样有效，并且此人相应地对合同负有个人责任。”

可以看出这部分没有规定公司可以认定在它成立前发生的代表它的行为，但是董事违反公司章程的行为可以通过特殊决议被追认。[56]

无效合同（void agreement）不能被认定，但是可撤销合同（voidable agreement）可以。[57]追认可以通过行为作为或者默许作为明确表达或推断出来。[58]当意向被代理人掌握所有信息和事实并且知道他被当做被代理人来对待，但是没有在合理时间内采取行动表示不追认这份协议时，他就默许了协议。[59]

□ 依照法律确立的代理

必要代理

27—009 必要代理（agency of necessity）是依照法律规定确立的代理中最重要的一类。这种代理发生在紧急情况下，代理人为保全或保护被代理人的财产或利益而超越了自己的权限并且合法地约束被代理人。必要代理也可以在双方没有代理关系的紧急情况下成立，但这是特殊情况。

代理人占有被代理人的货物，只有有限权利，例如，未得到明确授权时不能销售被代理人的存货，或者将货物退还给被代理人，或者可能把为被代理人购买的商品配送给他，在这类情况下，为了使保全被代理人的财产而采取的非常措施合法化，就产生了必要代理权的问题。商法演变出了必要代理说，在这种原则下代理人被允许，但不是有义务，在紧急情况下超越权限，采取必要行动保护被代理人的财产，包括在有腐烂变质风险或损失风险时销售财产。但是很难确定在什么情况下可以建立必要代理，并且法庭也不愿意过分地扩展适用范围。[60]条件有：首先，越权行为是根据实际的、确切的和紧急的商业需要必须做出的；其次，在处置商品之前代理人无法与被代理人取得联系并获得他的指示。[61]要澄清的是，“必要代理”的术语必须只能在同时满足上述两个条件的情况下使用。它不能被应用在受托人为预防委托人的商品腐烂变质引发费用的情况，这种情况的前提条件更宽松，尤其地，先前无法与商品所有人取得联系不是受托人获得费用补偿权利的前提条件。[62]必须有真实的必要性并且代理人采取的任何行为都必须是合理的。1920 年[63]，伦敦出口商通过在巴通姆和君士坦丁堡（今为伊斯坦布尔）都有分支机构的英国航空公司把一包裹商品运送到巴通姆，并指示把货物递送到一个当地商人处。货物到达时巴通姆正要爆发严重的骚乱；当地的英国居民不得不从城镇中疏散，苏维埃和白俄罗斯之间的冲突似乎即将来临。航空公司于是就在撤离巴通姆时把货物转移到了君士坦丁堡，也没有把它们递送给那个指定的当地商人。法庭判定航空公司担任了必要代理人的角色，不对因货物转移到君士坦丁堡而产生的任何损失负责。Bailhache 法官对这个决定性考验作了如下表述[64]：

“我得出的结论是在所有情况下都不会有这样一个时间点，如果我立起手指说：‘在此时被告本应该和这个国家建立联系，如果在这一天他这样做了会有合理机会获得回复’。”

在没有既存的代理关系时非常难确认必要代理关系。[65]但是长久以来得到确认的是，如果满足了必要代理的两个构成要件，大副有权代表货物所有人行事以保全货物，或者代表船东行事以保全船只，即便会产生相关费用。

更进一步说，在现有的通信状态下，代理人无法与被代理人取得联系并获得他的指示的情况很少发生。但是还是能够想象到这样的情形有可能突然出现。

代理人和被代理人的权利和义务

直到最近，代理人和被代理人的权利和义务才由他们之间的合同条款和普通法规定，但是其中的很多，尤其是被代理人对代理人的义务现在是成文法规定的。1986 年 12 月 18 日起实施了《关于协调成员国之间与自营商业代理相关的法律的欧共体委员会指令》。[66]这部指令旨在协调欧共体各成员国关于被代理人和自营代理人的法律，加强代理人的地位。英国获得了改变国内法律以使这部指令生效的宽限期，《1993 年商业代理法规（委员会指令）》于 1994 年 1 月 1 日生效。[67]需要注意的是这部法规具有可追溯性，可适用于在法规生效前订立的合同，除非在法规生效前代理人或者被代理人已经产生了责任或义务。[68] **27—010**

这部法规管理的是商业代理人与其被代理人之间的关系。[69]有一个问题关系条款 1（3）[70]，它的规定如下：

“当双方约定了代理合同受其他成员国法律约束时，本法规的第 3 到 22 条不适用。”

在 *Ingmar (GB) Ltd v Eaton Leonard Technologies Inc* 一案[71]中一个英国公司担任一个加利福尼亚州公司的代理人，协议声明本合同遵守加利福尼亚州法律。诉讼程序在英国启动，后来对当代理合同的被代理人是非成员国的公司并且合同中明确表示遵守该国法律时指令的适用性问题向欧洲法院提交备案。欧洲法院[72]认为指令创造的这个机制有强制特性，在成员国范围内进行商业活动的商业代理必须遵守第 17 和 18 条，即使有被代理人来自非欧盟管辖权的事实：

商业代理人[73]是：

“……一个自营的中间人，有持续代表另一人（被代理人）参与销售或购买商品谈判的权利，或……代表被代理人并以其名义谈判并签订销售或购买商品合同的权利。”[74]

虽然“商业代理”（commercial agent）的概念对英国律师来说是外来词语，但是很清楚的是此法规对一般代理关系都适用。[75]但是看起来这部法规对只介绍潜在客户，把谈判和签订合同的工作留给被代理人的代理人不适用，因为定义中讲的是那些“参与谈判”[76]或者“谈判并签订合同”的代理人。以自己的名义购买和销售其他人的商品并且承担财务风险的人在严格意义上说不是法律意义上的代理，所以法规对他们不适用。

定义指的是“销售或者购买商品”，因此法规看起来对代表被代理人提供谈判服务的代理人不适用。

很清楚，定义包括了为显名被代理人行事的代理人，它也可能包括了为隐名被代理人行事的代理人，但是这点更加不确定，因为“代表被代理人并以其名义”有可能被解释为被代理人必须是显名的。更加不确定的是定义是否包括未公开委托人。但是，需要记住的是这部法规像所有共同体法规一样，应该根据立法意图来解释。

正式授权的公司员工[77]或合伙人[78]和破产管理人除外。[79]而且，法规对以下无薪金的商业代理人[80]不适用：商品交易所或商品市场运营代理[81]，英联邦代办处[82]，或者商业代理业务为次要活动。[83]法规第 4 段规定以下情况下可以推定这样的活动是次要的：

“(a) 宣传材料直接提供给潜在客户；

(b) 授予代理权时不参考特定区域内现有的代理人，也不和特定组织发生联系；

(c) 客户通常自己选择商品，只是通过代理下订单。”

第 5 段还规定有一个假定，消费品的邮购目录代理人和消费信贷代理人不属于本条第 2 段范围。第 2 段中列举了可以否定代理人的活动是次要的情况。简而言之，这些都是在商业代理关系中可能会遇到的情况。

□ 代理人对被代理人的义务

27－011 自营代理人的义务在条款 3 中列举出来，这些义务都不许减轻。[84]有一个一般性要求，即“代理人必须维护被代理人的利益，行为诚信忠实”。[85]条款 3 (2) 要求：

“具体地，商业代理必须——

(a) 做出适当努力参与谈判，在合适的时候为被指示照管的交易签订合同；

(b) 向被代理人沟通报告所有自己知道的必要信息；

(c) 遵守被代理人做出的合理指示。”

在违规案例中对合同适用的法律要明确后果。[86]

以下列举的是主要的普通法规定的代理人的义务，只与此处相关，很明显它们大体上和条款 3 的内容保持一致：

勤勉地履行职责。代理人必须按照惯例和合理关注有技巧地、勤勉地履行义务，并且代理人对因未达到这样标准而使代理人遭受的损失负责。[87]销售代理人无权向买方对已销售产品承诺产品质量保证期，除非对他明确或暗示地授予了这项权利，或者交易惯例表明如此。[88]

揭露所有重要事实。代理人有义务向被代理人揭露可能影响被代理人决定是否接受客户订单的所有事实。[89]例如，如果被代理人指示代理人不要把货物销售给 X，同时 X 的一个附属公司 Y 也从代理人处订购了商品，那么代理人在把订单转发到被代理人处时应该指出 Y 是被 X 控制的。特别地，代理人有义务向被代理人揭发任何在交易中可能存在的个人利益关系。他不能在得到被代理人同意前购买被代理人的商品，也不能在未通知被代理人的情况下同时做买方的代理在单次交易中收取两份佣金[90]，也不能使自己的个人利益和被代理人的个人利益相冲突。[91]代理人有未揭露的个人利益的合同可以由被代理人决定是否撤销。[92]

不能接受贿赂或者赚取秘密利润。代理人严禁接受贿赂，也不能在他的代理身份外获取其他的秘密利润。[93]如果已经允诺做出贿赂，被代理人可以向第三方要求索赔，或者如果已经支付了贿赂，被代理人可以向代理人[94]要求连同利息一起索赔。[95]他还可以要求投资贿赂金可能带来的任何利润[96]，也有权在没有通知的情况下解除代理关系[97]，或者避免和第三方订立合同[98]，或者拒绝对行贿交易支付佣金，或者对因为加入合同而蒙受的任何损失要求索赔，但是要决定是对损失还是贿赂行为起诉。[99]即使代理人在自己的判断下，本着不影响被代理人的意图，已经接受了贿赂或者秘密利润，或者已经得到证实没有伤害到被委托人的利益，这些后果还是会随之发生。[100]这关系到商业道德和法律的诚实信用标准对代理人的严格要求；只有在被代理人知道代理人已经收受了第三方支付的报酬并且同意这样做时才可以放松要求。

不能泄露保密信息。代理人不能在代理协议生效期间或者终止以后，向第三方泄露他在工作期间获得的保密信息或材料，也不能为了和被代理人竞争，自己不合理地使用这些信息。[101]通常情况下一个代理人为几个可能有利益冲突的被代理人行事时，他必须保护每个被代理人的保密信息。[102]如果被代理人的相关可疑行为涉嫌犯罪，或犯有欺诈，抑或是违反公共利益的严重事件，代理人可以向警方、公共权力机构甚至是新闻媒体披露与该被代理人相关的保密信息。[103]

但是，不能限制代理人在代理协议终止后使用在担任代理人期间获得的技巧和经验，除非双方在交易限制上达成一致。[104]第 20 条规定交易限制条款必须是书面的，必须限制在同一地理区域内，商品必须和代理合同中的一样，限制时间不能超过代理合同终止后的两年。但是条款 20（3）规定前述内容“……不应该影响对交易限制条款的合法性或强制性施加其他限制条件，或者使法庭能够减轻双方因此类条款产生的义务的任何法案或者法律规定。”

在一个案例中[105]，一个英国出版社出版了一本国际贸易目录，它雇用了一些欧洲大陆地区的代理，单独分配给他们任务。这些代理根据接收到的广告数量获得佣金报酬。很明显，代理人有习惯在自己的笔记本上记录下自己区域内的广告商的信息，这些信息随后都要在目录中出版。在代理协议终止时，出版商成功地申请到对代理人为自己的利益或者竞争出版商的利益使用在他们的笔记本内收集到的资料的禁令。代理人的辩论点是在目录出版以后，其中的广告可以被任何人复印，除非它们受到版权保护，但是 Kay 法官这样处理了这个论点：

“司法裁判否决被告人，因为这些他们想使用的材料是在他们担任原告的代理人期间获得的，并且虽然原告不可能防止世界上的任何其他人出版或者使用这些材料，如同他试图阻止被告去使用一样，那也不成为一个问题，因为在这个位置上这些被告有义务为原告不使用这些材料。”

在一个极端案例中，为了保护材料，被代理人可以向法庭申请搜查令(Anton Piller 命令)。[106]

向被代理人申报账目。代理人必须合理保存所有代理交易记录，并且主动地，或者在被代理人提出请求时，把记录按照代理协议的要求提交给被代理人。[107]代理人必须保存日常办公记录，并且把被代理人的资金和财产同自己的区分开来。他应该把所有代表被代理人实际接收到的资金全部支付给被代理人，但是在代理协议中没有相反规定时，可以在一些合适情况下，作为被代理人的商品或资金的抵消或质押。[108]代理人可以在被代理人欠款，但是他不能向被代理人要求支付这些还未同意发生的任意开支时行使这些权利。

□ 被代理人的义务

27—012 对商业代理来说这些内容现在规定在《1993 年商业代理法规（委员会指令)》中。第 4 条，其中的义务不可减轻[109]，规定，像代理人一样，被代理人必须行为“诚信忠实”(dutifully and in good faith)。[110]第 4 条继续阐明，特别地，被代理人必须向代理人提供关于商品的必要文件[111]和使得代理人能够执行合同的信息。[112]他还必须在合理时间内通知代理人实际营业额比预期的要低[113]，并且通知代理人他接受、拒绝或者不作为与代理人相关的任何合同。[114]

法规第Ⅲ部分第 6～12 条具体规定了代理人的报酬问题。可以看出代理人收到佣金[115]时，双方订立合同的自由就大大减少了。如果没有协定代理人的报酬，报酬应该和代理人工作地的惯例相当，若没有当地惯例参照，则他的报酬应该是当时情况下的合理数。[116]但是条款 6（2）规定前面的规定，“……不伤害关于报酬水平的任何法案或法规的应用”。如果代理人的报酬不全面或者是部分佣金，则本部分的其他条款不适用。[117]因此看起来，如果代理人获得的是固定报酬，则第 7～12 条都不适用。

第 7 条规定代理人有权为自己在签订合同，或者在和前一个客户交易时做出的努力获得交易佣金。[118]他也有权在其享有“在某一具体地理区域内或者对特定消费群体的独家代理权”时获取交易佣金。[119]

如果订单是在合同终止前下达的[120]（但对佣金可以支付给前一个代理人的情况不适用，即使佣金可以分享[121]），或者交易大部分是基于代理人的努力并在合同终止后的合理时间内完成的[122]，则代理人有权在合同终止后获得这部分佣金。

当以下情况发生时产生应付佣金[123]：

“（a）被代理人已经执行了交易；或者

（b）被代理人……本应执行了交易；或者

（c）第三方已经执行了交易。”

而且，“应付佣金最晚应该在第三方已经执行了部分交易，或者第三方本应如此行为，如果被代理人已经按照他的本应行为执行了部分的交易时产生”。[124]条款 10（3）表述佣金应在不晚于“产生应付佣金季度的随后一月的月末最后一天前”支付，并且本条其他条款规定了什么时候这些付款期限日期可以不出现在双方的协议中。不允许对产生应付佣金和支付佣金的最后期限有宽限，除非改变对代理人是有利的。[125]

代理人获得佣金的权利仅仅在合同不会被执行，并且不是因为被代理人的缘故导致不执行的情况下会“消失”（extinguished）[126]，而且不允许有任何减损。[127]为这样的合同已经收取的佣金必须退回。[128]

为了使代理人能够查明对他的应付佣金数，被代理人必须在一个规定时间内向他提供一份应付佣金声明[129]，并且他还有权利获得被代理人掌握的所有信息并摘取被代理人的账目。[130]不允许任何减损[131]，但是有些法案或者法规省略了代理人可以检查被代理人账目的规定。[132]第 21 条规定在违背公共政策的情况下，不能揭露任何信息。

条款 13（1）规定每一方都有请求从另一方获得纸质已签名的合同的权利，合同应该包括所有经过协调同意的条款。这个规定不能放弃。[133]

第Ⅳ部分，第 14～20 条讲述的都是代理合同终止问题。

如果双方在合同到期后继续按照合同行事，那么此合同就转变为了一个不定期合同。[134]在不定期合同中，任意一方都能通知合同终止[135]，通知期是[136]：

“（a）对第一年续行的合同 1 个月；

（b）对第二年续行的合同 2 个月；

（c）对第三年及以后续行的合同 3 个月；

双方不能协调同意更短的通知期。”

如果合同规定了更长的通知期，那么对被代理人的通知期不能比对代理人的短。[137]除非另外协商一致，通知期必须和公历每月最后一天一致。[138]通知期对根据第 14 条转变为不定期合同的固定期限合同也适用，并且这个固定期间也应该算在通知期内。[139]不想让代理合同超过固定期限执行的被代理人必须注意不要让合同预期执行。第 16 条允许在一方完全或部分失于履行合同义务，或者在“特殊情况”发生时立即终止合同。

第 17 条规定代理人有权在合同终止时获得赔偿或补偿，但是除非合同有除外规定，应该获得补偿而不是赔偿。[140]当代理人获得补偿时，他应获得的补偿应该“如果并达到这个程度”：

“（a）他为被代理人带来了新客户或在现有客户内明显地扩大了业务量，并且被代理人继续享受与这些客户交易带来的实在利益；和

（b）补偿数量应该考虑到所有情况，特别是与和上述客户交易中损失的商业佣金数平衡。”[141]

代理人有权获得一年的报酬，按照过去五年，或者在不满五年时过去所有年限的报酬的平均值计算。[142]在 *Moore v Puetta Pta Ltd* 一案[143]中判决为根据条款 17（3），补偿金包括整个代理期间，包括法规生效之间的期间。在合同终止后由代理人介绍给被代理人的客户创造的价值是净 92 000 英镑，但是为了和条款 17（4）规定的上限封顶保持一致降到 64 526.33 英镑。很明显签订不固定期限合同的代理人有权获得补偿，但是他在固定期限条款合同中的位置还不清晰，因为即使是在固定期限合同到期以后，被代理人还是会从代理人的工作中受益，看起来代理人在被代理扩大的业务中的功劳得到承认才会显得公平。[144]这个观点看起来被第 19 条加强了，此条规定不能在合同到期前减损代理人获得赔偿或补偿的权利。即使代理人获得了补偿，他也不能被排除在损害赔偿之外。[145]

代理人有权对因为被代理人终止合同而导致的损失获得赔偿[146]，在如下情形下他被认定遭受了损失[147]：

"（a）剥夺了商业代理人通过适当履行代理合同取得的佣金，与此同时商业代理人的行为为被代理人提供了实在利益；和/或

（b）不允许代理人分期偿还按照被代理人的建议履行代理合同时发生的成本和费用。"

第 17 条规定的评估损失的正确方法最近被上诉法院在 *Lonsdale v Howard & Hallam Limited* 一案[148]中重新考虑，Moore-Bick 法官在此案中总结法规的意图是为代理人实际遭受的损失提供完全赔偿，而不是使他获得收获一项公平合理的支付的权利。因此，根据条款 17（6）计算的赔偿通常是合同终止当天代理业务（包括商誉）的价值，加上他能够证明的遭受的其他损失。

关于补偿或者赔偿的条款 17（8）规定，如果代理人死亡，则合同终止。在 *Hackett v Advanced Medical Computer Systems Ltd* 一案[149]中，AMC 主张说 *Hackett* 的律师的信件意思不够清楚，要求支付的内容仅限于未支付佣金，不包括法规规定的赔偿。最后判决是信件意思足够清晰，也没有必要指明任何具体法规。表明索赔的意图就已经足够了，法庭应该避免一些不必要的手续。[150]

在代理人失职，例如满足第 16 条中列举的立即终止合同的原因；或者代理人终止了合同，除非是因为被代理人的行为终止合同的；或者代理人因为年龄、体弱或病症无法继续合同；或者在委托人同意下代理人将合同转移给另一人的情况下，无须对代理人支付任何补偿或赔偿。[151]

以下是普通法中被代理人的主要义务，但是只要是与商业代理人相关的部分，就应该连同前面的法条一起阅读。

支付佣金。被代理人必须支付代理人商定的报酬，通常是根据代理人实际获得业务的购买价格支付的。这种报酬方式意在激励代理人，但是它有些时候利诱刺激只追求利益的代理人更加注意受影响的销售量，而不是筹集到订单的

客户资金实力。为了防止这种可能的被代理人有几种选择。最有效的方法是在代理合同中注明佣金在被代理人收到商品货款时支付。一个这种类型的常见规定如下：

“佣金会按照被代理人接收到的，所有通过代理人销售的商品卖价的现金百分比支付。”

另一个可能是安排货价保付（del credere）条款[152]，代理人借此，通常在接收另外一份佣金的情况下，保证赔付被代理人因为代理人介绍的客户无力支付债务而遭受的损失。

建议明确规定何时赚取佣金。如果合同在这点上没有规定，一般来说双方的意思是代理人可以在买卖合同订立后获得索取佣金的权利，例如当被代理人接受了客户的订单时。习惯性地需要区别支付佣金的日期和赚取佣金的日期，如佣金应该在被代理人获得收入一段时间后支付，或者在某个固定日期支付。如果合同没有规定这个问题并且没有相反的贸易惯例，那么代理人可以在赚取佣金之后立即要求支付。预支佣金通常必须在代理协议到期时退还。[153]

代理人有权在他根据合同条款赚取了佣金后获得佣金。如果和合同的明示条款相悖，法庭不会从合同中映射出代理人有权获得佣金的条款。[154]

当代理人只有介绍客户的权利，而被代理人对接受或者拒绝客户订单有完全决定权时，代理人不能对被代理人选择拒绝了的订单要求支付佣金，除非双方已经在特殊条款上协调一致，例如佣金是按照介绍潜在客户或者根据潜在客户的咨询支付的，或者是建立了允许按照缩小规模计算佣金的商业惯例。但是，被代理人不能因为代理人的错误或者失误行为克扣他的佣金，如果被代理人违反了这个规则，代理人可以收回实际损失导致的赔偿金。这些赔偿金在合适案件中可以和失去的佣金相称。在一个案例中[155]，被代理人通过代理人被介绍给一个想购买一定数量水泥，并以 CFR 条件运输到一个伊朗港口的荷兰客户。被代理人接受了这个介绍并且和买方签订了合同。买方开具了一个受益人是卖方（被代理人）的信用证，后者开具了一份受益人是买方的履约保函。随后，被代理人决定不履行销售合同。他接收到了买方关于履约保函违约金和一笔额外支付的索赔。代理人要求对损失的佣金索赔。法庭判定被代理人按照原告要求支付赔偿。代理合同有一个暗示条款，被代理人不能因自己撕裂与第三方的合同而剥夺了代理人的佣金。Lawton 法官通过类比的方法表达了这个原则[156]：

“商业代理人的生涯是危险的。他就像一位牵着马去喝水的马夫。他可以把被代理人带到谈判桌，但是当被代理人到达那儿了以后他不能做任何事来让他签字，就像马夫不能让马喝水一样……一旦完成签字，代理人就处于一个不同的地位了，因为到那个时候被代理人已经接受了代理人工作带来的利益。在这些情况下，他不能被允许终止履行他对代理人的义务……整个被代理人和代理人的关系取决于被代理人在代理人完成了自己的工作，并且被代理人接受了代理人工作带来的利益后，接受自己对代理人的义务。”

在即将根据被代理人收到的购买价格支付佣金之际，客户却在付款前拒绝履行合同，被代理人不必为了使得代理人可以赚取佣金而对客户提起诉讼，但是如果被代理人获得了客户的一些赔偿金，那么代理人似乎可以获得一个合理的补偿，这可能比支付全款的佣金更加划算。[157]

如果代理人本人违反了代理合同中的义务，但是被代理人和第三方之间还是订立了销售合同，若代理人有恶意行为，则要被没收佣金。但是如果是诚实善意做出的违反行为，他还是可以获得佣金。[158]

在讨论代理人的佣金时需要特别注意三点：代理人费用的偿还，在代理人的区域内由被代理人直接接收到的订单的佣金支付，以及重复订单的应付佣金。这些事项都应该在合同的细节条款中规定。

有时候会发生——虽然更经常是在国内贸易而不是在出口贸易中——被代理人同意向代理人在每月或其他时间间隔支付一笔固定资金“以支付将累积形成的佣金”。这样的协议使得代理人成为被代理人的仆人，而不是一个独立的契约订立人。如果在这样的情况下，在代理合同到期时被代理人支付的资金超过了代理人赚取的佣金，代理人必须把超过部分退还给被代理人，除非代理合同中包含了明确或者暗示的相反规定。[159]因为这点经常会引起争议，建议在代理合同中事先明确地订立相关条款。

代理人的费用和补偿。为出口商争取订单的海外自营销售代理不能向被代理人要求支付交易费用，除非在代理合同中已经明确地表示许可。如果代理人在被代理人同意下在履行义务的同时承担责任，例如在客户所在国起诉拖欠货款的客户，那么他可以针对任何蒙受的损失或者承担的责任获得被代理人的赔偿。

在代理人所在地签发但不是由代理人促成的订单。原则上，代理人根据他直接努力促成的交易获得佣金。如果他谈判的客户最终直接向被代理人发出订单，或者他介绍的客户以一个比列举价格更低的价格发出邀约，并且被代理人在这个更低的价格下接受了邀约，那么代理人可以要求获得佣金。如果客户主动向被代理人发出订单，或者是通过被代理人自己或其他代理人的努力获得订单，那么代理人不能要求获得佣金。这些法律规定经常被合同双方或者贸易惯例修改，贸易惯例可能规定代理人对所有在他区域内完成的交易要求获得佣金。这些协定在代理人被任命为一个固定区域内的独家代理时尤其常见。

重复订单。根据双方的意图，在代理合同中体现出来，代理人是否对重复订单有佣金要求权。在这里有两个问题需要区别：代理人是有权对代理合同期限内的重复订单要求获得佣金，还是他在合同到期以后有这样的权利？

对于第一个问题，双方经常在代理合同中明确规定，例如，代理人对通过他“介绍的客户的任何重复订单”有佣金要求权[160]，或者有时候泛泛地说明对所有通过他介绍的客户的订单有佣金要求权。[161]如果双方没有在这点上做出明确规定，在上个标题下叙述的原则适用。换句话说，如果第一个订单是代理人努力的直接结果，他就对重复订单有佣金要求权，因为它们应该被看成他的原始努力的持续结果。重复订单是通过代理人还是直接向被代理人发出的都不相关。

第二个问题挑起了更多的法律问题。如果以下情况出现就会产生困难：在通过通知终止了代理合同，双方协议或者代理人死亡之后，被代理人接受了如果代理关系没有终止仍然会给代理人带来佣金收入的重复订单。这里可以辩论说被代理人应该在代理关系终止后获得他的前代理人的劳动果实。除非双方在代理合同中有规定[162]，规则还是在权利到期之后不能根据被代理人和第三方之间的交易支付报酬，不论这些交易是否归功于代理人的介绍。[163]但是这个规则允许有例外，在具体案件中很难判断是适用这个规则，还是应该承认例外。一般说来，如果签订的是有限期间的代理合同，那么规则适用[164]，但是如果签订的是不定期限的代理合同，有时候会允许例外发生。[165]但是，这始终是一个相关合同条款构造问题。现在的趋势是不允许在代理合同终止后对重复订单支付佣金，但是观察来看，每个案例还是必须根据自己的是非曲直来判定。[166]即使是在根据这些原则，代理人在合同终止以后获得了佣金的案例中，代理人获得的也只是一笔代表重复订单佣金损失的现金补偿，他不能对未来要求申报，因为那样会导致每年有一份“直击死亡”（to the crack of doom）的支出。[167]

□ 独家交易权

代理合同可能规定了自营代理人拥有在一个特定区域内的唯一（sole）或 **27—013**
者独家（exclusive）的交易权。[168]这里的代理特点是地区性的而不是个人的。代理人通常根据他的区域内发出的所有订单获得佣金，无论是通过他的努力还是其他人的努力获得的[169]，并且通常他通过子代理组织、广告或者其他途径，系统地促进本区域内被代理人商品的分销。只要和独家代理权相关，代理协议就和分销协议类似，但是代表被代理人签订合同的代理人和为自己的利益以自己的名义签订合同的分销商的本质区别保留。[170]特别地，代理合同应该明确表示代理人应该以被代理人的名义销售产品。在一个案例中[171]，独家代理协议条款被 Lord Simon L. C. 总结如下：

“通过于1938年2月19日签署的一份书面合同，答辩人，Sheffield的钢材制造商，作为被代理人指定商业地址在纽约的上诉人成为他们的工具钢材在很大一片区域内，包括西半球（除去美国和阿根廷）、澳大利亚、新西兰和印度的唯一销售代理人。上诉人以答辩人的名义销售商品，答辩人坚持FOB价格，同时上诉人在FOB价格上加价，按照他们能够获得的最高价钱向购买者要价。FOB价格以上的溢价归属于上诉人，答辩人在接收到购买者的全款以后将如是差价部分记录入上诉人账户。协议期限是至少三年，从1938年1月1日起生效。协议包含了仲裁条款。”

一份如上的独家代理协议不会被《欧共体条约》的 Art. 81（1）禁止，但是如果它包含了目的在于或者能够扭曲共同市场竞争格局的条款，那么就有可能违反条约。然而，欧共体委员会已经承认了对 Art. 81（1）的一般禁令的重要整体豁免。稍后再考虑会对独家分销和代理协议产生影响的欧共体法规。[172]

特殊类型的代理人

27—014 在商业实践中演化出了一些在出口贸易中扮演重要角色的代理协议。

□ 行纪代理人

27—015 英国出口商指定的驻扎海外的代理人在代理人国家法律中被叫做佣金商（commissionaire）。绝大多数欧洲大陆国家和其他根据民法建立起来的法律系统把佣金商看做是自营代理中的一个特殊分类。佣金商的术语有时候在英国被叫做“行纪代理人”（commission agent）或者“行纪商”（commission merchant），但是这样翻译很容易产生误解，因为民法和普通法对这类代理的定义有本质区别。

佣金商对内，也就是在和被代理人的关系中，是一个代理人；但是对外，也就是在和第三方的关系中，是一个以自己名义的购买者或者销售方。在佣金商为被代理人行为时，被代理人和第三方之间不能签署任何不涉及第三人的合同。[173]作为一个代理人，佣金商对被代理人的交易利润负责，必须合理尽责地履行义务，不能赚取秘密利润或者接受贿赂。另一方面，被代理人不能直接向第三方提供报价，也不对货物缺陷承担责任。

大陆法区分直接和间接代理。直接代理人把自己的代理资质公开给第三方。间接代理人虽然是代理人，但是以自己的名义对待客户。佣金商是间接代理人的一种。

这种商业活动类型在英国法律中也有。它的确被广泛应用在如保付代理人处。[174]英国法律中为未公开被代理人行事的代理人[175]满足大陆法中佣金商的功能，如果获得正式授权，就成为一个真正的被代理人的代理人，但是相对第三方他从表面看起来是以自己的名义买卖的个人。

大陆法的佣金商和英国的行纪代理人有一个根本区别。[176]佣金商关系总是一个双合同关系，在被代理人和第三方之间永远不可以建立不涉及代理人的合同。[177]但是第三方和未公开被代理人不能通过第三方的选择或者是被代理人的干预[178]直接搭建相互的合同关系形成一个单合同关系。

自己购买了货物的行纪代理人像未收到货款的销售方一样对货物享有留置权、中途停运和转卖权。这些权利由《1979 年货物买卖法》第 38 条 2 款规定。[179]

在被代理人不支付代理人或者破产失去支付能力时，这些权利对代理人有重大意义。

□ 信用担保代理人

信用担保代理人是这样一种代理人，他负责在其所介绍的客户不付货款时，赔偿被代理人因此而遭受的损失。信用担保代理的优势显而易见：由于被代理人对代理人所在的国外市场情况了解不多，无法判断发出订单的买方的资信是否可靠；而且由于竞争的需要，使用赊销的方式销售货物总是不可避免的，即使没有给客户授予信用期限，出口商在客户不付款时仍然发现自己卷入到复杂而昂贵的破产程序中。如果代理人同意为其介绍的国外客户保付，被代理人就可以避免这些风险，而且巧合的是，被代理人可以确信代理人不会把周转量置于他拉来客户的偿付能力之上。通常会对接受保付义务的代理人支付一份另外的佣金，叫做保付佣金。保付协议不必以书面方式订立；它是对损失的补偿合同，不是担保合同。[180]信用担保代理人的责任仅限于在买方因破产或类似原因无力支付货款时补偿被代理人，至于完全有清偿的买方因为被代理人没有正确履行合同而拒绝支付货款的情况，代理人是不负责任的。[181] Lord Ellenborough 在 1817 年这样表达了这条规则[182]：“（保付）代理在客户不支付时介入；这是代理人在客户偿付能力出现问题时对委托人的保证。但是它一点也不改变客户和委托人之间的权利关系”。 27—016

通过 1962 年 12 月 24 日的通知[183]，欧共体委员会表示不把同商业代理签订的独家经销协议看做受到《欧共体协议》第 81 条 1 款禁止，因为除去在保付代理义务中暗示的情况，代理人不承担财务风险。[184]

□ 储货代理人（商业代理人）

驻扎在国外的代理人有权联络客户或接受订单，再把清单传递给被代理人，由被代理人直接向客户配货；或者代理人被委托以店面或寄售库存线、备件等，并且有权直接从店面向客户供货。后一种代理协议属于《1889 年代理人法》中的商业代理范畴。根据此法，商业代理是根据商业惯例有权销售商品，或寄售代销商品，或购买商品或为商品安全筹资的代理人。[185]与这类寄售代理相关的一个问题是，代理人可能不按照被代理人的指示在没有适当权限的情况下处置他的商品。如果寄售代理在没有授权时交易了受委托获得的商品，这会在商业交易中引发重大不确定性，尤其是这些代理人通常不会透露他们的代理身份，第三方没有办法查明被代理人和代理人之间的内部关系。《1889 年代理人法》旨在保护交易中的善意第三方，它特别规定，以商业代理的身份在被代理人的同意下持有商品或者商品所有权凭证的一类代理人，在日常商业进程中对这些货物做出的任何销售或者处置和如同有代理人明确授权的一样有效，因为第三方不知道缺少了商业代理授权。[186]出口交易中如果驻扎国外的代理人和客户之间签订的合同遵守的是签署地国或执行国的法律，则不能援引本法[187]， 27—017

但是许多国外的法律都有和英国《1889年代理人法》的条例相应的规定。另一方面，这部法律对进口贸易提供了有价值的保护，如以下案例[188]所体现：进口商获得了劳埃德银行对一票货物的海运提单票据抵押，为了使进口商能够销售货物，银行把提单返还给了他。收到提单后，出口商向银行出具了一份信托收据[189]，其中它承认根据银行的留置权持有单证，并同意作为银行的受托人处置货物。这个进口商当时处于财务困难中，他违反了信托，把海运提单抵押给了不知情的美国银行。法院判定进口商作为劳埃德银行的商业代理获得了物权凭证，对美国银行的单证抵押如同是劳埃德银行做出的一样有效。

□ 保付商行

27—018 在出口贸易中，海外进口商可以通过英国境内的保付商行购买英国产品[190]，虽然近些年独立保付商行的数量减少了，许多都被银行吸收了。在现代实践中这类保付商行被叫做出口商行（export house）。[191]在其他国家，尤其是美国，也存在承担这些活动的商业企业。

保付商行的本质

27—019 “保付商行”（confirming house）这一术语在法律或者在商业实践中都没有确切定义。一家保付商行通常介入两个法律关系，即，与请求他购买某些商品的海外客户以及与对其下单或订购的国内市场卖方。和海外客户的关系一般与被代理人和代理人之间的关系一样，但是和国内市场卖方之间的关系根据保付行与其签订的合同性质确定。有三种可能：第一种，保付商行向卖方下单购买货物；这种情形下，他参与了一个直接销售合同并且作为一个买方对价格和接受货物负责。卖方即使知道货物将被出口，甚至是知道海外购买者的名称也都不相干。第二种可能是保付商行“作为代理人代表被代理人”向卖方下单，提及或者不提及被代理人的名称；在这种情况下销售合同是卖方和海外购买者直接订立的，保付商行自己不愿意对价格负责。第一种和第二种可能直接相反；在第一种情况下保付商行以被代理人的身份为客户下订单，而在第二种情况下他是一个代理人。第三种可能协议也的确是最典型的一种保付协议，保付商行作为海外进口商的代理人为客户下单，但同时表示个人愿意对货款负责。McNair法官[192]对这种保付作了如下的论述：

> “关键问题在于‘保付订单’（confirming order）或‘保付商行’究竟是什么意思？……在我看来，就这个字的通常意义而言，‘保付’就是说，有保付商行担保国外订货人履行订单；也就是说，在买卖合同上添加了保证，就像银行保兑买方向卖方所开的信用证一样，担保在提交规定的单据时付款。”

如果仅考虑代理人对货款的责任，这第三种协议和第一种的效果相同；这是保付商行介入的一般且典型的交易。

在实际业务中，保付商行接收国外客户再订货时可采取两种方式：一种是自负责任向国内供货人进货；另一种是只作为代理人向供货人转递国外进口商的订单。可以根据具体情况选择合适的方法。

应该注意的是，在第一种情况下保付商行既是代理人又是买方。现在已经清楚地确定，一个人可以在同一笔交易中兼有两种身份资格。所以 Roche 法官说[193]：

“在佣金商……和国外被代理人之间只有代理关系；但是在英国卖方和佣金商之间……只有佣金商能作为合同的买方……除此之外，别无他人。”

《1979 年货物买卖法》明文保护已代付货款或对货款直接负责的保付商行等代理人。此法第 38 节 2 条规定，这种代理人对货物享有和未收货款的卖方一样的权利，即留置权、中途停运权和再出售权。[194]

出口商行对促进国际贸易具有重要意义。通过对供应商承诺绝对义务，无论是以自己的名义订购商品还是担保海外订单，实际上出口商行向供应商提供的是不可撤回的融资。与此同时，海外购买者也获得了信用期限，便于下订单。

保付商行的义务

对供应商负责的保付商行承担向供应商支付商品货款的个人义务。如果客户在交易履行前无正当理由取消订单，保付商行仍需对供货人支付货款；它的地位和银行商业信用证的保兑行的地位相同。[195]保付商行在付清货款后，有权要求客户偿还所付款项，在适当的情况下还可要求赔偿。[196] **27—020**

作为客户，保付商行须发给供应商适当的装船指示，但应该强调指出的是，保付商行对货物，特别是货物的质量和数量是否符合合同规定不负责任。[197]如果发生这方面的争议，买方须直接向供应商索赔；在这种情况下如果保付商行仅仅保付了被代理人的订货，那么它就是为未公开被代理人行事。[198]为了明确保付商行在这种情形下的身份，在保付商行愿意自己对供应商负责的情况下，建议采用第三种形式，而不是自己直接作为买方的第一种形式。

保付商行在与客户和供应商签订合同时经常明确地加入下述这种表明自己地位的规定：

“保付订单是指我方对供应商递送的与我方确认一致的货物承担清偿货款的全部责任，但双方明确协商一致，我方对合同其他方面不负任何责任，也不参与一切诉讼或仲裁。”

可以观察到，保付商行相对客户而言，对货物和提单享有特别留置权 (special lien)，在这方面它的地位和未收货款的买主一样。[199]但如果保付商行允许客户赊账，对于客户在过去交易中所欠的债务，除非合同上有规定，它没有扣留货物或提单的一般留置权（general lien）。因此，它和根据商业惯例享有一般留置权的保理商（factor）的地位不同。[200]

英国的保付商行经常在他们签订的合同中规定，合同受英国法律约束，合同双方当事人接受英国法院管辖。

保付商行破产

27—021 如果保付商行破产了，就会产生一个问题：卖方是否可以继续向海外买方要求支付货款？如果保付商行已经向卖方再订购了商品，答案很清楚：卖方可以根据买方签订的原始购买合同要求买方付款。如果保付商行刚刚担保了买方的订单，问题就比较复杂了。如果各方的意图是保付商行的义务是对卖方承担完全的责任，那么就不能直接向海外购买者要求货款。但是，这个结论可以有例外。一般而言，保付商行的担保，就像信用证中通知行的担保一样，只提供附条件的责任，卖方仍然有权直接向海外购买者要求货款。[201]

例　证

27—022 现举两个实例，说明保付代理人必须对供应商负责。在 *Rusholme's* 一案[202]中，原告，一家英国制造商，于 1951 年 5 月通过澳大利亚代理人，接受了来自澳大利亚进口商订购衬衣材料的订单；订单中规定被告，伦敦的一家保付商行“支付条件——保付并付款”。保付商行随即向制造商订购了衬衣材料，订单上写明的是“购买人（保付商行）持有出口购买税证中央 2/3793 号”。这个订单除了有“担保你的代理人的第 14 号订单”字样外，看不出它和其他交易有任何联系。该订单由制造商于 6 月 7 日函告接受，信上写明：“谢谢你们代××（澳大利亚进口商名称）订货，我们很高兴地确认这个订单。”然后写上了合同条款。澳大利亚进口商因为贸易衰退在交货日期前取消了订单，保付商行拒绝收货。Pearce 法官发现，如果不是英国保付商行的参与，制造商就不会接受这个订单；保付商行给制造商的订单构成他们之间的合同，因此保付商行必须责任赔偿由于不接受货物而引起的损失。这位博学的法官对订单格式作了如下论述：

> “文件上的字句意思很清楚，也就是说被告确认对原告承担责任。如果被告当初的意思不是文件上所表述的那样，他可以很容易地采用其他措辞。至于被告声称订单上有‘购货人：S. G. Read & Co.（London）Ltd’字样，这是为了符合英国商务部货税证的条件而不得不写进去的；但经过反复追问，Read 先生只好承认事情并非那样。他完全可以在条款中写明，他只是以代理人的身份订货的。”

在 *Sobell Industries Ltd v Cory Bros & Co Ltd* 一案[203]中，Sobell 公司获得来自伊斯坦布尔一家公司购买大批收音机的订单，并且坚持要求 Cory 公司保付该订单。Cory 公司除其他业务外，也经营出口贸易和托运业务。因此 Cory 公司以自己的名义向 Sobell 公司订购了同样的商品。土耳其买主只接受了订购货物的一部分，保付商行 Cory 公司就也拒绝接受其余部分的货物。卖方要求保付商行赔偿不接受货物所造成的损失并获得了胜诉。McNair 法官在判决中简明扼要地指出，保付商行给卖方的订单就是合同，而且订单清楚地表明，保付商行是作为买方订货的。

英国保付商行是否对本国的供应商承担个人责任完全由双方订立的合同条

款决定。如果合同中揭露在双方之间建立直接关系合同的意图，那么保付商行就有责任，但是如果合同表示只在客户和供应商之间建立直接关系合同，保付商行只是作为客户的代理人行为，那么保付商行就不需承担任何责任。

保付商行的保付和银行的保兑

不要以为保付商行保付的效果在所有情况下都是和银行的保兑完全一致。如果保付商行仅仅是保付买主的订货[204]，那么两者的效果在一定程度上是相同的，尽管保付商行要给供货人发装船指示但是银行却不用做这项工作。但是如果保付商行以自己的名义向英国供应商下购货订单[205]，它和银行的地位就完全不同了。在这种情况，保付商行用 McNair 法官的话[206]说就是承担了“全部合同”的义务。银行保兑信用证只是以自己的金融地位保证信用证的安全可靠；保付商行却是用自己的名义订货，而不是仅仅在金融方面对卖方提供保障。 27—023

□ 运输代理人

运输代理人（freight forwarder）对从事出口业务的企业，尤其是一些规模小、自己没有出口和运输部门的企业作用巨大。这些代理人精通海陆空运输的复杂知识[207]，特别是了解经常变化着的国内外海关手续、运费和运费折扣、海港和机场的业务操作、海空货物集装箱运输组织[208]以及出口货物的包装和装卸。有时他们还负责检查商品[209]以及代向国外客户收取债款。 27—024

运输代理人作为被代理人或代理人

运输代理人可以作为被代理人或代理人行为。历史上，运输代理人是他们的客户的代理人[210]，但是现在实务改变了，他们也提供其他的服务，例如包装、仓储、驳运、保险，或者在集装箱运输中将不同客户的包裹合并装运或集中托运。通常他们担任承运人。结果是，在法律上，他们更符合被代理人的定义，而不是代理人。尽管如此，还是需要在每个单独案例中具体分析确定运输代理的法律地位。[211]答案取决于运输代理人和他的客户之间的合同构建和案件事实。 27—025

如果货物运输行担任的是客户的代理人，他的义务是恪尽职责地获得具体执行运输、仓储、包装或操作货物的人。客户通过货物运输行的中间介绍，和这些人建立直接的合同关系。在这种情形下货物运输行承担的是一个代理人的一般责任，除非在他和他的客户之间签订的合同中有修改。特别地，货物运输行对客户负责，但是可以看到，这个责任通常是由货物运输行的贸易条件确定的。

如果货物运输行是被代理人，他和客户签订的是服务合同。他是唯一和客户有合同关系的个人，即使实际服务是由其他人执行的。当货物运输行人和其他实际操作者签订合同时，赚取的差价利润是他自己的事，无须对客户负责。

当货物运输行担任代理人时，经常收取佣金；当他担任被代理人时，收取的是“一次性全部价格”（all-in price）。但是计酬方式不是决定性因素，甚至连指示性因素也不是。它只是在实务中需要考虑的一个细节。在现代实务中，担任代理人的货物运输行可以收取一个固定价格，被称作提高价格（uplift price）；反之亦然，担任被代理人的货物运输行的报酬也可以按照佣金计算。

Donaldson 法官在一个案例[212]中说，“借鉴佣金是有疑问的”，并且虽然判决报酬是按照佣金形式计算的，但实际上货物代理人担任的是被代理人的角色。

《英国国际货物运输行协会标准交易条件》（2005 年版）承认了如今货物运输行作为代理人和被代理人的身份同样重要。[213]

在货物运输行被指示安排货物运输的时候，特别难确定他的身份，这很明显是最经常遇到的实际问题。这里的问题是货物运输行是承运人，即作为被代理人，还是职责仅限于代表客户获得承运人的货物运输行人。[214]现代国际运输公约[215]对契约承运人和实际承运人的区分增加了这种困难。契约承运人签订了将货物从一个地方移动到另一个地方的合同，但是他自己不执行运输任务，而是把这个工作留给和他签订了合同的实际承运人。《国际公路货物运输公约》（CMR）[216]规定[217]，如果单一合同下的一段运输是由不同的承运人连续执行的，那么他们中的每一个人都对整段运输负责，曾经的判决[218]是仅仅签订合同将货物从一个国家运输到另一个国家的货物运输行也包括在公约的定义内。但是在其他案件[219]中法院判定货物运输行担任的是代理人。货物运输行人也有可能具有混合性质[220]，即运程中陆路运输部分的承运人和海路运输部分的货物运输行人。[221]可以观察到，每个案件中都有合同条款构建和货物运输行担任承运人还是货物运输行人的事实的问题。Bean 法官总结出这个结论：在调查[222]以后，“都是要法庭判断货物运输行实际上是被代理人还是代理人”。

货物运输行作为受托人

27—026 如果有关货物代理人担任承运人的争议不能通过运用适用于各自运输方式的国际条约规定[223]、货物运输行协会标准交易条件或其他合同条款来解决，那么可能就需要诉诸普通法的委托报关（bailment）概念了，因为持有所有者（委托人，bailor）的货物的承运人无疑是这些货物的受托人（bailee）。委托关系是一个人（受托人）经过另一人（委托人）的同意持有委托人的货物，并且按照委托人指示处理货物的一种关系。承运人、仓库工作人员和商品修复人是典型的受托人，只要他们控有委托人的货物。受托人的主要责任被 Denning 法官定义为[224]“采取合理的看护保证委托人的货物安全的义务。”

特别地，受托人在获得委托人同意后将委托人的货物委托给次受托人（sub-bailee）保管时会产生很多问题。在 *Transcontainer Express Ltd v Custodian Security Ltd* 一案[225]中，一家英国公司 Duty Free Distributors (UK) Ltd 从位于马什库勒的一个法国供应商处购买了 400 箱白兰地酒。Duty Free 公司和 Transcontainer 公司签订合同把这些白兰地从马什库勒运输到米德尔塞克斯的费尔特姆。Transcontainer 公司把从多佛到费尔特姆的运输再承包给了 Crossland Haulage 公司。在费尔特姆的仓库不能接收货物，所以 Crossland 公司的司机把货物带到了东印度码头，被告在此为货物提供安保服务。白兰地在那里被盗了。Transcontainer 公司向 Duty Free 公司支付了 5 620.16 英镑（未税）的赔偿款，向海关税务总署支付了 49 458.46 英镑的关税。Transcontainer 公司基于过失侵权要求被告保管人偿还所有赔偿款。上诉法院辞退了上诉，因

为根据 *The Aliakmon* 一案[226]的原则，他没有权利上诉，因为他既不是货物所有人也没有掌管过货物，但是对他是否拥有能使其获得“占有权”（possessory title）的“即时掌控权”（an immediate right of possession）仍有疑问；因为一开始没有在法庭上讨论这个问题，上诉法院把这个重要的问题放在一边悬而未决。次受托人和主受托人一样有采取合理措施看护保管货物的义务。[227]

还有一个问题是，次受托人是否可以越过主受托人直接对委托人提起诉讼？这个问题在次受托人是在委托人同意下由主受托人雇用的情况下是肯定答案。在 *Singer Co (UK) Ltd v Tees and Hartlepool Port Authority* 一案[228]中，Singer 公司和 JH Bachman (UK) 有限公司签订合同把机器装箱并运输到英国港口；这些货物将被从那里从海路运输到巴西。Bachman 把这些机器带到被告人之一的码头，但是在装载上 Serra Dourada 船的过程中严重受损。Singer 公司要求向被告港务局索赔，港务局否认他们的员工有失职。Bachman 公司作为委托人，不是 Singer 的代理人。上诉法院判决 Bachman 有为 Singer 雇用港务局人员装运机器的暗示义务；港务局（次受托人）责任限制的一般规定可以对 Singer（委托人）辩护，并且这些限制规定是合理的且在《1977 年不平等合同条例法》中有效，所以驳回了 Singer 的上诉。

在 *The Pioneer Container* 一案[229]中枢密院判定货物所有人同意承运人“以任何条件”（on any terms）把货物运输承包给次受托人，这种说法宽泛到包括同意专属管辖权条款，加入这样的条款和合理的商业预期相符，次受托人可以据此对抗货物所有人。[230]

枢密院还确定了[231]，如果货物经过委托人同意被再委托，那么次受托人对委托人的义务和受托人的一样，并且委托人可以直接根据委托法对次受托人行为，无须依赖委托人和次委托人之间的次委托合同。

货物运输行的其他责任

更进一步，如果运输代理人受进口商雇用代办进口商品的清关手续，如果 **27—027**
在和客户打交道的过程中，在报关前遭遇进口税率提高，除非客户在事前有特别的指示，代理人不负延误的责任。[232]运输代理人向客户所报的运费以货物的重量及尺码为依据，如货物的实际尺码较原先估计的变大了，因此而增加的运费部分应由客户补足。[233]

根据伦敦运价市场的习惯，如果装运及运输代理人应客户的要求预订舱位，他们自己须向轮船公司负责，假使客户届时未装满货物而造成轮船空载航行，代理人须付空仓费。在这种情况下，代理人可向客户索赔。[234]

海外移动销售代表

出口商的另一种营销形式是派遣海外移动销售代表（travelling representa- **27—028**

tives abroad)。他们的任务是从新客户处获取订单，或者和现有客户保持联系。他们通常在旅行中随身携带被代理人的商品样品，或者在当地的展厅内展览样品。有意下重复订单的客户通常直接对被代理人的总部办公室直接下单。移动销售代表经常以固定的时间间隔访问客户以便展示新的样品系列。

自从 1992 年在欧共体建立了单一市场以来，移动销售代表在这个区域母市场的行程和以前相比变得更加紧密了。但是一般说来，这种营销方法不如在目的区域保持永久驻扎的方式有效，如独立经销商或者自雇代理人，或者更好的有当地分支机构或者子公司。

移动销售代表和他们的行李要遵守他们访问国家的法律，这些法律差别巨大。应该注意三点：移动销售代表是否在获取订单时需要许可证？被代理人是否需要对移动销售代表的活动缴税？移动销售代表携带的样品是否需要支付关税？

在绝大多数国家代表国外被代理人的移动销售代表在执行自己的活动时不需要政府许可。这对于被其他成员国的移动销售代表访问的欧盟成员国绝对适用，也对英国移动销售代表访问其他非欧盟国家，例如澳大利亚、新西兰、加拿大、美国、巴西和秘鲁适用。只有在一些非洲和南美国家需要先获得一个许可，移动销售代表才能进行商业活动。

在一些国家对被代理人的移动销售代表活动征收短暂交易税（transient trader's tax)。有时候这些税是国家级的，有时候是市级的财政收入。它们对国家贸易自由流动造成了严重阻碍。英国和众多海外政府签署的消除双重税收的国际公约旨在为英国公司排除这种税。

绝大多数国家的海关条例对移动销售代表携带进口的善意贸易样品有特殊规定。在一些国家，没有商业价值的样品可以免税进入。一般而言，贸易样品需要缴纳海关关税，但是经常是在海关存上一笔预付税款就足够了。在其他一些必须要支付关税的情况下，可以在限定时间内，例如 6 或者 12 个月内，把样品再出口时获得退税。

注释

[1] See generally Bowstead and Reynolds, *Agency* (18th edn, 2006); *Halsbury's* Laws, Vol. 1 (2); Christou R., *International Agency*, *Distribution and Licensing Agreements* (4th edn, 2004).

[2] 但是如果英国出口商的代理是佣金商（commissionaire)，则他不与海外消费者发生联系。绝大多数欧洲大陆法系法律都承认佣金商的概念。关于佣金商和行纪代理人（commission agent）在英国法律中的概念解释，参见下文第 27－015 段。

[3] 指令 86/653 [1986] O.J. L382/17。

[4] 1993 年 3058 号令，被《1993 年商业代理法规（委员会指令）（修正）》（1993 年 3173 号令）和《1998 年商业代理法规（委员会指令）（修正）》（1998 年 2868 号令）修改。

[5] 参见下文第 27－010 段及以下。

[6] 订立合同时可以参考 ICC 出版物——《ICC 商业代理合同样本》，2002 年第 2 版。

[7] Regs 14 和 15，参见下文第 27－012 段。

[8] 见第 31 章。

[9] 对于代理人只有把客户介绍给他的被代理人但是不能在被代理人同意之前接受订单的情况，法院裁定这种关系不构成代理的案件，见 *Vogel v R and A Kohnstamm Ltd* [1973] Q. B. 133。同见 *Alpha Trading Ltd v Dunnshaw-Patten Ltd* [1980] 2 Lloyd's Rep. 284。

[10] *WT Lamb & Sons v Goring Brick Co* [1932] 1 K. B. 710 at 717.

[11] 见第 30 章。

[12] Bowstead and Reynolds, *Agency* (18th edn , 2006), p. 28. 关于保付公司，参见下文第 27—018 段到第 27—023 段。

[13] 在订立代理人和被代理人的合同权利和义务，及规定代理报酬时，必须遵守有关这些问题的欧盟指令。

[14] *Yasuda Fire and Marine Insurance Co of Europe Ltd v Orion Marine Insurance Underwriting Agency Ltd* [1995] Q. B. 174.

[15] 根据 Diplock L. J. 在 *Freeman and Lockyer v Buckhurst Park Properties (Mangal) Ltd* [1964] 2 Q. B. 480 at 502 案的判决。

[16] 见指令 86/653 Reg. 13 (1) 中的商业代理部分。

[17] 除了如果代理人对第三方承担个人义务，见例如在英国保付代理对供应商的义务，下文第 27—023段。关于代理人以自己的名义签署契约，他就负有个人义务，即使他是作为“代理人”签署的：*Plant Engineers (Sales) Ltd v Davies* (1969) 113 S. J. 484。根据文中陈述的原则，如果第三方提出因疏忽而造成的虚伪陈述的指控，并且根据《1967 年虚伪陈述法》第 2 条 1 款提出索赔，被代理人，而不是代理人，应该负责：*Resolute Maritime Inc v Nippon Kaiji Kyokai*; *The Skopas* [1983] 1 W. L. R. 857。关于代理做出欺骗性虚伪陈述导致第三方损失时被代理人承担的责任，见 *Armagas Ltd v Mundogas SA* [1986] A. C. 717 at 737。对海关当局的差别进口关税负有个人义务的海关的独家代理，在无知情形下提交了错误显示欧共体商品产地的文件，根据欧共体法律不能要求豁免支付差别税：案件 98/83 和 230/83 *Van Gend en Loos NV v EC Commission* [1984] E. C. R. 3763。

[18] *Siu Yin Kwan v Eastern Insurance Co* [1994] 1 All E. R. 213, PC.

[19] *Clarkson-Booker v Andjel* [1964] 2 Q. B. 775 at 792.

[20] *Clarkson-Booker Ltd v Andjel* [1964] 2 Q. B. 775.

[21] 见 Reynolds, “Election Distributed” (1970) 86 L. Q. R. 317。

[22] *Clarkson-Booker Ltd v Adjel* [1964] 2 Q. B. 775; *Pyxis Special Shipping Co Ltd v Dritsas and Kaglis Bros Ltd*; *The Scaplake* [1978] 2 Lloyd's Rep. 380.

[23] *Priestly v Fernie* (1865) 3 H. &C. 977.

[24] 见 *New Zealand Guardian Trust v Brooks* [1995] 1 W. L. R. 96; *Morris v Wentworth-Stanley* [1999] Q. B. 1004。

[25] 根据 Lord Lindley 在 *Keighley, Maxstead & Co v Durant* [1901] A. C. 240 at 260 案的判决；根据 Lord Lloyd of Berwich 在 *Siu Yin Kwan v Eastern Insurance Co Ltd* [1994] 1 All E. R. 213 at 220 案的判决。

[26] 根据 McNair J. 在 *Finzel, Berry and Co v Eastcheap Dried Fruit Co* [1962] 1 Lloyd's Rep. 370 at 375 案的判决。

[27] *Greer v Downs Supply Co* [1927] 2 K. B. 28.

[28] *Said v Butt* [1920] 3 K. B. 497.

[29] 在 *Siu Yin Kwan v Eastern Insurance Co Ltd* [1994] 1 All E. R. 213 PC 案中，被代理人，一个保险公司在众多论据中辩论说保险合同就像画肖像画的合同一样是个人合同，但是未能成功逃脱

责任。

[30] *Boyter v Thomson* [1995] 2 A. C. 628.

[31] *The Swan* [1968] 1 Lloyd's Rep. 5 at 13.

[32] *Gadd v Houghton* [1876] 1 Ex. D. 357. 以自己名义销售商品的代理人违反关于重量和尺寸的法律时需要承担刑事责任，即使他不犯过失罪。但是如果代理人作为显名被代理人的代理销售商品，那么代理人无罪：*Lester v Balfour Williamson Merchant Shippers Ltd* [1953] 2 Q. B. 168。为隐名被代理人或者未公开被代理人行事的代理人不能自己任命为被代理人，除去极少数被代理人身份无关紧要的案件：*Gewa Chartering BV v Remco Shipping Lines Ltd*；*The Remco* [1984] 2 Lloyd's Rep. 205。

[33] *Yukong Line Ltd of Korea v Rendsburg Investments Corporation of Liberia* (*No. 2*) [1998] 1 W. L. R. 294（代理人是租船人的实益拥有人，他在租船人拒绝履行租船合同前迅速地将租船人账户上的资金转移到他拥有的另一个公司账户上，并且关闭了租船人的账户）。

[34] *N & J Vlassopulos Ltd v Ney Shipping Ltd*；*The Santa Carina* [1997] 1 Lloyd's Rep. 478.

[35] *Teheran-Europe Co Ltd v ST Belton* (*Tractors*) *Ltd* [1968] 2 Q. B. 545，CA.

[36] 根据 Lord Denning M. R. 在 *Hely-Hutchinson v Brayhead Ltd* [1968] 1 Q. B. 549 at 583 案中的判决。

[37] *Gurtner v Beaton* [1993] 2 Lloyd's Rep. 369；*First Energy* (*UK*) *v Hungarian International Bank* [1993] 2 Lloyd's Rep. 194. 在两个案例中代理人都没有默示代理权，但是有名义代理权。

[38] 根据 Lord Denning M. R. 在 *Hely-Hutchinson v Brayhead Ltd* [1968] 1 Q. B. 549 at 583 案的判决；根据 Browne-Wilkinson L. J. 在 *Egyptian International Foreign Trade Co v Soplex Wholesale Supplies Ltd*；*The Raffaella* [1985] 2 Lloyd's Rep. 36 at 41 案的判决。

[39] 例如 Diplock L. J. 在 *Freeman & Lockyer v Buckhurst Park Properties* (*Mangal*) *Ltd* [1964] 2 Q. B. 480 at 503 案的判决，和 Browne-Wilkinson L. J. 在 *Egyptian International Foreign Trade Co v Soplex Wholesale Supplies Ltd*；*The Raffaella* [1985] 2 Lloyd's Rep. 36 at 41 案的判决。

[40] 见 Bewstead and Reynolds，*Agency* (18th edn，2006)，para. 8—029。

[41] 根据 Diplock L. J. 在 *Freeman & Lockyer v Buckhurst Park Properties* (*Mangal*) *Ltd* [1964] 2 Q. B. 480 at 502 案的判决。

[42] *Rama Corporation Ltd v Proved Tin and General Investment Ltd* [1952] 2 Q. B. 147 at 149 - 150；同见 Diplock L. J. 在 *Freeman & Lockyer v Buckhurst Park Properties* (*Mangal*) *Ltd* [1964] 2 Q. B. 480 at 506 案的判决。

[43] *Armagas Ltd v Mundogas SA* [1986] 2 All E. R. 385.

[44] *First Energy* (*UK*) *v Hungarian International Bank Ltd* [1993] 2 Lloyd's Rep. 194；*Suncorp Insurance and Finance v Milano Assicurazioni SpA* [1993] 2 Lloyd's Rep. 225.

[45] *Panorama Developments* (*Guildford*) *Ltd v Fidelis Furnishing Fabrics Ltd* [1971] 2 Q. B. 711.

[46] *Egyptian International Foreign Trade Co v Soplex Wholesale Supplies Ltd*；*The Raffaella* [1985] 2 Lloyd's Rep. 36. 同见 *First Energy* (*UK*) *v Hungarian International Bank Ltd* [1993] 2 Lloyd's Rep. 194，此案中上诉法院判定该银行一个主要分支的高级经理有通知已获得总部对某些分期付款购买协议许可的权利，并且原告没有义务与总部核实他的权限；*Gurtner v Beaton* [1993] 2 Lloyd's Rep. 369。

[47] *United Bank of Kuwait Ltd v Hammoud* [1988] 1 W. L. R. 1051 at 1065.

[48] 来自 Jenkins L. J. 在 *Danish Mercantile Co Ltd v Beaumont* [1951] Ch. 680 at 686 案的判词。

[49] 来自 Harman J. 在 *Boston Deep Sea Fishing and Ice Co Ltd v Farham* (*Inspector of Taxes*)

[1957] 2 Lloyd's Rep. 238 at 244 案的判词。

[50] *Boston Deep Sea Fishing and Ice Co Ltd v Farnham* (*Inspector of Taxes*) [1957] 2 Lloyd's Rep. 238.

[51] *Dibbins v Dibbins* [1896] 2 Ch. 348; *Presentaciones Musicales SA v Secunda* [1994] Ch. 271.

[52] *Keighley Maxstead & Co v Durant* [1901] A. C. 240.

[53] *Metropolitan Asylums Board Managers v Kingham & Sons* (1890) 6 T. L. R. 217.

[54]《1985 年公司法》第 35 条 A 款 1 项，被《1989 年公司法》第 108 条 1 款补充。

[55]《1985 年公司法》第 36 条 C 款 1 项，被《1989 年公司法》第 130 条 4 款补充，见 *Braymist Ltd v Wise Finance Ltd* [2002] Ch. 273。

[56]《1985 年公司法》第 35 条 3 款。

[57] *Brook v Hook* (1871) L. R. Exch. 89.

[58] *Maclean v Dunn* (1828) 1 Moo. & P. 761.

[59] *Suncorp Insurance and Finance v Milano Assicurazioni SpA* [1993] 2 Lloyd's Rep. 225.

[60] *John Koch Ltd v C & H Products Ltd* [1956] 2 Lloyd's Rep. 59 at 65，据 Singleton L. J. 的判词。

[61] *China Pacific SA v Food Corporation of India*; *The Winson* [1982] A. C. 939 at 965.

[62] *China Pacific SA v Food Corporation of India*; *The Winson* [1982] A. C. 939 at 958, 962 and 964.

[63] *Tetley & Co v British Trade Corporation* (1922) 10 Ll. L. R. 678.

[64] *Tetley & Co v British Trade Corporation* (1922) 10 Ll. L. R. 678 at 681.

[65] *Re Banque des Marchands de Moscou*, *Royal Exchange Assurance v The Liquidator* [1952] 1 All E. R. 1269 at 1278.

[66]《委员会指令 86/653》[1986] O. J. L382/17。

[67] 1993 年 3053 号令，被 1993 年 3173 号令修改。

[68]《委员会指令 86/653》[1986] O. J. L382/17。

[69]《1993 年商业代理法规（委员会指令）》第 1 条 2 款。被代理人和代理人不可能同时落入这部法规的管理范围：*AMB Imballaggi Plastici SRL v Paciflex Ltd* [1999] 2 All E. R. (Comm) 249。

[70] 被《1998 年商业代理法规（委员会指令）（修正）》（1998 年 2868 号令）重新排号为第 1 条 3 款 a 项，见 Bowstead and Reynolds, *Agency*, (18th edn, 2006) para. 11－006。

[71] [1999] Eu. L. R. 88.

[72] Case 381/98 [2000] ECR I-9305; [2001] All E. R. (EC) 57.

[73]《1993 年商业代理法规（委员会指令）》Reg. 2 (1)。

[74] 见 *Mercantile International Group Plc v Chuan Soon Huat Industries Group Plc* [2001] 2 All E. R. (Comm) 632, affd [2002] 1 All E. R. (Comm) 788。

[75] 这个术语包括了自然人和法人：*Bell Electric Ltd v Aweco Appliance Systems GmbH* [2002] EWHC 872, QB; affd on other grounds [2002] 1 All E. R. 344。根据法规，在副代理人和委托人之间没有合同当事人关系时，副代理人无权要求索赔：*Light and Others v Ty Europe Ltd* [2003] Eu. L. R. 26。

[76] 见 *Tigana Ltd v Decoro Ltd* [2003] EWHC 23 和 *PJ Pipe & Valve Limited v Audco India Ltd* [2005] EWHC 1904，本案中判定索赔人担任的是法规定义的商业代理人的角色，虽然他没有决定商业条款或者价格的权利。

[77]《1993 年商业代理法规（委员会指令）》reg. 2 (1)(ⅰ)。

[78]《1993 年商业代理法规（委员会指令）》reg. 2 (1)(ⅱ)。

[79]《1993年商业代理法规（委员会指令）》reg. 2 (1)(iii)。

[80]《1993年商业代理法规（委员会指令）》reg. 2 (2)(a)，虽然支付佣金不是必需的：*Mercantile International Group plc*，*op cit*。

[81]《1993年商业代理法规（委员会指令）》reg. 2 (2)(b)。

[82]《1993年商业代理法规（委员会指令）》reg. 2 (2)(c)。

[83]《1993年商业代理法规（委员会指令）》reg. 2 (3)(4)，见 *Light v Ty Europe Ltd* [2003] EWCA Civ 1238；*Crane v Sky In-Home Service Ltd* (2007) EWHC 66，ChD。

[84]《1993年商业代理法规（委员会指令）》reg. 5 (1)。

[85]《1993年商业代理法规（委员会指令）》reg. 3 (1)。

[86]《1993年商业代理法规（委员会指令）》reg. 5 (2)。

[87] *Beale v South Devon Rly Co* (1864) 3 H. &C. 337.

[88] *Benmag v Barda* [1955] 2 Lloyd's Rep. 354 案中 McNair 法官根据事实发现卖方已经授权他的代理人对一批山羊毛的质量做出保证，和先前的一批质量一样。

[89] *Dunne v English* (1874) L. R. Eq. 524.

[90] *Anglo-African Merchants Ltd v Bayley* [1970] 1 Q. B. 311（保险经纪人）。

[91] *Boardman v Phipps* [1967] 2 A. C. 46.

[92] *McPherson v Watt* (1877) 3 App. Cas. 254.

[93] *Boston Deep Sea Fishing & Ice Co v Ansell* (1888) 39 Ch. D. 339，*J. D. Wetherspoon Plc v Van den Berg & Co Ltd. & others* [2007] EWHC 1044 (Ch).

[94] *Reading v Att. -Gen.* [1951] A. C. 507；*Grinstead v Hadrill* [1953] 1 W. L. R. 696；*T Maheasan S/O Thambia v Malaysia Government Officers' Co-operative Housing Society Ltd* [1978] 2 W. L. R. 444. 关于被代理人的代理人对第三方的雇员行贿的相反责任案例，见 *Armagas Ltd v Mundogas SA* [1985] 3 W. L. R. 640 at 663 affd. [1986] 2 W. L. R. 1063，HL。还有 *Logicrose Ltd v Southend United Football Club Ltd* [1988] 1 W. L. R. 1256。

[95] *Boston Deep Sea Fishing & Ice Co v Ansell* (1888) 39 Ch. D. 339.

[96] 在 *Att. -Gen. for Hong Kong v Reid* [1994] 1 A. C. 324 案中，枢密院对 *Lister v Stubbs* [1890] 45 Ch. D. 1 案的判决提出质疑。从枢密院的判决来看，现在基本清楚了，被代理人和代理人之间的关系是委托关系。

[97] *Boston Deep Sea Fishing & Ice Co v Ansell* (1888) 39 Ch. 339；Reg. 16.

[98] *Logicrose v Southend Football Club Ltd* [1988] 1 W. L. R. 1256.

[99] *Mahesan S/O Thambiah v Malaysia Government Officers' Co-operative Housing Society Ltd* [1979] A. C. 374.

[100] 在一些情况下可以根据《1906年反腐败法》对代理人启动刑事程序，1916年法又提及，“如果有人做出了所谓的出卖行为（double-cross），但是没有按照买通的行为行事，这不能成为对其接受贿赂宣告无罪的理由”；*R. v Carr* [1957] 1 W. L. R. 165 at 166。一部意在澄清贿赂法并且综合现有法规的新腐败法案预计将于2008年秋天公布。

[101] 关于一般的保密条例，见 *Seager v Copydex Ltd* [1967] 1 W. L. R. 923；*Thomas Marshall (Exports) Ltd v Guinle* [1979] Ch. 277；*Fraser v Thames Television Ltd* [1984] Q. B. 44。关于雇员对他的雇主（和前雇主）的保密义务，见 *Faccenda Chicken Ltd v Fowler* (1986) 136 N. L. J. 71，CA；同见 *Speed Seal Products Ltd v Paddington* [1985] 1 W. L. R. 1327（颁布强制令，虽然据称信息已经在早些时候公布了——一个非常特殊的案例）；*Johnson & Bloy (Holdings) Ltd v Wolstenholme Rink Plc* [1987] 2 F. T. L. R. 502。

[102] *Kelly v Cooper* [1993] A. C. 205.

[103] *Initial Services Ltd v Putterill* [1968] 1 Q. B. 396.

[104] *Roger Bullivant Ltd v Ellis* [1987] I. C. R. 464（在合同终止后到协议禁止期限间限制保密信息的禁令）。关于违反保密条款造成损失的制裁方法，见 *Dowson & Mason Ltd v Potter* [1986] 1 W. L. R. 1419。关于合同到期后的一般保密，见 *Lock International Plc v Beswick* [1989]1 W. L. R. 1268。

[105] *Lamb v Evans* [1893] 1 Ch. 218. 同见 *Nordisk Insulinlaboratorium v CL Bencard (1934) Ltd* [1953] Ch. 430；*British Syphon Co Ltd v Homewood* [1956] 1 W. L. R. 1190；*LS Harris Trustees Ltd (Trading as LS Harris & Co) v Power Services (Hermit Road) Ltd* [1970] 2 Lloyd's Rep. 65；*Barker v Gibbons* [1972] 1 W. L. R. 693。

[106] 参见下文第 22—032 段。

[107] *Yasuda Fire & Marine Insurance Co of Europe v Orion Marine Insurance Underwriting Agency* [1995] 2 Q. B. 174.

[108] *Rolls Razor Ltd v Cox* [1967] 1 Q. B. 552.

[109]《1993 年商业代理法规（委员会指令）》reg. 5。

[110]《1993 年商业代理法规（委员会指令）》reg. 4 (1)。

[111]《1993 年商业代理法规（委员会指令）》reg. 4 (2)(a)。

[112]《1993 年商业代理法规（委员会指令）》reg. 4 (2)(b)。

[113]《1993 年商业代理法规（委员会指令）》reg. 4 (2)(b)。

[114]《1993 年商业代理法规（委员会指令）》reg. 4 (2)(c)。

[115] 在条款 2 (1) 中规定为"商业代理报酬的随交易价值量变化的部分"；在这个定义下加价不属于佣金：*Mercantile International Group Plc v Chuan Soon Huat Industrial Group Plc* [2001] 2 All E. R. (Comm)；[2002] 1 AER (Comm) 788。

[116]《1993 年商业代理法规（委员会指令）》reg. 6 (1)，见 *PJ Pipe and Valve Co Ltd v Audco India Ltd* [2005] EWHC 1904。

[117]《1993 年商业代理法规（委员会指令）》reg. 6 (3)。

[118]《1993 年商业代理法规（委员会指令）》reg. 7 (1)(a) 和 (b)。

[119]《1993 年商业代理法规（委员会指令）》reg. 7 (2)。

[120]《1993 年商业代理法规（委员会指令）》reg. 8 (b)。

[121]《1993 年商业代理法规（委员会指令）》reg. 9 (1)。

[122]《1993 年商业代理法规（委员会指令）》reg. 8 (a)。

[123]《1993 年商业代理法规（委员会指令）》reg. 10 (1)。

[124]《1993 年商业代理法规（委员会指令）》reg. 10 (2)。

[125]《1993 年商业代理法规（委员会指令）》reg. 10 (4)。

[126]《1993 年商业代理法规（委员会指令）》reg. 11 (1)。

[127]《1993 年商业代理法规（委员会指令）》reg. 11 (3)。

[128]《1993 年商业代理法规（委员会指令）》reg. 11 (2)。

[129]《1993 年商业代理法规（委员会指令）》reg. 12 (1)。

[130]《1993 年商业代理法规（委员会指令）》reg. 12 (2)。

[131]《1993 年商业代理法规（委员会指令）》reg. 12 (3)。

[132]《1993 年商业代理法规（委员会指令）》reg. 12 (4)。

[133]《1993 年商业代理法规（委员会指令）》reg. 13 (2)。

[134]《1993 年商业代理法规（委员会指令）》reg. 14。

[135]《1993年商业代理法规（委员会指令）》reg. 15（1）。

[136]《1993年商业代理法规（委员会指令）》reg. 15（2）。

[137]《1993年商业代理法规（委员会指令）》reg. 15（3）。

[138]《1993年商业代理法规（委员会指令）》reg. 15（4）。

[139]《1993年商业代理法规（委员会指令）》reg. 15（5）。

[140]《1993年商业代理法规（委员会指令）》reg. 17（2）。

[141]《1993年商业代理法规（委员会指令）》reg. 17（3）。

[142]《1993年商业代理法规（委员会指令）》reg. 17（4）。

[143] [1999] 1 All E. R. 174.

[144] 见 Bowstead and Reynolds，*Agency*（16th edn，2006），p. 709。

[145]《1993年商业代理法规（委员会指令）》reg. 17（5）。

[146]《1993年商业代理法规（委员会指令）》reg. 17（6）；*Page v Combined Shipping and Trading Co* [1997] 3 All E. R. 656（反映如果被代理人没有提前终止合同，代理人本可获得的佣金水平损失）；*Duffen v FRA BO SpA* [1999] E. C. C. 58（根据Reg. 17（6）规定，代理人有权在合同终止不久后对普通法损失获得扩大的而不是翻倍的赔偿）。同见 *Tigana v Decoro* [2003] Eu. L. R. 189案中在代理人表示在有限时间内继续执行合同并在期满时终止合同的情况下应用法规（被 *Light v Ty Europe Ltd* [2004] 1 Lloyd's 693案确认了此判决）。

[147]《1993年商业代理法规（委员会指令）》reg. 17（7）。

[148] [2006] EWCA Civ 63，[2006] 1 W. L. R. 1281；[2007] UKHL 32.

[149] [1999] C. L. C. 160.

[150]《1993年商业代理法规（委员会指令）》reg. 17（9）。

[151] 1993年法规 reg. 18。

[152] 参见下文第27—016段。

[153] *Bronester Ltd v Priddle* [1961] 1 W. L. R. 1294.

[154] *Marcan Shipping (London) Ltd v Polish Steamship Co*；*The Manifest Lipkowy* [1989] 2 Lloyd's Rep. 138.

[155] *Alpha Trading Ltd v Dunnshaw-Pattern Ltd* [1981] Q. B. 290.

[156] *Alpha Trading Ltd v Dunnshaw-Pattern Ltd* [1981] Q. B. 290 at 308.

[157] *Boots v E Christopher & Co* [1951] 2 All E. R. 1045.

[158] *Robinson Scammell & Co v Ansell* [1985] 2 E. G. L. R. 41.

[159] *Rivoli Hats Ltd v Gooch* [1953] 1 W. L. R. 1190；*Clayton Newbury Ltd v Findlay* [1953] 1 W. L. R. 1194.

[160] *Levy v Goldhill* [1917] 2 Ch. 297.

[161] *Roberts v Elwells Engineers Ltd* [1972] 2 Q. B. 586.

[162] *Marshall v NH Financial Management Ltd* [1997] 1 W. L. R. 1527（合同关于在终止之后重复订单佣金的规定是附带贸易限制条款条件的。这个问题凸显出来，代理人获得了连续佣金）。

[163] Halsbury's Laws of England（4th edn.），Vol. 1（2）（reissue），para. 120.

[164] *Weare v Brimsdown Lead Co*（1910）103 L. T. R. 429.

[165] *Levy v Goldhill* [1917] 2 Ch. 297；*Bilbee v Hasse & Co*（1889）5 T. L. R. 677；*Salomon v Brownfield*（1896）12 T. L. R. 239；*Wilson v Harper, Son & Co* [1908] 2 Ch. 370；*British Bank Ltd v Novimex Ltd* [1949] 1 K. B. 623；*Sellers v London Counties Newspapers* [1951] 1 K. B. 784；*Explora Group Plc v Hesco Bastion Ltd* [2005] EWCA Civ 646.

[166] *Croker Horlock Ltd v B Lang & Co Ltd* [1949] 1 All E. R. 526.

[167] 根据 Lord Denning M. R. 在 *Roberts v Elwells Engineers Ltd* [1972] 2 Q. B. 586 at 593 案的判决。

[168] 关于术语“唯一”和“独家”的定义，见第 29 章。

[169] 见 reg. 7 (2)，规定的是代理人可以在代理合同期限内，作为一个具体地区或者特定顾客群体的独家代理，对这个区域或群体中的客户产生的交易享有佣金要求权。

[170] 同上。

[171] *Heyman v Darwins Ltd* [1942] A. C. 356 at 357（在此案中代理人的报酬不属于佣金的一类)。

[172] 见第 29 章。

[173] 除非委派。

[174] 参见下文第 27—018 段到第 27—023 段。

[175] 参见上文第 27—005 段。

[176] 见 C. M. Schmitthoff，“Agency in International Trade. A Study in Comparative Law”，Academy of International Law，129 *Receuil des Cours*（1970，Vol. 1)，pp109，135. *Essays*，p. 306。

[177] 除非委派。

[178] 参见上文第 27—005 段。

[179] 参见上文第 5—016 段。

[180] 结果，《1677 年防止诈骗法》的第 4 条关于担保合同为获得效力必须以书面形式订立的规定在这里不适用（此法的第 4 条没有被《1954 年法律改革（合同订立）法》废除)。

[181] *Gabriel & Sons v Churchill & Sim* [1914] 3 K. B. 1272.

[182] *Hornby v Lacy*（1817) 6 M. & S. 166 at 171.

[183] 参见下文第 29—012 段。

[184] 这个通知不约束委员会或者法庭。特别地，不允许使用代理的法律形式规避欧共体的竞争条例。委员会和欧洲审判法院（ECJ）总会关注真实情况：*Re Rittsburgh Corning Europe* [1973] C. M. L. R. D. 2；*Re Sugar Cartel* [1975] E. C. R. 1663；[1976] 1 C. M. L. R. 295。

[185]《1889 年代理人法》第 1 条第 1 款。1889 年法题目中“代理人”（factor）的表达是古代术语，在本法内容中没有使用。这部法律与“商业代理”相关。

[186]《1889 年代理人法》第 2 条第 1 款。商业代理人在做处置时必须有商品或者所有权证明：*Beverley Acceptances Ltd v Oakley* [1982] R. T. R. 417。

[187] 见第 21 章。

[188] *Lloyd's Bank v Bank of America National Trust and Savings Association* [1937] 2 K. B. 631，[1938] 2 K. B. 147.

[189] 关于信托收据的签发，见第 10—005 段。

[190] 跟踪观察见 Schmitthoff's *Legal Aspects of Export Sales*（3rd edn，1978)，pp. 8 - 10。

[191] 他们的贸易协会是英国出口协会（British Exporters Association)，地址：Tothill Street，London SW1H 9NP，电话：020 7222 5419，传真：020 7799 2468；电子邮件：http://bexamail@aol. com。

[192] 在 *Sobell Industries Ltd v Cory Bros & Co Ltd* [1955] 2 Lloyd's Rep. 82 at 89 案中；根据 Donaldson J. 在 *Teheran-Europe Co Ltd v ST Belton (Tractors) Ltd* [1968] 2 Q. B. 53 案的判决（这部分判决被上诉法院在 [1968] 2 Q. B. 545 案中确认)。

[193] 在 *R & J Bow Ltd v Hill*（1930) 37 L1. L. R. 46 案中（这位博识的法官在此案中援引了著名的 *Ireland v Livingstone*（1872) L. R. 5 HL 395 案)；同见 *Basma v Weeks* [1950] A. C. 441 at 454；*Brown & Gracie Ltd v FW Green & Co Pty Ltd* [1960] 1 Lloyd's Rep. 289 at 303。

[194] 保付商行的这部分利益可以被保险覆盖，见第 19 章。关于未收货款的卖方对货物的权利见第 5 章。

[195] *Hamzeh Malas & Sons v British Imex Industries Ltd* [1958] 2 Q. B. 127，见第 11 章。

[196] *Anglo-African Shipping Co of New York Inc v Mortner Ltd* [1962] 1 Lloyd's Rep. 610，CA.

[197] 前提是保付商行从客户那里把正确的信息传递给了供应商。

[198] *Teheran-Europe Co Ltd v ST Belton (Tractors) Ltd* [1968] 2 Q. B. 545，CA.

[199]《1979 年货物买卖法》第 38 条第 2 款。

[200] *Tellrite Ltd v London Confirmers Ltd* [1962] 1 Lloyd's Rep. 236.

[201] 第 11 章。

[202] *Rusholme & Bolton & Roberts Hadfield Ltd v SG Read & Co (London) Ltd* [1955] 1 W. L. R. 146.

[203] [1955] 2 Lloyd's Rep. 82.

[204] 参见上文第 27—019 段。

[205] 参见上文第 27—019 段。

[206] 在 *Sobell Industries Ltd v Cory Bros & Co* [1955] 2 Lloyd's Rep. 82 at 89 案中。

[207] 与运输代理人为货物预定仓位的活动在上文第 15—003 段中有描述。

[208] 见第 16 章集装箱运输。

[209] *PSA Transport v Newton, Lansdowne & Co* [1956] 1 Lloyd's Rep. 121（货物商检释放前的应付联检费和码头费没有包括在代理人同意支付项目中，代理人有权要求偿还）。

[210] 因为这个原因，它们被称作货物运输行（forwarding agents）。

[211] 在 *Cory Brothers Shipping Ltd v Baldan* [1997] 2 Lloyd's Rep. 58 案中，货物运输行没有通知被代理人它的代理人行为，被判决为对未付运费负责。

[212] *Salsi v Jetspeed Air Services Ltd* [1977] 2 Lloyd's Rep. 57 at 60.

[213] http://www. bifa. org.

[214] 根据 Rowlatt J. 在 *Jones v European & General Express Co Ltd* (1920) 90 L. J. K. B. 159 at 160 案的判决。同见 Chas. *Davis (Metal Brokers) Ltd v Gilyott & Scott Ltd* [1975] 2 Lloyd's Rep. 422；*Elektronska Industrija Oour TVA v Trqansped Oour Kintinentalna Spedicna* [1986] 1 Lloyd's Rep. 49（被告把自己描述成"对南斯拉夫的满载和拼装货物专家，对所有欧洲国家的满载运输专家"，判决是根据 CMR 被告作为承运人身份订立合同）。同见 *passim*，*Sidney G Jones Ltd v Martin Bencher Ltd* [1986] 1 Lloyd's Rep. 54 at 64。

[215] 1961 年的《瓜达拉哈拉公约》（航空运输，见第 17 章）；CMR（公路运输，见第 18 章）。

[216] 英国通过《1965 年货物公路运输法》（见第 18 章）加入了这个公约。

[217] 在第 34 条中。

[218] *Ulster-Swift Ltd v Taunton Meat Haulage Ltd* [1977] 1 Lloyd's Rep. 346；*Tetroc Ltd v Cross-Con (International) Ltd* [1981] 1 Lloyd's Rep. 192.

[219] *Marston Excelsior Ltd v Arbuckle, Smith & Co Ltd* [1971] 2 Lloyd's Rep. 306；*Hair & Skin Trading Co Ltd v Norman Airfreight Carriers Ltd* [1974] 1 Lloyd's Rep. 443；*Motor Vespa SA v Mat (Brittania Express) Ltd* [1979] 1 Lloyd's Rep. 175 at 179. 在 *Harlow & Jones Ltd v PJ Walker Shipping & Transport Ltd* [1986] 2 Lloyd's Rep. 141 案中 Bingham 法官判定货物运输行担任代理人，而不是被代理人，但是，他以代理人的身份保证运费不会超过一个已定的总额，因此超额运费的风险由他承担。

[220] 根据 Beattie J. 在 *The Maheno* [1977] 1 Lloyd's Rep. 81，86，88，N. Z 案的判决。同见

Burke Motors Ltd v Mersey Docks & Harbour Co [1986] 1 Lloyd's Rep. 155，161－162。

[221] 同上。

[222] *Hair & Skin Trading Co Ltd v Norman Airfreight Carriers Ltd* [1974] 1 Lloyd's Rep. 443 at 445.

[223] 参见上文第 15—001 段。

[224] 在 *Morris v CW Martin & Sons Ltd* [1966] 1 Q. B. 716 at 726 案的判决。

[225] [1988] 1 Lloyd's Rep. 128.

[226] 参见上文第 2—030 段。

[227] 在 *Metaalhandel JA Magnus BV v Ardfields Transport Ltd* [1998] 1 Lloyd's Rep. 197 案中，荷兰公司 Metaalhandel 请货物运输行（Ardfields）在伦敦附近储存一些钨。Ardfields 和 Jones Transport 签订合同在米德尔塞克斯的艾士菲保存这些货物。这些货物被 Jones 的员工交给了一个未授权的个人然后失踪了。虽然 Ardfields 从未掌控过货物，但是它被判定为作为“准受托人”（quasi-bailee）负责，因为他们没有检查次受托人（Jones）的安保系统。

[228] [1988] 2 Lloyd's Rep. 164.

[229] [1994] 2 A. C. 324.

[230] 应用 Lord Denning M. R. 在 *Morris v CW Martin & Son Ltd* [1966] 1 Q. B. 716 at 729 案中的判决（同样一开始在上述的 *Singer* 案中被应用）；对比 *The Forum Craftsman* [1985] 1 Lloyd's Rep. 291 案，其中货物所有人不可以依据和受托人签订的合同中的一条除外条款对抗次受托人，因为次受托人不是这个合同中的一方。

[231] 上述的 *Pioneer Container* 案。

[232] *World Transport Agency v Royte* [1957] 1 Lloyd's Rep. 381.

[233] *Brushfield Sargent & Co Ltd v Holmwright Engineering Co Ltd* [1968] 1 Lloyd's Rep. 439. 但是运输代理人在获得如实报价表，没有发现他将运输的货物有任何特殊特点时不能要求另外的运费：*S. Zimmermann & Son Ltd v Baxter, Hoare & Co Ltd* [1965] 1 Lloyd's Rep. 88。如果在确定运费以后，运输代理人要求加价，这种要求在法律上属于经济胁迫（因果法律承认的一个比商业压力更严重的概念），客户不需要支付加价：*Altlas Express Ltd v Kafco (Importers and Distributors) Ltd* [1989] 3 W. L. R. 389。

[234] *Anglo-Overseas Transport Co Ltd v Titan Industrial Corporation (United Kingdom) Ltd* [1959] 2 Lloyd's Rep. 152. 类似的，如果客户本应知道空运代理为他承担了个人责任，那么空运代理也有权对客户索赔：*Perishable Transport Co Ltd v Spyropoulos (London) Ltd* [1964] 2 Lloyd's Rep. 379。

第 28 章 国外分支机构及附属公司——外资并购

28—001 通常，海外营销最有效的方法是在该海外国家建立一个本地分公司或附属公司。国际贸易的逐步深化和 1992 年欧洲共同体建立的单一市场在区域一级赞成这种营销形式。在许多国家，企业可以扩大到跨国集团的公司[1]，有时甚至可以扩大成为全球性的公司。中型出口商不应忽视这种海外营销形式。中型出口商会经常发现，通过海外分公司或附属公司的交易为他的产品打开新市场，是有利可图的，并且，这种途径为他的经营带来了相当大的利益增长因素。

在欧洲经济共同体中，一个成员国国家（包括一个国家的公司在欧洲共同体中拥有它的席位的情况），有权在任何其他成员国设立机构、分公司或附属公司。[2]《欧共体条约》第 43 条规定，在该条约框架范围内，应该禁止对这项权利的任何限制。[3]这种可以在欧洲共同体其他成员国[4]中自由建立分支机构和附属公司的权利，被欧洲法院定义为“欧共体的基本原则之一”。[5]欧洲法院还指出，该条约中的此项条款，可以保证直接使用这种自由权。[6]因此，对这项权利的国家限制，原则上是无效的。欧洲法院还认为条约第 43 条排除了[7]一个成员国的立法权，该立法权的作用是否定一个特定形式的税务减免，这种特殊形式是：一个控股公司控股的大部分附属子公司是在其他成员国设立的。这种排除并不适用于大多数的附属公司在非成员国成立的情况。

海外分支机构及附属公司

□ 分支机构及附属公司之间的选择

想在海外建立一个常驻机构的出口商会衡量究竟是在该国建立一个分支机构还是通过在该国的附属子公司来开展海外工作更加有利。这个问题没有统一的答案，而是根据具体案例的情况而定。在确定这个答案时，通常有两个问题需要考虑：第一，地方立法更有利于哪种选择，特别是有关就业、企业、税收和外国投资方面的立法；第二，出口商是否愿意与当地利益集团合作。 **28－002**

在后一种情况中，如果该出口商不希望采取合资或出口合作的形式，建立当地子公司的形式是可取的。虽然采取建立海外子公司的形式进行出口，其目标应该是获得对子公司的控制权，例如，通过保留多数投票权来控制子公司，但即使这样，由于该出口商不打算与当地利益集团合作，其偏好可能是在当地建立一个全资子公司。

□ 分支机构及附属公司之间的法律区别

企业组织之间的这两种类型的决定性区别在于，子公司在其注册成立的海外国家具有独立的法人资格，但分公司仅仅是出口商在一个在海外国家的化身，出口商本人通过分公司而在该国存在。 **28－003**

附属公司申请银行信贷时可能无法提供足够的安全性保证，银行可能要求母公司为该要求银行信贷的子公司提供担保，以确保该子公司的债务安全性。[8]但是，当一个国外分支机构申请银行信贷时，可以没有这样的母公司担保，因为该分支机构的债务都自动成为总公司的债务。

在欧共体成员国中，需要注意的一个具体问题是，在这个区域内的一些指令提出了加强注册公司的信息披露和问责制的严格要求[9]，这些指令的目标在于各成员国之间国家法律的统一。使这些指示生效的全国性法律适用于在一个成员国注册的子公司和在另一个成员国注册的公司分支机构[10]，或在非欧共体国家注册的公司分支机构。第十一条指令吸收了从分公司到附属子公司的披露要求[11]，该指令要求在一个成员国开设的分公司由另一成员国的法律管辖，或由一个非成员国的法律管辖，通过在中央备案登记透露某些信息，包括会计信息，来实行信息披露。根据英国法律方面来看这个问题，通过本指令并没有带来实质性的差异，因为在大不列颠以外注册并在大不列颠以内建立营业地点的公司必须登记为“海外公司”，而且，正因为如此，必须给予详细的信息披露。[12]但是，它的实施意味着，在海外公司的“营业地点”和“分支机构”之间有区别，尽管在该指令之中没有“分支机构”的定义。[13]由于《2006年公司法》[14]推出法令，该法令为海外公司及其分支机构的统一定义提供了统一的管理体制，因此，这种海外公司的“营业地点”和“分支机构”之间的区别现在没有那么重要了。[15]

国外分支机构

□ 对总公司的管辖权

28—004 当一个索赔人在其成立了常驻代表的海外国家准备启动对抗出口企业的程序时，国外分支机构和附属子公司之间的区别也非常重要。海外国家的法院的司法管辖区是由这些法院的程序法所规定的。[16]当我们考虑相反的情况，即，海外国家在英国设立一个常驻代表时，这些相关的考虑将会显现出来。

□ 在英国的“海外公司”

28—005 如果一家注册在一个非英国的国家的公司在英国建立了分支机构，即营业地在英国，根据《1985年公司法》的规定[17]，该公司必须注册为“海外公司”。《1985年公司法》的要求之一是，应当提供注册的公司的名称和在英国居住的人的地址，并且该公司应当被授权代表海外公司接受法律文件及通知书。[18]简而言之，在英国设立了分公司的“海外公司”，可以像任何其他常驻英国居民一样在英国法院被起诉。

在非英国国家建立公司并在大不列颠注册的附属公司，应将其注册办事处设在英格兰、威尔士或苏格兰，该附属公司可以像其他任何注册在这里的公司一样在这些国家的法院被起诉。

□ 分支机构之间的交易

28—006 在特殊情况下，例如在商品贸易字符串合同（string contract）[19]中，两个相同的法人实体的分公司间有业务来往，只要这些交易属于公平交易[20]，将视为两个独立的法人实体之间的交易。外国银行的分行都被视为独立于总部，但这一原则有其局限性。因为针对外国分支机构的判决可以针对其在英国的总部强制执行。[21]

海外附属公司

28—007 在密集的出口市场中，最受出口商青睐的出口形式是在出口目标国建立一个附属公司。

□ 海外子公司

海外子公司是根据海外该国的法律成立的。它拥有一个独立的法人资格，在其注册成立的国家与本土的贸易公司享有同样的地位。母公司拥有海外子公司的控制权。这种控制权可以通过多种途径实现，例如持有附属子公司的多数股份，持有附属子公司的多数投票权，或保留其任命附属子公司的董事或总经理的权利。以上所列举的并不是全部的例子，只是用来进行举例说明，帮助读者理解。[22] **28—008**

海外附属子公司和其他在海外进行贸易的企业一样，具有与其母公司订立合同关系的能力。母公司与其海外子公司之间的关系是：这两个企业间的关系可以是基于 FOB、CIF 或其他贸易条件而签立的普通销售合同，或者母公司可以安排与其附属子公司的独家经销协议，或者母公司聘请其海外子公司为佣金代理人或境外居民代表。在本书中其他地方提出的考虑到这些不同形式的交易适用于这里，并且，已经在这里做了必要的修正。当英国出口商在出口市场上销售出口时或当英国出口商拥有生产某些货物或海外配送的需求时，附属子公司的形式尤为适用。在被大多数国家的公司法律允许的广泛酌情权的范围内，不难在附属子公司中安排控制或参与其利润与亏损分配。

一个不同的问题是，当子公司在一个海外国家拥有营业地点时，其母公司是否可以被视为在该法院的管辖权范围内？由于母公司和子公司是两个不同的法律实体，这个问题的答案在原则上是否定的。在特殊情况下，法院准备"揭开公司的面纱"（lift the veil of corporateness）。例如，如果能够证明该子公司只是作为其母公司的代理人或者证明该子公司是假的或仅仅是一个幌子，在这些特殊情况下，法院可以准备"揭开公司的面纱"。[23]此外，立法可以有助于"揭开公司的面纱"[24]，特别是有关税务事项方面的问题[25]，欧洲法院会在某些情况下这样做。[26]

□ 跨国公司

通过建立一个或数个海外子公司，在英国的母公司成为一个多国的（或有时也被称为跨国的）企业。这样的企业已被定义为"对不同国籍的公司加以组合，以持股方式、管理控制或合同连接起来，构成一个经济单位的企业。"[27] **28—009**

在国际一级至今还尚未建立有效的监管跨国公司的条例。1974 年，联合国设立了《跨国公司的方案》。[28]其目的是产生一个适用于联合国跨国公司的行为守则。[29]许多其他联合国组织和机构以及区域集团也提出建议或发布了这方面的准则。[30]经合组织首次于 1976 年发布了《针对跨国公司的准则》。该准则及其审查是 1976 年声明的一部分。该准则每七年重新审查一次，并在就业、劳资关系、人权、环境、信息披露、反贿赂、消费者利益、科学和技术、竞争和税收等各个领域提供负责任的商业行为的标准与原则。目前实施的准则是在

2000 年 6 月 27 日被采用的准则。[31]

在国家一级，多国企业遇到了两个法律问题。首先，子公司所在的东道国的利益可能与控股母公司所在的本国的利益发生冲突。如果英国是东道国，《1980 年贸易权益保护法》规定，当国务卿认为某英国子公司遵照其海外母公司的某些指令行事会损害英国的利益时，国务卿可以禁止拥有海外母公司的英国子公司遵照其母公司的这些规定行事。[32]

其次，在某些情况下，多国企业中的多国被视为一个经济单位[33]，特别是，《欧洲共同体竞争法》[34]中规定，如果一个子公司“不能自主地决定其市场行为，而是在本质上根据其母公司的指示行事”[35]，那么欧洲法院对在一个非成员国注册的母公司并在成员国拥有附属子公司的公司具有管辖权。[36]

□ 欧洲公司[37]

28—010 从 2004 年 10 月 8 日起，一家公司可以根据《欧共体理事会条例》（EC Council Regulation）中所列明的针对欧洲公司的条例，在欧洲经济共同体境内设立为欧洲公共有限责任公司的形式。[38]从 1970 年起，欧共体的当权者们就提出了设立这样一个新公司形式的建议，即欧洲公司（SE）。

《欧洲共同体理事会指令》[39]在雇用员工方面补充了关于欧洲公司的法令，雇用员工方面的问题以前一直是欧洲公司形成过程中的一个绊脚石，这个指令要求欧洲公司应当在注册之前就安排好，或者试图安排好员工雇佣的问题。[40]

SE 在欧洲指公共有限责任公司。一个欧洲公司的建立可以以注册在任何欧洲经济区（EEA）的成员国之一为前提。《欧共体理事会条例》第十条要求欧共体成员国将欧洲公司视为依照该公司注册地成员国法律成立的公共有限责任公司。一旦欧洲公司注册成立，该公司就具有法人资格。

一个欧洲公司必须是一个有 12 万欧元或者大于 12 万欧元的股本的公共有限责任公司，该欧洲公司应当在其总部所在地的欧共体成员国注册，并受该国法律管辖。形成欧洲公司的方法有很多种。例如：通过合并，作为一个控股公司或者作为一个附属子公司。一家欧洲公司也可以通过将一个公共有限责任公司（Plc）改造成为欧洲公司的方法来形成。形成欧洲公司的公司之中，应至少有两个不同的公司在不同的欧洲共同体成员国开展业务，当一个欧洲公司自己形成一个欧洲公司的附属子公司时除外。公共有限责任公司转型成为欧洲公司的一个前提条件是，该公共有限责任公司必须有一个受其他成员国法律管辖时间超过两年的附属子公司。

一个在另一个欧洲经济共同体成员国注册成立的欧洲公司可以在英国直接设立分支机构或营业地点。这些分支机构、营业地点无须在英国再次注册。[41]

《欧共体理事会条例》中有关于新型企业组织形式的相应条款[42]，即欧洲经济利益集团[43]（European Economic Interest Grouping）和欧洲合作社[44]（European Co-operative Society），以及在未来提出其他的公司组织的法律形式的建议。[45]

英国法和外国法对海外附属公司的相关规定

□ 英国法中海外附属公司的相关规定

根据英国《1985 年公司法》的规定，一个英国公司的海外附属公司（overseas subsidiary）犹如该附属公司是在英国成立的，英国公司的海外子公司与英国本土的子公司的处理方式在原则上相同。[46] 28—011

欧洲经济共同体已经发出很多种影响母公司和附属子公司之间关系的各种指令。公司指令第七条[47]是关于综合账目（consolidated accounts）的相关规定，公司指令第八条[48]规定了在第四和第七指令[49]中处理公司会计凭证的审计人员的资格和地位。《1989 年公司法》修正并增加了《1985 年公司法》的内容，以便在英国实施第七和第八条《欧洲共同体公司指令》。对于集团账目（group accounts）而言，这个法案提出母公司事业和子公司事业的新概念。这个概念范围与《1985 年公司法》相比范围更加广泛。为了让账目和审计方面的内容与《欧共体条约》中新增的两个指令的要求相一致[50]，《1989 年公司法》重铸了未修正的《1985 年公司法》中关于账目和审计方面的内容。这方面内容的进一步修订已在《2006 年公司法》中完成，并产生了一个新的《欧洲经济共同体审计条例》(EC Audit Directive)。[51]

《1985 年公司法》规定[52]，一个公司被认为是另一个（控制）公司的附属公司，如果另一个公司：

“(a) 拥有此公司投票权的多数，或者

(b) 是这个公司的成员并且有权任命或开除其董事会的大多数成员，或者

(c) 是这个公司的成员，并且单独控制，追求与其他股东或成员的和谐相处，拥有此公司的多数投票权，或是控制公司的附属公司的分公司。”

为了进一步公开公司的情况，《1985 年公司法》要求控制公司[53]提出集团账目的原则。集团账目应由以下两部分组成：[54]

“(a) 反映公司及其附属公司情况的合并资产负债表（consolidated balance sheet)。

(b) 反映公司及其附属公司损益的合并损益账（consolidated profit and loss account)。”

根据某些附属条款的规定[55]，如果一个母公司本身是一个附属子公司，并且其直接母公司是在欧洲经济共同体成员国的法律下建立的，那么该母公司可以免编集团账目。将附属子公司编入集团账目的义务拥有一些例外情况。[56]

关于第十一条指令和关于分支机构的相关信息披露的要求已经在前文中给出过参考。第十二条指令[57]为单一市场的私人有限责任公司提供相关规定。欧盟正在为不同成员国的集团公司积极建立竞争中立的税收规则。[58]这有效避免

了由于附属公司在一个成员国而母公司在另一个成员国并采用股份形式进行利益分配而带来的双重征税问题。

□ 外国法中海外附属公司的相关规定

28—012 如果有意在外国设立附属公司，除了应该考虑该外国的政治经济稳定性、劳动力成本、原料与运输的条件、市场的大小以及该国是否参加了区域性贸易组织等因素外，附属公司在该国的法律地位也是一个需要考虑的重要因素。法律地位在选择是组织附属公司还是通过分支机构进行贸易较为有利这个问题上，起着决定性的作用。

概括地说，英国出口商如要判断在某国设立附属公司究竟是不是最好的出口组织形式，他必须考虑外国法律的四个方面的问题，即公司法、雇佣关系，税收和外国的投资。鉴于外国的相关规定时常更新变化，有关这些话题的详细介绍超出了本书的范围。很显然，想要在外国设立附属公司的出口商必须获得关于该国法律的足够多的建议。在下文中将对上文提及的外国地区可能采用的法律体系作概括描述。

外国公司法

28—013 世界上有许多国家，包括英联邦、美国、法国、西班牙等，都在其一般法律中承认公司的自由注册原则；成立公司，不需要政府的特别许可。在另一些国家，如荷兰和芬兰，组织公司虽然需要政府批准，但那只是手续问题，没有特别的理由，一般不会遭到拒绝。在第三类国家，组织公司必须经政府批准，而政府可以为了行政管理上的方便，任意予以拒绝。

一般来说，欧洲共同体成员国[59]和很多联邦国家（Commonwealth countries）不限制外国人担任股东或董事。但是在其他国家，无论其工业是否已经高度发达，都有法律上的限制。

许多国家的法律限制外国人参与公司的股权或者加入合资企业，有些国家的法律限制外国人取得土地、矿藏的权利，有些国家的法律要求发起人、董事、经理是该国国民或居民。在不断变化的经济条件下，想要明确地列出每个国家关于外国公司的限制与要求是不可能的。这些限制与要求必须根据每个案例的具体情况及相关国家的具体情况来确定。在一个国家内部，根据个体案例的不同，相关的限制和要求也会变化。

外国雇佣法

28—014 外国法律中有保护当地劳工的立法。这些法律，正如适用于个别外国雇主一样，适用于在有关国家依法组织的、为外国人控制的附属公司。在本书的前面，我们已经讨论过这种立法保护的倾向。

外国税法

28—015 在各国税法中，适用于英国海外附属公司的规定非常不相同。英国出口商在决定是否在某一国家设立附属公司时，要考虑的一个主要问题显然是税负。但问题不仅在于各国的法律规定，而在于征税的实际情况。具体地说，有些外国的税收当局在权力执行方面一般不受法院的监督。在有些国家，税收当局处理估价和收税方面的权限受到严格限制；而在另一些国家，由于政策是吸引外国投资，实际上对外国企业给予优待，税率可以在附属公司成立前通过协商决定。但在另一些国家，对国外企业征收的税率虽然和对国内企业的相同，而且法律上也不准公开歧视，但税收对国外企业的实际影响，要比对国内企业大，实际上是存在着相当大的歧视。

英国的海外附属公司有时会同时成为英国和所在地两方面的征税对象，在这种情况下，就需要考虑出口商是否符合英国减免重复征税规定的问题。

在美国，一些州对在该州开展业务的分支机构和附属子公司采取“单一业务”（unitary business）的概念。也就是说，它们将分支机构、附属子公司和母公司视为一个整体。不论收入是从该国境内所得还是境外所得，对整个企业征收个人所得税。尽管《大陆架外法》（Outer Continental Shelf Lands Act）[60]已经通过了，这个法案禁止了对大陆架外使用美国税法[61]，但 1983 年，最高法院支持了加利福尼亚州的这种单一征税政策。[62]这种域外适用税法的要求严重阻碍了国际贸易的自由流通。

外国投资法

国家对投资的立法。有很多海外国家，希望获得具有必要的技术和资本的外国私人投资者的帮助，以发展本国工业，因此，它们通过立法，给予独资的或与本国工业家合作的外国资本以特殊的优惠。这种优惠，当然只有经国家有关部门批准而且往往只限于指定的工业部门的企业，才能享受。 **28—016**

由国家立法规定的对投资的特殊优惠一般包括以下几个方面，但它们有许多条件限制，实际上不像表面上看起来的那样慷慨大方：

(a) 外汇管理规则

投资者可以把利润转移回本国，并可调回其投资及投资所得；

(b) 海关规则

对建厂或发展新工业所需的机器，有时还对这些机器生产的产品，予以免税或减税进口；

(c) 赋税的减免

减免或依照优惠税率征收国税、市政税、印花税或类似的税收；

(d) 政府给予信贷便利

投资者能够得到财政补贴或者贷款。

发展中国家为工业品提供了巨大的潜在市场。只有在发达国家的私人投资者愿意冒险投资，并把他们的知识和经验（这些远比资金重要得多）用于实现这些地区的工业发展时，才会成为可能。这里存在的危险是，出口商可能被外国投资立法的优越条款所吸引，在所在国的附属公司投入了大量的资金，之后由于受到“逐步蚕食”或公开没收的威胁，而失去其投资的果实。

各国均采取了一些减少上述顾虑的措施。有些政府和外国私人投资者所订立的授予特权的协议（concession agreement）或其他合同中规定，除了为了特别重要的公共利益之外，不没收外国私人投资者的财产；如果需要没收，应不拖延地付给外国投资者公平合理的补偿金。但是，这些安排并不能给外国投资者以有效的保护，对于现任（更可能是继任）政府毁约，私人投资者往往是无能为力的。

目前，国际法的一般规则对私人投资者几乎不能提供什么保护。在没有承担相反义务的情况下，国际法认为一个主权国家在其领土范围内有权采取任何非歧视性的措施，包括没收外国人财产。但是，现代的观点认为，实行这种没收的国家，必须给外国人以全部的、公平合理的和迅速的补偿。英国法院认为，凡是英国承认的外国政府所公布的没收法令都是有效的，除非：

(a) 该法令企图没收的财产在没收国领土以外；

(b) 该法令纯属对某人或某些人的惩罚或是歧视性的；[63]

(c) 该法令违反国际法，例如，违反了该国所承担的义务。

人们过去作过各种尝试，拟制定一种国际投资法典，即采取多边公约的形式，由各个缔约国承担义务，保护外国人的投资。经合组织（OECD）于1995年开始了对多边投资协议（MAI）的谈判。1999年5月，在经合组织的部长级会议上，秘书长报告中指出：1998年曾经有一段时间讨论和评估过多边投资协议的事情，但在后续的日子中，再也没有协商过这件事情。[64]由于缺乏国际保护，企业常常不愿意对欠发达国家投资设厂，除非它的本国政府担保其由于外国政府干涉而遭到的一切损失。[65]在英国，出口信贷担保署[66]可以作这种担保。

解决国际投资争端的方法

28—017 另一种保护外国投资者的方法是从法律程序方面着眼，设置一个解决国际投资争端的安排。这个方法获得了成功。1965年在华盛顿签订了《解决国家间与各国国民间投资争端公约》（Convention on the Settlement of Investment Disputes between States and Nationals of Other States）。[67]英国制定的《1966年（国际投资争端）仲裁法》（Arbitration（International Investment Disputes）Act）是实施该公约的措施。[68]该仲裁法已经被修正过。[69]这个法案更早地在仲裁范围内给出相关考虑。[70]

《华盛顿条约》下的法律程序并不是用仲裁解决国际投资争端的唯一方法。投资进行时签订的协议有时会规定[71]，对于产生的争端形成一个特别的裁决方案[72]，或者争端依据国际商会仲裁法的相关规定来解决。[73]

外资并购

28—018 资金充裕或者是拥有杠杆便利[74]的企业可以考虑通过收购在海外国家建立的公司的方式来扩大该企业的出口能力。通过收购已在海外国家成功建立的公司，该企业可以利用被收购公司在海外国家建立的营销渠道来销售自己的产品。通过这种方式，该企业就不用在进入这个外国市场之初就自己投资建立一个常驻机构。

最常用也是最好的一个外资并购的方法是通过接管投标（take-over bid）。[75]出价公司将会从目标公司的股东手中购买股权或者多数投票权。这种外资并购的结局是，目标公司成为出价公司的附属子公司。在本章前面部分所介绍的海外附属子公司[76]的相关事宜适用于被收购后的目标公司。[77]

如果资金充裕的公司想要在国外建立一个常设机构，除了通常所需要考虑的因素外，有两个法律的特殊领域应当被提及：接管者所在国的地方法和目标国的竞争法。

□ 与接管者有关的法律

许多国家都有与接管者有关的法律或规则。在英国，如果一个外国公司想 28—019
要出价接管一个在英国注册的公司，《1985 年公司法》和《1989 年公司法》中的相关条款应该被考虑到。[78]无论是股份有限公司还是私人公司，这些法案中的相关条款都适用。如果被收购的公司是一个股份有限公司，在国际证券交易所交易的股份、股票交易的相关条款等都应当被考虑到。[79]

自 20 世纪 70 年代中期开始，就出现了对于《欧共体条约》中出价接管的相关条例的讨论。在《有关公司法的第十三欧洲共同体指令》中，出价接管部分[80]包含了上市公司的收购。该指令的主要目的是为了通过消除现有壁垒，来保护少数股东，诸如雇员之类的其他利益团体，以使接管更加有效。[81]

想要收购外国公司的英国公司应当首先得到相关国家收购法的专家建议。此外，要确保出价接管不触犯相关国家的竞争法。[82]

海外分支机构及附属公司的人员聘用问题

国外分支机构和海外附属公司通常有两种雇员在一起工作。一种是英国出 28—020
口商派出的人员，一种是当地雇用的人员，他们在法律上有重要的区别。和前一种人员签订的雇佣合同必须既符合英国的法律，也符合分支机构所在地国家的法律；但和后一种人员签订的合同，则只需要符合当地国家的法律即可。但如果双方当事人员约定受英国法律约束，则不在此限，在这种情况下，只有外国法律中的强制性规定才适用。[83]

出口商和国外分支机构的雇员可以根据出口商的性质和分支机构所在地的具体情况，做出各种不同的安排。有时，英国企业的管理机构只须对国外的售货人员进行监督，用技术知识帮助他们，处理他们和总机构的通信；有时，总机构需直接售货；有时，也可采取其他可能的和惯常的安排。现在，很多公司都会派遣年轻的、有潜力的员工在国外分支机构或附属公司服务一段时间。这是为了给他们更多的机会去增长经验，并且向他人证明他们自己是有资格获得工作上的后续升职的。

□ 英国雇佣法（English employment law）

28—021 英国公司和其属于英国居民但被派往国外工作的雇员之间的服务合同由英国法或苏格兰法管辖。服务合同之中通常都列明了该合同受哪个法律管辖。如果合同之中没有列明相应条款，就依照《罗马公约》（Rome Convention）[84]中的相关规定管辖。有两个方面的问题在这里值得一提：一是，英国雇员保护法（British employee protection legislation）中的相关规定很多都不能外判。二是，一些外国国家的雇员保护法同样适用于那些不是该相关国的国民但长期在该国工作的员工。

《欧洲共同体员工岗位指令》（The EC Posting of Workers Directive）[85]要求成员国有最低雇佣条件，这些条款适用于那些被国外雇主派到该成员国暂时工作的员工。《欧洲共同体员工岗位指令》没有阻止员工们从最低工作条件中获益。该指令中规定的最低条款中所列明的相关成员国必须确保该指令的实施。成员国也许会有其他针对国外外派工作人员的集体协议，这样就在选择条款时，多了一种选择。在英国，没有相关的法律条款规定是否适用强制性条件或其他集体协议（collective agreements），政府也没有规定对于外国公司外派到本国的员工不适用哪些最低条款。

此外，1998 年（经修正[86]）的《工作时间规则》（Working Time Regulations 1998）规定，每周工作时间不得超过 48 小时，夜班 8 小时轮换，每年提供 3 个星期的带薪假期，《1998 年全国最低工资法》[87]、健康和安全法规等在处理外国派来的外派员工的问题时都应当在考虑范围内。

在英国法的范围内，《1999 年雇佣关系法》（Employee Relations Act 1999）和《2002 年劳工法》（Employment Act 2002）修正补充了《1996 年就业权利法》[88]（Employment Rights Act 1996）中的相关内容。这组成了一个综合法典。该法典包含了保护在英国工作的雇员的相关法律条文。它要求对员工交付雇佣条件的书面资料，规定了需要在劳动合同中列明解雇员工前的最短通知期，包括不公平解雇、申诉程序、裁员费、产假工资和按规定的恢复工作权的相关法律条款，并且包含了就业过程中的相关其他方面的条款，如休假的权利和参加工会活动的权利。这在一定程度上保证了在雇主破产时雇员的地位。[89]《1976 年种族关系法》[90]、《1975 年性别歧视法》和《1995 年残疾歧视法》也有相关的保护雇员的规定。

《1996 年就业权利法》第 196 章提出某些产假权、不公平解雇、休假权、工会活动的权利和裁员费等并不适用于那些在英国以外工作的雇员。但是《1999 年雇佣关系法》指出《1996 年就业权利法》第 196 章被废除。因此，现在对于在英国工作的雇员和在国外工作的雇员之间没有法律区分。但是，只有在“情况与英国相关时”[91]才能适用英国法律。

早期的就业法还会将那些在英国和国外都工作的雇员单独区分开来讨论，《1999 年雇佣关系法》第 32 章的生效废除了这种单独区分。[92]

上议院在 *Lawson v Serco Ltd* 案[93]中支持以下观点：如果索赔人在被解雇时在英国工作，那么索赔人将会被保护以免除不公平解雇为他带来的伤害。这个决定受到了外籍人士、海外员工的热烈欢迎。因为自从《1999 年雇佣关系法》废除了《1996 年就业权利法》的第 196 章之后，一直没有关于外籍人士、海外员工的明确补充规定。上议院给出了外籍工人在何种情况下可能有资格获得不公平解雇的权利的两个例子，一是派驻国外工作的员工中进行的是与英国有关的业务，二是劳动者工作在英国国外飞地的政治或社会领域。不符合这两种类型的雇员要想获得“不公平解雇权”应当与英国建立起非常紧密的关系。

根据《罗马公约》[94]，欧洲法院有管辖权来确定有关问题的《罗马公约》的解释，因为它适用于合同义务。这种解释适用的司法管辖权因此适用于与欧共体有联系的合同。出于司法管辖的目的，欧洲法院认为，凡雇佣合同中涉及多个欧洲共同体国家，“雇员的常驻工作地”是指该雇员开展主要工作或是执行他最主要职责的地方。这个地方就是该雇员可以以最低的成本起诉雇主或是针对雇主的起诉而提出辩护的地方。[95]

贸易限制条款

如果一个规定在其应用领域的适用度或时间的长度上超过了合理的范围， **28—022** 或比合理范围涉及更多的商品或交易种类，那么这个限制雇员在合同终止后进行交易的条款在英国法律的范畴内是无效的。

□ 外国雇佣法（foreign employment law）

欧洲共同体间雇员的自由流动

海外分支机构或附属子公司如果拟聘请英国员工，首要问题应当是考虑该 **28—023** 分支机构或附属子公司是在欧洲共同体成员国中建立的还是在非欧洲共同体成员国中建立的。

若该分支机构或附属子公司是在欧洲共同体成员国中建立的，则适用于《欧共体条约》及根据该条约订立的次级立法。[96]《欧共体条约》为成员国的雇员们提供了宝贵的特权。该条约规定，应当保障日益增长的各成员国之间的雇员自由流动，并在就业、薪酬、工作条件等问题上禁止基于国籍的歧视。[97]男性和女性有取得同等报酬的权利。[98]此外，该条约保障一个成员国在另一成员国领土范围内有建立自由国民的权利，并提出一个成员国有在另一成员国领土范围内建立代理机构、分支机构或附属子公司的权利。[99]

因此，任何其他欧共体成员国都无权对该国的英国公司的分支机构或附属子公司雇用英国雇员而强加任何限制性要求，除非能够证明英国公司的分支机构或附属子公司雇用英国雇员的这一行为损害了公共安全或公众健康[100]，在这种情况下，成员国采取的限制措施才能够有效。《欧共体条约》中保护雇员自由选择雇主的权利的相关条款，就像那些保护企业的权利的相关条款一样，是"欧共体的基本原则"[101]，任何违背或者触犯这些条款的行为都是错误的。

有关在非欧洲共同体国家的法律

28—024 在非欧洲共同体国家，英国公民的经营活动受这些国家关于外国人的法律的管辖。获准进入该国并不意味着有权在该非欧洲共同体国家从事商业活动。这样的立法在不同国家差别很大，外国人通常需要在获准开业之前取得政府部门的许可。

外国法律关于就业保障部分

28—025 我们注意到，在包括英国在内的许多国家，相关立法的存在旨在保障雇员在终止服务时获得保护，例如，在雇员被解雇之前需要提前一段时间接到雇主的通知，或雇主应给予雇员相应的补偿。然而，合格条件、通知期限和赔偿金额往往不同于那些在英国适用的合格条件、通知期限和赔偿金额等。

在出口商与海外雇员签订服务协议之前应当获得相关法律建议，以确定该相关国是否有这方面的就业保障法律。

在这方面特别重要的是各国关于"不公平解雇"的规定。外国法律是否保护就业安全的问题在于不易明确雇佣合同是否受英国法律管辖。性质取决于在每个个别案例中相关的外国立法是不是强制性的。

注释

[1] 见"Groups of Companies"，C. M. Schmitthoff and R. M. Goode，ed.，Vol. 2 of the Internation Commercial Law Series，1990。

[2] 见《欧共体条约》第 48 条。

[3] 见《欧共体条约》第 43～48 条。

[4] 关于"建立公司的权利"的讨论，参见案例 81/87 *R v HM Treasury and Commissioners of Inland Revenue Ex p. Daily Mail and General Trust Plc* [1988] 3 C. M. L. R. 713。在这个案例中，欧洲共同体委员会认为，在成员国建立公司的自由并不赋予公司将其常驻地从一个成员国转向另一个成员国的权利，因为该公司是在原成员国注册的。

[5] 参见案例 *daily Mail* 及案例 270/83 *Re Tax Credits*，*EC Commission v France* [1987] 1 C. M. L. R. 401，案例 79/85 *DHM Segers v Bestuur van de Bedrijfsvereniging voor Bank-en Verzekeringswezen*，*Groothandel en Vrije Beroepen* [1987] 2 C. M. L. R. 247，以及案例 C385/00 *De Groot v Staatssecretaris van Financien* [2002] E. C. R. I-11819。

[6] 参见案例 *Daily Mail*。

[7] 参见案例 264/96 *Imperial Chemical Industries Plc v Colmer*（*Inspector of Taxes*）[1999] 1 W. L. R. 108。

[8] 有时，银行会接受母公司所提供的"银行联系证明书"，但该证明书并不保证母公司具有帮助其附属公司承担负债的责任。见前文第 3—012 段。

[9] 尤其是经修正后的第一（68/151），第四（78/660）以及第七（83/349）条例。

[10] 参见第十一条例（89/666）。以及案例 C167/01 *Kamer van Koophandel en Fabrieken voor Amsterdam v Inspire Art Ltd* [2003] E. C. R. I-10155。

[11] 见 ss. 690A 及 Sch. 21A，由《1992 年海外公司、信贷及金融机构条例》加入《1985 年公司法》中。这些章节阐明了披露要求。

[12]《1985 年公司法》s. 691 及以下内容。参见下文第 28—005 段。

[13] 对于《布鲁塞尔公约》关于民事和商事问题的管辖权和判决权，欧洲共同体法院认为，分支机构是一个拥有常驻地，并且可以与第三方进行商业协商的机构。见案例 33/78 *Somafer SA v Saar-Ferngas AG*（1978）E. C. R. 2183；上文第 22—021 段，以及案例 210/04 *Ministero dell'Economia e delle Finanze*，*Agenzia delle Entrate v FCE Bank Plc*。

[14] 这个统一过程是由于《英国公司法》的修订和引导，以及 1999 年 10 月出台的“改革与海外公司有关的法律”的建议。

[15] 见《2006 年公司法》s. 1044（3）。

[16] 如果这个海外国家是欧共体成员国或者欧洲自由贸易联盟成员国，并且实行《布鲁塞尔公约》。

[17]《1985 年公司法》s. 691，已经废止，并由《2006 年公司法》s. 1295 及 Sch. 16 取代。

[18]《1985 年公司法》s. 691（1）（b）（ⅱ）已经废止，并由《2006 年公司法》s. 1295 及 Sch. 16 取代。

[19]“字符串合同”是指一系列合同，在这一系列合同之下，一个经销商（A）将货物销售给另一个经销商（B），再由经销商（B）销售给经销商（C），依次销售下去，只有该系列中的最后一个经销商负责货物的运输问题。在石油贸易中，这样的合同被口语化地称为“菊花链”，见案例 *Voest Alpine Intertrading GmbH v Chevron International Oil Co Ltd*［1987］2 Lloyd's Rep. 547。

[20] 见案例 *Bremer Handelsgesellschaft mbH v Toepfer*［1980］2 Lloyd's Rep. 43 at 47，51。

[21] 见案例 *Libyan Arab-Foreign Bank v Bankers Trust Co*［1989］3 W. L. R. 314 at 332。

[22] 见案例 *British American Tobacco Co Ltd v Inland Revenue Commissioners*［1943］A. C. 335。

[23] 见 *Adams v Cape Industries Plc*［1990］Ch. 433；及 *Customs and Excise Commissioners v Hare*［1996］2 All E. R. 391；*R. v K*［2005］EWCA Crim 619［2006］BCC。

[24] 如，《1985 年公司法》s. 227（1）。

[25] 如，经修正后的《1984 年遗产税法》s. 94，以及经修正后的《1988 年收入和公司税法》。

[26] 如，《欧共体条约》第 81 条，第 82 条，及案例 67/73 *Instituto Chemioterapic Italiano SpA and Commercial Solvents Corp v EC Commission*［1974］E. C. R. 223。

[27] 见 C. M. Schmitthoff，“ The Multinational Enterprise in the United Kingdom”，in *Nationalism and Multinational Enterprise*，H. R. Hahlo，J. Graham South and Richard W. Wright（eds.）（Sijthof，Leiden，1973），24 *Essays*，717。

[28] 这由两个主体组成：多国公司的委员会及多国公司的中心。

[29] 2000 年 7 月，联合国秘书长发布《联合国与商业组织的合作指导》。

[30] 见 Prof. P. Muchlinski，‘*Attempts to extend the accountability of transnational corporations: the role of UNCTAD*’ in M. Kamminga and S. Zia-Zarifi（eds）. *Liability of Multinational Corporations under International Law* 2000，p. 97。

[31] 见 OECD 网站：http://www. oecd. org。

[32] 见前文第 21—032 段。

[33] 见 Prof P. Muchlinski，“*Holding multinationals to account: recent developments in English litigation and the Company Law Review*” *Company Lawyer* Vol. 23 pp. 168-179；及 R. Meeran“*Liability of Multinational Corporations: A Critical Stage in the UK*” in M. Kamminga and S. Zia-Zarifi（eds）*Liability of Multinational Corporations under International Law* 2000），p. 251。

[34] 见《欧共体条约》第 81 条，第 82 条。

[35] 如上文中提及的案例：*ICI* 及 *Commercial Solvents*。

[36] 见上文中提及的 *ICI* 案例。

[37] 见 *Palmer's Company Law*，Vol. 3，para. 16. 233 and pt 17。

[38] 见《欧共体理事会条例 2157/2001》。

[39] 见《欧共体理事会条例 2001/86》。

[40] 见《2004 年关于英国雇员的欧洲公共有限责任公司章程》(SI 2004/2326)。

[41] 见《1985 年公司法》第 23 部分。

[42] 见 J. Rickford，"Current Developments in European Law on the Restructuring of Companies" (2004) E. B. L. R. 1225 - 1258。

[43]《欧共体理事会条例 2137/85》，该条例在英国由《1989 年欧洲经济利益集团条例》保证实施。

[44] 见《欧共体理事会条例 1435/2003》中的相关定义。

[45] 见 B. Pettet，"*Company and Capital Markets Law*：*Taking Stock of European Integration*" Current Legal Problems [2004] Vol. 57 393。

[46] 海外附属公司有时被当做合伙人对外宣传，而不是被当做公司进行对外宣传。

[47] 见经修正的条例 83/349.

[48] 条例 83/253。

[49] 见经修正的条例。

[50]《1985 年公司法》中，被第七条例和第八条例影响最深的部分是 ss. 221 至 262A。《1989 年公司法》对这些部分进行了相应的补充与修正。

[51] 见 fn. 49 and 51。

[52] 见《1985 年公司法》ss. 736 (1)。

[53] 见《1985 年公司法》ss. 227 (1)。

[54] 见《1985 年公司法》ss. 227 (2)。

[55] 见《1985 年公司法》ss. 228。

[56] 见《1985 年公司法》ss. 229。

[57] 见《条例 89/667》。

[58] 见经修正的《欧共体理事会条例 90/435》。

[59] 见 *Company Law in Europe*，Thomas，ed. (1992)，Butterworths (looseleaf)。

[60] 67 Stat. 29，43 U. S. C. para. 1331 et seq as amended by Pub. L. 95－372m92 Stat. 629.

[61] 见 1988 年 11 月 8 日案例 *Shell Oil Company v Iowa Department of Revenue*。

[62] 见 *Container Corporation of America v Franchise Tax Board* 463 U. S. 159 (1983)。

[63] 参见前文第 21－021 段至第 21－024 段。

[64] 参见 OECD 官方网站：http://www. oecd. org。

[65] 例如，世界银行的贷款，国际开发协会的货款，或者获得了欧洲发展基金。

[66] 见第 20 章。

[67] 见 Prof. C. Schreuer，*The ICSID Convention*：*a commentary* (2001)。

[68] 该公约于 1967 年 1 月 18 日在英国正式生效。

[69] 1975 年法案 s. 8 (2) 及 Sch. 2 提供了证据。

[70] 见前文第 23－015 段。

[71] 或者当争端产生时，各方均同意。

[72] 见前文第 23－092 段。

[73] 见前文第 23－013 段。

[74]"杠杆"是指，通过从银行借贷资金来作为资金获得的途径。这也通常被称为借贷融资。

[75] 如果目标公司是一个公共公司，在证券交易所交易的股份也可能成为恶意接管的工具。

[76] 见前文第 28—007 段至第 28—008 段。

[77] 存在其他的外资并购的方式，如跨国界并购等。

[78] 尤其是《1985 年公司法》13A 等，这些部分的主要目的是保护受要约公司的少数股东的利益。

[79] 见 Palmer's Company Law，第 12.229 段起。

[80] 见《欧共体理事会条例 2004/25》。

[81] 董事会有义务通知公司雇员该公司所面临的接管情况，并且雇员或其代表有权利起草相关的意见。

[82] 见第 29 章。

[83] 见前文第 21—010 段。

[84] 见前文第 21—016 段。

[85] 指令 96/71/EC。

[86] 该条例只适用于英国。但是，在欧共体的其他成员国中，也有相应的条例。

[87] 该法案自 1998 年起经修正了多次。

[88] 这是一个合并法案。

[89] 见《1996 年就业权利法》ss. 182—190。

[90] 见案例 *Barclays Bank Plc v Kapur* [1991] 2 AC 355。

[91] 见 Minister of State McCartney，*Hansard* H. C.，Vol. 336，ser. 131，col. 31。

[92] 1999 年 10 月 25 日。

[93] [2006] UKHL 3，[2006] I. R. L. R. 289.

[94]《适用法》法案自 1990 年起实施，以确保《罗马公约》在英国生效。

[95] 见案例 C-383/95 *Rutten v Cross Medical Ltd* [1997] E. C. R. I-57；第 22—019 段。

[96] 该条约将获得薪水的人员与挣取工资的人员区分对待。条约第 39～42 条适用于前者，条约第 43～47 条适用于后者。

[97] 见《欧共体条约》第 39 条。

[98] 见《欧共体条约》第 141 条，及案例 *Pickstone v Freemans Plc* [1989] AC 66，HL。

[99] 见《欧共体条约》第 43 条，及案例 *Reyners v Belgian State* [1974] 2 C. M. L. R. 305；案例 *Van Duyn v Home Office* [1975] 1 C. M. L. R，及案例 *Van Binsbergen v Bestuur van de Bedrijfsvereniging voor de Metaalnijverheid* [1975] 1 C. M. L. R. 298；案例 *Thieffry v Conseil de l'Ordre des Avocats a la Cour de Paris* [1977] 2 C. M. L. R. 373；案例 *Patrick v Ministre des Affaires Culturelles* [1977] 2 C. M. L. R . 523；案例 *R. v HM Treasury and Commissioners of Inland Revenue*，*Ex p. Daily Mail and General Trust Plc* [1989] 2 W. L. R. 908；案例 C 415/93 *Union Royale Belge des Societes de Football Association ASBL v Jean-Marc Bosman* [1995] E. C. R. I-4921；以及案例 C 18/95 *Terhoeve v Inspecteur van de Belastingdienst Particulieren/Ondernemingen Buitland* [1999] E. C. R. I-345。

[100] 见《欧共体条约》第 39 条第 3 款，及案例 41/74 *Van Duyn v Home Office* [1974] E. C. R. 1337；案例 *Roland Rutili v French Minister of the Interior* [1976] 1 C. M. L. R. 140；案例 43/75 *Defrenne v Sabena* [1976] E. C. R. 455；以及案例 *Stanton v INASTI* [1989] 3 C. M. L. R. 76。

[101] 见前文提及的 *Daily Mail* 案例。以及案例 19/92 *Kraus v Land Baden Wurtemburg* [1993] E. C. R. I-1663。

第 29 章 《欧共体条约》和英国竞争法

29—001 《欧共体条约》的第 81 条和第 82 条中阐述了欧洲共同体竞争法（EC

competition law）中的基本限制性协议。英国《1998年竞争法》（Competition Act 1998）和《2002年企业法》（Enterprise Act 2002）中阐述了英国竞争条例。

《欧共体条约》第81条第1款禁止某些与共同市场不相容的、会影响成员国之间贸易的限制性贸易行为：凡足以影响成员国之间的贸易，并以阻碍、限制或妨害共同市场内部竞争为目的，或具有这种效果的所有企业间的协议、企业联合组织的决定或联合一致的做法，都是与共同市场相抵触的，应该予以禁止，特别是：

（1）直接地或间接地强行决定购买价格或出售价格或其他交易条件；[1]

（2）限制或控制生产、市场、技术进步或投资；[2]

（3）瓜分市场或资源；[3]

（4）在同一种交易中，对其他贸易对手实行不同的条件，从而把他们置于不利地位；[4]

（5）以对方接受附带的义务作为订立合同的条件，而这种附带义务，就其性质而言或根据商业习惯，都与该项合同的内容无关。[5]

《欧共体条约》第82条规定[6]：凡一个或一个以上的企业在共同体市场或其大部分地区滥用优势地位，足以影响成员国间的贸易者，都是与共同市场相抵触的，应当予以禁止。在这里，我们先暂不进一步讨论《欧共体条约》第82条的内容。

英国《1998年竞争法》第二部分"第一章禁止"（the Chapter Ⅰ prohibition）与《欧共体条约》第81条第1款所列的条款实质上相同。英国《1998年竞争法》中"第二章禁止"（the Chapter Ⅱ prohibition）与《欧共体条约》第82条所列的条款实质上相同。唯一不同的是《欧共体条约》针对的是成员国间的贸易，而英国《1998年竞争法》针对的是英国国内的贸易。

欧共体案例法（the Community case law）与国内竞争法的应用有直接关系，因为英国《1998年竞争法》要求国内关于竞争法的规则与案例法委员会以及欧洲法院保持一致的原则。

体制框架

欧盟的决策过程一般包括三个主要机构：欧洲议会、欧盟部长理事会、欧盟委员会。原则上，是由欧盟委员会起草新的立法，其实，是议会和理事会来采纳该建议。欧盟委员会是欧盟的执行机构。委员会竞争总局（Competition Directorate General of the Commission）的工作目标是在欧盟成员国间建立和实施一致的公平竞争政策。规则等高级立法是由理事会和/或议会提出，由委 29—002

员会起草立法并决定实施该立法。委员会关于竞争事项的申诉上诉到初审法院(Court of First Instance),初审法院可以根据法律要点向欧洲法院提出上诉。

在英国,公平交易局是主要的竞争监管机构。权威机构等如通信管理局(Ofcom)、电力监管办公室(Ofgem)、水务办公室(Ofwat)、铁路管理办公室也适用国家和欧盟竞争法。由这些监管机构上诉到竞争上诉法庭(Competition Appeal Tribunal),再由竞争上诉法庭上诉到中级法院有全套的上诉程序。

在 2004 年 5 月 1 日之后,欧盟法规 1/2003 第三款(Art. 3)下的"《欧共体条约》第 81 条和第 82 条与国家竞争法之间的关系"规定:

"(1)条约第 81 条第 1 款禁止损害竞争的企业间协议、企业集团的决议,以及相互协调的行为方式。当企业的某些行为适用于国家法庭关于国家竞争法的某些条款时,如果这些条款在条约第 81 条第 1 款的范围内,并且这些行为会损害成员国间的贸易,那么同样适用于《欧共体条约》第 81 条。

(2)如果企业或协会的决定一致的做法可能影响成员国之间的贸易,但不属于第 81 条第 1 款所指的限制竞争的情况,或这符合第 81 条第 3 款的条件,国家竞争法的适用可能不会导致企业间协议、企业集团的决议,以及相互协调的行为的禁止。

(3)在不影响《欧共体条约》的一般原则和其他法律的规定情况下,当竞争主管机关与各会员国的法院适用国家对合并控制的法律,并且它们没有排除国家竞争法适用的某些条款的主要追求目标与《欧共体条约》第 81 条和第 82 条的追求目标不同时,第 1 和第 2 段并不适用。"

《欧共体条约》第 81 条第 1 款与英国《1998 年竞争法》"第一章禁止":总则

□ 协议、决议和协调性行为

29—003 企业间及企业集团间的某些行为可能无法用"协议"、"决议"和"协调性行为"这几类来进行分类。但是,如果企业间及企业集团间的某些合作性行为导致限制竞争,不用细分这些行为究竟是属于上述三类的哪一类,《欧共体条约》第 81 条第 1 款与英国竞争法"第一章禁止"将适用。

因此,该行为会被列为等同于企业集团间的协议和限制竞争决议(参见案例 *The Fire Insurance*[7]),或者该行为会被认为构成一个协议或者至少是限制竞争的协调性行为(参见案例 *Imperial Chemical Industries Ltd v Commission*[8])。

英国的竞争上诉法庭也有案例表明其曾经这样处理过相关问题(参见案例 *JJB Sports and Allsports v OFT*[9]),当供应商收到两个零售商对未来的价格保证或暗示的意图，并在每个情况下传递给其他相关零售商时，这构成了限制竞争行为。竞争上诉法庭（CAT）裁决，该供应商和零售商可以被认定为限制竞争协议或协调性行为的各相关方。在 *Argos and Littlewoods v OFT*[10] 的案例中，竞争上诉法庭发现在一个玩具制造商和两个零售商之间有两个双边协议或两个协同行为，虽然法律规定要证明三方协议或三名当事人之间的所有协同行为，但正确的分析是，制造商和零售商实际上是三方协议的各相关方，因此同样适用竞争法。

欧共体委员会在案例 *Wood Pulp*[11] 的决议中，只简单地运用了“限制性行为”一词。原讼法庭认为，该委员会有权描述这样一个持续的过程中的一些勾结性的行为，其中一些为协议，一些为共同的做法，因为“协议和协调一致的做法”没有分别区分每个元素，参见案例 *Rhone-Poulenc SA v Commission*。[12]但是，这种细致的区分，在确定谁负有侵权责任时有一定的重要性。欧洲法院推翻了关于 *Wood Pulp* 的决议[13]，因为欧洲法院发现，由一个贸易协会的成员之间缔结的价格协议同样构成了一个协会的决议，在推动执行这个协议之时，协会并没有作为一个独立的主体起到作用，参见案例 *Ahlstrom Osakeyhtio and Others v Commission*。[14]

《欧共体条约》第 81 条并不适用于委托人和它的代理人之间的协议。当代理人是一个“真正的”代理的时候，委托人是通过它的代理人直接与客户接触的。这个真正的代理人只是委托人所在的企业的一个组成部分，参见案例：*Suiker Unie*。[15]欧共体委员会已经在这个问题上列明了相关的准则，参见欧共体委员会关于纵向限制的相关准则。[16]该准则提供了辅助判断一个协议是否为一个真正的代理人的协议的方法。该判断方法的关键是通过代理人所承担的商业风险来判断该代理人是否为“真正的”代理人。这个商业风险需要根据案例的具体情况来分析，参见案例 *Daimler Chrysler v Commission*。[17]

□ 目的与后果

对限制竞争的“目的”与“后果”的要求是可以二选一并且不需累积的。**29—004**
应该分开来分析这两个词汇。在考虑《欧共体条约》第 81 条是否适用于某一协议之时，第一步可以在该协议的经济背景下衡量该协议的“目的”。可以通过考虑该协议的“目的”来判断这个协议是否带有限制竞争的意图。此处，“竞争”是指当该协议不存在时会存在的竞争，参见案例 *Societe Technique Miniere v Maschinenbau Ulm GmbH*。[18]

在这一步的时候，不需要考虑该协议的实际效果是什么，参见案例 *Consten and Grundig v EEC Commission*。[19]一个协议可能会在正式生效之前而被《欧共体条约》第 81 条所禁止，参见案例 *the WEA-Filipacchi Music SA Decision*。[20]无论一个协议的限制条款是否服从于第 81 条第 1 款，一个协议有可能违反该条约，参见案例 *Trefileurope Sales v Commission*[21] 及案例 *Dunlop Slazenger v Commission*[22]，无论限制竞争是否成功，一个协议还是有可能被裁决为违反第 81 条第 1 款，参见案例 *Compagnie Royale Asturienne des Mines SA and Rheinzink GmbH v Commission*。[23]

如果该协议的预期效果没有表现出一个明显的对竞争的限制，在判断一个协议或协调行为是否限制竞争时，应考虑该协议或协调行为的实际效果，参见案例 *Delimitis v Henninger Brau AG*。[24]

判断一个协议或限制性行为是否以阻碍、限制或扭曲竞争为目的，应考虑到该协议可能引起的效果，并不是考虑协议各方的主观意图。因此，欧洲法院认为，在做出裁决时并不一定必须询问协议的双方中究竟是哪一方首先提出了在协议中增添某些特定条款来限制竞争，也不一定必须要确定在达成协议之时，协议双方是否都拥有同样的限制竞争的意图。在做出裁决时应当考虑在协议适用的经济环境之下这些协议所追求的目标，参见案例 *Compagnie Royale Asturienne des Mines SA and Rheinzink GmbH v Commission*。[25]无论协议各方是否有共同的目标，或者协议中的某相关方是被迫加入该协议的，第 81 条都适用，参见案例 *Trefileurope Sales v Commission*。[26]

在竞争方面评估协议的效果时，该协议必须在其所在的经济与法律背景下考虑到所有相关要素。无论协议各方是实际竞争者或是存在潜在竞争关系，一个协议都可能拥有扭曲竞争的目的或效果。

□ 阻碍、限制或扭曲竞争

29—005 根据《欧共体条约》第 81 条第 1 款，一个协议可能不仅会在协议各方之间，也会在协议的某一方与第三方之间阻碍、限制或扭曲竞争，见案例 *Establishments Consten SARL and Grundig-Verkaufs-GmbH v EEC Commission*。[27]因此，《欧共体条约》第 81 条第 1 款适用于实际竞争者和潜在竞争者之间，即“横向”协议，参见《欧共体委员会通知——关于横向合作协议的指示》。[28]第 81 条第 1 款同样适用于供应商与服务或货物的接收商之间，即“纵向”协议，参见条例 2790/2000，纵向限制的集体豁免[29]和欧共体委员会关于纵向限制的规定。[30]

除非竞争是被“明显”阻碍、限制或扭曲，那么第 81 条第 1 款不被侵犯。甚至在没有协议时都根本没有“明显”竞争的情况下，第 81 条第 1 款同样不被侵犯。例如，如果由于广泛的政府控制而使得竞争的范围很小或根本不存在时，这种情况就有可能发生，参见案例 *Suiker Unie*。[31]

无论协议各方的国籍或所在地为何处，第 81 条第 1 款都适用于在共同市场上阻碍、限制或扭曲供应，或限制或扭曲购买货物或服务的竞争的协议，参见案例 *Ahlstrom Osakeyhtio v Commission*。[32]

一项协议如果没有限制协议各方的商业自由，那么不应当仅仅因为该协议比较烦琐或是有商业弊端而裁定其阻碍、限制或扭曲竞争，参见案例 *Bayer AG and Maschinenfabrik Hennecke GmbH v Heinz Sullhofer*。[33]

如果一项协议人为地增加了协议一方对第三方的竞争力，那么该项协议可能违反了第 81 条。如果仅仅是因为协议的一方而不是另一方从协议中获利，该协议不能在第 81 条规定的范围内被裁定为阻碍、限制或扭曲竞争。一般来说，要裁定一个协议是不是阻碍、限制或扭曲竞争，该协议必须对一方或双方都产生了限制，如排他性协议；或者对一类人不利，如平行进口商，他们的利益被认为与竞争规则所保护的利益密切一致。

□ 为了促进竞争而采取的必要限制

欧洲法院关于案例 *Grundig* 的判决建立了条约第 81 条下的自由竞争原则。**29—006**
“考虑到竞争的不同阶段和不同表现形式”[34]，如果一个协议在一方面限制了竞争，那么其会在另一方面促进竞争。这是个关于德国制造商和其法国分销商之间哪一方保护分销商不与平行进口商进行竞争的案例。欧洲法院认为该协议没有从《欧共体条约》第 81 条第 1 款中逃脱，仅仅是因为该协议在法国增加了 Grundig 生产的产品与其他制造商生产的同类产品之间的竞争。

但是，欧洲法院认为，如果限制竞争是为了增强整体的竞争程度，那么该协议就不违反第 81 条第 1 款。*Technique Miniere* 案是一个关于没有保护经销商不受平行进口商的竞争干扰的独家经销案例。这个协议可以被理解为在一定程度上限制竞争，因为制造商承诺不在独家经销商经销的领域内指派其他经销商，并承诺自己也不在该领域内销售此产品。欧洲法院陈述如下：“如果上述协议对于一个企业进入一个新市场是有必要的，那么这里可能存在一个干扰竞争的问题”。

从某种程度上说，欧洲法院在对于特许经营的案例 *Pronuptia*[35] 的判决中放弃了上述立场。在这个案例中有一些条款，这些条款规定将相关的技术知识传递给特许经营商，并且要求特许经营商按照特定的方法和形式进行贸易。欧洲法院认为这些条款不属于条约第 81 条第 1 款管辖。有一些限制特许经营商之间进行竞争的条款，如销售区域分配，在条约第 81 条第 1 款的管辖范围内。背离其先前在 *Maize Seed* 案[36]中的推理，欧洲法院认为只有下述行为与第 81 条第 3 款的判决有关，这个行为是：特许经营商只有在承诺被保护不在同一地点设立另一个特许经营地点时才会答应进行特许经营。

欧洲法院在裁决 *Delimitis* 案[37]时采取了与裁决 *Technique Miniere* 案同样的方法。这个案例中，在啤酒供应协议下，啤酒供应商通过以贷款或较低的租金等经济上的回报的形式来获得代理商承诺的独家供应权。欧洲法院认为，这个协议可能没有限制竞争的目的。并且，需要根据市场的具体情况来分析该协议是否会有限制竞争的效果。其背后的原因在于，这样的协议也促进了很多种销售出路的共存，单凭这些销售出路只跟一个供货商有联系这一个原因不足以判断这种绑定会使市场的竞争性下降。

欧洲法院认为，当在商业销售中考虑是否适用第 81 条的限制性条款时，需要考虑当不存在这种协议时，竞争的程度如何。由于如果卖主在转移了业务时仍然在市场中与该业务有竞争关系，那么这个业务就不是有效转移的，并且，由于这种转移最终会使得市场上的竞争者数量增加，所以，这是对竞争有益的。局限于讨论“有效转移”的必需条件的限制竞争条款与《欧共体条约》条约第 81 条第 1 款不冲突，参见案例 *Remia BV and Verenigde Bedrijven Nutricia NV v Commission*。[38]

关于应用此案例法的指导源于原诉法庭对于案例 *Metropole Television* (*M*6)[39]的处理方法。如果一个限制是主要的操作的一个小部分，并且这个限制对于这个主要操作是直接相关的和必需的，如果主要操作在条约第 81 条的管辖范围外，那么这个小部分的限制也可能在条约第 81 条的管辖范围外。

□ 对成员国间的贸易的影响

29—007 司法法院认为，当一个协议对于市场只有很小的影响，并且考虑到了相关方在市场中的弱势地位的时候，这个协议可能落在第 81 条第 1 款的管辖范围外，参见案例 *Parker Pen v Commission*。[40]

除非一个协议对于竞争和国家间的贸易的影响是“显著”的，第 81 条第 1 款不适用。见欧盟委员会《关于不会产生〈欧共体条约〉第 81 条第 1 款意义上的显著竞争限制的无关紧要的协议的通告》[41]及欧盟委员会《关于条约第 81 条和第 82 条中“影响贸易”的概念的指引》。[42]

该通告和指引没有约束力，但欧盟委员会认为它们对于国家法院和其他国家竞争主管机关拥有说服力。在通知所涵盖的范围内，委员会将不在有人申请后提起诉讼或者自己主动提起诉讼。在通知所涵盖的范围内，委员会将不征收罚款。该通告明确规定，它的目的是指导国家法院和会员国的国家竞争主管机关（尽管它不约束它们）。

此外，委员会还认为，在协议所影响的各相关市场上，如果出现以下情况，则协议即使影响了成员国间的贸易，也不会产生第 81 条第 1 款意义上的“显著限制竞争”：

(1) 协议的当事人在上述某个相关市场上，是实际的或潜在的竞争者，该协议即为竞争者之间的协议，这种情况下，如果协议各当事人的总市场份额，在各相关市场上均不超过 10%，则该协议不会产生第 81 条第 1 款意义上的“显著限制竞争”；

(2) 如果在上述相关市场上，协议当事人之间不存在实际的或潜在的竞争关系，则该协议为非竞争者之间的协议，如果当事人在各相关市场上的总市场份额均不超过 15%，则不会产生前述“显著限制竞争”。

如果案情较复杂，很难确定协议是竞争者之间的协议，还是非竞争者之间的协议，则视为竞争者之间的协议，适用 10%的门槛。

若某一市场中心竞争程度为不同的供应商或分销商之间达成的货物或服务贸易协议而产生的累积效应所限制的话，如果协议不是孤立的，而与其他同类协议一同形成网络效应，则前述门槛降低到 5%。欧共体委员会认为，在存在网络的情况下，不能只孤立地考虑单个协议的情况，应该考察这些协议所组成的网络的总体效果，以及平行存在的若干个网络的总体效果。

如果前述所提及的企业在两个连续的会计年度内，市场份额超过了上述的10%、15%、5%的门槛，但只要超过幅度小于2个百分点，同样不视为产生了“显著限制竞争”。

至于“相关市场”和“市场份额”是如何规定的，参见欧共体委员会发布的《关于界定〈欧共体条约〉意义上的相关市场的委员会通告》。[43]

上述通告的第七、八、九段不适用于含有核心限制的协议（核心限制的定义在通告第九段中）。核心限制包括：固定向第三方销售的价格，限制产量与销售，及分割市场与消费者。

如果协议影响了竞争，协议参加者无法辩白其地位没有发生改变，参见案例 *Ferriere Nord SpA v Commission*。[44]如果市场份额仅比委员会通告中所规定的门槛稍高一点，有更重的责任来证明相关协议对竞争和贸易产生了显著影响，参见案例 *European Night Services v Commission*。[45]

□《欧共体条约》第81条第2款与英国《1998年竞争法》第2部分（4）

《欧共体条约》第81条第2款规定，禁止追求第81条[46]的协议自动失效，参见案例 *Robert Bosch GmbH*。[47]但是，根据共同体法，只有那些违反了第81条 **29—008**
的相关条文会失效，协议中其他条文的后果归国家法管辖，参见案例 *Societe Technique Miniere v Maschinenbau Ulm GmbH*。[48]此外，正如第81条第1款下的禁止有可能是短暂的应用，第81条第2款规定的“无效”也有可能是短暂的。因此，如果外界环境变化或者相关协议不对第81条第1款产生冲突了，那么协议中的这些条款将不再无效，参见案例 *Passmore v Morland Plc*。[49]

英国《1998年竞争法》第2部分（4）规定，“任何被《1998年竞争法》第1小部分所禁止的协议或决定都是无效的。”

□豁　免

《欧共体条约》第81条第3款对第81条第1款提出了豁免条件。第81条 **29—009**
第3款规定：企业间的任何一项协议，或企业间任何种类的协议；企业协会的任何一项协议，或任何种类的协议；任何一项一致行动，或任何种类的一致行动，如果有利于改善产品的生产或销售，或有利于促进技术和经济进步，同时使消费者能公平分享由此产生的利益，并且不对企业施加对这些目标的实现并非必不可少的限制，且不致使企业有可能在相关产品的重要部分消除竞争，则第81条第1款的规定不适用。

《1998年竞争法》中有关于“豁免”条件的类似描述。

直到2004年，根据第81条第3款，可以由委员会来进行个别豁免或集体豁免。[50]自2004年5月1日起，个别豁免无法继续按照这种方式进行，集体豁免仍然可以按照此方式进行。在条例 17/62 执行之前，（根据《欧共体条约》第 84 条，）各成员国的国家法院对于第 81 条下的协议、决定或协调行为的准入有司法权。根据条例 17/62 第 9 条（1），欧盟委员会对于个别豁免有独家司法权。对于某一种类的协议的集体豁免权由欧盟委员会根据议会条例协商而定。甚至是在条例 17 的管辖范围下，如果协议的有效性在诉讼过程中在国家法院前应被考虑到，国家法院应当考虑协议是否会从某项豁免协议中获利。条例 1/2003 替代了条例 17/62。在条例 1/2003 下，国家法院与国家竞争权力机构的角色有所扩大。[51]

提前向委员会发出通知已经不再为希望得到个别豁免的各缔约方所适用。目前的个别豁免已经被替换为：一个被起诉到国家法院或国家竞争当局面前的协议与第 81 条第 1 款的兼容程度，可以通过第 81 条第 3 款在个别层面进行判断。判断第 81 条第 3 款是否有适用的个人基础。

做这个改变的目标之一是使得委员会有更多的精力去处理其他严重触犯竞争规则的案件，并且鼓励更多的私人执行的竞争规则。（如，美国目前所广泛使用的《委员会关于现代化执行欧共体第 81、82 条的规则的白皮书》。[52]）因此，条例意图用一种新的体制来替代个别通知体制。这种新的体制是："企业需要对它们的限制行为与共同体法律的兼容性做出评价。"（见《白皮书》第 77 段）

□《欧共体条约》的执行

29—010 欧盟委员会有权为了终止侵犯竞争法的行为做出最终的或临时性的命令（见《理事会条例 1/2003》第 7 条），执行定期的罚款，并且对于故意或由于疏忽造成的破坏条约第 81 条的行为征收罚款。

落实并执行第 81 条产生的权利是国家法院的职责，参见案例 *Courage Ltd v Crehan*。[53]根据第 81 条，违反该条例的协议中的条款无效，参见案例 *Chemidus Wavin Ltd v Societe pour la Transformation et l'Exploitation des Resines Industrielles SA*。[54]在英国，侵犯条例第 81 条的行为可以等同于违反法定义务而被起诉；如果是这样，英国法将会给予一个补救措施，参见案例 *Inntrepreneur Pub Company v Crehan*。[55]在英格兰和威尔士，一个侵犯条例第 81 条的协议将被视为非法的，而不仅仅是无效的，参见案例 *Gibbs Mew Plc v Gemmell*。[56]

《欧共体条约》第 82 条与英国《1998 年竞争法》"第二章禁止"：总则

□ 禁止滥用市场支配地位

29—011 一个或更多的企业，滥用[57]其在共同市场上，或在其重大部分中的支配地

位，如果有可能影响成员国间的贸易，则被视为与共同市场不相容而被禁止。这里指的“滥用”主要有如下几点：[58]

（1）直接或间接强加不公平的购买或销售价格，或其他不公平的贸易条件；[59]

（2）限制生产、销售或技术开发，从而使消费者蒙受损害；[60]

（3）对同等交易的其他贸易伙伴适用不同的条件，从而使其处于不利的竞争地位；[61]

（4）使合同的缔结取决于贸易伙伴对于额外义务的接受，而无论是依其性质还是按照商业惯例，该项额外义务均与合同的标的无关。[62]

尽管《欧共体条约》第81条第2款规定，依照第81条被禁止的协议或决定自动失效[63]，《欧共体条约》第82条禁止任何市场支配地位的滥用，但是无法自身使得相关协议或决定无效。这些概念之间没有基本的区别，因为侵犯《欧共体条约》第81条、第82条的行为都会导致可能存在的罚款，过去或将来的订单被损害[64]，以及都同样产生了国家法院必须保护的个人权利。[65]

根据《欧共体条约》第82条，被禁止的行为必须符合以下三种要求：1）存在支配地位；2）不正当地使用支配地位；3）这种不正当使用可能会影响成员国之间的贸易。[66]

《欧共体条约》第82条不禁止支配地位的存在，只是禁止支配地位的滥用。一个处于支配地位的企业有责任为了不影响市场上的有效竞争而对自己的行为做出相应调整，无论欧共体委员会关于这个影响是否作出了相关决定。[67]同样，个别地或集体性地获得或加强支配地位并不被《欧共体条约》第82条所禁止。[68]

《欧共体条约》第82条的理解必须遵从于《欧共体条约》的精神、基本方案、以及措辞；必须遵从于《欧共体条约》的体系和目标。[69]《欧共体条约》第3条（1）（g）[70]在该法中列明了特定的竞争条件，其中包含了第82条。[71]因此，第82条必须基于《欧共体条约》第2条和第3条（1）（g）来解释，以确保经济活动的和谐、平衡与持续性发展，确保内部市场的竞争不被扭曲，更不用说消失了。[72]

《欧共体条约》第82条不应被理解为根据被影响的企业进行经济活动的经济水平来执行不同的应用程度。无论被影响的企业是在经济过程中的同一水平上，还是在不同层次上并且属于非竞争者，《欧共体条约》第82条不做区分。[73]

《欧共体条约》第81条与第82条是互补的，因为它们为了共同的目标服务。这个目标就是：维护有效竞争[74]，尽管它们组成了独立的法律工具，并着重于不同的情况。[75]鉴于《欧共体条约》第81条与第82条是为了同一个目标[76]而服务的，那么不能将它们理解为相互矛盾的。如果因为一个分享市场份额的协议而导致一个大部分的市场份额被获得，那么，适用于《欧共体条约》第81条。如果这个分配是由属于同一群体的企业发起的，则适用于《欧共体条约》第 82 条。[77]

当企业间的协议所涉及的企业之中有一个或者有几个处于支配地位时，那么，不仅应考虑《欧共体条约》第 81 条，还需要考虑第 82 条。[78]在这种情况下，如果处于支配地位的企业利用其经济势力来扭曲[79]竞争，那么应考虑适用于第 82 条。如果没有发现处于支配地位的企业使用市场势力的迹象，如果该协议方只是加入了普通的互惠协议，那么第 82 条不适用。欧共体委员会有权在适当的案件中，按照《欧共体条约》第 81 条进行诉讼，或者按照第 82 条[80]进行诉讼，或者按照第 81 条、第 82 条一起进行诉讼。[81]

对于某个行为，如果它应当被《欧共体条约》第 81 条第 1 款禁止，但能够由《欧共体条约》第 81 条第 3 款获得集体豁免或个别豁免，这个行为仍然可能是滥用了市场地位。这应当根据相关市场的环境来进行判断。[82]

尽管《欧共体条约》第 81 条与第 82 条有着明显的结构上的不同，但是根据第 81 条第 3 款及第 82 条来评估企业行为的方法相近。[83]如果相关企业能够提供客观证据来为其行为进行辩护，那么这个行为就不是“滥用”的，否则，这个行为就是“滥用”的。正如第 81 条第 3 款所要求的，企业如果想要获得豁免，则必须满足以下标准：协议、决定或协调行为有利于改善产品的生产或销售，或有利于促进技术和经济进步。此外，处于支配地位的企业应当提供证据来证明其在相关市场上对其他相关企业的影响不足以妨碍它们的竞争或者阻止它们进入市场。正如第 81 条第 3 款所要求的，企业可以用以下方法来说服欧共体委员会，这些方法是：这些行为不影响消费者公平分享由此产生的利益，没有使相关企业有能力消除竞争。[84]但是，在提供证据的要求上，第 81 条与第 82 条有所不同。[85]

□ 支配地位

29－012 《欧共体条约》中没有明确规定“支配地位”的概念。但是，欧洲法院宣布，“支配地位”与以下要点相关——企业在特定产品市场及特定地域市场所拥有的一种力量和地位，这种地位使得它能够对产品的质量、价格和销售等拥有控制能力，从而可以不受竞争者的束缚。在相关市场上[86]，企业能够独立于竞争者和消费者行事。[87]“消费者”包括所有与处于支配地位的企业进行经济活动的企业，包括采购商、销售商、用户、分销商和最终消费者，根据具体的经济环境而变化。“支配”，与阻止市场有效竞争[88]的经济势力有关，拥有无须考虑竞争产品而决定其行为的能力。[89]“支配”同时也指，相关企业在与处于支配地位的企业进行经济活动时，实际上并无选择权，或依附于处于支配地位的企业。[90]这种企业的存在不仅是经济原因，更有立法原因。[91]它包括使采购商有必需的市场势力，并且包括其独立于供应商和消费者。[92]

为了对是否存在市场支配地位进行更好的评估，需要在确定市场上的企业的经济实力之前确定相关产品市场及相关地域市场。[93]有可能需要考虑暂时市场，至少在一些案例中需要考虑暂时市场。这样的评估需要对与企业相关的经济环境进行一个全面的评价，需要考虑该市场上的实际的和潜在的竞争对手。[94]目前，此类调查的着手点为欧盟委员会《关于界定〈欧共体条约〉意义上的相关市场的定义的委员会通告》（以下简称《关于相关市场界定的通告》）。[95]

在该通告中，第六段明确列明，通告关于相关市场的定义不损害欧洲法院或原诉法庭对相关市场的解释。

该通告的目的是为欧盟委员会如何应用相关市场和地理市场的概念进行指导。《关于相关市场界定的通告》用市场定义来作为区分"企业间的竞争边界"的工具。市场定义的主要目的是为了系统地明确相关企业所面临的竞争的限制与边界。从产品市场和地域市场的双维角度来定义"市场"的目标是确定相关企业的实际竞争者。这些竞争者能够限制相关企业的行为并妨碍相关企业独立进行市场运作，妨碍有效竞争压力的形成。欧盟委员会从这个角度来计算市场份额。

正如该通告中指出的，从产品市场和地域市场两个维度来定义"市场"通常对于竞争案例的分析有决定性的影响。该通告的更高一级的目标是为欧盟委员会关于市场的定义提供更加明确、透明的定义，以期望更加明确的定义能够使公司和它们的咨询者们提高对于欧盟委员会在个别案例中增加竞争程度的预期。该通告的另一个目的是使相关企业更好地理解欧盟委员会在进行市场定义时主要考虑哪些信息。

□ 相关产品市场

"相关产品市场"的定义具有显著性意义[96]，因为市场竞争的可能性首先应在产品的全部集合的市场上考虑。这些产品能够满足消费者的特定需要，只在很小的程度上与其他商品有互换性。[97]此外，由于确定相关市场的概念有助于确定相关的企业是否处于一种能够阻碍有效竞争的地位，及确定相关的企业是否可以在很大程度上独立于其竞争者和服务提供商而进行经济活动，竞争条件和市场上的供需结构也应当被考虑进来。[98]如果失败地定义了产品市场的概念，那么可能会导致影响找寻市场支配地位的正确性。[99] 29—013

"相关产品市场"是指根据产品特性、价格及用途，而被消费者视为可互换或可互相替代的所有产品和/或服务。[100]如果在两种产品之间存在竞争，如果这种竞争被它们的价格和其对消费者的内在优势所影响，仅仅为了包含这些产品的其中一种而定义市场是错误的。[101]即使对有些产品的使用者而言，这些产品根本没有替代性，这个道理同样存在。相关产品市场的概念指在市场中，这些产品间有有效竞争，并且由于产品的某些特定用途，预先假定产品间拥有可替代性。[102]

产品不仅可以根据它们的用途，也可以根据使这些产品具有这些用途的产品特性，划分为不同的市场。[103]将原材料市场与衍生品市场区分开来是有可能的。[104]在特定的案例中，市场可以被定位到很狭窄的范围内。例如：与某个特定的产品生产的服务有关[105]，与某个特定产品生产的配件有关[106]，管理有专利权的材料的二次开采权，为重型机车更换轮胎的市场[107]，为国家颁发产品定型证书提供信息[108]，或与某个特定的航线有关[109]，或与机场有关[110]，或与产品设计有关。[111]狭窄的市场定义也可能在与奢侈品有关的市场中出现。奢侈品产品的感知威望使得它很容易被小部分相似产品[112]所替代，或在相关消费者的眼中，很难被替代。[113]在这些特例的情况下，相关市场可能只由该企业和其消费者组成。[114]欧洲法院和原诉法庭所面临的案例表明，相关市场根据各个特定案例的情况而定，并且考虑到全部的经济环境，判断相关市场的依据可能包括如下几点：

(1) 产品的客观特性；

(2) 考虑到产品的相对价格和用途之后，产品的替代程度；

(3) 竞争条件；

(4) 供需结构；

(5) 消费者和使用者的态度。

最主要的元素是竞争约束：其他产品是否与处于支配地位的企业之间的产品有竞争？关于处于支配地位的企业如何看待其竞争者，及其竞争者如何看待处于支配地位的企业的现今的证据需要根据特定的环境而具体分析。这一点在某特定案例中确定市场概念时有着重要意义。[115]

尽管相关企业的有些行为可能会导致市场的扭曲，当我们定义相关市场时，这些因素可以被忽略。[116]“支配地位”存在的市场与“支配地位滥用”的市场不需要是同一个市场。[117]原诉法庭在案例 *British Airways v Commission* 中指出市场支配地位的滥用触犯了《欧共体条约》第 82 条，尽管由于市场支配地位滥用而产生的影响是在另一个市场上显现出来的，这个市场并不是企业拥有支配地位的市场，但是鉴于这两个市场之间的密切相关性，该公司仍然侵犯了第 82 条。[118]

在《关于相关市场界定的通告》中，委员会规定了确定相关市场所需要的步骤。其中包括：得到所有的相关信息，陈述该信息的来源并不用严格的等级制度来区分[119]，然后开始整理信息的步骤。[120]该通告阐明了当委员会判断某一产品是否为相关产品的理想替代品时所考虑的相关证据因素。列明如下：

(1) 过去的替代证据：“如果这些证据可以获得，这部分信息往往是进行市场定义的最基本的信息”。《关于相关市场界定的通告》指出，“新产品投入市场同样可以提供有效的信息，因为通过数据分析有可能准确地分析出哪个产品面对新产品的市场竞争而丢掉了市场份额。”

(2) 为了描绘市场情况而专门设计出的由各种各样的计量和统计方法所组成的定量分析：估计某一产品的需求弹性或交叉价格需求弹性，计量价格随时间变化的趋势，分析价格趋势与价格水平之间的关系。

(3) 顾客及竞争者的看法：根据《关于相关市场界定的通告》，欧共体委员会将会经常联系相关企业的主要消费者和竞争者，收集他们对于该产品市场的边界的界定，以及为了确定市场范围而必需的信息。并且，消费者和竞争者关于以下问题的合理回答如果被充足的证据证明，则将会被委员会考虑。这个问题是：如果相关企业将目标产品的价格在目标地域内提高一小部分，如5%～10%，对竞争有何影响？

(4) 消费者偏好和市场研究结果：《关于相关市场界定的通告》指出，相关企业或其竞争者在进行消费者调查时所使用的方法应当被细致检查。因为与原先存在的研究不同，这些市场调查在决定市场行为时并没有被事先考虑到。

(5) 转换到替代品的壁垒及转换成本：《关于相关市场界定的通告》指出，这些壁垒或障碍可能会有很多起源。欧共体委员会在做出决定时需要面临规章制度壁垒或者其他形式的国家干预，下游市场的限制，特别资本投资需要或为转换其他投入而导致当前产出损失，消费者定位，生产过程中的特殊投资，智力和人力资本投资，质量以及不知名供应商商誉的不确定和其他问题。

(6) 消费者的分类及价格歧视：不同群体的消费者存在时，产品市场的狭窄程度。通告指出，"当遇到价格歧视时，相关市场的不同群体的消费者可能组成一个更加狭窄的、不同的市场"。当符合以下两种情形时，这种情况就会发生：a) 在销售商品时就能区分出这个消费者属于哪一个消费群，b) 顾客间的贸易或是第三方的套利不可行。[121]

仅仅只检查相关产品的客观特性不足以判断相关产品市场，还需要考虑到竞争条件和市场供需结构。[122]因此，需要单独考虑供给因素与需求因素。[123]正如通告所说，需求替代性通常是最重要的因素。

需求替代性

需求替代性的评估需要从需求一方来看，两种产品之间，或两个地区的产品之间，是不是可以相互替代。《关于相关市场界定的通告》建议使用SSNIP检验[124]作为测定标准。具体做法是：先假定相关企业的产品价格发生了幅度不大，但却具有持久性的上涨（如价格上涨5%～10%），再考察一下消费者的反应，看他们会不会选择其他产品或地区。这个方法从相关企业的产品及销售地区着手，看其他产品的价格与销售地区会不会对相关产品的价格上涨产生限制性影响，如果是，则在市场定义内，如果不是，则在市场定义外。[125]因此，可以推断，如果选择了错误的产品或产品特性，会导致错误的市场范围定义。

需要回答的问题是，面对这个假设的5%～10%的价格上涨，该相关方的客户是否会转向购买其他产品或者去其他地方购买？如果消费者很容易找到替代品，或转向其他地区的供应商，而抛弃原有的供应商，则这些替代产品与地区也应纳入相关市场的范围。在界定相关市场时，衡量的标准是涨价行为是否有利可图。如果涨价后消费者流失的比例大于涨价所导致的利润的增加，则涨价行为就无法产生更多的利润，因而是无利可图的。如果涨价后消费者流失的比例小于利润率上涨的幅度，则相关方的总利润仍然可以增加，是有利可图的。在案例分析的运用之中一个相等的方法是"购买势力"。在这个分析中，分析着手点是供应商，价格测试能够帮助确定供应商产品的替代销售渠道。[126]

正如《关于相关市场界定的通告》第19段所列明的，应用SSNIP检验，有时称为“假设垄断地位检验”，有其不足之处。在垄断情形下，处于支配地位的企业已经提出了消费者所能接受的最高的价格。即使价格只增长一个很小的幅度，消费者都会停止购买。因此，SSNIP测试结果可能会体现出一个很高的需求替代性，因而导致定义一个比实际大很多的市场范围。在这种情况下，确定市场势力的另一个方法应该被考虑。这种新方法会消除处于支配地位的企业由于其垄断地位而带来的对分析的扭曲影响。[127]同样的，应用经济分析和计量经济学的分析也有不足之处，因为无法获得足够的、真实的数据。问卷调查的数据没有决定性，因为问题本身可能存在缺陷或者无法获得足够的有效问卷反馈。此外，特定的市场环境可能产生它们自己的原动力。如，由于当地市场在特定时间的特殊环境，两个实际竞争者之间的产品可能显现不出替代性。[128]

供给替代性

《关于相关市场界定的通告》第20～23段表明，当确定市场定义时，供给替代性也应当被纳入考虑范围。供给替代性是指，当某种产品的价格发生不大但持久的上涨时，其他生产商能够在短时间内转向该产品的生产与销售，而无须发生大量的额外成本和风险。如果这些条件满足，市场上多生产的产品会对相关企业的竞争表现出规律性的影响。这个在有效性和及时性上的影响与需求替代性的影响相同。[129]

潜在竞争

《关于相关市场界定的通告》第24段表明，更进一步的竞争限制——潜在竞争，在确定市场范围时不在考虑范围内。因为能不能构成潜在竞争，主要取决于相关市场的进入壁垒。如果壁垒不高，潜在竞争者进入市场比较容易，则潜在竞争者可以给现有竞争者带来竞争压力。如果进入壁垒很高，则潜在竞争者不容易进入，就不会给现有竞争者的行为造成约束。因为考察进入贸易壁垒必须发生在对相关市场进行界定之后，因而对潜在竞争的考察也应发生在以后的阶段。在界定相关市场的定义时则不必予以考虑。

□ 相关地域市场

29－014 这里所考虑的地域市场是指相关企业进行产品或服务的供给和需求的地方。任何竞争都发生在一定的地域范围内，相关地域市场即被告与竞争对手具有竞争关系，或从事竞争行为的地理范围。在这个地域范围内，竞争关系可以显著地与相邻地域范围内的竞争区分开来。[130]在欧共体委员会《关于相关市场界定的通告》中指出，在判断相关地域市场时，会初步地通过市场份额、价格、竞争者等分析确定地域市场的范围。根据欧共体委员会的说法，这种做法被称为“为了得到相关地域市场的准确界定而做出的假设”。[131]

为了确定一个相关地域市场是否符合这些条件，需要考虑相关涉及企业在该领域中的市场份额。[132]在特定的案例中，欧共体委员会会考虑欧盟市场一体化的过程。[133]在《关于相关市场界定的通告》中，欧共体委员会阐明了其界定相关地域市场的证据类型。类型如下：过去的订单转向其他地域的证据，基本需求特征，消费者和竞争者的观点，目前的购买者的地域分布，与订单转向其他地区相关的贸易流量、货物装运及其他转换成本（参见欧共体委员会《关于相关市场界定的通告》第44～55段）。

市场支配地位的滥用需要发生在共同体市场或者在大部分共同体市场中，相关协议才会在《欧共体条约》禁止的范围内。[134]因此，相关企业的经济势力所在的领土是组成相关地域市场的共同体市场的一部分。[135]但是，为了确定相关企业在市场中的势力，也许需要考虑其在共同体市场外的运作，如果这些在共同体市场外的运作存在的话。这些运作可能与供应、运输、调研、技术知识、销售技巧等因素相关。[136]或者，如果处于支配地位的企业属于世界范围内活动的一个群体，其在共同体市场外的运作也应当被考虑。[137]关于“大部分共同体市场”应当有明确的定义。在这个实质部分中，相关企业可能会发生限制竞争的行为。[138]

□ 大部分共同体市场（substantial part of the common market）

为了确定一个市场是否达到等同于共同体市场的相当一部分的程度，需要 **29—015**
考虑该产品的生产量和销售量，还需要考虑销售商和购买者的习惯和经济机会。此外，还需要考虑诸如运费率等与生产量相关的因素。[139]成员国通常都在“大部分共同体市场”的范围内。[140]一个简单的设备也可能是“大部分共同体市场”的一部分[141]，甚至连航空或者船运航线也是其一部分。[142]具体应当根据个案的经济环境等情况来分析。

□ 短期市场

《欧共体条约》第82条与“滥用”行为发生时，相关企业所处的经济地位 **29—016**
有关。[143]但是，短期情形会使第82条的适用发生例外，因为支配地位无法持续以达到长期的支配地位。[144]产生小的地域市场的短期因素也无法达到长期的支配地位。长期的经济势力才是最重要的考虑因素。此外，有规律的季节性因素可能相关，因此一个能够常年提供的产品通常不会在同一市场上作为季节性产品。[145]

□ 市场力量的评估

使企业能够阻止或限制竞争的“支配地位”，源于一些因素的组合。当这 **29—017**
些因素被分开来分析时，各因素并不具有决定作用。一个决定与相关企业的组织结构和它在市场上的竞争地位相关。[146]经济力量[147]是指企业能够阻止相关市场上的有效竞争，这使得相关企业能够对产品的质量、价格和销售等拥有控制能力，从而可以不受竞争者的束缚，只要竞争不损害其利益。[148]一个企业不需要通过消除所有的竞争机会来保证其支配地位。[149]即使该企业面临着其他企业的激烈竞争，该相关企业仍然可能处于支配地位。[150]或者即使该企业面临着部分可替代产品的竞争，该相关企业仍然可能处于支配地位。[151]在某些案例中，市场上其他方的均等势力可能削弱支配地位。[152]

企业的经济力量并不是由其获利性来衡量的，因为即使一个企业面临着亏损，它仍然可能具有处于支配地位的能力。至少，在短期或中期内，该企业具有这个能力。经济利润的减少或者亏损与支配地位的存在并不是不兼容的，正如有效竞争与存在大量利润的可能性之间是兼容的一样。[153]

虽然在通常的情况下，处于支配地位的企业会是服务或产品的生产者或供应商，但处于支配地位的企业也有可能是购买者。[154]

确定经济力量的首要因素是市场份额。[155]巨大的市场份额是存在支配地位的证据。[156]但是，如果单独考虑市场份额这一个因素，该因素不具有决定性作用。该因素应当与其他因素结合起来一起讨论。[157]例如，在德国南部的市场上占有 90%的市场份额和在比利时的食糖市场上占有 85%的份额被认为是占有支配地位。[158]在相关市场上占有 70%～80%的市场份额也被认为是占有支配地位。[159]在其他的案例之中，小一些的市场份额也成为了证明存在市场支配地位的证据。[160]欧共体委员会指出，如果市场份额达到了 40%～45%的标准（尤其是当最大的市场份额与其次的市场份额之间差距很大的情况下），可以推断存在市场支配地位。[161]虽然当市场份额在 20%～40%之间时，可以排除存在支配地位的可能性。[162]从另一方面来看，能够很快地被替换的高科技产品如果占有 5%～10%的市场份额将不被认定存在支配地位。[163]在这样的市场上的 1%的市场份额也会有相同的分析。[164]非常大的市场份额将给相关企业带来特殊的责任。

欧共体委员会在如何计算市场份额方面给出了相应的指导。在《关于相关市场界定的通告》中，欧共体委员会首先提出，总市场规模和每个供应商的市场份额可以通过它们在相关地域关于相关产品的销售额计算出来。在实践中，通常可以通过市场途径获得总市场规模和每个供应商的市场份额的数据。如，从行业资讯部门或贸易委员会那里获得相关的分析预测。如果无法通过市场途径获得相关数据，或者相关数据的真实性很难得到保证，欧共体委员会通常会要求相关市场上的各供应商上报他们的市场销售额，这样就可以算出总市场规模和每个供应商的市场份额。虽然销售额通常是计算市场份额的首要指标，根据特定的产品和特定的行业的不同，还有其他指标在计算市场份额时可以提供有效信息，如容量、相关市场的企业数、航空事业中的舰队数量、采矿业等产业手中所握有的资源量等。需要记住的首要原则是，根据欧共体委员会，销售量和销售价值都可以提供相当有用的信息。在差异化产品的案例中，通常为了更好地反映各个供应商的市场相对水平和经济力量，销售价值和市场份额都在考虑范围内。[165]

企业的财力，以及企业进行供应、生产、科研、包装、运输、销售、展示的方法都是评估企业经济力量的相关因素。[166]企业的技术优势也同样是相关因素。[167]同样，大量的资金来源与雄厚的财力[168]、规模经济[169]或者一个强大的分销系统[170]可能是确定市场支配地位的更进一步的因素。另一方面，产品的高质量是竞争的结果，但产品的高质量本身并不会导致存在支配地位。至少在通常的案例中，这一点存在。[171]但是，质量的强大信誉可能会导致支配地位。[172]企业生产的产品的范围比其竞争对手生产的产品的范围广泛与支配地位无关。至少当各个产品所代表的是不同的产品市场的时候，上述观点是正确的。[173]

确定支配地位时，需要考虑到相关企业的行为。因此，确定支配地位是否存在与"滥用"行为相关。[174]这样的行为可能有以下几种：回扣制度[175]，对付竞争对手[176]，及相关企业自己对市场地位的态度。[177]

如果存在这样的现象：即使产品的价格非常高，消费者仍然从某企业购买产品，这个现象可能决定了存在市场支配地位。[178]但是，产品的价格并不是非常高并不能证明拥有极大的市场份额的企业不处于市场支配地位。[179]企业受其竞争对手降低价格的影响，不得不降低价格与独立行为时支配地位存在的标志这一条不兼容。[180]

消费者依赖企业对某一个特定产品的供应，也是该相关企业存在市场支配地位的迹象。[181]

如果无法证实其他行业的竞争者不能通过简单的适应就进入该市场，并与相关企业的经济力量产生抗衡，支配地位的存在并不是决定性的。[182]相关市场上的竞争者的相关市场份额，尤其是第二大市场占有商的市场份额，是确定是否存在支配地位的重要因素。[183]市场中具有相当经济力量的、具有竞争关系的企业的存在可以减小支配地位存在的可能性。[184]但是，如果每个竞争企业都只持有少量的市场份额，无法减小支配地位存在的可能性。[185]

在考虑与独家协议有关的企业的经济力量时，必须考虑到竞争对手的义务持续时间。[186]就其他竞争对手而言，必须考虑到竞争持续的时间长度。[187]但是，另一方面，企业在相当长的一段时间内保持其市场份额并不证明其存在支配地位，因为在有效竞争的情况下，上述情形也有可能出现。[188]如果存在市场支配地位，那么市场份额的保持可以证明支配地位被保持着。[189]但是，在短期和中期的时间内也需要考虑支配地位的问题，尤其在当考虑到技术领先地位和消费者偏好时，因为这可能更符合经济现实。[190]

专利和其他知识产权的保护权可能会使一个企业处于支配地位[191]，但是并不一定必须会使一个企业处于支配地位。[192]保护知识产权对于支配地位的存在具有积极贡献[193]，虽然只有这种权利不能授予这样的立场。[194]

根据不同的环境，相关市场可能会与跟知识产权相关的特定产品[195]或信息[196]的提供有关，或者与管理特定知识产权[197]的服务有关，或者与在这样的特定权利下[198]管理执照的发放或这些权利自身有关。[199]供应某设备的企业与其零部件之间可能有独立的相关市场[200]，或者在设备的信息[201]或者服务[202]的信息之中。消费品的零部件和与零部件相关的信息受供应商的知识产权的影响。[203]但是，如果一个企业在其对零部件的设计上有专利权但是没有在该部分的市场上占有大量的市场份额，该制造商仍然不处于支配地位。[204]

其他潜在制造商实验性生产的存在或者是小规模的生产不足以削弱支配地位。[205]如果其他制造商的生产具有真正的替代效应，将会削弱相关厂商的支配地位。[206]在考虑将来的市场进入的问题时，应考虑到所需要的资本投入的规模和其他进入该市场的实践的和财务上的壁垒。[207]例如，进入一些市场所需要的大规模的广告投入可以被视为进入的替代壁垒。[208]

一个处于支配地位的企业可以阻止有效竞争的出现，因为所有的潜在竞争者都依赖于处于支配地位的企业。[209]

□ 企业和公共企业（undertakings and public enterprises）

29—018 共同拥有支配地位，并且它们的行为拥有一致行动特性的企业[210]必须被视为一个经济单位，并且负有连带责任。[211]委托人和它的代理人也可以被视为同一个经济单位，但是如果代理人像独立的交易商那样行事，则委托人和代理人无法被视为同一个经济单位。[212]如果一些不同的企业进行协调行动，这个行为属于《欧共体条约》第 81 条的管辖范畴，不属于《欧共体条约》第 82 条管辖。[213]

原则上，联合的支配地位属于《欧共体条约》第 82 条的管辖范畴，因为第 82 条规定：处于支配地位的“一个或多个企业”可能会滥用其市场支配地位。但是，只有在企业被特定的经济关系联接在一起，并且这种经济关系足以产生一个联合的支配地位时，这种情况才成立。并且，这个情况需要进行严格的证明。[214]

当提到市场支配地位的滥用时，《欧共体条约》第 82 条不仅仅考虑私营企业的活动。第 82 条还涉及公共单位[215]，以及被公共当局赋予特殊权力的企业。[216]第 82 条还涉及受管理当局管制的企业[217]，或者受国家监督的企业[218]，以及非营利企业。[219]但是，仍然需要判断公有的企业或私有的企业处于特定的经济活动之中。否则，这个经济单位将不算是真正意义上的企业，并且将不会受制于竞争条例。如果这些活动早已成为国家活动的一部分，或者这些活动完成了相应的社会功能，则其不归竞争条例管辖。如果成员国在公共企业方面颁布了与《欧共体条约》相违背的规定，那么需要考虑适用《欧共体条约》第 86 条。[220]

虽然《欧共体条约》第 82 条指导企业，条约也同时规定了成员国的责任。成员国不应当使能够剥夺第 82 条的有效性的规定保持生效。[221]成员国不应颁布能够使得企业不受条约第 82 条所禁止行为的约束的措施。一个企业的行为如果滥用了其支配地位，那么即使是成员国鼓励或者给予这种行为便利性，甚至是用立法来保障这些行为，滥用支配地位的做法在《欧共体条约》面前也无可辩解。[222]由于法律条款或规章制度而导致缺失或限制竞争并不妨碍《欧共体条约》第 82 条的应用。[223]

然而，《欧共体条约》第 82 条不适用于由于成员国的活动而导致的竞争扭曲。[224]并且，作为一般规则，《欧共体条约》第 82 条不适用于为了国家援助资金融资[225]，也不适用于国家的价格冻结规则。[226]

□ 滥 用

29—019 “滥用”是一个客观的概念，并涵盖了与处于主导地位的经营行为有关的实际做法，这些做法有可能影响市场结构。[227]通过求助于与通常的市场上控制竞争的方法不同的方法，有影响市场竞争水平和阻止竞争发展的效果。[228]虽然发现了主导地位的存在本身并不意味着责备任何相关企业，但它有一个特殊的责任，不论这一立场的原因是什么，这个特殊的责任是不要让自己的行为损害共同市场上真正的竞争。[229]

同样，仅仅因为企业处于支配地位，并不能够成为剥夺当企业的利益受到侵害时，企业保护自身商业利益的权利原因。而这种承诺必须允许有权采取合理的步骤，因为这些措施被认为是合理地保护这些被侵害的利益的措施，但是，如果采取这些步骤的目的是为了加强这一优势地位，从而滥用其优势地位，那么这些步骤将不会被允许。[230]

一个处于支配地位的企业由于其“特殊责任”，可能不被剥夺进行某种不被厌恶的行为的权利。这种行为可能会被处于非支配地位的企业所模仿。[231]处于支配地位的企业不一定必须是被影响的企业的竞争者，也不一定必须是与被影响的企业在同一个领域内进行经济活动。唯一相关的因素是：竞争被损害了。[232]支配地位的滥用也不一定必须发生在处于支配地位的企业所处的市场之中，只要这两个市场之间存在联系就可以了。[233]

支配地位滥用的行为不一定是错误的。[234]但是，如果处于支配地位的企业将它的与竞争者相关的行为发展成为被法律所禁止的行为，这种行为应当被谴责。[235]

“处于支配地位”与“滥用支配地位”之间没有必然的因果关系。无论一个行为在进行的过程中使用的是什么方法或者程序，都有可能是“滥用支配地位”的行为。[236]

□ 客观合理（objective justification）

29—020 剥夺支配地位的行为是不合适的。[237]因此，将会被禁止的行为如果有足够的证据证明这些行为是客观合理的，则这些行为可以进行辩护[238]，当考虑到相关企业的经济力量时，这一点成立。[239]然而，证明某成员国的立法[240]鼓励或便利该行为，或证明共同体采取了削弱有效竞争的措施，而该措施在某种程度上分割国内市场，至少只要该措施留下了一定的竞争空间[241]，上述行为和措施并不会被视为客观合理的。如果国家立法强迫一个企业按照某种方式进行经济活动，但是企业不能被暴露在《欧共体条约》第 82 条所列的惩罚之下。[242]根据《欧共体条约》第 81 条第 3 款所描述的个别豁免或者集体豁免并不能使得第 82 条项下所禁止的“滥用市场支配地位”的行为不适用。[243]

欧共体委员会（或公平贸易局）在其判决中包括对于处于支配地位的企业的可能发生，但是还未发生的行为进行客观合理的认证的考虑。“客观合理”的概念不应用于能够增加处于支配地位的企业的利益，而应用于《欧共体条约》第 82 条及英国《1998 年竞争法》“第二章禁止”中所保护的利益。[244]

至于产品的安全性和可靠性问题，存在规则来惩罚危险产品的销售和错误地声称产品特性而误导消费者的行为，并且有相关机构来执行这些法律。处于支配地位的企业不应当主动采取措施来消除那些它们认为是对自身产品有害的产品，或者是不如它们的产品的产品。无论处于支配地位的企业对别的产品的推断是正确的还是错误的，它们都没有这个权利。[245]

□《欧共体条约》第 82 条所列明的“滥用”行为

29—021 《欧共体条约》第 82 条中所列明的“滥用”行为[246]并不是详尽的。[247]所列举的例子不仅包括会直接给消费者带来损害的行为，还包括通过影响有效竞争的结构而间接损害消费者利益的行为。一个“滥用”行为可能包含在所列举的一个或多个例子中，也有可能并不包含在所列举的例子中，但是这个行为仍然属于《欧共体条约》第 82 条所禁止的行为。

□ 定　价

29—022 一个具有市场支配地位的滥用可能在于直接或间接地实行不公平的购买或销售价格。[248]即使这些价格的价格水平是由构成妥协协议一部分的合同条款所确定的，这一点也成立。[249]一个价格如果过高[250]或者过低[251]都有可能是不公平的。根据《欧共体条约》，竞争上诉总局在案例 *Aberdeen Journals Ltd v OFT*（*Aberdeen Journals No*. 2）中提出以下观点：一个由处于支配地位的企业提出的价格是否能够被视为滥用了市场支配地位取决于以下两个条件：1）处于支配地位的企业运用了与平常的能够保持商业正常运行的竞争方法有所不同的方法；2）这样的行为有削弱或者扭曲竞争的效果。[252]

□ 掠夺性定价

29—023 如果一个处于支配地位的企业定价在平均可变成本之下，则这个行为可以被视为支配地位的滥用行为。[253]可变成本（variable costs）是根据产量的变化而变化的成本。如果一个处于支配地位的企业以消除竞争者为目的，而确定其定价范围在平均可变成本与平均总成本之间，那么，这个行为也可以被视为是支配地位的滥用行为。[254]总成本（total costs）等于可变成本与固定成本之和。在合适的情况下，总成本等于可变成本加固定成本并包括一定的管理费用之和。当处于支配地位的企业预期到了潜在的竞争者并想要阻止潜在竞争的市场进入时，在平均可变成本与平均总成本之间定价被视为是支配地位的滥用行为。[255]当评估“掠夺性”的指控时，应当考虑到时间长度的因素。因为时间长度越长，该成本越有可能被划入可变成本，而不是固定成本。[256]所以时间长度在这个指控中具有相关性。

□ 利润挤压

处于支配地位的企业，有能力给自己的产品定价，需要给在价格上依赖其定价的其他顾客留出合理的利润空间。这个利润空间应当能够保证这些顾客长期存在于这个行业之中，即使其中的顾客有可能是处于支配地位的企业的竞争者，处于支配地位的企业可能仍然有义务留出利润空间。[257] 29—024

□ 同等交易的不同条件和价格歧视

如果处于支配地位的企业在同等的交易中对待不同贸易方采取不同的交易条件（包括采取不同的价格），从而将一些贸易方置于不利的竞争地位，那么，这个行为可以被视为支配地位的滥用行为。[258]这样的做法等同于处于支配地位的企业在本国产品与其他成员国的同等产品之间通过应用不同的交易条件而实行歧视[259]，或者等同于对不同的使用者实行不同的条件而实行歧视。[260]如果这样的做法是使用不同的标准的结果，并且没有有利的证据来证明这样的不同条件的对待是合理的，在同等的条件下实行不同的折扣的行为等同于应用不同的交易条件。[261] 29—025

□ 具有捆绑效果的定价

一个企业为了防止顾客流向其竞争对手而提供的顾客忠诚度回扣，使得购买同一种且同一数量产品的消费者之间具有不同的产品净价格。这等同于使用[262]了不同的交易条件。[263]当出现不同的定价时，这同样等同于使用了不同的交易条件。[264]为了评估折扣幅度是否达到了滥用支配地位的标准，需要考虑到实行折扣时所面临的所有环境因素。尤其应当分析给予折扣的条件和标准，考虑该折扣是否会导致限制购买者选择货物来源的自由，考虑该折扣是否会导致限制顾客接触其他供应商，考虑该折扣是不是通过在同等的贸易商之间实行不同的贸易条件，来加强支配地位并导致扭曲竞争的后果。[265]因此，由处于实质性支配地位的企业实行的折扣制度等同于支配地位的滥用行为，因为折扣制度限制了购买者选择供应商的自由，并且使得竞争者更难在市场上竞争，即使折扣只是在很小的范围之内。 29—026

同样，当购买者处在同等条件下时，处于支配地位的企业对于自己的顾客和它的主要竞争对手的顾客之间采取选择性供应的行为，也是违反了《欧共体条约》第 82 条而实行的歧视性行为。[266]

即使在条约中包含了所谓的“英国条款”，对于采取不同价格的禁止也不能被避免。这种“英国条款”是指即使消费者已经从处于支配地位的企业的竞争对手手中以更低的价格购买了某产品，消费者仍然可以享受该支配地位所提供的客户忠诚度折扣。前提是，消费者将竞争对手提供的较低价格报告给了处于支配地位的企业，但是处于支配地位的企业无法提供比其竞争对手还低的价格。这个条款并不是补救非竞争元素的措施，反而是支配地位的滥用的例证。因为这个条款使得处于支配地位的消费者得到关于市场情况的信息，这个信息对于处于支配地位的企业开展市场战略有着至关重要的作用。[267]

□ 过高定价

29—027 特殊情况下，由处于支配地位的企业所要求的过高的价格可能被等同于支配地位的滥用。[268]过高的价格（excessively high price）是指与产品或服务的经济价值来对比，该价格过高。通过对比产品的销售价格和产品成本就可以客观地判断是否有过高定价的行为。[269]非常高的价格和非常高的经营利润率可能初步地表明对《欧共体条约》第 82 条的侵犯。[270]但是，在案例 *BHB Enterprises Ltd v Victor Chandler (International) Ltd* [271] 之中，英国高级法院驳回了一个概念，即规则本身，如果一个处于支配地位的企业要求的销售价格大大超过了生产成本，则这里原则上存在支配地位的滥用行为。在这个规则下，处于支配地位的企业所制定的价格应当与如果市场存在竞争的情况下它会制定的价格进行对比。如果处于支配地位的企业定价远比存在市场竞争时高很多，则它滥用了其市场地位。[272]

《欧共体条约》第 82 条和法案的第 18 部分所考虑的是不公平的价格，而不是过高的价格。在确定一个价格是否过高时，需要考虑这个价格对终端消费者及所有市场条件的影响。[273]

在分析不公平定价是否存在的时候，不仅需要考虑该资产在买方眼中的价值，还需要考虑其在卖方眼中的价值。买卖双方对相关资产的价值的评估是确定价格是否公平的一个重要因素。[274]在案例 *Attheraces Ltd v BHB Ltd and BHB Enterprises Ltd*[275]中，副大法官对于上述说法进行了评价，他说，他并不同意在上述说法之中认为生产成本与定价之间的比较在确定是不是不公平定价时无关紧要这个观点。[276]确定过高定价是否存在的较为合理的较为合理的方法是，在实践之中应当首先考虑生产成本与价格之间的比较，虽然这并不是决定性的一步，但应当是帮助判断的第一步。[277]

处于支配地位的企业销售的产品的价格比平行进口商销售的该产品的价格高并不能证明支配地位的滥用的存在。但是，如果没有合理的客观证据来证明这种较高定价的合理性，或者这个定价过高，那么，将会是确定支配地位滥用现象存在的决定性因素。[278]

在进口汽车方面，对于拥有合格证书的汽车而收取过高的价格[279]可能会是支配地位滥用行为的一部分，因为这可能具有中和平行进口商的价格优势，或者导致不公平竞争的效果，这会对平行进口商带来影响。[280]

□ 具有捆绑效果的条件

29—028 处于支配地位的企业将与某产品相关的但是独立的配套产品或服务捆绑在

一个价格中进行销售，可能会是滥用支配地位的现象，因为这具有消除或者实质上削弱这些相关产品或服务的提供商的竞争能力的效果。[281]

一个“需求合同”（requirement contract）是一个购买者同意购买，或者销售者同意销售，与特定商品有关的所有必需品的一部分或者是全部的商品的合同。一个在市场上处于支配地位的企业承诺销售购买者所需的大部分或者全部商品，或者处于支配地位的企业将消费者置于只在该企业中购买所需的大部分或全部商品的义务之中，则存在支配地位的滥用行为。根据《欧共体条约》第 82 条，无论消费者的这种义务是否有更进一步的规定，也无论这种行为的背后是否有折扣或回扣行为，上述行为都已经属于支配地位滥用行为。[282]

□ 要求附加义务

如果在合同之中，处于支配地位的企业加入其他合同方需要遵守的附加义 **29—029**
务，并且，这些附加义务在本质上或商业惯例上与这个合同的主题没有关系，那么，这是滥用支配地位的表现。[283]例如，如果附加义务的初衷是为了保护其他企业的收入[284]，对于使用特定电话服务的用户进行限制等同于强加了与合同主旨无关的附加义务。类似的做法是，根据特定的条件来确定是否提供货物，这些条件可能是：处于支配地位的企业掌握了流程或者市场营销[285]，或者是特定的出口要求被接受[286]，这种根据特定的条件来确定是否提供货物的做法也是支配地位的滥用。[287]

□ 拒绝交易

处于市场支配地位的企业拒绝为现有客户提供产品或服务可能是支配地位 **29—030**
的滥用现象[288]，如果就客户方面而言，这有消除竞争的效果，处于市场支配地位的企业拒绝为现有客户提供产品或服务可能是支配地位的滥用现象。[289]如果处于支配地位的企业只有在某个特定的限制出口的要求被满足的时候才会提供商品，这也可能是支配地位的滥用现象。[290]很显然，现有客户包括长期客户[291]，但是临时性客户可能不包括在现有客户之中。[292]对于长期客户，有责任提供与平常相同的订单。[293]但是，在货物短缺的时候，临时客户无权要求获得与长期客户一样的待遇。[294]在特定的情况下，供应商有责任提供比平时规模更大的订单的货物，但是如果处于支配地位的企业提出对进一步加工或者销售进行控制的条件，这可能仍然是支配地位的滥用行为。[295]处于支配地位的企业可能通过在没有客观标准作为依据来选择分销渠道的地方引入一个选择分销系统来拒绝提供货物。[296]一个处于市场支配地位的企业如果仅仅因为相关客户具有外国国籍或是外国居民而拒绝与其进行交易，这也可能是滥用市场支配地位的行为，至少，没有实际可行的方法来进行。[297]一个在特定市场处于支配地位的企业，在没有客观必要的情况下，为自己或者为同一群体中的另一企业保留一个可能由第三方企业开展的附属活动以消除所有的竞争风险，这个活动在活动范围中属于一个相似，但却是单独的市场，这个行为在《欧共体条约》第 82

条的范围内，是支配地位的滥用行为。[298]

同理，一个处于市场支配地位的企业可能会拒绝进行某产品的交易，除非其限制出口的要求被满足，这也是支配地位的滥用行为。所以，在缺乏知识产权保护的情况下，一个处于市场支配地位的企业销售了某种劣质产品来达到分离市场从而消除竞争的效果，这也是支配地位的滥用行为。[299]

有权选择自己的贸易伙伴和自由处理自己的财产时各个成员国法律中共同承认的准则，在一些情况下处于宪法地位。因此，共同体法律如果侵犯了这些权利，需要严密的证据来证明其合理性。[300]

□ 拒绝提供给竞争对手和必要的设施

29—031 同样的，如果处于市场支配地位的企业拒绝给下游市场的竞争者提供货物或服务，并且这种拒绝的后果会导致消除下游市场的竞争，那么这个行为是支配地位的滥用行为。[301]作为一个排除战术以达到加入上游市场的竞争的目的的行为也是支配地位的滥用行为。[302]

“必要设施主义”（essential facilities doctrine）并不是独立于案例法，实际上，必要设施主义源自“拒绝供给”（refusals to supply）。[303]根据欧洲法院的规定[304]，欧共体委员会规定，处于支配地位的企业如果拥有或控制一个必要设施或者基础设施，这个必要设施在给下游消费者提供服务方面很有必要，并且处于支配地位的企业在这个市场中需要运用这个设施来进行竞争[305]，那么，这个拥有必要设施的处于支配地位的企业不应拒绝它的竞争者使用这个必要设施，或者对竞争者使用这个设施给予不利的条件。[306]无论需要使用这个设施的竞争者是新客户还是现有客户，这个“必要设施主义”都存在。[307]

在借用“必要设施主义”的时候常常需要很小心，因为通常会有合理的经济原因来证明“必要设施主义”并不适用。特别是，当遇到第三方可能会有“搭便车”的现象时，处于支配地位的企业面临这样的情况，应用“必要设施主义”来进行判断可能会打击处于支配地位的企业的积极性，处于支配地位的企业将来可能不会再做类似的必要设施的投入。[308]共同体法院在案例 *Tierce Ladbroke v Commission*[309]中拒绝使用“必要设施主义”（法庭认为，处于支配地位的企业的“拒绝提供”的行为没有带来消除下游市场竞争的效果）。在案例 *European Night Services*[310]和案例 *Oscar Bronner*[311]中，共同体法院也拒绝使用“必要设施主义”。（只有没有实质的或潜在的替代品时，拒绝提供的产品或服务才成为必需的产品或服务。）

□ 滥用和知识产权

29—032 欧洲法院在知识产权保护方面有专门的法律。知识产权的拥有者的商业活动，包括拒绝给其他企业使用其产权的权利，即使这个知识产权的拥有者是处于支配地位的企业，这也不能被列为支配地位滥用的行为。[312]但是，处于支配地位的企业使用其知识产权拥有者的权利的行为可以通过《欧共体条约》第82条来检验。在特殊情况下，独家代理权行为可能是支配地位的滥用行为。[313]

欧洲法院认为，在 *Magill* 案中，这种特殊情况出现了。处于支配地位的电视频道的行为被认为是支配地位的滥用行为。该电视频道依靠它从国家立法取得的著作权在它的节目中一周全周播放，这样做的目的是为了使得竞争企业在这一周内都无法在这些节目上发布信息或者评论。[314]

考虑下述情况，一个处于市场支配地位的企业，拥有使用某产品或服务的著作权，且该产品或服务在开展某业务的过程中是必不可少的，如果这个处于支配地位的企业的行为被认定为支配地位的滥用行为，则需要同时满足以下三个条件：1）这个拒绝提供产品或服务的行为阻止了有潜在客户需求的新产品的出现，2）这个行为未被证明是正确的，3）这个行为排除了二级市场上的竞争。[315]为了确定一个产品或服务对于一个企业在特定市场上开展业务是不是必不可少的，需要考虑该产品或服务是否有替代产品或服务，即使这些替代产品或服务是次优的，也需要考虑到这些。还需要考虑是否有技术、法律或经济障碍使得在某特定市场的企业不能生产替代产品或服务，或者这些障碍导致了生产替代产品或服务需要克服无法想象的难度。为了接受经济障碍的存在，需要以下条件成立，即制造这些产品或提供这些服务在生产规模上与控制该产品或服务的处于支配地位的企业相比是不可比的。[316]

如果一个处于市场支配地位的企业行使其知识产权阻止了侵犯这些产权的产品的进口，这并不构成支配地位的滥用行为。[317]处于市场支配地位的企业取得独家授权，本身也不构成支配地位的滥用行为，需要考虑周围的环境。[318]

如果一个取得了专利权的产品定价比其他欧共体成员国的没有取得专利权的产品定价高，并不构成支配地位的滥用行为。[319]但是，如果价格非常高，并且没有证据证明其合理性，那么，这将成为判断支配地位滥用行为是否存在的决定性因素。[320]在特定条件下，如果一个处于市场支配地位的企业强加了不必要的义务或者强加了会损害第三方权利的义务，这种强制分配的行为可能是支配地位的滥用行为。[321]

以下所列明的是关于知识产权可能的支配地位滥用行为的例子。例如：要启动各种侵权行为的诉讼，并表明暂停这些程序唯一的条件是被告将加入某项限制性协议并继续参加这样的协议；[322]处于支配地位的企业已经知道其竞争对手使用了某个商标后仍然注册该商标；[323]要求一个合同缔约商依据合同给处于支配地位的企业无限的权利，并且处于支配地位的企业不会给予合同缔约商过多的报酬；[324]建立一个社团来管理这些著作权，通过这样的方式分离共同体市场，并且限制了自由提供服务；[325]不必要地拖延专利授予权的诉讼，并且要求一个比专利审计员给出的数字高六倍的费用。[326]拥有独家代理权的制造商和拥有某零部件的注册设计权的制造商，如果他们拒绝给个人修理商提供某零部件，或者固定某零部件的价格，或者停止为仍然具有很大生产能力的模型提供零部件，这都构成了支配地位的滥用行为。但是，在通常情况下，拒绝授予独家代理权并不属于支配地位的滥用行为。[327]在著作权方面，阻止第三方使用拥有著作权的材料可能是支配地位的滥用行为，因为这阻止了可能会满足潜在客户需要的并且没有替代品的某种新产品的产生。这种权利没有合理的证据来证明其合理性，拥有著作权的一方为自己保留了一个附属市场，这种行为超出了著作权的范围，触犯了《欧共体条约》第 82 条。[328]

□ 限制生产、市场或技术发展

29—033 滥用市场支配地位的一个可能在于基于对消费者的偏见，限制生产、市场或技术发展。[329]

基于对消费者的偏见而造成的对市场的限制可能通过很多种方式表现出来。处于市场支配地位的企业在限制生产、市场或技术发展方面滥用其支配地位的行为可以体现在以下方面：强迫经销商通过某特定渠道出口商品到特定目的地，或者强迫经销商进行托运，并且要求经销商对经销商自身的客户也有这样的限制性要求；[330]给予客户忠诚度回扣，这个行为可以阻止其竞争者销售其商品；[331]限制能够满足潜在消费者需求，并且没有替代品的新产品的出现；[332]禁止经销商在特定环境下再次销售该商品，或者在一个长期客户按照长期以来的商业习惯下订单时，不再为这个长期客户提供货物或服务。[333]一个特定市场上的最大的生产厂商与最大消费者之间的独家购买协议[334]也是处于市场支配地位的企业在限制生产、市场或技术发展方面滥用其支配地位的行为的体现。处于支配地位的企业并不是根据客观依据来选择客户，而是根据一个特定的选择分销系统来选择经销商的行为也是滥用支配地位的体现。[335]当处于支配地位的企业阻止其他企业进入市场时，这也是滥用支配地位的表现。[336]一个处于支配地位的企业如果被授予了独家权利，但是没有提供满意的服务，也可能是支配地位的滥用行为。[337]

□ 限制成员国之间的平行贸易

29—034 一个处于市场支配地位的企业利用其支配地位来限制欧共体成员国之间的贸易是市场支配地位的滥用行为。[338]即使该处于市场支配地位的企业并没有促进进口或者出口的义务，该企业对于成员国之间的贸易产生的限制行为也会是市场支配地位的滥用行为。[339]此外，这个处于市场支配地位的企业不能依赖其选择分销系统而在成员国的贸易之间设置障碍，即使当这个选择分销系统被欧共体委员会豁免，该企业也不能依赖这个系统来影响贸易。[340]

□ 其他不公平交易条件

29—035 滥用支配地位的行为可能由直接或者间接地加入其他不公平的交易条件组成。[341]一个拥有著作权，并且占有支配地位的企业，给其成员强加不必要且与企业目标不直接相关的义务，不公平地侵犯了其他成员权利的行为，被视为支配地位的滥用行为。[342]拥有垄断权利的处于市场支配地位的企业，对其客户或者服务强加不公平的条件，这也被视为支配地位的滥用行为。[343]处于市场支配地位的企业根据其制定的合同享有无限权利来干涉其他相关方，或者享有给第三方颁布执照的权利，但却不会为这些权利付费，这个行为属于市场支配地位的滥用行为。[344]将供应某商品与销售其他指定商品进行绑定，这也是使用不公平交易条件的例证。[345]致使分销商无法完成出口订单[346]，妨碍专利权授予[347]，阻止取得专利权的相关方使用专利商标[348]，拒绝提供信誉保证[349]，都是使用其他不公平条件而滥用市场支配地位的表现。通过合同的义务而将使用者与处于市场支配地位的企业进行绑定来阻止竞争也是其他不公平交易条件的表现之一，这些不公平的合同义务可能包含独家保养和维修服务、独家供应零件和只使用处于市场支配地位的企业提供的产品。[350]

□ 其他滥用行为

随着原诉法庭与欧共体法院的案例法的发展，其他潜在的滥用行为所包含的内容越来越多。一个处于市场支配地位的企业给它的交易商[351]或者竞争者[352]施加不公平的经济压力可能构成支配地位的滥用行为。一个处于市场支配地位，或者拥有垄断权利或实质性垄断势力的企业给一个企业授予独家权利来阻止另一企业进入市场[353]，这个行为也是市场支配地位的滥用行为。处于市场支配地位的企业获得专利许可证本身并不构成市场支配地位的滥用行为，但是如果这个行为产生了阻碍竞争的效果，这个行为可能会构成市场支配地位的滥用行为。[354]一个处于市场支配地位的企业可能通过无理取闹的诉讼构成滥用市场支配地位的行为。[355]处于市场支配地位的企业在商店里购买竞争者的产品，并且将自己的产品摆在货架上的行为可能构成市场支配地位的滥用行为。[356] 29—036

□ 滥用期限

在特定的情况下，如果某个行为继续下去可能会构成市场支配地位的滥用行为，但是如果某个行为能够立即停止，则该行为不会构成市场支配地位的滥用行为。因此，如果当有投诉出现的时候，处于市场支配地位的企业在欧共体委员会就此事项开始进行调查之前，立即停止其滥用行为，并且对投诉方进行相应偿还，这个行为将不视为市场支配地位的滥用行为。[357]如果处于市场支配地位的企业没有全部停止或者立即停止该行为，则仍然视为市场支配地位的滥用行为。[358] 29—037

□ 影响成员国之间的贸易

禁止处于市场支配地位的企业滥用其市场支配地位，这种滥用可能会导致影响成员国之间的贸易[359]，这个禁止的要求是为了界定与国家法有关的共同体法律的适用范围。[360]也就是说，《欧共体条约》第 82 条不仅可以适用于能够 29—038

导致直接损害消费者利益的支配地位滥用行为，而且适用于通过损害第 3 条第 1 款（g）所规定的有效竞争的结构而间接损害消费者地位的支配地位滥用行为[361]，或者有可能导致这种间接损害的支配地位滥用行为。[362]如果某个行为具有在考虑到所有这一部门的相关经济和技术因素的前提下[363]，能够将货物的流动方向影响到偏离正常的商业渠道，则这个行为可能会影响成员国之间的贸易。或者，如果共同体中的竞争结构被扭曲了，这也可能影响到成员国之间的贸易。[364]当分析某行为是否可以被视为影响成员国间的贸易的行为时，不用考虑该行为对现在的贸易价值所产生的实际影响，如果该行为可能会影响贸易[365]，这一点就足够证明影响成员国之间贸易的行为的存在。

如果企业的管理会带来划分共同体市场，进而限制提供服务的自由[366]，（这种自由是《欧共体条约》的目标之一），则成员国之间的贸易可能会受影响。如果企业的管理是通过在不同的国家实行不同的价格而实现的，则这个行为也可能影响成员国之间的贸易。[367]或者说，企业通过保护本国的生产而影响成员国间的贸易。[368]如果欧洲共同体中的一个竞争者将被消除，企业的行为与是否会影响该竞争者在欧共体的出口或者欧共体市场中的贸易行为无关[369]，与这个行为是否与成员国间的贸易相关联无关。[370]此外，如果交易合同关系到第三方国家，需要考虑处于市场支配地位的企业的所有商业活动，而不应当仅仅只考虑到单独的特定的几个合同，这样的做法是为了更加明晰地确定此相关行为是否影响了成员国间的贸易。[371]同样，如果处于市场支配地位的企业被其竞争者影响到进入某一成员国的市场有障碍时，成员国之间的贸易也被影响了。并且，这个行为是在一个成员国之中发生的，还是在成员国间发生的在判断是否影响成员国间贸易这一点上没有区别。只要这个行为能够影响共同体市场上的贸易和竞争模式，该行为就被视为影响成员国间贸易的行为。[372]如果处于支配地位的供应商与其购买商之间签订合同，合同中的条款具有限制购买者从其他成员国进口货物的效果，这分割了共同体市场，此行为被视为影响成员国间贸易的行为。[373]从另一方面说，如果这个相关产品即使在自由市场的条件下都不是在成员国之间交易的产品，那么上述合同没有影响成员国间的贸易。[374]

《欧共体条约》第 82 条中对于影响了贸易[375]的支配地位滥用行为的规定不仅仅局限于贸易和工业活动。[376]《欧共体条约》第 82 条同样适用于服务业，如电话及电传服务[377]、雇员机构[378]、保险[379]、银行[380]、版权收费协会[381]、电视广告[382]、汽车认证[383]、电影发布[384]和报纸发行[385]、殡仪服务[386]以及港口活动。[387]

注释

[1]《欧共体条约》第 81 条第 1 款（a）。

[2]《欧共体条约》第 81 条第 1 款（b）。

[3]《欧共体条约》第 81 条第 1 款（c）。

[4]《欧共体条约》第 81 条第 1 款（d）。

[5]《欧共体条约》第 81 条第 1 款（e）。

[6] 与《欧共体条约》第 82 条有关的是，欧共体委员会目前在进行内部制度的审视。

[7] 见欧共体决议（EEC）82/174 [1982] O. J. L80/36，[1982] 2 C. M. L. R. 159。

[8] 见案例 48/69 [1972] E. C. R. 619。

[9] [2004] CAT 17.

[10] [2004] CAT 24.

[11] 见欧共体决议（EEC）85/202 [1985] O. J. L85/1，[1985] 3 C. M. L. R 474。

[12] 见联合案例 T-1，4，6-15/89 [1991] E. C. R. Ⅱ-867，CFI。

[13] 见欧共体决议（EEC）85/202 [1985] O. J. L85/1，[1985] 3 C. M. L. R 474。

[14] 见联合案例 89，104，114，116，117，125-129/85 [1988] E. C. R 5193，[1980] 4 C. M. L. R，901，ECJ。

[15] 见联合案例 40-48；50；54 - 56；111，113，114/73 *Cooperatieve vereniging Suiker Unie UA v Comission* [1975] E. C. R. 1663，[1976] 1 C. M. L. R 295，ECJ。及案例 C-73/95P *Viho Europe BV v Commission* [1996] E. C. R I-5457 [1997] 4 C. M. L. R 419。

[16] [2000] O. J. C 291/1，[2000] 5 C. M. L. R. 1074.

[17] 见案例 *Daimler Chrysler v Commission*。

[18] 见案例 56/65 [1966] E. C. R. 235，[1966] 1 C. M. L. R. 357，ECJ。

[19] 见联合案例 56，58/64 [1966] E. C. R. 299，[1966] C. M. L. R. 418。

[20] 见欧共体决议 72/480 [1972] O. J. L308/52。

[21] 见案例 T-141/89 [1995] E. C. R. Ⅱ-791。

[22] 见案例 T-43/92 [1994] E. C. R. Ⅱ-441。

[23] 见联合案例 29，30/83 [1984] E. C. R. 1679。

[24] 见案例 C-234/89 [1991] E. C. R. I-935，[1992] 5 C. M. L. R. 210。

[25] 见联合案例 29，30/83 [1984] E. C. R. 1679。

[26] 见案例 T-141/89 [1995] E. C. R. Ⅱ-791。

[27] 见联合案例 56，58/64 [1966] E. C. R. 299，[1966] C. M. L. R. 418。

[28] [2000] O. J. C 3/2.

[29] [1999] O. J. L336/21.

[30] [2000] O. J. C291/1.

[31] 见联合案例 40 - 48，50，54 - 56，111，113，114/73 *Cooperatieve vereniging Suiker Unie UA v Commission* [1975] E. C. R. 1663 at 1923，1924，[1976] 1 C. M. L. R. 295 at 411。

[32] 见联合案例 89，104，114，116，117，125 - 129/85 [1988] E. C. R. 5193。

[33] 见案例 65/86 [1988] E. C. R. 5249。

[34] 见案例 56/64 [1966] E. C. R. 299 at 342。

[35] 见案例 161/84 *Pronuptia de Paris GmbH，Frankfurt am Main v Pronuptia de Paris Irmgard Schillgalis* [1986] E. C. R. 353。

[36] 见案例 258/78 *LC Nungesser KG v Commission* [1982] E. C. R. 2015 at 2069。

[37] 见案例 C-234/89 *Delimitis v Henninger Brau AG* [1991] E. C. R. I-935，[1992] 5 C. M. L. R. 210，ECJ。

[38] 见案例 42/84 [1985] E. C. R. 2545。

[39] 见案例 T-112/99 *Metropole Television (M6) v Commission* [2001] E. C. R. 第 103－106 段。

[40] 见案例 T-77/92 [1994] E. C. R. Ⅱ-549。

[41] [2001] O. J. C368/13.

[42] [2001] O. J. C101/81.

[43] [1997] O. J. C372/5，[1998] 4 C. M. L. R. 177.

[44] 见案例 T-143/89 [1995] E. C. R. Ⅱ-917。

[45] 见案例 T-374，375，384 and 388/94 [1998] E. C. R. Ⅱ=3141。

[46]《欧共体条约》第 81 条第 2 款适用于被条约第 81 条所禁止的，并且不在第 81 条第 3 款的"豁免"范围内的协议或决定。

[47] 见案例 13/61 *Kiedinguerkoopbedrijf de Geus en Uitdenbogerd v Robert Bosch GmbH* [1962] E. C. R. 45。

[48] 见案例 56/65 *Societe Technique MiniEre v Maschinenbau Ulm GmbH* [1966] E. C. R. 235，[1966] C. M. L. R. 357。

[49] 参见 [1999] 3 All E. R. 1005，CA，per Chadwick L. J. at 1014 - 15。

[50] 一个种类的协议或决定等的豁免通常被称为"集体豁免"。

[51] 见 [2003] O. J. L1/1。

[52] 见 [1999] O. J. C132/1，[1999] 5 C. M. L. R. 208。

[53] 见案例 C-453/99 [2001] E. C. R. I-6297，[2001] 5 C. M. L. R. 28。

[54] 见 [1977] F. S. R. 181，[1978] 3 C. M. L. R. 514，CA。

[55] 见 [2006] UKHL 38；及案例 C-453/99 *Courage Ltd v Crehan* [2001] E. C. R. I-6297，[2001] 5 C. M. L. R. 28 及案例 *Arkin v Borchard Lines Ltd* [2003] EWHC 687。

[56] 见 *Gibbs Mew Plc v Gemmell* [1998] Eu. L. R. 588，CA. 也可见 R Whish，*Competition Law* (5th edn，2003)，p. 291. See also Case C-453/99 *Courage Ltd v Crehan* [2001] E. C. R. I-6297，[2001] 5 C. M. L. R. 1058。

[57] 关于《欧共体条约》第 82 条，目前，欧共体委员会在对其政策进行内部审查，并且通过对现行经济环境的思考来确立其方法的合理性。

[58] 上述所列为相关例证，但并不是所有例证。如，可以参见案例 *Europemballage Corpn Co Inc v Commission* [1973] E. C. R. 215，[1973] C. M. L. R. 199，para. 26，ECJ；及案例 C-395/96P，etc. *Compagnie Maritime Belge Transports SA v Commission* [2000] E. C. R. I-1365，[2000] C. M. L. R. 1076，para. 112。

[59] 见《欧共体条约》第 82 条 (a)。

[60] 见《欧共体条约》第 82 条 (b)。

[61] 见《欧共体条约》第 82 条 (c)。

[62] 见《欧共体条约》第 82 条 (d)。

[63] 见第 29 章第 29—008 段。

[64] 见 *Yeheskel Arkin v* (1) *Borchard Lines Ltd and others and* (2) *Zim Israel Navigation Co Ltd and Others* [2003] Eu. L. R. 287 (Colman J)。

[65] 见案例 C-453/99 *Courage Ltd v Benard Crehan* [2001] E. C. R. I-6297。

[66] 参见案例 24/67 *Parke，Davis & Co v Probel* [1968] E. C. R. 55， [1968] C. M. L. R. 47，ECJ；及案例 T-203/01 *Michelin v Commission* [2004] 4 C. M. L. R. 18，第 237 段，CFI。

[67] 参见案例 322/81 *Michelin v Commission* [1983] E. C. R. 3461，第 57 段，欧洲法院；及案例 C-12/03P *Commission v Tetra-Laval BV*，第 56 段，欧洲法院。

[68] 参见案例 T-17/93 *Matra Hachette v Commission* [1994] E. C. R. Ⅱ—595，第 123—4 段。

[69] 参见案例 6/72 *Europemballage Corpn and Continental Can Co Inc v Commission* [1973]

E. C. R. 215，[1973] C. M. L. R. 199；联合案例 6，7/73 *Istituto Chemioteropico Italiano SpA and Commercial Solvents Corpn v Commission* [1974] E. C. R. 223，[1974] 1 C. M. L. R. 309，ECJ。

[70] 见《欧共体条约》第 3 条 (1) (g)。

[71] 见案例 13/77 *GB-INNO-BM NV v Vereniging van de Kleinhandelaars in Tabak* (*ATAB*) [1977] E. C. R. 2115，[1978] 1 C. M. L. R. 283，ECJ。

[72] "平衡与持续性发展" 是由《阿姆斯特丹条约》补充加入到《欧共体条约》第 2 条之中的。

[73] 参见联合案例 *Etablissements Consten SARL and Grundig-Verkaufs-GmbH v Commission* [1966] E. C. R. 299，[1966] C. M. L. R. 418，ECJ。

[74] 关于有效竞争的相关事项，参见案例 *Geitling Ruhrkohlen-Verkaufsgesellschaft mbH v High Authority* [1962] H. C. R. 83，[1962] C. M. L. R. 113，ECJ。

[75] 参见案例 T-51/89 *Tetra Pak v Commission* [1990] E. C. R. Ⅱ-309。

[76] 参见案例 6/72 *Europemballage Corpn and Continental Can Co Inc v Commission* [1913] E. C. R. 215，[1973] C. M. L. R. 199，ECJ。

[77] 参见案例 247/82 *Societe alsacienne et lorraine de telecommunicotions et d'electronique* (*Alsatel*) *v Novasam SA* [1988] E. C. R. 5987，[1990] 4 C. M. L. R. 434，ECJ。

[78] 参见《欧共体委员会决议》(EEC) 78/921 [1978] O. J. L322/26，[1979] 1 C. M. L. R. 403.

[79] 如，忠诚回扣和需求合同。

[80] 参见案例 81/76 *Hoffmann-La Roche & Co AG v Commission* [1979] E. C. R. 461 at 550，551，[1979] 3 C. M. L. R. 211 at 297，298，ECJ。

[81] 见案例 66/82 *Ahmed Saeed Flugreisen v Zentrale zur Bekampfung unlauteren Wettbewerbs eV* [1989] E. C. R. 803，[1990] 4 C. M. L. R. 102，ECJ。

[82] 见案例 C-395 and 396/96 P *Compagnie Maritime Belge Transports SA v Commission* [2000] E. C. R. I-1365，[2000] C. M. L. R. 1076，第 33 和 131 段，ECJ。

[83] 参见《欧共体委员会决议》(EEC) 85/609 [1985] O. J. L374/L，[1986] 3 C. M. L. R. 273 (ECS/AKZO)；及《欧共体委员会决议》(EEC) 87/500 [1987] O. J. L286/36，[1988] 4 C. M. L. R. 67 (*BBI/ Boosey & Hawkes*)；及《欧共体委员会决议》(EEC) 88/138 [1988] O. J. L65/19，[1989] 4 C. M. L. R. 677.

[84] 在案例 85/76 *Hoffmann-La Roche & Co AG v Commission* [1979] E. C. R. 461，[1979] 3 C. M. L. R. 211，ECJ 中，欧共体法院表示，《欧共体条约》第 81 条第 3 款与《欧共体条约》第 82 条都适用。但是，在案例 172/80 *Zuchner v Bayerische Vereinsbank* [1981] E. C. R. 2021，[1982] 1 C. M. L. R. 313，ECJ 中，欧共体法院表示，只适用《欧共体条约》第 81 条。

[85] 见条例第 2 条 1/2003，阐述了原有的案例法的举例责任。

[86] 有关相关市场的信息，见第 29—013 段起的各段落。

[87] 见案例 Case 27/76 *United Brands Co v Commission* [1978] E. C. R. 207。

[88] 见案例 40/70 *Sirena Srl v Eda Srl* [1971] E. C. R. 69，[1971] C. M. L. R. 260，ECJ。

[89] 参见案例 22/78 *Hugin Kassaregister AB v Commission* [1979] E. C. R. 1869，[1979] 3 C. M. L. R. 345，ECJ。

[90] 见案例 *Radio Telefis Eireann* (*RTE*) *v Commission* [1991] E. C. R. Ⅱ-485，[1991] 4 C. M. L. R. 586。

[91] 例如，见案例 155/73 *Sacchi* [1974] E. C. R. 409，[1974] 2 C. M. L. R. 177，ECJ。

[92] 例如，见案例 *GEMA* [1971] C. M. L. R. D35 及 *Eurofirma* [1993] C. M. L. R. D217。

[93] 参见案例 27/76 *United Brands Co v Commission* [1978] E. C. R，207，[1978] 1 C. M. L. R. 429，ECJ 中的决议结构。

［94］见 *Felixstowe Dock and Rly Co and European Ferries Ltd v British Transport Docks Board*［1976］2 Lloyd's Rep 656 at 664。

［95］［1997］O. J. C372. 欧共体委员会通告指出，公司面临着以下三种竞争约束：需求替代性、供给替代性及潜在竞争。

［96］例如，参见案例 40/70 *Sirena Srl v Eda Srl*［1971］E. C. R. 69，［1971］C. M. L. R. 260，ECJ。

［97］见案例 6/72 *Europemballage Corpn and Continental Can Co Inc v Commission*［1973］E. C. R。

［98］见案例 C-418/01 *IMS Health GmbH & Co OHG v NDC Health GmbH & Co KG*［2004］4 C. M. L. R. 1543 第 91 段，ECJ。

［99］见案例 6/72 *Europemballage Corpn and Continental Can Co Inc v Commission*［1973］E. C. R. 215，［1973］C. M. L. R. 199，ECJ。

［100］见案例 27/76 *United Brands Co v Commission*［1978］E. C. R. 207，［1978］1 C. M. L. R. 429，ECJ。以及案例 *Radio Telefis Eireann v Commission*［1991］E. C. R. Ⅱ-485，［1991］4 C. M. L. R. 586。

［101］参见联合案例 19，20/74 *Kali und Salz AG v Commission*［1975］E. C. R. 499，［1975］2 C. M. L. R 154，ECJ。

［102］见案例 85/76 *Hoffmann-La Roche & Co AG v Commission*［1979］E. C. R. 461，［1979］3 C. M. L. R. 211，ECJ。

［103］见案例 Case 6/72 *Europemballage Corpn and Continental Can Co Inc v Commission*［1973］E. C. R. 215，［1973］C. M. L. R. 199，ECJ。

［104］见联合案例 6，773 *lstituto Chemioterapico Italiano SpA and Commercial Solvents Corpn v Commission*［1974］E. C. R. 223，［1974］1 C. M. L. R. 309，ECJ。

［105］参见案例 26/75 *General Motors Continental NV v Commission*［1975］E. C. R. 1367，［1976］1 C. M. L. R. 95，ECJ；以及案例 226/84 *British Leyland Plc v Commission*［1986］E. C. R. 3263，［1987］1 C. M. L. R. 185 ECJ。

［106］见案例 22/78 *Hugin Kassaregister AB v Commission*［1979］E. C. R. 1869，［1979］3 C. M. L. R. 345，ECJ。

［107］见案例 322/81 *Nederlandsche Banden-Industrie Michelin NV v Commission*［1983］E. C. R. 3461，［1985］1 C. M. L. R. 282，ECJ。

［108］《欧共体委员会决议》84/379［1984］O. J. L207/11，［1984］3 C. M. L. R. 92（BL）.

［109］见案例 66/86 *Ahmed Saeed Flugreisen v Zentraie zur Bekiimpfung unlauteren Wettbewerbs eV*［1989］E. C. R. 803，［1990］4 C. M. L. R. 102，ECJ。

［110］见案例 C-179/90 *Merci Convenzionali Porto di Genova SpA v Siderurgica Gabrielli SpA*［1991］E. C. R. I-5009，［1994］4 C. M. L. R. 422，ECJ；及案例 C-18/93 *Corsica Ferries*［1994］E. C. R. I-1783，ECJ。

［111］参见案例 T-30/9 *Hilti AG v Commission*［1990］E. C. R，Ⅱ-163，［1990］4 C. M. L. R. 602。

［112］*Charles Jourdain*［1989］O. J. L35/31，［1989］4 C. M. L. R. 591；*Yves Saint Laurent*（［1992］O. J. L12/24）［1993］4 C. M. L. R. 120；*Parfums Givenchy SA*［1992］O. J. L236/11，［1993］5 C. M. L. R. 579.

［113］例如足球世界杯中实行的一种在顾客购买时不知道他们将会看的是哪一支队伍的比赛的门票形成了一个分离的产品市场。

［114］参见《欧共体委员会决议》（EEC）77/327。

［115］*Aberdeen Journals v Director General of Fair Trading*（*No. 1*）［2002］UKCLR 167，第 96

至104段。

[116]《欧共体委员会决议》(EEC) 89/113 [1989] O. J. L43/27 (*Decca Navigator System*)。

[117]《欧共体委员会决议》(EEC) 85/609 [1985] O. J. L374/1, [1986] 3 C. M. L. R. 273 (*ECS/AKZO*)。

[118] 参见案例 T-219/99 [2004] 4 C. M. L. R 19, 第127段。

[119] 参见通告第25—27段, 及第33—34段。

[120] 参见通告第37—43段。

[121] 参见通告第44—55段。

[122] 见案例 322/81 *Nederiandsche Banden-Industrie Michelin NV v Commission* [1983] E. C. R. 3461, [1981] 1 C. M. L. R. 282, ECJ。

[123] 例如, 参见《欧共体委员会决议》(EEC) 88/501 [1988] O. J. L272/27, [1990] 4 C. M. L. R. 47 (*Tetra Pak I*), 及案例 T-51/89 *Tetra Pak Rausing SA v Commission* [1990] E. C. R. Ⅱ—309, [1991] 4 C. M. L. R. 334, CFI。

[124] "SSNIP" 是指小的但显著的、非暂时性的价格上涨。

[125] 参见通告第15～18段。

[126] 参见通告第15～18段。

[127] 美国的最高法院被批判在判定案例 *United States v EI du Pont de Nemour and Co* 351 U. S. 377 (1956) 时犯了此项错误。

[128] *Aberdeen Journals v Director General of Fair Trading* [2002] UKCLR 167, 第102段。

[129] 有关供给替代性, 请参见案例 322/82 *Michelin v Commission* [1983] E. C. R. 3461, [1985] 3 C. M. L. R. 282。

[130] 见案例 T-504/93 *Tierce Ladbroke v Commission* [1997] E. C. R. Ⅱ-923, 第102段。

[131] 参见通告第8段、第28～32段。

[132] 参见联合案例 40-48, 50, 54-56, 111, 113, 114/73 *Cooperatieve vereniging Suiker Unie UA v Commission* [1975] E. C. R. 1663, [1976] 1 C. M. L. R. 295, ECJ。

[133] 参见通告第32段。

[134] 参见《欧共体条约》第82条。

[135] 见案例 27/76 *United Brands Co v Commission* [1978] E. C. R. 207。

[136] 见案例 27/76 *United Brands Co v Commission* [1978] E. C. R. 207。

[137] 见案例 322/81 *Nederlandsche Banden-Industrie Michelin NV v Commission* [1983] E. C. R. 3461, [1981] 1 C. M. L. R. 282, ECJ。

[138] 见案例 27/76 *United Brands Co v Commission* [1978] E. C. R. 207, 第44段, [1978] 1 C. M. L. R. 9, ECJ。

[139] 参见联合案例 40-48, 50, 54-56, 111, 113, 114/73 *Cooperatieve vereniging Suiker Unie UA v Commission* [1975] E. C. R. 1663, [1976] 1 C. M. L. R. 295, ECJ。

[140] 参见联合案例 40-48, 50, 54-56, 111, 113, 114/73 *Cooperatieve vereniging Suiker Unie UA v Commission* [1975] E. C. R. 1663, [1976] 1 C. M. L. R. 295, ECJ 等。

[141] 见案例 C-179/90 *Merci Convenzionali Porto di Genova SpA v Siderurgica Gabrielli SpA* [1991] E. C. R. I-5889, [1994] 4 C. M. L. R. 422, ECJ。

[142] 见案例 66/86 *Ahmed Saeed* [1989] E. C. R. 803。

[143] 见联合案例 40-48, 50, 54-56, 111, 113, 114/73 *Cooperatieve vereniging Suiker Unie UA v Commission* [1975] E. C. R. 1663, [1976] 1 C. M. L. R. 295, ECJ。

[144] 参见案例 77/77 *Benzine en Petroleum Handelsmaatschappij BV v Commission* [1978] E. C. R. 1513，[1978] 3 C. M. L. R，174，ECJ。

[145] 见案例 27/76 *United Brands Co v Commission* [1978] E. C. R. 207，[1978] 1 C. M. L. R. 429，ECJ。

[146] 见案例 27/76 *United Brands Co v Commission* [1978] E. C. R. 207，[1978] 1 C. M. L. R. 429，ECJ。

[147] 相关经济因素的详细讨论，请参见 Bishop and Walker，*The Economics of EC Competition* (2nd edn，2002)，Ch. 3。

[148] 见案例 27/76 *United Brands Co v Commission* [1978] E. C. R. 207，[1978] 1 C. M. L. R. 429，ECJ 等。

[149] 见案例 27/76 *United Brands Co v Commission* [1978] E. C. R. 207，[1978] 1 C. M. L. R. 429，ECJ。

[150] 见案例 27/76 *United Brands Co v Commission* [1978] E. C. R. 207，[1978] 1 C. M. L. R. 429，ECJ。

[151] 见案例 322/81 *Nederlandsche Banden-Industrie Michelin NV v Commission* [1983] E. C. R. 3461，[1981] 1 C. M. L. R. 282，ECJ。

[152] 见案例 T-68/89 *SIV v Commission* [1992] E. C. R. Ⅱ-1043。

[153] 见案例 322/81 *Nederlandsche Banden-Industrie Michelin NV v Commission* [1983] E. C. R. 3461，[1981] 1 C. M. L. R. 282，ECJ 等。

[154] 见 Commission Communication in *Eurofima* [1973] C. M. L. R. D217。

[155] 见案例 27/76 *United Brands Co v Commission* [1978] E. C. R. 207，[1978] 1 C. M. L. R. 429，ECJ。

[156] 见案例 85/76 *Hoffmann-La Roche & Co AG v Commission* [1979] E. C. R. 461，[1979] 3 C. M. L. R. 211，ECJ。

[157] 见案例 247/86 *Societe alsacienne et lorraine de telecommunications et d'electronique (Alsatel) v Novasam SA* [1988] E. C. R. 5987，[1990] 4 C. M. L. R. 434，ECJ。

[158] 见联合案例 40－48，50，54－56，111，113，114/73 *Cooperatieve vereniging Suiker Unie UA v Commission* [1975] E. C. R. 1663 等。

[159] 案例 T-30/89 Hilti AG v Commission [1990] E. C. R. Ⅱ-163，[1990] 4 C. M. L. R. 602，CFI。

[160] 见案例 27/76 *United Brands Co v Commission* [1978] E. C. R. 207，[1978] 1 C. M. L. R. 429，ECJ。

[161] 见《欧共体委员会第 10 报告》中关于竞争政策的阐述，第 150 点。

[162] 见《欧共体委员会第 9 报告》中关于竞争政策的阐述，第 22 点。

[163] 见案例 26/76 *Metro SB-Grossmarkte GmbH & Co KG v Commission* [1977] E. C. R. 1875，[1978] 2 C. M. L. R. 1，ECJ。

[164] 见案例 210/81 *Demo-Studio Schmidt v Commission* [1983] E. C. R. 3045，[1984] 1 C. M. L. R. 63，ECJ。

[165] 参见通告第 53～55 段。

[166] 见案例 27/76 *United Brands Co v Commission* [1978] E. C. R. 207，[1978] 1 C. M. L. R. 429，ECJ。

[167] 见案例 85/76 *Hoffmann-La Roche & Co AG v Commission* [1979] E. C. R. 461，[1979] 3 C. M. L. R. 211，ECJ 等。

[168] 见案例 6/72 *Europembailage Corpn and Continental Can Co Inc v Commission* [1973] E. C. R. 215，[1973] C. M. L. R. 199，ECJ。

[169] 见案例 27/76 *United Brands Co v Commission* [1978] E. C. R. 207，[1978] 1 C. M. L. R. 429，ECJ。

[170] 见案例 27/76 *United Brands Co v Commission* [1978] E. C. R. 207，[1978] 1 C. M. L. R. 429，ECJ 等。

[171] 见案例 26/76 *Metro SB-Grossmarkte GmbH & Co KG v Commission* [1977] E. C. R. 1875，

[1978] 2 C. M. L. R. 1，ECJ 等。

[172] 如果高质量产品形成了一个产品市场，例外情况可能会出现。如：*Michelin* [2002] O. J. L143/1，[2002] 5 C. M. L. R. 388。

[173] 见案例 85/76 *Hoffmann-La Roche & Co AG v Commission* [1979] E. C. R. 461，[1979] 3 C. M. L. R. 211，ECJ 等。

[174] 见案例 27/76 *United Brands Co v Commission* [1978] E. C. R. 207，[1978] 1 C. M. L. R. 429，ECJ 等。

[175] *Michelin* [2002] O. J. L143/1，[2002] 5 C. M. L. R. 388 第 197—199 段。

[176] 案例 T-30/89 *Hilti AG v Commission* [1990] E. C. R. Ⅱ-163，[1990] 4 C. M. L. R. 602。

[177] *BBI/Boosey & Hawkes* [1987] O. J. L282/36，[1988] 4 C. M. L. R. 67.

[178] 见案例 27/76 *United Brands Co v Commission* [1978] E. C. R. 207，[1978] 1 C. M. L. R. 429，ECJ。

[179] 见案例 322/81 *Nederlandsche Banden-Industrie Michelin NV v Commission* [1983] E. C. R. 3461，[1981] 1 C. M. L. R. 282，ECJ。

[180] 见案例 85/76 *Hoffmann-La Roche & Co AG v Commission* [1979] E. C. R. 461，[1979] 3 C. M. L. R. 211，ECJ 等。

[181] 例如，参见《欧共体委员会决议》(EEC) 87/500 ([1987] O. J. L282/36) [1988] 4 C. M. L. R. 67。

[182] 见案例 6/72 *Europemballage Corpn and Continental Can Co Inc v Commission* [1973] E. C. R. 215，[1973] C. M. L. R. 199，ECJ。

[183] 见案例 85/76 *Hoffmann-La Roche & Co AG v Commission* [1979] E. C. R. 461，[1979] 3 C. M. L. R. 211，ECJ 等。

[184] 见案例 51/75 *EMI Records Ltd v CBS United Kingdom Ltd* [1976] E. C. R. 811，[1976] 2 C. M. L. R. 235，ECJ。

[185] 见案例 27/76 *United Brands Co v Commission* [1978] E. C. R. 207，[1978] 1 C. M. L. R. 429，ECJ。

[186] 见案例 78/70 *Deutsche Grammophon Gesellschaft mbH v Metro-SB-Grossmarkte GmbH & Co KG* [1971] E. C. R. 487，[1971] C. M. L. R. 631，ECJ。

[187] 见案例 27/76 *United Brands Co v Commission* [1978] E. C. R. 207，[1978] 1 C. M. L. R. 429，ECJ。

[188] 见案例 85/76 *Hoffmann-La Roche & Co AG v Commission* [1979] E. C. R. 461，[1979] 3 C. M. L. R. 211，ECJ。

[189] 见案例 85/76 *Hoffmann-La Roche & Co AG v Commission* [1979] E. C. R. 461，[1979] 3 C. M. L. R. 211，ECJ。

[190]《欧共体委员会决议》92/163 [1992] O. J. L72/1 (*Tetra Pak* Ⅱ)。

[191] 见联合案例 C-241，242/91 P *Independent Television Publications (ITP) and Radio Telefis Eireann (RTE) v Commission* [1995] E. C. R. I-743，[1995] 4 C. M. L. R. 718，ECJ。

[192] 见案例 311/84 *Centre belge d'etudes de marche-telemarketing (CBEM) SA v Compagnie luxembourgeoise de telediffusion SA* [1985] E. C. R. 3261，[1986] 2 C. M. L. R. 558，ECJ。

[193] 见案例 24/67 *Parke, Davis & Co v Probe* [1968] E. C. R. 55，[1968] C. M. L. R. 47，ECJ。

[194] 见案例 51/75 *EMI Records Ltd v CBS United Kingdom Ltd* [1976] E. C. R. 811，[1976] 2 C. M. L. R. 235，ECJ。

[195] 见案例 40/70 *Sirena Sriv Edo Srl* [1971] E. C. R. 69，[1971] C. M. L. R. 260，ECJ。

[196] 见联合案例 C-241，242/91 P *Independent Television Publications (ITP) and Radio Telefis Eireann (RTE) v Commission* [1995] E. C. R. I-743，[1995] 4 C. M. L. R. 718，ECJ。

［197］见案例 C-179/90 *Merci Convenzionali Porto di Genova SpA v Siderurgica Gabrielli SpA* ［1991］E. C. R. I-5889，［1994］4 C. M. L. R. 422，ECJ。

［198］见案例 C-418/01 *IMS Health v Commision* ［2004］4 C. M. L. R. 1573，ECJ。

［199］见《欧共体委员会决议》93/403 ［1995］4 C. M. L. R. 56。

［200］见案例 C-53/92P *Hilti AG v Commision* ［1994］E. C. R. I-667。

［201］见案例 *Genral Motors Continental NV v Commission* ［1975］E. C. R. 1367，及案例 *British Leyland Plc v Commission* ［1986］E. C. R. 3263，［1987］1 C. M. L. R. 185，ECJ。

［202］参见联合案例 C-241，242/91 *Independent Television Publications*（*ITP*）*and Radio Telefis Eireann*（*RTE*）*v Commission* ［1995］E. C. R. I-743，［1995］4 C. M. L. R. 718，ECJ。

［203］见 6—8 中的案例。

［204］*British Leyland Motor Corpn Ltd v Armstrong Patents Co Ltd* ［1984］F. S. R. 591，［1984］3 C. M. L. R. 102，CA。

［205］见联合案例 *Istituto Cheinioterapico Intaliano SpA and Commercial Solvents Corpn v Commission* ［1974］E. C. R. 223，［1974］1 C. M. L. R. 309，ECJ。

［206］见案例 *Europemballage Corpn and Continental Can Co Inc v Commission* ［1973］E. C. R. 215，［1973］C. M. L. R. 199，ECJ。

［207］见案例 27/76 *United Brands Co v Commission* ［1978］E. C. R. 207，［1978］1 C. M. L. R. 429，ECJ。

［208］参见 1992 年《欧共体委员会决议》。

［209］见案例 *Radio Telefis Eireann v Commission* ［1991］E. C. R. Ⅱ-485。

［210］此处所指的“企业”与《欧共体条约》第 81 条中所指的“企业”意义相同。

［211］见联合案例 *Istituto Cheinioterapico Intaliano SpA and Commercial Solvents Corpn v Commission* ［1974］E. C. R. 223，［1974］1 C. M. L. R. 309，ECJ。

［212］参见联合案例 40 - 48，50，54 - 56，111，113，114/73 *Cooperatieve vereniging Suiker Linie UA v Commission* ［1975］E. C. R. 1663 等。

［213］见案例 *Zuchner v Bayerische Vereinsbank AG* ［1981］E. C. R. 2021，［1982］1 C. M. L. R. 313 ECJ。

［214］见联合案例 T-68，77，78/89 *Societa Italiano Vetro SpA v Commission* ［1992］E. C. R. Ⅱ-1403，［1992］5 C. M. L. R. 302，CFI。

［215］见案例 155/73 *Sacchi* ［1974］E. C. R. 409，［1974］2 C. M. L. R. 177，ECJ。

［216］见案例 127/73 *Belgische Radio en Televisie*（*BRT*）*v SV SABAM* ［1974］E. C. R. 51 and 313 等。

［217］见案例 7/82 *GVL v Commission* ［1983］E. C. R. 483，［1983］3 C. M. L. R. 645，ECJ。

［218］见案例 T-128/98 *Aeroports de Paris v Commission* ［2000］E. C. R. Ⅱ-3929，CFI。

［219］见案例 127/73 *Belgische Radio en Televisie*（*BRT*）*v SV SABAM* ［1974］E. C. R. 51 and 313，及案例 7/82 *GVL v Commission* ［1983］E. C. R. 483，［1983］3 C. M. L. R. 645，ECJ。

［220］参见《欧共体条约》第 86 条。

［221］参见《欧共体条约》第 86 条第 1 款。

［222］参见案例 13/77 *GB-INNO-BM NV v Vereniging van de Kleinhandelaars in Tabak*（*ATAB*）［1977］E. C. R. 2115，［1978］1 C. M. L. R. 283，ECJ。

［223］见案例 311/84 *Centre belge d'etudes de marche-Telemarketing*（*CBEM*）*SA v Compagnie luxembourgeoise de telediffusion SA* ［1985］E. C. R. 3261，［1986］2 C. M. L. R. 558. ECJ。

［224］见案例 231/83 *Cullet v Centre Leclerc Toulouse* ［1985］E. C. R. 305，［1985］2 C. M. L. R. 524，ECJ，及案例 229/83 *Association des Centres distributeurs Edouerd Leclerc v Au BleVert Sarl*

［1981］E. C. R. 1，［1981］2 C. M. L. R. 282，ECJ。

［225］见案例 2/73 *Riseria Luigi Geddo v Ente nazionale Risi*［1973］E. C. R. 825，［1974］1 C. M. L. R. 13，ECJ。

［226］参见案例 5/79 *Procureur General v Buys*［1979］E. C. R. 3203，［1980］2 C. M. L. R. 493，ECJ。

［227］同时，请参见案例 *Compagnie Maritime Belge Transports SA v Commission*［2000］E. C. R. I-1365 第 37 段。

［228］见案例 85/76 *Hoffmann-La Roche & Co AG v Commission*［1979］E. C. R. 461，［1979］3 C. M. L. R. 211，ECJ 等。

［229］见案例 322/81 *Michelin v Commission*［1983］E. C. R. 3461，第 57 段，及案例 T-228/97 *Irish Sugar v Commission*［1999］E. C. R. Ⅱ-2969，第 112 段。

［230］见案例 T-219/99 *British Airways v Commission*［2004］4 C. M. L. R. 19，第 243 段；及案例 T-65/89 *BPB Industries and British Gypsum v Commission*［1993］E. C. R. Ⅱ-389，第 69 段。

［231］见案例 T-83/91 *Tetra Pak International SA v Commission*［1994］E. C. R. Ⅱ-755，第 137 段。

［232］例如，见案例 7/82 *GVL v Commission*［1983］E. C. R. 483，［1983］3 C. M. L. R. 645，ECJ。

［233］见案例 T-219/99 *British Airways v Commission*［2004］4 C. M. L. R. 19，第 127 段。

［234］见案例 *Europemballage Corpn and Continental Can Co Inc v Commission*［1973］E. C. R. 215，［1973］C. M. L. R. 199，ECJ。

［235］参见案例 40－48，50，54－56，111，113，114/73 *Cooperatieve vereniging Suiker Unie UA v Commission*［1975］E. C. R. 1663 等。

［236］见案例 *Europemballage Corpn and Continental Can Co Inc v Commission*［1973］E. C. R. 215，［1973］C. M. L. R. 199，ECJ。

［237］见案例 T-219/99 *British Airways v Commission*［2004］4 C. M. L. R. 19，第 127 段。

［238］见案例 27/76 *United Brands Co v Commission*［1978］E. C. R. 207，［1978］1 C. M. L. R. 429，ECJ 等。

［239］参见案例 27/76 *United Brands Co v Commission*［1978］E. C. R. 207，［1978］1 C. M. L. R. 429，ECJ。

［240］参见案例 13/77 *GB-INNO-BM NV v Vereniging van de Kleinhandelaars in Tabak*（*ATAB*）［1977］E. C. R. 2115，［1978］1 C. M. L. R. 283，ECJ 等。

［241］参见联合案例 40－48，50，54－56，111，113，114/73 *Cooperatieve vereniging Suiker Unie UA v Commission*［1975］E. C. R. 1663 等。

［242］*CIF v Autorita Garante della Concorrenza e del Mercato*［2003］E. C. R. I-8055，第 53 至 54 段。

［243］见案例 T-51/89 *Tetra Pak Rausimg SA v Commission*［1990］E. C. R. Ⅱ-309，［1991］4 C. M. L. R。

［244］*Genzyme Ltd v OFT*［2004］Comp. A. R. 358 第 577—578 段。

［245］见案例 T-30/89 *Hilti AG v Commission*［1990］E. C. R. Ⅱ-163，［1990］4 C. M. L. R. 602.

［246］见《欧共体条约》第 82 条（a）至（d）。

［247］见联合案例 6，7/73 *Istituto Chemioterapico Italiano SpA and Commercial Solvents Corpn v Commission*［1974］E. C. R. 223，［1974］1 C. M. L. R. 309 等。

［248］参见《欧共体条约》第 82 条（a）。

［249］见案例 30/87 *Bodson v Pompes funebres des regions liberees SA*［1988］E. C. R. 2479，

[1989] 4 C. M. L. R. 984. ECJ。

[250] 例如，见案例 26/75 *General Motors Continental NV v Commission* [1975] E. C. R. 1367, [1976] 1 C. M. L. R. 95，ECJ。

[251] 见《欧共体决议》83/462 [1983] O. J. L252/13，[1983] 3 C. M. L. R. 694 (ECS/AKZO)。

[252] *Aberdeen Journals Ltd v OFT* [2003] Comp. A. R. 67 第 350 段。

[253] 见案例 62/86 *Akzo Chemie BV v Commission* [1991] E. C. R. I-3359，[1993] 5 C. M. L. R. 215，第 71 段，ECJ。

[254] 关于如何界定一个行为是以消灭竞争为目的的，请参见案例 *Claymore Dairies Ltd and Arla Foods UK Plc v OFT* [2005] CAT 30，第 270—271 段。

[255] 见案例 62/86 *Akzo Chemie BV v Commission* [1991] E. C. R. I-3359，[1993] 5 C. M. L. R. 215。

[256] *Aberdeen Journals Ltd v OFT* [2003] Comp. A. R. 67，第 353 至 356 段。

[257] 见《欧共体决议》76/185 [1976] O. J. L35/2，[1976] 1 C. M. L. R. D82。

[258] 参见《欧共体条约》第 82 条 (c)。

[259] 见案例 155/73 *Sacchi* [1974] E. C. R. 409，[1974] 2 C. M. L. R. 177，ECJ。

[260] 见《欧共体决议》82/861 [1982] O. J. L360/36，[1983] 1 C. M. L. R. 457。

[261] 见案例 322/81 *Nederlandsche Banden-Industrie Michelin NV v Commission* [1983] E. C. R. 3461, [1985] 1 C. M. L. R. 282，ECJ。

[262] 例如，在《欧共体条约》第 82 条 (c) 所涵盖的范围内。

[263] 见案例 T-219/99 *British Airways v Commission* [2004] 4 C. M. L. R. 19，第 227—300 段，及案例 T-203/01 *Michelin v Commission* [2004] C. M. L. R. 18。

[264] 见案例 27/76 *United Brands Co v Commission* [1978] E. C. R. 207， [1978] 1 C. M. L. R. 429，ECJ。

[265] 见案例 322/81 *Nederlandsche Banden-Industrie Michelin NV v Commission* [1983] E. C. R. 3461，[1985] 1 C. M. L. R. 282，ECJ。

[266] 见案例 62/86 *Akzo Chemie BV v Commission* [1991] E. C. R. I-3359，[1993] 5 C. M. L. R. 215，ECJ。

[267] 见案例 85/76 *Hoffmann-La Roche & Co AG v Commission* [1979] E. C. R. 461，[1979] 3 C. M. L. R. 211，ECJ。

[268] 竞争管制当局通常不愿过多地干涉市场中的正常价格。

[269] 见案例 26/75 *General Motors Continental NV v Commission* [1975] E. C. R. 1367，[1976] 1 C. M. L. R. 95，ECJ。

[270] 见欧共体委员会关于 *Sterling Airways* 的意见。(见《竞争政策》报告第 10 期，第 136 至 138 点。)

[271] [2005] EWHC 1047 章。

[272] [2005] EWHC 1047，第 47 段。

[273] [2005] EWHC 1047，第 56 段。

[274] [2005] EWHC 1047，第 56 段。

[275] [2005] EWHC 1553 章。

[276] [2005] EWHC 1553，第 49 段。

[277] 见案例 27/76 *United Brands Co v Commission* [1978] E. C. R. 207，[1978] 1 C. M. L. R. 429，ECJ。

[278] 见案例 24/67 *Parke Davis & CO v Probel* [1968] E. C. R. 55， [1968] C. M. L. R. 429,

ECJ，第 252 段。

［279］如，与服务所含的经济价值相比，有高出的价格。

［280］见案例 26/75 *General Motors Continental NV v Commission*［1975］E. C. R. 1367，［1976］1 C. M. L. R. 95，ECJ 等。

［281］见案例 T-201/04 *Microsoft v Commission*［2005］4 C. M. L. R. 406，CFI，2004 年 12 月 22 日。

［282］见案例 85/76 *Hoffmann-La Roche & Co AG v Commission*［1979］E. C. R. 461，［1979］3 C. M. L. R. 211，ECJ。

［283］参见《欧共体条约》第 82 条（d）。

［284］见《欧共体决议》82/861［1982］O. J. L360/36，［1983］1 C. M. L. R. 457。

［285］见 1983 年 11 月 18 日，欧共体委员会关于 *Stik Strip BV v Polaroid Nederland and Polaroid UK*［1984］1 C. M. L. R. 132 的意见。

［286］参见案例 40－48，50，54－56，111，113，114/73 *Cooperatieve vereniging Suiker Unie UA v Commission*［1975］E. C. R. 1663 等。

［287］没有任何客观理由而把客户不需要的物品与所需要的物品进行捆绑销售的行为是一种滥用行为。

［288］见 C. Vajda，"Article 86 and a Refusal to Supply"［1981］E. Comp. L. Rev. 97。

［289］见联合案例 6，7/73 *Istituto Chemioterapico Italiano SpA and Commercial Solvents Corpn v Commission*［1974］E. C. R. 223，［1974］1 C. M. L. R. 309 等。

［290］参见联合案例 40－48，50，54－56，111，113，114/73 *Cooperatieve vereniging Suiker Unie UA v Commission*［1975］E. C. R. 1663. 等。

［291］见案例 27/76 *United Brands Co v Commission*［1978］E. C. R. 207，［1978］1 C. M. L. R. 429，ECJ。

［292］见案例 77/77 *Benzine en Petroleum Handelsmaatschappij BV v Commission*［1978］E. C. R. 1513，［1978］3 C. M. L. R. 174，ECJ。

［293］见案例 27/76 *United Brands Co v Commission*［1978］E. C. R. 207，［1978］1 C. M. L. R. 429，ECJ。

［294］见案例 77/77 *Benzine en Petroleum Handelsmaatschappij BV v Commission*［1978］E. C. R. 1513，［1978］3 C'M. L. R. 174，ECJ。

［295］见 1983 年 11 月 18 日，欧共体委员会关于 *Stik Strip BV v Polaroid Nederland and Polaroid UK*［1984］1 C. M. L. R. 132 的意见。

［296］案例 126/80 *Salonia v Poidmani*［1981］E. C. R. 1563，［1982］1 C. M. L. R. ECJ。

［297］见案例 7/82 *GVL v Commission*［1983］E. C. R. 483，［1983］3 C. M. L. R. 645，ECJ。

［298］见案例 311/84 *Centre belge d'etudes de marche-Telemarketing*（CBEM）*SA v Compagnie luxembourgeoise de telediffusion SA*［1985］E. C. R. 3261，［1986］2 C. M. L. R. 558. ECJ。

［299］见《欧共体决议》89/113［1989］O. J. L43/27。

［300］见案例 C-7/97 *Oscar Bronner*［1998］E. C. R. I-7791 中，AG Jocob 在第 58 段和第 62 段中的观点。

［301］见联合案例 6，7/73 *Istituto Chemioterapico Italiano Spa and Commercial Solvents Corpn v Commission*［1974］E. C. R. 223，［1974］1 C. M. L. R. 309。

［302］*BBI/Boosey & Hawkes：Interim Measures*［1987］O. J. L286/36，［1988］4 C. M. L. R. 67.

［303］美国反垄断法中关于"必要设施"的规定，请参见 *United States v Terminal Railroad Asso-*

ciation of St Louis 224 U. S. 383 (1912)。

［304］见联合案例 6，7/73 *Istituto Chemioterapico Italiano Spa and Commercial Solvents Corpn v Commission* ［1974］ E. C. R. 223，［1974］ 1 C. M. L. R. 309。

［305］并没有特殊的原因表明为什么处于支配地位的企业本身需要使用这个设备。

［306］见《欧共体决议》88/589 ［1988］ O. J. L317/47。

［307］尤其请参见《欧共体决议》92/213 ［1992］ O. J. L96/34。

［308］见案例 C-7/97 *Oscar Bronner* ［1998］ E. C. R. I-7791 中，AG Jocob 在第 56 至 58 段中的观点。

［309］见案例 T-504/93 *Tierce Ladbroke v Commission* ［1997］ E. C. R. Ⅱ-923。

［310］见案例 T-314/94 *European Night Services v Commission* ［1998］ E. C. R. Ⅱ-3141。

［311］见案例 C-7/97 *Oscar Bronner* ［1998］ E. C. R. I-7791。

［312］见案例 C-418/01 *IMS Health GmbH v NDC Health GmbH* ［2004］ 4 C. M. L. R. 1543，ECJ。

［313］见案例 85/76 *Hoffmann-La Roche & Co AG v Commission* ［1979］ E. C. R. 461，［1979］ 3 C. M. L. R. 211，ECJ。

［314］见联合案例 C241，242/91P *Independent Television Publications*（*ITP*）*and Radio Telefis Eireann*（*RTE*）*v Commission* ［1995］ E. C. R. I-743，［1995］ 4 C. M. L. R. 718，ECJ。

［315］见案例 C-418/01 *IMS Health GmbH v NDC Health GmbH* ［2004］ 4 C. M. L. R. 1543，ECJ，第 38 段。

［316］见案例 C-418/01 *IMS Health GmbH v NDC Health GmbH* ［2004］ 4 C. M. L. R. 1543，ECJ，第 28 段。

［317］见案例 51/75 *EMI Records Ltd v CBS United Kingdom Ltd* ［1976］ E. C. R. 811，［1976］ 2 C. M. L. R. 235，ECJ。

［318］见案例 T-51/89 *Tetra Pak Rausing SA v Commission* ［1990］ E. C. R，Ⅱ-309，［1991］ 4 C. M. L. R. 334，CFI。

［319］见案例 24/67 *Parke，Davis & Co v Probel* ［1968］ E. C. R. 55，［1968］ C. M. L. R. 47. ECJ。

［320］参见案例 40/70 *Sirena Srl v Edo Srl* ［1971］ E. C. R. 69，［1971］ C. M. L. R，260，ECJ。

［321］见案例 127/73 *Belgische Radio en Televisie*（*BRT*）*v SV SABAM* ［1974］ E. C. R. 313，［1974］ 2 C. M. L. R. 238，ECJ。

［322］参见欧共体委员会关于 *Zip-fasteners Market* 的意见。

［323］参见欧共体委员会关于 *Osram/Airam* 的意见。

［324］参见欧共体委员会关于 *Eurofima* 的意见。

［325］见案例 22/79 *Greenwich Film Production v SACEM* ［1979］ E. C. R. 3275，［1980］ 1 C. M. L. R. 629，ECJ。

［326］见案例 T-30/89 *Hilti AG v Commission* ［1990］ E. C. R. Ⅱ-163，［1990］ 4 C. M. L. R. 602，CFI。

［327］见案例 238/87 *Volvo AB v Erik Veng*（*UK*）*Ltd* ［1988］ E. C. R. 6211，［1988］ 4 C. M. L. R，122，ECJ。

［328］见联合案例 C-241，242/91P *RTE v Commission* ［1995］ E. C. R. 1-743，［1995］ 4 C. M. L. R. 718，ECJ。

［329］见《欧共体条约》第 82 条（b）。

［330］参见案例 40－48，50，54－56，111，113，114/73 *Cooperatieve vereniging Suiker Unie UA v Commission* ［1975］ E. C. R. 1663。

[331] 见联合案例 40－48，50，54－56，111，113，114/73 *Cooperatieve vereniging Suiker Unie UA v Commission* [1975] E. C. R. 1663 等。

[332] 见联合案例 C-241，242/91P *Independent Television Publicotions* (*ITP*) *and Radio Telefis Eireann* (*RTE*) *v Commission* [1995] E. C. R. I-743，[1995] 4 C. M. L. R. 718，ECJ。

[333] 见案例 27/76 *United Brands Co v Commission* [1978] E. C. R. 207，[1978] 1 C. M. L. R. 429，ECJ。

[334] 见《欧共体委员会关于竞争政策的报告》第七版。

[335] 见案例 126/80 *Selonia v Poidomani* [1981] E. C. R. 1563，[1982] 1 C. M. L. R. 64，ECJ。

[336] 见案例 90/76 *Van Ameyde v Srl Ufficio Centrale Italiano diAssistenza Assicurativa Automobilisti* [1977] E. C. R. 1091，[1977] 2 C. M. L. R. 478，ECJ。

[337] 见案例 C41/90 *Hofner v Macrotron GmbH* [1991] E. C. R. I-1979，[1993] 4 C. M. L. R. 306，ECJ。

[338] 见案例 26/7 *General Motors Continental NV v Commission* [1975] E. C. R。

[339] 见 *Deutsche Post AG—Interception of cross border mail* [2001] O. J. L331/40，[2002] 4 C. M. L. R 598。

[340] 见 226/84 *British Leyland Plc v Commission* [1986] E. C. R. 3263，[1987] 1 C. M. L. R. 185，ECJ。

[341] 见《欧共体条约》第 82 条 (a)。

[342] 见案例 127/73 *Belgische Radio en Televisie* (*BRT*) *v SV SABAM* [1974] E. C. R. 313，[1974] 2 C. M. L. R. 238，ECJ。

[343] 见案例 155/73 *Sacchi* [1974] E. C. R. 409，[1974] 2 C. M. L. R. 177，ECJ。

[344] 参见欧共体委员会关于 *Eurofima* 的意见。

[345] 见案例 T-30/89 *Hilti AG v Commission* [1990] E. C. R. Ⅱ-163，[1990] 4 C. M. L. R. 602，CFI。

[346] 见案例 T-30/89 *Hilti AG v Commission* [1990] E. C. R. Ⅱ-163，[1990] 4 C. M. L. R. 602，CFI。

[347] 见案例 T-30/89 *Hilti AG v Commission* [1990] E. C. R. Ⅱ-163，[1990] 4 C. M. L. R. 602，CFI。

[348] 见 1992 年 6 月 4 日的《欧共体委员会决议》。

[349] 见案例 T-30/89 *Hilti AG v Commission* [1990] E. C. R. Ⅱ-163，[1990] 4 C. M. L. R. 602，CFI。

[350] 见《欧共体委员会决议》92/1663 [1992] O. J. L72/1。

[351] 见联合案例 40－48，50，54－56，111，113，114/73 *Cooperatieve vereniging Suiker Unie UA v Commission* [1975] E. C. R. 1663。

[352] 见案例 62/86 *Akzo Chemie BV v Commission* [1991] E. C. R. I-3359，[1993] 5 C. M. L. R. 215，ECJ。

[353] 见欧共体委员会关于 *Football League TV* 的意见。

[354] 见案例 T-51/89 *Tetra Pak Rausing SA v Commission* [1990] E. C. R，Ⅱ-309，[1991] 4 C. M. L. R. 334，CFI。

[355] 见案例 T-111/96 *ITT Promedia NV v Commission* [1998] E. C. R. Ⅱ-2937。

[356] 见案例 T-228/97 *Irish Sugar v Commission* [1999] E. C. R. Ⅱ-2969。

[357] 见案例 26/7 *General Motors Continental NV v Commission* [1975] E. C. R。

[358] 见案例 226/84 *British Leyland Plc v Commission* [1986] E. C. R. 3263，[1987] 1 C. M. L. R. 185，ECJ。

[359] 参见《欧共体条约》第 82 条。

[360] 见联合案例 6，7/73 *Istituto Chemioterapico Italiano SpA and Commercial Solvents Corpn v*

Commission [1974] E. C. R. 223，[1974] 1 C. M. L. R. 309。

[361] 见联合案例 6，7/73 *Istituto Chemioterapico Italiano SpA and Commercial Solvents Corpn v Commission* [1974] E. C. R. 223，[1974] 1 C. M. L. R. 309。

[362] 见案例 322/81 *Nederlandsche Banden-Industrie Michelin NV v Commission* [1983] E. C. R. 3461，[1985] 1 C. M. L. R. 282，ECJ。

[363] 见案例 22/78 *Hugin Kassaregister AB v Commission* [1979] E. C. R. 1869，[1979] 3 C. M. L. R. 345，ECJ。

[364] 见联合案例 6，7/73 *Istituto Chemioterapico Italiano SpA and Commercial Solvents Corpn v Commission* [1974] E. C. R. 223，[1974] 1 C. M. L. R. 309。

[365] 见案例 226/84 *British Leyland Plc v Commission* [1986] E. C. R. 3263，[1987] 1 C. M. L. R. 185，ECJ。

[366] 见案例 22/79 *Greenwich Film Production v SACEM* [1979] E. C. R. 3275，[1980] 1 C. M. L. R. 629，ECJ。

[367] 见案例 85/76 *Hoffmann-La Roche & Co AG v Commission* [1979] E. C. R. 461，[1979] 3 C. M. L. R. 211，ECJ。

[368] 见案例 126/80 *Salonia v Poidomani* [1981] E. C. R. 1563，[1982] 1 C. M. L. R. 64，ECJ。

[369] 见联合案例 6，7/73 *Istituto Chemioterapico Italiano SpA and Commercial Solvents Corpn v Commission* [1974] E. C. R. 223，[1974] 1 C. M. L. R. 309。

[370] 参见案例 27/76 *United Brands Co v Commission* [1978] E. C. R. 207，[1978] 1 C. M. L. R. 429，ECJ。

[371] 见案例 22/79 *Greenwich Film Production v SACEM* [1979] E. C. R. 3275，[1980] 1 C. M. L. R. 629，ECJ。

[372] 见案例 322/81 *Nederlandsche Banden-Industrie Michelin NV v Commission* [1983] E. C. R. 3461，[1985] 1 C. M. L. R. 282，ECJ。

[373] 见案例 247/86 *societe alsacienne et lorraine de telecommunications et d'electronique* (*Alsatel*) *v Novasam SA* [1988] E. C. R. 5987。

[374] 见案例 22/78 *Hugin Kassaregister AB v Commission* [1979] E. C. R. 1869，[1979] 3 C. M. L. R. 345，ECJ。

[375] 见《欧共体条约》第 82 条。

[376] 联合案例 6，7/73 *Istituto Chemioterapico Italiano SpA and Commercial Solvents Corpn v Commission* [1974] E. C. R. 223，[1974] 1 C. M. L. R. 309。

[377] 见《欧共体决议》82/861/EEC [1982] O. J. L360/36，[1983] 1 C. M. L. R. 457。

[378] 见案例 C-41/90 *Hofner v Macroton GmbH* [1991] E. C. R. I-1979，[1993] 3 C. M. L. R. 306，ECJ。

[379] 参见案例 90/76 *Van Ameyde v Srl Ufficio Centrale Italiano di Assistenze Assicurativa Automobilisti* [1977] E. C. R。

[380] 见案例 172/80 *Zuchner v Bayerische Vereinsbank AG* [1981] E. C. R,2021，[1982] 1 C. M. L. R. 313，ECJ。

[381] 见案例 7/82 *GVL v Commission* [1983] E. C. R. 483，[1983] 3 C. M. L. R. 645，ECJ。

[382] 见案例 155/73 *Sacchi* [1974] E. C. R. 409，[1974] 2 C. M. L. R. 177，ECJ。

[383] 见案例 26/7 *General Motors Continental NV v Commission* [1975] E. C. R. 。

[384] 见案例 22/79 *Greenwich Film Production v SACEM* [1979] E. C. R. 3275，[1980] 1 C. M.

L. R. 629，ECJ。

［385］见案例 126/80 *Salonia v Poidomani* ［1981］ E. C. R. 1563，［1982］ 1 C. M. L. R. 64，ECJ。

［386］参见案例 30/87 *Bodson v Pompes funebres des regions liberees SA* ［1988］ E. C. R. 2479，［1989］ 4 C. M. L. R. 984，ECJ。

［387］参见案例 C-179/90 *Merci Convenzionali Porto di Genove Spa v Siderurgica Gabrielli SpA* ［1991］ E. C. R. 1-5889，［1994］ 4 C. M. L. R. 422，ECJ。

第 30 章 独家分销协议，许可和特许经营

30—001 想要扩大其海外销售的出口商主要关心的是制定一个计划周密的营销策略。很明显，他将首先进行深入的市场调研，利用在下一章[1]中所描述的信息来源，该出口商会很快发现，在多个海外国家，这些国家的经济、社会和政治条件是如此不同，因此，该出口商的营销方式在国外必须十分灵活。一个出口模式的计划可能适用于一个国家，但对另一个国家可能完全不适合。

1992 年，欧洲共同体单一市场的建立[2]，为一个成员国的买家购买在另一个成员国的卖家的商品的行为创造了良好的环境。然而，即使是在共同体市场内部，国家间的语言、交易习惯、传统偏好等问题的差异仍然存在。因此，出口商应该考虑在该区域市场建立当地的常驻销售机构。

合法的常设销售机构有以下五种可供选用的形式：

(1) 可由出口商和国外进口商签订独家分销协议、许可和特许经营协议。

(2) 可委派国外独立的代理人作为自己的代表或请国外客户利用该国的保

付商行。

(3) 可设立自己的国外分支机构或国外附属子公司，作为自己的销售货物的组织，或者通过外资并购，例如，通过收购已经在目标国开展经营活动或者可能在目标国建立了分销机构的公司。

(4) 可和海外贸易商一同建立合资企业，或者设置联合出口组织，如欧洲经济利益集团 (EEIG)。[3]

根据具体情况，选择最合适的营销组织形式常常受到欧共体竞争法和英国竞争法的影响，因此，本书特辟专章论述这方面的问题。

独家分销协议的性质

□ 独家协议和包销协议

在分销协议中，以及在第 27 章所提到的代理人协议中，分销商及代理人通常被给予代理的“独家权”（sole rights）或“包销权”（exclusive rights）。法律并没有给“独家”和“包销”这两个术语规定明确的定义。因此，这两个术语的意思有待根据在每一个特定案例中当事人是如何规定这两个术语的来确定。最好的做法是合同各方在合同中列明它们的海外代表所拥有的权利。如果合同中没有列明这些权利，依据现代商业惯例，“独家权”和“包销权”拥有以下性质： 30—002

(1) 这两个术语都表明，授权人或委托人无权在其“独家权”或“包销权”代表所在的区域指定其他分销商或者代理人。

(2) 若为独家协议，授权人或委托人有权在该独家权代表所在的区域以自己的名义销售产品。

(3) 若为包销协议，则授权人或委托人无权在该包销权代表所在的区域销售该产品。这个解释来源于《1998 年外观设计和专利法》（the Copyright Designs and Patents Act 1988）第 92 部分第 1 条中关于“独家授权”（exclusive licence）的定义。[4]

有时，分销协议和代理协议中规定了海外代表既具有独家权，又具有包销权。

□ 独家分销协议与买卖合同及代理协议的区别

在出口贸易中，独家分销协议（sole distribution agreements）[5] 通常的定义与买卖合同（contracts of sale）及代理协议（agency agreements）不同。[6] 通常使用的独家协议规定，卖方——英国厂家或商人给予买方——海外商人，在特定地区独家经营指定的商品的权利，买方如果要在英国购买这种指定的商 30—003

品，也只能以卖方作为唯一的供应来源。[7]例如，英国的一家生产计算机的工厂和印度的一家进口商签订了独家协议，前者就无权在印度指定其他的分销商，而后者也不得随意在英国购买竞争对手所生产的计算机，如果双方当事人有这种意思的话。独家分销协议并不是指定商品的买卖合同，它仅规定一般条件以作为将来订立具体商品买卖合同的根据。有的时候，独家分销协议也有条款规定买方购买若干指定的商品，由卖方分期分批或凭买方通知交货；但是，即使没有这种条款，独家协议也不仅仅是为了签订具体合同的合同，而是一个即时发生效力的协议。因为协议中有关双方发生权利义务的条款，虽然有待将来签订个别买卖合同时才能实现，但其限制性条款（restrictive clauses）却是立即生效的，并将持续到协议终止时才告结束，即使以后根本没有订立买卖合同也不得例外。如果买方常驻国有保护竞争的法律，如欧洲共同体的一个成员国或美国，那么，在订立独家协议时必须特别注意，以免违反这类法律。[8]

此外，从法律意义上来说，独家分销商不是英国制造商的代理人或者贸易商[9]，虽然在商业用语上有时没有严格的区分说明。在法律意义上，独家分销商并不是像代理人一样代表着英国制造商的意愿而行动。独家分销商的利润来源是在自己所管辖的区域内销售货物的买卖价差，而代理人的利润来源是通过代表英国制造商与客户签订了某项合同或者是将客户介绍给了英国制造商而赚取的佣金。[10]

独家分销协议与独家代理协议有相似之处，这两种协议都规定有独家经营权的区域范围，但它们又有重大的区别。独家分销协议从实质上说，完全是一个买卖合同，因为国外商人是用自己的名义购买货物，他在他的地区转售商品时，第三者和该英国出口商不发生任何契约关系。[11]这和独家代理协议相比较，有明显的优点：英国出口商无须担心国外许许多多客户的资信，因为他只是把商品卖给一个人，而这个人的资信和商业上的地位是他所熟知的。

□ 独家分销协议，许可和特许经营

30－004 独家分销协议有时被描述成给予一个销售许可。但是，从法律角度来看，这个描述是错误的。独家分销协议只是给予了销售货物的活动的范围，并没有给予许可证。

许可和特许经营协议（licensing and franchising agreements）与独家分销协议有很大的不同。许可协议是指，知识产权的拥有者给予被许可方在特定条件下使用该知识产权的权利。该知识产权可能是专利、商标、未注册的企业名称，或者是特定的经营方法。[12]特许经营协议是指，特许经营提供方给予被特许方，在遵循特许经营提供方的名称及经营方法的情况下使用特许经营提供方的许可的权利。通常，在这种协议下，特许经营提供方对特许经营授予方的经营活动有很大的控制权。[13]许可和特许经营协议将在之后的章节中进行分析。[14]

□ 出口经销协议（export distribution agreements）

独家分销协议也可由本国出口商和本国制造商或批发商签订。这种出口商业也称“出口经销商”（export distributor）。根据协议，他在国外任何地区或指定的市场有独家经销制造商的产品的权利。出口经销协议有两种形式，采取哪种形式，必须在合同中明确规定，不能有丝毫含混。第一种形式规定经销商承担每年向制造商订购一定数量的产品；第二种形式规定经销商只是在获得国外客户订单时才向制造厂商订货。在第二种形式下，经销商只有因为疏忽[15]未把客户订单转给制造商时才发生责任；而在第一种形式下，经销商无论是否收到客户的订单，都须向制造厂商订购协议规定数额的商品。这种区别的重要性，从下述案例中可以看得很清楚[16]：被告是一家保付商行，原告是一家水龙头及卫生设备工厂，被告是原告在若干海外国家的出口经销商，协议期限是15年，但是任何一方可在第10年结束前6个月通知对方终止合同。协议第二条中规定，被告每年“转给工厂的客户订单，照订约时价格计算不得少于总值为8万英镑的货物销售额”。这个协议实行了15个月，实际订货额少于规定额，主要是由于一些国家停发有关商品的进口许可证。原告和被告对协议第二条的解释发生了争议。原告主张，经销商必须每年订购价值为8万英镑的货物，被告抗辩说，他只承担把收到的客户订单，不论多少，都转向原告订货的责任。原告认为这是被告全盘拒绝履行协议的规定，因而要求赔偿：1）因被告在过去15个月没有按照协议第二条的规定向原告订货所遭受的损失；2）因被告全盘拒绝履行协议所造成的损失。上诉法院判决：根据协议第二条的规定，被告无论是否收到客户订单，都有每年向原告订购价值8万英镑的货物。被告对于协议条款虽有误解，但还是出于诚意的，并无全盘撕毁协议的意思[17]，因此，被告须赔偿原告在过去15个月协议实行期间，由于被告不履行条约所遭受的损失，但对原告提出的赔偿撕毁整个协议的损失的要求，则予以驳回，这是鉴于协议期间长，损失的赔偿会很大的缘故。 30—005

在解释独家分销协议的条款时，必须记住，双方当事人的意思表示是建立持久的关系。不能利用对合同条款的某些微不足道的背离，作为合同已经被撕毁的借口，虽然这种背离可能会引起赔偿损失的要求。特别是独家经销商为了扩大生产者产品的销路，而在他的责任范围外花掉大量费用时，更是如此。在 *Decro-Wall SA v Marketing Ltd*[18]一案中，德克罗-沃尔（Decro-Wall）将其商品——装饰用花砖在英国的独家经销权授予马克丁（Marketing）这家规模虽小但声誉卓著的公司。该独家经销协议没有明确的期限，而由合理的通知予以确定，马克丁有限公司在建立英国市场方面取得了很大的成功。在协议签订两年后，德克罗-沃尔的产品在英国市场方面取得了很大的成功。在协议签订两年后，德克罗-沃尔的产品在英国的销售点已经达到七八百个。马克丁有限公司花在德克罗-沃尔的产品上的广告费用大约有3万英镑，并且至少额外雇用了6个推销员。但是，当事人之间有小小的分歧，这是由于马克丁有限公司付款迟缓，虽然到最后它都是按数额付清的。马克丁有限公司也指责德克罗-沃尔交货延迟。马克丁有限公司的常务董事于是提出了一项数量较小但交货时间要求更加严格的新计划，这个计划遭到了德克罗-沃尔的拒绝。德克罗-沃尔已经同另一家英国公司进行过谈判，而且在当时就安排指定该家公司独家享有它的特权。德克罗-沃尔主张，它同马克丁有限公司的合同，已经因为马克丁有限公司没有准时付款而被撕毁，并称它准备接受该项毁约。德克罗-沃尔还就未清偿的汇票一事，向英国法院控告马克丁有限公司，要求法院宣布马克丁有限公司不再是德克罗-沃尔在英国的独家特许人。马克丁有限公司在其反诉讼中要求法院宣布他仍然是德克罗-沃尔在英国的独家特许人。上诉法院判决：鉴于时间并不是付款的要素，马克丁有限公司并不因为未能按时偿付未付的汇票而构成毁约，因而双方当事人的协议仍然有效，该项协议只有通过合理的通知才能终止，根据案情，这种通知的期限是 12 个月。

独家分销协议的条款

30－006 独家分销协议有各种各样的安排，订约人可以自由选择。订立协议时双方必须精心考虑，以期达到协议对双方公平合理，适合自己行业的需要，并能经得住卖主市场或买主市场的考验。由于法律允许存在多种形式，因而这种协议的条款五花八门，不胜枚举，现在仅选择其中重要的加以介绍，必要时并举例予以说明。

□ 区域的定义

订约双方必须考虑以下各个要点：

30－007 (1) 地理上所指的区域，可以包括几个政治单位，如，斯堪的纳维亚国家；或只包括一个政治单位，如瑞典；或只包括一个政治单位中的一部分，如斯德哥尔摩市。

(2) 在未来，区域的扩大：有时只是道义上的要求；有时因为某种条件成熟而成为买方法律上的权利，例如，买方在其原定区域内的售货额在一定时期内达到规定的数量时就有权要求扩大其区域。

(3) 卖方负有不向包销区域内的客户直接销售货物的义务。从前在包销协议中时常规定，卖方在和其他国内国外的买方（非本协议中的买方）签订协议时，须列有专款，明确禁止他们直接或间接向包销区售货。现在由于这种条款可能违反欧洲经济共同体关于妨碍竞争的规定和某些国家的反托拉斯法，所以通常都不采用。[19]

(4) 卖方负有把包销区客户的直接询价转给买方的义务。

(5) 买方负有不向包销区域外转售货物的义务。

(6) 买方负有保存客户和经销商的名单，并当卖方要求时，提供该名单的义务。

(7) 在包销区域内买方只能从卖方购进货物。过去的协议常常规定，在此区域，买方不得从其他供货人购买任何指定的货物，只能从卖方一家购进指定的货物。这种规定，因可能违反《欧共体条约》的规定或国家立法，现在往往不再采用。

□ 价格的定义

有些时候，分销协议包含确定分销商根据协议下订单时所需支付的价格的条款。这里出现的问题是，分销协议通常都是一个长期协议，但是货物的购买需要根据个别案例及时间的变换而定，货物的价格可能会受通货膨胀等因素的影响。 **30—008**

在分销协议中，协议各方通常会根据特定日期明确价格。如，合同达成当天的价格，或者是货物交运时的价格。在其他的案例中，协议各方同意分销商支付最受青睐客户价格（m. f. c.）。也就是说，在特定的时间供货商可以从其他客户那里得到的最优的价格。当协议中同意使用最受青睐客户价格时，通常允许供应商提供一份豁免客户名单，在确定最受青睐客户价格时，可以不考虑这些豁免客户所得到的价格。这些客户包括控股母公司、附属子公司、关联公司等。一个最受青睐客户价格的条款的例子如下：

"与本协议第一条所规定的'供应'一致，分销商需要给供应商支付最低的离岸价格，这个价格与同等条件下供应商的其他客户的价格相比应是最低的，这些客户应当排除附件名单中所列明的客户。"

□ 商品的定义

(1) 协议中所指的商品，可能只是卖方所生产或出售的部分品种，不是他的全部产品或他所经营的所有商品。 **30—009**

(2) 规定上述商品的最好办法是在协议中附有按卖方商品目录号标明的货单。

(3) 商品种类有时总括为"……行业所需要的所有品种和所有型号的商品、机器和设备"。

(4) 对于卖方停止生产或出售的商品，协议即不再适用。

(5) 卖方增加的新产品或出售的新商品，如与协议中的商品为同一行业的商品，协议适用的范围应该扩大到把它们包括进去。

□ 专买权与专卖权

(1) 合同不需要同时规定专买权和专卖权作为对流条件（concurrent terms），而只需单独规定专买权或专卖权即可生效。但在实际业务中，互惠的、使双方满意的协议，比单独规定一方专营权利的协议更为可取。但是这个 **30—010**

问题需要根据具体行业的特殊要求来做决定。

如果在分销协议中对此问题并未明确约定，则会有默示条款为分销方有义务尽最大努力销售供应商的货物。在一个案例[20]中，该默示条款与分销商销售与该供应商的竞争对手生产的类似产品的自由权相冲突，法院判分销商要优惠地对待供应商，至少要与其竞争对手同等优待。该判决表明非常有必要依据竞争法的强制条文和国家立法在合约中明确约定这些事项。[21]

(2) 合同要明确规定海外的进口商是作为买方，而不是作为卖方的代理人。下述草拟的条款可以说明这一点：

“双方同意并谅解，买方绝不是卖方的代理人或代表，买方既无授权，也无权力用任何方法或为任何目的约束卖方，或用卖方的名义订立合同，而使卖方承担任何责任。他是以独立买方的身份和卖方签订享有独家从卖方购进……机器的合同，在其包销区域内，自负盈亏和自负责任地转售、经营从卖方购得的……机器。”

(3) 卖方可以要求在合同中规定，买方有在市场上推销卖方商品的义务。例如：

“买方同意在合同有效期内积极努力地用良好有效的售货方法招揽订单，并在其包销区域内向客户或潜在客户宣传卖方经营的……机器设备。这些努力的总目标是在竞争和一般商业行情许可的条件下，对包销区域中的用户尽可能多地出售卖方的各种机器设备。”

(4) 卖方有时要求买方在一定时期内完成最低限额的订货；有时还规定买方如不能如期完成限额，卖方有权通知买方停止合同。

□ 广告、市场信息、专利权及商标的保护

30－011 (1) 卖方并不担心包销区域的售货收入，因为他的海外订约人是买主而不是代理人。他关心的是开拓海外市场，宣传他的产品所使用的商标。[22]因此，他有时要求买方负责为他的商品刊登一定的广告，合同中的条款如下：

“买方负责和出资在其包销区域为卖方的……机器设备举办展览、招揽订货、散发传单或在当地的报刊上登载广告。买方同意在合同有效期间出资在其区域内发行的全国性……工业期刊上，按月登载每年不得少于 12 全页的广告，并由买方付费把登有这种广告的期刊寄给卖方。”

(2) 有时规定经销人应定期访问有希望达成交易的客户。[23]

(3) 卖方往往要求买方尽量提供市场信息，其条款如下：

“买方同意，每隔一段时间或当卖方在合理时间提出要求时，尽力提供可能得到的信息，如：包销区对卖方商品的需求情况，用户的反应，竞争者的活动及其他和协议有关的事项，并同意做一切必要和有益的工作以发展、改进卖方……机器设备的销售以及扩大和维护其市场信誉。”

(4) 协议规定对卖方的专利权和商标给予应有的保护[24]，有时还规定买方不得制造或模仿卖方的产品。

□ 其他条款

(1) 合同应适当地包括之前已经讨论过的卖方的一般交易条件。[25] 30—012

(2) 合同的期限一般是不固定的，任何一方到一定的时候都有权终止协议。例如，可以在每年年底前若干天或若干个月向对方发出终止协议的通知。有时合同规定，买方的订购如在一定时期达不到约定的最低数额，卖方有权终止协议。

合同中如果没有有关终止的条款，则任何一方都有权在合理时间内向对方发出通知后终止合同。[26]对于诸如包销协议这类商业领域的协议，法院都不推定它是长期性的。[27]

关于限制行为的法律

独家经销协议必须遵守协议履行地国家现行的关于限制贸易行为和妨碍贸 30—013
易的法律。[28]这些协议履行地国家可能是欧洲共同体、英国等。[29]

在欧洲经济共同体的法律范围内，一个包销协议可能会违反《欧共体条约》[30]第 81 条、第 82 条。一个包销协议也可能违反英国《1998 年竞争法》[31]中的某些相关条款。

许可和特许经营协议

正如之前已经陈述过的[32]，拥有专利权、商标权或者其他形式的知识产权 30—014
或工业产权的出口商，可能会通过特许经营的方式来使用这种知识产权，并通过特许另一方经营的方式来开拓海外市场。许可人因此避免了在指定的区域提供利用知识产权所需资金的必要性，并进一步避免了进行有关商品的交易的商业风险。许可人在制定许可合同时必须铭记以下重要问题。这些问题是：他们的质量控制、税收问题和欧洲共同体或其他相关法律的影响。质量控制，是一个一般可以确保一个销往国外的商品样品将定期接受检验的规定。税收问题涉及税收是否可以在源头上进行扣减，以及这样的扣减会给许可人带来的影响。有关许可的欧洲共同体法律的规定可以在《欧共体条约》[33]第 81 条的相关禁令中予以研究。

欧共体法律会影响知识产权拥有方授予被许可方许可经营执照的条件，因为如果授予特许经营执照会导致协议双方消除其他方的竞争，那么这违反了《欧共体条约》第81条，被视为无效。[34]但是，欧共体委员会提出了集体豁免（block exemption）的条件。[35]因此，签订许可协议的双方可以根据集体豁免的条件来判断协议中哪些条款是被允许的、哪些条款是被严格禁止的，即所谓的“白色条款”（white-list）与“黑色条款”（black-list）。如果协议双方无法确定一个条款是否属于集体豁免条款之中，协议双方仍然可以向欧共体委员会申请个别豁免（individual exemption）。[36]许可方在工业化不太发达的国家进行许可经营时要十分注意该国有关技术转移（technology transfer）的法律。这些法律是为了减轻发达工业国家的许可人与较不发达工业国家的被许可人之间议价能力的不平等程度。

特许经营

□ 业务流程

30—015 如果许可经营方希望被许可经营人按照许可经营人已经建立好的公司形象开展业务，则许可经营协议的双方之间将采用一种特殊的许可经营形式，即特许经营。在特许经营安排下，特许经营商将会按照授予特许经营权的公司的名称、营业模式、装修设计等进行营业。这些营业模式、企业名称与授予许可经营权的公司之间保持高度一致。这样做的目的是保证分销机构能够一眼就被客户认出来，拥有一个统一的形象，因此，客户无法区分特许经营授予商与特许经营商。特许经营授予商与特许经营商之间的区别是无法从表面上察觉出来的，区别是，特许经营商自负自己所开办的分销机构的盈亏。

特许经营的形式主要涉及食品等行业，与公众心目中的快餐连锁店、咖啡连锁店等联系紧密。但是，当然，特许经营安排不局限于这个行业。该特许经营产业不仅为客户（市民）提供服务，而且为其他业务提供商品和服务。这就是特许经营的性质和规模。在某些地区可能存在特许经营协会，其成员要遵守国际特许经营协会制定的道德准则。国际商会（International Chamber of Commerce，ICC）制作了一个关于国际特许经营的合同样本，这个样本附有一份详细的评论。该样本可供潜在的加盟商参考。[37]

特许经营与欧共体法律

30—016 *Pronuptia de Paris GmbH v Schillgalis*[38]与特许经营分销有关，这个案例的结果建立了由条例4087/88[39]所规定的集体豁免。在这个案例中，原告是

Pronuptia de Paris SA 的一个附属子公司，该子公司的业务主要是运用商标“Pronuptia de Paris”进行婚纱贸易或其他与婚纱相关的业务。被告 Schillgalis，是被赋予了使用商标“Pronuptia de Paris”进行商品营销或者服务的特许经营商。Schillgalis 在汉堡、奥尔登堡和汉诺威地区获得了独家经销权。在特许经营协议中，特许经营授予商承诺不在该区域内开设其他的 Pronuptia 零售网点，并承诺不在协议中提到的地区为第三方提供货物或服务。特许经营授予商与特许经营商之间发生了关于加盟商许可费的争端。德国公司 Schillgalis 向欧洲法院提及此事，认为在原则上，特许经营协议的目的是为了保护特许人的知识或身份和销售网络的信誉，这没有侵犯《欧共体条约》第 81 条第 1 款，但是可能会导致特许经营授予商与被授予商之间，或者是特许经营被授予商之间有市场划分，进而可能会限制市场竞争的条款，可能会违反《欧共体条约》第 81 条。特别是，在除了指定的地区外禁止销售 Pronuptia 商品或提供 Pronuptia 服务的协议条款，可能会限制竞争，因为它会阻止被告在它的区域内开设第二个网点。特许经营被授予方的地位取决于特许经营被授予方的个人的情况、各特许经营安排的条文和规定，以及特许经营协议对市场的影响。[40]

集体豁免

30—017 条例 4087/88 只适用于零售业和服务业的特许经营权，并不涉及与制造商品有关的工业的特许经营权。[41]因此，该条例只适用于商品或服务的组合被提供给最终用户的协议，不适用于批发特许经营协议。该条例中列明了可以被豁免[42]的不被认为限制竞争的行为，这其中包含了遵从合约进行商业活动、不在领域外销售商品、不与特许经营商品竞争等义务。条例规定了与豁免有关的“白色条款”和“黑色条款”。[43]在准则范围内的协议不用进行通报。在准则范围外的协议需要进行通报，但是服从“反对”程序（“opposition” procedure）。[44]该程序是指，如果从通报日期开始算起，6 个月之内，欧共体委员会都没有反对该协议，则该协议被豁免。那些通报必须明确表示参考了第 6 条。任何成员国的成员都可以在三个月之内提出反对豁免的请求。[45]该条例在 1999 年 12 月 31 日前都有效。

条例 4087/88 被条例 2790/99[46]所取代，即《供应及分销协议的集体豁免条例》[47]（Block Exemption Regulation for Supply and Distribution Agreements）。该条例适用于包销[48]、非包销、独家购买、特许经营以及选择分销。不像条例 4087/88，条例 2790/99 没有“白色条款”。只要条款满足了第 2 条的要求，没有超过市场份额的最高要求，且没有包含第 4 条、第 5 条中的“黑色条款”，则这些条款都可以被豁免。[49]

这个新条例同样只适用于零售业和服务业的特许经营权，并不涉及与制造商品有关的工业的特许经营权。该条例本身并没有提出过多的关于特许经营的细节问题。但对该条例起辅助作用的《纵向限制指南》(Guidelines on Vertical Restraints)[50]更加详细地讨论了特许经营的问题。《纵向限制指南》提出，有关购买、出售和转售商品和服务的特许经营协议，在纵向限制方面，集体豁免条例适用于占市场份额的30%的门槛。[51]《纵向限制指南》中同样提出了保护特许经营授予方的知识产权的义务。[52]

潜在竞争者同样可以参考2001年欧盟委员会颁布的《关于依照〈欧共体条约〉第81条并未显著限制竞争的协议的通告》。[53]

注释

[1] 见第31章。

[2] 见《1986年单一欧洲法案》。

[3]《1998年外观设计和专利法》(the Copyright Designs and Patents Act 1988) 第92部分第1条中关于"独家授权"(exclusive licence) 的定义为："独家授权，是指由版权所有方或者其代表指定被授权方全权使用该版权的权利。"

[4] 参见《理事会条例(欧洲经济共同体)2137/85》。

[5] 参见 R. Graupne, "Sole Distributorship Agreements—a Comparative View" (1969) 18 I. C. L. Q. 879; J. A. Wade, "The Sole Distributor in Comparative and Private International Law", in *Hague-Zagreb Essays 4 on the Law of Intenational Trade*, p. 213, 由 C. C. A. Voskuil and J. A. Wade (1983) 编辑。

[6] 参见 R. Christou on *International Agency*, *Distribution and Licencing Agreements* (2003年第4版)，特别是第23章中所讲述的选择代理人和分销商的实践准则。

[7] 详细信息参见下文第30—010段的描述。

[8] 见第29章。

[9] 见前文中关于代理人类型的描述。

[10] 委托人在选择代理协议中的代理人时应该考虑《欧共体理事会指令》第653/86条。

[11] 一个佣金代理人，从法律意义上说，不是一个独家经销商，虽然佣金代理人以自己的名义销售货物，但是他是代表委托人进行交易的，在英国法范围内，佣金代理人是真正意义上的代理人，因为他通常获得的是佣金。

[12] 在实践中，许可经营通常发生在制造商品阶段而不是市场营销阶段。

[13] 参见 M. M. Bynger, *Franchising* (1995); M. Mendelsohn, *Franchising Law* (2004年第2版)；国与国之间的特许经营行为指南可参见 M. Mendelsohn, *International Encyclopedia of Franchising* (活页) (2003)。

[14] 参见下文第30—015段的描述。

[15] 相关方必须尽到最大努力。参见 *Ault & Wiborg Points Ltd v Sure Service Ltd*, *The Times*, *July* 2, 1983; *Days Medical Aids Ltd v Pihsiang Machinery Manufacturing Co Ltd* [2004] EWHC 44, [2004]。

[16] 参见 *James Shaffer Ltd v Findlay Durham & Brodie* [1953] 1 W. L. R. 106，及加拿大案例 *Wingold v Wm Looser & Co* [1951] 1 D. L. R. 429; 案例 *R J Dempster Ltd v Motherwell Bridge and Engineering Co Ltd* [1964] S. C. 308。

[17] 参见案例 *Mercanaut* [1980] 2 Lloyds Rep. 183 at 185; *Woodar Investment Development Ltd v*

Wimpey Construction UK Ltd [1980] 1 W. L. R. 277, HL; *Orion Finance Ltd v Heritable Finance Ltd* [1998] CCLR 25 CA。

[18] 见 [1971] 1 W. L. R. 361；见案例 *Evans Marshall & Co Ltd v Bertola SA* [1975] 2 Llcyd's Rep. 373（独家经销协议要求供应商不得要求过高的价格而致使经销商无法获得合理的商业利润）。

[19] 见第 29 章。

[20] 见案例 *Ault & Wiborg Paints Ltd v Sure Service Ltd*, *The Times*, July 2, 1983, CA（这个案例与国内的交易有关）。澳大利亚案例 *US Surgical Corporation v Hospital Products Ltd* [1983] 2 N. S. W. L. R. 157 讨论了经销商应当最大限度地尽自己的努力来代表供货商的责任。

[21] 参见第 29 章。

[22] 通常，协议中列明了商标和专利权等相关事项。如果商标和专利发生了变化，协议也应当做相应调整。

[23] 见案例 *L Schuler AG v Wickmon Machane Tool Sales Ltd* [1974] A. C. 235。

[24] 在案例 *Sport International Bussum BV v Hi-Tec Sports Ltd* 中，荷兰商标拥有商给予分销商在英国使用该商标的独家权利，上诉法院认为，在经销协议中应当加入相应条款，列明当协议终止时，分销商不仅不能在英国继续使用荷兰商标拥有商的该商标，而且不能在任何其他地方使用该商标。

[25] 见前文第 32—015 段所述。

[26] 见案例 *Decro-Wall SA v Marketing Ltd* [1971] 1 W . L. R. 361。

[27] 见案例 *Martin-Baker Aircraft Co Ltd v Canadian Flight Equipment Ltd* [1955] 2 Q. B. 556 at 571; *Tower Hamlets London Borough Council v British Gas Corporation* (1982) 79 L. S. Gaz. 1C25; *The Times*, March 23, 1982。

[28] 见案例 *James E McCabe Ltd v Scottish Courage Ltd* [2006] EWHC 538 中包含不合理的限制贸易的经销协议。

[29] 参见国际商会经销合同模板。

[30] 在早期的案例法中，欧洲法院认为经销协议在《欧共体条约》第 81 条的条款范围内，适用于纵向协议和水平协议。见案例 13/61 *Kledingverkoopbedrijf de Geus en Uitdenbogerd v Robert Bosch GmbH* [1962] E. C. R. 45, [1962] C. M. L. R. 1；以及案例 56/65 *Societe Technique Miniere v Maschinenbau Ulm GmbH* [1966] E. C. R. 235, [1966] C. M. L. R. 357。

[31]《1998 年英国竞争法》第 2 部分与《欧共体条约》第 81 条第 1 款相一致，禁止显著影响或者扭曲竞争的协议，禁止影响英国内贸易的协议。

[32] 见简介部分。

[33] 见第 29 章。

[34] 见第 29 章。

[35] 例如，技术转移集体豁免。表明了欧共体委员会希望在竞争法与保护知识产权之间寻找平衡。

[36] 依据《欧共体条约》第 81 条第 3 款。

[37] 参见国际商会网站：http://www. iccwbo. org。

[38] 参见案例 161/84 [1986] 1 C. M. L. R. 414，案例 87/100 *Yves Rocher* [1987] O. J. L8/49；及案例 *Charles Jourdan* [1989] O. J. 35/31。

[39] 现在被条例 2790/99 取代。

[40] 参见 R. Christou, *International Agency*, *Distribution and Licencing Agreements*（2003 年第 4 版），特别是其中的第六章。

[41] 见条例 4087/88 第 1 条第 3 款。

[42] 见条例 4087/88 第 2 条。

［43］见条例 4087/88 第 3 条及条例 4087/88 第 4 条。

［44］见条例 4087/88 第 6 条。

［45］见条例 4087/88 第 7 条。

［46］集体豁免制度在英国通过《1998 年英国竞争法》第十章项下的规定实行。

［47］关于某个行业内部的集体条款，参见《欧共体规则 1400/2002》中关于《欧共体条约》第 81 条第 3 款的应用。

［48］参见 *Days Medical Aids Ltd v Pihsiang Machinery Manufacturing Co Ltd*［2004］EWHC 44［2004］1 All E. R.（Comm）991。

［49］参见 V. Korah，*An Introductory Guide to EC Competition Law and Practice*（2004 第 8 版）。

［50］参见［2000］O. J. C291/1 第 43 至第 44 段。

［51］参见［2000］O. J. C291/1 第 200 段。

［52］参见［2000］O. J. C291/1 第 44 段。

［53］见第 29 章。

第九部分

市场信息

第 31 章 出口市场信息的来源——市场调查

□ 直接市场调查

31—001 一个企业，无论所从事的交易是全球范围的还是欧盟区域内的，只要参与出口交易，它首先要做的都是对目标市场进行调查研究。

出口商为了了解目标市场，往往需要自发开展市场调查。这时，有些企业可以利用其内部的调研部门，也可以聘请独立的外部专家或顾问。在调研海外市场时，出口商可以亲自赴实地考察，当然也可以派出代表团。此外，在开展调查之前，进口商或海外佣金商可能接触或咨询进口商，海外客户还可以通过出口商刊登在本国或海外媒体上的广告或其他途径获得出口商的详细信息而直接联系出口商。

另外，当地的商会或者贸易协会之类的机构会对出口商的调研提供很大的帮助，比如在英国，出口商就可以从英国贸易投资署（UK Trade and Investment）获得很大的支持。

政府为出口商提供的服务——英国贸易投资署

英国贸易投资署旨在协助公司企业顺利开展国际贸易，并与英国商业、企 31—002
业和改革部（Department for Business Enterprise and Regulatory Reform）[1]以及英国外交部（Foreign and Commonwealth Office）共同致力于为英国海外投资、贸易活动提供服务。英国贸易投资署总部设在伦敦和格拉斯哥，其员工众多，遍及英国海内外，目前共拥有 2 300 名工作人员及顾问。

英国贸易投资署设有官方主页[2]，在网站上可以找到丰富的信息，如总署目前所提供的贸易服务、市场研究工具以及其他贸易信息。

Business Link 网站

通过访问 Business Link 网站[3]，中小型企业可以轻松获得帮助和所需的 31—003
支持以促进中小企业的成长。目前，Business Link 为整个英国提供了一系列极其有价值的商业服务，其中包括：

(1) 可靠的商业资讯、信息服务。Business Link 可向经营者们提供详细具体的调研成果，针对问题做出快速回复，能够满足不同出口商的需求。

(2) 可靠的个性化指导。Business Link 的私人业务咨询师会针对经营者的情况提出建议，以帮助这些出口商鉴别并抓住商机。

(3) 持续的科技创新研究、专业的设计团队、自身的出口咨询专家，这些都为 Business Link 的服务质量提供了保障。

(4) 深入的诊断分析以及专业的咨询服务，都能十分有效地帮助企业不断发展壮大。

(5) 举办活动、研讨会、研修班、联谊会，这些都将促进同一地区商务人士的相互交流合作。

(6) 在出口流程、单证、贸易融资以及货物运输方面提供细致入微的指导。

除了上述服务，网站还包含了更多其他的商业资源，所有这些主要面向那些有发展潜力的企业，同时也适用于那些有志于成立新公司的商业人士。

网站上的许多资源以及提供的服务都是免费的，另外 Business Link 也会为商户提供免费的初级咨询服务。此外，鉴于网站的发展需要，一些服务需要支付部分费用，还有一些则需要用户支付全部资费。

英国商会（British Chambers of Commerce）还代表英国贸易投资署创立并管理出口市场调查机制（Export Marketing Research Scheme，EMRS）。在该机制下，出口市场调研人员可以协助出口商制定初步的合适的调查方案和说明，以帮助执行市场调查任务的内部员工或专业咨询顾问。该机制还可以为那些雇员在 250 人以下的企业提供财政补贴，这种企业在进行获准的市场调查项目时，可以获得上限为调研费用额50%的补助。[4]

提供给英国公司的《专门市场信息报告》（Tailored Market Information Report）由驻外大使馆的商务官员或者其他驻外机构负责发布。报告应包括：基本市场信息，对当地潜在代理商和经销商的甄别和评估，定制当地通讯录，对于所出口产品、服务的市场评价，市场营销方面的建议，当地潜在合作伙伴的信息，以及当地投资机遇的一般信息。

活动安排服务（Programme Arranging Service）。一些贸易站（Posts）可以在出口商到达之前帮助安排一些针对当地潜在商业伙伴的商务拜访，而且在一些特定贸易站还可以安排商业官员陪同访问。

贸易代表团资助（Grant-supported Missions）。接触目标市场很有效的一个途径便是跟随贸易代表团一同访问，而且作为访问团的一员，可以获得经济资助。这些资金通常来源于类似于贸易协会、英国商会或者 Business Link 网站等机构。

贸易展销会资助（Grant-supported Trade Fairs）。作为出口商，向外界展示自己的产品以及把握市场动向是非常重要的，而在海外积极参与贸易展销会和贸易研讨会便是很好的途径。出口商如作为英国代表团的一员参与某些指定的贸易展销会，则将会获得协助以及资金上的支持，资助的数目有可能达到展位费的一半，同时出口商还有机会报销至多两名英国参展员工的差旅费。

海外研讨会（Overseas Seminars）。这种研讨会往往和贸易促进展或者展销会结合在一起举办，其目的是增加对英国高新技术产品和服务以及先进的商业理念的关注度。研讨会通常集中在某些特定的行业和对象，并且只邀请商业决策者和终端消费者参加。

英国出口信贷担保署[5]

31－004 英国出口信贷担保署（the Export Credit Guarantee Department，ECGD）是英国官方的出口信贷担保机构，隶属于英国商业、企业和改革部，并受《1991年出口和投资担保法》（the Export and Investment Guarantees Act 1991）的约束。ECGD向出口商提供保险服务，向银行的即期、中期及长期融资产品提供担保。英国出口信贷担保署为英国出口商主要提供以下四项服务：

（1）使出口商有能力向买家提供各种融资组合，同时在英国银行的担保之下，确保供货方能够实现货到收款；

（2）使出口商能够以优惠的固定利率提供融资；

（3）为出口商提供保险服务，以防范买家不付款的风险，免除了出口商的后顾之忧；

（4）保护英国公司在海外投资过程中免受外国政治风险影响。

其他协助

31－005 除上述途径外，出口商还可以从简化贸易程序委员会（Simpler Trade Procedures Board）[6]、联合国欧洲经济委员会（United Nations Economic Commission for Europe)[7]、出口控制与非扩散理事会（Export Control and Non-Proliferation Directorate)[8]以及单一市场行动（Action Single Market)[9]等机构获得帮助。

出口出版物

市面现行的许多优秀的贸易书刊能够帮助出口商及时了解瞬息万变的海外市场行情以及外国的法律、领事要求。尽管不同的人会根据自己的需求选择不同的出口刊物，但是通常对于大多数出口商而言，以下几种都会卓有裨益。 **31—006**

□ 英国贸易投资署以及商业、企业和改革部出版物

从英国贸易投资署以及商业、企业和改革部的刊物中，我们可以找到各类出口贸易文章。[10]比如《海外贸易》(*Overseas Trade*）杂志经常刊登贸易出口方面的业务指导以及案例研究，这些文章通常由商贸界专业人士撰写，比如英国外交部驻外商务官员、英国贸易投资署成员或者贸易各领域的专家顾问。这些机构同时也会进行一系列报道，报道主要针对一些出口机会较多的热点地区以及适合英国出口商的海外项目。 **31—007**

□《克罗纳出口商指南》

这是一款内容丰富、实用的活页刊物[11]，其中会记录国与国之间的贸易信息，还会刊登一些有关出口管制以及海关手续的文章。期刊的内容会保持更新以保证跟上瞬息万变的贸易局势，期刊中的《国际贸易摘要》(*Trade International Digest*）一月更新一次，《出口商要闻》(*Exporter's Briefing*）半月更新一次，此外读者们还可以通过访问网站浏览以往的信息。 **31—008**

□《泰特出口指南》

《泰特出口指南》(*Tate's Export Guide*）是一本双月刊，由 A4 纸螺旋装订[12]，其中刊登了对于文献记录、现行法律法规以及按国别进行的出口流程的总结。刊中的“大众板块”(General Section）详细记录了大量事件的总结，这些事件都是大部分出口商关心的，并且也是值得出口商思考的。此外，每期出口指南中还会包含“泰特出口要闻”(Tate's Export Briefing）部分。同时，泰特集团也会另外提供一系列国际贸易文献以及在线出口指南服务。 **31—009**

□《出口世界》

《出口世界》是出口协会（Institute of Export)[13]官方出版的双月期刊，其中有很多文章讨论时下出口商关心的问题，因此对于众多出口商很有价值，同 **31—010**

时贸易从业者还可以从中找到很多其他有用的信息。此外，出口协会还提供一系列培训服务可以让出口商在处理贸易问题时游刃有余。另外，协会的出口贸易门户网站也可以为出口者提供辅助服务以及信息服务。

□ 英国商会[14]

31－011 英国商会拥有许多外贸出版物，对于出口商来讲，其中包含了大量的有用信息，此外，商会还提供其他贸易相关服务。

□ 欧洲信息中心（EICs）[15]

31－012 欧洲信息中心遍布英国以及欧洲大陆，其旨在为在欧洲开展业务的中小型企业提供信息支持，并协助这些企业在欧洲开拓市场。

□ 欧共体统计署（Eurostat）（现为欧盟统计局）

31－013 欧共体统计署是隶属于欧共体的统计机构。统计署会向公众公布所有欧共体及其成员国以及主要贸易伙伴的经济、社会动向，并且持续更新这些信息。

注释

[1] 前身为英国贸易与工业部（Department of Trade and Industry）。

[2] http://www.uktradeinvest.gov.uk.

[3] 如想获取更多信息，可登录 http://www.businesslink.gov.uk。

[4] 详情见 http://chamberonline.co.uk。

[5] 更多信息参见 http://www.ecgd.gov.uk；此外可参见第 20 章。

[6] http://www.sitpro.org.uk.

[7] http://www.unece.org.

[8] 英国 SOLVIT 中心由欧盟委员会建立，地址设在英国贸工部；见 http://www.dti.gov.uk。

[9] 英国 SOLVIT 中心由欧盟委员会建立，地址设在英国贸工部；见 http://www.dti.gov.uk。

[10] http://www.berr.gov.uk.

[11] 可从克罗纳出版公司（Croner Publications Ltd）获取。地址：Croner Publications Ltd，Croner House，145 London Road，Kingston upon Thames，Surrey KT2 6SR。电话：020 8547 3333，传真：020 8549 7275，电子邮件：info@croner.co.uk。

[12] 可从泰特出版公司（Tate Publishing Ltd）获取。地址：Tate Publishing Ltd，Waybill House，1 Fitzhamon Court，Wolverton Mill，Milton Keynes MK12 6BA. 电话：01908 221162，传真：01908 313800，网址：www.tatefreightforms.co.uk。

[13] 地址：Export House，Minerva Business Park，Lynch Wood，Peterborough PE2 6FT；网址：www.export.org.uk。

[14] http://www.britishchambers.org.uk.

[15] http://www.ec.europa.eu.enterprise.

第十部分

标准化、统一化、电子商务与电子数据交换系统

第 32 章 贸易术语标准化与国际销售法律的统一

32—001 在第 2 章中，我们讨论过有关贸易术语的问题。我们提到过各国翻译表述贸易术语的习惯不同，因此这很有可能在从事贸易过程中产生很大的误解。[1]为了防止这种误解的发生，我们实际上一直努力在进出口贸易中推行统一的标准化贸易术语。

贸易术语标准化涉及三方面问题。[2]首先，对于贸易规则的统一。在各种贸易交易中都会牵扯到贸易规则，这些规则有时会具有法律效力或者被认为具有法律效力。另外，有些时候只有当合约双方都同意采取某种规则时才会被采用。第二，一些合同的标准格式。在一些交易中，特别是在货物贸易以及生产资料的贸易中，若交易双方达成一致，书写合同时可以采用一些国际贸易的标准格式合同。第三，在很多情况下，除非明确地被排除，一般贸易商们会在合同中使用一些通用的商业术语，并且应用到双方所有的交易中去。除了上述这些，在本节中还会单有一部分讲述出口单据的简化问题。

贸易统一法规

在国际贸易中应用的那些最重要的统一规则都是由一些国际组织制定的，**32—002**
这些组织很多都将国际贸易法律的协调和统一视为组织的目标之一，甚至是唯一宗旨。这些国际组织有可能是政府间的[3]、区域性的[4]，或者是非政府间的[5]。它们起草国际公约、制定贸易规则以供贸易双方在合同中采用，另外也会参加一些贸易法规的协调统一会议，因此它们也被称为法规的制定机构。[6]在下文中，我们会介绍这些机构中较为重要的几个以及它们为实现统一规则而做出的贡献。

从实际效果来看，很多这些机构的努力成果都被国际商业团体所认同并应用在实务中。从推动全球贸易一体化的角度看，这些组织所从事的是非常有意义的并且非常重要的工作。它们发布的文件数量是惊人的，并且由于网络的不断普及进步，这些成果影响的范围将变得越来越广。

□ 联合国国际贸易法委员会

1966 年，联合国决定采取措施推动国际商法的协调工作，因此，他们着手 **32—003**
成立了联合国国际贸易法委员会（United Nations Commission on International Trade Law，UNCITRAL），并于 1968 年 1 月 1 日正式成立。委员会由 36 个成员组成，并被分别列为以下五组：

（1）非洲组（9 名成员）；

（2）亚洲组（7 名成员）；

（3）东欧组（5 名成员）；

（4）拉丁美洲组（6 名成员）；

（5）西欧及其他地区组（9 名成员）。

委员会的工作目标在于进一步推进国际贸易法律的协调和统一，其日常工作由设在维也纳的秘书处负责。

从《联合国国际贸易法委员会年鉴》[7]（UNCITRAL's Yearbooks）中，我们可以找到关于委员会及其工作小组日常工作的基本文档。此外，在委员会的官方网站[8]上，我们还可以了解委员会工作的大体状况[9]、浏览委员会颁布的具有法律效力的文件以及查询委员会起草的所有公约文稿和其他相关信息。

近期，委员会公布了一系列正式文件，文件涉及电子商务、私人投资的基建项目以及应收款项融资的担保。

以下便是联合国国际贸易法委员会发布的最重要的几项文件：

国际公约

32—004 《联合国国际货物销售合同公约》(United Nations Convention on Contracts for the International Sale of Goods)[10]。联合国于1980年4月于维也纳通过了《联合国国际货物销售合同公约》，该公约旨在替代1964年《海牙公约》(Hague Conventions) 通过的两部关于国际销售的法律，将两部法律统一简化为一部。之后于1988年1月1日，在收到法定数量的赞成票之后，《维也纳公约》(Vienna Convention) 正式生效。目前，该公约在英国仍旧没有实行。

《1996年联合国独立担保和备用信用证公约》(United Nations Convention on Independent Guarantees and Stand-by Letters of Credit)。[11]

《联合国国际货物销售合同时效和期间公约》(Convention on the Limitation Period in International Sale of Goods)。联合国在1974年颁布了这一公约，后为与1980年《联合国国际货物销售合同公约》的内容保持一致，在该公约中加入了一部补充草案。[12]

《联合国海上货物运输公约》(United Nations Convention on the Carriage of Goods by Sea)。该公约于1978年在汉堡举行的一场联合国会议上通过，该公约中所谓的《汉堡规则》(Hamburg Rules) 是由联合国国际贸易法委员会 (UNCITRAL) 及联合国贸易和发展会议 (UNCTAD) 联合起草的。颁布《汉堡规则》的目的在于替代《海牙规则》和《海牙—维斯比规则》中涉及提单的部分。[13]目前，《汉堡规则》在英国仍没有生效。

《1991年联合国国际贸易运输港站经营人赔偿责任公约》(United Nations Convention on the Liability of Operators of Transport Terminals in International Trade)。

《1988年联合国国际汇票和国际本票公约》(United Nations Convention on International Bills of Exchange and International Promissory Notes)。[14]

《2001年联合国国际贸易应收款转让公约》(United Nations Convention on the Assignment of Receivables in International Trade)[15]。

《2005年联合国国际合同中使用电子通信公约》(United Nations Convention on the Use of Electronic Communications in International Contracts)。

示范法

32—005 《联合国国际贸易法委员会国际商事仲裁示范法》(The UNCITRAL Model Law on International Commercial Arbitration)。该示范法于1985年在联合国通过[16]，并且至今已在诸多纠纷中被用作判决的重要依据。

《联合国国际贸易法委员会货物、工程与服务采购示范法》(The UNCITRAL Model Law on Procurement of Goods, Construction and Services)。该法律于1996年通过，旨在帮助各国推动采购法律的改革和现代化。

《联合国国际贸易法委员会电子商务示范法》（The UNCITRAL Model Law on Electronic Commerce）。该法律于 1996 年颁布[17]，旨在推动现代化通信设备和信息存储设备的普及使用，比如电子数据交换（EDI）、电子邮件、电报以及电传机、传真（互联网或非互联特网连接型号）。

《联合国国际贸易法委员会跨国界破产示范法》（The UNCITRAL Model Law on Cross-Border Insolvency）。该法律于 1997 年颁布，其目的在于，当面对破产的负债者在多国均有财产时，使法律能够公正地发挥更大的作用。

《1992 年联合国国际贸易法委员会国际贷记划拨示范法》（The UNCITRAL Model Law on International Credit Transfers）。

《2002 年联合国国际贸易法委员会国际商事调解示范法》（The UNCITRAL Model Law on International Commercial Conciliation）。

《2003 年联合国国际贸易法委员会私人融资基础设施项目立法指南》（The UNCITRAL Model Legislative Provisions on Privately Financed Infrastructure Projects）。

其他文件

《联合国国际贸易法委员会仲裁规则》（The UNCITRAL Arbitration Rules）。该规则于 1976 年在联合国通过，它为国际商务仲裁提供了一个很好的框架。[18]该规则在贸易者之间的私下调解中提供了很好的依据，同时也被诸多仲裁机构广泛引用。 32—006

1980 年联合国通过的《联合国国际贸易法委员会调解规则》（The UNCITRAL Conciliation Rules）。

1996 年联合国通过的《联合国国际贸易法委员会关于安排仲裁程序的说明》（The UNCITRAL Notes on Organizing Arbitral Proceedings）。

法律指南

《1992 年联合国国际贸易法委员会国际对销贸易交易法律指南》（The UNCITRAL Legal Guide on International Countertrade Transactions）。[19] 32—007

《1987 年联合国国际贸易法委员会关于起草建造工厂国际合同的法律指南》（The UNCITRAL Legal Guide on Drawing Up International Contracts for the Construction of Industrial Works）。

《1987 年联合国国际贸易法委员会电子资金划拨法律指南》（The UNCITRAL Legal Guide on Electronic Funds Transfers）。

□ 国际商会出版物

国际商会是《联合国宪章》（UN Charter）确认的具有咨询地位的商业组织机构。迄今为止，国际商会已经出版了无数极具价值的出版物，这些出版物在贸易领域经常被人提及、引用，并且对于简化贸易过程、推动贸易发展起到了非常重要的作用，以下介绍的只是其中的一小部分。[20] 32—008

《国际商会国际贸易术语解释通则》（Incoterms）。《国际商会国际贸易术语解释通则》由国际商会出版，并经过了数次修改，时下通用的版本为《通则2000》。特别需要注意的是，进出口人士如欲在合同中使用《通则2000》，则必须在合同中明确注明“本合同使用的贸易术语依照《国际商会国际贸易术语解释通则2000》”。另外，对于出口者特别是欧洲的出口者而言，除非另外达成协议，否则在交易合同中会被默认为使用了该通则。[21]

《跟单信用证统一惯例》（UCP）[22]。这一规则已经在世界范围内广为接受[23]，多数银行、银行联合会都会采用这一规则。2006年10月25日，国际商会通过了UCP的最新版本——UCP 600[24]，并于2007年7月1日正式生效。此外，另一结算方面的重要规则《托收统一规则》（Uniform Rules for Collections）（1995）[25]也在世界上被广泛使用。

《1998年国际商会仲裁庭调解与仲裁规则》（ICC Rules of Conciliation and Arbitration）。[26]当遇到由于国际商业往来引起的纠纷时，很多当事人会选择国际商会仲裁法庭作为解决问题的仲裁机构。但是，只有在当事人都同意诉诸国际商会仲裁时，国际商会仲裁法庭才有管辖权。在仲裁前，当事人可先选择诉诸仲裁庭调解。

《国际商会商业代理示范合同》（ICC Model Commercial Agency Contract）。[27]对于需要签订商业代理机构合同的进出口商来讲，可以参照《国际商会商业代理示范合同》。除此之外，还有一些示范合同也是极具参考价值的，比如《国际商会分销示范合同》（ICC Model Distributorship Contract）[28]、《国际商会保密示范合约》（ICC Model Confidentiality Agreement）[29]、《国际商会国际特许经营示范合同》（ICC Model International Franchising Contract）[30]以及诸多国际并购合约中最重要的《国际商会重组与并购示范合约》（ICC Model Mergers & Acquisitions Contract）[31]。

《联合国贸易和发展会议与国际商会多式联运单证规则》（UNCTAD/ICC Rules for a Combined Multimodal Transport Documents）。[32]该规则规定了多式联运单据使用的诸多问题。所谓多式联运，是指对于采用两种或两种以上运输方式进行的集装箱运输中使用一种联合运输单据的情况。多式联运单据避免了一次性使用多种运输方式产生多张运输单据的麻烦。[33]

《合同担保统一规则》（Uniform Rules for Contract Guarantees）。[34]该规则主要针对国际合同中产生的履约银行保函担保的义务问题。

《不可抗力与艰难情形》（Force Majeure and Hardship）。[35]该手册对于不可抗力与艰难情形条款提出了建议，其中着重讨论了远期合同以及涉及复杂对象的合同，比如交钥匙工程、公共工程建设合同。作者希望进出口商们能够在合同中考虑任何意料之外的情形。

□《美国统一商法典》

32—009 美国商法的统一过程与很多其他国家和地区不同，其统一不是通过实行某部联邦法律实现的，而是依靠颁布一部统一法——《美国统一商法典》（American

Uniform Commercial Code)。在美国法学会（American Law Institute）与统一州法全国委员会（National Conference of Commissioners）的合作努力下，《美国统一商法典》于1942年开始起草，后两主管机构于1951年通过了法典的首个法律正本。随着商业法律和惯例的变化及科技的不断发展，现行的法律正本一直在不断改进，其中相应的个别条款也进行了必要的修正。另外，虽然《美国统一商法典》已经在美国所有州内实施推行，但是各个州对法典条款的措辞表述可能不同。

该法典主要针对销售事项[36]，包括出口销售术语[37]、可流通票据[38]、银行存款和托收[39]、信用证[40]、转账[41]、提单及其他所有权凭证[42]、转账[43]以及放款[44]。

国际贸易的标准合同范本

在许多商品以及资本品的国际贸易中，人们会使用标准合同范本。这些合同范本中，一些是由国际贸易协会制定的，其中由英国贸易协会制定的在世界范围内都享有盛名；其他一些则是由联合国欧洲经济委员会（United Nations Economic Commission for Europe）起草的。另外，在海外建设、安装的工程项目中，也会使用到标准范本合同。 **32—010**

特别值得注意的是，所有这些范本合同的使用都有一个共同的特点，那就是只有在买卖双方必须在采用这些合同范本上达成一致，同时在双方协商下是可以修改其中的合同条款的情况下。

□ 颁布标准合同的贸易机构

以下便是提供标准合同范本的一些贸易协会[45]： **32—011**

(1) 英国羊毛纺织品协会（Confederation of British Wool Textiles）；

(2) 伦敦可可协会（Cocoa Associations of London Ltd）；

(3) 国际油、油籽、油脂协会（Federation of Oil，Seeds and Fats Associations，FOSFA）；

(4) 谷物和饲料贸易协会（Grain and Feed Trade Association，GAFTA）；

(5) 伦敦黄麻协会（London Jute Association）；

(6) 伦敦金属交易所（London Metal Exchange）；

(7) 伦敦糖协会（Sugar Association of London）；

(8) 英国精制糖协会（Refined Sugar Association）；

(9) 木材联合会（Timber Trade Federation）。

以上贸易机构中，有一些是英国商品联合会联盟（British Federation of

Commodity Associations）的成员。

□ 联合国欧洲经济委员会的范本合同[46]

32－012 迄今为止，联合国欧洲经济委员会已经对外发布了很多有价值的范本合同[47]，以下是其中最值得一提的几份：

(1) 188 号——提供整厂及机器设备出口范本合同（For the Supply of Plant and Machinery for Export）；

(2) 574 号——提供整厂及机器设备出口范本合同（For the Supply of Plant and Machinery for Export）；

(3) 188A 号——提供、安装整厂及机器设备进出口范本合同（For the Supply and Erection of Plant and Machinery for Import and Export）；

(4) 574A 号——提供、安装机器设备进出口范本合同（For the Supply and Erection of Machinery for Import and Export）；

(5) 188B 号——海外工程机械安装监督附加条款一览（Listing Additional Clauses for Supervision of Erection of Engineering Plant and Machinery abroad）；

(6) 574B 号——海外工程机械安装监督附加条款一览（Listing Additional Clauses for Supervision of Erection of Engineering Plant and Machinery abroad）；

(7) 188D 号——海外工程机械安装监督附加条款一览（Listing Additional Clauses for Supervision of Erection of Engineering Plant and Machinery abroad）；

(8) 730 号——耐用品以及工程用品出口标准合同（For the Export of Durable Consumer Goods and Engineering Articles）。

以上文件中，188 号范本及其衍生版本适用于自由市场经济制度下的企业，而 574 号范本及其衍生版本适用于社会主义经济制度下的企业以及中西方贸易，同时 730 号范本可用于任何性质企业的国际贸易往来。[48]

此外，欧洲经济委员会已经针对工程建设、安装合同，发布了一系列互相关联的指南。[49]但其中涉及的很多合同范本已有超过 20 年没有改动，因此欧洲经济委员会于近期又公布了一批新的范本合同及指南[50]，其中包括了为转轨经济国家地区提供的相关指南。[51]

目前，欧洲经济委员会已经开始着手起草新鲜水果蔬菜、干果果脯以及土豆的销售范本合同。

□ 工程合同中使用的范本合同

32－013 在前文中，我们已经对工程建设中主要使用的一些范本合同做了介绍[52]，在此不再赘述。

国际复兴开发银行（International Bank for Reconstruction and Development, IBRD）[53]曾经发布过两份很有价值的指南性文件，一是《国际复兴开发银行贷款部门和国际开发协会信贷采购指南》（Guidelines for Procurement under IBRD

Loans and IDA Credits）（1995 年 1 月公布，最新版本为 1999 年 1 月修改），二是《世界银行借款人选择和聘请咨询顾问指南》（Guidelines for Selection and Employment of Consultants by World Bank Borrowers）（1997 年 1 月公布）。

另外，在第 25 章中读者们也可以找到一系列有关公共工程投标的《欧共体指令》（EC Directives）。

前文中提到的由联合国欧洲经济委员会起草的标准合同范本，也可在国际建设工程中使用。此外，联合国国际贸易法委员会也针对工程建设合同发布过一份名为《关于起草建造工厂国际合同的法律指南》（1988）的文件。

出口商使用的一般条款

在国际销售中，成熟的合同一般条款是非常重要的，尤其是当交易中既未使用出口销售统一条款，也没有采用标准合同时。如果卖方针对某一争议可以让买方参见报盘和受盘中合同的某一具体条款，则通常可以避免诉讼。同时，向买方指出这些条款在卖方达成的所有交易中均予采用，将使卖方的说法更具说服力。 **32—014**

一些重要的条款

在一般条款中，出口商通常应确保其中包含如下几项最重要的内容： **32—015**

(1) 合同总则。合同总则的意义在于使每个销售合同都遵从销售者的销售条款。

(2) 物权保留条款。物权保留条款规定，在卖方收到全额货款之前：

①卖方在法律上保留货物的所有权，并被赋予在任何时间不加提示的情况下进入买方公司取回货物的不可撤销的权利；

②买方只能作为卖方的代理人进行货物转卖，且转卖只能通过正常交易过程卖给善意的购买者；如果转卖实现，该买家应当作为卖家的代理人和受托人收取销售收益，并将该收益存入卖方名下的一个分立账户。[54]

(3) 价格调整条款。价格调整条款规定，除非买卖双方已同意某一固定价格、费用，否则如果在报盘日和交货日之间货物或其组件的价格或费用上涨，包括由卖方支付或承担的劳务费用上涨，卖方将有权对货物的价格或费用上涨相同幅度。[55]

(4) 利息条款。如果买方逾期付款，卖方将按照特定利率收取利息。[56]

(5) 不可抗力条款（对此条款在上文已有阐述）。[57]

(6) 法律选择条款。该条款用于明确合同受英国法律管辖。

(7) 仲裁条款。该条款规定当事人之间的任何纠纷都可通过仲裁解决。

(8) 管辖权条款。当当事人之间发生纠纷时，除了可以诉诸仲裁之外，还可以通过法律诉讼解决纠纷，管辖权条款明确了英国法庭拥有的司法管辖权。[58]

在此我们需要强调，上述条款仅适用于非常一般的情况。我们建议出口商咨询其律师以拟定合适的商业合同一般条款，并不时做出修订。

□ 国内交易中的标准条款

32—016 《1977 年不公平合同条款法》(Unfair Contract Terms Act) 规定[59]，当合同一方当事人签署了另一方提供的格式条款时，任一方均不能通过加入新条款以解除或逃避本方义务，除非所加入的条款通过了合理的检验。此外，同样的规则也适用于一方当事人试图加入新条款以逃避合同履行的情况。

但是，根据该法案 26 款的规定，这些条款通常不涉及出口商，因为这些条款不适用于国际供货合同。[60]

国际贸易的简化

32—017 国际贸易手续简化委员会 (Simpler Trade Procedures Board，SITPRO)[61] 是英国的贸易促进机构。该委员会既是一家担保有限公司，同时也是英国商业、企业和改革部的一个部门，设立这一部门的目的就在于简化国际贸易流程并为其提供便利。为了达到这一目标，委员会将与商业团体、政府部门和企业共同努力，推动国际贸易手续以及贸易法的精简化和标准化进程。委员会的活动涉及了整个贸易流程，其中包括了物流、银行以及海关。委员会的目标可归纳为以下几点：

(1) 通过管理新入行的贸易商、基本的技术控制以及单一信息传输，促进贸易法律的统一、简化以及推动商业减负。

(2) 推动支付工具简化以及标准合同条款的使用、普及。

(3) 为国际贸易活动提供统一标准化的文件系统。

(4) 鼓励电子商务的发展。

当前，国际贸易手续简化委员会的工作重心在于引入新的项目促进电子商务的普及[62]，比如“艾丽卡项目”(Electra)，该项目旨在使商务人士能够在一单交易中同时使用纸质文件以及电子数据交换两种方式。之所以这样是考虑了国际贸易实践的现实情况——不是所有的国际贸易商在交易过程中都有能力使用电子数据交换系统，并且当前贸易中的信息结构过于复杂，有些很难完全适用电子数据交换系统。

同时，委员会的日常活动中非常出名的还有其与英国皇家收入与关税局

(HM Revenue and Customs）欧盟委员会（European Commission）（EURO-PRO 成员之一[63]）的合作。其合作内容包括海关出口手续的简化、推广进口时使用的出口数据、努力实现统一市场以及推动海关法律的统一。此外，委员会还与世界海关组织（World Customs Organization）一起参与了《京都条约》(Kyoto Convention)[64]（1999 年完成，2001 年正式通过生效）的修改工作。

委员会除了上述突出的贡献外，也因其工作成果英国统一出口单据系统(UK Aligned Series of Export Documents）享有盛名。这套系统根据联合国欧洲经济委员会建议书（UN/ECE Recommendations)[65]制作完成，它通过统一数据域的格式和位置，加快了计算机完成任务的速度，简化了单据文档的完成与读取过程。数据只需被输入一次，电脑便可以对其进行处理并打印所需的表格，从而节省了时间、简化了操作、减少了错误[66]并最终降低了制单费用。

该统一单据系统中的单据都在《顶级表格》（Top Form)[67]中有所介绍，其涉及的单据包括发票、提单、海运及航空运单、原产地证明、海关单据（如欧共体统一单证、EUR1 原产地证明、国际贸易统计申报表等)、保险单据以及一些银行票据。该系统为出口商节省了可观的开销；据调查，企业因此降低的行政成本可达 50%。[68]此外，随着数据域按照“联合国贸易数据元素总目”(UNTDED)[69]标准的统一，由纸质文档向数据处理电子化转化将变得更加简便。

为了促进国际贸易的发展，委员会还会提供一系列的免费资料，其中包括出口情况概述、信用证目录以及出口商管理指南，当然进出口商还可以付费以获得详细的国别信息。

为保证各个国际贸易组织在日常活动中避免冲突、保持井然有序，联合国欧洲经济委员会行政管理、商业、运输业程序和惯例简化中心（UN/ECE CEFACT[70]）作为最高级别的协调机构，将从中协调各组织的活动。同时，技术中心还拥有其自己的贸易协调工作项目，负责电子数据交换的世界标准工作——联合国用于行政管理、商业和运输业的 EDI 标准（UN/EDIFACT）。

英国的统一法

□《国际货物买卖统一法条例》(1967)

该法案将两部 1964 年海牙会议通过的统一法以补充形式纳入了原英国的 32－018
相关法律中。1967 年法案与这两部统一法均于 1972 年 8 月 18 日在英国正式启用生效。[71]

□ 统一法的可选择性

宣布该两部统一法生效的枢密令中规定，只有当合同当事人都同意选择该 32－019

统一法约束合同时该统一法方才生效[72]，同时该统一法目前只发挥辅助作用，并且只适用于销售统一法规定的合同范围。[73]

但是，这种规定在很大程度上限制了该统一法的作用。按照这种规定，如果合同当事人双方一方是英国公民，另一方是外国人，而该外国人所处国家法律又规定订立合同时统一法自动生效（除非双方同意不采用统一法），那么这时明显就会产生纠纷，因此不得不通过合同的准据法是英国法还是外国法来决定。如果准据法是英国法，那么只有在双方协商一致的情况下统一法方能生效[74]；反之，当合同依据外国法时，即使英国当事人没有采用该统一法，统一法依然在合同中对其适用。

□ 准据法约束性条款不可剔除

32—020 当合同双方选择采取统一法或者即使在不满足统一法生效条件下依然选择统一法时，那么双方也不可剔除在不选择统一法情况下可适用准据法的约束性条款。[75]就英国法律而言，成文法规定的约束性条款[76]只有那些旨在在国内商品销售活动中保护消费者的条款，即那些包含在《1977 年不公平合同条款法》ss. 2 至 7 中的条款。如前所述，这些约束性条款仅适用于国内商品销售活动，而不适用于国际供货合同。[77]而在国际供货合同中，通过自由协商，免责条款可以完全生效。

另外，采用统一法后，合同当事人不得剔除直接基于国家政策产生的条款。

统一法的一般限制

32—021 通常认为，一般限制中的两种是，将统一法作为合同准据法[78]或者不能因采取统一法而排除约束性条款[79]这两种情形。但是，当统一法是以补充条款的形式被加入公约时，各国有可能会引入更多的限制。

□ 对于缔约国当事人订立合同的限制

32—022 统一法适用于合同当事人在不同国家拥有商业场所或者没有商业场所但是常居于不同国家的情况。[80]统一法不要求交易双方的商业场所或惯常居所必须位于缔约国境内，即法律并不具备互惠性。但是，当签约国签署包含统一法的公约时，有可能声明只有当合同各方均在另一缔约国内拥有商业场所或常驻居所时，统一法方能适用[81]，比如英国在实施《国际货物买卖统一法》时，便对该法律使用了这样的限制条件。[82]

当一个国家使用了这种限制条件时，就给该国法律的实施带来了很大的复杂性。如果使用了这种限制条件，国际销售合同就会涉及两种不同的法律机制，一种适用于公约缔约国居民，另一种适用于非公约缔约国居民。

国际货物销售合同

统一法只能用于国际货物销售合同，而不适用于国内交易的合同。[83] 32—023

根据被纳入 1967 年法案的统一法的规定，国际销售合同的定义是[84]，由拥有的经营场所处于“不同缔约国”境内的买卖双方签订的商品买卖合同[85]，并且需要符合下列情形之一：

(1) 合同所销售货物在合同缔结时正在运输途中或未来将会从一国境内运至另一国境内；

(2) 构成发盘和受盘的行为已在不同国家境内生效；

(3) 构成发盘和受盘的行为已在一国境内生效，而交货在另一国境内发生。

当合同当事人不拥有经营场所时，则由其固定居所来定义当事人所在国，而当事人的国籍与其所在国的确定没有关系。[86]此外，当事人无论以个人还是公司名义签署合同，都不会影响统一法对销售合同的效力。[87]

《国际货物买卖统一法》

《国际货物买卖统一法》没有约束国际贸易中常用的贸易术语[88]，而是 32—024
规定[89]：

(1) 合同买卖双方需要遵从一切双方已明示或暗示应用于合同中的文字表述习惯，并受到一切双方已建立起的交易惯例的约束。

(2) 买卖双方还应遵从其他“理性人”（reasonable person）处于相同情况下时应用于合同中的表述习惯。在发生纠纷时，依据目前法律规定，将适用这种表述习惯，除非双方另有约定。

(3) 当商业活动中常用的表述、条文或者格式在合同被使用时，这些表述、条文或者格式的含义应按照在相关贸易活动中通常赋予它们的意义解释。

当合同双方就某一贸易术语（如 FOB 或 CIF）的含义达成一致时，双方就该贸易术语达成的一致理解优先于上述条文中的“表述习惯”理解。此外，《国际货物买卖统一法》不排除买卖双方利用如在合同加入国际贸易术语或其他说明性文件的方法来实现对合同中贸易术语理解的统一。

统一法没有像《1979 年货物买卖法》那样区别“要件”和“担保”[90]，但是却区分了两种违反合同的情形，即根本性违约和非根本性违约。根本性违约是指[91]：

“违约方在签署合同时知晓或者应该知晓，合同另一方作为‘理性人’如预见这种毁约及其后果将不会签署合同。”

该法律的原则在于，如果违约属于根本性违约，那么违约受害人可以要求终止合同。但是，如果违约属于非根本性违约，在与受害方损害赔付请求权不抵触的情况下，双方应继续履行该合同。这与前文提到的[92]英国法中“匿名条款”（innominate term）的法律效果类似。举例来讲，卖方没有按照合同约定时间交货，即构成违约，判定这种违约是属于根本性还是非根本性违约，需要依据货物未能按期交货对当事人利益造成损害的严重程度。如果逾期交货已构成根本性违约，那么买方可以选择继续履行合同或者终止合同，并且如果其在一个合理的时间内没有明确的意思表示，那么合同将自动终止[93]；反之，如逾期交货没有构成根本性违约，买方需给予卖方宽限交货期限，但如果在宽限期内卖方仍没有按时交货，那么本来的非根本性违约将转变为根本性违约。[94]

此外，统一法的有关条款还对卖方以“不符货物”（non-conforming goods）投标或交货时买方的权利加以规定。不符货物是指，货物与合同中货物描述不符，或与规定数量或品质不符。这种情况通常会对卖方交付合同项下货物的义务构成根本性违约。[95]但在如下情况下，买方将丧失其依靠货物不符申辩的权利：

(1) 买方在发现或本应发现货物不符之后没有及时[96]地通知卖方，但是在任何情况下，即使在货物存在内在瑕疵的情况下，买方向卖方发出的货物不符通知的时间自收到货物之日起不能超过两年，除非合同中规定了更长保障时间。[97]同时，货物不符的通知必须详细说明货物所存在缺陷的种类、性质[98]；或

(2) 买方在向卖方发出通知后一年之内，无论以原告或被告的身份，都没有对此事进行诉讼，则买方将丧失依据货物不符申辩的权利，除非卖方以欺诈的形式阻止买方依此提起诉讼，或者买方向卖方提出了降价补偿要求。[99]

如果买方及时向卖方告知货物不符问题，则买方有权：

(1) 要求卖方继续履行合同[100]，但是，法庭不会要求不适用统一法的合同（比如英国就是这种情况）的履行，这种国际合同的具体履行并不受统一法强制约束[101]；或

(2) 要求合同终止，但是必须当货物不符的问题已经构成了根本性违约时[102]；或

(3) 要求减少货款[103]；或

(4) 要求赔偿损害。[104]

以上所叙述的是根本性违约的情况，但如果货物不符所造成的违约属于非根本性违约，即使是在规定交货期之后，那么卖方仍有权实施补救，即二次配

送“相符货物”或者对货物缺陷进行弥补，但是法律也同时规定，“卖方的此类补救行为不能为买方带来不便以及不合理的开支”。[105]但是，如果卖方再次逾期交货或者不及时地对货物缺陷进行弥补，那么将会使本来的非根本性违约变为根本性违约。[106]

《国际货物买卖合同成立统一法》(The Uniform Law on Formation)

该法在《1967年国际货物买卖法》中为英国统一法采用，作为《国际货物买卖统一法》的补充法案，只适用于国际商品销售合同，即“一旦签署，将受到《国际货物买卖统一法》约束的合同”。[107]这个条款以一种可追溯的对价(retrospective consideration)为先决条件。当事人首先假定合同有效，再证明其在《国际货物买卖统一法》的适用范围之内；如果该合同适用《国际货物买卖统一法》，则需回到基本假定，检查合同的缔结是否有效。 32—025

《国际货物买卖合同成立统一法》中的条款很多，但其中的三条值得我们特别关注。第一，该法律试图协调统一英国法和欧洲大陆法之间对于实盘问题的不同理解。在英国法体系中，原则上讲，一个发盘行为直到它被对方接受之前都是可以被撤销的。简言之，除非发盘以契约的形式被依法认定为不可撤销[108]或者发盘以对价为基础，那么该发盘行为在英国法体系[109]中将不会被认定为实盘。相反地，在大多欧洲大陆法体系中，发盘方将会受到其报价的约束，除非他事先剔除报价中的约束性内容。在《国际货物买卖合同成立统一法》中，对英国法与欧洲大陆法在此问题上的分歧给出了折中的解决方法，即发盘原则上可被撤销的例外情形有：

(1) 报价中已经明确注明要求买方答复的期限，或者用其他方式表明该报价要约是实盘或不可撤销的。

(2) 该撤销报价要约的行为是非善意的或者有违公平交易原则。[110]

第二，《国际货物买卖合同成立统一法》试图解决含有附加规定的受盘问题。在英国法体系中，如果受盘中含有附加规定，那么这种受盘通常会被拒绝并且会被认定为还盘行为，这种还盘有可能为最初的发盘者接受，当然也有可能会被拒绝。按照这样的规定，如果附加条款仅仅是非实质或者不重要的条款，那么规定中的做法是不公正的。[111]统一法中规定，如果受盘中包含了附加条款、限制或者对要约的修正，那么受盘将不会被接受并将被认为是一种还盘，但是如果这些附加内容没有改变要约的实质，除非发盘方及时拒绝，否则买方含有这些附加条款或者修正的回复将被视为受盘。[112]

第三，《国际货物买卖合同成立统一法》考虑了逾期受盘的情形。该法律规定如果发盘方能及时通知买方，这种逾期受盘可以被发盘方当作及时地受盘。[113]另外，如果逾期受盘是由非正常的环境因素导致，且通信正常情况下该受盘本应及时到达，则除非发盘方及时通知受盘方他认定该发盘过期，否则该受盘应被视为正常受盘。[114]

《联合国国际货物销售合同公约》(UN Convention on Contract for the International Sale of Goods)(1980)

□《维也纳公约》以及《海牙统一法》

32—026 《维也纳公约》于1988年1月1日正式生效，尽管它是基于《海牙统一法》起草完成的，但是在形式和内容上都与《海牙统一法》存在不同。[115]

从形式上看，两部《海牙统一法》的内容都在一部《维也纳公约》里得到了体现，《维也纳公约》由四部分组成：

(1) 公约法律适用范围以及总则。
(2) 契约的缔结。
(3) 商品买卖。
(4) 最终条款。

其中第二部分主要是解释了发盘和受盘以及合同的缔结问题，是基于《1964年国际货物买卖合同成立统一法》起草完成的。而第三部分主要基于《1964年国际货物买卖统一法》完成，其中包括如下章节：

(1) 总则。
(2) 卖方义务。
(3) 买方义务。
(4) 风险的转移。
(5) 买卖双方共同义务的条款。

其中，第五章包含了有关预先违约（anticipatory breach）[116]、损失（damages）[117]和免责条款（exemptions）[118]以及契约的撤销的条款。同时，其中还包含了保全货物条款。[119]

另外，公约中还规定，缔约国在加入公约时可以声明只采纳第二部分（契约的缔结）或第三部分（商品买卖）。[120]

从内容上看，《维也纳公约》极大简化了《海牙统一法》的条款，并使其更为灵活。一位英国学者对《维也纳公约》的特点作了如下评价[121]：

“在抵制死板的、不可撤销的法律救济的趋势之下，该公约救济条款的拟定受到了极大的影响。随着商业环境的不断变化，对于更大的司法自由裁量权的呼声不断高涨，如人们呼吁操作或等候期间应更加合理。对于此问题，我们在《维也纳公约》中可以看到，及时发出通知的期限条款已经显示出了更大的灵活性，更大限度地考虑了买方的困难。”

□《维也纳公约》的应用

《维也纳公约》的适用范围[122]与《海牙统一法》不同，《海牙统一法》原则上适用于所有国际买卖合约，但是允许签约国规定其适用限于合约买卖双方均在缔约国境内[123]拥有经营场所或者常驻居所的情况；而《维也纳公约》实际上只适用于买卖双方在不同缔约国拥有经营场所的情形，或者合同准据法为一缔约国法律的情形。《维也纳公约》的第1条规定： 32－027

“该公约适用于经营场所处于不同国家的买卖双方订立的合同，当：

(1) 经营场所所在国为缔约国时；或

(2) 国际私法规定指向使用某一缔约国法律时。”

如果一国希望《维也纳公约》只适用于合同双方都采纳该法律的情形，那么该国将不会被允许加入《维也纳公约》。[124]但是，《维也纳公约》的确允许合同双方在合同中明确表示不采用此公约，或者限制、改变其中条款的效力。[125]此规定在英国实施的效果为：1967年法案规定，统一法只有在当事人愿意采纳的情况下才适用。但当《维也纳公约》被引入英国法律时，当事人如果不服从公约规定，那么只能退出合同。

□《维也纳公约》与本国法

《国际货物买卖统一法》有意在其调整范围内成为一部独立的法律规程，并且明确排除国际私法的条款。[126]但《维也纳公约》的拟定者发现，虽然这种措施能在一定程度上减少法律间的冲突，但是不可能做到完全避免。出于这样的考虑，立法者将《维也纳公约》与各国国际私法制度联系起来，这样的联系体现在两方面。 32－028

第一，《维也纳公约》像《国际货物买卖统一法》一样，无法约束国际商品交易中的所有情况，它无法管辖：

(1) 交货和定价的特殊贸易条款[127]；

(2) 货物所有权转移[128]。

第二，为了统一《维也纳公约》与各国国际私法体系，《维也纳公约》明确说明了各国国际私法体系的问题，其中第7条第2款规定：

“当《公约》管辖的问题在《公约》中无法得到明确解释时，则通过《公约》依据的一般原则来解释；在这样的一般原则不存在时，则依据国际私法中规定所适用的法律。”

美国法律对于《维也纳公约》与本国法之间的联系做了很好的诠释。在美国法律体系中，《维也纳公约》已经成为联邦法律[129]的一部分，并优先于通行于很多州[130]的《统一商法典》，除非合同当事人部分或全部放弃了《维也纳公约》的适用[131]或者交易或诉讼时所涉及的问题不属于《维也纳公约》管辖范围。这些《维也纳公约》不适用的问题包括《统一商法典》第2条中的重要部分，该部分涉及了商品买卖的问题，如特殊贸易术语[132]、商品所有权转移条款、提存条款及善意购买人[133]问题。在很多司法体系中都存在着类似公约不涉及的问题，因此在很多案例中非常有必要理解本国法中国际销售合同的内容。

□《维也纳公约》的核心地位

32—029 《维也纳公约》在国际贸易法律的协调、统一进程中有着很重要的意义。很多相关的公约都与之有着紧密联系，每一部都针对某一特定领域并且相互独立，但是却又与《维也纳公约》中的条款有着很大联系。因此，1980年的维也纳大会为了使《合同时效和期间公约》与《维也纳公约》相符，修改了1974年的《合同时效和期间公约》，并于同一天通过了《国际货物销售合同公约》。[134]其他与之有联系的公约如《1986年国际货物买卖合同法律适用海牙公约》（Hague Convention on the Law applicable to Contracts for the International Sale of Goods of 1986）[135]以及《1983年国际货物销售代理日内瓦公约》(Geneva Convention on Agency in the International Sale of Goods in 1983)。此外，两部《1988年国际保理及融资租赁渥太华公约》[136]也与《维也纳公约》有着很大联系。

□《维也纳公约》的特点

根本性违约与非根本性违约

32—030 《维也纳公约》吸纳了很多《1964年国际货物买卖统一法》中的概念，但是却对这些概念进行了重新的定义，使之变得更为实用。《维也纳公约》保留了统一法中关于根本性违约与非根本性违约的区别，但是对这组概念的定义变得更加客观。[137]在这里我们有必要把《维也纳公约》对于根本性违约的定义[138]与《国际货物买卖统一法》[139]中的做一下比较。《维也纳公约》提出的定义是：

“如果违约导致的损害从根本上剥夺了非违约方依照合同本应得到的部分，那么除非违约方没有预见这种后果或者一个理性人处在相同情形中也不会预见这种后果，否则该违约属于根本性违约。”

从实践的角度出发，这种对于根本性违约的客观判断极大限制了在《维也纳公约》下提出合同终止的情形。

□ 具体履行以及不符货物的补救

《维也纳公约》赋予了买方要求卖方具体履行合约、在交货不符时交付替代品甚至修复不符货物的权利。《维也纳公约》第 46 条规定： 32—031

(1) 买方有权要求卖方履行合约义务，除非买方已经诉诸与此要求相悖的救济措施。

(2) 如果货物与合同规定出现不符，那么买方可以要求卖方退换货物并负责运输，前提是不符点构成了根本性违约，并且买方按照第 39 条的规定[140]或者在合理时间内对卖方发出通知。

(3) 如果出现货物不符的情况，除非这种要求在考虑所有情形后被认为是不合理的，否则买方可以要求卖方通过修复纠正不符点。买方对卖方的这种要求必须按照第 39 条的规定[141]或者在合理的时间内通知到卖方。

这些救济措施不同于英国法中通常的救济。在英国法中，对于像提供不符货物之类的合同违约的救济措施，通常是损失的索赔。以上这种所谓修复不符点在普通法中是不存在的。

《联合国国际货物销售合同时效和期间公约》(UN Convention on the Limitation Period in the International Sale of Goods) (1974)

这一公约于 1974 年 6 月 14 日在纽约签署，是联合国国际贸易法委员会第一个取得成果的项目。该公约曾被一议定书修改过，该议定书于 1980 年 4 月 11 日由在维也纳举行的联合国大会通过，当天通过的还有《国际货物销售合同公约》。该议定书的目的在于使《联合国国际货物销售合同时效和期间公约》与《国际货物销售合同公约》相一致。但是，英国目前还没有通过这一《时效和期间公约》。[142] 32—032

该公约试图替换一系列发生冲突的本国法，这些本国法规定的合同时效和期间从 6 个月到 30 年不等。公约的基本目标是规定一个统一的合同时效，以避免在诉讼时有效期不定的情形。

公约[143]规定了合同时效期限为 4 年，在这段时间内，买卖双方均可依据其签署的国际商品销售合同提起诉讼。[144]经过 1980 年议定书的修正，《联合国国际货物销售合同时效和期间公约》的适用范围与 1980 年《国际货物销售合同公约》相一致。[145]

公约中条款十分详细地规定了合同时效期起算日期，通常情况下亦即诉讼时效计算到期日的起点日期。公约同时规定当合同到期时，在什么样的情况下可以延长期限、买卖双方如何调整时效期限以及如何计算合同期限。在合同违约的情况下，合同时效期由违约之日算起。当买方发现货物存在缺陷或货物不符的问题时，合同有效期限由买方收到货物或者拒收货物之日算起。欺诈诉讼的有效期由发现欺诈行为或本应发现欺诈行为之日算起。

如果一方开始对另一方提起诉讼或仲裁，那么合同有效期终止。在其他情况下，如一方就另一方当事人死亡或者无力偿还提起索赔时，合同有效期自索赔提起之日终止。当一方因为无法控制的环境因素无法提起索赔诉讼时，自这些环境因素消失之日起他将拥有一年的额外时间提起诉讼。延长期限的最大限额是自有效期开始起 10 年。发生在另一缔约国的环境因素影响了有效期的终止或延长的情形也被考虑在内，公约规定当出现这种情况时，债务人应尽快通过各种方式告知债权人相关情况。

注释

[1] 参见前文第 2—001 段。

[2] 参见 M. Matteuci，"The Unification of Commercial Law"［1960］J. B. L. 137。

[3] 比如联合国国际贸易法委员会和国际私法统一协会。

[4] 比如欧共体。

[5] 比如国际商会。

[6] 参见 C. M. Schmitthoff，*Commercial Law in a Changing Economic Climate*（2nd edn，1981），24 *Essays*，219。

[7] 2003 年之前的部分可登录 http://www. unictral. org/uncitral/en/publications/yearbook 在线获取。

[8] http://www. uncitral. org.

[9] 比如《联合国国际贸易法委员会指南：有关委员会的基本情况》(*The UNCITRAL Guide Basic Facts about the United Nations Commission on International Trade Law*)，其中简要介绍了委员会的基本组成结构、工作方法以及日常活动。

[10] 参见下文第 32—026 段至第 32—031 段。

[11] 参见上文第 12—001 段。

[12] 参见下文第 32—032 段。

[13] 参见上文第 15—020 段。

[14] 在写作本书时，只有利比里亚通过了该公约。

[15] 参见上文第 0—000 段。

[16] 参见上文第 23—024 段。

[17] 参见第 33 章。

[18] 参见上文第 23—018 段

[19] 参见第 14 章。

[20] 完整的国际商会出版物清单可以从国际商会位于巴黎的总部获取（地址：38 Cours Albert 1er，75008 Paris。电话：33 1 49 53 28 26。传真：33 1 49 53 28 29。网址：http://www. iccbooks. com)。

[21] 参见如 The *Albazero*［1975］3 W. L. R. 491 at 498。

[22] 参见第 11 章。另外还有很多国际商会有关跟单信用证的出版物。

[23] 已经采纳实行 UCP 的国家名单可以从国际商会的国家委员会（National Committees）或者巴

黎总部获取。网址：http://www.iccwbo.org。

[24] 600 号手册。

[25] 522 号手册，参见上文第 10—002 段。

[26] 国际商会第 581 号出版物，参见上文第 23—013 段。国际商会出版过很多有关国际仲裁的出版物。

[27] 第二版，第 644 号手册。

[28] 第 646 号手册。

[29] 第 664 号手册。

[30] 第 557 号手册。

[31] 第 656 号手册，其中包括了一份《股权买卖示范合同》。

[32] 第 481 号手册。

[33] 参见第 16 章。

[34] 第 325 号手册，参见上文第 12—001 段。

[35] 2003 版第 650 号手册，参见上文第 6—018 段。

[36]《统一商法典》第 2 条。

[37] 参见上文第 2—037 段。

[38]《统一商法典》第 3 条。

[39]《统一商法典》第 4 条。

[40]《统一商法典》第 5 条。

[41]《统一商法典》第 4A 条。

[42]《统一商法典》第 7 条。

[43]《统一商法典》第 6 条。

[44]《统一商法典》第 2A 条。

[45] 这些市场以及贸易联合会的清单可以在《1979 年关于货物合同的仲裁规则》(SI 1979/754) 中找到。

[46] 如果想了解联合国欧洲经济委员会的活动状况，请登录它的网站：http://www.unece.org。

[47] 相关清单可登录 http://www.unece.org 获取。合同范本可从美国分销、销售部门获取，地址：Palais des Nations，CH-1211 Geneva 10。更多欧洲经济委员会活动信息可登录其官方网站。

[48] 关于这些范本的区别，可以参见 [1965] J. B. L100 页和 [1966] J. B. L71 页。更重要的是在联合国欧洲经济委员会资助下出版的《一般销售条件》的前言部分、《标准合同范本》以及《商业仲裁文书》。

[49]《有关起草涉及机器制造业知识产权转让合同的指南》(Trade/222/Rev. 1)；《关于起草大型工业性作业合同的指南》(ECE/Trade/117)；《关于起草国际工业合作合同的指南》(ECE/Trade/124)；《关于起草执行某具体项目相关方之间合同的指南》(ECE/Trade/131)；《关于起草国际工程咨询（包括一些相关的技术支持）合同的指南》(ECE/Trade/145)；《关于起草设计维护、维修以及工业和其他操作的国际服务合同的指南》(ECE/Trade/154)；《关于东西合资企业合同的指南》(ECE/Trade/165)；《国际回购合同》(ECE/Trade/169)；《关于起草国际产品返销合同的指南》(ECE/Trade/176)；《关于新的产业合作模式的指南》(1988)；《在社会主义国家境内成立东西合资企业的判决指南》(1988)。

[50]《关于起草国际工程咨询（包括一些相关的技术支持）合同的指南》(ECE/Trade/145)；《关于起草设计维护、维修以及工业和其他操作的国际服务合同的指南》(ECE/Trade/154)。

[51]《关于产业私有化法律问题的指南》(ECE/Trade/180)；管理在东西合资企业的发展：《转轨经济下管理者的指南》(ECE/Trade/185)；私营企业以及贸易：《转轨经济的指南》。

[52] 参见第 25 章。

[53] 即为我们熟知的世界银行，网址：http://www.worldbank.org。

[54] 参见前文各种有关英国方中物权保留条款及其效力的讨论，第 4—007 段至第 4—009 段；同样可参见 Benjamin 7th edn；para. 5—131。

[55] 很多价格调整或“升降”条款的变形也在实际中有所应用。有时，“升价”条款有可能会被加入 CIF 合同中，该条款规定如果运费和保险费用上升，那么购买价格也随之上升。同时，还有必要针对汇率变动风险在合同中加入相关条款（或至少通过一些金融手段考虑此种可能的风险）。

[56] 例如高于国民西敏寺银行（National Westminster Bank Plc）贷款利率 3%。

[57] 参见上文第 6—018 段至第 6—021 段。

[58] 有关仲裁和诉讼哪个更可取的问题，参见上文第 23—002 段。

[59] 见第 3 款。

[60] 参见上文第 3—019 段。

[61] http://www.sitpro.org.uk，电子邮件：info@e-sitpro.org.uk。

[62] 参见下文第 33—001 段。

[63] 欧盟以及欧洲自由贸易区国家的贸易促进机构。

[64] 海关程序的简化和统一。

[65]《联合国欧洲经济委员会行政管理、商业和运输业程序与惯例简化中心 1 号意见书——联合国基本设置》。

[66] 在出口单据中的错误有可能带来很大的经济损失，这种错误有可能是报关错误或者是在信用证交易中导致拒付。许多调查显示信用证拒付概率在 55%～70%之间，在这些拒付情形中很大一部分是由于文案错误。

[67] 目前最新版本为《顶级表格 2》(Top Form 2)（1997)。《顶级表格》可从贸易流程简化委员会获得，委员会可通过英国商业、企业和改革部联系，电话：020 7215 5000。

[68] 引用英国企业董事协会 1992 年出版的《董事的出口指南》79 页：“每年为 4 000 个英国出口商节省 4 000 万英镑开支”。

[69] UN/ECE Trade Data Elements Directory.

[70] 之前的联合国欧洲经济委员会第 4 工作小组。

[71]《维也纳公约》，参见下文第 32—026 段至第 32—031 段；《合同时效公约》，参见下文第 32—032 段。

[72] 该法规根据《1967 年统一法条例》第 1 条第 3 款通过。英国根据《第一公约》第 5 条之规定有权限制《国际货物买卖统一法》的使用范围。

[73]《1967 年统一法条例》Sch. 2 第 1 条。

[74] 参见第 21 章。

[75]《1967 年统一法条例》的 s. 1（4)；这一部分被《1977 年不公平合同条款法》Sch. 4 以及《1979 年国际货物买卖统一法》Sch. 2 第 15 段修改过。同样还有《国际货物买卖统一法》第 4 条。

[76]《1977 年不公平合同条款法》s. 27（2)。

[77]《1977 年不公平合同条款法》s. 26。

[78]《统一法条例》第 4 条。

[79] 两个公约的第 4 条。

[80]《国际货物买卖统一法》第 1 条第 1 款以及第 2 款。

[81] 两个公约的第 3 条。

[82] 1967 年法案 s. 1（1)。同样可以参见《第一公约》第 1 条第 1 款的“缔约方”，包含在 1967

年法案的 Sch. 1 中的缔约国名单可以登录 http://www. uncitral. org 获取。

[83] 除非一国法律体系将统一法适用于国内交易或者国内交易商同意采纳它们。

[84]《国际货物买卖统一法》第 1 条。该定义应与《不公平合同条款法》中 s. 26 国际供给合同中的定义相比较。参见上文第 3—019 段。

[85] 两个或者更多国家有可能宣称它们不认为它们自己是"不同国家"，因为它们的销售法和有关销售合同缔结的法律大致相同；参见两个公约的第 2 条以及两部统一法的第 1 条第 5 款。这样的确认声明可以由如英国与澳大利亚、新西兰和加拿大（除魁北克省）之间做出，如果这些国家愿意接受统一法。

[86]《国际货物买卖统一法》第 1 条第 3 款。

[87]《国际货物买卖统一法》第 7 条。

[88] 参见第 2 章。

[89]《国际货物买卖统一法》第 9 条。

[90] 参见上文第 5—003 段。

[91]《国际货物买卖统一法》第 10 条。

[92] 参见上文第 5—004 段。

[93] 参见第 26 条第 1 款。该规则服从的例外情形参见第 26 条第 2 款和第 3 款。"合同的撤销"并不意味着该合同失去法律效力或者从一开始就是不存在的，仅表示双方不受项下规定义务约束（第 78 条）。在合同撤销的情况下，买方可以提出赔偿请求。

[94] 参见第 27 条。

[95]《国际货物买卖统一法》第 33 条。

[96] 比如"在尽可能短的时间内"（第 11 条）。

[97]《国际货物买卖统一法》第 39 条第 1 款。

[98]《国际货物买卖统一法》第 39 条第 2 款。

[99]《国际货物买卖统一法》第 49 条。

[100]《国际货物买卖统一法》第 41 条第 1 款。

[101]《第一公约》第 7 条。

[102]《国际货物买卖统一法》第 41 条第 1 款 b 项。

[103]《国际货物买卖统一法》第 41 条第 1 款 c 项。

[104]《国际货物买卖统一法》第 41 条第 2 款。

[105]《国际货物买卖统一法》第 44 条第 1 款。

[106]《国际货物买卖统一法》第 44 条第 2 款。

[107]《国际货物买卖合同成立统一法》第 1 条。

[108] 参见《1985 年公司法》s. 82（7）。

[109] 在这一方面，美国法律与英国法律有所不同；《美国统一商法典》（官方版本），s. 2—205 在一些条件下允许实盘。

[110]《国际货物买卖统一法》第 5 条第 2 款和第 3 款。

[111] 现代的美国法律在《统一商法典》s. 2—207 中采纳了一种不同的解决方法。

[112]《国际货物买卖统一法》第 7 条。该条款在 *Butler Machine Tool Co Ltd v Ex-Cell-O Corporation (England) Ltd* [1979] 1 W. L. R 401 at 406 案中有涉及；参见上文第 3—018 段。

[113]《国际货物买卖统一法》第 9 条第 1 款。

[114]《国际货物买卖统一法》第 9 条第 2 款。

[115] 关于《维也纳公约》的主要文献有：J. O. Honnold, *Uniform Law for International Sales*

(1999); C. M. Bianca and M. J. Bonnell (eds), *Commentary on the International Sales Law. The 1980 Vienna Sales Convention*, (1987); P. Schlechtriem, *Uniform Sales Law. The UN Convention on Contracts for the International Sale of Goods*; H. Haddad, *Remedies of the Unpaid Seller in International Sale of Goods under ULIS and 1980 UN Convention*, (1985)。目前签约国的名单以及公约的一般资料可从 http://www. uncitral. org 获得。

[116]《国际货物买卖统一法》第 71、72 条。

[117]《国际货物买卖统一法》第 74 至 77、79、80 条。

[118]《国际货物买卖统一法》第 81 至 84 条。

[119]《国际货物买卖统一法》第 85 至 88 条。

[120]《国际货物买卖统一法》第 92 条。

[121] P. Schlechtriem, *loc. cit.*, n. 11.

[122] 根据该公约的第 2 条，该公约不适用于：(1) 用于个人、家庭用途的商品的销售；(2) 拍卖销售；(3) 强制执行或法律授权的销售；(4) 股票、股份、投资性证券、可流通票据或者货币的买卖；(5) 船艇、舰艇、气垫船或者航空器的销售；(6) 电力的销售。该公约也不适用于物物交易的协议。

[123] 英国已应用了这种限定性条件。

[124]《1964 年第一公约》的第 5 条规定了这种限定性条件，英国通过《国际货物买卖统一法》s. 1 (3) 采纳了这种限定性条件。参见上文第 32—019 段。

[125]《国际货物买卖统一法》第 6 条。

[126] 参见第 21 章。

[127] 参见上文第 32—024 段。

[128]《国际货物买卖统一法》第 4 条 b 款。这种例外情形的原因是所有权转移的规定在很多法律体系中都是不同的，这种差异导致很难建立起统一的规则，参见上文第 4—002 段。此外，该公约没有规定在一般情况下哪部法律约束所谓的合同无效，比如欺诈、虚报、无能力等等（第 4 条 a 款）。产品责任同样没有受到该公约的约束。

[129]《统一商法典》。

[130] 除了路易斯安那州之外的美国所有州都实行了这一法律。这样的结果就是《维也纳公约》通行于路易斯安那，但是《统一商法典》的第 2 条却不适用于该地区。

[131] 根据公约第 6 条。如果合同各方在合同中采纳一缔约国法律，那么将认为采纳了该国的国际私法以及该公约；如果合同各方希望剔除该公约，那么他们必须采纳该缔约国的国内法。因此，选择采用纽约州法律将使得该公约有效，但如果选择纽约州国内法律则将使得该公约在合同中失效。

[132]《统一商法典》ss. 2—319 至 2—324。

[133]《统一商法典》ss. 2—401 至 2—403。其中 s. 2—402 规定了卖方的债权人对于所售物品的权利问题。但是 s. 2—201 被《维也纳公约》的第 11 条排除了并且美国没有宣布不接受第 11 条规定，s. 2—201要求提供证明销售合同价值在 500 美元或以上的书面证据。

[134] 参见下文第 32—032 段。

[135] 参见上文第 32—026 段。

[136] 没有被英国承认。

[137]《国际货物买卖统一法》中对于根本性违约的定义因过于主观而受到批评。

[138]《维也纳公约》第 25 条。

[139] 该统一法第 10 条，参见上文第 32—024 段。

[140] 第 39 条规定如果买方没有在合理时间内向卖方通知不符点，那么买方将失去由于货物不符得到的权利。此外，如果买方没有在收到货物起两年之内向卖方提示不符点的存在，那么买方将丧失

由于货物不符得到的权利，除非双方协商了一个更长的期限。

[141] 第46条的注释者 Michael Will 声称普通法只有在不足额补偿的情况下承认具体履行的请求。同时他也说："很有趣，两种截然不同的方法在实践中得到的结果却基本相同。"他的这一观点之所以被认为是正确的，是由于在大多数情况下利益受损的买方会倾向提出赔偿要求。

[142] 2007年7月。

[143] 该公约曾被1980年草案修改过。该公约不适用于《国际货物销售合同公约》不适用的范围；参见前文注释18。与修改后的公约相比，修改前的公约的不适用范围在措辞上有细微的不同。

[144]《联合国国际货物销售合同时效和期间公约》的第8条。

[145] 参见上文第32—027段。在未修改的《合同时效公约》中，适用范围有所不同。

第 33 章

电子商务与电子数据交换

33—001 在过去的十年中，无论在国内还是国际贸易中，贸易在实务中的变化已经逐渐解决了人们对于降低成本以及快速供应的需要。这些变化使我们需要更为合理的计划以及更为快速的信息供应平台以适应更为快速的物流体系，这就要求人们开始采用一些新的信息处理工具例如电子商务以及电子数据交换(EDI)。

尽管人们经常分不清楚，实际上电子商务和电子数据交换不是一回事。电子商务实际上是电子数据交换以及其他一些电子通信科技的统称，其中还包括如电子邮件和互联网。因此，电子商务可以被定义为使用信息或通信科技的任何形式的商务模式、行政管理或者商务信息交换。

电子商务的发展以及它对于贸易的推动作用是显著的。电子商务的发展最初始于计算机的出现，像 IBM 公司开发的一些计算机对于电子商务的发展起到很大影响，但是，随着互联网的出现，电子商务才迎来了真正的革命性变革。20 世纪 60 年代，美国军方开始研究如何应对核战争之后的烂摊子以及电子通信系统的毁灭性崩溃。[1]研究得出的结论是需要建立一个信息可以传递的网络或网页。

尽管互联网研究早已开始并取得了极大的发展进步，但是直至 20 世纪 90 年代互联网才开始进入公众的视野。这似乎与互联网本身的作用无关，而是因为缺少良好有效的互联网应用工具。对于互联网的推广发展起到决定性作用的是两个发明的相继面世，一是微软公司开发的 Windows 系统，二是由瑞士核物理研究中心（CERN）提出的万维网（World Wide Web）的概念。[2] 20世纪末，随着计算机价格逐渐平民化以及更加可靠高效的电脑不断发明，互联网的作用与日俱增。据估计，目前全世界共有6.05亿的互联网用户并且这个数字正在以每月5%～10%的速度增长。随着电子邮件[3]以及万维网的出现，企业与企业间的电子商务模式、企业对消费者的电子商务模式以及广告的宣传变得空前简便。电子商务的服务范围还在不断扩大，包括合同、服务的提供和货物的配送安排以及支付，这一切都可以由买卖双方完全通过互联网完成。现在，每天都有成千上万的订单通过互联网下达以及支付，这就导致了贸易文化的巨大变化。当然，在过去的三四年间，人们对于国内贸易和国际贸易的区分逐渐消失，因为似乎卖家在什么地方对于买家来讲不再有任何影响。另一个理念性的变化是对于不采用互联网或者电子交易的公司，人们似乎对其缺乏信任。在20世纪90年代早期，如果一个公司不采用网络交易似乎还是可以接受的，但是如今，即使是中小型企业，如果在日常工作中不使用互联网也很难使人感到放心。如今在英国，绝大多数公司都在工作中运用到了网络。[4]

但是，我们需要注意，网络的发展、普及，无论对于个人还是企业，都是有风险的。同时，人们对电子商务的认识也在不断变化，比如，人们很容易就可以建立一个网站，那么这就使得欺诈以及犯罪行为更加容易。[5]在国际贸易中，由于所在地与司法管辖范围有可能不一致以及现在有更多的最终用户、网站所有者、供应商之间是匿名的，国际交易中的不法行为更为普遍。电子商务犯罪同样也成为希望将交易电子化的公司的最大顾忌：在许多公司热衷于通过电子商务向陌生的消费者推广产品及服务的同时，它们却不希望从陌生的供应商手中进货。

因此，当利用电子商务进行贸易时，无论是用什么方法进行交易，确保必要的步骤以防范风险都是非常重要的。举例来说，公司的电脑系统必须配备防火墙以保护公司内部电脑系统和加密信息的传输，其中包括敏感信息的外部通信，并且在使用无线接入时需要更多的注意。[6]同时，在使用电子数据传输时，非常有必要制定一套操作协议或者“数据交换协议”[7]以确保数据传输的安全性和标准化。许多网站的经营者们都会设置标准的贸易协议条款，买家在下订单之前都必须接受这些协议。

□ 电子数据交换

随着电子商务的发展，电子数据交换（EDI）逐渐在B2B业务中应用得更加普遍，尽管它的发展速度还无法与互联网相提并论，这主要是因为EDI的操作复杂以及价格较高导致。但是，限制EDI普及的最大障碍是它只适用于B2B模式，而不适用于B2C模式。 **33—002**

EDI不同于其他形式的电子商务工具，因为它由结构性的、电脑可读的信息组成。EDI可定义如下：

“标准模式下的电脑对电脑的商务数据传输。”[8]

“电脑对电脑的电子信息传输，并且按协议标准处理信息。”[9]

“商务或行政性交易的可加工的电子信息传输，并按照协议标准处理数据。”[10]

EDI 拥有独特的一面，在一个纯粹的 EDI 环境中，不需要人为干涉，电脑之间直接互相传输、处理数据。EDI 的用途极广，电脑间信息的交换也意味着一个公司产品质量的提高，EDI 可以帮助公司更快地处理订单、更合理地安排运输。另外，现在 EDI 在国际贸易中不只应用于 B2B 通信，而且还帮助公司向用户提交声明（尽管在很多国家中规定声明还需要提供书面文本）。[11]

EDI 的使用在商业团体中日益普及，目前据统计在北美超过 10 万家公司使用 EDI ANSI X12 标准。[12]但是，国际上 EDI 的普及情况并没有这么乐观，出口商们通常会被建议了解专业术语并跟上 EDI 发展的步伐。EDI 其他相关信息可以从一些国际组织获取，如联合国用于行政管理、商务和运输业的 EDI 标准（UN/EDIFACT），联合国欧洲经济委员会管理、商务及交通专业技术中心（UN/ECE CEFACT）[13]，比如 G1 UK[14]。

□ EDI 通信的标准化

33—003 电子商务以及 EDI 首先需要克服的问题就是在两人或多人使用不同电脑、应用不同软件时，如何实现互相通话交流。因此，为了使使用者不需在通信前必须协商数据传输条款、内容以及数据结构，人们制定开发了广为接受的数据传输标准。尽管最初很多机构都参与了数据传输标准的制定，但是目前像联合国欧洲经济委员会这样的高级别国际组织已经制定了同行全球的数据传输标准。目前，尽管许多国家拥有电子商务的国内标准，但是这一领域全球通行的标准仍然主要应用于 EDI。[15]除了 EDI 以外，电子商务还有很多领域需要法律规范，这些相关法律也正在起草制定中。[16]

联合国用于行政、商业和运输业的 EDI 标准（UN/EDIFACT）

33—004 联合国用于行政、商业和运输业的 EDI 标准（UN/EDIFACT）[17]由联合国欧洲经济委员会管理、商务及交通专业技术中心（UN/ECE CEFACT）开发完成，并已成为公认的 EDI 数据信息结构的世界标准。[18] EDIFACT 的运行原则是人们为了使用电子通信需要已有的消息格式，但是在这些消息格式之下也需要一定的灵活度使用户能够根据自己的需求进行设置。EDIFACT 不仅明确说明了整体的消息结构，还通过限定性和选择性数据项阐述了数据内容。这些都是在结构性数据段内表现出来的，并且每个数据项都一定是经过认证的。

EDIFACT 的使用是具有选择性的，同时还有很多其他标准，如 ANSI X-12（北美标准）、EANCOM[19] 以及 XML。但是，在国际贸易中，EDIFACT 已经被广为接受，被认为是 EDI 世界标准，并且实际上很多标准都是根据 EDIFACT 发展而来或者均与 EDIFACT 兼容。

联合国贸易数据元素总目（UNTDED）和联合国贸易数据交换手册（UNTDID）

联合国贸易数据元素总目（UNTDED）和联合国贸易数据交换手册（UNTDID）与EDIFACT标准是兼容的。UNTDED规定了数据元素的定义、容量和格式以及其他使用条款。另一方面，UNTDID主要包含了EDI应用的协议，例如UNCID规则[20]、消息设计指南以及一份联合国标准电子信息（UNSM）的指导。这两份标准都是由标准一致信息汇编系统开发而来的，该信息汇编系统建立了信息数据段标准。两份标准由联合国欧洲经济委员会以及联合国欧洲经济委员会管理、商务及交通专业技术中心[21]联合开发完成，英国在其中也起到了很大的作用。[22]先期工作完成之后，下一步就要着手起草语法规则。这些工作于1986年在北美[23]初步完成草案，现在已被加入数据交换手册（UNTDID）。 **33—005**

交换协定

希望从事贸易的经营者们，无论使用电子商务还是EDI系统，都必须实现与他们的合作伙伴达成交换协定。这样的协议是十分必要的，它可以避免实践中很多核心环节的麻烦。这种协议中的标准条款通常包括契约效力以及契约的订立、信息的真实性以及确认、安全措施、数据的储存、责任义务和不可抗力条款。联合国欧洲经济委员会管理、商务及交通专业技术中心以及欧委会都向公众提供标准交换协议样本，这些样本可以作为协议的基本框架。[24] **33—006**

□ 法律问题

尽管在本章中并非要涵盖所有涉及电子商务的法律问题，但是有一两个重点还是很有必要具体介绍一下的。 **33—007**

电子商务以及合同法

总体来说，合同法的基本条款仍然不适用于电子商务。的确，在起草交换协议时，确保交换协议中的条款与合同主要条款不冲突是很重要的。唯一的例外是发盘、受盘以及最重要的——受盘的通知。[25]就电子通信而言，记住Wilberforce勋爵在案例 *Brinkibon v Stahag Stahl und Stahwarenhandels GmbH*[26]中的陈述很重要，并且为了避免歧义，这些在交换协议中应明确说明。[27] **33—008**

在欧洲，《电子商务指令》（Electronic Commerce Directive）[28]的引入极大促进了电子商务的推广。《电子商务指令》规定成员国必须确保它们的法律体系支持通过电子通信手段签署合同[29]，并确保电子合同是高效的而且是有约束力的。

关于《电子商务指令》对于合同条款的影响，指令的第11条阐述了何时视为一个订单最终下达成功以及签收成功。指令中规定：

“（1）除非本身不是消费者的当事人之间另有约定，否则成员国应当确保，服务接受者在通过技术手段发出订单时，需要遵循如下原则：

——服务提供者应当通过电子手段，且不得不合理地延误对服务接受者发出的订单进行收悉确认。

——只要订单或回执的收信人能够获得订单或回执，该订单或回执即被视为收达。”

由于英国法中已经撤销了传统的“同地原则”（postal rule），因此表面上看，这样的规定与英国法的裁决方式比较一致。但是指令中第 11 条的规定与英国国会上议院关于 *Brinkibon* 案的规定相比明显缺乏灵活性。

此外，我们还有必要注意一下《联合国电子商务示范法》中关于合同成立以及合同有效性的部分，其中写道：

“在合同成立方面，除非当事人协商一致，否则发盘和受盘可以通过数据电文来实现。当使用数据电文来签署合同时，以此方式订立的合同的有效性以及可执行性不容置疑。”

《电子商务指令》以及英国的相关规定

33—009 2000 年 6 月 1 日，欧洲委员会公布了一套关于信息社会服务业特别是电子商务在境内市场涉及的一些特定法律问题的指导，即《电子商务指令》。[30]该指令的目的在于为境内市场（欧盟境内）的电子商务领域构建一个大致的法律框架。[31]指令希望能够确保“信息社会服务”[32]（information service society）在成员国内自由流动。所谓“信息社会服务”指远程利用电子设备处理（包括数据压缩）、存储数据，按照客户要求并为获取报酬为目的提供的服务。[33]指令不是旨在为国际私法关于冲突的部分以及法庭的判决提供附加条款。同时它也没有对未经许可的邮件以及垃圾邮件作出相关规定，而这个问题在之前的指令中有所阐述。[34]但是目前的指令也要求这样未经许可的邮件或者垃圾邮件必须是可以辨认的，而且不能给接受者造成任何额外费用。

《电子商务指令》促使成员国修改了本国法律，尤其是修正那些阻碍通过电子方式签署合约的规定。[35]从这一点看，指令与《联合国电子商务示范法》（UNCITRAL Model Law on Electronic Commerce）的目标是一致的。[36]

《电子商务指令》中的第 1 条规定了它的目标，其中说明条款涉及的范围不会涉及税收领域，而这一问题在较早的两部指令（95/46 版和 97/66 版）以及卡特尔法律中都有所阐述。[37]对于“信息社会服务”的管理方面，指令不要求商户得到各成员国[38]的预先许可，但是要求按照客户和主管当局的要求提供准确的相关信息。这些要求提供的信息主要包括服务提供者的名称以及设立营业机构的地址。[39]

指令的第 6 条要求构成信息社会服务的商业通信至少符合如下条件：(a) 该商业通信应当可以被清楚地识别；(b) 自然人或法人的身份应当可以被清楚地识别；(c) 促销活动，例如折扣、奖金与馈赠，应当可以被清楚地识别；(d) 促销性竞赛或者游戏应当可以被清楚地识别，而且参与活动的条件也应当明确和清晰地标明。在英国，对于这方面的规定可以在《2002 年电子商务条例》（Electronic

Commerce Regulations 2002)[40]中找到。这些规定与《电子商务指令》有很多相似的地方，但是不同于司法上对于违反法律责任的控告权，《电子商务条例》中对于不遵守规章的行为没有规定任何强制的惩罚。[41]因此，由于没有任何惩罚性措施以及独立的强制性措施，有人便质疑这样做是否符合《电子商务指令》中第 20 条的相关规定。[42]此外，关于未经许可的通信行为问题，当出现信息服务供应商发送的未经许可的商业通信不可被直接识别时，规章中也没有规定对这类行为的任何惩罚。[43]

《电子商务指令》中第 9 条规定，成员国应确保其国内司法系统允许电子合同并且合同的效力不会因其形成的媒介而受到影响。其中有些特定形式的合同不算在内，并且这些特定的合同原本也不受到指令的约束。《电子商务指令》的第 9 和 11 条是有关订单的下达问题，其中提出了两条规定，第二条规定了什么样的订单算做接受成功以及什么样的订单可能存在争议。这一规定对于英格兰和威尔士地区合同法的影响在“电子商务以及合同法”一部分中有所阐述。[44]

网上销售涉及的法律问题

在当今社会，出口公司通常希望利用网络宣传自己的产品。在进行网络宣 **33－010**
传之前，实际上有许多法律问题需要我们弄清楚，比如两个与合同有关的问题就会随之而来：一是有关互联网服务供应商[45]和出口商之间的合同条款问题，二是客户通过浏览网页的形式查看货物、下达订单有关的合约问题。

关于第一个问题，通常互联网服务供应商[46]都会事先拥有一套标准条款。但是，即使是这样，我们仍然需要确保这些供应商提供的条款涵盖了所有的必要要求、意外情况以及责任范围。另外，网站维护、网站更新、客户支持以及终止合同的程序也应阐述清楚。同时，网络服务供应商与出口商之间的合同也应描述清楚网站所提供的文本、外部网站链接的责任问题。

关于出口商及其客户之间的合同问题，需要考虑当地消费者法的影响以及出口商网站上所显示信息的效力，比如我们需要看网页上的信息是否构成“交易的要约”或者“所销售产品的报价”。[47]网页显示的条款必须清楚表述这些条款是否属于一个交易的要约，同时也需要说清楚是否同意这些条款就意味着对接受者产生约束力。如果是一个交易的要约，那么之后的交易就会出现发盘和受盘行为。无论在什么情况下，在变为实盘阶段之前，客户必须被给予机会阅读条款和相应的条件，只有确定客户阅读并接受这些条款之后，才能接受一个正式的发盘报价。[48]

除了上述提到的两个问题，其实还有一些其他网上销售的法律问题，如买卖双方的身份识别、确保交易双方真实存在以及交易是无欺诈的。此外，任何欧洲及其各国的法律体系的影响都是应该被考虑在内的，举例来说，《欧共体远程销售指导》(EC Distance Selling Directive)[49]就站在消费者利益的角度规定，电子合约必须在接受之日起的 30 天内完成。[50]同时，公司也应该经常管理刊登在网站上的信息以保证这些信息不侵犯个人隐私并符合数据保护规定。[51]

信息验证

33－011 电子信息验证对于希望使用电子商务开展业务经营的公司来讲也是一个需要注意的问题。大体来讲，这里所讲的信息验证主要是电子签名。[52]事实上直到 2000 年 5 月，在欧盟以及欧洲各国法律中都没有对签名下一个明确的定义，而且当时认为法律已经足够灵活能规范所有种类的签名，包括电子编码和加密码。但是，欧盟成员国的法律似乎并没有想象中的那么有用，因此我们有必要更准确地定义到底什么才是签名。这是一个很复杂的问题，最终，欧洲委员会公布了一份关于电子签名和加密码的通信协议[53]，并最终出版了《关于电子签名的共同体框架的指令》(1999/93/EC)。该指令于 1999 年 12 月生效，并规定各成员国在 2001 年 7 月 19 日之前在本国执行其条款。其中规定电子签名的识别需要满足两项标准，指令将电子签名分成了两类：

“(1)‘电子签名’指附加于或有逻辑地关联于其他电子信息的、用于身份验证的电子信息。

(2)‘高级电子签名’指符合下列条件的电子签名：

1) 它只属于签名人；

2) 它可以识别签名人；

3) 签名人可以通过单独的控制手段来维持；并且

4) 它与一组数据相联系，使得它可以发现数据的任何变化。”[54]

指令中第 5 条要求成员国确保“高级电子签名”作为电子签名符合手写签名的一切要求，并且还规定“高级电子签名”可被采纳为法律程序中的证据。[55]

这样的规定与 2001 年生效的《联合国国际贸易法委员会电子签名示范法》中的相关规定非常相似。[56]“高级电子签名”的判定标准很高，但却仍在委员会相关规定的约束之内。为了便于识别，一个签名必须通过安全系统的验证，相关的验证标准在指令的附件 3 中可以找到。有趣的是，《电子签名示范法》并没有要求电子签名必须是上述两类之一，而是对指令约束范围之外的电子签名也做了规范。此外，各成员国也必须确保这些“经过验证的电子签名”也同样必须可以被法庭承认以及采纳。[57]

指令中希望电子签名能够通过证书来认证。由于证书的准确性、有效性导致的损失，服务供应商将承担责任。[58]这种认证的用途可能是有限的，因此对于服务供应商所承担的责任应设有上限。最后，如果签名得到认证，那么这种认证必须得到欧盟所有成员国的承认。[59]

英国国内关于执行指令的相关规定于 2002 年实行[60]，规定中的条款与指令很相似。英国国内法律对于电子签名的规定是基于可信任的第三方体系，可信任的第三方负责提供确保签名有效以及完整的认证。如果经过第三方认证，那么电子签名的识别将同手写签名一样可靠。[61]

在其他欧盟成员国，几乎全部引入了电子签名的应用、识别体系。在法国，电子签名被视为与手写签名相同，并在法院的民法典中被赋予了与手写签名[62]相同的法律效力。[63]而德国关于电子签名的相关条款则大多都在《电子签名框架条件》中。此外，自 2002 年 1 月起，《增值税法》（VAT Law）承认了发票上电子签名的效力。[64]瑞典也修改了《合格电子签名法案》（Act on Qualified Electronic Signature）[65]，但瑞典最高法院仍然不承认电子签名可以替代原本的手写签名。

在很多欧盟新的成员国内，都已经各自建立了规范电子签名的法律。捷克共和国建立了有关加入欧盟的新条款；[66]立陶宛和斯洛伐克共和国也都建立了新的相关规定并且还建立了制作签名的国内标准。[67]

在欧盟以外，欧洲自由贸易区的国家也于 2000 年 8 月 2 日采纳了《关于电子签名的共同体框架的指令》（1999/93/EC）。

可转让性

与电子签名有着紧密关系的就是流通可转让性问题，尤其是在 EDI 以及可转让单据上这个问题更为突出。如果是纸质单据，所有权的转让是通过将原始提单转交给买方来完成的。[68]但是，如果是电子单据，那么显然不能通过这种方式来完成对所有权的转让。因此，1992 年，人们对相关法律做出了修正，修改后的法律对海运电子单据识别的范围做出了相关规定。[69]之后人们研究了很多可能的解决方法，比如使用电子替代品（如电子提单）替代纸质的可转让单据。如果希望通过电子手段实现货物所有权的转让，可以通过对承运人使用不可变更但却可以转让的指令来实现，或者也可以采用独立的电子数据注册来完成。总体来说，如果使用海运单（sea waybill）来替代提货单的话，问题会简单很多，因为海运单是不可转让的。[70] **33—012**

《1992 年海上货物运输法》出台之前，不可转让单据的使用一般比较少见，因为它使得承运人可以逃避责任。[71]奇怪的是，随着《1992 年海上货物运输法》的出台，尽管很多海运活动还需要使用可转让海运提单，但不可转让单据的使用频率却大大提高。[72]出现这种情况一个可能的原因就是银行不愿意采纳新的公海货物惯例。同时，主张使用可转让单据的运输人员以及承运人也相应减少，因此在 21 世纪，不可转让单据将更加普遍。[73]

目前除了国际货物贸易外，其他交易即使是跟单信用证交易都不一定要求使用提单。尽管这样，并且海运运单也一直被国际商会《跟单信用证统一惯例》[74]所接受，但银行方面还是不愿意接受跟单信用证交易下的不可转让单据，因为它们认为这样的单据不具备与可转让提单对货物相同的控制力和安全保障。此外，一些国家仍要求在进口时需要提交类似的单据以实现外汇管制（exchange control）目的。但是，海运运单确实有这一系列优点，不仅仅是在目的地提取货物时不需要出示运单而已。

当交易中需要可转让单据时，这里还有很多别的选择。《国际海事委员会电子提单规则》（CMI Rules on Electric Bills of Lading）（1990）规定可以由托运人（最初的“持有者”，拥有“处置以及转让的权利”）向承运人发出不可撤销的指令，这些指令通知承运人成为新的持有者。这些指令是基于特定的代码组（被称为“专用密钥”）编写的，“持有者”每变化一次，之前的代码组会失效并且会产生新的代码组。虽然方法可行，但是《国际海事委员会电子提单规则》在实际操作中尚未推广。另一个方法是请可信任的第三方操作电子数据注册来记录物权的转让。这样做与《电子签名指令》(Directive on Electronic Signatures)[75]中所采用的方法一致，都是请第三方进行认证确认。在经过“勃列罗计划”（Bolero project）的初步研究之后，这种方法得到推广，并且许多承运人也提供电子提单作为普通可转让提单之外的选择。

英国法律下的电子数据的采纳

33-013 一直以来，无论是 EDI 信息还是其他认证格式信息，电子信息在法庭上都会被当作证据采纳，这已经在之前的普通法[76]和《1968 年民事证据法》（Civil Evidence Act 1968）中确定下来。[77]在《1995 年民事证据法》中加入了新的条款，明确地规定电子数据在诉讼程序中可以被当作证据采纳，并且这一规定已经被广为接受。[78]

在刑法中，之前的《1984 年警察与刑事证据法》(Police and Criminal Evidence Act 1984) s. 69 (1) 对于电子报告[79]存在限制，而这种限制于 2000 年 4 月在《1999 年青少年审判以及刑事证据法》（Youth Justice and Criminal Evidence Act 1999) s. 60 中得到了修正。但是，这样的证据有可能受到传闻法则 (hearsay rule) 的影响。同时，在《2000 年电子通信法》（Electronic Communication Act 2000）中，也确定了电子证据的可采性。[80]

□《电子通信法》

33-014 在有些时候，英国的法律条款会促进电子商务的推广。这些法律会确保法律上的稳定性，同时还会引入一些符合《电子签名指令》和其他国际指导以及示范法规定的措施。[81] 为了促进电子商务发展，英国政府出台了《电子通信法》，该法律于 2000 年 5 月 25 日正式通过。[82]

该法案根据发展政策（developing policy)[83]起草完成，集中阐释了四个主要问题，法律包括三个部分：

(1) 加密服务供应商。

(2) 数据存储条款和电子签名识别对电子通信的促进作用。

(3)《1984 年电信法》（Telecommunication Act 1984）在电子通信许可以及其他方面的修改。

在加密服务供应商的问题方面[84]，《电子通信法》要求国务大臣对许可的服务商进行登记注册。是否加入这个登记注册名单是自愿的[85]，并且加入这个名单是需要达到一定标准的。[86]这些供应商的主要责任是鉴别、认证信息，这样也会有助于电子数据在法庭上当作证据被采纳。

《电子通信法》也对于服务供应商对电子数据的处理做出了规定。不合理的信息披露将构成刑事犯罪，可以正式提起诉讼[87]，最多可判处两年有期徒刑并处以罚款；也可以即席裁决，判处罚金。

《电子通信法》的第二部分[88]特别说明了电子签名及其认证证书（authenticating certificates）在法律程序中的可采性。[89]在这个问题上，《电子通信法》支持《1995年民事证据法》对此的态度，即将这些问题交给法庭去处理。[90]“变更权”（power of modification）是《电子通信法》中很有趣的部分，对很多法律都产生了潜在影响，比如《1677年反欺诈法》（Statue of Frauds 1677）、《1985年公司法》（Companies Act 1985）以及《1996年危险货物陆路运输规定》（Carriage of Dangerous Goods by Road Regulations 1996）。[91]《电子通信法》第8节第1条规定，相关的部长大臣有权力通过法令更改其职责下的初步立法。当然，也有相关措施来限制这种权力以防滥用，尤其是在使用这种权力时必须确保对其进行记录。[92]此外，如果当事人事前没有意向使用电子通信，那么将不会被要求转到无纸传输的环境中。[93]但是，《电子通信法》第8节第3条还规定英国皇家税务及海关部不受第8节第3条的约束。[94]

《电子通信法》第三部分对《1984年电信法》第十二部分[95]的内容做出了修正，包括对于变更电子通信证书规则的改变，新的规定像欧洲法一样允许对电子通信的证书在无差别原则下做出有效调整。[96]

《电子通信法》在国会的审议比较缓慢，因为有人担忧关于信息披露、使用以及密钥的条款有可能会引起人权问题。[97]最终，这些条款都没有获得通过。

□ 联合国国际贸易法委员会的示范法以及公约

联合国国际贸易法委员会的日常工作也会涉及国际贸易以及电子商务。在 **33—015**
他们的工作成果中，对于国际法的统一以及电子商务的推广作用最大的就是以下三部示范法及公约：

(1)《电子商务示范法》(Model Law on Electronic Commerce)（1996）；

(2)《电子签名示范法》(Model Law on Electronic Signatures)（2001）；

(3)《联合国国际合同使用电子通信公约》（United Nations Convention on the Use of Electronic Communications in International Contracts）(2005)。

《电子商务示范法》(The Model Law on Electronic Commerce)（1996）

联合国国际贸易法委员会意识到在世界范围内普遍存在不健全的法律体 **33—016**
系，因此于1996年起草完成了《电子商务示范法》。《电子商务示范法》由17条组成，涵盖了相关的主要法律问题，主要包括：承认数据信息的法律效力（第3条）；当法律要求信息以书面形式显示的，也可以使用可读数据信息来替代（第6条）；电子签名的采纳（第7条）；通过确保数据纯粹形式下的真实性，电子信息可以满足原始信息要求（第8条）；电子数据不能只在某些情况下具有可采性，它应该被给予合理的作为证据的价值（第9条）；电子合同应被赋予效力，并且除非买卖双方另有协议，否则电子发盘以及受盘也是有效的

（第 11 条）。

《电子商务示范法》引入各国国内法的进展各不相同[98]，尽管这是预料之内的。目前，新加坡已经在国内实行了《电子商务示范法》，美国的伊利诺伊州也将该法中的一些条款融入到了州法律中。东南亚大部分国家都没有采用《电子商务示范法》，但是有些国家比如泰国、韩国都已经将其融入到自己的法律当中，同时也在号召其他国家吸纳这一法律。最近一个引入该法律的国家是泰国，泰国于 2006 年 5 月在本国实行了该法律。英国方面，《电子通信法》与《电子商务示范法》的规定一致，因此可以认为自《电子通信法》2000 年实行之日起英国便在本国启用了《电子商务示范法》。

《电子签名示范法》(2001)

33－017 联合国国际贸易法委员会于 2001 年 7 月 5 日通过了《电子签名示范法》。[99]该法的目的是拓展《电子商务示范法》第 7 条中提出的使用电子签名替换手写签名的原则。《电子签名示范法》规范了商业行为[100]，但是它不与消费者保护法发生冲突。[101]电子签名在该法中被定义为：

> “第 2 条
>
> (1) 电子签名是附于或逻辑关联于电子信息的电子数据，电子签名可用于识别签名者的身份或者显示签名者同意电子数据中所含信息的意向；……”

《电子签名示范法》中第 6 条规定当法律要求提供一人的签名时，如果电子签名能够足够可靠并且适用于数据信息的生成、传输，在考虑所有情况以及协议的条件下，可以使用电子签名替代手写签名。[102]如果电子签名满足下列条件，则被认为是可靠的：

> (1) 签名人创建信息的效力仅仅限于该文本中，并且只代表签字人而非他人；
>
> (2) 签名人创建信息在签署之时是受到签署人而非他人控制的；
>
> (3) 在签署之后，任何对于电子签名的改动都应是可察觉的；并且
>
> (4) 当法律要求提供签名的目的是确保所涉及信息的真实性时，任何签名之后对于信息的改动都应是可察觉的。[103]

《电子签名示范法》第 8 条对签名人的行为进行了规定，规定签名人应该做出合理的预防措施以免其电子签名在未经授权下被使用[104]，并且应在电子签名被冒用[105]或者有可能存在极大被冒用风险时通知相关方。[106]什么情况下才算是“极大风险”没有被明确定义，但是是否存在“极大风险”一定要通过在不同环境下的客观测试结果来判断。

国际贸易方面，第 12 条规定了什么样的电子证书或电子签名才是在法律上有效的。其中规定电子证书或电子签名的有效性与电子签名或证书的签署地[107]以及其商业使用者的常驻居所所在地[108]无关。此外还规定无论电子签名的签署地是否为《电子签名示范法》的缔约成员国，电子签名都拥有手写签名的同等效力。

可能是受到电子签名推广状况的影响，《电子签名示范法》在国际上的承认采纳情况的确很令人失望。迄今为止，只有三个国家完全采纳了《电子签名示范法》并将之完全融入本国法。[109]此外还有很多国家正一点一点地接受并承认电子签名在其本国法律中的效力。

《联合国国际合同使用电子通信公约》（Convention on the Use of Electronic Communications in International Contracts）（2005）

这是一个相对近期的法律文件，由联合国大会于 2005 年 11 月通过。该公约有效地阐述并解决了很多突出的问题，比如发送、接受电子通信的时间和地点，自动化系统对于合同缔结的影响等等。在适用范围方面，公约只适用于处于不同国家当事人之间缔结的合约。[110]此外，特定的一些合同也不在适用范围之内，比如为家庭以及个人目的缔结的合约；[111]涉及外汇管制的交易或外汇交易；[112]银行间交易；[113]担保权转移。[114]此外，公约也不涉及汇票、提单、仓库收据以及其他所有与货物运输支付有关的可转让单据。[115] **33－018**

公约中的很多条款的影响都值得我们思考，同时这些条款对于其他法律原则的影响也是值得我们研究的，比如对于欧盟《电子商务指令》以及英国判例法的影响。

《电子签名示范法》的第 6 条为公约规定了当事人的所在地问题。第 6 条规定当当事人没有经营场所或者拥有多于一处经营场所时，公约中的商业所在地应为在合同签署时“与合同关系最近的地址，并视具体情况而定”。[116]另外，不能根据技术以及设备的所在地确定经营场所的位置[117]或者系统可能被其他当事方登入的位置。同时域名也无法显示机构所在的国家。[118]这与《电子商务指令》[119]中的规定相一致，指令的序言中[120]规定机构所在地就是公司追求经济利益的场所。[121]但是，这就与英国法中的规定发生了冲突，比如说在 *Dampskib Hercules v Grand Trunk Pacific Rly Co.* 一案[122]中，就不是依据“追求经济利益”的地点确定所在地的。

第 8 条规定不能以电子签名属于电子信息为由否认其有效性以及强制性。第 9 条规定合同不需要必须以任何特定形式表示，并且当法律要求一个书面形式的通信或者合同时，可以使用电子信息或者电子合同替代。另外，如果法律要求提供签名时，电子签名也可以产生相同的效力。[123]很有趣的是，在英国法律体系中，《1677 年反欺诈法》仍然有效。该法律中第 4 节规定协议必须是以备忘录或者手写形式记录的，并且需要当事人签字。[124]最近，最高法院在 *Nilesh Mehta v J Pereira Fernandes* 一案[125]中规定，当由债权人（claimant）发送给债务人（respondent）一封电子邮件要求债务人为了实现偿还债务的担保延期递交停业申请书时，按照第 4 节之规定，所发邮件将构成一份备忘录，但是邮件底部自动生成的电子邮件地址不能构成一个签名。严格地讲，其实这与第 8 条的规定并不矛盾，因为该电子邮件并没有被签署，因此与《反欺诈法》第 4 节要求不符。[126]但是，如果考虑到《示范法》第 9 条对于签名的规定，那么两者就会出现争议了。在法庭上需要弄清的问题将会是：

（1）自动生成的电邮地址是否能够鉴别发件人身份，从邮件全文来看是否能够显示其意图；和

（2）所使用的方法是否：

1）能够真实反映发件人意图；或者

2）与其他证据一致证明（1）。

如果《联合国国际合同使用电子通信公约》通过并生效，那么这个案例有可能产生不同的结果。

第 9 条第 4 款涵盖了对于原始文件存储的所有规定。当法律要求对原始文件进行存储时，所使用的电子手段必须确保能够提供可靠的保证。[127]

电子通信的发送和接受成功的定义为：信息发出即为发送；当信息到达接受者系统且能够被接受者检索到时，即为接受成功。[128]此外，信息的发送地通常被视为是发送者的经营场所。[129]

当经营者在网页上刊登自己产品或服务的广告时，除非能够清晰表示该广告是具有约束力的建议[130]，否则这样的广告即构成要约报价。[131]此外，由计算机自动生成的合同将被视为是有效的。

到目前为止，公约仅被以下国家通过采纳：南非共和国（2006 年 2 月 27 日）；塞内加尔（2006 年 4 月 7 日）；黎巴嫩（2006 年 5 月 22 日）；中国，新加坡和斯里兰卡（2006 年 7 月 6 日）；马达加斯加（2006 年 9 月 20 日）；塞拉利昂（2006 年 9 月 20 日）；巴拉圭（2007 年 5 月 27 日）；以及俄罗斯（2007 年 4 月 26 日）。而欧盟以及英国都没有通过该公约。

注释

[1] 由（美国国防部）高级研究计划署（Advanced Research Projects Agency）执行。

[2] 该网站的理念是由 CERN 的 Tim Berners-Lee 开发的。

[3] 电子化信息传输，有可能附加其他电脑文件或图像一起传输。

[4] 该数字是 80%，同时在大型企业中 93%拥有网站（数据来源：DTI）。

[5] 在 2004 年，网络支付性诈骗给英国造成了 11 700 万英镑的损失，而这一数字预计在 2006 年增长了 29%（数据来源：Association for Payment Clearing Houses）。同时在这段时间内，17%的英国大中型企业报告称由于网络诈骗损失了 12 100 万英镑。另外，77%的大中型企业成为了病毒攻击的受害者，据估计损失达到了 2 780 万英镑。

[6] 在英国，只有 12%的电子商务使用者允许热点无线接入（hotspot-wireless）。热点无线接入非常容易使黑客和不法第三方操控有机可乘（来源：DTI—information security breaches Survey 2006（April 24，2006））。

[7] 一份电子商务数据交换协议的标准已经由联合国欧洲经济委员会管理、商务及交通专业技术中心开发完成。参见第 26 号意见书，《商用电子数据交换协议》。

[8] 联合国欧洲经济委员会管理、商务及交通专业技术中心，指导，术语表。

[9] UNCITRAL，《电子商务示范法》第 2 条。

[10] P. Jones and D. Marsh，*Essentials of EDI Law*（1993），p. 5.

[11] 主要用于确认递交信息的真实性以及日后用于证据。尽管没有必要，但政府机关仍然坚持支

持使用纸质文件。英国对于纸质文件的要求可以追溯到《1677年反欺诈法》s.4，该法案要求交易应有书面及签名记录，并且自那时起这一要求就没改变过。参见 H. B. Thomsen and B. S. Wheble，*Trading with EDI—The Legal Issues*（IBC Books，1989），chaps 4.4—4.6。但是，英国海关税务总署以及欧洲委员会制定的规章首先将纸质文件替换为电子文件，参见如 NCTS 的系统以及《合格电子签名法案》。

[12] 总数为 600 万家公司。ANSI X12 是美国 EDI 信息传输标准。国际上的标准是 UN/EDIFACT。

[13] 网址：http://www.unece.org。

[14] 网址：http://www.gs1uk.org。在 2005 年 2 月之前，GS1 UK 被认为是"电子中心标准"，是随着 ANA、EAN UK Ltd、ACA 的合并制定而成的。

[15] 荷兰在 1998 年引入了一套用于互联网的标准，但是，在英国还不存在这样的标准。

[16] 在欧盟，这样的法律规范有：the Distance Selling Directive（EC）97/7；Directive on the Recognition of Electronic Signatures 1999/93/EC；Decision 91/2000 incorporating the Electronic Commerce Directive into the EEA Agreement；Directive on Legal Aspects of Information Society Services（Electronic Commerce Directive)（EC）2000/31。在英国，正在实行《电子商务指导》规范相关问题。

[17] United Nations/Electronic Data Interchange for Administration，Commerce and Transport.

[18] 还有《EDIFACT Syntax 指导方针》以及《EDIFACT Syntax 执行指导方针》。有关这些文件的方针可以从伦敦的 GS1 UK 获取，或者通过日内瓦的 ISO 获取。

[19] 由 GS1 UK 开发。EANCOM 系统是 UNEDIFACT 的子系统，目前在世界范围内已拥有 6 万用户（信息来源：GS1 UK）。

[20] UNCID 于 1988 年 1 月在国际商会和联合国欧洲经济委员资助下完成，目前该规则已经基本被独立的数据交换协议替代。

[21] 前身为联合国欧洲经济委员会第 4 工作小组的 2 号专家组。

[22]《UN EDIFACT 指导的介绍》中指出英国在电子数据传输标准的开发工作中起到了极其重要的作用。早在 1974 年，在呈交简化国际贸易程序工作队的一份报告中，英国代表团描述了"创建国际贸易伙伴间传输电子信息标准方法的建议"。

[23] UN-JEDI.

[24]《联合国欧洲经济委员会第 26 号意见书》——《商用电子数据交换协议》，ECE/Trade/208，日内瓦，1996（ECE/TRADE/WP.4/R.1133）；《1994 年 10 月 19 日欧洲委员会意见书》，其中涉及电子数据交换的法律问题（(EC）94/820）[1994] O. J. L 338/98。

[25] 有关发盘、受盘以及受盘的通知请参见前文第 3 章。

[26] [1983] 2 A. C. 34，见第 3—008 段。此外请参考 *Entores Limited v Miles Far East Corporation* [1955] 2 All E. R. 493。

[27] 参见 P. Jones and D. Marsh，*Essentials of EDI Law*（1993），p.53。

[28]（EC）2000/31。参见下一部分中对于指令进行的更加深入的分析。

[29]（EC）2000/31 第 9 条。

[30]《欧洲理事会法规第 2000/31 号》(Council Directive（EC）2000/31，[2000] O. J. L. 178/1)。

[31] 引文 7（Recital 7)。

[32] 在 1998 年 6 月 22 号《欧洲理事会法规第 98/34 号》（Council Directive（EC）98/34）中，定义了"信息社会服务"，后被《欧洲理事会法规第 98/84 号》（Council Directive（EC）98/84）修改。

[33]《欧洲理事会法规第 98/84 号》(Council Directive（EC）98/84）附件 5。

[34] 参见《欧洲理事会法规第 97/7 号》和《欧洲理事会法规第 97/66 号》。

[35] 参见《电子商务指令》引文 34。

[36] 参见上文第 32—004 段。

[37]《电子商务指令》第 1 条第 5 款。

[38]《电子商务指令》第 4 条。

[39]《电子商务指令》第 5 条第 1 款。

[40] SI 2002/2013。

[41]《2002 年电子商务规章》reg. 13。

[42]《电子商务指令》第 20 条是有关约束力的，其中规定成员国需要确保指令的约束力。同时，指令还要求成员国采取所有必要的措施来确保指令被切实实施。司法权力可以作为违反指令义务的一个补救措施，但这不是必须与指令一同接受的。因此就随之出现了一个问题，即司法权力是否足以满足第 20 条对于约束力的要求。

[43] 参见《电子商务指令》第 7 条以及《2002 年电子商务条例》reg. 8。

[44] 参见上文第 33—008 段。

[45] 提供为出口商在网页上刊登广告、推广链接的技术支持的公司。《电子通信技术指导》中网络服务供应商与信息社会服务供应商相同。

[46] 也称作网主以及网页供应商。

[47] 参见《国际合同中电子通信使用公约》第 11 条。

[48] 这一限定性条件通常是通过所谓“超文本”将条款链接到网页上实现的。

[49]《欧共体指令 97/7/EC》第 6 条第一段。

[50]《欧共体指令 97/7/EC》第 7 条。

[51] 参见 2003 年 11 月 6 日，*Bodil Lindqvist v Kammaraklagaren* [2003] Case C-101/01 (ECJ)。在这一案例中，如姓名等个人信息被放到了网页上，而这有悖于《欧共体指令 95/46》(《数据保护指导》) 第 3 条第 1 款。在英国这一问题属于《1998 年数据保护法案》的管辖范畴。

[52] 的确，近期 DTI 发布的一份报告中显示英国 69%的公司称安全问题是选择网络交易方式的主要障碍。

[53] Commission Document Com. (1998) 297/2.

[54]《欧共体指令 1999/93》第 4 条。

[55]《欧共体指令 1999/93》第 5 条第 1 款 a 项、b 项。

[56] 参见上文第 32—005 段。

[57]《欧共体指令 1999/93》第 5 条第 2 款。

[58]《欧共体指令 1999/93》第 6 条。注意：除非他能够证明他没有行为疏忽。

[59]《欧共体指令 1999/93》第 7 条。

[60]《2002 年电子签名条例》(Electronic Signatures Regulations 2002) (SI 2002/318)。

[61] *Schmitthoff's Export Trade*，10th edit：at p. 696.

[62]《第 2000—230 号法案》，2000 年 3 月 14 日起生效。

[63] 2002 年 4 月 20 日的《2002—235 号法令》。

[64] 参见 ss. 14 (4)，UstG。

[65] 2000：832，2001 年 1 月 1 日起生效。

[66]《关于电子签名以及相关修改 227/2000 号法案》；《368/92 号法案》；《304/2001 法令》，该法令执行得较早。

[67] 2002 年 4 月 27 日《立陶宛政府 568 号决议》。参见 LST ETSI TS 101 456 (policy)；733 (format of the signature)；862 (certificates)。

[68] 参见上文第 15－019 段以及第 15－039 段。

[69] 参见《1992 年海上货物运输法》，该法案 s. 1（5）规定应制定将法案应用于包括 EDI 的无纸交易的规则。

[70]《1992 年海上货物运输法》s. 1（5）。

[71]《海牙—维斯比规则》只应用于那些受提单（第 1 条 b 款）管理的货运合同，因此该规则不适用于那些包含海上货运单的合同。

[72] 最近由 UNCTAD 实施的一个调查显示 88%的运输活动使用的是不可转让单据。

[73]《联合国第 12 号意见书——促进海运单据处理程序的措施办法》同样建议使用不可转让单据。

[74] UCP 600（2007）第 21 条，以及从 2007 年 7 月 1 日开始的 UCP 600（eUCP）。

[75] 参见下文。

[76] 参见 *R. v Sang*（1978）2 All E. R。

[77]《1968 年民事证据法》s. 5。

[78]《1995 年民事证据法》s. 1（1）中规定民事诉讼中的证据不能因为由于是传闻而不予采纳。《1995 年民事证据法》s. 9 中规定了商业记录的相关问题。《1995 年民事证据法》s. 13 将“文件”（cocument）定义为记录着任何描述信息的东西。这也同样应用于“拷贝”（copy）。参见 *J Pereira Fernandes SA v Mehta*［2006］EWHC 813；R. *v*（1）*Luke Paul Wadmore*（2）*Liam Philip Foreman*［2006］EWCA Crim. 686 中有关反社会行为的民事诉讼行为。

[79] 即这样的记录是不可采的，除非在重要时刻能够证明电脑运转正常并且证据可靠。参见 *R. v Shepherd*［1993］A. C. 380，HL。

[80] 参见下文。

[81] 特别是《UNCITRAL 电子商务标准法》以及《OECD 密码指南》（OECD Cryptography Guidelines）（1997 年 5 月）。

[82]《电子商务促进》（Promoting Electronic Commerce）。此外可参考《关于草拟立法的协商》以及《政府对于工贸委员会报告的反馈》，Cm. 4417。

[83] 参见《竞争力白皮书》（Competitiveness White Paper），Cm. 4176（1998 年 12 月）；《政府现代化白皮书》（Modernising Government White Paper），CM. 4310（1999 年 5 月）；《我们的信息时代：政府视角》（Information of Our Age：Government Vision）。

[84]《2000 年电子通信法》s. 1 - 6。

[85]《2000 年电子通信法》s. 1。

[86]《2000 年电子通信法》s. 2。

[87]《2000 年电子通信法》s. 4。

[88]《2000 年电子通信法》s. 7 - 10。

[89]《2000 年电子通信法》s. 7（1）。

[90] 参见上文第 33—013 段。

[91] SI 1996/2095，尽管在立法程序上，主管环境、运输和区域部的国务卿有可能不会通过这样的条款。

[92]《2000 年电子通信法》s. 8（3）。

[93]《2000 年电子通信法》s. 8（6）(a)。

[94] 主要由于这些条款已经出现在《1999 年金融法》第八部分中，s. 132 - 133。

[95]《2000 年电子通信法》s. 20。

[96] 参见《欧共体电子通信服务许可指导》（指导 97/13 号）。

[97]《欧洲人权公约》第 8 条。（按照《1988 年人权法案》s. 19 规定）贸易工业国务卿在议会发言称：“我认为《电子通信法》条款与《人权公约》相符”。

[98] 国内法律体系中引入了《示范法》的国家有：澳大利亚（1999），中国（2004），哥伦比亚*（1999），多米尼加共和国*（2002），厄瓜多尔*（2002），法国（2000），印度*（2000），爱尔兰（2000），约旦（2001），毛里求斯（2000），墨西哥（2000），新西兰（2002），巴基斯坦（2002），巴拿马*（2001），菲律宾（2000），韩国（1999），新加坡（1998），斯洛文尼亚（2000），南非*（2002），斯里兰卡（2006），泰国（2002）以及委内瑞拉（2001）（*代表没有实行电子签名的国家）。

同样引入《示范法》的地区还有：根西行政区（2000）、泽西行政区（2000）、马恩岛（2000），以上均为大不列颠及北爱尔兰联合王国的皇家属地；百慕大（1999）、开曼群岛（2000）以及特克斯和凯科斯群岛（2000），以上均为大不列颠及北爱尔兰联合王国的海外领地；此外，还有中国香港特别行政区（2000）。

受到《示范法》及其原则影响开始准备立法的国家有：美国（《电子交易示范法》，该法案于1999年被主管州示范法的国会委员通过），涵盖美国的大部分州；加拿大（《电子商务示范法》，于1999年由加拿大示范法委员会通过），并已在加拿大大部分省和地区执行。

[99] 由联合国大会通过：参见文件A/Res/56/80，2002年1月24日。

[100] 在此处的商业行为范围很广。

[101]《电子签名示范法》第1条。

[102]《电子签名示范法》第6条第1款。

[103]《电子签名示范法》第3款a～d项。

[104]《电子签名示范法》第8条第1款a项。

[105]《电子签名示范法》第8条第1款b项ⅰ。

[106]《电子签名示范法》第8条第1款b项ⅱ。

[107]《电子签名示范法》第12条第1款a项。

[108]《电子签名示范法》第12条第1款b项。

[109] 中国（2004）、墨西哥（2003）和泰国（2001）。

[110]《国际合同使用电子通信公约》第1条第1款。

[111]《国际合同使用电子通信公约》第2条第1款a项。

[112]《国际合同使用电子通信公约》第2条第1款b项ⅰ和ⅱ。

[113]《国际合同使用电子通信公约》第2条第1款b项ⅲ。

[114]《国际合同使用电子通信公约》第2条第1款b项ⅳ。

[115]《国际合同使用电子通信公约》第2条第2款。

[116]《国际合同使用电子通信公约》第6条第2款。

[117]《国际合同使用电子通信公约》第6条第4款。

[118]《国际合同使用电子通信公约》。

[119] 2001/31/EC.

[120] 19段。

[121] 与“机构所在地为支持网页运转技术的提供地”的定义相反。

[122] [1912] 1K.B.222，CA；在这一案例中，经营场所的确定成为了一个很大的实施问题：*Matchnet Plc v William Blair & Co LLC* [2002] EWHC 2128，Ch；*Rakusens Ltd v Baser Ambalaj Plastik Sanayi Ticaret AS* [2001] EWCA Civ. 1820。

[123] 对于这一问题更具体的法律要求在第9条第3款中。

[124] 被《1828年反欺诈修正法案》修订；参见 *Tatton v Wade*（1856）18 C.B.371 AT 381。

[125] [2006] EWCH 813，Ch.

[126] 另参见 Pretty *Pictures v Quixote Films Ltd* [2003] EWHC 311，Q.B.。在这一案例中，以

电子邮件形式发送的接受表示被当作了无效接受，因为它不是一份被签署的文件，并且这封电子邮件不被认为是当事人通过电子邮件给出的接收合同的意思表示。

[127] 参见第 4 条中关于信息生成时合理确保信息真实性以及信息可被展示的规定。

[128]《电子签名示范法》第 10 条。

[129]《电子签名示范法》第 11 条。

[130] 与英国法中的要约邀请相似，参见 *Carlill v Carbolic Smoke Ball Co* [1893] 1 Q. B. 256, CA, per Bowen LJ at 268。

[131]《电子签名示范法》第 12 条。

第十一部分

世界贸易组织

第 34 章

世界贸易组织

世界贸易组织以及国际贸易发展史

34—001 在过去的 300 年间，对国际贸易影响最大的莫过于世界贸易组织（World Trade Organization，WTO）以及它的前身——关贸总协定（General Agreement on Tariffs and Trade）。关贸总协定以及世界贸易组织起草完成过很多协议以及规则，比如贸易争端解决机制便是由 GATT 完成并在 WTO 时代进一步完善的，这些规则、协议的巨大作用是我们很难想象的。WTO 和 GATT 打开了贸易的世界市场，清除了贸易全球化的障碍，并最终为我们开创了如今所处的市场环境。由于 WTO 和 GATT 不断推进国际贸易的发展以及国际合作，使得很多贸易乃至军事摩擦最终得以避免。我们必须承认，关贸总协定是二战后成立的为数不多的几个具有积极意义的组织之一。

WTO 的起源可以追溯到比 GATT 更早些的《联合国宪章》[1]（UN Charter），准确地讲是《联合国宪章》第 13 章中所叙述的目标。[2] 首个国际贸易协议是由联合国最早的 50 名成员国中的 23 个成员国[3]联合签署的，这个协议便成为了国际贸易组织（International Trade Organization）的行为章程。国际贸易组织是在联合国的支持赞助下进行日常工作的，它的首要目标是努力消除一些国家在20世纪20年代中期大萧条之后设置的贸易壁垒以及保护性关税。经1946年的一次讨论研究后，确定了GATT的工作宗旨，并被记录在了关贸总协定的序言中：

“缔约各国政府认为，在处理它们的贸易和经济事务的关系方面，应以提高生活水平、保证充分就业、保证实际收入和有效需求的巨大持续增长、扩大世界资源的充分利用以及发展商品生产与交换为目的。通过达成互惠互利协议，大幅度地削减关税和其他贸易壁垒，取消国际贸易中的歧视待遇等措施，以对上述目的做出贡献。”

关贸总协定于1947年签署并于次年即1948年正式生效，其中包括38项条约性文件。GATT的“最惠国待遇”机制最终促成了45 000项关税减免，其影响范围覆盖了世界贸易的五分之一。[4]同样准备实施的还有国际贸易组织的一整套运转规章——《国际贸易组织宪章》（the ITO Charter），该文件于1948年5月24日在哈瓦那签订。[5]但是，由于多数国家没有在文件上签字，因此在预先规定的时间[6]内《国际贸易组织宪章》没有得到通过，以流产告终，只剩下GATT依旧运转。

GATT成员国之间通过独立贸易回合谈判机制，更为深入的谈判在接下来的60年中一点点地进行。总之，自GATT创建至今，已经完成了八个回合的谈判，而第九个回合即多哈回合谈判则暂时中止。

时间	回合	成果	参与成员数
1947	日内瓦回合	原始协议	23
1949	法国安纳西回合	关税减免	13
1951	英格兰托基回合	关税减免	38
1956	日内瓦回合	关税减免 已建立发展中国家政策	26
1960—1962	狄龙回合	关税减免	26
1964—1967	肯尼迪回合	关税减免 海关估价协定	62
1973—1979	东京回合	通过反倾销（补贴）条款 进口许可（非关税壁垒）协议 关税减免	102
1986—1994	乌拉圭回合	知识产权谈判 服务贸易谈判 建立WTO	125
2001—	多哈回合	暂停	

在迄今为止完成的八轮谈判中，前六轮谈判的谈判重点只是关税减免，而且减免对象只是货物贸易。而在 1964 年 5 月至 1967 年 7 月的“肯尼迪回合”谈判中，关税减让的对象更为广泛、减让手段更为灵活，并且以百分比为计量标准。此轮谈判的目标是开放所有货物贸易领域，并促进其关税减让。[7]“肯尼迪回合”的谈判成果在 1973 年的“东京回合”中得到了进一步深化。在“东京回合”谈判中，与会成员同意在 1987 年之前将关税降低三分之一，这使得平均关税率降低到 4.7%。[8]在这一回合的谈判中，还达成了反倾销、反补贴相关协议。[9]此外，更为重要的是，在这一回合谈判中各成员还就非关税壁垒措施的相关问题达成了协议，其中包括：海关估价、进口许可、政府采购以及技术条例和标准。[10]

在这些谈判回合中，最广为人知的莫过于“乌拉圭回合”谈判。尽管先期谈判于 1982 年在日内瓦召开，但是严格来讲，该回合谈判始于 1986 年。这一次谈判持续了八年之久，之所以持续这么长时间主要由于各贸易国在利益问题上存在分歧，并且都不愿意在减少贸易保护措施的问题上做出更大的让步。在谈判中，遇到的主要障碍是发展中国家和发达国家之间很难就农业问题达成一致，而这种情况出现的部分原因却是 GATT 条文本身：第 6 条规定农业问题可以被视为一个“特殊问题”对待，因此农业可以受到本国保护。举例来讲，美国便利用这一规定对乳品行业适用保护性法律。[11]欧盟也在这一 GATT 条款下对本国农业实行贸易保护政策，如利用《共同农业政策》（Common Agricultural Policy）在乳品行业设置关税壁垒。此外还对水果、蔬菜以及香蕉行业实施非关税壁垒[12]，如使用最低进口限价、进口许可以及保证金。这种发达国家在农业领域的保护态度，对“乌拉圭回合”中农业问题谈判的影响十分重大，甚至差点阻碍了谈判的进行。

“乌拉圭回合”的正式谈判始于 1986 年的乌拉圭，经过长期的磋商，125 个国家最终同意降低一些特定产品的关税[13]，这一成果最终可以使平均关税率自 1995 年起 3 个阶段内降低到 3.6%。而农产品方面，主要发达国家同意将直接出口补贴降低 36%，将补贴出口数额降低 21%。到 1995 年，这些协商成果全部变成了现实。

“乌拉圭回合”谈判中，各国还同意在 1998 年之前统一《原产地规则》（Rules of Origin）。《原产地规则》使得各国可以按照透明、无歧视的原则[14]确认货物的原产地，同时可以合法地使用法律约束或法律救济，包括财政[15]和非财政手段。

与《原产地规则》相似，在“乌拉圭回合”中还通过了《海关估价规则》（Customs Valuation Rules）。《海关估价规则》非常重要，因为它直接影响到应缴关税的多少。《海关估价协定》（Customs Valuation Agreement）希望能够建立起一套公平、统一、无倾向性的估价体系服务于海关估价。[16]因此，《海关估价协定》希望估价体系能够真正切合实际情况，并且排除一切主观的、不真实的估价方法。《海关估价协定》对于 GATT 最初涉及海关估价的条款进行了扩展补充，并且建立了更为准确的估价体系。[17]尽管《海关估价协定》在“乌拉圭回合”谈判中得到了通过，但是一些缔约国仍然不愿意执行，这主要是因为很多国家认为“世界海关组织”（WCO）设计的技术条款过于复杂。

之前已有的GATT第6条项下的《反倾销协定》在“乌拉圭回合”中得到了进一步加强。这一协定之所以非常必要，是因为反倾销税（ADD）经常被用来当作影响外国产品的出口的不合理的短期制裁手段，以实现保护本国弱势生产者的目的。而《反倾销协定》则建立了一套严格的体系来确定反倾销税应在什么时间、以什么方式来使用，才是保护本国市场的合法行为。总之，《反倾销协定》规定一国必须首先递交书面倾销说明，并在之后对是否构成倾销[18]以及是否对进口国构成实质损害[19]展开客观公正的调查，只有在这些条件都经调查成立的情况下才能对外国进口产品使用反倾销税，并且反倾销税的使用额度需要控制在反倾销所必要的限度之内。

在“乌拉圭回合”谈判中还涉及很多其他领域的问题，比如与贸易有关的投资措施（TRIMs）、与贸易有关的知识产权（TRIPs）、进口许可以及服务（但在这一问题上并没有达成任何协议）。

关于与贸易有关的投资措施方面，在GATT第3条和《与贸易有关的投资措施协议》（TRIMs Agreement）的附件中有如下规定：

> “1. 其中不符合1994年关贸总协定第3条国民待遇原则的投资措施，包括那些国内法律或行政条例规定的强制性实施的投资措施，或者为了获得一项利益必须与之相符合的投资措施。具体指以下两项：
>
> 1）当地成分（含量）要求，要求外商投资企业生产的最终产品中必须有一定比例的零部件是从东道国当地购买或者是当地生产的，而这种要求可以以任何方式表达出来；
>
> 2）贸易（外汇）平衡要求，规定外商投资企业为进口而支出的外汇，不得超过该企业出口额的一定比例。”

《与贸易有关的投资措施协议》在各国的执行过程很不寻常，因为各国很难将之应用到一些特定的GATT条款中去，并且也很难判断什么措施是违反国民待遇原则的。[20]比较好的一个例子便是欧盟香蕉案[21]，这个纠纷始于哥斯达黎加以及其他一些拉丁美洲国家，纠纷的焦点在于欧盟对于加勒比黑人地区的香蕉给予免税进口的待遇，这种免税进口的数量是有限额或者无限额的。上诉国宣称这是贸易投资保护主义，之所以这些国家得到特殊优待，是因为如像法国之类的欧盟国家在这些地区拥有海外领地，因此将进口配额许可给予这些国家实际上是维护自身利益的行为。欧盟这样的做法被联合国判定为与GATT第1条之规定相左，并最终要求其撤销这种歧视性规定。[22]

对于GATT来讲，另一个新出现的议题便是对于与贸易有关的知识产权的保护。对这一问题更细致的解读已经超过了本书的范围，但是关心这一问题的读者可以通过WTO网站来获取更多详细的资料。[23]

“乌拉圭回合”还通过了《关于建立世界贸易组织筹备委员会的决定》(Decision on the Establishment of the Preparatory Committee for the World Trade Organization)。这一决议构成了建立 WTO 的基础，包括确定了 WTO 的成员资格[24]以及 WTO 委员会[25]的作用。WTO 委员会的作用包括组织部长级会议并进而建立世界贸易组织。

□ 多哈回合谈判（Dohar Round）

34—002 2001 年 11 月 21 日，WTO 部长级会议在多哈起草了一份声明，该声明勾画出了 WTO 下一轮谈判的具体目标，主要涉及如下问题：

- 通过讨论《农产品协定》(Agricultural Agreement)，落实对发展中国家的承诺、在农产品领域考虑发展中国家的需求，包括食品安全以及农村发展问题，并希望以此能够在 2003 年 5 月前真正实行有利于发展中国家的特殊区别化待遇。
- 根据成员国的提案，更深入地开展 GATT 第 4 条和第 19 条下的服务贸易工作。
- 进一步促进非农业领域的关税减免（基于第 27 条下 GATT 谈判的传统贸易领域）。
- 按照《与贸易有关的知识产权协定》，为知识产权以及其他相关研究建立一个多国间的相互沟通、登记注册体系。
- 按照 GATT 第 5 条、第 8 条以及第 10 条有关货物（包括运输中的货物）运输、清关条款，确定下一步促进工作的重点。
- 关于继续开展电子商务工作项目的协定，即需要认清为未来电子商务发展创造、维护一个良好环境的重要性；以及
- 简化争端解决谅解程序（Dispute Resolution Understanding procedures)，提高工作效率。

上述大部分目标都定于 2003 年 5 月之前实现，但是，谈判在 2006 年 7 月末暂停，接着根据世界贸易组织总干事的建议，总理事会在 2006 年 7 月 28 日宣布谈判暂停。谈判暂停主要是因为在农产品问题上各国很难达成一致，尤其是关于市场准入以及国内支持方面很难协商。并且在非农业产品的市场准入问题上，由于各 WTO 成员均坚持各自立场，这使得在可预见的未来很难就此问题达成任何协议。[26]谈判暂停导致委员会在上述目标中很多领域的工作被迫也搁置下来，直至谈判再次开启。

WTO 的相关规则以及正在使用的法典

34—003 在之前的部分中，我们已经介绍过一些 WTO 为了谈判和确保强制执行而

起草的协议以及法典。而在这一部分中，我们将主要仔细分析三个主要协议以及争端解决谅解（Dispute Settlement Understanding，DSU）。我们需要说明的是，不是所有的协议以及规定都能在这一章中找到，比如进口许可协议[27]、TRIPS、TRIMS、装运前检验检疫[28]以及卫生与植物卫生措施[29]都没有包括在内。此外，一些特定行业的协议也没有在这章中涉及，如关于农产品以及纺织品和服装的相关协议。

□ 原产地规则

34—004 1994年之前，国际贸易中商品原产地的确定主要是在国家层面上完成的，只有在一些极个别案例中，这一工作上升到了国际贸易团体的高度。[30]因此，原产地规则并没有得到统一。在一些情况下，当整个商品都属于同一国家时，原产地的确定自然不会遇到太大麻烦。[31]但当商品的组成部分属于不同国家并且组装生产的过程亦在不同国家完成时，确定原产地就变得不那么容易了。在这种情况下，就需要考虑不同的原产地规定。相应的，这就使得各国可以在对于原产地规则的解释中掺杂进政治因素，以便实行贸易保护措施以及在本国建立非关税壁垒。

随着更好、更高效的运输方式的发明以及关税壁垒的不断消除，我们将看到更多的产品是由某一国提供但却是在另一国加工、生产的情况。因此，确定这样产品的原产地将会变得复杂得多，并且将会使得各国的原产地规则更加容易变成实际上的非关税壁垒。而且即使抛开各国希望借此推行贸易保护主义的政治意图不谈，各国不同的原产地规则也是不利于贸易发展的。为了解决这个问题，在1986年的乌拉圭回合先期部长级谈判中，各成员国决定制定一套完整的、国际统一推行的原产地规则。

优惠原产地与非优惠原产地

34—005 确定产品原产地是有实际用途的：一是确定该进口或出口商品是否可以享受特殊待遇，通常这些产品可以享受到低关税；二是对一些产品实施进口许可、配额或者反倾销税等限制措施。这些对产品的优待或非优待措施可以被各国政府合法运用以合理维护各自的贸易利益，但同时也有可能演变成各国非法推行贸易保护主义的工具，因为各国可以借此限制一些产品的进口以及加强本国在某些领域的出口。同时，不要认为只有进口国才会滥用原产地规则，出口国也同样可以从中获利。出口国可以利用如加工地等其他一些依据改变产品的原产地，这样便有可能获得优惠待遇。

原产地确定——潜在的方法

34—006 我们可以凭借很多依据来确定产品的原产地。如果像上面所提到的，产品完完全全是由一国提供的，那么原产地确定将变得很简单，否则，我们只能采用一些其他方法来识别产品的原产地，其中主要的四种方法总结如下：

(1) 增加值百分比测试（Value-Added Percentage Test）。这一测试标准可以设为原产地产品的最小比例或者加工价值的最大百分比。一旦相关标准确定，产品必须达到相关标准才能获得原产地资格。因此，如果最后一道加工工序的增加值超过了预先规定的百分比标准（比如标准设为工厂交货价的15%），那么这一产品可以获得该加工地的原产地资格；反之，若这一道加工增加值没有达到这一标准，则这一加工过程不能被视为判定原产地的依据。这种方法的优点就在于在多数情况下，它是一种非常公平的评判方法。但是，这种确定原产地的方法对于申请方是很复杂的（特别是在涉及优惠原产地申请的时候，所得到的优惠有可能会被提供所需证据的费用抵消掉），而且判定的结果也很难预测。

(2) 实质性改变（Substantial Transformation）。所谓实质性改变是指在某一国境内制造、加工的货物，并在该国内的制造和加工程序改变了它们原有的特征并达到了实质性的改变。[32]实行最后一道实质性加工的国家便视为产品原产国。这一方法通常与特殊加工要求和关税分类的改变联系在一起（见(3)和(4)）。

(3) 特殊加工（Specific Processes）。简单来说，对货物特殊的加工可以作为改变产品原产地的依据。这样的加工过程被视为积极加工（positive process），可以决定商品原产地；非特殊加工将被视为消极加工（negative process），则不能以此确定原产地。

(4) 关税分类的改变（Change in Tariff Classification）。这要求对货物的加工足以在四位分类（HS 目录）或六位分类（HS 子目录）中改变产品的关税分类。[33]

上述介绍了四种确定原产地的基本方法，而各贸易集团和国家在对这些方法的实际应用方面会有所不同，因此有可能导致对同样货物所确定的原产地不同。比如在欧盟，非优惠原产地方面，当货物的生产过程涉及多于一个国家时，货物的原产地应被视为对产品进行实质性的、经济上合理的最后一道加工工序的进行地点；[34]而对于优惠原产地，判定的标准则依据特殊的国际协议而定。

WTO《原产地规则》

34—007 WTO设置《原产地规则》的主要目的是确保无论成员采用什么样的评估系统，这一系统都应是透明并且公正的。并且从长期来看，WTO希望能够使各国使用统一的原产地评估系统以及相同的评估标准，这样就不会出现相同货物而原产地不同的情况了。尽管《原产地规则》是属于联合国的文件，但是其中绝大部分的技术性工作是由总部设在布鲁塞尔的世界海关组织下属的技术委员会完成的。

《原产地规则》的内容涉及了所有原产地规则的非优惠商业政策性工具（不仅是关税）。因此《原产地规则》包括了原产地确定要求以及政府统计数据的大量信息。[35]此外，《原产地规则》还包括了试行的（第2条）以及正式的（第3条）条文。

在统一的原产地规则正式实施之前的这一段过渡时期内[36]，任何一个原产地的确定方法都必须明确说明。举例来说，当设计关税分类变更时，原产地说明必须明确指出改变的是四位还是六位 HS 编码；[37]当运用从价百分比时，计算百分比的方法必须明确说明；[38]并且当规定某个加工工序确定原产地或不足以确定原产地时，必须准确定义该加工工序。[39]过渡规则规定任何标准不能因其本身对国际贸易导致限制性、歪曲的以及扰乱性的效果。[40]此外，应用于进口货物或出口货物的规则必须与对国内货物的规则相一致，并且这些规则不能带有歧视性措施。[41]最后，货物原产地的确定必须在提交所有相关信息之后的150天内完成[42]，并且一切都对原产地规则的变更均不具有追溯力。[43]

正式的原产地规则依据两条原则来确定原产地，一是完全提供产品的国家，二是当产品的生产涉及多于一国时对产品进行最后一道实质性改变加工的国家。[44]与过渡性规定一样，正式规则要求所确定的原产地标准对所有对象都必须是一致的、公平的、合理的并且是无歧视的[45]，而且对原产地的评价确认必须在递交所有材料后的150天内完成。[46]此外，任何一个对货物原产地的决定以及接收到的机密性质的信息都应是随时能够接受复查的，这样的复查应由一个独立于原产地确定机构[47]的公正的仲裁机构或是行政法庭（administrative tribunal）来实施。

在《WTO原产地规则协议》的第8条中，规定了争端解决机制（1994 GATT第23条）的相关问题。在争端解决机构（Dispute Settlement Body）之前，只有少许一些纠纷案例直接牵扯到了原产地问题[48]，其中一个例子便是印度诉美国纺织品和服装的原产地规则的纠纷。[49]该纠纷涉及美国《1994年乌拉圭回合协定法》（Uruguay Round Agreement Act）第334节、美国《2000年贸易与发展法》（Trade and Development Act）第405节和相关的美国海关的实施细则。[50]审理此案的专家组于2002年6月24日的DSB大会上成立。纠纷的核心在于印度认为美国上述关于纺织品与服装的原产地立法违反了《WTO原产地规则协议》第2条的规定，并且指出美国是在借此推行其贸易目标。争论的焦点集中在美国《2000年贸易与发展法》的第405节，其中规定如果印度的棉坯布出口到葡萄牙，葡萄牙经过印染后再出口到美国，该印染后的棉布应视为葡萄牙产品，可自由向美国出口，不受任何数量限制；而如果该印染后的棉布继续在葡萄牙加工，做成床单，然后出口到美国，此时产品原产地却为印度，要受到纺织品数量配额的限制。

最终DSB判决在《原产地规则协议》下不应要求美国应用某一套方法来确定货物原产地，判定印度不能证明美国《1994年乌拉圭回合协定法》第334节、美国《2000年贸易与发展法》第405节等违反了《原产地规则协议》的第2条规定，原因是《原产地规则协议》没有规定成员在确定原产地时必须依据或排除一些特定的工序，并且DSB认为没有足够的证据认定美国制定纺织品原产地相关规则是为了推行其贸易目标。同样，DSB还判决美国《2000年贸易与发展法》第405节与《原产地规则协议》第2条的规定一致，没有证据显示这些条款限制、扰乱或是扭曲了贸易的正常进行。

世界海关组织在推行《原产地规则》过程中的作用

在推行高级别原产地协定的过程中，除了WTO，世界海关组织[51]也在 **34—008**

WTO货物贸易理事会的支持下对这一工作做出了很大贡献。在这一意义重大的工作中，世界海关组织承担了《原产地规则协议》中的技术性工作，并且参与了原产地规则以及确定原产地方法的整体框架的制定，同时还负责具体条款的技术性审查。此外，世界海关组织还会通过成员之间的讨论给出技术性建议，以确保各种各样有关原产地的问题能够得以解决。

《统一原产地规则》(Harmonised Rules on Origin) 将依据统一的原产地评定体系构成一个新的原产地框架体系："附录一"阐述了由一国完全提供的产品原产地规则以及此类产品的定义；[52]"附录二"适用于不属于"附录一"规定下的产品。当然，这两部分附录属于技术性规则，因此也会显得很复杂。[53]

□ 海关估价规则

34—009 对于应征关税或其他费用或以任何方式管理进出口限制的所有产品，各缔约方应承认本款下列各款所列估价一般原则的有效性。GATT同时也规定对进口商品的海关估价应根据进口商品或同类商品的实际价格，不应根据原产国的价格或任意的虚构的价格。[54]"实际价值"应为在进口国立法确定的时间和地点，在正常贸易过程中和充分竞争条件下，此类或同类商品销售或标价出售的价格。在此类或同类商品的价格在一特定交易中取决于数量的情况下，所考虑的价格应一律与下列内容有关：(ⅰ)可比数量或(ⅱ)与在进口国和出口国的贸易中所销售的较大数量的商品相比，不使进口商处于不利地位的数量。[55]当这种估价方法不可行时，对进口商品的海关估价应根据与该商品最近似的同类商品的价格进行。

此外，任何进口产品的完税价格不应包括原产国或出口国国内适用的，且进口产品已免除的或者已经或将要通过退还方式予以免除的任何国内税的金额。[56]

最后，按照GATT的规定，确定应征关税或其他费用的产品的价值或者根据价值实行或根据价值以任何方式管理进出口的限制的基础和方法应稳定并应充分公开，以使贸易商能够以合理程度的确定性对完税价格进行估计。[57]

根据GATT的海关估价条款，各成员国签署了《关于实施海关估价规则的协定》(Agreement on Implementation (the Valuation Rules)) (即《估价协定》(the Valuation Agreement))。《估价协定》包含了六个在海关估价过程中应遵循的"基础"，通俗来讲就是海关估价的"方法"。《估价协定》的第1条介绍了方法一，其中规定进口货物的价格应为成交价格，即该货物出口给进口国并按第8条规定进行调整后的实付或应付价格。第8条中说明了应计入成交价格的项目和数量：

(1) 第8条

(a) 下列各项，只要由买方负担但未包括在货物实付或应付的价格中：

(ⅰ) 佣金与经纪费用，购买佣金除外；

(ⅱ) 为完税目的而与所涉货物视为一体的容器费用。

(ⅲ) 包装费用，无论是人工费用还是材料费用。

(b) 与进口货物的生产和销售供出口有关的、由买方以免费或降低使用成本的方式直接或间接供应的酌情按比例分摊的下列货物和服务的价值，只要该价值未包括在实付应付的价格中：

(ⅰ) 进口货物包含的材料、部件、零件和类似货物；

(ⅱ) 在生产进口货物过程中使用的工具、冲模、铸模和类似货物；

(ⅲ) 在生产进口货物过程中消耗的材料；

(ⅳ) 生产进口货物所必需的、在进口国以外的其他地方所从事的工程、开发、工艺、设计工作及计划和规划。

(c) 作为被估价货物的销售条件，买方必须直接或间接地支付与被估价货物有关的特许权使用费和许可费，只要该特许权使用费和许可费未包括在实付或应付价格中。

(d) 进口货物任何随后进行的转售、处置或使用而使卖方直接或间接获得的收入的任何部分的价值。

2. 每一个成员在制定法规时，应对将下列各项内容全部或部分地包括或不包括在完税价格之中做出规定：

(a) 进口货物运至进口港或进口地的费用；

(b) 与进口货物运输到进口港口或进口地相关的装卸费和处理费；及

(c) 保险费。

3. 根据本条规定加入实付或应付价格中的费用应以客观和可量化的数据为依据。

4. 除本条所规定的内容外，在确定完税价格时，不得将其他内容计入实付或应付价格。

只有在卖方所处的情况不会扭曲价格或不属于第 1 条第 1 款（a）至（d）项所列明的情况下，才能够使用方法一进行海关估价。此外，买卖双方有关联这一事实本身并不构成认为该成交价值不能接受的理由。在此种情况下，对该笔出售的详细情况应进行审查，如果海关当局有理由认为此种关系已经影响了成交价值，海关当局应通知进口商，并给予合理的时间做出反应。[58]当由于各种原因无法使用方法一确定商品价值时，那么可以使用方法二。

《估价协定》的第 2 条介绍了方法二，其中规定与被估价货物同时或大约同时向同一进口国输出的相同货物的成交价格应为该货物的完税价格。[59]当适用本条款时，应按同一商业环节出售的并与被估价货物数量大体相同的货物的成交价格确定完税价格。如果无法找到这种可参照的交易，则应使用在不同商业环节和/或按不同数量出售的相同货物的成交价格并在考虑到不同商业环节和/或不同数量的差别因素后对之做出调整，但不论是否会导致价值的增加或减少，此种调整应建立在有充分证据明确证明此种调整的合理性和准确性的基础之上。此外，当包含第 8 条第 2 段涉及的成本或费用[60]时，必须考虑任何该交易与可参照交易的区别来做出必要调整。如果在适用本条时发现相同货物有一个以上的成交价格，应以最低的成交价格来确定进口货物海关价值。[61]当方法二不适用时，可以使用方法三。

《估价协定》的第 3 条阐述了海关估价的方法三，即海关估价应基于“与该被估价货物同时或大约同时向同一进口国输出的类似货物”的成交价格。与方法二相同，所参照商品交易应与被估价产品商业环节相同，并且货物数量也与被估价产品大体相同，但当必要时也可以使用在不同商业环节和/或按不同数量出售的相同货物的成交价格并在考虑到不同商业环节和/或不同数量的差别因素后对之做出调整，此种调整应建立在有充分证据明确证明此种调整的合理的基础之上。同时与方法二相同，这种调整也应在适用第 8 条第 2 款的情况下进行。

在极少见的情况下，上述三种方法都无法确定商品价格。但是，在出现这种情况时，我们可以依次考虑剩下的几种方法，并合适准确地运用。

方法四的估价方法是基于在该被估价货物同一进口时间[62]或大体相同的进口时间，向与出售该货物人员无关的人员出售最大量的进口货物或者相同或类似的进口货物的单位价格，并且这一单位价格应扣除一系列相应费用。[63]《估价协定》的第 5 条第 1 款第 2 项规定了方法四的第二种估价方法，即海关价值可以以在过去 90 天内进口货物的单价作为估价基础（与同时或大约同时之表述相反）。

方法五规定海关估价应以“计算价格”（computed value）为基础。[64]估计价值由（1）所使用的原料和制造或其他加工过程的费用或价值[65]，（2）反映在与被估价货物同级或同类货物销售金额的利润和一般费用额，[66]以及（3）其他费用支出或价值构成。[67]

最后，方法六规定完税价格应使用“与《估价协定》和 1994 年 GATT 第 7 条的原则和一般规定相一致的合理途径并根据进口国的现有资料加以确定”。[68]使用本方法时，不得根据以下特定价格进行海关估价，包括：在进口国生产的货物在进口国的销售价格；为海关目的而规定接受两个关税价格中较高者的方法；货物在出口国国内市场上的价格；除按第 6 条规定为相同或类似货物确定的估计价值之外的生产成本；向进口国之外的国家出口的货物价格；最低海关完税价格；或任意或虚构的价格。

同估价的基本规则一样，其他相关决议都可以在 WTO 网站上查询到，其中包括《估价协定》条款解释的决议。该决议中的一个例子便是对于按照方法一对于数据软件的承载介质的估价，对于这种承载介质，海关估价只计算承载物的基本价格而不包括其中软件的价值。[69]

世界海关组织和《估价协定》

34—010 在完成 WTO《估价协定》的过程中，不得不提到世界海关组织（WCO）所做出的贡献，世界海关组织在这一过程中改善并提供了对于估价问题解释的技术支持。

世界海关组织与其成员对发展、改善《估计协定》的工作做出了很大贡献，而且 WCO 的成员确实将《估价协定》看成贸易促进的手段以及确保贸易有序进行的机制。目前，世界海关组织在《估价协定》的工作中主要承担的工作是协助那些最不发达国家在本国实施《估价协定》、促进 WCO 成员以统一标准进行海关估价[70]以及确保《估价协定》在各国海关实践时的可行性。

海关估价中的技术工作基本上是由海关估价技术委员会（Technical Committee on Customs Valuation）完成的，该委员会每年都会在布鲁塞尔举行两次会议，会上将商讨估价过程中的具体技术性问题，希望能够为成员提供技术性建议，在讨论中能够研究具体条款以及提供估价方法方面的信息。此外，世界海关组织还会出版有关《估价协定》的出版物以及技术委员会会议的文字资料。

有关海关估价的信息可以在 WCO 网站上查询到[71]，其中还包括一些有趣的数据：

- 世界贸易中 90％是利用成交价格以及基于客观可量化数据调整后的价格进行海关估价的。
- 截至 2000 年 6 月 1 日，已有 78 个 WTO 成员采纳了《估价协定》。

□ 反倾销、补贴以及反补贴税

WTO 最广为人知的工作领域便是反倾销和反补贴税。当然，这些是引发冲突相对较多的问题，连争端解决机构在这些问题上也需要花费更多的时间。这不是因为在某些方面这些问题具有极大的政治敏感性，而是因为它们与 GATT 最根本的理念相一致——消除关税壁垒。GATT 引入的反倾销和反补贴的基本框架便是基于 GATT 条款本身（第 7 条），其中分别阐述了反倾销以及反补贴税的相关规定。 34—011

GATT 1947 第 6 条规定，各缔约方承认用倾销的手段将一国产品以低于正常价值的办法出口至另一国，如因此对一缔约方领土内一已建立的产业造成实质损害或实质损害威胁，这种倾销行为应予以谴责。[72]如果一种产品以低于正常价值的价格出口至另一国，将被视为倾销。如自一国出口至另一国的产品的价格符合下列条件，则被视为以低于其正常价值的价格出口：

(a) 低于正常贸易过程中出口国国内最终消费的同类产品的可比价格，或
(b) 如无此种国内价格，则低于：
(ⅰ) 正常贸易过程中同类产品出口至第三国的最高可比价格；或
(ⅱ) 该产品在原产国的生产成本加上合理的销售成本和利润。[73]

为了防止倾销的发生以及抵消倾销所带来的损失，GATT 允许被倾销成员对倾销物品征收反倾销税（anti-dumping duty，ADD），希望能够通过反倾销税将倾销产品的价格调整到正常价值的水平上，但所征收的反倾销税数额不得超过此类产品的倾销幅度。[74]

反补贴税（countervailing duties，CD）与反倾销税十分相似，是为抵消对制造、生产或出口所直接或间接给予的任何津贴或补贴而征收的一种特别

税。[75]在征收反补贴税时，所征税数额不得超过产品被给予的津贴或补贴的数额。[76]

上述两种关税，不得由于产品被免除在原产国或出口国供消费的同类产品所负担的税费[77]或由于退还此类税费而征收反倾销或反补贴税，而且也不得为补偿倾销或出口补贴所造成的相同后果同时征收反倾销税和反补贴税。[78]

GATT 第 6 条第 1 款对于倾销必须对已建立的工业造成损害或实质损害威胁的要求在第 6 条第 6 款的规定中得到了进一步加强。GATT 第 6 条第 6 款规定，缔约方不得对另一缔约方领土的进口产品征收反倾销税或反补贴税（视情况而定），除非其确定倾销或补贴的效果会对国内一已建立产业造成实质损害或实质损害威胁，或实质阻碍一国内产业的建立。而在第 6 条中还规定了一个例外允许[79]缔约方在未经缔约方全体事先批准的情况下征收反补贴税以保护本国产业免受实质损害或实质损害威胁，但是必须对此种行动进行上报，如缔约方全体未予批准，则该反补贴税应迅速撤销。[80]

WTO《反倾销协定》(WTO Agreement on Anti-Dumping)

34—012 关于反倾销的协定最初是在 1973 年的东京回合谈判中达成的，但是虽然这一协定对 GATT 第 6 条的规定进行了细节上的补充，但人们仍然认为它很难确保实现 GATT 第 6 条的目标。由此，乌拉圭回合谈判对于协议进行了修改并加入了更加细致的规定。经修改的协议对于反倾销提供了一套更为全面完整的过程以及要求，如下：

- 产品倾销的确定；
- 确定损害应考虑的因素；
- 反倾销调查程序；
- 反倾销措施的应用；[81]以及
- WTO 争端解决机制在不同缔约方发生争议时的裁定权。

确定任何被指控的倾销的存在、程度和影响的调查应在收到由国内产业或代表国内产业提出的书面申请后发起。[82]《反倾销协定》中对于调查程序的法律要求可在《反倾销协定》第 5 条中找到，其中要求提出调查倾销的申请应包括以下证据：(a) 倾销；(b) 损害；[83] (c) 倾销进口产品与被指控的损害之间的一种因果关系。[84]此外，申请还需要提供有关申请人、被指控倾销的产品以及倾销产品数量、价格的可能影响等具体信息。[85]主管机关应审查申请中所提供证据的准确性和充分性，以确定是否应发起调查。[86]此外，在着手调查之前，主管机关还必须征询其他生产者的意见，以确定申请获得总产量构成同类产品 50％或以上的生产者是支持这一申请的。[87]

在一些特殊情况下，相关主管机构可自行发起调查。[88]但在这种情况下，只有在第 1 款所述书面申请所要求的相同证据存在的情况下，方可发起调查。

倾销和损害的证据应在调查过程中同时予以考虑。[89]因此，在提出反倾销调查申请时，最好将申请分为两部分，在其中第二部分中专门列明相关证据，这将有助于相关主管机构日后展开调查工作。按照第 5 条第 8 款的规定，管理机关一经确认不存在有关倾销或损害的足够证据以证明继续进行该案是正当的，则根据第 1 款提出的申请即应予以拒绝，且调查应迅速终止。如果主管机构确定倾销差额[90]属于“微量”（de minimis）或者倾销进口产品的实际或潜在的数量或损害可忽略不计，情况同样如此。[91]此外，反倾销程序不得妨碍通关程序。[92]

《反倾销协定》的第 2 条阐述了倾销的确定。倾销的基本定义便是如果一产品自一国出口至另一国的出口价格低于在正常贸易过程中出口国供消费的同类产品的可比价格[93]，则该产品被视为倾销。如果在出口国国内市场的正常贸易过程中不存在该同类产品的销售，不允许对此类销售进行适当比较，则使用其他方法确定比较价格，这与 GATT 第 6 条第 1 款中的规定方法非常近似。[94]比较价格通常应以被调查的出口商或生产者保存的记录为基础进行计算，只要此类记录符合出口国的公认会计原则并合理反映与被调查的产品有关的生产和销售成本。[95]真实成本的确定是一项十分细致、复杂的工作，因为计算真实成本需要考虑实际管理、销售以及一般费用和利润，同时还需要计算分期偿还的债务、折旧期和基建费用以及其他开发费用的补贴。当上述金额不能确定时，则该金额应在下列基础上确定：（1）所涉出口商或生产者在国内市场中生产和销售同一大类产品所产生的费用；（2）其他出口商或生产者在原产国国内市场中生产和销售同类产品所产生的加权平均实际金额；或（3）用其他合理方法计算出的金额。[96]对出口价格和正常价值应进行公平比较，这一比较应在相同贸易水平上进行[97]，且应尽可能针对在相同时间销售的商品。

《反倾销协定》的第 3 条阐述了实质损害确定的相关要求，其中规定对损害的确定应依据肯定性证据[98]，并应包括对下述内容的客观审查：（a）倾销进口产品的数量和倾销进口产品对国内市场同类产品价格的影响，及（b）这些进口产品随之对此类产品国内生产者产生的影响。[99]此外，主管机关还需要考虑倾销商品的数量以及倾销产品是否存在“大幅”削减价格和削价的影响。[100]若倾销涉及多个国家的产品，在评估实质性损害的效果时，则通常累积评估此类进口产品的影响。倾销影响的评估必须是十分具体的，需要包括对所有相关经济因素的评价。[101]

《反倾销协定》的第 3 条第 7 款规定对实质性损害威胁的确定应依据事实，而不是仅依据指控、推测或极小的可能性。此外还提供了环境改变的范例。

已依照第 5 条的规定发起调查、已为此发出公告且已给予利害关系方[102]提交信息和提出意见的充分机会，才能采用临时性的反倾销措施。此外，采用临时性措施还需要已做出关于倾销和由此产生的对国内产业的损害的初步肯定裁定，并且所采取的措施必须是必要的。[103]同时，先期措施也不得早于发起调查之日起 60 天实施。在临时措施实施之后，如出口商做出承诺宣称出口价格将上升到正常价值的价格时，这些临时性措施应当停止。另外，在实施临时性措施时应遵循第 9 条的有关规定。如主管机关认为接受价格承诺不可行，则不必接受所提承诺。[104]但是，不得强迫出口商做出此类价格承诺，并且如果出口商不提出此类承诺，则不应在调查过程中对出口商存在任何偏见。[105]

只有经过反倾销调查以及已经采取过先期措施之后，才能够对进口产品强制征收反倾销税。所征收反倾销税的税额不得高于将进口货物价格回升到正常价值所必需的限额。同时，如果反倾销税小于倾销幅度即足以消除对国内产业的损害或损害威胁，则这种反倾销税是更加可取的。[106]另外，反倾销税可对在实施临时性措施之日前 90 天内进口供消费的产品征收（按第 7 条第 1 款规定）。[107]最后，反倾销税应仅在抵消造成损害的倾销所必需的时间和限度内实施。[108]

反倾销税实施的整个过程都受到 WTO 反倾销措施委员会（WTO Committee on Anti-Dumping Practices）的监督。反倾销措施委员会每年都会举行两至三次会议，会上将回顾反倾销措施的情况。在《反倾销协定》的第 16 条中，我们可以找到委员会成立以及工作的法律依据。《反倾销协定》第 16 条第 5 款规定每一成员应通知委员会：

(a) 哪一个主管机关负责发起和进行第 5 条所指的调查；及

(b) 适用于发起和进行此类调查的国内程序。

最后，《反倾销协定》在第 17 条中引入了争端解决机制，以调解缔约方之间的争议。[109]

《补贴与反补贴措施协议》(Agreement on Subsides and Countervailing Measures)

34—013 《补贴与反补贴措施协议》（以下简称《反补贴协议》）是乌拉圭回合谈判的重要成果，它是对 GATT 1994 第 6 条、第 16 条的具体化。《反补贴协议》由 11 个部分 32 条和 7 个附件构成，其中附件 1 至附件 4 是对于补贴以及第五部分中关于反补贴税的补充。

《反补贴协议》的第一部分对补贴进行了定义，即如果出现如下情况，则认定为存在补贴行为：存在由政府或任何公共机构提供的财政资助；[110]政府参与了间接的资金转移；[111]放弃或未征收在其他情况下应征收的政府税收；[112]政府提供了除一般基础设施外的货物或服务，或购买货物；[113]政府向一筹资机构付款，或委托或指示一私营机构履行以上列举的一种或多种通常应属于政府的职能，且此种做法与政府通常采用的做法并无实质差别；[114]或存在 GATT 1994 第 16 条意义上的任何形式的收入或价格支持。[115]接着《反补贴协议》将补贴分为了三大类：

● 禁止性补贴（Prohibited Subsidies）(《反倾销协议》第 2 部分)。禁止性补贴包括“法律”[116]或“事实上”[117]视货物出口为条件而给予的补贴。协议的原文使用的是“出口实绩”（export performance）一词，意思是只有在产品实际出口的情况下才会给予补贴。同时，对出口实绩的要求将视为给予补贴的唯一条件或多种其他条件之一。[118]此外，禁止性补贴还包括视使用国产货物而非进口货物的情况为条件而给予的补贴。[119]《反补贴协议》禁止给予或者维持上述这种禁止性补贴。[120]

《反补贴协议》的第 4 条阐述了禁止性补贴发现后的补救问题。在将相关事项提交到争端解决机构解决之前，应给予 30 天的磋商期。[121]在给予成员机会以证明本国不存在禁止性补贴之后，争端解决机构有权力做出判决要求该成员在一定时间内撤销禁止性补贴，并且这种判决是可上诉的。[122]如果判决认定为禁止性补贴，则起诉方可以使用适当的反补贴措施，比如对受补贴产品征税。[123]

● 可诉补贴（Actionable Subsidies）（《反补贴协议》第 3 部分）。所谓可诉补贴是指对其他成员利益造成“不利影响”的补贴，“不利影响”例如：损害另一成员的国内产业；[124]使其他成员在 GATT 1994 项下直接或间接获得的利益丧失或减损，特别是在 GATT 1994 第 2 条下约束减让的利益；[125]或严重侵害另一成员的利益。[126]《反补贴协议》的第 6 条定义了这里所说的“严重侵害”，即当存在下列情况时，应视为存在严重侵害：

(a) 对一产品从价补贴的总额超过 5%；

(b) 用以弥补一产业承受的经营亏损的补贴；

(c) 用以弥补一企业（而非产业）承受的经营亏损的持续性补贴；

(d) 直接债务免除。

对这种补贴的补救措施与禁止性补贴相似，除了递交 DSB 之前的协商期限为 60 天（禁止性补贴为 30 天）。[127]当完成上诉程序[128]并判定该补贴为可诉性补贴时，该成员应采取适当措施消除该补贴的不利影响或撤销该补贴。在 DSB 通过专家小组或上诉机构报告之日起六个月内，如果该成员未采取适当步骤以消除补贴的不利影响或撤销该补贴，且未达成补偿协议，除非争端解决机构经协商一致决定拒绝该请求，则争端解决机构应授权起诉成员采取与被确定存在的不利影响的程度和性质相当的反措施。同时，这些反措施必须与不利影响的程度和性质相当。[129]

● 不可诉补贴（Non-Actionable Subsidies）（《反补贴协议》第 4 部分）。不可诉补贴是指那些在第 8 条第 2 款中未被列明[130]或者被列明但同时也被排除的补贴，特别是如下这些符合特定条件[131]的补贴：

(a) 对公司进行研究活动的援助，或对高等教育机构或研究机构与公司签约进行研究活动的援助；[132]

(b) 按照地区发展总体框架对一成员领土内落后地区的援助；[133]

(c) 为促进现有设施适应法律和/或法规实行的新的环境要求而提供的援助，这些要求会对公司产生更多的约束和财政负担。[134]

当一成员计划实施上述不可诉补贴时，需要提前通知相关委员会。[135]委员会接到通知后，应展开调查以确定成员将要实施的补贴确属不可诉补贴，并且委员会有权要求成员提供补贴的相关资料信息。[136]之后，在委员会做出对补贴性质的裁定后会将判决结果通知该成员。如果判决结果裁定该成员所使用的补贴对另一成员造成了严重的不利影响，那么接下来将引入针对可诉补贴适用的补救程序。[137]

除了对抗补贴的反措施之外，《反补贴协议》的第 5 部分阐述了反补贴措施（Countervailing Measures）的相关问题。根据 GATT 1994 第六条规定，这些反补贴措施的目的是防止出口国或原产国使用补贴或津贴。为了规范反补贴税（CD）的使用，《反补贴协议》制定了一套适用该种反补贴措施应遵循的程序，该程序与使用反倾销税的程序很相似。首先，调查应在收到代表国内产业提出的书面申请后发起。[138]相应的申请必须提供补贴的证据、补贴的数额以及补贴进口产品与被指控损害之间的一种因果关系。[139]之后，如果相关主管机构认定申请所提供证据充足并且确定国内相关生产者支持申请，则相关主管机构应着手展开调查。与反倾销税调查相似，补贴调查中如果发现证据不足或者补贴的效果是微量的，那么调查应终止。[140]

提出的申请一经接受，应邀请产品可能接受调查的成员进行磋商，以澄清有关第 11 条第 2 款所指事项的有关情况。[141]此外，在整个调查期间，应给予产品被调查的成员继续进行磋商的合理机会，以期澄清实际情况，并达成双方同意的解决办法。[142]《反补贴协议》的第 14 条阐述了以受补贴者所获利益计算补贴的金额的方法指导，而这种方法应在有关成员国内立法或实施细则中做出规定。对损害的确定应根据“肯定性证据”[143]，并应包括对以下内容的客观审查：(a) 补贴进口产品的数量和补贴进口产品对国内市场同类产品价格的影响，及 (b) 这些进口产品随之对此类产品国内生产者产生的影响。[144]一旦调查确定补贴的存在并且认定需要采取必要措施防止补贴在调查过程中对进口国造成伤害，这时需要采取临时措施[145]，比如可以使用临时反补贴税[146]，但当使用补贴的成员准备采取措施撤销或限制补贴时，临时措施亦需要终止。最终的反补贴税只有在双方努力磋商未果的情况下才能使用，并且反补贴税应仅在抵消造成补贴的损害所必需的时间和限度内实施[147]，同时使用反补贴税的成员可以对其要求复审。[148]

《反补贴协议》第 23 条规定国内立法包含反补贴税措施规定的每一成员均应设有审查机构或程序，以便参与行政程序及直接和间接受行政行为影响的所有利害关系方拥有了解审查情况的机会。[149]

《反补贴协议》的第 30 条规定应用《争端解决谅解》适用于协定项下的磋商和争端解决，除非本协定另有具体规定。

农业领域的补贴就被明确排除在本协定之外[150]，因此不属于《争端解决谅解》的适用范围，而这些农业补贴措施将单独由《农产品协定》（Agricultural Agreement）管理，比如（欧共体）共同农业政策（Common Agricultural Policy）采取的任何措施。另外一个协议中的特例便是发展中国家成员，发展中国家成员国不受协议第 3 条第 1 款之约束，这是为了支持发展中国家发展建设以及给予其补贴以支持出口。这种优惠对象分两种级别：一是附件 7 所指的发展中国家成员；二是其他发展中国家成员自 WTO 协定生效之日起 8 年内不适用，但需符合第 4 款的规定。[151]

《关于争端解决规则与程序的谅解》

34—014 相对于其他国际组织，WTO 能够更高效运转的一个原因便是它有能力通过争端解决机制进行高政治级别的仲裁。《关于争端解决规则与程序的谅解》(Understanding on Rules and Procedures Governing the Settlement of Disputes，DSU) 最初的法律依据可以追溯到 GATT 1947 的第 22 条和第 23 条。第 22 条规定了争端发生后的磋商问题并且阐述了争端解决的初步程序，即在启动正式解决程序之前总是会有一段时间供成员磋商。的确，WTO 规则和协议中很多磋商时限都与 DSU 中的规定相一致，DSU 中规定收到磋商请求起 30 天内需要展开磋商并在收到请求的 60 天内结束磋商。GATT 1947 第 23 条阐述了利益的丧失或减损问题，规定如缔约方认为另一缔约方未能履行其义务或实施了与协议相悖的措施或存在其他 GATT 1947 项下的争端情况，那么该缔约方可以提出书面申请。受到质疑的缔约方应随后对该事项展开调查，并对其进行解释或裁定。[152]相关的调查结果通常会在一份报告中写明，而各缔约方必须采纳这一报告，但因其本身强烈的政治色彩通常导致缔约方不承认其调查结果。接着，通常的程序是争端需要诉诸专家小组的决定。这一争端解决体系在 1988 年被修正[153]，其中第一个也是最重要的变化便是消除了争端各方对于专家小组判决的依赖。除此之外，GATT 1994 创立了上诉机构。至此，最初源于 GATT 1947 第 23 条的争端解决谅解规则得到了发展，并最终演变为今天我们所熟悉的乌拉圭回合的《关于争端解决规则与程序的谅解》。

□ DSU——规则与程序

34—015 争端解决机构 (Dispute Settlement Body，DSB) 负责管理 DSU 项下的规则和程序。[154]因此，DSB 有权设立专家组、采纳专家组和上诉机构的报告、监督裁决和建议的执行以及授权中止适用协定项下的减让和其他义务。争端谅解的原则是为成员提供适当的、高效的争端解决方法，并由此确保各成员权利和义务的适当平衡。[155]

DSU 第 4 条规定了举行成员之间磋商的义务。通常来说，磋商必须在一方收到请求的 30 天内开始，一般不能超过自收到请求起的 60 天。[156]当由于各种原因磋商未能开始或者在 60 天内磋商未能达成一致，则起诉方可请求设立专家小组。而专家小组没有权利评价举行的磋商是否有效。[157]同时，在第 5 条中也给予了斡旋、调解和调停的机会。

专家组的建立应由一成员提出申请[158]，其中需要明确陈述问题[159]并最终经 DSB 认定需要建立相关专家组进行调查。在专家组不具有标准职权范围的情况下，请求中应包括特殊职权范围的拟议案文。DSU 第 7 条列明了专家组的职权范围，但需要说明的是，这些职权范围很可能因争端各方协商而改变。专家组成员应保证独立于各纠纷方，并且各成员应拥有各自不同的背景、丰富的经验，此外专家组的资质必须经过充分验证。同时，专家组成员不必是政府人员。[160]而专家组所扮演的角色便是代表 DSB 对争端的事实以及相关问题进行客观的审查，因此为了最终得出结论，专家组有权向其认为适当的任何个人或机构寻求信息和技术建议。[161]同时，专家组应定期与争端各方磋商，并给予他们充分的机会以形成双方满意的解决办法。[162]专家组的审议应是机密的[163]，并且所提出的任何意见都应是匿名的。如争端各方未能形成双方满意的解决办法，专家组应以书面报告形式向 DSB 提交调查结果，并且通常自专家组成立、职权范围议定之日起至最终报告提交争端各方之日止，一般不应超过 6 个月。[164]之后，在报告散发各成员之日 20 天后，DSB 方可审议通过此报告。对专家组报告有反对意见的成员应至少在审议该报告的 DSB 会议召开前 10 天，提交相关申请。[165]该报告应在专家组报告递交各成员之日起 60 天内通过。[166]

在专家组向 DSB 的报告通过之后，根据 DSU 第 17 条当事方有权向上诉机构上诉。上诉机构是由 DSB 指派 7 人组成的常设机构，上诉权明显只针对纠纷当事方。[167]上诉只能针对法律观点进行[168]，并且上诉程序通常只进行 60 天且不能长于 90 天。[169]之后 DSB 应采纳上诉机构的报告，除非有共同观点认为不应采纳。[170]整个争端解决程序不应长于 12 个月。[171]

□ 建议和裁决的执行

34－016 DSU 第 20 条规定有关成员应在报告通过后 30 天内通知 DSB 关于执行 DSB 建议和裁决的意向。之后相关成员必须立即或在合理时间内遵从建议和裁决。[172]当建议和裁决未在合理期限内执行时，可以采取补偿和中止减让等临时性措施[173]，其中包括“适当的反措施”[174]（目前已被终止），临时性措施的唯一目的便是推动建议和裁决得以执行。

□ 建议和裁决的影响

34－017 在这里我们不想研究 DSU 做出的每一个具体的裁定，只是想展示争端解决机制在国际贸易中的影响。但这样也是存在一定困难的，因为我们如果想了解争端解决机制的重要性，仅关注它的工作成果是不够的，更多的是要注意如果在贸易纠纷发生时，没有争端解决机制，仅依靠抬高关税来对抗纠纷，会出现什么样的结果。而我们知道，关税大战是非常容易演变为贸易战的。在本部分将通过介绍一个案例——欧盟香蕉配额体系来展示 DSU 的重要性，并将阐述这一纠纷的影响以及假设没有 DSU 存在的情形。

欧盟希望通过香蕉关税体制保护非洲、加勒比和太平洋地区[175]（ACP）小国的生产者，欧盟希望由此协助这些国家发展并且保护与这些国家良好的贸易关系。[176]因此，欧盟建立了配额体系，使得这些国家拥有一定数量的配额

（按吨计算）商品可以免税出口至欧盟。1993 年，其他几个香蕉生产国——哥伦比亚、哥斯达黎加、危地马拉、尼加拉瓜以及委内瑞拉按照 GATT 1947 第 23 条的规定对欧盟提起了诉讼。之后专家小组建立，并经过调查得出结论判定欧共体的配额体制与 GATT 规则相悖，尽管（在旧争端解决体系下）欧共体及其他受惠国并没有接受这一裁定。为了试图解决这一纠纷，双方进行了磋商并最终达成了《香蕉框架协定》(Banana Framework Agreement，BFA)，其中明确了上诉国对欧洲市场享有一定份额。同时，这一协定解决了上述拉美国家与欧盟之间的纠纷，但是其他未加入这一协定的国家仍然对结果表示不满，因此引起了“欧共体香蕉案三”（EC Bananas Ⅲ case）。这一纠纷发生在 1996—2001年[177]，诉讼主要由美国和其他一些拉美国家发起。[178]在那一时期，这一纠纷有可能引起严重的贸易战。当时美国威胁欧盟可能对欧洲部分产品加征关税。对于 WTO 来说，这一争端虽然不是第一起，但绝对是 WTO 短暂历史上级别最高的纠纷之一。在这一事件中，专家小组和上诉机构判定欧盟采取的有利于一部分 WTO 成员的措施不符合 GATT 的原则。[179]这样的判决虽然避免了一场贸易战，但是却催生了另一个香蕉关税体制。该协定包括两个阶段：从 2001 年 7 月至 2005 年 12 月止，按照过去配额数目的安排继续执行配额措施。[180]但是这仍旧没有使一些成员满意，因此该事项被提交到了仲裁机构。WTO 仲裁员判决欧盟的这一改变仍然没有创造公平的市场准入环境。[181]因此，欧盟于 2005 年 9 月提交了新的改善措施，这些措施于 2006 年 1 月正式执行生效。改善后的措施适用了一套统一的关税税率，但同时也提供给 ACP 国家有限的配额。这一方案似乎得到了所有成员的认可。

在这一纠纷中，我们假设如果不存在争端解决机制，美国以及其他上诉国家有可能以此纠纷为由对欧盟的一些敏感商品（如德国钢铁、法国酒类）提高关税。这些反措施有可能不会直接影响相关产品生产，但是会影响更多相关产品的出口，并且会招致欧盟的报复。这样，最终该事件一定会对大西洋两岸的进出口商以及消费者造成严重的损失。即使使用东京回合后 GATT 第 23 条的相关措施，这一事件也很有可能无法被彻底解决，而且这些措施也不具有持续性。上面所做的假想也许能够反映前 WTO 时期纠纷解决的局面。在前 WTO 时期，争端各方经常不承认争端解决机制所提供的建议，并由此影响建议的执行。[182]同时，这样的局面有可能导致上诉成员不能得到很好的赔偿或者争端无法最终圆满解决。在“欧共体香蕉案二”（EC Banana Ⅱ Case）中，专家小组做出的具体建议如下：

“首先，欧共体可以选择实行单一关税制，而放弃使用配额。这种单一关税制可以对 ACP 国家的香蕉进口实行一定的关税优惠政策（零关税或其他优惠税率）。如果这样做，那么关税优惠的取消机制（waiver）也是必要的，除非出现没有必要取消的情况，比如创立了一个与 GATT 第 24 条规定相符的自由贸易区，这样做可以避免各成员争夺关税配额。

第二，欧共体可以选择实行单一关税制，同时给予 ACP 国家一定的关税配额，并配以适当的取消机制。

第三，欧共体可以保持现有约束性的自主最惠国配额，同时不针对国家配给配额，或者按照第8条的要求与绝大部分产品供给商协商后针对特定国家分配配额。第8条规定对于ACP的进口，最惠国关税配额可以配合免税（或优惠税率）待遇。”[183]

由此为欧盟提供了解决纠纷的措施，同时专家组也赞同这些措施，并且这些措施也经受住了事实的检验。在这一事件中，纠纷解决的成果在后来的时间里也一直发挥着作用，并因此避免了一场贸易战的爆发。这就是一个能证明DSU成功的案例。

□ WTO协议和裁决在欧盟法律中的执行

34—018 在欧盟，大部分WTO协议是通过《罗马条约》条款以及理事会决议、条例执行的。同时，我们也需要对欧盟执行这些协议的法律体制进行研究，以此完全了解通过《1979年欧共体法案》（European Communities Act 1979）建立起来的欧盟以及英国的法律体制。[184]除了法律体制，在本部分中，我们还将讨论当个人或企业面对WTO协议与欧盟及其成员国法律相抵触时的问题，具体来说就是当相关协议与欧盟法律条文、政策冲突时通过法庭判决后企业或个人应执行哪些义务。

原产地规则

34—019 欧盟法律中的原产地规则记录在《理事会条例2913/92》、《欧共体海关法典》以及《委员会条例2454/93》中，其中《委员会条例2454/93》是执行《欧共体海关法典》的法规。具体涉及原产地规则的条款记录在《欧共体海关法典》中标题2下第2章第22至27条[185]以及执行规定的标题5的第1和第2章[186]中。《欧共体海关法典》中第24条涉及的货物是那些在多于一个国家完成其最后一道、实质的[187]、经济上合理的加工工序的货物。[188]这与WTO《原产地规则》第3条b款规定一致，这也实际上认同了实质改变的确定原产地的方法。

海关估价规则

34—020 欧盟法律中海关估价规则记录在《理事会条例2913/92》、《欧共体海关法典》第28至36条以及执行规定的标题5下第1章的第141至156a条[189]中。[190]六个海关估价的方法与WTO《海关估价规则》中的估价方法一致。[191]《欧共体海关法典》的第32条反映了《海关估价规则》第8条中对于应计入货物价格的实际支付或应付的价值项的规定。的确，欧盟的海关估价规则很大程度上模仿了WTO的相关规定，除了在一些特定的成本费用上与之有所区别，比如运抵进口港口费用、装卸费用以及保险费用。

《反倾销协定》

34—021 《反倾销协定》在欧盟是通过《理事会条例384/96》执行的。其中阐述了很多WTO《反倾销协定》的基本规定，并且其内容很大程度上是从WTO协定中直接移植过来的。根据这些基本规定，其他规定由欧盟委员会和理事会制定，这些规则包括按照 WTO 协定使用[192]或停止反倾销税。[193]

《补贴与反补贴措施协议》的执行状况

34—022 在欧盟法律中，GATT 中的补贴以及反补贴措施相关规定是通过 1997 年 10 月 21 日的《理事会条例 2026/97》执行的。[194]这一条例替代了之前的条例[195]，并将这一问题阐述得更加清晰，之前相关条例由于起草过程中出现的问题而被废除了。总体来说，欧盟的反补贴措施与其反倾销规则一样，与 WTO 协议中的相关措施相似。通常的做法是首先展开调查并通过欧盟的官方杂志公开相关信息，之后若确定补贴存在，将按照委员会相关规定对相关产品使用反补贴税。目前，欧盟相对于反补贴措施更倾向于使用反倾销税，因此相关补贴以及反补贴税的条例相对较少。[196]尽管很少会出现对于反补贴措施的质疑，但是一旦这种质疑出现，应对措施与反倾销的应对措施基本相同。

WTO 义务的履行

34—023 通常来说，国际协议依法不具有约束力，除非有特定的国内立法规定执行相关国际协议。欧盟内部执行 WTO 协议、裁决法律体系的起点便是《罗马条约》第 133 条（前第 113 条）第 3 段：

“3. 当协议需要一个或多个国家或国际组织共同协商时，委员会应建议理事会授权委员会召集必要的磋商。理事会以及委员会有责任确保所协商的协议与欧共体内部政策、法规相一致。”

与 GATT 和 WTO 具体协议的关系一样，在欧洲也有各种规定、指导以及决议执行已达成《罗马条约》的目标。因此，欧共体的法律条文必须反映并且遵从《罗马条约》条款。而《罗马条约》第 133 条意味着任何国际条约也必须与欧共体内部政策、法规相一致。

同时，条约也体现了对于欧洲法法律地位的严格解释，欧洲法院（European Court of Justice）已经在许多起判决中直接依据 WTO 条款从技术角度解释欧洲法的法律地位。欧洲法院采取的方法是一旦欧盟加入了某协议，该协议的条款将优先于之后出台的与之相悖的欧洲内部政策，因为欧洲法院认为欧盟签署了某协议就意味着完全接受该协议的所有内容。因此，当签署协议之后欧盟又颁布了某些与协议相悖的法律政策时，将首先服从欧盟所签署的国际协议，比如，欧盟颁布政策实施某种关税，如果之前签署了某个国际协议禁止或限制这种关税的使用，那么所签署的国际协议对这种关税的限制将优先于欧盟的政策。

很明显，当欧盟颁布了执行一项国际义务的法律时，也就意味着即使该协议没有完全包含在欧盟的法律体系中，那么它也需要将之完全执行。依据这种理解，欧洲法院已经处理过多起有关执行 WTO 协议相关义务的案件。[197]在 *Petrotub and Republica v Council* 一案[198]中，欧洲法院认为由于欧盟采纳了基本的反倾销规则[199]，因此必须履行 GATT《反倾销协议》的相关义务。[200]因此，欧盟所执行的与之相关的次级规则不仅需要依据反倾销基本规则的相关条款制定，还需要遵照《反倾销协议》的相关条款。[201]

此外，欧洲审判法庭承认对于上述执行 WTO 相关义务的基本立场存在一些例外。在 *Nakajima v Council* 一案[202]中，法庭认为当欧盟执行某些 WTO 框架下承担的义务时，首先需要考察该行为与 GATT 1947 相关规定是否相符。[203]这被认为是已建立的判例法的两个例外之一，否则这就意味着 WTO 协议对于欧盟实施的政策或措施的复查性不具有被执行性。[204]第二个例外源于 *Fediol v Commission* 一案[205]，并且适用于那些正在讨论的明显涉及执行 WTO 协议中某一具体条款的措施。[206]但是，欧洲审判法庭不受限于 WTO 专家组或者上诉机构的判决。按照《关于争端解决规则与程序的谅解》第 19 条规定，专家小组以及上诉机构只负责向 DSB 提供相关调查审判的建议。[207]

除了上述两个例外情况，欧洲审判法庭所采取的通常做法便是依据一些欧盟法律文件，而这些法律文件规定 WTO 协议优先于后来产生的任何关于执行协议的法律文件。在《反倾销协议》方面，《理事会条例 384/96》便是规定执行《反倾销协议》的"基础性法规"，是其他具体实施反倾销调查的理事会、委员会规定的基础。[208]如果某一出口商或进口商在欧盟范围内对于反倾销税提出抗议，那么他的申诉必须基于证明规定执行反倾销税措施的相关法规是非法的。为了进行抗辩，提出抗议的出口商必须首先通过商品出口国向 WTO 提出申诉，之后如果没能通过磋商解决，需要将案件提交至 WTO 的 DSB 审查。一旦 DSB 公布了相关调查建议，并且如果这些意见没有被执行，那么进口商可以在国家层面上提出法律质疑。在欧盟，这一案件将递交国内法庭[209]，该法律质疑主要针对实施反倾销税相关规定的合法性，质疑的依据是反对 GATT 1994 条款以及条件的 WTO 的 DSB 判决、WTO《反倾销协议》以及《理事会条例 384/86》。该事项同样也需要递交欧洲审判法庭以确定相关欧盟实行措施的合法性。最近这种法律质疑的案例便是 *IKEA Wholesale Limited v Commissioners of Customs and Excise*。[210]

WTO 的裁定及追溯

34—024 与 WTO 裁定的法律效力问题有很大联系的便是当下讨论的 DSB 裁定的法律效力及其裁定是否具有追溯效力的问题。这一问题已经出现在很多纠纷中，纠纷主要针对 DSU 第 19 条的解释。通常，美国不承认 WTO 裁决具有追溯效力，并且会无视一些裁决，比如那些要求其赔偿非法反倾销税造成损失的判决。[211]最近，欧盟颁布了《理事会条例 1515/2001》，其中阐述了面对 WTO 裁定应采取的措施。序言（Recital 6）以及正文的第 3 条规定 WTO 的 DSB 判决只具有预期效力，并且任何依照该理事会规定所采取的措施不应被作为赔偿关税的依据，除非（在相关的委员会条例中）另有规定。《理事会条例 1515/2001》目前正在接受欧洲审判法庭上 *IKEA Wholesale Limited v Commissioners of Customs and Excise* 一案中的间接质疑。在这一案件中宜家公司声称被施加了不合法的反倾销税，因此要求赔偿。案件中宜家公司对两部对床上亚麻制品征收反倾销税的条例、一部撤销反倾销税的条例提出质疑，其中针对撤销反倾销税条例提出质疑是由于该条例没有对根据《理事会条例 1515/2001》支付的关税做出有关赔偿的相关规定。在本书写作时，法律总顾问意见已经递交欧洲审判法庭，法庭裁决也应于 2007 年 9 月 27 日做出。[212]我们不清楚欧洲审判法庭在宜家公司案件中是否能判定 WTO 裁决的追溯效力问题，因为这一案件不是直接针对《理事会条例 1515/2001》提出质疑的。但是，如果法庭判决宜家本应给予相应补偿，那么我们将可以弄清 WTO 裁决的追溯效力问题，因为这样的裁决就意味着法庭实际上采纳了具有追溯力的解释。能够清楚解释这一问题唯一的判决就是裁定《理事会条例 1515/2001》不适用于本案件，这对宜家公司将是极为不利的。

WTO——国际贸易的未来

在过去的 60 年中，WTO 在国际贸易事务中所扮演的角色已经发生了很大 **34－025**
的变化。就像前文中所介绍的一样，最初，WTO 的前身——关贸总协定只涉及进口关税方面的工作。但随着东京回合谈判的展开，关贸总协定开始将工作范围拓展至非关税领域。WTO 这一次工作内容的扩展是符合世界贸易发展需求的，并且证明对今后的国际贸易影响深远。在很多存在发展潜力的国际贸易新领域中，WTO 试图与其他国际机构加强固定的联系，这样可以使 WTO 在政治上更具有执行力，以便推行那些已经制定但尚未执行的协议和标准。目前，WTO 已与很多国际机构建立了联系，比如世界海关组织和联合国欧洲经济委员会管理、商务及交通专业技术中心，其中联合国欧洲经济委员会管理、商务及交通专业技术中心在过去多年中颁布并通过了若干联合国意见书[213]，这些文件在改善国际贸易流程中起到了很大作用，其中很多都是消除技术性壁垒、促进国际贸易的重要助推器。这些重要的意见书并不缺乏技术支持，但却缺乏宣传，因此国际组织之间合作可以使这些意见书得以顺利执行或在一些情况下赋予它们更大的强制执行力。WTO 与联合国欧洲经济委员会之间的谈判已经进行了 60 年，联合国欧洲经济委员会认为 WTO 有可能会复制自己的工作，但事实证明并非如此，二者之间的关系将同 WTO 与世界海关组织一样和谐发展。

在未来的 20 年中，我们期望关税持续降低并最终消失，相信至少在一些领域中这是可以实现的。我们可以清楚地看到，在这一工作中 WTO 将在很长的时期内发挥作用，尤其是随着像中国这样新兴贸易市场的出现，控制保护主义关税措施必将是 WTO 的重要工作内容。但是，随着国际贸易的快速发展，WTO 的工作核心有可能发生改变，其工作将围绕一个扩大的关贸总协定展开，像贸易促进和消除技术壁垒将逐渐取代传统的以关税事务为基础的工作。此外，贸易相关的环境问题也有可能成为 WTO 工作的一个重要领域。这样的环境问题有可能导致相关协议产生，协议将允许各国根据进口产品的生产、使用以及处理过程对环境的影响而征收关税或采取其他措施。

总体来讲，我们在未来将迎来一个更加开放的国际贸易环境，但是，这个全球大市场不可能达到完全开放，因为从最不发达的到最富有的国家，每一国家都有各自不同的贸易立场，并且贸易保护主义仍然是绝大多数国家政治行为的基础，这在国家和贸易组织的层面上影响着贸易的发展，尤其是在一些像农业一样敏感的领域。但是我们非常有希望看到这些阻碍贸易全球化的因素将随着经济的发展逐渐消失，同时，WTO 在这一领域的作用和地位也将变得更加稳固。[214]

注释

[1]《联合国宪章》确定了以联合国替代较早的国际联盟。《联合国宪章》于 1945 年 6 月 26 日在旧金山签署，首次联合国大会于 1946 年 1 月 10 日在伦敦召开。

[2] 第 13 条中声明：1. 大会应发动研究，并作成建议：

(a) 以促进政治上之国际合作，并提倡国际法之逐渐发展与编纂。

(b) 以促进经济、社会、文化、教育及卫生各部门之国际合作，且不分种族、性别、语言或宗教，助成全体人类之人权及基本自由之实现。

2. 大会关于本条第一项（丑）款所列事项之其他责任及职权，于第 9 章及第 10 章中规定之。

[3] 澳大利亚，比利时，巴西，缅甸，加拿大，锡兰（今斯里兰卡），智利，中国，古巴，捷克斯洛伐克（今捷克共和国与斯洛伐克共和国），法国，印度，黎巴嫩，卢森堡，荷兰，新西兰，挪威，巴基斯坦，罗德西亚（今津巴布韦），叙利亚，南非，英国，美国。

[4] GATT 第 1 条。

[5] 关于《哈瓦那宪章》的文本，可以参见联合国贸易与就业促进会、最终法案以及相关的文件，如 E/CONF. 2/78，United Nations publication，No. 1948. Ⅱ. D. 4。

[6] 在该协议的第 103 条中有所说明。

[7] 肯尼迪回合的主要目标是大力推行关税减让，推动贸易非关税壁垒的取消与减少，此外还包含实现首次 GATT 谈判中有关农业以及对于不发达国家削减出口贸易壁垒问题的决定。

[8] 之前 GATT 平均税率为 40%（数据来源：WTO）。

[9] 相关内容包含在协议的第 6 条（反倾销以及反补贴税——替代了肯尼迪回合中生效的协议）、第 16 条（补贴）以及第 23 条（政府对于经济的扶持）。

[10] GATT 第 7 条，海关估价。

[11] 美国通过执行《农业调整法案》的 s. 22 来实行保护性法律，这与 GATT 的规定相悖。

[12] 之后，由于与 GATT 第 11 条第 1 款以及其他与香蕉有关的条款包括第 3、13、17 条之规定相悖，美国以及其他国家成功地对欧盟这一行为提出了反对。

[13] 医疗设备、科学仪器、药物、木材、纸、铝、化学药品以及建筑设备。

[14] 之前，政府可以通过控制相关规则以推行保护性措施来限制外国进口，这不同于那些应被禁止的措施。参见 Edwin Vermulst，*Rules of Origin as Commercial Policy Instruments——Revisited*，26：6 J. W. T. 61，62 (Dec. 1992)。

[15] 举例来说，财政手段包括：应用反倾销税或者优惠关税税率。非财政手段包括：进口许可要求或者对特定价值申报的要求。

[16] 参见《关于实施1994年关税与贸易总协定第7条的协定》的第4段。

[17] GATT 1994第7条。

[18] 根据商品价格判定，即“正常价值”是否高于商品实际贸易价格，比如可以与“比较价格”做比较。参见《反倾销协定》第2条。

[19] 参见《关于实施1994年关税与贸易总协定第6条的协定》第3条。在该协定中，确认倾销需要证明倾销、对国内产业造成实质性损害以及这二者之间的联系。一旦确认倾销，进口国可以使用补偿性关税使得进口价格上升到本国国内相同产品价格为止。参见前文。

[20] 比如自动出口限制以及秩序销售协议。

[21] 参见WTO文件，WT/DS27，Arts 2.1和5。

[22] 参见下文第34—017段，可以得到该纠纷更具体的信息。

[23] http://www.wto.org.

[24]《关于建立世界贸易组织筹备委员会的决定》第5段中规定：只有那些符合WTO协议第11条、14条规定成为WTO最初成员的GATT缔约国筹委会成员者，才可参加筹委会的决策制定。

[25]《关于建立世界贸易组织筹备委员会的决定》第8段。

[26] 参见WTO总干事Pascal Lamy 2006年7月24日的声明以及WTO总理事会2006年7月27-28日会上做出的通过决议。

[27] 这有效地使进口许可体系变得更为透明，并且对成员做出了一定的规定，比如进口许可申请应在60天内处理。

[28] 装运前检验检疫是由特定的检验公司代表进口主管机构在进口之前对进口货物进行的检查。发展中国家实施装运前检验检疫是为了防止欺诈，同时也由于在一些情况下不具备独立检验的技术，比如海关估价。该协议试图确保检验程序是透明、无歧视的，同时也保证检验保护商业秘密并且不会导致不必要的发货延迟。

[29] 包括食品安全以及动植物卫生检疫规定。该协议规定各成员有权采取为保护人类、动物或植物的生命或健康所必需的卫生与植物卫生措施，成员应保证任何卫生与植物卫生措施仅在为保护人类、动物或植物的生命或健康所必需的限度内实施，并且不应武断或不合理地在相同或近似情况下对不同成员进行歧视。（来源：WTO Summary of the Agreement on Sanitory and Phytosanitory Measures (2006)。）

[30] 如《欧洲共同体原产地规则》(European Communities Rules of Origin)，该规则目前包含在《欧洲共同体关税法典》(Community Customs Code)以及相关规章中。

[31] 这种情况下，商品原产地通常会确定为该生产国。

[32] 关于实质性改变的法律学说，参见*United States v Gibson-Thomsen Co*（1940）27 C.C.P.A 267；*Gesellschaft fur Uberseehandel GmbH v Handelskammer Hamburg*［1977］E.C.R.41（Case 49/76）；*Zentrag v Hauptzollamt Bochum*［1984］ECR 1095（Case 93/83）。

[33] 请参见第26章有关关税分类的内容。

[34]《委员会条例2913/92》，第24条。

[35]《WTO原产地规则协议》第2条。

[36]《WTO原产地规则协议》第9条第2款a项要求工作纲要应在世界贸易组织协定生效后尽早开始实施，并在实施开始后的三年内完成。过渡时期的原产地规则体系是该协议工作内容的一部分，因此要求与规定的执行时间表相符。2000年12月，总理事会特别会议将工作纲要实施的截止日期推后了，新的截止日期为第四次部长级会议或2001年年底。相关谈判的内容记录在文件G/RO/41和G/RO/45中。

[37]《WTO原产地规则协议》第2条a款i项。

[38]《WTO 原产地规则协议》第 2 条 a 款 ⅱ 项。

[39]《WTO 原产地规则协议》第 2 条 a 款 ⅲ 项。

[40]《WTO 原产地规则协议》第 2 条 b 款。

[41]《WTO 原产地规则协议》第 2 条 d 款。

[42]《WTO 原产地规则协议》第 2 条 h 款。

[43]《WTO 原产地规则协议》第 2 条 i 款。

[44]《WTO 原产地规则协议》第 3 条 b 款。

[45]《WTO 原产地规则协议》第 3 条 c、d 款。

[46]《WTO 原产地规则协议》第 3 条 f 款。

[47]《WTO 原产地规则协议》第 3 条 i 款。

[48] 更多有关 DSB 及其工作程序的信息，请参见下文第 34—014 段。

[49] WT/DS243/R of June 20，2003（03 - 200）.

[50] 19 CFR at 102.21.

[51] 世界海关组织是世界范围的专门研究海关事务的政府间国际组织。它的前身是 1952 年成立的海关合作理事会（Customs Cooperation Council，CCC），最初有 17 个成员国，截至 2006 年 9 月，世界海关组织共拥有 162 个成员国。

[52] 参见第 26 章。

[53] 的确，有一些人批评新的规则过于复杂，而由于原产地的确定很复杂，经常使得一些成员国对于原产地确定程序非常抵触。

[54] GATT 1947 第 7 条第 2 款 a 项。

[55] GATT 1947 第 7 条第 2 款 b 项。

[56] GATT 1947 第 7 条第 3 款。

[57] GATT 1947 第 7 条第 5 款。

[58]《WTO 估价协定》第 1 条第 2 款 a 项。

[59]《WTO 估价协定》第 2 条第 1 款 a 项。

[60] 参见前文。这里所说的成本或费用涉及运输费用及其他费用，如装卸费用、手续费用、保险费用（通常包含在 CIF 价格中）等。

[61]《WTO 估价协定》第 2 条第 3 款。

[62]《WTO 估价协定》第 5 条第 1 款 a 项。

[63] 关于应扣除费用的清单可参见协定第 5 条第 1 款 a 项，其中包含：佣金以及为利润和一般开支而通常支付的额外费用；通常的运输和保险费用；适当的第 8 条所述的成本和费用；关税和其他的国家税收。

[64]《WTO 估价协定》第 6 条第 1 款。

[65]《WTO 估价协定》第 6 条第 1 款 a 项。

[66]《WTO 估价协定》第 6 条第 1 款 b 项。

[67]《WTO 估价协定》第 6 条第 1 款 c 项。

[68]《WTO 估价协定》第 7 条第 1 款。

[69]《WTO 估价协定》第 1 条的解释。1995 年 5 月 12 日，通过了条款解释的相关决议并应用了东京回合起草的解释文本。决议的文本记录在 WTO 文件 G/VAL/5，Section A.4 中。

[70] WCO 技术委员会有关这一问题的讨论有助于统一标准的确立。

[71] http://www.wcoomd.org.

[72] GATT 1947（修改）第 6 条第 1 款。

[73] GATT 1947（修改）第 6 条第 1 款。应用该条款时，应注意不同销售合同在运输条款、税收等方面的差异。

[74] GATT 1947（修改）第 6 条第 2 款。

[75] 第 6 条第 3 款。

[76] 第 6 条第 3 款。

[77] GATT 1947（修改）第 6 条第 4 款.

[78] GATT 1947（修改）第 6 条第 5 款。

[79] GATT 1947（修改）第 6 条第 6 款 a 项。

[80] GATT 1947（修改）第 6 条第 6 款 b 项。

[81]《反倾销协定》第 1 条定义了"反倾销措施"，"反倾销措施"不仅限于最终措施（definitive anti-dumping measures）。(The Appellate Board in the US——1916 Act para. 119.)

[82]《关于实施 1994 年关税与贸易总协定第 6 条的协定（反倾销）》第 5 条第 1 款。

[83]《关于实施 1994 年关税与贸易总协定第 6 条的协定（反倾销）》第 3 条。

[84] 根据协定第 5 条第 2 款，在缺乏有关证据的情况下做出的判断不能确定损害的存在。在 *Guatemala-Cement* Ⅰ案中，墨西哥声称对方的做法违反了协定 5.2 和 5.3 之规定，对此，专家小组则将问题集中在了申请所必须包含的证据上。参见 WTO 网站有关这一案件的报道。

[85]《关于实施 1994 年关税与贸易总协定第 6 条的协定（反倾销）》第 5 条第 2 款ⅰ—ⅳ。

[86]《关于实施 1994 年关税与贸易总协定第 6 条的协定（反倾销）》第 5 条第 3 款。

[87] 产量的 50%。

[88] 依据协定第 5 条第 6 款。

[89]《关于实施 1994 年关税与贸易总协定第 6 条的协定（反倾销）》第 5 条第 7 款。在 *Guatemala-Cement* Ⅱ案中，争端解决专家组判定："协定第 5 条第 7 款要求调查机构在调查过程中对倾销和损害的证据同时予以考虑，而非在调查前后分别予以考察。专家组认为履行这一要求不会以任何方式影响证据的真实性。"

[90] 倾销差额为产品进口价格与正常价格之差，是倾销调查的主体。

[91]《关于实施 1994 年关税与贸易总协定第 6 条的协定（反倾销）》第 5 条第 8 款。如果差额小于出口价格的 2%，那么将被认定为微量。

[92]《关于实施 1994 年关税与贸易总协定第 6 条的协定（反倾销）》第 5 条第 9 款。

[93] 在 *US-Hot Rolled Steel* 案中，专家小组对这一要求做出了解释："协定第 2 条第 1 款要求主管机构在计算正常价值时，排除在非正常贸易过程中产生的销售额。这样做是为了确保所计算的正常价值确实是出口国国内同类产品的'正常'价格。如果产品的销售是在'非正常'商业环境下进行的，那么此次产品交易将不适合作为计算正常价值的依据。"

[94] 参见前文。

[95]《关于实施 1994 年关税与贸易总协定第 6 条的协定（反倾销）》2.2.1.1。

[96]《关于实施 1994 年关税与贸易总协定第 6 条的协定（反倾销）》2.2.2。

[97] 通常在出厂价格水平上进行比较。

[98] 在 *US-Hot Rolled Steel* 案中，上诉机构（para. 192）规定："我们认为，'肯定性证据'意味着主管机构可以依据该证据做出决定。"上诉机构进一步解释道，"对我们来讲'肯定性'意味着证据必须是确定的、客观的、可当作证据的，并且该证据也必须是具有公信力的。"

[99]《关于实施 1994 年关税与贸易总协定第 6 条的协定（反倾销）》第 3 条第 1 款。

[100]《关于实施 1994 年关税与贸易总协定第 6 条的协定（反倾销）》第 3 条第 2 款。

[101] 包括该产业的状态，销售额、利润、产出、市场份额、常量、投资回报和效能的实际以及潜

在减少；国内价格的影响因素；倾销差额的数额；对于现金流、库存、就业、工资、增长、融资能力以及投资的实际、潜在负面影响。这些并没有涵盖所有的相关的经济因素，仅调查其中一个或几个因素并不能确定损害的存在。

[102] 欧盟内部，公示通常都会发布在《欧洲共同体官方公报》（*Official Journal of the European Communities*）上。

[103]《关于实施 1994 年关税与贸易总协定第 6 条的协定（反倾销）》第 7 条第 1 款。

[104]《关于实施 1994 年关税与贸易总协定第 6 条的协定（反倾销）》第 8 条第 3 款。如主管机关认为接受价格承诺不可行，则不必接受所提承诺，例如由于实际或潜在的出口商数量过大，或由于其他原因，包括一般政策原因。

[105]《关于实施 1994 年关税与贸易总协定第 6 条的协定（反倾销）》第 8 条第 5 款。

[106]《关于实施 1994 年关税与贸易总协定第 6 条的协定（反倾销）》第 9 条第 1 款。

[107]《关于实施 1994 年关税与贸易总协定第 6 条的协定（反倾销）》第 10 条第 6 款。

[108]《关于实施 1994 年关税与贸易总协定第 6 条的协定（反倾销）》第 11 条第 1 款。协定还要求主管机构进行必要的复审以确保第 11 条的履行。在 *US DRAMS* 案中，争端解决小组称（para. 6. 42）："我们认为该措施是否有必要进行基于一系列确定的客观条件是否存在，比如是否环境要求继续征收反倾销税。因此，我们认为继续征收反倾销税应很大程度依赖于需要继续征收的环境的肯定性证据。换句话说，继续征收反倾销税的必要性须有必要的证据作为依据。"

[109] 参见下文第 34—014 段。

[110]《补贴与反补贴措施协议》1.1（a)(1)。

[111]《补贴与反补贴措施协议》1.1（a)(1)(ⅰ)。

[112]《补贴与反补贴措施协议》1.1（a)(1)(ⅱ)。

[113]《补贴与反补贴措施协议》1.1（a)(1)(ⅲ)。

[114]《补贴与反补贴措施协议》1.1（a)(1)(ⅳ)。

[115]《补贴与反补贴措施协议》1.1（a)(2)。

[116] 在 *Canada Autos* 案中，上诉机构便是"法律"上视出口为条件确定补贴的（Appellate Body Report，para. 100)："在我们看来，当在相关法律法规或其他法律文件中能找到具体文字描述补贴行为时，应在'法律上'依据出口实绩确定补贴。最简单也是不寻常的一种情况便是法律法规和相关法律文件清楚地描述了出口条件。同时，我们相信，如果法律文件中没有明确列明但却暗示指出了某种出口条件时，也应依据法律判定补贴。因此，当依据法律判定出口行为为补贴时，不需要所依据的法律文件必须在字面上明确表示并只以出口实绩为确定补贴的唯一条件，可依据法律文件所暗示的含义判定。"

[117] *Austria-Automotive Leather* Ⅱ案中，专家小组判定："《补贴与反补贴措施协议》3.1（a）中'依据事实上'的含义，需要我们首先确定'依据'的根本定义。'依据'的含义是'根据其他事物确定自身存在'，'条件性的；根据'。3.1（a）的脚注 4 中说明如果具体情况证明补贴'事实上与实际或预期的出口或出口收益存在联系'，那么可以依据'事实'判定补贴。'存在联系'的定义为'约束或限制某行为；局限于某行为、地点、条件等'。上述两种解释都证明了依据事实确定需要补贴的主张与出口实绩的紧密联系。"

[118]《补贴与反补贴措施协议》3.1（a)。

[119]《补贴与反补贴措施协议》3.1（b)。

[120]《补贴与反补贴措施协议》3。

[121]《补贴与反补贴措施协议》4.4。

[122]《补贴与反补贴措施协议》4.9。参见下文第 34—015 段，关于纠纷解决程序。

[123]《补贴与反补贴措施协议》4.10。

[124]《补贴与反补贴措施协议》5（a）。

[125]《补贴与反补贴措施协议》5（b）。

[126]《补贴与反补贴措施协议》5（c）。

[127]《补贴与反补贴措施协议》7.4。

[128]《补贴与反补贴措施协议》7.7。

[129]《补贴与反补贴措施协议》7.9。

[130]《补贴与反补贴措施协议》2。

[131] 在8.2（a）至（c）中列明。

[132]《补贴与反补贴措施协议》8.2（a）。

[133]《补贴与反补贴措施协议》8.2（b）。

[134]《补贴与反补贴措施协议》8.2（c）。

[135]《补贴与反补贴措施协议》第7部分。

[136]《补贴与反补贴措施协议》8.4。

[137]《补贴与反补贴措施协议》9.4。

[138]《补贴与反补贴措施协议》11.1。

[139]《补贴与反补贴措施协议》11.2。

[140] 反补贴税的微量标准是低于总额的1%。

[141]《补贴与反补贴措施协议》13.1。

[142]《补贴与反补贴措施协议》13.2。

[143]《补贴与反补贴措施协议》15.1。

[144]《补贴与反补贴措施协议》15.1。

[145]《补贴与反补贴措施协议》17.1。

[146]《补贴与反补贴措施协议》17.2。

[147]《补贴与反补贴措施协议》21.1。

[148]《补贴与反补贴措施协议》21.2。

[149]"直接和间接影响"没有明确定义。在欧盟，这一表述有着严格定义，并且只有在一方可以证明只有补贴措施产生影响时才能够应用（*The Plaumann Test*—see *Plaumann & Co v Commission* of the European Community［1963］E.C.R. 00095（Case 25—62）see also *Union de Pequenos Agricultores v Council of the European Union*［2002］E.C.R. I—06677（Case C50/00））。

[150] 参见《补贴与反补贴措施协议》3.1；5；6.9；和8。

[151]《补贴与反补贴措施协议》27.1。无须遵守第3条第1款（a）项规定的发展中国家成员为：(a) 联合国指定为最不发达国家的WTO成员。(b) 下列属发展中国家之列的WTO成员在人均年国内生产总值已达到1 000美元时，根据第27条第2款（b）项的规定，应适用对其他发展中国家成员适用的规定：玻利维亚、喀麦隆、刚果（布）、科特迪瓦、多米尼加共和国、埃及、加纳、危地马拉、圭亚那、印度、印度尼西亚、肯尼亚、摩洛哥、尼加拉瓜、尼日利亚、巴基斯坦、菲律宾、塞内加尔、斯里兰卡和津巴布韦。

[152] GATT第23条第2款。

[153] 修正于在蒙特利尔召开的部长级会议上。

[154]《关于争端解决规则与程序的谅解》第2条。

[155]《关于争端解决规则与程序的谅解》第3条第3款。

[156]《关于争端解决规则与程序的谅解》第4条第7款。

[157] 参见 *EC Banana* Ⅲ案（专家组报告，para. 7. 19）：“磋商的主题是纠纷各方。DSB 和专家组均不参与磋商，而且磋商可以在秘书处不在场的情况下召开。双方通过磋商达成一致当然是非常完美的结局，但是在大多数情况下双方很难达成一致。这时，专家的作用只是在必要时确定磋商的确按程序召开而已。”

[158]《关于争端解决规则与程序的谅解》第 6 条第 2 款。

[159] 参见 *Indonesia-Autos* 案（专家组报告，para. 14. 3）。此案中，专家组做出先期判定认为当事方没能明确说明问题并形成观点。

[160]《关于争端解决规则与程序的谅解》第 8 条。

[161]《关于争端解决规则与程序的谅解》第 13 条第 1 款。*EC Hormones* 案（上诉机构报告，para. 148）：“《卫生和植物卫生协议》第 11 条第 2 款和《关于争端解决规则与程序的谅解》都规定专家组可以在一案件中向任何他们认为合适的对象寻求建议……但我们发现在涉及科学技术问题的案件中，以上两部协议都会阻碍专家组向相关领域的专家寻求建议。而这两部协议也都赋予了专家小组合理的决定权，来决定成立专家检查小组是否合适或必要。DSU 的附录 4 中阐述了成立专家检查小组的规则和程序以及成立此类小组的条件。但是，在这一特殊案件中，不存在规定的条件。因此，一旦专家小组决定向科学专家征求意见，那么专家小组将可以在与纠纷方协商的情况下，制定适用于专家检查小组的程序的规则，并且这一做法在法律上是允许的。”

[162]《关于争端解决规则与程序的谅解》第 11 条。

[163]《关于争端解决规则与程序的谅解》第 14 条。

[164]《关于争端解决规则与程序的谅解》第 12 条第 7 款。

[165]《关于争端解决规则与程序的谅解》16. 2。

[166]《关于争端解决规则与程序的谅解》16. 4。

[167]《关于争端解决规则与程序的谅解》17. 4。

[168] *EC Hormones*（上诉机构报告，para. 132）：“根据 DSU 第 17 条第 6 款规定，上诉复审只针对小组报告相关的法律问题以及专家小组的法律解释。而关于事实的判定问题，原则上不属于上诉机构的复审范围。如判定某一事件是否在某一时间、地点发生，便是典型的事实判定问题。但是，某个或某一些事实是否与条约要求相符，则是一个法律问题。”

[169]《关于争端解决规则与程序的谅解》第 17 条第 5 款。

[170]《关于争端解决规则与程序的谅解》第 17 条第 14 款。

[171]《关于争端解决规则与程序的谅解》第 20 条。

[172] DSB 规定的合理时间，包括双方同意或决定由有约束力的仲裁确定的时间。参见 DSU 第 21 条第 3 款。参见 *US—Hot-Rolled Steel*（上诉机构报告，paras 84 - 85）。所谓“合理”是非常灵活的，应考虑所有案件的具体情况而定（Ibid）。

[173]《关于争端解决规则与程序的谅解》第 22 条。

[174]“适当的反措施”的定义可参见 *Brazil-Aircraft* 案（仲裁决定，para. 3. 44）：对这一表述含义的确定，仲裁员没有采纳字典的定义，而是依据了国际法（如 the Naulilaa arbitral award（1928），UN Reports of International Arbitral Awards，Vol. Ⅱ，p. 1028 and Case *Concerning the Air Services Agreement of* 27 *March* 1946（*France v United States of America*）(1978) International Law Reports，Vol. 54（1979），p. 338 等）以及学术研究得出的结论。

[175] ACP 国家。

[176] 这种扶持最初依据《洛美协定》(Lome Conventions)（最早的《洛美协定》是在 1989 年 12 月 15 日由 69 个 ACP 国家以及欧共体共同签署的，于 1990 年 5 月正式生效)，之后通过香蕉的欧洲共同市场组织进行（自 1993 年 7 月 1 日）。参见关于欧洲共同香蕉市场组织的《理事会条例 404/93》

(Council Regulation (EC) 404/93 of February 13，1993)。

［177］1996年2月5日收到磋商请求，1997年9月9日递交上诉报告，2001年7月2日公告双方同意的解决意见。

［178］其他国家包括：厄瓜多尔，危地马拉，洪都拉斯，墨西哥。

［179］GATT第1条第1款，法国的这种体制非常烦琐并且向一部分成员提供了优惠；GATT第3条第4款，法国的做法只有利于原产地为欧共体的香蕉出口商；GATT第13条第1款a项，法国的做法是歧视性的数量限制；GATT第13条第1款b项，修正后的配额制度没有对不同国家的市场份额进行适当考虑；GATT第17条，之前给予美国贸易商的出口份额转移给了欧盟。

［180］由A组至C组组成，各组有不同的香蕉数量和配额。

［181］仲裁员判决记录在2005年8月1日的《文件WT/T/616》中。

［182］参见下文*Mexico-Grey Porland Cement and Clinker*案中的决议（上诉报告，para. 6. 2)。

［183］专家组报告paras 6. 155至6. 158。

［184］s. 2 (1).

［185］第22～26条关于非优惠原产地，第27条关于优惠原产地。

［186］第35～65条关于非优惠原产地，第66～140条关于优惠原产地以及设计优惠协议的规则。关于协议的更多信息，参见第一章以及HM Revenue and Customs Notice 827。

［187］当没有重大实质性改变时，加工过程将不能确定原产地：*Gesellschaft fur Uberseehandel GmbH v Handelskammer Hamburg*［1977］E. C. R. 41 (Case 49/76)；*Zentrag v Hauptzollamt Bochum*［1984］E. C. R. 1095 (Case 93/83)；and *Brother International GmbH v Hauptzollamt Giessen*［1989］E. C. R. 4253 (Case C-26/88)。

［188］《理事会条例（欧洲经济共同体）2913/92》(Council Regulation (EC) 2913/92) 第24条："……最后一道、实质性的、经济上合理的加工或工序"。

［189］该条款插入了《委员会条例（欧洲经济共同体）1676/96》第1条第1款。

［190］《委员会条例（欧洲经济共同体）2454/93》。

［191］《委员会条例（欧洲经济共同体）2454/93》。其中第29条涉及方法一；第30条第2款a项涉及方法二；第30条第2款b项涉及方法三；第30条第2款c项涉及方法四；第30条第2款d项涉及方法五；第31条涉及方法六以及符合GATT 1994第7条规定的其他合理方法。

［192］临时性的或最终的反倾销税。

［193］近期关于基础反倾销条例的案例有：(1) Council Regulation (EC) 1322/2004 of July 16，2004 amending Regulation (EC) 2320/97，对原产地为俄罗斯和罗马尼亚等地的无缝钢管以及铁和非合金管材实施最终反倾销税；(2) Council Regulation (EC) 437/2004 of March 8，2004对原产于挪威及法罗群岛的虹鳟鱼征收正式反倾销税以及临时性关税；(3) Council Regulation (EC) 395/2004 of March 2，2004针对有可能的欺诈展开调查，调查对原产于中国的管件或管道配件以及钢铁征收的反倾销税。

［194］被2002年12月5日的《理事会条例（欧洲经济共同体）1973/2002》修改，修改后的版本涉及了对不可诉补贴特定措施的终止。

［195］1994年12月31日的《理事会条例（欧洲经济共同体）3284/94》。

［196］最近的实例包括1999年7月22日的《委员会条例（欧洲经济共同体）1599/1999》，对印度、韩国进口的不锈钢丝征收反补贴税；2006年2月27日的《理事会条例（欧洲经济共同休）367/2006》，对印度的聚乙烯脂胶片征收反补贴税。

［197］参见Case C-149/96 *Portugal v Council*［1999］E. C. R. I—8395，para. 49。

［198］Case C-76/00 P［2003］E. C. R. I—79.

［199］《理事会条例（欧洲经济共同体）384/96》。

[200] 欧共体机构倾向于执行《反倾销协议》2.4.2 项下义务。

[201] 参见 Advocate General's Opinion in Case 351/04 *IKEA Wholesale Ltd v Commissioners of Customs and Excise* at paras 68 - 70。

[202] Case C-69/89 P [1991] E. C. R. I—2069.

[203] 依据《欧共体条约》第 184 条。

[204] 参见 Case C-149/96 *Portugal v Council* [1999] E. C. R. I-8395，para. 47；Joined Cases C-27/00 and C-122/00 *Omega Air and Others* [2002] E. C. R. I-2569，Para. 93；*P Biret International v Council* [2003] E. C. R. I-10497（Case C-93/02），para. 52；Case C-377/02 *Van Parys* [2005] E. C. R. I-1465，para. 39；and Case T-151/00 *Laboratoire du Bain v Council and Commission* [2005] E. C. R. Ⅱ-0000，para. 102。

[205] Case 70/87 [1989] E. C. R. 1781，paras 19 - 22.

[206] *Portugal v Council*（para. 49）；*Biret International v Council*（para. 53）.

[207] Advocate General's Opinion in Case 351/04 *IKEA Wholesale Ltd v Commissioners of Customs and Excise*，paras 94 - 98. 这需要具体看法庭在判决时是否依据专家组报告或上诉机构判决。

[208] 参见上文第 34—021 段。

[209] 在英国，初审的国内法庭应为增值税及关税审查处（VAT and Duties Tribunal）。

[210] 参见下文第 34—021 段。

[211] *Grey Portland Cement and Clinker*（Appellant Report，para. 6. 2）.

[212] 参见 Case 351/04 *IKEA Wholesale Ltd v Commissioners of Customs and Excise*。该案产生于对产于印度及巴基斯坦的被单进口征收反倾销税，宜家对 Regulations（EC）1644/2001，（EC）160/2002 以及（EC）696/2002 提出质疑。

[213] 联合国意见书与国际标准非常接近。

[214] WTO 的约束力在很多方面都会促进贸易的进行，如某些国家利用程序上的限制来制约贸易，特别是利用限制性进口要求和程序，这时，WTO 的作用就会比较重要。装运前检验检疫便属于这种程序：通常，装运前检验检疫的要求会加重供货方的负担并且抬高进口商的成本。因此，很多国家公开滥用这一检验程序达到各自目的，而 UN/ECE 发布了一部意见书希望能解决这一问题。

索引

索引

译 后 记

克利夫·M·施米托夫（Clive M. Schmitthoff）（1903—1991），是国际贸易法学的主要创始人之一，有“国际贸易法之父”之称。其代表作《出口贸易——国际贸易法律与实务》是第一部系统介绍国际贸易法律制度的著作，它的问世标志着国际贸易法这一学科的确立。

施米托夫于1903年3月24日出生在德国柏林的一个著名律师家庭，1929年通过了德国律师资格考试。1933年，他离开德国前往英国定居。1936年取得英国律师资格和伦敦大学法学硕士学位，1953年获得了法学博士学位。1948年，施米托夫被聘为伦敦城市理工学院的法学讲师，1958年成为高级讲师，1963年晋升为主讲，1966年受聘为联合国法律顾问，并以此身份起草了建议设立联合国国际贸易法委员会的报告。1971年自城市理工学院退休，1982年该院授予他为名誉教授。退休后，施米托夫受聘为英国坎特伯雷的肯特大学和伦敦城市大学的法学和国际商法访问教授。1976—1986年间，他是格雷汉姆法学教授，并被聘为多所大学的访问教授，其中著名的有：美国路易斯安那州立大学、加拿大马尼托巴大学。他还是坎特伯雷的肯特大学和德国鲁尔波鸿大学的名誉教授，伦敦城市大学国际商法访问教授等。1980年施米托夫与罗伊·古德（Roy Goode）教授共同在伦敦大学玛丽女王学院创建了商法研究中心，目前已成为在世界上颇具影响的国际贸易法研究中心。

在现代国际贸易法律的发展过程中，施米托夫教授是创立该法实体内容的开拓者，他对国际贸易法的发展所做的杰出贡献，得到世界许多国家学术界的认可。他对国际贸易法的阐述，尤其是关于其形成与发展、编纂、协调和统一等重大问题有独特见解，在理论、学术和历史等方面具有重要的意义。

《施米托夫论出口贸易——国际贸易法律与实务》于1948年首次出版，经过第11版修订，其从当初主要介绍货物销售合同、货物运输合同、货物保险以及银行支付等一些国际贸易的基本内容，发展到包括电子商务这一当今最新的交易和结算方式，并增添了一些章节以涵盖国际贸易法领域的重要发展。本书包括十一个部分，共计 34 章。其中第一部分介绍国际货物买卖，第二部分是有关出口融资，第三部分是有关货物运输，第四部分是有关货物运输保险，第五部分是有关国际商事争端的解决，第六部分是有关建筑承包及长期合同，第七部分是有关海关法，第八部分是有关海外市场营销机构，第九部分是有关市场信息，第十部分是有关贸易术语的标准化、国际贸易法的统一以及电子商务和电子数据交换，第十一部分是有关世界贸易组织的相关介绍。本书论述全面翔实，有论点、有实例，既体现逻辑的递进关系，又有着完整的严谨体系。因此，本书对研究西方国家的国际贸易法律和惯例具有很强的参考价值。

本书由对外经济贸易大学国际经济贸易学院冷柏军教授策划并主译。在本书翻译过程中，对外经济贸易大学国际经济贸易学院研究生骆慧、吴佳雯、洪晨、张凡、李晓欢、牛佳、杨雯、刘颖、王翔、傅谭娉、王雪、李强、时代（排名不分先后）等先后承担了本书大部分内容的初译与两次校对的工作。最后由本人负责全书的审校与统稿。为了忠实于原文并保证翻译内容的准确性，在翻译期间，我们尽可能地参阅了书中所涉及的有关法律、法规、公约和惯例，此外，部分翻译还借鉴了大量的国际商会出版物、近年来相关的报刊文章以及相关网站所查出的资料。在本书出版过程中，我们还得到了中国人民大学出版社的大力支持和热情帮助。在此，对上述所有人员谨致以真诚的谢意！

本书可供国际贸易专业、国际法专业的研究生和教师以及国际经济贸易法律从业人员使用，也可作为 MBA、MIB 专业硕士学习的参考教材。

由于本书篇幅较大、内容繁杂、涉及面广，加上译者学识和翻译水平有限，书中难免出现翻译不妥或遗漏之处，敬请广大读者斧正，并提出宝贵意见。

冷柏军

经济科学译丛						
序号	书名	作者	Author	单价	出版年份	ISBN
1	施米托夫论出口贸易——国际贸易法律与实务(第11版)	克利夫·M·施米托夫等	Clive M. Schmitthoff	168.00	2014	978-7-300-18425-8
2	曼昆版《宏观经济学》习题集	南希·A·加纳科波罗斯等	Nancy A. Jianakoplos	32.00	2013	978-7-300-18245-2
3	微观经济学思维	玛莎·L·奥尔尼	Martha L. Olney	29.80	2013	978-7-300-17280-4
4	宏观经济学思维	玛莎·L·奥尔尼	Martha L. Olney	39.80	2013	978-7-300-17279-8
5	计量经济学原理与实践	达摩达尔·N·古扎拉蒂	Damodar N. Gujarati	49.80	2013	978-7-300-18169-1
6	现代战略分析案例集	罗伯特·M·格兰特	Robert M. Grant	48.00	2013	978-7-300-16038-2
7	高级国际贸易:理论与实证	罗伯特·C·芬斯特拉	Robert C. Feenstra	59.00	2013	978-7-300-17157-9
8	经济学简史——处理沉闷科学的巧妙方法(第二版)	E·雷·坎特伯里	E. Ray Canterbery	58.00	2013	978-7-300-17571-3
9	微观经济学(第八版)	罗伯特·S·平狄克等	Robert S. Pindyck	79.00	2013	978-7-300-17133-3
10	克鲁格曼《微观经济学(第二版)》学习手册	伊丽莎白·索耶·凯利	Elizabeth Sawyer Kelly	58.00	2013	978-7-300-17002-2
11	克鲁格曼《宏观经济学(第二版)》学习手册	伊丽莎白·索耶·凯利	Elizabeth Sawyer Kelly	36.00	2013	978-7-300-17024-4
12	管理经济学(第四版)	方博亮等	Ivan Png	80.00	2013	978-7-300-17000-8
13	微观经济学原理(第五版)	巴德、帕金	Bade, Parkin	65.00	2013	978-7-300-16930-9
14	宏观经济学原理(第五版)	巴德、帕金	Bade, Parkin	63.00	2013	978-7-300-16929-3
15	环境经济学	彼得·伯克等	Peter Berck	55.00	2013	978-7-300-16538-7
16	高级微观经济理论	杰弗里·杰里	Geoffrey A. Jehle	69.00	2012	978-7-300-16613-1
17	多恩布什《宏观经济学(第十版)》学习指导	鲁迪格·多恩布什等	Rudiger Dornbusch	29.00	2012	978-7-300-16030-6
18	高级宏观经济学导论:增长与经济周期(第二版)	彼得·伯奇·索伦森等	Peter Birch Sørensen	95.00	2012	978-7-300-15871-6
19	宏观经济学:政策与实践	弗雷德里克·S·米什金	Frederic S. Mishkin	69.00	2012	978-7-300-16443-4
20	宏观经济学(第二版)	保罗·克鲁格曼	Paul Krugman	45.00	2012	978-7-300-15029-1
20	微观经济学(第二版)	保罗·克鲁格曼	Paul Krugman	69.80	2012	978-7-300-14835-9
22	微观经济学(第十一版)	埃德温·曼斯费尔德	Edwin Mansfield	88.00	2012	978-7-300-15050-5
23	《计量经济学基础》(第五版)学生习题解答手册	达摩达尔·N·古扎拉蒂等	Damodar N. Gujarati	23.00	2012	978-7-300-15091-8
24	《宏观经济学》学生指导和练习册	罗杰·T·考夫曼	Roger T. Kaufman	52.00	2012	978-7-300-15307-0
25	国际宏观经济学	罗伯特·C·芬斯特拉等	Feenstra, Taylor	64.00	2011	978-7-300-14795-6
26	《国际宏观经济学》学习指导与习题集	斯蒂芬·罗斯·耶普尔	Stephen Ross Yeaple	26.00	2011	978-7-300-14794-9
27	卫生经济学(第六版)	舍曼·富兰德等	Sherman Folland	79.00	2011	978-7-300-14645-4
28	宏观经济学(第七版)	安德鲁·B·亚伯等	Andrew B. Abel	78.00	2011	978-7-300-14223-4
29	现代劳动经济学:理论与公共政策(第十版)	罗纳德·G·伊兰伯格等	Ronald G. Ehrenberg	69.00	2011	978-7-300-14482-5
30	宏观经济学(第七版)	N·格里高利·曼昆	N. Gregory Mankiw	65.00	2011	978-7-300-14018-6
31	环境与自然资源经济学(第八版)	汤姆·蒂坦伯格等	Tom Tietenberg	69.00	2011	978-7-300-14810-0
32	宏观经济学:理论与政策(第九版)	理查德·T·弗罗恩	Richard T. Froyen	55.00	2011	978-7-300-14108-4
33	经济学原理(第四版)	威廉·博伊斯等	William Boyes	59.00	2011	978-7-300-13518-2
34	计量经济学基础(第五版)(上下册)	达摩达尔·N·古扎拉蒂	Damodar N. Gujarati	99.00	2011	978-7-300-13693-6
35	计量经济分析(第六版)(上下册)	威廉·H·格林	William H. Greene	128.00	2011	978-7-300-12779-8
36	米什金《货币金融学》(第九版)学习指导	爱德华·甘伯,戴维·哈克斯	Edward Gamber	29.00	2011	978-7-300-13542-7
37	国际经济学:理论与政策(第八版)(上册国际贸易部分)	保罗·R·克鲁格曼等	Paul R. Krugman	36.00	2011	978-7-300-13102-3
38	国际经济学:理论与政策(第八版)(下册国际金融部分)	保罗·R·克鲁格曼等	Paul R. Krugman	49.00	2011	978-7-300-13101-6
39	克鲁格曼《国际经济学:理论与政策》(第八版)(学习指导)	琳达·戈德堡等	Linda Goldberg	22.00	2011	978-7-300-13692-9
40	国际贸易	罗伯特·C·芬斯特拉等	Robert C. Feenstra	49.00	2011	978-7-300-13704-9
41	芬斯特拉《国际贸易》学习指导与习题集	斯蒂芬·罗斯·耶普尔	Stephen Ross Yeaple	26.00	2011	978-7-300-13879-4

经济科学译丛

序号	书名	作者	Author	单价	出版年份	ISBN
42	经济增长(第二版)	戴维·N·韦尔	David N. Weil	63.00	2011	978-7-300-12778-1
43	投资科学	戴维·G·卢恩伯格	David G. Luenberger	58.00	2011	978-7-300-14747-5
44	宏观经济学(第十版)	鲁迪格·多恩布什等	Rudiger Dornbusch	60.00	2010	978-7-300-11528-3
45	宏观经济学(第三版)	斯蒂芬·D·威廉森	Stephen D. Williamson	65.00	2010	978-7-300-11133-9
46	平狄克《微观经济学》(第七版)学习指导	乔纳森·汉密尔顿	Jonathan Hamilton	28.00	2010	978-7-300-11928-1
47	计量经济学导论(第四版)	杰弗里·M·伍德里奇	Jeffrey M. Wooldridge	95.00	2010	978-7-300-12319-6
48	货币金融学(第九版)	弗雷德里克·S·米什金等	Frederic S. Mishkin	79.00	2010	978-7-300-12926-6
49	金融学(第二版)	兹维·博迪等	Zvi Bodie	59.00	2010	978-7-300-11134-6
50	国际经济学(第三版)	W·查尔斯·索耶等	W. Charles Sawyer	58.00	2010	978-7-300-12150-5
51	博弈论	朱·弗登博格等	Drew Fudenberg	68.00	2010	978-7-300-11785-0
52	投资学精要(第七版)(上下册)	兹维·博迪等	Zvi Bodie	99.00	2010	978-7-300-12417-9
53	财政学(第八版)	哈维·S·罗森等	Harvey S. Rosen	63.00	2009	978-7-300-11092-9
54	社会问题经济学(第十八版)	安塞尔·M·夏普等	Ansel M. Sharp	45.00	2009	978-7-300-10995-4

经济科学译库

序号	书名	作者	Author	单价	出版年份	ISBN
1	克鲁格曼经济学原理(第二版)	保罗·克鲁格曼等	Paul Krugman	65.00	2013	978-7-300-17409-9
2	国际经济学(第13版)	罗比特·J·凯伯等	Robert J. Carbaugh	68.00	2013	978-7-300-16931-6
3	货币政策:目标、机构、策略和工具	彼得·博芬格	Peter Bofinger	55.00	2013	978-7-300-17166-1
4	MBA微观经济学(第二版)	理查德·B·麦肯齐等	Richard B. McKenzie	55.00	2013	978-7-300-17003-9
5	激励理论:动机与信息经济学	唐纳德·E·坎贝尔	Donald E. Campbell	69.80	2013	978-7-300-17025-1
6	微观经济学:价格理论观点(第八版)	斯蒂文·E·兰德斯博格	Steven E. Landsburg	78.00	2013	978-7-300-15885-3
7	经济数学与金融数学	迈克尔·哈里森等	Michael Harrison	65.00	2012	978-7-300-16689-6
8	策略博弈(第三版)	阿维纳什·迪克西特等	Avinash Dixit	72.00	2012	978-7-300-16033-7
9	高级宏观经济学基础	本·J·海德拉等	Ben J. Heijdra	78.00	2012	978-7-300-14836-6
10	行为经济学	尼克·威尔金森	Nick Wilkinson	58.00	2012	978-7-300-16150-1
11	金融风险管理师考试手册(第六版)	菲利普·乔瑞	Philippe Jorion	168.00	2012	978-7-300-14837-3
12	服务经济学	简·欧文·詹森	Jan Owen Jansson	42.00	2012	978-7-300-15886-0
13	统计学:在经济和管理中的应用(第八版)	杰拉德·凯勒	Gerald Keller	98.00	2012	978-7-300-16609-4
14	面板数据分析(第二版)	萧政	Cheng Hsiao	45.00	2012	978-7-300-16708-4
15	中级微观经济学:理论与应用(第10版)	沃尔特·尼科尔森等	Walter Nicholson	85.00	2012	978-7-300-16400-7
16	经济学中的数学	卡尔·P·西蒙等	Carl P. Simon	65.00	2012	978-7-300-16449-6
17	社会网络分析:方法与应用	斯坦利·沃瑟曼等	Stanley Wasserman	78.00	2012	978-7-300-15030-7
18	用Stata学计量经济学	克里斯托弗·F·鲍姆	Christopher F. Baum	65.00	2012	978-7-300-16293-5
19	美国经济史(第10版)	加里·沃尔顿等	Gary M. Walton	78.00	2011	978-7-300-14529-7
20	增长经济学	菲利普·阿格因	Philippe Aghion	58.00	2011	978-7-300-14208-1
21	经济地理学:区域和国家一体化	皮埃尔-菲利普·库姆斯等	Pierre-Philippe Combes	42.00	2011	978-7-300-13702-5
22	社会与经济网络	马修·O·杰克逊	Matthew O. Jackson	58.00	2011	978-7-300-13707-0
23	环境经济学	查尔斯·D·科尔斯塔德	Charles D. Kolstad	53.00	2011	978-7-300-13173-3
24	空间经济学——城市、区域与国际贸易	保罗·克鲁格曼等	Paul Krugman	42.00	2011	978-7-300-13037-8
25	国际贸易理论:对偶和一般均衡方法	阿维纳什·迪克西特等	Avinash Dixit	45.00	2011	978-7-300-13098-9
26	契约经济学:理论和应用	埃里克·布鲁索等	Eric Brousseau	68.00	2011	978-7-300-13223-5

经济科学译库

序号	书名	作者	Author	单价	出版年份	ISBN
27	反垄断与管制经济学(第四版)	W·基普·维斯库斯等	W. Kip Viscusi	89.00	2010	978-7-300-12615-9
28	拍卖理论	维佳·克里斯纳等	Vijay Krishna	42.00	2010	978-7-300-12664-7
29	计量经济学指南(第五版)	皮特·肯尼迪	Peter Kennedy	65.00	2010	978-7-300-12333-2
30	管理者宏观经济学	迈克尔·K·伊万斯等	Michael K. Evans	68.00	2010	978-7-300-12262-5
31	利息与价格——货币政策理论基础	迈克尔·伍德福德	Michael Woodford	68.00	2010	978-7-300-11661-7
32	理解资本主义:竞争、统制与变革(第三版)	塞缪尔·鲍尔斯等	Samuel Bowles	66.00	2010	978-7-300-11596-2
33	递归宏观经济理论(第二版)	萨金特等	Thomas J. Sargent	79.00	2010	978-7-300-11595-5
34	数理经济学(第二版)	高山晟	Akira Takayama	69.00	2009	978-7-300-10860-5
35	时间序列分析——单变量和多变量方法(第二版)	魏武雄	William W. S. Wei	65.00	2009	978-7-300-10313-6
36	经济理论的回顾(第五版)	马克·布劳格	Mark Blang	78.00	2009	978-7-300-10173-6
37	税收筹划原理——经营和投资规划的税收原则(第十一版)	萨莉·M·琼斯等	Sally M. Jones	49.90	2008	978-7-300-09333-8
38	剑桥美国经济史(第一卷):殖民地时期	斯坦利·L·恩格尔曼等	Stanley L. Engerman	48.00	2008	978-7-300-08254-7
39	剑桥美国经济史(第二卷):漫长的 19 世纪	斯坦利·L·恩格尔曼等	Stanley L. Engerman	88.00	2008	978-7-300-09394-9
40	剑桥美国经济史(第三卷):20 世纪	斯坦利·L·恩格尔曼等	Stanley L. Engerman	98.00	2008	978-7-300-09395-6
41	管理者经济学	保罗·G·法尔汉	Paul G. Farnham	68.00	2007	978-7-300-08768-9
42	组织的经济学与管理学:协调、激励与策略	乔治·亨德里克斯	George Hendrikse	58.00	2007	978-7-300-08113-7
43	横截面与面板数据的经济计量分析	J. M. 伍德里奇	Jeffrey M. Wooldridge	68.00	2007	978-7-300-08090-1
44	微观经济学:行为,制度和演化	萨缪·鲍尔斯	Saumuel Bowles	58.00	2007	7-300-07170-8

金融学译丛

序号	书名	作者	Author	单价	出版年份	ISBN
1	国际金融:理论与实务	皮特·塞尔居	Piet Sercu	88.00	2014	978-7-300-18413-5
2	金融市场与金融机构(第 7 版)	弗雷德里克·S·米什金 斯坦利·G·埃金斯	Frederic S. Mishkin Stanley G. Eakins	79.00	2013	978-7-300-18129-5
3	货币、银行和金融体系	R·格伦·哈伯德等	R. Glenn Hubbard	75.00	2013	978-7-300-17856-1
4	并购创造价值(第二版)	萨德·苏达斯纳	Sudi Sudarsanam	89.00	2013	978-7-300-17473-0
5	个人理财——理财技能培养方法(第三版)	杰克·R·卡普尔等	Jack R. Kapoor	66.00	2013	978-7-300-16687-2
6	国际财务管理	吉尔特·贝克特	Geert Bekaert	95.00	2012	978-7-300-16031-3
7	金融理论与公司政策(第四版)	托马斯·科普兰等	Thomas Copeland	69.00	2012	978-7-300-15822-8
8	应用公司财务(第三版)	阿斯沃思·达摩达兰	Aswath Damodaran	88.00	2012	978-7-300-16034-4
9	资本市场:机构与工具(第四版)	弗兰克·J·法博齐	Frank J. Fabozzi	85.00	2011	978-7-300-13828-2
10	衍生品市场(第二版)	罗伯特·L·麦克唐纳	Robert L. McDonald	98.00	2011	978-7-300-13130-6
11	债券市场:分析与策略(第七版)	弗兰克·J·法博齐	Frank J. Fabozzi	89.00	2011	978-7-300-13081-1
12	跨国金融原理(第三版)	迈克尔·H·莫菲特等	Michael H. Moffett	78.00	2011	978-7-300-12781-1
13	风险管理与保险原理(第十版)	乔治·E·瑞达	George E. Rejda	95.00	2010	978-7-300-12739-2
14	兼并、收购和公司重组(第四版)	帕特里克·A·高根	Patrick A. Gaughan	69.00	2010	978-7-300-12465-0
15	个人理财(第四版)	阿瑟·J·基翁	Athur J. Keown	79.00	2010	978-7-300-11787-4
16	统计与金融	戴维·鲁珀特	David Ruppert	48.00	2010	978-7-300-11547-4
17	国际投资(第六版)	布鲁诺·索尔尼克等	Bruno Solnik	62.00	2010	978-7-300-11289-3
18	财务报表分析(第三版)	马丁·弗里德森	Martin Fridson	35.00	2010	978-7-300-11290-9

Schmitthoff's Export Trade: The Law and Practice of International Trade, Eleventh Edition by Carole Murray, David Holloway, Daren Timson-Hunt.

图书在版编目（CIP）数据

施米托夫论出口贸易：国际贸易法律与实务：第 11 版/施米托夫等著；冷柏军译．—北京：中国人民大学出版社，2014.1

（经济科学译丛）

ISBN 978-7-300-18425-8

Ⅰ.①施…　Ⅱ.①施…　②冷…　Ⅲ.①贸易法　Ⅳ.①D996.1

中国版本图书馆 CIP 数据核字（2013）第 299835 号

"十一五"国家重点图书出版规划项目

经济科学译丛

施米托夫论出口贸易——国际贸易法律与实务（第 11 版）

克利夫·M·施米托夫
卡罗尔·默里
戴维·霍洛韦
达朗·蒂姆森-亨特　著

冷柏军　主译

Shimituofu Lun Chukou Maoyi

出版发行	中国人民大学出版社		
社　　址	北京中关村大街 31 号	**邮政编码**	100080
电　　话	010－62511242（总编室）		010－62511398（质管部）
	010－82501766（邮购部）		010－62514148（门市部）
	010－62515195（发行公司）		010－62515275（盗版举报）
网　　址	http://www.crup.com.cn		
	http://www.ttrnet.com（人大教研网）		
经　　销	新华书店		
印　　刷	涿州市星河印刷有限公司		
规　　格	185 mm×260 mm　16 开本	**版　　次**	2014 年 2 月第 1 版
印　　张	54.75　插页 6	**印　　次**	2014 年 2 月第 1 次印刷
字　　数	1 134 000	**定　　价**	168.00 元